Großbritannien

Island

NATO

Portugal

Spanien

Türkei

USA

NNZEICHEN / HOHEITSABZEICHEN DER NATO

Frankreich

*)
französische Marine

Griechenland

*)
Italien

Kanada

*)
Luxemburg

Spanien

spanische Marine

Türkei

*)
USA

Wolfgang Dierich

Das große Handbuch der Flieger

Motorbuch Verlag Stuttgart

Einband- und Schutzumschlag: Siegfried Horn

Fotos und Skizzen:

AEG-Telefunken (2), Airbus (1), Air France (1), ARISTO (53), Autoflug (16), Aviation Week (1),
Avionik Dittel (1), Becker-Flugfunk (3), BISOM (1), BMVg/IPS (55), BMW (2), Bramson (1), Dr. Brünner (2),
Bundesanstalt für Flugsicherung (13), Clausing (1) Collins (3), Dassault (2), Deutscher Wetterdienst (4),
Dierich, Frank (1), Dornier (8), Gunter Dorsch (1), Dräger (1), Ferranti (1), Flugwehr & Technik (5),
General Electric (1), Hispano-Suiza (5), Hünecke (1), ital. Luftwaffe (1), Lockheed (21), LTG 61 (1),
Lufthansa (5), Matra (7), MBB (6), McDonnell-Douglas (2), Mauser (2), Nord-Aviation (3), Northrop (1),
Panavia (13), RAF (3), Rheinmetall (2), RTG (6), Ruff (1), Saab (3), SEL (3), Soldat & Technik (30),
Sperry (1), Teldix (15), Thommen (2), Trenkle (1), Truppenpraxis (12), USAF (22), USIS (8), US-Navy (5),
Wehrkunde (1), Wehrtechnik (1), Weiß (4), Western Gear (1), Zeiss (18), alle übrigen Archiv.

ISBN 3-613-01289-8

1. Auflage 1990
Copyright © by Motorbuch Verlag, Postfach 103743, 7000 Stuttgart 10.
Ein Unternehmen der Paul Pietsch-Verlage GmbH & Co.
Sämtliche Rechte der Speicherung, Vervielfältigung und Verbreitung sind vorbehalten.
Druck: Gulde-Druck GmbH, 7400 Tübingen 1.
Bindung: Verlagsbuchbinderei K. Dieringer, 7016 Gerlingen.
Printed in Germany.

Inhaltsverzeichnis

Teil A – Allgemeine Luftfahrt

I. Geschichte der Luftfahrt und des Luftkrieges 22

KAPITEL 1 Abriß der Geschichte der Luftfahrt 22

KAPITEL 2 Abriß der Geschichte des Luftkriegs 31

1. DER ERSTE WELTKRIEG 31
2. DIE ZWISCHENKRIEGSZEIT 32
3. DER ZWEITE WELTKRIEG 33
   a) Polenfeldzug 34
   b) Norwegenfeldzug 34
   c) Der »Sitzkrieg« im Westen 34
   d) Frankreichfeldzug 35
   e) Die Luftschlacht über England 36
   f) Mittelmeerraum 37
   g) Unternehmen »Barbarossa« 38
   h) Der Luftkrieg im pazifischen Raum 38
   i) Luftschlacht über Deutschland 38
4. DIE ENTWICKLUNG BIS KOREA 40
5. VON KOREA BIS HEUTE 40

II. Der Luftraum – Die Welt des Fliegers 42

KAPITEL 3 Die Atmosphäre 42

1. ENTWICKLUNG DER ATMOSPHÄRE 42
2. ERFORSCHUNG DER ATMOSPHÄRE 42
3. CHEMISCHE ZUSAMMENSETZUNG DER ATMOSPHÄRE 43
4. AUFBAU DER ATMOSPHÄRE 43
   a) Troposphäre 44
   b) Stratosphäre 44
   c) Mesosphäre 44
   d) Ionosphäre Thermosphäre) 44
   e) Exosphäre (Dissipationssphäre) 46
   f) Die Normal-Atmosphäre 46
5. EIGENSCHAFTEN DER ATMOSPHÄRE 46
   a) Luftdruck 46
   b) Temperatur 47
   c) Luftfeuchtigkeit 48
   d) Strahlung 49

KAPITEL 4 Grundlagen der Meteorologie 51

1. EINFÜHRUNG 51

2. LUFTMASSEN 51
3. TIEF- UND HOCHDRUCKGEBIETE 53
4. WIND UND WOLKEN 54
5. FRONTEN 62
   a) Warmfront 62
   b) Kaltfront 62
   c) Okklusion 64
6. EIS, NEBEL UND GEWITTER 64
   a) Eis und Arten der Vereisung 64
   b) Nebel und Nebelarten 66
   c) Gewitter, ihre Entstehung und Arten 66
7. DER STRAHLSTROM (JET STREAM) 69

KAPITEL 5 Wetterkunde für Flieger 78

1. EINFÜHRUNG 78
2. WETTERKARTEN UND IHRE ZEICHEN 78
   a) Bodenwetterkarte 78
   b) Höhenwetterkarte 85
   c) Querschnittskarte 85
   d) Weitere Wetterauskünfte 92
3. AUSFÜHRLICHE WETTERBERATUNG 92

KAPITEL 6 Luftraumstruktur und Flugsicherung 93

1. LUFTRAUMGLIEDERUNG 93
   a) Kontrollierter Luftraum 93
   b) Unkontrollierter Luftraum 93
   c) Luftstraßen 95
   d) Flugplatzarten 96
   e) Schutz gegen Fluglärm 96
2. LUFTLAGEDARSTELLUNG 99
   a) Primär- und Sekundärradar 99
   b) Elektronische Datenverarbeitung 100
   c) Luftraumnutzungszentrale 101
3. FLUGSICHERUNG 101
   a) Flugverkehrskontrolldienst 102
   b) Flugberatungsdienst 104
   c) Flugfernmeldedienst 105
   d) Flugsicherungstechnischer Dienst 106
   e) Flugvermessung 106

III. Technik 108

KAPITEL 7 Flugtheorie und Flugleistung 108

  I. NEWTONS DREI GESETZE 108
   1. Das Gesetz der Trägheit 108
   2. Das Gesetz der Beschleunigung 108
   3. Das Gesetz über Wirkung und Gegenwirkung 108

II. PHYSIKALISCHE BEGRIFFE 109
   1. Gewichtskraft 109
   2. Druck 109
   3. Arbeit 109
   4. Leistung 110
   5. Energie 110
   6. Geschwindigkeit 110
   7. Drehmoment 110
   8. Vektoren 111
III. STRÖMUNGSPHYSIKALISCHE BEGRIFFE 111
   1. Staudruck 111
   2. Bernoullis Gesetz 111
   3. Staupunkt 112
   4. Zähigkeit (Viskosität) 112
   5. Bodeneffekt 113
   6. Reynolds-Zahl 113
   7. Schallgeschwindigkeit 113
   8. Machzahl 113
IV. AERODYNAMIK (STRÖMUNGSMECHANIK) 114
   1. Das Flugzeug im Luftstrom 114
   2. Auftrieb 115
   3. Widerstand 116
     a) Reibungs-/Oberflächenwiderstand 117
     b) Profil-/Formwiderstand 118
     c) Induzierter Widerstand 118
     d) Stoßwellenwiderstand 118
     e) Rest-/Interferenzwiderstand 118
     f) Schädlicher Widerstand 118
   4. Auftrieb und Widerstand (die Polare) 119
   5. Auftriebshilfen 121
   6. Ruderflächen 121
   7. Stabilität des Flugzeuges 123
   8. Künstliche Stabilität 124
V. FLUGLEISTUNGEN 125
   1. Der Horizontalflug 125
   2. Der Gleitflug 125
   3. Der Steigflug 126
   4. Der Kurvenflug 127
VI. ÜBERSCHALLAERODYNAMIK 129
   1. Die Luft 129
   2. Die Überschallwelle 130
   3. Die Tragflügelcharakteristik 131
   4. Rumpfcharakteristiken 132
VII. ANWENDUNG DER FLUGTHEORIE BEIM HUBSCHRAUBER 132
   1. Allgemein 132
   2. Wahl eines Flügelprofils 135
   3. An den Rotorblättern angreifende Kräfte 137
   4. Blattbewegungen 137
   5. Flugbewegungen und Kräfteverteilung 139
   6. Flugvorgänge 145

KAPITEL 8 Flugzeugkunde 151

   I. FLUGZEUGTYPEN 151
     1. Verwendungszweck 151
     2. Antriebsquelle 151
     3. Aufbau 151
     4. Start-/Landemöglichkeit 152
     5. Tragflächen 152
       a) nach Anbringung 152
       b) nach Form 152
       c) nach Art 153
     6. Bauweise 153
  II. GEWICHTSBEZEICHNUNGEN 153
 III. DAS FLUGWERK (ZELLE) 154
     1. Rumpf 156
     2. Tragwerk 157
     3. Leitwerk 159
     4. Steuerwerk 159
     5. Fahrwerk 162
     6. Flugzeugbordanlagen 164
       a) Elektrik 165
       b) Hydraulik 165
       c) Kraftstoffsystem 166
       d) Klimaanlage 166

KAPITEL 9 Triebwerke 168

   I. ENTWICKLUNG 168
  II. LUFTSCHRAUBEN 169
     1. Funktion und Wirkungsgrad 169
     2. Luftschraubenarten 170
       a) starre Luftschrauben 170
       b) mechanisch verstellbare Luftschrauben 170
       c) Verstell-Luftschrauben 170
       d) Luftschrauben mit konstanter Drehzahl 170
       e) gegenläufige Luftschrauben 170
       f) Prop-Fan 170
 III. KOLBENTRIEBWERKE 171
     1. Bezeichnung von Kolbentriebwerken 172
     2. Arbeitweise eines Kolbentriebwerkes 172
     3. Aufbau eines Kolbentriebwerkes 173
       a) Zylinder 174
       b) Kurbeltrieb 174
       c) Kurbelgehäuse 174
       d) Steuerung 175
       e) Gemischbildung 175
       f) Zündeinrichtung 175
       g) Schmiereinrichtung 175
       h) Untersetzungsgetriebe 176
       i) Anlaßvorrichtung 176

k) Kühlanlage 176
l) Abgasanlage 176
4. Leistung eines Kolbentriebwerkes 177
   a) Hubraum 177
   b) Verdichtungsverhältnis 177
   c) Zylinderdruck 177
   d) Volumetrischer Wirkungsgrad 177
   e) Wärmewirkungsgrad 178
   f) Mechanischer Wirkungsgrad 178
   g) Drehzahl, Zündung, Kühlung, Gemisch 178
IV. LUFTSTRAHLTRIEBWERKE 178
  1. Allgemeines 178
  2. Unterscheidung von Luftstrahltriebwerken 179
  3. Arbeitsweise von Luftstrahltriebwerken 179
  4. Aufbau eines TL-Triebwerkes 185
   a) Lufteinlaufteil 185
   b) Verdichterteil 185
   c) Brennkammerteil 186
   d) Turbinenteil 186
   e) Gasaustrittsteil 187
   f) Nachbrenner 187
   g) Läuferteil 187
   h) Geräteteil 188
V. STAUSTRAHLTRIEBWERKE 190
VI. RAKETENTRIEBWERKE 195
  1. Allgemein 195
  2. Flüssigkeits- und Feststoffraketen 196
  3. Raketentreibstoff-Gemische 198
VII. TREIBSTOFFE 198
   a) Flugkraftstoffe 198
   b) Raketentreibstoffe 199

KAPITEL 10 Gerätekunde und Avionik 200

I. FLUGÜBERWACHUNGSGERÄTE 200
  1. Geschwindigkeitsmesser 200
  2. Höhenmesser 202
  3. Statoskop 203
  4. Variometer 204
  5. Wendezeiger 205
  6. Künstlicher Horizont 206
  7. Flugkommandogeräte 209
II. TRIEBWERKÜBERWACHUNGSGERÄTE 212
  1. Drehzahlmesser 212
  2. Thermometer 212
  3. Betriebsstoffdruckmesser 213
  4. Betriebsstoffvorratsmesser 213
III. NAVIGATIONSGERÄTE 214
  1. Magnetkompasse 214
   a) Nahkompaß 215

b) Fernkompaß 215
2. Kreisel-Magnetkompaß 216
3. Kurskreisel 218
4. Plattformen 219
   a) Lageplattform 220
   b) Inertialplattform 220
5. Flugregler 220
6. Elektronische Flugführungssysteme 222
7. Integrierte Elektronik (AVIONIK) 225
   a) Vielzweck-Bord-Radaranlage 227
   b) Trägheitsnavigationsanlage 228
   c) Standort-/Flugweganzeiger (PHI) 232
   d) TACAN-Anlage 232
   e) Autopilot 233
   f) Luftwertrechner 233
   g) Bombenrechner 233
   h) Visier 234
   i) Schußbereichsrechner 235
   k) Funksprechgeräte 235
   l) Freund-Feind-Kennungsgerät 235
   m) Kompaß 236
   n) Künstlicher Not-Horizont 236
IV. FLUGZEUG-FUNKGERÄTE 236
1. Zur Einführung 236
   a) Abriß der Funktechnik 236
   b) Kurze Beurteilung der verschiedenen Wellen 238
   c) Einführung in die Funkmeßtechnik 240
2. Funkgeräte 242
   a) Das AN/ARC 34 242
   b) Das AN/ARC 44 243
   c) ADF AN/ARA 25A 246
   d) TACAN-AN/ARN 21 246
   e) Lear Radio-Kompaß (ADF-14) 251
   f) Wetter-Radar 254
V. RETTUNGS- UND SICHERHEITSGERÄTE 254
1. Fallschirme 256
   a) Einteilung 256
   b) Art der Auslösung 257
   c) Trageweise 260
   d) Gebrauchsgeschwindigkeit 261
   e) Gurtzeug 261
   f) Bänderschirme 263
   g) Automatische Auslösung 264
2. Schleudersitze 266
   a) Einteilung 266
   b) Funktionsablauf 266
   c) Martin Baker Schleudersitz GQ 7 268
   d) Funktionsphasen 268
   e) Rettungsschirm 268
   f) PEC-Gerät 269

    g) Notausrüstungsbehälter 272
   3. Rettungsgeräte für Überwasserflug 272
    a) Schwimmwesten 272
    b) Schlauchboote 273
    c) Abwurfsätze für den Seenotrettungsdienst 275
    d) Notsender 275
    e) Kälteschutzanzug 275
   4. Sauerstoffgeräte 275
    a) Überdruck-Lungenautomat 275
    b) Flüssigsauerstoff-Atmungsgeräte 276
   5. Flieger-Druck- und Ventilations-Anzüge 279
    a) Der Fliegeranzug »Anti-G« 279
    b) Druckanzüge 279
    c) Ventilationsanzug 281
    d) Kombinierter Druck- und Ventilationsanzug 281

IV. Navigation 282

KAPITEL 11 Grundlagen 282

1. ALLGEMEINE BEGRIFFE 282
   a) Die Erde 282
   b) Koordinatensysteme 282
   c) Meridiane 283
   d) Parallelkreise 283
   e) Ortsbestimmung 283
   f) Orthodrome 284
   g) Loxodrome 284
   h) Längenmaße 284
2. GRUNDBEGRIFFE 284
   a) Ortung 284
   b) Orientierung 284
   c) Orte 284
   d) Richtungen 284
   e) Kurse 287
   f) Standlinien 288
   g) Geschwindigkeiten 289
   h) Wind- und Höhendefinitionen 289

KAPITEL 12 Kartenkunde 291

1. NAVIGATIONSKARTEN 291
   a) Lamberts winkeltreue Kegelprojektion 291
   b) Merkatorprojektion 292
   c) Polarstereographische Projektion 294
   d) Gnomonische Projektion 295
   e) Der Maßstab 295
2. BEZUGSSYSTEME 295
   a) GEOREF 295
   b) UTM 298

   c) Navigationsbezugssysteme 301
3. KARTENLESEN 304
   a) Symbole und Signaturen 304
   b) Technik des Kartenlesens 305
   c) Fehler beim Kartenlesen 305
   d) Kartenlesen bei Nacht 305
   e) Radarvorhersagebilder 311
   f) Kartenanzeigegeräte 311

KAPITEL 13 Flugnavigation 314

1. TERRESTRISCHE NAVIGATION 314
   a) Boden- und Erdsichtnavigation 314
   b) Koppelnavigation 314
2. FUNKNAVIGATION 315
   a) Fremdpeilnavigation 315
   b) Eigenpeilnavigation 317

KAPITEL 14 Flugvorbereitung 337

1. BEDEUTUNG 337
2. FAKTOREN DER FLUGVORBEREITUNG 337
   a) Entfernung 337
   b) Kraftstoffverbrauch 338
   c) Flughöhe 338
   d) Flugstreckenverlauf 338
   e) Geschwindigkeit über Grund 338
3. DAS FLUGLOG 338
4. TIEFFLUGNAVIGATION 339

KAPITEL 15 Der Navigationsrechner ARISTO-AVIAT 342

 1. EINLEITUNG 342
 2. DIE SKALEN 342
 3. EINFACHE RECHNUNGEN 345
 4. UMRECHNUNGEN VON MASSEN 347
 5. UMRECHNUNGEN VON ZEITEN UND GESCHWINDIGKEITEN 348
 6. WEG-ZEIT-GESCHWINDIGKEIT-AUFGABEN 349
 7. KRAFTSTOFFVERBRAUCH 350
 8. EIGENGESCHWINDIGKEITS-BERECHNUNGEN 351
 9. HÖHENBERECHNUNGEN 355
10. LÖSUNG VON DREIECKSAUFGABEN 356
11. BESONDERE BERECHNUNGEN 366

KAPITEL 16 Faustformeln zur Navigation 371

1. MAXIMALE ABTRIFT 371
2. TATSÄCHLICHE ABTRIFT 371
3. GESCHWINDIGKEIT ÜBER GRUND 372
4. DIE 60ER-REGEL 372

5. STEUERKURS 373
6. ÄNDERUNG DER ANKUNFTSZEIT 373
7. UMRECHNUNGEN 373
8. VORHALTEREGELN 373

V. Der Mensch hat Grenzen 375

KAPITEL 17 Flugmedizin 375

1. EINFÜHRUNG 375
2. GRUNDBEGRIFFE DER FLUGMEDIZIN 375
   a) Die Atmosphäre 376
   b) Physiologie der Atmung 376
   c) Physiologie des Kreislaufs 377
3. ANGEWANDTE FLUGMEDIZIN 378
   a) Der Sauerstoffmangel 378
   b) Druckunterschiede 380
   c) Beschleunigung 381
   d) Sinnestäuschung beim Fliegen 383
   e) Schall und Vibration 384
   f) Extreme Klimaeinflüsse 386
4. DIE UNTERDRUCKKAMMER 388
5. DIE UNTERSUCHUNG DER FLIEGERTAUGLICHKEIT 388
   a) Verfahren 388
   b) Untersuchungsgang 388
6. WEHRFLIEGERVERWENDUNGSFÄHIGKEITSGRADE 389

KAPITEL 18 Gefahren und Verhalten in Notfällen 391

I. EINFÜHRUNG 391
II. GEFÄHRLICHE LAGEN 392
   1. Rauch oder Feuer 392
   2. Motorausfall/-störung 392
   3. Plötzlich schlechtes Wetter 392
   4. Einbruch der Dunkelheit 393
   5. Verlust der Orientierung 393
   6. Turbulenzen und Abwinde 393
   7. Flugplatzverhältnisse 393
   8. Höhenflüge 393
   9. Ausfall der Sprechfunkverbindung 394
   10. Ausfall von Steuer- und Trimmflächen 394
III. EXTREME NOTFÄLLE 394
   1. Notlandung 394
   2. Notwasserung 395
   3. Rettungsabsprung mit Fallschirm 395
IV. ÜBERLEBEN NACH NOTLANDUNG/RETTUNGSABSPRUNG 396

Teil B – Militärluftfahrt

KAPITEL 19 Aufgaben von Luftstreitkräften 400

  I. LUFTKRIEG UND LUFTSTREITKRÄFTE 400
    1. Eigenschaften 400
    2. Einsatzgrundsätze 400
    3. Aufgaben 401
  II. DER TAKTISCHE LUFTKRIEG 401
    1. Kampfaufgaben 402
    2. Unterstützungsaufgaben 402
  III. AUFTRAG DER BUNDESWEHR 402
  IV. AUFGABEN DER LUFTSTREITKRÄFTE DER BUNDESWEHR 404
    1. Die Luftwaffe 405
      a) Luftverteidigungsverbände 405
      b) Luftangriffsverbände 408
    2. Das Heer 413
      a) Heeresfliegertruppe 413
      b) Heeresflugabwehrtruppe 413
    3. Die Marine 415

KAPITEL 20 Flugzeugarten und Waffen 418

  I. CHARAKTERISTIK 418
  II. EINTEILUNG DER FLUGZEUGE NACH ZWECK 419
  III. MILITÄRFLUGZEUGE 419
    1. Bombenflugzeuge 420
    2. Jagdflugzeuge 423
    3. Aufklärungsflugzeuge 423
    4. Transportflugzeuge 423
    5. Sonder-/Mehrzweckflugzeuge 424
    6. Schulflugzeuge 424
    7. Marineflugzeuge 424
  IV. ZIVILFLUGZEUGE 425
  V. WAFFEN 432
    1. Bordwaffen 432
      a) Rohrwaffen 432
      b) Raketen 432
      c) Abwurfwaffen 432
    2. Elektronisches Gerät 432
    3. Fernlenkwaffen 433
      a) Ballistische Flugkörper 433
      b) Aerodynamische Lenkflugkörper 438
      c) Bezeichnung für Flugkörper 439
    4. Flugabwehrrohrwaffen 439
  VI. SONDERWAFFEN 442
    1. Kernwaffen 442
      a) Einführung 442
      b) Allgemeine Wirkung 443

    c) Wirkung auf dem Gefechtsfeld 444
    d) Ablauf einer Kernreaktion 445
    e) Arten von Kernexplosionen 447
    f) Neue Arten von Nuklearwaffen 448
  2. Biologische Waffen 451
  3. Chemische Waffen 451
    a) Wirkungsformen 451
    b) Wirkungsdauer 452
    c) Wirkungsgruppen 452
    d) Kampfstoffgruppen 452

KAPITEL 21 Kampfmittel und Geräte der Luftstreitkräfte 457

I. FLUGZEUGBEWAFFNUNG 457
  1. Rohrwaffen 457
    a) Maschinengewehr (Rückstoßlader) 458
    b) Maschinenkanone (Gasdrucklader) 460
    c) Bordkanone (Revolverkanone) 461
    d) Gatling-Kanone 462
    e) Munition für Rohrwaffen 463
  2. Abwurfwaffen (Bomben) 466
    a) Hauptteile einer Bombe 466
    b) Identifizierung von Waffen und Munition 466
    c) Einteilung der Bomben 468
    d) Mehrzweckwaffen/Sonderwaffen 469
    e) Bombenschlösser 471
  3. Flugkörper 474
    a) Begriffsbestimmungen 474
    b) Lenkverfahren 474
    c) Aufbau von Flugkörpern 478
    d) Einteilung und Arten von Flugkörpern 479
  4. Marschflugkörper 480
II. ZÜNDER 481
  1. Zünder für 20 mm Kanonen-Munition 481
    a) Zünder PD-M 75 481
    b) Zünder PD-M 505 481
  2. Zünder für Fliegerbomben 482
    a) Einteilung der Bomben-Zünder 482
    b) Bomben-Zünderarten 483
    c) Bomben-Kopfzünder 484
    d) El. A. Z. 50 485
  3. Zünder für Flugkörper 486
    a) Einteilung der Zünder 486
    b) Schärfungsarten 487
    c) Flugkörper-Kopfzünder 487
    d) Annäherungszünder für Flugkörper 487
III. ZIELGERÄTE 488
  1. Optisches Visier 488
  2. Blickfeld-Darstellungsgerät (HUD) 489

KAPITEL 22 Schießlehre und Taktik 493

  I. JUSTIERUNG (HARMONISIERUNG) 493
    1. Einführung 493
    2. Die praktische Anwendung 494
    3. Arten der Justierung von Bordwaffen 495
  II. BALLISTIK 496
    1. Einführung 496
    2. Ballistische Kräfte 496
      a) Antriebskraft 496
      b) Flugzeuggeschwindigkeit 496
      c) Schwerkraft 496
      d) Luftwiderstand 496
      e) Geschoßseitenabweichung 497
    3. Begriffe der Ballistik 497
    4. Flugbahn 499
      a) Flugbahn des Geschosses 500
      b) Flugbahn des Flugkörpers 500
      c) Bombenwurfbahn 500
    5. Abhängigkeit verschiedener ballistischer Gegebenheiten 502
    6. Einsatz mit beweglichen Waffensystemen 503
      a) Einführung 503
      b) Einsätze auf Bodenziele 503
      c) Schießen auf Luftziele 505
    7. Flugwege für Lenkflugkörper 506
      a) Flugwege der Fernlenkung 506
      b) Flugwege mit Selbstlenkung 507
  III. TAKTIK 508
    1. Voraussetzungen 508
    2. Das taktische Umfeld 510
    3. Klassische Luftkampfprofile 510
    4. Angriffsprofile 514

KAPITEL 23 Der Formationsflug 516

  1. EINFÜHRUNG 516
  2. GRUNDSÄTZE FÜR DAS FORMATIONSFLIEGEN 516
  3. FLUGBEFEHLSAUSGABE (BRIEFING) 517
  4. START UND LANDUNG IM VERBAND 517
  5. FLUGFORMEN UND FLUGORDNUNG 518
    a) Flugformen 518
    b) Flugformveränderungen 520
    c) Flugordnung 520
    d) Richtungsänderungen 521
  6. VERBANDSFÜHRUNG UND BEFEHLSGEBUNG IN DER LUFT 522
  7. HINWEISE FÜR DAS FLIEGEN IM VERBAND 523
    a) Allgemeines 523
    b) Verbands-/Schwarmführer 523
    c) Rottenführer 523
    d) Rottenflieger 524
  8. FORMATIONS-KUNSTFLUG 524

KAPITEL 24 Luftbildwesen und Aufklärung 528

   I. EINFÜHRUNG 528
  II. MÖGLICHKEITEN UND GRENZEN DES LUFTBILDES 528
 III. AUFGABEN DES LUFTBILDDIENSTES 529
 IV. DAS LUFTBILD ALS MITTEL DER LUFTAUFKLÄRUNG 529
     1. Die strategische Luftaufklärung 529
     2. Die taktische Luftaufklärung 530
   V. AUFNAHMEARTEN 531
     1. Das Senkrechtbild 531
     2. Das Geneigtbild 531
  VI. BILDZUSAMMENSTELLUNGEN 535
     1. Das Raumbild 535
     2. Die Bildreihe 535
     3. Die Bildskizze 535
     4. Der Bildplan 535
     5. Die Trimetrogon-Fotografie 535
 VII. BILDAUSWERTUNG 537
     1. Grundlagen der Auswertung 538
     2. Maßstabsberechnungen 538
     3. Die Photogrammetrie 539
     4. Die Einbildauswertung 541
     5. Die Zweibildauswertung 546
     6. Photogrammetrische Punktbestimmung 549
 VIII. FLIEGERKAMMERN 550
     1. Reihenmeßkammer 551
       a) Allgemeine Forderungen 551
       b) Hochleistungsobjektive 553
       c) Verschluß 554
       d) Kammerkörper 554
       e) Meßfarbfilter 555
       f) Infrarot-Aufnahme 555
       g) Kassetten 556
       h) Bildwanderungsausgleich 556
       i) Überdeckungsregler 558
       k) Statoskop 558
       l) Elektrische Ausrüstung 559
  IX. MITTEL DER LUFTAUFKLÄRUNG 559
     1. Infrarottechnik 561
     2. Farbfotografie 561
     3. Nachtfotografie 561
     4. Luftbilder aus dem Weltraum 562
     5. Elektronische Bildübertragung 563
     6. Seitensicht-Radar 563
     7. Infrarottechnik 563

KAPITEL 25 Flugzeuge und Flugkörper der Bundeswehr 564

  I. KAMPFFLUGZEUGE 564
 II. TRANSPORTFLUGZEUGE 564

III. SONDER- UND VERBINDUNGSFLUGZEUGE 564
IV. SCHULFLUGZEUGE 565
V. HUBSCHRAUBER 565
VI. FLUGKÖRPER 565

Teil C – Anhang

Anhang I   Fliegerischer Dienst und Ausbildung 596
Anhang II   Taktische Zeichen 604
Anhang III   Schaltzeichen 607
                1. Elektronik 607
                2. Datenverarbeitung 611
Anhang IV   Internationale Einheiten im Meßwesen 613
Anhang V   Umrechnungstabellen 619
Anhang VI   Luftverkehrsordnung (LuftVO) 628
Anhang VII   Internationale zivile Flugzeugkennzeichen (ICAO) 670
Anhang VIII   Literatur- und Quellenhinweise (Auswahl) 693
Anhang IX   Danksagung 676

Vorwort

Die Art, in *einem* Buch Wesentliches über wissenswerte Gebiete der Luftfahrt darzustellen, geht auf die Idee meines Vaters, des Oberst a.D. Fritzherbert Dierich (†), zurück, der vor fünfzig Jahren als junger Fliegeroffizier in Lehrtätigkeit beim Aufbau der damaligen Luftwaffe dem Mangel an kurzgefaßtem, allgemeinverständlichem Lehrmaterial mit seinem Handbuch »DER FLIEGER – Dienstunterricht in der Fliegertruppe« abhelfen konnte. In laufend verbesserten Auflagen hatte sein Werk während der vergangenen Jahrzehnte mit der Entwicklung der Luftfahrt Schritt halten können. Sein Wunsch, dieses Buchkonzept weiter zu betreuen und zu pflegen, war mir dankbare Verpflichtung. Zwei Auflagen aus meiner Feder waren in den 70er Jahren bald vergriffen, weil daraus, neben der so vielfältigen anderen guten Fachliteratur, ein Nachschlagewerk für alle Freunde und Interessenten der Luftfahrt, für den Sportflieger ebenso wie für das fliegende, technische und allgemeine Personal der zivilen und militärischen Luftfahrt geworden ist.

Mit der Vorlage dieser überarbeiteten, der heutigen Luftfahrttechnologie angepaßten Neuauflage erfülle ich, als ehemaliger Fliegeroffizier der Bundesluftwaffe, besonders gerne und dankbar den Wunsch der treuen Leserschaft, dieses Werk fortzuführen. Es hat sich auf dem Büchermarkt wohl einen festen Platz gesichert.

Selbst wenn es nicht leicht ist, dem atemberaubenden technischen Fortschritt in der Luftfahrt immer aktuell folgen zu können, will »Das Große Handbuch der Flieger« dennoch versuchen, einen Einblick in die vielfältige Welt des Fliegers von heute zu vermitteln, wobei ausdrücklich darauf hingewiesen sei, daß das Buch in allen Teilen die persönliche Meinung und Beurteilung der Sachverhalte des Verfassers enthält. Die geäußerten Ansichten und Wertungen entsprechen nicht unbedingt den Auffassungen von Behörden, Firmen oder gar des Bundesministers der Verteidigung.

Den auch an anderer Stelle besonders gewürdigten Mitarbeitern, Behörden und Firmen sowie dem Verlag danke ich für ihre Bemühungen und sehr hilfreichen Beiträge zur Gestaltung dieses Buches.

Ich bitte, mir durch Anregungen und Vorschläge zu helfen, damit das Werk auch weiterhin zu *dem* Buch der Flieger ausgebaut werden kann.

Buxheim/Allgäu, Frühjahr 1990   Wolfgang Dierich

Geleitwort zur 4. Auflage

Die beinahe stürmische technologische Entwicklung, welche das Wesen der Luftwaffe in besonderer Weise kennzeichnet, verlangt nicht nur Begeisterung für die Fliegerei, sondern auch umfassende Bildung und sehr detailliertes Wissen.

Das vorliegende Buch vermittelt als Lernbuch und Nachschlagewerk, mit Sachkenntnis bei begrüßenswert gestraffter Zusammenfassung, die vielen Wissensgebiete der Luftfahrt.

Ich begrüße das Erscheinen des »Großen Handbuches der Flieger«. Möge es allen interessierten Kreisen ein nützlicher Wegweiser sein.

Bonn, Frühjahr 1973

(Günther Rall)

Generalleutnant
Inspekteur der Luftwaffe

Geleitwort zur 5. Auflage

Innerhalb kurzer Zeit war eine Neuauflage des »Großen Handbuchs der Flieger« notwendig, ein Zeichen dafür, daß der »Dierich« einen festen Platz als Nachschlagewerk eingenommen hat.

In übersichtlicher Gesamtdarstellung werden hier Fragen aus allen Wissensgebieten der Luftfahrt umfassend beantwortet.

Ich begrüße die 5. Auflage dieses Handbuchs und hoffe, daß dieses Buch für alle Interessenten eine nützliche Hilfe sein wird.

Bonn, Frühjahr 1975

(Gerhard Limberg)

Generalleutnant
Inspekteur der Luftwaffe

Teil A
Allgemeine Luftfahrt

I. Geschichte der Luftfahrt und des Luftkrieges

KAPITEL 1
Abriß der Geschichte der Luftfahrt

Immer schon haben Menschen versucht, den Vogelflug nachzuahmen. Der Traum vom Fliegen findet sich in mythischen Götter- und Heldensagen der ganzen Welt. Sei es Khonsu, der geflügelte ägyptische Gott, der fliegende Thron des Kai Ka'us von Persien, Nike, die geflügelte griechische Göttin des Sieges oder gar Dädalus und sein Sohn Ikarus, die der Gefangenschaft des Minos zu entfliehen suchten. Sie alle verkörpern Wissen und Hoffnung und Traum.

Erst im 15. Jahrhundert beginnt ohne Präludium die Geschichte des Menschenfluges.

Der italienische Meister *Leonardo da Vinci* (1452–1519) fand, daß der Auftrieb aus den Eigenschaften der Luft herzuleiten sei, – daß der Flugtechnik die Aerodynamik voranzuge-

Abb. 1.1 Flugmaschine von Leonardo da Vinci.

hen hat. Seine über zwei Jahrhunderte vergessenen Manuskripte zeigen Vogelflugstudien, Entwürfe von Flugmaschinen und Flügelkonstruktionen, die seiner Zeit weit voraus waren.

Das 18. Jahrhundert berichtet von Flügen des schwäbischen Müllers Schweikart um 1750, bis dann die Gebrüder *Montgolfier* am 5. Juni 1783 ihren ersten Warmluftballon aufsteigen ließen; nur wenig später stieg der französische Physiker *Charles* mit einem von ihm entworfenen Ballon gefüllt mit Wasserstoff auf. Bereits 2 Stunden hielt man sich in der Luft, legte 43,5 km zurück und begann das Luftmeer zu erforschen. Das folgende Jahrhundert stand ganz im Zeichen erfolgreicher Ballonflüge. Start und Landung unterlagen dem Willen des Menschen, nur fehlte es an einer brauchbaren Steuerung.

1852 baute der Franzose *Henry Giffard* das erste lenkbare Luftschiff mit einem durch Dampfkraft getriebenen Propeller. Jedoch erst die Erfindung des leichten, leistungsstarken Verbrennungsmotors durch *Otto und Daimler 1883*, sowie die Verwendung leichter Metalle brachte Erfolge.

Santos Dumont, von Parseval, Schütte und Lanz, und der *Graf von Zeppelin* waren Wegbereiter zur Verwendung der Luftschiffe, die am Anfang des 20. Jahrhunderts Ausdruck vollendeter Technik waren, die sich die Militärluftschiffahrt zu eigen machte. Passagierluftschiffe wurden auch zu Erkundungs- und Bombenflügen während des 1. Weltkrieges eingesetzt.

Mit dem 6. Mai 1937, als das Luftschiff LZ 129 »Hindenburg« bei der Landung in Lakehurst explodierte, war das Schicksal dieser eindrucksvollen Fortbewegungsmittel besiegelt. Die Flugzeuge übernahmen endgültig die Führung als vielseitigstes Transportmittel.

Der Schweizer *Jakob Degen* entwarf 1808 einen nur 12 kg schweren Flügelapparat und bediente sich eines Ballons, um seinen Mechanismus zu erproben in Erkenntnis der Tatsache, daß die Kraft eines Menschen nicht ausreicht, sein eigenes Körpergewicht in die Höhe zu heben. Ein öffentlicher Auftritt in Paris endete wie so oft im Leben der Pioniere der Luftfahrt mit Schmach und Enttäuschung.

Der »Schneider von Ulm« *Ludwig Albrecht Berblinger* verwendet 1811 eine Degensche Flugvorrichtung, um den Beweis zu erbringen, der Mensch könne fliegen: Er endete im Wasser der Donau, sein Flugapparat war zu unstabil, bewies aber, daß die Luft ein tragfähiges Medium ist.

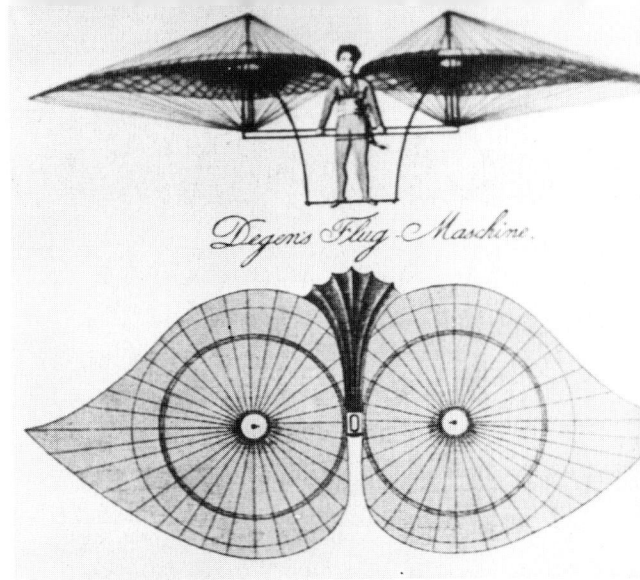

Abb. 1.2 Flugapparat von Jakob Degen.

Zur Zeit Berblingers beschäftigt sich der Engländer *Sir George Cayley* bereits mit verfeinerten, richtungsweisenden Untersuchungsmethoden zur Feststellung des Verhaltens von Tragflächen im Luftstrom; er bleibt nicht nur in der Theorie verhaftet, sondern wählt den unbemannten Flugversuch,

Abb. 1.3 Der Mensch fliegt! Lilienthal auf seinem Hängegleiter.

Abb. 1.4 Der erste Motorflug: Orville Wright, 17. Dezember 1903.

der im November 1809 erste Erfolge brachte. Seitenruder und Höhensteuer wurden von ihm bereits verwendet.

William Henson und *John Stringfellow* gehen 1842 einen Schritt weiter und bauten ein von einer kleinen Dampfmaschine propellergetriebenes Flugmodell, dem der Erfolg zunächst versagt blieb. Stringfellow arbeitete an dem Problem weiter. Ihm gelang es als erstem, eines seiner Modelle zum freien Flug zu bringen.

1871 baute der Franzose *Alphonse Pénaud* das erste mit verdrehter Gummischnur angetriebene Flugmodell. Steuerflächen, Fluginstrumente, Flugschraube und Antriebsmotor waren Inhalt seiner aufsehenerregenden Patentschrift von 1877, nur keiner nahm ihn ernst.

1889 erschien *Otto Lilienthals* Werk »Der Vogelflug als Grundlage der Fliegekunst«; 1891 bereits begannen die Flugversuche in Steglitz bei Berlin. Jahrelang studierte er vorher zusammen mit seinem Bruder Gustav den Flug der Vögel; seine Erkenntnisse sollten grundlegende Bedeutung für die Entwicklung des gesamten Flugwesens erhalten.

Durch Körperverlagerung wurden die Lilienthalschen Gleitflugzeuge gesteuert. Kurz vor dem Einbau eines leichten Kohlensäure-Motors wollte Otto Lilienthal am 9. August 1896 noch einmal ein neues Flugzeug im Gleitflug ausprobieren; eine Bö drückte ihn nieder, am nächsten Tag verstarb er in einer Berliner Klinik, wie man sagt, mit den Worten: »Opfer müssen gebracht werden!«

Der Münchner Ingenieur *Alois Wolfmüller* entwarf den ersten brauchbaren deutschen Spezialmotor für Flugzeuge, richtungsweisend war auch seine Verbesserung der Steuerorgane, die er auch verwirklichte. Otto Lilienthal geriet in Deutschland schnell in Ver-

Abb. 1.5 Blériot überflog mit diesem Eindecker den Kanal zwischen Calais und Dover.

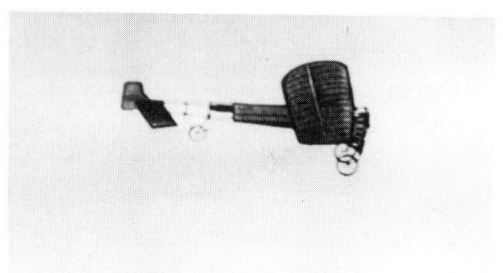

Abb. 1.6 Eine Rumpler-Taube im Fluge.

gessenheit. Im Ausland fand er jedoch überzeugte Nachahmer. *Octave Chanute* (1832–1909) baute noch im Alter von 64 Jahren Gleitflugzeuge in Amerika und beeinflußte maßgeblich die Brüder *Wilbur und Orville Wright*, denen es vorbehalten blieb, im eigenen Flugapparat mit einem selbstgefertigten Vierzylindermotor mit 12 PS am 17. Dezember 1903 in Kitty Hawk vier historische Flüge durchzuführen (der längste: 256 m in 59 Sek.), nachdem sie durch Verwindung der Tragflächen (Querruder) das Problem der Steuerung gelöst hatten.

Bald folgten Flüge über längere Strecken, Kreisflüge, mit Fluggast. Von Tag zu Tag steigerten sich die Leistungen. Die kommerzielle Nutzung folgte. Das Motorflugzeug eröffnete neue Perspektiven in der Luftfahrt. Auch in Europa ging die Entwicklung weiter. Das französische Gebrüderpaar *Charles und Gabriel Voisin* gründete die erste Flugzeugfabrik. *Alberto Santos Dumont*, als Ballonfahrer bereits berühmt, fliegt am 12. November 1906 mit seiner Eigenkonstruktion »Bagatelle« 60 m weit und blieb 21 Sekunden in der Luft.

Henry Farman, Louis Blériot, Hubert Latham, Hans Grade sind berühmte Namen jener Zeit. Der englische Kanal wird überquert, *Pégoud* zeigt Kunstflug, *August Euler* erwirbt am 1. Februar 1910 den deutschen Flugzeugführerschein Nr. 1, stellt Dauerrekorde auf.

Hellmuth Hirth, Edmund Rumpler, Ignaz Etrich verhelfen mit der »Taube« der Fliegerei in Deutschland zur Popularität. Die Flugwettbewerbe reißen nicht ab, der »Prinz-Heinrich-Preis der Lüfte« ist ein begehrter Ehrenpreis.

Die Entwicklung der Flugmotoren wird durch die Firmen Benz & Co und Daimler-Motorengesellschaft vorangetrieben, Flugzeugherstellerfirmen schießen wie Pilze aus dem Boden.

Fokker, Albatros, Deutsche Flugzeugwerke, AGO (Aeroplanbau Gustav Otto), AEG (Allgemeine Electricitäts Gesellschaft), LVG (Luftverkehrs-Gesellschaft) sind Namen und Abkürzungen, die zu Begriffen wurden. Der Erste Weltkrieg trieb die technische Entwicklung der Flugzeuge sehr rasch voran. Die immer zahlreicher werdenden Verwendungsmöglichkeiten und der Zwang nach immer größerer Sicherheit ließen die beteiligten Staaten erhebliche Mittel zur Verfügung stellen. Neue Flugzeugtypen entstanden: Jagdflugzeuge, Aufklärungsflugzeuge, Riesenflugzeuge für den Bombenwurf und Segelflugzeuge.

Abb. 1.7 Junkers F 13, erstes Verkehrsflugzeug der Welt in Ganzmetallbauweise.

Die in so kurzer Zeit unter Zwang erzielten technischen Fortschritte kamen nach Beendigung des Krieges der friedlichen Luftfahrt zugute.

Hugo Junkers gelingt mit der Entwicklung der Junkers J 1 und Junkers F 13 ein wesentlicher, wegweisender Schritt im Flugzeugbau. Dem freitragenden, ganz aus Leichtmetall (Duraluminium) hergestellten Flugzeug gehört die Zukunft.

Dornier und Rohrbach widmen sich dem Bau von Wasserflugzeugen; am 20. Oktober 1929 fliegt die zwölfmotorige Do X bereits mit 170 Passagieren.

Flugpioniere tragen den Gedanken der Luftfahrt in alle Welt. *Charles Lindbergh* überfliegt den Atlantischen Ozean von West nach Ost am 20. Mai 1927 allein in seinem einmotorigen Flugzeug »Spirit of St. Louis« in 33 Stunden und 30 Minuten. *Hermann Köhl, v. Hünefeld* und dem irischen Major *Fitzmaurice* gelingt am 12. April 1928 mit einer Junkers W 33 die ungleich schwierigere Überquerung des Ozeans von Ost nach West.

Dem Flugverkehr zwischen den Kontinenten soll bald nichts mehr im Wege stehen. Rekorde über Rekorde werden aufgestellt. Die Pole sind nicht mehr verschlossen. *Ri-*

Abb. 1.8 Das Dornier-Flugboot Do X fliegt am 20. Oktober 1929 mit 170 Passagieren.

Abb. 1.9 Charles A. Lindbergh überquert am 20. Mai 1927 alleine in der »Spirit of St. Louis« den Atlantik von West nach Ost und landet in Paris.

chard *Byrd* und *Floyd Bennet* widmen sich der Erforschung unberührter Gebiete. Die *Douglas-Werke* und *Junkers* schaffen mit der DC-3 bzw. Ju 52 zuverlässige Verkehrsflugzeuge, die noch heute treue Dienste als Veteranen versehen. Der kommerzielle Flugverkehr erschließt dank neuer Entwicklungen von Peil- und Navigationsgeräten und leidenschaftlicher Flugzeugführer Länder und Kontinente.

Wieder beeinflußten Spannungen und Krieg in der Welt die Entwicklung der Luft-

fahrt. In dem Bestreben nach größerer Fluggeschwindigkeit und größeren Höhen wurde das Strahlflugzeug entwickelt. Am 27. August 1939 flog eine *Heinkel 178* erstmalig erfolgreich in Rostock. *Prof. Tank, Heinkel* und *Messerschmitt* traten besonders als Konstrukteure modernen Fluggeräts hervor. Von dem Strahljäger Me 262 wurden weit über 1000 Stück produziert.

Nach dem 2. Weltkrieg schritt die Entwicklung stetig weiter voran. Die »Schallmauer« wurde durchbrochen, die Luftbetankung ist

Abb. 1.10 Mit der Junkers »Bremen« gelingt Köhl, v. Hünefeld und Fitzmaurice am 12. April 1928 die Atlantiküberquerung von Ost nach West.

Abb. 1.11 Junkers Ju 52/3m – die »Alte Tante Ju«.

kein Wagnis mehr. Das Düsenflugzeug wird zum bequemen, sicheren Fortbewegungsmittel. Auch wird es nicht mehr lange dauern, bis man mit Überschallverkehrsflugzeugen die Ozeane überquert.

Nicht nur dem Starrflügelflugzeug galt das Interesse begabter Konstrukteure. Auch Hubschrauber und Senkrechtstart-Flugzeuge wurden entwickelt, Flugzeuge, mit denen man – von festen Pisten unabhängig – starten und landen kann.

Der Spanier *Juan de la Cierva* konstruierte 1923 den flugfähigen Autogiro, der zwar Rotoren anstelle der Tragfläche benutzte, sonst aber das Steuerwerk und Triebwerk eines normalen Flugzeuges hatte.

Sikorski, Focke, Achgelis und *Flettner* gelang es erst in den Jahren 1936–1939, den Hubschrauber, der senkrecht starten und landen und in der Luft bewegungslos verharren kann, zu schaffen. Sie setzten die Maßstäbe für die Zukunft.

Abb. 1.12 Das erste Strahlflugzeug der Welt: Die Heinkel He 178 machte am 27. August 1939 den Erstflug.

Abb. 1.13 Focke-Wulf Fw 200 »Condor«.

Abb. 1.14 Das Senkrechtstartflugzeug VJ 101 X1.

Abb. 1.15 Das VSTOL-Kampfflugzeug »Harrier« G. R. I. im Senkrechtstart aus einer Waldlichtung, mit Raketenwerfern ausgerüstet.

Sehr bald führt das Verlangen nach senkrechtstartenden Flugzeugen zu so bekannten Konstruktionen wie der britischen Hawker »Harrier«, die inzwischen zur Truppenreife gedieh, dem deutschen Überschallversuchsflugzeug »VJ 101C X-2«, oder dem Senkrechtstart-Transportflugzeug Dornier Do 31.

Der Luftverkehr tritt 1969 mit Überschallflugzeugen in eine neue Phase. Die russische Tu-144 erreicht am 26.5.1970 als erstes Verkehrsflugzeug der Welt 2150 km/h (mehr als Mach 2). Die britisch-französische »Concorde« fliegt heute noch regelmäßig Flughäfen in aller Welt an.

Vom 14. 12. bis 23. 12. 1986 gelingt Dick Rutan mit Jeana Yeager ein Nonstop-Flug in der ganz aus Faserverbundstoffen gebauten »Voyager« um den Globus – in 216 Flugstunden!

Der Mensch hat den Luftraum erobert und ist dabei, den Weltraum zu erschließen.

Nicht nur Segen, auch Fluch hat jeder Fortschritt der Technik dem Menschen gebracht. Das Flugzeug wurde zum furchtbaren Instrument des Krieges. Das Bild des Krieges wurde durch das Flugzeug maßgeblich beeinflußt. Der Entwicklung des Luftkrieges gilt das folgende Kapitel 2.

KAPITEL 2

Abriß der Geschichte des Luftkrieges

Frankreich erkannte als erstes Land die Bedeutung des Flugwesens für die Kriegführung. Bereits 1793 wurde eine militärische Ballonabteilung aufgestellt, die im 1. Koalitionskrieg 1794 zur Aufklärung der feindlichen Stellungen und Feuerleitung in der Schlacht bei Fléury eingesetzt wurde.

Die Belagerung von Mainz (1796), Schlacht von Solferino (24. 7. 1859), mit Erkundung durch fotografische Aufnahmen, sowie die Belagerung von Paris (1870) geben Zeugnis für den militärischen Wert des Flugwesens.

1910 tauchten Flugzeuge erstmals als Kurier- und Aufklärungsmittel während der französischen Herbstmanöver auf. Die Militärfliegerschule Döberitz begann ebenfalls 1910 in kleinem Rahmen mit dem Schulbetrieb.

1. Der Erste Weltkrieg (1. August 1914 bis 11. Nov. 1918)

Fesselballone wurden fast während des ganzen Krieges als Artilleriebeobachtungs- und Sperrmittel gegen tieffliegende Infanterieflieger verwendet; zur Bekämpfung dienten die Ballonabwehrkanonen (BAK), Vorläufer moderner Flugabwehrgeschütze.

Das Luftschiff (Starr-Ganzmetall von Zeppelin, Starr-Holzgerüst von Schütte-Lanz, Prall-Luftschiff – auch Lenkballon genannt – von Parseval) fand Verwendung als operatives Fernaufklärungsmittel. Für Fernangriffe, auf England insbesondere, wurden Marineluftschiffe eingesetzt, die am Ende des Krieges eine Nutzlast von 52 t befördern konnten (insgesamt wurden 37 Großangriffe auf England »gefahren«). Das Flugzeug war zunächst unbewaffnetes Aufklärungsmittel im strategischen oder taktischen Rahmen und Artilleriefeuerleitmittel. Zur Abwehr der Aufklärer wurde 1915 das bewaffnete, einsitzige Jagdflugzeug mit starren, parallel zur Längsachse eingebauten Rohrwaffen geschaffen (Nieuport, Fokker, Albatros).

Nach Erstarrung der Fronten (Stellungskrieg) boten sich lohnende Ziele im frontnahen Raum, die außerhalb der Reichweite der Artillerie lagen, deren Bekämpfung aus der Luft nur durch Bombenflugzeuge (seit 1916) möglich war. Sogenannte Riesenflugzeuge (mit Funk- und Bombenzielgeräten ausgerüstet) lösten ab 1917 immer mehr die Luftschiffe als strategische Bombenträger ab.

Der zermürbende Grabenkampf veranlaßte die Oberste Heeresleitung (OHL), auch Fliegerkräfte zur Unterstützung der kämpfenden Bodentruppen einzusetzen. Das gepanzerte Schlachtflugzeug (wie Bomben- und Jagdflugzeug zu den Kampfflugzeugen gehörend, im Gegensatz zum Infanterie- und Artillerieflugzeug, die zu den Aufklärungsflugzeugen seinerzeit zählten) griff – in besonderen Staffeln zusammengefaßt – in die Kämpfe 1916

Abb. 2.1 Ganzmetall-Starr-Luftschiff von Zeppelin.

bei Verdun, an der Somme und 1917 in Flandern zur unmittelbaren Unterstützung der Erdtruppe ein.

Die Erringung der Luftüberlegenheit bzw. örtlicher und zeitlicher Luftherrschaft war Aufgabe der Jagdeinsitzer (Kampfflieger), nur dadurch war auch eine Überlegenheit auf der Erde überhaupt erst möglich. Da die Flieger-kräfte – zwar unter einem Kommandierenden General der Luftstreitkräfte – den AOK's, Generalkommandos und Divisionen unterstellt waren, fehlte die Möglichkeit zur ausgesprochenen Schwerpunktbildung. Nur die britischen Luftstreitkräfte wurden als RAF (Royal Air Force) am 1. 4. 1918 als *selbständiger* Wehrmachtsteil aufgestellt.

2. Die Zwischenkriegszeit

Die Lehren aus dem 1. Weltkrieg fanden ihren Niederschlag in mannigfaltigen Analysen und Doktrinen.

Der italienische General *Giulio Douhet* fordert:
»Widerstand am Boden leisten (Heer) und die Entscheidung in der Luft suchen!« – Also:
– Erringung der Luftherrschaft,
– Zerstörung der feindlichen Luftwaffe am Boden,
– das schwerbewaffnete Bombenflugzeug allein ist Offensivwaffe,

Abb. 2.2 Holzgerüst-Starr-Luftschiff von Schütte-Lanz.

Abb. 2.3 Prall-Luftschiff (Lenkballon) von Parseval.

worauf noch heute die Strategie fußt.

Der französische Marineingenieur *Camille Rougeron* hingegen propagiert den unbewaffneten Schnellbomber (verwirklicht in dem britischen Typ »Mosquito«), während Deutschland die kooperative Luftkriegstheorie vertritt, die ein enges Zusammenwirken zwischen Heeres- und Fliegertruppe beinhaltet.

Die »Kooperation« findet Bestätigung vor allem im Ryfkabylen-Krieg Frankreichs (1925/1926), im Italienisch-Abessinischen Krieg (1935/1936) und ganz besonders im Spanischen Bürgerkrieg (1936/1939), der den beteiligten Mächten wertvolle taktische Erfahrungen vermittelte. Das Sturzkampfflugzeug (Stuka) und seine Wirkung als Schwerpunktwaffe überzeugen.

Nur Großbritannien und die USA folgen dem theoretischen Leitbild Douhet's in der Vorausplanung zum Aufbau strategischer Luftstreitkräfte.

3. Der Zweite Weltkrieg (1. September 1939 bis 8. Mai 1945)

An den atemberaubenden militärischen Erfolgen der Deutschen Wehrmacht zu Beginn des Krieges (»Blitzkrieg«) waren die Luftstreitkräfte nicht unmaßgeblich beteiligt. Das enge Zusammenwirken zwischen Heer und Luftwaffe vermittelte jedoch keine Erkenntnisse selbständiger strategischer Luftkriegsführung.

Abb. 2.4 Fokker E IV mit Umlaufmotor.

Abb. 2.5 Albatros D V beim Start.

a) **Polenfeldzug** (1. bis 30. September 1939)

Die polnische Luftwaffe wird innerhalb 48 Stunden am Boden zerschlagen (Luftüberlegenheit, wenn nicht sogar Luftherrschaft), am 25.9.1939 mit 1150 Flugzeugen Großangriff auf Warschau.

b) **Norwegenfeldzug** (9. April bis 10. Juni 1940)

Erstmals wirken alle drei Wehrmachtsteile, auch mit Fallschirm- und Luftlandetruppen, eng zusammen. Bis auf Narvik verfügt die Luftwaffe über die Luftüberlegenheit. Die britische Invasionsflotte wird durch deutsche Kampf- und Stukageschwader schwerstens angeschlagen.

c) **Der »Sitzkrieg« im Westen (Westwall)**
(3. September 1939 bis 10. Mai 1940)

Die Luftwaffe betreibt Luftaufklärung und Fernkampfeinsätze gegen britische Flotteneinheiten (Orkney- und Shetlandinseln, Firth of Forth). Gleichzeitig beginnt die RAF in Verfolgung ihres »Master Plan« mit Nachteinsätzen tief nach Deutschland hinein, um ihre Besatzungen für strategische Angriffe zu schulen.

Abb. 2.6 Ein Fokker-Dreidecker DR.1, wie ihn Richthofen flog.

Abb. 2.7 Sturzkampfflugzeuge Junkers Ju 87 A.

d) Westfeldzug (Frankreich) (10. Mai bis 25. Juni 1940)

Wiederum gelingt der »Blitz« mit der Zerschlagung der alliierten Luftstreitkräfte, im Überraschungsschlag, am Boden. Bei der Invasion der Niederlande und Belgiens greifen Luftlande- und Fallschirmtruppen nach bewährtem Muster entscheidend ein (Aktionen gegen den Albert-Kanal und das Sperrfort »Eben Emael«, Rotterdam).

Dank eigener Luftherrschaft greifen die deutschen Kampfverbände taktisch als »vertikale Artillerie« schwerpunktmäßig in Zusammenarbeit mit Guderians Panzertruppen (Arras) ein. Gemäß britischer Doktrin:
– Operative Luftflotte
– Hilfsluftstreitkräfte für Heer und Marine
– Luftverteidigungsstreitmacht
hält England seine Jagdkräfte zum Schutz des Inselreichs zurück.

Zwischen dem 28. 5. und dem 4. 6. 1940 gelingt es den britischen Expeditionskräften,

Abb. 2.8 Kampfflugzeug Junkers Ju 88; Messerschmittjäger Me 109 geben Begleitschutz.

Abb. 2.9 Kampfflugzeug Dornier Do 217 E.

225 000 britische und 112 000 französische Soldaten bei Dünkirchen über den Kanal zu bringen. Begünstigt wurde dieser Rückzug durch schlechtes Wetter, schwache Einsatz-bereitschaft der deutschen Luftwaffe (30–50 %) und vor allen Dingen dadurch, daß der Angriff der Panzerverbände durch Hitler angehalten worden war.

e) Die Luftschlacht über England (10. Juli 1940 bis 10. Mai 1941)

In der Vorbereitungsphase (10. 7. bis 7. 8. 1940) richten sich die Angriffe gegen die Kanalschiffahrt mit dem Ziel, die britischen Luftverteidigungskräfte »herauszulocken«, was jedoch mißlingt. (Vorbereitung Unternehmen »Seelöwe«.)

I. Abschnitt (8. 8. 1940 bis 18. 8. 1940)

Großangriffe (bis zu 450–500 Flugzeuge) gegen Seestützpunkte, Jagdflugplätze der Süd- und Südostküste, Radarstationen (»Adlerangriff«). Die britischen Jagdkräfte weichen dem Kampf gegen Jäger aus und bekämpfen Bombenflugzeuge.

II. Abschnitt (19. 8. 1940 bis 6. 9. 1940)

Mit starkem Jagdschutz bombardieren deutsche Kampfverbände britische Industriezentren und (Jagd-) Flugplätze. Die Luftwaffe ist zu schwach, um England alleine niederzukämpfen; Unternehmen »Seelöwe« findet nicht statt.

III. Abschnitt (7. 9. 1940 bis 5. 10. 1940) – 15. 9. 1940 »Battle of Britain«-Tag. –

Mit starkem Jagdschutz Großangriffe gegen London und seine Dockanlagen (7. 9. mit 1000 Flugzeugen!) unter großen Verlusten. Da die britische Jagdwaffe auf Flugplätze in

Abb. 2.10 Zerstörerflugzeug Messerschmitt Me 110.

Abb. 2.11 Kampfflugzeug Heinkel He 111.

Nordengland ausweicht und genügend Flugzeugersatz erhält, es aber an fliegenden Besatzungen fehlt, kommt es zu keiner Entscheidung, obwohl der Höhepunkt der Schlacht erreicht ist.

IV. Abschnitt (6. 10. 1940 bis 31. 10. 1940)

Die deutsche Luftwaffe wendet die Taktik nächtlicher Stör- und Vernichtungsangriffe an, die zunächst erfolgreich ist. Britische Nachtjäger verursachen ein weiteres Ansteigen der Verluste: Jäger werden auch als Bomber (Jabos) eingesetzt.

V. Abschnitt und Ende
(1. 11. 1940 bis 10. 5. 1941)

Planlose strategische Nachtangriffe gegen wichtige britische Industriezentren (u. a. Coventry, Birmingham) sind erfolglos, auch mangels ausreichender Kräfte, die an andere Kriegsschauplätze abgezogen wurden (Vorbereitung Rußlandfeldzug). Die RAF (Royal Air Force) schlägt (counter-air) auf deutsche Flugplätze zurück.

f) Mittelmeerraum

Sehr bald weitete sich der Krieg aus und erfaßte den gesamten Mittelmeerraum.

(1) Der Feldzug in Nordafrika (31. 3. 1941 bis 13. 5. 1942)

Nach der »Politik der getrennten Räume« war der Achsenpartner Italien für diesen Raum verantwortlich. Die Entscheidung wurde maßgeblich durch das enge Zusammenwirken der britischen Heeres- und Luftwaffen- und Marinekräfte beeinflußt.

(2) Balkanfeldzug (6. 4. bis 20. 4. 1941)

Der Blitzkrieg gegen Jugoslawien und Griechenland wurde nur durch die Kooperation von Heer und Luftwaffe in dieser kurzen Zeit gewonnen. Der Einsatz von Fallschirmjägern gegen die Kanalenge von Korinth war »Vorübung« für das Unternehmen »Merkur«.

(3) Luftlandung auf Kreta (20. 5. bis 27. 5. 1941) Unternehmen »Merkur«.

Das bis dahin größte Luftlandeunternehmen des Krieges, das unter erheblichen Verlusten an Truppen und Fluggerät erkauft wurde.

(4) Malta

Zur britischen Festung ausgebaut worden, fiel es nie, trotz stärkster deutscher Luftangriffe auch auf die laufenden Versorgungsgeleitzüge. Die britische Mittelmeerflotte wurde mit hohen eigenen Verlusten jedoch abgedrängt.

g) Unternehmen »Barbarossa«
(Rußlandfeldzug 22. Juni 1941 bis 8. Mai 1945)

Wiederum wurde die Luftwaffe nur im taktischen Rahmen eingesetzt. 60 % der Luftwaffenkräfte waren gebunden bis Herbst 1941. Nach bewährtem Verfahren wurden große Teile der russischen Front-Fliegerverbände in den ersten Tagen meist am Boden vernichtet dank deutscher Luftüberlegenheit bzw. örtlicher Luftherrschaft. Rußland verlegt seine Flugzeug- und Panzerproduktion ostwärts des Urals. Die Stärke der russischen Luftstreitkräfte wurde unterschätzt. (6400 angenommen, tatsächlich 13 000 Flugzeuge!)

Es kam zur Zersplitterung und Überbeanspruchung der Kräfte mit hohen Verlusten, die durch Nachschub nicht ersetzt werden konnten.

Im Jahr 1942/43 verlor die Luftwaffe durch die Versorgungs- und Entlastungsflüge in die Kessel von Demjansk, Cholm und später Stalingrad wertvolle Lehrbesatzungen und Fluggerät, für die es nie mehr richtigen Ersatz gab.

h) Der Luftkrieg im pazifischen Raum

Beginn mit dem japanischen Überraschungsluft- und Unterwasserangriff auf Pearl Harbor am 7.12.1941, die US-Pazifikflotte wird lahmgelegt. Japan besetzt nach schweren Luftangriffen fast den gesamten Raum von Burma über Malaya, Sumatra bis Neuguinea. Die USA schreiten erst nach Erringung der Luftüberlegenheit zu Gegenangriffen. Die Schlacht bei den Midway-Inseln (3. bis 7. 6. 1942) wird durch Flugzeuge und Flugzeugträger entschieden.

Mit der Landung der US-Marine in Guadal Canal (Salomonen), am 7. 8. 1942, tritt die Kriegswende ein. Die Strategie die triphibischen Kampfführung (auch »Inselspringen = island hopping« genannt) zeigt Erfolge. Japan fehlt es in ausreichendem Maß an ausgebildeten Besatzungen und Flugzeugen und es unterliegt dem Gesetz: »Wachsende Entfernungen von der Nachschubbasis verringern die Einsatzintensität«. Nach der Landung der Amerikaner auf Okinawa (1. 4. 1945) erreichen auch die »Kamikazeeinsätze« (Kamikaze = Selbstmordeinsatz) nicht die Entscheidung.

Der Abwurf der beiden ersten Atombomben in der Geschichte, am 6. und 9. 8. 1945 auf Hiroshima und Nagasaki, leitet die Kapitulation Japans ein.

i) Luftschlacht über Deutschland

Am 27. 1. 1943 findet der erste Tagesangriff der 8. USAAF auf das Reichsgebiet (Wilhelmshaven) statt. Damit beginnt der planmäßige strategische Luftkrieg gegen Deutschlands Rüstungs- und Industriezentren. Bereits am 31. 1. 1943 setzt die RAF Radar-Zielgeräte für Schlechtwetter und Nachtangriffe ein (Hamburg), »Rotterdam«-Gerät.

Die Führung durch Leitstrahlverfahren (»Oboe«) hat vollen Erfolg beim Angriff gegen Krupp-Essen am 5./6. 3. 1943. »Pendeleinsätze« (shuttle) zwischen Basen in England und Italien bedeuten praktisch die Luftherrschaft über Deutschland.

Die Deutsche Luftwaffe ist durch ihre Verzettelung auf zahlreiche Kriegsschauplätze überfordert und kann die Reichsverteidigung,

Abb. 2.12 Das erste Jagdflugzeug mit Strahlantrieb – Messerschmitt Me 262.

die erst 1943 Vorrang erhält, nicht im erforderlichen Umfang wahrnehmen. Auch die »Vergeltungswaffen« V1 (erster Abschuß gegen London 13. 6. 1944) und V2 (6. 9. 1944 gegen London) sowie die Genehmigung zur schwerpunktmäßigen Produktion von Jagdflugzeugen (auch Strahl- und Raketenjägern Me 262 »Sturmvogel« bzw. Me 163 »Kraftei«) führen keine Entscheidung herbei.

Mit Terrorangriffen (Urheber: Air Marshall Sir Arthur Harris) soll die Moral der Deutschen gebrochen werden (Fanale: Hamburg, Dresden). Nach dem Beginn der Invasion (6. 6. 1944) bestätigt sich der Standpunkt der »gemäßigten Douhetisten«, daß sowohl eine strategische Bomberflotte als auch eine starke taktische – Heer und Marine unterstützende – Luftmacht erforderlich ist, um Erfolge zu Lande, zu Wasser und in der Luft zu erringen.

Abb. 2.13 Das berühmte englische Jagdflugzeug »Spitfire«.

4. Die Entwicklung bis Korea (25. Juni 1950 bis 27. Juli 1953)

Radar-(Ziel-)Geräte, Strahltriebwerke, neue Bord- und Fernlenkwaffen zeichnen das Bild militärischer Luftfahrttechnik.

Das Militärflugzeug – insbesondere der Düsen-Jabo – ist entscheidend im Korea-Krieg. Allein vom 26. 6. 1950 bis 23. 3. 1951 zerstören die Luftstreitkräfte der UNO:

- 1000 Panzer
- 1700 Artilleriestellungen
- 18 000 Fahrzeuge
- 730 Lokomotiven
- 6700 Eisenbahnwagen
- 90 000 Mann
  (allein 60% der Gesamtverluste)

Jabos allein vereiteln am 24. 4. 1951 eine Großoffensive der Chinesen. Trotz Überlegenheit der MiG-15 in Wendigkeit und Steigleistung erreichen UNO-Luftstreitkräfte ein Abschußverhältnis von 9:1 dank besserer elektronischer und Waffenausrüstung, abgesehen vom Ausbildungsstand der fliegenden Besatzungen.

5. Von Korea bis heute

Die kriegerischen Ereignisse nach dem Koreakrieg rissen nicht ab: 1956-Sinai-Feldzug; 1965-1. Indo-Pakistanischer Krieg; 1967-Israelisch-Ägyptischer Sechstagekrieg (5. 6. bis 11. 6. 1967); 1969/1970-Israelisch-Ägyptischer Zermürbungskrieg; 1971-2. Indo-Pakistanischer Krieg; 1965/1973-Vietnamkrieg; 1973-Israelischer Oktoberkrieg (Yom Kippur); 1979/1989-Guerillakrieg in Afghanistan; 1980/1988-Irakisch-Iranischer Krieg (Golfkrieg); 1982-Falklandkrieg. Ganz zu schweigen von den unzähligen kleineren Kriegen und Überfällen unter Beteiligung von planvoll eingesetzter Luftmacht.

Die Prioritäten im Luftkrieg haben sich verschoben. Die Jagd am Himmel zur Erringung der Luftherrschaft mußte gegenüber der operativen Luftkriegsführung (Bekämpfung feindlicher Luftwaffen- und Nachschubziele) und besonders der Luftunterstützung der Truppenbewegungen auf und nahe dem Gefechtsfeld zurücktreten.

Die Bedrohung von Luftstreitkräften durch die Flugabwehr hat erheblich zugenommen. Moderne radargesteuerte Flugabwehrwaffen, wie Geschütze, Flugkörper für alle Höhenbereiche, eingeschlossen die verschiedenen Arten der Fliegerabwehrfaust, die auch abfliegende Flugziele zu bekämpfen vermögen, aber auch elektronische Überwachungs-, Kampf- und Störmittel werden zunehmend die Wirksamkeit von Luftstreitkräften beeinträchtigen.

Nur durch die verbundene Luftkriegsführung unter koordinierter Zusammenfassung des gesamten Spektrums aller Kräfte, die im Luft- und Land- und Seekrieg zusammenwirken, wird es möglich sein, örtlich und zeitlich durch Luftmacht Erfolge zu erreichen. Ob sie allerdings alleine kriegsentscheidend sein wird, steht in Frage, wenn man auf die Geschichte des Luftkriegs zurückblickt.

Die »Bilanz« zweier großer Weltkriege stimmt sehr nachdenklich:

Menschenverluste	
Erster Weltkrieg	9 737 000
Zweiter Weltkrieg	55 293 500
Kriegsbeschädigte	
Erster Weltkrieg	21 100 000
Zweiter Weltkrieg	35 000 000

Über 120 Millionen Menschen bezahlten die beiden großen Kriege unseres Jahrhunderts mit ihrem Leben und ihrer Gesundheit. Dazu kamen Billionen von Sachschäden und Zerstörungen, auch an Kulturgütern.

Unablässige Bemühungen zur Erhaltung des Friedens in der Welt sind erforderlich, um zu verhindern, daß die immer schärfer werdenden Waffen des Luftkrieges jemals zum Einsatz kommen müssen.

Abb. 2.14 Jagdbomber Republic F-105.

II. Der Luftraum –
Die Welt des Fliegers

KAPITEL 3
Die Atmosphäre

1. Entwicklung der Atmospähre

Über die Bildung und Entwicklung der Atmosphäre (griechisch: atmos = Dunst, sphaira = Kugel) gibt es verschiedene Theorien, insbesondere, was die ersten Stadien anbetrifft. Man geht davon aus, daß die Erde vor ca. 4,5 Milliarden Jahren entstand.

Der Entwicklungsprozeß, der zur Bildung der Atmosphäre führte, verlief in fünf großen Abschnitten:

–1– Die hohe Temperatur der Erde verhinderte durch Abstrahlung die Bildung einer Atmosphäre.

–2– Nach Abkühlung wurden Gase frei, hauptsächlich Wasserdampf, Kohlendioxyd, Stickstoff. Sauerstoff und Wasser gab es noch nicht.

–3– Nachdem die Erdoberflächentemperatur unter 100°C abkühlte, kondensierte der Wasserdampf. Dies führte zur Bildung der Ozeane.

–4– Nach einer weiteren Abkühlung unter 60°C war Leben möglich. Obwohl freier Sauerstoff noch fehlte, konnten bestimmte Bakterien leben, aus denen sich das Pflanzenleben – zunächst in Form von Algen – entwickelte. Erst die höheren Pflanzen schieden als Produkt der Photosynthese freien Sauerstoff aus, der zu höheren Lebensformen führte.

–5– Vor 1 Milliarde Jahren etwa bildete sich die stabile Atmosphäre, die seit dieser Zeit sich kaum gewandelt hat.

2. Erforschung der Atmospähre

Der Mensch mußte sich oder seine Meßinstrumente über die Erdoberfläche in den Raum, die Atmosphäre, erheben, um Kenntnisse über die Zusammensetzung zu erhalten. Drachen und Ballone waren zunächst Mittel zum Zweck. Thermometer wurden primitiv befestigt, die Windrichtung durch Vermessung bestimmt, was nur grobe Rückschlüsse auf das Wettergeschehen zuließ.

Heutzutage dienen verschiedene Sensorenträger, wie Wetterballone, Radiosonden, Flugzeuge, Flugkörper sowie Wetter- und Forschungssatelliten, die ihre Werte zur Erde senden, zu den wichtigsten Informationsmitteln zur Erforschung und Überwachung der Atmosphäre. Diese Sensorenträger liefern die Werte für Wissenschaft und Forschung, aber auch für die tägliche Wettervorhersage.

Einige Daten und Ergebnisse mögen die lange Forschungstätigkeit aufhellen:

300 v. Chr.	Archimedes entdeckt die Gesetze des Auftriebs
900 n. Chr.	Windfahnen
1597 n. Chr.	Galilei erfindet das Thermometer
1643 n. Chr.	Torricelli erfindet das Barometer
1736 n. Chr.	Celsius-Skala
1783 n. Chr.	Montgolfier und Charles gelingen Ballonaufstiege
1790 n. Chr.	Windmesser (Anemometer)
1804 n. Chr.	J. L. Gay-Lussac sammelt Daten der Atmosphäre bis in eine Höhe von 7500 m
1840 n. Chr.	Theorie der Stürme (Dove-Berlin)
1901 n. Chr.	Freiballonhöhenaufstieg 10800 m (Berson-Süring)
1902 n. Chr.	Entdeckung der Stratosphäre
1905 n. Chr.	Gold/Humphreys finden Tropopausenerklärung
1935 n. Chr.	Auguste Piccard erforscht Höhen bis 16500 m
ab 4.10.1957	Erforschung des Raums durch Satelliten und bemannte Raumschiffe
21.7.1969	Apollo 11; die Amerikaner Edwin Aldrin und Neil Armstrong betreten als erste Menschen die Mondoberfläche

3. Chemische Zusammensetzung der Atmospähre

Die Atmosphäre ist eine Gashülle um den Erdball, die aus folgendem Gasgemisch besteht (Volumenprozent):

Stickstoff (N_2)	78,08%
Sauerstoff (O_2)	20,95%
Argon (Ar)	0,93%
Kohlendioxyd (CO_2)	0,03%
ferner in geringen Beträgen	(0,01%):

Helium (He), Neon (Ne), Krypton (Kr), Wasserstoff (H), Xenon (X), Ozon (O_3)

Der Wasserdampfgehalt liegt bei ca. 1–4% je nach Luftmassenherkunftsbereich. Der Gehalt an Staub-, Ruß- und Rauchpartikeln variiert örtlich sehr stark.

Die chemische Zusammensetzung der Atmosphäre bleibt relativ konstant bis in eine Höhe von ca. 30 km. Durch die Einwirkung ultravioletter Strahlung bildete sich in 35 km eine Ozonschicht, die Raumstrahlungen weitgehend absorbiert und das Leben auf der Erde erst möglich macht. Der obere Teil der Ozonschicht (50 km) erreicht Temperaturen bis zu +60°Celsius.

Oberhalb der Ozonschicht nimmt die Luftdichte rapide ab, bis sich Sauerstoff und Stickstoff nur noch als Atome finden und wegen geringer Erdschwere ungehindert in den Weltraum abströmen, während kosmische Materie (Meteoriten) einströmt.

4. Aufbau der Atmosphäre

Man gliedert die Atmosphäre aufgrund der vorherrschenden Temperaturen von unten nach oben in Schichten (Abb. 3.1):

(1) Troposphäre	8–16 km Höhe
(2) Stratosphäre anschließend bis etwa	45 km Höhe
(3) Mesosphäre	50–80 km Höhe
(4) Ionosphäre (Thermosphäre)	80–400 km Höhe
(5) Exosphäre über	400 km Höhe

a) Troposphäre

Die Troposphäre (Griechisch: tropos = Wendung) ist die dem Flieger bekannteste Schicht, weil sich hier das Wettergeschehen abspielt.

In der Troposphäre nimmt die Lufttemperatur fast regelmäßig ab bis zur Tropopause (Grenzschicht).

$$0,65°C/100 \text{ m} \cong 2°C/1000 \text{ Fuß}$$

Die Höhenausdehnung liegt in kalten (Pol-) Gebieten bei ca. 8 km Höhe (mit -40 bis -65°C) und erreicht am Äquatorgürtel 17 km (mit -75° bis -80°C).

Die Druckabnahme in der Troposphäre ist, obwohl die Troposphäre weniger als 1% des Gesamtvolumen der Atmosphäre ausmacht, beachtlich, denn sie enthält mehr als 85% der Luftmasse der Atmosphäre.

b) Stratosphäre

Die Stratosphäre reicht bis in etwa 35–45 km Höhe und ist praktisch wolkenfrei; an ihrer Untergrenze herrscht nur noch ca. 10% des Bodendrucks. In der unteren (kalten) Stratosphäre liegen die Temperaturen ziemlich konstant bei -55°C, steigen aber in der oberen (warmen) Stratosphäre bis zur Stratopause (Grenzschicht) wieder bis auf ca. +10°C.

c) Mesosphäre

In der Mesosphäre (45–80 km Höhe) steigen die Temperaturen bis +100°C, um oberhalb der Ozonschicht bis zur Mesopause (Grenzschicht) wieder auf ca. -80°C abzunehmen. Hier tritt die seltene Erscheinung irisierender Perlmuttwolken auf.

d) Ionosphäre (Thermosphäre)

Oberhalb 80 km Höhe beginnt die Ionosphäre – im deutschen Sprachgebrauch auch Thermosphäre genannt –. Sie reicht bis ca. 400 km Höhe.
Die Ionisation in der Atmosphäre wird durch Einstrahlung ultravioletter Raumstrahlung verursacht (ähnlich der Ozonisierung). Wegen des in diesen Höhen herrschenden geringen Luftdrucks wird die Ionisierung begünstigt. Die ionisierten Gase haben die Fähigkeit, wie riesige Spiegel die von der Erde kommenden Radio- und Funkwellen zu reflektieren.

Vier besonders ionisierte (Reflexions-) Schichten sind bekannt:

D-Schicht	(80 km Mittelwert)
E-Schicht/Kenelly-/Heaviside-Schicht	(110 km Mittelwert)
F_1-Schicht ⎫ Appleton-Schichten	(200 km Mittelwert)
F_2-Schicht ⎭	(300 km Mittelwert)
G-Schicht	(450 km Mittelwert)

Diese Schichten wechseln in der Höhe mit der Jahres- und Tageszeit. Das Nordlicht und die leuchtenden Nachtwolken sind Erscheinungen in der Ionosphäre.

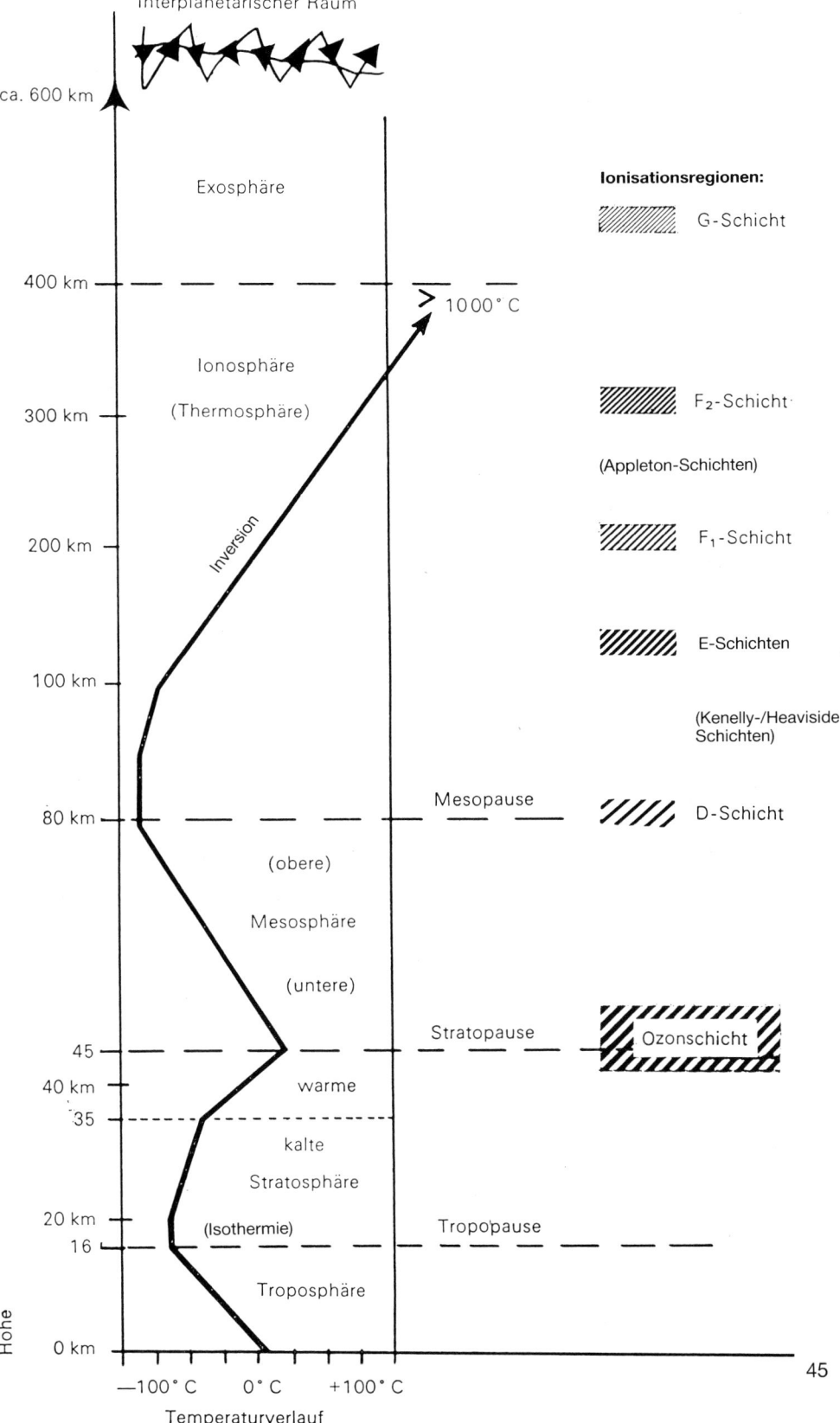

Abb. 3.1 Der Aufbau der Atmosphäre (sehr schematisch).

e) Exosphäre (Dissipationssphäre)

In der Exosphäre, die eine Übergangsschicht zum Weltraum darstellt, ist die Erdschwere und Luftdichte so gering, daß sich Moleküle ohne Behinderung frei bewegen. Die Ausdehnung ist nicht genau und scharf definierbar. Zwischen 400 und 6000 km Höhe liegen die Werte.

f) Die Normalatmosphäre (Standardatmosphäre)

Am 1. 4. 1957 einigte sich die ICAO (International Civil Aviation Organisation-Internationale Zivilluftfahrtbehörde) auf eine ›Normalatmosphäre‹ (ICAO standard atmosphere), u. a. zur Vereinfachung des Meßwesens für Höhenangaben und Eichungen von Luftfahrtgerät. Basiswerte beziehen sich auf *Normalniveau/NN* (mean sea level/MSL), bezogen auf den Nullpunkt des Amsterdamer Pegels. Die Hauptwerte sind:

Luftdruck/NN	1013,25 hPa
Temperatur/NN	15°C
Luftfeuchte/NN	0 %
Luftdichte/NN	0,129 kg/m³
Temperaturabnahme	0,65°C/100 m ≙ 2°C/1000 Fuß bis 11 000 m/NN
Stratosphärentemperatur	konstant -56,5°C

Meteorologen, Aerodynamiker und Techniker nehmen diese Werte als Basis ihrer Berechnungen und Analysen.

5. Eigenschaften der Atmosphäre

a) Luftdruck

Der Luftdruck (atmospheric pressure) ist die Kraft pro Flächeneinheit, die eine Luftsäule unter Einwirkung der Erdbeschleunigung (g) auf einen Ort ausübt.

Gesetzliche SI-Einheit ist ›Pascal‹ (Pa). Für meteorologische Luftdruckangaben ist das Hektopascal (hPa) vorgeschrieben:

1 hPa = 1 mb = 0,75 mm Hg = 0.295 inches Hg = 100 N/m²

In NN beträgt der Luftdruck im Durchschnitt 1 (physikalische) atm, entsprechend etwa 1013 hPa (mb).

Weitere, allgemein bekannte Maße für den Normalluftdruck sind noch:

14.70 englische Pfund pro Quadratzoll (psipounds per square inch)
29.92 Zoll Quecksilbersäule (inches of mercury)
10 m Wassersäule = 1 atm = 1013.25 hPa
760 mm Quecksilbersäule (Hg)

Luftdichte (ρ) (Density) ist der Zustand der Luft an einem Normaltag (s. a. Normalatmosphäre) ausgedrückt als Luftmasse pro Raumeinheit (mit dem Index Null z. B. in Meereshöhe).

$$\rho_0 = 0,1249 \ (kg \cdot s^2/m^4).$$

Luftwichte (γ) (Pressure) – spezifisches Gewicht – ist die Gewichtskraft der Luft in der Raumeinheit, also das Produkt aus Luftdichte und Erdbeschleunigung ($g = 9,81$ m/s^2).

$$\gamma_0 = 1,226 \ (kg/m^3).$$

Ändern sich Beobachtungshöhe, Barometerstand oder Temperatur, so ändert sich die Gewichtskraft eines Kubikmeters Luft, also die Luftwichte. Ganz allgemein gilt:

(a) Mit zunehmender Höhe nimmt die Luftwichte ab. Dicht über der Meeresoberfläche z. B. enthält ein Kubikmeter Luft mehr Moleküle als in größeren Höhen. Maß für die über dem Beobachtungsort lagernde Luftsäule ist der auf dem Barometer angezeigte Luftdruck.

Höhe (km)	Luftdruck (hPa)	Luftdichte in % des Bodenwertes
0	1013	100
10	264	30
20	57	7
40	3	0,3
50	1	0,1

b) Die Luftwichte ist von den Veränderungen der jeweiligen Wetterlage abhängig. Hochdruckgebiete (hoher Barometerstand am Boden) bedeuten eine Vergrößerung der Luftwichte, Tiefdruckgebiete – durch niedrigen Barometerstand gekennzeichnet – eine Verringerung in den verschiedenen Höhenschichten.

b) Temperatur

Temperatur ist das mittlere Maß für die kinetische Energie (Wärmezustand) der einzelnen Moleküle, die in ständiger ungeordneter Bewegung sind. Bei höheren Temperaturen liegt die mittlere Molekulargeschwindigkeit höher als bei niedrigen, beim absoluten Nullpunkt (0° Kelvin = -273.16°C) hört jede intermolekulare Bewegung auf.

Wärme dagegen ist die Summe der kinetischen Energie aller Moleküle in der Luft, gemessen in Joule (1 cal = 4,1868 Joule –J–).
Man verwendet verschiedene Skalen, um Temperaturen zu messen:

Celsius (1742)
wählte als Siedepunkt des Wassers 0°C und den Gefrierpunkt mit 100°C. Später wurden die Anhaltswerte ausgetauscht; man verwendet diese Skala heute allgemein in Technik und Wissenschaft.

Fahrenheit (1710)
wählte die Temperatur eines Wintertages in Danzig als Nullpunkt und die normale Körpertemperatur des Menschen als oberen Re-
ferenzpunkt; seine Skala wurde in 96 Teileinheiten unterteilt.

Réaumur (1731)
wählte den Gefrierpunkt des Wassers als Nullpunkt, den Siedepunkt nahm er mit 80° R an.

Kelvin (1850)
führte die Absolute- oder Kelvinskala ein, die Celsiusgrade verwendet, jedoch beim absoluten Nullpunkt (-273,16°C) beginnt. SI-Einheit ist Kelvin (K). 0 K entspricht dem absoluten Nullpunkt (-273,15°C). In der Troposphäre sinkt die Temperatur mit zunehmender Höhe ab, und zwar im Mittel 0,5°C pro 100 m Höhenzunahme. Die Temperaturabnahme pro 100 m Höhe wird als Temperaturgradient (lapse rate) bezeichnet.

Beträgt die Temperaturabnahme 1°C/100 m, so spricht man von einem adiabatischen Gradienten (dry adiabatic lapse rate), die Luft kühlt sich adiabatisch beim Aufsteigen ab.
Beträgt die Abnahme mehr als 1°C/100 m, so haben wir einen überadiabatischen Gra-

dienten (steep adiabatic lapse rate) mit sehr labiler Luft.

Bleibt die Temperatur trotz Höhenzunahme konstant, so wird dies als Isothermie (isothermal layer), nimmt sie sogar zu als Inversion (inversion layer) bezeichnet.

Bei sinkenden Temperaturen ziehen sich die meisten Stoffe (außer Eis und einigen Gasarten) zusammen. Ein Kubikmeter kalte Luft hat mehr Moleküle, also mehr Masse und damit ein höheres Gewicht, was wiederum höheren Druck verursacht, als ein Kubikmeter warme Luft.

c) Luftfeuchtigkeit (humidity)

Die in der Atmosphäre enthaltene Wasserdampfmenge ist relativ gering, sie reicht von Spuren (1/15% bei -25°C) bis ca. 4% des Volumens bei +30°C in gesättigter Luft. Ohne Luftfeuchtigkeit gäbe es kein Leben, wie wir es kennen; sie ist Ursache der Wolken, des Regens und beeinflußt durch Absorption der Strahlungsenergie die Lufttemperatur.

Das Vermögen der Luft, Feuchtigkeit aufzunehmen, hängt von der Temperatur ab; je höher die Temperatur steigt, um so mehr Wasserdampf kann die Luft pro Raumeinheit aufnehmen.

Die Luftfeuchtigkeit wird durch den Wasserdampfdruck in der Luft angegeben, der mit Temperatur und Höhe über NN veränderlich ist.

Basis aller Messungen ist der jeweils maximal erreichbare Sättigungsdampfdruck, dem gegenüber der tatsächlich vorhandene Dampfdruck steht. Maß dafür ist die sogenannte Relative Luftfeuchtigkeit (angegeben in %):

$$\text{Relative Luftfeuchtigkeit} = \left(\frac{\text{vorhandener Dampfdruck}}{\text{Sättigungsdampfdruck}} \times 100 \right)\%$$

Gesättigte Luft hat z. B. bei 15°C einen Dampfdruck von 17.0 hPa; liegt der tatsächlich gemessene Wert bei nur 12.75 hPa, so ergibt dies eine relative Luftfeuchte von 75%. Wird diese (ungesättigte) Luft weiter abgekühlt, so wird bei 10,5°C der Sättigungszustand, der Taupunkt, erreicht.

Taupunkttemperatur ist die Temperatur, bei der der jeweils vorhandene Dampfdruck zur Sättigung ausreicht, d. h. Wassertröpfchen in Form von Wolken, Nebel ausfallen, kondensieren.

Durch Vergleich der Luft- und Taupunkttemperatur findet man die **Taupunktdifferenz** (dewpoint spread), die ein Maß für die Trockenheit der Luft ist. Je größer die Differenz, desto größer die Lufttrockenheit. Ist die Taupunktdifferenz Null, so ist der Sättigungszustand erreicht.

Die Luftfeuchtigkeit bestimmt Art und Menge der Wolkenbildung, die von der Stabilität der Luft abhängt.

Die Temperaturänderung nach der Trockendiabate (dry adiabatic lapse rate) beträgt 1°C/100 m, d. h. die Luft wird durch eine hebende Kraft (lifting action) von einem hohen in ein niederes Druckniveau gehoben, ohne daß Wärme zugeführt oder abgegeben wird. Sobald die Luft das Kondensationsniveau (LCL = lifting condensation level) erreicht hat, also gesättigt ist, und Taupunkt und Lufttemperatur zusammenfallen, kühlt sich die Luft nur noch nach dem feuchtadiabatischen Gradienten (saturated adiabatic lapse rate) 0,5°C bis 0,65°C/100 m ab, der wegen der Abhängigkeit von Temperatur und Druck sehr viel komplizierter in der Berechnung ist. Grund für den feuchtadiabatischen Vorgang ist die freiwerdende Kondensationswärme.

Beispiel für einen trocken- und feuchtadiabatischen Vorgang bietet der Föhn-Wind des Alpengebietes.

Die Stabilität der Atmosphäre ist erkennbar aus dem beobachteten atmosphärischen Temperaturgradienten (observed or normal lapse rate) im Vergleich zum trocken- bzw. feuchtadiabatischen Gradienten und ferner an der Temperatur-Taupunktdifferenz. Liegt der beobachtete Temperaturgradient unterhalb des adiabatischen, spricht man von sta-

biler, liegt er oberhalb, spricht man von labiler Luft.

Vertikale Hebevorgänge in der Atmosphäre sind:
Thermik (convective lifting)
Aufgleitströmung an Gebirgen (orographic lifting)
Kaltfront (frontal lifting)
Konvergenzströmung in Tiefdruckgebieten (convergence)

Eigenschaften stabiler und labiler Luft

	stabil	labil
Temperaturgradient (... als adiabatisch)	niedriger	höher
Sichtverhältnisse	schlecht (Nebel und Dunst)	gut, außer in Niederschlägen
Wolkenart	Stratus-Typ/St, As, Cs, Ns	Cumulus-Typ/Cu, Cc, Cb
Niederschlag	wenig; oder gleichförmig (Niesel)	Schauer
Vereisungsart	Rauheis	Klareis
Flugbedingungen	ruhig	turbulent

d) Strahlung

Die Sonneneinstrahlung ist Motor aller Bewegungsabläufe in der Atmosphäre. In Form hauptsächlich sichtbarer elektromagnetischer Wellen des Wellenspektrums dringt Strahlung auf die Erde und in ihre Atmosphäre.

Die **Solarkonstante**
(1.94 cal/cm² · min = 1.39 kW/m²)

ist Maß für die Sonneneinstrahlung (Insolation). Ca. 5% der relativ kurzwelligen Sonneneinstrahlung wird absorbiert durch die Ozonschicht, 40% werden reflektiert durch die Wolkenbedeckung, 15% werden durch

den Wasserdampf in der Atmosphäre absorbiert, so daß nur ca. 40% tatsächlich der Erdoberfläche als Wärme zugeführt werden. Durch Streustrahlung werden besonders das charakteristische Blau der unteren Atmosphäre bei klarem Himmel, das milchige Weiß bei bedecktem Himmel hervorgerufen. Die Wellenlänge der Ausstrahlung aufgenommener Wärme ist umgekehrt proportional zur Temperatur des ausstrahlenden Körpers – der Erde –. Die Erde ist relativ kalt, so daß sie im relativ langwelligen Infrarot-Band Wärme abgibt, die wiederum von der Atmosphäre durch Wasserdampf und Wolken teilweise aufgenommen wird, bekannt als »Treibhaus-

oder Gewächshaus-Effekt« (greenhouse effect).

Obwohl insgesamt die Energie der Einstrahlung gleich der Abstrahlung sein muß, bestehen doch Unterschiede hinsichtlich der Breitenlage (latitude) verschiedener Orte auf unserem Planeten. Im Äquatorialstreifen, wo die Sonne fast immer im Zenit steht, kommt es zu einem Energieüberschuß an Einstrahlung, während im Polargebiet naturgemäß die Abstrahlung höher ist. Diese Ungleichheit beeinflußt die Luftdichte (density), was einen Luftdruckunterschied zwischen Polen und Äquator hervorruft, der wiederum eine Luftzirkulation (Winde) verursacht, die überschüssige Wärme von niederen in höhere Breiten überträgt.

Das Gleichgewicht in der Atmosphäre ist heutzutage bereits gestört, weil die schützende Ozonschicht, vor allem über den Polen, sogenannte »Ozonlöcher« aufweist. Nachgewiesenermaßen haben dazu in einschneidender Weise u. a. schädigende Umwelteinflüsse, die vornehmlich durch die Industrienationen verursacht wurden, beigetragen (FCKW/Fluorchlorkohlenwasserstoffe, Abgase durch Verkehrsmittel aller Art, Haushalte, Industriewerke usw.). Raubbau an Natur und Umwelt sowie ungebremstes Konsumverhalten können zu schwerwiegenden klimatologischen Veränderungen auf der Erde und in der Atmosphäre führen, die der Menschheit sehr schaden werden.

KAPITEL 4

Grundlagen der Meteorologie

1. Einführung

Die Meteorologie (Wetterkunde) ist die Wissenschaft von der Physik der Lufthülle (siehe auch Kapitel 3). Man unterscheidet die synoptische Wetterkunde, die den Wetterablauf gleichzeitig über größeren Gebieten, und die Klimatologie, die das Klima erfaßt. Zwar müssen die Vorgänge im Weltraum Berücksichtigung finden, in erster Linie aber befaßt

sich die Meteorologie praktisch mit den sichtbaren Wettererscheinungen in der unteren Schicht der Atmosphäre – der Troposphäre. Die Flugmeteorologie hat sich zu einem wichtigen Zweig der Wetterkunde entwickelt und berücksichtigt insbesondere die für den Luftverkehr bedeutenden Wettererscheinungen.

2. Luftmassen

Riesige Luftmassen mit mehr oder weniger gleichmäßiger Zusammensetzung hinsichtlich Temperatur und Feuchtigkeitsgehalt werden durch die Zirkulation innerhalb der Atmosphäre bewegt. Luftmassen werden charakterisiert nach ihrem Herkunftsbereich, der Rückschlüsse auf die Zusammensetzung und das zu erwartende Wettergeschehen erlaubt. Man unterscheidet nach dem Herkunftsbereich zunächst polare (P), arktische (A) und tropische (T) Luftmassen mit der weiteren Unterteilung, ob diese Luftmassen aus kontinentalen (c) oder maritimen (m) Regionen stammen (Abb. 4.1). Zur genaueren Differenzierung von Luftmassen kann noch ein Zusatzbuchstabe hinzugefügt werden: –k– sofern die Luft kälter, –w– sofern die Luft wärmer als die Bodentemperatur ist.

Abgesehen von geringen Einflüssen durch

die Beschaffenheit der Erdoberfläche, über die die Luftmassen ziehen, ergeben sich allgemein folgende einheitliche Wettergeschehen:

(1) Kontinentale-polare/-arktische Luftmassen

(continental polar = cP / continental arctic = cA)

Herkunftsbereich: Grönland, Nord-Rußland, Finnland.

Wettererscheinung: Trockene, stabile kalte Luft, die klares Wetter über Nordeuropa verursacht. Bei Einfluß bis in den Mittelmeerraum wird diese Luftmasse unstabil und feucht und bringt für Südeuropa unbeständiges Wetter mit Regenschauern.

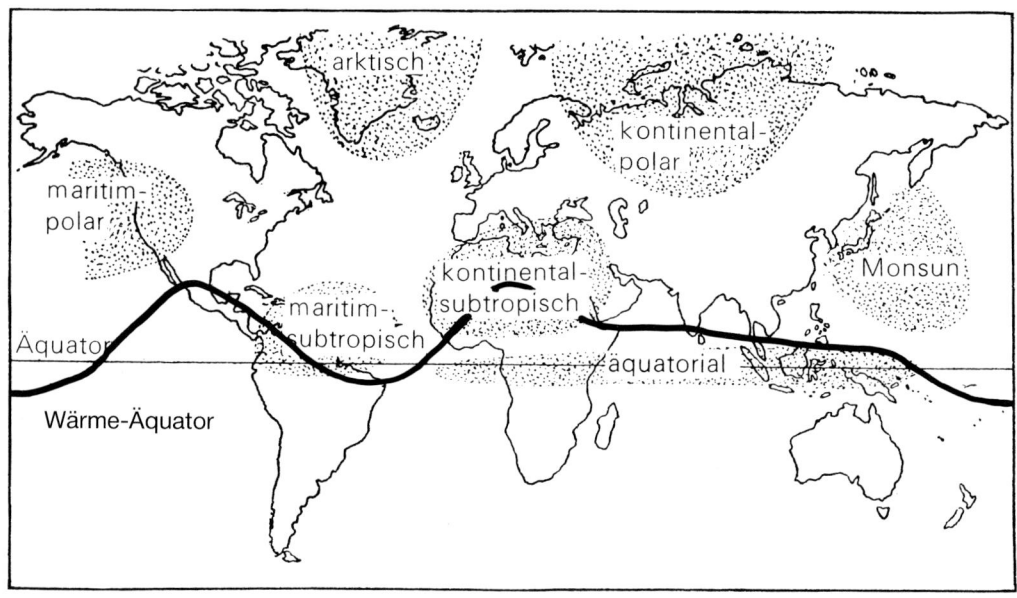

Abb. 4.1 Herkunftsbereiche der Luftmassen und »Wärmeäquator«.

(2) Maritime-polare/-arktische Luftmassen

(maritime polar = mP / maritime arctic = mA)

Herkunftsbereich: Nordwestküste Nordamerikas und Nordmeere, Grönland, Spitzbergen.

Wettererscheinung: Feuchte, kalte Luft mit unbeständigem Wetter und gelegentlichen Gewittern.

(3) Kontinentale subtropische Luftmassen

(continental tropical = cT)

Herkunftsbereich: Nordafrika, Südbalkanhalbinsel.

Wettererscheinung: Trockene, warme Luft. Hauptsächlich in Südeuropa schwere Stürme im Mittelmeerraum.

(4) Maritime subtropische Luftmassen

(maritime tropical = mT)

Herkunftsbereich: Südlicher Teil des Atlantischen Ozeans, Azoren und Mittelmeer.

Wettererscheinung: Feuchte, warme Luft. Im Sommer typisches gutes Sommerwetter (»Azorenhoch«), im Winter schlechtes, feuchtes Wetter mit Nieselregen.

(5) Äquatoriale Luftmassen (E)

(intertropical zone of convergence = ITC)

Herkunftsbereich: Äquatorstreifen, Tropen.

Wettererscheinung: Feuchtes, heißes Klima mit gelegentlichen schweren Stürmen und Gewittern (Hurricane, Taifune) hervorgerufen durch Zusammentreffen der NO- und SO-Passate.

(6) Monsun-Luftmassen

(monsoon)

Herkunftsbereich: Südasien.

Wettererscheinung: Heiße, feuchte Luft vom Pazifik. Im Sommer tropische Regenschauer von Indien bis Korea (Regenzeit); im Winter durch Umkehr der Strömungsrichtung trockene, warme Luft (Trockenzeit).

3. Tief- und Hochdruckgebiete

Ein Merkmal der Atmosphäre, das das Wetter beeinflußt, ist die ständige Zirkulation und Bewegung der Luftmassen zum Ausgleich der herrschenden Temperatur-, Druck- und Feuchtigkeitsverhältnisse auf der Erdoberfläche.

Die Sonnenstrahlung liefert die Bewegungsenergie, während die Erdrotation die Richtung der Strömung bestimmt.

Die Luft steigt über dem Äquator auf (äquatoriale Tiefdruckrinne), strömt zu den Polen, sinkt dort durch Abkühlung ab und strömt durch Druckunterschied über die Erdoberfläche in den Äquatorialbereich zurück. Die Kraft der Erdrotation (nach seinem Entdecker *Coriolis-Effekt* benannt) bewirkt eine Ablenkung der Strömungsrichtung. Gebiete hohen und tiefen Drucks sind die Ursachen allen Wettergeschehens. Luftmassen hohen Drucks bewegen sich in Gebiete tiefen Drucks.

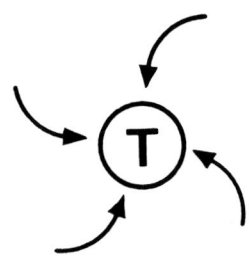
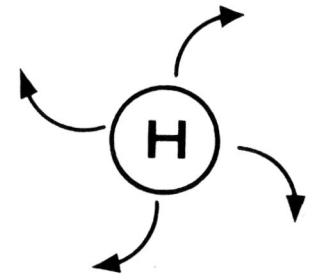

Abb. 4.2

(1) Tiefdruckgebiet

Ein Tiefdruckgebiet (Zyklone) ist ein Gebiet tiefen Drucks, das, von geschlossenen Isobaren umgeben, auf der Wetterkarte mit T (Tief) oder L (Low) gekennzeichnet ist und auf der Nordhalbkugel von Winden entgegengesetzt der Uhrzeigerrichtung umkreist wird.

Tiefdruckgebiete bevorzugen bestimmte Zugbahnen. Einzelne zyklonale Störungen bilden die Ausnahme; meistens treten Zyklonenserien aus 3 bis 5 Gliedern bestehend auf, wofür im Mittel etwa 6 Tage angesetzt werden. Nach Durchzug von etwa 4 Serien erfolgt häufig ein besonders heftiger, abschließender Polarlufteinbruch, der ruhiges Hochdruckwetter aufbaut.

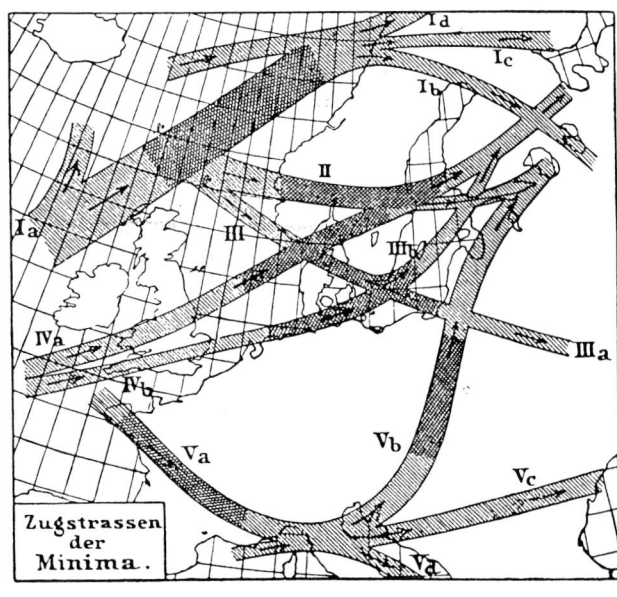

Abb. 4.3 Hauptzugstraßen der Tiefdruckgebiete (nach van Bebber).

(2) Hochdruckgebiet

Ein Hochdruckgebiet (Antizyklone) ist ein Gebiet, in welchem der Luftdruck höher als in seiner Umgebung ist, auf der Wetterkarte mit H (Hoch/High) gekennzeichnet, von Winden im Uhrzeigersinn umkreist, die aus dem Zentrum herausdrehen.

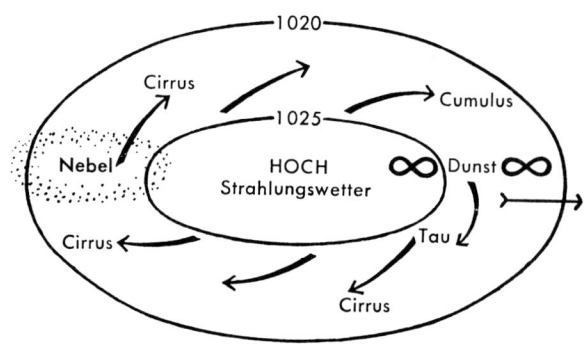

Abb. 4.4

4. Wind, Wolken

Windschichtungen und Wolkenbildungen sind fühl- und sichtbarer Beweis für Zirkulationsvorgänge in der Atmosphäre.

Diese Bewegungskreisläufe werden hervorgerufen und unterhalten durch:
– Wärmeenergie durch Sonnenstrahlung
– ablenkende Kraft der Erdrotation (Coriolis-Effekt)
– Verschiedenartigkeit der Erdoberfläche (Topographie: Land, Wasser, Berg, Tal)
– jahreszeitliche Einflüsse.

(1) Wind

Die horizontale Luftströmung in der Atmosphäre, der Wind, wird durch den Luftdruckunterschied an verschiedenen Orten verursacht. Auf einer stillstehenden Erde würde die Luft unmittelbar von einem Gebiet hohen Druckes zum Gebiet tiefen Druckes fließen und so die Druckdifferenzen ausgleichen. Infolge der Erdrotation aber wird bei großräumigen Luftbewegungen die strömende Luft auf der Nordhalbkugel nach rechts abgelenkt, bis schließlich ein Gebiet tiefen Drukkes, entgegen dem Uhrzeigersinn, von einem Gebiet hohen Druckes, im Uhrzeigersinn drehend, umflossen wird. Die Strömungsrichtungen verlaufen auf der Südhalbkugel umgekehrt.

Ursache der Luftströmung kann die ver-

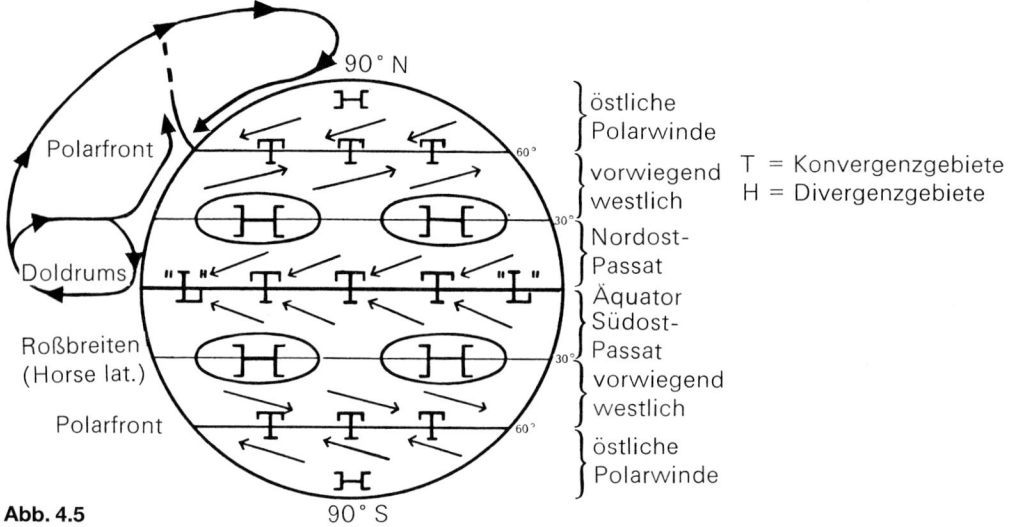

Abb. 4.5

schiedene Erwärmung des Untergrundes sein. So erwärmt sich am Tage das Land rascher als das Meer, während nachts das Meer die Temperatur länger hält als das Land. Durch diesen Temperaturgegensatz bildet sich ein Druckgefälle aus. In der Nähe der Erdoberfläche strömt tagsüber die Luft vom Meer zum Land (Seewind), nachts vom Land zum Meer (Landwind). In den höheren Schichten verlaufen die Strömungen umgekehrt, und zwar tagsüber vom Land zum Meer, nachts vom Meer zum Land. Dieser Kreislauf wird tagsüber durch aufsteigende Bewegung über dem erwärmten Land und absinkende Luft über dem kühleren Meer geschlossen. Bei diesem relativ kleinräumigen Strömungssystem spielt die ablenkende Kraft der Erdrotation keine wesentliche Rolle. Ähnlich wie derartige See- und Landwinde, entstehen je nach Jahreszeit örtliche oder

lokale Winde auch zwischen Feld und Wald und Berg und Tal.

Druckunterschiede als Folge unterschiedlicher Erwärmung der verschiedenen Breitenzonen sind analog auch die Ursache der großen Druck- und Windsysteme der Erde.

Der Äquatorgürtel wird stärker erwärmt als die übrigen Teile der Erde. Dadurch steigt am Äquator die Luft auf. Sie fließt in die Höhe – entsprechend dem vorher erwähnten kleineren Beispiel – nach Norden und Süden ab. An der Erdoberfläche strömen Luftmassen dem Äquator zu. Sie werden aber infolge der ablenkenden Kraft der Erdrotation (Coriolis-Effekt) auf der nördlichen Halbkugel nach rechts, auf der südlichen Halbkugel nach links abgelenkt. Deshalb wird aus dem Nordwind ein Nordostwind, der als Nordostpassat, aus dem Südwind ein Südostwind, der als Südostpassat bezeichnet wird.

Windstärke nach Beaufort	Geschwindigkeit m/s	Auswirkungen des Windes im Binnenland	Auswirkungen des Windes auf See	Wellenhöhe m	Seegang (Windsee)
0 Windstille	0–0,2	Rauch steigt gerade empor	Spiegelglatte See	0	0 spiegelglatte See
1 leichter Zug	0,3–1,5	Windrichtung nur durch Rauch erkennbar	Schuppenförmige Kräuselwellen	0,011	1 gekräuselt
2 leichte Brise	1,6–3,3	Wind im Gesicht fühlbar, Blätter säuseln	Kurze kleine Wellen, Kämme brechen sich nicht	0,055	2 schwach bewegt
3 schwache Brise	3,4–5,4	Blätter und dünne Zweige bewegen sich	Kämme beginnen sich zu brechen, Schaum meist glasig	0,182	
4 mäßige Brise	5,5–7,9	Bewegt Zweige, dünne Äste, hebt Staub	Noch kleine Wellen, aber vielfach weiße Schaumköpfe	0,55	3 leicht bewegt
5 frische Brise	8,0–10,7	Kleine Bäume beginnen zu schwanken	Mäßig lange Wellen mit Schaumkämmen	1,3	4 mäßig bewegt
6 starker Wind	10,8–13,8	Pfeifen an Drahtleitungen	Bildung großer Wellen (2,5–4 m) beginnt, größere Schaumflächen	2,5	5 grob

Windstärke nach Beaufort	Geschwindigkeit m/s	Auswirkungen des Windes im Binnenland	Auswirkungen des Windes auf See	Wellenhöhe m	Seegang (Windsee)
7 steifer Wind	13,9–17,1	Fühlbare Hemmung beim Gehen	See türmt sich, Schaumstreifen in Windrichtung	4,5	6 sehr grob
8 stürmischer Wind	17,2–20,7	Bricht Zweige von den Bäumen, erschwert erheblich das Gehen	Hohe Wellenberge (über 7 m) Gipfel beginnen zu verwehen	7,0	
9 Sturm	20,8–24,4	Kleinere Schäden an Häusern und Dächern	Dichter Schaumstreifen, »Rollen« der See, Gischt verweht	11,0	7 hoch
10 schwerer Sturm	24,5–28,4	Entwurzelt Bäume, bedeutende Schäden	Sehr hohe Wellenberge, See weiß durch Schaum	15,8	8 sehr hoch
11 orkanartiger Sturm	28,5–32,6	Verbreitet schwere Sturmschäden (sehr selten)	Außergewöhnlich hohe Wellenberge, Wellenkämme überall zu Gischt verweht	22,2	9 außergewöhnlich schwere See
12 Orkan	über 32,7	Verwüstende Wirkungen	Luft mit Schaum und Gischt angefüllt, keine Fernsicht mehr	über 23	

(a) Lokale Winde,

die regelmäßig oder periodisch auftreten, tragen gebietsweise verschiedene Namen, obwohl sie oft aufgrund ähnlicher meteorologischer Vorgänge entstehen und ähnliche Merkmale haben:

Name	Region	Merkmale	Zeit
Berg	Südafrika	warmer Fallwind	ganzjährig
Bise	Schweiz	kalter Nordostwind	ganzjährig
Blizzard	Nordamerika	sehr kalter, heftiger, mit Schneefällen verbundener NW-Sturm	Winter
Bora	jugoslawische Küste	kalter, trockener Fallwind	Winter
Boraccia	s. o.	besonders starke Bora	s. o.
Bora von Noworossisk	Schwarzmeerküste	heftiger, kalter Wind	Herbst/Winter
Brickfielder	Australien	heißer Nordwind	Sept. bis Febr.

Name	Region	Merkmale	Zeit
Buran	Sibirien	kalter N-/NO-Sturm	Winter
Chamsin	Niltal/Ägypten	heißer, trockener Staubsturm	Frühjahr
Chinook	Rocky Mountains/ USA-Kanada	warmer Fallwind	ganzjährig
Föhn	Alpen-/-vorland	warmer Fallwind	ganzjährig
Ghibli	Libyen	heißer, trockener Staubwind	Frühjahr
Habub	Sudan	heißer, trockener Sandsturm	bei trockenen Gewittern
Harmattan	Westafrika	trockener, staubreicher NO-Wind	Winter
Hurrikan	Nordatlantik und Westindien	verheerender tropischer Wirbelsturm	Aug. bis Okt.
Mistral	Rhônetal	kalter, trockener Fallwind	Winter/Frühjahr
Monsun	Indischer Ozean	im Sommer land-/Winter meerwärts	ganzjährig
Norte	Mittelamerika	polarer Kaltlufteinbruch	Winter
Norther	USA/Mexiko	s. o.	s. o.
Pampero	Argentinien/La Plata-Gebiet	kalter SW-Sturm mit Gewittern	Nov. bis Febr. (Südsommer)
Passat	tropische/sub- tropische Ozeangebiete	fast beständiger NO- bzw. SO-Wind	ganzjährig
Samum	Wüstengebiete Nordafrika/Arabien	trockener, sehr heißer Wüstensturm	Sommer
Schirokko	Mittelmeergebiete (Italien/Griechenland)	warmer, trockener, staubiger afrikanischer Wüstenwind	Frühjahr
Suchowei	Süd-UdSSR	trockener, staubreicher SO-Wind	Sommer
Southerly Busters	Australien/Neuseeland	kalte Südwinde	Sept. bis Febr.
Taifun	Ostasien	verheerender tropischer Wirbelsturm	Juli bis Nov.
Tornado	USA	verheerender Wirbelsturm	März bis Okt.
Tornado	Westafrika	starke Winde bei Wärmegewittern	Sommer (Anfang/Ende Regenzeit)
Willy-Willy	NW-Australien	tornadoähnlicher Wirbelsturm	Nov. bis März (Südsommer)
Zonda	Argentinien	heißer Pampaswind	ganzjährig

Abb. 4.6 Windhose (Trombe).

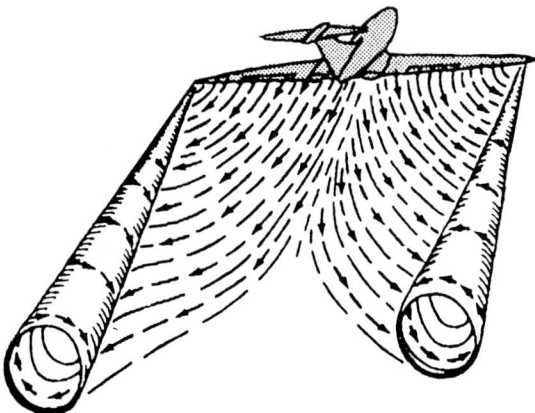

Abb. 4.7 Wirbelschleppen entstehen aufgrund der Druckunterschiede an den Unter- und Oberseiten der Tragflügel. Besonders stark sind die Luftwirbel hinter startenden Großflugzeugen.

(b) Wirbelstürme

Tropische Wirbelstürme, die in Nordamerika *Hurrikan* und in Südostasien *Taifun* genannt werden, entstehen immer in Äquatornähe, stets über Meeren. Viel Wärme – Wassertemperaturen von mindestens 28°C – und hohe Luftfeuchtigkeit sind Voraussetzung für die Entstehung, denn nur so können sie ihre gewaltigen, verwüstenden Energien entwickeln. Die Verbindung von Wärme und Luftfeuchtigkeit entwickelt Kondensationserwärmung, die in die typische rotierende Bewegungsenergie umgesetzt wird.

Die meisten tropischen Wirbelstürme, die mehrere hundert Kilometer Ausdehnung haben können, toben sich über dem Meer aus

oder verlieren ihre vernichtende Energie, sobald sie das Festland erreichen.

Im Gegensatz zu den gleichmäßig temperierten Luftmassen der Taifune und Hurrikane benötigen *Tornados* zur Entwicklung unterschiedlich warme und kalte Luftmassen. Sie sind auch kleinräumiger, mit einem nur wenige Meter breiten Zentrum. In den USA werden jährlich etwa 220 Tornados registriert. Entstehungsorte lassen sich ebensowenig vorhersagen wie die genaue Ursache. Die auch bei uns vorkommenden *Wind- und Wasserhosen* (Tromben) sind ähnliche Erscheinungen, wenn auch in wesentlich geringerem Ausmaß. Bezeichnendes Merkmal ist der herabhängende Wolkenschlauch.

(c) Windscherung und Turbulenz

Windscherung (wind shear) und Turbulenzen (turbulence) sind dynamische, plötzlich spürbare Vorgänge in der Atmosphäre, die durch atmosphärische, orographische und physikalische Reibung entstehen und sehr schnell Windänderungen verursachen, die zu gefährlichen Flugsituationen, vor allem in Bodennähe, führen können.

Windscherungen (horizontal und vertikal) an der oberen Grenze der Wetterzone, die in klarer Luft auftreten, werden Klarluftturbulenz (CAT-clear air turbulence) genannt. Sie findet

sich hauptsächlich in der Nähe von Strahlströmen (Jet Stream), scharf ausgeprägten troposphärischen Tiefdrucktrögen und Hochdruckrücken, den Spitzen von Cb-Türmen sowie in Strömungswellen von Küsten- und Bergregionen. Ein Flughöhenwechsel wird oft zur Minderung der störenden Einflüsse führen. Ferner treten sie in Bodennähe in Verbindung mit Gewittern und Schauern auf (Windböen, Böenwalzen, die plötzliche Änderungen von Windrichtungen und -stärke hervorrufen).

Zwischen Erdboden und Tropopause – dem Bereich der Wetterzone – muß Luft zur Einleitung einer Vertikalströmung (Konvergenz) von allen Seiten zufließen (Aufwind durch Sogeffekt). Nach Beendigung dieser Aufwärtsströmung folgt die Luft den Überdruckbestrebungen und sinkt wieder ab (Divergenz mit Fallwind). Am Beispiel der Entwicklung von Gewittern läßt sich dies anschaulich nachvollziehen.

Spürbare Turbulenz entsteht nicht allein aufgrund vertikaler oder horizontaler Luftbewegung, sondern nur durch schnelle Windveränderung entlang einer durchflogenen Strecke, ob in großer Höhe oder in kritischer Bodennähe. Die Spürbarkeit des Windes und der damit verbundenen Turbulenzen ist abhängig von der Eigengeschwindigkeit des Flugzeuges zur mittleren Windgeschwindigkeit.

Wirbelschleppen (wing tip vortices/wake turbulence), von großen Verkehrsflugzeugen beim Start vor allem verursacht, sind vergleichbar – und auch sehr gefährlich für im Anflug befindliche Flugzeuge. Meßgeräte zeigen die in Bodennähe auftretenden Werte von Windscherungen/Turbulenzen an und werden den Piloten vom Flugsicherungspersonal unverzüglich mitgeteilt.

(2) Wolken

Überschreitet der in der Luft enthaltene Wasserdampf einen bestimmten, mit ansteigender Temperatur zunehmenden Höchstwert (Taupunkt), so wird der Überschuß als feinste Wolken- oder Nebeltröpfchen ausgeschieden; der Wasserdampf kondensiert an stets in der Luft vorhandenen Kondensationskernen. Die für die Kondensation notwendige Abkühlung kann dadurch erreicht werden, daß die Luft ansteigt (Konvektion) und sich dabei abkühlt. So entstehen Wolken.
Erfolgt die notwendige Abkühlung durch Berührung der Luft mit der kalten Bodenunterlage (Advektion), dann entsteht Nebel. Nebelauflösung erfolgt durch Erwärmung.

In größeren Höhen, d. h. in Luftschichten mit genügend tiefen Temperaturen fliegende Düsenflugzeuge bilden einen Kondensstreifen, vergleichsweise etwa mit Cirruswolken. Durch den Ausstoß des warmem Wasserdampfes und von Kondensationskernen wird bei entsprechend niedrigen Temperaturen die Bildung von Kondensfahnen (contrails) begünstigt.
Wolkenformen weisen auf das Stabilitätsverhalten der Luft hin:

Abb. 4.8

Wolkenformen

Höhe	Wolkengattung	Abk.
Hohe Wolken über 6000 m	Cirrus (Federwolken)	Ci
	Cirrostratus (weißlicher Schleier)	Cs
	Cirrocumulus (Schäfchenwolken)	Cc
Mittelhohe Wolken 2000–6000 m	Altostratus (dichter, graublauer Schleier)	As
	Altocumulus (Wolkenballen in Gruppen oder Reihen)	Ac
	– Föhnwolken (Lenticularis) –	Aclen
Tiefe Wolken unter 2000 m	Stratus (Schichtwolken)	St
	Stratocumulus (den ganzen Himmel bedeckende Wolkenballen)	Sc
	Nimbostratus (niedrighängende Regenwolken)	Ns
Wolken mit vertikalem Aufbau	Cumulus (Haufenwolke)	Cu
	Cumulonimbus (Gewitterwolke)	Cb
Basis 100–600 m Gipfel über 5000 m		

STRATUS-Typ – stabil   CUMULUS-Typ – labil

Hohe Wolken

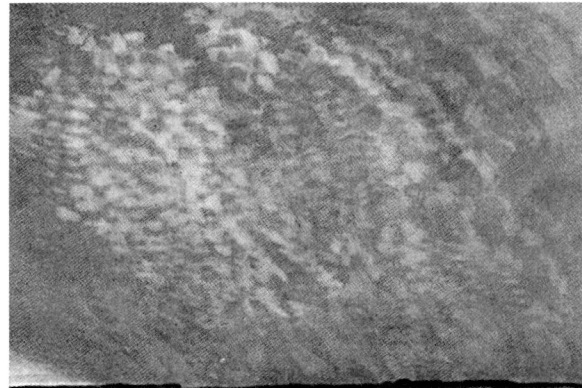

Cirrus und Cirrostratus
hohe Schleierwolken-Schicht

Cirrocumulus
hohe Schäfchenwolke

Mittelhohe Wolken

Altostratus opacus
mittelhohe, dichte Schichtwolke

Altocumulus
schollenförmig

Sonderformen

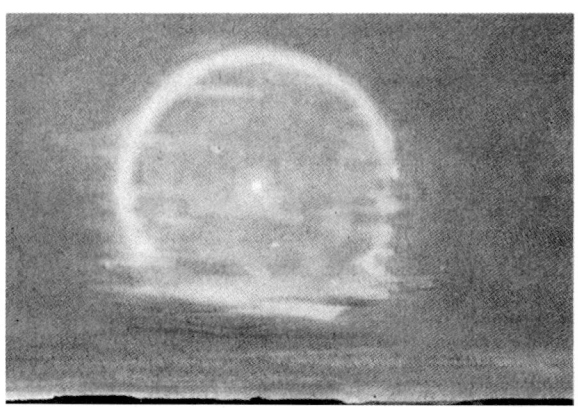

Cirrostratus (mit Halo)
dünner Eisschleier mit Sonnenring

Abb. 4.9 Wolkentafel I.

Altocumulus lenticularis
linsenförmig (in Auflösung)

Tiefe Wolken

Stratus
tiefe Schichtwolke, darunter Wolkenfetzen

Stratocumulus-Decke

Wolken mit vertikalem Aufbau

Cumulus
Haufenwolke (Schönwetter-Wolke)

Cumulus congestus
mit Eiskappe

Gewitterwolken

Cumulonimbus

Abb. 4.10 Wolkentafel II.

Cumulonimbus
Unterseite (Schauer und Böenwalze)

61

5. Fronten

Verschiedene dichte Luftmassen – eine kalte und eine warme – vermischen sich nur entlang einer relativ schmalen Übergangszone, Front genannt.

Man unterscheidet:
- Kaltfronten, wo kalte Luft warme verdrängt.
- Warmfronten, wo warme Luft kalte verdrängt.
- Stationäre Fronten, wo die Luftmassen einander nicht bewegen.
- Kalt/Warmfront-Okklusionen, wo kalte bzw. warme Luftmassen einander überholen (Aufgleitcharakter).

Der Grenzbereich kalter, polarer und warmer, tropischer Luftmassen wird als Polarfront bezeichnet. Wo immer die Polarfront in Warmluftbereiche einbricht (mit meist südlicher und ostwärtiger Zugrichtung) bzw. sich wegen vordringender Warmluft zurückziehen muß (mit meist nördlicher oder ostwärtiger Zugrichtung), bilden sich Kalt- bzw. Warmfronten.

Entwicklung am Beispiel einer Kaltfront
(Theorie von Prof. Bjerknes – Norwegen)

Wenn Kaltluftmassen Warmluftmassen bewegen, spricht man von einer Kaltfront. Strömen Kaltluft und Warmluft aneinander vorbei, so wird dies als quasistationäre Front bezeichnet.

Durch Energiezuwachs (z. B. Sonneneinstrahlung) entsteht eine Welle in der Front, die einen Warmluftsektor einschließt. Die einbrechende Kaltluft schließt den Warmluftsektor immer mehr ein, bis es zu einer Überholung der Warm- durch die Kaltluft kommt; die Warmluft wird vom Boden gehoben. In diesem Fall spricht man von einer Okklusion, die die Auflösungsphase einer Front einleitet.

a) Warmfront (aktive Warmluft)

Schieben sich warme Luftmassen gegen kalte vor, dann gleiten die warmen vermöge ihres geringeren spezifischen Gewichts auf die kälteren und schwereren hinauf. Die Grenzflächen zwischen beiden Luftmassen heißen Warmfront.

Mögliche Wetterwirkung:
Eintrübung, Sprühregen, Landregen, Mischungsnebel, Tauwetter, im Winter Vereisungsgefahr, Glatteis.

b) Kaltfront (aktive Kaltluft)

Dringen kalte Luftmassen gegen warme vor, dann schieben sich die kalten vermöge ihres größeren spezifischen Gewichtes unter die wärmeren und heben diese vom Erdboden ab. Die Grenzfläche zwischen beiden Luftmassen heißt Kaltfront.

Mögliche Wetterwirkung:
Böen, Schauer, Gewitter, Rückseitenwetter.

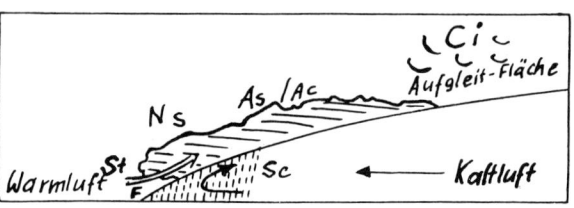

Warmfront   Kaltfront

Abb. 4.11 Warmfront und Kaltfront.

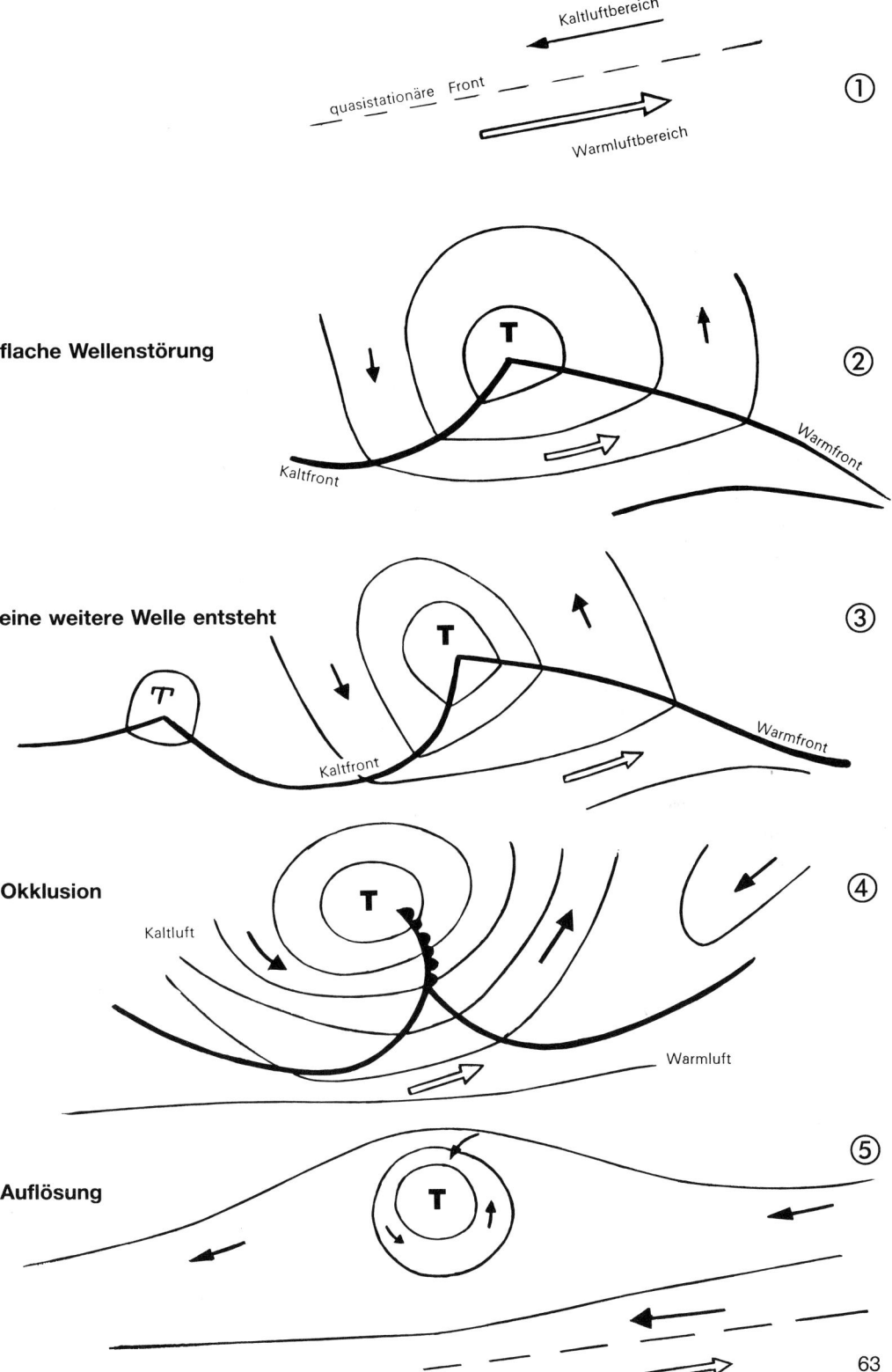

Kaltluftbereich

quasistationäre Front

Warmluftbereich

①

flache Wellenstörung

T

Kaltfront

Warmfront

②

eine weitere Welle entsteht

T

T

Kaltfront

Warmfront

③

Okklusion

T

Kaltluft

Warmluft

④

Auflösung

T

⑤

63

Abb. 4.12 Entwicklung einer Front.

c) Okklusion

Eine Okklusion kommt im einfachsten Fall dadurch zustande, daß sich die Kaltfront an der Rückseite einer Zyklone rascher bewegt als die Warmfront an deren Vorderseite. Die vordringende neue Kaltluft holt die zurückweichende alte Kaltluft ein und vereinigt sich mit ihr. Der zwischen beiden Fronten liegende Warmsektor wird vom Boden abgehoben, er okkludiert.

Von den jeweiligen Dichten (Aktivitäten) der beiden Kaltluftmassen hängt es dann ab, ob die Okklusion als Warm- oder Kalt-Okklusion bezeichnet auftritt.

Erkenntnis:
- Fronten bilden sich an Luftmassengrenzen
- Fronten bilden sich nur zwischen Gebieten mit verschiedenen Temperaturen
- Warmluft gleitet grundsätzlich auf Kaltluft
- der Luftdruck fällt beim Ankommen einer Front und steigt nach Durchlaufen der Front
- der Wind wechselt im Uhrzeigersinn nach Durchlaufen einer Front.

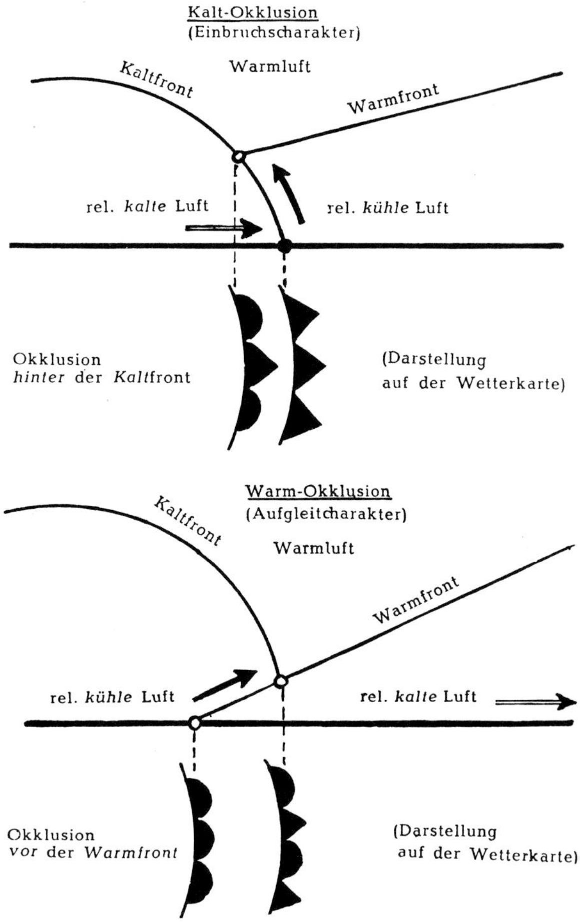

Abb. 4.13 Arten von Okklusionen.

6. Eis, Nebel, Gewitter

Eisbildung, Nebel und Gewitter sind die drei wichtigsten Wettergeschehnisse, die den Flieger persönlich angehen.

a) Eis

Eisansatz an Flugzeugen vergrößert das Gewicht, stört das aerodynamische Gleichgewicht durch größeren Luftwiderstand und verursacht ein gefährliches Ansteigen der Abreißgeschwindigkeit. Insbesondere werden bei Düsenflugzeugen die Lufteintrittsöffnungen, bei Propellerflugzeugen die Propeller, die Vergaser und damit die Triebwerksleistungscharakteristiken beeinflußt.

Zur Vereisung gehören:
Temperaturen unter 0°C
Feuchtigkeit in sichtbarer Form.

(1) Arten der Vereisung

Jede Art der Vereisung hängt von vier Faktoren ab:
- Lufttemperatur
- Oberflächentemperatur des Flugzeuges – verursacht durch Reibung
- Größe der Wassertropfen

– Oberflächenbeschaffenheit
des Flugzeuges
(u. a. Konfiguration und Beladezustand).

(a) Klareis (clear ice oder glaze)

Klareis ist die gefährlichste Vereisungser-scheinung; es ist durchsichtig glatt und tritt zwischen 0° bis -10°C auf, sofern relativ gro-ße unterkühlte Wassertropfen vorhanden sind, besonders in Regengebieten mit unter-kühltem Regen und Cumulustyp-Wolken.

Es schmiegt sich der Oberfläche gut an und ist nur schwer lösbar.

(b) Rauheis (rime ice)

Rauheis tritt sehr häufig besonders in Stra-tustyp-Wolken, d. h. in stabilen Wetterlagen zwischen 0° bis -20°C auf. Es ist von körnig, kristalliner, milchiger Form, wenig kompakt und leicht lösbar, verursacht jedoch wegen der rauhen Oberfläche erheblichen Wider-stand.

In unterkühltem Nieselregen treten sowohl Rauh- als auch Klareis auf.

(c) Rauhreif (frost oder hoar ice)

Diese Art Vereisung tritt meist am Boden auf und bildet eine dünne Schicht um die Oberfläche eines Flugzeuges, hervorgerufen durch Sublimation (Übergang von gasförmi-gen direkt in den festen Zustand).

(d) Hagel, Schnee und Graupel (hail, snow, sleet)

Hagel, Schnee und Graupel führen nicht direkt zu Vereisung, sind aber Zeichen für vorhandene Vereisungsmöglichkeiten.

Hagel ist ein Produkt von Gewittertätigkeit und sollte den Flieger warnen, denn struktu-relle Beschädigungen sind möglich.

Schnee in trockener Form führt nicht zu Vereisung, behindert jedoch die Flugsicht stark.

Graupel (sleet) ist nur in Verbindung mit unterkühltem Regen ein gefährliches Wetter-phänomen. Bei vorhandenem Graupel sollte nicht Flughöhe gewonnen werden, da meist mit unterkühltem Regen (Klareis) zu rechnen ist.

Abb. 4.14 Bereiche mit schwerer Vereisung in Fronten.

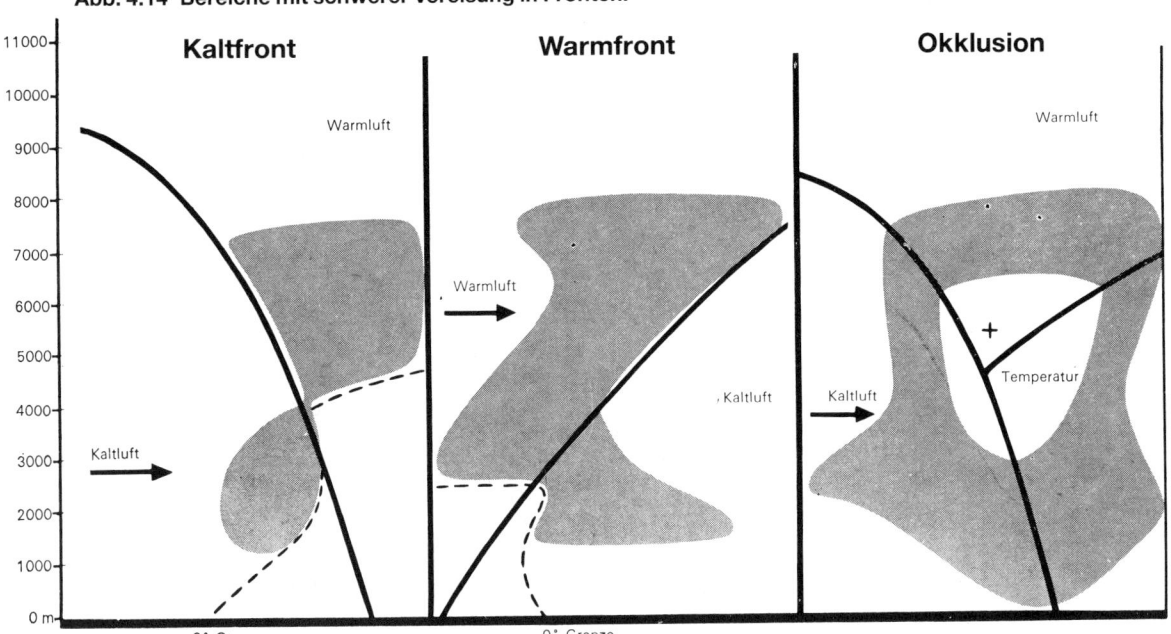

b) Nebel

Nebel ist für Überlandflüge nur insofern von Bedeutung, als er die Flugsicht bei Start und Landung beeinträchtigt.

Nebel ist das Vorhandensein kleinster Wassertropfen (Wolken) in der Atmosphäre ohne Bewegung mit der Untergrenze auf der Erdoberfläche. Er unterscheidet sich vom Dunst in Farbe und Feuchtigkeitsgehalt.

Zur Bildung von Nebel gehören:
- Hohe relative Luftfeuchtigkeit (nahe 100%)
- Geringe Windgeschwindigkeit (verursacht Verdichtung)
- Kondensationskerne (Rauch, Ruß, Staub)

Nebel löst sich auf bzw. hebt sich ab durch Sonneneinstrahlung oder auffrischende Winde.

(1) Nebelarten

Man unterscheidet:
- Advektions- bzw. Mischungsnebel
- Strahlungsnebel
- Hangnebel
- Frontalnebel
- Dampfnebel

(a) Advektions- bzw. Mischungsnebel (advection fog)

Advektions- bzw. Mischungsnebel bildet sich bei mäßiger Luftbewegung (bis 20 kts), wenn feuchtwarme (z. B. Meeresluft) über relativ kalte Wasser- oder Landflächen streicht (z. B. Ostküste Englands); relativ langanhaltende schlechte Sichtbedingungen.

(b) Strahlungsnebel (radiation fog)

Strahlungsnebel tritt vornehmlich auf, wenn stabiler Hochdruckeinfluß im Herbst und Winter über Kontinenten herrscht. Für die Bildung sind eine kalte Oberfläche (klarer Himmel), hohe Luftfeuchtigkeit und geringe (8 kts) Windgeschwindigkeiten typisch.

(c) Hangnebel (upslope fog)

Hangnebel bildet sich, wenn Luftmassen durch mäßige Winde (bis 2 kts) entlang ansteigenden Geländes bewegt werden. Durch adiabatische Expansion wird die Luftmassentemperatur dem Taupunkt genähert. Tritt vor allem im Voralpen- und Mittelgebirgsraum auf (Luvseite).

(d) Frontalnebel (frontal fog)

Frontalnebel tritt auf, wenn vor einer Warmfront Regen in kalte Bodenluftmassen fällt und verdampft. Meist in der Ausdehnungsfläche sehr gering und abhängig von der Geschwindigkeit einer Front. Man unterscheidet:

Präfrontalen Nebel in Zusammenhang mit Warmfronten

Postfrontalen Nebel in Zusammenhang mit Kaltfronten.

(e) Dampfnebel (steam fog)

Im Herbst tritt in Gebieten mit reichem Wasservorrat (Seenplatten, Sumpf- und Flußsystemen) Dampfnebel auf, wenn kalte Luft über relativ warmes Wasser streicht. Klare Nächte, geringe Luftbewegung und stabile Luftmassen begünstigen die Bildung.

c) Gewitter (Thunderstorm)

Gewitter werden, obwohl im physikalischen Vorgang gleich, nach ihren Entstehungsursachen (initial lifting action) generell unterschieden nach:

Luftmassengewitter:
- konvektiv durch Thermik
- orographisch durch Gebirge
- nächtlich durch nächtliche Abkühlung

Frontgewitter:
- Warmfront
- Kaltfront
- Präfrontal (squall line type), Böenlinien

(1) Entstehung eines Gewitters

Zur Bildung eines Gewitters gehören:
- hoher Feuchtigkeitsgehalt der Luft (high moisture content)
- feucht labile Luft bis in große Höhen (unstable air)
- Hebevorgänge (lifting action)

Man unterscheidet in der Entwicklung drei Stadien, die ineinander übergehen (Abb. 4.15):
- Aufbaustadium (cumulus stage)
- Reifungsstadium (mature stage)
- Auflösungsstadium (dissipating stage)

(a) Aufbaustadium (cumulus stage)

Jede Cumulus-Wolke kann das erste Stadium eines Gewitters darstellen. Reicht der Quellvorgang mit seiner Hebewirkung in größere Höhen, so bilden sich kleine Wassertropfen, die in der Nähe der Nullgradgrenze mit anderen zusammenstoßen und sich vereinigen. Durch die starken herrschenden Aufwinde kommt es zu keinem Niederschlag. Dieses Stadium dauert zwischen 10 und 15 Minuten.

(b) Reifungsstadium (mature stage)

Sobald Niederschlag aus einer Cumuluswolke ausfällt, hat die Gewitterwolke ca. 25 000 ft an Höhe gewonnen; man bezeichnet dieses ca. 15 bis 30 Minuten dauernde Stadium als Reifungsstadium. Der ausfallende Regen verursacht dem Aufwind entgegengesetzte Abwinde. Diese Abwinde verursachen auf der Erdoberfläche starke böige Winde. Der Quellvorgang einer Gewitterzelle löst weitere Quellvorgänge innerhalb einer Gewitterwolke aus, so daß sich das Reifungsstadium eines Gewitters bisweilen über Stunden ausdehnen kann. Im Reifungsstadium werden Wolkenobergrenzen bis zu 50 000 Fuß Höhe erreicht.
Hagel bildet sich je nach Höhe der Wolken und Stärke der Aufwinde.

(c) Auflösungsstadium (dissipating or anvil stage)

In der Auflösungsphase eines Gewitters läßt der Aufwind nach und die Abwinde, hervorgerufen durch den schweren Niederschlag, gewinnen das Übergewicht, wodurch ein Austrocknungsvorgang eingeleitet wird. Ein typisches Zeichen dafür sind Nachlassen der Niederschläge, Abnahme der Windgeschwindigkeit sowie Bildung einer amboßförmigen Kopfwolke, die sich in großen Höhen durch die Einwirkung der starken horizontalen Winde bildet (Ausfransen der Cb-Wolke). Die Zeitspanne für das Auflösungsstadium hängt ab von dem Feuchtigkeitsgehalt der Luft und der Stärke der Aufwinde.

(2) Luftmassengewitter (air mass thunderstorm)

Luftmassengewitter bilden sich innerhalb einer einheitlichen Luftmasse und treten nur örtlich auf. Die konvektiven Luftmassengewitter treten sowohl über Land als auch Wasser auf. Durch Sonneneinstrahlung erwärmtes Land oder Wasser verursacht den Hebevorgang.

Aufbau meist in den Nachmittagsstunden, Auflösung nachts oder in den frühen Morgenstunden. Über See beginnt der Aufbau meist nach Sonnenuntergang erst.

(a) Orographische Luftmassengewitter bilden sich durch Hebevorgänge an Luvseiten von Gebirgen.

(b) Die nächtlichen Luftmassengewitter entstehen, wenn relativ feuchte Höhenluft durch nächtliche Abkühlung absinkt und labile Bodenluft in den frühen Morgenstunden abhebt.

(3) Frontgewitter (frontal thunderstorm)

(a) Warmfrontgewitter entstehen, wenn

67

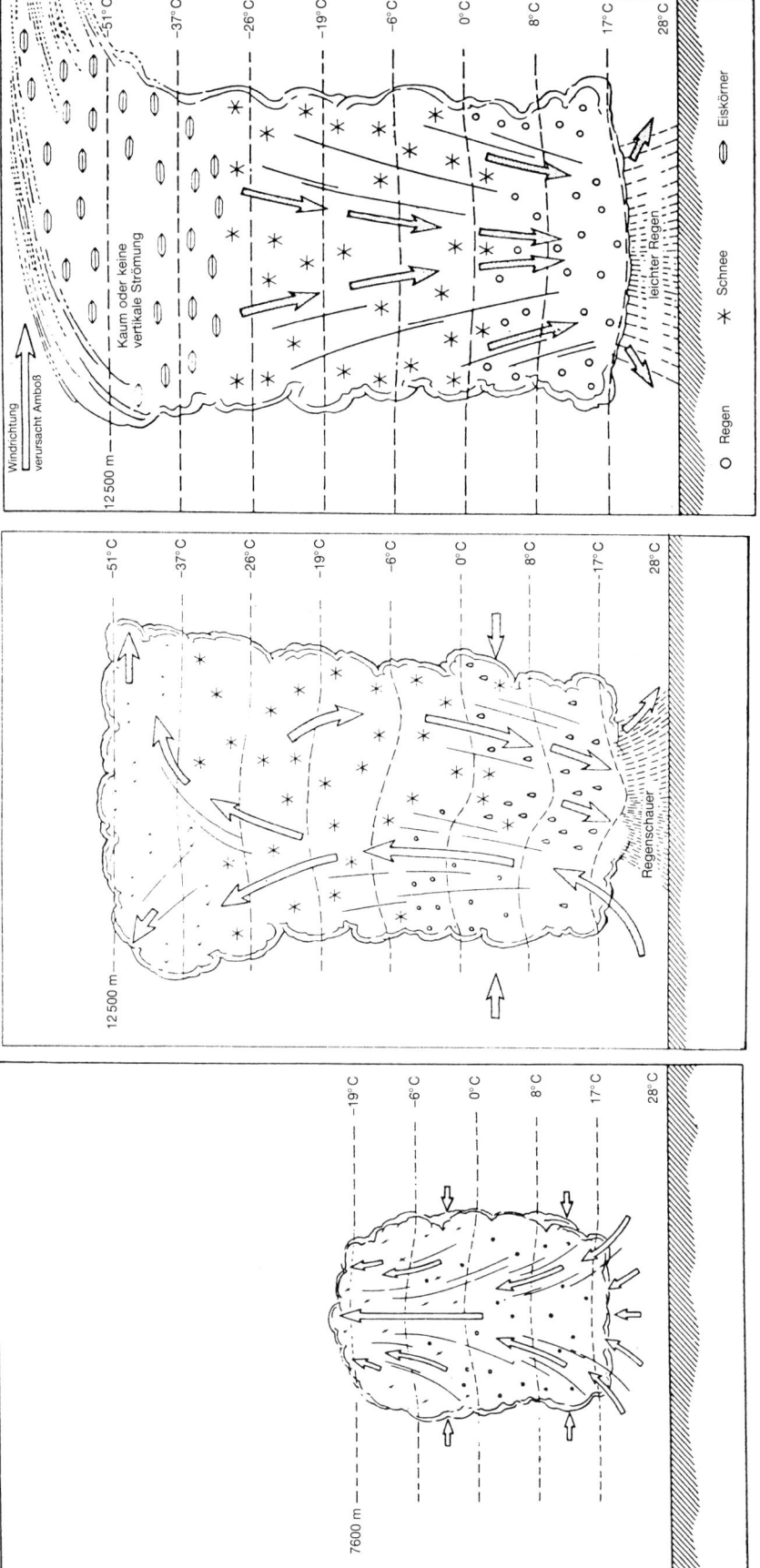

Abb. 4.15 Entstehung eines Gewitters.

68

warme, feuchte, labile Luft über eine Warmfront aufgleitet. Wegen der wenig geneigten Frontzone wird die Luft langsam gehoben und bildet örtlich gelegentlich Gewitter. Warmfrontgewitter sind nur schwer in der Luft auszumachen, weil sie meist durch andere Wolken (Nimbostratus) verdeckt sind.

(b) Kaltfrontgewitter werden gebildet, wenn Kaltluft in warme, feuchte, labile Luftmassen vordringt. Sie bilden meist entlang der Kaltfront eine Kette gut sichtbarer Gewitter.

(c) Präfrontalgewitter treten im Bereich der Böenlinie (squall line) vor Fronten auf. Diese Gewitter ähneln den Kaltfrontgewittern, sind jedoch weitaus heftiger.

Nach Möglichkeit sollen Gewitter nicht durchflogen werden, weil die darin auftretenden Kräfte an die Leistungsgrenze von Mensch und Flugmaterial reichen. Die technischen Flughandbücher geben für jeden Flugzeugtyp Verhaltensmaßregeln über den Gewitterflug.

Einige Regeln haben allgemeine Gültigkeit:
– Start/Landung bei Beginn eines Gewitters am Platz möglichst vermeiden.
– Mit Hilfe des künstlichen Horizonts eine Fluglage einhalten.
– Die Nullgradgrenzen bis ca. -10°C vermeiden.
– Turbulenzgebiete zwischen 14 000 und 20 000 Fuß meiden.
– Durchfliegen möglichst um 6000 Fuß bzw. 35 000 Fuß und höher.
– Gewitter nur im Not-/Überraschungsfall durchfliegen.
– In Bodennähe teilweise gefährliche Abwinde/Turbulenz.

7. Der Strahlstrom (Jet Stream)

(von Prof. Dr. Hellmut Berg †)

Im Hinblick auf die besondere Bedeutung, die dem Jetstream in der Hochleistungs-Fliegerei zukommt, wird er hier entsprechend ausführlich beschreiben.

Während des Zweiten Weltkrieges mußten amerikanische Bomberbesatzungen, die in großen Höhen über Japan einen Angriff flogen, die unangenehme Feststellung machen, daß sie in der Anflug- und Angriffshöhe nicht mehr abfliegen konnten, da der herrschende Gegenwind so stark war, daß er über die Eigengeschwindigkeit der Flugzeuge von mehr als 460 km pro Stunde hinausging.

Das Auftreten solch starker Höhenwinde war damals völlig außerhalb jeder geläufigen Vorstellung. Man hat dann später nach ähnlichen früheren Beispielen von Höhenorkanen gesucht.

Vielleicht der erste Fall, bei dem ein solcher »Strahlstrom« oder »Jetstream«, wie er in der englischen und amerikanischen Literatur bezeichnet wird, bei einer militärischen Operation Bedeutung hatte, war ein Zeppelinangriff gegen England 1917. Die Luftschiffe wurden weit nach Süden abgedrängt und über Frankreich zerstreut. Im Zweiten Weltkrieg wurden durch einen solchen Strahlstrom bei einem Massenangriff auf Berlin die angreifenden Flugzeuge völlig zerstreut; die bei dem Angriff festgestellten Höhenwinde waren so stark, daß sie einfach nicht geglaubt wurden, obwohl sie tatsächlich völlig richtig waren. Um ein anderes Beispiel eines besonders starken Strahlstromes aus Europa zu geben, sei erwähnt, daß in Downham Market (England) am 3. Januar 1943 in etwa 7600 m Höhe 286 km/h gemessen wurden. Aber schon viel früher deutete eine Höhenwindmessung in England einmal auf außerordentlich starke Höhenwinde hin. In Calshot wurde am 22. Oktober 1925 eine Höhenwindmessung mit einem Pilotballon[1] durchgeführt, der 4 Stunden nach dem Start über 900 km östlich niederfiel. Das ergab also eine mittlere Fluggeschwindigkeit von über 225 km/st und ließ – unter Berücksichtigung der Windverhältnisse in den unteren Schichten – auf eine Windgeschwindigkeit von rd. 300 km/st in 10 bis 12 km Höhe schließen.

Wenn man anfangs gegenüber so hohen Geschwindigkeiten des Höhenwindes mißtrauisch war, so lag das wohl daran, daß man in den unteren Schichten der Atmosphäre solche Werte nicht kennt. Lediglich in tropischen Orkanen und in Tornados kann der Wind die Stärke eines Orkans (80 bis 120 km/h) erreichen. Wenn man Mittelwerte der Windgeschwindigkeit über einen längeren Zeitraum bildet, so sind in den unteren 3000 m der Lufthülle diese Werte nicht allzu verschieden und bleiben insbesondere im Bereich der »Westwindzone« ziemlich einheitlich, also in den Breiten 35 und 65 Grad, wo zwar die Windrichtung erheblichen Schwankungen unterworfen ist, aber doch westliche Winde vorherrschen.

Auch für die Schichten der Atmosphäre oberhalb 3000 m Höhe nahm man, entsprechend den Erfahrungen in den unteren Schichten, keine allzu großen Unterschiede innerhalb der Westwindzone an. Die spärlichen Windmessungen in größeren Höhen hielten die Meteorologen meist auch davon ab, eine Darstellung der mittleren Windgeschwindigkeiten in einem Schnitt vom Pol zum Äquator zu versuchen. Doch gab bereits 1933 V. Bjerknes in seinem Buch über »Physikalische

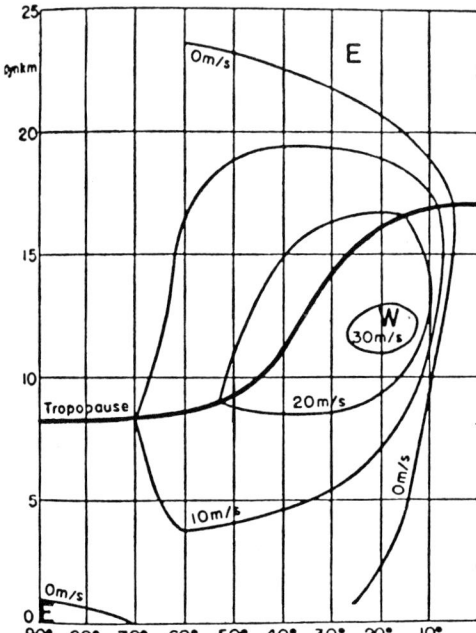

Abb. 4.16 Mittlere Verteilung der zonalen Komponente des geostrophischen Windes vom Pol zum Äquator der Nordhalbkugel im Februar. Nach V. Bjerknes. (E- Wind aus östlicher, W- Wind aus westlicher Richtung.)

Hydrodynamik« eine Darstellung der mittleren Windgeschwindigkeiten – genauer gesagt der zonalen Komponente des geostrophischen Windes – vom Pol zum Äquator, die in 20 Grad Breite in etwa 12 km Höhe ein Kerngebiet besonders hoher Windstärken aufweist, und zwar unterhalb der Grenze zwischen Stratosphäre und Troposphäre[2].

Unter »zonaler Komponente des geostrophischen Windes« ist folgendes zu verstehen. Es ist die Ost-West-Komponente (breitenkreisparallele Komponente) des sich aus der mittleren Druckverteilung ergebenden

---

[1] »Pilotballone« sind kleine freifliegende, mit Wasserstoff gefüllte Gummiballone, die mit dem Winde fliegen, so daß mit ihnen Richtung und Stärke des Höhenwindes gemessen werden kann.

[2] Die Lufthülle der Erde bis etwa 30 km Höhe läßt sich einteilen in die untere »Troposphäre« bis rund

11 km Höhe, in der die Temperatur im allgemeinen mit zunehmender Höhe abnimmt, und in die darüber liegende »Stratosphäre«, in der sich die Temperatur mit zunehmender Höhe nicht mehr ändert oder sogar weiter zunimmt. Die mehr oder weniger scharfe Grenze zwischen Troposphäre und Stratosphäre bezeichnet man als »Tropopause«.

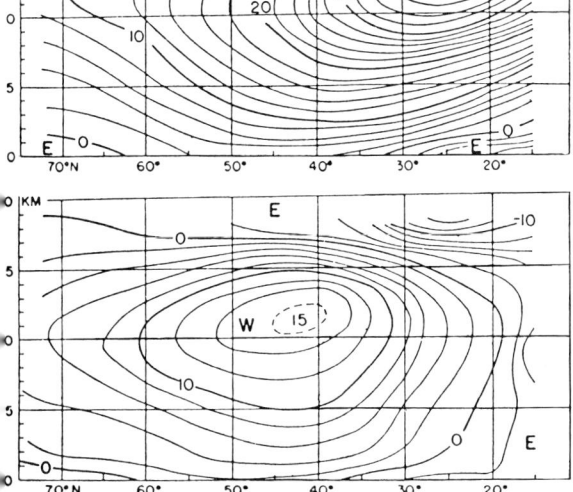

Abb. 4.17 Mittlere zonale Komponente des geostrophischen Windes zwischen 15° Nord und 75° Nord auf der Nordhalbkugel im Winter (oben) und im Sommer (unten). Nach Pettersen. (Angaben in m/s; man beachte die Verschiebung des Strahlstromkernes vom Winter zum Sommer.)

Windes[3]. 1933 waren Windmessungen in großen Höhen verhältnismäßig selten. Höhenwindmessungen wurden mit Hilfe von optisch angepeilten Pilotballonen durchgeführt. Sie waren nur bis zur Wolkengrenze zu verfolgen, endeten also oft schon in wenigen hundert oder tausend Meter Höhe. Die Messungen, die bis zu großen Höhen gelangen, waren solche bei schönem Wetter mit meist schwacher Luftbewegung. Die Mittelwerte stellten also eine »Schönwetterauswahl« dar, sie ergaben zu geringe Geschwindigkeiten.

Das wußte man; deshalb schlug Bjerknes den anderen Weg ein, indem er die Windrichtung und Windgeschwindigkeit aus der mittleren Verteilung des Luftdruckes in verschiedenen Höhen bestimmte.

Messungen von Luftdruck und Temperatur mit Hilfe von sogenannten Registrierballonen wurden zwar wesentlich seltener durchgeführt als die einfachen Höhenwindmessungen. Aber sie erreichten regelmäßig auch große Höhen und ergaben Mittelwerte, die nicht für »schönes« wolkenfreies Wetter galten. Zwischen der Luftdruckverteilung und der Strömung der Luft bestehen gesetzmäßige Beziehungen in Form des »Gradientwindgesetzes«. Danach weht in der freien Atmosphäre (oberhalb 1500 m) der Wind parallel den Linien gleichen Luftdruckes (Isobaren), wobei auf der Nordhalbkugel ein Tiefdruckgebiet entgegen dem Uhrzeigersinn, ein Hochdruckgebiet im Uhrzeigersinn umkreist wird; die Windgeschwindigkeit ist um so größer, je enger die Isobaren nebeneinander verlaufen. Es ist also durchaus möglich, aus Karten der mittleren Luftdruckverteilung auf die mittlere Verteilung des Windes zu schließen.

Die Darstellung von Bjerknes läßt ebenso wie eine neuere, auf reichhaltigerem Beobachtungsmaterial über Nordamerika beruhende Darstellung von Pettersen aus dem Jahre 1950 (Abb. 4.17) erkennen, wie gering die Unterschiede in den unteren 3000 m im Vergleich zu denen in 12 km Höhe sind. In den unteren 3000 m Höhe schwankt die mittlere zonale Windkomponente zwischen 0 und

---

[3] Ein Wind bestimmter Richtung und Stärke läßt sich aufteilen in einen nordsüdlich und in einen den Längenkreisen parallelen Anteil. Den ersteren bezeichnet man als »zonale Windkomponente«. Windgeschwindigkeit und Windrichtung stehen in enger Beziehung zur Luftdruckverteilung: Sieht man von der Reibung ab, so weht der Wind parallel den Linien gleichen Luftdruckes, so daß auf der Nordhalbkugel ein Tiefdruckgebiet entgegen dem

Uhrzeigersinn umströmt wird, die Windstärke ist um so größer, je stärker das Druckgefälle, d. h. die Drängung der Linien gleichen Luftdruckes (Isobaren) ist. Man kann also Windrichtung und Windstärke aus der Luftdruckverteilung berechnen. Den so berechneten Wind (im Gegensatz zu dem aus Pilotballonbeobachtungen ermittelten Wind) bezeichnet man als »geostrophischen« Wind.

8 m/s, in 12 km Höhe zwischen 0 und 30 m/s. Bemerkenswert ist dabei die rasche Änderung der Windgeschwindigkeit mit der Höhe und mit zunehmender bzw. abnehmender Breite. Von dem schwedischen Meteorologen Rossby und dessen Mitarbeitern an der Universität Chicago wurden theoretische Untersuchungen angestellt, die dieses Verhalten des Windes in der Westwindzone der Atmosphäre verstehen lassen.

Aber nicht nur in den Mittelwerten tritt dieses Band besonders starker Westwinde in 20 Grad Breite in etwa 12 km Höhe unterhalb der Tropopause auf; auch die Wetterkarte eines einzelnen Tages zeigt solche Bänder besonders hoher Windgeschwindigkeit, die in verhältnismäßig schwach bewegte Luftmassen eingebettet sind. Sie können in Windungen und Schleifen sich um die ganze Erde herumziehen. In der Senkrechten kann die Geschwindigkeit um 150 km/h bei einer Höhenzunahme von 400 m zunehmen; seitlich kann die Geschwindigkeit um 180 km/h auf 100 km Entfernung zunehmen. Diesen auf die ganze Atmosphäre betrachtet schmalen Bändern hoher Windgeschwindigkeit hat man den Namen »Jet stream« oder »Strahlstrom« gegeben. Sie finden sich in der oberen Troposphäre der mittleren Breiten auf der Warmluftseite zwischen tropischen und polaren Luftmassen.

Zu ihrem Studium besonders geeignet sind die Karten der absoluten Topographie[4] der 300- oder 225-mb-Fläche oder Karten der Luftdruckverteilung in 8 oder 10 oder 12 km Höhe.

Auf solchen Karten erscheinen die Strahlströme als Bänder dicht nebeneinander liegender Linien gleichen Luftdruckes (Isobaren). Nach dem, was wir oben über den Zusammenhang zwischen Druckverteilung und

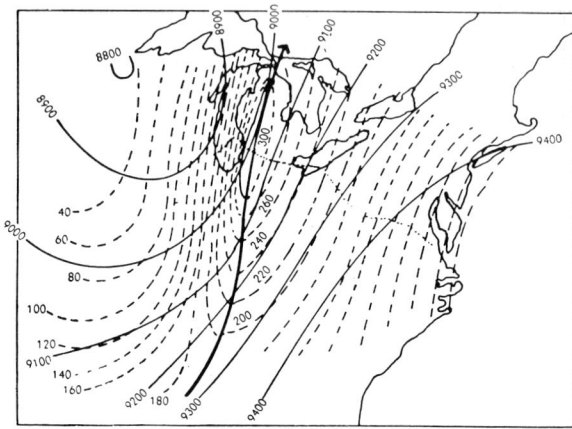

Abb. 4.18 Strahlstrom über Nordamerika, am 23. und 24. 3. 1953. Nach Riehl. Ausgezogen: Höhenlinien der 300-hPa-Fläche, Zahlenangaben in m – gestrichelt: Linien gleicher Windgeschwindigkeit in m/s – schwach punktiert: Kurs eines Wettererkundungsfluges.

Wind gesagt haben, ist das leicht verständlich; Isobaren können als Stromlinien des Windes aufgefaßt werden, ihre mehr oder weniger starke Drängung ist ein Maß für die Stärke des Windes.

Die folgenden Beispiele sollen zugleich in verschiedener Weise zeigen, wie diese Strahlströme auf meteorologischen Schnitten erscheinen. In Abb. 4.18 stellen die ausgezogenen Linien die Topographie der 300-mb-Fläche dar, d. h. eine Höhenschichtkarte dieser Druckfläche; die Linien geben die Höhe in Metern an. Eine solche Karte erfüllt den gleichen Zweck wie eine Luftdruckkarte in etwa 9000 m. Aus ihr kann man sofort ablesen, daß über dem dargestellten Gebiet der Vereinigten Staaten vorwiegend Südwestwind herrscht; und man kann weiter daraus Linien gleicher Windgeschwindigkeit ableiten, die als gestrichelte Linien erscheinen. Bei der Konstruktion dieser Linien sind außerdem die Ergebnisse eines speziellen Wetter-Erkundungsfluges benutzt worden, dessen Kurs mit eingezeichnet ist, und zusätzlich

[4] Unter der »absoluten Topographie« einer bestimmten Druckfläche (z. B. der 500-mb-Fläche) versteht man eine Darstellung der Höhenlage dieser Druckfläche durch Höhenlinien (Höhen über dem Meeresniveau). Unter »relativer Topographie«

versteht man den Abstand zwischen zwei Druckflächen, unter »relativer Topographie über 500 bis 1000 mb« also den Abstand der 500-mb-Fläche von der 100-mb-Fläche.

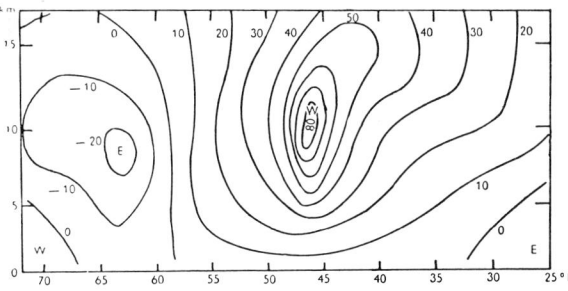

Abb. 4.19 Mittlerer Nord-Süd-Vertikalschnitt der Windgeschwindigkeit in m/s über Nordamerika zwischen 25° und 75° Nord. Nach Palmén; vereinfachte Darstellung.

Windmessungen mit Ballonen. Eine Zone besonders hoher Geschwindigkeit (bis 300 km/h) verläuft demnach längs der eingezeichneten dicken Linie von SSW nach ONO, also etwas quer zur Windrichtung.

Als zweites Beispiel wird ein mittlerer Vertikalschnitt über Nordamerika vom 25. bis 75. Grad nördlicher Breite für den 30. November 1946 dargeboten (Abb. 4.19). Die Windrichtung war nahezu west-östlich, der Vertikal-

schnitt verläuft senkrecht dazu von Süden nach Norden.

Man erkennt in etwa 47 Grad Breite in 10 bis 11 km Höhe ein scharf begrenztes Windmaximum mit Geschwindigkeiten bis über 80 Meter pro Sekunde (290 km/st). Abb. 4.20 ist so entstanden, daß aus 12 Tagen des Dezember 1946 Mittelwerte gebildet wurden, die zu einem nordsüdlichen Vertikalschnitt der zonalen Windkomponente längs des 80. Längengrades West vereinigt wurden.

Zwischen 250 und 300 mb (9 bis 11 km Höhe) erscheint über dem 46. Breitengrad ein Windmaximum mit über 65 m/s. Den scharfen Anstieg bzw. Abfall der Geschwindigkeit gerade in dieser Höhe zeigt die dazugehörige Abb. 4.21. Hier ist die Windgeschwindigkeit an verschiedenen Druckflächen, d. h. verschiedene Höhen, in Abhängigkeit von der geographischen Breite dargestellt. Danach geht die Windgeschwindigkeit an der 300-mb-Fläche (in rd. 9 km Höhe) vom

Abb. 4.20 Mittlerer Vertikalschnitt aus 12 Tagen im Dezember von 30° bis 60° Nord, entlang des Meridians 80° West. Nach Palmén. Ausgezogen: Linien gleicher zonaler Komponente des geostrophischen Windes (m/s); gestrichelt: Linien gleicher Temperatur (°C); Höhenangaben sind durch Luftdruckangaben ersetzt (300 mb/hPa–9000 m).

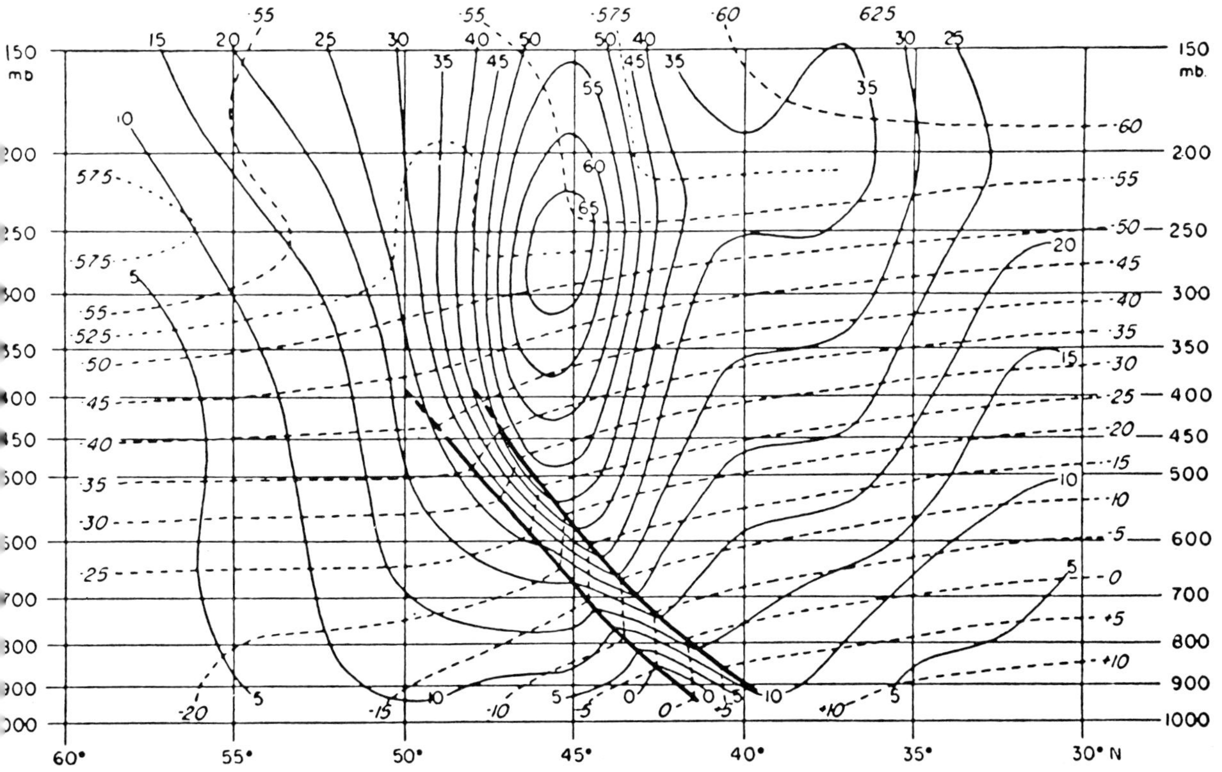

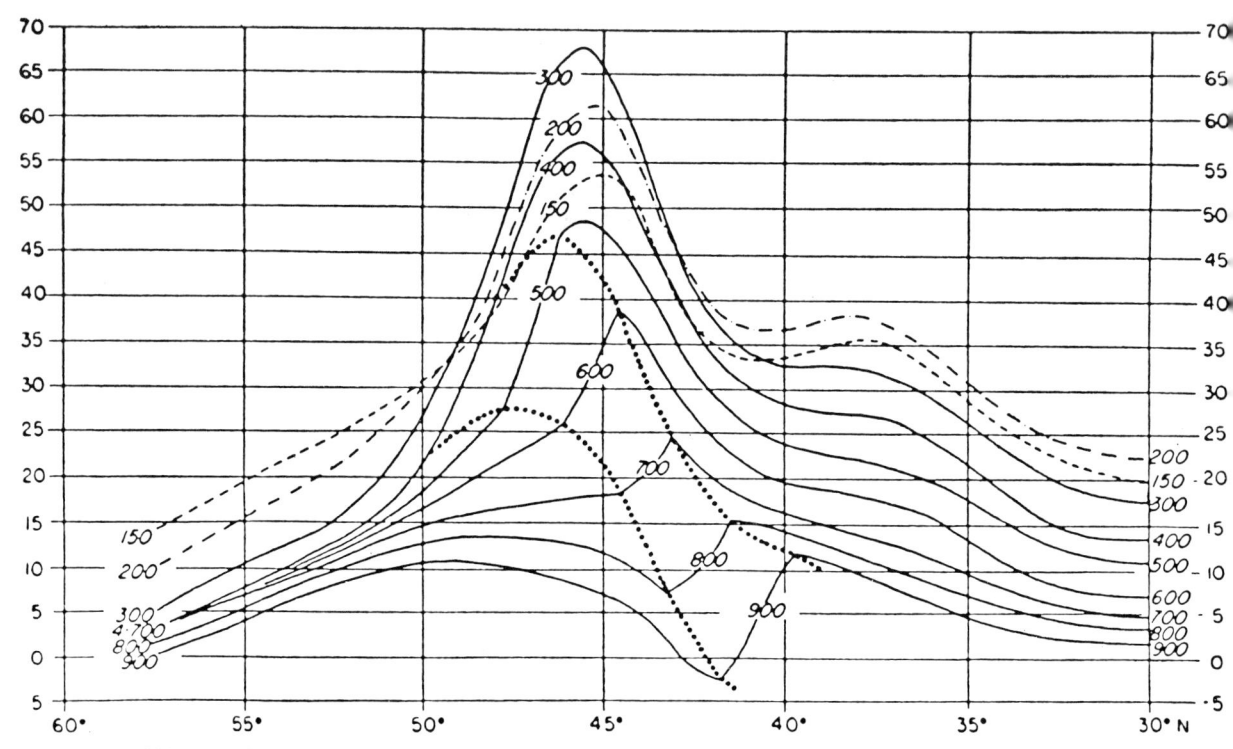

Abb. 4.21 Mittlere zonale Komponente des geostrophischen Windes an den Hauptisobarenflächen (900, 800,… mb/hPa) von 30° bis 60° Nord im Dezember 1946. Nach Palmén.

Höchstwert in 46 Grad Breite bis 49 bzw. 41 Grad Breite wieder auf den halben Wert zurück. An der 900-mb-Fläche schwankt die Windgeschwindigkeit über den ganzen Vertikalschnitt nur zwischen 0 und 12 m/s.

Mehrfache Strahlströme zeigt die Karte der Topographie der 300-mb-Fläche über Nordamerika vom 25. Oktober 1950 (Abb. 4.22). Wir sehen, wie insbesondere der nördliche Strahlstrom lange Wellen zeigt und hinsichtlich seiner Geschwindigkeit mehrere Kerne mit mehr als 150 km/h aufweist. Auch die 500-mb-Fläche zeigt häufig solche Bänder starker Konzentration an Bewegungsenergie, die oft über ein Viertel des Erdumfanges hinweg zu verfolgen sind. Längs eines solchen Strahlstromes sind die Geschwindigkeiten unterschiedlich verteilt. Es treten Kerne mit Höchstwerten und Tiefstwerten auf, die sich in mehr oder weniger gesetzmäßiger Weise längs des Bandes des Strahlstromes verschieben, so daß man sogar von einer gewissen Lebensgeschichte eines »Jets« sprechen

kann. In der Zeit der Auflösung kann er in eine Reihe von Wirbeln zerfallen; oder es tritt bei allgemein nachlassender Geschwindigkeit eine Aufspaltung in einzelne Zungen auf.

Erscheinen auf der Wetterkarte mehrere solcher Strahlströme, so sind sie meistens nicht von gleicher Stärke. Die einzelnen Bänder haben eine Neigung zu einer Verschiebung gegen den Äquator hin in der Größenordnung von 50 bis 100 Kilometer pro Tag. Dabei können sich neue Strahlstrombänder in höheren Breiten bilden, während die südlichen Bänder in den tropischen Breiten aus dem Westwindgürtel auswandern und verschwinden. Aber diese Neigung zu einer meridionalen (von Nord nach Süd oder von Süd nach Nord gerichteten) Verschiebung ist recht unregelmäßig – zu unregelmäßig, um darauf eine Vorhersage gründen zu können. Die größte Stärke haben gewöhnlich die Ströme in mittleren Breiten. Mit der Annäherung an den Äquator steigt der Kern des Stromes, d. h. das Windmaximum, in größere

Höhen. Man kann zwar einen bestimmten Strahlstrom gewöhnlich über weite Strecken verfolgen. Doch kommt es vor, daß sich zwei Strahlströme vereinigen, ebenso wie man umgekehrt beobachten kann, wie ein Strahlstrom in einzelne Arme aufgespalten wird. Der nördliche Arm zeigt dann eine Zeitlang eine Neigung zu einer Verschiebung nach Norden.

Somit ist im ganzen das Bild der Strahlströme auf den Wetterkarten höherer Schichten recht wechselnd. H. G. Meyer hat einmal diese Strahlströme sehr anschaulich geschildert:

»Es gibt Gebiete, z. B. Nordamerika, in denen Bahn und Gestalt des Strahlstromes beinahe von Tag zu Tag wechseln und andere, z. B. Asien, in denen der Strahlstrom

jahraus jahrein außerordentlich beständig weht und sehr regelmäßig wandert. Außerdem jagt er – vor allem über dem Ozean – bald als scharfer, geschlossener Strahl von kaum 200 km Breite, Tausende von Kilometern weit mit Höchstgeschwindigkeit dahin. Dann wieder löst er sich auf, zerfranst und zerfasert in Einzelströmungen, die gleichsam fingerartig nach Norden und Süden ausgreifen. Vor allem aber beschreibt er keine gradlinige Kreisbahn parallel zum Äquator, sondern er torkelt in 3–4 gewaltigen Schwingungen rund um den Erdball. Schwingungen von solcher Weise, daß der gleiche Strahlstrom mit seiner nördlichen Welle hoch über Alaska, mit seiner südlichsten aber über Italien dahinfahren kann... Über Kontinenten pflegt sich der Strahlstrom zu verstärken, über den

Abb. 4.22 Mehrfache Strahlströme über Nordamerika am 25. 10. 1950. Nach Rossby. Ausgezogen: Höhenlinien der 300-mb/hPa-Fläche (Angaben in Fuß); schraffiert: Gebiete mit Windgeschwindigkeiten an der 300-mb/hPa-Fläche von über 75 Knoten (140 km/h); kreuzschraffiert: Gebiete mit über 100 Knoten (185 km/h).

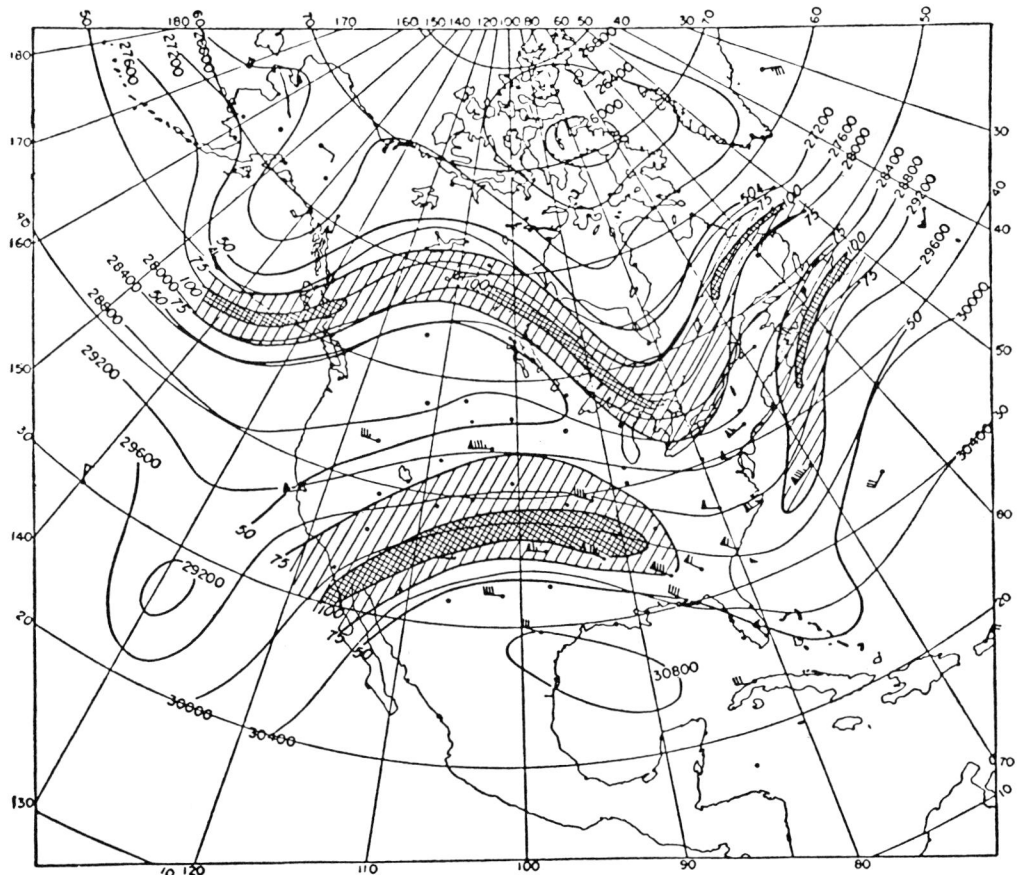

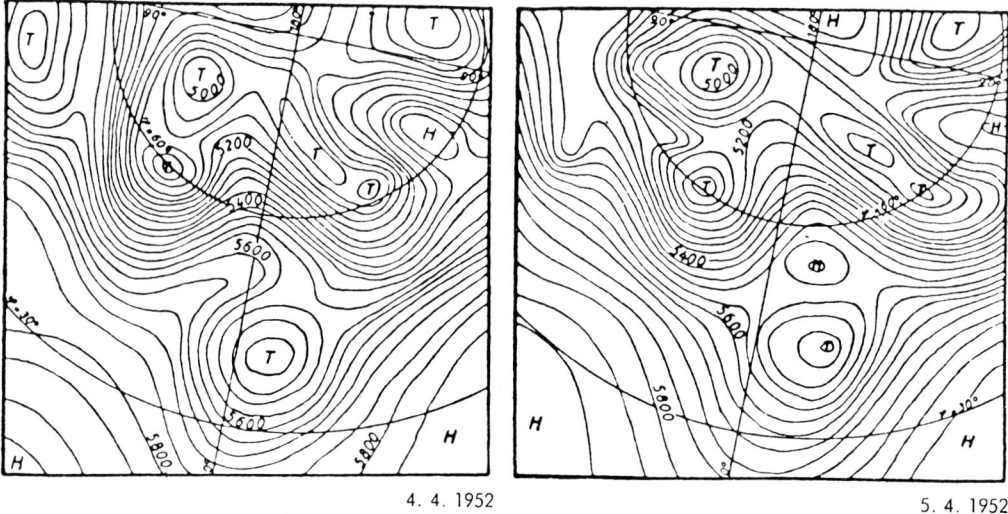

4. 4. 1952   5. 4. 1952

Abb. 4.23 Beginn einer Blockierung. Nach Berg. Dargestellt ist die Höhe der 500-mb/hPa-Fläche durch Höhenlinien in m. Man beachte besonders am 5. April 1952 die Aufspaltung und Wiedervereinigung des Strahlstromes in 45° N 05° W bzw. 50° N 30° O.

Ozeanen bei der Weiterwanderung etwas abzuschwächen. Vor der europäischen Küste angekommen, hat er so viel an Energie verloren, daß er nun zu zerfallen beginnt. Bei bestimmten Wetterlagen findet er hier gewisse Stauwirkungen vor, die eine Teilung in zwei Teile verursachen. Ein Zweig liegt hoch über Island und Skandinavien, ein zweiter greift südlich der Azoren über nach Afrika.«

Es ist dies eine Erscheinung, die man als »Blockierung« bezeichnet. Schon in 5000 m Höhe erkennt man diese Aufspaltung des Strahlstromes in zwei Äste. Die ursprünglich zonale (west-östlich gerichtete) Bewegung der Luft ändert sich in eine meridionale mit starkem südlichen bzw. nördlichen Anteil der Luftbewegung.

Bevorzugte Stellen, wo diese Blockierung beginnt, sind die Westküste Nordamerikas und die Westküste Europas (Abb. 4.23). Diese Wetterlagen sind von großer Bedeutung für den Regenfall in Mitteleuropa; es fällt dabei auffällig wenig Regen.

Die Strahlströme sind auch die Ursache der gewaltigen Stürme des Himalaja, der in diese Höhen hineinragt und besonders im Winter den Strom in einen nördlichen und einen südlichen Ast aufspaltet. Im Sommer verläuft der gesamte Strom in der Regel

nördlich des Himalaja (vgl. hierzu Abb. 4.17). Die Umstellung erfolgt sehr plötzlich, und mit ihr sind Erscheinungen gekoppelt, die dem Klima Burmas und Nordindiens seine besondere Note geben (Ausbruch des Monsuns).

Auf eine für die Praxis der Luftfahrt ungeheuer wichtige Beobachtung muß noch eingegangen werden: Es ist die außerordentlich starke Böigkeit am Rande des Stromes, genauer gesagt: an der Seite seiner Begrenzung, die an die Warmluft stößt. Die Böigkeit ist dort so stark, daß sie eine unmittelbare Gefahr für die Luftfahrt bildet. Wir beschränken uns auf die knappe Mitteilung einer solchen Beobachtung, die I. J. W. Pothecary gegeben hat:

»Um 15 Uhr GMT, am 22. Oktober 1952, flog eine Hastings gelegentlich eines meteorologischen Erkundungsfluges in 6000 m Höhe nach Westen über Southampton Water. Dabei wurde 2 Minuten lang Böigkeit angetroffen. Sie wurde als mäßig bis stark klassifiziert und verursachte ein solches Rollen und Stampfen des Flugzeuges, daß eine Kontrolle des Flugzeuges schwierig wurde. Die Eigengeschwindigkeit der Hastings war 300 km/Std., ein Flugzeug mit höherer Eigengeschwindigkeit hätte wegen der größeren Beschleunigung vermutlich starke Böigkeit no-

76

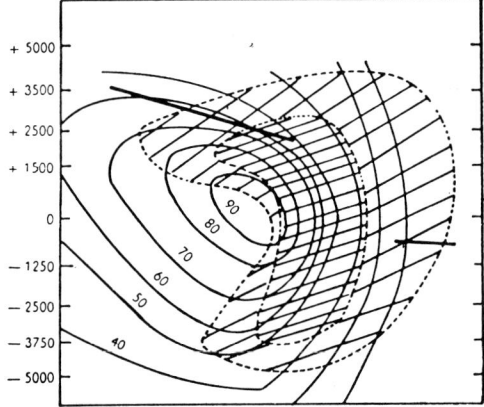

Abb. 4.24 Schönwetterböigkeit (CAT-clear air turbulence). Vereinfachte Darstellung nach Bannon. Ausgezogen: Linien gleicher Windgeschwindigkeit in % der max. Geschwindigkeit des Strahlstroms; schraffiert: Zone, in der Böigkeit bei heiterem Wetter beobachtet wurde; eng schraffiert: Zone mit häufigen Beobachtungen von Böigkeit; dicke Linie: Lage der Tropopause. Die Höhenangaben beziehen sich auf das Windmaximum.

tiert. Der gleiche Kurs wurde dann 3 Minuten lang bei ruhiger Luft beibehalten, und dann gewendet. Drei Minuten später wurde wieder Böigkeit mit etwa derselben Periode angetroffen wie vorher. Leider konnte keine eingehendere Untersuchung der turbulenten Zone erfolgen, da der Flug wegen Motorstörung abgebrochen werden mußte.

Die normale Böigkeit in der Nähe der Erdoberfläche oder in Schichtwolken ist ähnlich der Erschütterung beim Fahren über eine schlechte Straße. Im vorliegenden Falle erweckte eine langperiodische Komponente der Turbulenz den Eindruck, daß unregelmäßig Löcher und Buckel auf der Straße vorhanden waren.«

In Abb. 4.24 ist, etwas vereinfacht nach einer Darstellung von Bannon, die Beziehung des Strahlstromes zu diesen Fällen starker Böigkeit in großer Höhe bei heiterem Wetter wiedergegeben. Die Linien gleicher Geschwindigkeit bedeuten Prozente der im Kern des Strahlstromes auftretenden Höchstgeschwindigkeit. An Stelle eines Vertikalmaßstabes ist der Vertikalabstand von der Achse des Jetstream angegeben. So konnten alle vorliegenden Beobachtungen

gleichsam auf einen »mittleren Strahlstrom« bezogen werden. Das Gebiet, wo solche Turbulenz bei heiterem Wetter beobachtet wurde, ist schraffiert, die Zone, für die besonders viele solcher Beobachtungen vorliegen, ist eng schraffiert. Man sieht, daß es ganz bestimmte Gebiete sind, in denen diese Turbulenz (Böigkeit) auftritt: das Randgebiet des Stromes nach der Seite des tiefen Druckes hin. Auch diese Turbulenz bei heiterem Wetter war eine große Überraschung für die Meteorologen. Hatte man sich doch daran gewöhnt, als Ursache der Böigkeit die Bodenform, große Haufen- oder Gewitterwolken, instabile Luftmassen oder Temperaturinversionen[5] anzusehen! Hier trat nun eine Turbulenz bei heiterem Wetter (clear air turbulence) auf, die nicht mit diesen Gegebenheiten erklärt werden konnte. Dabei kommt die Turbulenz in Verbindung mit den Strahlströmen derjenigen in stark quellenden Gewitter- oder Schauerwolken gleich. Die Erklärung ist in dem starken vertikalen und horizontalen Geschwindigkeitsabfall am Rande des Strahlstromes zu suchen. Es bleiben aber noch eine Reihe von Fragen dabei offen.

Auf die Bedeutung der Strahlströme für die synoptische Meteorologie und für die Wetterentwicklung soll hier nicht eingegangen werden. Es sollten vor allem das Erscheinungsbild in seinen mannigfachen Formen gezeigt und auf seine Bedeutung für die praktische Luftfahrt hingewiesen werden.

[5] Innerhalb der Troposphäre nimmt im Mittel die Temperatur mit zunehmender Höhe ab. Im Einzelfall eines bestimmten Tages wird die Temperaturabnahme mit der Höhe aber unterbrochen durch mehr oder weniger dicke Schichten, in denen die Temperatur mit der Höhe zunimmt; man bezeichnet diese Schichten als Temperaturinversionen.

KAPITEL 5

Wetterkunde für Flieger

1. Einführung

Jeder Flugzeugführer muß neben allgemeinen Grundkenntnissen über die Zusammenhänge der Meteorologie auch wissen, wie schriftliche, bildliche, elektronische und telefonische Informationen des Flugwetterdienstes zu verstehen sind. Selbst wenn er noch so gut Wetterinformationen (Wetterkarten, Flugwettermeldungen und Landewettervorhersagen) zu interpretieren versteht, wird er zur sicheren Flugdurchführung über kurze oder weite Strecken stets auf die persönliche, ausführliche Wetterberatung eines Flugmeteorologen angewiesen sein.

Der Deutsche Wetterdienst (DWD) und der Geophysikalische Beratungsdienst der Bundeswehr (GeoPhysBw), insbesondere die Geophysikalischen (Wetter-) Beratungsstellen, verfügen über sehr erfahrenes Personal für die Flugwetterberatung, das teilweise rund um die Uhr zu Auskünften bereit ist.

Flugwetterwarten melden ihre Wetterbeobachtungen regelmäßig in die entsprechenden »Kanäle« und erteilen mündliche und schriftliche Wetterberatung für die Luftfahrt und Flugsicherung, an das Personal und an die Dienststellen in Form von Dokumenten (Wetterkarten, fernschriftliche Informationen, flugmeteorologische Unterlagen aller Art).

Automatische Anrufbeantworter (Dimaphon) verbreiten regelmäßig wichtige Informationen für die Luftfahrt, die über das Telefonnetz abgefragt werden können. Auch der Rundfunk gibt Wetterhinweise für die Luftfahrt.

2. Wetterkarten und ihre Zeichen

Für den sicheren Flugbetrieb werden benötigt:
(1) Bodenwetterkarten
(2) Höhenwetterkarten
(3) Querschnittskarten
(4) Weitere Wetterauskünfte

a) Bodenwetterkarte

Eine zusammenfassende Darstellung und Auswertung einer größeren Anzahl zu einem bestimmten Termin gleichzeitig am Boden angestellter Wetterbeobachtungen. Auf Karten 1:10 000 000 (Europakarte) oder 1:5 000 000 (Mitteleuropakarte) werden für jede Station deren Wettermerkmale eingetragen. Durch den Meteorologen erfolgt die Auswertung. Nachdem er Regen-, Schnee- oder Gewittergebiete mit den entsprechenden Symbolen gekennzeichnet hat, legt er die Hoch- und Tiefdruckgebiete fest, indem er auf der Karte die Orte gleichen Luftdrucks miteinander verbindet. Desweiteren werden Fronten eingezeichnet. Erst anhand der fertigen Wetterkarte kann die Vorhersage (Prognose) erfolgen.

Um Wetterkarten allen am Wettergeschehen Interessierten verständlich zu machen, werden für **Kartenbezeichnungen** international vereinbarte Symbole verwendet:

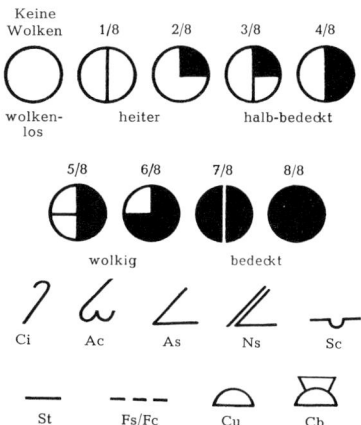

Abb. 5.1 Gesamtbedeckung mit Wolken (im Wetterchlüssel N) und einige Wolkenarten (im Wetterschlüssel CC).

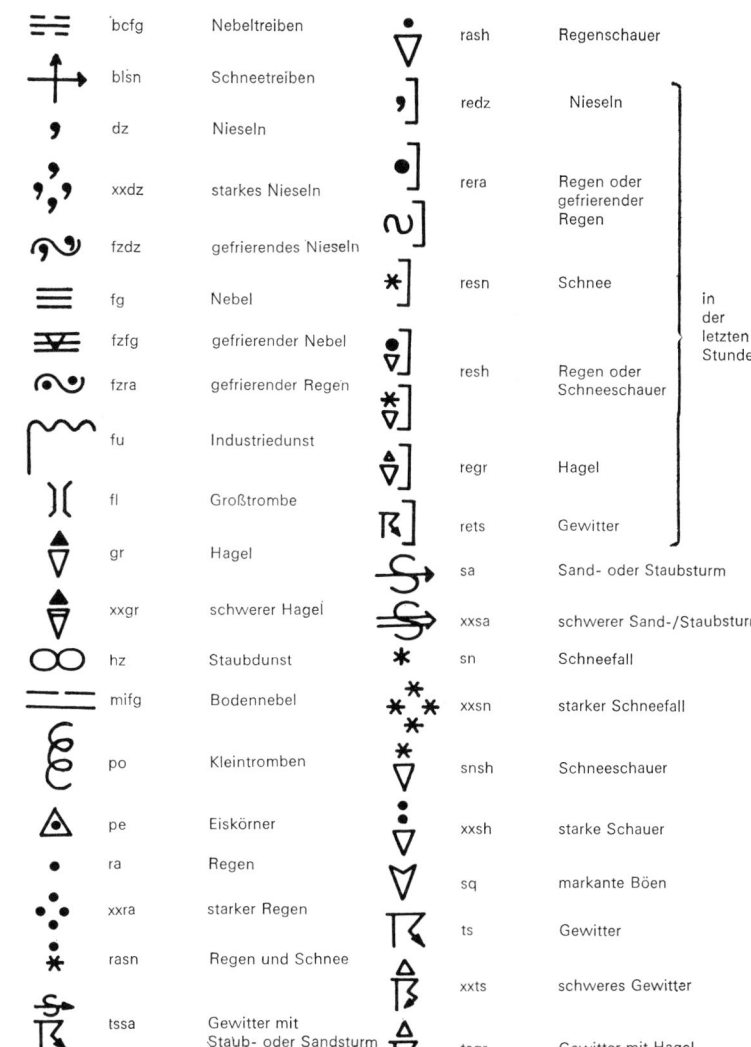

Abb. 5.2 Analysensymbole des gegenwärtigen Wetters und Abkürzungen, wie sie in Wetterschlüsseln (unter WW) Verwendung finden. (METAR-Code: meteorological aeronautical report-Bodenwettermeldung für die Luftfahrt//TAF: terminal aerodrome forecast-Flughafen-Wettervorhersage.)

Symboltafel

Analysensymbole

Abb. 5.3 Symboltafel (Analysensymbole).

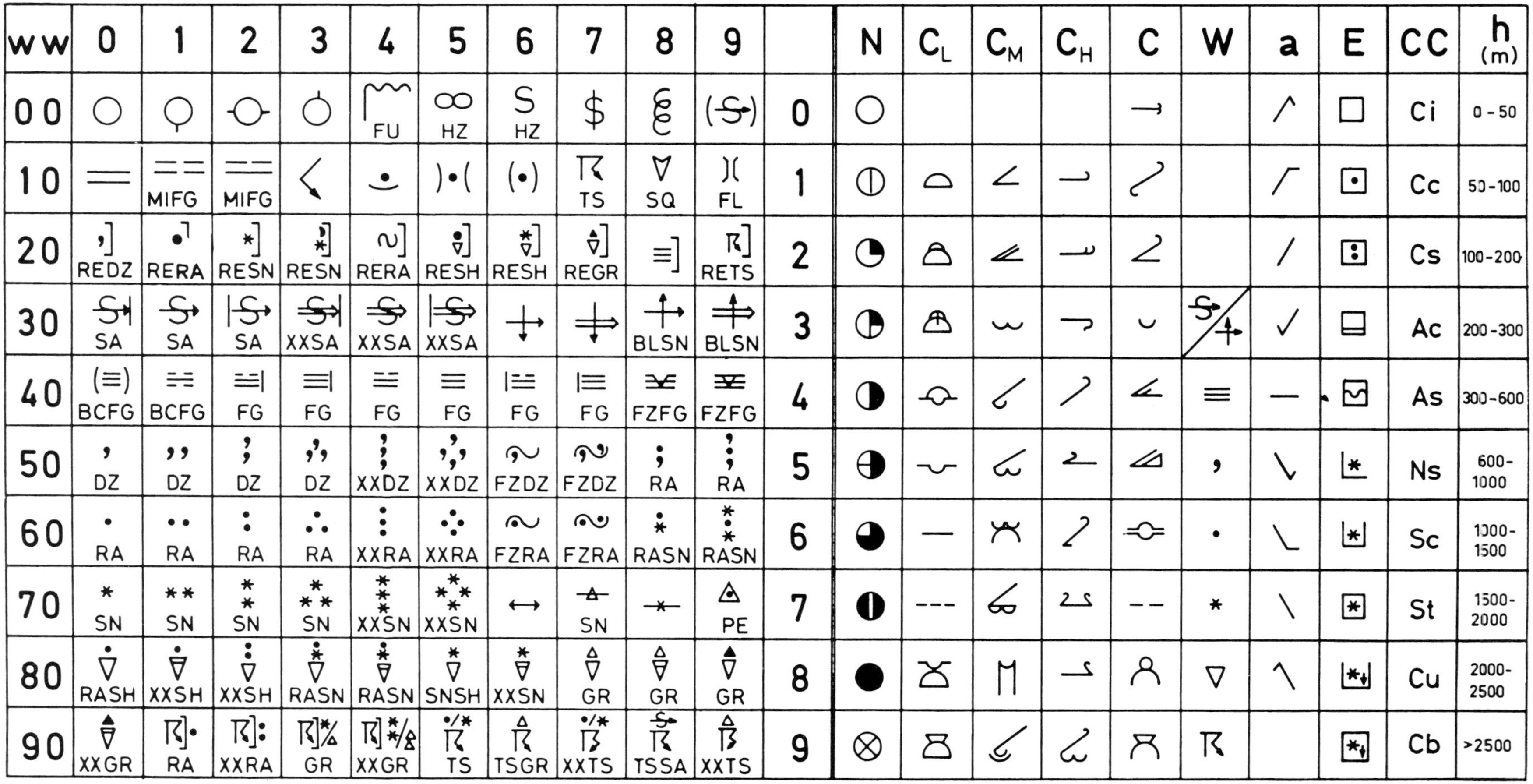

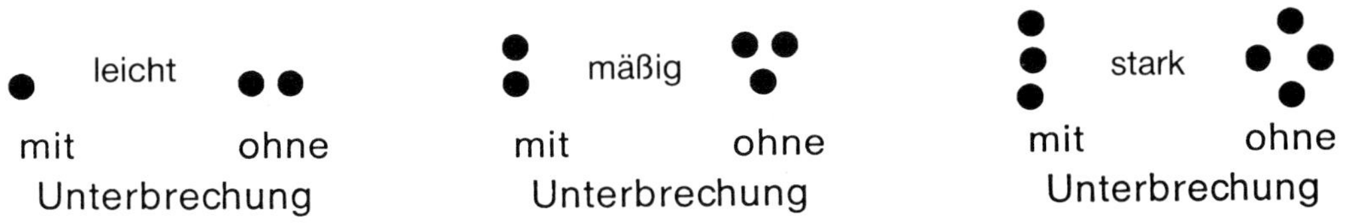

● leicht ●●	● mäßig ●●	● stark ●●

mit Unterbrechung ohne Unterbrechung   mit Unterbrechung ohne Unterbrechung   mit Unterbrechung ohne Unterbrechung

Abb. 5.4 Stärke und Dauer des Niederschlages (z. B. Regen).

Farbig hervorgehobene Flächen auf Wetterkarten für Gebiete mit folgenden Witterungserscheinungen:

Regengebiete:	hellgrün
Gebiete mit Schnee-, Graupel- oder Hagel-Niederschlägen:	dunkelgrün
Nebelgebiete:	gelb
Gebiete mit starkem Sichtrückgang (Bodennebel):	gelb gestrichelt
Gebiete geschl. tieferer Bewölkung:	braun
Wolkenlose Gebiete:	hellblau

Linien gleicher Werte

Isobaren = Linien gleichen Luftdruckes werden für Druckwerte von 5 zu 5 hPa stärker ausgezeichnet (schwarz).

Isallobaren = Linien gleicher Luftdruckänderung. Luftdruckanstieg blau angelegt, Luftdruckabfall rot angelegt.

Isothermen = Linien gleicher Temperatur.

Isotachen = Linien gleicher Windgeschwindigkeit (nicht gleicher Richtung) werden hauptsächlich nur auf 300- und 200-hPa-Höhenwetterkarten bezeichnet, um den »Strahlstrom« (Jetstream) in seiner horizontalen Ausdehnung festzulegen.

Düsenflugzeuge fliegen meistens in größeren Höhen, deren Wetterverhältnisse mitunter von der Bodenwetterlage abweichen. Die Höhenwettererkundung ist daher eine wesentliche Hilfe für die Flugplanung.

Abb. 5.5 Frontensymbole.

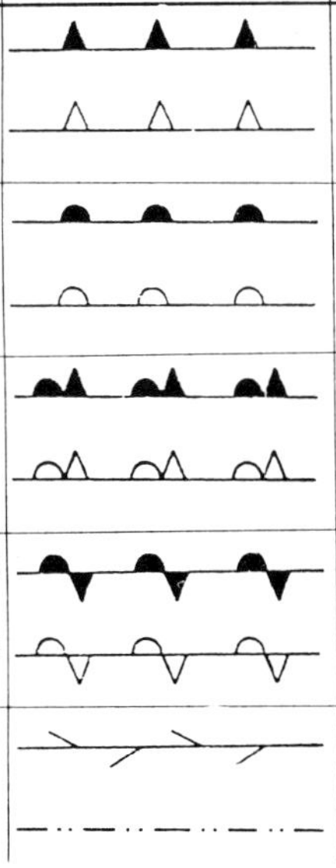

	schwarz	farbig
Kaltfront		zusammenhängende Linie blau
Höhenkaltfront		gestrichelte Linie blau
Warmfront		zusammenhängende Linie rot
Höhenwarmfront		gestrichelte Linie rot
Okklusion		zusammenhängende Linie purpur
Höhenokklusion		gestrichelte Linie purpur
Stationäre Front am Boden		zusammenhängende Linie, rot und blau im Wechsel
Stationäre Front in der Höhe		gestrichelte Linie, rot und blau im Wechsel
Konvergenzlinie		zusammenhängende Linie orange
Instabilitätslinie		strich-punktierte Linie schwarz

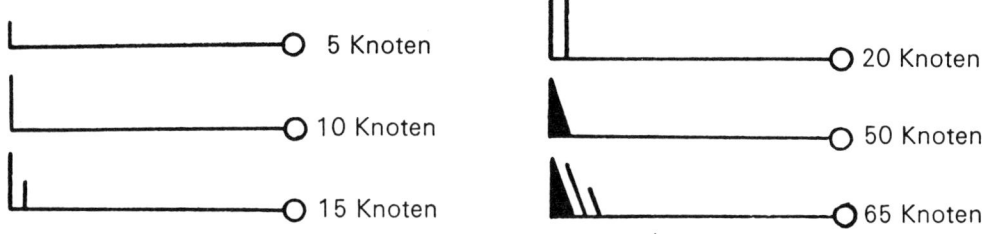

Die Lage des Windbalkens zeigt die Windrichtung an: z. B.

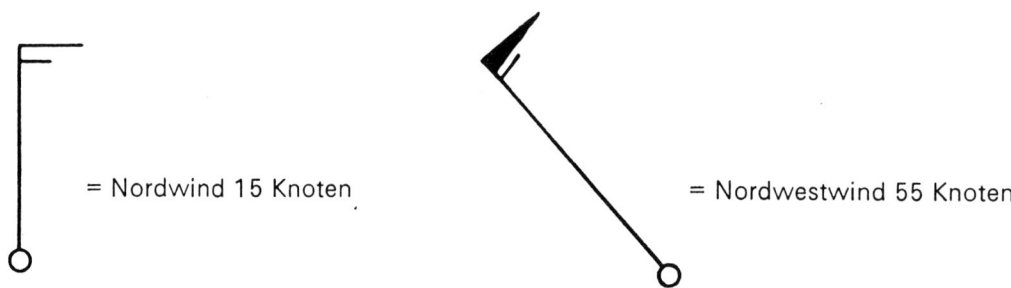

= Nordwind 15 Knoten   = Nordwestwind 55 Knoten

Abb. 5.6 Windgeschwindigkeit und Windrichtung.

Abb. 5.7 Stationsmodell auf der Bodenwetterkarte (maschinelle Eintragung).

Stationsmodell auf der Bodenwetterkarte
(maschinelle Eintragung)
Beispiel einer Wettermeldung (Synop-Schlüssel)

IIiii iihVV Nddff 1sTTT 2sTTT 4PPPP 5appp 7wwWW 8NCCC
Rx   n   nddd   1 2   hLMH
10637 41570 53035 10054 21011 40158 52021 72186 82842

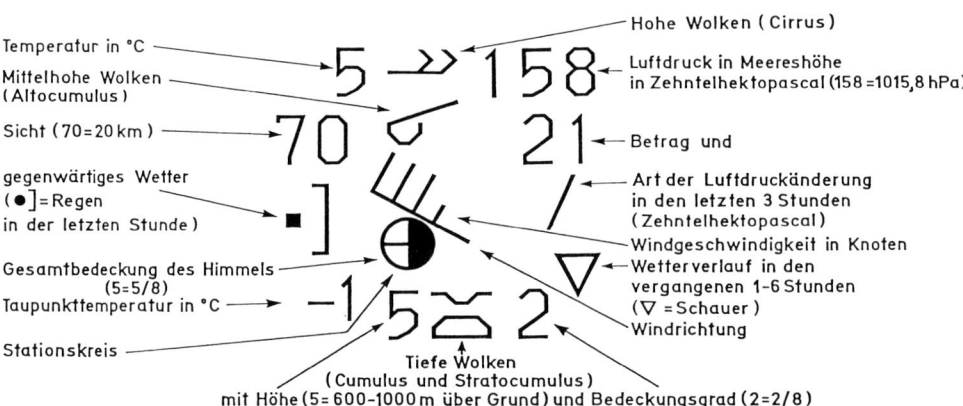

Zusätze bei Schiffsmeldungen
links unten : Wassertemperatur in Zehntel °C
rechts unten: Schiffskurs (Pfeil) und Geschwindigkeit (Schlüsselziffer)

Abb. 5.8 Entstehung einer Wettermeldung.

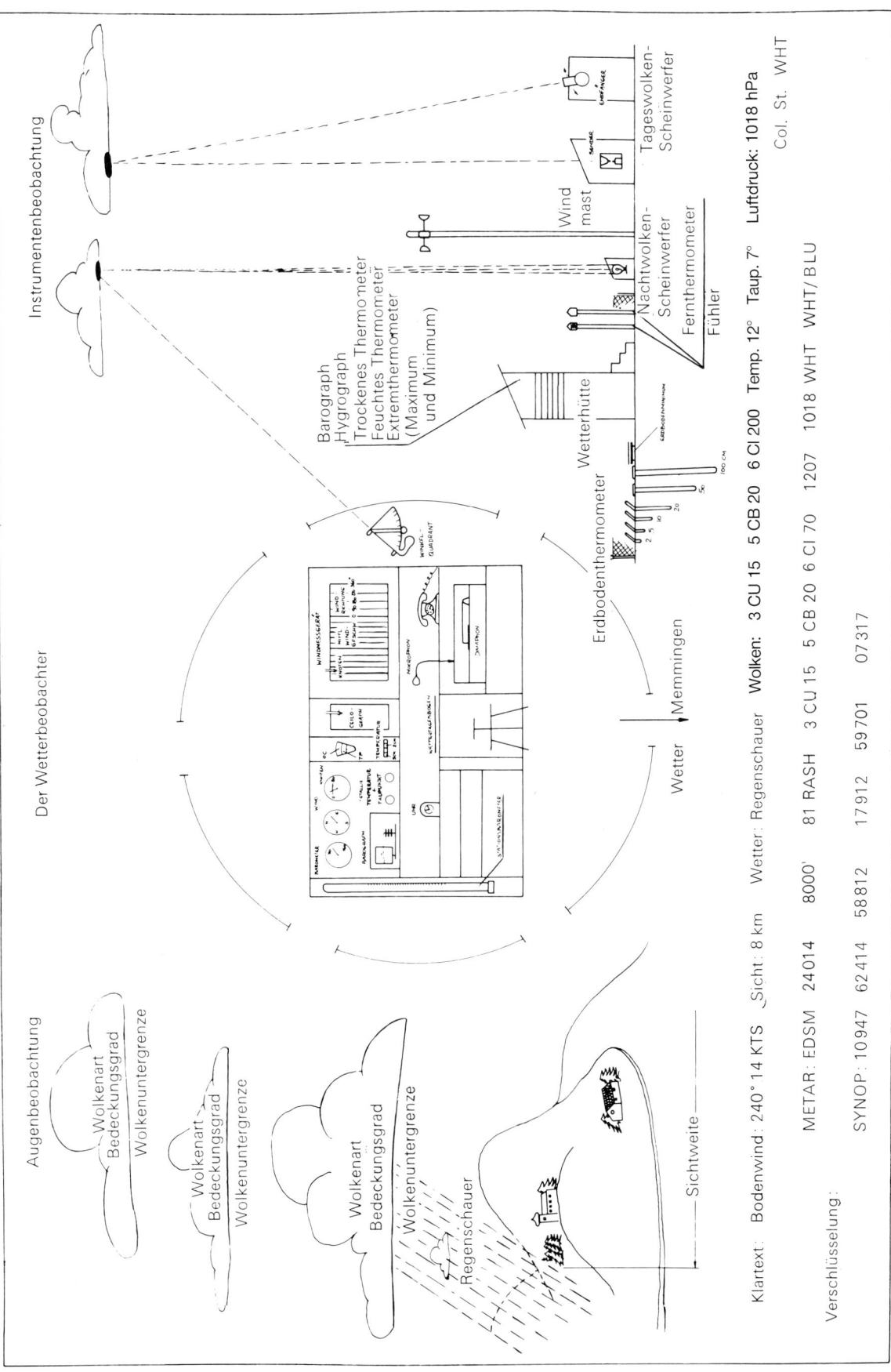

Instrumentenbeobachtung

Der Wetterbeobachter

Augenbeobachtung

Tageswolken-Scheinwerfer

Wind mast

Nachtwolken-Scheinwerfer

Fernthermometer

Fühler

Barograph
Hygrograph
Trockenes Thermometer
Feuchtes Thermometer
Extremthermometer
(Maximum und Minimum)

Wetterhütte

Erdbodenthermometer

Wetter

Memmingen

Wolkenart
Bedeckungsgrad
Wolkenuntergrenze

Wolkenart
Bedeckungsgrad
Wolkenuntergrenze

Wolkenart
Bedeckungsgrad
Wolkenuntergrenze

Regenschauer

Sichtweite

Klartext: Bodenwind: 240° 14 KTS   Sicht: 8 km   Wetter: Regenschauer   Wolken: 3 CU 15   5 CB 20   6 CI 200   Luftdruck: 1018 hPa   Temp. 12°   Taup. 7°

Col. St. WHT

Verschlüsselung:

METAR: EDSM   24014   8000'   81 RASH   3 CU 15   5 CB 20   6 CI 70   1207   1018 WHT   WHT/BLU

SYNOP: 10947   62414   58812   17912   59701   07317

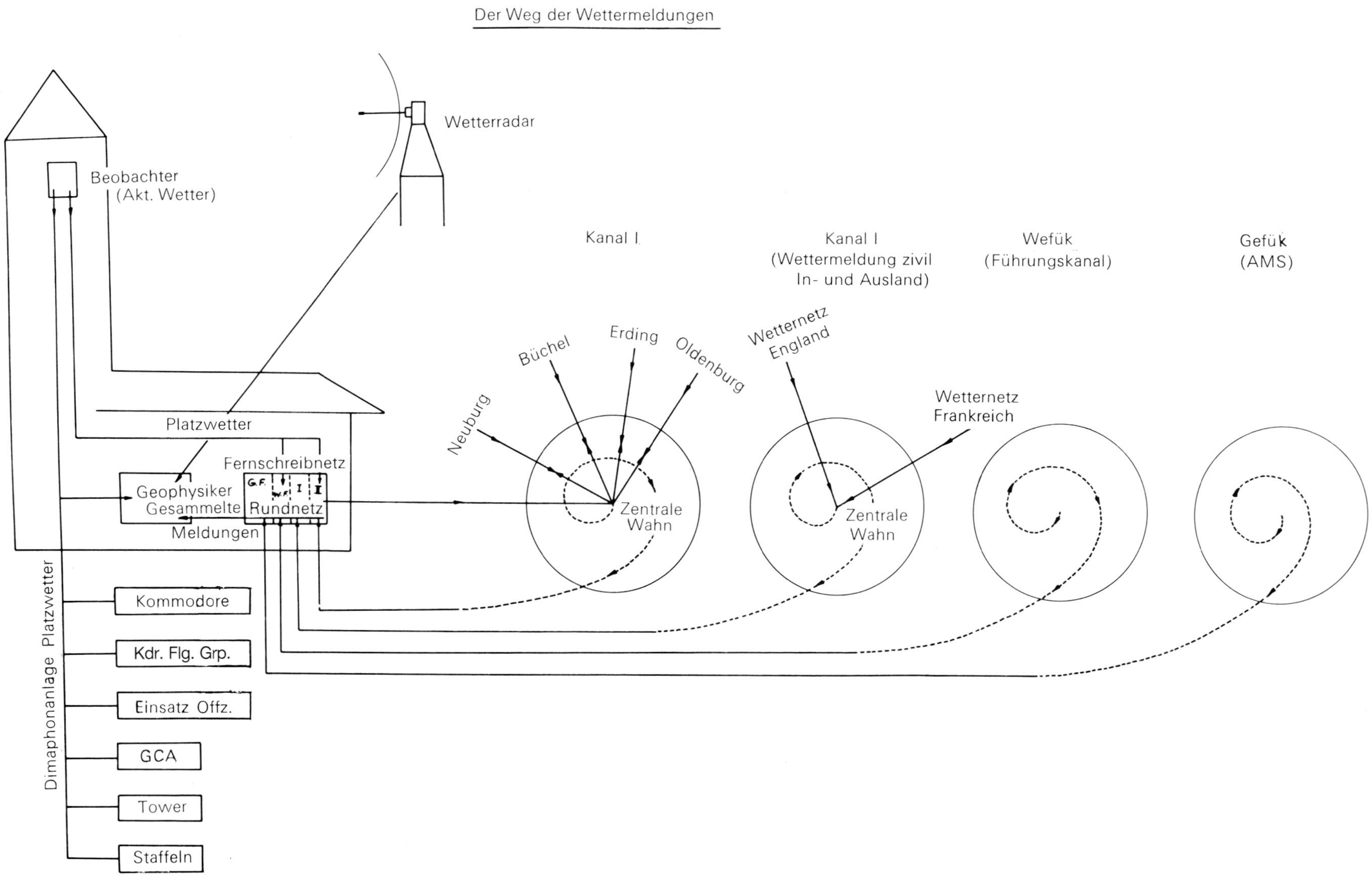

Der Weg der Wettermeldungen

Gefük
(AMS)

Wefük
(Führungskanal)

Kanal I
(Wettermeldung zivil
In- und Ausland)

Wetternetz
Frankreich

Zentrale
Wahn

Wetternetz
England

Kanal I

Oldenburg

Erding

Zentrale
Wahn

Büchel

Neuburg

Wetterradar

Beobachter
(Akt. Wetter)

Platzwetter

Fernschreibnetz

Geophysiker

Gesammelte
Meldungen

Rundnetz

G.F. I I

Kommodore

Kdr. Flg. Grp.

Einsatz Offz.

GCA

Tower

Staffeln

Dimaphonanlage Platzwetter

Abb. 5.9 Beispiel für die Weitergabe von Wettermeldungen.

b) Höhenwetterkarte

wird für verschiedene Höhen angefertigt:

1500 m – 5000' – 850 hPa
3000 m – 10000' – 700 hPa
5500 m – 18000' – 500 hPa
9200 m – 30000' – 300 hPa
11600 m – 38000' – 200 hPa
13700 m – 45000' – 150 hPa

Eine Höhenwetterkarte gibt Auskunft über die Zirkulation in größeren Höhen, über die Druckverteilung, Höhenwinde, Bewegung von Fronten, Wettersysteme, Vereisung usw. Während eine Bodenwetterkarte das Resultat vieler Wetterbeobachtungen ist, werden die Daten für die Höhenwetterkarte durch Radio-Sonden und Pilotballon-Beobachtungen erhalten.

c) Querschnittskarte (Cross Section)

Neben den üblichen Boden-Wetterkarten werden für die Wetterberatung auch Cross-Sections verwendet, die Strecken-Wettervorhersagen in Form von Querschnitten durch die Bewölkungsverhältnisse geben über Sicht, Wolkenhöhe, Wolkenart, besondere Wettererscheinungen, Winde usw. sowie über die Nullgradgrenze, die den Flugzeugführer auf Vereisungsmöglichkeiten hinweist.

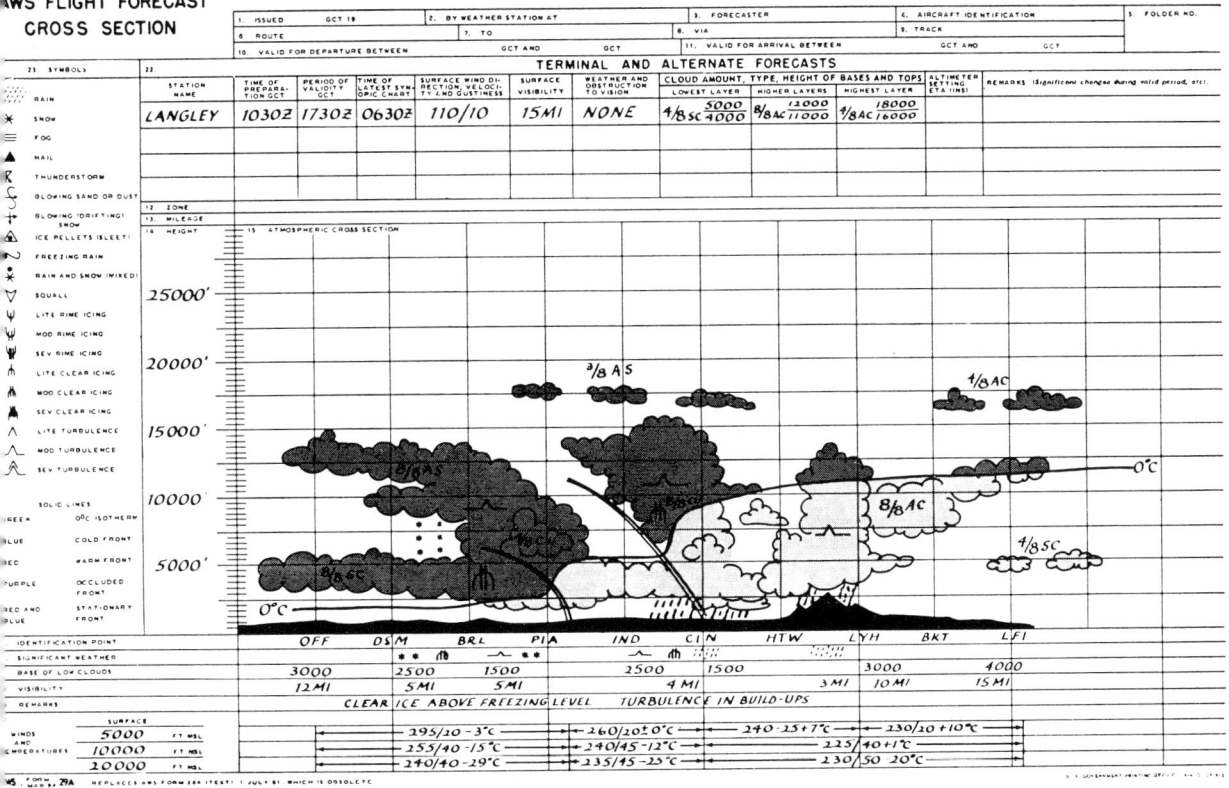

Abb. 5.10 Querschnittskarte für eine Flugwettervorhersage.

METAR – Meteorological aeronautical report

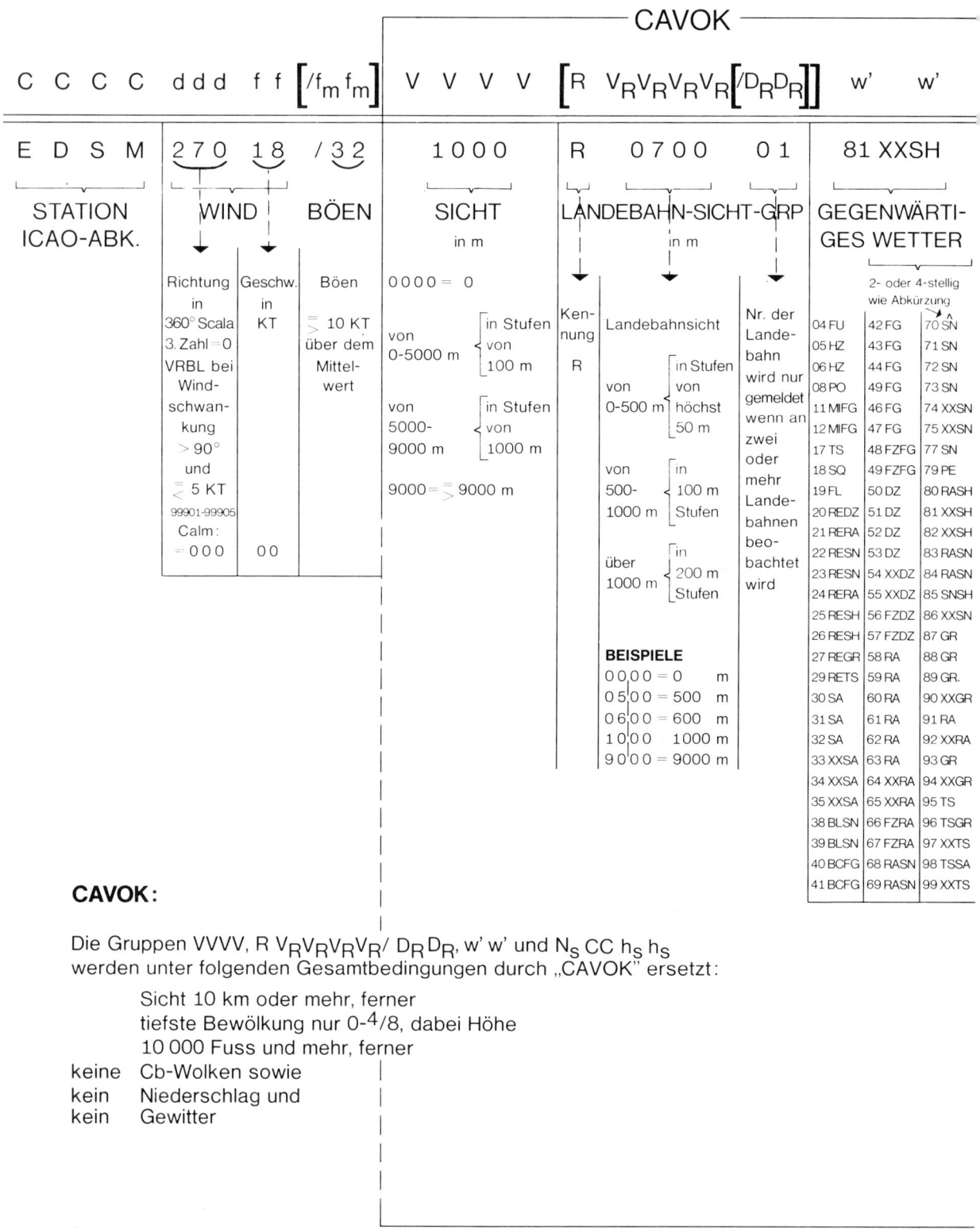

CAVOK:

Die Gruppen VVVV, R $V_R V_R V_R V_R$/ $D_R D_R$, w' w' und N_S CC h_S h_S
werden unter folgenden Gesamtbedingungen durch „CAVOK" ersetzt:

Sicht 10 km oder mehr, ferner
tiefste Bewölkung nur 0-4/8, dabei Höhe
10 000 Fuss und mehr, ferner

keine Cb-Wolken sowie
kein Niederschlag und
kein Gewitter

Abb. 5.11 Der METAR-Code.

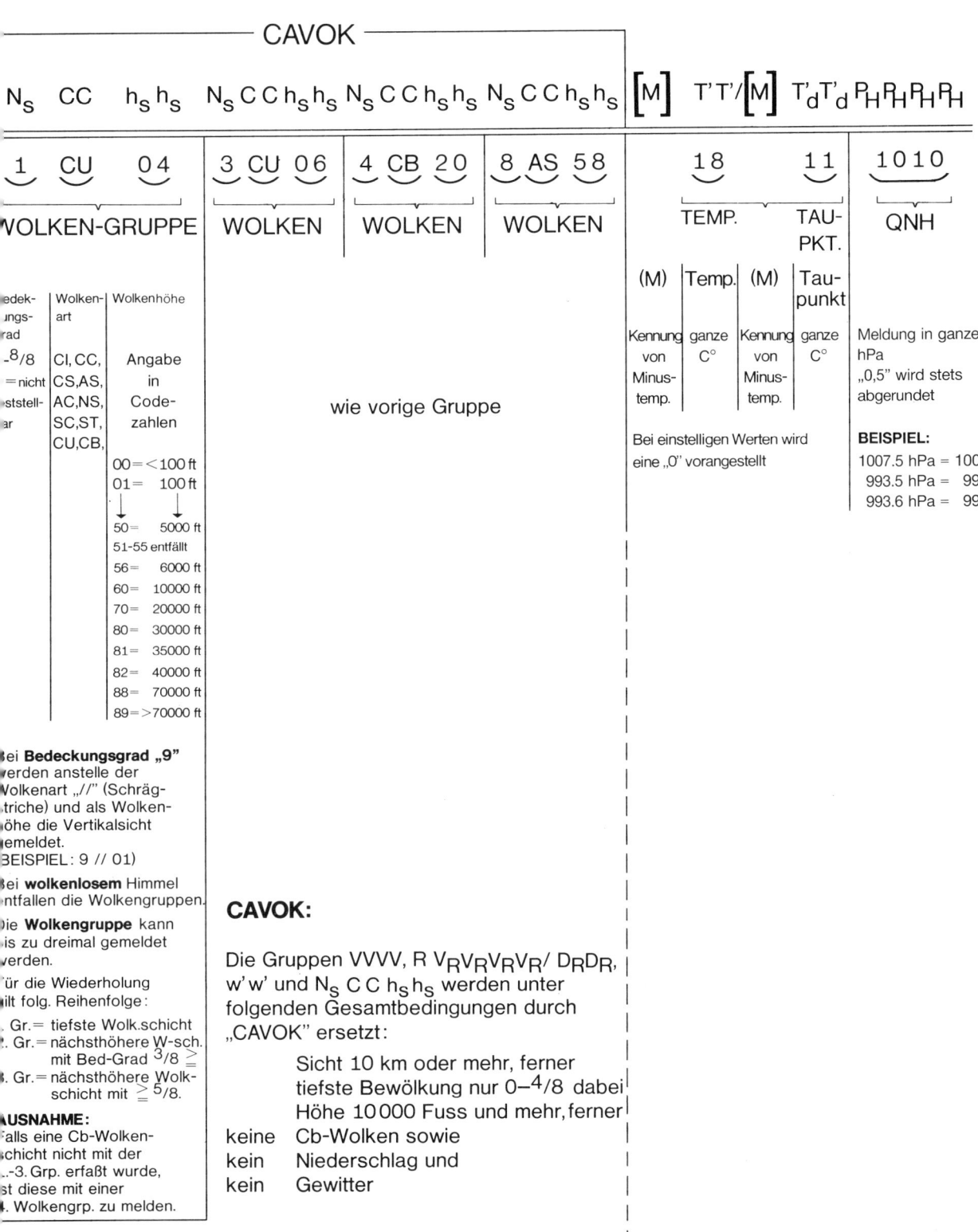

CAVOK

N_S CC $h_S h_S$ $N_S C C h_S h_S$ $N_S C C h_S h_S$ $N_S C C h_S h_S$ $[M]$ T'T'/$[M]$ $T'_d T'_d$ $P_H P_H P_H P_H$

1 CU 04	3 CU 06	4 CB 20	8 AS 58	18	11	1010
WOLKEN-GRUPPE	WOLKEN	WOLKEN	WOLKEN	TEMP.	TAU-PKT.	QNH

Bedeckungs-rad	Wolken-art	Wolkenhöhe				(M)	Temp.	(M)	Tau-punkt	
-8/8	CI,CC,	Angabe				Kennung von Minus-temp.	ganze C°	Kennung von Minus-temp.	ganze C°	Meldung in ganzen hPa
=nicht eststell-ar	CS,AS, AC,NS, SC,ST, CU,CB,	in Code-zahlen		wie vorige Gruppe		Bei einstelligen Werten wird eine „0" vorangestellt				„0,5" wird stets abgerundet
		00=<100 ft								BEISPIEL:
		01= 100 ft								1007.5 hPa = 1007
		↓ ↓								993.5 hPa = 993
		50= 5000 ft								993.6 hPa = 994
		51-55 entfällt								
		56= 6000 ft								
		60= 10000 ft								
		70= 20000 ft								
		80= 30000 ft								
		81= 35000 ft								
		82= 40000 ft								
		88= 70000 ft								
		89=>70000 ft								

Bei **Bedeckungsgrad „9"**
werden anstelle der
Wolkenart „//" (Schräg-
striche) und als Wolken-
höhe die Vertikalsicht
gemeldet.
BEISPIEL: 9 // 01)

Bei **wolkenlosem** Himmel
entfallen die Wolkengruppen.

Die **Wolkengruppe** kann
bis zu dreimal gemeldet
werden.

Für die Wiederholung
gilt folg. Reihenfolge:

. Gr.= tiefste Wolk.schicht
. Gr.= nächsthöhere W-sch.
    mit Bed-Grad $3/8 \geq$
. Gr.= nächsthöhere Wolk-
    schicht mit $\geq 5/8$.

AUSNAHME:
Falls eine Cb-Wolken-
schicht nicht mit der
..-3. Grp. erfaßt wurde,
st diese mit einer
. Wolkengrp. zu melden.

CAVOK:

Die Gruppen VVVV, R $V_R V_R V_R V_R$/ $D_R D_R$,
w'w' und $N_S C C h_S h_S$ werden unter
folgenden Gesamtbedingungen durch
„CAVOK" ersetzt:

Sicht 10 km oder mehr, ferner
tiefste Bewölkung nur 0–4/8 dabei
Höhe 10000 Fuss und mehr, ferner

keine   Cb-Wolken sowie
kein   Niederschlag und
kein   Gewitter

TAF – Terminal aerodrome forecast

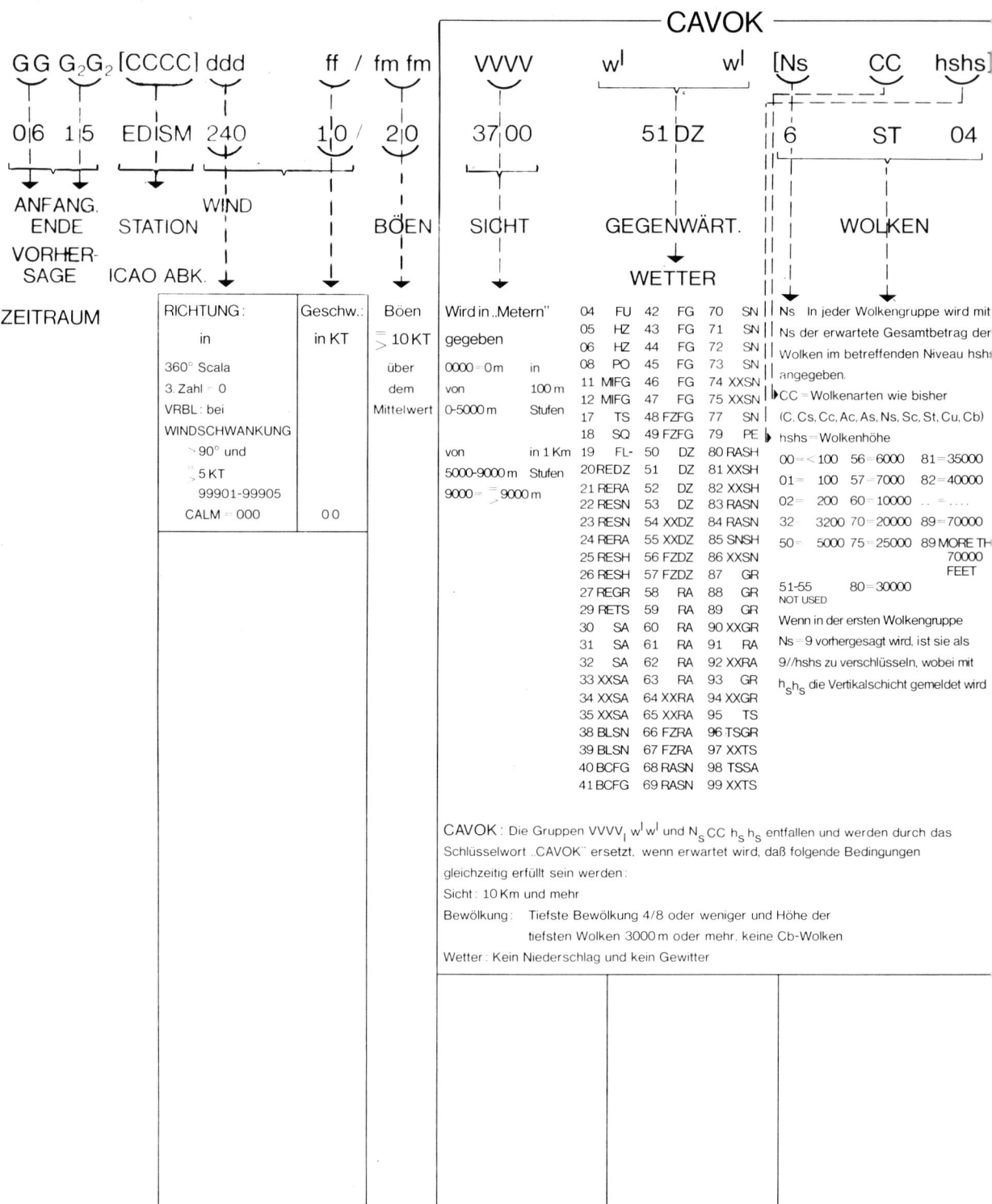

Abb. 5.12 Der TAF-Code.

Flughafen-Wettervorhersage

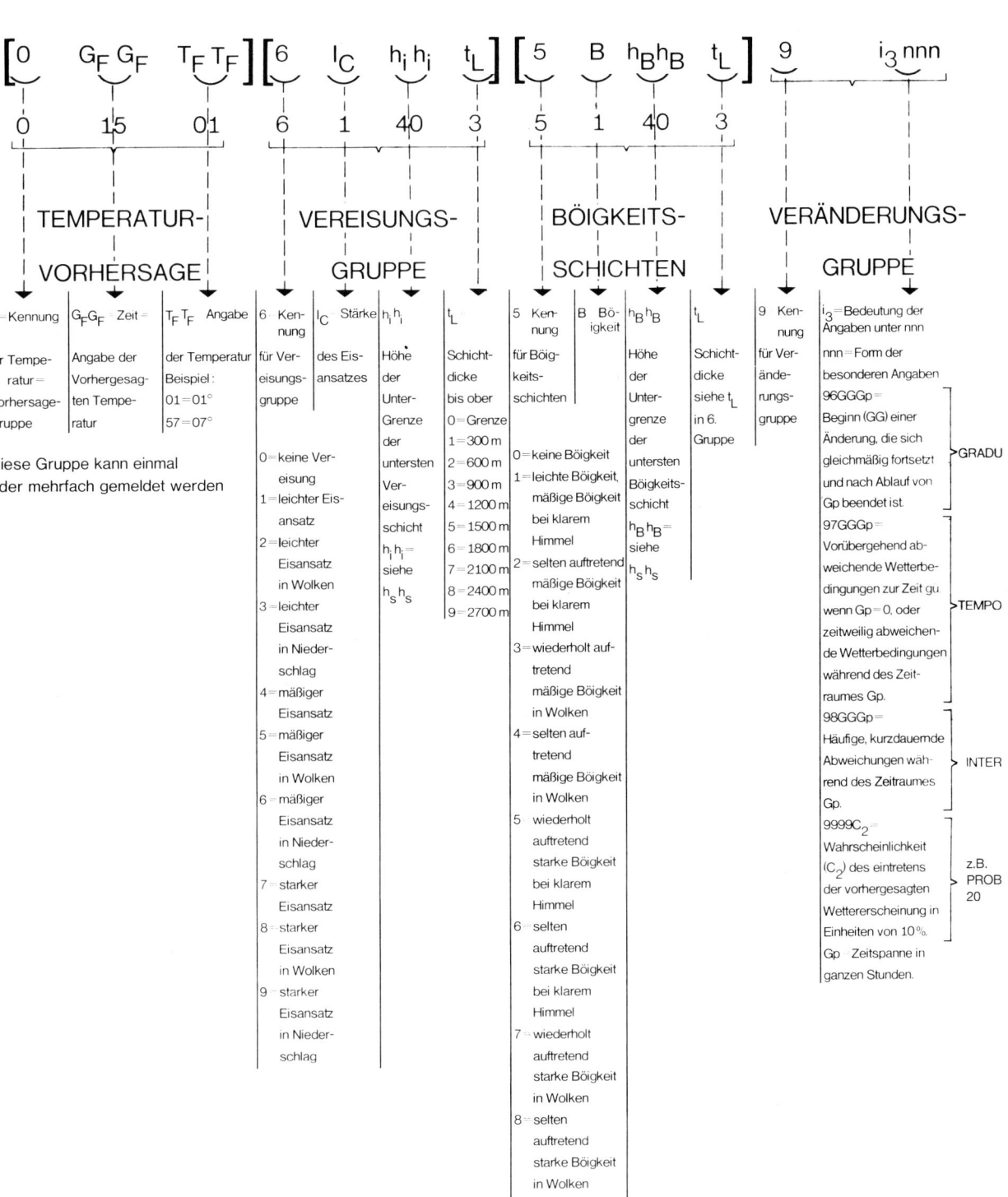

Abb. 5.13 Wetterkarte mit Wetterbericht.

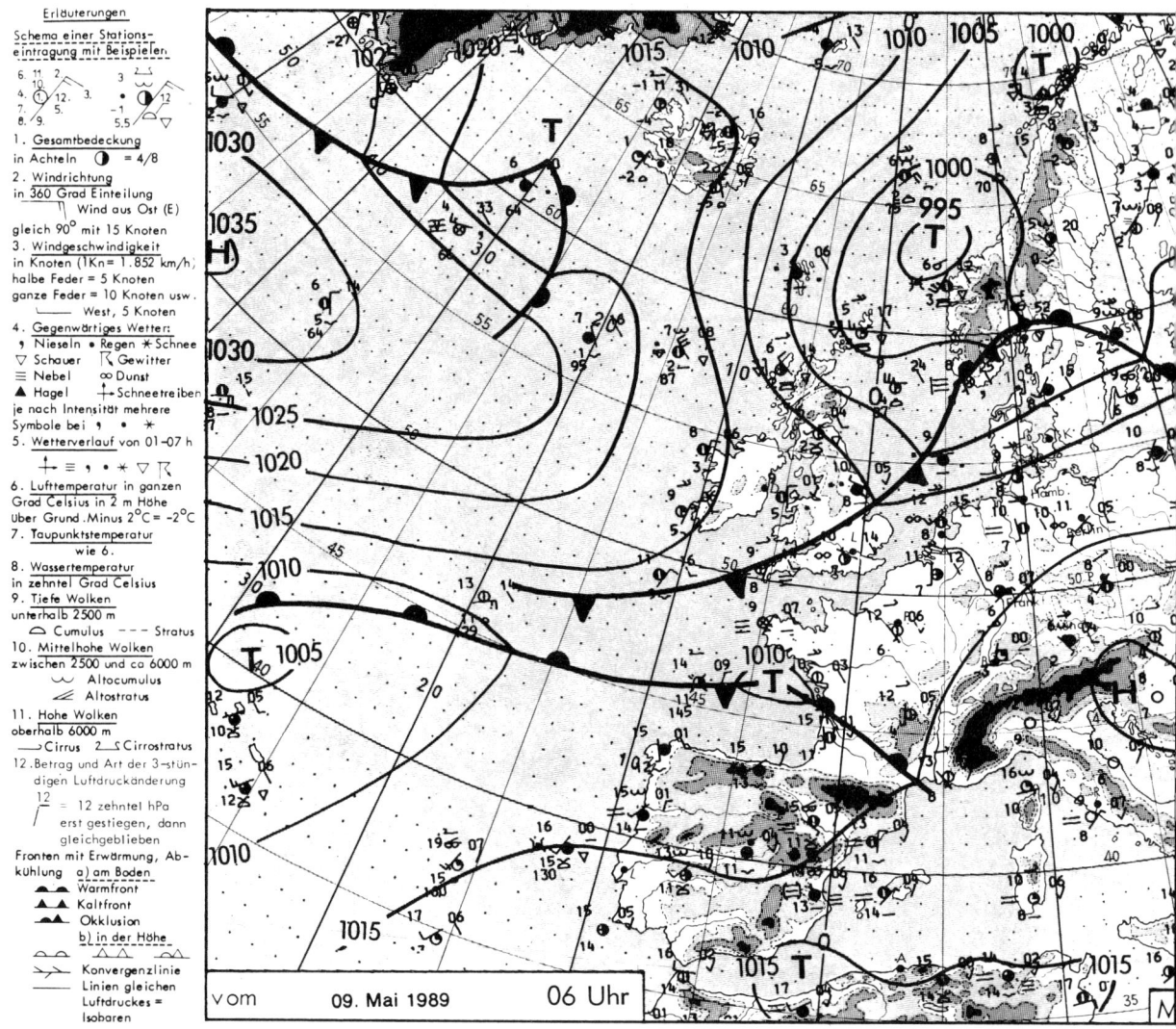

Wetterkarte
des Deutschen Wetterdienstes

vom   09. Mai 1989   06 Uhr

Wetterbericht: (Zu Abb. 5.13, 5.14)

Wetterlage und Entwicklung

Während eine Kaltfront, die derzeit von Südskandinavien nach Großbritannien verläuft, nur langsam nach Südosten vorankommt, macht sich von Südwesten her die Warmfront des Biskayatiefs bemerkbar. Die Kaltfront wird sich im Vorhersagegebiet durchsetzen, jedoch im weiteren Verlauf von Südwesten rückläufig werden.

Vorhersagen gültig von Mittwoch, dem 10. 05. 1989 früh, bis Donnerstag, dem 11. 05. 1989 früh, für:

Hessen, Rheinland-Pfalz und Saarland

Wechselnd, vielfach stark bewölkt und zeitweise Regen, zum Teil gewittrig. Höchsttemperaturen 20 bis 25 Grad Celsius. Tiefstwerte Donnerstag früh um 10 Grad C. Schwacher bis mäßiger Wind um Südwest.

Abb. 5.14 Satellitenbild des Deutschen Wetterdienstes. Aufnahme des geostationären Wettersatelliten METEOSAT 3 aus 36 000 km Höhe (am 9. Mai 1989, 12 Uhr). Vergleiche dieses Bild mit Wetterkarte und Wetterbericht vom 9. Mai 1989, 6 Uhr.

Baden-Württemberg
Wechselnd bewölkt mit einzelnen Schauern und Gewittern. Höchsttemperaturen um 20, im Bergland bei 16 Grad Celsius. Nächtliche Tiefstwerte um 10 Grad C. Mäßiger Wind aus unterschiedlichen Richtungen mit Gefahr von Gewitterböen.

Nordbayern
Sonnig, im Tagesverlauf von Südwesten her Quellwolkenfelder, später einzelne gewittrige Regenfälle. Hierbei Gefahr kurzzeitig starker Böen um Südwest. Höchsttemperaturen 20 bis 25, in Mittelgebirgslagen in 1000 m um 16 Grad C. Frühtemperaturen 8 bis 3 Grad C.

Südbayern
Anfangs noch meist sonnig und niederschlagsfrei mit Tageshöchsttemperaturen um 25 Grad C, im Tagesverlauf von Westen aufkommende Schauer und Gewitter, die bis in die Nacht hinein andauern. Tiefstwerte um 7 Grad C. Schwacher bis mäßiger westlicher Wind, in Gewitternähe böig auffrischend.

Weitere Aussichten: Meist stark bewölkt, zeitweise Regen und Temperaturrückgang.

d) Weitere Wetterauskünfte

Wettermeldungen aller Art werden als Routine- oder Sondermeldungen abgesetzt:

AFWA = Automatische Flugwetteransage in deutscher Sprache über Anrufbeantworter von Flugwetterwarten des Deutschen Wetterdienstes, die an das öffentliche Fernsprechnetz angeschlossen sind. Die Ansage verwendet den GAFOR-Schlüssel.

GAFOR = General Aviation Forecast (Flugwettervorhersage für die Allgemeine Luftfahrt) nach dem GAFOR-Schlüssel. Zur Abkürzung der Übermittlungszeit und Erleichterung der geographischen Bezeichnung dient eine durch Ziffern gekennzeichnete Gebietseinteilung.

METAR = Meteorological Aerodrome Routine Report (Bodenwettermeldung für Flughäfen). Der METAR-Schlüssel wurde besonders für die Zwecke der Luftfahrt entwickelt und ist leicht lern- und lesbar. Die Sicht-, Wetter- und Wolkengruppe kann bei sehr gutem Wetter durch CAVOK (Clouds and Visibility o.k.) ersetzt werden. Der METAR enthält auch Trendvorhersagen (TEND), womit er Landewettervorhersagen gibt.

TAF = Terminal Aerodrome Forecast (Flugplatzwettervorhersage). Die TAF-Verschlüsselung entspricht dem METAR-Schlüssel.

SIGMET = Significant Meteorological Phenomena (Besondere Wettererscheinung, wie z.B. Gewitter, Hagel, Vereisung, Böen). Sie werden vom Fluginformationsdienst (FIS) über Funk in englischer Sprache ausgestrahlt.

VOLMET = Meteorological Broadcast (Wetterfunksendungen). Sie werden ständig für bestimmte Flughäfen auf veröffentlichten Frequenzen über Funk in englischer Sprache gesendet. Man erhält das Platzwetter mit Landewettervorhersage.

NOTAM = Notices to Airmen (NfL-Nachrichten für Luftfahrer) haben nur indirekt mit dem Wetter zu tun, sind aber für die Flugplanung sehr wichtig. NfL geben den von der örtlichen Flugleitung zusammengestellten besonderen Platzzustand an, sofern sich Änderungen gegenüber gedruckten Platzangaben (Funk- und Befeuerungseinrichtungen, Platzbeschaffenheit, wie Bauarbeiten, Vereisung, Überschwemmung, Tragfähigkeit) ergeben haben.

3. Ausführliche Wetterberatung

Nur in den seltensten Fällen (Kurzstreckenflüge bei guter Schönwetterlage) genügt es, Wetterkarten und -meldungen einzusehen oder den AFWA/GAFOR abzuhören. Allgemein ist für die Beurteilung des Flugwetters die gesamte Wetterentwicklung (Wetterlage, Großwetterlage) entscheidend. Nur Flugmeteorologen/Wetterberater verfügen über die erforderlichen Kenntnisse und Erfahrungen, um eine angemessene, eingehende Wetterberatung zu gewähren. Sie kann schriftlich und/oder mündlich erfolgen. Tabellen, Formblätter und bildliche Darstellungen unterstützen die mündliche Wetterberatung und endgültige Flugplanung und -durchführung. Niemals ohne Wetterberatung fliegen!

KAPITEL 6

Luftraumstruktur und Flugsicherung

1. Luftraumgliederung

In der Luftfahrt wird im wesentlichen zwischen kontrolliertem und unkontrolliertem Luftraum unterschieden.

a) Kontrollierter Luftraum

erstreckt sich lateral über das gesamte Gebiet der Bundesrepublik Deutschland; die Obergrenze liegt bei Flugfläche 460 (14 000 m), die Untergrenze im allgemeinen bei 2500 Fuß (ca. 800 m), innerhalb der Nahverkehrsbereiche bei 1700 (ca. 600 m) und 1000 Fuß (ca. 300 m) über Grund (s. Abb. 6.1 und 6.2).

Um jeden Verkehrsflughafen ist eine bis zum Boden reichende Kontrollzone und in der Umgebung der meisten Flughäfen ein Gebiet für kontrollierte Sichtflüge errichtet; in diesen Lufträumen werden alle Flüge von der Flugsicherung kontrolliert.

Die dunkel getönten Lufträume stellen Flugbeschränkungsgebiete, die meist um Schießbereiche bestehen, und zeitweilig reservierte Lufträume für militärische Zwecke dar.

Im Beschränkungsgebiet ED-R9, das sich nahezu über das gesamte Bundesgebiet erstreckt und von Flugfläche 100 bis Flugfläche 200 reicht, sind – von bestimmten Ausnahmen abgesehen – unkontrollierte Sichtflüge untersagt.

Entlang den Grenzen zur DDR und CSSR verläuft eine durchschnittlich 30 NM (ca. 50 km) breite Zone, die als »Flugüberwachungszone« bezeichnet wird; Flüge innerhalb dieses Gebiets werden von den Luftverteidigungsstellen identifiziert und überwacht.

b) Unkontrollierter Luftraum

ist der Bereich unterhalb 2500 Fuß über Grund bzw. unterhalb von Nahverkehrsbereichen – mit Ausnahme der Kontrollzonen.

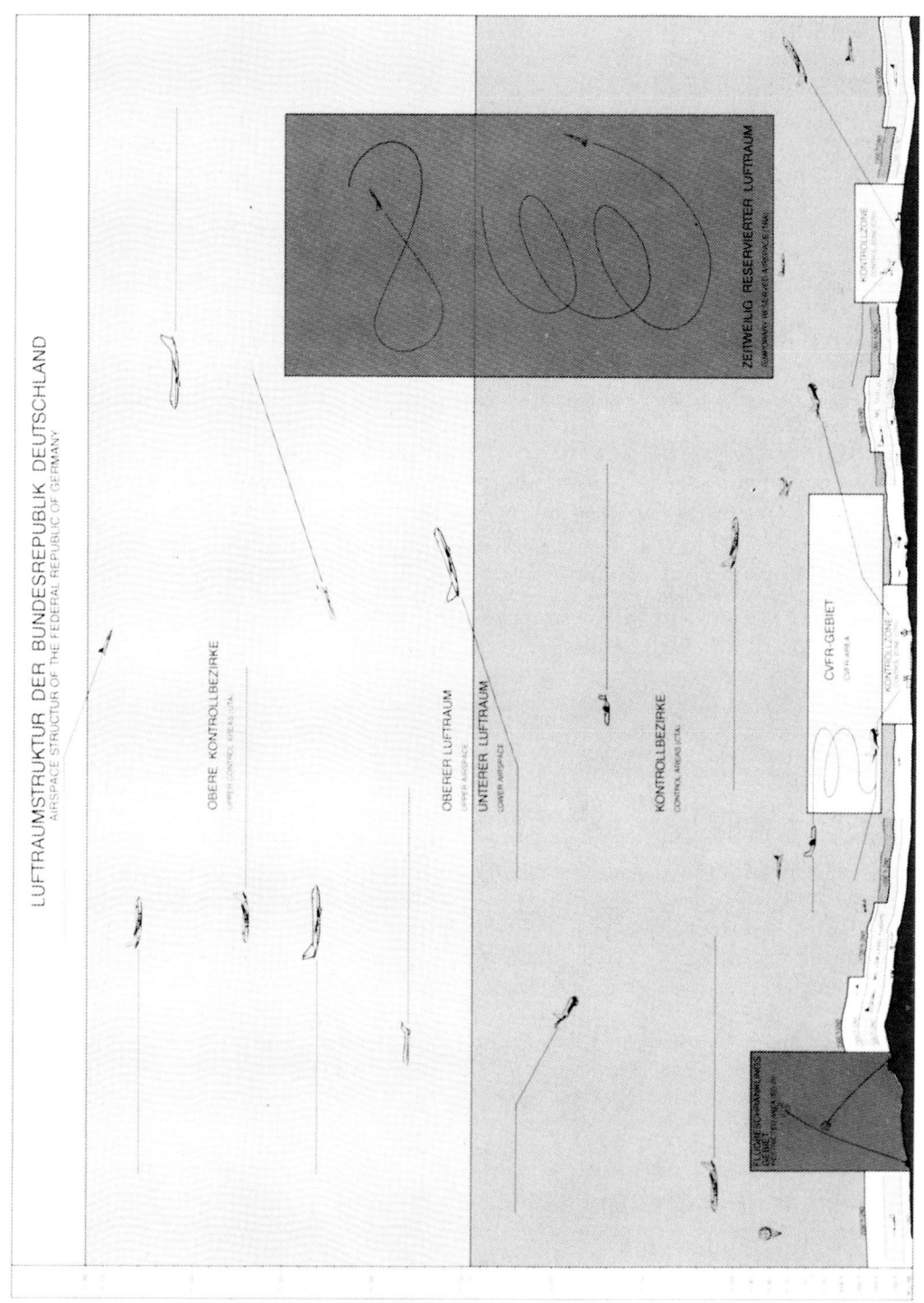

Abb. 6.1

94

c) Luftstraßen

Ähnlich wie der Autoverkehr auf einem Netz von Straßen bewegt sich der Flugverkehr auf einem Netz von Luftstraßen. Auf diesen Luftstraßen – in der Fachsprache als Flugverkehrsstrecke bezeichnet – fliegen die Flugzeuge von Kontinent zu Kontinent, von Land zu Land, von Flughafen zu Flughafen.

Aus Streckenkarten kann der Pilot für jeden Streckenabschnitt den zu steuernden Kurs, die Entfernung und die Mindesthöhe, die einen sicheren Abstand über jedem Hindernis gewährleistet, entnehmen.

Sendestationen am Boden, Funkfeuer, markieren den Verlauf der Flugverkehrsstrecken; die BFS betreibt rund 100 solcher Funkfeuer. Deren Signale werden im Flugzeug empfangen. Ein Anzeigegerät im Cockpit stellt dem Piloten die genaue Richtung seines Flugzeuges in bezug zur empfangenen Sendestation dar. Stimmt der angezeigte mit dem auf der Streckenkarte festgelegten Kurs überein, so befindet sich das Flugzeug auf der Luftstraße. Mit Hilfe eines Zusatzgerätes erhält der Pilot weiterhin eine Anzeige über die Entfernung zum Funkfeuer. Somit ist er in der Lage, die vorgeschriebene Strecke genau einzuhalten.

Oberstes Gebot bei der Streckenplanung ist Sicherheit. Das bedeutet, daß die Strecken in ausreichendem Abstand zu Hindernissen und Lufträumen mit besonderen Gefahren, wie z.B. Schießgebieten, verlaufen müssen. Sicherheit bedeutet aber auch, die Strecken so festzulegen, daß sie für Pilot und Flugzeug möglichst einfach zu fliegen sind. Als weitere wesentliche Kriterien bei der Planung hat die BFS die Flüssigkeit des Verkehrsablaufs und die Wirtschaftlichkeit der Flugdurchführung zu beachten.

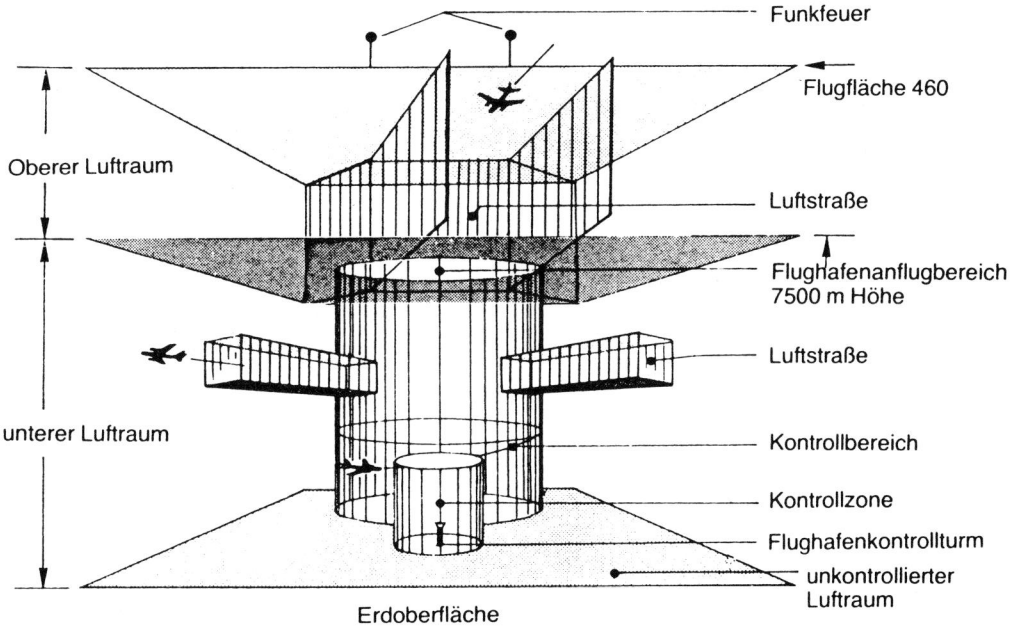

Abb. 6.2

d) Flugplatzarten

Starten und landen dürfen Luftfahrzeuge nur auf genehmigten Flugplätzen. Man unterscheidet nach

(1) Flughäfen:
– Internationale Flughäfen
– Verkehrsflughäfen
– Sonderflughäfen (für Sonderzwecke)

(2) Landeplätzen:
– Verkehrslandeplätzen
– Sonderlandeplätzen

(3) Segelfluggelände

(4) Hubschrauberlandeplätzen

(5) Militärflugplätzen

(6) Modellflugplätzen

e) Schutz gegen Fluglärm

Für den Gesamtbereich Fluglärm an den Verkehrsflughäfen sind die Flughäfen und die Fluggesellschaften als Betreiber und Nutzer, sowie die Luftfahrtverwaltungen des Bundes und der Länder als Verwaltungsorgane zuständig. Eine Sonderstellung bei den Verwaltungsorganen nimmt die Bundesanstalt für Flugsicherung ein, da sie aufgrund ihres gesetzlichen Auftrags zur Bewegungslenkung am Boden und in der Luft mittelbar auf die von den Verursachern bewirkte Lärmbelästigung Einfluß nehmen kann.

Im Hinblick auf den originären Auftrag der Bundesanstalt für Flugsicherung, sind Prioritätenregelungen für die ordnungsgemäße Verkehrsabwicklung erforderlich. Während der Tagesstunden hat deshalb grundsätzlich die Reihenfolge Gültigkeit: Sicherheit – Wirtschaftlichkeit/Zügigkeit – Fluglärmminderung. Einschränkend ist jedoch festzustellen, daß die Beachtung lärmrelevanter Grenzhöhen für Abflüge diese Prioritätenfolge im Interesse eines verstärkten Lärmschutzes bereits teilweise umgekehrt hat. Weiterhin wurde dem erhöhten Schutzbedürfnis der Bevölkerung in den Nachtstunden durch die Regelung: Sicherheit – Fluglärmminderung – Wirtschaftlichkeit/Zügigkeit in besonderem Maße Rechnung getragen.

Die Beachtung des gesetzlichen Auftrags, zur Minderung vermeidbaren Fluglärms beizutragen, sowie der Ergänzungen zu den zuvor genannten Rahmenregelungen haben zu einer Vielzahl flugsicherungsbetrieblicher Verfahren und Maßnahmen geführt, die in erheblichem Umfang Verbesserungen ermöglicht haben.

Es sind dies:
– Standard-Instrumentenabflugverfahren als lärmmindernde Streckenführung der Abflugwege (s. Abb. 6.3)
– Empfehlung des sog. IATA-Steilstartverfahrens als flugbetriebliche Standardverfahren (s. Abb. 6.4)
– Festlegung von Grenzhöhen für das Verlassen der Standard-Instrumentenabflugstrecken
– Anhebung dieser Grenzhöhe an 6 von 10 Verkehrsflughäfen von 3000 ft über Grund auf 5000 ft über Grund
– Anhebung der Zwischenanflughöhe
– Anhebung des ILS-Gleitwegwinkels auf 3°
– Einführung des low drag-low power-Verfahrens (s. Abb. 6.6)
– Einführung des **C**ontinuous **D**escent **A**pproaches (CDA) (s. Abb. 6.5)
– Ausstattung der Flughafennahbereiche mit einer Vielzahl von Navigationseinrichtungen, die genaues Navigieren im lärmintensiven Bereich ermöglichen
– Festlegung von Navigationstoleranzen gem. ICAO
– Entwicklung eines elektronischen Systems zur Aufzeichnung und Auswertung von Radardaten (**F**light **T**rack **M**onitoring **S**ystem – FTMS).

Abb. 6.3 Standard- Instrumenten- abflugstrecken (SID) Hannover.

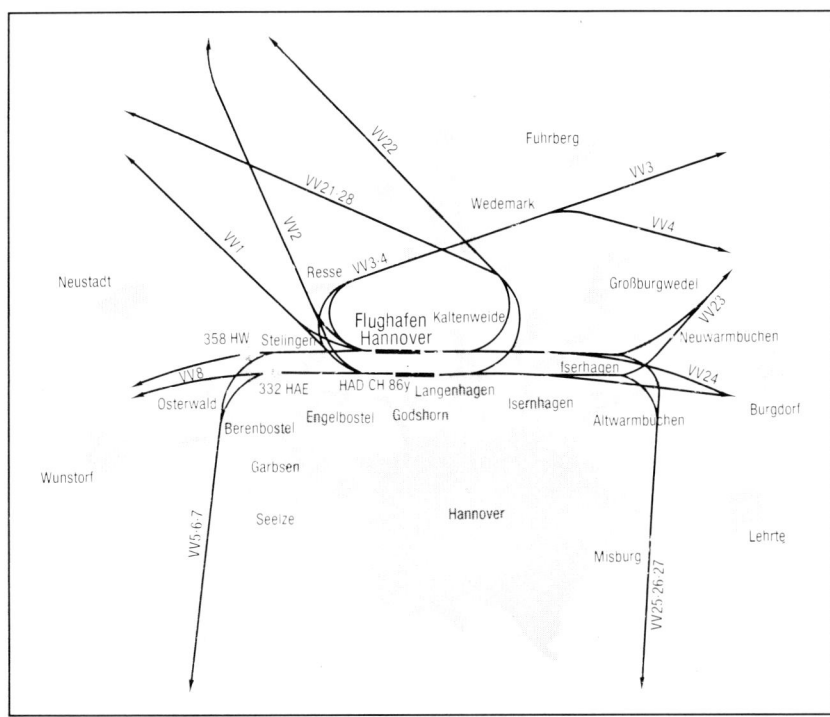

Abb. 6.4 Lärmminderndes Abflugverfahren (Steilstartverfahren).

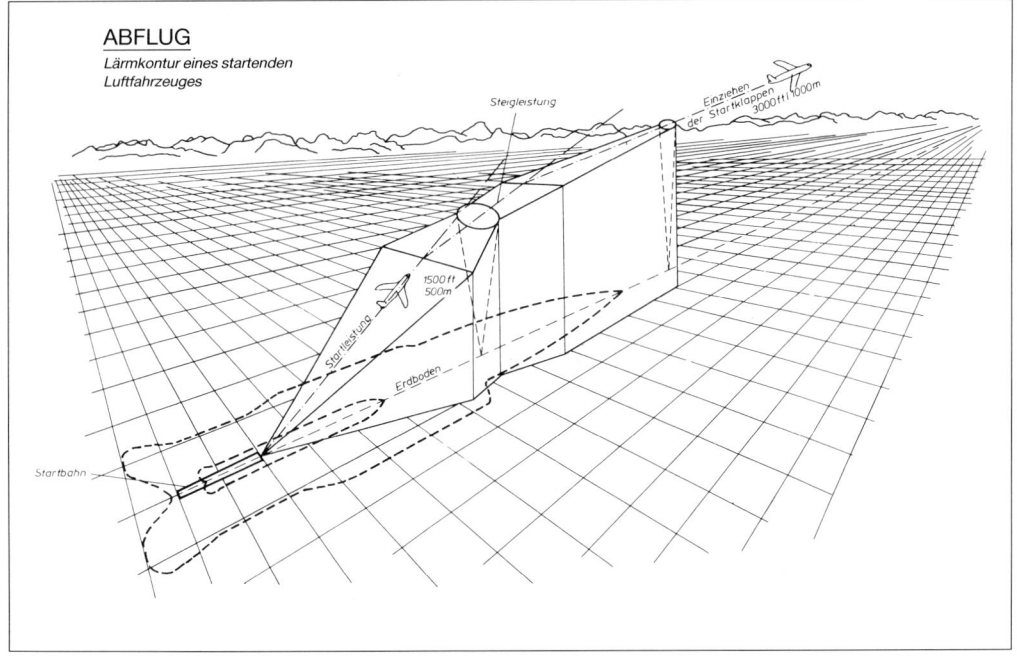

**Abb. 6.5
Lärmminderndes
Anflugverfahren
(continuous
descent approach).**

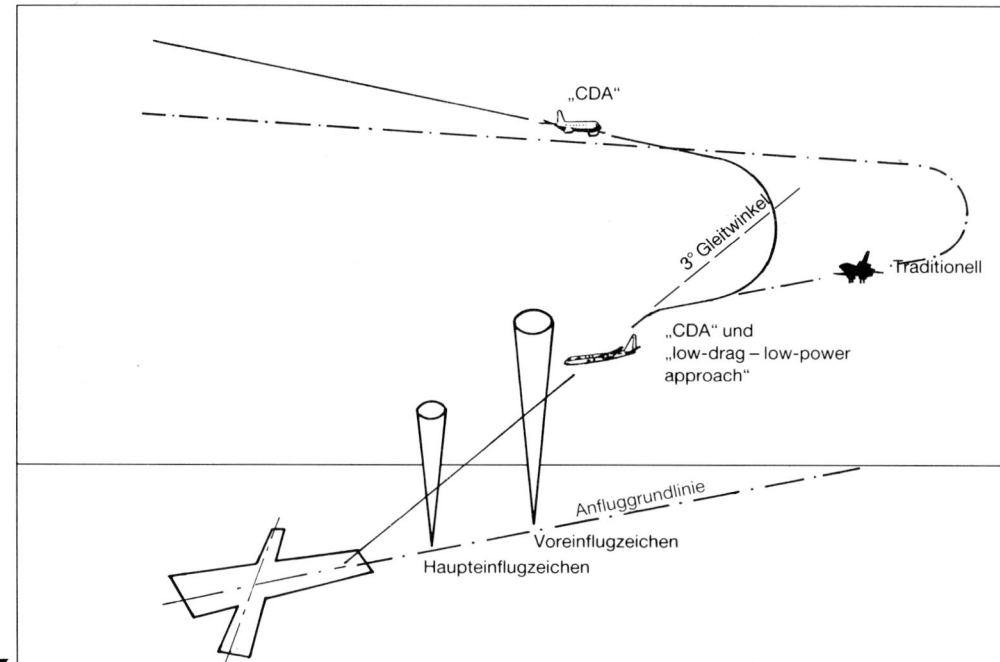

„CDA"

3° Gleitwinkel

Traditionell

„CDA" und
„low-drag – low-power
approach"

Anfluggrundlinie

Voreinflugzeichen

Haupteinflugzeichen

**Abb. 6.6
Lärmminderndes
Anflugverfahren
(low drag-low
power approach).** ▼

ANFLUG

Anfangs-Anflug-Fix
(IAF)

Endanflug
3000 ft
1000 m

3° Gleitwinkel

200-220 Knoten

150-170 Knoten

Voreinflugzeichen

Ausfahren des Fahrwerks
Landeklappen schrittweise
in Endstellung

Anfluggrundlinie

10 NM

215

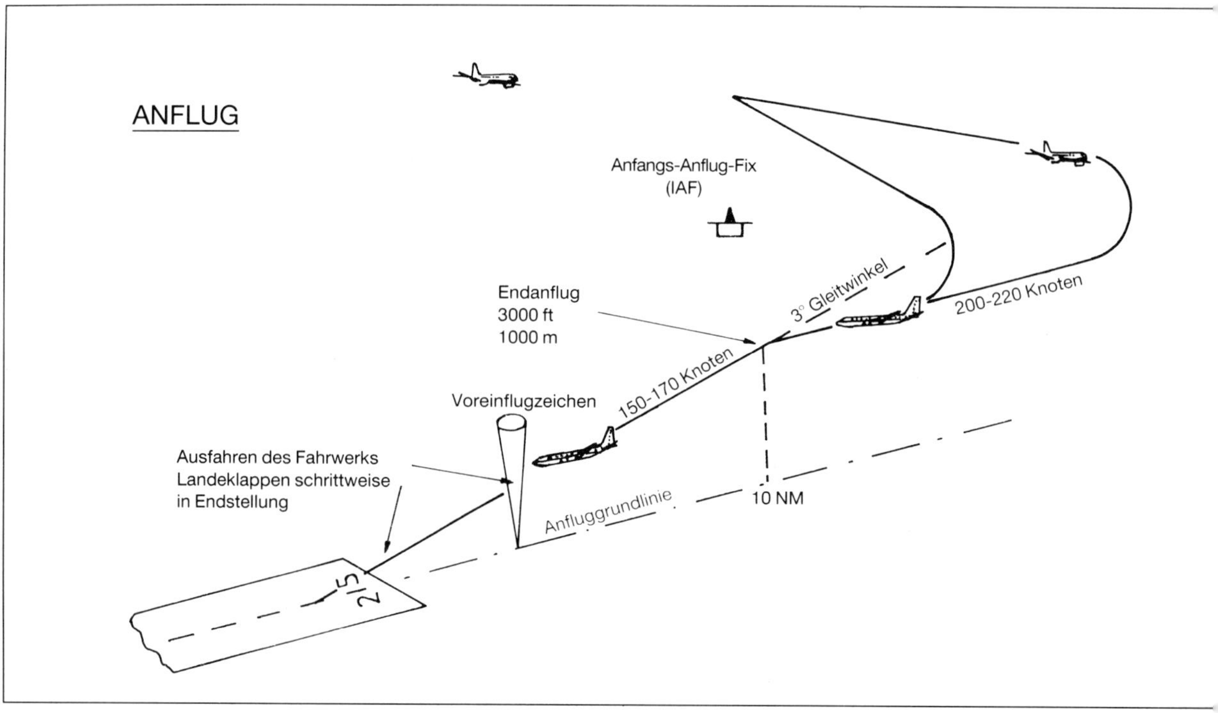

2. Luftlagedarstellung mittels Radar und EDV

Die für die Flugverkehrskontrolle benötigten Radardaten werden von Radaranlagen unterschiedlichster Typen geliefert.

Für die Streckenkontrolle hat die BFS eine Kette von Mittelbereichs-Rundsicht-Radaranlagen aufgebaut. Sie ortet mit Primärradar Flugzeuge bis zu einer Entfernung von 280 km und einer Flughöhe bis zu 2200 m. Mit einem Sekundärradarsystem werden Flughöhe und Identität des Flugzeuges ermittelt.

Im Bereich der Flughäfen, d.h. also für An- und Abflüge, werden Flughafen-Rundsichtradaranlagen (ASR-Anlagen = Airport Surveillance Radar) eingesetzt; diese Anlagen mit einer Maximalreichweite von 100 km zeichnen sich durch eine besonders gute Flugzielerfassung aus.

Mit dieser Radarkette ist eine Mehrfach-Radarüberdeckung des Luftraumes über der Bundesrepublik Deutschland erreicht worden.

a) Primär und Sekundärradar (Abb. 6.7)

Während die Primärradaranlagen nach dem Reflexionsprinzip arbeiten, (Messung der Laufzeit der Impulse von der Radarantenne zum Flugzeug und zurück ergibt die Entfernung, die jeweilige Stellung der rotierenden Antenne bestimmt die Richtung des Flugziels), dienen die beim Sekundärradar abgestrahlten Impulse zur Auslösung der in den

Abb. 6.7 Funktion des Primär- und Sekundärradars.

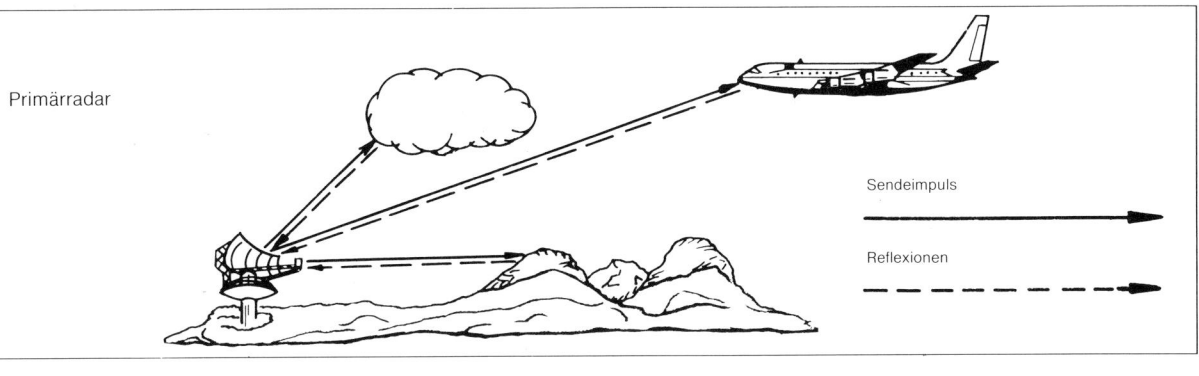

Flugzeugen installierten automatischen »Anrufbeantworter«. Dessen »Antworttelegramm« an die Bodenstation enthält Identität und Flughöhe des betreffenden Flugzeugs. Sekundärradar bietet gegenüber dem Primärradar einige entscheidende Vorteile: So können die zu empfangenden Signale unterwegs nicht mehr so leicht »verlorengehen«, wie es bei den lediglich reflektierten und daher schwachen Impulsen des Primärradars der Fall sein kann. Auch ist der Empfang störender Wolken und Bodenreflexionen, die

beim Primärradar selbst durch komplizierte technische Einrichtungen nur zum Teil und außerdem nur zu Lasten der Anzeigequalität der Flugziele ausgeblendet werden können, beim Sekundärradar ausgeschlossen. Darüber hinaus eröffnet beim Sekundärradar die automatische Übermittlung von zusätzlichen Informationen – wie Kennzeichen und Flughöhe – vom Luftfahrzeug zum Flugverkehrslotsen die Möglichkeit, elektronische Datenverarbeitung für die Radarsignaldarstellung einzusetzen.

b) Elektronische Datenverarbeitung (Abb. 6.8)

Entscheidenden Stellenwert in der Flugsicherungstechnik nimmt die elektronische Datenverarbeitung (EDV) ein:
– So wird die Verarbeitung von Flugplänen, die Übermittlung der Flugplandaten und der Nachrichten für Luftfahrer sowie der Ausdruck der Kontrollstreifen für die Lotsen von einem rechnergesteuerten Daten-

übertragungssystem übernommen.
– Digitale Zielextraktoren bereiten die Flugzielinformationen der Radaranlagen auf; in den Kontrollstellen werden sie durch das System DERD (Darstellung extrahierter Radardaten) bzw. DERD-MC (Minicomputer) zu einer synthetischen Darstellung des überwachten Luftraums verarbeitet.

Abb. 6.8

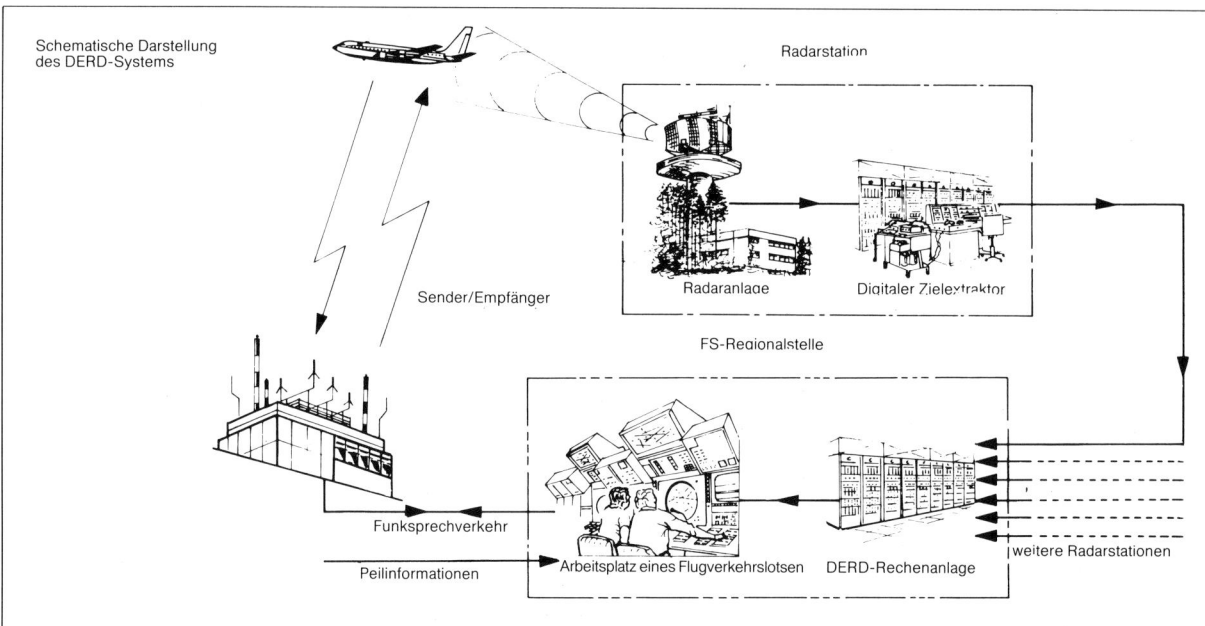

Schematische Darstellung des DERD-Systems

Radarstation

Sender/Empfänger

Radaranlage   Digitaler Zielextraktor

FS-Regionalstelle

Funksprechverkehr

Peilinformationen

Arbeitsplatz eines Flugverkehrslotsen   DERD-Rechenanlage

weitere Radarstationen

Die BFS betreibt bei fast allen Flugsicherungskontrollstellen zur Darstellung der Luftlage ein rechnergesteuertes System mit der Abkürzung DERD-MC (diese steht für den Begriff »**D**arstellung **e**xtrahierter **R**adar**d**aten – **m**inicomputergesteuert«).

An den Radaranlagen selbst werden die von den einzelnen Flugzeugen empfangenen »Rohdaten« von einem sogenannten »Digitalen Zielextraktor« ausgewertet und in ein digitales Datenformat umgewandelt; dadurch wird eine wirtschaftliche Übertragung der Radardaten über normale Fernsprechleitungen – auch über größere Entfernungen – ermöglicht.

Die weitere Verarbeitung der Radarzielmeldungen übernimmt danach die jeweilige DERD-MC-Rechnerzentrale an den Flugsicherungskontrollstellen. Diese Rechnerzentrale kann die Daten von mehreren Radaranlagen auswerten, die jeweils störungsfreiste Information auswählen und bis zu 63 Sichtgeräte bedienen. Jedes der DERD-MC-Sichtgeräte enthält einen eigenen Minirechner; dieser stellt – entsprechend den vom Flugverkehrslotsen über Tastendruck eingegebenen Parametern – die gewünschte Luftverkehrslage im jeweils geforderten Maßstab dar. Die erfaßten Flugzeuge erscheinen auf den Bildschirmen wahlweise mit Angabe der Flugnummer, der Flughöhe und der Geschwindigkeit.

Weiterhin kann sich der Lotse auch Schlechtwetterzonen auf seinem Bildschirm einblenden lassen; er hat zudem die Möglichkeit, statt der digitalen eine analoge Darstellung der Luftlage zu wählen oder auch beide Darstellungsarten zu mischen.

c) Luftraumnutzungszentrale

Das ständig steigende Luftverkehrsaufkommen führt insbesondere in den Hauptreisezeiten immer wieder zu Unregelmäßigkeiten und Verzögerungen im Luftverkehr.

Die BFS hat daher auf dem Flughafen Frankfurt eine Luftraumnutzungszentrale eingerichtet: diese hat zum einen die Aufgabe, den Fluggesellschaften mit Verkehrsprognosen und Umleitungsempfehlungen die Flugplanung zu erleichtern, zum anderen bemüht sie sich, durch Absprachen mit den Nachbarländern sowie durch koordinierte Maßnahmen zur Steuerung des Verkehrsflusses der Überfüllung des Luftraumes und den daraus entstehenden Erschwernissen entgegenzuwirken.

3. Flugsicherung

Ein grenzüberschreitender, weltweiter Luftverkehr muß nach einheitlichen Regeln und Vorschriften abgewickelt werden. Um das zu erreichen, haben sich mehr als 150 Staaten in der Internationalen Zivilluftfahrtorganisation /ICAO) zusammengeschlossen, um gemeinsame Richtlinien und Empfehlungen zu erarbeiten. Die Bundesanstalt für Flugsicherung ist als nationale Behörde für die sichere und zügige Abwicklung des Luftverkehrs innerhalb der Bundesrepublik Deutschland zuständig.

Aufgabe der Bundesanstalt für Flugsicherung ist die Durchführung des
– Flugverkehrskontrolldienstes
– Fluginformationsdienstes
– Flugalarmdienstes
– Flugberatungsdienstes
– Flugfernmeldedienstes und
– Flugsicherungstechnischen Dienstes
mit dem Ziel einer sicheren, zügigen und wirtschaftlichen Abwicklung des Luftver-

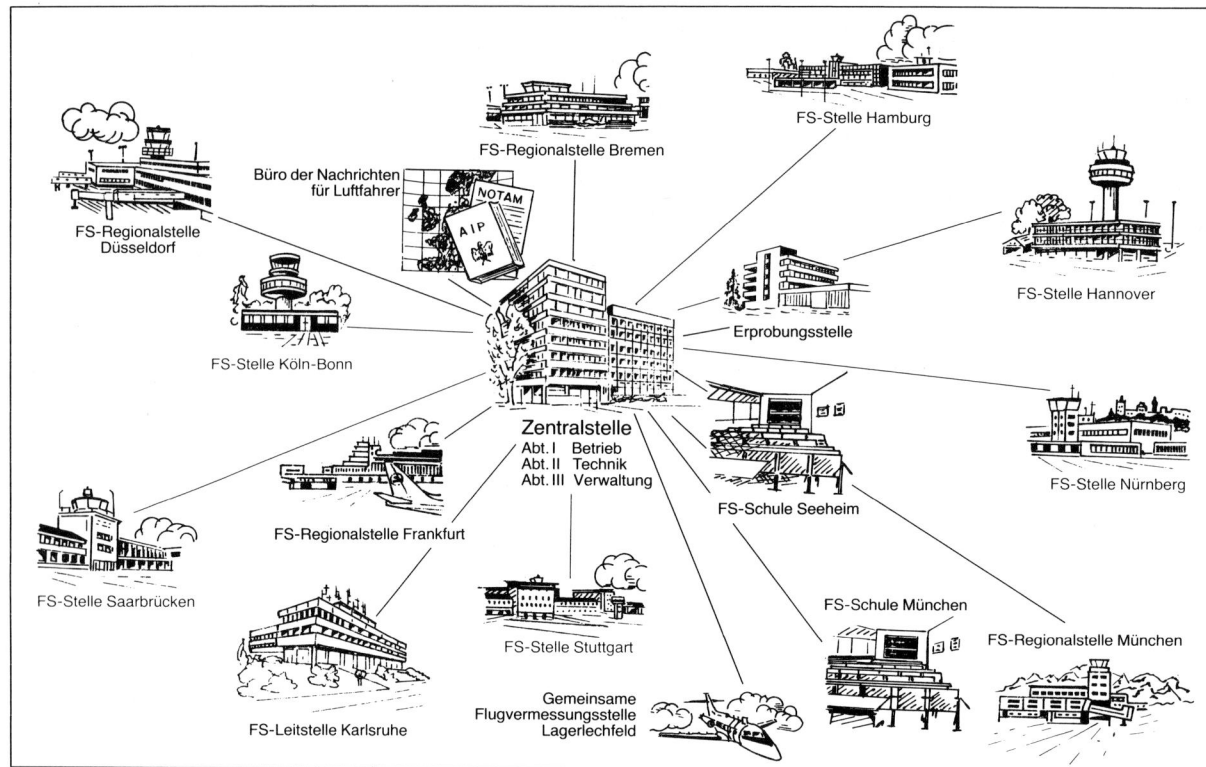

Abb. 6.9 Aufbau der Bundesanstalt für Flugsicherung

kehrs. Die Dienste werden nach den Richtlinien der Internationalen Zivilluftfahrt-Organisation (ICAO) geleistet.

Die Bundesanstalt für Flugsicherung muß ihre Leistungen den unterschiedlichsten Interessen der Luftraumnutzer anpassen. Luftverkehrsgesellschaften legen neben einer sicheren Flugdurchführung unter ständiger Kontrolle der Flugsicherung besonderen Wert auf Pünktlichkeit und Wirtschaftlichkeit.

Pilotenausbildung und Verteidigungsbereitschaft erfordern die flexible Anwendung gesonderter Verfahren für den militärischen Flugverkehr.

Die Allgemeine Luftfahrt schließlich ist an möglichst uneingeschränkter Bewegungsfreiheit im Luftraum interessiert.

Die Flugsicherung in der Bundesrepublik Deutschland wird erschwert durch die Enge des nutzbaren Luftraums mit der geringen Ost-/West-Ausdehnung sowie dem hohen zivilen und militärischen Verkehrsaufkommen.

a) Flugverkehrskontrolldienst

Unter der Kontrolle der BFS werden an den 11 internationalen Verkehrsflughäfen jährlich etwa 1,5 Mio. Starts und Landungen abgewickelt. Fast 1,5 Mio. Überflüge im Linien- und Charterverkehr unterliegen der Flugverkehrskontrolle. Etwa 1 Million Flüge militärischer Luftfahrzeuge müssen überwacht oder zumindest berücksichtigt werden. Darüber hinaus werden an mehreren Regionalflughä-

fen Flugverkehrsdienste im Auftrag und unter Aufsicht der BFS geleistet.

Die Flugverkehrskontrolle erfaßt jede Phase eines kontrollierten Fluges. Flugverkehrslotsen und Piloten stehen in ständiger Sprechfunkverbindung miteinander. Im voraus bekannte Daten, wie Flugzeugtyp, Fluggeschwindigkeit und Flugweg zusammen mit den aus dem Sprechfunkverkehr und der Ra-

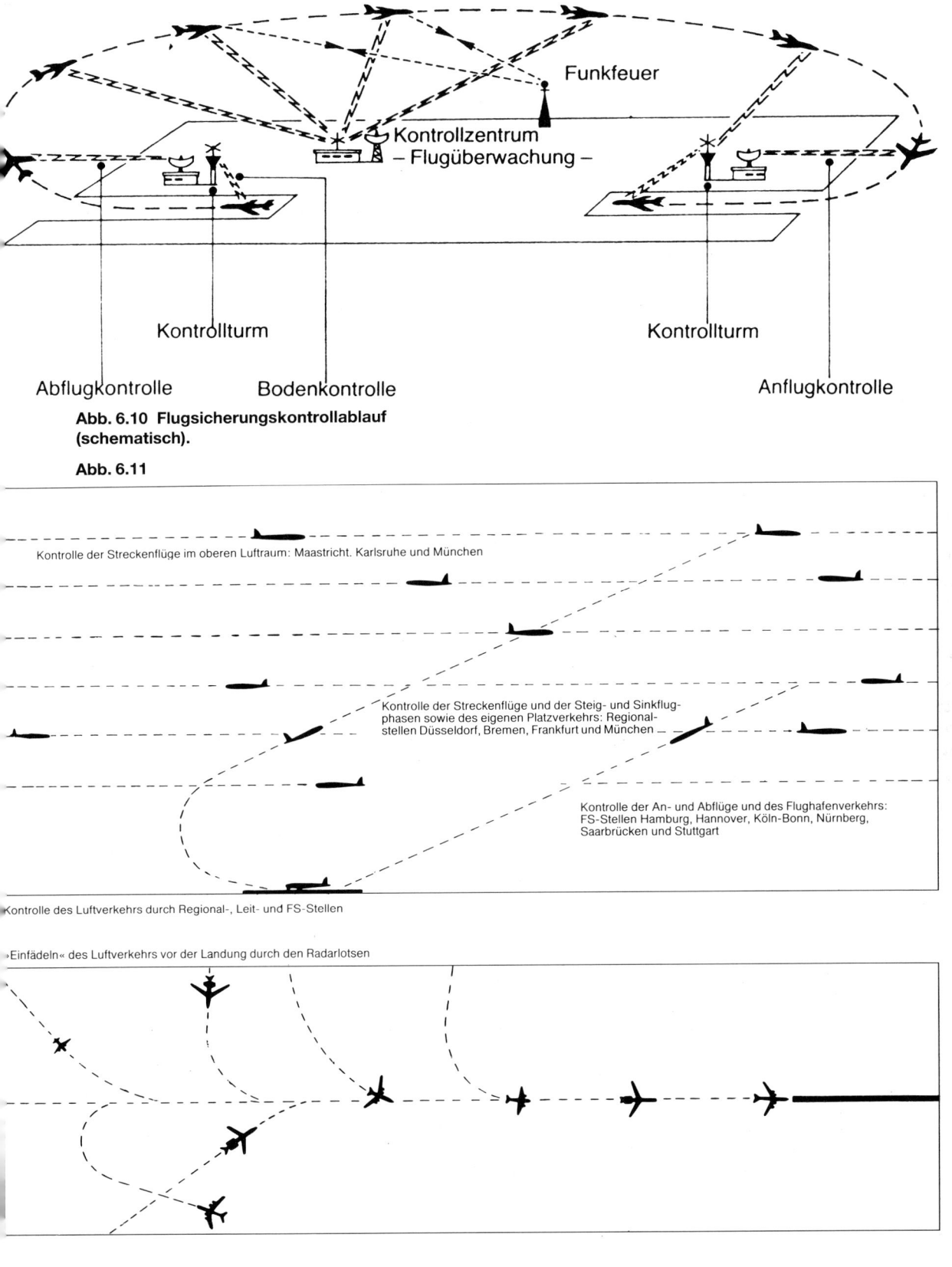

Funkfeuer

**Kontrollzentrum
– Flugüberwachung –**

Kontrollturm

Kontrollturm

Abflugkontrolle

Bodenkontrolle

Anflugkontrolle

**Abb. 6.10 Flugsicherungskontrollablauf
(schematisch).**

Abb. 6.11

Kontrolle der Streckenflüge im oberen Luftraum: Maastricht. Karlsruhe und München

Kontrolle der Streckenflüge und der Steig- und Sinkflug-
phasen sowie des eigenen Platzverkehrs: Regional-
stellen Düsseldorf, Bremen, Frankfurt und München

Kontrolle der An- und Abflüge und des Flughafenverkehrs:
FS-Stellen Hamburg, Hannover, Köln-Bonn, Nürnberg,
Saarbrücken und Stuttgart

Kontrolle des Luftverkehrs durch Regional-, Leit- und FS-Stellen

»Einfädeln« des Luftverkehrs vor der Landung durch den Radarlotsen

dardarstellung gewonnenen Informationen bieten den Flugverkehrslotsen ein kontinuierliches, aktuelles Bild der Luftverkehrslage. Durch Anweisungen, Freigaben und Hinweise steuern die Lotsen den Luftverkehr, verhindern Zusammenstöße in der Luft und am Boden und sorgen für einen sicheren, flüssigen und wirtschaftlichen Verkehrsablauf. Dabei kommen den einzelnen Flugverkehrskontrollstellen unterschiedliche Aufgaben zu.

Der »Tower« überwacht den Verkehr in den unmittelbaren Umgebung des Flugplatzes sowie auf den Start-, Lande- und Rollbahnen. Die *An- und Abflugkontrolle* kontrolliert die an- und abfliegenden Luftfahrzeuge, die *Bezirkskontrolle* ist für den Luftverkehr »auf Strecke« zuständig. (Abb. 6.10)

Zusätzlich üben diese Kontrollstellen den *Alarm- und Fluginformationsdienst* aus. Der Alarmdienst hat die Aufgabe, Hilfs- und Suchmaßnahmen für in Not geratene oder vermißte Luftfahrzeuge einzuleiten und zu koordinieren. Der Fluginformationsdienst gibt Hinweise und Informationen, die die sichere und zweckmäßige Abwicklung der Flüge erleichtern.

Für die Staffelung der Luftfahrzeuge sind von der ICAO weltweit gültige Richtlinien und Empfehlungen erarbeitet worden. Grundsätzlich werden Luftfahrzeuge durch bestimmte zeitliche Abstände, durch Zuweisung unterschiedlicher Flughöhen oder in festgelegten seitlichen Abständen voneinander gestaffelt. Die im Sprechfunkverkehr ausgetauschten Daten und die Luftlagedarstellung auf dem Radarschirm lassen die Gefahr von unzulässigen Annäherungen rechtzeitig erkennen und geben dem Flugverkehrslotsen die Möglichkeit, durch geeignete Kontrollmaßnahmen – zum Beispiel durch die Anordnung bestimmter Ausweichmanöver – Unterschreitungen der festgelegten Mindestabstände zu vermeiden.

b) Flugberatungsdienst

Das bei der Zentralstelle der Bundesanstalt für Flugsicherung untergebrachte Büro der Nachrichten für Luftfahrer gibt diejenigen Druckschriften und Karten heraus, die für die sichere Durchführung von Flügen für das Gebiet der Bundesrepublik Deutschland von Wichtigkeit sind. So ist z. B. das Luftfahrthandbuch Deutschland eine ständig berichtigte dreibändige Loseblattausgabe, die eine Zusammenstellung einzelner, in sich abgeschlossener Luftfahrtveröffentlichungen über die verschiedenen Sachgebiete darstellt und auch eine ganze Reihe von Flugsicherungskarten enthält.

Die Nachrichten für Luftfahrer betreffen Anlagen, Dienste, Verfahren oder Gefahren innerhalb der Bundesrepublik Deutschland, aber auch Gesetze, Verordnungen, Erlasse und Bekanntmachungen, die für die Luftfahrer von Interesse sind. Sie sind in deutscher bzw. englischer Sprache abgefaßt und werden entsprechend ihrer Dringlichkeit als Fernschreiben oder auf dem Postweg international verbreitet.

Das vielseitige Kartenprogramm reicht von topographischen Karten für die Sichtnavigation bis zu Karten für die Instrumentennavigation. Auf allen internationalen Verkehrsflughäfen der Bundesrepublik Deutschland hat die Bundesanstalt für Flugsicherung Flugberatungsstellen eingerichtet. Dort kann sich jeder Luftfahrzeugführer vor dem Flug bei der notwendigen Flugvorbereitung beraten lassen. Diese Flugberatungsstellen halten als Beratungsunterlagen jegliche Informationen, Nachrichten und Meldungen, die für die Luftfahrt von Bedeutung sind, für alle Flugstrecken und Flughäfen, die von dem jeweiligen Verkehrsflughafen aus regelmäßig be- bzw. angeflogen werden, zur Verfügung, und beschaffen diese bei Bedarf für die übrigen Strecken. Dazu zählen die Luftfahrtkarten, die allgemeinen Luftfahrtinformationen der einzelnen Staaten sowie die nationalen und internationalen »Nachrichten für Luftfahrer«, die u.a. über Ausfälle von Funknavigationsanlagen, Luftraumsperrungen, militärische Übungen, Ballonaufstiege, Schnee- und Eisverhältnisse auf den Flughäfen, Bauarbeiten und zeitweilige Hindernisse in der Nähe von Start- und Landebahnen informieren.

Bei einer Flugberatungsstelle auf einem Verkehrsflughafen von der Größenordnung des Flughafens Frankfurt am Main müssen jährlich über 100000 Meldungen aus etwa 70 Staaten bearbeitet werden. Die BFS hat deshalb die Aufbereitung dieser Flut von Nachrichten automatisiert, zugleich verbunden mit der Möglichkeit, dem Piloten gezielt die Flugberatung erteilen zu können, die für seine Flugstrecke erforderlich ist.

Schließlich ist der Flugberatungsdienst für die Entgegennahme, Überprüfung und Weiterleitung des sogenannten Flugplanes, der die wichtigsten Daten des beabsichtigten Fluges – wie Rufzeichen des Luftfahrzeuges, Reiseflughöhe und -geschwindigkeit, Zielflughafen usw. – enthält, zuständig.

Diese Flugplandaten werden rechtzeitig all jenen Dienststellen, die sich mit der Überwachung dieses Fluges befassen werden, fernschriftlich zugestellt.

c) Flugfernmeldedienst

Die Flugfernmeldezentrale für die Bundesrepublik Deutschland befindet sich auf dem Flughafen Frankfurt am Main.

Sie ist an ein weltumspannendes Fernschreibnetz (Abb. 6.12) angeschlossen, über das alle ein- wie ausgehenden Meldungen – wie zum Beispiel Flugplandaten – aufgrund international vereinbarter Leitwege und mit Hilfe von weitgehend vollautomatischen Einrichtungen, übermittelt werden.

Außerdem ist die Flugfernmeldezentrale durch Direktleitungen mit allen Flugfernmeldestellen auf den internationalen Verkehrsflughäfen der Bundesrepublik Deutschland verbunden.

Diese Flugfernmeldestellen sorgen für die ordnungsgemäße Verteilung der ankommenden Fernschreiben, ebenso wie für die Weiterleitung aller an dem jeweiligen Verkehrsflughafen aufgegebenen Meldungen (u.a. Flugpläne und deren Folgemeldungen).

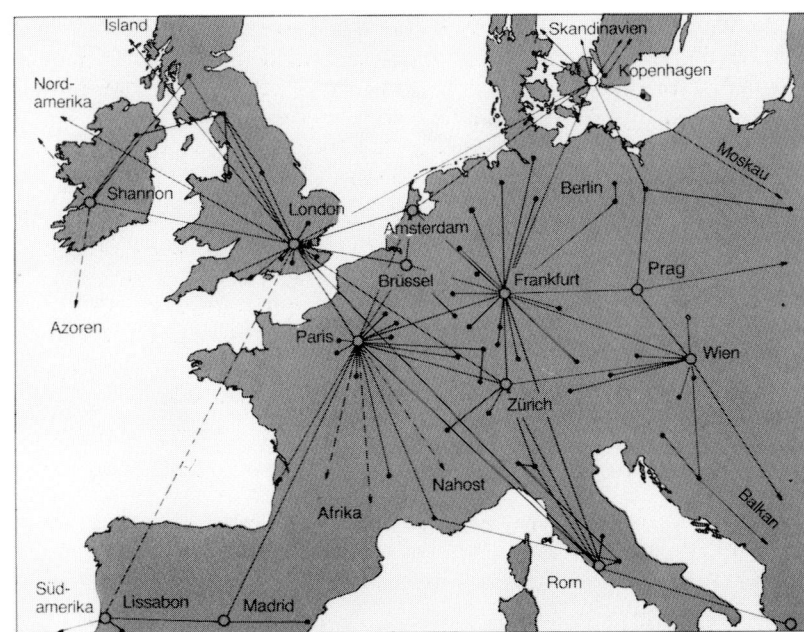

Abb. 6.12
Fernschreibnetze.

d) Flugsicherungstechnischer Dienst

Der flugsicherungstechnische Dienst errichtet, betreibt und überwacht die technischen Einrichtungen der BFS, insbesondere die
- Radaranlagen
- Funknavigationsanlagen einschießlich der Instrumentenlandesysteme
- Fernmeldeeinrichtungen
- Sprechfunkgeräte und
- die elektronischen Datenverarbeitungsanlagen.

Während die Radaranlagen dem Flugverkehrslotsen eine direkte Standortanzeige »seiner« Flugzeuge vermitteln, stellen die Navigationsanlagen hinsichtlich der Standortbestimmung eine indirekte Informationsquelle, nämlich über den Piloten, dar. Sie weisen den Luftfahrern bei jedem Wetter den richtigen Weg; ohne diese »Wegweiser der Luft« wäre ein regelmäßiger, wetterunabhängiger Luftverkehr nicht möglich.

e) Flugvermessung

Zur laufenden Überprüfung sämtlicher ziviler und militärischer Navigationsanlagen auf einwandfreie Arbeitsweise innerhalb festgelegter Toleranzen betreibt die BFS zusammen mit der Bundeswehr eine Gemeinsame Flugvermessungsstelle in Lager Lechfeld bei Augsburg. Hierfür steht ein eigener Flugzeugpark mit Meßflugzeugen des Typs HS (Hawker Siddeley) 748 mit 2 Propellerturbinentriebwerken und HS 125 mit 2 Strahltriebwerken zur Verfügung. In eigenen Laboratorien werden die in den Flugzeugen verwen-

Abb. 6.13 Digitale Flugvermessung von Streckennavigationsanlagen.

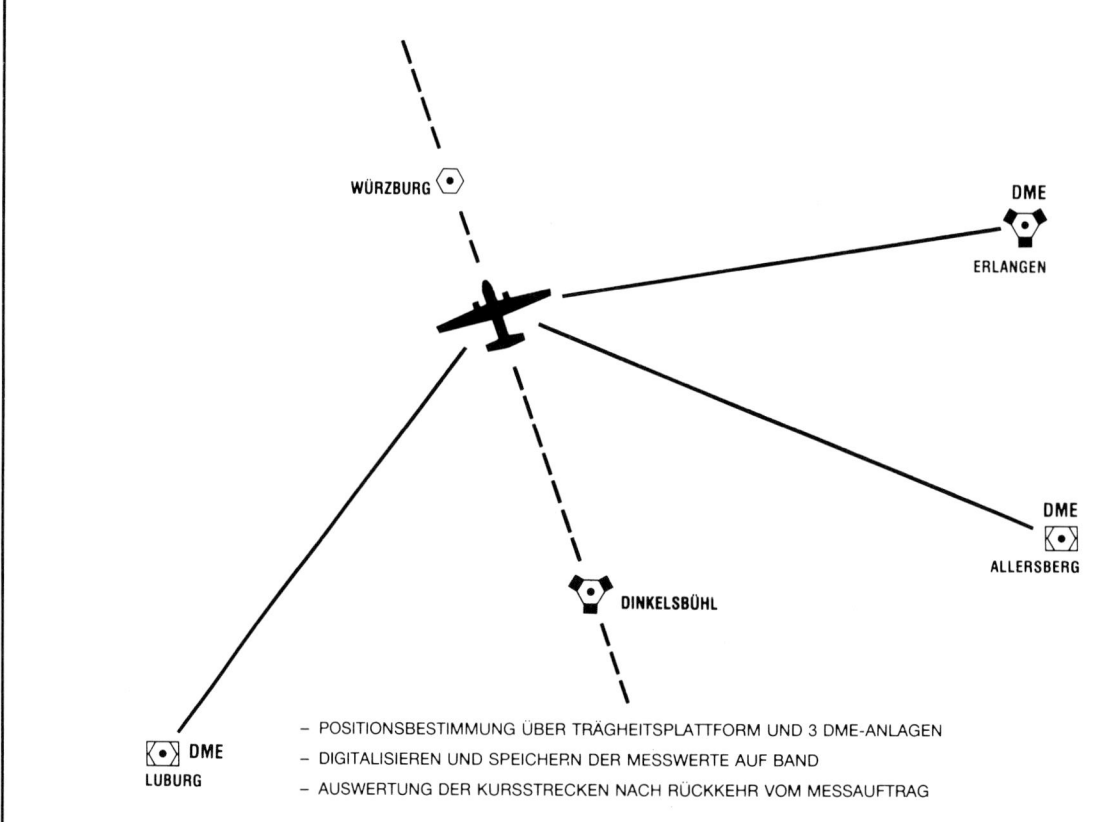

WÜRZBURG

DME
ERLANGEN

DME
ALLERSBERG

DINKELSBÜHL

DME
LUBURG

– POSITIONSBESTIMMUNG ÜBER TRÄGHEITSPLATTFORM UND 3 DME-ANLAGEN
– DIGITALISIEREN UND SPEICHERN DER MESSWERTE AUF BAND
– AUSWERTUNG DER KURSSTRECKEN NACH RÜCKKEHR VOM MESSAUFTRAG

deten Meßeinrichtungen in festgelegten Zeitabständen geprüft und nachgeeicht. Neue Meßverfahren und Techniken sind zu erproben und dem Flugbetrieb anzupassen.

Für VOR-Vermessungen werden großräumige Gebiete in einem festgelegten Strekkennetz überflogen und die Navigationssignale mehrerer Sendeanlagen empfangen und aufgezeichnet. Gleichzeitig erfolgt eine hochgenaue Positionserfassung des Meßflugzeuges. Die digital aufgezeichneten Meßergebnisse werden am Boden mit Hilfe einer Datenverarbeitungsanlage ausgewertet.

Auf diese Weise können auf einem Flug jeweils eine Vielzahl von VOR-Anlagen auf richtige Funktion überprüft werden.

Die Vermessung der Instrumentenlandeanlagen (ILS) muß demgegenüber – entsprechend der geforderten hohen Kursgenauigkeit von 0,03° – mit besonderen Infrarot-Telemetrie-Bahnverfolgungsgeräten durchgeführt werden. Diese erfassen alle Abweichungen des Meßflugzeugs von der optischen Kursachse, übertragen den Flugwegfehler zum Meßflugzeug und subtrahieren ihn von den empfangenen elektronischen Signalen der ILS-Anlage.

III. Technik

KAPITEL 7

Flugtheorie und Flugleistungen

I. NEWTONS DREI GESETZE (AXIOME)

Ende des 17. Jahrhunderts prägte der englische Naturforscher Isaac Newton folgende Gesetze:

1. Das Gesetz der Trägheit

Ein Körper verharrt im Zustand der Ruhe oder der geradlinig gleichförmigen Bewegung, solange keine Kraft auf ihn einwirkt. Trägheit bedeutet also einerseits, daß ein ruhender Körper nicht von selbst in Bewegung gerät, und andererseits, daß ein bewegter Körper nicht von selbst zur Ruhe kommt. Jeder Körper besitzt »Trägheit« oder »Beharrungsvermögen«.

Praktische Beispiele aus dem Flugdienst:

Abfangen nach dem Sturzflug; plötzliches scharfes Bremsen nach der Landung.

2. Das Gesetz der Beschleunigung

Die Überwindung der Trägheit oder des Beharrungsvermögens eines Körpers durch eine Kraft nennt man Beschleunigung, d.h. die Geschwindigkeit ändert sich in der Zeiteinheit.

Wenn ein Körper der dauernden Einwirkung einer anderen Kraft ausgesetzt ist, steht die dadurch hervorgerufene Beschleunigung in umgekehrtem Verhältnis zur Masse des Körpers und ist proportional zur angewandten Kraft.

$$\text{Beschleunigung} = \frac{\text{Kraft}}{\text{Masse}}$$

$$\text{Kraft} = \text{Masse} \cdot \text{Beschleunigung}$$

3. Das Gesetz über Wirkung und Gegenwirkung (Impulssatz)

Wirkt eine Kraft auf einen Körper, so übt auch dieser eine Kraft aus, die der Größe der einwirkenden Kraft gleich ist, in der Richtung jedoch entgegengesetzt liegt, z.B. Rückstoß beim Abfeuern eines Gewehrs.

II. PHYSIKALISCHE BEGRIFFE

1. Gewichtskraft (G)

ist die einer Masse (m) erteilte Beschleunigung (g)

$$G = m \cdot g \, (kgm/s^2)$$

wobei g = 9,81 m/s² die auf der Erdoberflä- che zum Erdmittelpunkt gerichtete Erdbe- schleunigung (Fallbeschleunigung) ist. Mit zunehmender Höhe bzw. Abstand von Erd- mittelpunkt in den Weltraum zu auf Null ab- nehmend.

2. Druck (p)

ist die Wirkung einer Kraft F auf eine be- stimmte Fläche A

$$p = \frac{F}{A}$$

In der Fliegerei haben wir es vor allem mit dem Luftdruck oder atmosphärischem Druck zu tun, in Hektopascal (hPa) angegeben. Zum Messen des Luftdruck dienen:

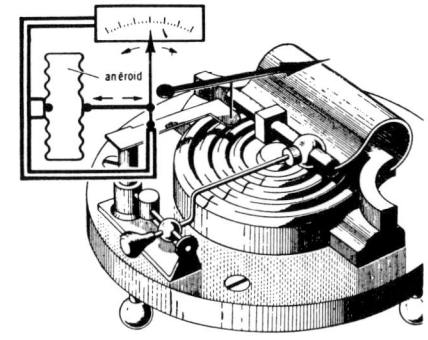

Abb. 7.1 Aneroid-Dosenbarometer.

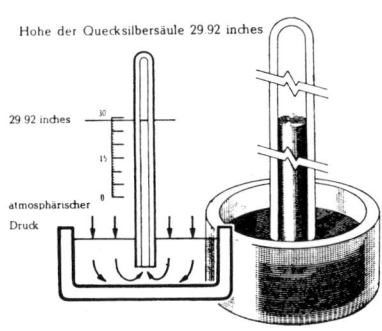

**Abb. 7.2
Quecksilberbarometer mit Zoll-(inch-)Eichung.**

3. Arbeit (W)

ist die Wirkung einer Kraft (F) über einen gegebenen Weg (s)

$$W = F \cdot s$$

4. Leistung (P)

ist die Arbeit (W) in der Zeiteinheit (t)

$$P = \frac{W}{t}$$

Bei Kolbenmotoren wurde die Leistung früher in PS (Pferdestärken) gemessen (1 PS = 0,736 kW), bei Strahltriebwerken in Schub (kp), also der Impuls, (1 kp = 9,81 N).

5. Energie

ist die Fähigkeit, Arbeit zu leisten. Man unterscheidet:

a) Potentielle (Lage-)Energie (W_p) besitzt ein Körper auf Grund seiner Stellung oder Lage. Ein Körper mit der Gewichtskraft (G) befindet sich z. B. in einer Höhe (h) in Ruhe über dem Erdboden. Er besitzt die potentielle Energie G · h gegenüber der Erde. Beim Herabfallen leistet er Arbeit:

$$W_p = mgh$$

b) Kinetische (Bewegungs-)Energie (W_k) ist die Fähigkeit eines Körpers, durch Bewegung Arbeit zu leisten. Die Kraft eines solchen Körpers ist das halbe Produkt aus seiner Masse (m) und dem Quadrat der Geschwindigkeit (v):

$$W_k = \frac{m \cdot v^2}{2}$$

6. Geschwindigkeit (velocity)

(v) ist der in der Zeiteinheit (t) zurückgelegte Weg (s) in einer bestimmten Richtung.

$$v = \frac{s}{t} \quad \text{(häufig m/s bzw. km/h)}$$

In der Fliegerei auch in »Knoten« (Kts) angegeben.
1 Kt = 1 Nautische Meile pro Stunde
1 NM = 1,852 km

7. Drehmoment (M)

ist die Neigung einer Kraft, an einem Hebelarm eine Drehwirkung hervorzurufen. Es ist abhängig von der Größe der Kraft (F) und der

Länge des Hebelarms (l), wo sie angreift bzw. wirksam wird.

$$M = F \cdot l$$

8. Vektoren

ermöglichen die grafische Darstellung einer Kraft nach Betrag (Größe) und Richtung.
Der effektive Betrag zweier kombinierter

Vektoren (Komponenten) ist die »geometrische Summe« oder »Resultierende«, auch »Resultante« genannt.

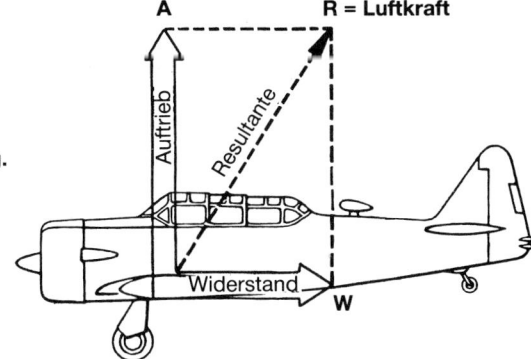

Abb. 7.3
Teil des Kräfteparallelogrammes am Flugzeug.

III. Strömungsphysikalische Begriffe

Luft besitzt in ihren Teilchen (Molekülen) – wie jeder andere in Bewegung befindliche Körper – kinetische Energie.

1. Staudruck (q)

ist die Umsetzung kinetischer Energie in Druck durch Stauen. Die Luftdichte kann der Masse (m) gleichgesetzt werden, somit gilt:

$$W_{K(Luft)} = \frac{m \cdot v^2}{2} \text{ oder } q = \frac{\varrho \cdot v^2}{2}$$

Es zeigt sich, daß sich der Staudruck mit der jeweils vorhandenen Luftdichte und dem Quadrat der Luftteilchengeschwindigkeit ändert. Da die Luft als »ideale Flüssigkeit« aufgefaßt wird – sie wird also als inkompressibel (nicht zusammendrückbar) betrachtet, gilt dies nur bis zu Geschwindigkeiten von ca.

450 km/h. Je mehr man sich der Schallgeschwindigkeit (v = ~ 333 m/s) nähert, um so mehr läßt sich Luft zusammendrücken, womit der Druck stärker steigt als in obenstehender Formel. Dieser Druck heißt auch **Dynamischer Druck**. Kinetischer bzw. dynamischer Druck sind nur durch Druckdifferenzmessung feststellbar. Das Pitot-Rohr mißt den Gesamtdruck, weil in ihm v = 0 = Staudruck herrscht.

Gesamtdruck (pitot pressure) ist die Summe aus statischem (atmosphärischem) und (dynamischem, kinetischem) Staudruck.

2. Bernoullis Gesetz

(nach dem Baseler Professor Daniel Bernoulli 1700–1782) – ausgehend von der Voraussetzung, daß eine Strömung ungestört, wirbelfrei (laminar) gleichmäßig und parallel fließt (nach Stromlinien) – stellte fest, daß zu

großen Stromliniendichten geringe statische Drucke gehören. D. h. nichts anderes, als daß in Strömungen der statische Druck bei zunehmender Geschwindigkeit ab-, bei abnehmender Geschwindigkeit zunimmt; ferner,

Abb. 7.4 Auftriebsprinzip nach Bernoulli: Gesamtdruck = statischer Druck p + Staudruck q.

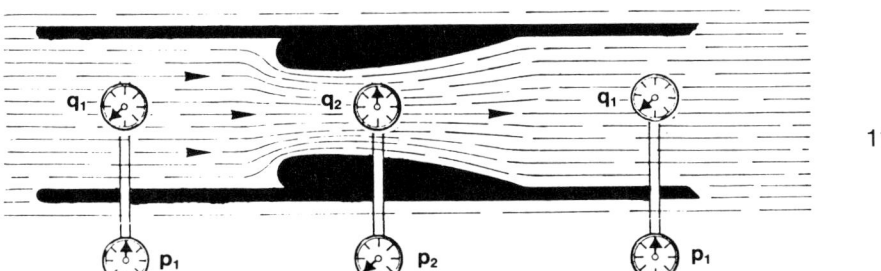

111

daß die Summe aus statischem Druck (p) und Staudruck (q) in einer durchströmten Röhre mit veränderlichem Querschnitt an jeder Stelle gleich groß bzw. konstant ist.

$$p_1 + q_1 = p_2 + q_2 = const.$$

Das Prandtlsche Staurohr bedient sich dieser Erkenntnis zur Ermittlung der Eigengeschwindigkeit eines Flugzeuges durch Messung der Druckdifferenz zwischen statischem und dynamischem (kinetischem) Druck.

3. Staupunkt

ist der Punkt, wo Strömung auf einen Körper aufprallt, um nach allen Seiten auseinanderzufließen. Nur im Staupunkt kommt es zur vollständigen Aufstauung der Strömung bis zum vollen Wert des Staudrucks. Je nach Körperform und Anstellwinkel wandert der Staupunkt.

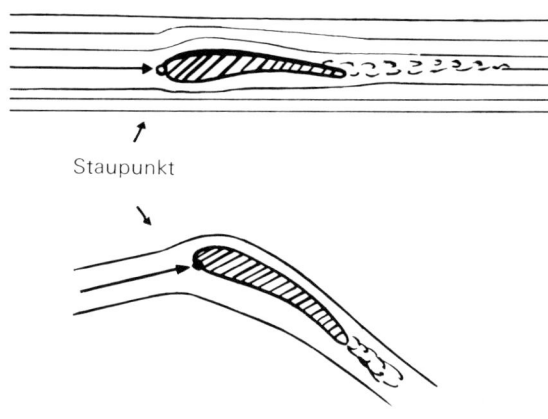

Staupunkt

Abb. 7.5
Staupunktlage bei verschiedener Anströmung.

4. Zähigkeit (Viskosität ν)

ist die Eigenschaft (innere Reibung) eines Gases, z.B. der Luft, sich der Bewegung durch eine Kraft, z.B. einen Tragflügel, zu widersetzen, gemessen in m^2/s. Die einem umströmten Körper (Tragflügel) nahen Luftteilchen haften an ihm (haben also die Geschwindigkeit Null), die weiter entfernten werden je nach Oberflächenabstand von der Strömung mitgerissen (also auf volle Strömungsgeschwindigkeit gebracht).

Der Bereich um ein Profil, in dem die Oberflächengeschwindigkeit durch Zähigkeit beeinflußt wird, heißt **Grenzschicht** (boundary layer).

Die Strömung in der Grenzschicht kann laminar (geschichtet, störungsfrei) oder turbulent (mit Wirbeln durchgesetzt) sein.

Beginnend im Staupunkt eines Profils nimmt die Grenzschicht im Verlauf der Strömungslinien bis zur dicksten Stelle des Profils zu (Millimeterwerte) und strömt laminar. Im sogenannten **Umschlagpunkt** beginnt die turbulente Grenzschicht. Die Turbulenz wird hervorgerufen durch die verschiedenen

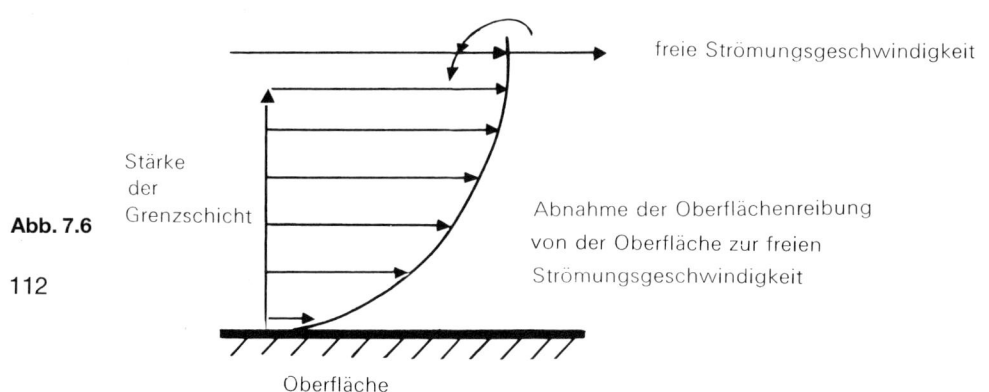

freie Strömungsgeschwindigkeit

Stärke der Grenzschicht

Abnahme der Oberflächenreibung von der Oberfläche zur freien Strömungsgeschwindigkeit

Abb. 7.6

112

Oberfläche

Strömungsgeschwindigkeiten und Druckverhältnisse, sowie die Oberflächenstruktur.

Der Umschlagpunkt auf der Flügelunterseite liegt wegen der geringeren Wölbung meist weiter zurück als auf der -oberseite.

Der Luftwiderstand (insbesondere Reibungswiderstand) wird durch das Verhalten der Grenzschicht beeinflußt. Er ist größer in turbulenter als in laminarer Strömung.

5. Bodeneffekt

ist der Einfluß der Erdoberfläche auf das Strömungsverhalten von Profilen. Der induzierte Widerstand (die Entwicklung von Randwirbeln insbesondere) wird herabgemindert bei Start, Landung und Tiefstflug

(»Heckenspringen«); er variiert mit
Flughöhe = halbe Spannweite –
         8% Minderung
Flughöhe = 1/12 Spannweite –
         50% Minderung

6. Reynolds-Zahl (Re)

(nach dem Engländer Osborne Reynolds benannt) – ist das dimensionslose Verhältnis zwischen Weglänge der Strömung (l) und der Strömungsgeschwindigkeit (v) um einen Körper zur kinematischen Zähigkeit (ν) des Gases bzw. der Flüssigkeit:

$$Re = \frac{l \cdot v}{\nu}$$

Der Umschlagpunkt zwischen laminarer

und turbulenter Grenzschicht eines Profils läßt sich demnach durch die Reynoldssche Zahl bestimmen. Ein hoher Wert ist stets mit einem der Profilnase nahem Umschlagpunkt verbunden. Es gilt das **Ähnlichkeitsgesetz,** daß geometrisch ähnliche Körper gleiche Widerstandsbeiwerte besitzen, wenn sie in der Re-Zahl übereinstimmen. Daraus folgt die Möglichkeit, Strömungsversuche mit Modellen zu machen.

7. Schallgeschwindigkeit (c)

ist die Geschwindigkeit, mit der sich der Schall (kleine Druckschwankungen) in verschiedenen Stoffen fortpflanzt. Sie ist abhängig von der absoluten Temperatur (T). Als Annäherungswert gilt:

$c = 20{,}05\sqrt{T}$ (m/s) oder $c = (331{,}6 + 0{,}6\, t/°C)$ m/s

bei -10 °C	c = 325 m/s = 1170 km/h
bei 0 °C	c = 331 m/s = 1192 km/h
bei 15 °C	c = 340 m/s = 1225 km/h
in 11 000 m Höhe	c = 295 m/s = 1062 km/h

8. Machzahl (M)

– nach dem österreichischen Ballistiker und Physiker Ernst Mach, (1838) – ist das dimensionslose Verhältnis zwischen Flug- oder

Strömungsgeschwindigkeit (v) und Schallgeschwindigkeit (c)

$$M = \frac{v}{c}$$

Man unterscheidet vier Flugbereiche hinsichtlich der Flugzeugeigengeschwindigkeit.

(1) Unterschallbereich (subsonic region): von M = 0 bis zur **kritischen Machzahl,** die je nach Profil bei M = 0,7–0,85 liegt. Durch die höhere Strömungsgeschwindigkeit über einem gewölbten Profil wird hier die »örtliche« Machzahl 1 bereits früher erreicht als die angezeigte Machzahl des gesamten Flugzeuges. Sie liegt bei dem Flugzeugtyp T 33 z. B. bei M = 0,83, angezeigt auf dem sogenannten Machmeter (Flugzeuginstrument).

(2) Schallgrenzbereich (transsonic region): zwischen M = 0,85 und ca. M = 1,3.

(3) Überschallbereich (supersonic region): zwischen M = 1,3 bis M = 5,0

(4) Hyperschallbereich (hypersonic region): M = 5,0+.

IV. AERODYNAMIK (STRÖMUNGSMECHANIK)

1. Das Flugzeug im Luftstrom

Vier Hauptkräfte wirken auf ein Flugzeug:
- Auftrieb (lift) – A
- Gewicht (weight) – G
- Vortrieb, Schub (propulsion, thrust) – N
- Widerstand (drag) – W

Der Auftrieb wirkt senkrecht zum Flugweg nach oben, das Gewicht greift im Schwerpunkt an und wirkt senkrecht nach unten; der Vortrieb parallel dem Flugweg ist nach vorne gerichtet, während der Widerstand entge-

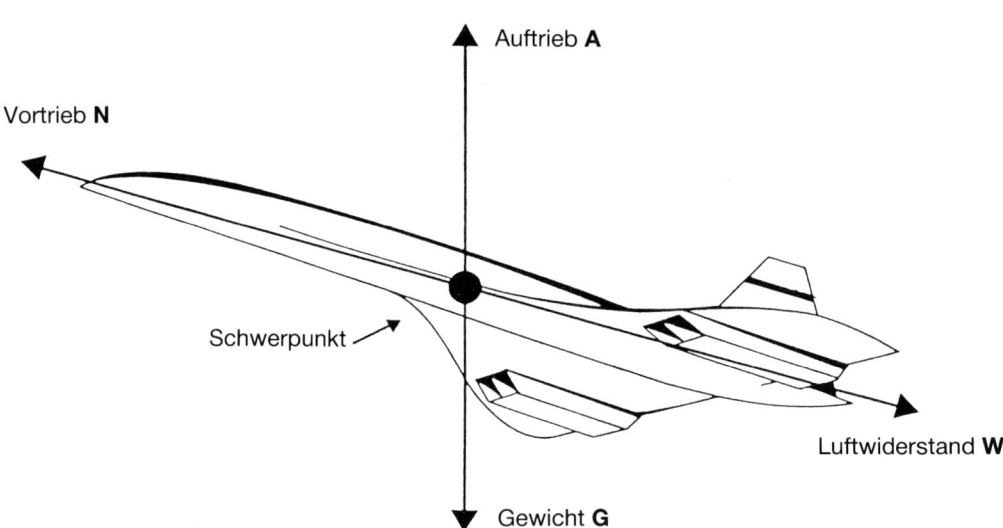

Abb. 7.7 Das Kräftegleichgewicht am Flugzeug.

gengesetzt wirkt. Im nichtbeschleunigten Geradeausflug befinden sich Auftrieb und Gewicht genauso im Gleichgewicht wie Vortrieb und Widerstand, d. h. das Tragwerk muß genügend Auftrieb abgeben, um das Flugzeuggewicht zu tragen, während das Antriebsaggregat stark genug sein muß, um den Widerstand auszugleichen.

114

2. Auftrieb

Das Profil

Stromlinienkörper, die Auftrieb erzeugen sollen, werden Tragfläche genannt, deren Querschnitt senkrecht, parallel zur Erdoberfläche und in Richtung der Strömung als Profil bezeichnet wird.

Zur Berechnung der Auftriebskraft gehören

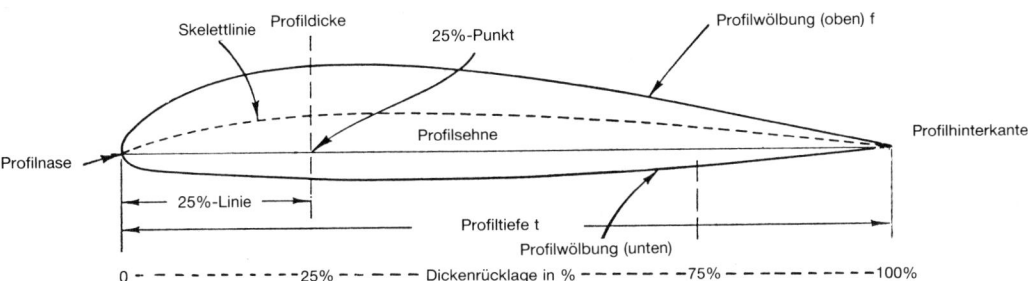

Abb. 7.8 Einige Bezeichnungen an der Tragfläche.

nach Prandtl eine homogene (reibungsfreie) Parallelströmung und eine Zirkulationsströmung. Die Zirkulationsströmung hat auf der Profiloberseite die gleiche Richtung wie die ursprünglich homogene Parallelströmung, wobei es am obersten Punkt des Flügelpro-

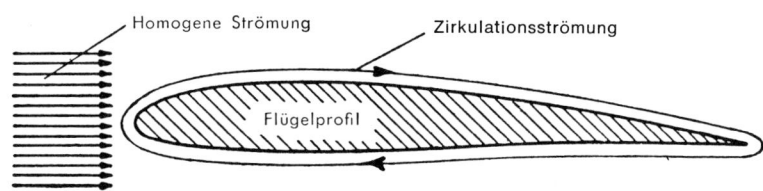

Abb. 7.9 Strömungsverlauf um ein Profil.

fils zu einer Verdichtung der strömenden Luftteilchen kommt, deren Geschwindigkeiten sich addieren. Jede Geschwindigkeitserhöhung bedeutet aber in der Strömungsphysik das Auftreten eines Unterdrucks, dieser Unterdruck oder Sog ist der als Hubkraft nach oben gerichtete Auftrieb.

An der Flügelunterseite sind Parallel- und Zirkulationsströmung einander entgegengesetzt. Es kommt zu einer geringeren Strömungsdichte, die Geschwindigkeiten heben sich zum Teil auf, es entsteht eine Überdruckzone, die den Tragflügel nach oben drückt.

Unterdruck an der Flügeloberseite und Überdruck an der Flügelunterseite bilden zusammen den Auftrieb.

Im normalen Flugzustand liefern die Sogkräfte der Flügeloberseite ca. 2/3 des Auftriebs, während die Druckkräfte an der Flügelunterseite etwa 1/3 des Auftriebs abgeben.

Seitenansicht　　　　　　　　**Ansicht von vorne**

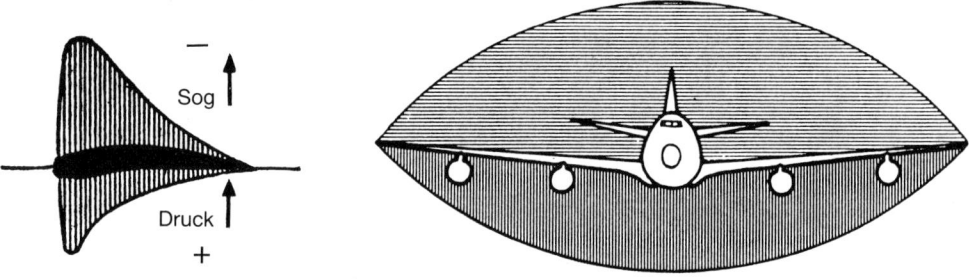

Abb. 7.10 Sog- und Druckverteilung an der Tragfläche.

Die Größe der Auftriebskraft (A) ergibt sich aus der Formel:

$$A = c_a \cdot q \cdot F$$

Dabei ist

c_a = Auftriebsbeiwert (dimensionslose Zahl) abhängig von Profil und Anstellwinkel

q = Staudruck

F = Flügelfläche

Daraus ist ersichtlich, daß der Auftrieb abhängig ist von:

— Profilform
— Anstellwinkel
— Luftdichte
— Geschwindigkeit
— Flügelfläche

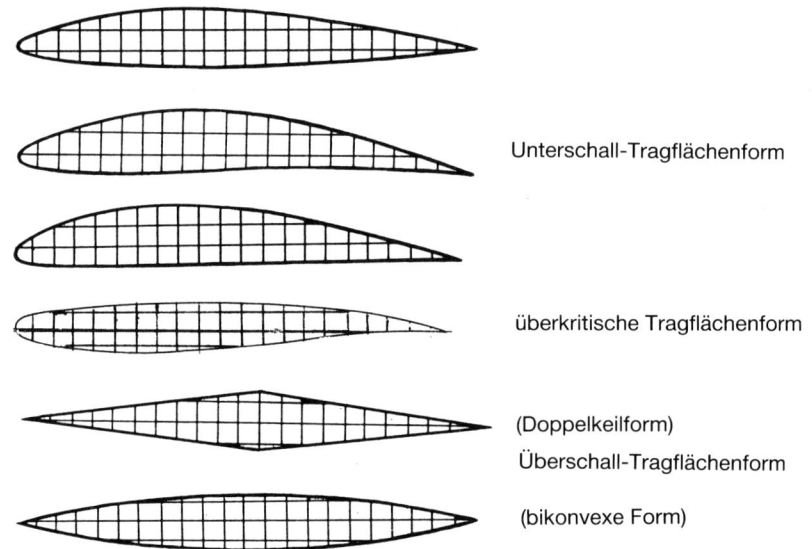

Unterschall-Tragflächenform

überkritische Tragflächenform

(Doppelkeilform)
Überschall-Tragflächenform

(bikonvexe Form)

Abb. 7.11 Tragflächenprofile.

3. Widerstand (W)

Bringt man Flugzeugteile, z.B. Tragflächen, Rumpf, Fahrwerk, Streben etc., in eine Parallelströmung, so zeigt sich, daß zum Erhalten der Ruhelage dieser Teile eine Kraft erforder-

lich ist, die der Anströmrichtung entgegengesetzt ist. Durch Druckkräfte vor und Wirbelbildung hinter dem Körper entstehen Luftkräfte, die versuchen, den Körper zurückzu-

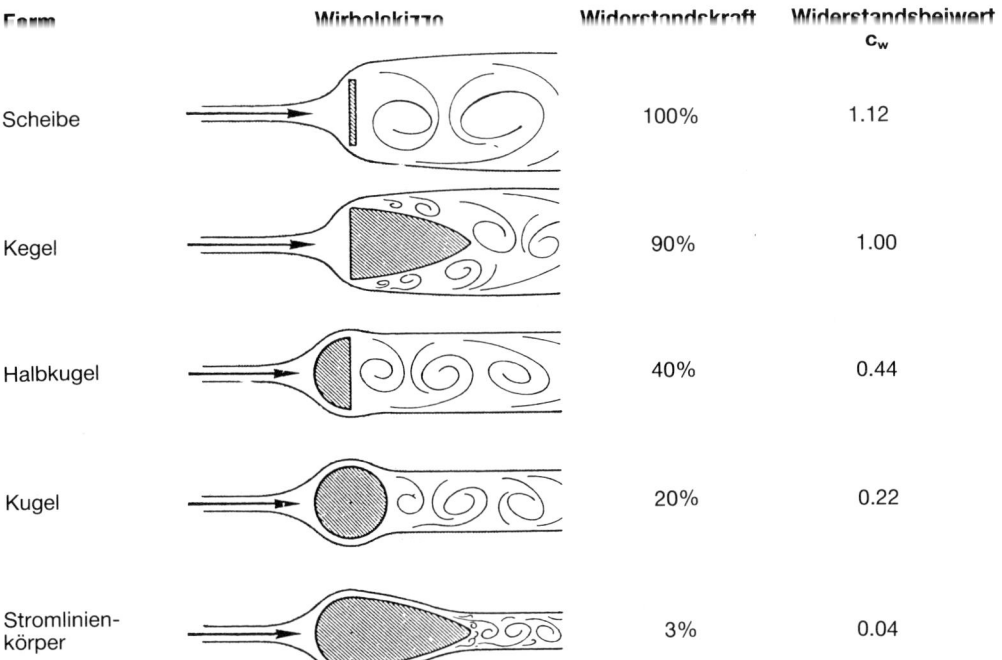

Scheibe		100%	1.12
Kegel		90%	1.00
Halbkugel		40%	0.44
Kugel		20%	0.22
Stromlinien-körper		3%	0.04

Abb. 7.12 Verschiedene Widerstandskörper und ihre Widerstandskraft in %.

halten. Diese behindernde Kraft heißt Widerstand (W) und berechnet sich nach der Formel:

$$W = c_w \cdot q \cdot F$$

Dabei ist
c_w = Widerstandsbeiwert
q = Staudruck
F = größte Querschnittsfläche des Körpers senkrecht zur Anströmrichtung (Stirnfläche)

Der Widerstandsbeiwert c_w ist wiederum abhängig von der Formgebung und Oberflächenbeschaffenheit des angeströmten Körpers. Da der Widerstand nur Antriebskraft verzehrt und damit unerwünscht ist, bemüht man sich, für alle Flugzeugteile, die dem freien Luftstrom ausgesetzt sind, Formen zu finden, die die schädliche Wirbelbildung möglichst herabsetzen. Wie stark die Formgebung die Größe des Widerstandsbeiwertes beeinflußt, zeigt Abb. 7.12, in der verschiedene Körper mit gleicher Stirnfläche und gleicher Geschwindigkeit angeströmt werden.

Die Gesamtauftriebskraft – auch Luftkraftresultierende (R) genannt – ergibt sich nun durch geometrische Addition der senkrecht zur Anströmrichtung wirkenden Komponente Auftrieb (A) und der in Richtung der Anblasrichtung wirkenden Komponente Widerstand (W)

$$R = \sqrt{A^2 + W^2}$$

Der Gesamtwiderstandsbeiwert ($c_{w\,ges}$) eines Flugzeuges setzt sich aus verschiedenen Einzelwiderstandsbeiwerten zusammen:

(a) Reibungs-/Oberflächenwiderstand
(b) Profil-/Formwiderstand (Beiwert c_{wP})
(c) Induzierter Widerstand (Beiwert c_{wi})
(d) Stoßwellenwiderstand
(e) Rest-/Interferenzwiderstand (Beiwert c_{wR})
(f) schädlicher Widerstand (Beiwert c_{wS})

(a) Reibungs-(Oberflächenwiderstand
Die Widerstandskraft, die durch die Zähigkeit sowie die Oberflächenrauhigkeit und die damit verbundene Laminar- bzw. Turbulenzströmung entwickelt wird, heißt Reibungs- oder Oberflächenwiderstand. Durch feine Verarbeitung von Flugzeugteilen, insbesondere der Tragflächen (dem Laminarprofil) und besonderen, die Grenzschicht beeinflussende Vorrichtungen (Anblasen bzw. Absaugen

117

der Grenzschicht) läßt sich die Größe dieses Wertes beeinflussen.

Abb. 7.13 Druck- und Sogverhältnisse an Tragflächen verursachen die Entstehung von Randwirbeln.

(b) Profil-/Formwiderstand

Wie aus Abb. 7.12 ersichtlich, hat jeder Körper einen Eigenwiderstand mit dem Beiwert c_{wP}, der ist abhängig von der Form des Körpers bzw. des Profils.

(c) Induzierter Widerstand

Der induzierte Widerstand (c_{wi}) wird durch die sogenannten **Randwirbel** (vortex) hervorgerufen. Diese Randwirbel entstehen, weil auf einer Flügeloberseite Unterdruck, auf der Unterseite Überdruck herrschen und somit ein Druckausgleich an den Randspitzen auftritt.

Durch den Tragflächenaufbau bedingt, treffen die Tragflächenoberseiten- und -unterseitenströmungen in einem Winkel aufeinander, wodurch es zur Bildung einer Randwirbelschleppe kommt.

Sobald ein Profil bewegt wird, lösen sich aus der Zirkulationsströmung durch Wirbel-

bildung die sogenannten **Anfahrwirbel** (starting vortex). Rand- und Anfahrwirbel verursachen hinter einem Profil ein **Abwindgebiet** (downwash area). Mit Hilfe von Flächenendtanks bzw. -scheiben läßt sich dieser Widerstandsbeiwert herabmindern, ferner durch ein günstiges **Seitenverhältnis bzw. eine hohe** Flügelstreckung.

$$\text{Seitenverhältnis} = \frac{F}{b^2} = \frac{t}{b}$$

$$\text{Flügelstreckung} = \frac{b^2}{F} = \frac{b}{t}$$

dabei bedeutet F = Flügelfläche
b = Spannweite
t = Profiltiefe

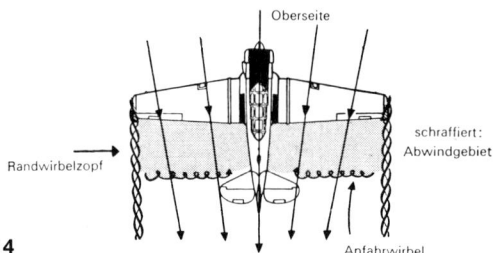

Oberseite

Randwirbelzopf

schraffiert:
Abwindgebiet

Abb. 7.14

Anfahrwirbel

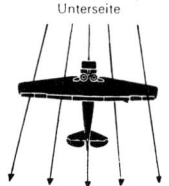

Unterseite

Der induzierte Widerstand wird nach der Formel berechnet:

$$c_{wi} = \frac{c_a^2}{\pi} \cdot \frac{F}{b^2}$$

(d) Stoßwellenwiderstand

tritt erst im Hochgeschwindigkeitsflug (ab kritischer Machzahl) auf.

(e) Rest-/Interferenzwiderstand (c_{wR})

tritt an Stellen eines Flugzeuges auf, wo z. B.

Tragwerk und Rumpf verbunden sind und sich gegenseitig beeinflussen.

(f) Schädlicher Widerstand (c_{ws})

wird durch alle im Luftstrom liegenden nichttragenden Teile hervorgerufen.

Der Gesamtwiderstandswert ($c_{w\,ges}$) ist als die Summe aus vorstehend erwähnten Einzelwiderstandsbeiwerten

$$c_{w\,ges} = c_{wP} + c_{wi} + c_{wR} + c_{ws}$$

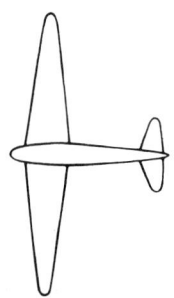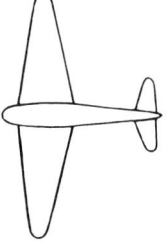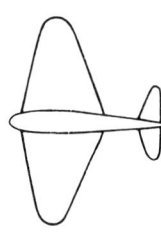

Abb. 7.15
Bei gleichem
Flächeninhalt
verschiedene
Flügelstreckung.

4. Auftrieb und Widerstand
(die Polare)

Die Polare ist die Visitenkarte und der Steck-
brief eines Flugzeuges. Um die besten Bedingungen für den Flug hinsichtlich Auftrieb
und Widerstand festzustellen, werden in einem Koordinatensystem vertikal die c_a-Werte
und horizontal die c_w-Werte abgetragen, wobei die c_w-Werte gegenüber den c_a-Werten
fünffach überhöht sind. Für einen bestimm-

ten Anstellwinkel α trägt man die Werte als
gemeinsamen Punkt ein, womit sich über
den gesamten Anstellwinkelbereich eine Kurve ergibt, die Polare oder »Lilienthalsches
Diagramm« genannt wird und aus der sämtliche Flugleistungen abgeleitet werden
können.

Die Änderung des Anstellwinkels α eines

Abb. 7.16 Das Polardiagramm.

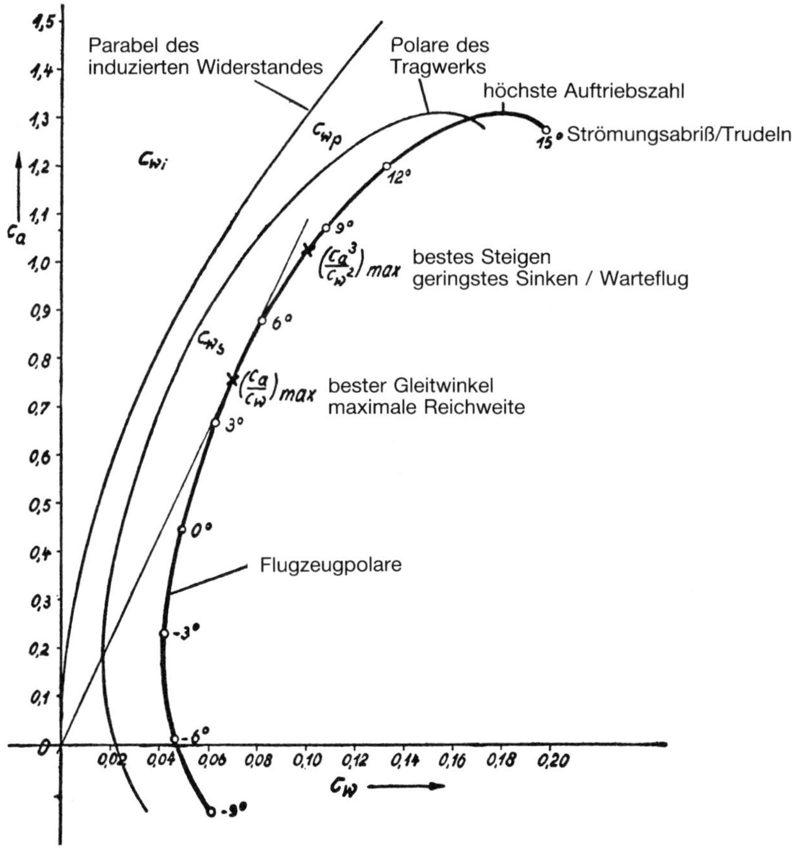

Flugzustände
(ungefähre Bereiche)
ohne Klappen/Vorflügel

Parabel des
induzierten Widerstandes

Polare des
Tragwerks

höchste Auftriebszahl

c_{wi} c_{wp}

15° Strömungsabriß/Trudeln

12°

Landung
Steilkurve
Start

9°

$\left(\dfrac{c_a^3}{c_w^2}\right)max$ bestes Steigen
geringstes Sinken / Warteflug

Kurvenflug
Landeanflug

c_{ws} 6°

Höhenflug

$\left(\dfrac{c_a}{c_w}\right)max$ bester Gleitwinkel
maximale Reichweite

Steigflug

3°

0°

Reiseflug

Flugzeugpolare

Schnellflug

-3°

Stechflug   119

-6°

Sturzflug

-9°

Rückenflug

c_a

1,5
1,4
1,3
1,2
1,1
1,0
0,9
0,8
0,7
0,6
0,5
0,4
0,3
0,2
0,1
0

0,02 0,04 0,06 0,08 0,10 0,12 0,14 0,16 0,18 0,20 c_w

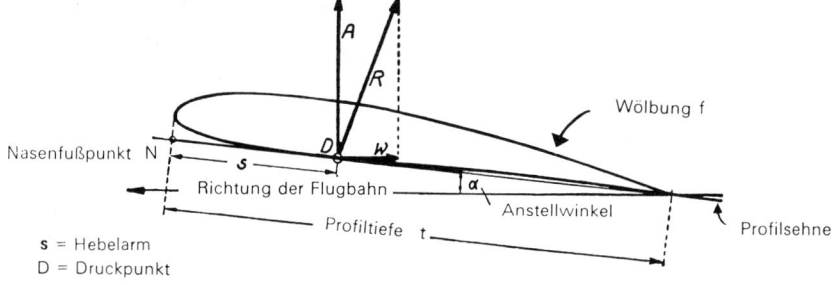

Abb. 7.17 Lage des Druckpunktes.

Profils verursacht eine Veränderung der Auftriebs- und Widerstandsgrößen sowie eine Verlagerung des gemeinsamen Angriffspunktes D, der **Druckpunkt** genannt wird.

Bei wachsendem Anstellwinkel wandert der Druckpunkt in Richtung der Profilnase, bis $c_{a\,max}$ erreicht ist. Bei kleiner werdendem (negativem) Anstellwinkel wandert der Druckpunkt nach hinten; erreicht c_a den Wert Null, so liegt der Druckpunkt außerhalb des Profils.

Der Flügel wird nicht mehr auf Biegung, sondern nur noch auf Verdrehung beansprucht (z.B. beim Sturzflug Faltenbildung auf den Flächen). Man ist bemüht, Profile zu verwenden, die über einen großen Anstellwinkelbereich eine möglichst geringe Druckpunktwanderung haben. Zur Berechnung des Druckpunktes gilt:

$$s = \frac{c_m}{c_n} \cdot t$$

Dabei bedeuten:

s = Abstand von der Profilnase
c_m = Längsflügelmomentenbeiwert
$M_L = c_m \cdot q \cdot F \cdot t$
c_n = Normalkraftbeiwert
($c_n = c_a \cdot \cos \alpha + c_w \cdot \sin \alpha$)
im Bereich kleiner Anstellwinkel
fallen c_a und c_n zusammen.
t = Profiltiefe

Bei wachsendem Anstellwinkel steigen c_a und c_w. Die c_a-Werte steigen nur bis zu einem Höchstwert an – veränderlich nach Profilformgebung und Kennwert –, der bei Anstellwinkeln von etwa 18° bis 23° erreicht wird. Wird der Anstellwinkel weiter vergrößert (bis zum kritischen Anstellwinkel), so sinkt c_a plötzlich ab, was den **»Strömungsabriß«** (stall) anzeigt.

Strömungsabriß tritt ein, wenn die Luftströmung der Profilkontur nicht mehr folgen kann; der Auftrieb fällt zusammen auf Grund des statischen Druckanstieges durch Verwirbelung.

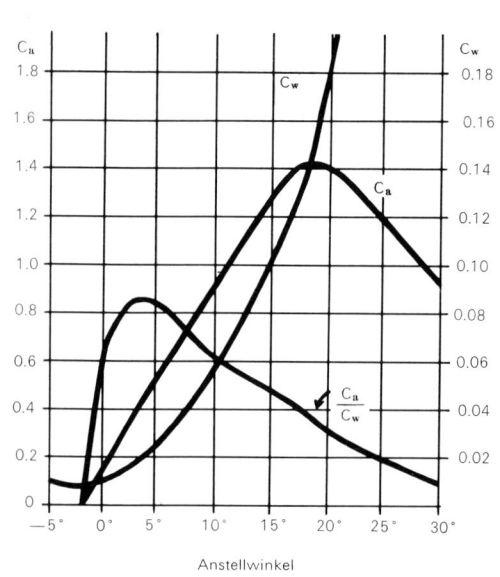

Abb. 7.19 Auftriebs- und Widerstandsbeiwerte am RAF-Profil 48.

Abb. 7.18 Verschiedene Anstellwinkel.

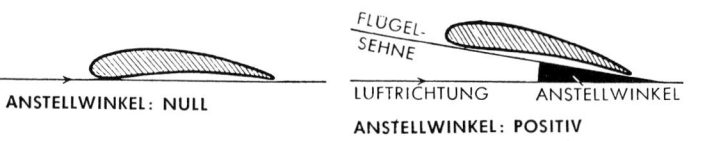

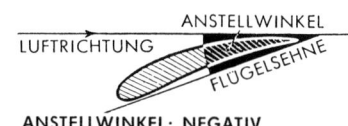

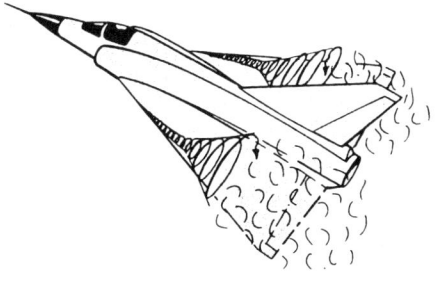 

Abb. 7.20 Abgerissene Strömung (stall).

5. Auftriebshilfen

wurden entwickelt, um eine Vergrößerung des Anstellwinkels zu erreichen, ohne daß die Strömung vorzeitig abreißt, auch wurden die Manövriergeschwindigkeiten (z.B. bei Start und Landung) herabgemindert. Klappen und Vorflügel vergrößern den Auftrieb und Widerstand.

Ein hoher Auftriebsbeiwert c_a verleiht z.B. der Do 27 die Flugeigenschaften eines typischen Kurzstartflugzeuges. Das diesem Zweck angepaßte aerodynamische System der Zirkulationsbeeinflussung besteht aus einem festen Vorflügel in Verbindung mit einer Spaltklappe. Die niedrigste Geschwindigkeit liegt bei 57 km/h, die Höchstgeschwindigkeit bei 250 km/h. Verhältnis 1:4.

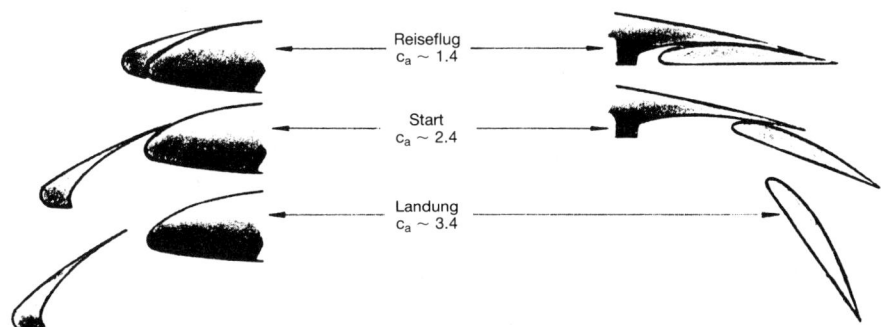

Reiseflug $c_a \sim 1.4$

Start $c_a \sim 2.4$

Landung $c_a \sim 3.4$

Abb. 7.21 Vergrößerung der Tragflächenwölbung ergibt Zunahme des Auftriebes.

6. Ruderflächen

sind kleine Tragflächen, die das Gleichgewicht der Kräfte an einem Flugzeug derart beeinflussen, daß bestimmte Flugmanöver durchgeführt werden können.

Die Ruderwirkung hängt ab von:
– Anbringung (möglichst im ungestörten Luftstrom)
– Fluggeschwindigkeit
– Ruderfläche
– Ruderform
– Ruderausschlag
– Drehmoment

Um die Luftkräfte bei Propellerflugzeugen in den Grenzen menschlicher Leistungsfähigkeit zu halten, sind Kraftausgleichshilfen vorgesehen:
– Gewichtsausgleich (mass balance)
– Aerodynamischer Ausgleich (aerodynamic balance) durch:
  – Hornausgleich (horn balance)
  – Zurückgesetztes Gelenk (inset hinge)
  – Trimmflächen (tabs)
  – Flettner-/Servoruder (servotab)
  – Ausgleichsruder (balance tab)

Abb. 7.22 Verschiedene Auftriebshilfen (Klappen und Vorflügel).

	$c_a \sim$	Auftriebszunahme in %
klares Profil	1.45	–
Krügerklappe	1.50	5
Nasenklappe	1.80	25
Klappnase	1.80	25
Junkers-Doppelflügel	2.25	55
Wölbungsklappe	2.25	55
Spreizklappe	2.40	66
Zap-Klappe	2.50	73
Spaltklappe	2.60	79
Doppelspaltklappe	2.80	93
Fowlerklappe	2.80	93
Vorflügel	2.00	38
– mit Wölbungsklappe	2.45	69
– mit Spaltklappe	2.70	86
– mit Doppelspaltklappe	2.90	100
– mit Fowlerklappe	3.00	107

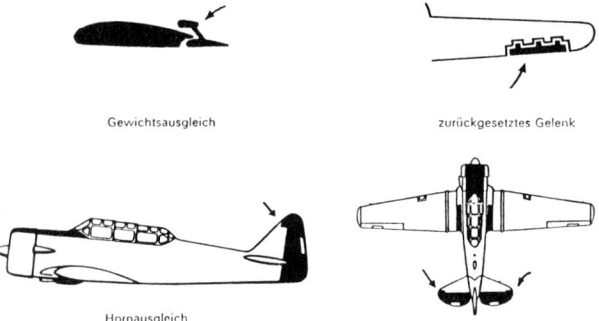

Gewichtsausgleich

zurückgesetztes Gelenk

Hornausgleich

Abb. 7.23 Kraftausgleichshilfen.

– Federgesteuertes Hilfsruder (spring tab)
– Trimmruder (trimming tab)
– Trimmkante (trimming strip).

Bei großen Flugzeugen werden hydraulische Kraftunterstützungssysteme (booster) zur Ruderbetätigung verwendet, die mechanisch, mechanisch elektrisch, elektrisch (fly-by-wire), reglergestützt (CCV-control configured vehicle) oder in Zukunft optronisch (Lichtleiter) über mikroprozessorgeregelte Servos angesteuert werden.

7. Stabilität des Flugzeuges

Von der Stabilität eines Flugzeuges hängt dessen Flugsicherheit und Manövrierfähigkeit ab.

Ein **positiv-stabiles** Flugzeug hat die Eigenschaft, bei Störungen des normalen Flugzustandes wieder in die Normallage zurückzukehren. Es ist statisch stabil.

Ein **neutral-stabiles** Flugzeug bleibt solange in einer von der Normallage abweichenden neuen Lage, bis es andere Kräfte zu deren Änderung beeinflussen. Das kann dazu führen, daß der Flugzeugführer durch dauernde Steuer- und Lagekorrekturen schnell ermüdet.

Ein **negativ-stabiles** Flugzeug ist labil. Es verändert fortgesetzt seine Lage vom normalen zum anormalen Flug, was zu belastender Mehrbeanspruchung des Piloten führt. Beim Steigflug neigt es zum Hochgehen bis zum Überziehen, beim Sturzflug zu immer steilerer Lage.

Dynamische Stabilität betrifft die Schwankungen des Rumpfendes eines Flugzeuges bei dessen Versuch, aus einer anormalen Fluglage in die normale zurückzukehren. Wenn sich diese Schwankungen hierbei ständig verkleinern, ist das Flugzeug dynamisch stabil.

Störungen der normalen Fluglage können in jeder der drei Bewegungsachsen auftreten. Dementsprechend unterscheidet man:

Längsstabilität = Stabilität um Querachse (von Flügelspitze zu Flügelspitze)
Querstabilität = Stabilität um Längsachse (von Nase zu Schwanz)
Hierzu können beitragen:
– V-Stellung der Tragflügel (negativ oder positiv)
– Kielwirkung
– Pfeilstellung der Tragflügel (negativ oder positiv)
– Gewichtsverteilung
Richtungsstabilität = Stabilität um Vertikalachse

Rechnergestützte Dämpfungsregler (stability augmentation systems) unterstützen den Flugzeugführer in der Aussteuerung von Schwingungen.

Abb. 7.24 Stabilitätsarten.

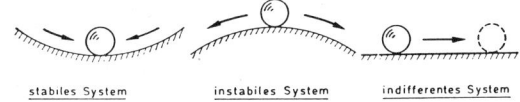

stabiles System   instabiles System   indifferentes System

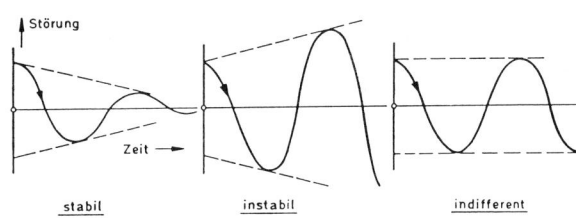

stabil   instabil   indifferent

Abb. 7.25 Bewegungsmomente um die Flugzeugachsen und die wirkenden Ruder und Dämpfer.

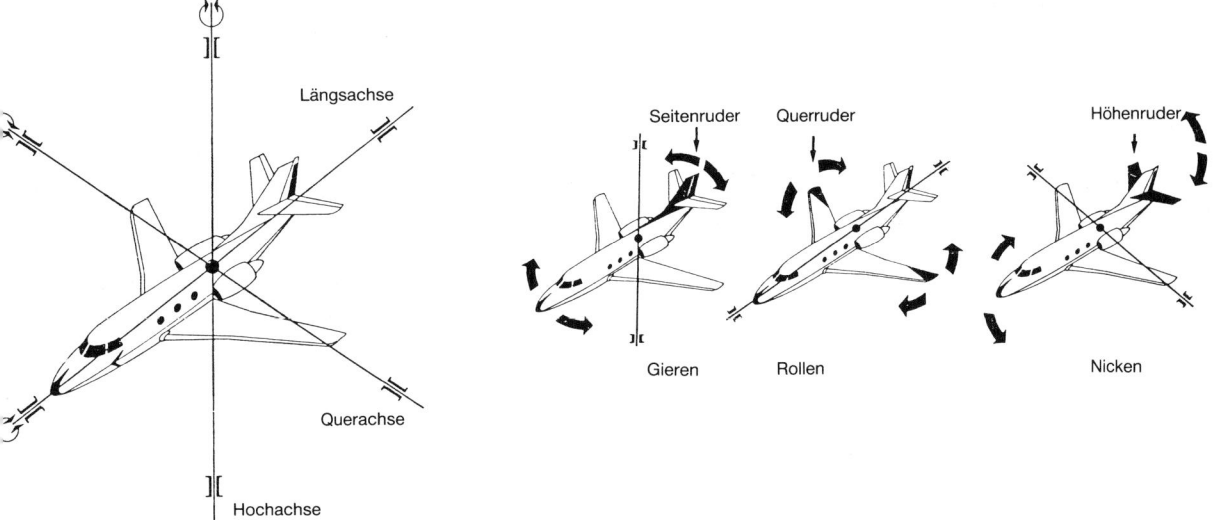

Längsachse

Querachse

Hochachse

Seitenruder   Querruder   Höhenruder

Gieren   Rollen   Nicken

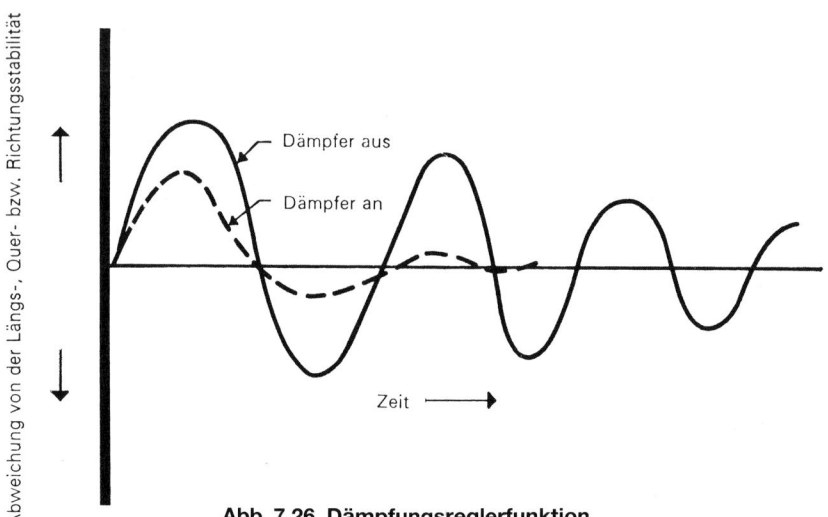

Abb. 7.26 Dämpfungsreglerfunktion.

8. Künstliche Stabilität (artificial stability)

Die Steuerung eines Flugzeuges erfolgt normalerweise translatorisch über die drei Drehachsen; es muß also mit Hilfe der Höhen-, Quer- und Seitenruder physikalisch ein Umweg genommen werden, um eine koordinierte Drehbewegung zu erzielen (z.B. Horizontalkurve).

Die Freiheitsgrade des Flugverhaltens direkt zu steuern, ist neueste Entwicklungstechnologie. Man bezeichnet die im Flugzeugschwerpunkt wirkenden Steuerkräfte direkte Auftriebs- (DLC-direct lift control/n_y-

mode), Seitenkraft- (DSFC-direct side force control/β-mode) oder Widerstandssteuerung/Verzögerungsflug (n_x-mode-control).

Ein reglergestütztes Flugzeug (CCV = control configured vehicle) wird durch aufwendige elektronische Steuer- und Regelungssysteme sowie durch verschieden angesteuerte Hilfsflächen (z.B. aerodynamische Spreizklappen, Entenflügel/Canard, Kielflossen) oder Seitenruderausschlägen diesen Aufgaben gerecht.

Abb. 7.27 Reglergestützte Steuerung (CCV).

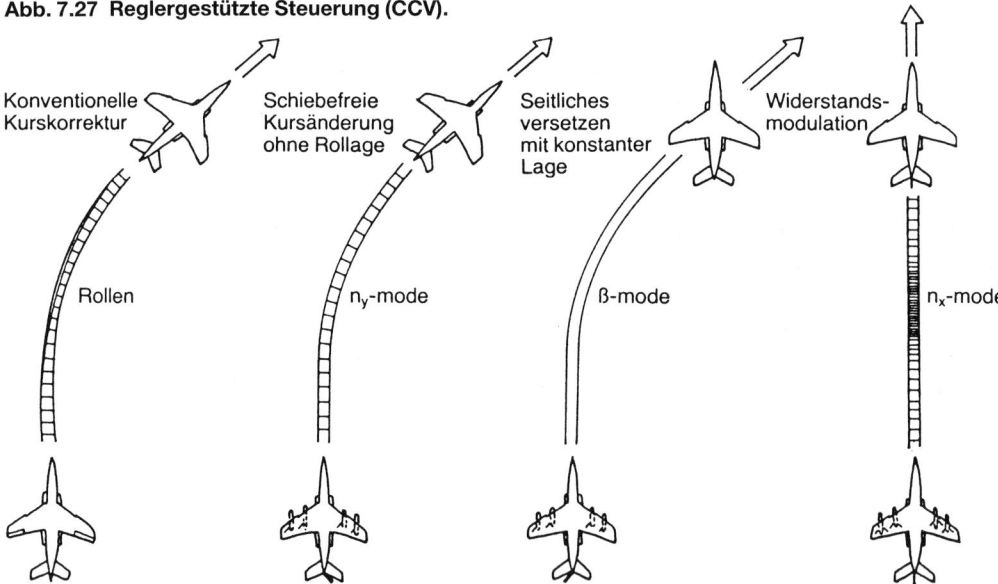

Konventionelle Kurskorrektur

Schiebefreie Kursänderung ohne Rollage

Seitliches versetzen mit konstanter Lage

Widerstandsmodulation

Rollen

n_y-mode

ß-mode

n_x-mode

Abb. 7.27 zeigt:
- Kurvenflug mit waagerechtem Flügel (n_y-mode), was die Ziel- und Schießgenauigkeit bei Luft-Bodeneinsätzen verbessert.
- Seitliches Versetzen bei konstantem Kurs (β-mode), was den Formationsflug und die Korrektur von Seitenwindkomponenten (Lande-/Zielanflug) erleichtert.
- Verzögerungsflug (n_x-mode), der steilere Landeanflüge, schnellere Verzögerungen von Reise-/Marsch- auf Anfluggeschwindigkeit oder Gleitwegsteuerung erlaubt.

V. FLUGLEISTUNGEN

1. Der Horizontalflug

ist dadurch gekennzeichnet, daß die Flugbahn weder nach oben noch nach unten geneigt ist. Es ist also auch keine Kraft senkrecht nach oben wirksam, die größer als das Eigengewicht wäre. Ebensowenig ist aber das Eigengewicht größer als der vorhandene Auftrieb – Auftrieb und Eigengewicht sind also im Gleichgewicht:

$$A = G$$

größenmäßig ist $A = c_a \cdot q \cdot F = c_a \cdot \dfrac{\rho}{2} \cdot v^2 \cdot F = G$

also $v^2 = \dfrac{2}{\rho} \cdot \dfrac{G}{F} \cdot \dfrac{1}{c_a}$

Horizontalgeschwindigkeit

$$v = \sqrt{\frac{2}{\varrho} \cdot \frac{G}{F} \cdot \frac{1}{c_a}}$$

Die Horizontalgeschwindigkeit ist abhängig von dem Wert $\dfrac{G}{F} = \dfrac{\text{Fluggewicht}}{\text{Flügelfläche}}$ der sogenannten »Flächenbelastung« und dem c_a-Wert, mit dem geflogen wird, also dem betreffenden Anstellwinkel. Man kann mit verschiedenen Geschwindigkeiten horizontal fliegen – langsam, mit großem Anstellwinkel und großem c_a, schnell bei kleinem Anstellwinkel, also auch bei kleinem c_a. Aus dem vorher Gesagten ist zu folgern, daß die Leistung (performance) eines Flugzeuges beeinflußt wird von Auftrieb, Gewicht, Vortrieb und Luftwiderstand, womit sich im weitesten Sinne sein Manövrierverhalten im gesamten Leistungsspektrum ergibt.

2. Der Gleitflug

ist dadurch gekennzeichnet, daß das Flugzeug keine reine Horizontalbewegung ausführt, die Flugbahn ist wegen des Fehlens der Vortriebskraft des Motors unter dem Winkel φ nach unten gegen die Erdoberfläche geneigt. Das Eigengewicht G des Flugzeuges wird jetzt durch die Gesamtluftkraft R ausgeglichen. Zerlegt man nun die resultierende Luftkraft R wieder in Auftrieb A und Widerstand W (Abb. 7.28), so liegt zwischen A und R – wie sich aus den Gesetzen der Geometrie ergibt – wieder ein Winkel φ. Die Größe des Winkels φ, den man wegen der Neigung der Flugbahn gegen die Erdoberfläche als »Gleitwinkel« bezeichnet, ergibt sich zu

$$\operatorname{tg} \varphi = \frac{W}{A} = \varepsilon$$

Der Wert $\dfrac{W}{A}$ ist also das Maß für die Größe des Gleitwinkels.

Man bezeichnet den $\operatorname{tg} \varphi$ mit dem Buch-

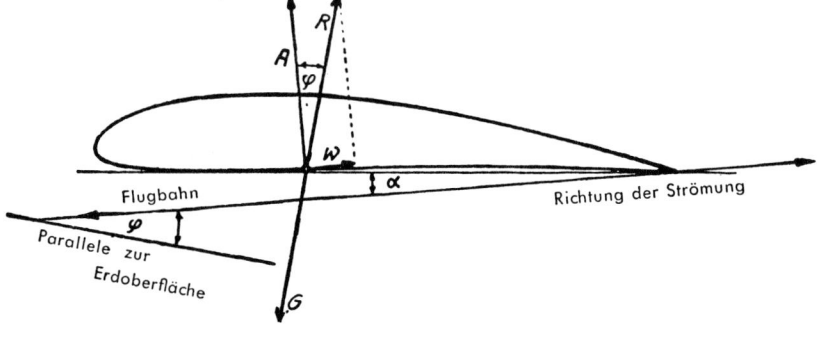

Abb. 7.28
Zur Berechnung
des Gleitfluges.

staben ε und nennt diesen Wert die Gleitzahl. Die Gleitzahl eines Flugzeuges ist gut, wenn in einem möglichst großen Anstellwinkelbereich W klein und A groß ist. Da W und A – in Form der allein veränderlichen Beiwerte c_w und c_a – über den gesamten Anstellwinkelbereich in der Polare dargestellt sind, kann man auch für jede Größe von c_a den Gleitwinkel unmittelbar aus der Polare selbst ablesen. Zeichnerisch ergibt sich der Gleitwinkel durch eine Gerade, die vom Koordinaten-Nullpunkt bei dem gewünschten Anstellwinkel durch die Flugzeugpolare gezogen wird. Dabei ist jedoch zu beachten, daß die c_w-Werte maßstäblich auf das Fünffache vergrößert sind. Die beste Gleitzahl – also den flachsten Gleitwinkel – erhält man bei dem Anstellwinkel α, wenn die Gerade durch den Nullpunkt die Flugzeugpolare als Tangente berührt.

3. Der Steigflug

erfordert Steigfähigkeit.

Steigfähigkeit = Steigleistung eines Flugzeuges im Verhältnis zur Steigzeit. Die Steiggeschwindigkeit ist abhängig von der Leistungsbelastung $\dfrac{G}{N_e}$. Es bedeuten N_e die effektive Motorleistung und η den Luftschraubenwirkungsgrad je nach Flughöhe und G das Fluggewicht.
Auftrieb und Widerstand – also die Form der Polare – spielen auch für das Steigen eine wichtige Rolle.

Erwünscht ist eine möglichst große Steigzahl $\dfrac{c_a^3}{c_w^2}$

Hohe Steigzahlen sind durch ein gutes Seitenverhältnis des Flügels erreichbar. Der günstige Anstieg – also die größte Steiggeschwindigkeit – wird bei dem Anstellwinkel erreicht, für den $\dfrac{c_a^3}{c_w^2}$ den Größtwert annimmt; dann wird $\dfrac{c_w^2}{c_a^3}$ ein Minimum.

Steiggeschwindigkeit:

$$w = \eta \cdot \frac{N_e}{G} - \sqrt{\frac{2}{\varrho} \cdot \frac{G}{F} \cdot \left(\frac{c_w^2}{c_a^3}\right)} \quad \left[\frac{m}{s}\right]$$

Dabei bedeutet:

$$\eta \cdot \frac{N_e}{G} \quad \left[\frac{m}{s}\right] = \text{Hubgeschwindigkeit W}$$

$$\sqrt{\frac{2}{\varrho} \cdot \frac{G}{F} \cdot \frac{G}{F} \cdot \left(\frac{c_w^2}{c_a^3}\right)} = \text{Schwebegeschwindigkeit}$$

Gipfelhöhe
= größte Flughöhe über Meereshöhe. Sie ist erreicht, wenn W = 0 ist, d. h. wenn die Hubgeschwindigkeit nicht mehr größer als die Schwebegeschwindigkeit ist.

Große Gipfelhöhen sind zu erreichen durch

– gutes Seitenverhältnis des Flügels, also große Steigzahl $\dfrac{c_a^3}{c_w^2}$
– geringe Leistungsbelastung $\dfrac{G}{N_e}$

- kleine Flächenbelastung, also geringes Fluggewicht und $\dfrac{G}{F}$

- große tragende Fläche.

Die **Dienstgipfelhöhe** ist erreicht, wenn das Flugzeug nicht mehr als 5 m/s steigt.

4. Der Kurvenflug

Beim Kurvenflug treten zu den bisher bekannten Größen noch die Zentrifugalkraft und das Lastvielfache hinzu.

Die Zentrifugalkraft (Z) hängt von der Masse (m), dem Kurvenradius (r) und der Geschwindigkeit (v) ab: $Z = \dfrac{mv^2}{r}$

Um die Größe der Gesamtkräfte anzugeben, führte man den **Faktor n**, der das Lastvielfache genannt wird, ein. Dieser Faktor gibt an, um wievielmal schwerer ein Körper durch wirkende Zentrifugalkräfte wird, als er gewöhnlich infolge seines Gewichtes (G) wiegt. Im angloamerikanischen Sprachgebrauch auch ein Vielfaches der Erdbeschleunigung (g) (accelerations g-units). Im unbeschleunigten horizontalen Flugzustand ist

$$n = \frac{A}{G} = 1$$

Im horizontalen, stationären Kurvenflug gilt

unter Einbeziehung des Querneigungswinkels (µ) des Flugzeuges:

$$\text{nachdem } n = \frac{A}{G}$$

$$\text{ist } \cos \mu = \frac{G}{n \cdot G} = \frac{1}{n}$$

d.h. mit zunehmendem Querneigungswinkel steigt das Lastvielfache:

µ	n	Anstieg des Widerstandes in %	
0°	1,00	0	
15°	1,04	7,2	
30°	1,15	33,3	
45°	1,41	100,0	– Steilkurve! –
60°	2,00	300,0	
75,5°	4,00	–	– Gefahrenbereich!! –
90°	∞	∞	– nicht fliegbar!!! –

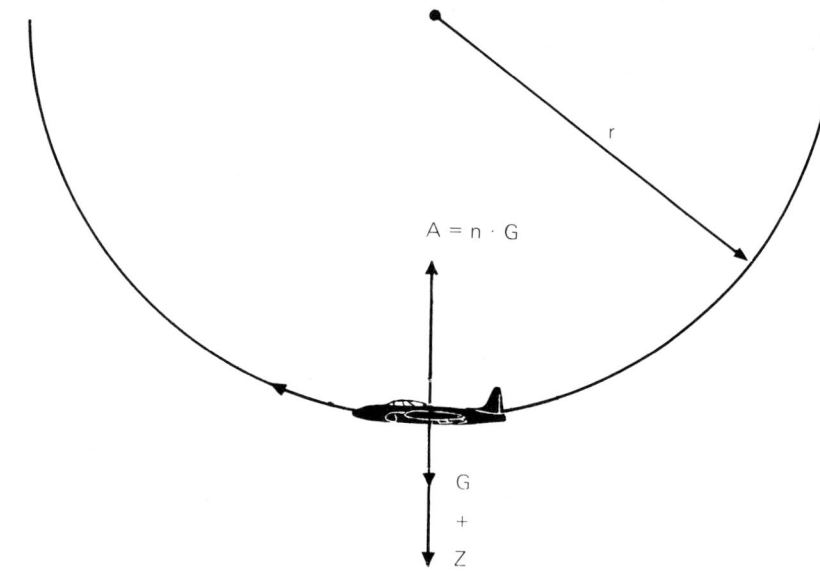

Abb. 7.29
Wirkende Kräfte beim Abfangen aus dem Sturz (vertikaler Kurvenflug).

Bei zunehmender Querlage nimmt auch das Kurvengewicht (K) zu, was durch den Auftrieb (A) gehalten werden muß. Das Manöververhalten des Flugzeuges bestimmt die Grenzwerte. Es ist lebenswichtig, die zulässigen Lastvielfachen (Load factor ›g‹) zu kennen.

Der Kurvenradius (r) ergibt sich aus der Beziehung:

$$r = \frac{v^2}{(n-1) \cdot g} \ (m)$$

im anglo-amerikanischen System:

$$r = \frac{v^2 \ (Kts)}{11,26 \cdot tg \ \mu} \ (Fuß)$$

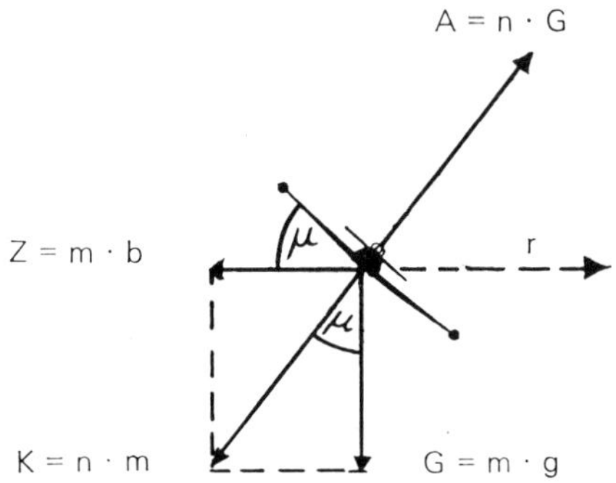

$A = n \cdot G$

$Z = m \cdot b$

μ

r

$K = n \cdot m$

$G = m \cdot g$

Abb. 7.30 Die Kräfte im Kurvenflug.

Beachte: Die Mindestgeschwindigkeit im Kurvenflug erhöht sich um die Wurzel aus dem Faktor n! Somit gilt die alte Fliegerregel: Fahrt ist das halbe Leben!

Fluggeschwindigkeit (KTS)										
600	—	—	—	8.8	7.3	6.1	5.1	4.3	3.6	2.9
550	—	—	9.5	7.7	6.3	5.2	4.4	3.7	3.1	2.5
540	—	—	9.2	7.4	6.1	5.1	4.3	3.6	3.0	2.5
500	—	10.0	7.9	6.4	5.2	4.4	3.6	3.1	2.6	2.1
450	—	8.2	6.4	5.1	4.3	3.5	2.9	2.5	2.1	1.7
420	9.6	7.1	5.6	4.5	3.7	3.1	2.3	2.2	1.8	1.5
400	8.7	6.4	5.0	4.1	3.3	2.8	2.3	1.9	1.6	1.4
350	6.6	4.9	3.8	3.1	2.5	2.0	1.8	1.5	1.3	1.0
	15°	20°	25°	30°	35°	40°	45°	50°	55°	60°

Querneigungswinkel

Abb. 7.31 Kurvenradius (in nautischen Meilen) für bestimmte Geschwindigkeiten (in Knoten) und Querneigungswinkel.

Zusammenfassend wird festgestellt, daß für zwei Flugzeuge verschiedenen Typs und sogar verschiedenen Gewichts, die bei gleicher Geschwindigkeit und gleichem Lastvielfachen eine Kurve einleiten, die Kurvenradien gleich sind. Mit anderen Worten, sogar ein Formel I-Rennwagen fährt unter den genannten Gegebenheiten den gleichen Kurvenradius!

Ganz anders hingegen stellt sich die Frage, welche g-Belastung kann ein Flugzeug mit einer bestimmten Geschwindigkeit erzielen oder noch mit welcher Mindestgeschwindigkeit erreichen/halten?

Bei gegebenen Flugbedingungen – Höhe, Geschwindigkeit – kann ein Flugzeug nur dann enger kurven, wenn Schubkraft und Aerodynamik entsprechend zueinander stimmen. Denn nur ein höherer Auftriebsbeiwert steigert den Gesamtauftrieb in der Kurve, erhöht aber auch den induzierten und den Gesamtwiderstand, der nur durch Triebwerksleistung überwunden werden kann.

So gesehen, möge der Leser die spektakulären Vergleichsbilder in Medien beurteilen. Dort werden oft Manövrierbarkeit (Wendegeschwindigkeit) und Kurvenradius miteinander verwechselt. Man spricht auch vom sogenannten Kurvenpotential eines Flugzeuges, das letztendlich nur das verschiedene insgesamte Leistungspotential aufzeigt.

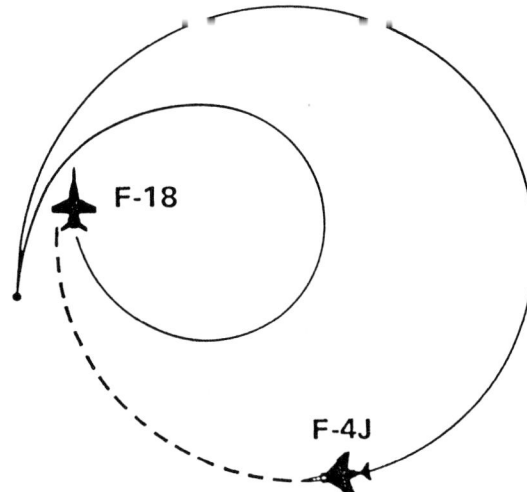

Abb. 7.32 Beide Flugzeuge begannen die Kurve gleichzeitig und mit gleicher Geschwindigkeit in gleicher Höhe. Das Kurvenflugpotential zeigt sich beispielsweise an der F-18.

VI. ÜBERSCHALLAERODYNAMIK

1. Die Luft

Über ca. 480 km/h gilt die Voraussetzung, daß die Luft inkompressibel ist, nicht mehr. Je mehr sich die Luftteilchen irgendwo auf einem Flugzeugteil der Schallgeschwindigkeit nähern, um so mehr gilt die auch der Luft eigene Fähigkeit sich auszudehnen bzw. sich zusammendrücken zu lassen, wobei sich Dichte und Temperatur natürlich ändern:
– Kompression: Dichte und Temperatur steigen an,
– Expansion: Dichte und Temperatur nehmen ab.

Mit zwei besonderen Erscheinungen hat man es bei der Betrachtung von Überschallcharakteristiken zu tun:
– **Stoßwellen** (shock or compression wave) entstehen, wenn Luftteilchen ein kleineres Volumen einnehmen müssen als das, was sie vorher hatten.
– **Expansionswellen** (expansion wave) entstehen, wenn Luftteilchen ein größeres Volumen einnehmen müssen als das, was sie vorher hatten.

Abb. 7.33 Überschallströmung (Profil nicht angestellt, also kein Auftrieb).

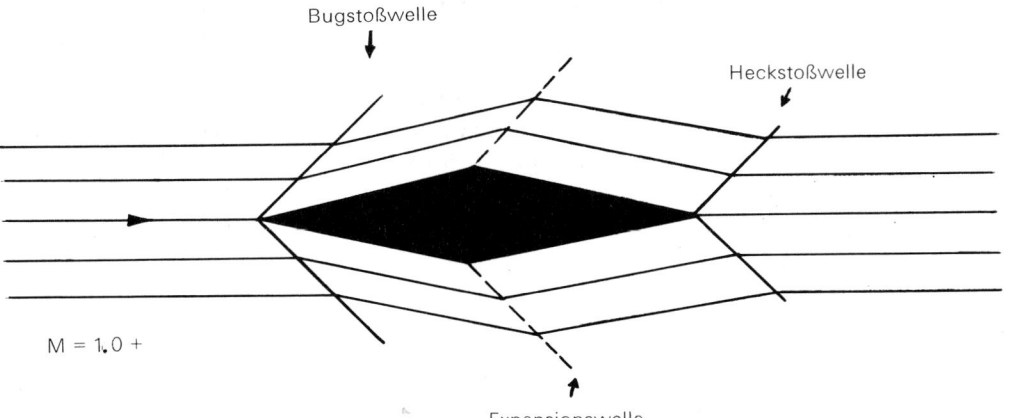

Bugstoßwelle

Heckstoßwelle

M = 1.0 +

Expansionswelle

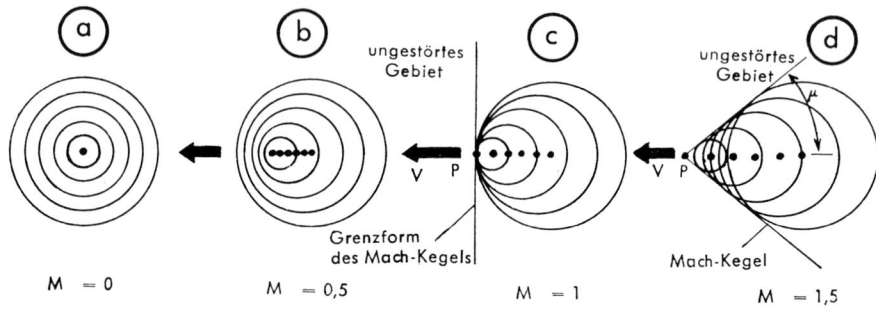

Abb. 7.34 Entstehung der Überschallwelle.

2. Die Überschallwelle

Aus der Wellenlehre ist bekannt, daß Schallwellen Längswellen sind und sich kugelförmig ausdehnen.

Aus den Beispielen Abb. 7.34 ist ersichtlich, wie sich eine sehr kleine Druckquelle P aus der Ruhelage in die sie umgebende Luft fortbewegt:

a) Zeigt die Quelle in Ruhelage mit ihren Druck-(»Warn«-)Wellen.

b) Verdeutlicht die Bewegung nach vorn. P verursacht regelmäßige »Warnwellen« proportional zur Fortbewegungsgeschwindigkeit. Der aufbauende Druck veranlaßt die davor liegenden Luftteilchen auszuweichen. Je mehr sich P der Schallgeschwindigkeit nähert, um so weniger »Vorwarnzeit« ist gegeben.

c) Bewegt sich P mit der Schallgeschwindig-keit $c = v$, so können die Luftteilchen nicht mehr ausweichen, sie werden zusammengedrückt (komprimiert) und verursachen einen erheblichen Druck-(Widerstands-)Anstieg, es bildet sich eine **Stoßwelle,** vor der ein völlig ungestörtes Gebiet liegt (die sogenannte, nicht vorhandene Schall-»Mauer«).

d) Je größer die Geschwindigkeit von P im Verhältnis zur Schallgeschwindigkeit wird, je größer also eine Machzahl ist, um so mehr wird die Stoßwelle in der Bewegungsrichtung geneigt. Der Öffnungswinkel der kegelförmigen Stoßwelle (Machkegel) wird mit Machwinkel μ bezeichnet und ändert sich mit der Geschwindigkeit.

$$\sin \mu = \frac{c}{v} = \frac{1}{M}$$

Abb. 7.35 Auswirkung des Überschallknalls am Boden.

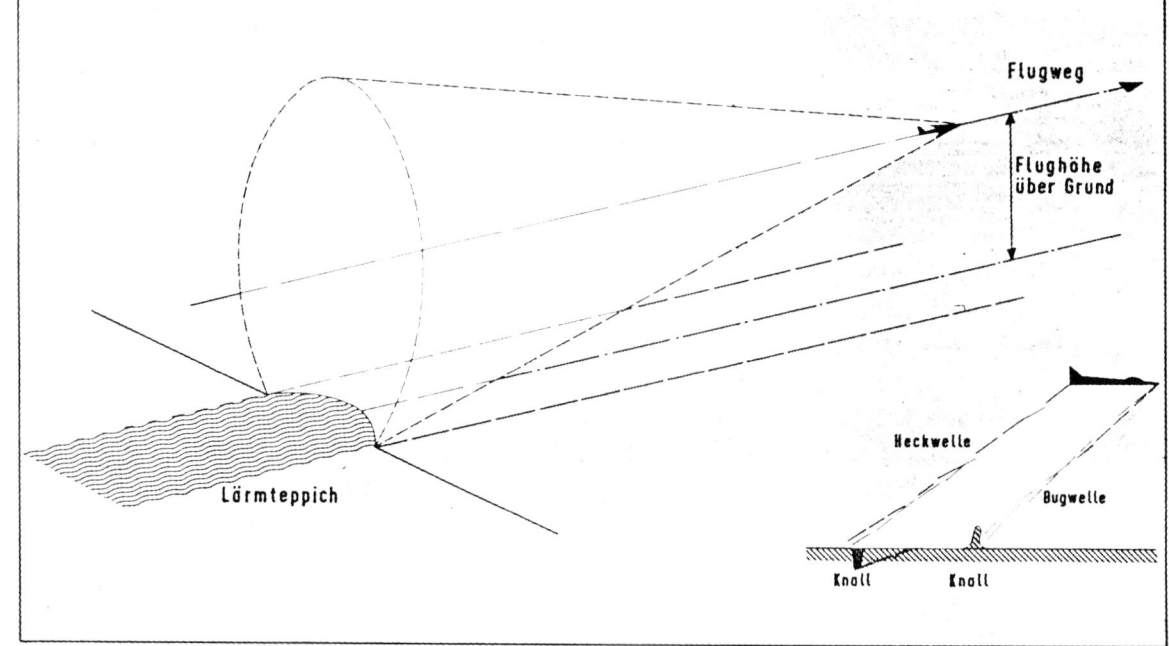

μ	Machzahl
90°	1,0
30°	2,0
10°	5,75

Nimmt die Druckquelle die Größe eines Flugkörpers an, so treten außer **Stoßwellen** noch **Expansionswellen** auf, da durch die Formgebung Druckunterschiede innerhalb der Strömung auszugleichen sind. Auftrieb wird aber nur erzeugt, wenn sich an einem symmetrischen Profil die Kräfte (hier Ausdehnung und Verdichtung) nicht aufheben, was nur durch die Anstellung in den Luftstrom erreicht wird.

3. Die Tragflügelcharakteristik

Hochleistungsflugzeuge müssen im Unterschallflugbereich starten und landen können, was stets besondere Berücksichtigungen hinsichtlich der Formgebung von Tragflächen bedingt.

Überschallprofile sollen möglichst symmetrisch schlank und spitz zulaufend sein, um den Widerstand gering und das Strömungsverhalten günstig zu halten.

Durch Klappen wird dem Überschallprofil ein günstiges Strömungsverhalten auch im Unterschallflug gegeben (z.B. F-104G mit messerscharfer Flügelvorderkante, die als Nasenklappe ausgebildet ist).

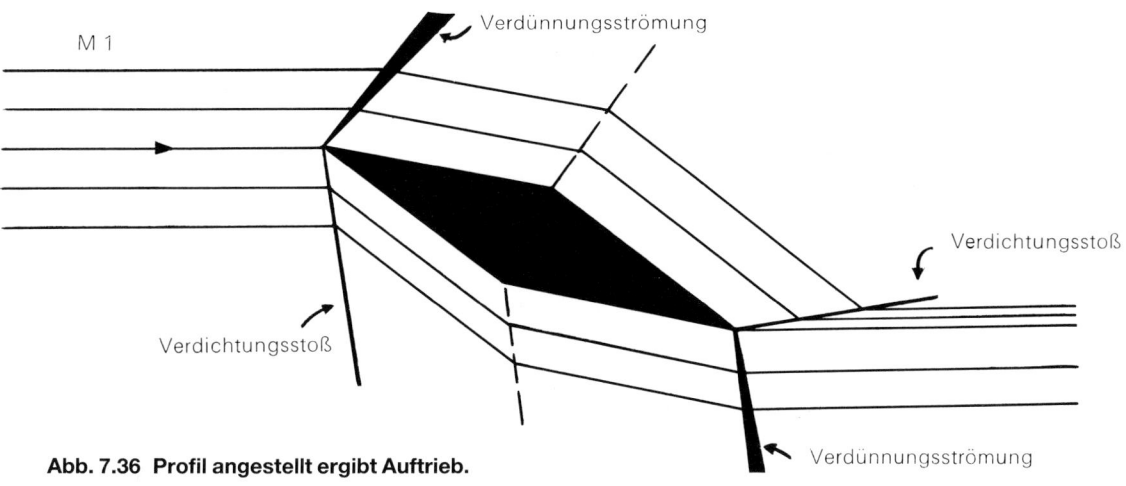

Abb. 7.36 Profil angestellt ergibt Auftrieb.

Beim abgerundeten Überschallprofil wird die zunächst gradlinige Stoßwelle durch die Expansionswellen derart beeinflußt, daß sie eine Kurve bildet. Die Steigung dieser kurvenförmigen Stoßwelle ist abhängig von der Profilform, dem Anstellwinkel und der Machzahl.

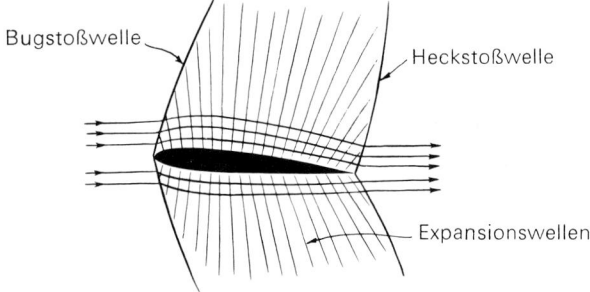

Abb. 7.37 Stoßwellen an einem Profil.

Der Auftriebsbeiwert ist:

$$c_a = \frac{4\,\alpha}{\sqrt{M^2-1}}$$

dabei bedeutet:

c_a = Auftriebsbeiwert
α = Anstellwinkel
M = Machzahl

Demnach ist:

$$A = \frac{4\alpha}{\sqrt{M^2-1}} \cdot q \cdot F$$

Die Widerstandsarten sind ähnlich denen im Unterschallbereich.

Die Stoß- und Expansionswellen verursachen den sogenannten **(Stoß-)Wellenwiderstand** (auch Kompressibilitätswiderstand), der in etwa dem Unterschall-Formwiderstand vergleichbar ist.

Delta-, Sichel- und Trapezformen sind die günstigsten Tragflächenformen für den Überschallflug, insbesondere, wenn die Flächen ganz innerhalb der Stoßwellen bzw. dem Machschen Kegel liegen.

Verstellbare Tragflächen (variable geometry) sind z.Zt. aerodynamisch die optimale Lösung zur Bewältigung der verschiedenen Geschwindigkeitsbereiche.

4. Rumpfcharakteristiken

Der Interferenzwiderstand, der zwischen Verbindungsstellen an Flugzeugen z.B. zwischen Tragwerk und Rumpf oder Tragwerk und Bombenträgern besonders auftritt und gerade im transsonischen Bereich hohe Werte erreicht, kann durch saubere Übergangsstellen herabgemindert werden.

Im Überschallbereich wird er noch bedeutsamer. Die ideale Überschallstromlinienform eines Rumpfes hat die Form einer Spindel (parabelförmig).

Der Amerikaner Richard T. Whitcomb fand in Versuchen, daß sowohl Rumpf als auch Flächen querschnittsmäßig Berücksichtigung finden müssen (sogenannte Flächenregel). Trägt man die gesamten Querschnittsflächen eines Flugzeuges senkrecht zur Längsachse in einem Koordinatensystem auf, so muß diese Kurve auch einer Spindel gleichen, was sich nur erreichen läßt, wenn der Rumpf im Tragflächenbereich eingeschnürt ist (Wespentaille) bzw. Verdrängungskörper vorgesehen sind; d.h., im Zweifelsfalle muß durch aerodynamische »Tricks« ein Flugzeug dieser Flächenregel angeglichen werden.

VII. ANWENDUNG DER FLUGTHEORIE AM BEISPIEL EINES HUBSCHRAUBERS

1. Allgemein

Wiederholungen sind der Vollständigkeit halber gewollt. Die Theorie des Hubschrauberfluges baut auf der allgemeinen Flugtheorie des herkömmlichen Luftfahrzeuges schwerer als Luft auf. Wenn der Hubschrauber auch viele Flugbewegungen ausführen kann, zu denen das Starrflügel-Flugzeug nicht in der Lage ist, und obschon verschiedene komplizierte Vorgänge im Flug des Hubschraubers gleichzeitig auftreten, so fliegt er dennoch nach dem allgemeinen Grundprinzip aller Luftfahrzeuge, die schwerer als Luft sind, nämlich auf Grund des Auftriebes, der von der Luft erzeugt wird, die über seine tragenden Flächen strömt.

Ehe wir die Aerodynamik des Hubschraubers untersuchen, betrachten wir noch einmal die allgemeine Flugtheorie. Wir wissen, daß vier Hauptkräfte auf jedes Luftfahrzeug einwirken, nämlich Auftrieb, Luftwiderstand, Vortrieb und Schwerkraft.

Auftrieb ist die Kraft, die im allgemeinen der Schwerkraft entgegenwirkt. Auftrieb ist die aus der Umströmung eines Tragflügels gewonnene Wirkung, die vom **aerodynamischen Mittelpunkt** (die neuere Bezeichnung für »Druckmittelpunkt«) und rechtwinklig zur Anblasströmung angreift. Der aerodynamische Mittelpunkt ist an einem Profilquerschnitt des Tragflügels der gedachte Punkt, an dem alle aerodynamischen Kräfte angreifen und um welchen die aerodynamischen Momente im wesentlichen konstant sind. Die **Anblasströmung** ist die parallel zum Flugweg des Flugzeuges und diesem entgegenströmende Luft. Ein **Tragflügel** ist ein Flächenkörper, der auf die relative Bewegung zwischen ihm selbst und der Luft mit einer nützlichen, dynamischen Reaktion – dem Auftrieb – anspricht.

Widerstand ist die Kraft, welche die Vorwärtsbewegung eines Körpers durch die Luft verlangsamt oder dieser entgegenwirkt. Die gesamte Verzögerungskraft, welche die Luft auf einen Tragflügel ausübt, wird Widerstand genannt. Der Widerstand greift am aerodynamischen Mittelpunkt an und wirkt parallel zur Anblasrichtung.

Schub ist die Kraft, die den Widerstand überwindet und das Flugzeug nach vorn oder, wie im Fall des Hubschraubers, in jede beliebige Richtung vortreibt.

Schwerkraft ist die durch die Erdanziehung verursachte Kraft. Der Auftrieb überwindet die Schwerkraft oder gleicht sie aus, je nach dem vorherrschenden Flugzustand.

Jeder für die Auftriebserzeugung konstruierte Teil eines Flugzeuges kann ein Tragflügel genannt werden. Allgemein gesprochen haben Starrflügel- bzw. herkömmliche Flugzeuge Tragflügel, die alle einer gleichen Grundform entsprechen. Ihr Profil-Umrißbild zeigt Stromlinienform und im allgemeinen haben sie an der Oberfläche eine größere Krümmung oder »**Wölbung**« als an der Unterseite.

Der Grund, weshalb ein Tragflügel Auftrieb erzeugt, ist ein Druckunterschied oberhalb und unterhalb der Tragfläche. Dieser beruht auf der Bernoullischen Gleichung, wonach »bei zunehmender Geschwindigkeit der Druck abnimmt.« Wie bereits bekannt, ist die Oberfläche oder obere Wölbung eines Tragflügels im allgemeinen stärker als die Unterseite gekrümmt. Die über die Oberseite der Tragfläche fließende Luft muß einen größeren Weg zurücklegen als die Luft unterhalb der Tragfläche. Indessen muß sie zur selben Zeit an der Hinterkante der Tragfläche ankommen. Wenn man hierauf die Bernoullische Gleichung anwendet, so folgt, daß die über die Oberseite der Tragfläche schneller fließende Luft einen Unterdruck gegenüber der Unterseite erzeugt. Der Druckunterschied oder Überdruck wirkt von unten nach oben. Zwar stimmt es, daß der Druckunterschied nur etwa 2 % ausmacht, aber selbst bei diesem geringen Unterschied kann jeder Quadratmeter einer Flügelfläche ein erhebliches Gewicht tragen.

Auf andere Weise ausgedrückt und unter Anwendung eines anderen Prinzips **drückt die Tragfläche die Luft nach unten.** Infolge des Winkels, den die Tragfläche zur Anblasrichtung (Anstellwinkel) bildet, trifft die Luft gegen die Flügelunterseite und wird nach unten zurückgeworfen. In der Erzeugung dieser nach unten gerichteten Kraft wird die Tragfläche in der entgegengesetzten Richtung nach oben bewegt. Hier wirkt das gleiche Prinzip, das beim Rückstoß eines Gewehrs gilt und das auf Newtons Bewegungsgesetz beruht, in welchem gesagt wird, daß »die Kräfte, die zwei Körper aufeinander ausüben, stets gleiche Größe und entgegengesetzte Richtung haben«.

Luft ist schwer, denn sie wiegt ungefähr 1 Kilo pro Kubikmeter und übt in Meereshöhe einen Druck von $9,8066$ N/cm^2 aus. Man kann also sagen, daß die Tragfläche Kubikmeter um Kubikmeter dieser schweren Masse nach unten drückt und daß sie durch ebenso »starke« Gegenkräfte gehoben wird.

Auftrieb ist eine veränderliche Kraft. Die unter gegebenen Bedingungen gewonnene Auftriebsmenge hängt von vielen Faktoren ab. Beispielsweise erhöht sich der Auftrieb mit zunehmender Geschwindigkeit – allerdings nicht in einem direkten Verhältnis. Der Auftrieb nimmt im Quadrat zur Geschwindigkeit zu. Ein mit 100 Knoten fliegendes Flugzeug hat das Vierfache des Auftriebes, den es bei nur 50 Knoten Geschwindigkeit haben würde.

Der Einstellwinkel, d.h. der Winkel zwischen Profilsehne und der Anblasrichtung bzw. der Flugrichtung, beeinflußt maßgeblich den Auftrieb. Je größer der Einstellwinkel, desto größer ist auch der Auftrieb. Dieser Zustand gilt so lange, bis der Winkel eine Größe annimmt, bei der die Luft an der Flügeloberseite nicht mehr glatt über die Wölbung strömt, sondern unterbrochen wird und Wirbel bildet. Je nach Größe des Winkels und den aerodynamischen Eigenschaften des Flügels reißt dann die Strömung völlig oder teilweise ab.

Die Luftdichte beeinflußt den Auftrieb, und zwar ändert sich der Auftrieb im direkten Verhältnis zur Luftdichte. In einer Höhe von 18 000 Fuß, wo die Luftdichte etwa die Hälfte der in Meereshöhe ausmacht, darf das Flugzeug, um die Höhe halten zu können, nur halb so schwer sein oder muß $1,414$ mal schneller als in Meereshöhe fliegen. Die Quadratwurzel von zwei (2) ist $1,414$. Wir wissen bereits, daß der Auftrieb sich im Quadrat zur Geschwindigkeit verhält. Wenn der Auftrieb jetzt um die Hälfte reduziert wird (also die Lage, die in einer Höhe von 18 000 Fuß vorherrscht), muß die Geschwindigkeit so erhöht werden, daß das Quadrat der neuen Geschwindigkeit das Doppelte des Quadrats der ursprünglichen Geschwindigkeit beträgt.

Ein weiterer Faktor, der den Auftrieb beeinflußt, ist die Gestalt des Flügels. Man kann (ohne Berücksichtigung des Widerstands) allgemein sagen: je größer die Wölbung oder Krümmung des Flügels, desto größer ist auch der Auftrieb.

Der Auftrieb verändert sich ebenfalls mit der Flügelfläche. Ein Flügel mit einer Fläche von 20 m^2 erzeugt bei gleichem Anstellwinkel und gleicher Geschwindigkeit etwa den doppelten Auftrieb wie eine Flügelfläche von 10 m^2, vorausgesetzt, daß das Verhältnis zwischen Spannweite und Flügeltiefe dasselbe ist.

Der beim Bewegen eines Flügels durch die Luft entstehende Widerstand wird Luftwiderstand genannt. Er wirkt parallel zur Anströmrichtung. Da die Luft ein Fluidum ist, besitzt sie auch eine Zähflüssigkeit oder »Viskosität«. Die Luft hat das Bestreben, an der Flügeloberfläche zu haften und diese zurückzuhalten. Diese Eigenschaft stellt einen Teil des Gesamtwiderstandes dar und wird als **Oberflächenreibung** bzw. **Reibungswiderstand** bezeichnet.

Ferner erzeugt die eigentliche Flügelgestalt Widerstand. Sie verursacht einen beträchtlichen Anteil des Gesamtwiderstandes. Die Form- oder Flächenmenge, die ein Flügel der Anströmung entgegenstellt, wird als **Profilwiderstand** bezeichnet. Eine weitere Ursache des Widerstandes liegt beim Auftrieb selbst. Da dieser Anteil durch den Auftrieb induziert wird, nennt man ihn auch **induzierten Widerstand**. Der Widerstand der nicht zum Auftrieb beitragenden Teile des Flugzeuges wird **Restwiderstand** genannt; solche Teile sind das Fahrwerk, der Rumpf usw.

2. Wahl eines Flügelprofils für den Hubschrauber

Nach diesem Rückblick auf die allgemeinen Grundlagen der Flugtheorie kann nunmehr der Teil der Theorie betrachtet werden, der sich auf Drehflügel-Flugzeuge bezieht. Wie bekannt, verlangt der Auftrieb eine schnelle Luftströmung über einen Flügel, ehe er wirksam wird. Beim Starrflügler wird dies durch Ziehen oder Schieben des Flugzeuges durch die Luft erreicht, um damit eine Strömung über die Flügel zu induzieren. Der Hubschrauber erreicht das gleiche, indem er seine Flügel um eine Welle durch die Luft dreht und die für die Drehbewegung erforderliche Kraft aus einem Triebwerk nimmt. Auftrieb ist ohne jegliche Horizontalbewegung möglich.

In den vorausgehenden Absätzen wurden sowohl die Bernoullische Gleichung als auch das Newtonsche Bewegungsgesetz in ihrer Anwendung auf die Flügel normaler, mit starren Tragflächen ausgerüsteter Flugzeuge erörtert. Diese beiden Ideen seien nunmehr auf einen typischen Hubschrauberflügel angewendet. In Bezug auf Starrflügler wurde bereits gesagt, daß sie im allgemeinen an der Flügeloberfläche eine größere Wölbung als an ihren Unterseiten aufweisen, so daß die Luft an der Oberseite einen längeren Weg zurücklegen und demzufolge schneller strömen muß als an der Unterseite. Für einen mittleren Hubschrauber üblicher Bauweise möge das NACA-Profil 0012 als Beispiel dienen, welches ein doppelkonvexes Profil mit gleicher und symmetrischer Wölbung ober- und unterhalb der Profilsehne oder -Mittellinie darstellt, die von der Mitte der Vorderkante zur Mitte der Hinterkante verläuft. In der Bezeichnung des vorgenannten Profils bedeutet NACA National Advisory Committee for Aeronautics (staatlicher beratender US-Ausschuß für Luftfahrt). Die größte Dicke dieses Profils liegt, von der Vorderkante aus, bei 30% der Flügeltiefe. Die Zahl »12« in der Profilbezeichnung drückt aus, daß das Profil bei 0,3 Flügeltiefe eine Stärke von 12% aufweist.

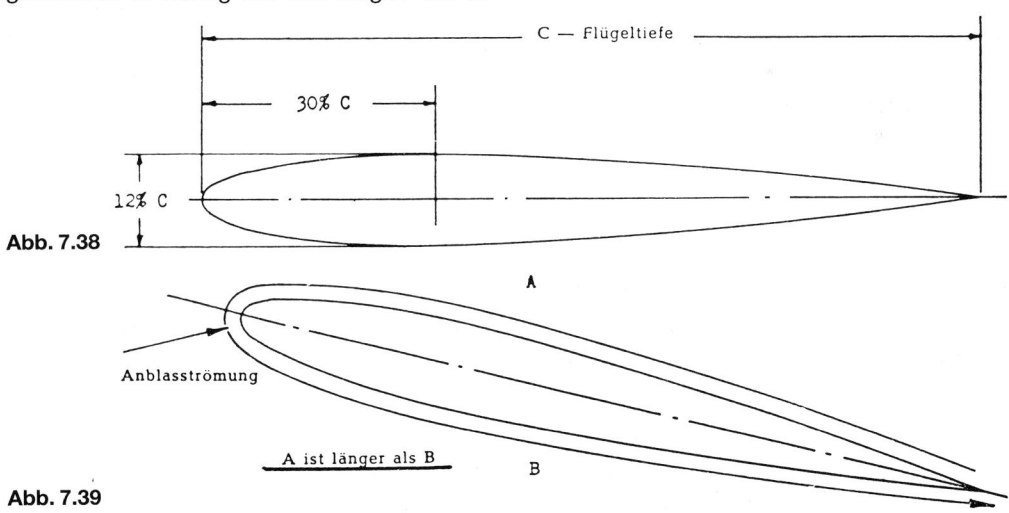

Abb. 7.38

Abb. 7.39

Obschon dieses Profil symmetrisch und ohne größere Wölbung an der Oberseite konstruiert ist, verlängert sich der Weg, den die Luft an der Oberseite zurücklegen muß, gegenüber der Unterseite, wenn es gegenüber der Anströmrichtung geneigt wird.

Drei Hauptgründe bestimmten die Wahl des NACA-Profils 0012: Erstens bot das NA-

135

Abb. 7.40

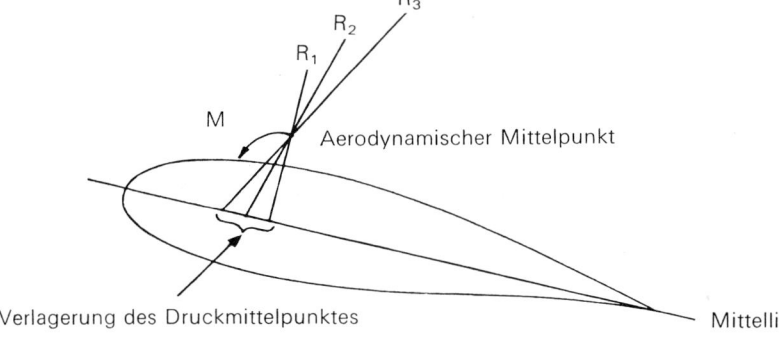

M — Aerodynamischer Mittelpunkt

Verlagerung des Druckmittelpunktes — Mittellinie

CA-Profil 0012 das günstigste Verhältnis von Auftrieb zu Widerstand über den gesamten Bereich der zwischen Wurzel und Blattspitze auftretenden Geschwindigkeiten. Diese Tatsache ist von allergrößter Wichtigkeit, wenn man bedenkt, daß an den Blattspitzen die Geschwindigkeit bisweilen über 450 Meilen pro Stunde (720 km/h) hinaus geht. Wir erinnern uns, daß der Widerstand im Quadrat zur Geschwindigkeit zunimmt. Es läßt sich mithin leicht erkennen, daß wir zur Erzielung des größtmöglichen Wirkungsgrades am ganzen Blatt ein Profil brauchen, das sowohl bei den an der Wurzel auftretenden relativ niedrigen Geschwindigkeiten als auch bei den hohen Geschwindigkeiten an der Blattspitze wirksam ist.

Zweitens tritt keine Lageveränderung des aerodynamischen Mittelpunktes bei Änderung des Anstellwinkels ein. Eines der Merkmale der herkömmlichen oder unsymmetrischen Flügelprofile ist, daß ihnen ein aerodynamisches Kippmoment um den aerodynamischen Mittelpunkt herum innewohnt, welcher nicht unbedingt auf der Mittellinie bzw. mittleren Profilsehne liegt. In Abbildung 7.40 greift die durch den aerodynamischen Mittelpunkt verlaufende, aus Auftrieb und Widerstand resultierende Kraft an der Profilsehne bzw. an Druckpunkten an, die um so weiter

nach vorne liegen, als die Resultierende mit größerem Anstellwinkel stärker wird. Die Wölbung an sich verursacht ein Kippmoment M nach vorn, welches, bezogen auf einen Rotorblattholm, konstant bleibt, so lange die durch den aerodynamischen Mittelpunkt verlaufenden Kräfte zunehmende Abkippmomente verursachen. Man versteht leicht, daß solche Profile sich nicht für ein Flugzeug eignen, bei dem der Steigungswinkel (Anstellwinkel) für Richtungsänderungen ständig verstellt werden muß. Eine derartige Instabilität würde zahllose Komplikationen mit sich bringen. Diese Schwierigkeiten werden mit einem symmetrischen Profil behoben, dessen aerodynamischer Mittelpunkt stets auf der Profilmittellinie liegt und dessen Holmoder Verstellachse in den aerodynamischen Mittelpunkt verlegt wird. Damit gewinnt man ein Rotorblatt mit äußerst stabilen Eigenschaften, ja es ist die Stabilität, die bei Drehflügelflugzeugen am meisten gebraucht wird.

Schließlich wurde das NACA-Profil 0012 wegen seiner einfachen Bauweise gewählt. Es liegt auf der Hand, daß sich ein Profil von symmetrischer Form leichter und mit geringerem Kostenaufwand herstellen läßt als eines mit unterschiedlichen Wölbungen an der Ober- und Unterseite.

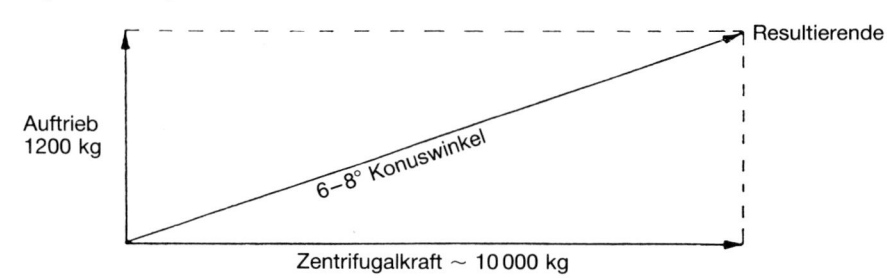

Resultierende

Auftrieb 1200 kg

6–8° Konuswinkel

Abb. 7.41

Zentrifugalkraft ~ 10 000 kg

3. An den Rotorblättern angreifende Kräfte

Bei der Betrachtung der am Flugzeug angreifenden Kräfte und deren Eigenschaften an den Rotorblättern des Hubschraubers gilt das Hauptaugenmerk dem **Auftrieb.** Jedes der drei Hauptrotorblätter des Hubschraubers muß ein Drittel des Gesamtfluggewichtes, etwa 3600 kg, heben. Dies bedeutet, daß jedes Blatt 1200 kg, oder 38 kg/m² Blattfläche tragen muß.

Die **Zentrifugalkraft,** die bei dieser Betrachtung bisher noch nicht erwähnt wurde, ist eine weitere Hauptkraft, die am Rotorblatt angreift. Die an jedem Blatt angreifende Zentrifugal- oder Fliehkraft erreicht bei einer Rotordrehzahl von 190 U/min ca. 10 000 kg. Diese Kraft ist ein ausschlaggebender Faktor, der beim Hubschrauber die Verwendung eines Rotorkopfes mit Blattanschlußgelenken gestattet, denn dieser Faktor begrenzt die senkrechte oder Schlagbewegung um das horizontale Gelenk sowie auch die Schwenkbewegung um das Vertikalgelenk. In Form von Vektoren, wie in Abbildung 7.41 dargestellt, ermittelt man aus der Resultierenden der Auftriebskraft- und Zentrifugalkomponenten den Durchschnittswinkel der

Winkel- oder Vertikalbewegung der Blätter um ihre horizontalen Gelenke. Der in Abbildung 7.41 gezeigte Schlagwinkel dient nur der Veranschaulichung und soll nicht etwa das genaue Winkelmaß bezeichnen. Das vom Motor erzeugte **Drehmoment** stellt eine weitere Kraft dar, die auf die Rotorblätter einwirkt. Die vom Motor erzeugte Kraft hat die Form des Drehmoments, das auf die Rotorwelle übertragen wird und welches die Rotorblätter in Drehbewegung versetzt. Das Drehmoment erzeugt eine Schwenkbewegung in den Blättern, d.h. eine Bewegung um ihre Vertikalgelenke, und zwar beim Anlaufen, Anhalten, Beschleunigen sowie bei bestimmten anderen Flugzuständen. Die Schwenkbewegung des Blattes wird später noch in dem Abschnitt über Blattbewegung erörtert.

Der **Widerstand** ist beim Rotorblatt einmal durch das Profil bedingt, zum anderen wird er durch den Auftrieb induziert. Der Widerstand des Rotorblattes wird durch die vom Motor gelieferte Kraft überwunden; eine Ausnahme bilden die Vorgänge der Autorotation, auf die noch später eingegangen wird.

4. Blattbewegungen

Den Mittelwert der Schlagbewegung der Rotorblätter nennt man **Konuswinkel.** Im wesentlichen bleibt er konstant: bei niedrigen Rotordrehzahlen, höherem Gesamtfluggewicht sowie durch Lastvielfache bei besonderen Fluglagen jedoch wird dieser Winkel größer.

In Abbildung 7.42 sieht man, daß die Blätter, wenn sie das Gewicht des Hubschraubers kraft ihres Auftriebes tragen, nach oben gehoben werden und eine Drehkreisscheibe bilden. Von der Seite her gesehen hat die Scheibe konische Form, daher auch die Bezeichnungen »Konusbildung« und »Konus-

winkel« (Schlagwinkel). Der Schlagwinkel wird mithin gemessen zwischen einer senkrecht zur Welle stehenden Ebene und dem niedrigsten Teil des durch die drehenden Blätter dargestellten Konus. Bei Abbildung 7.42 sei angenommen, daß sich der Hubschrauber im Schwebezustand mit voller Motorleistung befindet und leicht beladen ist. Der Konuswinkel ist nicht hoch, da die Blätter nur eine geringe Last tragen und die hohe Drehzahl der Rotorblätter starke Fliehkräfte erzeugt, die den Konuswinkel verhältnismäßig klein halten.

In Abbildung 7.43 ist der Hubschrauber

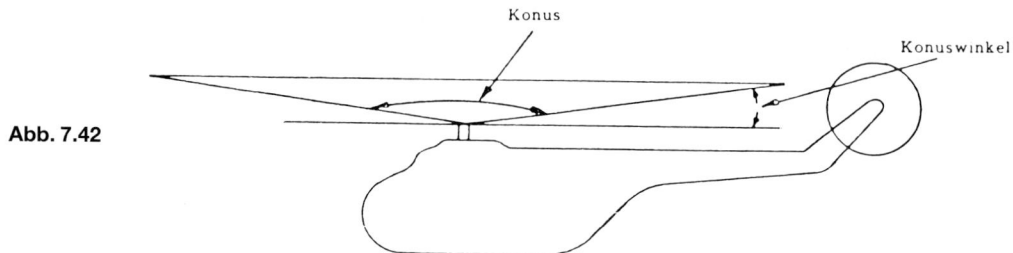

Abb. 7.42

schwer beladen und befindet sich im Schwebezustand bei voller Motorleistung. Der Konuswinkel ist größer geworden, obschon die gleiche volle Motorleistung gegeben ist, weil die Blätter mehr Gewicht tragen. Anhand der Abbildung 7.41 ist ohne Mühe festzustellen, daß der Vektor der Gewichtskomponente an Größe zugenommen hat, während die Zentrifugalkraft nicht verändert wurde. Die Resultierende dieser beiden Kräfte, welche den Konuswinkel bestimmt, ist demnach vergrößert worden und hat ihre Richtung etwas

nach oben verändert und damit auch den Konuswinkel vergrößert. Die gleiche Situation gilt bei Verringerung der Rotordrehzahl, weil durch die Drehzahlverringerung auch geringere Zentrifugalkräfte auftreten, die wiederum die Richtung und Größe der Resultierenden aus den Vektoren der Gewichts- und Fliehkraftkomponenten ändert. Jede Flugbewegung, bei der eine g-Belastung oder künstliche Gewichtszunahme am Flugzeug auftreten, bewirkt das gleiche, nämlich einen größeren Konuswinkel.

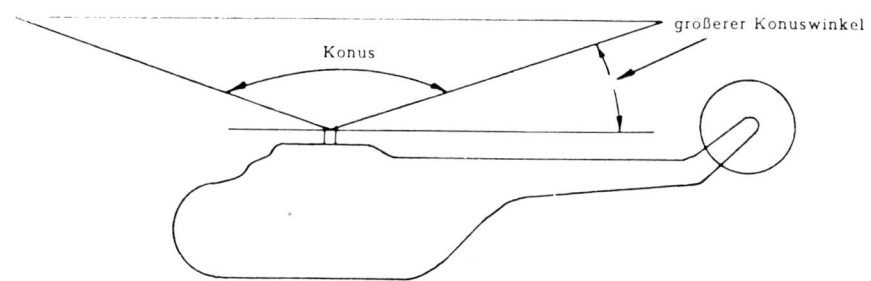

Abb. 7.43

Als **Schlagwinkel** wird die Abweichung der Konusspitze von der nahezu horizontalen Schwebelage bezeichnet. Er wird gemessen zwischen der Mittellinie der Rotorwelle und einer Ebene, die senkrecht zur Blattspitzenebene und durch deren Mitte verläuft.

Der gestrichelte Konus in Abbildung 7.44 stellt einen Schwebezustand bei voller Leistung und geringer Last dar. Der in diesem Zustand auftretende Konuswinkel wird hier

als »B« bezeichnet. Die durchgezogene Linie zeigt die Konuslage im Vorwärtsflug bei periodischer Blattverstellung nach vorn. Die Blattspitzenebene kippt nach vorn. Die Blätter schlagen nach oben über das Heck und nach unten über den Bug. Der in diesem Zustand auftretende Konuswinkel wird als »A« bezeichnet. Man beachte, daß die Konuswinkel »A« und »B« die gleiche Größe haben. Obwohl nun ein Schlagwinkel durch

Abb. 7.44

138

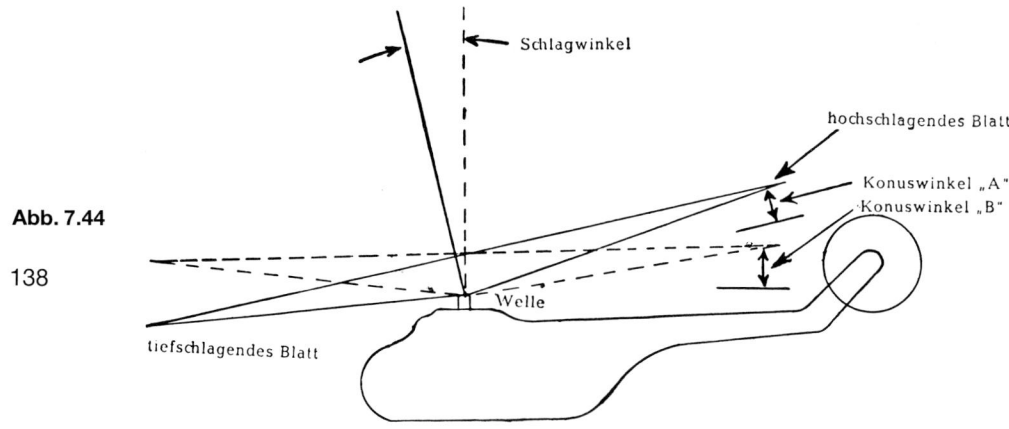

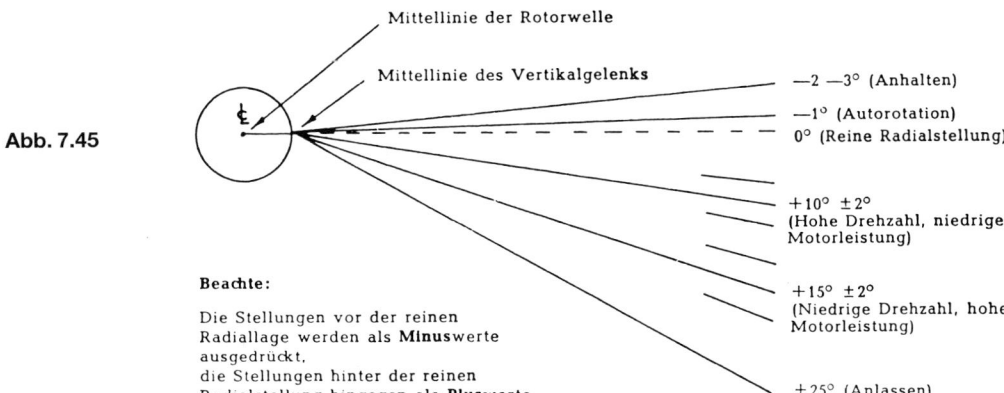

Abb. 7.45

Mittellinie der Rotorwelle

Mittellinie des Vertikalgelenks

—2 —3° (Anhalten)

—1° (Autorotation)

0° (Reine Radialstellung)

+10° ±2°
(Hohe Drehzahl, niedrige
Motorleistung)

+15° ±2°
(Niedrige Drehzahl, hohe
Motorleistung)

+25° (Anlassen)

Beachte:

Die Stellungen vor der reinen
Radiallage werden als **Minus**werte
ausgedrückt,
die Stellungen hinter der reinen
Radialstellung hingegen als **Plus**werte.

Nachvorndrücken des Steuerknüppels hinzugekommen ist, bleibt der Konuswinkel unverändert. Infolgedessen ändert die Betätigung des Steuerknüppels nicht wesentlich den Konuswinkel. Indessen wird der Konuswinkel durch Hochziehen des Blattverstellhebels verändert, weil den Blättern ein Lastvielfaches über 1 auferlegt wird. Zur Wiederholung, der Konuswinkel wird größer bei niedrigen Rotordrehzahlen, höherem Gesamtgewicht und bei Lastvielfachen, welche durch bestimmte Flugbewegungen bedingt sind.

Schwenkbewegung ist die Horizontalbewegung des Blattes um ein Vertikalgelenk. Die normalerweise auftretenden Schwenkbewegungen und Bewegungsgrenzen sind in der Abbildung 7.45 graphisch dargestellt.

Die Schwenkbewegung wird durch die aus der Drehung erzeugten Fliehkräfte begrenzt und durch die Einwirkung der hydraulischen Dämpfer verzögert. Bei dem Rotorkopf mit Vertikal- und Horizontalgelenken, wie bei einigen Hubschraubern, stehen die Gelenkpunkte in einem Abstand zur Rotorwellenachse. Nur in einem einzigen Flugzustand stehen die Blätter fast oder vollständig radial und bilden von der Rotorwelle über die abstehenden Gelenke eine Gerade, nämlich im Autorotationszustand. Während der Autorotation steht das Blatt ein wenig (etwa 1°) vor der genau radialen Stellung, da zu Überwindung der Reibung in den Getrieben und zum Antrieb des Heckmotors Kraft vom Hauptrotor abgenommen wird. In allen anderen Betriebszuständen läuft das Blatt der reinen Radialstellung entweder voraus oder hängt

hinter dieser nach. Beim Abstellen setzt das Blatt, durch die Verlangsamung des Rotors, aufgrund seiner eigenen Trägheit der Verlangsamung Widerstand entgegen und läuft der reinen Radialstellung um 2 bis 3° voraus. Beim Anlassen hängt das Blatt weiter hinter der reinen Radialstellung, bis es von der Zentrifugalkraft in die Normallage gezogen wird. Im Normalfall steht das Blatt infolge des von ihm ausgehenden Widerstandes hinter der Radialstellung. Der Bereich der im normalen Flug anzutreffenden Schwenkung von 5° ist auf die Vermehrung oder Verringerung der Rotordrehzahl und Motorkraft zurückzuführen. Bei geringer Motorleistung und hoher Rotordrehzahl wird das Blatt weniger hinterherhängen, als wenn die Rotordrehzahl niedrig und die Motorleistung hoch ist. Die Schwenkbewegung wird durch das Schlagen der Blätter und durch Änderungen des Widerstandes ausgelöst.

Die Gründe, aus denen die Blätter beim Anlassen, Anhalten und in der Autorotation entweder nachhängen oder vorlaufen, sind offensichtlich. Was nun aber ergründet werden muß, ist, weshalb bei hoher Drehzahl und niedriger Motorleistung – d. h. wenn das Blatt in einem Winkel von 10° nachhängt – eine Abweichung um + oder -2° von den 10° eintritt, wie es die Abbildung 7.45 zeigt. Die gleiche Frage kann auch hinsichtlich der Abweichung um + oder -2° von den 15° gestellt werden, die bei niedriger Rotordrehzahl und hoher Motorleistung auftritt. Zur Vereinfachung dieser Betrachtung – vor allem, weil auch Nebenwirkungen eine Rolle spielen –

sei zunächst angenommen, daß die Blätter im Schwebeflugzustand und bei Windstille keine Schwenkbewegung ausführen. Die Blätter bilden also einen Konus, führen aber keine Schlagbewegung aus. Während des Schwebezustandes wird theoretisch eine geringe Schwenkbewegung durch den seitlichen Schub induziert, der zum Ausgleich des Drehmoment-kompensierenden Schubs vom Heckrotor notwendig ist. Starke Schwenkbewegungen werden, wie erwähnt, durch große Konus- und Schlagwinkel ausgelöst.

Nun führen allerdings die Blätter im Vorwärtsflug tatsächlich eine Schlagbewegung aus. Sie schlagen hoch über dem Heck und tief über dem Bug und bedingen somit eine Neigung der Blattspitzenebene nach vorn. Mit der Vorwärtsgeschwindigkeit wird ein neuer Faktor eingeführt – nämlich eine Anströmung der Blätter. Hieraus ergibt sich die Tatsache, daß das Blatt, auf dem Wege vom Heck zum Bug um die rechte Hubschrauberseite herum, dieser Anströmung entgegenläuft, während es vom Bug zum Heck um die linke Seite des Flugzeuges herum von der Anströmung wegdreht. Man hat also jeweils ein vorlaufendes Blatt und ein rücklaufendes Blatt. Im Vorwärtsflug hat das vorlaufende Blatt stets die kleinste Steigung bzw. den

kleinsten Einstellwinkel, wohingegen das rücklaufende Blatt stets die größte Steigung oder den größten Einstellwinkel einnimmt. Auf den ersten Blick möchte man annehmen, die Schwenkbewegung im Vorwärtsflug würde durch die Unterschiede im Widerstand, bedingt durch die beiden unterschiedlichen Blattzustände, verursacht werden. Die Widerstandswirkung ist jedoch von untergeordneter Bedeutung und hängt nicht unbedingt mit dem am vorlaufenden Blatt auftretenden niederen Widerstand und mit dem hohen Widerstand an dem rücklaufenden Blatt zusammen. Es ist vielmehr zu bedenken, daß die Geschwindigkeit des vorlaufenden Blattes durch die Anströmung erhöht wird und daß der Widerstand auch dementsprechend zunimmt. Der Widerstand, den es infolge der kleinen Steigung verliert, wird durch den bei größeren Geschwindigkeiten angetroffenen Widerstand aufgehoben.

So gelangt man zu der Einsicht, daß die Schwenkbewegung während des Vorwärtsfluges durch etwas anderes ausgelöst wird.

In Wirklichkeit werden sie hauptsächlich durch die Corioliskräfte verursacht, die sich aus der Schlagbewegung des Blattes gegenüber der senkrecht zur Hauptrotorwelle stehenden Achse ergeben.

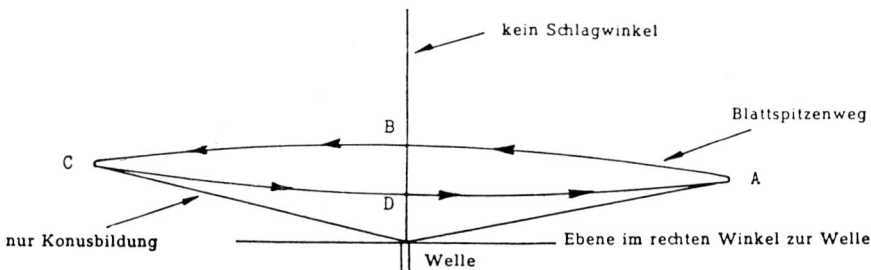

Abb. 7.46

In Abbildung 7.46 befindet sich das Flugzeug im Schwebezustand. Ein Schlagwinkel ist nicht gegeben, da die Blattspitzenebene nicht geneigt ist und die Blätter nicht schlagen. Hingegen bilden die Blätter einen Konuswinkel, da sie das Gewicht des Flugzeuges aufnehmen. Eine Schwenkbewegung

des Blattes tritt im Schwebezustand nicht auf. Nach den Gesetzen der Energieerhaltung muß die Masse an den Blattspitzen und außen liegenden Rotorabschnitten ihren Weg mit konstanter Geschwindigkeit zurücklegen. Demzufolge muß die Blattspitze »A« nach »B« und »C« sowie zu »D« und wieder zurück

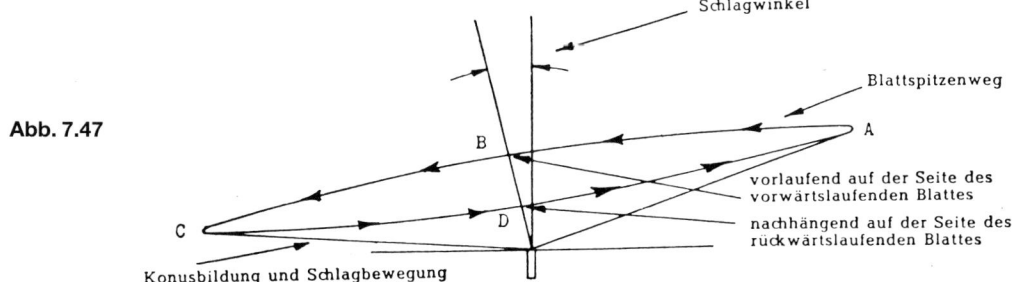

Schlagwinkel

Blattspitzenweg

Abb. 7.47

B

A

vorlaufend auf der Seite des
vorwärtslaufenden Blattes

nachhängend auf der Seite des
rückwärtslaufenden Blattes

C

D

Konusbildung und Schlagbewegung

zu »A« in der gleichen Zeiteinheit laufen. Das Blatt steht bei »B« und »D« zur Welle im gleichen Verhältnis ohne Schwenkbewegung.

In Abbildung 7.47 kann man erkennen, daß die Punkte »B« und »D«, infolge der Neigung der Blattspitzenebene, nunmehr vor der Achse der Rotorwelle liegen. Wie bereits erwähnt, muß die Spitze »A« den Weg zu den Punkten »B«, »C«, »D« und zurück zu »A« in der gleichen Zeiteinheit zurücklegen. Da »B« vor der Welle liegt und die Blattspitze diesen Punkt in der gleichen Zeiteinheit erreichen muß, tritt eine Vorlaufwirkung an der Blattwurzel ein. Umgekehrt liegt auch der Punkt »D« der Wellenachse voraus. Demnach liegt auch die Blattspitze hinter der Welle oder hängt dem rücklaufenden Blatt nach. Diese Bewegung macht weniger als + oder -2° aus.

Eine weitere, äußerst wichtige Kraft, die auf die Blätter einwirkt, ist die Steigungsveränderung. Zur Senkrecht- und Richtungssteuerung sind in diesem Beispiel zwei Arten der Blattsteigungsverstellung notwendig. **Konstante Steigungssteuerung** bedeutet, daß die Steigung aller vier Blätter gleichzeitig und im gleichen Maße verstellt wird. Diese Veränderung geschieht mit Hilfe des Blattverstellhebels.

Periodische Steigungssteuerung bedeutet, daß die Steigung jedes einzelnen Blattes im Verlauf jeder Umdrehung individuell verändert wird. Bei einem Rotorkopf mit Horizontal- und Vertikalgelenken ermöglicht die periodische Steigungssteuerung ein Neigen der Rotorkreisscheibe in die gewünschte Flugrichtung. Diese Steigungsänderung wird mit dem Steuerknüppel bewirkt.

5. Flugbewegungen und Kräfteverteilung

Ehe die Flugtheorie und Flugmechanik der einzelnen Bewegungszustände des Hubschraubers untersucht werden, sei ein Ausdruck erklärt, der im folgenden häufig wiederkehrt:

»Blattspitzenebene«. Mit ihr wird die von den Blattspitzen in der Luft beschriebene Kreisbahn bezeichnet, in der sich die Blätter entgegen dem Uhrzeigersinn drehen. Im Drehzustand hat die »Blattspitzenebene« das Aussehen einer massiven Scheibe, weshalb man auch ohne Mühe jede Änderung der Blattbahnneigung wahrnehmen kann.

Rotorkreisscheibe bezeichnet ungefähr den gleichen Begriff. Dieser erstreckt sich indessen auf die Scheibenwirkung der Blätter von der Wurzel nach außen bzw. auf den vom gesamten Blatt zurückgelegten Weg. Die von den drehenden Blättern dargestellte Scheibe wäre sichtbar, wenn man von oben auf die Blätter herunterschaut. Die »Rotorscheibe« würde die von den drehenden Blattspitzen abgegrenzte Kreisfläche sein.

Der »**Vorlaufwinkel**« (Fortschrittsgrad) ist der Punkt in der Drehbewegung, an dem eine Steigungsänderung einsetzen muß, um eine Änderung der Schlagbewegung herbeizuführen; und zwar liegt dieser 90° vor dem Punkt, wo die entsprechende Schlagbewegung auftreten soll. Wenn beispielsweise die Schlagbewegung ihren tiefsten Punkt über dem Bug (wie im Vorwärtsflug) erreichen soll, so muß die kleinste Steigung am Blatt 90° vor Erreichen des Bugs, d.h. wenn das Blatt noch an

141

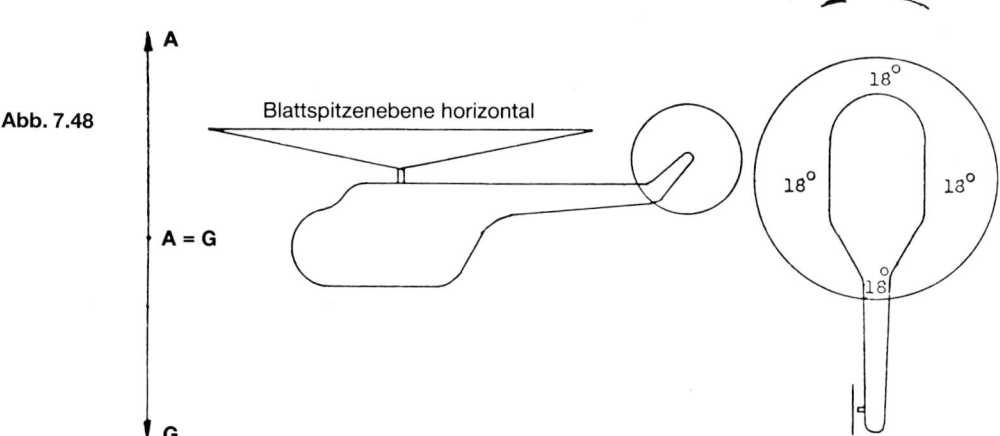

Abb. 7.48

Blattspitzenebene horizontal

A

A = G

G

18° 18° 18° 18°

der rechten Seite des Hubschraubers steht, verstellt werden. Die Steigungsänderung wird erst, nachdem das Blatt 90° weitergedreht hat, wirksam.

In der Hauptsache gibt es beim Hubschrauber nur zwei Flugarten oder -zustände.

Im **Schwebeflug mit Null-Vorwärts-Geschwindigkeit** hat der Auftrieb genau die gleiche Größe wie die Schwerkraft. Die Blattspitzenebene steht parallel zur Erdoberfläche und alle vier Blätter haben die gleiche konstante Steigung und den gleichen Anstellwinkel. An den Vertikal- oder Horizontalgelenken tritt keinerlei Bewegung auf, die Dämpfer treten nicht in Tätigkeit.

Die Blätter bilden einen Konuswinkel, führen aber keine Schlag- oder Schwenkbewegung aus. In diesem Beispiel sei angenommen, daß eine konstante Steigung von 18° zur Beibehaltung des Schwebezustandes bei

Null-Vorwärtsfahrt erforderlich ist. Diese Bedingungen sind in Abbildung 7.48 dargestellt.

Im **Horizontalflug** wird die Blattspitzenebene in die gewünschte Flugrichtung geneigt. Die Auftriebskomponente, die stets rechtwinklig zur Blattspitzenebene angreift, wird ebenfalls mit geneigt und verstärkt damit die nach vorn gerichtete Schubkomponente. In der Abbildung 7.48 hatten alle Blätter bereits eine Steigung von 18° zur Aufrechterhaltung des Auftriebs. Durch Nachvorndrücken des Steuerknüppels wird die Blattspitzenebene nach vorn geneigt, infolgedessen erreicht die Schlagbewegung des Blattes ihren höchsten Punkt über dem Heck und den niedrigsten Punkt über dem Bug. Die den Horizontalflug zeigende Zeichnung in Abbildung 7.49 läßt die Steigungsänderungen erkennen, die jeweils 90° vor dem Punkt, an dem sie wirksam werden sollen, eingeleitet werden. Es sei einmal angenommen, daß

Abb. 7.49

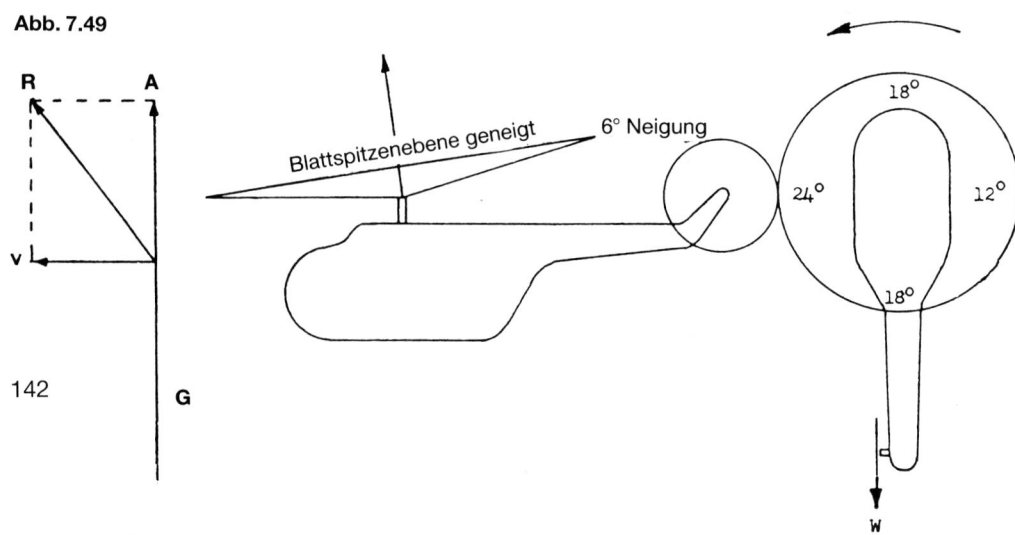

R   A

V

G

Blattspitzenebene geneigt   6° Neigung

18° 24° 12° 18°

W

142

eine periodische Verstellung der Steigung von 6° hinzugegeben wurde. Beim Neigen der Blattspitzenebene nach vorn bleibt die Blattsteigung über dem Bug und Heck unverändert auf 18°. An der linken Seite jedoch beträgt die Steigung 24° (18 + 6), damit das Blatt über dem Heck, also 90° der Drehbewegung weiter, den höchsten Punkt erreicht. Die Steigung an der rechten Seite wird dementsprechend nur 12° (18−6) betragen, damit das Blatt über dem Bug, also 90° der Drehbewegung weiter, den niedrigsten Punkt erreicht.

Translationsbeschleunigung, manchmal auch »Übergangsauftrieb« genannt, ist das wechselnde Verhältnis zwischen der benötigten Leistung und der durch Hinzukommen der Vorwärtsgeschwindigkeit verfügbaren Leistung, durch welche Start und Steigflug mit einem schwer beladenen Hubschrauber oder mit einem ohne ausreichende Motorleistung ermöglichen. Wenn der Hubschrauber mit Vorwärtsgeschwindigkeit durch die Luft bewegt wird, strömt mehr Luft um den Drehflügel, welcher Auftrieb erzeugt, so daß weniger Energie oder Motorkraft erforderlich ist. Bei entsprechend höherer Vorwärtsgeschwindigkeit liegt die erforderliche Leistung entschieden unter der verfügbaren Kraft, so daß demzufolge genügend Überschußleistung zum Steigen zur Verfügung steht. Zur Wiederholung: Der Übergang in den Steigflug schafft einfach einen Leistungsüberschuß infolge der Vorwärtsbeschleunigung aus einem stationären Zustand, sei es am Boden oder sei es aus dem Schweben mit Null-Vorwärtsfahrt. Die nachfolgenden Absätze werden zeigen, wie dies erreicht wird. Zunächst, ganz gleich ob es sich um ein Starrflügel- oder Drehflügel-Flugzeug handelt, wird die zum Tragen und Antrieb erforderliche Energie unterteilt in:

– Leistung zur Überwindung des Profilwiderstandes
– Leistung zur Überwindung des Nebenwiderstandes
– Leistung zur Überwindung des induzierten Widerstandes
– Leistung zur Erzeugung des Steigfluges
– Leistung zur Beschleunigung.

Beim normalen Flugzeug werden die Leistungsanteile zur Überwindung des Profilwiderstandes und des Nebenwiderstandes zusammengenommen. Beim Hubschrauber indessen ist es zweckmäßig, sie getrennt zu behandeln. Die zum Steigen ausgenutzte Leistung ist ja nur der Überschuß der zur Horizontal-Beschleunigung verfügbaren Leistung. Demzufolge sind, ohne Beschleunigung und Horizontalflug, nur drei Faktoren zu berücksichtigen. Diese sind:

– Nebenwiderstandsleistung,
– Profilwiderstandsleistung,
– induzierte Widerstandsleistung.

Der **Nebenwiderstand** ist im Schwebeflug gleich Null und steigt bei Höchstgeschwindigkeit, wie in Abbildung 7.50, bis zu seinem Höchstwert. (Anmerkung: Die im folgenden gezeigten Skizzen der Energieverteilung sollen lediglich eine allgemeine Vorstellung vermitteln und geben keinen Aufschluß über genaue Werte.)

Die **Profilleistung** ist diejenige, die für die Drehbewegung des Rotors durch die Luft benötigt wird. Da die Rotordrehzahl im wesentlichen gleich bleibt, hat die Vorwärtsgeschwindigkeit nur geringen Einfluß, wie die Abbildung 7.51 zeigt. Der induzierte Wider-

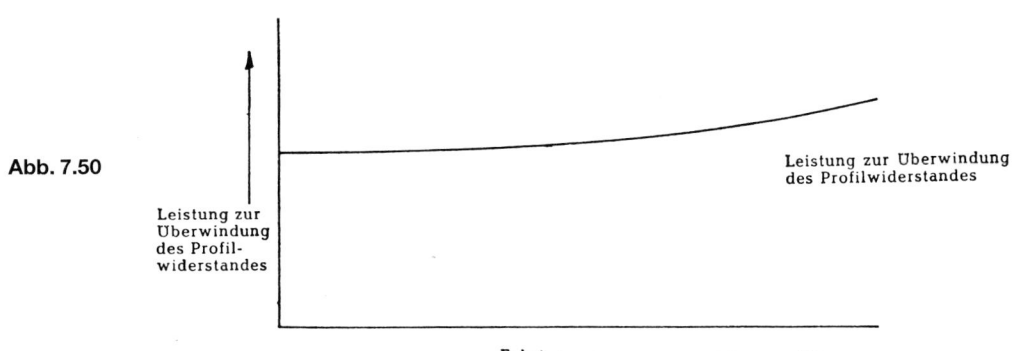

Abb. 7.50

Leistung zur Überwindung des Profilwiderstandes

Leistung zur Überwindung des Profilwiderstandes

Fahrt

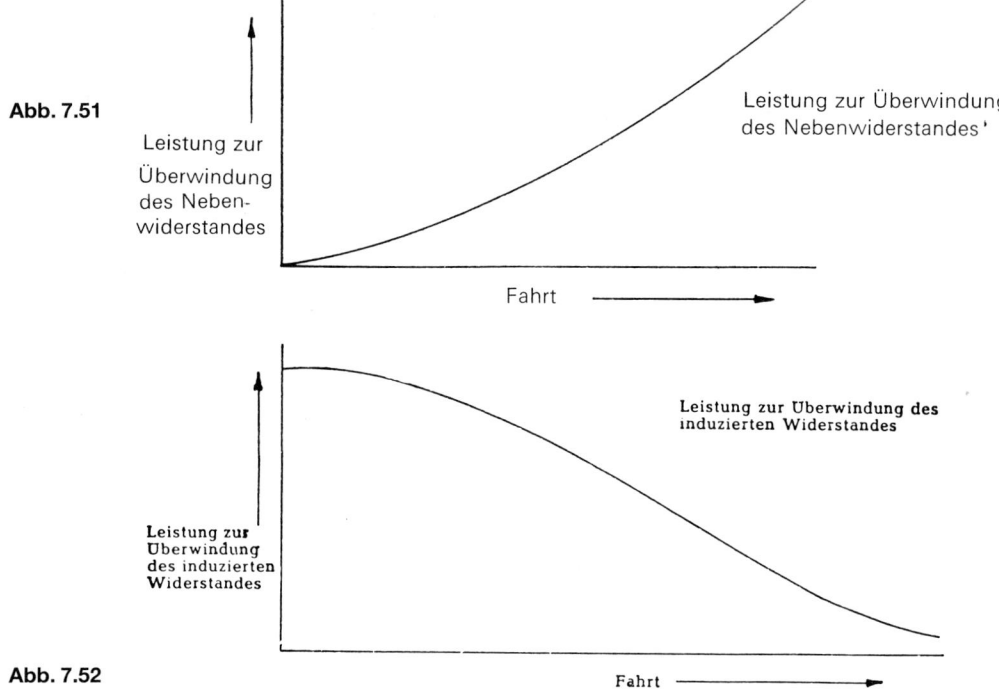

Abb. 7.51

Leistung zur Überwindung des Nebenwiderstandes

Leistung zur Überwindung des Nebenwiderstandes'

Fahrt ⟶

Leistung zur Überwindung des induzierten Widerstandes

Leistung zur Überwindung des induzierten Widerstandes

Abb. 7.52

Fahrt ⟶

stand, wie bereits gesagt, resultiert aus dem Auftrieb, der durch die Luftströmung über den Flügel erzeugt wird. Da das Gewicht des Flugzeuges bei allen Flügen grundsätzlich nicht verändert wird, ist keine Auftriebsänderung notwendig. Indessen, da sich das Flugzeug durch die Luft bewegt, strömt auch mehr Luft an den Flügeln zur Auftriebserzeugung vorbei. Für den Vorwärtsflug muß demnach weniger Energie zur Anströmung der Flügel aufgewendet werden. Die erzeugte Leistung wird daher mit zunehmender Vorwärtsgeschwindigkeit geringer. Dies soll in der Abbildung 7.52 ausgedrückt werden.

Genau die gleiche Wirkung tritt bei Starrflügel-Flugzeugen auf, allerdings würde jeder Versuch, die Geschwindigkeit bis zum Schwebezustand zu verringern, natürlich

durch das Strömungsabreißen fehlschlagen. Das Abreißen der Strömung wird durch die hohe Drehgeschwindigkeit des Hubschrauberrotors ausgeschlossen.

Die **kombinierte Wirkung** dieser Kräfteverteilung ist in Abbildung 7.53 als Koordinatensystem der benötigten Gesamtleistung dargestellt. Ein Hubschrauber mit nur geringer Zuladung bzw. einer mit hoher Motorleistung verfügt über eine für Schwebe- und Steigflug ausreichende Überschußleistung. Das Verhältnis zwischen verfügbarer Leistung und benötigter Leistung ist in Abbildung 7.54 dargestellt. Während bei dem in Abbildung 7.54 gezeigten Beispiel eine für Schwebeflug ausreichende Leistung zugrundegelegt ist, läßt sich erkennen, daß bei etwa 50 % der Höchstgeschwindigkeit mehr Überschußleistung für den Steigflug verfügbar ist und daß demzufolge das größte Steigvermögen bei etwa 50 % der Höchstgeschwindigkeit liegt.

Analog, wenn der Hubschrauber überladen ist oder wenn seine Motorleistung nicht ausreicht, kann er starten und steigen, wenn er bis auf eine Vorwärtsfahrt beschleunigt wird,

Abb. 7.53

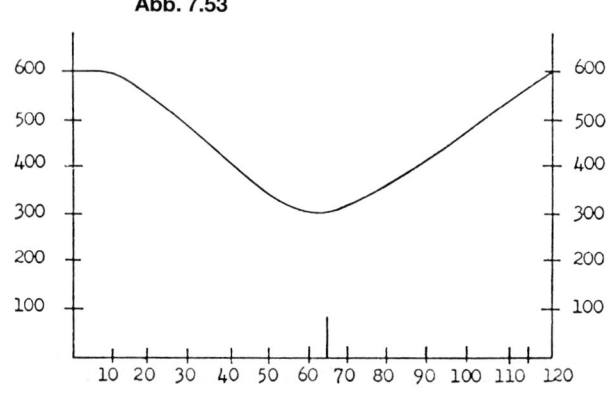

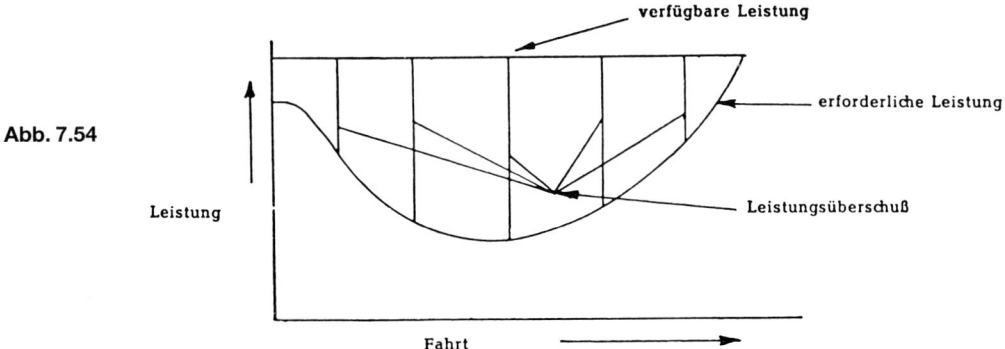

verfügbare Leistung

erforderliche Leistung

Abb. 7.54

Leistung

Leistungsüberschuß

Fahrt

die einen ausreichenden Kräfteüberschuß für den Steigflug liefert. Abbildung 7.55 stellt diesen Fall dar. Hier liegt die zum Abheben erforderliche Leistung über der verfügbaren Leistung, was also so lange zutrifft, bis eine Vorwärtsfahrt erreicht wird, welche den für den Steigflug erforderlichen Leistungsüberschuß schafft.

6. Flugvorgänge

Während bestimmte Flugphänomene nur bei anderen Luftfahrzeugarten auftreten, gibt es auch solche, die den Drehflügel-Flugzeugen eigentümlich sind. Wenn hier nicht auf die wenigen wichtigen Phänomene eingegangen werden kann, so sollen doch zwei ausschlaggebende Besonderheiten untersucht werden: **Polsterwirkung** und **Autorotation**. Die **Polsterwirkung** ergibt sich aus der Bodenrückwirkung auf die Luftmasse, die vom Rotor zum Auftrieb nach unten bewegt wird. Die bessere Strömungsverteilung und die Federwirkung in Bodennähe bedingen eine Verringerung der induzierten Leistung und damit auch der zum Schweben erforderlichen Gesamtleistung. Dementsprechend ist auch Mehrleistung zum Heben, Steigen und für andere Flugbewegungen verfügbar. Diese Wirkung reicht bis zu einer Höhe, die dem Durchmesser des Rotors entspricht.

Autorotation ist das bei weitem interessanteste der Flugphänomene an Drehflügel-Flugzeugen, denn es verleiht ihnen Zuverlässigkeit bei vollständigem Motorausfall. Unter Autorotation versteht man das Vermögen des Rotors, sich in der normalen Drehrichtung ohne Motorkraft und bei niedriger konstanter Blattsteigung zu drehen. In diesem Tragschrauberzustand, in welchem die Anströmung von unten nach oben fließt und einen hohen Anstellwinkel hervorruft, erzeugen die Blätter einen Auftrieb, der für eine kontrollierte Sinkgeschwindigkeit und eine normale oder fast normale Landung ausreicht. Vor einer eingehenden Betrachtung der Gründe, aus denen Autorotation möglich ist, sind zunächst die Bedingungen und Maßnahmen zu nennen, mit denen Autorotation bei Aussetzen des Motors herbeigeführt werden kann.

Angenommen, der Flugzeugführer fliegt mit einer Geschwindigkeit von 80 Knoten. Das Drehmoment vom Motor treibt die Ro-

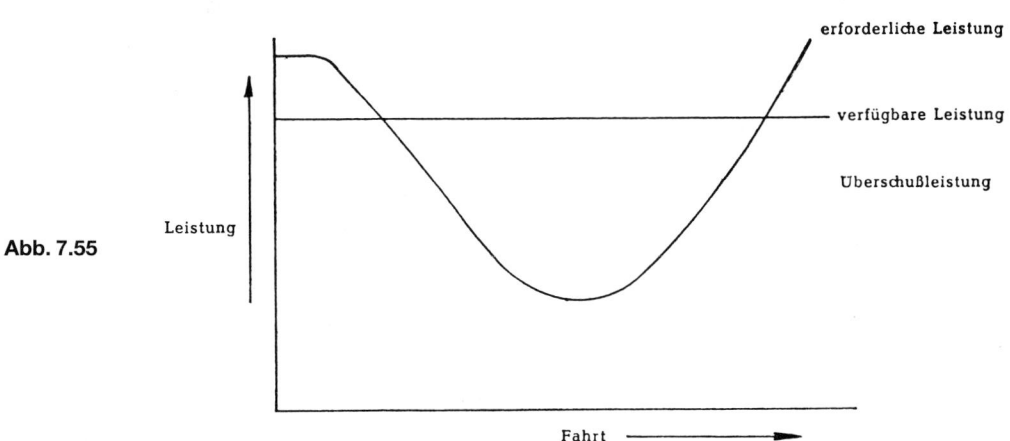

erforderliche Leistung

verfügbare Leistung

Überschußleistung

Abb. 7.55

Leistung

Fahrt

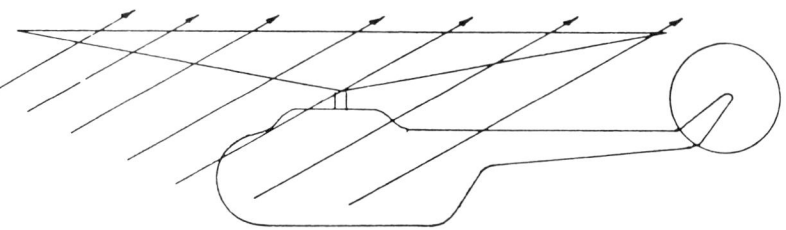

Abb. 7.56

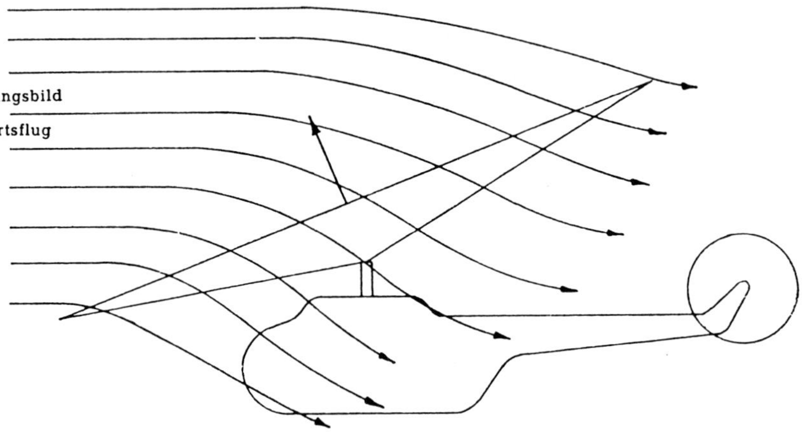

Strömungsbild bei Vorwärtsflug

torblätter an, die wiederum die Luft durch ihre Drehebene nach unten ziehen und sowohl Auftrieb als auch Vorwärtsschub erzeugen. Die Strömungsrichtung der durch die angetriebenen Blätter im Vorwärtsflug fließenden Luft ist in Abbildung 7.56 dargestellt. Bei Aussetzen der Motorkraft wird die Lage jedoch umgekehrt. Infolge der Einbuße der Vorwärtsgeschwindigkeit und der sich daraus ergebenden Sackbewegung des Flugzeuges, wird die Luft nicht mehr nach unten durch die Blätter gesogen. Vielmehr strömt die Luft nunmehr nach oben durch die Rotorscheibe, wie es in Abbildung 7.57 dargestellt ist. Um diese neue Luftströmung zu erreichen, mit der die gewünschte Autorotation herbeigeführt wird, muß wie nachstehend verfahren werden. Sobald der Motor aussetzt, muß der Flugzeugführer den Blattverstellhebel automatisch in die ganz unterste Stellung bringen. Mit dem Steuerknüppel soll er eine Vorwärtsgeschwindigkeit von 50 Knoten unter Beibehaltung einer Rotordrehzahl von 210 bis 225 U/min halten. Bei diesen Werten beträgt die Sinkgeschwindigkeit etwa 1300 bis 1400 Fuß pro Minute. Bei größeren Gesamtgewichten empfiehlt es sich, die Fahrt zu vergrößern. Die Drehzahl des Hauptrotors wird durch Vergrößern oder Verkleinern der Hauptrotorsteigung gesteuert. Das Aushungern geschieht durch Zurücknehmen des Steuerknüppels ohne Veränderung der konstanten Steigung. Der Hubschrauber wird

wieder in Horizontallage durch Nachdrücken des Steuerknüppels gebracht, sobald Fahrt und Sinkgeschwindigkeit bis auf den gewünschten Wert heruntergegangen sind. Vermehre dann allmählich die konstante Steigung, um die Sackbewegung des Hubschraubers abzufangen. Die anzustrebende Aufsetzgeschwindigkeit soll etwa 15 bis 25 Knoten betragen. Nach dem Aufsetzen wird der Steuerknüppel etwas vor die Neutrallage nachgedrückt und die konstante Steigung, etwa eine Sekunde nach Bodenberührung, zügig und langsam verringert.

Da bekannt ist, daß eine Umkehrung der Luftströmung durch die Blätter zwischen einem Vorwärtsflug mit Motorkraft und einem Autorotationszustand ohne Motoreinwirkung auftritt und ein anwendbares Verfahren zur Herbeiführung dieses Zustandes gefunden ist, bleibt noch zu untersuchen, wie es zur Autorotation kommt und weshalb die Blätter nicht stillstehen, sobald der Antrieb entfällt.

Zunächst: Im Zustand des Vorwärtsfluges, der vor Aussetzen des Motors bestand, erzeugte der relativ kleine Anstellwinkel bei ausreichender Leistung ein ausgeglichenes Kräfteverhältnis. Der Vektor der Auftriebskomponente, die stets im rechten Winkel zur Anströmung angreift, zeigt nach vorn, während der Vektor der Widerstandskomponente, die stets parallel zur Anströmung angreift, etwas nach hinten oben gerichtet ist. Die Resultierende dieser beiden Kräfte wirkt

Abb. 7.57

nach oben und hinter der Senkrechten; neigt also dazu, das Blatt zurückzuziehen und den Rotor, wie Abbildung 7.58 zeigt, zu verlangsamen. Dieser Zustand wird durch das Drehmoment oder die Kraft des Motors überwunden. Bei einem hohen Anstellwinkel, so wie er eben bei Autorotation eintritt, nimmt die Größe des Vektors der Auftriebskomponente, die immer noch im rechten Winkel zur Anblasrichtung angreift, jedoch zu und ist noch mehr nach vorn gerichtet. Der infolge des höheren Anstellwinkels und des größeren Auftriebes ebenfalls größer gewordene Widerstand hat noch keine schwerwiegenden Ausmaße angenommen. Demzufolge ist die Resultierende dieser beiden Kräfte jetzt vor die Senkrechte verlegt und hat ebenfalls an Größe zugenommen, wie es die Abbildung 7.59 erkennen läßt. Nachdem nun in Abbildung 7.59 der durch hohen Anstellwinkel resultierende Vektor dargestellt wurde, kann diese Resultierende nun auch zur graphischen Darstellung der Kraft verwendet werden, welche die Autorotation eigentlich bewirkt.

In Abbildung 7.60 kann man erkennen, daß der Vektor der Auftrieb-Widerstand-Resultierenden in zwei Komponenten unterteilt werden kann, von denen die eine, zur Überwindung des Gewichtes, vertikal wirkt, während die andere horizontal wirkt. Solange die Resultierende nach vorn geneigt ist, zieht die horizontale Komponente nach vorn, weshalb sich der Rotor schneller dreht. In diesen wenigen Worten und in der Zeichnung liegt das Autorotationsprinzip. Im Autorotationszustand wird der Hubschrauber zum Tragschrauber.

Damit ist die Kraft beschrieben, welche eine Autorotation ermöglicht. Nun gibt es aber eine weitere Kraft, die im Autorotationszustand auftritt. Die eben beschriebene **Autorotationskraft** greift nur an den inneren zwei Dritteln des Rotorblattes an. Im Gegensatz dazu wirkt auf das äußere Drittel eine Anti-Autorotationskraft. Anhand einer Zeich-

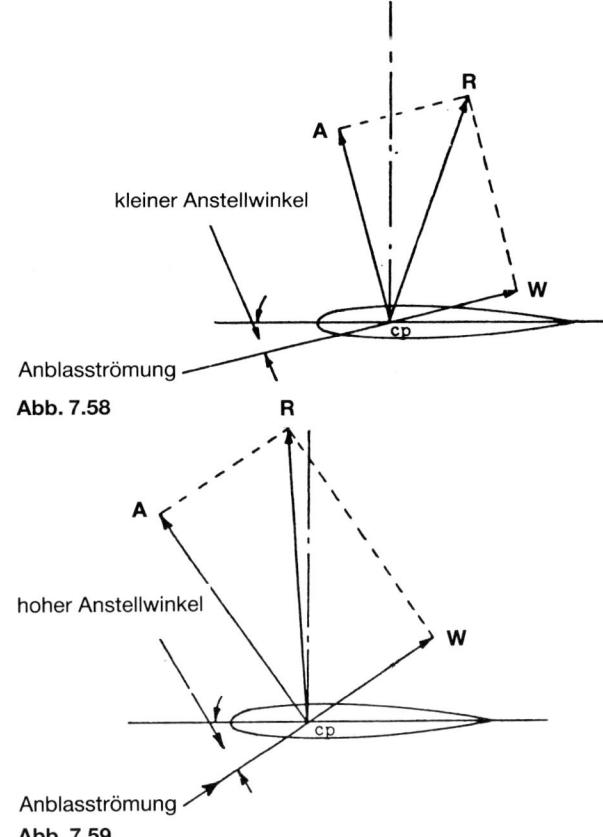

kleiner Anstellwinkel

Anblasströmung

Abb. 7.58

hoher Anstellwinkel

Anblasströmung

Abb. 7.59

nung wollen wir veranschaulichen, was im Autorotationszustand am äußeren Blattdrittel geschieht.

Am äußeren Blattdrittel wird durch den hohen Anstellwinkel größerer Auftrieb, genau wie bei den inneren zwei Dritteln, erzeugt. Allerdings geschieht am äußeren Drittel etwas, das bei den innen liegenden zwei Dritteln nicht auftritt: der äußere Blattabschnitt dreht mit einer wesentlich größeren Geschwindigkeit als die inneren Abschnitte. Auf Grund höherer Geschwindigkeit erzeugt er wesentlich mehr Widerstand. Nimmt doch der Widerstand im Quadrat der Geschwin-

Abb. 7.60

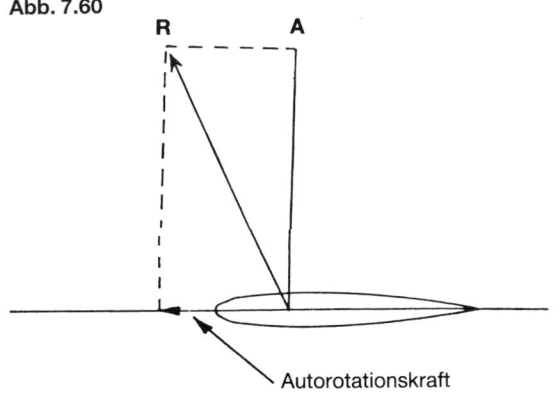

Autorotationskraft

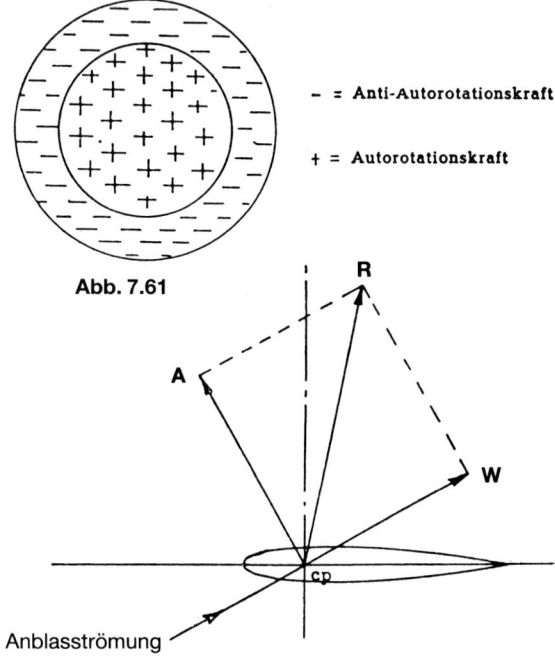

- = Anti-Autorotationskraft

+ = Autorotationskraft

Abb. 7.61

Abb. 7.62

Anblasströmung

digkeit zu. Demzufolge hat sich im äußeren Blattdrittel der Vektor der Widerstandskomponente stark vergrößert, so daß auch die Resultierende der Auftriebs- und Widerstandskomponenten hinter der Senkrechten liegt. Nunmehr wird die Resultierende aus Auftrieb und Widerstand in zwei Komponenten aufgeteilt, von denen die eine zur Überwindung des Gewichtes senkrecht wirkt und die andere horizontal angreift. Im Gegensatz zu den Vorgängen an den inneren zwei Dritteln, wo die Resultierende aus Auftrieb und Widerstand vor der Senkrechten lag und eine nach vorn gerichtete Horizontalkomponente geschaffen wurde, liegt die Auftrieb-Widerstandsresultierende nunmehr hinter der Senkrechten.

Abb. 7.63

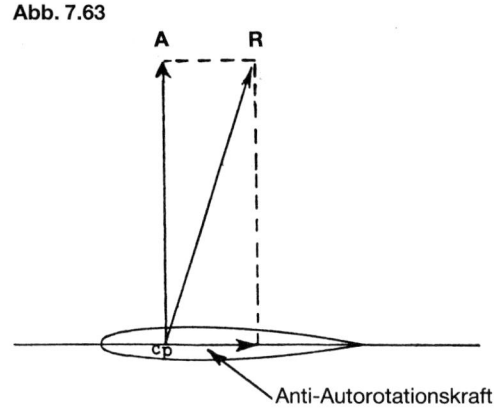

Anti-Autorotationskraft

Deshalb ist auch unsere Horizontalkomponente nach hinten gerichtet und übt eine Anti-Autorotationskraft aus, die das Blatt zurückhält und den Rotor verlangsamt.

Es wurde graphisch dargestellt, daß eine Autorotationskraft auftritt, welche die Blätter weiterhin, ohne Motoreinwirkung, in Drehbewegung hält, und zwar in der gleichen Drehrichtung wie beim Flug mit Motorkraft. Ferner wurde festgestellt, daß eine Anti-Autorotationskraft die Blätter verlangsamt. Die Frage muß nun aufgeworfen werden, welche der beiden Kräfte die stärkere ist. In der Antwort auf diese Frage liegt auch die praktische Ausnutzung des Autorotationsprinzips. In Wirklichkeit heben sich diese beiden Kräfte bei einer Drehzahl von 210 bis 220 u/min gegenseitig auf, so daß die Blätter auf Grund ihres Beharrungsvermögens sich auch weiterhin drehen.

Ein Abkippen, wie bei Starrflügel-Flugzeugen, tritt bei einem Hubschrauber nicht auf, aber die Motorleistung kann im Langsamflug abfallen, während die Strömung bei hohen Geschwindigkeiten an den Blattspitzen abreißen kann.

In großen Höhen, bei hohen Gesamtgewichten bzw. bei verringerten Leistungseinstellungen kann der Horizontalflug infolge ungenügender Motorkraft unter Umständen nicht beibehalten werden; die dadurch auftretende Durchsackbewegung hat nur geringe Bedeutung. Ausgenommen davon sind bestimmte Sink- und Vorwärtsgeschwindigkeiten, die in der Abb. 7.64 angegeben sind.

Wenn ein Hubschrauber mit einer Sink- und Vorwärtsgeschwindigkeit fliegt, deren Werte innerhalb des in Abbildung 7.64 schraffierten Bereiches liegen, kann ein Schütteln auftreten und die Steuerfähigkeit teilweise eingebüßt werden, was sich durch Unwirksamkeit der Steuerorgane bemerkbar macht. Die Ursache hierfür ist, daß die Luft in einem Wirbelring durch den Rotor strömt. Sowohl an den Blattspitzen als auch in der Rotormitte bilden sich Wirbel, die den Wir-

Abb. 7.64

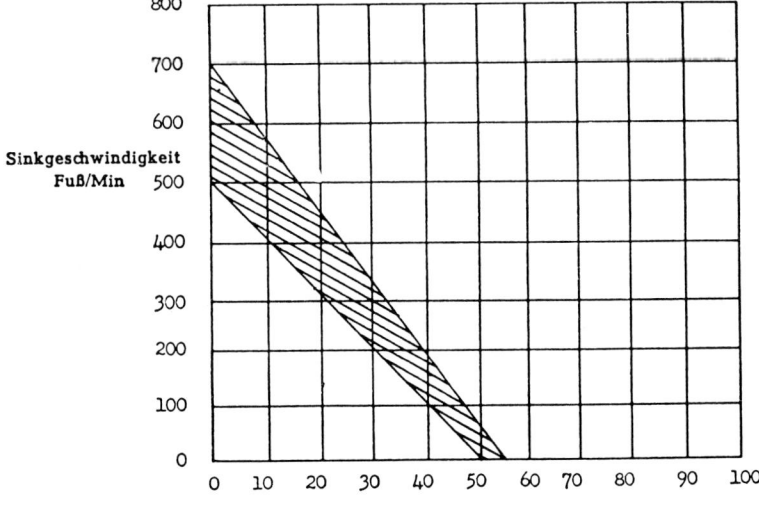

Sinkgeschwindigkeit
Fuß/Min

Fahrt

kungsgrad der Blätter solange zu verringern suchen, bis eine Änderung des auslösenden Zustandes eintritt. Dieser Zustand läßt sich nicht ohne weiteres durch Vergrößerung der Hauptrotorsteigung und durch Gasgeben beheben. Eine Abhilfe ist jedoch möglich durch Aufnehmen der Vorwärtsfahrt und Verkleinern der Steigung. Da bei dieser Abhilfe ein Höhenverlust eintritt, sind in niedrigen Höhen Flugzustände zu vermeiden, bei denen der Hubschrauber trotz Motorkraft durchsackt.

Bei hoher Vorwärtsgeschwindigkeit, hohem Gesamtgewicht, Flughöhe, Beschleunigung und Motorleistung sowie auch bei niedriger Rotordrehzahl kann die Strömung an der äußeren Partie des rückläufigen Blattes auf der linken Hubschrauberseite abreißen. Das Strömungsabreißen macht sich durch Schwingungserscheinungen sowohl im Hub-

schrauber als auch im Steuerwerk bemerkbar, auch wenn die Kraftverstärkeranlagen in Tätigkeit sind. Dieses Abreißen der Strömung an den Blattspitzen ähnelt dem Strömungsabreißen an Starrflügelflugzeugen und ist auf die langsame Umlaufgeschwindigkeit des rücklaufenden Blattes und auf die hohe Belastung der äußeren Rotorblattpartie zurückzuführen. Der Zustand ist örtlich begrenzt und erstreckt sich nur auf einen kleinen Teil der Rotorkreisscheibe. Die Abreißbereiche an den Blattspitzen und die ungefähren Fahrtwerte, bei denen dies auftritt, sind in Abbildung 7.65 gezeigt. Aus der Zeichnung geht hervor, daß die Strömung nicht wie an den Blattspitzen abreißt. Wenn auch die Geschwindigkeit des mittleren Blatteils gegenüber der Luft geringer als die der außen liegenden Spitze ist, bleibt die Fahrt dennoch

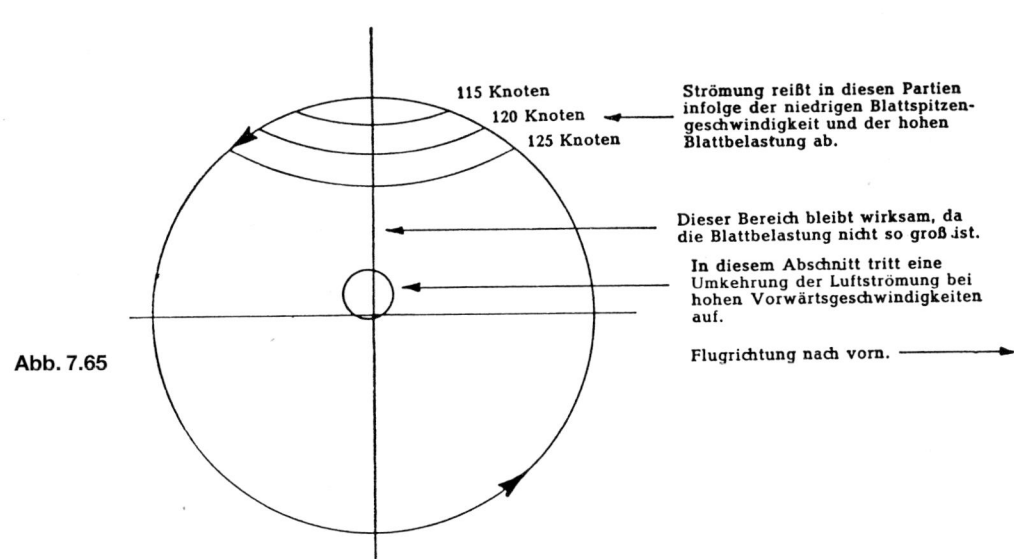

Abb. 7.65

wirksam, weil die Belastung im inneren Bereich geringer ist. An der ganz innen liegenden Blattpartie wird die Geschwindigkeit jedoch immer geringer, so weit nämlich, daß die Luftströmung bei hoher Vorwärtsfahrt völlig umgekehrt wird.

Bei Abreißen der Strömung an den Blättern verringere Fahrt, Motorleistung oder Flughöhe und vermeide starke Flugbewegungen, da hierdurch die Abreißerscheinungen sonst nur verstärkt werden. Das Strömungsabreißen kann durch eine oder mehrere der nachstehenden Maßnahmen behoben werden:

1. Fahrtverringerung
2. Rotordrehzahl-Erhöhung
3. Verringerung der konstanten Steigung
4. Verringerung der Stärke der eingeleiteten Flugbewegung.

KAPITEL 8

Flugzeugkunde

I. FLUGZEUGTYPEN

Flugzeugtypen werden unterschieden nach verschiedenen Gesichtspunkten:

1. Verwendungszweck

– Schulflugzeug
– Sportflugzeug
– Verkehrsflugzeug
– Militärflugzeug
– Forschungsflugzeug

einmotorig   zweimotorig

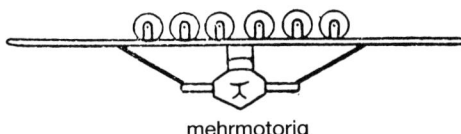

mehrmotorig

Abb. 8.1

2. Antriebsquelle

Flugzeug mit oder ohne Antrieb.
– ohne Antrieb: Gleit- oder Segelflugzeug
– mit Antrieb: Starrflügelflugzeug
                       Drehflügelflugzeug (Hub-,
                       Trag- und Kipprotor)
                       Schwingflügelflugzeug
– ein-, zwei- oder mehrmotorig mit Zug-,
  Druck- oder Hubantrieb

3. Aufbau

– Rumpfflugzeug
– schwanzloses Flugzeug
– Nurflügelflugzeug
– Sonderform (z. B. asymmetrisch)

Abb. 8.2

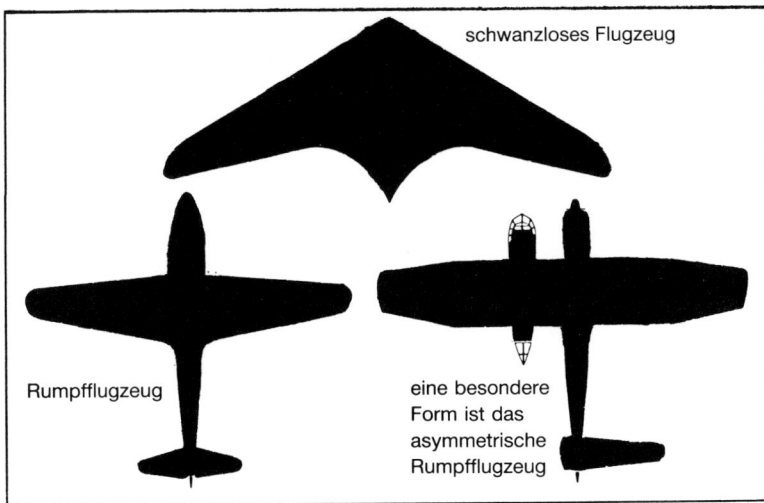

schwanzloses Flugzeug

Rumpfflugzeug

eine besondere
Form ist das
asymmetrische
Rumpfflugzeug

4. Start-/Landemöglichkeit

- Landflugzeug
- Wasserflugzeug
- Amphibienflugzeug
- Senkrechtstart-(VTOL-)Flugzeug – vertical take-off and landing –
- Kurzstart-(STOL-)Flugzeug – short take-off and landing –

Land-Flugzeug   Schwimmer-Flugzeug

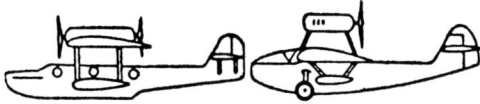

Flugboot   Amphibium

Abb. 8.3

5. Tragflächen

a) nach Anbringung

- Hochdecker
- Schulterdecker
- Mitteldecker
- Tiefdecker

Schulterdecker   Mitteldecker   Tiefdecker

Abb. 8.4

- Tandem
- Entenflugzeug
- Eindecker
- Doppeldecker
- Mehrdecker

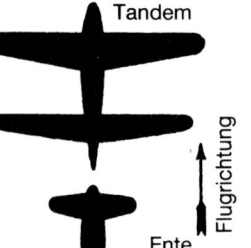

Tandem

Flugrichtung

Ente

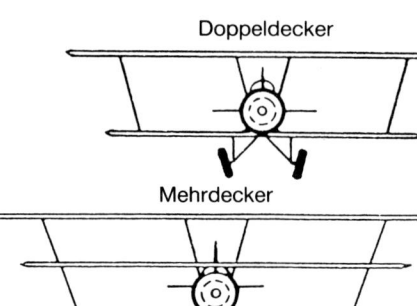

Doppeldecker

Mehrdecker

Abb. 8.5

b) nach Form

- Knick-Flügel
- Pfeil-Flügel
- Trapez-Flügel
- Sichel-Flügel
- Delta-Flügel
- Ring-Flügel (Coleopter)
- Dreh-Flügel
- Variable Geometrie (Schwenkflügel)

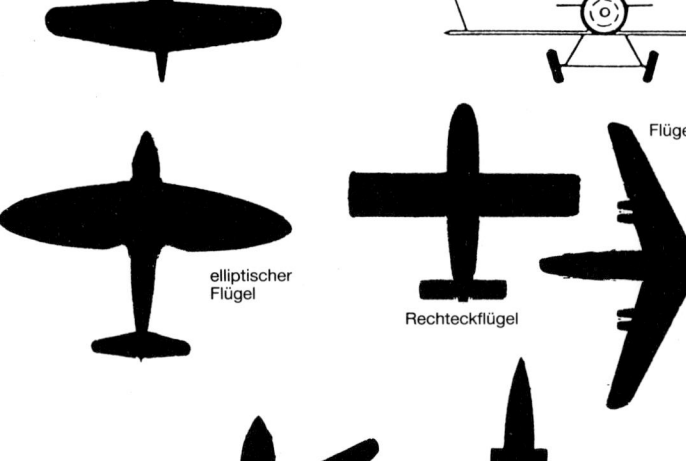

elliptischer Flügel

Rechteckflügel

Flügel mit negativer Pfeilung

Schwenkflügel symmetrisch

Schwenkflügel asymmetrisch

Abb. 8.6

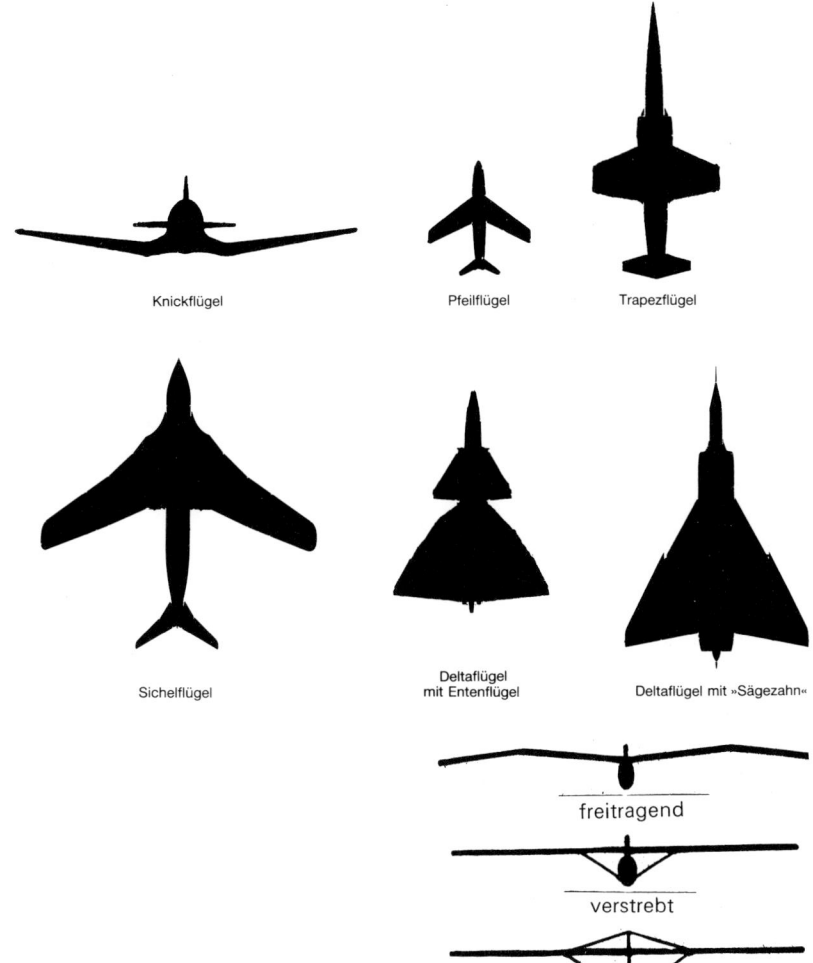

Knickflügel   Pfeilflügel   Trapezflügel

Sichelflügel   Deltaflügel mit Entenflügel   Deltaflügel mit »Sägezahn«

c) nach Art
- freitragend
- verstrebt
- verspannt

freitragend

verstrebt

verspannt

Abb. 8.7

6. Bauweise

- Holzbauweise
- Metallbauweise
- Gemischtbauweise
- Kunststoffbauweise

II. GEWICHTSBEZEICHNUNGEN

Abflugmasse (operating weight)				
Leermasse (basic weight)			Rüstmasse	
Flugwerk	Triebwerk	ständige Ausrüstung (Soll)	bewegliche Ausrüstung (Zweck)	bewegliche Zuladung
Tragwerk Rumpf Leitwerk Fahrwerk Steuerwerk	Triebwerk Kraftstofftanks u. a. Behälter (Öl, Kühlstoffe)	Elektronik Klimaanlage Instrumente Zielgeräte Schleudersitz Sauerstoff- anlage	Außenträger (Pylone) Bombenträger, Bomben Raketen, Flugkörper Abschußvorrichtungen (launcher) Kanonen Zusatztanks	Besatzung/Passagiere Kraftstoff/Schmierstoff Munition bzw. Nutzlast

Die jeweils zulässigen Massen liegen für jeden Flugzeugtyp im Typenblatt fest. Ausgehend von der Leermasse mit festgelegter Schwerpunktlage wird je nach Flugauftrag die Rüstmasse mit herangezogen zur eindeutigen Bestimmung der tatsächlichen Schwerpunktlage unter Abflugbedingungen.

III. DAS FLUGWERK (ZELLE)

Bei den drei großen Baugruppen eines Flugzeuges steht das Flugwerk (früher auch Zelle genannt) stets im Vordergrund; Triebwerk und Ausrüstung werden in gesonderten Kapiteln behandelt.

Die große Baugruppe Flugwerk gliedert sich in die sogenannten Konstruktionsgruppen:
1. Rumpf
2. Tragwerk
3. Ruderwerk
   a) Steuerflächen
   b) Nebensteuerflächen
4. Steuerwerk
5. Fahr- bzw. Schwimmwerk

Die Konstruktionsgruppe besteht aus Baugruppen, z. B. das Tragwerk aus:
− Tragflügel rechts/links
− Flügelstiel oder Strebe
− Verspannung

Die Baugruppe wiederum setzt sich aus Bauteilen zusammen, z. B. der Tragflügel aus:
− Rippen
− Holmen
− Diagonalen oder Auskreuzungen
− Nasenleisten
− Endleisten
− Randbogen
− Beschlägen
− Beplankung oder Bespannung

Jeder Bauteil baut sich aus Einzelteilen auf, z. B. eine Rippe aus:
− Gurten (Ober- und Untergurt)
− Stegen
− Knotenblechen

Abb. 8.8 Bezeichnungen an einem Kleinflugzeug.

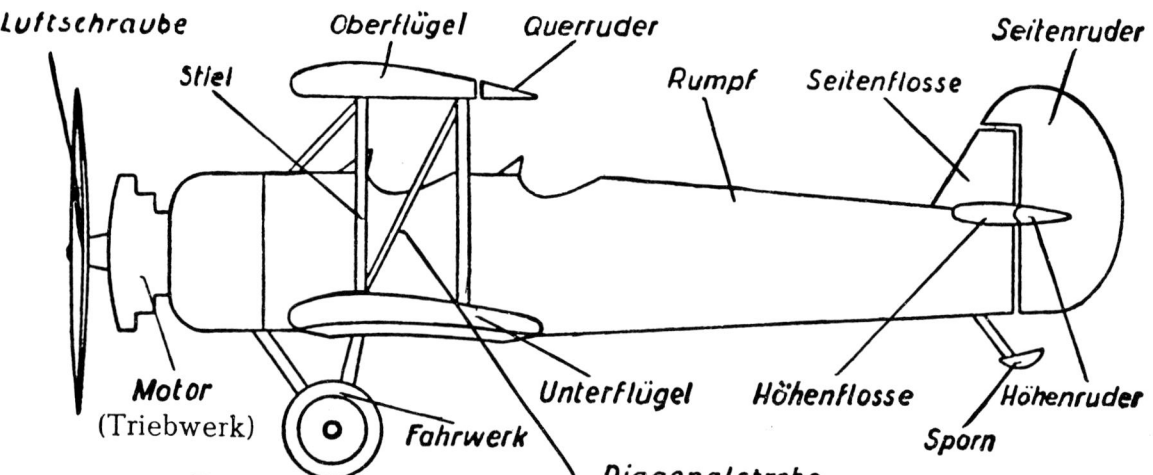

Abb. 8.9 Das Hochleistungskampfflugzeug TORNADO.

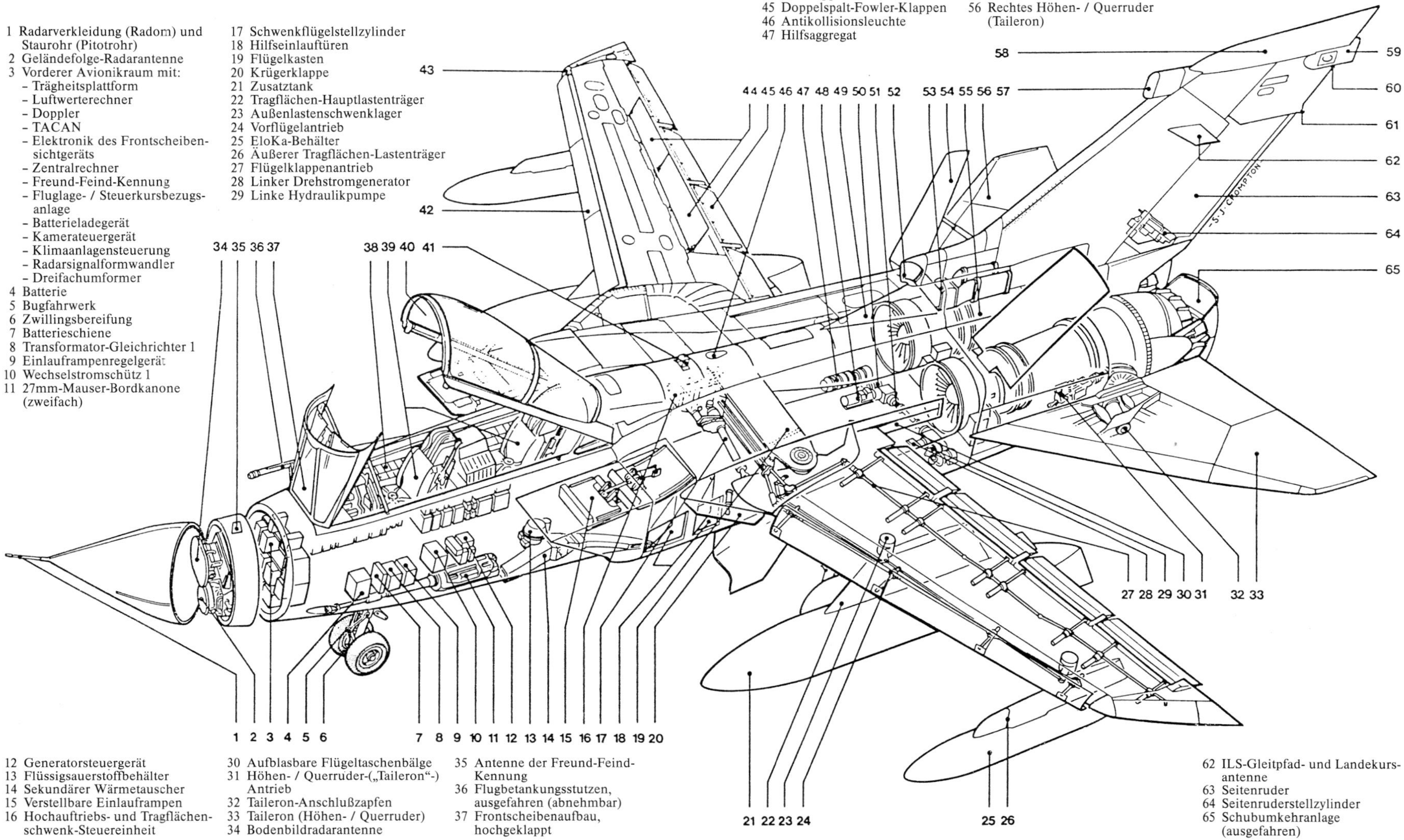

1 Radarverkleidung (Radom) und Staurohr (Pitotrohr)
2 Geländefolge-Radarantenne
3 Vorderer Avionikraum mit:
  – Trägheitsplattform
  – Luftwerterechner
  – Doppler
  – TACAN
  – Elektronik des Frontscheibensichtgeräts
  – Zentralrechner
  – Freund-Feind-Kennung
  – Fluglage- / Steuerkursbezugsanlage
  – Batterieladegerät
  – Kamerasteuergerät
  – Klimaanlagensteuerung
  – Radarsignalformwandler
  – Dreifachumformer
4 Batterie
5 Bugfahrwerk
6 Zwillingsbereifung
7 Batterieschiene
8 Transformator-Gleichrichter 1
9 Einlauframpenregelgerät
10 Wechselstromschütz 1
11 27mm-Mauser-Bordkanone (zweifach)

12 Generatorsteuergerät
13 Flüssigsauerstoffbehälter
14 Sekundärer Wärmetauscher
15 Verstellbare Einlauframpen
16 Hochauftriebs- und Tragflächenschwenk-Steuereinheit

17 Schwenkflügelstellzylinder
18 Hilfseinlauftüren
19 Flügelkasten
20 Krügerklappe
21 Zusatztank
22 Tragflächen-Hauptlastenträger
23 Außenlastenschwenklager
24 Vorflügelantrieb
25 EloKa-Behälter
26 Äußerer Tragflächen-Lastenträger
27 Flügelklappenantrieb
28 Linker Drehstromgenerator
29 Linke Hydraulikpumpe

30 Aufblasbare Flügeltaschenbälge
31 Höhen- / Querruder-("Taileron")-Antrieb
32 Taileron-Anschlußzapfen
33 Taileron (Höhen- / Querruder)
34 Bodenbildradarantenne
35 Antenne der Freund-Feind-Kennung
36 Flugbetankungsstutzen, ausgefahren (abnehmbar)
37 Frontscheibenaufbau, hochgeklappt

38 Rechte Instrumentenkonsole
39 Schleudersitz Martin-Baker Mk 10 A
40 Kabinenhaube
41 UHF-Antenne
42 Vorflügel
43 Navigationsleuchte
44 Störklappen
45 Doppelspalt-Fowler-Klappen
46 Antikollisionsleuchte
47 Hilfsaggregat

48 Rechter Drehstromgenerator
49 HF/SSB-Antenne
50 Rechte Hydraulikpumpe
51 Quertriebswelle
52 Staulufteinlaß für Wärmetauscher
53 Wärmetauscher der Klimaanlage
54 Bremsklappe
55 Triebwerk RB.199
56 Rechtes Höhen- / Querruder (Taileron)

57 Radarwarnempfänger
58 Seitenleitwerkspitze mit VHF-/ UHF-Antenne
59 Radarwarnempfänger
60 Hintere Navigationsleuchte
61 Kraftstoffablaß
62 ILS-Gleitpfad- und Landekursantenne
63 Seitenruder
64 Seitenruderstellzylinder
65 Schubumkehranlage (ausgefahren)

Bestandteile eines Flugzeuges

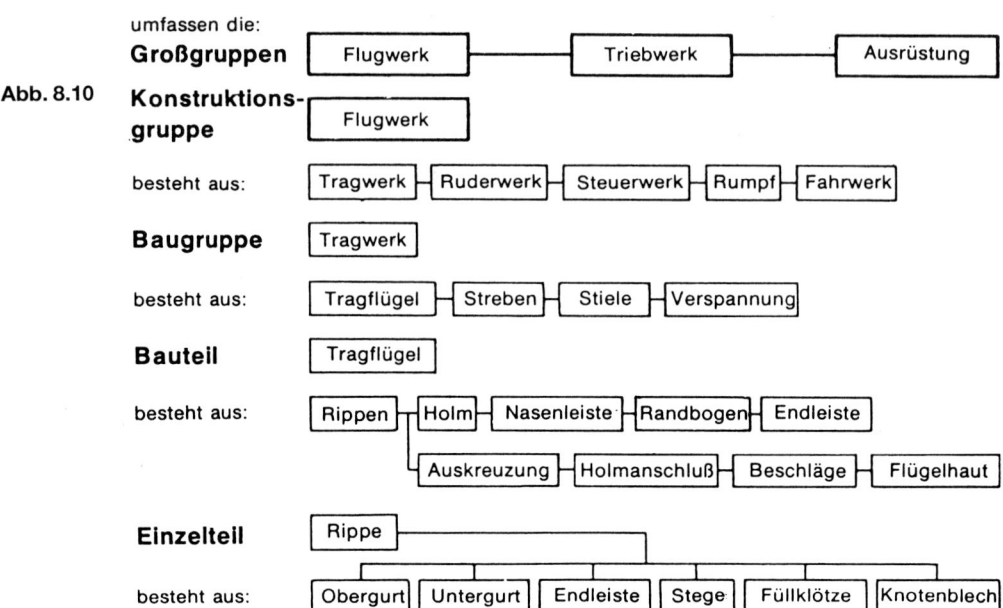

umfassen die:

Großgruppen

| Flugwerk | Triebwerk | Ausrüstung |

Abb. 8.10

Konstruktions-gruppe

| Flugwerk |

besteht aus:

| Tragwerk | Ruderwerk | Steuerwerk | Rumpf | Fahrwerk |

Baugruppe

| Tragwerk |

besteht aus:

| Tragflügel | Streben | Stiele | Verspannung |

Bauteil

| Tragflügel |

besteht aus:

| Rippen | Holm | Nasenleiste | Randbogen | Endleiste |

| Auskreuzung | Holmanschluß | Beschläge | Flügelhaut |

Einzelteil

| Rippe |

besteht aus:

| Obergurt | Untergurt | Endleiste | Stege | Füllklötze | Knotenblech |

1. Rumpf

Der Rumpf ist der Hauptteil der Zelle. In ihm sind die Besatzung, die Steuerorgane, Instrumente, die Nutzlast und in leichten sowie Jagdflugzeugen, das Triebwerk und Fahrwerk untergebracht. Er verbindet die Tragflächen und trägt das Leitwerk.

Bei mehrmotorigen Flugzeugen sind die Triebwerke meist an den Tragflächen oder am Rumpfheck angebracht.

Der Rumpf muß leicht, steif und den hohen Flugbeanspruchungen gewachsen sein. Zwei Bauarten haben sich entwickelt:

Abb. 8.11 Rumpfaufbau der Dornier Do 28 D.

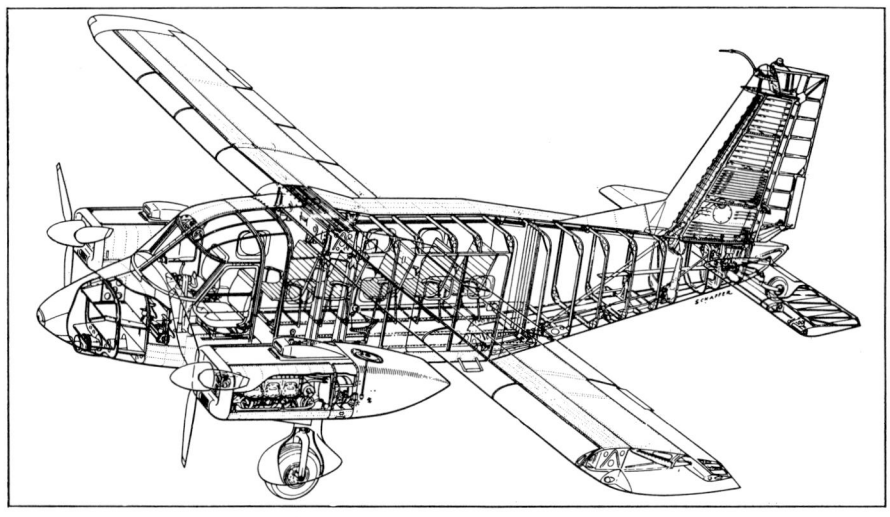

a) Der Fachwerkrumpf (frame type)

besteht aus einem geschweißten oder genieteten Rahmen aus Spanten, Gurten (bzw. Stringern, Pfetten) und Diagonalversteifungen. Diese Bauart erträgt nur Druck und Spannung, jedoch nicht Biegung, und wird daher nur für leichte Flugzeuge verwendet.

b) Der Schalenrumpf (monocoque type)

– allgemein aus Aluminium – trägt nur durch die relativ dicke Außenhaut, die alle Beanspruchungen auffängt. Versteifungen verhindern Faltenbildung. Eine für militärische Forderungen günstigere Lösung bietet der Halbschalenrumpf (semi-monocoque), wobei zusätzlich zur tragenden Außenhaut Spanten und Ringe, Kiel und Längsstreben eingezogen sind, um z. B. die Beschußempfindlichkeit zu mindern, weil die Festigkeit des Rumpfes nicht nur von wenigen Teilen abhängt.

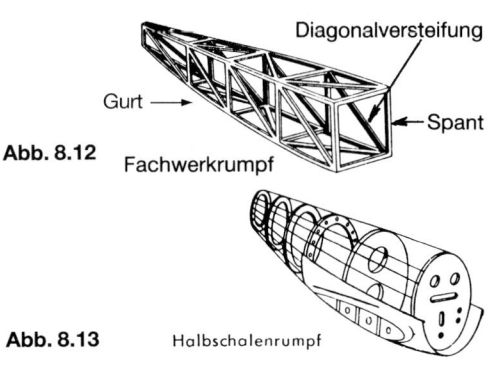

Abb. 8.12 Fachwerkrumpf

Abb. 8.13 Halbschalenrumpf

Abb. 8.14

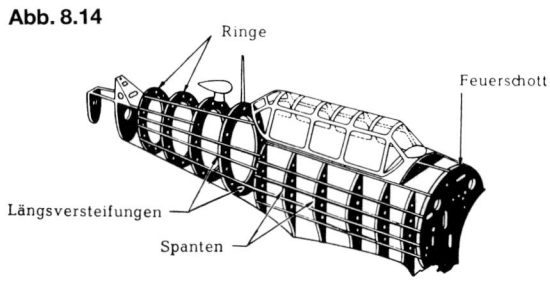

2. Tragwerk

Zum Tragwerk – den Tragflächen – gehören die Baugruppen:

Ober-, Unter-, Mittel- und Außenflügel, Vorflügel, Landeklappen bzw. Brems- oder Störklappen (spoiler).

Die Tragflügel erzeugen den Auftrieb und tragen damit das Flugzeug während des Fluges. Moderne Flugzeuge sind meist Eindecker mit selbsttragender (cantilever) Tragflächenkonstruktion. Holme (Längsträger) und Rippen (Formgeber), über die die Außenhaut gelegt ist, sind die hauptsächlichen inneren Versteifungen, wobei die Holme die Luftkräfte, die von der Außenhaut über die Rippen übertragen werden, aufnehmen und an den Rumpf weitergeben.

Die Oberflächenqualität der Außenhaut beeinflußt den Profilwiderstand. In Tragflächen können bei mehrmotorigen Flugzeugen Fahrwerk, Triebwerke und Landescheinwerfer eingebaut sein.

Neue Bauweisen haben Einzug in den Flugzeugbau gefunden. Gewichtssparende, weniger korrosionsanfällige Bauteile aus Leichtmetallen (Aluminium, Titan, Magnesium) und aus Kunststoffen, die mit verschiedenen Fasern versetzt sind (Faserverbundstoffe), finden sich inzwischen in allen Bereichen der Luft- und Raumfahrttechnik. Mit glasfaserverstärkten Kunststoffen (GFK) begann es, Kohlenstoffaser-verstärkte (CFK) und Aramidfaser-verstärkte Kunststoffe

Abb. 8.15

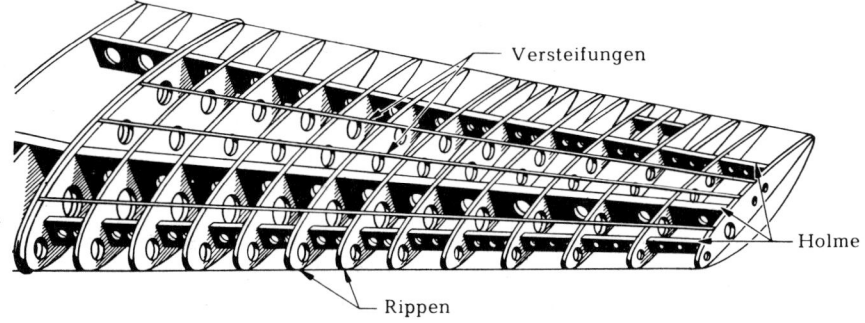

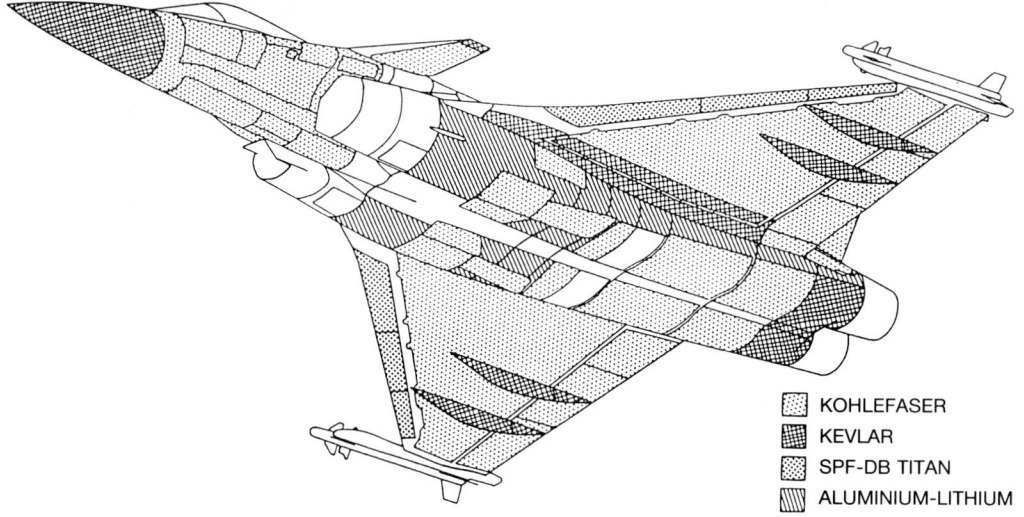

	KOHLEFASER
	KEVLAR
	SPF-DB TITAN
	ALUMINIUM-LITHIUM

Abb. 8.16 Verwendung von Leichtmetall und Faserverbundstoffen im Flugzeugbau (z. B. bei der französischen RAFALE).

(SFK) folgten. Harze (z. B. Epoxid) festigen unter Hitze- und Druckeinwirkung den Geweberverbund und härten die Struktur aus.

Die Honeycomb-(Bienenwaben-)Bauweise hat sich bereits in der Luft- und Raumfahrt bewährt (als Versteifungsmaterial in Tragflächen, Leit- und Ruderwerksteilen sowie als Dämmstoff gegen Lärm, Stoß und Temperatur). Die Honeycomb-Sandwichbauweise läßt sich hinsichtlich der Aufnahme von Druck-, Scher- und Biegekräften mit der Funktion eines I-(Doppel-T)Trägers vergleichen.

Flächen und Flügelkästen von Hochleistungsflugzeugen (z. B. F-104G und ›Tornado‹) werden aus seinem Stück gefräst.

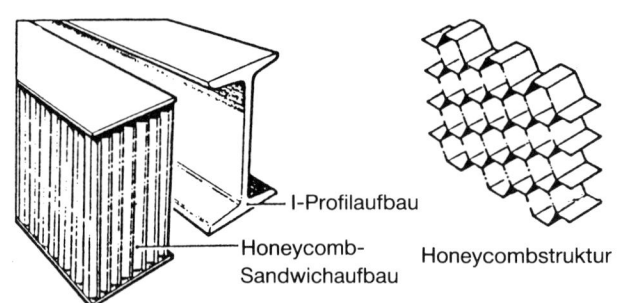

I-Profilaufbau

Honeycomb-Sandwichaufbau

Honeycombstruktur

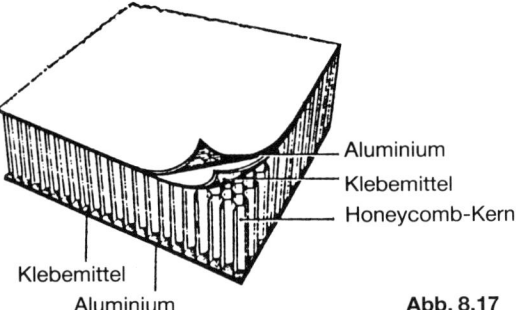

Aluminium
Klebemittel
Honeycomb-Kern

Klebemittel
Aluminium

Abb. 8.17

3. Leitwerk

Das Leitwerk dient der Erhaltung bzw. Änderung der Fluglage und Flugrichtung. Man unterscheidet: einfache, doppelte oder V-Leitwerke. Es besteht aus:

a) Steuerflächen: Seitenflosse
                   mit Seitenruder
                   Höhenflossen
                   mit Höhenruder

Querruder

Die Pfeile zeigen die Ruderwirkung um die Flugachsen an.

b) Nebensteuerflächen: Hilfsruder
Die Ruderluftkräfte werden auf die verschiedenen Achsen eines Flugzeuges übertragen.

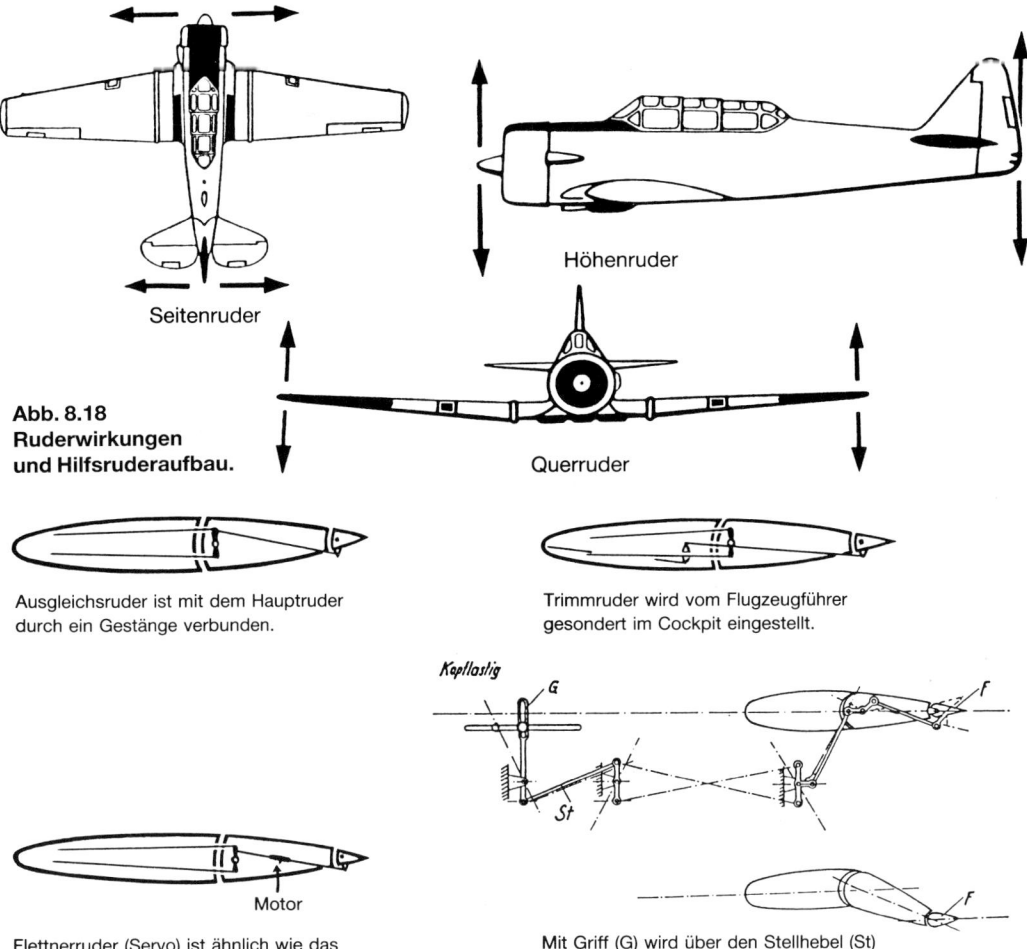

Seitenruder

Höhenruder

Querruder

**Abb. 8.18
Ruderwirkungen
und Hilfsruderaufbau.**

Ausgleichsruder ist mit dem Hauptruder
durch ein Gestänge verbunden.

Trimmruder wird vom Flugzeugführer
gesondert im Cockpit eingestellt.

Flettnerruder (Servo) ist ähnlich wie das
Ausgleichsruder mit dem Hauptruder
durch ein motorgetriebenes Gestänge verbunden.

Motor

Mit Griff (G) wird über den Stellhebel (St)
das Trimmruder (F) verstellt
(hier z. B. auf Kopflastigkeit).

Die Konstruktion der Ruderflächen gleicht im Prinzip der von Tragflächen, wenngleich auch in kleinerem Maßstab. Hochgeschwindigkeitsflugzeuge haben bewegliche Höhenflossen, die gleichzeitig als Höhenruder (Stabilator) oder als sogenanntes Pendelhöhenruder (Taileron) für die Nick- und Rollsteuerung zusammen mit dem Seitenruder wirken.

Zu den Nebensteuerflächen gehören außer den Hilfsrudern noch Trimm-, Stör- und Landeklappen sowie Sturzflugbremsen, die das aerodynamische Gleichgewicht am Flugzeug entweder durch Profilwölbungs- und Profiltiefevergrößerung oder Strömungsstörung beeinflussen (s. auch Kap. 7).

4. Das Steuerwerk

Das Steuerwerk besorgt die Übertragung der vom Flugzeugführer gewollten Ruderausschläge durch Seilzüge, Stoßstangen oder hydraulisch bzw. elektrisch betätigte Hebel und Servos. Quer- und Höhenruder werden durch Bewegungen an der Steuersäule mit Steuerrad (bzw. Knüppel), das Seitenruder mittels Fußhebeln oder Pedalen betätigt, womit insgesamt dreidimensionale Flugzeugbewegungen möglich sind.

159

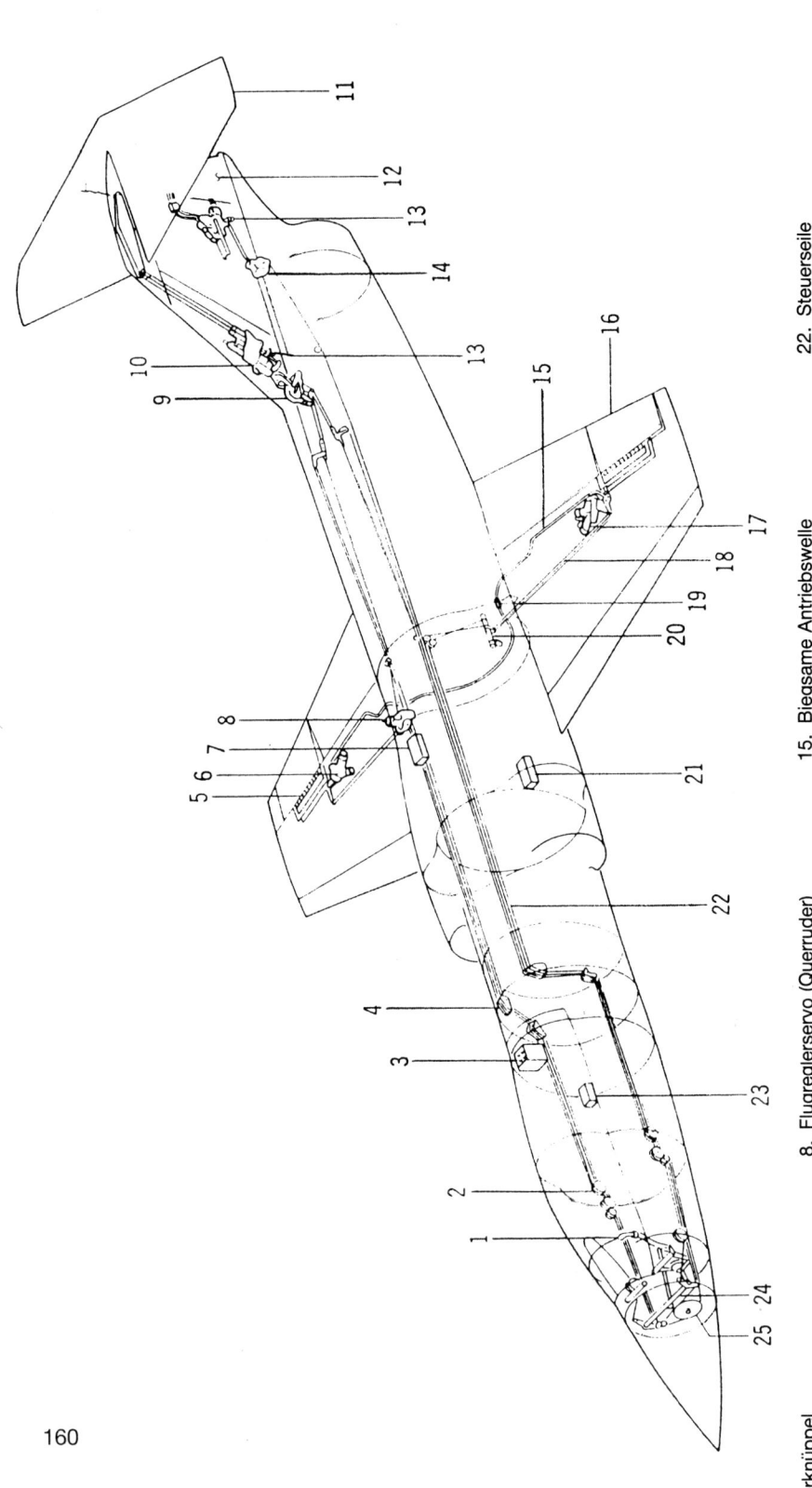

160

Abb. 8.19 Das Steuerwerk (F-104G).

1. Steuerknüppel
2. Übertragungsrollen
3. Flugregler-Rechner
4. Umlenkungsmechanik
5. Arbeitszylinder (re. Querruder)
6. Servo und Steuerventil (re. Querruder)
7. Meßkreisel für Rollrate

8. Flugreglerservo (Querruder)
9. Flugreglerservo (Stabilator)
10. Stabilatorservo mit Stell-/Arbeitszylinder
11. Stabilator
12. Seitenruder
13. Seitenrudertrimmzylinder
14. Steuerventil und Servo (Seitenruder)

15. Biegsame Antriebswelle
16. linkes Querruder
17. Servo und Steuerventil (li. Querruder)
18. Querruderstellgestänge
19. Querrudertrimmsteller
20. Umlenkmechanik (li. Querruder)
21. Zwei-Achsen-Meßkreisel

22. Steuerseile
23. Rechner der Überziehwarnanlage
24. Stabilator-Steuergestänge
25. Querruder-Steuergestänge mit Umlenkrolle

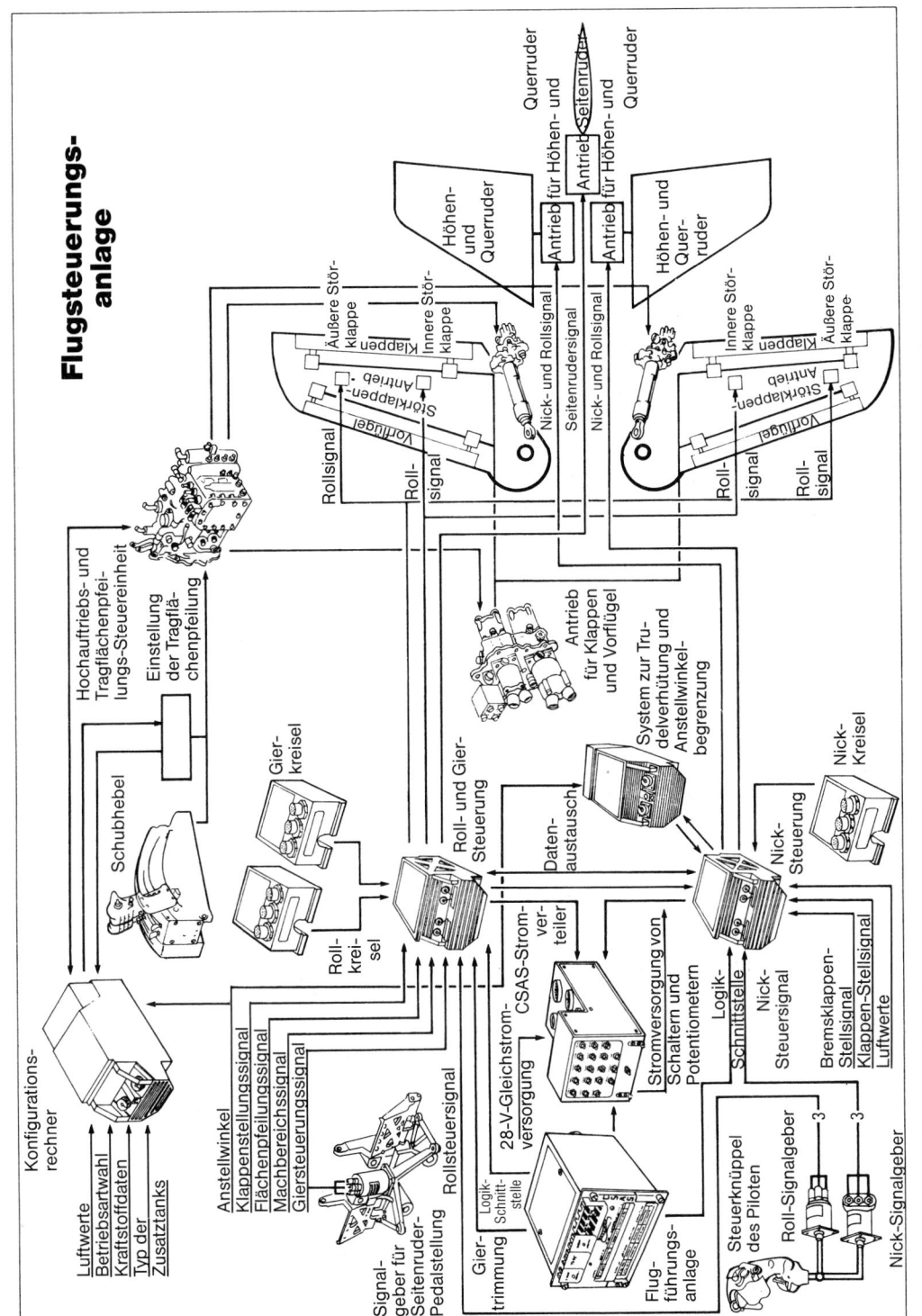

Flugsteuerungs-anlage

Abb. 8.20 Modernes Steuerwerk (Fly-by-wire/TORNADO).

Kernstück moderner elektrischer Flugsteuerungsanlagen (fly-by-wire) ist ein computergestütztes Flugregelsystem (CSAS-Command and Stability Augmentation System), das eine automatische Regelung und Dämpfung der Drehgeschwindigkeit um die drei Flugzeugachsen (Nick-, Roll- und Gierachse) vornimmt und Konfigurations- und Laständerungen während des Fluges berücksichtigt und ausgleicht.

Die Pilotensignale – über Steuerknüppel und Seitenruderpedale – werden in das Steuer- und Stabilisierungssystem eingegeben. Es ermittelt unter Berücksichtigung von Korrekturbeiwerten die optimalen Stellsignale für die Ansteuerung der Ruderservos. Eine integrierte Fehlerüberwachungslogik sorgt bei Betriebsstörungen, daß auf die nächstniedrige Betriebsart oder beim Auftreten von zwei kritischen Fehlern auf mechanische Ansteuerung der Steuerflächen umgeschaltet wird.

Auf die elektrische Flugsteuerungsanlage läßt sich zum Zwecke der vollautomatischen Flugführung ein Autopilot aufschalten.

5. Fahrwerk

Das Fahrwerk besteht aus den Baugruppen:
– Hauptfahrwerk
– Bugfahrwerk
– Heckfahrwerk (Sporn oder Rolle)
– Brems- und Steueranlage.

Es hat die Aufgabe, das Flugzeug am Boden zu tragen, gesteuert zu rollen und zu bremsen, und bei der Landung den Landestoß aufzufangen.

Es muß stabil gebaut sein, um Druck- und Torsionskräften standzuhalten. Bei Einziehfahrwerken muß der Einziehmechanismus schnell reagieren, um Widerstandskräfte zu mindern.

Der Einziehmechanismus wird elektrisch oder hydraulisch bedient.

Der Federmechanismus dämpft durch Öl- oder Gaspuffer auftretende Stöße.

Scheren und Streben halten das Fahrwerk in Richtung. Flatterdämpfer verhindern Seitenschwingungen.

Verriegelungsmechanismen halten in ein- oder ausgefahrenem Zustand das Fahrwerk fest.

Die Bug- bzw. Heckradsteuerung ermöglicht in begrenztem Winkel Steuermanöver am Boden. Bremsen, meist Scheibenbremsen, und Räder ähneln denen von fortschrittlichen Automobilen. An den Fahrwerken von Jagdflugzeugen sind meist auch die Roll- und Landescheinwerfer angebracht.

Die Bremsen sind meist Scheibenbremsen, die über ein Antiblockiersystem (ABS) angesteuert werden, um Rutsch-/Blockier-

Abb. 8.21 Funktionsschema einer Bremsanordnung.

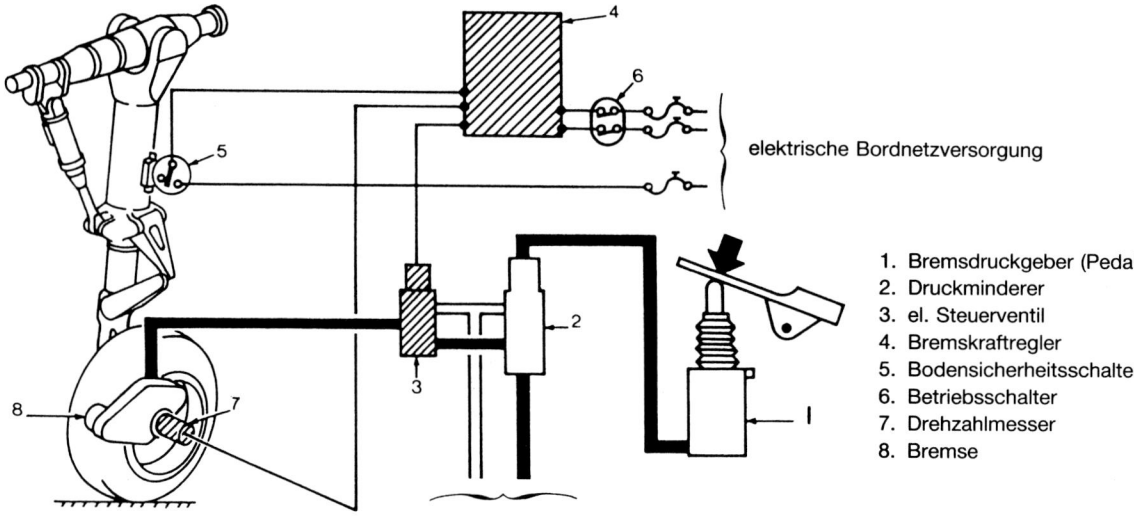

elektrische Bordnetzversorgung

1. Bremsdruckgeber (Pedal)
2. Druckminderer
3. el. Steuerventil
4. Bremskraftregler
5. Bodensicherheitsschalter
6. Betriebsschalter
7. Drehzahlmesser
8. Bremse

Hydraulik

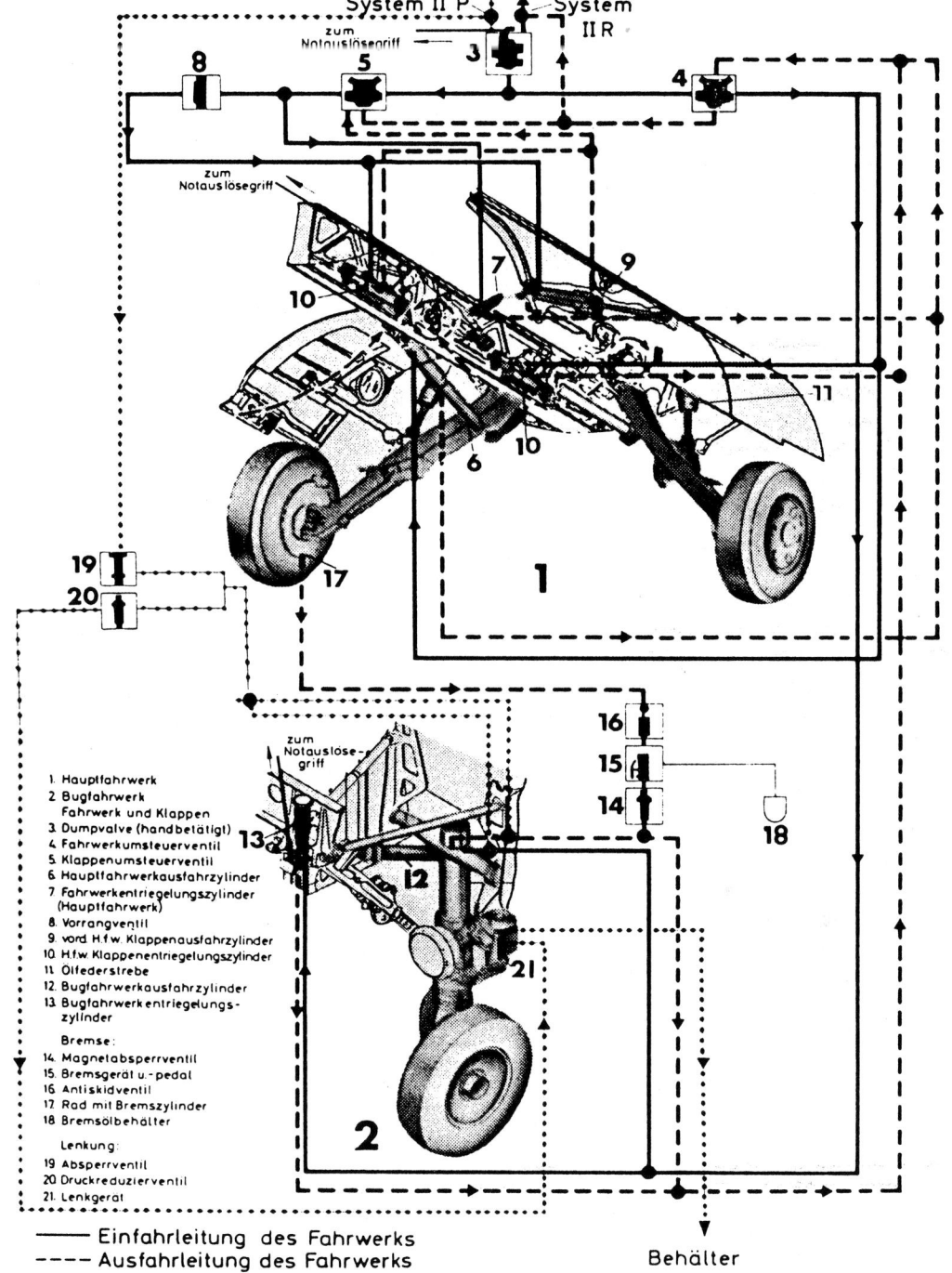

System II P ... **System II R**

zum Notauslösegriff

zum Notauslösegriff

zum Notauslösegriff

1. Hauptfahrwerk
2. Bugfahrwerk
   Fahrwerk und Klappen
3. Dumpvalve (handbetätigt)
4. Fahrwerkumsteuerventil
5. Klappenumsteuerventil
6. Hauptfahrwerkausfahrzylinder
7. Fahrwerkentriegelungszylinder
   (Hauptfahrwerk)
8. Vorrangventil
9. vord. H.f.w. Klappenausfahrzylinder
10. H.f.w Klappenentriegelungszylinder
11. Ölfederstrebe
12. Bugfahrwerkausfahrzylinder
13. Bugfahrwerkentriegelungs-
   zylinder

Bremse:
14. Magnetabsperrventil
15. Bremsgerät u.-pedal
16. Antiskidventil
17. Rad mit Bremszylinder
18. Bremsölbehälter

Lenkung:
19. Absperrventil
20. Druckreduzierventil
21. Lenkgerät

——— Einfahrleitung des Fahrwerks
– – – Ausfahrleitung des Fahrwerks
••••• Druckleitung des Lenksystem

Behälter

Abb. 8.22 Fahrwerksystem der F-104G.

und Ausbrecheffekte auf Pisten und nassen Oberflächenverhältnissen (Aquaplaning) zu verhindern.

Die Reifen (Hochdruck- oder Niederdruck) entsprechen nach Aufbau und Auslegung bekannten Hochgeschwindigkeitsreifen.

163

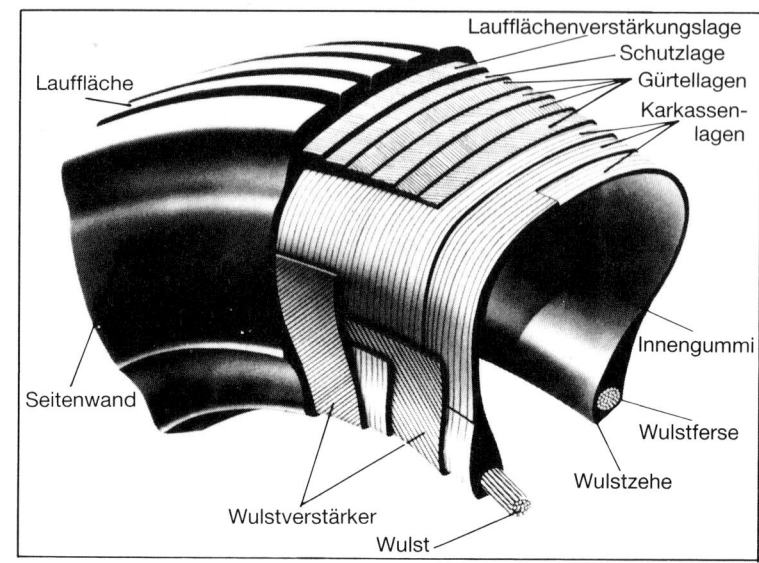

Abb. 8.23
Radialreifen zeichnen sich durch ihren speziellen Aufbau aus. Die Karkassenlagen sind quer zur Laufrichtung verlegt und von einem »Gürtel« umschlossen.

Laufflächenverstärkungslage
Schutzlage
Gürtellagen
Karkassen-
lagen
Lauffläche
Innengummi
Seitenwand
Wulstferse
Wulstzehe
Wulstverstärker
Wulst

6. Flugzeugbordanlagen

Einzelsysteme im Flugzeug werden unter verschiedenen Überschriften in diesem Buch vorgestellt (Avionik, Sauerstoffanlage, Rettungssystem, Flugsteueranlage, Fahrwerk, Waffenanlage etc.).

Wesentliche Versorgungsanlagen/-systeme sollen hier kurz ergänzend vorgestellt werden. Dazu zählen insbesondere:
a) Elektrik
b) Hydraulik

c) Kraftstoffsystem
d) Klimaanlage

Allen Systemen gemeinsam ist mehrfache Redundanz. Bei Ausfall eines Systems können Zweit- oder andere Reservesysteme verzugslos wesentliche Aufgaben der jeweiligen Bordanlage übernehmen.

Das z. Zt. modernste Waffensystem TORNADO verfügt über flugsicherheitsmäßig optimale Bordanlagen.

Abb. 8.24 Flugzeugelektrik.

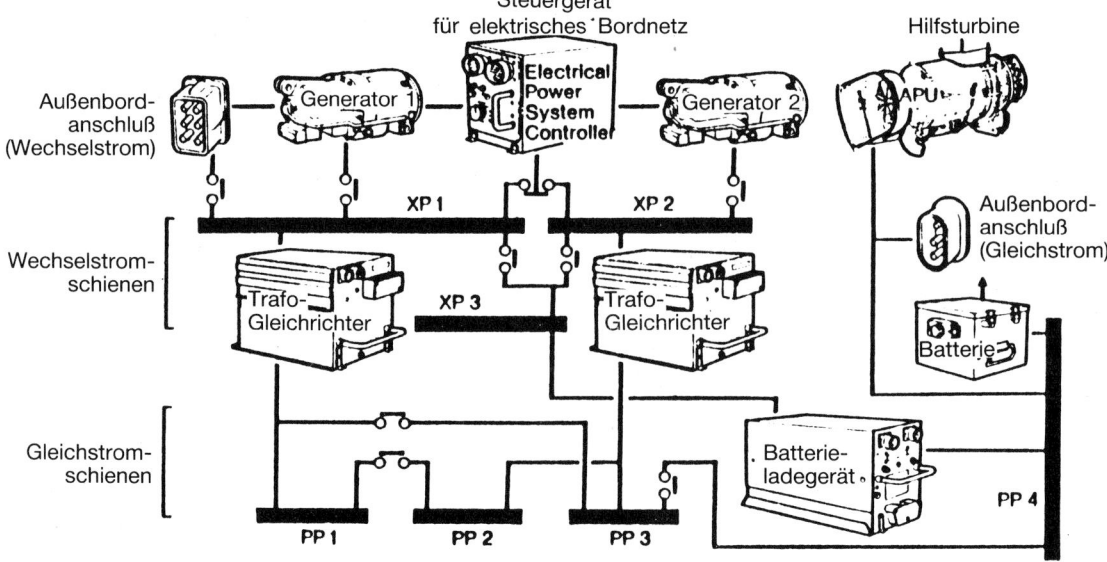

Steuergerät
für elektrisches Bordnetz

Hilfsturbine

Außenbord-
anschluß
(Wechselstrom)

Generator 1

Electrical Power System Controller

Generator 2

APU

XP 1   XP 2

Wechselstrom-
schienen

Trafo-
Gleichrichter

XP 3

Trafo-
Gleichrichter

Außenbord-
anschluß
(Gleichstrom)

Batterie

Gleichstrom-
schienen

Batterie-
ladegerät

PP 4

PP 1   PP 2   PP 3

a) Elektrik

Elektrische Bordsysteme bestehen aus Wechselstrom- und Gleichstromnetzen (z. B. 115/200 V Dreiphasenwechselstrom mit 400 Hz konstanter Frequenz und 28 V Gleichstromnetz).

Bürstenlose Synchrongeneratoren, die am Triebwerks-Geräteträger angeflanscht sind, versorgen drei Wechselstrom-Sammelschienen. Eine dieser Sammelschienen versorgt zwei Transformator-Gleichrichter, die über drei weitere Sammelschienen die Gleichstromversorgung übernehmen.

Spannung und Phase der Generatoren werden reguliert, damit die Generatoren die gleiche Sammelschiene parallel versorgen können. Jeder Generator kann auch allein das Flugzeug mit Strom versorgen. Im Notfall erfolgt die Versorgung über die Hilfsturbine oder die Batterie.

b) Hydraulik

Hochdruckhydrauliksysteme versorgen eine Vielzahl von Bordverbraucheranlagen. Durch Hydraulik lassen sich große Kräfte bei geringem Raumbedarf ausüben und übertragen. Ventile und Hydrospeicher regeln den Druckkreislauf und seine Verteilung. Durch zwei bis drei voneinander völlig unabhängige Systeme wird ein hohes Maß an Ausfallsicherheit gewährleistet.

Zwei voneinander getrennte Hydrauliksysteme werden von jeweils einer Pumpe versorgt, die am Triebwerks-Geräteträger montiert ist. Eine Verbindungswelle und entsprechende Kupplungen zwischen den beiden mit je einem Triebwerk verbundenen Teilen des Geräteträgers ermöglichen den Betrieb beider Kreise auch bei Ausfall eines Triebwerks.

Treten Leckverluste auf, werden bei Absinken des Behälterinhalts unter einen festgelegten Wert über ein Prioritätsventil sekundäre Verbraucher abgeschaltet, um eine einwandfreie Versorgung der Steuerungskreise sicherzustellen.

Ein mit Stickstoff (N_2) beaufschlagter Druckbehälter kann im äußersten Notfall zum Ausfahren des Fahrwerks genutzt werden.

Abb. 8.25 Hydrauliksystem.

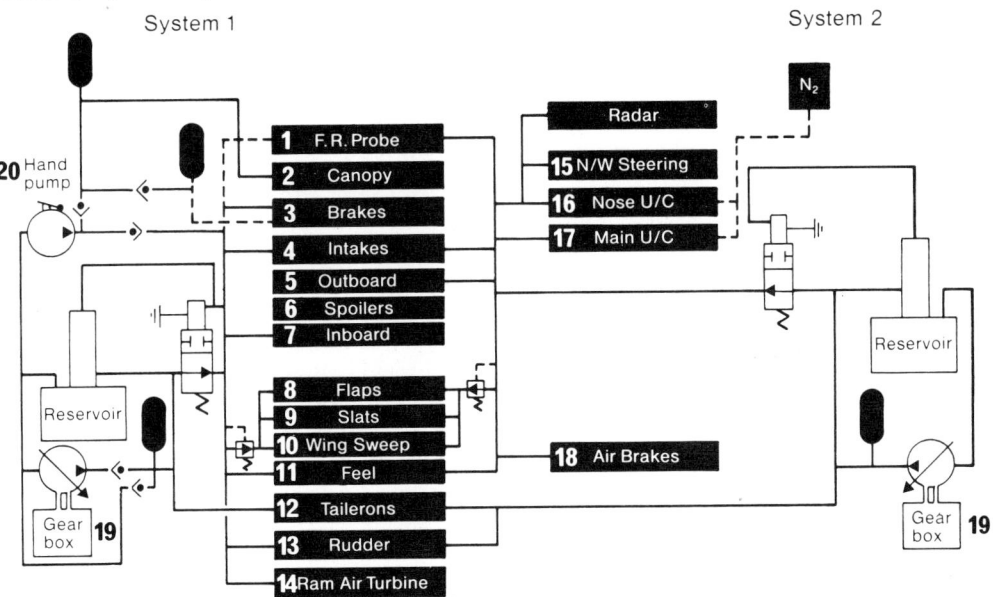

1 L/L-Betankung, 2 Kabinendach, 3 Bremsen, 4 Lufteinlaß, 5 äußere, 6 Störklappen, 7 innere, 8 Klappen, 9 Vorflügel, 10 Flächenverstellung, 11 künstl. Gefühl, 12 Taileron, 13 Seitenruder, 14 Notturbine, 15 Bugradsteuerung, 16 Bugfahrwerk, 17 Hauptfahrwerk, 18 Luftbremsen, 19 Pumpe, 20 Handpumpe

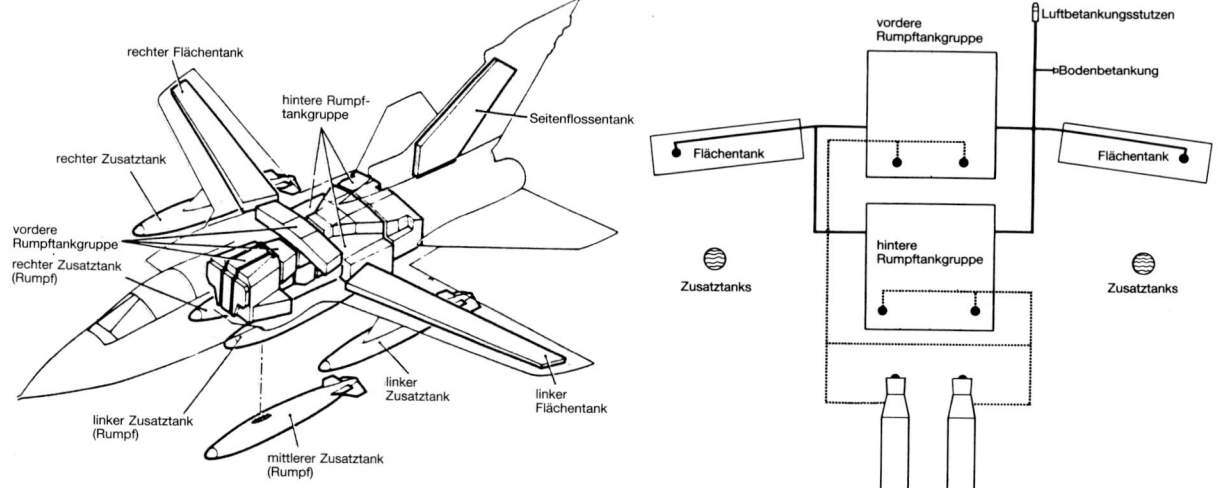

Abb. 8.26 Kraftstoffsystem.

c) Kraftstoffsystem

Die zwei Haupt-Tankgruppen der Tornado versorgen jeweils über zwei Zwillings-Förderpumpen ein Triebwerk. Jede dieser Pumpen ist in der Lage, ausreichend Kraftstoff für beide Triebwerke bei maximalem Nachbrennerschub zu liefern. Die Tankgruppen bestehen aus Kraftstoffzellen, die aus selbstdichtendem, rißfestem Material hergestellt sind; außerdem kann retikulierter Schaum verwendet werden, um eine Explosion zu verhindern. Den Haupt-Tankgruppen kann Kraftstoff aus den Flügelintegraltanks über elektrische Kraftstoffpumpen zugeführt werden.

d) Klimaanlage

Dieses System liefert Frischluft für das Cockpit und Luft für die Druckanzüge, die Anti-G-

Zusätzlich zu einer großen Waffenlast kann die Tornado eine große Kraftstoffmenge in den Außentanks mitführen. Die ganze Anlage wird über einen einzigen NATO-Anschluß betankt; im Falle einer Betankung während des Fluges geschieht dies über einen abnehmbaren, neben dem Cockpit befindlichen Flugbetankungsausleger.

Die Betankungs- und Leitungssysteme arbeiten normalerweise völlig automatisch. Der Pilot kann jedoch die Querverbindung und die Trennventile betätigen, wenn dies durch eine Beschädigung im Einsatz oder einen Systemausfall notwendig wird.

Anzüge, die Flügel- und Kabinendach-Dichtschläuche, die Frontscheiben- und Kabinendach-Kondensschutzanlage, die Regenabweiseranlage und für die Kühlanlage der Avionikräume. Die Luft wird vom HD-Verdichter des Triebwerks abgezapft, durch einen Vorkühler geleitet, dann durch eine Bootstrap-Einheit (entgegengesetzte, einachsige Verdichter/Turbine) mit einem Zwischenkühler geleitet und anschließend über Druckminderventile den verschiedenen Verbrauchern zugeführt. Bei abgeschalteten Triebwerken können die Avionikräume über die Hilfsturbine (APU) mit Kühlluft versorgt werden.

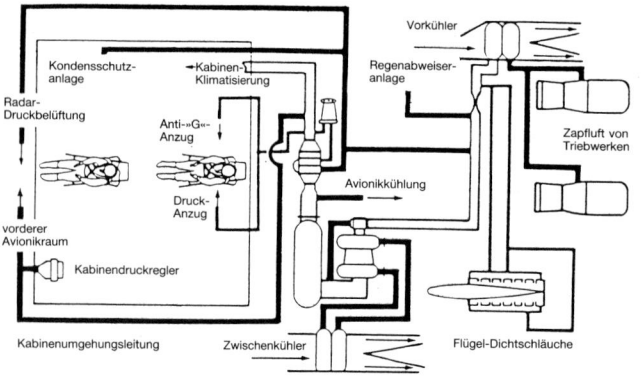

Abb. 8.27 Klimaanlage.

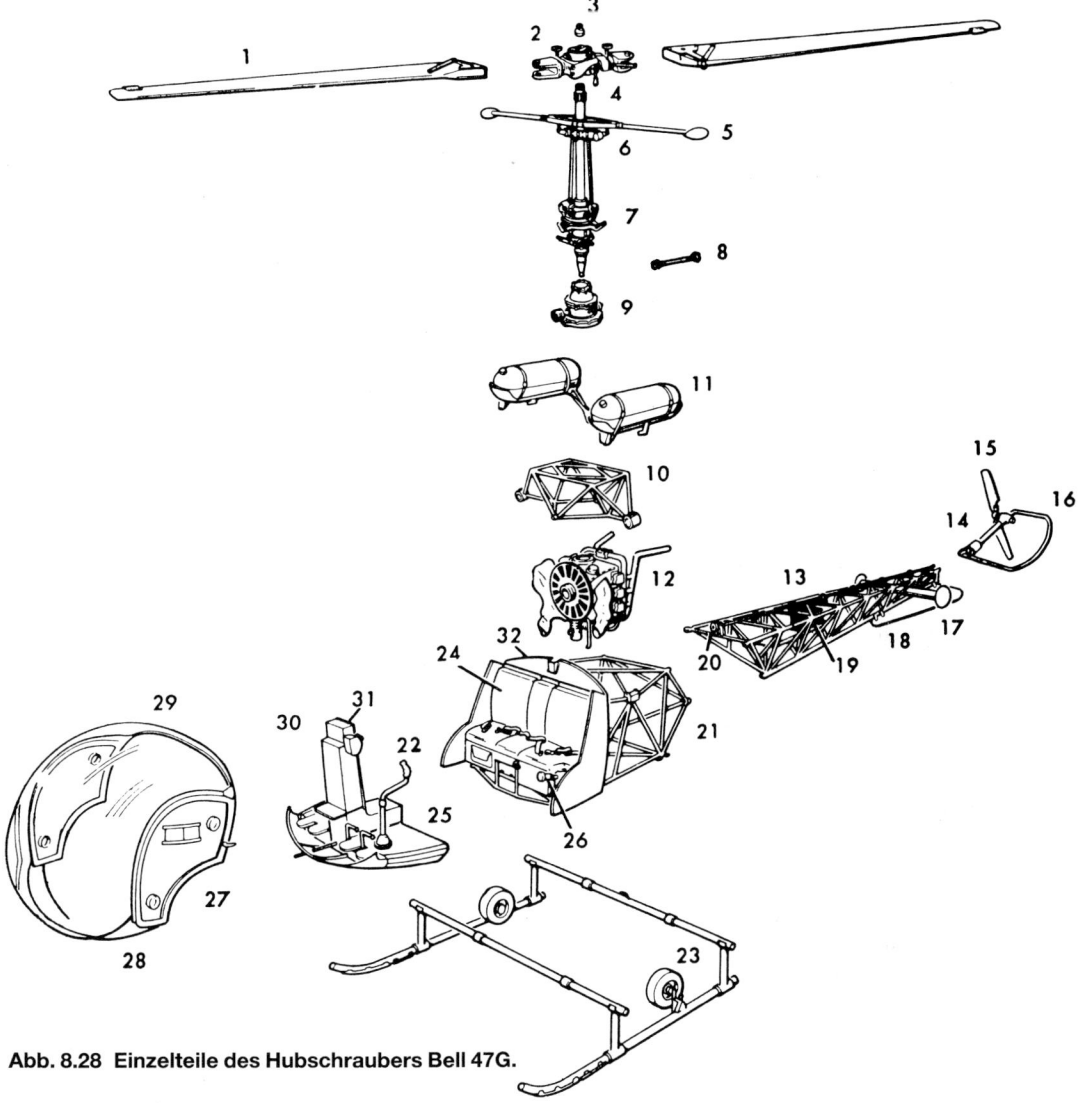

Abb. 8.28 Einzelteile des Hubschraubers Bell 47G.

1. Hauptrotor-Blätter
2. Hauptrotor-Kopf
   (einschl. Kardanring, Schulterhalterlager,
   Hauptjoch, Blattgriff, Pitch-Horn,
   Ausgleichshorn)
3. Ring zum Hieven
4. Hauptrotor-Mast
5. Stabilisator
6. Stabilisator-Dämpfer und Rahmen
7. Taumelscheibe
8. Heckrotorantriebswelle – vorderer Teil
9. Getriebe
10. Motorträger
11. Kraftstofftanks
12. Motor
13. Gitterrumpf
14. Heckrotorausleger, Heckrotorgetriebe
15. Heckrotorblätter
16. Heckrotor-Schutzbügel
17. Synchronisiertes Höhenruder
18. Heck-Leitblech
19. Batterie
20. Heckrotorantriebswelle – Mittelstück
21. Rumpfmittelstück
22. Knüppelsteuerung
23. Boden-Transport-(Roll)-Räder
24. Sitzeinrichtung
25. Kabine
26. Pitch mit Drehgasgriff
27. Kabinentüren
28. Kabinenverkleidung (unten)
29. Kabinen-Plexiglashaube
30. Instrumenten-Träger
31. Instrumenten-Brett
32. Feuerschott

167

KAPITEL 9
Triebwerkkunde

I. ENTWICKLUNG

Der Antrieb von Flugzeugen und Raketen war schon zu Beginn der Fluggeschichte von den Pionieren der Luft- und Raumfahrt ein Problem, das die Gedankenflüge hemmte. Während mit der Entdeckung des Schwarzpulvers der Vortrieb von Flugfeuerwerkskörpern bereits im Mittelalter im Prinzip von Chinesen und Europäern erkannt wurde und zur steten Entwicklung, besonders im 20. Jahrhundert, führte, war die Entwicklung der Flugzeugtriebwerke bedeutend schwieriger. 1875 lag das Leistungsgewicht (Gewicht/PS-Verhältnis) von Motoren noch bei 35 kg/PS. Man experimentierte mit Dampfmaschinen und Elektromotoren, bis der Ingenieur Otto den relativ leichten Benzinmotor erfand. Frankreich, das als erstes Land die Bedeutung der Luftmacht erkannte, war führend im Bau leistungsfähiger Flugmotoren. Der luftgekühlte Umlauf- oder Rotationsmotor von Seguin

(1907) wurde noch in Weiterentwicklungen während des 1. Weltkrieges in viele Flugzeuge eingebaut.

Luftgekühlte und wassergekühlte Stern- und Reihenmotoren beherrschten für Jahrzehnte das Feld der Flugtriebwerke, bis am 27. August 1939 das erste Turbinenluftstrahltriebwerk in einer Heinkel He 178 erfolgreich erprobt wurde. Inzwischen sind kombinierte Propellerturbinenluftstrahl-, Luftstrahl- und Raketentriebwerke aus der modernen Luft- und Raumfahrttechnik nicht mehr fortzudenken; damit eng verbunden ist die Entwicklung neuer und leistungsfähigerer Treibstoffe.

Das Triebwerk ist das Herz eines Flugzeuges oder Flugkörpers. Von seiner Kraft hängt die Leistung, von seiner Zuverlässigkeit die Sicherheit des fliegenden Personals ab. Die Kenntnis seiner Eigenschaften stärkt das Vertrauen des Fliegers zu ihm.

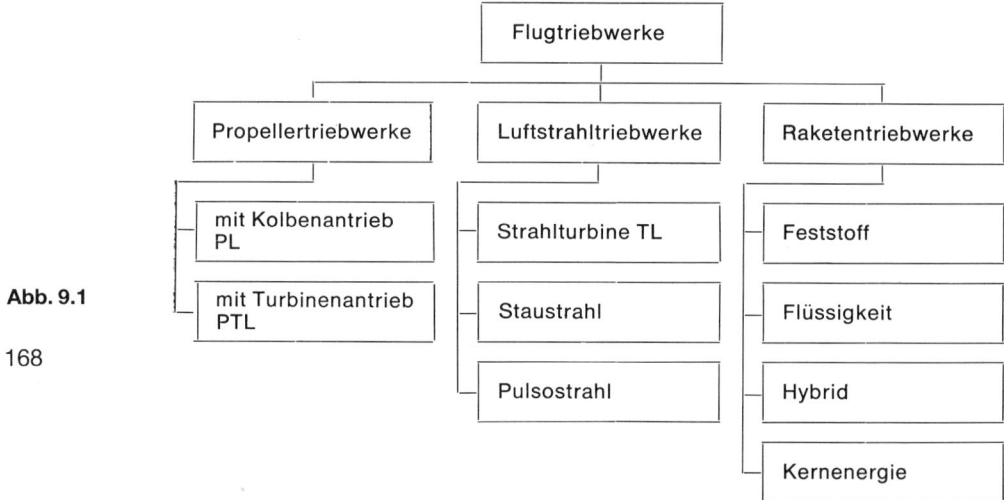

Abb. 9.1

168

II. LUFTSCHRAUBEN

Luftschrauben verwandeln Triebwerkleistung in Vortrieb bzw. Auftrieb je nach Anbringung. Zugpropeller sind vor den Tragflächen angebracht und die gebräuchlichsten, während Druckpropeller dahinter angebracht sind und nur noch selten zum Einbau kommen. Das berühmte Dornier-Flugboot Do X hatte Druck- und Zugpropeller. Bei Hubschraubern wirkt der Rotor (Propeller) sowohl nach oben als auch nach vorne, je nach den Steuerausschlägen.

1. Funktion und Wirkungsgrad

Die Funktion einer Luftschraube beruht auf der Theorie, wonach jedes Luftschraubenblatt einem leicht verdrehten Tragflächenprofil gleicht. Durch die Anbringung der Luftschraube an der Antriebswelle nimmt die Geschwindigkeit der verschiedenen Blattabschnitte von der Nabe nach außen hin zu. Da jeder unendlich kleine Blattabschnitt aus Gründen des Wirkungsgrades mit einem möglichst hohen Verhältnis von Auftrieb und Widerstand arbeiten soll, muß der Blatt-Anstellwinkel α kleiner werden, je mehr der Abstand von der Nabe zunimmt.

Jeder Blattabschnitt dreht den Weg $2\,\pi r$ während einer Umdrehung (n):

$$2\,\pi rn \ [\text{m/s}]$$

Im Flug bewegt sich die drehende Luftschraube noch mit der Geschwindigkeit (v)

des Flugzeuges vorwärts. Somit ist die Geschwindigkeit jedes Blattabschnittes:

$$2\,\pi rnv \ [\text{m/s}]$$

Der Blatt-Einstellwinkel (an der Nabe) β wirkt sich im Zusammenhang mit dem Schraubenbahnsteigungswinkel φ, der abhängig von der Flug- und Schraubendrehgeschwindigkeit ist, auf den wirksamen Anstellwinkel aus.

$$\alpha = \beta - \varphi$$

Das Drehmoment des Triebwerks muß die Drehwiderstandskraft D überwinden.

Der Wirkungsgrad einer Luftschraube ist das Produkt aus Schraubenvortrieb und Fluggeschwindigkeit in Verbindung mit der vom Triebwerk abgegebenen Leistung:

$$\text{Wirkungsgrad } \eta = \frac{S \cdot v}{P_T} \cdot 100 \ (\%)$$

S = Vortrieb (Schub)
v = Geschwindigkeit
P_T = Leistung (Triebwerk)

Sobald die Blattelemente sich der Schallgeschwindigkeit nähern, sinkt der Wirkungsgrad. Insbesondere an den Blattspitzen tritt dies relativ frühzeitig auf. Der damit verbundene Kompressibilitätseffekt ist abhängig von der Profildicke, daher sind Blattspitzen

Abb. 9.2 Kräftebild an der Luftschraube.

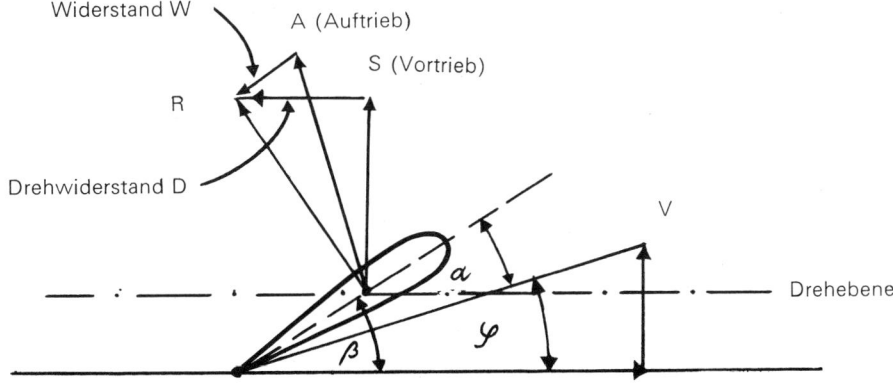

so dünn wie möglich ausgebildet und werden Luftschrauben mit großem Durchmesser meist mit Untersetzungsgetrieben an die Triebwerke gekuppelt.

2. Luftschraubenarten

Luftschrauben bestehen in der Regel aus 2, 3 und mehr Blättern mit Nabe und Nabenverkleidung. Sie werden aus Hartholz, Leichtmetall, Stahl oder Kunststoff hergestellt.

a) starre Luftschrauben (fixed pitch)
sind meist zweiflügelig und aus einem Stück gefertigt; sie werden vor allem in Leichtflugzeugen eingebaut.

b) mechanisch verstellbare Luftschrauben (adjustable pitch)
wobei der Einstellwinkel am Boden vor dem Triebwerkanlassen eingestellt wird.

c) Verstell-Luftschrauben (controllable pitch)
können während des Fluges oder am Boden elektrisch, hydraulisch oder selten mechanisch vom Cockpit aus verstellt werden, um den günstigsten Wirkungsgrad für Start, Steig- und Reiseflug zu wählen.

d) Verstell-Luftschrauben mit konstanter Drehzahlregelung (constant speed)
halten mittels eines Reglers eine vorgewählte Luftschraubendrehzahl konstant durch automatische Änderung des Blatteinstellwinkels ohne Berücksichtigung der Fluggeschwindigkeit und Triebwerkleistung.

Diese Luftschrauben können auch in Segelstellung (Blattsehne in Flugrichtung) gebracht werden, um bei Triebwerkausfall mehrmotoriger Flugzeuge den Schraubenwiderstand durch sonst auftretende Eigenrotation herabzusetzen. Eine weitere Möglichkeit besteht in der Wahl negativer Einstellwinkel (Schubumkehr), um nach der Landung die Ausrollstrecke zu verkürzen, die Manövrierbarkeit auf vereisten Pisten zu erhöhen, die Bremsen zu schonen oder gar rückwärts zu rollen.

e) gegenläufige Luftschrauben (dual rotation)
arbeiten auf derselben Antriebswelle und drehen gegenläufig. Eine Luftschraubenachse läuft innerhalb der anderen, der Antrieb selbst erfolgt durch Untersetzungsgetriebe und Kupplungen.

Die Auswahl geeigneter Luftschrauben ist abhängig von dem jeweiligen Triebwerk und seiner Leistung sowie der gewünschten Luftschraubenleistung.

f) Prop-Fan (Entwicklungsprojekt)
Auf der Suche nach verbesserten Antriebssystemen, die vor allem hinsichtlich günstigerem spezifischem Kraftstoffverbrauch und besserer Reisegeschwindigkeit Fortschritte erwarten lassen, entstand das Projekt des sogenannten Prop-Fan. Er verbindet optimal die Vorteile des Propellerantriebes mit dem des Strahlantriebes. Denn PTL-Antriebe haben aufgrund großer Propellerdurchmesser Leistungsgrenzen, weil die Blattspitzen im

Abb. 9.3 Funktion einer Verstell-Luftschraube.

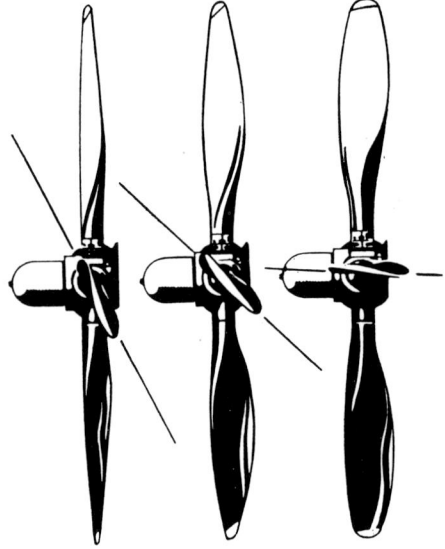

a) niedrige Steigung 22°   b) große Steigung 57°   c) Segelstellung 90°

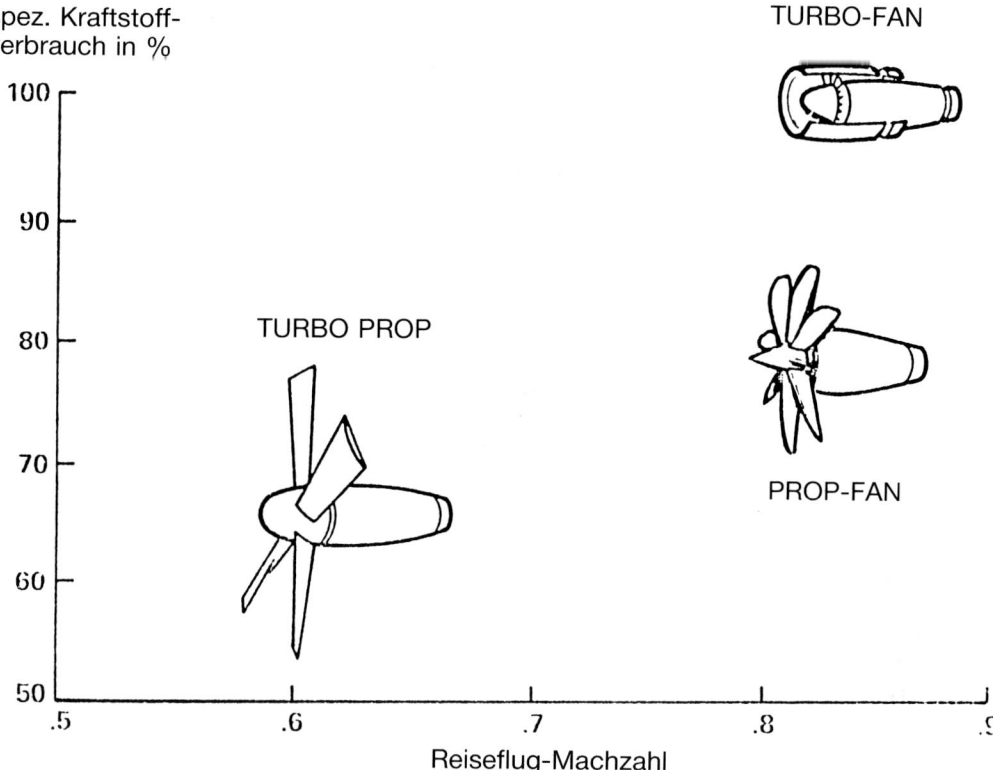

Abb. 9.4 Vergleich zwischen Turbo-Prop, Prop-Fan und Turbo-Fan.

Reiseflug bei etwa 0,6 Mach Schallgeschwindigkeit erreichen. Andererseits haben Bläser-(Fan-)Triebwerke im günstigsten Reiseflugbereich einen hohen Kraftstoffverbrauch.

Der Prop-Fan hat nur etwa 40 % Durchmesser eines üblichen Propellers (Leistungsbelastung ca. 12), verfügt aber über eine Leistungsbelastung von ca. 35. Der Prop-Fan ist mit seinen acht Blättern im Durchmesser etwa halb so groß wie ein Propeller und doppelt so groß wie ein Bläser in einem Bläser-(Fan-)Triebwerk, dafür wiegt er aber nur halb soviel wie ein vergleichbarer Propeller. Die inneren 50 % des Drehkreises der Blätter bilden ein Schaufelgitter wie in einer Turbine, dafür drehen die äußeren Blätter frei von Störeinflüssen. Beim gegenläufigen Prop-Fan treten sogar weniger Wirbelverluste und geringere Lärmbelastungswerte auf.

III. KOLBENTRIEBWERKE

sind mit Luftschrauben ausgestattet. Man unterscheidet:

a) nach Verbrennungsart:
  – Ottomotoren
  – Dieselmotoren
b) nach Arbeitsweise:
  – Viertakt-Motor
  – Zweitakt-Motor
c) nach Gemischbildung:
  – Vergasermotor
  – Einspritzmotor
d) nach Zylinderanordnung:
  – Sternmotor (einfach, mehrfach)
  – Reihenmotor
  – einreihig stehend
  – einreihig hängend

Abb. 9.5

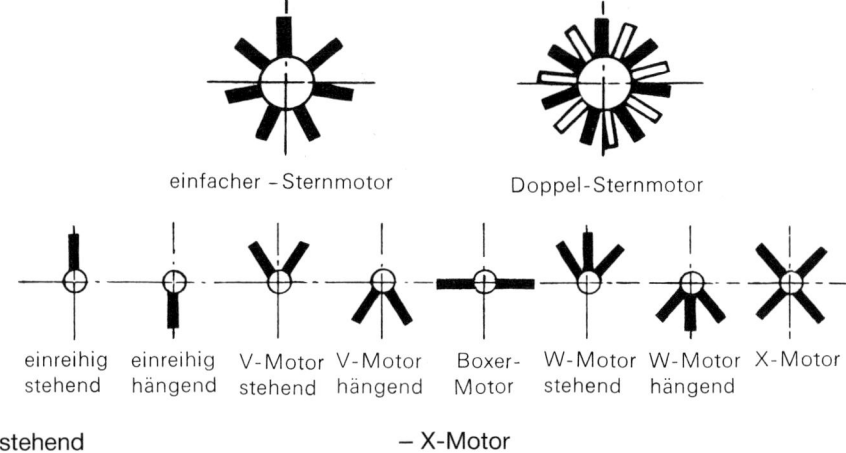

einfacher – Sternmotor   Doppel-Sternmotor

| einreihig stehend | einreihig hängend | V-Motor stehend | V-Motor hängend | Boxer- Motor | W-Motor stehend | W-Motor hängend | X-Motor |

– V-Motor stehend
– V-Motor hängend
– Boxermotor liegend
– W-Motor stehend
– W-Motor hängend

– X-Motor
– Kreiskolbenmotor (Wankel)
e) nach der Kühlung:
  – Luftkühlung (vorherrschend)
  – Flüssigkeitskühlung

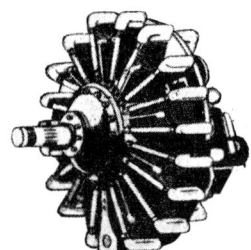 

Abb. 9.6 Luftgekühlter Sternmotor (links) und flüssigkeitsgekühlter Reihenmotor in V-Anordnung.

1. Bezeichnung von Kolbenantriebwerken (US-System)

z. B.: R-1340 – AN-1
– **erster Buchstabe**
  R = Sternmotor (radial)
  I = einfacher Reihenmotor (in-line)
  V = V-Motor (V-type)
  O = Boxermotor (opposing type)

– **Zahlengruppe**
  Gesamthubraum in Kubikzoll (1 Kubikzoll
  = 16.39 cm³)
– **Buchstabengruppe**
  Auftraggeber – Army/Navy (AN)
– **letzte Zahl**
  Serie bzw. Weiterentwicklung

2. Arbeitsweise eines Kolbentriebwerkes (im 4-Takt-Verfahren)

Wenn in einem geschlossenen Zylinder ein Gemisch von Kraftstoff und Luft zur Verbrennung gebracht wird, entsteht ein hoher Druck, der imstande ist, Arbeit zu leisten. Die Arbeitsabgabe wird beim Verbrennungsmotor dadurch bewirkt, daß ein Kolben unter dem Druck ausweicht und hierbei über eine Pleuelstange eine Kurbelwelle dreht. Dieser Vorgang läßt sich in 4 Takte zerlegen.
1. Takt (Saugen). Der Kolben bewegt sich

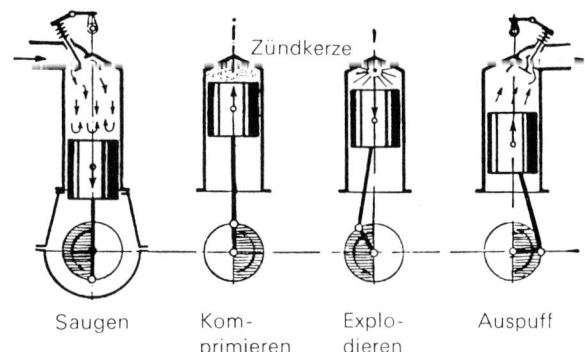

nach abwärts und saugt durch das geöffnete Einlaßventil das vom Vergaser kommende Kraftstoff-Luftgemisch an.

2. Takt (Komprimieren). Der Kolben bewegt sich nach oben bei geschlossenen Ventilen und verdichtet das Kraftstoffgemsich auf einen engen Raum. Am Ende des Verdichtungstaktes wird das Gemisch durch einen elektrischen Funken entzündet; hierdurch tritt eine sehr starke Drucksteigerung im Verbrennungsraum ein.

3. Takt (Verbrennen). Die hochgespannten heißen Verbrennungsgase versuchen sich auszudehnen und drücken bei geschlossenen Ventilen den Kolben nach unten.

4. Takt (Ausstoßen). Bei Erreichung des unteren Totpunktes des Kolbens öffnet sich das Auslaßventil, der Kolben bewegt sich nach oben und schiebt die Verbrennungsgase aus dem Zylinder hinaus.

Abb. 9.7 Darstellung des Viertakt-Verfahrens.

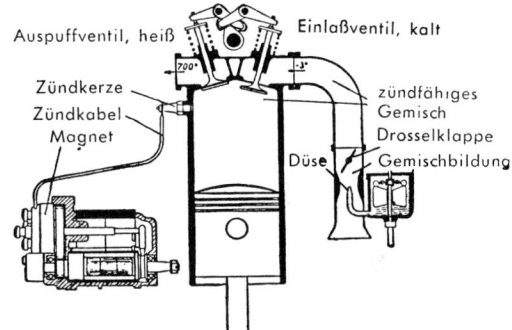

Abb. 9.8 Aufbauschema des gemischverdichtenden Viertakt-Motors mit Fremdzündung.

3. Aufbau eines Kolbentriebwerkes

mit den Baugruppen:
a) Zylinder
b) Kurbeltrieb
c) Kurbelgehäuse
d) Steuerung
e) Gemischbildung
f) Zündeinrichtung
g) Schmiereinrichtung
h) Untersetzungsgetriebe
i) Anlaßvorrichtung
k) Kühlanlage
l) Abgasanlage
m) Luftschraube

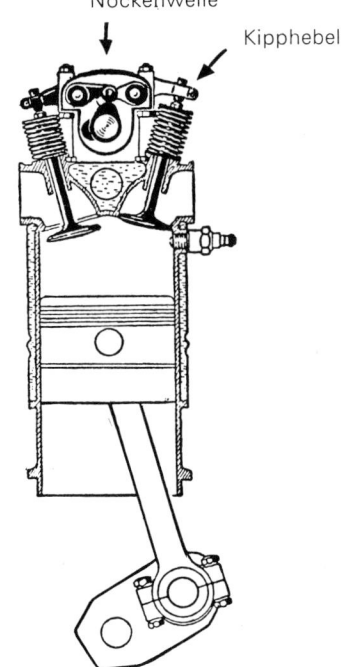

Abb. 9.9 Wassergekühlter Flugmotor mit hängenden Ventilen (gesteuert durch Nockenwelle und Kipphebel).

173

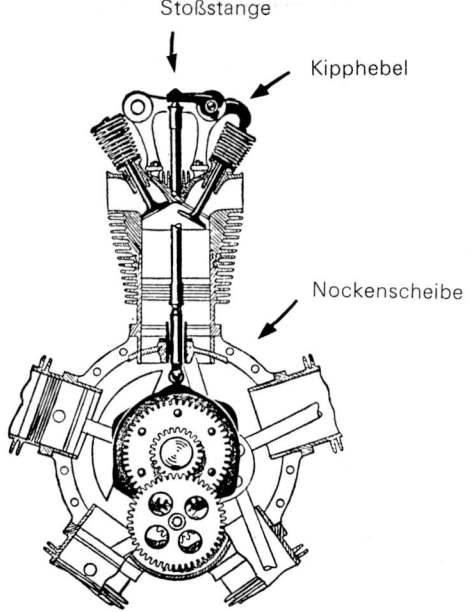

Stoßstange

Kipphebel

Nockenscheibe

Abb. 9.10 Luftgekühlter Flugmotorenzylinder mit hängenden Ventilen (gesteuert durch Nockenscheibe, Stoßstange und Kipphebel).

a) Zylinder

Die Zylinder bilden den Verbrennungsraum und dienen der Führung der Kolben. Daneben haben sie die wichtige Aufgabe, die bei der Verbrennung entstehende Wärme abzuführen. Bei flüssigkeitsgekühlten Motoren sind sie zu diesem Zweck mit einem Mantel umgeben, innerhalb dessen sich die Kühlflüssigkeit befindet; bei luftgekühlten Motoren ist die äußere Zylinderwand mit zahlreichen Kühlrippen versehen, um die Wärmeabgabe an die Luft zu erleichtern (s. Abb. 9.9 und 9.10).

Im Zylinderkopf befinden sich die Ventilsitze sowie die Öffnungen für Zündkerzen und gegebenenfalls Preßluftventile.

Während wassergekühlte Zylinder meist so gefertigt sind, daß sie einen Block bilden, haben luftgekühlte Zylinder einzeln abnehmbare Leichtmetallköpfe. Die Zylinderbuchsen bestehen allgemein aus Stahl.

b) Kurbeltrieb

Der Kurbeltrieb eines Motors umfaßt alle diejenigen Teile, die notwendig sind, um die im Zylinder entstehenden Kräfte auf die Kurbelwelle zu übertragen. Hierzu gehören die Kolben, die Pleuelstangen und die Kurbelwelle selbst.

Die Kolben sollen den Verbrennungsraum abdichten und den Verbrennungsdruck in Bewegung umsetzen. Sie werden meist aus Leichtmetall hergestellt und sind, um eine genaue Dichtung an der Zylinderwand zu erreichen, mit elastischen Metallringen versehen sowie mit besonderen Ringen zum Abstreifen des Schmieröls von der Zylinderwand.

Die Pleuelstangen haben die hin- und hergehenden Bewegungen des Kolbens auf die sich drehende Kurbelwelle zu übertragen. Sie sind mit dem Kolben durch den Kolbenbolzen verbunden und meist aus Stahl hergestellt. Bei Sternmotoren können nicht einzelne Pleuelstangen verwendet werden, vielmehr werden eine Hauptpleuelstange und eine Reihe von Nebenpleueln zu einem Pleuelstern vereinigt.

Die Kurbelwelle faßt sämtliche von den Kolben herkommenden Kräfte und Bewegungen zusammen. An ihr wird die Luftschraube befestigt; von ihr werden sämtliche Antriebe für die Steuerung und Hilfsgeräte abgenommen.

Bei Reihenmotoren besteht die Kurbelwelle meist aus einem Stück Schmiedestahl. Eine Ausnahme davon macht u. a. die Hirth-Kurbelwelle, die aus einzelnen Teilen zusammengesetzt ist. Während Kurbelwellen von Reihenmotoren mehrere Kröpfungen entsprechend der Zylinderzahl besitzen, haben Kurbelwellen von Sternmotoren für jeden Zylinderstern nur eine Kröpfung, sie sind meist aus zwei oder drei Teilen zusammengesetzt.

c) Kurbelgehäuse

Die Aufgabe des Kurbelgehäuses besteht darin, die Zylinder zusammenzufassen und zugleich die Kurbelwelle aufzunehmen. Entsprechend sind im Kurbelgehäuse die Lager für die Kurbelwelle eingebaut.

Die Herstellung des Kurbelgehäuses erfolgt meistens aus einer Leichtmetall-Legierung. Die Gehäuse sind entweder gegossen oder geschmiedet.

d) Steuerung

Das rechtzeitige Öffnen und Schließen der Ventile wird beim Motor durch die Ventilsteuerung bewirkt. Bei Reihenmotoren erfolgt dies mit Hilfe einer Nockenwelle, die entweder über der Zylinderreihe angeordnet ist und unmittelbar auf die Ventile wirkt oder die Ventile über Stoßstangen und Kipphebel betätigt.

Bei Sternmotoren erfolgt die Steuerung von einer Nockenscheibe aus, die über Stoßstangen und Kipphebel auf die Ventile eines jeden Zylinders wirkt.

e) Gemischbildung

Zur Aufbereitung des Kraftstoff-Luft-Gemisches dient bei Motoren mit Fremdzündung der Vergaser. In diesem wird der Kraftstoff durch Düsen zerstäubt.

Die Wirkungsweise des Vergasers beruht darauf, daß durch eine Düse strömende Luft eine höhere Geschwindigkeit annimmt und eine Saugwirkung entsteht. Infolge dieser Saugwirkung wird aus der Düse Kraftstoff angesaugt und vom Luftstrom mitgerissen.

Damit aus der Düse nicht freier Kraftstoff austreten kann, wird die Kraftstoffzufuhr durch den sogenannten Schwimmer geregelt, der dafür sorgt, daß der zufließende Kraftstoff nicht höher steigen kann als bis zum oberen Düsenrand.

Bei Motoren, die nach dem Dieselverfahren arbeiten, kommt das Kraftstoff-Luft-Gemisch erst im Verbrennungsraum zustande. Hierzu sind besondere Einspritzpumpen erforderlich, die die äußerst kleinen Kraftstoffmengen, die jeweils in den Zylinder eingespritzt werden müssen, richtig bemessen und in äußerst kurzer Zeit (etwa 1/1000 Sekunde) unter sehr hohem Druck einspritzen.

Für Motoren, die noch in großer Höhe aus-

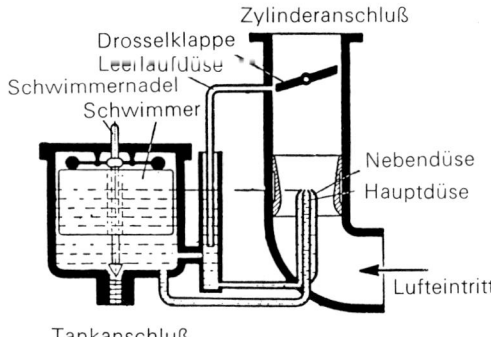

Abb. 9.11 Schematischer Aufbau eines Vergasers.

reichende Leistungen haben sollen (Höhenmotoren), genügt die von den Kolben durch den Vergaser angesaugte Luftmenge nicht. Solche Motoren besitzen daher einen Lader in Form eines Schleuderverdichters, der das im Vergaser hergestellte Kraftstoffgemisch verdichtet, bevor es in den Zylinder gelangt.

f) Zündeinrichtung

Die Zündung des Kraftstoffgemischs im Verbrennungsraum erfolgt mit Hilfe eines elektrischen Zündfunkens, der durch einen Magnetzünder bewirkt wird. Ein derartiger Magnetzünder liefert einen hochgespannten Strom, der über einen Verteiler den Zündkerzen zugeführt wird. An diesen wird durch Überspringen des Stromes über eine Luftstrecke ein Funke im jeweils richtigen Augenblick erzeugt.

g) Schmiereinrichtung

Alle bewegten Teile eines Motors, einschließlich der Kolben, müssen zur Verminderung der Reibung und Abführung der Wärme während des Betriebes geschmiert werden. Hierzu werden besondere Öle verwendet, und zwar im allgemeinen besonders behandelte Mineralöle.

Das Öl wird durch eine Pumpe zu den wichtigsten Lagern geleitet. Kolbenbolzen und Zylinderwand werden meist durch abspritzendes Öl geschmiert. Das von den Schmierstellen abtropfende Öl sammelt sich in einem Ölsumpf und wird von dort durch Pumpen über einen Kühler wieder in den Behälter zurückbefördert.

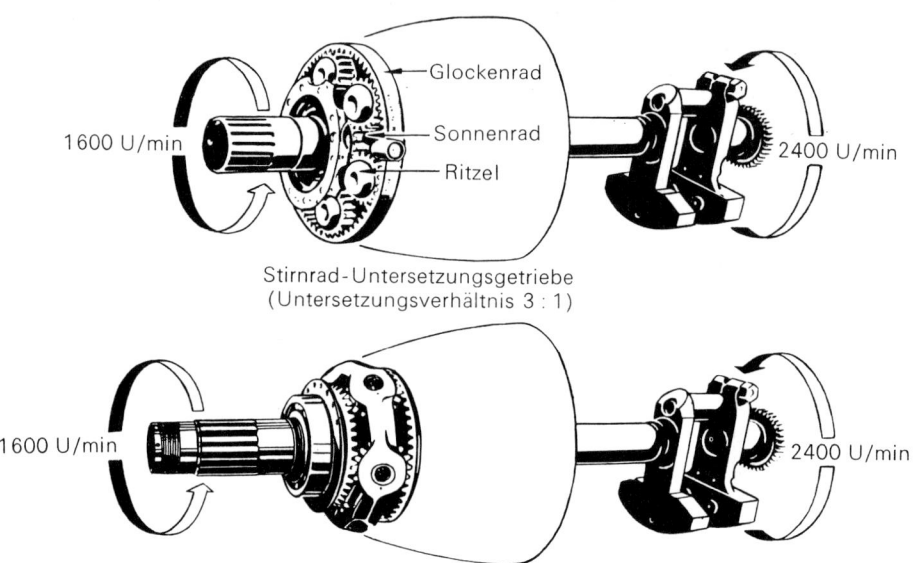

Glockenrad
Sonnenrad
Ritzel

1600 U/min

2400 U/min

Stirnrad-Untersetzungsgetriebe
(Untersetzungsverhältnis 3 : 1)

1600 U/min

2400 U/min

Kegelrad-Untersetzungsgetriebe
(Untersetzungsverhältnis 3 : 1)

Abb. 9.12 Untersetzungsgetriebe.

h) Untersetzungsgetriebe

Um die hohen Drehzahlen der Kurbelwelle eines Flugtriebwerkes auf ein günstiges Verhältnis für den Luftschraubenantrieb herabzusetzen, ist ein Getriebe erforderlich. Für Reihenmotore verwendet man Stirnradgetriebe, bei Sternmotoren meistens Kegelradgetriebe.

i) Anlaßvorrichtung

Ein selbsttätiges Anlaufen bei Verbrennungsmotoren ist nicht möglich. Das Anlassen eines Motors kann erfolgen mit:

– Druckluft (mit Preßluft, sehr selten)
– elektrischem Anlasser (Schwungkraft)
– Druckgasanlasser (Starterpatrone)

Beim Schwungkraftanlasser wird eine Schwungmasse durch einen Elektromotor auf hohe Umdrehungszahlen gebracht; die dadurch aufgespeicherte Energie bewirkt durch eine Kupplung und entsprechende Zwischengetriebe das Durchdrehen des Triebwerkes an der Kurbelwelle.

Das Beschleunigen der Schwungmasse kann auch durch Betätigen einer Handkurbel vorgenommen werden.

k) Kühlanlage

Bei luftgekühlten Motoren erfolgt die Kühlung der Zylinder unmittelbar durch den vorbeiströmenden Luftstrom. Um dessen Wirkung zu unterstützen, werden über den Motor besondere Kühlerhauben gelegt, außerdem wird durch besondere Leitbleche dafür gesorgt, daß jeder Zylinder von Kühlluft umströmt wird (TOWNEND-RING, NACA-HAUBE). Bei wassergekühlten Motoren wird mittels einer Kreiselpumpe Kühlwasser um die Zylinder geleitet. Das erwärmte Kühlwasser strömt dann zu einem Kühler, wo es die aufgenommene Wärme an die Luft abgibt, und wird dann wieder zu dem Motor zurückgepumpt.

Für flüssigkeitsgekühlte Flugmotoren werden statt Wasser hochsiedende Kühlmittel verwendet. Hierdurch ist es möglich, die Kühlstoffmenge erheblich zu verringern und den Kühler kleiner zu halten.

l) Abgasanlage

Die Abgasanlage hat ca. 30 % der dem Motor zugeführten Wärmemenge abzuführen. Die Abgase werden teilweise zur Beheizung der Flugzeugkabine und der Gemischvorwärmung genutzt.

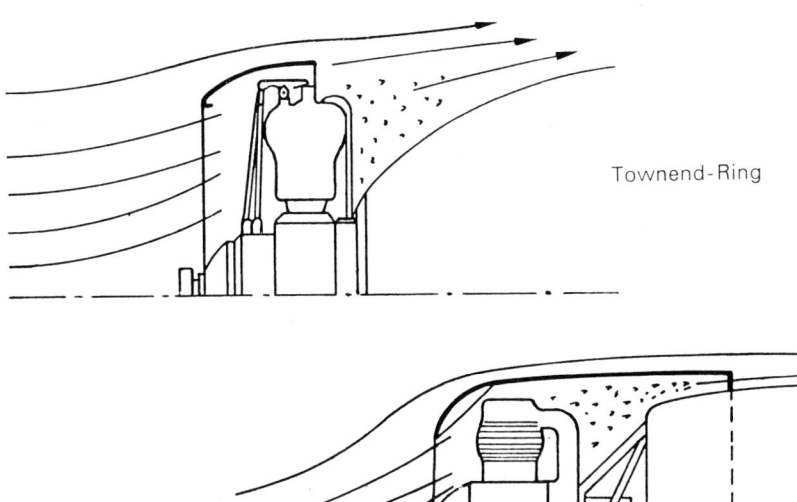

Townend-Ring

NACA-Haube

Abb. 9.13

Da die Abgase Temperaturen bis zu 1000°C erreichen, muß die Abgasanlage aus hitzebeständigem Material gefertigt sein.

Je nach Bauart des Motors erfolgt die Ab-führung der Abgase durch kurze Auspuffstutzen von jedem Zylinder direkt ins Freie oder sie werden in einem besonderen Abgasrohr – meist mit Schalldämpfern – abgeleitet.

4. Leistung eines Kolbentriebwerkes

Die Leistung eines Kolbentriebwerks wurde und wird landläufig in PS (Pferdestärken) angegeben. Heute gilt die SI-Einheit Watt (1 PS = 0.736 kW).

Normal-Leistung = 100% Leistung eines Triebwerkes ist die Leistung eines Motors, die er ohne Beschädigung für eine längere Zeit halten kann.

Start-Leistung = etwa 115–120% der Normal-Leistung

Reise-Schon-Leistung = etwa 60% der Normal-Leistung

Die Leistung ist abhängig von:
a) Hubraum
b) Verdichtungsverhältnis
c) Zylinderdruck
d) Volumetrischem Wirkungsgrad
e) Wärme-Wirkungsgrad
f) mechanischem Wirkungsgrad
g) Drehzahl, Zündung, Kühlung, Gemisch.

a) Hubraum
ist die Fläche der Zylinderbohrung multipliziert mit dem Abstand zwischen oberem und unterem Totpunkt und der Anzahl der Zylinder eines Triebwerkes, ausgedrückt in cm^3.

b) Verdichtungsverhältnis
ist das Verhältnis des Zylinderinhaltes bei der Kolbenstellung am oberen und der Kolbenstellung am unteren Totpunkt; z. B. $140\ cm^3$ zu $20\ cm^3$ ergibt ein Verdichtungsverhältnis von 7:1.

c) Zylinderdruck
ist der Maximaldruck während des Arbeitstaktes.

d) Volumetrischer Wirkungsgrad
ist das Verhältnis zwischen Zylinderinhalt und Gemischmenge, welche unter Standard-Luftdruck in den Zylinder gesogen wird. Der Vol. Wirkungsgrad beträgt 100%, wenn Ge-

177

mischdruck und Temperatur denen des äußeren Luftdrucks entsprechen.

e) Wärmewirkungsgrad

ist die Fähigkeit des Triebwerkes, die im Kraftstoff enthaltene Energie in nutzbringende Arbeit zu verwandeln. Kolbentriebwerke sind etwa bis 35% wärmewirksam. Verlust von ca. 40% durch Auspuff, 15–20% durch notwendige Kühlung und 5–10% durch Reibung.

f) Mechanischer Wirkungsgrad

ist das Verhältnis zwischen der im Zylinder entwickelten Kraft und der von der Kurbelwelle geleisteten Arbeit. Kolbentriebwerke sind etwa bis zu 90% mechanisch wirksam.

g) Drehzahl, Zündung, Kühlung, Gemisch

Die Motorleistung wird beeinträchtigt durch:

1. Explosion ist die Folge zu hoher Verdichtung (falscher Kraftstoff) oder zu hoher Gemischtemperatur = Klopfen. Daraus ergibt sich abnormer, plötzlicher Druckanstieg,

anormaler Zylinderkopf-Temperatur-Anstieg über 50%.

2. Frühzündung ergibt sich dadurch, daß glühende Kohleteilchen und heiße Zylinderwände das Kraftstoffluftgemisch schon bei dessen Eintritt oder am Anfang des Verdichtungstaktes entzünden.

Hiergegen folgendes beachten:
1. Verwendung von vorschriftsmäßigem Kraftstoff
2. Gemischtemperatur
3. Ladedruck (hoher Druck – hohe Temperatur; niedriger Druck – niedrige Temperatur)
4. Drehzahl (geringe Drehzahl – hohe Temperatur; hohe Drehzahl – niedrige Temperatur)
5. Gemisch (reiches Gemisch – niedrige Temperatur; armes Gemisch – hohe Temperatur)
6. Öltemperatur
7. Erst Gemisch anreichern, dann Drehzahl vergrößern
8. Erst Ladedruck verringern, dann Gemisch vermindern, zuletzt Drehzahl verringern.

IV. LUFTSTRAHLTRIEBWERKE

1. Allgemeines

Das Luftstrahltriebwerk erzeugt Vortrieb/Schub durch rückwärtige Verdrängung einer Masse, die im allgemeinen aus heißen Gasen besteht. Dies ruft eine gleiche Wirkung in entgegengesetzter Richtung hervor, die das Flugzeug vorantreibt. Die Stärke der dadurch hervorgerufenen Schubkraft hängt ab von der in das Triebwerk einströmenden Luftmengenmasse und ferner davon, inwieweit diese Luftmengenmasse mit Brennstoff vermischt, beschleunigt und ausgestoßen wird. Sie wird grob berechnet aus der Differenz der Geschwindigkeit der ausströmenden Masse zur Fluggeschwindigkeit:

$$S = m \cdot (C_{gas} - V_{flug}).$$

Rückstoßtriebwerke beruhen auf dem Prinzip von Newtons Drittem Gesetz über Wirkung und Gegenwirkung (Impulssatz – s. Kap. 7 Flugtheorie).

Sie ähneln sich im Prinzip der Arbeitsweise, wenngleich auch die verschiedenen Typen in Einzelheiten des Aufbaus und der Leistung mitunter stark voneinander abweichen.

Früher, teilweise heute noch, gab und gibt man die Leistungen eines Luftstrahltriebwerkes in kp-Schub (1 kp = 9.81 N) an.

Die Kenngröße Schub (thrust) ergibt sich

aus der Schubgleichung des Impulssatzes:

$$S = m \cdot (c_D - v_0) + m_K c_D + (p_D - p_0) A_D$$

S = Schub (N, kN, daN)

m = Luftdurchsatz (kg/s)

m_K = Kraftstoffverbrauch (kg/s)

c_D = Austrittsgeschwindigkeit des Strahls (m/s)

v_0 = Fluggeschwindigkeit (m/s)

p_D = statischer Druck am Austritt (N/m²)

p_0 = atmosphärischer Druck (N/m²)

A_D = Austrittsquerschnitt (m²)

Daraus folgt, daß sich der Schub hinsichtlich wachsender Fluggeschwindigkeit bis zu einer gewissen Grenze erhöht, bei steigender Mach-Zahl aber durch höhere Verdichtungs-/

Reibungstemperaturen abnimmt.

Der Schub wechselt also mit Höhen-, Luftdruck- und Geschwindigkeitsveränderungen. Zur vereinfachten Berechnung des Standschubes ein Beispiel:

m = 103 kg/s

c_D = 600 m/s

v_0 = 0 (Standfall)

m_K = wird vernachlässigt

$p_D = p_0$ (vollständige Expansion)

$$S = m \cdot c_D = 103 \cdot 600 \, \frac{\text{mkg}}{\text{s}^2}$$

$$= 61\,800 \text{ N} = 61.8 \text{ kN (etwa 6300 kp)}$$

2. Unterscheidung von Luftstrahltriebwerken

nach äußeren Merkmalen:

Propeller-**T**urbinen-**L**uftstrahltriebwerke (PTL)

mit einfachem Axialverdichter

mit einfachem Axial-Radialverdichter

mit zweistufigem Radialverdichter

mit Axial-Radialverdichter und Freilaufturbine für die Luftschraube

mit Doppelaxialverdichter und Doppelturbine

mit Niederdruckteil für den Luftschraubenantrieb.

Turbinen-**L**uftstrahltriebwerke (TL)

mit einfachem Radialverdichter

mit einfachem Axialverdichter

mit Doppelaxialverdichter und Doppelturbine (einkreisig und zweikreisig)

mit Axial-Radialverdichter

mit Radial-Axialverdichter

Zweikreis-**T**urbinen-**L**uftstrahltriebwerke (ZTL)

nach Art der Verdichter:

mit Radialverdichtern

einstufig und einflutig

einstufig und zweiflutig

mehrstufig

mit Axialverdichtern

Einkreis-Turbinen

Zweikreis-Turbinen

einachsig

zweiachsig

mit verbundener Hoch- u. Niederdruckstufe – einachsige Einkreis-Turbinen

mit getrennter Hoch- und Niederdruckstufe – zweiachsige Zweikreis-Turbinen,

mit Diagonalverdichtern

mit Radial-Axialverdichtern

einachsig

zweiachsig

mit Axial-Radialverdichtern

einachsig

zweiachsig

3. Die Arbeitsweise von Luftstrahltriebwerken

Durch den Lufteinlaß wird die Luft zum Verdichter geführt und der Druck in diesem auf das etwa 4–12fache erhöht.

Der verdichtete Luftstrom tritt durch Schlitze in die Brennkammern, in denen er in wirbelnde Bewegung versetzt wird. Durch Dü-

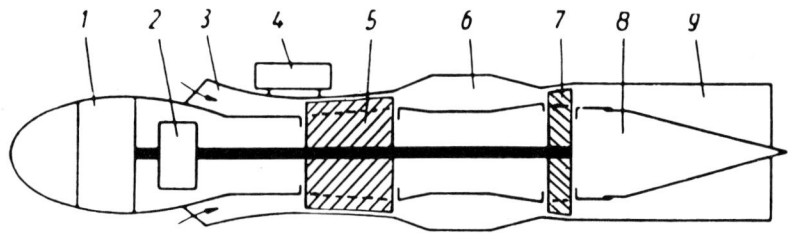

1 Luftschraubennabe
2 Getriebe
3 Lufteintritt
4 Anlasser
5 Verdichter
6 Brennkammer
7 Turbine
8 Reguliereinsatz
  der Schubdüse
9 Schubdüse

Einwellige Propellerturbine mit Axialkompressor
(single-shaft turboprop)

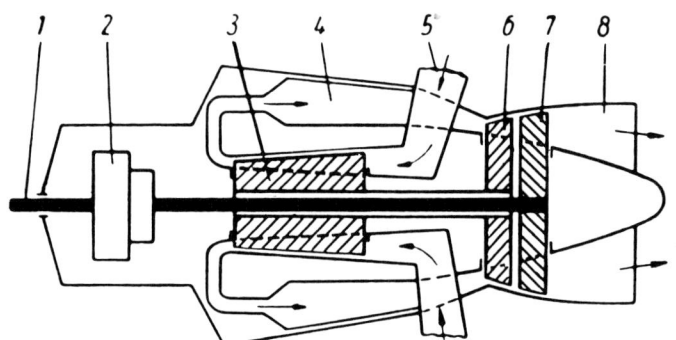

1 Luftschraubenwelle
2 Getriebe
  und Kupplung
3 Verdichter
4 Brennkammer
5 Lufteintritt
6 Hochdruckturbine
7 Niederdruck-
  turbine
8 Schubdüse

Zweiwellen-PTL in getrennter Anordnung
(twin-shaft turpoprop)

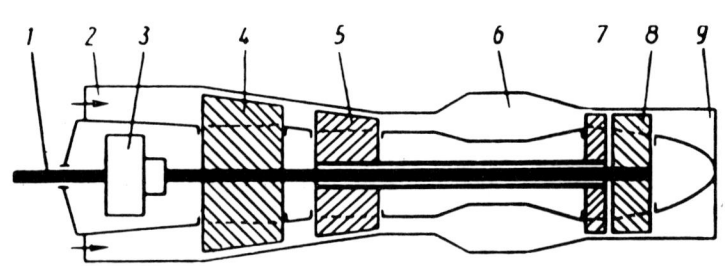

1 Luftschrauben
  Welle
2 Lufteintritt
3 Getriebe
  und Kupplung
4 Niederdruck-
  verdichter
5 Hochdruck-
  verdichter
6 Brennkammer
7 Hochdruckturbine
8 Niederdruck-
  turbine
9 Schubdüse

Zweiwellen-PTL in Verbundbauweise (Doppelverdichter)
(two-spool turboprop)

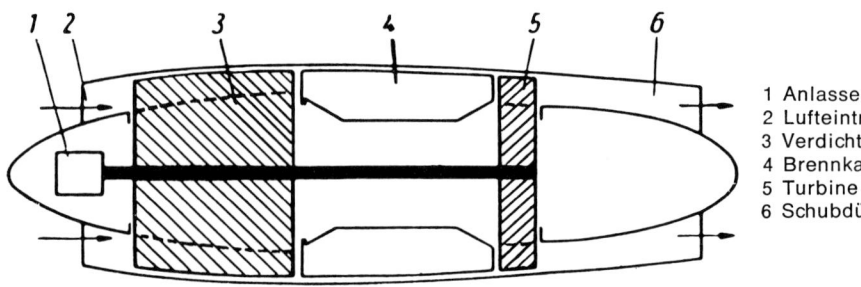

1 Anlasser
2 Lufteintritt
3 Verdichter
4 Brennkammer
5 Turbine
6 Schubdüse

Einwellige Strahlturbine mit Axialkompressor
(straight-jet)

Abb. 9.14 Triebwerke Tafel I.

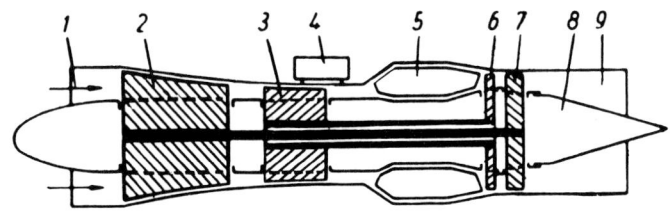

1 Lufteintritt
2 Niederdruck-
  verdichter
3 Hochdruck-
  verdichter
4 Anlasser
5 Brennkammer
6 Hochdruckturbine
7 Niederdruck-
  turbine
8 Reguliereinsatz
  der Schubdüse
9 Schubdüse

Strahlturbine mit Doppelverdichter
(two-spool jet)

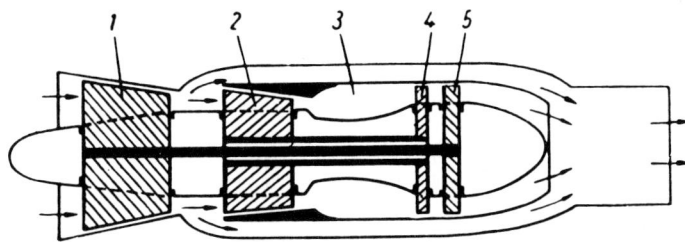

1 Niederdruck-
  verdichter
2 Hochdruck-
  verdichter
3 Brennkammer
4 Hochdruckturbine
5 Niederdruck-
  turbine

Front-Zweistromturbine mit geschlossenem Mantel
(ducted front-fan jet)

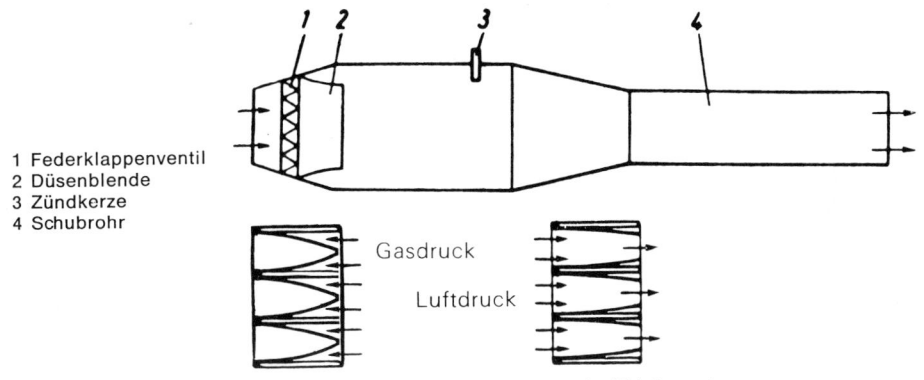

1 Federklappenventil
2 Düsenblende
3 Zündkerze
4 Schubrohr

Gasdruck

Luftdruck

Pulsostrahl Triebwerk

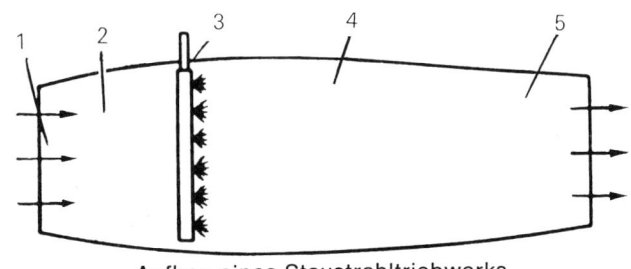

1 Lufteintritt
2 Diffusor
3 Treibstoffeinspritzung
4 Brennkammer
5 Schubrohr

Aufbau eines Staustrahltriebwerks

Abb. 9.15 Triebwerke Tafel II.

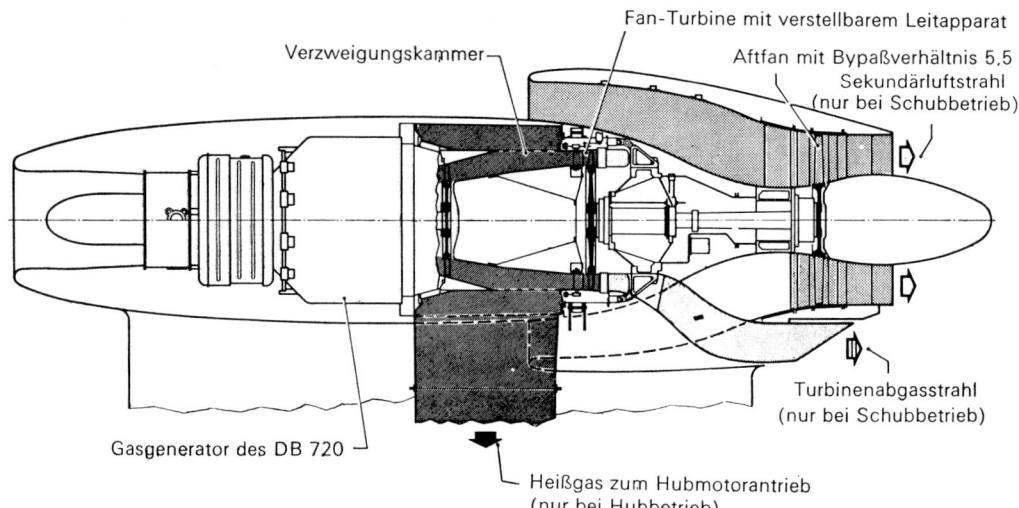

Abb. 9.16 Das Luftstrahltriebwerk DB 720, das sowohl als Hub- als auch Schubtriebwerk geeignet ist.

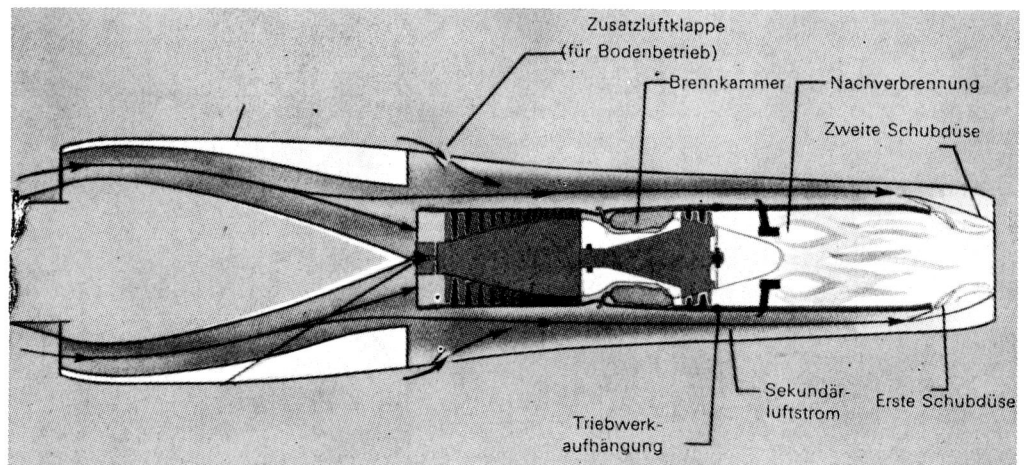

Abb. 9.17 Strömungsverlauf in einem Hochleistungsstrahltriebwerk.

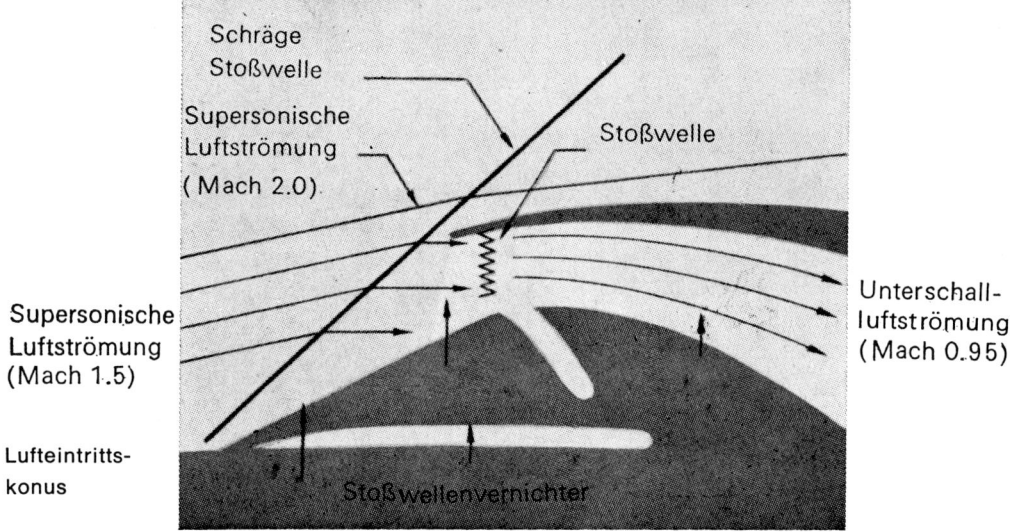

Abb. 9.18 Strömungsverlauf am Lufteintritt eines modernen Strahltriebwerks.

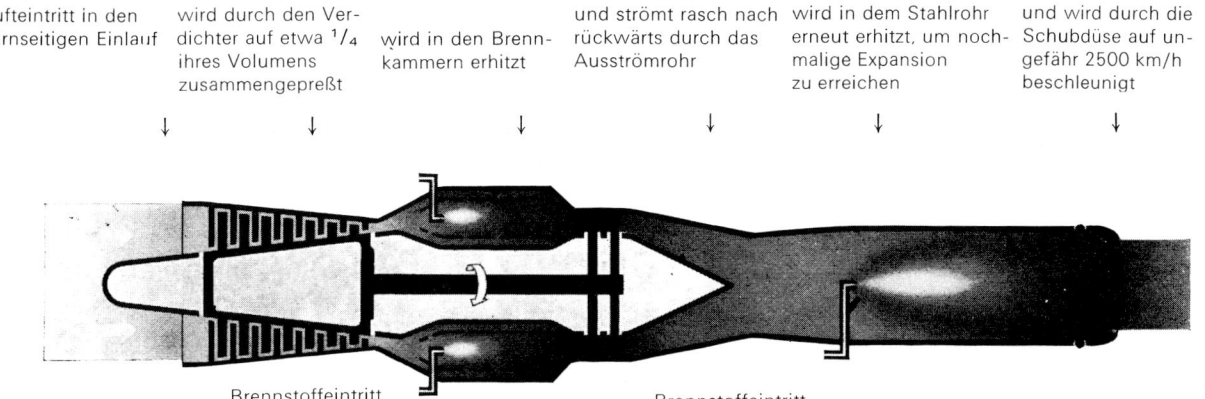

Lufteintritt in den stirnseitigen Einlauf | wird durch den Verdichter auf etwa $^1/_4$ ihres Volumens zusammengepreßt | wird in den Brennkammern erhitzt | und strömt rasch nach rückwärts durch das Ausströmrohr | wird in dem Stahlrohr erneut erhitzt, um nochmalige Expansion zu erreichen | und wird durch die Schubdüse auf ungefähr 2500 km/h beschleunigt

Brennstoffeintritt

Brennstoffeintritt im Nachbrennteil

Die erhitzten, an den Turbinenschaufeln expandierenden Gase treiben die Turbine zum Antrieb des Verdichters

Veränderliche Düse, für den expandierenden Gasstrom voll geöffnet

Abb. 9.19 Schema eines TL-Triebwerks mit Nachbrenner.

sen wird Kraftstoff eingespritzt, der sich mit der Luft zu einem Gemisch vereinigt. Zum Anlassen erfolgt dessen Zündung durch zwei bis mehrere in einigen Brennkammern eingebaute Zündkerzen, hernach über den Zündkanal durch das bereits brennende Gemisch. Durch die Verbrennung entsteht in der Verbrennungszone eine Erhitzung von etwa 1600 bis 2000°C, welche auf dem Weg zur Düse durch Mischung mit noch nicht mit Treibstoff in Verbindung gebrachte Luft bis auf etwa 600 bis 800°C zurückgeht.

Infolge des Druckunterschiedes zwischen dem Druck der verbrannten Gase und der Außenluft strömt das Gas auf die Schaufeln des Laufrades der Turbine und setzt diese in eine Drehbewegung. Die Turbinenwelle treibt den Verdichter.

Bei einkreisigen Triebwerken strömt die Luft über Lufteinlaß, Verdichter, Turbine zur Düse. Bei zweikreisigen Triebwerken wird der Luftstrom unterteilt, in Primär- und Sekundär-(by-pass)Luftstrom. Dieser Sekundär-Luftstrom wird über die besonders wärmebeanspruchten Brennkammern und Turbinenteile zu deren Kühlung geführt. Er vereinigt sich hinter der Turbine mit dem verbrannten Gemisch und tritt zusammen mit diesem aus der Düse aus. Die austretenden Gase entspannen sich auf den atmosphärischen Außenluftdruck. Ihre Energie wird in Schub umgesetzt. Ein Zweikreis-Triebwerk erreicht infolge einer Erhöhung der austretenden Masse einen höheren Vortriebswirkungsgrad. Durch Nachbrenner kann die Schubleistung für kurze Zeit erhöht werden. Hierbei wird in den noch – besonders bei zweikreisigen Triebwerken – sauerstoffhaltigen Abgasstrom nochmals Kraftstoff eingespritzt und das so entstandene zusätzliche Gemisch zur Verbrennung gebracht. Es entsteht dadurch eine Erhöhung des Gasdruckes, der eine Erhöhung der Schubleistung bewirkt. Dieses Verfahren wird nur bei Start, Steigflug und in gewissen Kampfsituationen angewendet.

Propeller-Turbinen-Luftstrahltriebwerke (PTL) sind Luftstrahltriebwerke, deren Leistung auf eine Luftschraube gegeben wird, welche über ein Untersetzungsgetriebe von der Turbinen- und Verdichterwelle Bewegung und Kraft erhält.

Die Arbeitsweise eines PTL entspricht grundsätzlich der eines TL, welches oben bereits beschrieben ist.

Die Leistung eines PTL ist die Standleistung am Boden in Meereshöhe. Sie wird meist ausgedrückt in ehp (equivalent horse-

183

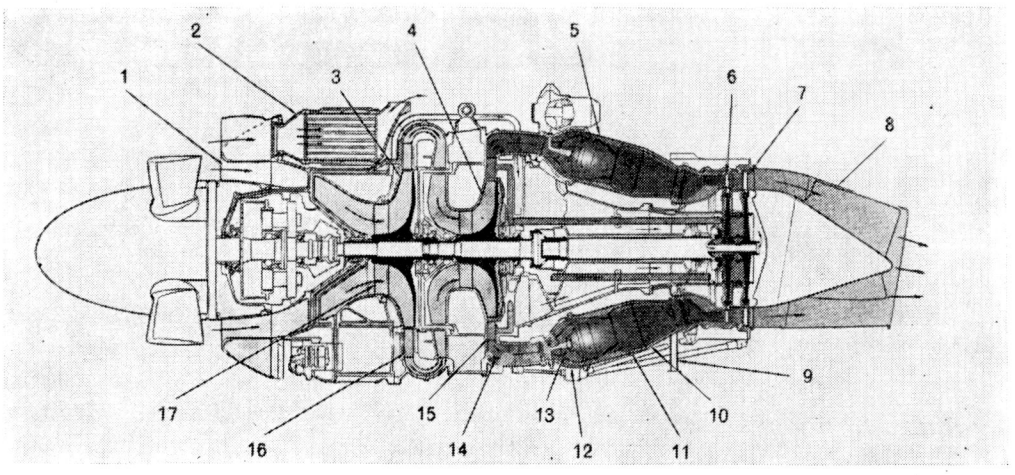

1 Lufteintritt	7 Niederdruck-Turbine	13 Brenner
2 Ölkühler	8 Schubdüse	14 Leitschaufeln
3 Verdichterstufe I	9 Kühlluft-Auslaß	15 Diffusor der Stufe II
4 Verdichterstufe II	10 Flammrohr	16 Diffusor der Stufe I
5 Brennkammer	11 Luftmantel	17 Rotierende Leitschaufel
6 Hochdruck-Turbine	12 Expansionskammer	

Abb. 9.20 Schnittbild einer Propellerturbine mit zweistufigem Radialverdichter.

power), d. h. Wellenvergleichsleistung, wobei die Wellenleistung der Luftschraube in PS angegeben wird. Der austretende Gasstrahl erzeugt noch einen kleinen Restschub, der ebenfalls dem Vortrieb dient. Er wird bei der Leistungsangabe des PTL entsprechend einer international festgelegten Norm derart einbezogen, daß für jeweils 1 N Restschub = 0.068 kW (0.093 PS) gesetzt werden (1 N = 0.102 kp!).

Abb. 9.21 Aufbau eines Turbinenluftstrahltriebwerks.

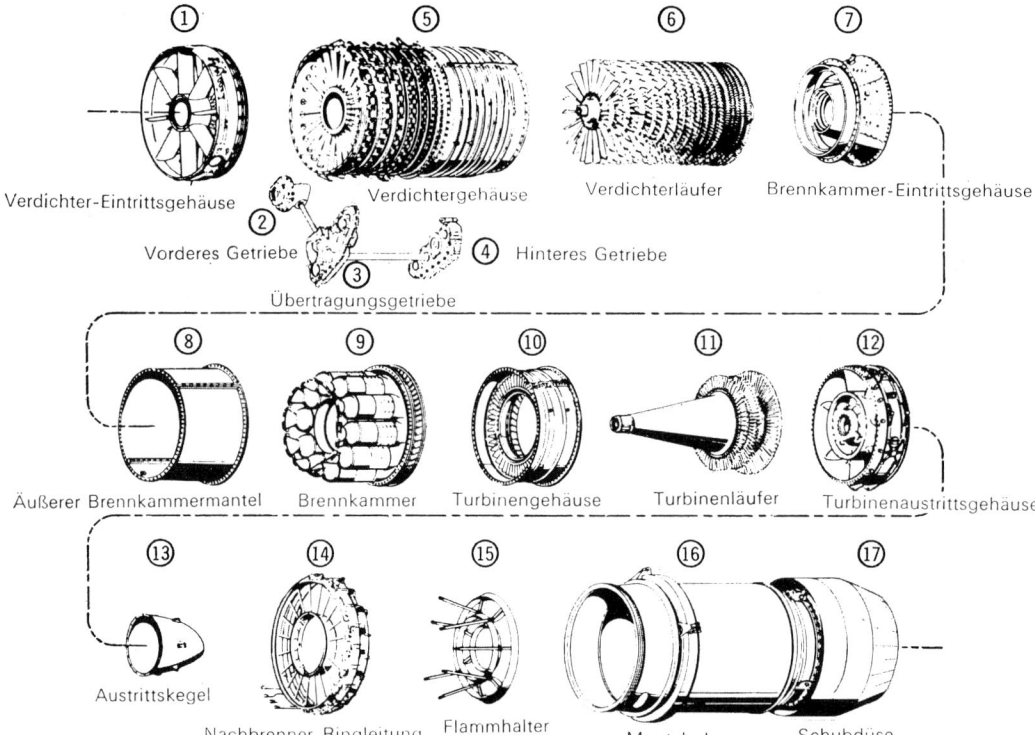

4. Aufbau eines TL-Triebwerkes

mit den Baugruppen:
a) Lufteinlaufteil
b) Verdichterteil
c) Brennkammerteil
d) Turbinenteil
e) Gasaustrittsteil
f) Nachbrenner
g) Läuferteil
h) Geräteteil

a) Lufteinlaufteil

Der Lufteinlaufteil wird meist in einem Guß-stück aus einer Leichtmetall-Legierung ge-fertigt und nimmt gelegentlich den Anlasser auf. Das vordere Hauptlager des Läufers liegt im Mittelkörper, der durch drei oder vier Hohlstreben im Lufteinlaufteil befestigt ist.

b) Verdichterteil

Um einen hohen thermodynamischen Wir-kungsgrad auch bei geringem Staudruck (Anlassen, Start) in einem TL-Triebwerk zu erhalten, muß die Luft zusätzlich um ein Viel-faches verdichtet werden; je nach Aufbau liegen die Werte zwischen 4:1 und 14:1.

Das Verdichtergehäuse ist mit dem Luft-einlaufgehäuse fest verbunden und mit soge-

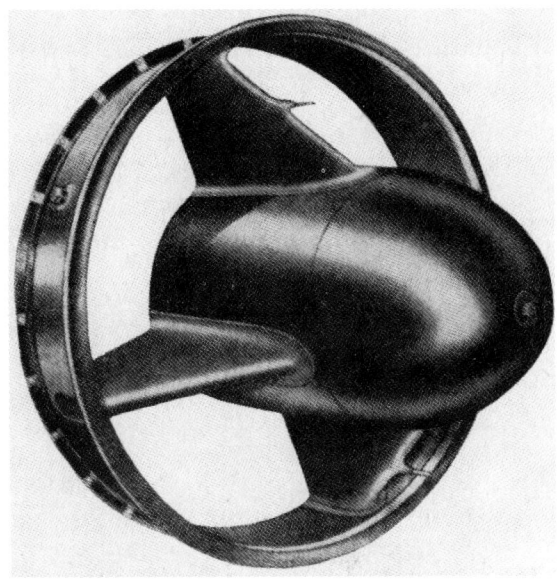

Abb. 9.22 Lufteinlaufteil.

nannten Diffusor-Leitschaufeln (stator bla-des) versehen und der Form des Verdichter-laufrades angepaßt.

Die Luft wird durch die besondere, aerody-namisch günstige Formgebung der Diffusor- und Verdichterleitschaufeln immer höher ver-dichtet und damit erwärmt, bis sie über rechtwinklige Krümmer zu den Brennkam-mern geleitet wird.

Abb. 9.23 Diffusorleitschaufeln.

185

c) Brennkammerteil

Brennkammern müssen sehr hohen Temperaturen widerstehen und werden daher aus hochwarmfestem Material hergestellt. Man unterscheidet:
– Ringbrennkammer
– Brennerrohrsystem mit einzelnen Brennerrohren.

Die **Ringbrennkammer** setzt sich aus einem Außenteil, einem Innenteil und dem vorderen Kammerabschluß zusammen (dieser kann auch als Luftleitblech ausgebildet sein). Zur Sekundär-(Kühl-)Luftführung ist diese Brennkammer mit einem äußeren Mantel und innerem Abschirmblech zur Läuferwelle versehen.

Das **Brennerrohrsystem** besteht aus einzelnen mit Löchern versehenen Rohren, denen die verdichtete Luft über ein sogenanntes Wirbelmundstück zugeführt und Brennstoff eingespritzt wird. Auch hier wird die Sekundärluft von einem äußeren Gehäuse zugeführt. Zur Erzielung einer gleichmäßigen Flammfront beim Anlassen und Betrieb sind die Gehäuse durch Rohrstutzen miteinander verbunden.

Brennerrohr- und Ringbrennkammer-Verbrennungsvorgang unterscheiden sich nicht.

Der **Verbrennungsprozeß** erfolgt mit hohem Luftüberschuß. Etwa 20 bis 30 % der Gesamtluft – Primärluft genannt – tritt durch ein als Schaufelwirbler ausgebildetes Mundstück und weitere zusätzliche Öffnungen in die sogenannte Brennzone, den vorderen Teil des Flammrohres.

In der Mitte des Mundstückes befinden sich Einspritzdüsen, durch deren Anordnung sich eine günstige Gemischbildung mit stabi-

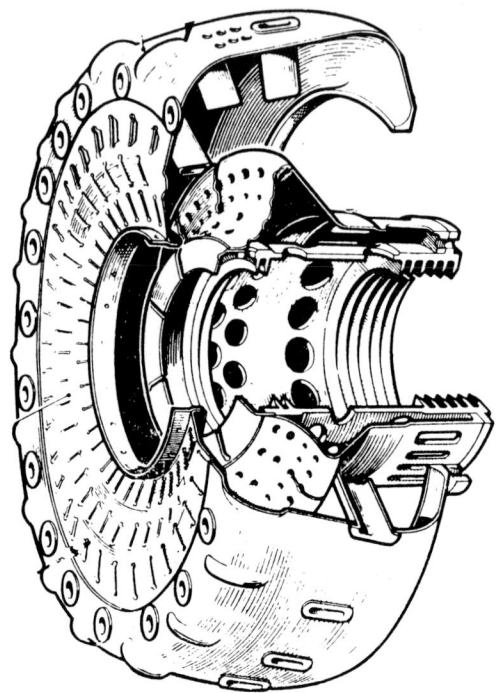

Abb. 9.24 Ringbrennkammer.

lem Verbrennungsablauf in der Flammfront ergibt.

Der verbleibende Teil der Luft – Sekundärluft genannt –, 70–80% der Gesamtluft, strömt durch den zwischen Gehäuse und Flammrohr gebildeten Ringraum, gelangt durch Öffnungen in den hinteren Teil des Flammrohres – die Mischzone – und vermischt sich hier mit den Verbrennungsprodukten aus der Brennzone.

Der Verbrennungsprozeß muß bis vor Eintritt der Gase in die Turbinenschaufeln beendet sein, andernfalls die Flammen die Turbinenschaufeln zerstören würden.

d) Turbinenteil

Im Turbinenteil geben die Verbrennungsgase einen Teil ihrer Arbeit zum Antrieb des Ver-

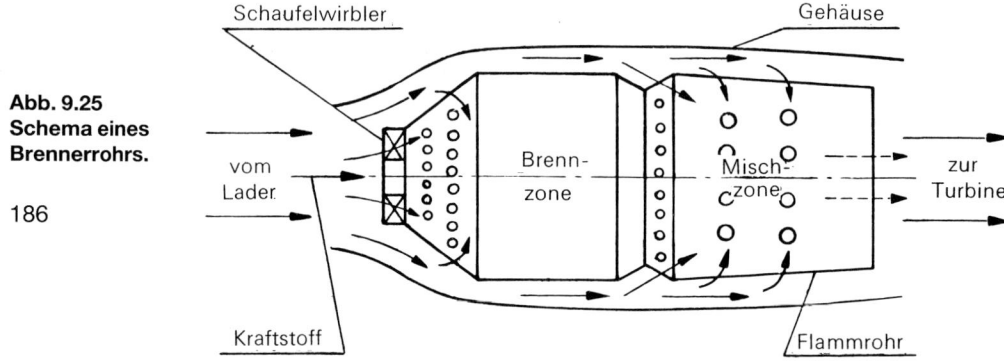

Abb. 9.25 Schema eines Brennerrohrs.

Schaufelwirbler

Gehäuse

vom Lader

Brennzone

Mischzone

zur Turbine

Kraftstoff

Flammrohr

dichters und des Geräteteils ab. Das Turbinenlaufrad ist Teil des Läufers (siehe g).

Das Turbinengehäuse beherbergt häufig das hintere Lager des Läufers.

e) Gasaustrittsteil

Im Gasaustrittsteil des Triebwerks dehnen sich die Gase aus und erzeugen dadurch Schubkraft. Der hinter der Turbine herrschende Gasdruck wird in der Schubdüse in Strömungsenergie umgewandelt. Der durch verkleidete Träger des Ausström-Konus gerichtete Abgasstrom verläßt das Strahlrohr mit atmosphärischem Druck und hoher Geschwindigkeit.

f) Nachbrenner

Der hohe Luftüberschuß (Sekundärluft) erlaubt es, hinter der Turbine zusätzlich Brennstoff einzuspritzen. Der gesamte Energiegehalt wird in Schub umgesetzt, da Antriebsverluste für Verdichter, Geräte etc. entfallen. Die Schubvergrößerung beträgt zwischen 30% und 50%, ist jedoch mit relativ hohem Kraftstoffverbrauch verbunden.

g) Läuferteil

Der Läufer ist die einzige in einem TL-Triebwerk sich drehende größere Baugruppe, bestehend aus:
- Verdichter-Laufradgruppe
- Turbinen-Laufradgruppe
- Turbinenwelle

Das **Verdichterlaufrad** für Triebwerke mit radialer Luftführung kann einseitig oder doppelseitig wirken.

Bei Triebwerken mit axialer Luftführung ist die Verdichterlaufradgruppe mehrstufig aufgebaut.

Da bei steigendem Druck das Volumen der Luftmasse kleiner wird, muß der Durchgangsquerschnitt der hintereinanderliegenden Leichtmetall- oder Stahl-Verdichterstufen verkleinert werden, um die Luftströmungsgeschwindigkeit konstant zu halten.

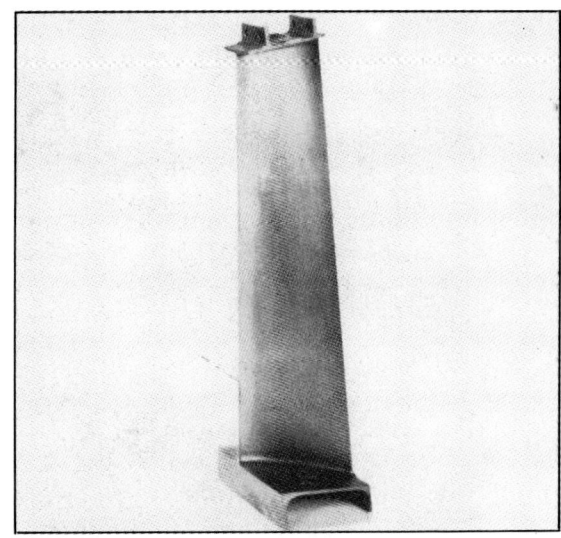

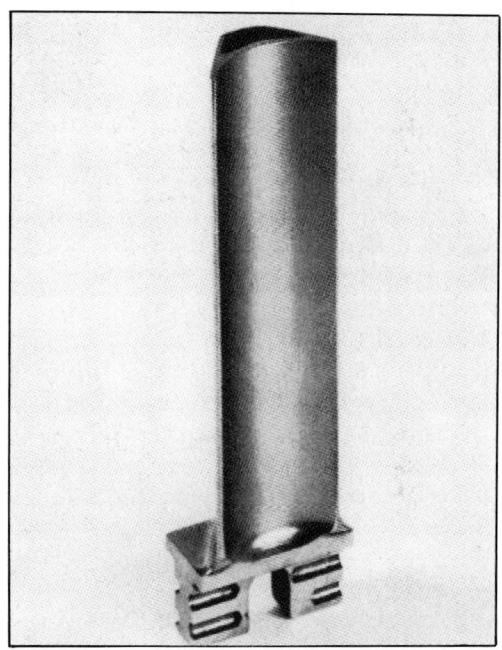

Abb. 9.26 Verdichter-Leitschaufel und Turbinen-Laufschaufel.

Die **Turbinenlaufradgruppe** kann ein- oder mehrstufig sein und ist aus warmfestem Material hergestellt. Bei kleinen Triebwerken besteht das Turbinenlaufrad aus einem, aus dem Vollen gefrästen Stück. Bei größeren Triebwerken werden Scheibenkörper und Schaufeln gesondert gefertigt.

Die **Läufer- bzw. Turbinenwelle** verbindet den Verdichter-Läuferteil mit dem Turbinen-

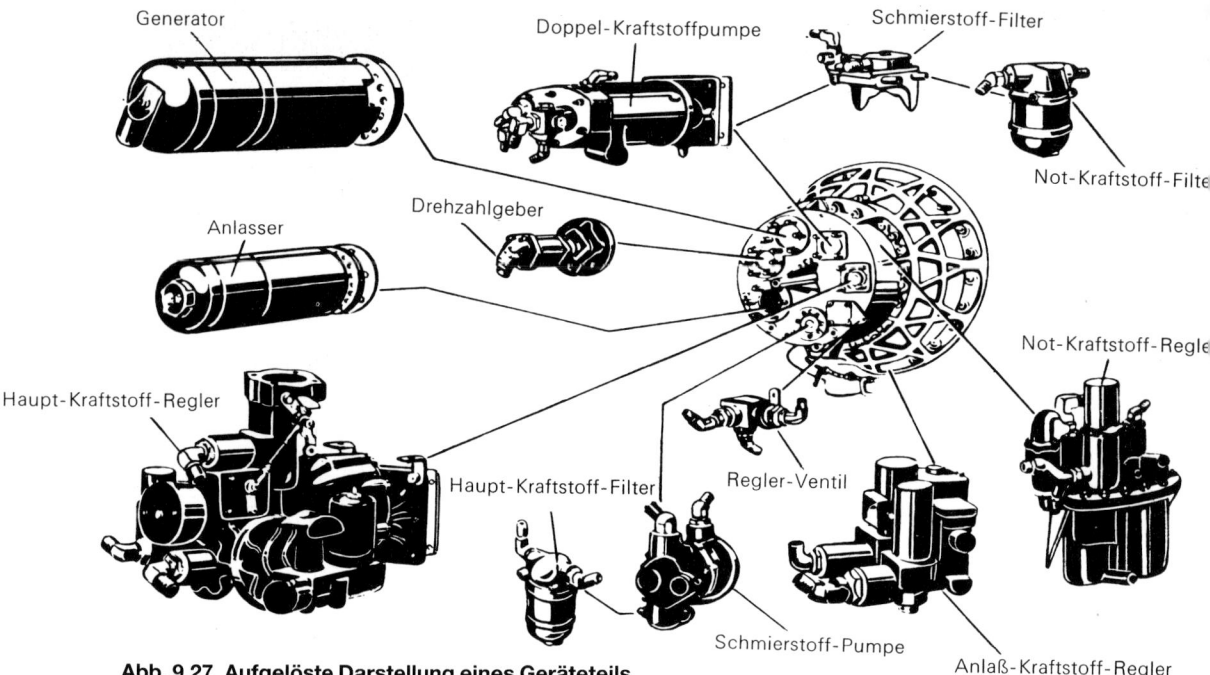

Generator
Doppel-Kraftstoffpumpe
Schmierstoff-Filter
Not-Kraftstoff-Filter
Anlasser
Drehzahlgeber
Not-Kraftstoff-Regler
Haupt-Kraftstoff-Regler
Haupt-Kraftstoff-Filter
Regler-Ventil
Schmierstoff-Pumpe
Anlaß-Kraftstoff-Regler

Abb. 9.27 Aufgelöste Darstellung eines Geräteteils.

läuferteil und ist meist eine hohle Stahlwelle, bei größeren Triebwerken gelegentlich auch geteilt, Kupplungen verbinden beide Wellenteile miteinander.

h) Geräteteil

Der Geräteteil soll die sichere, geregelte Funktion eines TL-Triebwerkes sicherstellen. Bei Radialverdichter-Triebwerken werden die Geräte am vorderen Teil des Verdichtergehäuses, beim Axialverdichter-Triebwerk am äußeren Teil des Verdichtergehäuses angebracht. Zum Geräteteil gehören im einzelnen:
– Geräteantrieb
– Kraftstoffversorgungs- und Regelanlage
– Zündanlage
– Anlasser
– Schmieranlage

Der **Geräteantrieb** erfolgt bei Radialverdichter-Triebwerken über ein Zwischengetriebe, das von der Läuferwelle direkt bei Axialverdichter-Triebwerken durch Königswellen (Welle mit Kegelrädern) angetrieben wird.

Die **Kraftstoffversorgungs- und Regelanlage** erzielt durch geregelte Kraftstoffzufuhr entsprechend dem Luftdurchsatz den besten Wirkungsgrad eines Triebwerkes. Der Flugzeugführer wählt mittels des Leistungshebels lediglich die Drehzahl und Schubleistung.

Änderung von Flughöhe und Fluggeschwindigkeit führen zur Veränderung des Lufteintrittdruckes und damit zur Veränderung des Luftdurchsatzes.

Kraftstoffpumpen mit veränderlicher Leistung fördern die erforderliche Kraftstoffmenge. Bei großen Beschleunigungen tritt ein Beschleuniger-Regelgerät in Tätigkeit, das zu hohe Strahlrohrtemperaturen und Schwingungen vermeidet (evtl. »compressor-stall«).

Um das Arbeiten eines TL-Triebwerkes sowohl beim Anlassen und im Leerlauf als auch bei Vollgas sicherzustellen, werden Zweimengen-Einspritzdüsen verwendet.

Die Nebendüse arbeitet nur beim Anlassen und Leerlauf, während die Hauptdüse nur bei höheren Drehzahlen einsetzt.

Die **Zündanlage** (Hochenergie) führt über abgeschirmte Zündkabel die in Transformatoren erzeugte Zünd-Spannung von 12 000–28 000 Volt den Zündkerzen zu. Die Zündkerzen sitzen meist in zwei sich gegenüberliegenden Brennerrohren und entzünden während des Anlaßvorganges das Kraftstoff-Luftgemisch, das gleich einer Flammfront sich auf die übrigen Brennerrohre verbreitet.

Anlasser von TL-Triebwerken erfordern hohe Leistung, um die relativ hohe Anlaß-zünddrehzahl zu erreichen. Das Anlaßdreh-moment kann auf verschiedene Arten erzeugt werden:

Anlaß-Stromerzeuger

— **Elektromotor-Generator,** der zum Anlassen als Motor, beim Lauf des Triebwerks als stromerzeugender Generator arbeitet.
— **Preßluft- oder Druckluftanlasser** erhalten ihren Antrieb durch Aggregate oder Stahlflaschen mit hohen Drücken (150 atü).
— **Kraftstoff-Luft-Verbrennungsstarter (Turbinenanlasser)** sind bordeigene Kraftquellen, die auch wiederholtes Anlassen im Fluge erlauben. Diese Anlasser bestehen aus einer Brennkammer, in der ein Kraftstoff-Luft-Gemisch durch Zündkerzen entzündet wird. Die Verbrennungsgase treiben eine kleine, hochtourige Turbine, die durch eine Fliehkraft-Kupplung das Triebwerk durchdreht (Hilfsturbine/APU).
— **Patronen-** oder **Kartuschen-Anlasser** arbeiten ähnlich den Turbinenanlassern, nur erfolgt der Antrieb der Starterturbine durch Gasdruck der Starterpatrone.

Druckluft-Anlasser

Die Schmieranlage eines TL-Triebwerkes ist ein in sich abgeschlossenes System. Da das Öl während des Umlaufs nur wenig Wärme aufnimmt, wird meist auf besondere Öl-kühler verzichtet. Druck- und Rückförder-Öl-pumpen stellen den Kreislauf zu den verschiedenen Schmierstellen wie Hauptlager, Getriebe usw. sicher.

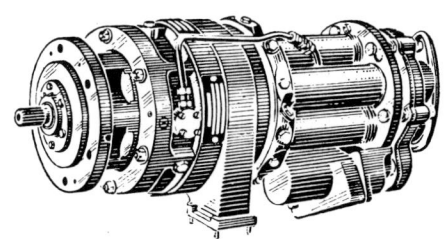

Turbinen-Anlasser

Abb. 9.28 Anlassertypen.

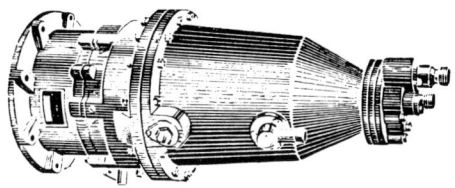

Kraftstoff-Anlasser

Elektrischer Anlasser

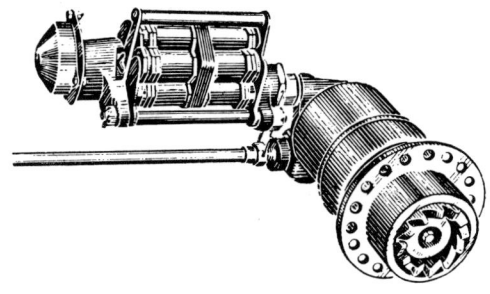

Patronen-Anlasser

V. STAUSTRAHLTRIEBWERKE

Staustrahltriebwerke sind die einfachsten Verbrennungskraftmaschinen, die bisher entwickelt wurden, nur liegen die wirtschaftlichsten Arbeitsbereiche jenseits der Schallgrenze, was wiederum erfordert, daß ein damit ausgerüsteter Flugkörper erst auf entsprechend hohe Fluggeschwindigkeiten gebracht wird, z. B. durch
- Katapultieren
- Propeller- oder Turbinenstrahlantrieb
- Startraketenantrieb (JATO – jet assisted take off)

Ferner wird der Sauerstoff der Luft für die Verbrennung benötigt, womit das Triebwerk also nur für Flugkörper Verwendung finden kann, die nicht die umhüllende Erdatmosphäre verlassen.

Der Aufbau eines Staustrahltriebwerks ist denkbar einfach, es besteht aus:
a) Lufteintritt
b) Diffusor
c) Treibstoffeinspritzung
d) Brennkammer
e) Abgasdüse

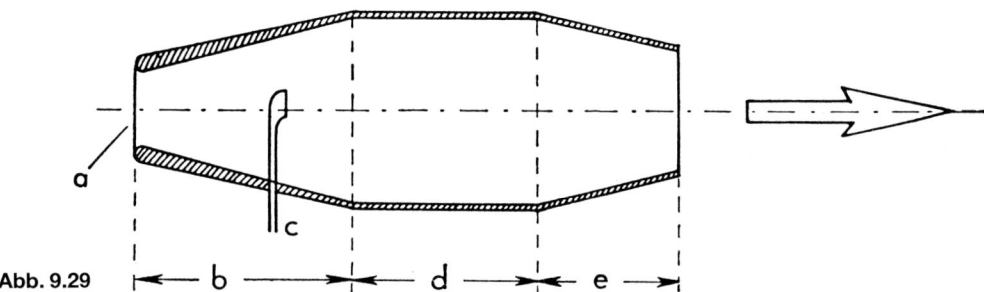

Abb. 9.29

Die Schubkraft eines Staustrahltriebwerkes ist abhängig von der einströmenden Luftmenge und ferner inwieweit diese Luftmenge durch das Brennstoffgemisch beschleunigt wird. Um eine Strömungsgeschwindigkeit – einen Stau – zu erhalten, d. h. um durch Verdichtung funktions- und leistungsfähig zu werden, muß das Triebwerk erst auf eine bestimmte Geschwindigkeit gebracht werden.

Der Standschub eines Staustrahltriebwerks ist gleich Null.

Die Wirkungsweise des Staustrahltriebwerks ist kurz erläutert:

Luft strömt mit einer bestimmten Geschwindigkeit durch den Lufteintritt, in dem sie ein mehr oder weniger kompliziertes System von Verdichtungsstößen durchläuft. Durch die Eigenart des Diffusors wird die Geschwindigkeit verringert. Der einfache Dif-

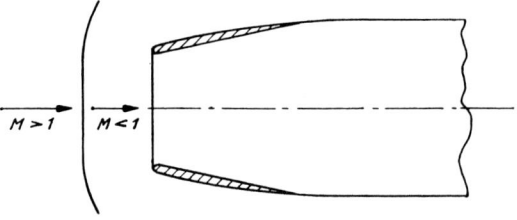

Abb. 9.30
Diffusor mit direktem (geradem) Verdichterstoß.

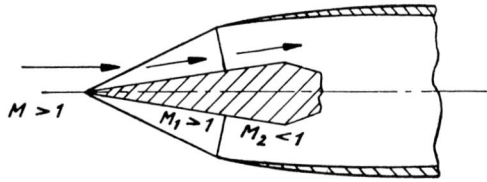

Diffusor mit schrägem Verdichterstoß.

fusor erzeugt einen direkten Verdichterstoß, während der Diffusor mit Kegelspitzeinsatz einen bzw. mehrere schräge Verdichterstöße verursacht, was zur Unterschallströmungs-

190

geschwindigkeit im Triebwerk selbst und zu einem Druckanstieg führt. Sodann wird der Treibstoff eingespritzt, der sich mit der Luft vermischt, in der Brennkammer nur einmal gezündet wird, um kontinuierlich zu verbrennen. Flammhalter gewähren eine ungestörte stabile Flammfront. Die heißen Verbrennungsgase entströmen dem Triebwerk mit hoher Geschwindigkeit durch die Abgasdüse und bewirken den Vortrieb/Schub auf Grund des 3. Gesetzes von Newton.

Je höher die Fluggeschwindigkeit liegt, um so größer wird der Schub, er steigt etwas schneller als das Quadrat der Geschwindigkeit, mit der der Luftstrom in den Lufteintritt einströmt.

Eine frühverwendete Abart des Staustrahltriebwerkes ist das Pulsostrahltriebwerk

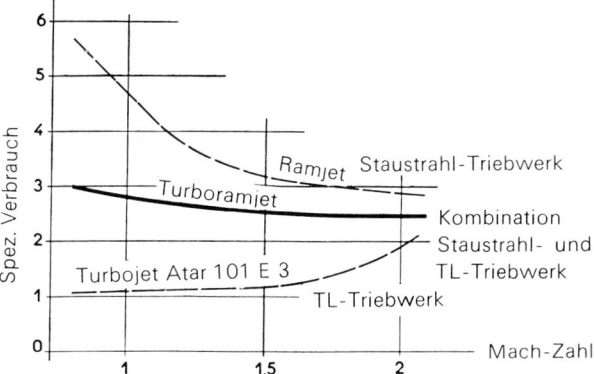

Abb. 9.31 Gegenüberstellung des spezifischen Kraftstoffverbrauchs eines TL-Triebwerks, einer Kombination TL- und Staustrahltriebwerk sowie eines reinen Staustrahltriebwerks.

(auch Verpuffungs- bzw. Schwingfeuer-Triebwerk oder auch »Schmidt-Argus-Rohr« genannt). Im Gegensatz zu dem vorne und hinten offenen Staustrahlrohr sitzt hier anschließend an den Diffusor ein Klappenventil-

Abb. 9.32 Zweistrom-Triebwerk General Electric CF6-50C (DC-10 und Airbus A 300).

1 Verkleidung
2 Hochdruckverdichter, 14 Stufen
3 N_2 Rotor, max. Drehzahl 10613 U/min.
4 Sekundär-Schubdüse
5 Einspritzdüsen, 30 Stck.
6 Ringbrennkammer
7 Hochdruckturbine, 2 Stufen
8 Niederdruckturbine, 4 Stufen
9 Verkleidung
10 Primär-Schubdüse

11 FAN-Rotor, 1 Stufe
12 Niederdruckverdichter, 3 Stufen
13 N_1 Rotor, max. Drehzahl 3981 U/min.
14 FAN Schubumkehrer-Normalstellung
15 FAN Schubumkehrer-Umkehrstellung
16 Turbinen-Schubumkehrer-Normalstellung
17 Turbinen-Schubumkehrer-Umkehrstellung
18 Hilfsgerätegetriebe
19 Umlenkgetriebe

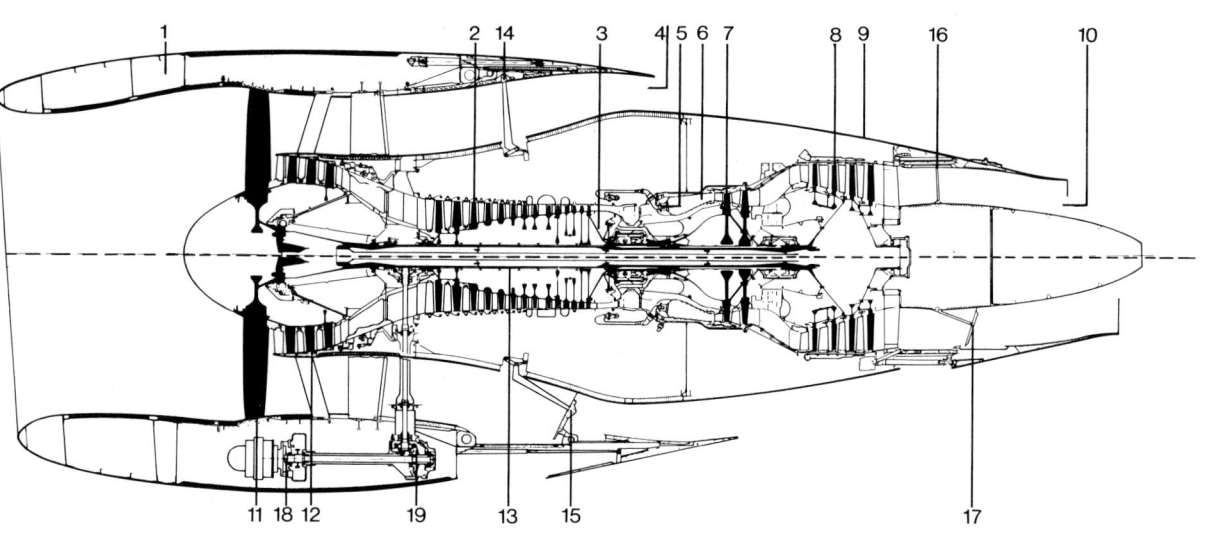

191

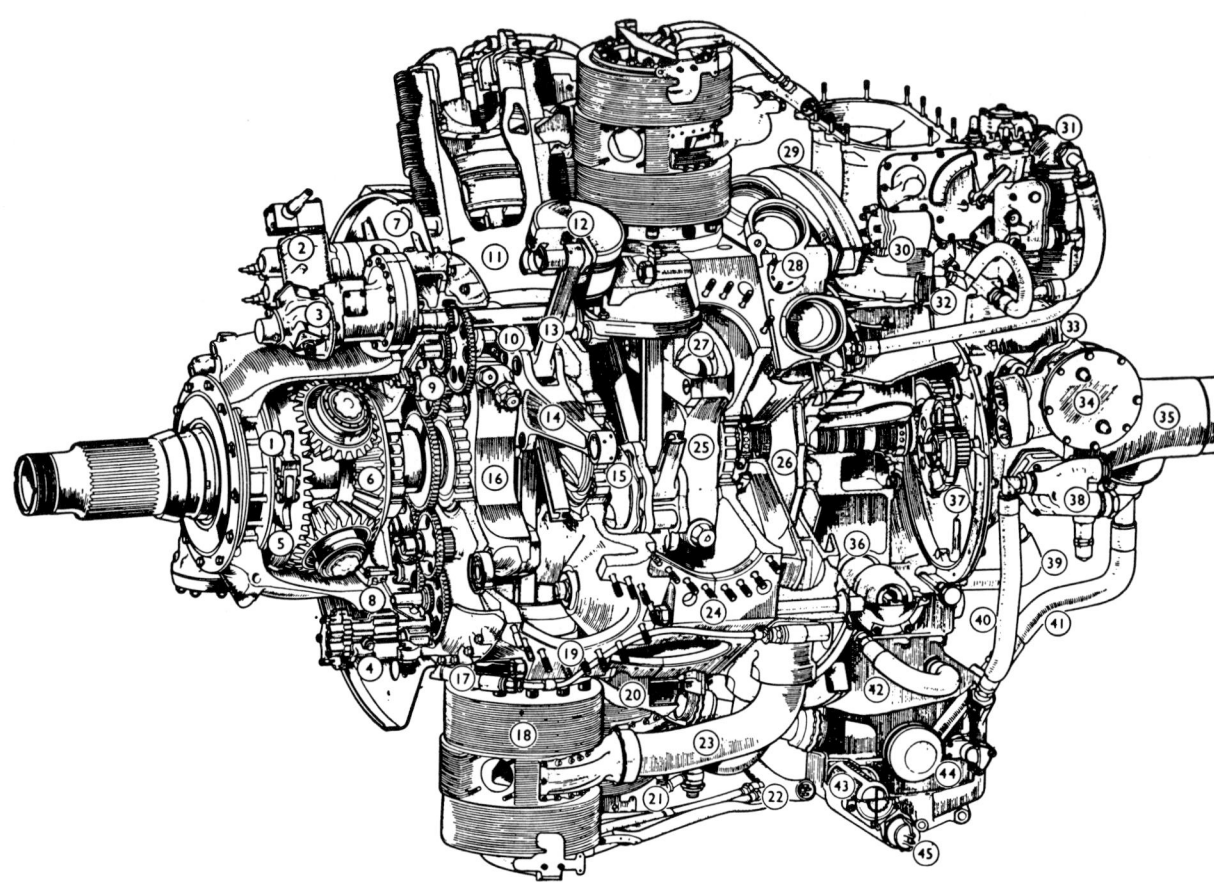

Erklärung zu Abbildung

1 Regulierkolben für Luftschraubenverstellung
2 Einrichtung für Luftschraubenverstellung
3 Drehzahlregler
4 Hydraulikpumpe für Verstell-Luftschraube
5 Drehmomentmesser-Scheibe
6 Antriebskegelrad des Untersetzungsgetriebes
7 Träger für Luftschraubennabenhaube
8 vorderer Verschluß und Ölring
9 Antrieb für Zylinderlaufbuchse
10 Nocken für Zylinderlaufbuchse
11 Zylinderlaufbuchse
12 Kolben

13 Nebenpleuel
14 Hauptpleuel
15 mittlerer Teil der Kurbelwelle
16 vorderer Teil der Kurbelwelle
17 Ölleitung zum vorderen Deckel
18 Zylinder
19 vorderer Teil des Kurbelgehäuses
20 Ölwanne
21 Leckleitung
22 Zündgeschirr
23 Laderohr
24 rückwärtiger Teil des Kurbelgehäuses
25 rückwärtiger Teil der Kurbelwelle
26 Verdichter-Laufrad
27 Salomon-Dämpfer

28 Ladeluftverteiler
29 Einbauring
30 Vergaser
31 Kraftstoff-Filter
32 Regler für Öleinlaß
33 hinterer Deckel
34 Magnetflansch
35 Anlasser
36 Ölreiniger
37 Geräteantrieb
38 Ölpumpe
39 Druckleitung zum Filter
40 Spülleitung zum Sumpfhauptventil
41 Rückleitung vom Ölsumpf zur Pumpe
42 Ölsumpf
43 Ölsumpf-Filter
44 Ölsumpfdurchflußventil
45 Sumpfablaßventile

Abb. 9.33 Aufbau eines luftgekühlten 14-Zylinder-Doppelsternmotors (Bristol Hercules 759).

system, das die Lufteinströmung periodisch unterbricht, wodurch der Kraftstoff stoßweise verbrennt. Die Verpuffungs- und Ventilschließgrenze stellt sich nach der Eigenschwingzahl der Gasmasse nach einiger Zeit von selbst ein.

Bei der Verbrennung herrscht Überdruck, die Einströmventile werden geschlossen, die Verbrennungsgase strömen nach hinten aus, der dadurch entstehende Unterdruck der Restgassäule öffnet die Ventile, Kraftstoff wird wieder eingespritzt und entzündet sich an den heißen Restgasen, der Verbrennungsrhythmus liegt zwischen 30–300 Verpuffungen pro Sekunde; durch Veränderung der Abgasdüse (Verlängerung bzw. Verkürzung) wird der Verbrennungsrhythmus der erforderlichen Fluggeschwindigkeit angepaßt.

Abb. 9.34 Leistung eines einkreisigen Turbinenluftstrahltriebwerkes in Meereshöhe

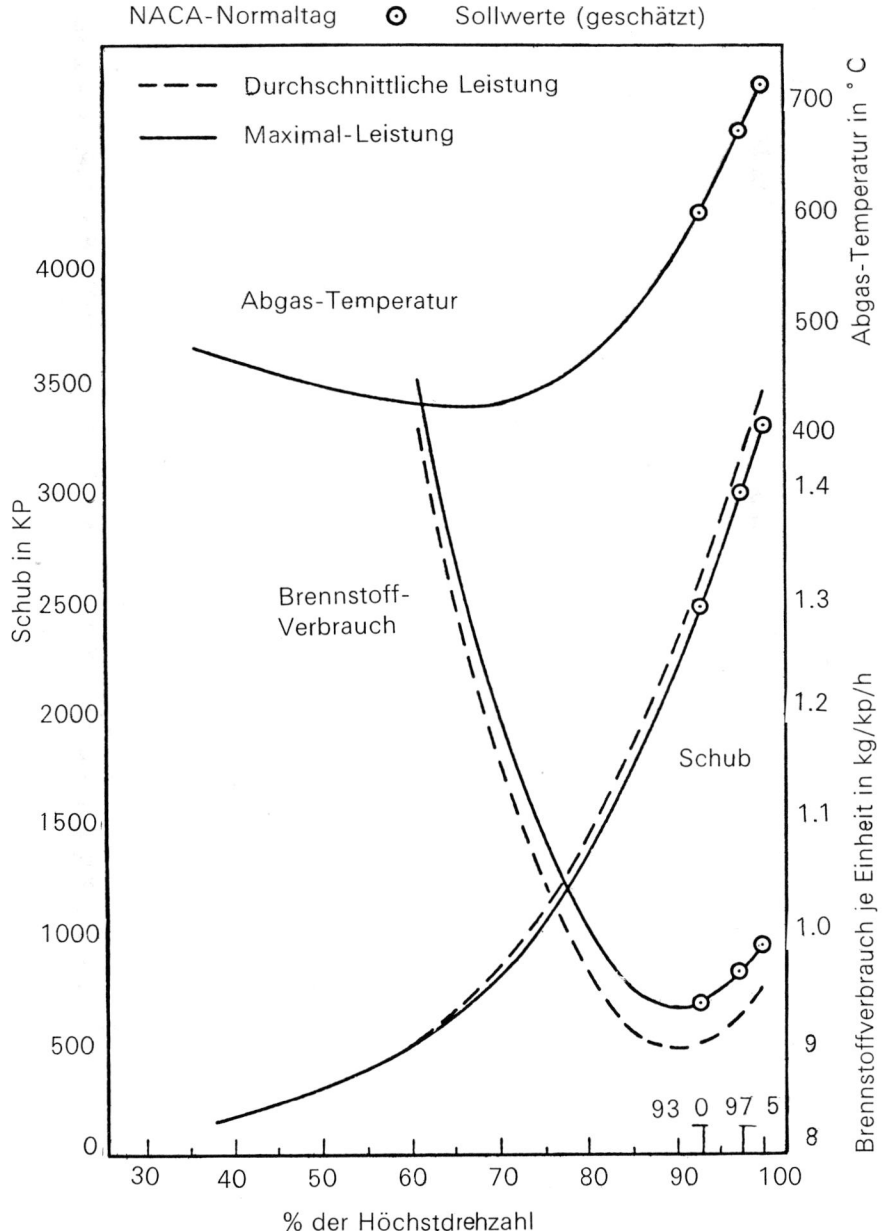

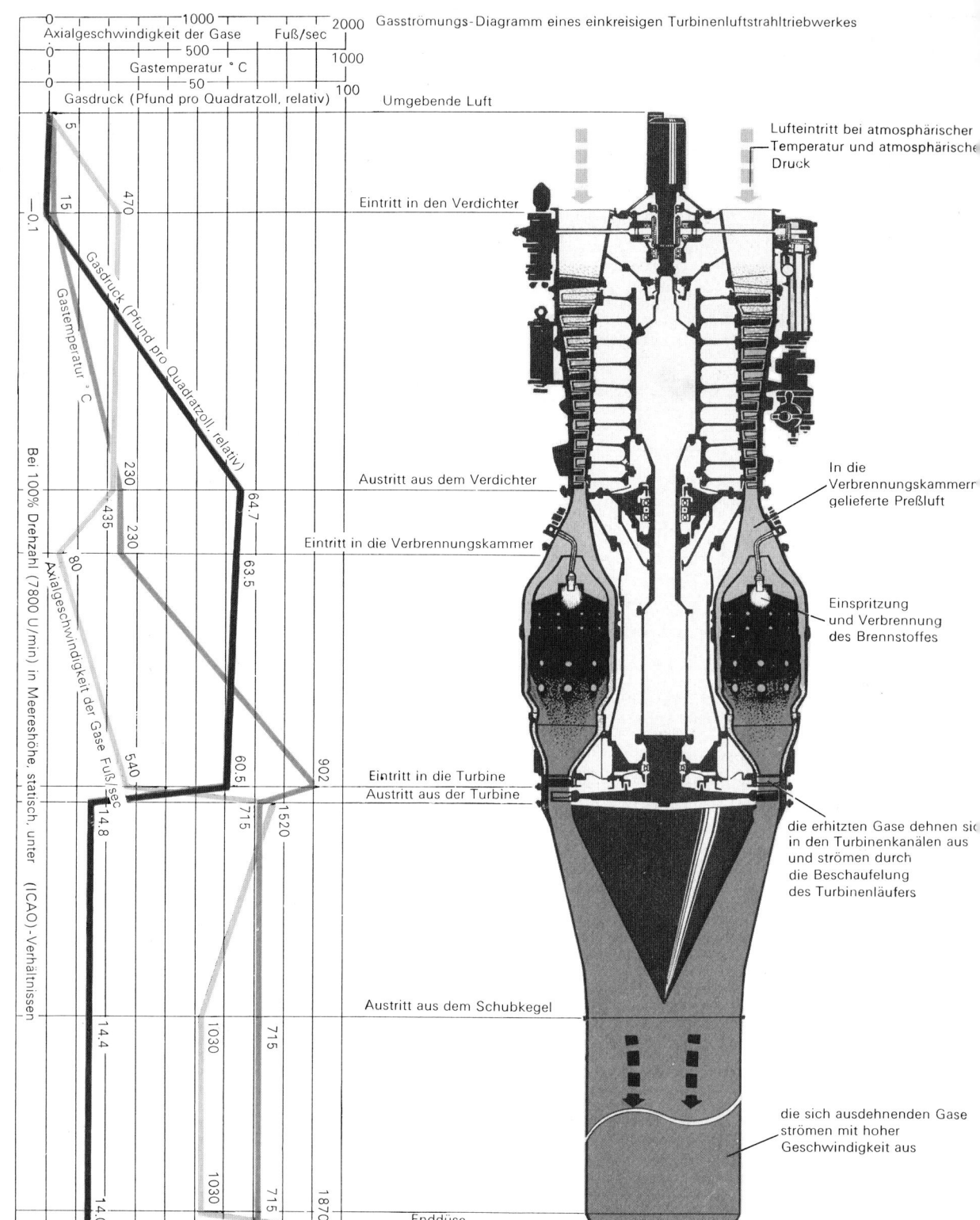

Gasströmungs-Diagramm eines einkreisigen Turbinenluftstrahltriebwerkes

Axialgeschwindigkeit der Gase   Fuß/sec
Gastemperatur ° C
Gasdruck (Pfund pro Quadratzoll, relativ)

Umgebende Luft

Lufteintritt bei atmosphärischer Temperatur und atmosphärischer Druck

Eintritt in den Verdichter

Austritt aus dem Verdichter

Eintritt in die Verbrennungskammer

In die Verbrennungskammer gelieferte Preßluft

Einspritzung und Verbrennung des Brennstoffes

Eintritt in die Turbine
Austritt aus der Turbine

die erhitzten Gase dehnen sich in den Turbinenkanälen aus und strömen durch die Beschaufelung des Turbinenläufers

Austritt aus dem Schubkegel

die sich ausdehnenden Gase strömen mit hoher Geschwindigkeit aus

Enddüse

Gasdruck (Pfund pro Quadratzoll, relativ)
Gastemperatur ° C
Axialgeschwindigkeit der Gase Fuß/sec
Bei 100% Drehzahl (7800 U/min) in Meereshöhe, statisch, unter (ICAO)-Verhältnissen

Abb. 9.35 Gasströmungsdiagramm eines einkreisigen TL-Strahltriebwerks.

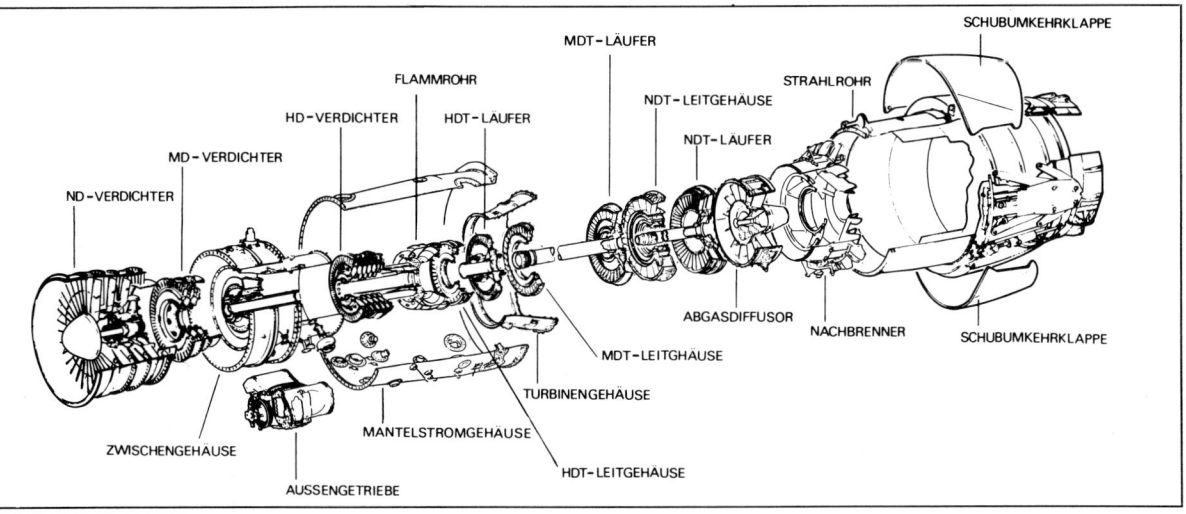

Abb. 9.36 Baugruppen-(Modul-)Aufteilung des Turbo-Union-Dreiwellen-Mantelstromtriebwerks RB.199 (71 kN/7245 kp Schub mit Nachverbrennung). Bedeutung der Abkürzungen: ND-Niederdruck; MD-Mitteldruck; HD-Hochdruck; T-Turbine.

VI. RAKETENANTRIEBWERKE

1. Allgemein

Raketenantriebe zeichnen sich gegenüber anderen Antriebsarten insbesondere durch die Tatsache aus, daß sie die umgebende Luft weder als Energiequelle noch als Strömungsmittel benötigen. Daraus lassen sich folgende, zweckmäßige Anwendungsbereiche ableiten:

a) Antrieb von Luftfahrzeugen in luftarmer Umgebung, d. h. in großen Höhen, und von Raumfahrzeugen.

b) Fluggeschwindigkeit eines raketengetriebenen Luftfahrzeuges und Druck im Innern der Rakete sind keiner Begrenzung durch inneraerodynamische Vorgänge ausgesetzt. Bekanntlich gilt dies nicht für Turbinen- und Staustrahltriebwerke, deren optimale Leistungsfähigkeit nur bei einer bestimmten Machzahl und einem bestimmten Brennkammerdruck gegeben ist. Abgesehen von den mit der »Wärmemauer« verbundenen Problemen, dürfte daher gegenwärtig nur der Raketenantrieb für Geschwindigkeiten oberhalb Mach 3 in Frage kommen. Überdies lassen sich Raketentriebwerke mit verhältnismäßig großen Brennkammerdrücken (etwa 30 at) bauen, so daß größere Schubleistungen als mit anderen Triebwerken erzielt werden können.

Abb. 9.37 Schematische Darstellung einer Flüssigtreibstoffrakete.

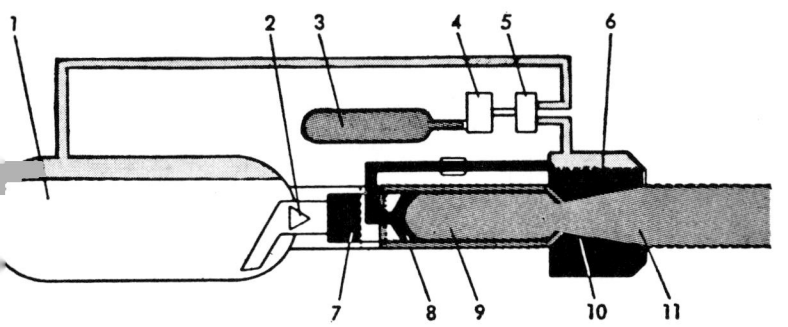

1 Tank des Sauerstoffträgers (Wasserstoffsuperoxyd)
2 Ventil
3 Druckgasbehälter (Stickstoff)
4 Druckreduzierventil
5 Stickstoffverteiler
6 Brennstofftank
7 Katalysator
8 Einspritzdüsen für Brennstoff
9 Brennkammer
10 Schubdüse
11 Düsenaustritt

c) Da der Raketenantrieb von der umgebenden Luft keinen Gebrauch macht, muß nicht nur der Brennstoff, sondern auch ein Oxydator im Flugkörper mitgeführt werden, also flüssiger Sauerstoff oder verschiedene Sauerstoffverbindungen. Die letzteren können auch direkt im Treibstoffgemisch enthalten sein (Festtreibstoffe). Der Treibstoffvorrat jeder Rakete enthält nun weitaus mehr Sauerstoff als Kohlenstoff oder Wasserstoff: zur vollständigen Verbrennung von 12 Gramm Kohlenstoff benötigt man 32 Gramm Sauerstoff bzw. 16 Gramm Sauerstoff für 2 Gramm Wasserstoff usw.

Die zusätzliche Belastung der Rakete mit dem Oxydator ist daher von besonderer Bedeutung; einerseits liegt der spezifische Treibstoffverbrauch (Brennstoff und Oxydator) beträchtlich hoch, und andererseits muß der Treibstoff auch die für seinen Transport benötigte Energie aufbringen. Man erkennt daraus, daß sich Raketen vorwiegend in jenen Fällen als Antrieb eignen, in denen es auf große, kurzzeitige Schubleistungen ankommt. Bisher war dies denn auch ihr Hauptanwendungsgebiet. Tatsächlich werden fast alle Boden-Boden- oder Boden-Luft-Waffen mittels »Boostern« gestartet, die Fest- wie Flüssigtreibstoffe verwenden, um die Waffen binnen einiger Sekunden auf supersonische Geschwindigkeiten zu beschleunigen.

2. Flüssigkeits- und Feststoffraketen

Je nach den physikalischen Eigenschaften des Treibstoffgemisches unterscheidet man zwei Hauptgruppen:
– Flüssigkeitsraketen
– Feststoff-Raketen

In ersteren werden der flüssige Brennstoff sowie der flüssige Oxydator der Brennkammer mittels Pumpen oder unter Gasdruck zugeleitet, während für letztere feste Treibsätze aus einem Gemisch von Brennstoff und Oxydator hergestellt werden, die, je nach ihrer geometrischen Formgebung, entlang bestimmter Flächen abbrennen.

Abgesehen von den Energieeigenschaften der einzelnen Gemische, sei auf folgendes hingewiesen: ein Flüssigkeits-Triebwerk, dem der Treibstoff mit Pumpen zugeführt wird, die ihrerseits von einer dem System integrierten Turbine angetrieben werden, kann – unter der Voraussetzung genügender Kühlung des Schubrohres und der Brennkammer – unbegrenzt lange in Betrieb bleiben. Dagegen ist die Betriebsdauer von Flüssigkeits-Triebwerken, denen der Treibstoff unter Gasdruck zugeführt wird, oder von Feststoff-Triebwerken begrenzt, da man einerseits keine beliebige Menge komprimierten Gases mitführen kann (das Gewicht der Behälter wäre untragbar), da andererseits die Brenngeschwindigkeit fester Treibstoffe, die von der chemischen Zusammensetzung und dem Betriebsdruck abhängt, einen bestimmten Wert nicht unterschreiten kann.

Daraus ergibt sich, daß sich Flüssigkeits-Triebwerke, denen der Treibstoff mittels turbinengetriebener Pumpen zugeführt wird, eher als Marschtriebwerke von weitreichenden Raketen-Flugkörpern verwenden lassen, während die beiden anderen Bauarten sich besser für kurzzeitigen, aber leistungsstarken Betrieb eignen, beispielsweise als Startraketen.

Abb. 9.38 Aufbau einer Pulverrakete.

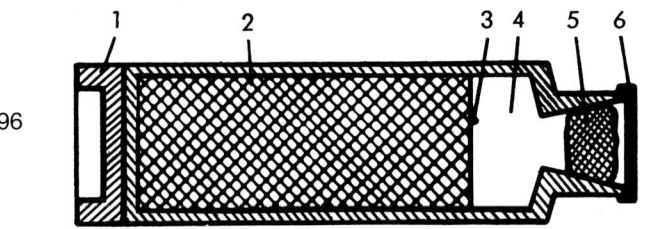

196

1 Anschlußstück
2 Treibsatz
3 Zündstelle
4 Brennraum
5 Absorptionsmittel
6 Schutzkappe

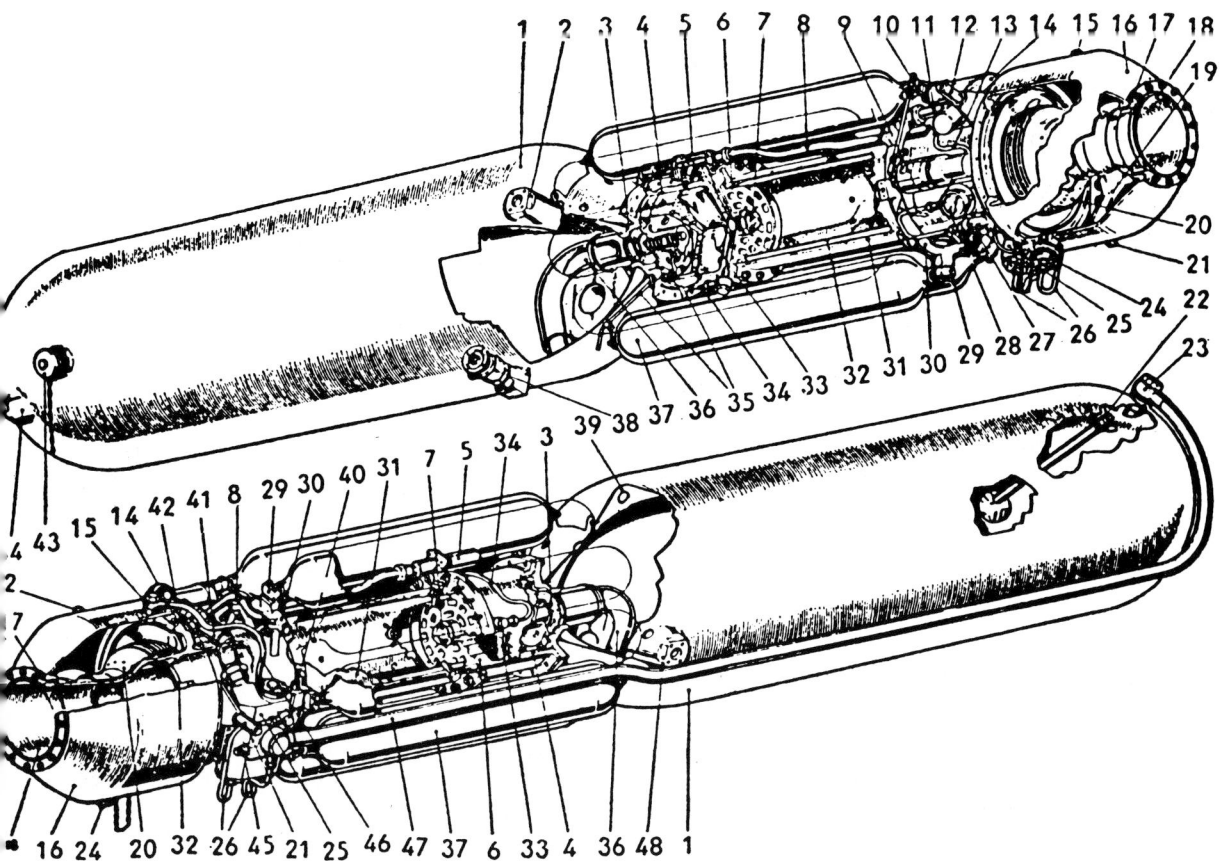

1 Wasserstoffsuperoxydbehälter
2 Hauptanschlußzapfen
3 Wasserstoffsuperoxydventil
4 Verteilerplatte
5 Brennstoffventil
6 Filter
7 Brennstoffeinspritzdüse
8 Brennstoffleitung
9 Auslöser
10 Regelgestänge
11 Preßluftleitung
12 Anschlußstutzen
13 Stickstoff-Tankleitung
14 Sicherheits- und Regelventil
15 Stickstoffeinlaß
16 Brennstoffbehälter
17 Flansch
18 Brennkammerdüse
19 Brennstoffhauptleitung
20 Kühlmantel
21 Anschlußstutzen
22 Entlüftungsrohr
23 Stickstoffeinlaß
24 Brennstoffeinfüllöffnung

25 Verteiler
26 Stickstoff-Servoleitung
27 Stickstoff-Füllventil
28 Manometer
29 Stickstoffanschluß
30 Stickstoffverteilerrohr
31 Brennkammer
32 Flammenrohr
33 Katalysator
34 Brennstoffleitung
35 Entlüftungsleitung
36 Wasserstoffsuperoxydleitung
37 Preßluftbehälter
38 Tankabfluß
39 Aufhängung
40 Elektrischer Anschluß
41 Preßluftleitung
42 Aufhängung
43 Wasserstoffsuperoxyd-Einfüllöffnung
44 Träger
45 Lüftung
46 Preßluftleitung zum Brennstofftank
47 Preßluftleitung zum Peroxydtank
48 Hauptanschlußzapfen

Abb. 9.39 Schnittbild eines Flüssigtreibstoff-Raketentriebwerks.

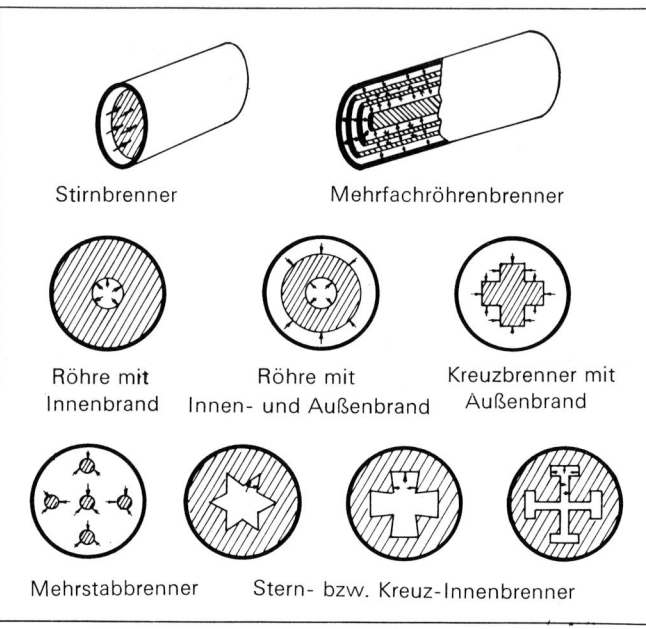

Abb. 9.40 Beispiele von Feststoffkornformen.

Stirnbrenner

Mehrfachröhrenbrenner

Röhre mit Innenbrand

Röhre mit Innen- und Außenbrand

Kreuzbrenner mit Außenbrand

Mehrstabbrenner

Stern- bzw. Kreuz-Innenbrenner

3. Raketentreibstoff-Gemische

Bei alleiniger Betrachtung der chemischen Reaktion läßt sich kein wesentlicher Unterschied zwischen der Verbrennung einer Feststoff-Ladung oder zweier Flüssigkeiten (Brennstoff und Oxydator) feststellen. In beiden Fällen handelt es sich um einen einfachen Oxydationsprozeß. Vom praktischen Standpunkt gesehen, bieten feste Treibstoffe – den flüssigen gegenüber – naturgemäß einige Vorteile: sie lassen sich leichter handhaben und lagern, sind weder korrosiv noch erzeugen sie für den menschlichen Atemorganismus schädliche Dämpfe, werfen keine Einspritzprobleme auf und sind im allgemeinen von größerer Dichte.

Diese Treibstoff-Gemische müssen aber auch gewisse mechanische Eigenschaften aufweisen, um sie in zweckmäßigen Formen – gegebenenfalls in Massenproduktion – herstellen zu können. Ein Festtreibstoff stellt demnach einen Kompromiß zwischen den gewünschten, energetischen Eigenschaften und gewissen Einschränkungen dar. Beispielsweise könnte man die Leistungsfähigkeit eines klassischen, doppelbasigen Festtreibstoffes durch Änderung des Mischungsverhältnisses erhöhen, was aber mit schlechteren mechanischen Eigenschaften bezahlt werden müßte. Überdies ist aus dem gleichen Grunde auch die Zahl der möglichen Komponenten begrenzt.

VII. TREIBSTOFFE

Treibstoffe für die Arten von Triebwerken haben ganz verschiedene Zusammensetzungen, weil sie auch verschiedenen Leistungskriterien genügen müssen.

a) Flugkraftstoffe

Sie werden hinsichtlich Klopffestigkeit (Oktanzahl) und Flammpunkt beurteilt, der einen Wert für die Gefährlichkeit gibt. Flugbenzin

	FLUGTURBINENBRENNSTOFFE				HÖCHSTLEISTUNGS-FLUGMOTOREN-BRENNSTOFFE		
Brennstoffsorte	Kerosin (ATK)	Kerosin (ATK)	Wide-Cut Gasolin (ATG)	HFP Kerosin	Flugbenzin 100/130	Flugbenzin 108/135	Flugbenzin 115/145
Englische Bezeichnung	DERD 2482 (AVTUR)	DERD 2494 (AVTUR)	DERD 2486 (AVTAG)	DERD 2488 (AVCUT)	DERD 2485 (AVGAS)	DERD 2485 (AVGAS)	DERD 2485 (AVGAS)
US-Bezeichnung	JP-1 MIL-J-5616	JP-1 A MIL-J-5616	JP-4 MIL-J-5624 D	JP-5 MIL-J-7914	MIL-G-5572 B	MIL-G-5572 B (modified)	MIL-G-5572 B
NATO-Symbol	F-30	F-34	F-40	F-42	F-18	–	F-22
Verwendung Farbe	Zivil (Militär) farblos-opalisierend	Zivil (Militär) farblos-opalisierend	Militär (Zivil) farblos	Militär Marine farblos	Militär Zivil grün	Zivil braun	Militär Zivil violett
Siedetemp.-Bereich (°C)	160–250	160–250	50–250	190–260	75–170	75–170	75–170
Spez. Gewicht bei 15°C min.	0,825	0,825	0,80	0,845	0,72	0,72	0,72
Spez. Gewicht bei 15°C max.	0,775	0,775	0,75	0,790			
Gefrierpunkt (°C)	−40	−50	−60	−40	−60	−60	−60
Flammpunkt (°C) ca.	+38	+38	−20	+65	−25	−25	−25
Unterer Heizwert H_u (kcal/kg)	10150	10150	10200	10150	10400	10400	10400
Schwefel in Gew. %	0,2	0,2	0,4	0,4	0,05	0,05	0,05
Reid-Dampfdruck (kg/cm²)	–	–	0,14–0,21	–	0,45	0,45	0,45
Aromaten in Vol. %	20	20	25	25	20	20	20

Abb. 9.41 Flugtreibstoffe und ihre Eigenschaften.

ist oberhalb von -25°C bereits gefährlich (aber auch JP-4 – als Mischkraftstoff –, das noch etwa 65% Benzinzusatz enthält!). Kerosine sind weniger (explosions-) gefährdet (s. JP-5).

Der geringe Schwefelgehalt bei Flugkraftstoffen ist bemerkenswert, denn bei der Verbrennung von Kraftstoffen aller Art treten Schwefeldioxyde und Schwefeltrioxyde auf (schweflige Säure und Schwefelsäure – sie verleihen den Abgasen von Flugzeugen den typischen Geruch).

b) Raketentreibstoffe

Der Vollständigkeit halber werden die flüssigen Treibstoffkombinationen hinsichtlich ihres quantitativen und qualitativen Leistungsvermögens angefügt:

Abb. 9.42 Einige Treibstoffkombinationen (flüssig) mit dem Heizwert h der stöchiometrischen Reaktion und der damit theoretisch erzielbaren Treibgas-Geschwindigkeit w.

Treibstoff	Reaktionsgleichung	h kcal/kg Gas	w m/s
Fl. Wasserstoff und fl. Sauerstoff	$2 H_2 + O_2 = 2 H_2O$	3200	5180
Äthylalkohol und fl. Sauerstoff	$C_2H_5OH + 3 O_2 = 2 CO_2 + 3 H_2O$	2070	4164
Oktan und Wasserstoffsuperoxyd	$C_8H_{18} + 25 H_2O_2 = 8 CO_2 + 34 H_2O$	1580	3640
Oktan und Salpetersäure	$C_8H_{18} + 10 HNO_3 = 8 CO_2 + 14 H_2O + 5 N_2$	1420	3450
Hydrazinhydrat und Wasserstoffsuperoxyd	$N_2H_4 \cdot 2 H_2O_2 = 5 H_2O + N_2$	1490	3530
Flugbenzin und Salpetersäure	$1 \text{ kg} + 5,46 \text{ kg } HNO_3$	1420	3450
Flugbenzin und Ozon	$1 \text{ kg} + 2,46 O_3$	2850	4888

199

KAPITEL 10

Gerätekunde und Avionik

I. FLUGÜBERWACHUNGSGERÄTE

1. Geschwindigkeitsmesser

Aufgabe des Geschwindigkeitsmessers ist das Messen der Geschwindigkeit des Flugzeuges gegenüber der umgebenden Luft. Ausführungsarten von Geschwindigkeitsmessern sind:

Staudruckmesser. Das Meßverfahren, das beim Staudruckmesser (Pitotrohr) angewendet wird, berührt auf folgender physikalischer Grundlage: Wird ein Körper umströmt, so entsteht auf seiner Stirnseite ein zusätzlicher Luftdruck, der sogenannte Staudruck. Die Größe des Staudruckes hängt ab von der Luftwichte und der Geschwindigkeit der Luft.

Mißt man nun mit Hilfe einer Aneroiddose den Staudruck, so erhält man ein Vergleichsmaß für die Geschwindigkeit der strömenden Luft. Praktisch ausgeführt werden Staudruckmesser nach Abb. 10.1. Durch eine Öffnung auf der Stirnseite eines Staukörpers wird der Staudruck auf eine Membrandose übertragen, auf die außerdem der statische Druck der Luft einwirkt, so daß die Dose den Unterschied zwischen statischem Druck und Staudruck mißt. Durch ein Zeigerwerk wird der gemessene Druck als Geschwindigkeit angezeigt.

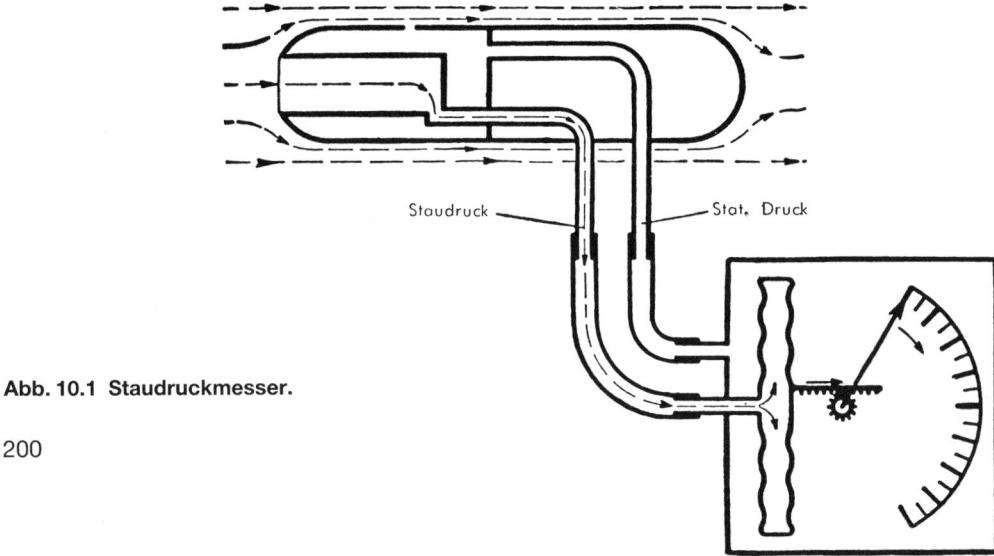

Abb. 10.1 Staudruckmesser.

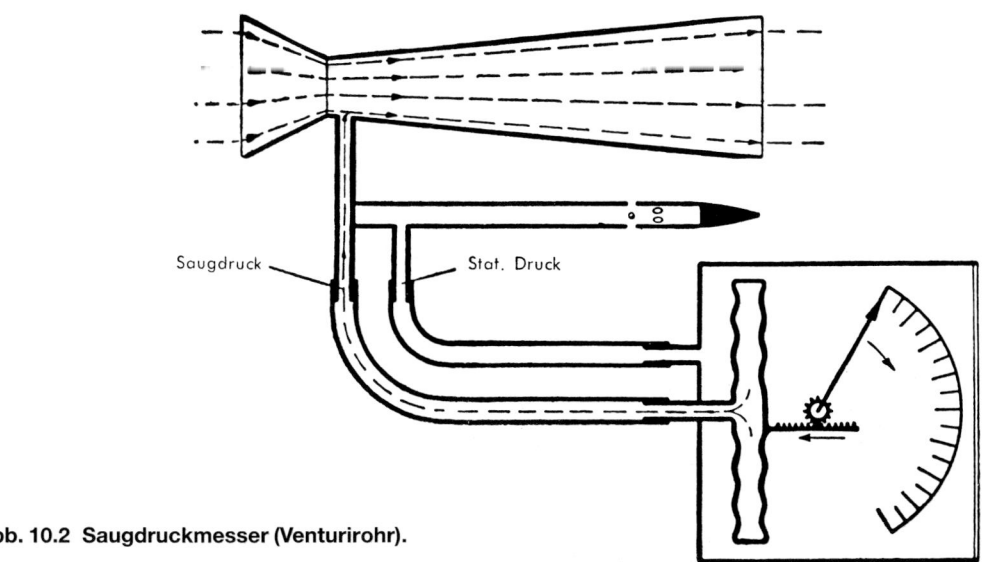

Saugdruck   Stat. Druck

Abb. 10.2 Saugdruckmesser (Venturirohr).

Saugdruckmesser. Ähnlich ist auch das Meßverfahren beim Saugdruckmesser (Venturirohr): Läßt man Luft nicht um einen Körper strömen, sondern durch eine Düse, so entsteht in dieser infolge der Geschwindigkeitserhöhung ein Unterdruck an dem verengten Querschnitt. Durch Messen des Unterschiedes zwischen diesem Unterdruck und dem statischen Druck der Luft erhält man ebenfalls ein Maß für die Luftgeschwindigkeit. Ausgeführt werden Saugdruckmesser nach dem Beispiel von Abb. 10.2: Von einem Venturirohr wird der Unterdruck abgenommen und einer Membrandose zugeführt, ebenso der statische Druck. Mit Hilfe eines Zeigerwerkes kann man den gemessenen Druckunterschied als Geschwindigkeit ablesen. Um bei niedrigen Geschwindigkeiten eine genaue Anzeige zu erhalten, werden auch Doppeldüsen verwendet, die einen höheren Unterdruck ergeben.

Diese Geschwindigkeitsmesser sind einfache Differenzdruckmesser. Zur Anzeige der Mach-Zahl reichen sie nicht aus.

Die Machzahl ist das Verhältnis zwischen der Eigengeschwindigkeit des Flugzeuges und der Schallgeschwindigkeit.

In schnellen Flugzeugen werden Geräte verwendet, welche die Mach-Zahl, die angezeigte Eigengeschwindigkeit und die höchstzulässige Geschwindigkeit anzeigen.

Das Merkmal eines **Machmeters** ist eine Differenz- und eine Aneroiddose, entsprechend dem Staudruck und dem statischen Druck. (Siehe Abb. 10.4):

Die »angezeigte Eigengeschwindigkeit« ist mittels Zeiger (2) an der feststehenden Skalenscheibe (3) als Resultat des über das Staurohr auf die Differenzdruckdose (1) wirkenden Staudrucks ablesbar.

Die Machzahl wird mittels Zeiger (2) an der unteren rotierenden Skalenscheibe (4) als Resultat des auf die Aneroiddose (5) wirken-

Abb. 10.3 Kombiniertes Gerät zur Anzeige der Eigengeschwindigkeit, Machzahl und höchstzulässigen Geschwindigkeit.

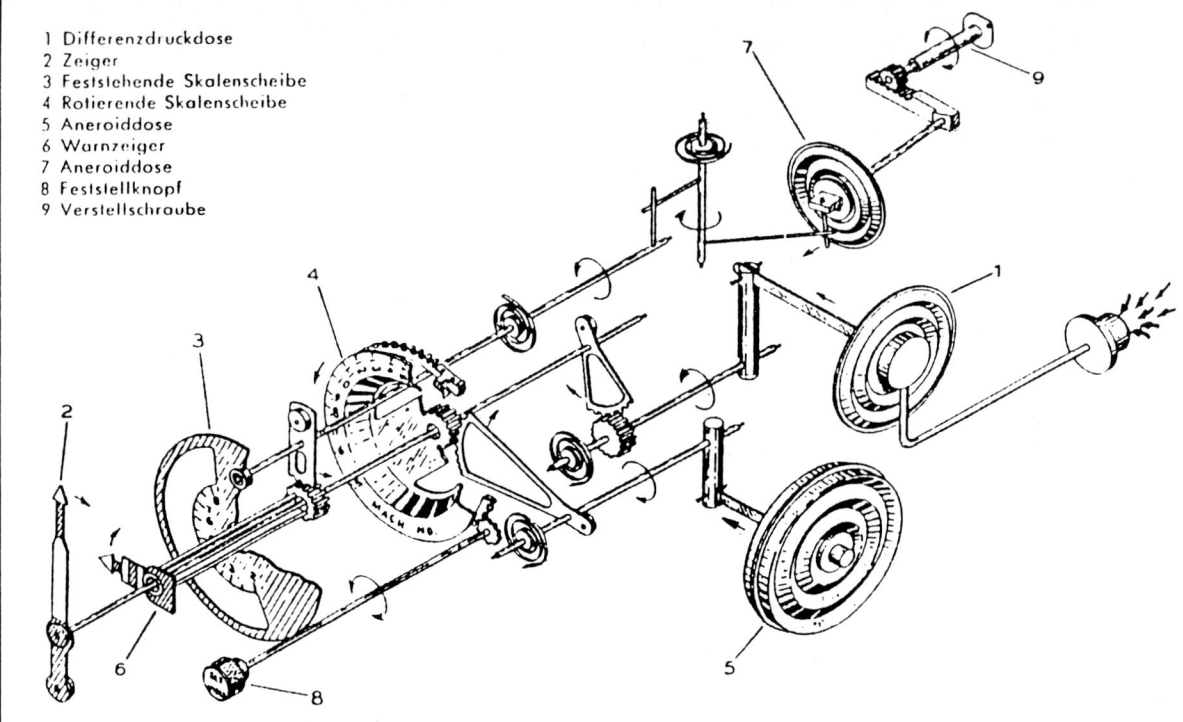

1 Differenzdruckdose
2 Zeiger
3 Feststehende Skalenscheibe
4 Rotierende Skalenscheibe
5 Aneroiddose
6 Warnzeiger
7 Aneroiddose
8 Feststellknopf
9 Verstellschraube

Abb 10.4 Funktionsaufbau eines Machmeters.

den statischen Druckes abgelesen.

Der Warnzeiger (6) wird durch die Aneroiddose (7) betätigt.

Die Dreiecksmarke ist mit einem Feststellknopf (8) verstellbar.

In diesem Gerät basiert die höchstzulässige Geschwindigkeit auf der Äquivalent-Geschwindigkeit.

Die für die verschiedenen Flugzeugtypen auch verschiedenen »höchstzulässigen Geschwindigkeiten« werden mittels einer Verstellschraube (9) eingestellt.

2. Höhenmesser

Die Aufgabe des Höhenmessers im Luftfahrzeug besteht darin, die unmittelbare Höhe über Grund zu messen. Hierzu kann man sich verschiedener Verfahren bedienen:

Absolute Höhenmesser. Die Höhenmessung in der Luftfahrt erfolgt im allgemeinen durch Aneroidbarometer. Ein derartiges Meßgerät besteht in der Hauptsache aus einer oder mehreren hintereinanderliegenden fast luftleeren Membrandosen, die durch den äußeren Luftdruck zusammengepreßt werden. Die Bewegungen der Meßdose werden auf einen Zeiger übertragen; sie geben ein Maß für den Luftdruck und damit für die Höhe. Die absolute Höhe läßt sich nur dann ermitteln, wenn der Barometerdruck, der jeweils am Boden herrscht, bekannt ist.

Höhenschreiber (Barographen) zeichnen auf einer von einem Uhrwerk/Motor getriebenen Schreibtrommel die von einem Aneroidbarometer gelieferten Höhenwerte laufend auf.

Relative Höhenmesser (radio altimeter) messen die Höhe über Grund mit Hilfe elektrischer Wellen ähnlich dem Echolot.

Kodier-Höhenmesser (altitude reporting altimeter) sind zusätzlich zur konventionellen Höhenanzeige mit einer wenig aufwendigen, zuverlässigen abtastenden Höhenkodiervorrichtung versehen, die die barometrischen

Abb. 10.5 Höhenmesser: links ein Trommelhöhenmesser mit der Anzeige oben: Luftdruck in Millibar (hPa); rechts: Höhe in 1000er Fuß; Skalenkreis- Höhe in 100 Fuß; das Gerät zeigt: 25 680 Fuß bei einer Höhenmessereinstellung von 1013 mb/hPa. Das rechte Gerät ist ein Kodierhöhenmesser mit Luftdruckangabe in mb/hPa und inchHg. Die angezeigte Höhe beträgt 635 Fuß, die Kodierung ist nicht in Betrieb (siehe Fenster »Code off«).

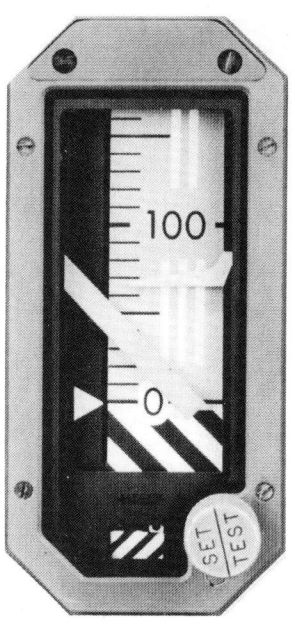

Höhenwerte (pro 100 Fuß) nach ICAO-Kode umsetzen. Sie werden mit 10-bit-Signalen dem ATC-Transponder übermittelt, der durch das Sekundär-Radar der Bodenleitstelle abgefragt werden kann.

Abb. 10.6 Radiohöhenmesser (links als Vertikalanzeigegerät).

3. Statoskop

In Anlehnung an das Prinzip der Barometerdose dient das Statoskop zur Feststellung, ob eine bestimmte Flughöhe eingehalten wird, was beispielsweise für Bildflüge von Wichtigkeit ist.

Das Prinzip des Statoskops beruht darauf,

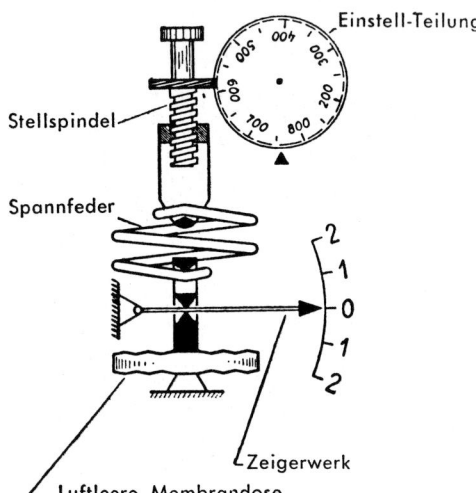

Einstell-Teilung

Stellspindel

Spannfeder

Zeigerwerk

Luftleere Membrandose

daß zwischen dem Druck einer Aneroiddose und dem einer Feder ein Gleichgewichtszustand hergestellt wird, bei dessen Störung ein Zeiger ausschlägt. Je nachdem der Zeigerausschlag nach der einen oder anderen Seite erfolgt, zeigt das Gerät an, ob von der einzuhaltenden Flughöhe nach oben oder unten abgewichen wird. Es wird vor allem bei Bildflügen benötigt.

Abb. 10.7 Statoskop (zum Anzeigen der Abweichungen von einer vorgewählten Höhe).

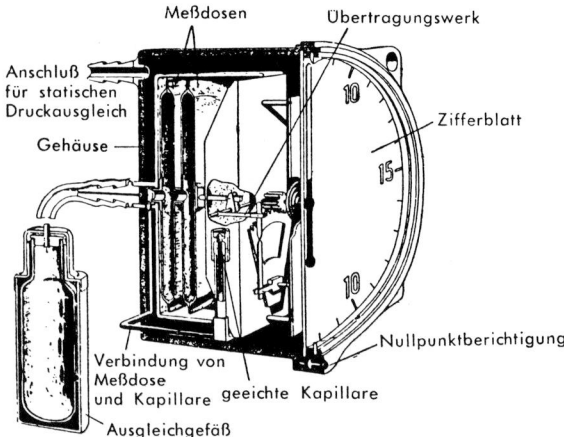

Meßdosen   Übertragungswerk

Anschluß
für statischen
Druckausgleich

Gehäuse

Zifferblatt

Nullpunktberichtigung

Verbindung von
Meßdose
und Kapillare   geeichte Kapillare

Ausgleichgefäß

Abb. 10.8 Variometer zum Messen der Steig- oder Sinkgeschwindigkeit; links: Funktionsaufbau – rechts: Geräteansicht.

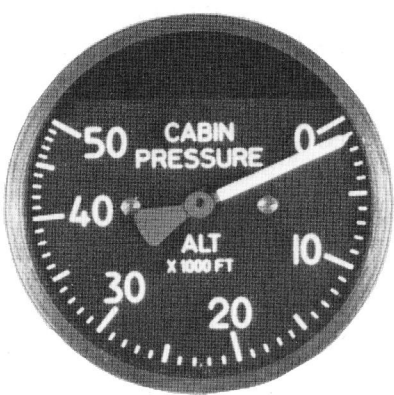

Abb. 10.9 Anzeigegerät eines Kabinendruckmessers. Wie ein Höhenmesser funktionierend, zeigt jedoch nur die Druckhöhe der Kabine an.

4. Variometer

Aufgabe des Variometers ist das Messen der Steig- oder Sinkgeschwindigkeit. Das angewendete Meßverfahren beruht darauf, daß eine hochempfindliche Membrandose mit einem gegen Temperaturschwankungen geschützten Ausgleichsgefäß verbunden ist

Abb. 10.10 Navigationsrechner für den Segelflug, bestehend aus dem elektronischen Steuergerät (links) und dem E-Variometer. Haupt- und Nebenprogramme unterstützen den Flugzeugführer beim Überlandflug und Endflug. Nach dem Fluge ist eine Fluganalyse anhand abrufbarer statistischer Daten möglich.

und durch ein geeichtes Haarröhrchen mit der Außenluft in Verbindung steht (s. Abb. 10.8). Beim Steigen nimmt der Außendruck ab, die Luft kann aber aus dem Ausgleichsgefäß nur allmählich entweichen, so daß der entstehende Druckunterschied zwischen Außendruck und Druck im Gefäß ein Maß für die Steiggeschwindigkeit ergibt. Beim Sinken findet der umgekehrte Vorgang statt.

Druckdifferenzen messen auch **Stauscheibenvariometer,** wo eine durch eine Spiralfeder gehaltene Scheibe in einem zylindrischen Gehäuse bewegt wird. Durch einen kapillaren Luftspalt strömt die Luft mehr oder weniger schnell hindurch, so daß der entstehende Strömungswiderstand über ein Zeigerwerk angezeigt werden kann. Statt einer Meßdose verwenden **elektrische Variometer** Meßsonden, die den Strömungswiderstand mittels vorgeheizter Hitzedrähte messen. Durch einströmende Luft ergeben sich

Temperaturdifferenzen, die den elektrischen Widerstand verändern, der über Verstärker auf das Zeigerwerk übertragen wird.

Verzögerungsfreie Variometer verfügen über sogenannte Beschleunigungspumpen, um das Nachhängen der Anzeige (Steigen/Fallen) auszugleichen.

Moderne Streckenflugrechner sind im Hochleistungssegelflug nicht mehr wegzudenken. Sogenannte Vario(meter)-Systeme bestehen aus dem Variometerteil, dem Sollfahrtgeber und dem Endanflugrechner. Mikroprozessoren machten es möglich, die Geräte so zu miniaturisieren, daß sie heute in jedes Segelflugzeug passen. Das avionik dittel LX 2000 erlaubt sogar noch nach dem Fluge eine statistische Auswertung der Flugdaten (durchschnittliche Steiggeschwindigkeit und geflogene Geschwindigkeit, Anteil des Kreisfluges in % der Gesamtflugzeit u. a.), wodurch sich die Optimierung persönlicher Flugleistungen erzielen läßt.

5. Wendezeiger

Für den Blindflug ist es erforderlich, alle Abweichungen des Flugzeuges aus der Normal-

lage sichtbar zu machen. Hierbei ist vor allem wichtig zu wissen, ob und welche Abwei-

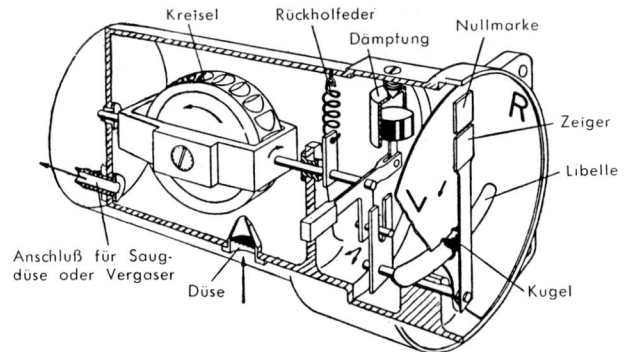

Abb. 10.11 Der Wendezeiger gibt
Abweichungen vom Geradeausflug an.
Eine Libelle zeigt die Abweichungen um die
Hochachse (Giermoment), ein Zeiger die
Schräglage/Wendegeschwindigkeit an.

chungen von der richtigen Lage um die
Hoch- und Längsachse des Flugzeuges
stattfinden. Zur Feststellung dieser Bewegungen dient im allgemeinen der Wendezeiger, der im wesentlichen aus einem Kreisel
und einem Pendel besteht. Bei Abweichungen des Flugzeuges um die Hochachse

(Gierbewegung) weicht der Kreisel im Sinne
der Drehung um 90° verschoben aus.

Zugleich gibt das Pendel an, ob die Querneigung entsprechend der Wendebewegung
richtig ist. Der Wendezeiger eignet sich daher
zum Einhalten des Geradeausfluges und zum
Kurvenflug ohne äußere Sicht.

Praktisch ausgeführt wird der Wendezeiger nach Abb. 10.11. Ein in Längsrichtung
drehbarer Kreisel wird mit Hilfe einer Venturidüse elektrisch oder durch die Motoransaugleitung in Bewegung gehalten. Da er in einem
drehbaren Rahmen aufgehängt ist, werden
die Kreiselausschläge auf einen Zeiger übertragen. Eine Rückholfeder bringt den Kreisel
stets wieder in die Normallage zurück. Das
dazugehörige Pendel ist in Form einer Kugellibelle ausgeführt.

6. Künstlicher Horizont

Ebenfalls für den Blindflug dient der sogenannte künstliche Horizont. Dieser ist wie der
Wendezeiger ein Kreiselgerät, das jedoch au
ßer der Lage um die Längs- und Hochachse
auch die Lage des Flugzeuges um die Querachse anzeigt, also Angaben über den Steig-
oder Gleitwinkel liefert.
Der künstliche Horizont ist daher brauchbar
für die Überwachung sämtlicher Fluglagen im
Blindflug.

Sperry-Kreisel-Horizont
Während beim Kompaßkreisel die Kreisel-
Laufachse, um die sich der Kreiselkörper
dreht, waagerecht liegt, ist die Laufachse
beim Kreiselhorizont senkrecht ausgerichtet.
Diese Achsenrichtung wird, auch wenn das
Flugzeug alle möglichen Bewegungen ausführt, im Raum immer feststehen. Durch eine
mechanische Kopplung wird ein »künstlicher
Horizontbalken« bewegt. Der Kreiselhorizont

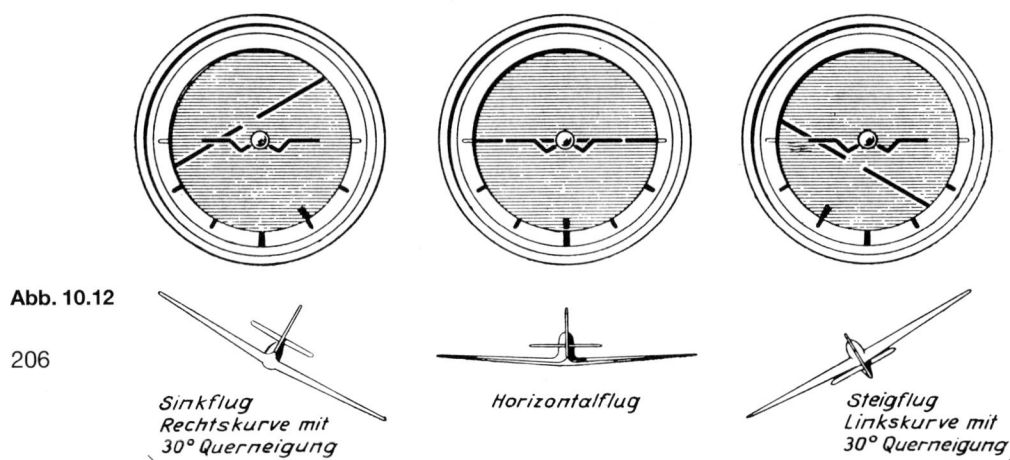

Abb. 10.12

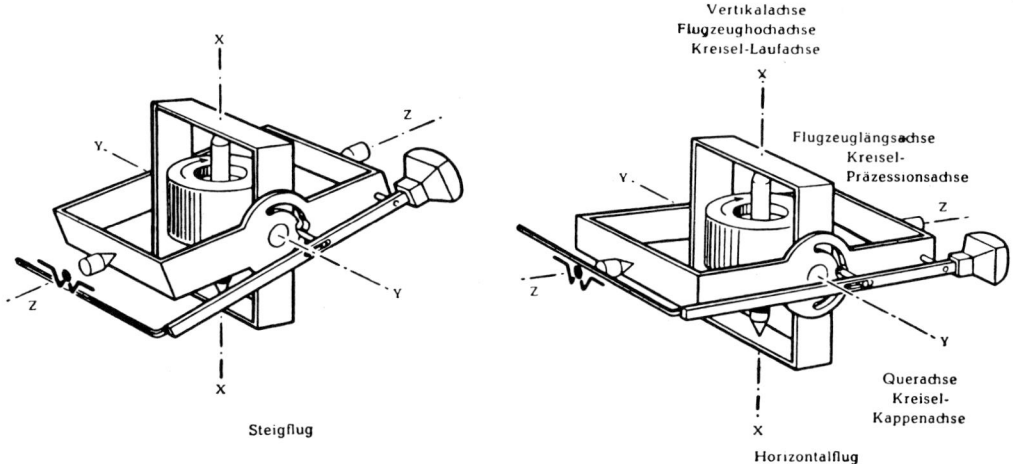

Abb. 10.13 Wirkungsweise des Kreiselhorizontes.

vermittelt dem Flugzeugführer eine Daueranzeige der Flugzeuglage in bezug auf Längs- und Querneigungen.

Diese Anzeigen erfolgen ununterbrochen mittels eines kreiselstabilisierten Horizont-Balkens, der gegen ein festes Flugzeug-Abbild auf der Instrumenten-Vorderseite anzeigt, sowie durch einen Neigungszeiger, der an einer Skala auf dem Frontring abgelesen wird.

Der Mechanismus befindet sich in einem zylindrischen Gehäuse, und der Kreiselrotor besteht aus einem 3-Phasen-Käfig-Induktionsmotor, der so konstruiert ist, daß der Käfig einen Rotor bildet, der sich vertikal um die Statorwindungen herumdreht.

Der Kreiselstator wird von 3-Phasen-Drehstrom 115 V, 400 Hz gespeist. Der Rotor läuft mit ungefähr 22 000 Umdrehungen/Min.

Die Kreiselrotor- und Kreiselgehäuse-

Abb. 10.14 Schnittbild eines elektrischen Kreiselhorizontes.

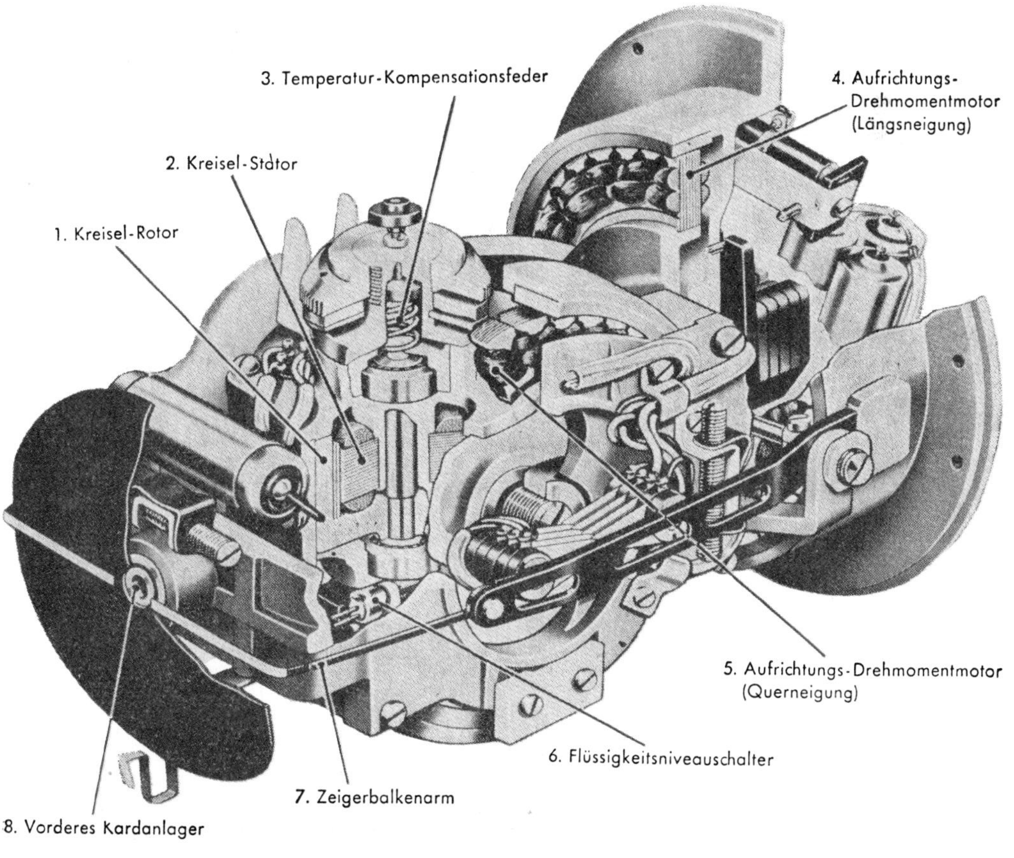

3. Temperatur-Kompensationsfeder

4. Aufrichtungs-Drehmomentmotor (Längsneigung)

2. Kreisel-Stator

1. Kreisel-Rotor

5. Aufrichtungs-Drehmomentmotor (Querneigung)

6. Flüssigkeitsniveauschalter

7. Zeigerbalkenarm

8. Vorderes Kardanlager

Gruppe wird vom Kardanring getragen, der seinerseits in der Längsachse des Instrumentengehäuses gelagert ist. Die Anzeige der Kreisel-Vertikalen wird durch die Zeigerbalken-Gruppe auf die Vorderseite des Instrumentes übertragen. Der Zeigerbalken ist in zwei Hälften am rückwärtigen Ende des Kardanringes gelagert; er wird durch einen Führungsarm betätigt, der vom Kreiselgehäuse her durch einen Seitenschlitz des Kardanringes heraustritt. Der doppelseitige Horizontalbalken bewegt sich mit 360 Freiheitsgraden Querneigung am vorderen Kardanring-Lager vorbei über den künstlichen Himmel hinweg.

Jeder Kreisel wird aber durch Reibungskräfte (z. B. durch Lagerreibung) nach längerer Zeit etwas seine Richtung ändern. Dieser

Abb. 10.15 Schaltbild des Kreiselhorizontes HL 6.

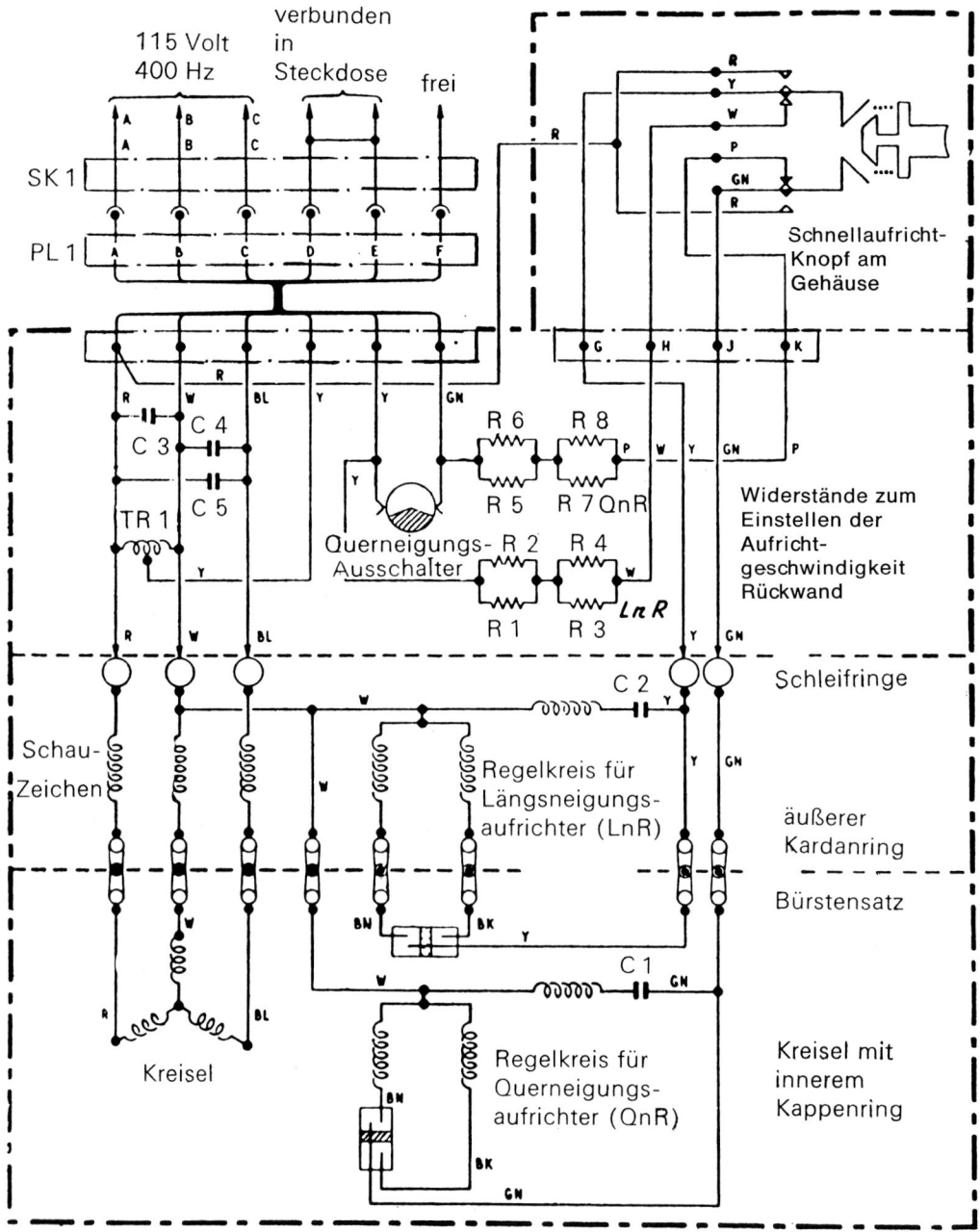

Richtungsänderung (zufällige Auswanderung = Random-Auswanderung) muß nun entgegengewirkt werden. Beim Kompaßkreisel übernahm diese Aufgabe der Fernkompaßgeber (Detektorgerät, das die Kursabweichung entdeckt). Beim Sperry-Kreiselhorizont erfolgt diese Aufrichtung auch elektrisch durch Aufricht-Drehmomentgeber.

Jede Tendenz des Kreisels, von der Vertikalen abzuweichen, wird von einem schwerkraftgesteuerten Aufrichtsystem aufgefangen, das aus Flüssigkeitslibellen-Schaltern am Fuße des Kreiselgehäuses besteht, die die Aufricht-Drehmomentgeber an der Längs- und Querachse steuern. Die Korrektur der Querneigung erfolgt durch den Drehmomentgeber seitlich der Kardangruppe, die Korrektur der Längsneigung durch den rückwärtigen Drehmomentgeber.

Die Aufrichtung erfolgt meist sehr langsam. Steht jedoch der Kreiselhorizont aus irgendeinem Grunde völlig falsch, z. B. beim Einschalten der Anlage usw., so kann durch einen Schnellaufrichtknopf die Aufrichtungs-

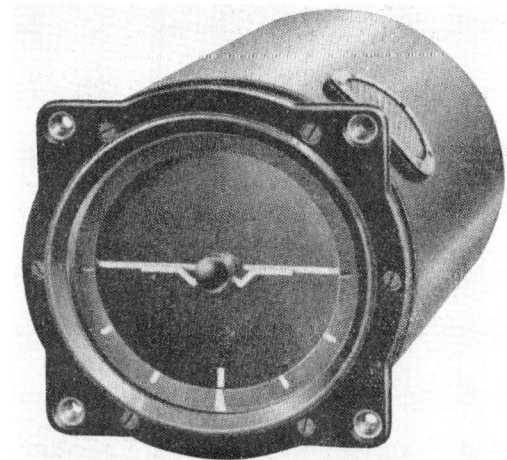

Abb. 10.16 Anzeigegerät eines einfachen elektrischen Kreiselhorizontes.

geschwindigkeit beträchtlich vergrößert werden.

Bei dauernden Kurvenflügen würde das Aufrichtsystem, das seine Regelimpulse von den Flüssigkeitslibellen-Schaltern bekommt, den Kreiselhorizont falsch aufrichten, nämlich in das Scheinlot. Aus diesem Grunde besitzt der Sperry-Kreiselhorizont einen Querneigungsschalter, der das Aufrichtsystem bei größeren Querneigungen als 10° ausschaltet.

7. Flugkommandogeräte (Flight Director Systems)

Im Gegensatz zu üblichen Flugüberwachungs- und Fluglagegeräten nehmen Flugkommandogeräte dem Piloten einen Teil seiner Belastung ab, indem durch Kommandosignale sichtbar gemacht wird, welche Flugmanöver ausgeführt werden müssen. Ein klassisches Beispiel dafür ist das Kreuzzeigergerät für einen VOR/ILS-Anflug (VOR-UKW-Drehfunkfeuer/ILS-Instrumentenlandesystem). Die Steuersignale werden mittels Kommandobalken angezeigt.

Kernstück eines integrierten Fluginstrumentensystems sind immer Fluglage- und Leitkursanzeiger für die Lage im Raum:
– ADI (Attitude Director Indicator) – Fluglage
– HSI (Horizontal Situation Indicator) – Leitkurs

Beide Kommandogeräte erhalten von einem Rechner verschiedene Signale (z. B. Kurs-, Peil- und Flugzeuglage-Signale).

Der ADI ist eine Weiterentwicklung des künstlichen Horizonts, gibt aber zusätzliche Steuerkommandos hauptsächlich für die vertikale Navigation.

Der HSI zeigt vornehmlich Soll- und Istwerte für die horizontale, flächige Navigation an:
– Kursinformation (Soll-, Ist- u. Gegenkurs)
– Peilanzeigen zu Funkbaken
  (ADF, VOR, TACAN, ILS)
– Entfernungsanzeige (DME)
– Geschwindigkeiten
  (über Grund-GS/wahre-TAS)
– Drift
– Gleitweg

Abb. 10.17 Eine VOR/ILS-Bordanlage mit Kreuzzeigerinstrument und Bediengerät sowie die schematische Darstellung beim Fluge.

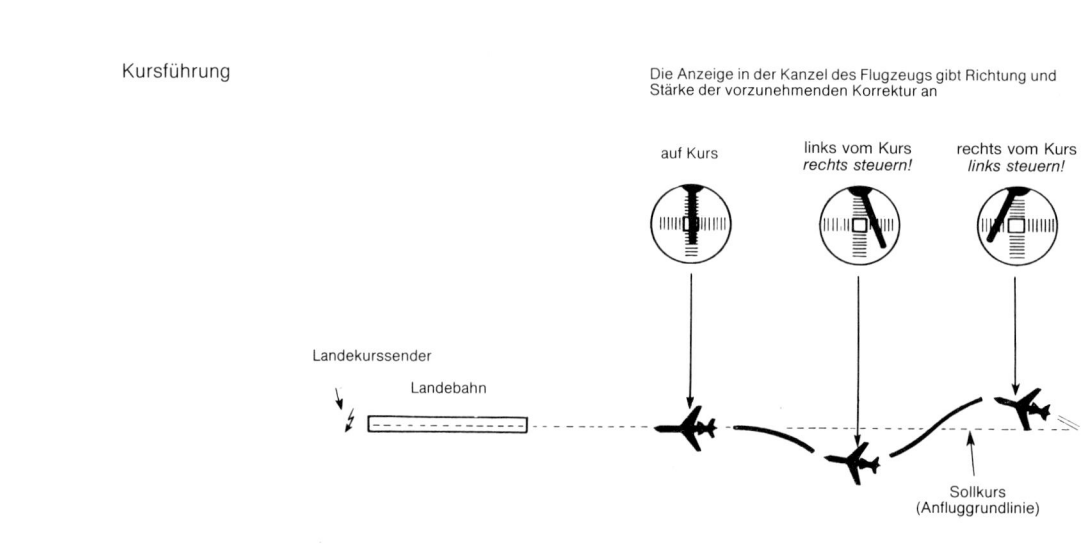

Kursführung

Die Anzeige in der Kanzel des Flugzeugs gibt Richtung und Stärke der vorzunehmenden Korrektur an

auf Kurs

links vom Kurs
rechts steuern!

rechts vom Kurs
links steuern!

Landekurssender

Landebahn

Sollkurs
(Anfluggrundlinie)

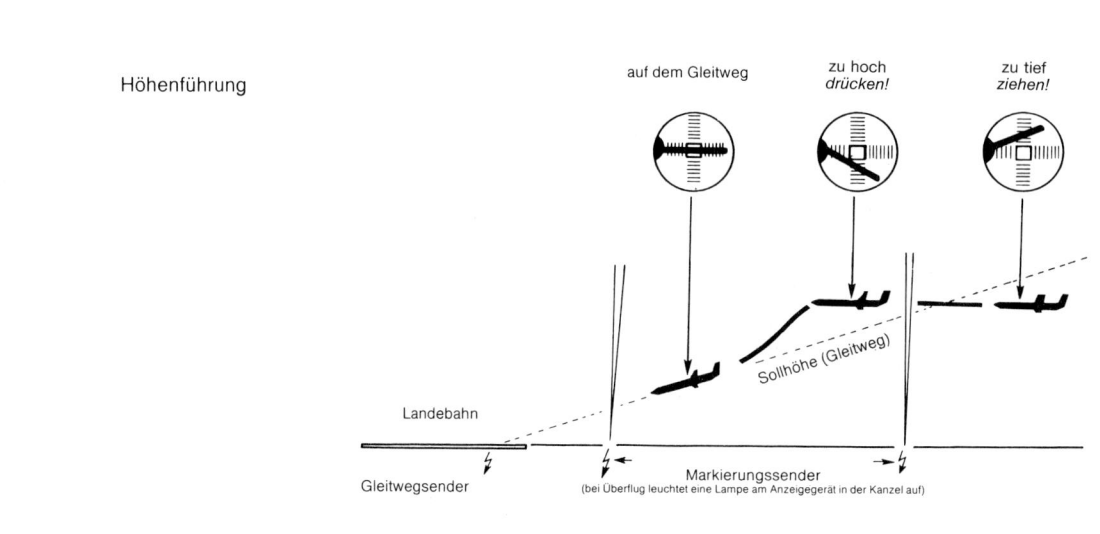

Höhenführung

auf dem Gleitweg

zu hoch
drücken!

zu tief
ziehen!

Sollhöhe (Gleitweg)

Landebahn

Gleitwegsender

Markierungssender
(bei Überflug leuchtet eine Lampe am Anzeigegerät in der Kanzel auf)

Fluglageanzeiger ADI-85

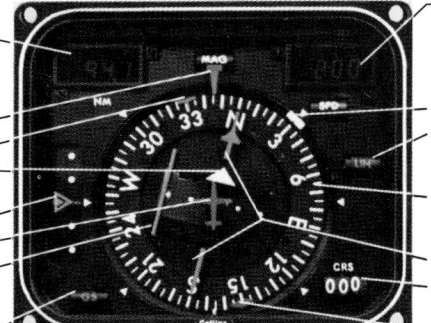

Anzeige Entscheidungshöhe (Decision height).

V-förmige Kommandobalken (V-Bar) bilden ein auf dem Kopf stehendes V, in die das ebenfalls V-förmige Flugzeugsymbol eingesteuert werden muß, um das Flugzeug auf ILS-Pfad oder Kurs zu halten.

Gleitweganzeiger (Glideslope/VNAV Deviation Pointer)

Wendezeiger (Rate of Turn Indicator)

Libelle (Inclinometer)

Höhe über Grund (Radio Altitude)

Sollgeschwindigkeitszeiger (Fast/Low Speed)

Localizeranzeige/-ablage (Pistensymbol)

Stellknopf zum Eindrehen der Entscheidungshöhe (Decision Height-DH). Durch Drücken läßt sich der Radiohöhenmesser prüfen

Leitkursanzeiger HSI-85

Entfernungsanzeige (DME-Distance Measuring Equipment/LRN-Long Range Navigation)

Steuerstrich (Lubber Line)

Zeiger für Kurs über Grund (Track Pointer)

Doppelzeiger für VOR (TO/FROM Pointer)

Gleitweganzeiger (Glideslope/VNAV Deviation Pointer)

Flugzeugsymbol (Aircraft Reference Symbol)

Seitenabweichungsnadel (Lateral Deviation Bar) für gewählte Kurse VOR/ILS oder INS/LRN

Anzeige Gleitweg (GS/VNAV)

Digitalanzeige (TTG-Zeit zum nächsten Zielpunkt/ SPD-Geschwindigkeit über Grund/ET-bisherige Flugzeit). Die gewählte Anzeigeart erscheint in einem Sichtfenster

Steuerkursmarke (Heading Marker)

Ablageanzeige von Kurslinie oder Standlinie (LIN-linear/ANG-angular Mode-Anzeiger)

Kompaßrose (Compass Card); über dem Steuerstrich Anzeigefenster, ob recht- oder mißweisender Kursflug gewählt

Kurs-/Gegenkurszeiger (Course Arrow)

Digitale Sollkurseingabe (Course Display)

Zeiger Gegenkurs über Grund

Bediengerät HCP-85

Kurseinstellknopf (Course Select Knob)

Steuerkurseinstellknopf (Heading Select)

Wahlschalter für TTG/SPD/ET-Anzeige am Leitkursanzeiger (HSI)

Zeitwerkbetätigung für ET

Warnflaggen

verdecken die jeweiligen Anzeigen, sobald die Eingangssignale falsch oder unzuverlässig sind:

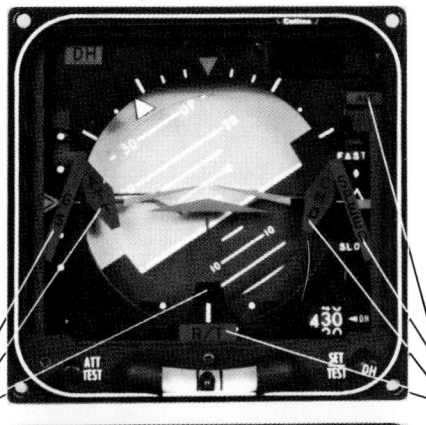

ADI-85

Gleitweg (GS)

Fluglage (ATT)

Localizer (wird abgedeckt)

Radiohöhenmesser (ALT)

Geschwindigkeit (SPEED)

Kommandogeber (CMD)

Wendezeiger (R/T)

HSI-85

Steuerkurs (HDG)

VOR/LOC

Vertikale Abweichung (VERT DEV)

Anzeigen in den Sichtfenstern des HSI
GS/VNAV – Gleitweg oder vertikale Navigation

TRUE

MAG/TRUE – mißweisende oder rechtweisende Anzeige an der Kompaßrose

SPD – Geschwindigkeit über Grund

TTG

TTG – Zeit zum nächsten Wegpunkt/Funkfeuer

ET

ET – laufende Flugzeit

LIN

LIN/ANG – Anzeige für lineare oder angulare Kursabweichung

Abb. 10.18 Symbole auf Fluglageanzeigern (ADI) und Leitkursanzeigern (HSI).

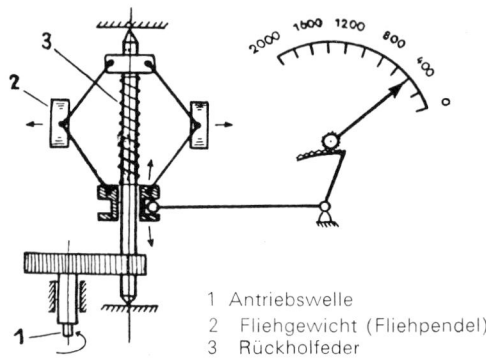

1 Antriebswelle
2 Fliehgewicht (Fliehpendel)
3 Rückholfeder

Abb. 10.19 Fliehpendel-Drehzahlmesser.

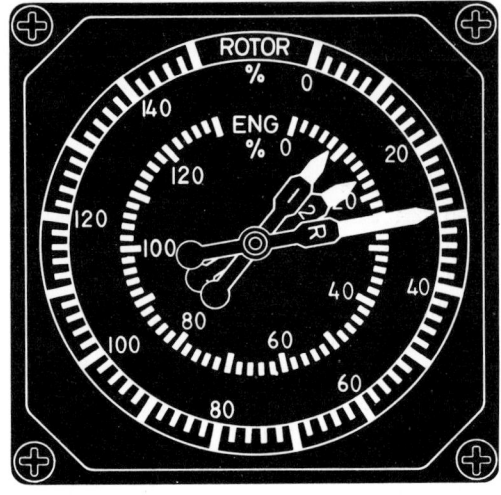

Abb. 10.20
Drehzahlmesser eines Hubschraubers zur Anzeige von Triebwerks-(1+2) und Rotordrehzahlen (R).

II. TRIEBWERKÜBERWACHUNGSGERÄTE

1. Drehzahlmesser

Für den Betrieb von Flugmotoren ist die dauernde Überwachung der Drehzahl von großer Wichtigkeit. Je nachdem, ob die Motoren nahe beim Führerraum angeordnet sind oder in größerer Entfernung davon, werden verschiedene Ausführungen von Drehzahlmessern verwendet:

Nahdrehzahlmesser. Die Motordrehzahl wird von der Kurbelwelle oder einem anderen Antrieb aus mittels einer elastischen Welle auf das Anzeigegerät übertragen. Diese Übertragungsmöglichkeit ist jedoch nur brauchbar bis zu Längen von etwa 2 m. Der Drehzahlmesser selbst ist im allgemeinen als Fliehkraftgerät ausgebildet. Entsprechend der Drehzahl verschieben Fliehgewichte eine

Muffe, die ihrerseits wieder ein Zeigerwerk betätigt.

Ferndrehzahlmesser. Bei größeren Entfernungen zwischen Motor und Anzeigegerät finden elektrische Drehzahlmesser Verwendung. Ihr Aufbau zeigt einen kleinen Gleichstromerzeuger auf der Geberseite und ein Drehspulenvoltmeter auf der Anzeigeseite. Die Übertragung des Meßwertes vom Motor auf das Anzeigegerät erfolgt also auf rein elektrischem Wege. Der Vorteil elektrischer Ferndrehzahlmesser besteht darin, daß die Übertragungsleitungen brauchbar sind und daß das Anzeigegerät auf mehrere Motoren umgeschaltet werden kann.

2. Thermometer

Von Bedeutung ist bei der Triebwerksüberwachung auch die Möglichkeit der Temperaturmessung von Kühlflüssigkeit und Schmierstoff. Quecksilberthermometer sind hierzu in den meisten Fällen unbrauchbar, daher müssen andere Thermometer verwendet werden:

Widerstandsthermometer. Eine Temperaturmessung auf elektrischem Wege kann mit Hilfe des sogenannten Widerstandsthermometers erfolgen. Das Meßverfahren beruht auf der bekannten Erscheinung, daß sich ein elektrischer Widerstand mit der Temperatur ändert. Das Widerstandsthermometer be-

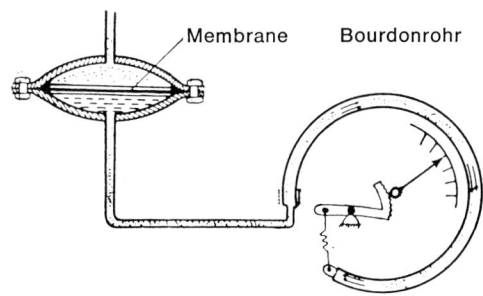

Membrane **Bourdonrohr**

Abb. 10.21 Dampfdruckthermometer.

steht aus einem elektrischen Widerstand, der in die zu messende Masse eingebracht wird und über eine Leitung mit dem eigentlichen Meßgerät in Verbindung steht. Dieses selbst besteht im Grundsätzlichen aus zwei Stromkreisen, deren Schaltung durch Vergleich der Widerstände eine Anzeige dafür ergibt, um wieviel sich die zu messende Temperatur erhöht oder erniedrigt.

Dampfdruckthermometer. Das in die zu messende Masse eingebrachte Thermometer ist zu einem Teil mit einer Flüssigkeit gefüllt, die über eine Übertragungsleitung mit dem Anzeigegerät in Verbindung steht. Außer der Übertragungsflüssigkeit befindet sich im Thermometer Äthyläther, der bei etwa 35° zu

verdampfen beginnt und bei weiterer Erwärmung einen steigenden Druck auf die Übertragungsflüssigkeit ausübt. Diese überträgt den Druck auf ein sogenanntes Bourdonrohr, d. i. ein gekrümmtes Rohr, das unter der Einwirkung des Flüssigkeitsdruckes sich geradezurichten sucht und hierbei ein Zeigerwerk betätigt.

3. Betriebsstoffdruckmesser

Der Schmierstoffdruck und in vielen Fällen auch der Kraftstoffdruck muß beim Flugmotor laufend überwacht werden. Hierzu dienen entsprechende Druckmesser. Diese sind üblicherweise als Bourdonrohre ausgebildet, auf die der Flüssigkeitsdruck über eine Zuleitung und dazwischengeschaltete Membrandosen wirken kann.

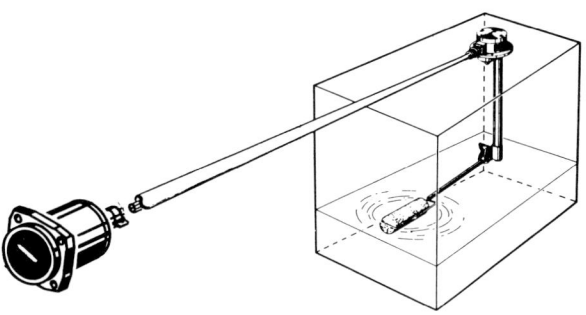

Schwimmervorratsmesser

pneumatischer Vorratsmesser

Abb. 10.22 Vorratsmesser.

4. Betriebsstoffvorratsmesser

Für das Messen des Vorrates in Behältern können außer einfachen Standgläsern verschiedene Meßgeräte verwendet werden:

Schwimmeruhr. In dem Behälter ist ein Führungsrohr eingesetzt, in dem ein

Schwimmer mit dem Flüssigkeitsspiegel auf und ab steigen kann. Der Schwimmer ist über einem Seilzug mit einem Zeigerwerk verbunden, so daß je nach dem Stand des Flüssigkeitsspiegels eine Anzeige erhalten

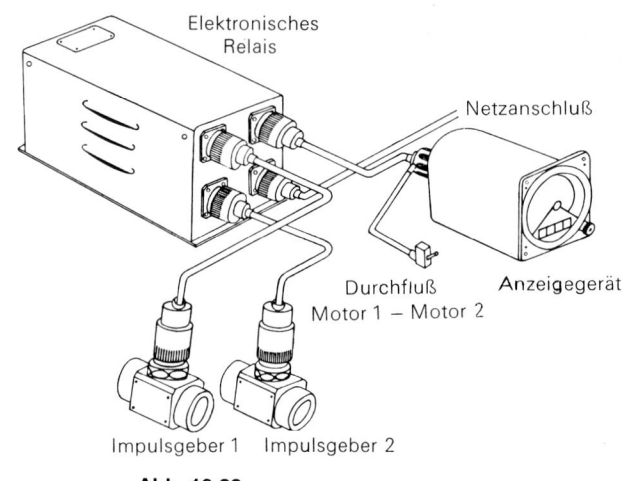

Abb. 10.23
Elektrischer Kraftstoffverbrauchs- und Kraftstoffvorratsmesser.

wird, die bei entsprechender Eichung den noch vorhandenen Vorrat angibt.

Pneumatische Kraftstoffuhr. Gebräuchlicher sind pneumatische Flüssigkeitsuhren, die auf folgendem Verfahren beruhen: In dem Behälter steht ein Tauchrohr, das mit einer kleinen Luftpumpe unter Druck gesetzt werden kann, so daß die in dem Rohr stehende Flüssigkeitssäule verdrängt wird. Der Druck, der notwendig ist, um die Flüssigkeitssäule im Tauchrohr, die ja ein Maß für den Vorrat im Behälter darstellt, zu verdrängen, wird mittels einer Membrandose gemessen. Der vorhandene Vorrat an Betriebsstoff wird also indirekt durch eine Druckmessung ermittelt.

III. NAVIGATIONSGERÄTE

1. Magnetkompasse

Magnetkompasse dienen zur Kursmessung durch Bestimmung des Winkels zwischen der Horizontalkomponente der Erdfeldlinien (mißweisend Nord) und einer bordfesten Bezugsachse. Sie werden häufig als Hilfsmittel beim Navigieren verwendet. In ihrer einfachsten Form sind sie als Marschkompasse gebräuchlich und werden in aufwendigeren Ausführungen in Schiffen, Flugzeugen und Landfahrzeugen eingesetzt. Selbst moderne Flugzeuge mit sehr genauen Navigationsanlagen verfügen aus Sicherheitsgründen über einen zusätzlichen Magnetkompaß. Seine Genauigkeit wird durch viele Fehler beeinflußt.

Charakteristische Größen für Kompasse mit drehbarem Magnetsystem sind die Dämpfung der Störbewegungen, die Beruhigungszeit, in der sich der Kompaß nach einer 90°-Drehung etwa auf den neuen Winkelwert einstellt, die Mitschleppung, die die Abweichung der Anzeige bei konstanter Kompaßdrehung angibt, und der Restwinkel, der die bleibende Abweichung infolge Lagerreibung nach Einstellung auf einen neuen Wert ist.

Allen Magnetkompassen ist gemein, daß – bedingt durch den schräg einfallenden Erdfeldvektor – mit ihnen nur dann eine einwandfreie Kursmessung möglich ist, wenn die Meßebene horizontiert liegt.

In Flugzeugen kann man diesen Fehler wegen der Scheinlote bei Kurvenflug nur wirk-

Abb. 10.24 Draufsichtkompaß.

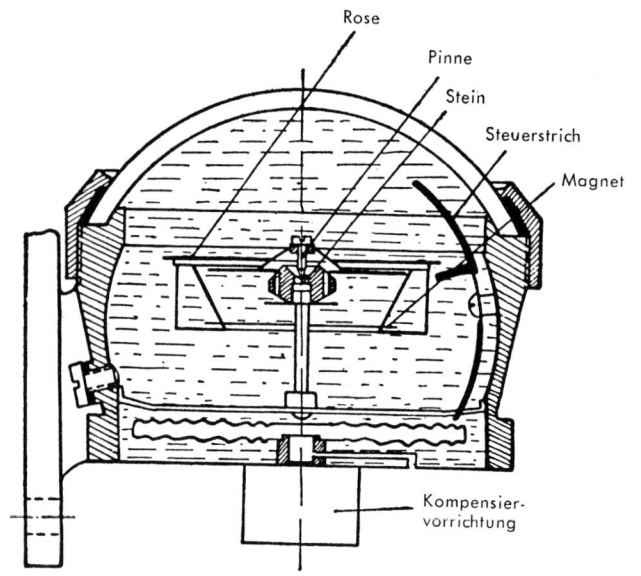

sam durch Kurskreiselstützung reduzieren.

Die Genauigkeit aller Magnetkompasse wird außerdem durch die bordfesten Störfelder beeinträchtigt. Die dadurch bedingten Winkelfehler nennt man Ablenkung oder Deviation. Die Störfelder werden durch hartmagnetische und weichmagnetische Störpole und durch die Felder elektrischer Geräte und Leitungsströme verursacht.

a) Nahkompaß (Beobachterkompaß):

Das Magnetsystem mit der Rose ist mit einer Steinlagerung auf einer Pinne aufgehängt. Das Kompaßgehäuse ist mit einer Flüssigkeit gefüllt, wodurch das leicht schwingende Magnetsystem gedämpft wird. Die Kompensierungsvorrichtung dient zur Berichtigung der Deviation.

Man unterscheidet:
Draufsichtkompaß mit horizontaler Rose (Abb. 10.24) und **Steuerkompaß** mit vertikaler Rose (Abb. 10.25).

b) Fernkompasse

Wegen der Störungen durch die elektrischen Geräte ist die Montage eines Beobachterkompasses in Flugzeugen problematisch. Mehr Freiheit in der Wahl des Einbauortes hat man bei Fernkompassen, bei denen der gemessene Kurswinkel zu einem Anzeigegerät fernübertragen wird.

Fernkompaß (pneumatisch):
Unterteilung des Kompasses:
richtunggebender Kompaß,
Kurszeiger,
Kursgeber.

Durch die Aufteilung ist es möglich, den Kompaß an einer magnetisch günstigen Stelle einzubauen (meist im hinteren Rumpfteil), während Kursgeber und Kurszeiger am Instrumentenbrett sitzen. Dieses Anzeigegerät erleichtert den Instrumentenflug, da die verhältnismäßig kleine Rose des Nahkompasses nicht beobachtet und die Kurszahl nicht im Gedächtnis behalten werden muß.

Auf der Achse des Magnetsystems sitzt

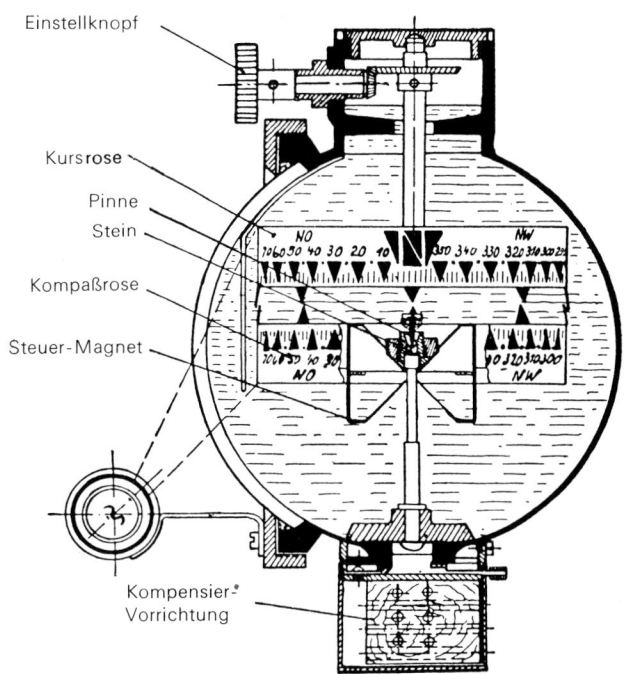

Abb. 10.25 Steuerkompaß.

Einstellknopf

Kursrose

Pinne

Stein

Kompaßrose

Steuer-Magnet

Kompensier-Vorrichtung

eine exzentrische Steuerscheibe. Aus dem Kompaßkessel wird die Luft abgesaugt (durch Förderdüse oder Sogpumpe) und strömt durch ein Düsenpaar nach. Diesem Düsenpaar gegenüber ist ein zweites Düsenpaar eingebaut. Zwischen diesen bewegt sich die Exzenterscheibe. Je nach der Flugrichtung wird am Kursgeber der Kurs einge-

Abb. 10.26 Fernkompaß (pneumatisch betrieben).

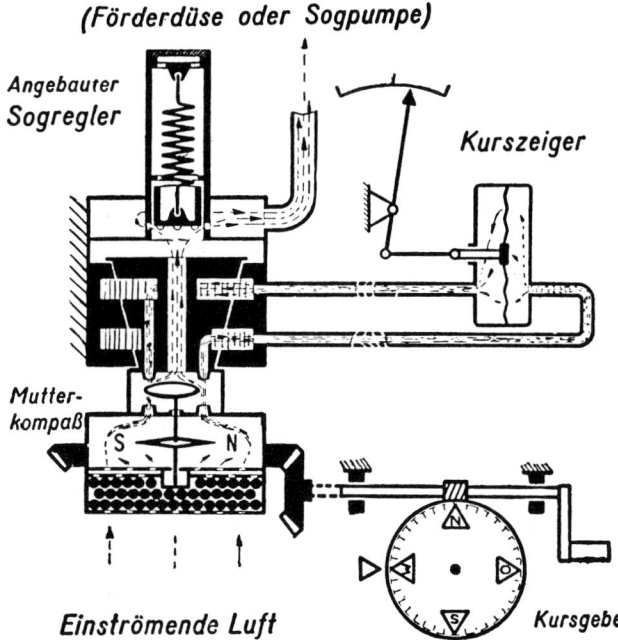

Zur Luftförderung
(Förderdüse oder Sogpumpe)

Angebauter *Sogregler*

Kurszeiger

Mutterkompaß

Einströmende Luft

Kursgeber

stellt, wobei die Düsenpaare mit dem Kompaßkessel durch eine biegsame Welle verstellt werden.

Liegt das Flugzeug auf dem eingestellten Kurs, so werden die Düsenpaare von der Exzenterscheibe gleichweit abgedeckt. Beim Kursabweichen wird die eine Düse weniger von der Exzenterscheibe abgedeckt, der Luftstrom bläst stärker gegen die gegenüberliegende Düse und erzeugt dort einen Druckanstieg, der den Kurszeiger (Differenzdruckmesser) zum Ausschlag bringt (Abb. 10.26).

Fernkompaß (elektrisch):

Zur Umwandlung der Kompaßstellung in elektrische Signale gibt es kapazitive, potentiometrische und induktive Verfahren. In großem Umfang werden induktive Fernkompasse mit Magnesyn-Meßwertübertragung eingesetzt. Ein derartiger Kompaß ähnelt im Aufbau dem Beobachterkompaß. Anstelle der Kompaßrose enthält er jedoch einen Ringkern mit drei sich über je 120° erstreckenden Wicklungen, der sich unter dem Magnetsystem des Kompasses befindet. Das Feld des Magneten durchsetzt den Ringkern und bringt Bereiche des Ringkerns je nach Winkelstellung in die Sättigung. Dadurch ändert sich der Widerstand der von Wechselstrom durchflossenen Ringkernwicklungen, und es entsteht ein Magnetfluß, der die doppelte Frequenz der Speisespannung hat. Der Magnesyn-Geber ist mit dem ähnlich aufgebauten Empfänger eines Anzeigegerätes elektrisch verbunden. (s. Abb. 10.27 Kompaßkreisel CL 1)

Anstelle der Magnete werden auch gleichstromdurchflossene kreuzweise angeordnete Kompensationsspulen verwendet. Durch Wahl der Spulenströme kann Größe und Richtung des Kompensationsfeldes eingestellt werden.

In Fernkompassen, in denen der Winkelmeßwert in Form elektrischer Spannungen vorliegt, wird mit Hilfe eines elektromechanischen Rechners eine vom Winkel abhängige Spannung erzeugt, die dem Deviationswinkel entspricht. Diese Fehlerspannung wird von der Meßspannung subtrahiert, so daß eine dem Kurswinkel entsprechende Spannungsdifferenz übrig bleibt. Bei diesem Verfahren läßt sich auch der durch weichmagnetische Störpole bedingte Fehler beseitigen.

In modernen Navigationsanlagen, die die Magnetkompaßwerte digital verarbeiten, werden die Deviationsfehlerkurven in Form von Tabellen oder als Funktionen gespeichert und digital vom Meßwert subtrahiert. Diese Fehlerkompensation mit einem Digitalrechner (z. B. Mikrocomputer) ist wesentlich kostengünstiger, einfacher und genauer.

Ein weiteres Verfahren zur Kompensation verwendet zwei Fernkompasse, die so montiert sind, daß sie durch die gleichen Störpole des Flugzeugs unterschiedlich stark beeinflußt werden. Wenn eine Differenz der im Verhältnis der Störpole gewichteten Meßwerte gebildet wird, erhält man einen resultierenden Vektor, der die Richtung des ungestörten Feldes hat. Bei diesem Verfahren kompensiert sich automatisch eine Änderung der Störpole.

2. Kreisel-Magnetkompaß

Zur Reduzierung der durch Beschleunigung und Neigungen im Magnetkompaß hervorgerufenen Fehler werden in schnelleren Flugzeugen Kreisel-Magnetkompasse eingesetzt. Der Kreisel-Magnetkompaß ist im Prinzip ein Kurskreisel mit einer automatischen Überwachung durch den Magnetkompaß. Im Kurvenflug wird deshalb der Kurs mit dem Kurskreisel, der bis zu 15 min. ausreichend genau ist, angezeigt. Dagegen muß im Geradeausflug der Magnetkompaß den Kurskreisel berichtigen, da sich dessen Anzeige infolge

Drift durch mechanische Unvollkommenheiten ändert. In manchen Einrichtungen wirkt die Korrektureinrichtung des Magnetkompasses ununterbrochen auf den Kurskreisel, in den älteren Ausführungen wird der Kurskreisel nur in bestimmten Zeitintervallen korrigiert.

Jedes schwingungsfähige System (z. B. ein Pendel oder eine Kompaßnadel) wird in einem fliegenden Flugzeug infolge von Beschleunigungskräften ein unruhiges Verhalten zeigen, die Kompaßnadel wird immer langsame Drehschwingungen ausführen. Jedes System ist aber um so ruhiger, je größer seine Schwingungsdauer und seine Masse ist. Ein rotierender Kreisel hat infolge seiner Drehträgheit eine erhöhte Masse und daher eine viel größere Schwingungsdauer und die Achse, um die sich der Kreisel dreht, wird daher im Raume ihre Richtung behalten wollen.

Zum Anzeigen einer bestimmten Richtung (z. B. nach geographisch Nord oder nach magnetisch Nord) muß diese Kreiselachse nach einem raumfesten Punkt ausgerichtet werden. Beim Kreiselkompaß, der in großen Schiffen, U-Booten, infolge der das magnetische Erdfeld beeinflussenden Eisenmassen benötigt wird, wird diese Beeinflussung durch die Erddrehung selbst erreicht. Da diese Kräfte sehr klein sind, werden sehr große und schwere Kreiselkörper verwendet. Der im Flugzeug verwendete Kompaßkreisel ist dagegen ein sehr kleiner Kreisel, dessen Achse durch einen magnetischen Fernkompaß (oft Ferngeber oder Detektorgerät genannt) überwacht oder – wie man auch sagt – gelenkt oder gestützt wird, so daß die Achse des Kreisels immer die gleiche Richtung zu magnetisch Nord besitzt.

Er besteht aus einem Kreiselgerät, das in das Piloten-Instrumentenbrett eingesetzt wird und einen elektrisch betriebenen Kurskreiselmechanismus hoher Leistung enthält. Dieser wird von einem kleinen Detektorgerät beeinflußt, das in der Flügelspitze oder in einem anderen passenden Ort montiert ist, wo die örtlichen magnetischen Störungen minimal sind. Zusätzlich umfaßt die Ausrüstung ein kleines Verstärkungsgerät und einen Verteilerkasten.

Das Kreiselgerät vermittelt dem Piloten die Anzeige des magnetischen Kurses des Flugzeuges. Es ist eine selbst-synchronische, eindeutige, schwingungsfreie Anzeige in Form einer beweglichen Windrosenkarte, die frei ist von Kurven- und Beschleunigungsfehlern und von Kreiselauswanderungen. Es ist

Abb. 10.27 Kompaßkreisel CL 1 (schematischer Aufbau).

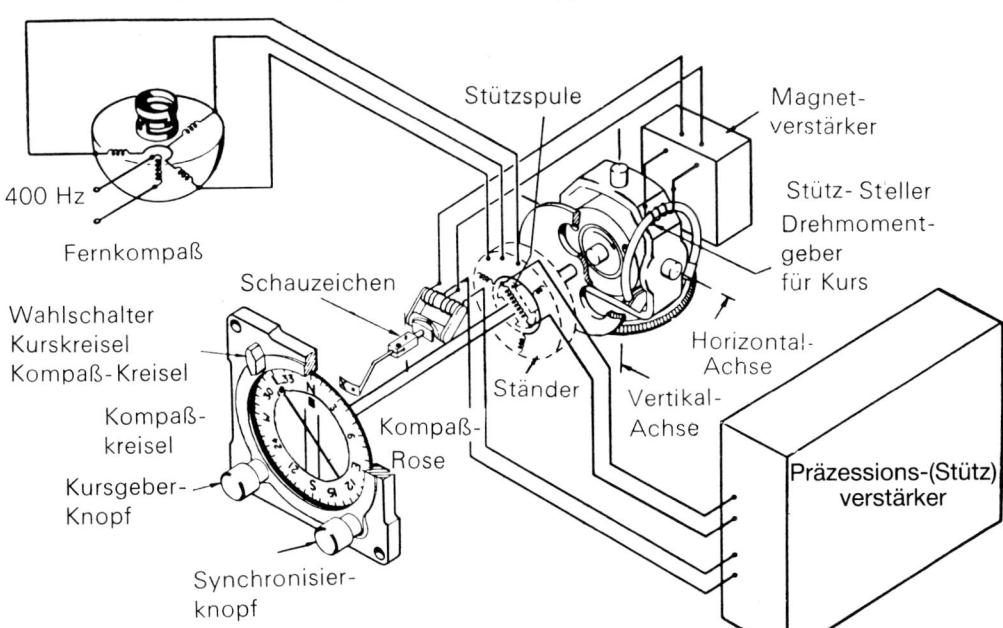

400 Hz

Fernkompaß

Wahlschalter
Kurskreisel
Kompaß-Kreisel

Kompaß-
kreisel

Kursgeber-
Knopf

Synchronisier-
knopf

Schauzeichen

Ständer

Kompaß-
Rose

Stützspule

Magnet-
verstärker

Stütz-Steller
Drehmoment-
geber
für Kurs

Horizontal-
Achse

Vertikal-
Achse

Präzessions-(Stütz)
verstärker

Vorsorge für eine Kursgabe getroffen.

Ein Kompaß-Kurskreisel-Wahlschalter ist in der oberen linken Ecke des Kreiselgeräts angebracht, wie es die Schnittzeichnung zeigt. Wenn D. G. (Directionel-Gyro = Kurskreisel) gewählt wird, ist der vom Detektorgerät kommende Beeinflussungsimpuls abgeschaltet und das Kreiselgerät arbeitet wie ein Kurskreisel.

Wird »Kompaß« gewählt, so wird das Kreiselgerät vom Detektorgerät beeinflußt und zeigt wie ein Kompaß an.

3. Kurskreisel

Dieses Gerät gibt unbeeinflußt durch die Flugzeugbewegung eine eingestellte Kursrichtung an. Es ist nach dem Kreiselprinzip aufgebaut, wird nicht magnetisch gerichtet und muß daher nach dem Magnetkompaß eingestellt werden. Es hat dagegen nicht die Fehlereigenschaften des Kompasses (Schwingungen, Lageempfindlichkeit, Übersteuerungsgefahr beim Kurvenflug durch Nachschleppen des Magnetsystems).

Kreisel aller Art spielen in Navigations-, Vermessungs- und Stabilisierungssystemen eine zentrale Rolle. Wende-, Kurs-, Lot- sowie nordsuchende Kreisel findet man in Navigationsanlagen, Vermessungsgeräten, Flugkörpern und Torpedos. Kreisel können kugelgelagert, gasgelagert oder in Lasertechnik ausgeführt sein.

Laserkreiselprinzip.

Laser-Drehgeschwindigkeitssensoren (es sind keine Kreisel im eigentlichen Sinn) nutzen die Tatsache, daß zwei in einem ringförmigen Strahlpfad gegensinnig umlaufende Lichtwellen bei Drehbewegungen unterschiedliche Umlaufzeiten benötigen. Der Vorteil besteht in der hohen Lebensdauer und Zuverlässigkeit, der schnellen Einsatzbereitschaft sowie der hohen Genauigkeit und Dynamik, auch bei extremen Umgebungsbedingungen.

Beim **aktiven Laserkreisel** (Ringlaser-Drehgeschwindigkeitssensor) wird Laserlicht in einer dreiecksförmigen Gasentladungsstrecke erzeugt, wobei der geschlossene Lichtweg durch drei Spiegel definiert ist. Die beiden gegenläufigen Lichtwellen unterscheiden sich in ihrer Frequenz um einen Betrag, der der Drehgeschwindigkeit um die Meßachse proportional ist.

Durch Überlagerung erhält man eine entsprechende Differenzfrequenz, die unmittelbar einer digitalen Signalverarbeitung zugeführt wird.

Beim **passiven Laserkreisel** (Faseroptischer Drehgeschwindigkeitssensor) dient eine Laserdiode als Lichtquelle, deren Licht aufgeteilt und in die beiden Enden einer zu einer Spule aufgewickelten Lichtwellenleiter-Faser eingekoppelt wird. Eine Rotationsbewegung dieser Sensorspule führt zu einem interferometrisch meßbaren Phasenunterschied der gegenläufigen Lichtwellen, der proportional zur Drehgeschwindigkeit ist.

Abb. 10.28 Prinzipieller Aufbau eines Laser-Ringinterferometers (Laser-»Kreisel«).

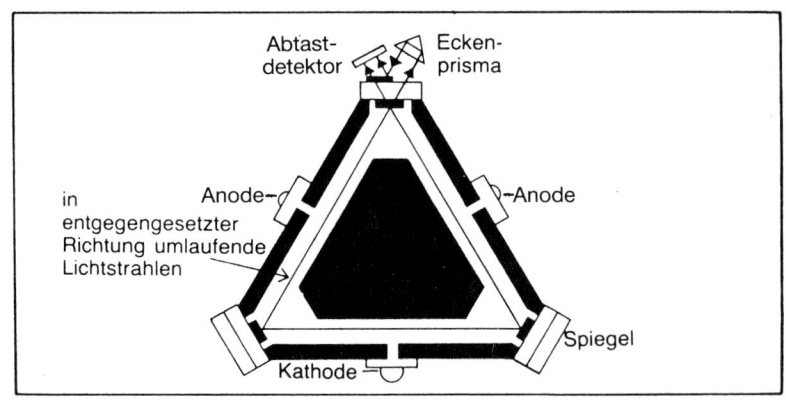

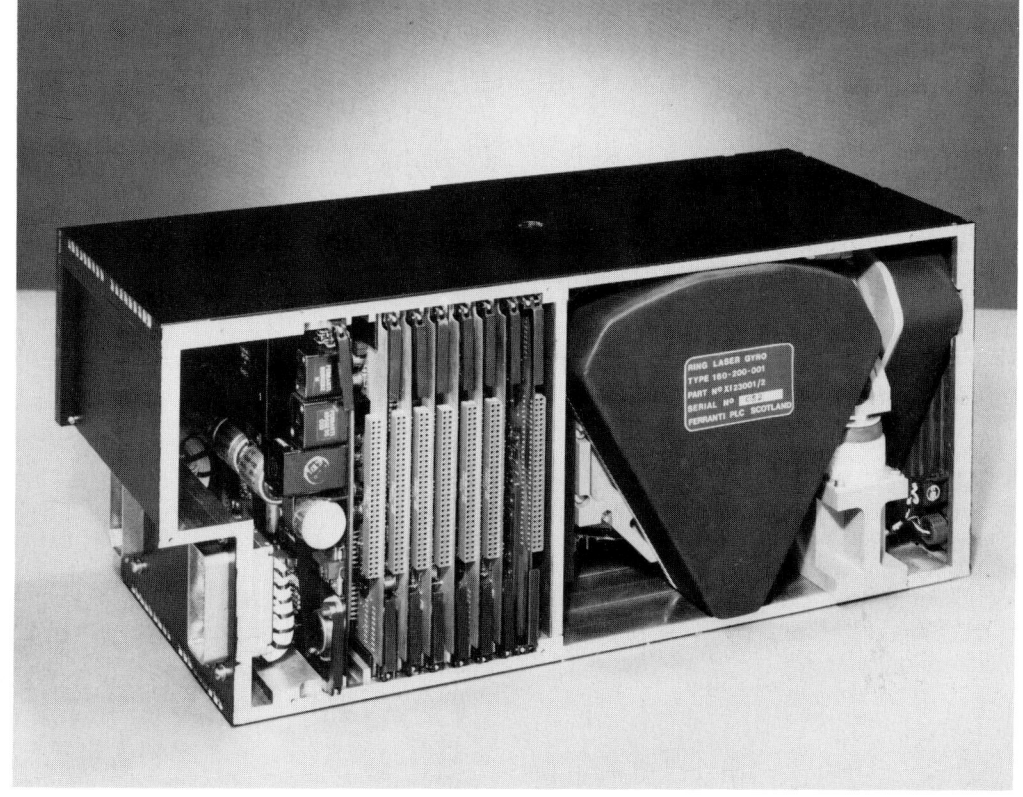

Abb. 10.29 Drei Ringlaser, in kompakter Bauweise rechtwinklig zueinander angeordnet, liefern Beschleunigungswerte, die beim Nicken, Rollen und Gieren eines Flugzeuges auftreten. Im Bordrechner werden die Daten verarbeitet.

4. Plattformen

Plattformen dienen dazu, ein dreidimensionales Koordinatensystem festzuhalten. Da man mit Lagekreiseln zwei, mit Wendekreiseln einen Freiheitsgrad erfassen kann, benötigt man also zwei Lagekreisel oder drei Wendekreisel oder einen Lagekreisel und einen Wendekreisel.

Die Kreisel sind in Rahmenanordnungen eingebaut, deren Achsen von den Kreiseln derart gesteuert werden, daß die Kreisel in der Regel als Null-Sensoren die Lage der Rahmen über Regelkreise kontrollieren. Demzufolge sind an den Rahmen Lagewinkel verfügbar.

Man unterscheidet die Plattformen nach der Zahl der Rahmen, die die Kreisel vom Träger der Plattform isolieren. Bei 3-Rahmen-Plattformen, die fast immer mit der Achsfolge Azimut-Nick-Roll gebaut werden, ist unbeschränkte Winkelfreiheit für Azimut und Roll gegeben, während in der Nickachse eine Beschränkung auf einen Winkelbereich von deutlich kleiner $\pm 90°$ erfolgen muß (Rahmensperre). Solche Plattformen nennt man auch beschränkt kunstflugtauglich.

Möchte man eine voll kunstflugtaugliche Plattform realisieren, so muß man eine 4-Rahmenanordnung, gewöhnlich in der Achsfolge Azimut-Innerer Roll-Nick-Äußerer Roll, wählen. Damit sind alle Lagewinkel und Lagewinkelfolgen zugelassen.

Je nach Anwendungsfall unterscheidet man weiter raumfeste und erdbezogene Plattformen. Während erstere von der Erddrehung unabhängige Meßwerte liefern sollen – wie bei Raumflugaufgaben – sollen

219

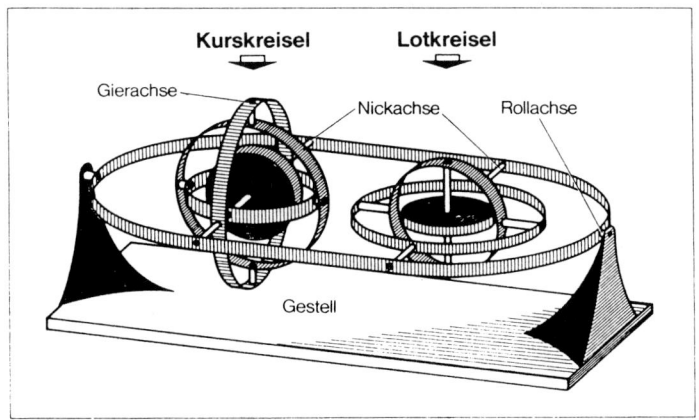

Abb. 10.30 Prinzip einer Lageplattform mit Kurs- und Lotkreisel.

letztere erdbezogene Ausgangsgrößen ausgeben, also das Erdlot, die Erddrehung, die Bewegung über die gekrümmte Erdoberfläche usw. berücksichtigen. Hierzu sind außer den Kreiseln noch Beschleunigungsmesser – im einfachsten Fall Lotfühler – erforderlich.

Man unterscheidet Lageplattformen und Inertialplattformen.

a) Lageplattform

Es gibt eine Reihe von unterschiedlichen Lösungen. In Abb. 10.30 ist eine übliche Anordnung dargestellt, die erdbezogene Ausgangswinkel liefert.

Als Kreisel werden ein Lot- und ein Kurskreisel verwendet. Der Lotkreisel bietet in Roll- und Nickachse das Lot an. Diese Winkel sind dann zwischen 1. und 2. Rahmen und dem Rollrahmen (entspricht beim Lotkreisel dem Gestell) verfügbar. Der so gewonnene Rollwinkel wird dann mittels Regelkreis auf die Rollachse übertragen. Damit bleiben im stationären Fall 1. und 2. Rahmen aufeinander senkrecht. Der Rollwinkel ist dann zwischen Rollrahmen und Gestell abgreifbar.

Der Nickwinkel steht zwischen dem 2. Rahmen und dem Rollrahmen an und wird von dieser Nickachse auf die parallele, den Kurskreisel lagernde, übertragen. Dies kann im einfachsten Fall durch ein Zahnradgetriebe erfolgen. Dieser Nickrahmen bildet damit das Gestell des Kurskreisels. Damit weist die Gierachse (Azimut) des Kurskreisels, unabhängig von der Lage des Gestells der Plattform, immer in die Lotrichtung. Der Kurskreisel zeigt daher kardanfehlerfrei den Azimut an, da seine beiden Rahmen immer aufeinander senkrechtstehend gehalten werden. Da diese Anordnung 4 Achsen aufweist, die von den Flugzeugbewegungen isolieren, handelt es sich um eine voll kunstflugtaugliche Plattform. Die 4 Achsen sind Azimutachse (der Kurskreisel kann mit seinem »Nickgestell« direkt auf dem inneren Rahmen des Lotkreisels montiert gedacht werden, was die Isolierung von Flugzeugbewegungen angeht!), innere Rollachse, Nickachse und äußere Rollachse.

b) Inertialplattform (Trägheitsplattform)

Bringt man auf dem durch Kreisel stabil gehaltenen Plattformrahmen zusätzlich Beschleunigungsmesser an, die meist mit zueinander senkrechten Meßachsen angeordnet sind, so spricht man von einer Inertialplattform (Trägheitsplattform).

Durch 1. Integration der Meßergebnisse der Beschleunigungsmesser gewinnt man die Geschwindigkeit, durch die 2. Integration den zurückgelegten Weg – immer bezogen auf die Ausgangsposition (Null-/alignment Position).

5. Flugregler

Schon frühzeitig hat man versucht, die ermüdende Tätigkeit des Steuerns eines Flugzeuges durch den Flugzeugführer von einem Flugregler (auch Autopilot oder Kurssteuerung oder Vollsteuerung genannt) vornehmen zu lassen. Ein solcher Vorgang ist eine »Regelung«. In der Regelungstechnik heißt das System, das geregelt werden soll, die Regelstrecke. Das Gerät, das die Regelung vornimmt, heißt Regler. Der Regler muß also die

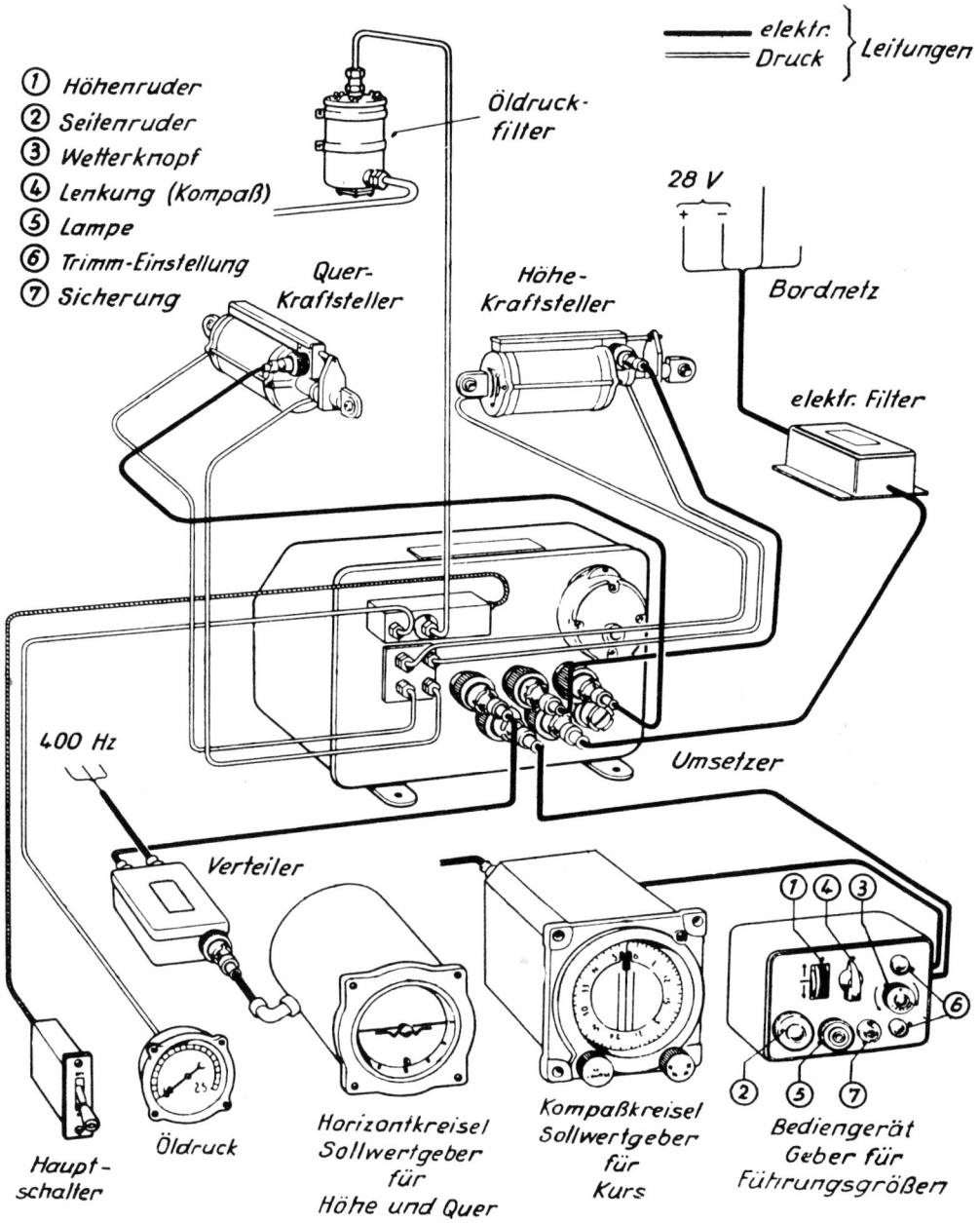

① Höhenruder
② Seitenruder
③ Wetterknopf
④ Lenkung (Kompaß)
⑤ Lampe
⑥ Trimm-Einstellung
⑦ Sicherung

Öldruck-filter

elektr. Druck } Leitungen

28 V

Bordnetz

Quer-Kraftsteller

Höhe-Kraftsteller

elektr. Filter

400 Hz

Umsetzer

Verteiler

Haupt-schalter

Öldruck

Horizontkreisel Sollwertgeber für Höhe und Quer

Kompaßkreisel Sollwertgeber für Kurs

Bediengerät Geber für Führungsgrößen

Abb. 10.31 Schematische Darstellung der Arbeitsweise des Flugreglers AL 3.

Regelgröße (z. B. den Kurs) erfassen, ihn messen, ihn mit einem Sollwert vergleichen und danach einen bewußten Eingriff in die Regelstrecke vornehmen. Bei den Flugregelungen ist das Flugzeug die Regelstrecke und der Flugregler entweder ein Kursregler oder ein Höhenregler oder ein Querlagenregler usw.

Der Kursregler nimmt diesen Eingriff in die Regelstrecke meist am Seitenruder durch einen Stellmotor oder Kraftsteller (auch Servo genannt) vor, der Höhenregler durch einen Stellmotor am Höhenruder. Die Flugregler kann man einteilen je nach der Energie, mit der sie arbeiten, in elektrische, hydraulische oder pneumatische usw. und nach ihrer Aufgabe in Kursregler, in Höhenregler oder in Vollregler für Kurs, Höhe, Querneigung und Triebwerk. Die Eingangswerte für die Flugregler kommen meistens von den Kreiselgeräten, und zwar die Regelgröße für den Kurs vom Kompaßkreisel und die Regelgröße für Höhe und Querruder vom Kreiselhorizont. Kleine Drehgeber oder Potentiometer liefern dazu elektrische Spannungen, die proportional den Regelgrößen sind.

Bei kleinen Flugzeugen wird die Kursregelung nicht durch das Seitenruder, sondern durch das Querruder vorgenommen; das Flugzeug schiebt dann etwas in der Kurve.

Der Sperry-Flugregler AL 3 bekommt von den Kreiselgeräten die Regelsignale für Kurs, Höhe und Querneigung, er betätigt jedoch nur zwei Kraftsteller (Stellmotore) für Querlage und Höhe.

Wie man aus dem Übersichtsschaltbild erkennt, werden die Kreiselgeräte elektrisch, die Kraftsteller jedoch pneumatisch angetrieben. Ein Umsetzer (transmitter) setzt die elektrischen Regelgrößen aus den Kreiselgeräten in pneumatische Stellgrößen für die Kraftsteller um. In einem Bediengerät werden die Führungsgrößen in den Flugregler gegeben. Ein sogenannter »Wetterschalter« dient dazu, die Stärke des Eingriffes des Flugreglers in die Regelstrecke, in das Flugzeug, zu beeinflussen.

Man spricht dann von einem weichen oder harten Arbeiten des Reglers.

Ein Flugregler ist besonders für Schlechtwetterlandungen notwendig. Die Führungswerte, die über Funk bei ILS empfangen werden, müssen erst von einem Rechengerät (computer) verarbeitet und umgeformt werden, bevor sie in den Flugregler eingeschaltet werden. Das Ergebnis dieser Rechenarbeit wird meist durch besondere Anzeigegeräte wie Null-Anzeiger (zero-reader) oder ILS-Kreuzanzeiger dem Flugzeugführer vermittelt.

6. Elektronische Fluginformations-/Flugführungs-Systeme

Digitale Bildschirmgeräte (CRT-Cathode Ray Tube) werden in Zukunft die elektromechanischen, analog anzeigenden Bordinstrumente ablösen. Bekannt unter der Bezeichnung EFIS (EFIS = Electronic Flight Instrument System), kann das digitale, integrierte Flugführungssystem dem Flugzeugführer in vereinfachter, grafischer Form alle erforderlichen Fluginformationen auf Bildschirmgeräten darstellen. Zum Kern einer EFIS-Anlage gehören eine Zentraleinheit (Multifunktionsprozessor) und zwei Bildschirmsysteme, die

durch eine Mehrzweckanzeige ergänzt und erweitert werden kann:
– ein elektronisches Fluglagekommandogerät (EADI-Electronic Attitude Director Indicator)
– ein elektronischer Leitkursanzeiger (EHSI-Electronic Horizontal Situation Indicator)

Sie werden jeweils von einem unabhängigen Bild-/Symbolgenerator versorgt und sind nur für die grafische Darstellung von Flugdaten zuständig, dürfen also nicht mit Flugdatenrechnern verwechselt werden. Ein digita-

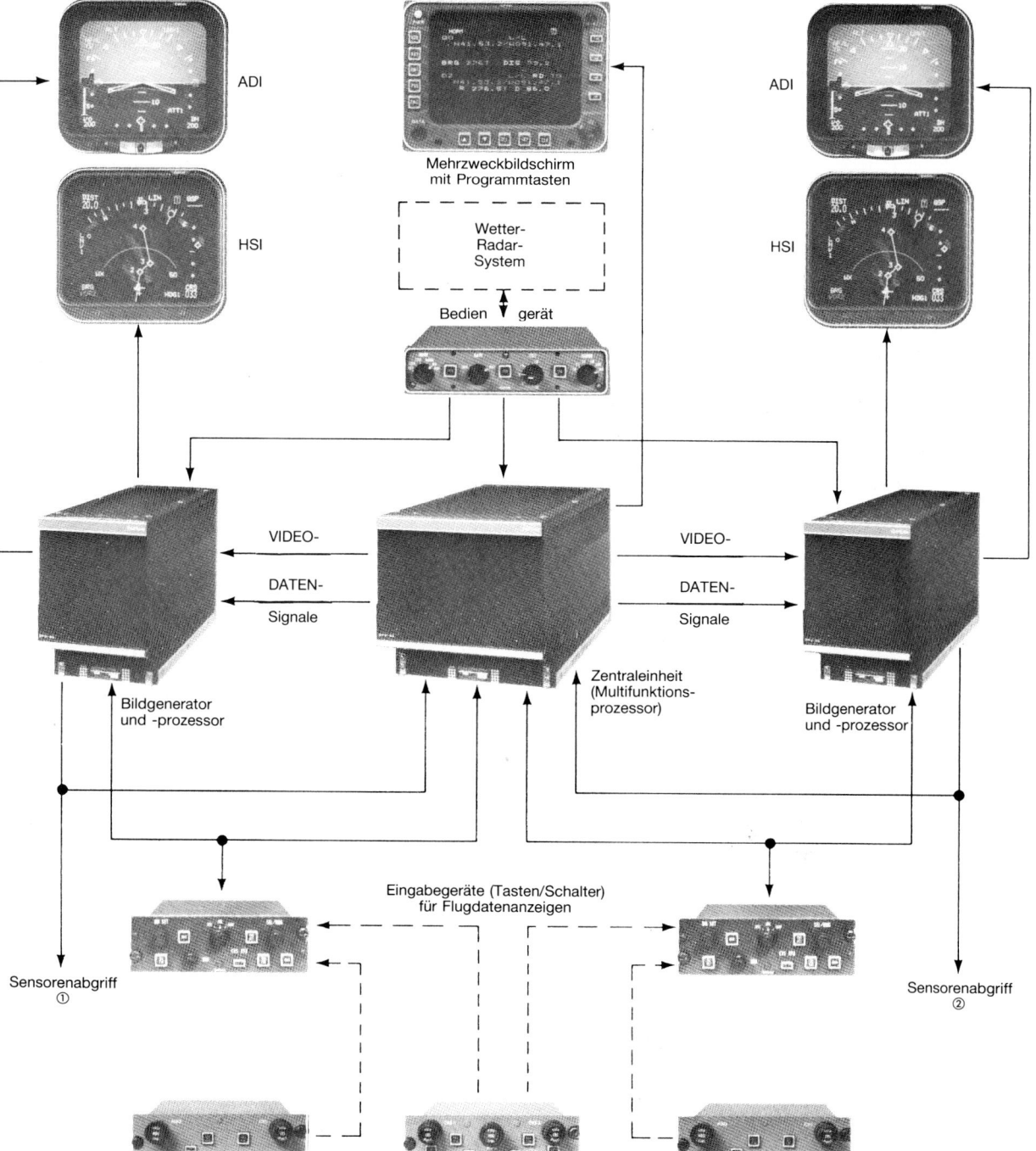

Abb. 10.32 Collins EFIS-85 (5 Bildschirme).

ler Multifunktionsprozessor speichert und verarbeitet die von den verschiedenen Sensoren gelieferten Daten und speist sie in die Regelkreise und Anzeigegeräte ein, wie z. B.:

– Höhe
– Geschwindigkeit
– Vertikalgeschwindigkeit
– Temperatur

Abb. 10.33 Die Leitkursanzeige (E-HSI) läßt sich elektronisch als vollständige mit Zusatzinformationen darstellen oder, rechts, nur in einem 90°-Ausschnitt (Sektor). Die Randinformationen geben zugleich die Symbole und die digital ausgeworfenen Werte der Navigation wieder. Eingeblendet, rechts, noch Informationen aus dem Wetterradar.

Aber auch Daten zur Flächennavigation werden verarbeitet und angezeigt:
– Entfernungsmesser (DME)
– Peilwerte (TACAN, VOR, VLF/OMEGA)
– Trägheitsnavigation
– Wetter

Zusätzliche Systemkomponente ist der Bildschirm einer Mehrzweckanzeige, auf der zahlreiche Informationen abrufbar sind:
– Wetterdarstellung
– alle Informationen aus der Kernanlage

– Informationen über Triebwerk- und Bordsystemlage
– Checklistinformationen
– Flugdurchführungsmaßnahmen
  (Flight Management-System – FMS)

Alle drei Basissystemkomponenten weisen eine hohe Redundanz auf, so daß die Informationen untereinander austauschbar und ständig verfügbar bleiben. Elektromechanische Reservesysteme stehen für den extremen Notfall zusätzlich bereit.

Abb. 10.34 Das Instrumentenbrett eines Geschäftsreiseflugzeuges mit der Grundausstattung von EFIS-Bildschirmgeräten: Links E-ADI und E-HSI, in der Mitte ein Mehrzweckbildschirm mit Bediengeräten. Rechts, im Blickfeld des Co-Piloten, elektromechanische ADI und HSI, die ihre Anzeigewerte aber aus derselben Quelle (Zentralrechner/Multifunktionsprozessor/Sensoren) beziehen.

7. Integrierte Elektronik (AVIONIK)

Elektronische Ausrüstung sorgt für die erfolgreiche Durchführung von Einsätzen moderner Fluggeräts. Einbau und Integration elektronischer Ausrüstung ist in allen Kampf- und Zivilflugzeugen nicht mehr fortzudenken. Das Wort AVIONIK ist eine Wortkombination aus AVIatik und ElektrONIK. In allen modernen Flugzeugen finden sich heutzutage elektronische Navigations- und Feuerleitsysteme, die selbst unter ungünstigsten Wetter- und Einsatzbedingungen die Wahrnehmung der Aufgaben, teils unabhängig von Bodennavigationshilfsmitteln, sicherstellen.

Sensoren messen den augenblicklichen Zustand des Flugzeuges (Beschleunigung, Geschwindigkeit, Lage, Phasenverschiebung, Laufzeit eines Sendeimpulses usw.) und liefern diese Rohinformationen an den Zentralrechner.

Dieser ermittelt aus den gemessenen Werten alle wichtigen Navigationsdaten (augenblicklicher Standort, Kurs über Grund, Geschwindigkeit über Grund, Wind usw.) und liefert sie zur Darstellung an die Sicht- und Anzeigegeräte.

Die in einem Navigationssystem verwendeten Sensoren werden grundsätzlich in bodenunabhängige (autonome) und bodenabhängige Sensoren unterteilt.

Bei den bodenunabhängigen Sensoren werden die strahlenden und die nicht strahlenden Sensoren unterschieden:

Aufgrund der besonderen Aufgaben eines Kampfflugzeuges fällt den nichtstrahlenden, bodenunabhängigen Sensoren die größte Bedeutung zu, weil bodenunabhängig einsetzbar, ortungs- und störungssicher.

Die in dieser Gruppe wichtigsten Sensoren sind die Trägheitsnavigationsanlage, die konventionelle Fluglage-Anlage und der Luftdatenrechner. Neben diesen Sensoren wird als weiterer Geschwindigkeitssensor das Dopplerradar verwendet.

Abb. 10.35 Hauptfunktionen eines Avioniksystems.

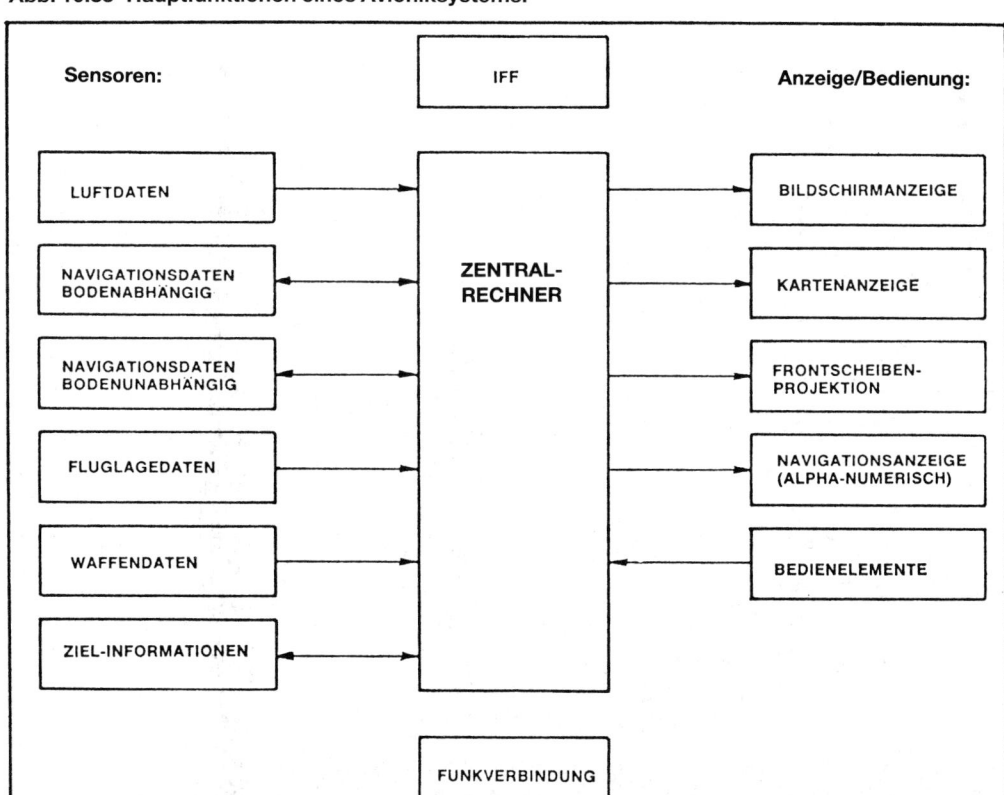

Abb. 10.36

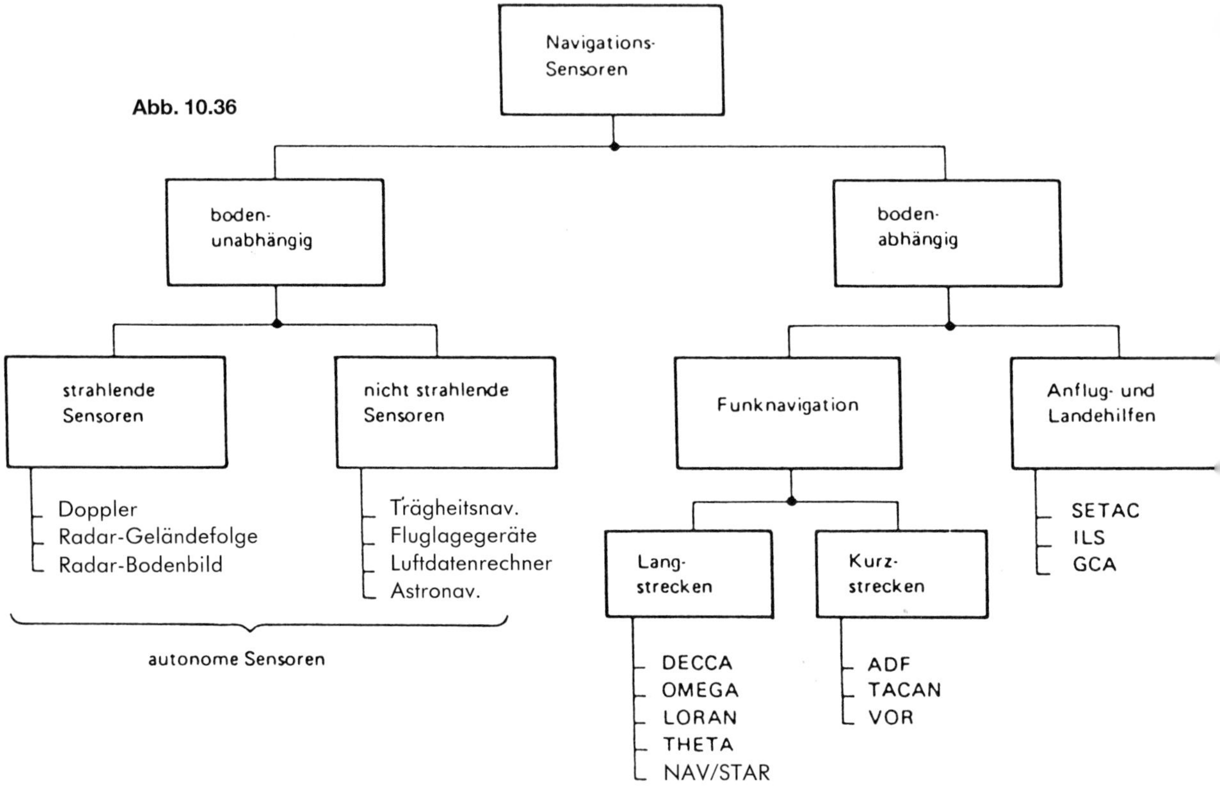

```
                        ┌──────────────────┐
                        │  Navigations-    │
                        │  Sensoren        │
                        └──────────────────┘
              ┌───────────────────┴────────────────────┐
    ┌──────────────────┐                      ┌──────────────────┐
    │  boden-          │                      │  boden-          │
    │  unabhängig      │                      │  abhängig        │
    └──────────────────┘                      └──────────────────┘
       ┌──────┴────────┐                    ┌────────┴──────────┐
┌──────────────┐ ┌──────────────┐   ┌──────────────┐  ┌──────────────┐
│ strahlende   │ │nicht strahlende│ │ Funknavigation│  │ Anflug- und  │
│ Sensoren     │ │ Sensoren      │  │               │  │ Landehilfen  │
└──────────────┘ └──────────────┘   └──────────────┘  └──────────────┘
```

strahlende Sensoren
- Doppler
- Radar-Geländefolge
- Radar-Bodenbild

nicht strahlende Sensoren
- Trägheitsnav.
- Fluglagegeräte
- Luftdatenrechner
- Astronav.

autonome Sensoren

Funknavigation

Lang-strecken
- DECCA
- OMEGA
- LORAN
- THETA
- NAV/STAR

Kurz-strecken
- ADF
- TACAN
- VOR

Anflug- und Landehilfen
- SETAC
- ILS
- GCA

Abb. 10.37 Blockschaltbild einer Elektronikausrüstung in einem Kampfflugzeug.

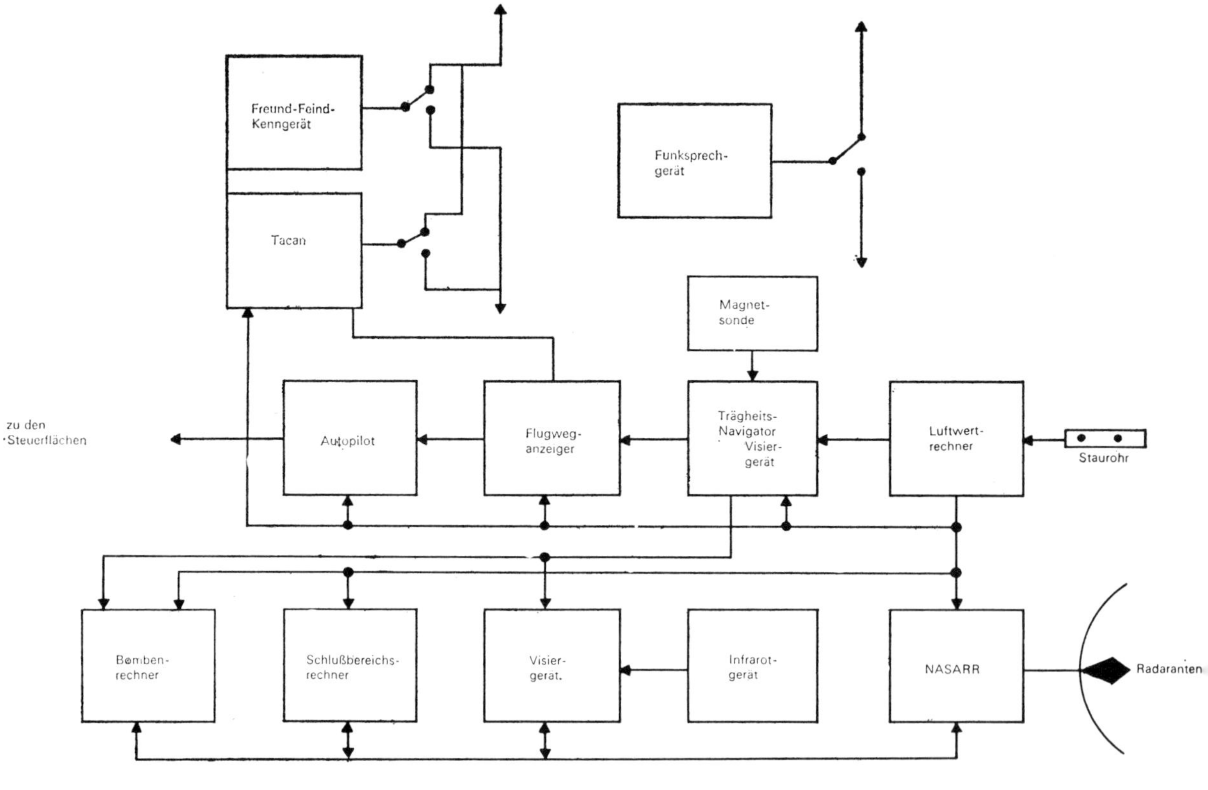

Freund-Feind-Kenngerät

Funksprech-gerät

Tacan

Magnet-sonde

zu den Steuerflächen

Autopilot — Flugweg-anzeiger — Trägheits-Navigator Visier-gerät — Luftwert-rechner — Staurohr

Bomben-rechner — Schlußbereichs-rechner — Visier-gerät. — Infrarot-gerät — NASARR — Radaranten.

Zu einem Avionik-System gehören u. a.:
a) Vielzweck-Radaranlage
b) Trägheitsnavigationsanlage
c) Standort/Flugweganzeiger –
   Position- und Homing Indicator (PHI)
d) TACAN
   (Tactical Airborne Navigation System)
e) Autopilot
f) Luftwertrechner
g) Bombenrechner
h) Visier- und Infrarotgerät
i) Schußbereichsrechner
k) Funksprechgerät
l) Freund-Feind-Kennungsgerät (IFF)
m) Kompaß
n) Künstlicher Not-Horizont

a) Vielzweck-Bord-Radaranlagen

bieten dem Flugzeugführer die Möglichkeit, je nach Einsatzauftrag verschiedene Betriebsarten zu wählen:

(1) Luftzielbekämpfung (air/air)
Ein Luftsektor wird in Azimut und Höhe dauernd abgesucht und ein erfaßtes Ziel durch »blinde« oder »visuelle« Nachsteuerung (aquisition and lock-on) automatisch verfolgt (target-tracking). Die Radar-Meßwerte benutzt der Pilot zur Steuerung beim Zielanflug; ferner gehen diese Werte zur Ermittlung der günstigen Schußposition (Raketen oder Kanone) in den Schußbereichsrechner ein. Die Führung über ein Data-Link vom Boden her ist möglich. Dabei erhält der Pilot eine ähnliche Bildschirmdarstellung wie bei der Eigenortung.

(2) Bodenzielnavigation (ground mapping)
Das in Flugrichtung liegende Gelände wird auf dem Bildschirm dargestellt mit einstellbaren Entfernungsbereichen. Ferner läßt sich die Strahlungskeule (ground mapping pencilbeam) durch besondere technische Vorkehrungen in der Vertikalebene verbreitern (ground mapping spoiled beam). Hierdurch wird eine größere Tiefenübersicht des abgebildeten Geländes erreicht.

Zur Navigation können außer der vorstehend beschriebenen Radarbilddarstellung noch die beiden folgenden Betriebsarten geschaltet werden:

(3) Konturkarte (contour mapping)
In dieser Betriebsart werden alle Hindernisse oder Bodenerhebungen, die über eine bestimmte, parallel zur Erdoberfläche liegende Bezugsebene hinausragen, auf dem Bildschirm abgebildet. Der Pilot kann diese Ebene in einem gewünschten Abstand vom Flugzeug setzen; sie bleibt, unabhängig von den Flugbewegungen, horizontal zur Erdoberfläche erhalten.

Abb. 10.38 Zur allgemeinen Zielorientierung wird die große Reichweitenanzeige gewählt, womit sich schon stark reflektierende Ziele erfassen lassen; die verschiedenen Wahlmöglichkeiten für kürzere Reichweiten erlauben eine weitere, bessere und genauere Auflösung, so daß schließlich ein präziser Zielanflug möglich ist.

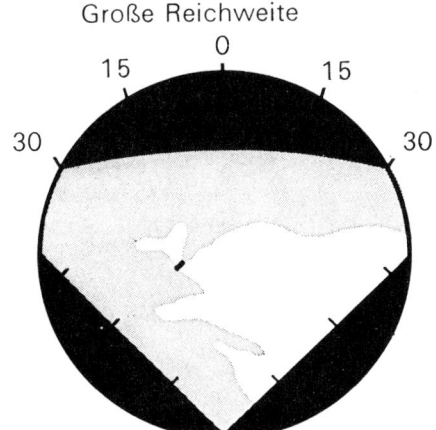

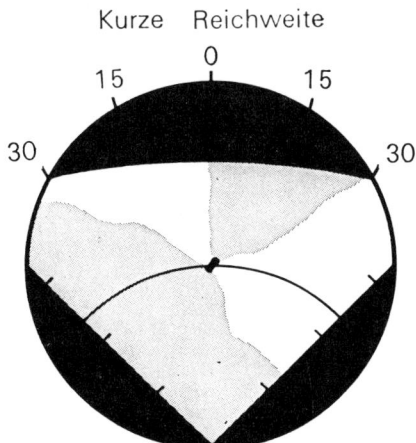

Abb. 10.39

Konturkarte (Contour Mapping)

Manuell gewählter
Abstand zur Bezugsebene

(4) Bodenhindernisdarstellung
   (terrain avoidance)

Im Gegensatz zu der Betriebsart »Konturkarte« wird die gedachte Ebene bei »terrain avoidance« in eine Parallelachse zur Flugrichtung anstelle zur Erdoberfläche gesetzt. Die gedachte Ebene folgt den Flugbewegungen. Der Pilot hat damit die Möglichkeit, seine Flughöhe den taktischen Erfordernissen anzupassen.

b) Trägheitsnavigationsanlage

Trägheitsnavigationsgeräte sind bodenunabhängige, erdgebundene Navigationssysteme. Die Plattform des Gerätes richtet sich in einer Tangentialebene zur Erde so aus, daß ihre Bezugsrichtung parallel zum Meridian durch einen Bezugspunkt liegt. Die Einstellung am Ausrichtgerät entspricht den Gitterkoordinaten am Bezugspunkt. Im weiteren Verlauf des Fluges werden die von der ge-

Abb. 10.40 Die Bodenhindernisdarstellung (terrain avoidance) ermöglicht das Ausweichen von Bodenerhebungen jeder Art, auch zum Zwecke eines Schlechtwetteranfluges auf einen Platz in unbekanntem Gelände.

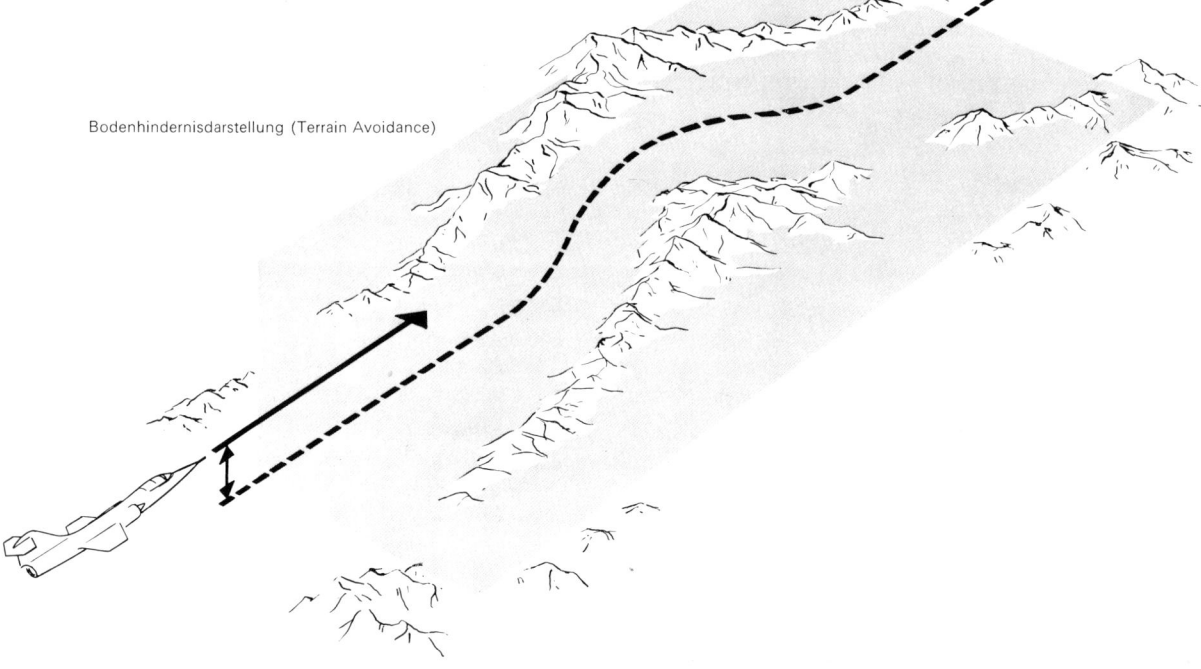

Bodenhindernisdarstellung (Terrain Avoidance)

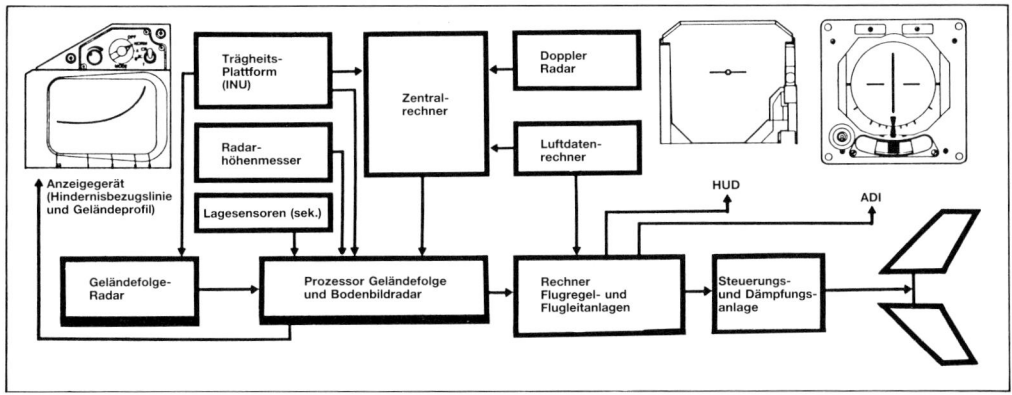

Abb. 10.41 Zusammenhänge von Signalverarbeitung und Datenwiedergabe beim automatischen Geländeflug.

ographischen Breite abhängigen Komponenten der Eigenbewegung des Flugzeuges gegenüber der Erde so in die Trägheitsplattform eingegeben, daß diese stets tangential zur Erdoberfläche – aber mit ihrer Richtung parallel zum Bezugsmeridian – Gitter-Nord (nicht geographisch-Nord) bleibt. Hierdurch wird es möglich, die Flugzeugbeschleunigung in zwei senkrecht aufeinanderstehenden Richtungen zu messen und durch Integration der Beschleunigungswerte die Geschwindigkeit und den zurückgelegten Weg in einem Gitternetz zu erhalten, dessen Pole in der Äquatorebene 90° versetzt zum Bezugsmeridian liegen. Diese Angaben des Trägheitsnavigationsgerätes werden im Computer umgerechnet und sind auf dem Flugweganzeiger als Positionsanzeigen nach Azimut und Entfernung zu einem vorgewählten Ziel ablesbar.

Abb. 10.42 Schematische Darstellung des automatischen Geländefolgefluges (TF-terrain following) beim Waffensystem TORNADO: Das Geländefolgeradar vermißt in Richtung der Kurslinie bis zu 6 naut. Meilen voraus das Gelände. Der Rechner ermittelt eine skiförmige Hindernisbezugslinie. Im Idealfall liegt diese gedachte Linie dem Geländeprofil an. Bei Abweichungen nach oben oder unten erfolgen Flugführungskommandos, die die Flugregelanlage automatisch in Flugsteuerungsmaßnahmen umsetzt, während sie gleichzeitig auch auf dem Blickfelddarstellungsgerät (HUD-head-up display) und dem Fluglagegerät angezeigt werden.

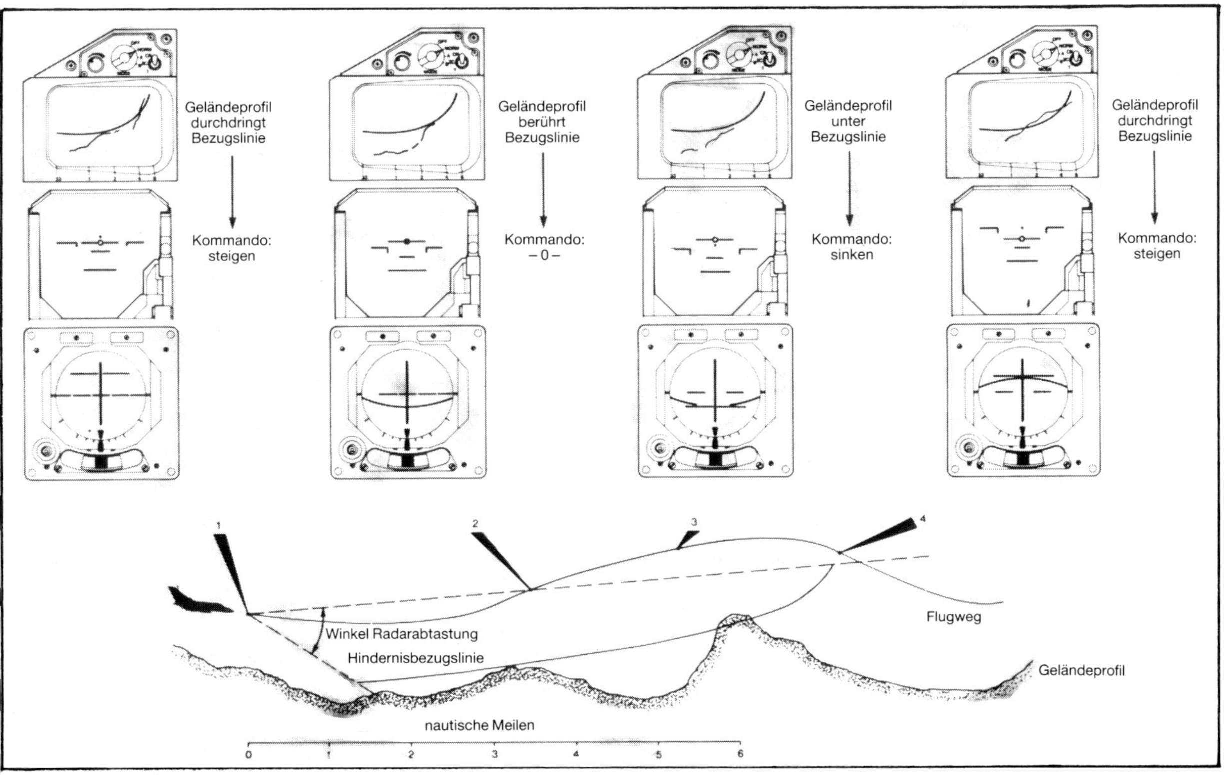

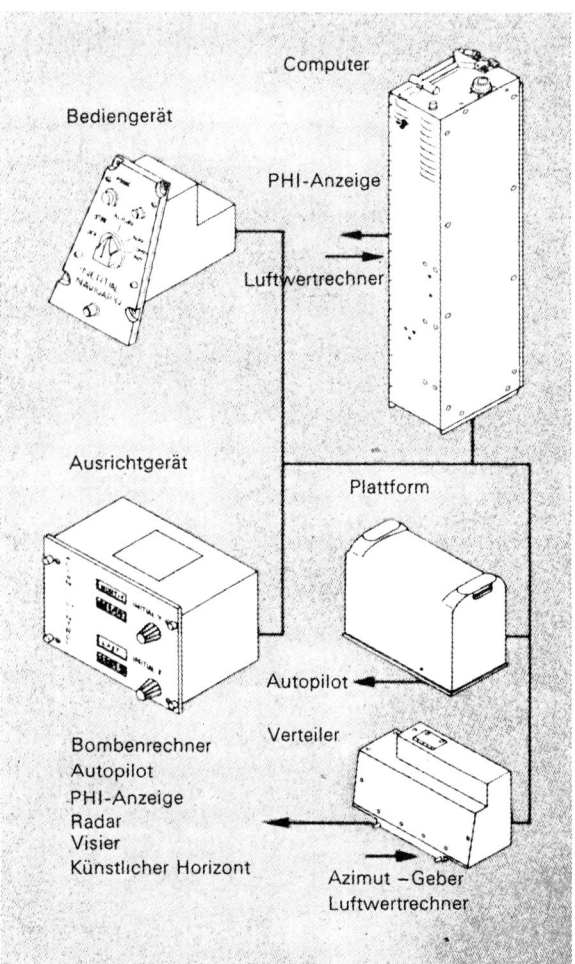

Abb. 10.43 Trägheitsnavigationsanlage.

Abb. 10.45

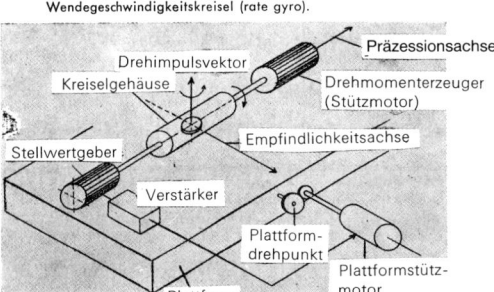

Wendegeschwindigkeitskreisel (rate gyro).

Abb. 10.46

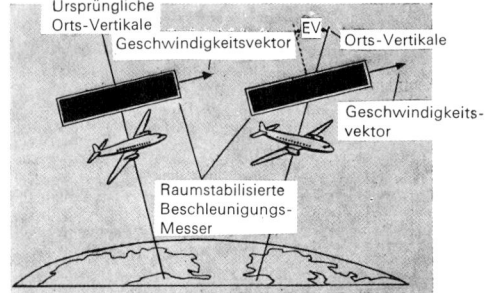

Beschleunigungsmesser: raumstabilisiert

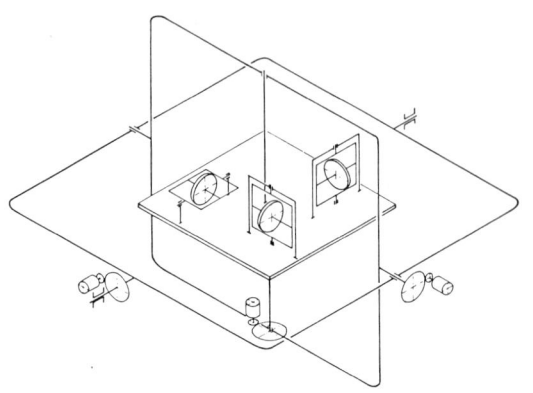

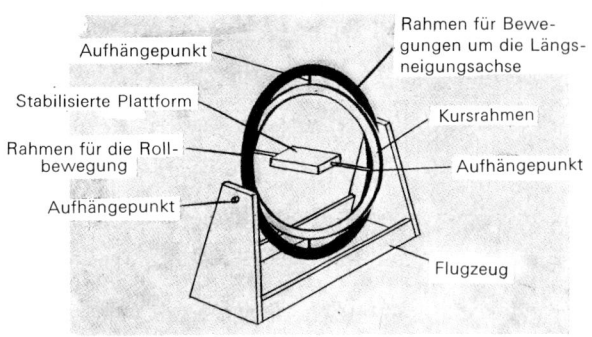

Abb. 10.44 Prinzipskizze zur Plattform-
aufhängung. Die Kardanrahmen isolieren die
Plattform von den Flugzeugbewegungen. Auf
der Plattform die zwei zueinander senkrecht
stehenden Horizontalkreisel und links der lot-
recht ausgerichtete Kreisel. Am Rahmen sitzen
die Stellmotoren, die die Plattform immer
wieder in ihre Ausgangslage zurückdrehen. Die
Drehmomente werden abgegriffen und im
Rechner verarbeitet. Ein Schema für die
Aufhängung der Plattform im Flugzeug mag
dies verdeutlichen.

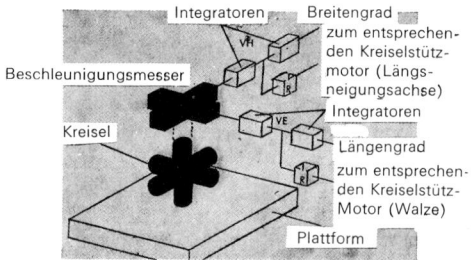

Stützkreisel und Beschleunigungsmesser.

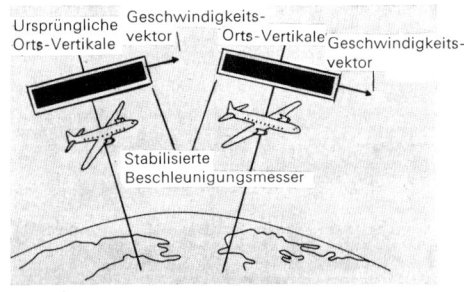

horizontal stabilisiert

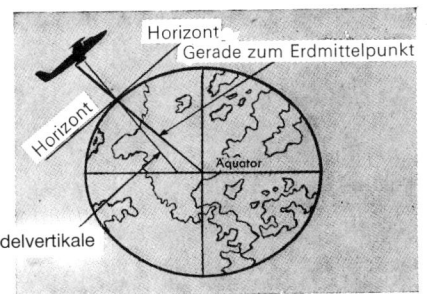

Der Einfluß der Erdabplattung. Durch die Abweichung der Erde von der Kugelform zeigt ein in Ruhe befindliches physikalisches Pendel nicht: an allen Orten zum Zentrum der Erde. Die Größe der Abweichung ist proportional dem zweifachen Sinus des Breitengrades und erreicht ein Maximum am 45. Breitengrad. Die durch die Erddrehung erzeugte Zentrifugalkraft kommt als weitere Einflußgröße hinzu.

Abb. 10.47

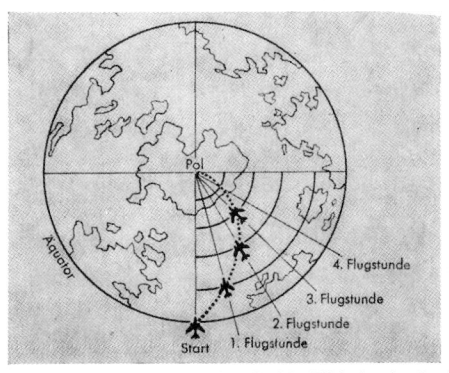

Der Coriolis-Effekt ist eine Beschleunigung, hervorgerufen durch die Tatsache, daß sich das Flugzeug über der Erde bewegt, die sich selbst in bezug auf den unveränderten Raum dreht. Dadurch wird ein Fehler in der Beschleunigungsmessung erzeugt. Fliegt das Flugzeug in gerader Linie vom Äquator zum Pol, so fliegt es in bezug auf den Raum eine Spirale. Für diesen Fall wird sich am Ost-West-Beschleunigungsmesser ein Eingangssignal einstellen, obwohl sich das Flugzeug nur in Nord-Süd-Richtung bewegt.

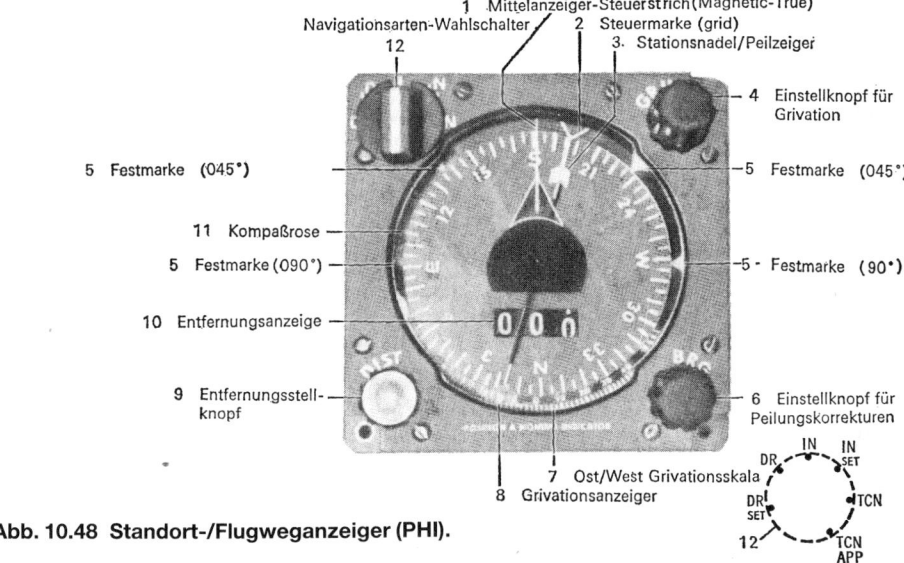

Abb. 10.48 Standort-/Flugweganzeiger (PHI).

1 Mittelanzeiger-Steuerstrich (Magnetic-True)
2 Steuermarke (grid)
3 Stationsnadel/Peilzeiger
4 Einstellknopf für Grivation
5 Festmarke (045°)
5 Festmarke (045°)
11 Kompaßrose
5 Festmarke (090°)
5 Festmarke (90°)
10 Entfernungsanzeige
9 Entfernungsstellknopf
6 Einstellknopf für Peilungskorrekturen
7 Ost/West Grivationsskala
8 Grivationsanzeiger
12 Navigationsarten-Wahlschalter

Abb. 10.49 Windeinheit.

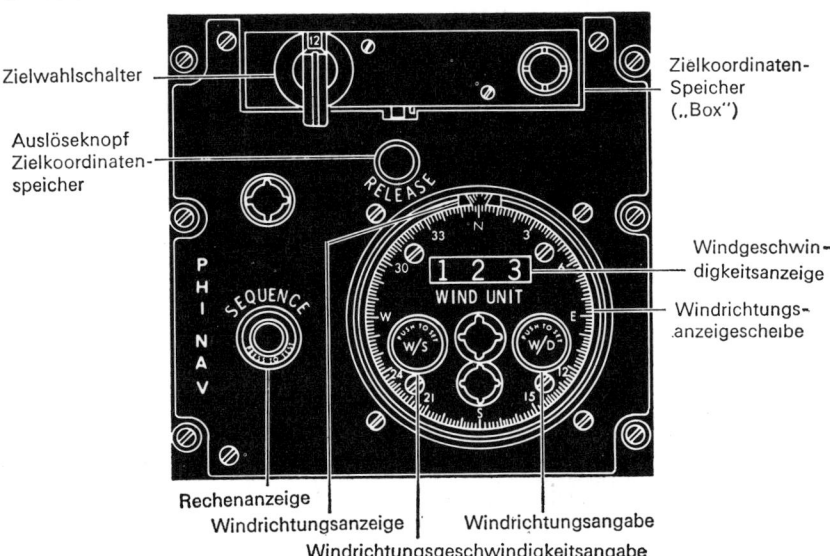

Zielwahlschalter
Zielkoordinaten-Speicher („Box")
Auslöseknopf Zielkoordinatenspeicher
Windgeschwindigkeitsanzeige
Windrichtungsanzeigescheibe
Rechenanzeige
Windrichtungsanzeige
Windrichtungsangabe
Windrichtungsgeschwindigkeitsangabe

c) Standort-/Flugweganzeiger (PHI)

Der Flugweganzeiger dient dem Piloten zur Navigation und zur Feststellung des Standortes. Er verarbeitet wahlweise die Ausgangssignale vom TACAN oder der Trägheitsplattform bzw. des Luftwertrechners zur Richtungs- und Entfernungsanzeige von oder zu einer gewählten Bodenstation. Das Anzeigegerät enthält eine Kompaßrose (drehbar) zur Ermittlung der magnetischen Nordrichtung, bezogen auf die Flugzeuglängsachse, einen Kursrichtungsanzeiger, ein Zählwerk zur Anzeige der Entfernung sowie eine von Hand verstellbare Anzeigemarke für Mißweisung. Auf einer getrennten Einheit lassen sich Windwerte manuell voreinstellen, bzw. abfragen.

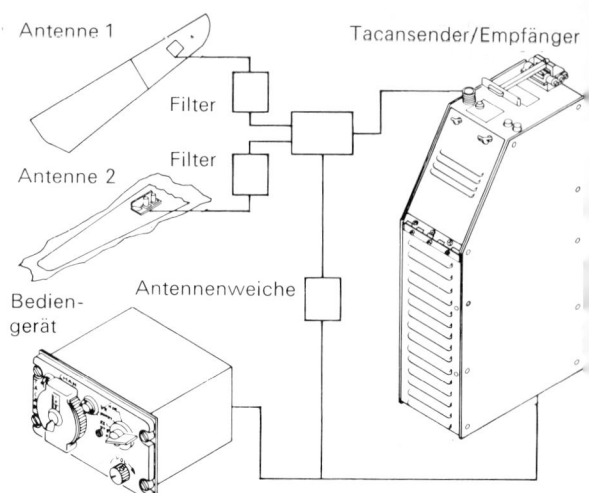

Abb. 10.50 TACAN-Systemkomponenten.

d) TACAN-Anlage

Ein von Bodenstationen abhängiges Funk-Navigationsgerät, das im UKW-Bereich arbeitet und die Entfernung von der ausgewählten Bodenstation in nautischen Meilen, sowie die Richtung zu dieser in Winkelgraden bezogen auf die Nordrichtung anzeigt.

Der Pilot eines mit dem TACAN-Bordgerät ausgerüsteten Flugzeuges stellt auf seinem TACAN-Bordempfänger die Frequenz einer sich in der Nähe befindlichen Bodenstation ein. Der TACAN-Bordsender sendet Abfragesignale in alle Richtungen. Wird ein solches Signal von der Bodenstation empfangen, sendet diese nach einer kurzen Pause ein Antwortsignal an das abfragende Flugzeug. Erst wenn mehrere Antwortsignale mit demselben Zeitabstand zwischen Abfrage und Erhalt der Antwort vom Bodenempfänger aufgenommen werden, wertet dieser die Laufzeitdifferenz zweier Antwortimpulse zu einer Entfernungsmessung Flugzeug/Bodenstation aus und zeigt das Ergebnis auf einem Instrument in nautischen Meilen an. Durch die besondere Auslegung der Antennenanlage der Bodenstation ist das Antennendiagramm kardioidenförmig, d. h. es enthält ein scharfes Minimum. Dieses wird vom Bordempfänger zur genauen Bestimmung der Richtung vom Flugzeug zur Bodenstation benutzt. Der gemessene Winkel wird von einem weiteren Anzeigeinstrument an Bord des Flugzeuges in Winkelgraden des Winkels Nord-Flugzeug-TACAN-Bodenstation angezeigt.

Das an Bodenstationen gebundene TACAN-System ist international in Gebrauch und wird z. B. auch in einigen Ostblockstaaten angewandt. (Frequenzverteilung dementsprechend festgelegt.)

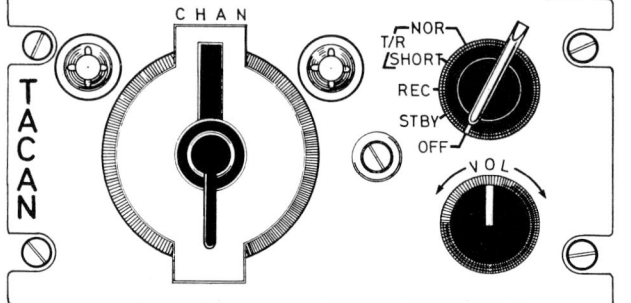

Abb. 10.51 TACAN-Bediengerät.

Abb. 10.52 Signalverlauf für Querlage-Signale in einem Autopiloten.

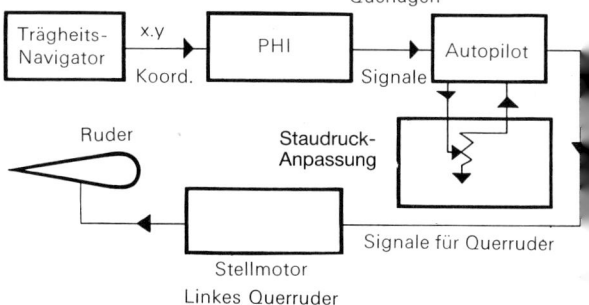

Abb. 10.53
Schalttafel zur Bedienung eines Autopiloten.

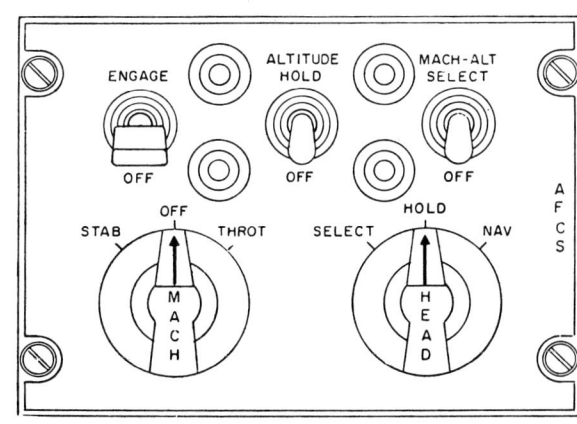

e) Autopilot

Das Gerät ermöglicht dem Piloten die automatische Beibehaltung bestimmter, von ihm gewählter Fluglagen. Durch Schalterbetätigung kann der Pilot sowohl eine Querlagen-, Längslagen-, Höhenlagen-, Geschwindigkeits- oder Kurseinhaltung festlegen. Die Eingangssignale erhält der Autopilot von dem Luftwertrechner und dem Trägheitsnavigationsgerät. Der Pilot kann jedoch jederzeit, wenn nötig, das Flugzeug über den Autopiloten hinweg selbst steuern. Nach Beendigung dieser Einwirkung übernimmt das Gerät automatisch weiter seine Aufgaben.

ALTITUDE HOLD	= Steuerung der Höhe
MACH-ALT SELECT	= Steuerung der vorgewählten Mach-Höhe
MACH	= Steuerung der Machzahlen
STAB	= über Höhenruder
THROT	= über Leistungshebel
HEADING	= Steuerung des Kurses
HOLD	= anstehender Kurs
SELECT	= vorgewählter Kurs
NAV	= entspr. Inertial oder Tacan oder PHI

f) Luftwertrechner

Das Gerät mißt vier wesentliche Flugparameter:
- Statischer Druck
- Gesamtdruck
- Temperatur in Form von Gesamttemperatur (statische Temperatur und kinetische Aufheizung)
- Anstellwinkel

Durch analoge Rechenvorgänge werden diese Informationen in elektrische Signale umgewandelt als Werte für:
- Flughöhe
- Mach-Zahl
- Fluggeschwindigkeit
- Luftdichte

und als Arbeitswerte anderen Geräten des Waffensystems zugeführt wie:
- Autopilot
- Trägheitsnavigator
- PHI
- Bombenrechner
- Feuerleitradar
- Schußbereichsrechner
- Fahrwerkswarnung

Abb. 10.54 Ein Luftwertrechner.

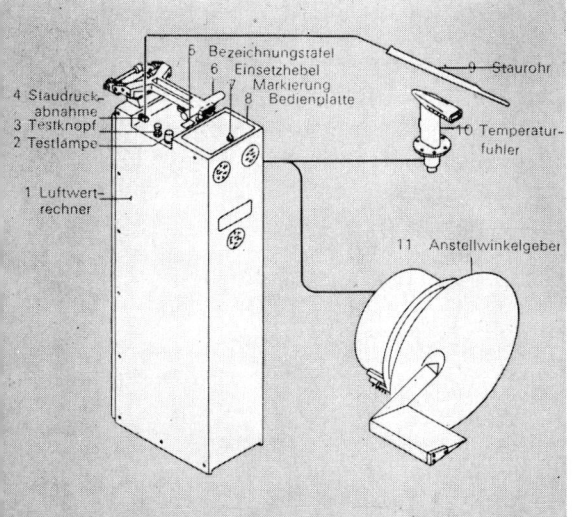

g) Bombenrechner

Der Bombenrechner berechnet automatisch den Auslösepunkt für verschiedene Abwurfverfahren:
- Schleuderwurf mit flachem Auslösewinkel
- Schleuderwurf mit steilem Auslösewinkel
- Horizontalwurf aus großer Höhe
- Horizontalwurf aus geringer Höhe

Der Rechner berücksichtigt zur Bestimmung des Auslösepunktes:
- Radarentfernung
- Flughöhe
- Anstellwinkel

– Fluggeschwindigkeit
– Fluglage
und integriert damit die ballistischen Waffen-
werte, Abwurfart, Windwerte und Zielentfer-
nung. Bombenwurfzeitgeber – sehr genaue,
elektrisch betriebene Uhrwerke – können zusätzlich verwendet werden.

**Abb. 10.55 Zielgerätekopf (kreiselgesteuertes
Reflexvisier mit Infrarot-Detektor – rechts vorne).**

**Abb. 10.56 Lichtstrahlenverlauf und Darstellung
an einem Zielgerätekopf.**

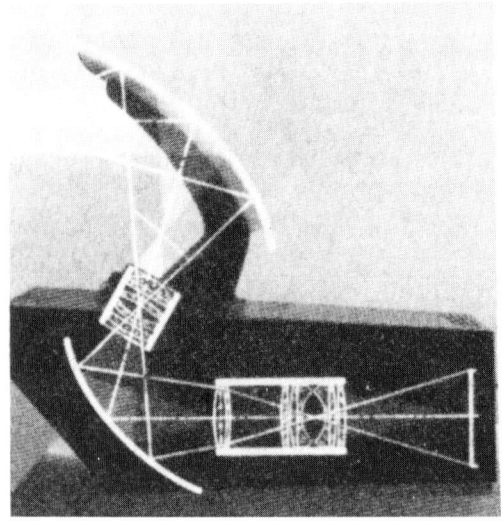

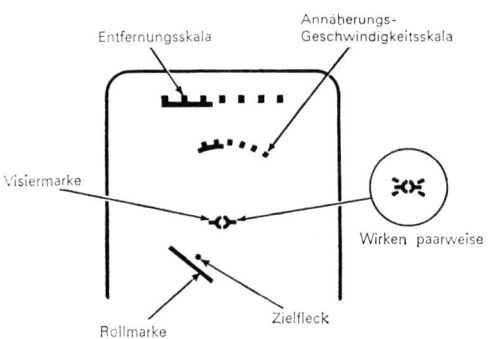

Markierung auf einem Reflexvisier

h) Visieranlage

Das optische Visier projiziert einen Zielkreis
als imaginäres Bild durch das Bildvereinigungsglas ins Unendliche. Der auf dem Glas
sichtbare Zielkreis ist ein in seiner Helligkeit
regulierbarer Lichtkreis mit einem Zielpunkt
in der Mitte sowie 3 festen und 3 beweglichen Strichmarkierungen am Kreisumfang.

Es gibt dem Piloten, wenn er den Zielpunkt
mit dem taktischen Ziel zur Deckung bringt,
den günstigsten Schußbereich für Kanone,
Flugkörper und Bomben.

Das Visier kann bei Ausfall des Rechners
oder bei elektrischen Störungen durch Hand
verstellt werden. Diese Möglichkeit gibt dem
Piloten eine Visierkontrolle in vertikaler Richtung besonders für Luft-Bodenziele (Kanone,
Bombenwurf, Raketenschuß).

An das optische Visier ist das **Infra-R**ot-
Gerät (IR sight) angebaut: beide Geräte benutzen einen Teil der Optik (insbes. die Sam-
mellinse) gemeinsam, durch die von dem optischen Visier der Zielkreis, von dem IR-Gerät

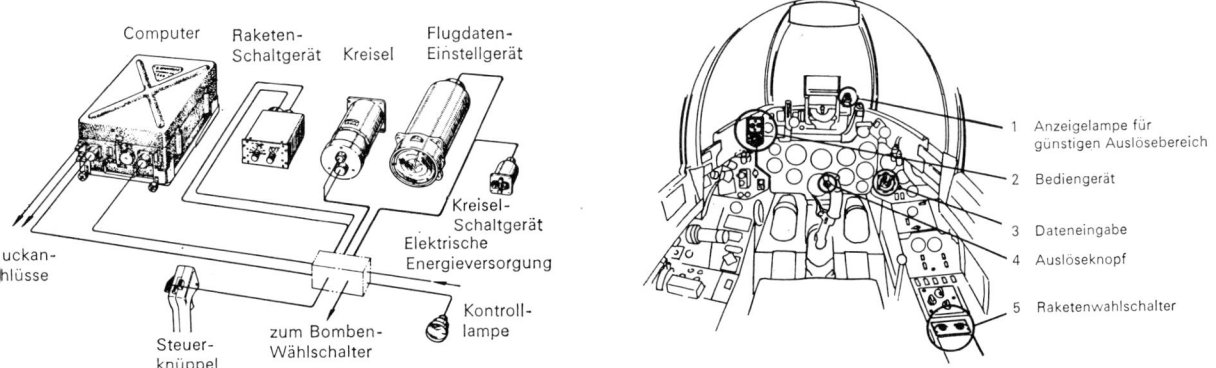

Abb. 10.57 Schußbereichsrechner und Cockpitbedienung.

zwei sich schneidende Lichtstreifenbogen auf das Bildvereinigungsglas projiziert werden, in deren Schnittpunkt das Ziel liegt.

Durch Einbau einer Kamera ist über ein Periskop die Bildaufnahme von Zielkreis und Ziel möglich (Kontrolle des Abkommens!).

i) Schußbereichsberechner

bestimmen den Einsatzrahmen, in dem Flugkörper bzw. die Bordkanone wirkungsvoll eingesetzt werden können. Der Rechner erhält Werte von der Radaranlage sowie dem Luftwertrechner, um die minimale und maximale Schußentfernung zu ermitteln, auch unter Berücksichtigung des Waffenwirkungsbereichs, damit das Flugzeug nicht durch Trümmer des Ziels beschädigt wird.

Hat z. B. der Flugkörper ein Ziel erfaßt, so werden dem Piloten geeignete Signale gegeben, dasselbe gilt, sobald die aerodynamischen Belastungsgrenzen des Flugkörpers überschritten sind bzw. der Angriff abgebrochen werden muß, weil man zu nahe an das Ziel herangeflogen ist.

k) Funksprechgeräte

sorgen für den uneingeschränkten Sprechverkehr-Bord-Boden bzw. Bord-Bord in allen Flughöhen, ferner für den Empfang zusätzlicher Signale wie TACAN-Kennungen, Fahrwerkswarnung und Flugkörpersignale.

Sender und Empfänger stimmen sich automatisch ab; für eine Not- und Wachfrequenz ist ein besonderer Empfänger vorhanden.

Durch eine Vielzahl festgerasteter Frequenzen – Kanäle – wird dem Piloten ein umständliches Einstellen erspart, obwohl die manuelle Frequenzwahl auch möglich ist.

Notfunksprechgeräte sind unabhängig vom Hauptfunksprechgerät und Stromversorgungsnetz. Sie arbeiten nur in einem engen Frequenzbereich, in dem sich zwei bis drei vorgerastete Kanäle festlegen lassen.

l) Freund-Feind-Kennungsgerät (IFF)

Dieses Bordgerät arbeitet nach dem Prinzip eines Sekundärradars und dient der Erkennung eigener Flugzeuge.

Durch ein Kodesystem wird von einer Bo-

Abb. 10.58 Funksprechgerätebedienung und Kanalwähler (rechts).

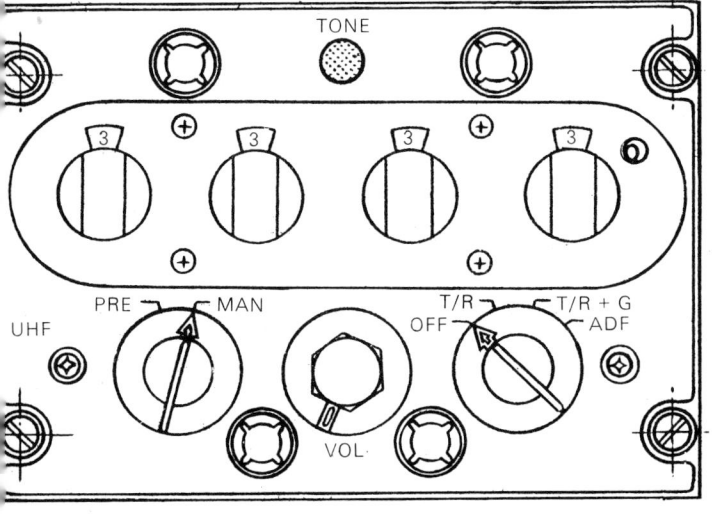

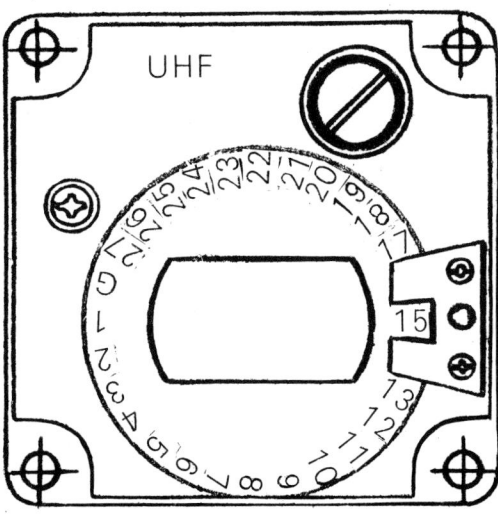

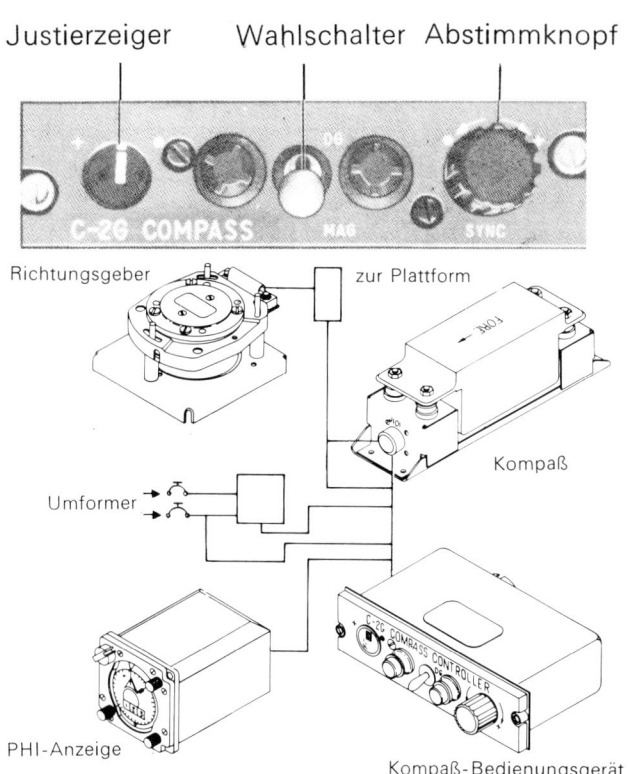

Justierzeiger   Wahlschalter   Abstimmknopf

Richtungsgeber   zur Plattform

Kompaß

Umformer

PHI-Anzeige

Kompaß-Bedienungsgerät

Abb. 10.59 Kompaßsystem C-2G und Bediengerät

denstation zur Abfrage ein Impulspaar abgestrahlt; die vom Antwortgerät (Transponder) gegebene Antwort besteht aus einem Impulsrahmen. Ferner können durch das Zusatzgerät SIF (**S**elective **I**dentification **F**eature) zusätzliche »Antworten« vermittelt werden wie:

– taktische Nummern
– Flugnummern
– Einsatzart
– Verbandszugehörigkeit

m) Kompaß

Als zusätzliche Kursanzeige – außer den vom Trägheitsnavigationssystem gegebenen Werten – zählt ein konventioneller Magnetkurskreisel (Kompaß) zu den stets vorhandenen Geräten in einem Elektroniksystem. Die magnetische Kursanzeige wird auf den PHI geschaltet, wenn gewählt bzw. sobald die Trägheitsnavigationsanlage unregelmäßig arbeitet.

n) Künstlicher Not-Horizont

Auch der durch elektrisch betriebene Kreisel stabilisierte künstliche Not-Horizont ist nur als zusätzliche Referenz vorgesehen, falls die vom Trägheitsnavigationsgerät – stabilisierte Plattform – gelieferte Lagereferenz nicht mehr verfügbar sein sollte.

IV. FLUGZEUG-FUNKGERÄTE

1. Zur Einführung

a) Abriß der Funktechnik

Der Wechselstrom, der aus der Steckdose kommt, hat 50 Perioden, d. h. er wechselt 50mal in der Sekunde vom Plus zum Minus. Die Bahn, die bei diesem Wechseln durchlaufen wird, gleicht der Sinuskurve. Die Zahl der Schwingungen, gezählt in Hertz (Hz) oder cycles im anglo-amerikanischen System, in der Zeiteinheit (Sekunde) heißt Frequenz. Gehen die Schwingungen in die Tausende, spricht man von Kilohertz (kHz bzw. kc), gehen sie in die Millionen, bezeichnet man sie mit Megahertz (MHz bzw. mc).

Vom Rundfunkgerät her ist jeder mit den Begriffen Langwelle, Mittelwelle, Kurzwelle und Ultrakurzwelle vertraut. Techniker teilen nach Frequenzen ein und zwar im allgemeinen wie folgt:

Bezeichnung	Frequenzen	Wellenlängen
LLW-Längstwellen (VLF-very low frequency)	– 30 kHz	100 km – 10 km
LW-Langwellen (LF-low frequency)	30 kHz – 300 kHz	10 km – 1 km
MW-Mittelwellen (MF-medium frequency)	300 kHz – 3 MHz	1 km – 100 m
KW-Kurzwellen (HF-high frequency)	3 MHz – 30 MHz	100 m – 10 m
UKW-Ultrakurzwellen (VHF-very high frequency)	30 MHz – 300 MHz	10 m – 1 m
dmW-Dezimeterwellen (UHF-ultra high frequency)	300 MHz – 3 GHz	1 m – 1 dm
cmW-Zentimeterwellen (SHF-super high frequency)	3 GHz – 30 GHz	1 dm – 1 cm
mmW-Millimeterwellen (EHF-extreme high frequency)	30 GHz – 300 GHz	1 cm – 1 mm

Da sich elektrische Schwingungen im freien Raum mit der Lichtgeschwindigkeit bewegen, gilt die Formel:

$$\frac{\text{Lichtgeschwindigkeit}}{\text{Frequenz}} = \text{Wellenlänge}$$

Beispiel:

Nürnberg Mittelwelle sendet mit der Frequenz 800 kHz.

$$\frac{300\,000\,000 \text{ m/s}}{800\,000 \text{ Hz}} = 375 \text{ m}$$

Von der Wellenlänge ist die Antennenlänge abhängig. Für eine horizontale gespannte Antenne gilt als Maß die halbe Wellenlänge, für eine senkrechte, geerdete Marconi-Antenne die Viertel-Wellenlänge.

Die folgende Aufstellung zeigt die Abhängigkeit der Reichweite von der Frequenz und von der Sendestärke:

Die unterschiedlichen Reichweiten bei Tag und bei Nacht sind eine Folge des Aufbaus der Atmosphäre. Ionisierte Schichten üben je nach Sonneneinstrahlung einen reflektierenden oder absorbierenden Einfluß auf die Radiowellen aus. Jedoch nur auf die Raumwelle, nicht auf die Bodenwelle. Für die Funknavigation kann man beide Wellen benutzen, nur nicht dort, wo Bodenwelle und reflektierte Raumwelle zusammentreffen. Dieses Zusammentreffen kann zu Schwunderscheinungen und zu falschen Anzeigen der Peilgeräte führen. Arbeitet man nur mit der Bodenwelle, also immer bei der Kurzstreckennavigation, sind vor allem die Zeiten des Sonnenauf- und -untergangs kritisch (Dämmerungseffekt), weil die Raumwelle, die tagsüber ins Weltall ausgestrahlt wird, reflektiert wird.

Band	Reichweite		Sendestärke
	Tag	Nacht	
30– 300 kHz	mehr als 3000 km	mehr als 3000 km	sehr groß
300–3000 kHz	300–2500 km	mehr als 3000 km	groß
3– 10 MHz	bis 300 km	300–2500 km	mittel
10– 30 MHz	mehr als 2500 km	bis 300 km	klein
30– 300 MHz	bis 300 km	bis 300 km	klein

b) Kurze Beurteilung der verschiedenen Wellen

(1) Längst- und Langwellen (niedrige Frequenzen)

Die Bodenwelle paßt sich der Erdoberfläche gut an. Sie wird kaum vom Boden geschwächt, ist weitgehend unabhängig von Tages- und Jahreszeiten und wird auch in verhältnismäßig großen Entfernungen gleichmäßig gut empfangen.

Die Bodenbedeckung übt praktisch keine dämpfenden Einflüsse aus. Längstwellen können bis etwa 15 m ins Wasser dringen und in getauchten U-Booten empfangen werden.

Die Raumwelle wird tagsüber von der Ionosphäre verschluckt. Bei Nacht ist die Ionosphäre infolge fehlender Sonneneinwirkung weniger leitend. Sie verschluckt daher die Raumwelle nicht. Letztere wird nur geschwächt und zur Erde zurückgespiegelt.

Bei Langwellen tritt die oben beschriebene Schwunderscheinung (Fading) auf. Es werden verhältnismäßig große Antennengebilde benötigt.

(2) Mittelwellen (mittlere Frequenzen)

Die Bodenwelle wird in gewissem Umfang durch den Erdboden geschwächt. Sie paßt sich den Erdbodenformen weniger an als die Bodenwelle der Langwellen.

Ähnlich wie bei Langwellen wird die Raumwelle mittlerer Frequenzen tagsüber nahezu verschluckt.

Nachts stärkere Rückspiegelung und dadurch vermehrter Schwund (Fading). Rückgespiegelte Raumwelle an entfernten Stellen zu empfangen (Abhörgefahr!).

(3) Grenz- und Kurzwellen (mittelhohe und hohe Frequenzen)

Die Bodenwelle wird bereits erheblich durch Absorption geschwächt. Die Bodenbedeckung hat größeren Einfluß.

Im Verkehr innerhalb von Ortschaften verminderter Empfang.

Die Raumwelle mittelhoher Frequenzen wird durch die Ionosphäre wenig geschwächt, die der hohen Frequenzen kaum.

Starke Rückspiegelung auf die Erde. Daher planmäßige Ausnutzung der Raumwelle zu Weitverbindungen.

Empfangsgebiet der Raumwelle sowie Größe und Lage der **toten Zone** sind abhängig von der Frequenz, Tages- und Jahreszeiten, geographischen und geologischen Verhältnissen sowie von Veränderungen der Ionosphäre. Das Ermitteln dieses »Funkwetters« ist ein besonderes Gebiet des Fernmeldewesens.

(4) Ultrakurzwellen (sehr hohe Frequenzen)

Die Bodenwelle wird stark geschwächt und hört schon nach kurzer Entfernung auf.

Die Raumwelle findet in der Ionosphäre geringen Widerstand und durchstößt sie im allgemeinen ohne Rückspiegelung. Die Ausstrahlung ähnelt der des Lichtes. Sie verläuft, vor allem bei Ultrakurzwellen höherer Frequenzen, nahezu gradlinig.

Ultrakurzwellen sind nicht oder nur in verhältnismäßig kurzen Strecken über den Horizont hinaus aufnehmbar (Ausnahme: Ausnutzung des Scattering-Effekts). Weitverbindungen werden daher im allgemeinen über Relaisstellen geführt.

Zum Erreichen großer Reichweiten bei optischer Sicht empfiehlt sich hohe Aufstellung. Diese ist auch zweckmäßig, weil die Ausbreitung nahe dem Erdboden absorbiert und durch Bodenbedeckung (Kornfelder, Bäume, Ortschaften, herumstehende Menschen) geschwächt wird.

Tages- und Jahreszeiten sind praktisch ohne Bedeutung.

Bei Bündelung ist Aufnahme nur in bestimmter Richtung möglich. Der Strahlungssektor wird jedoch mit zunehmender Entfernung breiter (Erfassen durch Funkaufklärung

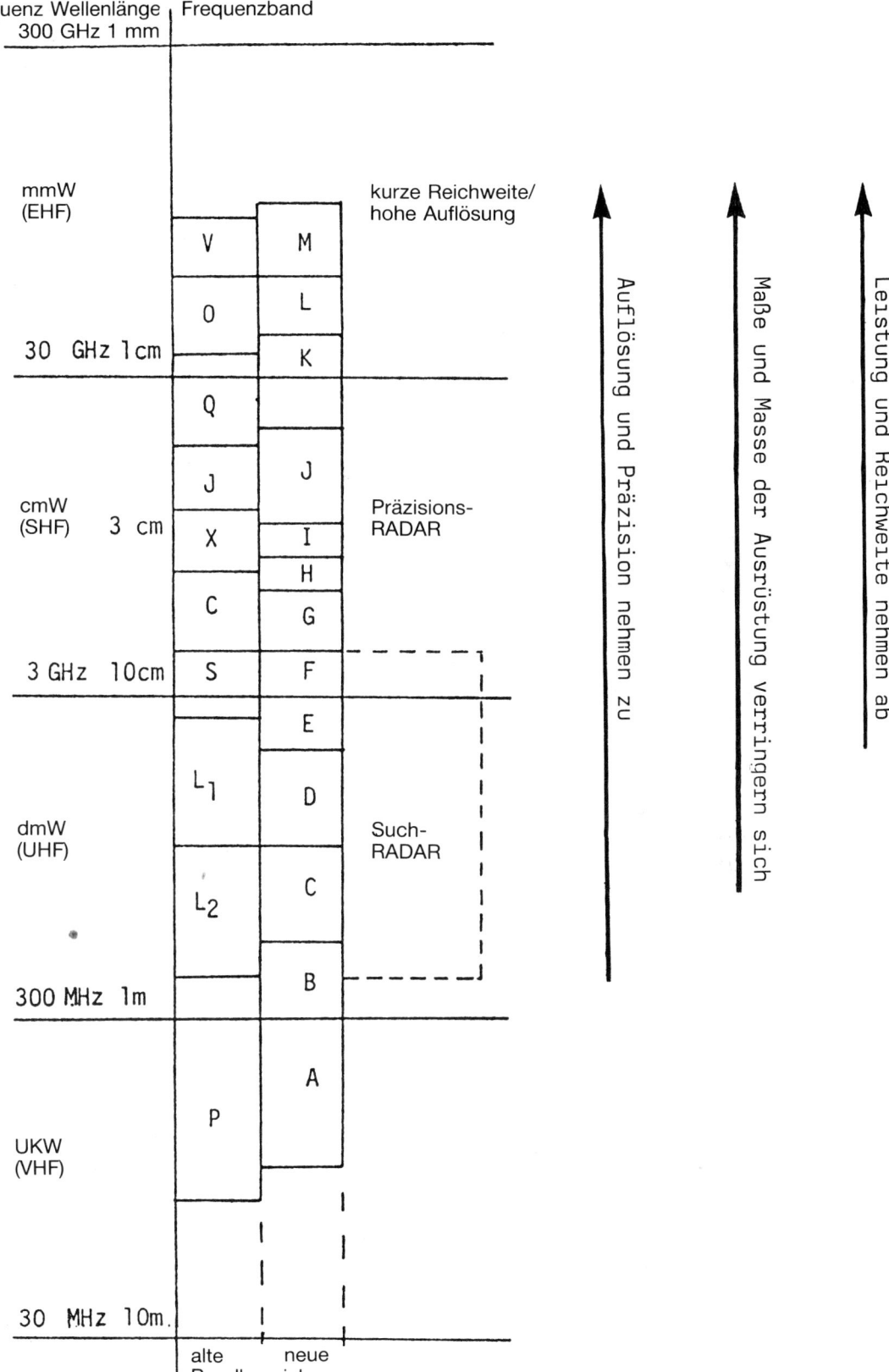

Abb. 10.60 Schematische Darstellung von Frequenzbändern und ihr Einfluß auf das Leistungsvermögen von Radargeräten.

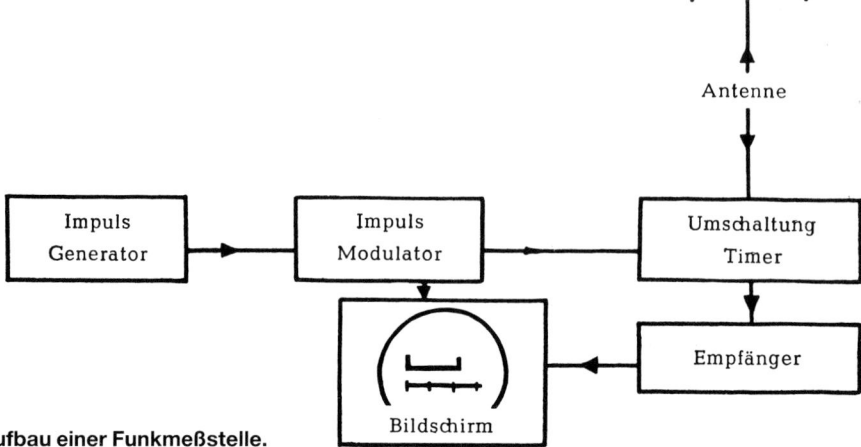

Abb. 10.61 Aufbau einer Funkmeßstelle.

des Gegners beachten!). Empfang ist auch rückwärts der Richtantenne möglich.

Der Gegner kann UKW-Verkehr, der auf dem Erdboden infolge der Erdkrümmung nicht mehr erfaßbar ist, in Flugzeug oder Ballon aufnehmen. Auch Ultrakurzwellen sind peilbar!

Es werden nur verhältnismäßig kleine Antennengebilde benötigt.

(5) Dezimeter- und Zentimeterwellen (ultra- und superhohe Frequenz)

Die Ausbreitung dieser Wellen ist infolge der höheren Frequenz derjenigen der optischen Strahlung noch ähnlicher, als es bei UKW der Fall ist. Im Wege stehende Gegenstände oder Geländeteile hindern die Strahlung.

Die Abhörgefahr ist geringer als bei längeren Wellen. Die Antennengebilde sind noch kleiner als bei UKW.

c) Einführung in die Funkmeßtechnik

– Radar – (Radio Detecting and Ranging)

Mit Hilfe der Funkmeßtechnik können ortsfeste Gegenstände wie Berge, Erdoberfläche, freistehende Gebäude und bewegliche Gegenstände wie Flugzeuge, Schiffe, Gewitter auf einem Bildschirm sichtbar und deren Entfernung vom Beobachter aus gemessen werden.

Kennzeichnend für alle Funkmeßverfahren ist die Ausstrahlung von äußerst kurzen Stromstößen – den **Impulsen,** und der Empfang der von den Gegenständen reflektierten Echos dieser Impulse. Die halbe Laufzeit zwischen Ausstrahlung des Impulses und Rückkehr des Echos, multipliziert mit der Lichtgeschwindigkeit, ergibt die Entfernung zwischen Gegenstand und Beobachter.

Impulsgenerator: Mit der Hilfe von Röhren oder Transistoren werden in der Sekunde etwa 1000 Impulse von je etwa 1/1 000 000 Sekunde Dauer erzeugt, deren maximale Stärke zwischen 40 kW und 1000 kW liegt. Die Zahl der Impulse in der Sekunde, Pulse Repetition Frequency, PRF, ist wichtig für die Berechnung der Reichweite der Station. Der Bruch Lichtgeschwindigkeit durch die doppelte PRF ergibt die maximale Reichweite.

$$\frac{300\,000 \text{ km/s}}{2 \cdot 1000} = 150 \text{ km}$$

Mit anderen Worten, Gegenstände, die mehr als 150 km vom Beobachter entfernt sind, können nicht mehr sichtbar gemacht werden, weil die Echos dieser Gegenstände von den folgenden Impulsen verschluckt werden, es sei denn, man ändert die PRF.

Aus der maximalen Stärke eines Impulses, aus der Impulslänge und aus der PRF läßt sich die mittlere Leistung einer Funkmeßstelle errechnen:

Max. Stärke (Peak Power) 600 kW
Impulslänge (Pulse Width) 0,5 Mikrosekunden
Impulse/s (PRF) 1000
mittlere Leistung (Average Power)
= 600 kW · 0,5/1 000 000 · 1000 = 300 Watt

Impulsmodulator: Im Impulsmodulator werden die Impulse einer Trägerfrequenz aufmoduliert. Diese Frequenz liegt im Bereich der Ultrakurzwellen.

Wie lang ist eine Radarantenne, wenn die Trägerfrequenz 3000 MHz ist?

Wellenlänge = Lichtgeschwindigkeit durch Frequenz

$$= \frac{300\,000\,000 \text{ m/s}}{3\,000\,000\,000 \text{ Hz}} = 10 \text{ cm}$$

Antennenlänge = halbe Wellenlänge = 5 cm. Diese impulsmodulierte Trägerfrequenz wird dann durch einen Hohlleiter, eine Röhre mit leitender Innenfläche, durch die die elektromagnetischen Wellen zusammengehalten werden, zum Umschalter geführt.

Der **Umschalter** ist einer Weiche vergleichbar; den Impulsen wird einerseits der Weg vom Modulator zur Antenne, andererseits von der Antenne zum Empfänger geöffnet.

Empfänger: Hier werden die Echos verstärkt und zum

Bildschirm, einem Braunschen Rohr, einem Kathodenstrahlrohr, geleitet, wo sie einen gleichmäßig über den Bildschirm laufenden Elektronenstrahl vertikal ablenken. Da die erste Ablenkung dieses Elektronenstrahls durch den Impuls erfolgte, kann man mit der Hilfe geeichter Skalen den zeitlichen Abstand zwischen Impulszacken und Echozacken als Entfernung ablesen. (1 Mikrosekunde = 150 m Entfernung)

Bei den Rundsuchgeräten, den Panoramageräten (Air Surveillance Radar = ASR), dreht sich die Antenne etwa 30mal in der Minute. Im gleichen Rhythmus dreht sich auch der Elektronenstrahl auf dem Kathodenstrahlrohr. Mit diesem Gerät können sowohl Richtung als auch Entfernung gemessen werden.

Anwendungsgebiete der Funkmeßtechnik:

1. Passive Funkmeßverfahren (Primary Radar), Empfang von Echos, Höhenmesser, Zielgerät, Funksprechlandegerät – GCA, Wetterradargerät (Boden- oder Bordgerät).

2. Aktives Funkmeßverfahren (Secondary Radar), Sender steuert oder tastet einen am Ziel befindlichen Radarsender, dessen Impulse, frequenzverschieden von den Steuerimpulsen, vom beobachtenden Sender aufgefangen und ausgewertet werden.

Entfernungsmeßgerät – DME, Freund-Feind-Kenngerät – IFF (Identification Friend/Foe), Kontrollzonenüberwachungsgerät (RAPCON).

Da alle Gegenstände verschieden stark reflektieren, Stahl anders als Holz, Wasser anders als Beton, dienen Funkmeßbilder als Zielbilder für den Bombenwurf ohne Erdsicht, falls nicht die Möglichkeit besteht, durch Oberflächenbehandlung Startbahnen, Werkhallendächer, Straßen usw. radarsicher zu machen, so wie im letzten Krieg die deutschen Funkmeßgeräte durch kleine Stanniolstreifen – von angreifenden Kampffliegerverbänden abgeworfen – abgelenkt und geblendet wurden. Ein einfaches Mittel elektronischer Gegenmaßnahmen (ECM – Electronic Counter Measures).

In der Luftverteidigung spielt die Radarrückstrahlfläche (RCS – radar cross section/ Radarrückstrahlquerschnitt) eines angemessenen Objekts die bedeutendste Rolle. Sie variiert je nach Anmeßwinkel (»Beleuchtung«) des Objekts und nach Wellenlänge des Radars. Man ist bemüht, den Flugkörpern und Flugzeugen »Tarnkappen« überzustülpen. Bekannt unter Stealth-Technologie, versucht man mittels konstruktiver Maßnahmen, einen Flugkörper signaturarm zu machen. Das kann durch eine Vielzahl von Möglichkeiten erreicht werden. Es seien nur einige Feststellungen mitgeteilt:

– Formgebung als Nurflügelflugzeug mit unregelmäßig verlaufenden, runden, weichen und fließenden Konturen und Kanten (›Flunderform‹)

Abb. 10.62 Etwa im gleichen Größenverhältnis gezeigt: Northrop B-2 und Lockheed F-117A, die nach Stealth-(Tarnkappen-)Technologie gebaut wurden. Unten eine F-117A im Fluge.

- Verzicht auf große, ebene Flächen und rechte Winkel
- weiche Übergänge zwischen Rumpf und Flügeln sowie schräggestellte Leitwerke
- keine Außenlasten; Verlegung der Waffen in den Rumpf
- Außenhautbeschichtung mit radarabsorbierendem Material, um Radarstrahlen zu »schlucken« oder diffus zu reflektieren (Verwendung von Faserverbundstoffen und dunklen, stumpfen Anstrichen)

Die Ortbarkeit von Stealth-Flugzeugen wird durch die gleichzeitige Verwendung mehrerer Radars aus verschiedenen Richtungen und mit verschiedener Wellenlänge (insbesondere langwellige Geräte) begünstigt.

Beispiel für Radarrückstrahlquerschnitte:

Radarrückstrahlquerschnitt (RCS)	in m^2
Haus	400
LKW	200
B-52	100
B-1A	10
B-1B	1 (?)
B-2 (stealth)	5–1 (?)
Marschflugkörper (ALCM-stealth)	0,1

2. Funkgeräte

Beispiele:

a) Das AN/ARC 34 ist ein Funksprechgerät mit amplituden-moduliertem UHF Sender-Empfänger, das vom Flugzeugführer mittels einer in der Kanzel angebrachten Fernbedienungsanlage auf 20 beliebige der 1750 Frequenzen zwischen 225 und 400 MHz voreingestellt werden kann.

Das Gerät besteht aus Sender und Empfänger, Montagerahmen und Fernbedienungsanlage.

Eingebaut in den Geräteteil ist ein Dynamo für die Stromversorgung sowie ein vorabgestimmter Wachempfänger, der für Notruf- und Alarmzwecke dient.

Etwa 4 Sekunden nach Bedienung der Kanalwahlschaltung ist das Gerät arbeitsfähig. Es ist höhenfest bis zu etwa 50 000 ft.

Der unabhängige Wachkanal enthält seinen eigenen Hochfrequenzteil, benutzt aber den Niederfrequenzverstärker im Hauptempfänger. Diese Einrichtung vermeidet Interferenzen, die über AVC (Automatic Voice Control = autom. Lautstärkeregelung) erfolgen könnte. Ein Signal, welches über den Wachempfänger empfangen wird, kann den Hauptempfänger nicht blockieren und nicht umgekehrt, d. h. der Empfänger besteht aus zwei getrennten Empfängern mit gemeinsamem Niederfrequenzteil.

Der Frequenzgang des Niederfrequenzverstärkers erstreckt sich von 20 bis 20 000 Hz. Auf Grund dieser großen Niederfrequenz-Bandbreite kann das Gerät zusammen mit dem autom. Richtungsfinder (ADF), Homing equipment (ARA 25) und Data Link verwendet werden.

Geräuschsperren sorgen weitestgehend für Ausschaltung von Störgeräuschen.

Das ARC 34 kann mit einer Reihe von Navigationshilfen koordiniert werden: ADF, ARA 25, Funk-Relay (Funkbrücke), und Nottastgerät. Im ARC 34 sind die Kommando- und Betriebsspannungskontrollen für die drei ersten der vorgenannten Geräte vorgesehen. Bei Einschalten des Nottasters wird der Ton-Oszillator eingeschaltet und tastet automatisch das ARC 34.

Darüber hinaus kann das ARC 34 bis zu Höhen von 50 000 ft zusammen mit der Bordsprechanlage AIC 10 verwendet werden.

Das ARC 34 in besonderer Verpackungsanordnung – z. B. für F-104G – wird ARC 66 genannt.

b) Das AN/ARC-44 stellt eine VHF-S/E-Anlage für den Bord-Bord- sowie Bord-Boden-Verkehr dar.

Verkehrsart:	Wechselsprechen, sowie in Verbindung mit Antennengruppe AN/ARA-31 Zielanflug auf modulierte oder unmodulierte Sender
Frequenzbereich:	24,0 bis 51,9 MHz; innerhalb dieses Bereichs sind 280 Kanäle (in 100-kHz-Abstand) fernwählbar
Modulationsart:	FM
Abgegebene HF-Leistung:	8 W
Anzahl der Röhren:	29
Anzahl der Quarze:	14 + 10

Die Stromversorgung erfolgt vom 27,5 V-Bordnetz (für Röhrenheizung und Steuerorgane), in Verbindung mit Umformer (für Anodenspannung).

Das S/E-Gerät, eine Kombination aus einem Sender und einem Doppelüberlagerungsempfänger, sowie die zugehörigen Bedienungsgeräte und Interphons (Bordverständigung), sind in Subminiaturtechnik ausgeführt.

Zur Anlage AN/ARC-44 gehören normalerweise:

1 S/E-Gerät RT-294/ARC-44 oder RT-294A/ARC-44, einschließlich Montagerahmen

1 oder 2 Bedienungsgeräte SB-327/ARC-44 zur unabhängigen Frequenzwahl von zwei Bedienungsarten aus

1 oder 2 Interphons SB-329/AR für Bordverständigung und Verstärkung von Mikrophonspannung und Empfänger-NF-Ausgangsspannung

1 oder 2 Anschlußstellen für Sprechgeschirr H-101/U mit Sprechtaste

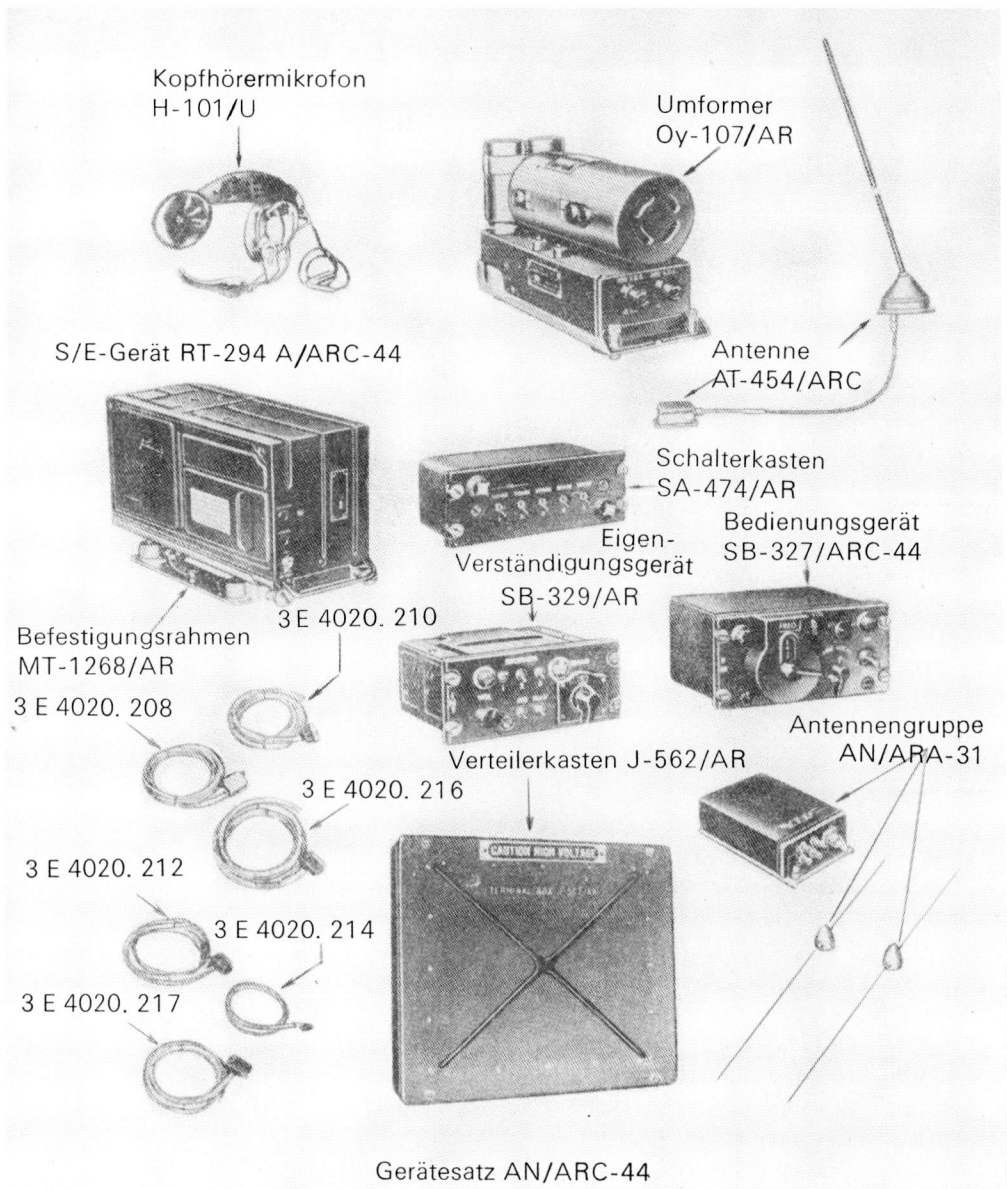

Kopfhörermikrofon
H-101/U

Umformer
Oy-107/AR

S/E-Gerät RT-294 A/ARC-44

Antenne
AT-454/ARC

Schalterkasten
SA-474/AR

Bedienungsgerät
SB-327/ARC-44

Eigen-
Verständigungsgerät
SB-329/AR

Befestigungsrahmen
MT-1268/AR

3 E 4020. 210

3 E 4020. 208

3 E 4020. 216

Verteilerkasten J-562/AR

Antennengruppe
AN/ARA-31

3 E 4020. 212

3 E 4020. 214

3 E 4020. 217

Gerätesatz AN/ARC-44

Abb. 10.63 AN/ARC-44-Anlage.

1 Umformer DY-107/AR einschließlich Montagerahmen

1 Verteilerkasten J-562/AR zur Verbindung der einzelnen Anlagenteile untereinander, sowie Einspeisung der Bordnetzspannung, mit den dazugehörigen Leitungen und Kabeln einschließlich Steckern

1 Antennengruppe AT-454/ARC, bestehend aus:

1 Peitschenantenne AT-455/ARC
1 Antennenfuß AB-340/ARC
1 Antennenkoppler CU-361/ARC
für den Funksprechverkehr.

In Verbindung mit der Antennengruppe AN/ARA-31 ist die Anlage zielflugfähig. AN/ARA-31, bestehend aus:

1 Antennen-Umtastgerät KY-149/AR mit Montagerahmen

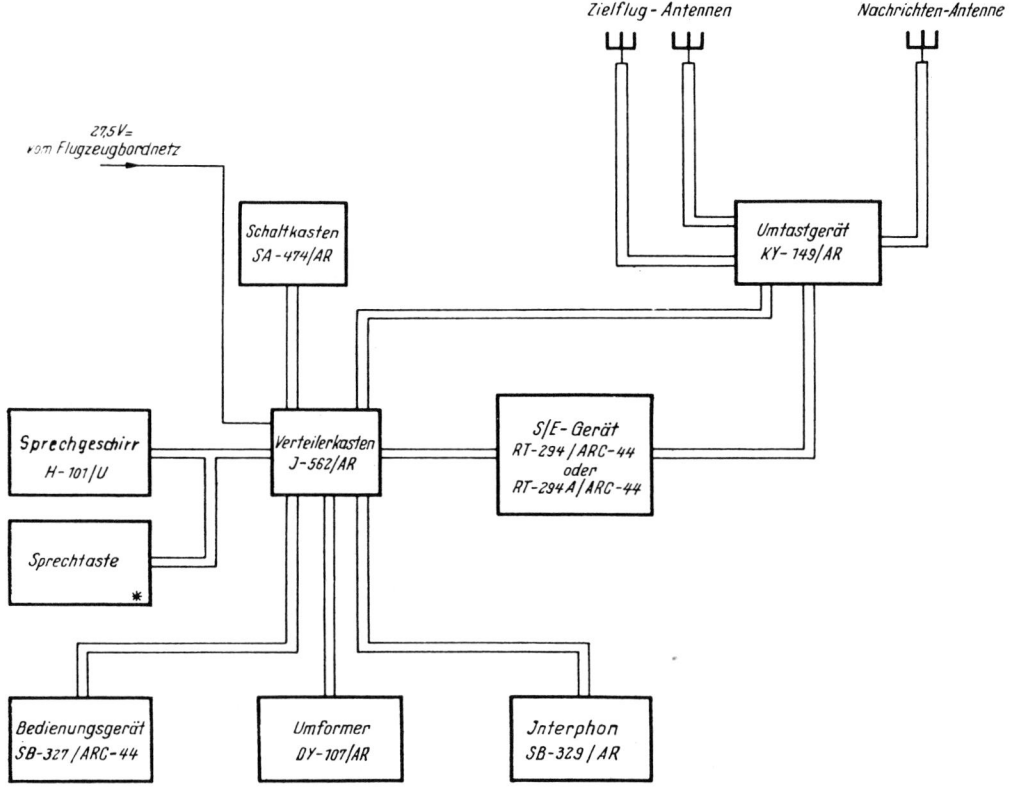

Zielflug-Antennen   Nachrichten-Antenne

27,5 V=
vom Flugzeugbordnetz

Schaltkasten
SA-474/AR

Umtastgerät
KY-149/AR

Sprechgeschirr
H-101/U

Verteilerkasten
J-562/AR

S/E-Gerät
RT-294/ARC-44
oder
RT-294A/ARC-44

Sprechtaste
*

Bedienungsgerät
SB-327/ARC-44

Umformer
DY-107/AR

Jnterphon
SB-329/AR

S/E-Anlage AN/ARC-44 mit AN/ARA-31

Abb. 10.64   *Blockschaltbild*

2 Zielflug-Dipolen mit Antennenpassung (AT-626/AR und CU-459/AR), den erforderlichen Steuerleitungen und Verbindungskabeln.

EMPFANGSBETRIEB: Nach Einschalten des Bordnetzes und Betätigen des Hauptschalters am Bedienungsgerät SB-327/ARC-44 ist die Anlage nach etwa 30 Sek. empfangsbereit. Das von der Antenne AT-455/ARC aufgenommene Signal wird über einen Eingangstiefpaß auf den Empfänger-Eingang gegeben. Dort erfolgt nach HF-Verstärkung die 1. Frequenzumsetzung. Durch Überlagerung mit Quarz-Frequenzen in 1,0 MHz-Schritten wird die Frequenz auf die 1. (veränderliche) ZF im Bereich von 6,55 bis 7,45 MHz umgesetzt. Eine weitere Mischung mit Quarzfrequenzen in 0,1 MHz-Schritten ergibt die 2. (feste) ZF von 2,9875 MHz. Nach Verstärkung in zwei Stufen erfolgt Demodulation und NF-Vorverstärkung. Die vorverstärkte NF gelangt vom Empfänger zum Interphon SB-329/AR zur Endverstärkung und von dort zum Kopfhörer.

SENDEBETRIEB: Bei Betätigen der Sprechtaste werden die Senderstufen hochgetastet (150 V und 300 V Anodenspannung angelegt).

Das Mikrophon wird mit seinen Vorverstärkerstufen auf den Sendereingang geschaltet und steuert den Reaktanz-Modulator eines freischwingenden Zusatz-Oszillators (2,9875 MHz). Dieser wiederum wird mit Quarzfrequenzen in 0,1-MHz-Schritten gemischt. Die resultierende Frequenz fällt in den Bereich 6,55 bis 7,45 MHz der 1. ZF und wird dort verstärkt. Nach nochmaliger Mischung mit Quarzfrequenzen in 1,0-MHz-Schritten ergibt sich die Sollfrequenz im Bereich von 24,0 bis 51,9 MHz. Zwei nachfolgende Treiberstufen steuern die Leistungsendstufe des Senders, der seine Ausgangsleistung über ein Tiefpaßfilter an die Antenne AT-455/AR abgibt. Eine Mithöreinrichtung ermöglicht dem Bedienenden die Kontrolle der Sendung.

Das Bedienungsgerät SB-327/ARC-44 enthält alle Elemente zur Einschaltung der Anlage und zur Regelung der vom Empfänger kommenden NF, sowie zur Frequenzeinstellung in 1,0- und 0,1-MHz-Schritten von zwei getrennten Bedienungsstellen aus. Die eingestellte Frequenz ist am zugehörigen Wahlschalter direkt ablesbar. Ein »Bedienungs-Orts«-Schalter (Local-Remote) gestattet der jeweils bedienenden Stelle, eine gegenüber der anderen Bedienungsstelle abweichende, unabhängige Frequenz einzustellen. Bezüglich Frequenzwahl und Lautstärke ist immer die Bedienungsstelle maßgebend, bei der der »Bedienungs-Orts«-Schalter auf »LOCAL« steht. Während des Frequenzwahlvorganges sind Frequenz-Wahlschalter und Lautstärkeregelung der zweiten Stelle blockiert; gleichzeitig ertönt in allen angeschlossenen Kopfhörern ein 400-Hz-Ton.

Das Interphon (Bordverständigung) SB-329/AR enthält den dreistufigen Mikrophon-Vorverstärker und den Ausgangsverstärker für die zum Kopfhörer gelangende NF. Auf der Frontplatte des Interphon ist der »SENDE«-Wahlschalter zugänglich. Dieser Schalter trifft die Auswahl aus einer von drei möglichen S/E-Anlagen für den Funkverkehr. Steht der Schalter in Position »INT«, ist das Gerät 30 Sek. nach Einschalten des Bordnetzes – unabhängig vom Betriebszustand des S/E-Gerätes – für Bordverständigung betriebsbereit.

5 »EMPFÄNGER«-Wahlschalter erlauben – unabhängig von der Stellung des »SENDE«-Wahlschalters – gleichzeitig bis zu 6 Empfänger abzuhören. Der in den NF-Kanal eingeblendete Mithörton gestattet die Kontrolle der hinausgehenden Sendung. Mit Hilfe eines zusätzlichen Lautstärkereglers kann die Lautstärke des angeschlossenen Kopfhörers individuell geregelt werden.

ZIELFLUGBETRIEB: Für Zielanflug ist die Verwendung der Antennengruppe AN/ARA-31 notwendig. Der von den beiden Zielflugdipolen AT-624/ARC (links und rechts vom Flugzeug angeordnet) aufgenommene Senderträger wird über die Anpaßgeräte CU-459/AR über Koaxkabel zum Antennen-Umtastgerät KY-149/AR geleitet und im »D«- bzw. »U«-Rhythmus getastet. Die Signale durchlaufen den Empfänger bis zur zweiten Stufe der 2. ZF. Hier werden sie mit 400 Hz amplitudenmoduliert. Anschließend erfolgt Demodulation. Auf diese Art und Weise wird das im Antennen-Umtastgerät durch Phasenvergleich gewonnene Kriterium über die Lage der Flugzeuglängsachse zum Anflugkurs in hörbare Zeichen umgewandelt (bei Lage links von der Standlinie: »D«-Tastung, bei Lage rechts von der Standlinie: »U«-Tastung. Liegt das Flugzeug auf dem Kurs zum Sender, ertönt im Kopfhörer Dauerton).

Die S/E-Antenne ist während des Zielflugs abgeschaltet. Sendebetrieb ist nicht möglich.

c) ADF/Automatic Direction Finder/Zielanfluggerät AN/ARA-25A

zusammen mit einem Flugzeug-Funkgerät, das in einem Frequenzbereich von 225–400 MHz arbeitet (z. B. ARC 34, ARC 45) ermöglicht es Peilungen. Wenn das Gerät vom Flugzeugführer einmal genau eingestellt ist, erscheinen die Peilungen der Signal-Quelle automatisch im Anzeige-Gerät.

Stärke des Senders, Flugzeughöhe und die Entfernung des Flugzeuges vom Sender beeinflussen die Leistungs-Qualität des Geräts.

d) TACAN
Zweckbestimmung

TACAN – zusammengezogen aus Tactical Air Navigation System – ist die Bezeichnung für ein Funknavigationsverfahren nach dem Polarkoordinatensystem.

Die Anlage umfaßt zunächst eine Rundstrahleinrichtung zur Azimut-Bestimmung, die an Bord eine Instrumentenanzeige in Gra-

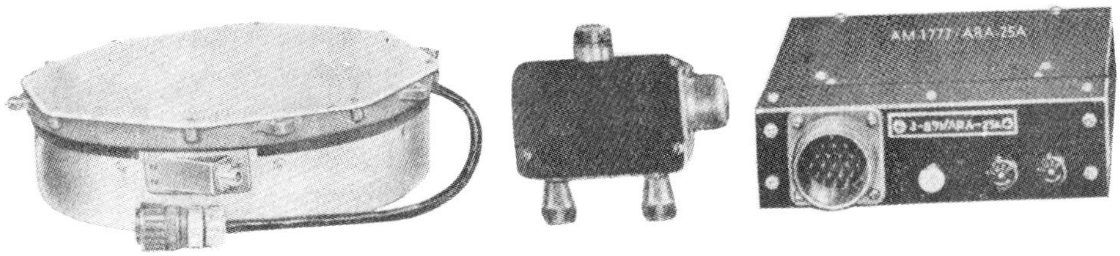

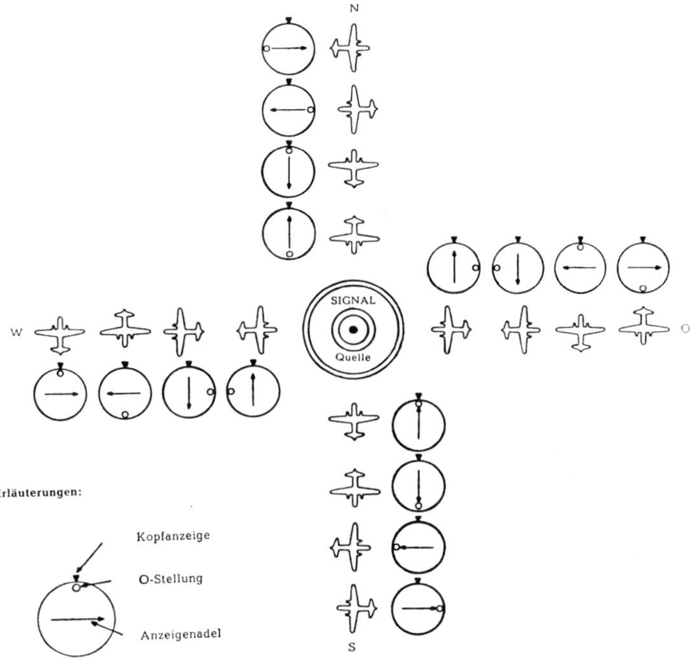

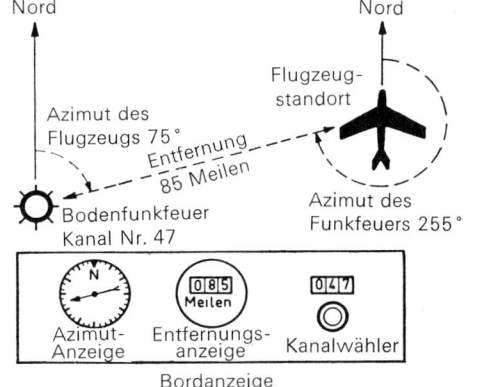

**Abb. 10.65
Zielanfluggerätesatz
ARA-25A und die
Anzeigen am Bordgerät.**

Erläuterungen:

Kopfanzeige

O-Stellung

Anzeigenadel

SIGNAL
Quelle

den der Richtung des Flugzeuges zum geographischen Ort des vom Flugzeugführer gewählten Funkfeuers liefert.

Ferner gehört zur Anlage eine Einrichtung zur Messung der Entfernung (DME = Distance Measuring Equipment), die an Bord eine Instrumentenanzeige des Abstands vom gleichen Funkfeuer (in Seemeilen) bewirkt.

Die Kenntnis von Azimut und Entfernung, bezogen auf einen bestimmten geographischen Punkt, ermöglicht dem Flugzeugführer die Ortsbestimmung nach der Karte. Navigation und Flugsicherung werden dadurch wesentlich erleichtert.

Die Tacan-Azimutfunktion wird durch das Prinzip eines Drehfunkfeuers gegeben, im internationalen Sprachgebrauch als VOR (very high frequency Omnidirektional Radio Range = Ultrakurzwellen-Drehfunkfeuer) bekannt zum Unterschied von anderen gerichteten Funknavigationsverfahren wie Vierkurs-Funkfeuern, Sichtpeilern mit kompaßähnlicher Skala und normalen Peilern.

Abb. 10.66 Polarkoordinatenanzeige (z. B. TACAN).

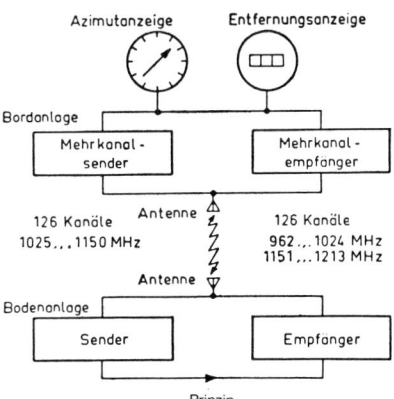

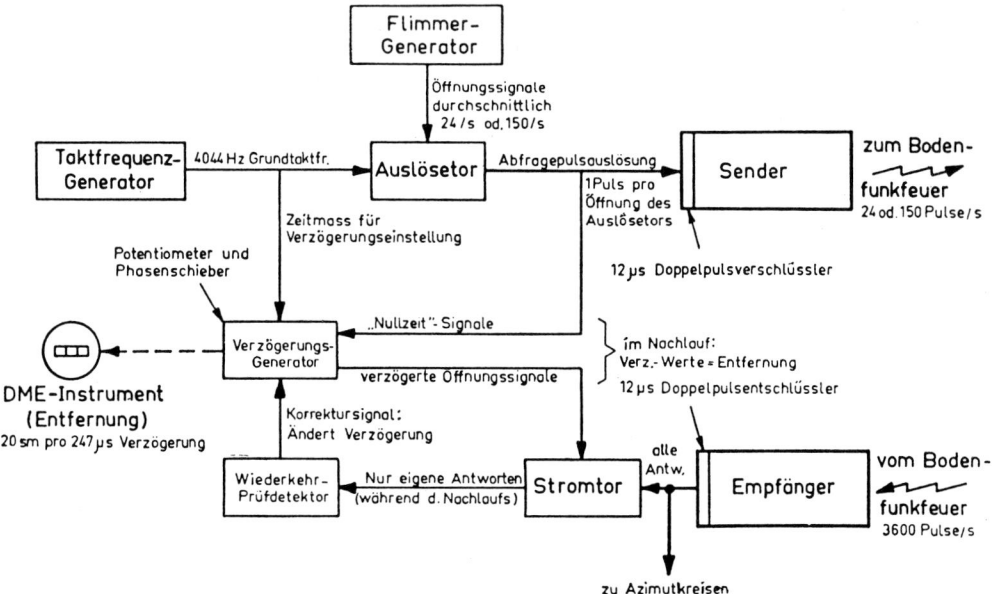

Abb. 10.67 Funktionsschema der Entfernungsmessung (DME) im TACAN-Bordgerät.

Arbeitsweise

Zu einem Drehfunkfeuer gehört bodenseitig ein Sender in Verbindung mit einer besonderen Richtantenne, bordseitig ein Mehrkanalempfänger. Die Entfernungsmessung, d. h. eine DME-Einrichtung, erfordert bodenseitig einen kombinierten Empfänger-Sender (»Transponder«) mit ungerichteter Antenne, bordseitig eine Sender-Empfänger-Kombination für Mehrkanalbetrieb, eine sogenannte Abfrageeinrichtung (»Interrogator«).

Die Bodensender werden häufig als »Funkfeuer« (»Antwortsender«) bezeichnet.

Das gesamte System arbeitet im 1000 MHz-Band.

Ein Sender-Empfänger-Mehrkanalbordgerät, auf Impulsbasis betrieben, dient sowohl zur Entfernungs- als auch zur Azimutmessung. Die gleichen, über einen gewählten Kanal übertragenen Funksignale enthalten somit die Entfernungs- und Richtungsinformation.

Im TACAN-Gerät stehen 126 Zweiweg-Betriebskanäle mit 1 MHz Frequenzabstand zur Verfügung. Für Bord-Boden-Sendung (nur für Entfernungsmesser erforderlich) dienen 126 Frequenzen im Bereich 1025 bis 1150 MHz. Für Boden-Bord-Sendung – zum Zweck der Azimut- und Entfernungsmessung

– werden 63 Frequenzen zwischen 962 und 1024 MHz und eine gleiche Anzahl zwischen 1151 und 1213 MHz benutzt.

Die TACAN-Kanäle sind »reine Frequenzkanäle«, d. h. sie beruhen nur auf HF-Selektion.

Mit Hilfe eines Multiplexverfahrens können auf den TACAN-Kanälen zusätzliche Navigationsfunktionen wie Landekurs, Gleitweg, Einflugzeichen, Signale des Flugsicherungskenngerätes usw. übertragen werden.

DME-Verfahren (Entfernungsmessung)

»DME«, eine Abkürzung von »Distance Measuring Equipment«, bedeutet Entfernungsmeßeinrichtung und bezieht sich ganz allgemein auf jedes Funkhilfsmittel, das eine Instrumentenanzeige der Entfernung liefert.

Das Entfernungsmeßgerät ist aus der Radar-Technik hervorgegangen, wobei die Entfernung durch Messen der Laufzeit für Hin- und Rückweg eines drahtlosen Impulses zwischen zwei Punkten bestimmt wird. Beim DME werden jedoch als Anzeigemittel statt der Kathodenstrahlröhren leicht lesbare Ziffern verwendet, die auf der Entfernungsanzeige erscheinen. Ferner erfolgt die Rücksendung der Impulse nicht durch natürliche Reflexionen, vielmehr wird ein Empfänger-Sen-

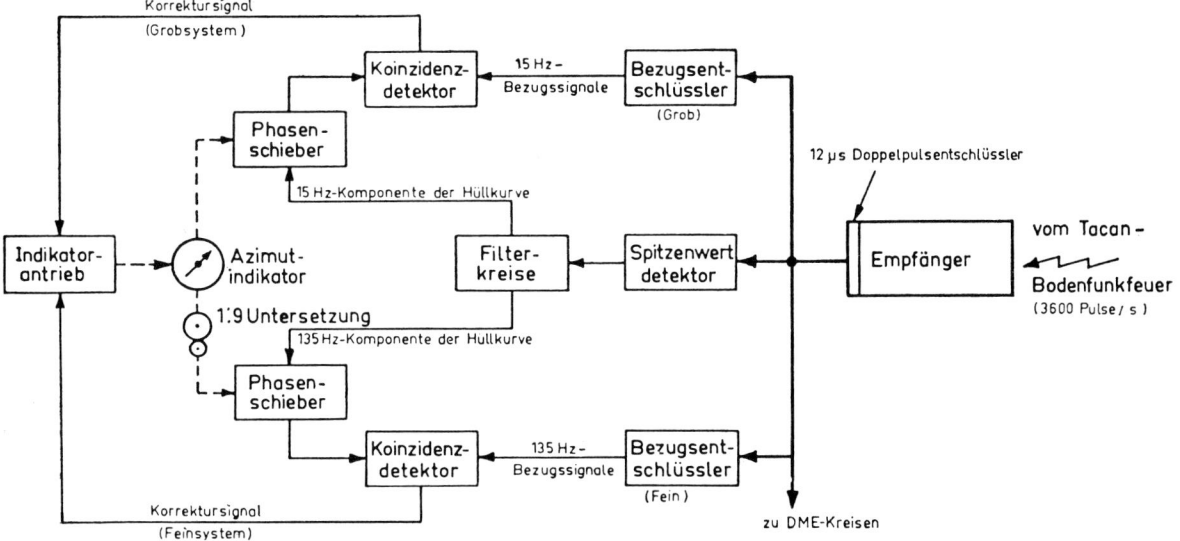

Abb. 10.68 Funktion der Azimutmessung beim TACAN.

der-Funkfeuer zur Aussendung »künstlicher Echos« als Antwortimpulse benutzt. Diese vom Flugzeug ausgelösten Rücksendungen sind stärker als Reflexionen und bieten den zusätzlichen Vorteil, daß der HF-Kanal, über den sie gesendet werden, gleichzeitig den Herkunftsort des Echos und somit die geographische Lage des Echo-Punktes einwandfrei identifiziert.

Gemäß Abb. 10.67 sendet der Bordsender in ständiger Wiederholung sehr kurze Abfrageimpulse mit sehr weitem Abstand voneinander aus. Am Bodenfunkfeuer werden diese durch den Empfänger aufgenommen, dessen Ausgangsspannungen den zugeordneten Sender derart auslösen, daß er Antwortimpulse auf einem anderen Kanal aussendet. Der Bordempfänger nimmt sodann diese Impulse des Bodenantwortsenders auf – Laufzeitkreise auf der Empfangsseite messen nun automatisch die Gesamtlaufzeit, d. h. die Zeit zwischen Abfragen und Antwortimpulsen und setzen diese Zeit in elektrische Signale um, welche die Entfernungsanzeige betätigen.

Im praktischen Betrieb kann bei diesem Verfahren eine Bodenstation gleichzeitig durch eine Vielzahl von Flugzeugen in ihrer Umgebung abgefragt werden, die gerade den Kanal dieses Funkfeuers für die Ortung gewählt haben. Die Bodenstation antwortet dabei auf alle Abfrageimpulse, und jedes Flugzeug empfängt die Gesamtsumme der an alle Flugzeuge gesendeten Antwortimpulse. Um unter diesen normalen Arbeitsbedingungen störungsfreien Betrieb zu gewährleisten, ist die Anordnung so getroffen, daß die für jedes Flugzeug vorgesehene Wiederholfrequenz der Abfrageimpulse innerhalb vorgegebener Grenzen eine absichtliche regellose Streuung, ein »Flimmern« (»jitter«), der Impulsauslösung zuläßt, d. h. der Zeitpunkt der Auslösung der einzelnen Impulse kann innerhalb der erwähnten Grenzen von den »Soll-Zeitpunkten« der Wiederholfrequenz in beliebiger oder unregelmäßiger Weise abweichen. Dieser »Flimmereffekt« wird durch einen im labilen Zustand betriebenen Multivibratorkreis erhalten, dem ein gewisser Steuereinfluß auf die Abfrage-Wiederholfrequenz eingeräumt wird. Um aus allen an Bord eines Flugzeuges empfangenen Pulsen diejenigen herauszusondern, die eine »Antwort« auf die eigenen Abfrageimpulse darstellen, wird ein vollautomatisches stroboskopisches Abtastverfahren verwendet.

Das Strobogerät findet die Antwortimpulse durch Ermittlung derjenigen feststehenden –

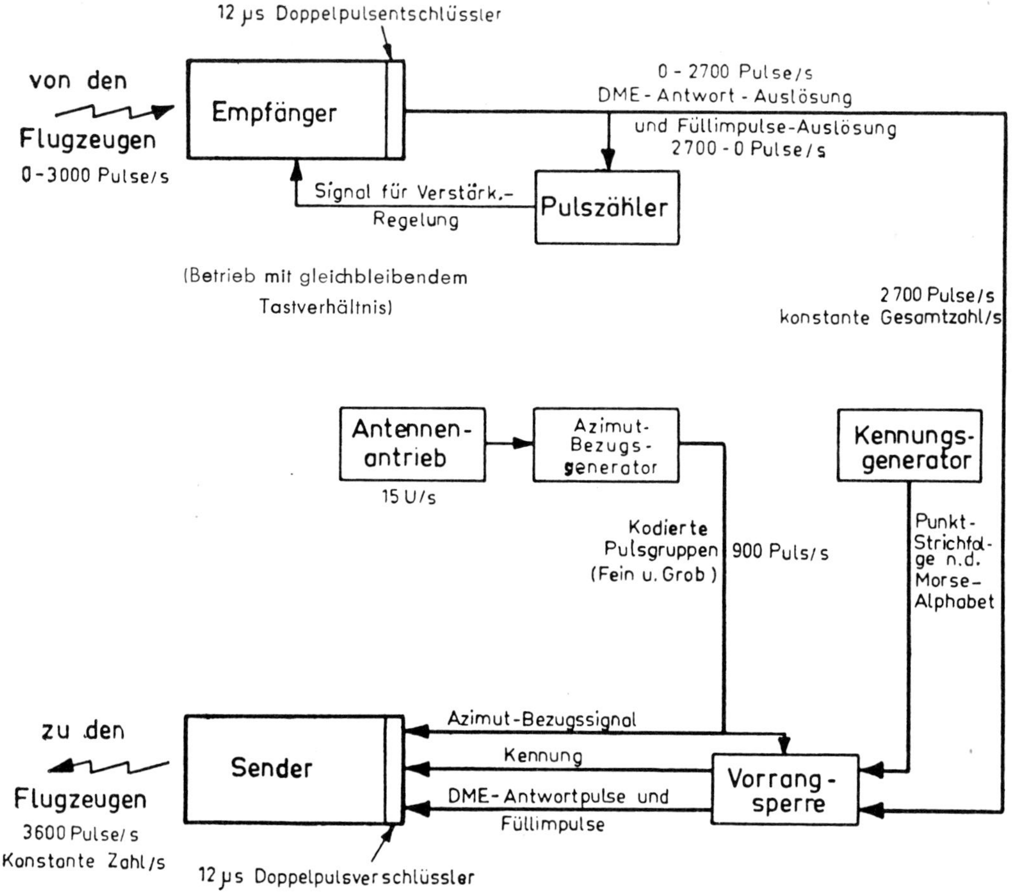

12 μs Doppelpulsentschlüssler

von den
Flugzeugen
0 - 3000 Pulse/s

Empfänger

0 - 2700 Pulse/s
DME - Antwort - Auslösung
und Füllimpulse-Auslösung
2700 - 0 Pulse/s

Signal für Verstärk.-Regelung

Pulszähler

(Betrieb mit gleichbleibendem Tastverhältnis)

2700 Pulse/s
konstante Gesamtzahl/s

Antennen-antrieb
15 U/s

Azimut-Bezugs-generator

Kennungs-generator

Kodierte Pulsgruppen (Fein u. Grob) | 900 Puls/s

Punkt-Strichfolge n. d. Morse-Alphabet

zu den
Flugzeugen
3600 Pulse/s
Konstante Zahl/s

Sender

Azimut-Bezugssignal

Kennung

DME - Antwortpulse und Füllimpulse

Vorrang-sperre

12 μs Doppelpulsverschlüssler

Abb. 10.69 Funktionsschema des TACAN-Bodenfunkfeuers.

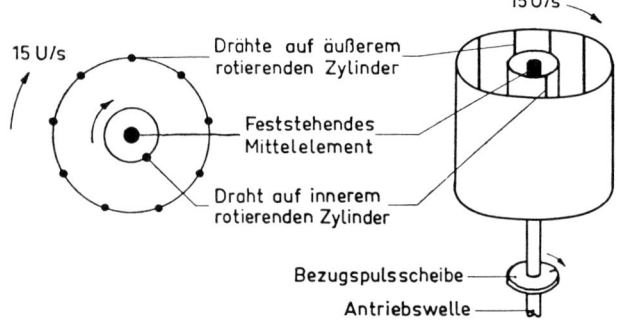

15 U/s

15 U/s

Drähte auf äußerem rotierenden Zylinder

Feststehendes Mittelelement

Draht auf innerem rotierenden Zylinder

Bezugspulsscheibe

Antriebswelle

oder sich nur langsam ändernden – Zeitverzögerung, bei welcher ein Antwortimpuls wiederholt empfangen wird, wobei die Messung immer von dem vorhergehenden eigenen Abfrageimpuls erfolgt. Da die Abfrageimpulse von anderen Flugzeugen im Verhältnis zu denen eines bestimmten Luftfahrzeuges nicht synchron bzw. nicht genau definiert liegen, wird bei dem letzteren kein regelmäßiger Empfang von Antwortimpulsen auf fremde Abfrageimpulse stattfinden, welche feste Zeitverzögerung auf dem bestimmten Flugzeug auch immer gewählt wird.

Zur **Richtungsbestimmung** hat die Bodenstelle eine besondere Antennen-Anlage. Um eine zentrale Vertikal-Antenne rotieren zwei Fiberglaszylinder. Am inneren Zylinder befindet sich ein Antennenstab, am äußeren sind 9 Stäbe.

Die Zylinderstäbe wirken also als Wellenrichter (Direktoren) für die Zentralantenne. Jedesmal, wenn ein Antennenstab der umlaufenden Zylinder in Zielrichtung zu stehen kommt, empfängt die Bordstelle ein Maximum, also die Richtung zur Bodenstelle (Grobrichtung durch Antennenstab des inneren, Feinrichtung durch Stäbe des äußeren Zylinders).

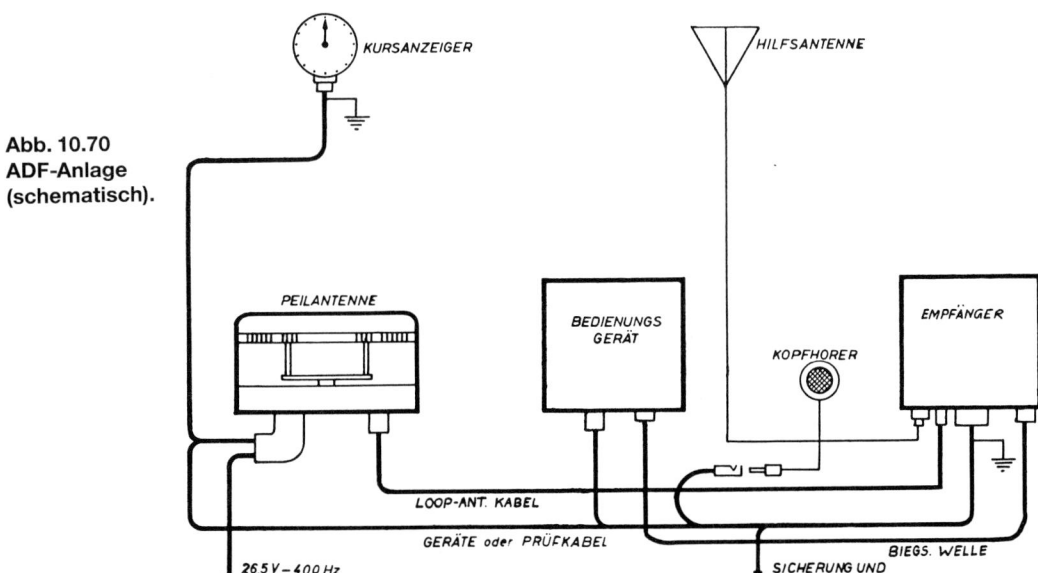

**Abb. 10.70
ADF-Anlage
(schematisch).**

KURSANZEIGER

HILFSANTENNE

PEILANTENNE

BEDIENUNGS
GERÄT

KOPFHÖRER

EMPFÄNGER

LOOP-ANT. KABEL

GERÄTE oder PRÜFKABEL

BIEGS. WELLE

26,5 V – 400 Hz
oder Brücke A – F im Stecker

SICHERUNG UND
STROMVERSORGUNG

Mit Hilfe der von der Bodenstelle besonders gekennzeichneten Nordrichtung wird daraus an Bord automatisch die Seitenrichtung zu Nord ermittelt und angezeigt.

e) Der Lear Radio-Kompaß (ADF-14)

stellt die Kombination eines automatischen Funkpeil-Kompasses mit einem üblichen Funkempfänger dar und ist für den Gebrauch in Luftfahrzeugen aller Art bestimmt.

In Verbindung mit der Hilfsantenne kann das Gerät durch entsprechende Stellung des Betriebsarten-Schalters auf ANT als Funkempfänger benutzt werden. Erst bei Stellung des Betriebsarten-Schalters auf COMP, wenn beide Antennen auf den Empfänger einwirken, arbeitet die Anlage als Radio-Kompaß. Mit Hilfe eines entsprechenden Anzeigegerätes ist ständige visuelle Kurskontrolle gegeben.

Das Gerät kann zum Zielanflug verwendet werden und muß beim direkten Zielanflug 0° anzeigen. Wird die Anlage nicht für Zielanflug verwendet, so gibt der Kursanzeiger die relative Flugrichtung im Verhältnis zum Standort des empfangenen Senders an. Durch Eigenpeilung mehrerer nicht auf der eigentlichen Flugroute gelegener Sender (Funkfeuer, Rundfunksender) kann mit Bezug auf den jeweiligen Magnet-Kompaßkurs der genaue Standort des Flugzeuges ermittelt werden.

Darüberhinaus ist der gleichzeitige Einbau von 2 vollständigen Anlagen ADF-14-D möglich, die in diesem Falle auf zwei in einem Kursanzeige-Instrument vorhandene Zeiger einwirken und somit durch ständige Kreuzpeilung eine schnellere Standortbestimmung ermöglichen.

Die Anlage ADF-14-D besteht aus folgenden Einzelteilen.

Bedienungsgerät:
    2-stufiger HF-Verstärker,
    1 Gegentakt-Modulator,
    1 Empfangs-Oszillator,
    1 Mischstufe.

Verstärker:
    2-stufiger ZF-Verstärker mit insgesamt 8 temperaturkompensierten ZF-Kreisen
    ZF-Demodulator mit Röhren-Diode,
    2. Überlagerer,
    automatische Lautstärkeregelung, auf 2 Röhren wirkend, NF-Vorverstärker,

2-stufiger NF-Gegentaktverstärker zur akustischen Empfangssignalwiedergabe über Kopfhörer und/oder Lautsprecher, Lautstärke kontinuierlich einstellbar.
Steuersignalverstärker, Tiefpaß und 2-stufiger Gegentaktsteuer-Verstärker für den Antriebsmotor der Peilantenne.

Abb. 10.71 Bediengerät des ADF-14.

Anodenstromversorgungsteil mit Gegentaktzerhacker und Röhrengleichrichter.

Peilantenne:
Drehbare Ferrit-Antenne mit Antriebsmotor und Drehfeldgeber-System.

Kursanzeiger:
Drehfeldnehmer-System mit Zeiger und einer Skala von 360° mit einer Teilung von 5 zu 5°. Die Sonderausführung hat eine drehbare Kursrose, mittels der nicht nur nach dem Null-Kurs, sondern auch nach dem Magnet-Kompaß-Kurs geflogen werden kann.

Knöpfe am Bedienungsgerät und ihre Anwendung (Abb. 10.71)
Betriebsartenwahlschalter (1)
Dieser Schalter bewirkt die verschiedenen Arbeitsgänge des ADF 14 wie folgt:
In Stellung ANT arbeitet die Anlage als normaler Funkempfänger und wird nur von der Hilfsantenne versorgt. Die Peilantenne und alle automatischen Einrichtungen des Gerätes sind außer Betrieb. Die Wiedergabe der aufgenommenen Zeichen erfolgt durch Lautsprecher oder Kopfhörer. Der Anflug ei-

ner Radio-Range (gerichtetes Vierkreis-Funkfeuer) geschieht zweckmäßigerweise in dieser Stellung des Betriebsarten-Wahlschalters.

In Stellung COMP arbeitet die Anlage als automatischer Peilkompaß. Beide Antennen wirken auf das Gerät ein und die Flugrichtung im Verhältnis zur eingestellten Sendestation wird automatisch und fortlaufend durch den Kursanzeiger angegeben. Bei Nachtflügen ist es wichtig, als Peilsender keinen in 150 km Entfernung und mehr vom Standort des Flugzeuges befindlichen Funksender zu verwenden, da die Peilgenauigkeit des Gerätes durch den Nachteffekt bedeutend herabgemindert werden kann. Kontrolle der eingestellten Sendestation gehörmäßig durch Lautsprecher oder Kopfhörer.

Bereichsschalter (2)
Dient zur Einstellung des gewünschten Frequenzbereiches. Durch den Bereichsschalter wird gleichzeitig die diesem Bereich entsprechende Abstimmskala eingestellt. Wenn also z. B. der Bereichsschalter auf den Empfangsbereich I (190−440 kHz) gelegt wurde, so ist im Skalenausschnitt nur das für diesen Bereich gültige Frequenzband sichtbar.

Gesamtfrequenzbereich: 190−1750 kHz
aufgeteilt in drei Bereiche
I. 190− 440 kHz
II. 420− 900 kHz
III. 850−1750 kHz

Feinabstimmung (3)
Mit diesem Knopf wird die gewünschte Frequenz eingestellt. Bei einer Rechtsdre-

Abb. 10.72
Peilantenne und
Kurszeiger eines
ADF-Gerätesatzes.

252

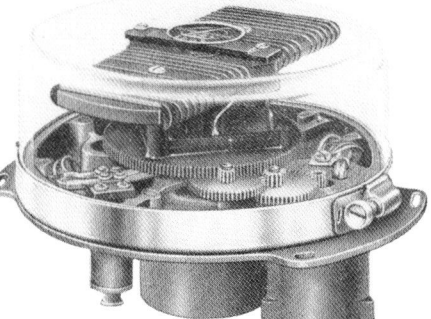

ADF-Peilantenne

Kursanzeiger

hung des Abstimmknopfes bewegt sich die Skala ebenfalls nach rechts; die Frequenzen werden niedriger. Drehung des Abstimmknopfes nach links ergibt bei gleicher Bewegung der Skalenscheibe höhere Frequenzen.

Abstimmanzeige-Instrument (4)

Größter Ausschlag des Instrumentes bedeutet feinste Abstimmung auf den gewünschten Sender.

Lautstärkeregelung (VOL = volume) (5)

Zunahme der Lautstärke durch Rechtsdrehung des Knopfes.

2. Überlagerer (CW = carrier wave) (6)

Einschaltung des 2. Überlagerers geschieht durch Stellung dieses Hebels nach rechts. Der 2. Überlagerer kann in allen Fällen als brauchbare Hilfe verwendet werden, wenn der eingestellte Sender zwar den Lautsprecher oder Kopfhörer nicht mehr deutlich genug zum Ansprechen bringt, zur Durchführung einer Funkpeilung jedoch stärkemäßig noch ausreicht. Mit eingeschaltetem CW-Schwebungsoszillator wird der Abstimmknopf der Feineinstellung so hin- und herbewegt, daß der eingestellte Sender links und rechts der Schwebungslücke durch deutlichen Pfeifton klar erkennbar ist und genau eingestellt werden kann. Das Abstimmanzeigeinstrument muß dann gleichzeitig den größten Ausschlag aufweisen. Danach kann der Schwebungsoszillator, der also unter erschwerten Empfangsbedingungen eine leichtere Sendereinstellung ermöglicht, wie-

Bedienknöpfe des Lear-Radiokompaß ABF-100 (s. Abb. 10.73)

Knopf (Nr.)	Funktion
1 Betriebsartenschalter	»OFF«: Gerät ist ausgeschaltet. »COMP«: Das Gerät arbeitet als automatischer Peiler (…Radiokompaß). »ANT«: Das Gerät arbeitet als Lang-Mittelwellenempfänger (ohne zu peilen). »LOOP«: Das Gerät arbeitet als Minimumpeiler mit Handbetrieb der Peilantenne unter Zuhilfenahme des Knopfes Nr. 6 (»LOOP«).
2 Bereichsschalter	Schaltet den gewünschten Frequenzbereich, 190−450, 400−850 oder 800−1700 kHz ein.
3 Abstimmung	Dient zur genauen Frequenzeinstellung nach der in Kilohertz geeichten Skala.
4 Lautstärke	Regelt Lautstärke und Empfindlichkeit.
5 Telegrafieüberlagerer	Bei Stellung des Schalters auf »CW« werden unmodulierte Signale (A_1), durch Schwebungston hörbar gemacht. Dient in dieser Stellung auch als Abstimmhilfe.
6 Peilantennen-handbedienung	Bei Stellung des Betriebsartenschalters (1) auf »LOOP« kann mit Hilfe dieses Knopfes die Peilantenne in beiden Richtungen gedreht werden. Leichte Drehung des Knopfes aus der Mittellage gibt langsame, Drehung bis zum Anschlag schnelle Rotation der Peilantenne.
7 Abdeckungen für Skalen- und Frontplattenbeleuchtung	

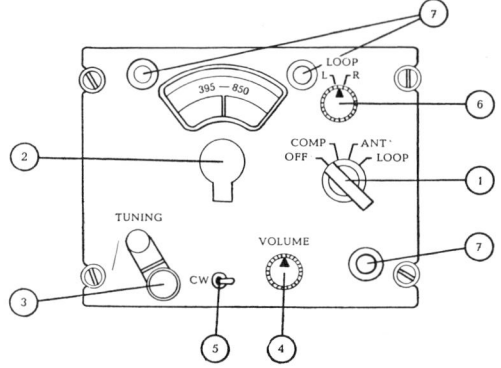

Abb. 10.73 Bedienköpfe am Radiokompaß.

der abgeschaltet werden. Der zweite Überlagerer dient außerdem noch zum Empfang eines Senders mit der Modulationsart A-1 (Telegraphie tonlos).

Deckschrauben (7)

Die Deckschrauben für die Antennen-Trimmerkondensatoren sind mit »S« bzw. »L« gekennzeichnet. Die Trimmerkondensatoren werden beim Einbau der Anlage eingestellt. Eine weitere Bedienung ist nicht erforderlich.

Abb. 10.74 Wetterradar.

Befestigungsschraube (8)

Mit dieser Zentralschraube wird das Bedienungsgerät im Gehäuse festgehalten.

f) Wetter-Radar

Es ermöglicht dem Flugzeugführer die Beobachtung des Wetters entlang der Flugstrecke bis zu 100 Meilen voraus. Schlechtwettergebiete erscheinen je nach ihrer Turbulenz/Leitfähigkeit als hellere oder dunklere Stellen auf dem Anzeigegerät.

Die Antenne kann nach oben und unten jeweils geneigt werden. Dadurch kann das Gerät in beschränktem Umfang auch Aufgaben eines Navigationsgerätes erfüllen, also z. B. Küstenstriche, Inseln, große Flüsse, Seen usw. ausmachen, was insbesondere dann sehr wertvoll ist, wenn es an anderen Navigationshilfsmitteln mangelt.

V. RETTUNGS- UND SICHERHEITSGERÄT (R + S)

Rettungs- und Sicherheitsgerät umfaßt die Systeme, Geräte und Ausrüstungsteile, die zur Erhaltung und Sicherung des Lebens und der Gesundheit der Luftfahrzeug-Besatzung/Passagiere während des Fluges dienen und ein sicheres Verlassen des Luftfahrzeuges in

R + S-Gerät

Rettungsanlagen Lfz
- Schleudersitze
- Kabinendachabwurfsystem
- Notschwimmer
- Crash-Sitze

persönliche Ausrüstung Lfz-Besatzung
- Helme
- Atemmasken
- Fliegerkombi
- Anti-g-Hose
- Kälteschutzanzug
- Schwimmwesten
- Überlebenswesten
- ABC-Ausstattung

Fallschirme
- Rettungsfallschirme
- Personenfallschirme
- Springerfallschirme
- Lastenschirme
- Ausziehschirme
- Bremsfallschirme
- Höhenzeitauslöser
- Zentralschlösser
- Kappentrennschlösser

Bodendienst- und Prüfgeräte
- Besatzungsausrüstung
- Notausstattung
- Fallschirme
- Anschnallgurte
- Sondergeräte

Sauerstoffanlage/Bord
- Anlage/flüssig
- Anlage/gasförmig
- Notversorgung/allgemein

Notausstattung
- Kampf-Lfz
- Prop.-Lfz
- Hubschrauber
- Hochgebirgs-/Wüsten-/Polarausrüstung
- abwerfbare Rettungsstation

Gurte
- Anschnallgurte
- Bauchgurte
- Schultergurte
- Sicherheitsgurte
- Gurtblockierung
- Verzurrmaterial

Sondergeräte
- SAR-Ausrüstung
- Rettungsgurte
- Rettungshose
- Rettungsnetz
- Rettungssätze
- Rettungswinden
- Rauchschutzmaske/-brille
- Höhenatmer

Notfällen gewährleisten sowie das Überleben, das Auffinden und Bergen der Luftfahrzeug-Besatzung/Passagiere und anderer Personen in Notfällen ermöglicht und sicherstellt.

1. Fallschirme

a) Einteilung der Fallschirme nach ihrem Verwendungssystem

(1) Personenfallschirme
(2) Lastenfallschirme
(3) Bremsschirme
(4) Stabilisierungsschirme
(5) Fallschirme zur Rückholung
    von Flugkörpern
    (Fallschirm-Bergungssysteme)

(1) Personenfallschirme

Personenfallschirme dienen zum Absprung von Personen aus Luftfahrzeugen; entweder zum Zweck der Rettung aus in Luftnot befindlichen Flugzeugen oder zu geplanten Absprüngen, wie z. B. zum Absetzen von Luftlandetruppen, Katastrophenhelfern oder Sportspringern. Demgemäß wird bei Personenfallschirmen unterschieden zwischen
– Rettungsfallschirmen
  und
– Sprungfallschirmen

(2) Lastenfallschirme

Unter den Begriff »Lastenfallschirme« fallen sowohl sehr kleine Fallschirme, an denen z. B. aus einer Leuchtpistole geschossene Munition langsam zur Erde schwebt, als auch die größten Fallschirme, mit denen Lasten

Abb. 10.75 Bremsschirme verkürzen die Landerollstrecke.

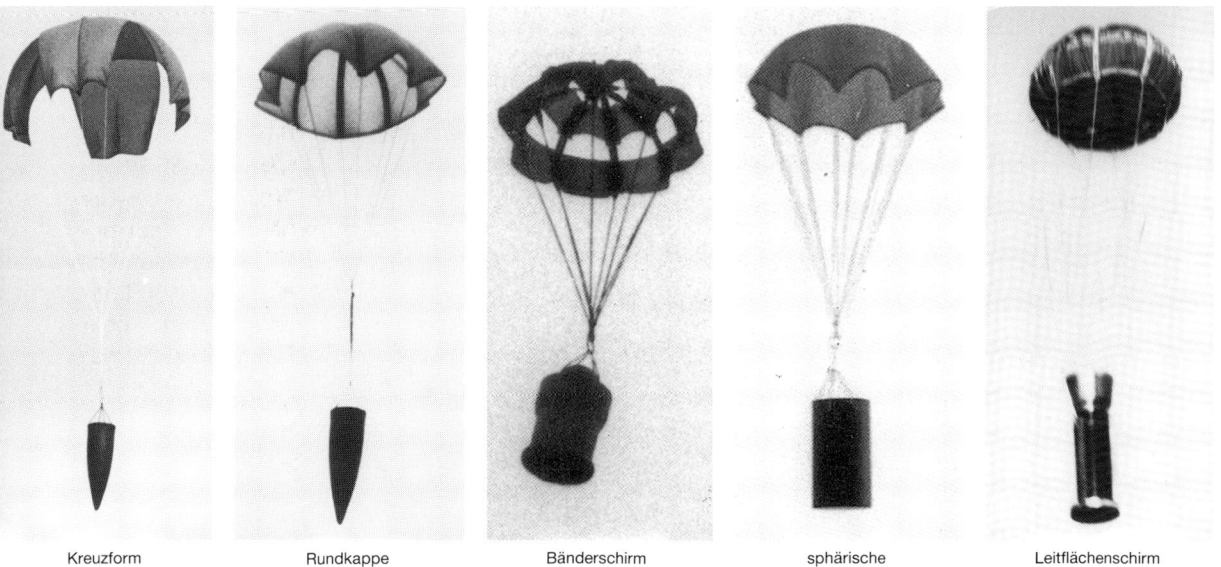

| Kreuzform | Rundkappe | Bänderschirm | sphärische Rundkappe | Leitflächenschirm |

Abb. 10.76 Verschiedene Fallschirmkappenformen.

von mehreren Tonnen Gewicht aus Flugzeugen abgesetzt werden, wie z. B. Traktoren, militärische Raupenfahrzeuge, Geschütze, Rettungsboote usw.

Die Lasten können entweder an nur einem oder an mehreren Fallschirmen (Traube) zugleich befestigt sein.

(3) Bremsschirme

Bremsschirme dienen zur Abbremsung der Geschwindigkeit und somit zur Verkürzung der Ausrollstrecke landender Flugzeuge. Sie kommen sowohl in militärischen als auch in zivilen Flugzeugen (z. B. Caravelle) zur Anwendung.

(4) Stabilisierungsschirme

Stabilisierungsschirme dienen zur Stabilisierung von Flugkörpern und Bomben. Desgleichen werden sie in Schleudersitz-Rettungssystemen zur Ausrichtung und Abbremsung des Sitzes sowie zur Stabilisierung eingesetzt.

(5) Fallschirme zur Rückholung von Flugkörpern (Fallschirm-Bergungssysteme)

Besonders in rückführbare Flugkörper werden Fallschirmsysteme eingebaut, die nach einer bestimmten Flugdauer oder in einer bestimmten Flughöhe ausgelöst wer-

den und dann die Flugkörper unbeschadet zu Boden bringen, damit sie weiteren Untersuchungen zugänglich sind. Diese Flugkörper können auch mit Meßinstrumenten und Daten-Speichergeräten ausgerüstet werden, die Auskunft über die meteorologischen Bedingungen in der von dem Flugkörper erreichten Flughöhe geben. In die Kategorie Fallschirm-Bergungssysteme fallen auch die großen Fallschirmtrauben, die Raumkapseln nach ihrem Flug in den Weltraum sicher zur Erde zurückbringen.

b) Einteilung der Fallschirme nach Art ihrer Auslösung

Unter der Auslösung eines Fallschirms wird die Methode verstanden, durch die nach Absprung einer Person bzw. nach Absetzen einer Last die Packhülle des Fallschirms geöffnet und Schirmkappe und Fangleinen in die zur Entfaltung erforderliche Strecklage gebracht werden.

Bei der Auslösung von Fallschirmen sind drei grundsätzliche Methoden zu unterscheiden:

(1) Handauslösung
(2) Auslösung durch Aufziehleine
(3) Kombinierte Aufziehleinen-Handauslösung

257

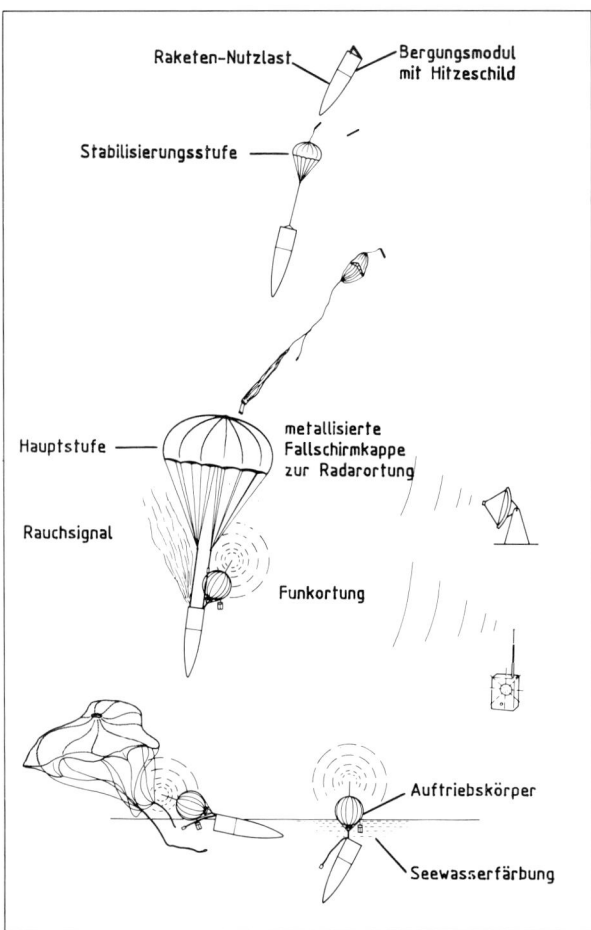

Abb. 10.77 Bergungsablauf des Fallschirmbergungssystems für die 1. Stufe der Europäischen Trägerrakete »Ariane«.

(1) Handauslösung

Die Methode der Handauslösung wird lediglich bei Personenfallschirmen angewandt. Der Auslösemechanismus des Fallschirms wird hierbei durch Ziehen eines Handgriffes durch den Abspringenden nach Verlassen des Luftfahrzeuges betätigt. Schirmkappe und Fangleinen des Fallschirms werden in diesem Fall durch einen federbelasteten Hilfsschirm in die zur Entfaltung erforderliche Strecklage gebracht. Im Augenblick des Absprungs besteht keinerlei Verbindung zwischen dem Abspringenden und dem Luftfahrzeug.

Die Handauslösung von Personen-Fallschirmen kann nach drei verschiedenen Möglichkeiten erfolgen:

(a) Direkte Handauslösung

Hierbei wird der Verschluß der Fallschirm-packhülle durch die Betätigung des Abzug-kabels direkt geöffnet.

(b) Indirekte Handauslösung in Verbindung mit einem Zeitwerk

Hierbei wird durch Seilzug ein Zeitwerk ausgelöst, das nach seinem Ablauf den Verschluß der Packhülle durch eine im Zeitwerk eingebaute Kraftquelle – normalerweise Druckfeder – öffnet.

Die Zwischenschaltung eines Zeitwerkes in die Handauslösung von Fallschirmen bezweckt eine Reduzierung der Geschwindigkeit des Abspringenden bis zur Öffnung des Fallschirms, die insbesondere bei hohen Fluggeschwindigkeiten von Bedeutung ist. Durch die Zeitverzögerung soll vermieden werden, daß der Fallschirm bei hohen Geschwindigkeiten oberhalb seiner Bruchgrenze entfaltet wird, bzw. daß der Abspringende

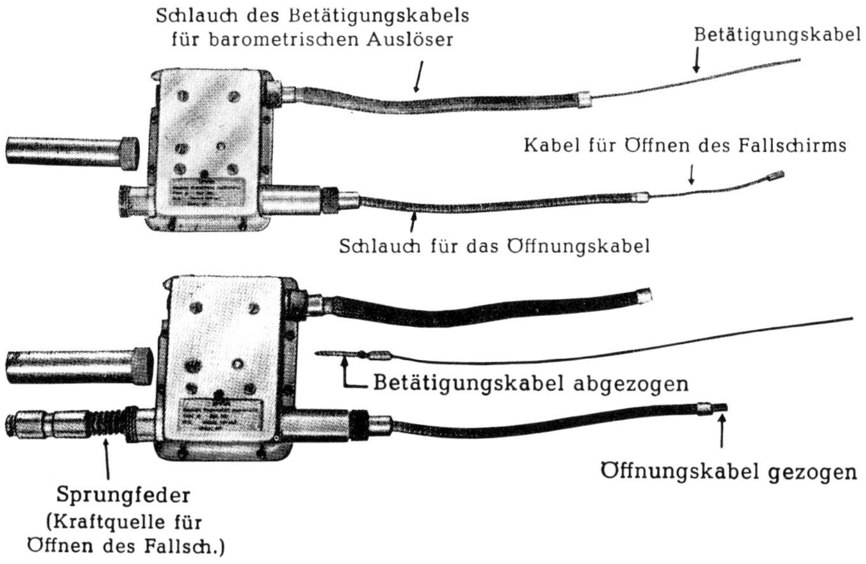

Abb. 10.78
Indirekte
Handauslösung
über
barometrisches
Zeitwerk.

Schlauch des Betätigungskabels
für barometrischen Auslöser

Betätigungskabel

Kabel für Öffnen des Fallschirms

Schlauch für das Öffnungskabel

Betätigungskabel abgezogen

Öffnungskabel gezogen

Sprungfeder
(Kraftquelle für
Öffnen des Fallsch.)

durch einen zu großen Entfaltungsstoß Schaden erleidet.

c) Indirekte Handauslösung in Verbindung mit einem barometrischen Zeitwerk

Hierbei wird durch Betätigung des Abzugkabels ein Zeitwerk ausgelöst, dessen Ablauf oberhalb einer vorbestimmten Höhe durch eine eingebaute Aneroiddose blockiert wird. Nach freiem Fall des Abspringenden bis zur vorbestimmten Auslösehöhe wird der Ablauf des Zeitwerkes freigegeben.

Nach Ablauf des Zeitwerkes wird der Packhüllenverschluß des Fallschirms durch eine Kraftquelle geöffnet. Unterhalb der voreingestellten Höhe beginnt das Zeitwerk sofort abzulaufen.

Bei Fallschirmen mit indirekter, über Zeitwerke wirkender Handauslösung ist im allgemeinen ein zweites, direkt auf den Verschluß der Packhülle wirkendes Abzugkabel vorgesehen.

Der Einbau barometrischer Blockierungsvorrichtungen in die Handauslösung hat den Zweck, den aus größen Höhen Abspringenden im freien Fall schnell aus den Zonen mit Sauerstoffmangel und extremer Kälteeinwirkung in erträglichere atmosphärische Verhältnisse zu bringen.

(2) Auslösung durch Aufziehleinen

Die Aufziehleine ist eine Zugleine, die einerseits am Verschluß der Fallschirmpackhülle und andererseits am Luftfahrzeug befestigt ist.

Beim Absprung einer Person bzw. beim Absetzen einer Last aus dem Luftfahrzeug wird diese Leine gestreckt und bewirkt die Öffnung des Fallschirms. Die Länge der Aufziehleine ist so bemessen, daß die aus der Packhülle herausgezogene Schirmkappe nicht an hervorstehenden Teilen des Luftfahrzeuges hängenbleiben kann.

(a) Aufziehleinenauslösung in Verbindung mit einem Zeitwerk

Diese Auslöseart wird fast ausschließlich für Lastenfallschirme eingesetzt.

Abb. 10.79 Sitzfallschirm mit Aufziehleine.

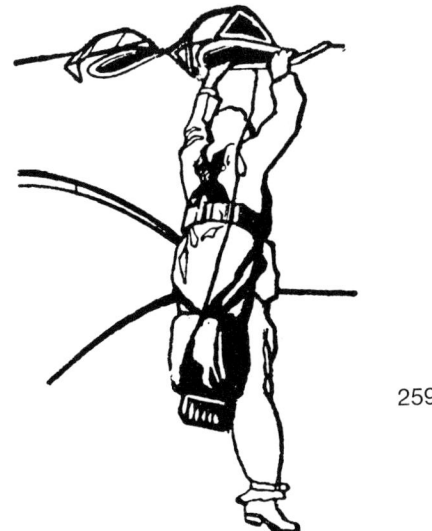

259

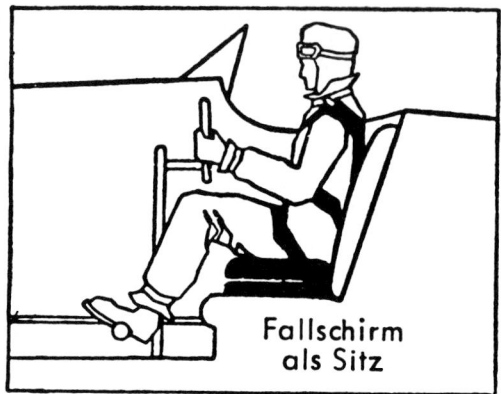
Fallschirm
als Sitz

Fallschirm
im Rücken

Abb. 10.80 Fallschirme als Sitz- oder Rückenkissen.

(b) Aufziehleinenauslösung

in Verbindung mit einem barometrisch gesteuerten Zeitwerk

Diese Auslöseart kommt bei Rettungsfallschirmen für in großen Höhen operierende Flugzeugbesatzungen sowie in Fallschirmen vor, die in Verbindung mit nicht vollautomatischen Schleudersitzen verwendet werden. Im letzten Fall wird das barometrisch gesteuerte Zeitwerk nicht manuell ausgelöst, sondern durch eine Aufziehleine, die am Schleudersitz befestigt ist und bei der Trennung des Piloten vom Sitz die Automatik in Gang setzt.

(3) Kombinierte Aufziehleinen-Handauslösung

Bei dieser Art der Fallschirmauslösung sind an der Fallschirmpackhülle zwei völlig voneinander getrennte Öffnungs-Mechanismen vorgesehen, die wahlweise betätigt werden können.

c) Einteilung von Personenfallschirmen nach ihrer Trageweise am Körper des Benutzers

(1) Sitzfallschirme
(2) Brustfallschirme
(3) Rückenfallschirme
(4) Doppelfallschirme

Um – insbesondere bei Rettungsfallschirmen für Flugzeugbesatzungen – deren Mitglieder möglichst wenig in der Ausübung ihrer Tätigkeit während des Fluges durch den Fallschirm zu behindern, wurden verschiedene Befestigungsarten des Fallschirmpaketes am Gurtzeug entwickelt.

(1) Sitzfallschirme

Das Fallschirmpaket hängt am Gesäß des Piloten oder Besatzungsmitgliedes und wird von ihm während des Fluges als Sitzkissen benutzt. Die Packhülle mit Fallschirm liegt in der Wanne des Sitzes.

Diese Bauart eignet sich besonders für Flugzeugführer und solche Besatzungsmitglieder, die ihren Sitz während des Fluges nicht verlassen.

(2) Brustfallschirme Schnellklink-Fallschirme

Bei dieser Bauart sind Fallschirme und Gurtzeug getrennte Bauteile. Der Mann trägt lediglich das Gurtzeug am Körper, während das Fallschirmpaket an einer für ihn leicht erreichbaren Stelle im Flugzeug untergebracht ist. Im Gefahrenfalle kann das Fallschirmpaket sofort in zwei in Brusthöhe des Gurtzeuges befindliche Karabinerhaken eingeklinkt werden.

Diese Fallschirme sind für Besatzungsmitglieder vorgesehen, die in Ausübung ihrer Tätigkeit im Flugzeug umhergehen müssen.

(3) Rückenfallschirme

Das Fallschirmpaket wird hierbei auf dem Rücken getragen. Als Rettungsfallschirm ist diese Bauart für alle Flugzeugbesatzungen, einschl. Flugzeugführer geeignet, wenn in den Sitzen Rückenwannen bzw. ausreichender Raum zur Aufnahme des Fallschirmpaketes vorgesehen sind. Als Sprungfallschirme werden fast ausschließlich Rückenschirme verwendet. In diesem Zusammenhang sollen die modernen steuerbaren Fallschirme sowie Gleitfallschirme nicht unerwähnt bleiben, die insbesondere bei Sportspringern Interesse gefunden haben.

(4) Doppelfallschirme

Doppelfallschirme bestehen zumeist aus einem Rücken- und einem Brustfallschirm an einem gemeinsamen Gurtzeug, wobei der Brustfallschirm entweder – wie der Rückenfallschirm – fest mit dem Gurtzeug verbunden, oder mittels Schnellklinkhaken als Reserveschirm anklinkbar ist. Beide Fallschirme können mit Handauslösung ausgerüstet sein, oder es wird der Rückenfallschirm durch Aufziehleine und der Brustfallschirm durch Handauslösung betätigt. Eine andere Ausführung stellt das »Huckepack«-System dar, bei dem der Reserveschirm oberhalb des Rückenschirmes angeordnet ist. Diese Fallschirmbauarten werden lediglich als Sprung- und Sprung-Übungsschirm verwendet.

d) Einteilung von Personenfallschirmen nach ihrer Gebrauchsgeschwindigkeit

Um eine über ihre nachgewiesene Baufestigkeit hinausgehende Beanspruchung und damit eine Bruchgefahr von Personenfallschirmen zu vermeiden, werden sie in Deutschland in Beanspruchungsgruppen unterteilt. Bei deutschen Fallschirmen ist die jeweils höchstzulässige Gebrauchsgeschwindigkeit außer in den Zulassungspapieren auf einem Etikett auf der Fallschirmpackhülle erkennbar.

Gebrauchsgeschwindigkeit eines Fallschirms ist die Geschwindigkeit, bei welcher der Fallschirm ohne Bruchgefahr ausgelöst werden kann, nicht die Geschwindigkeit des Luftfahrzeuges im Augenblick des Absprungs.

Abb. 10.81 Zentralverschlußgurtzeug, mit Schnellauslösezentralschloß.

Beanspruchungsgruppen

Gruppe	Höchstzulässige Gebrauchsgeschwindigkeit
I	325 km/h
II	400 km/h
III	550 km/h
IV	700 km/h

In den meisten Ländern wird eine Unterteilung der Fallschirme in höchstzulässige Gebrauchsgeschwindigkeiten nicht mehr durchgeführt, weil man sich z. B. auch mit einem für Segelflugzeuge vorgesehenen Fallschirm aus schnellfliegenden Maschinen retten kann, wenn man die Öffnung der Fallschirmkappe einige Sekunden verzögert, sei es durch Einschaltung eines Zeitwerkes oder durch Verzögerung der Bedienung des Abzugsgriffes.

e) Gurtzeug für Personenfallschirme

(1) Verschluß durch Schnellauslöse-Zentralschloß

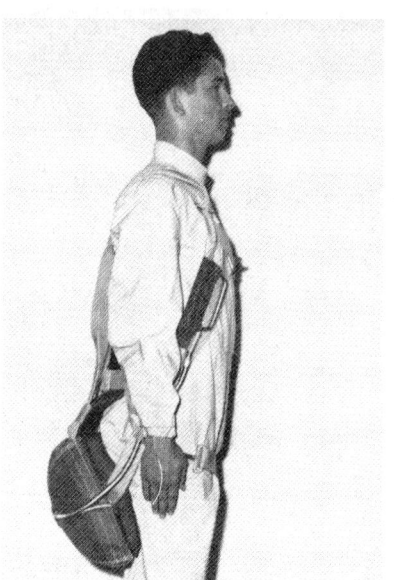

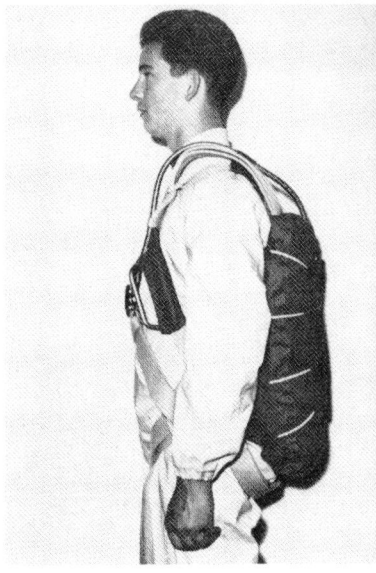

Kohnke-Sitz-Fallschirm
Typ 10-34/24 S

Kohnke-Schnellklink-
Brust-Fallschirm
Typ 10-34/24 SK

Kohnke-Rücken-
Fallschirm
Typ 10-34/24 RL ∞ III

Abb. 10.82 Trageweise von Fallschirmen am Mann.

Diese Verschlußart gewährleistet, daß das Gurtzeug durch einen Handgriff nach der Landung geöffnet und abgelegt werden kann. Hierdurch wird vermieden, daß der Abspringende nach der Landung durch Wind am Boden oder im Wasser geschleift und hierdurch verletzt wird. Bei einer Wasserlandung wird durch ein schnelles Ablegen des Gurtzeuges verhindert, daß der Mann durch den Fallschirm unter Wasser gezogen wird. Der Zentralverschluß kann auch leicht mit verletzten oder steifen Händen geöffnet werden.

(2) Verschluß durch Karabinerhaken

Bei dieser Art des Gurtverschlusses werden normalerweise drei Karabinerhaken verwendet, von denen einer den Brustgurt und die beiden anderen die Beingurte schließen.

(3) Verschluß durch Karabinerhaken

mit zusätzlichen Kappentrennschlössern

Um auch bei einem Gurtzeug mit Karabinerhaken-Verschluß eine schnellere Trennung von der Fallschirmkappe nach der Landung zu ermöglichen, sind in Schulterhöhe entweder auf einer Seite oder links und rechts am Haupttragegurt Kappen-Trennschlösser vorgesehen.

(4) Verschluß durch Klappzungen

Klappzungenverschlüsse werden bei gleicher Gurtführung anstelle von Karabinerhaken benutzt, um ein schnelleres Ablegen des Fallschirmes zu ermöglichen.

Die Verschlüsse haben einen Gegendruck-Tasten-Mechanismus. Zur Betätigung dieses

Abb. 10.83 Schematische Darstellung eines Personenfallschirms.

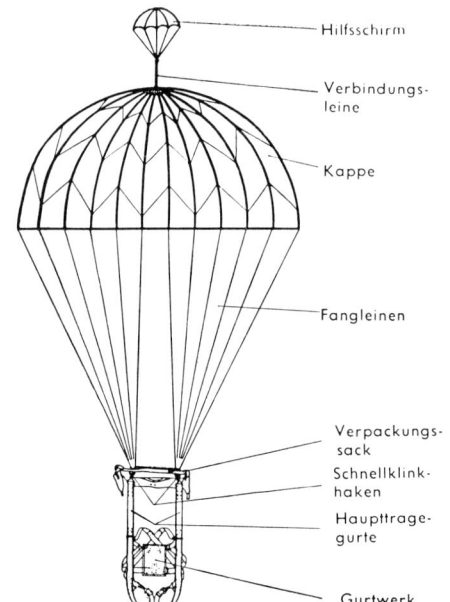

Hilfsschirm

Verbindungs-leine

Kappe

Fangleinen

Verpackungs-sack

Schnellklink-haken

Haupttrage-gurte

Gurtwerk

Mechanismus muß eine Taste mit dem Daumen, und die Gegentaste mit einem anderen Finger der Hand gedrückt werden, wonach sich der Verschluß mittels Federkraft öffnet. Die Verwendung von Klappzungenverschlüssen setzt daher in jedem Falle einen unverletzten Daumen voraus, andernfalls der Verschluß mit beiden Händen geöffnet werden muß.

(5) Verstellung des Gurtzeuges

Das Gurtzeug kann mittels Schiebeschnallen auf alle Körpergrößen eingestellt werden. Das Gurtzeug muß fest und stramm sitzen, damit beim Öffnungsstoß des Fallschirmes keine Verletzungen des Piloten eintreten können. Um dem Piloten das Tragen des Gurtzeuges während des Fluges möglichst angenehm zu machen und eine schnelle Anpassung an verschiedene Körpergrößen zu ermöglichen, werden moderne Gurtzeuge mit Schnellschiebern ausgerüstet. Während des Fluges kann der Pilot das Gurtzeug lockern, was insbesondere bei langen Flügen angenehm ist. Im Falle der Gefahr kann das Gurtzeug schnell wieder festgezogen werden.

f) Kostelezky-Bänderschirm

Der Kostelezky-Bänderschirm wird nicht wie normale Fallschirme aus Stoffbahnen, sondern aus 5 cm breiten Seidenbändern hergestellt.

Die Bänder der halbkugelförmigen Kappe sind so angeordnet, daß ein flachrhombisches Gitterwerk entsteht. Infolge dieser Anordnung nimmt die Luftdurchlässigkeit des Schirmes von der Basis bis zum Scheitel kontinuierlich ab und ist in der Nähe der Scheitelöffnung gleich null.

Hieraus ergeben sich für den Kostelezky-Schirm folgende Vorzüge:
1. Hohe Festigkeit im kritischen Bereich des oberen Drittels.
2. Einsatzfähig bei hohen Geschwindigkeiten.

Abb. 10.84 Gleitschirme (Paraglider) – in der Öffentlichkeit oft »Fliegende Matratzen« genannt – nahmen in den letzten Jahren eine sprunghafte technische Entwicklung. Hohe Gleitzahl, geringe Sinkgeschwindigkeit und hervorragende Steuerbarkeit/Sicherheit zeichnen diese besondere Art von Fluggerät aus, die im sportlichen und militärischen Bereich Verwendung findet. In der Abb. oben der prinzipielle Aufbau eines Gleitschirms von Flight Design, darunter der Beweis präziser Steuerbarkeit durch ein französisches Fallschirmspringer-Team.

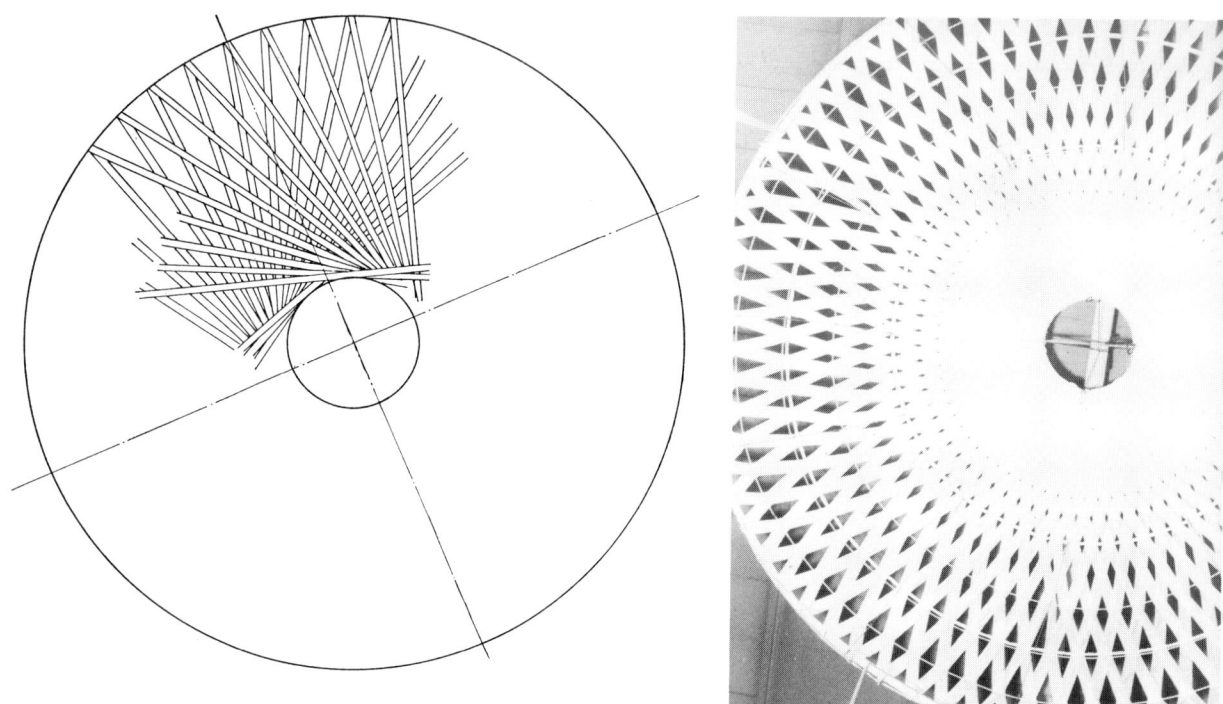

Abb. 10.85 Kappenbauweise eines Bänderfallschirms (Patent Kosteletzky) und die Bremsschirmkappe einer F-104G.

3. Keine kritische Geschwindigkeit.
4. Geringer Entfaltungsstoß.
5. Kein Pendeln in Bodennähe.
6. Sinkgeschwindigkeit 6,5 m/s bei 100 kg Last.

g) Automatische Fallschirmauslösung »Irvin«

Die Weiterentwicklung auf dem Gebiete des Hochgeschwindigkeits- und Höhenfluges bringen neue Probleme für einen besseren Schutz der fliegenden Besatzung durch Rettungsfallschirme mit sich.

Einerseits darf der Fallschirm nicht bei zu großer Geschwindigkeit geöffnet werden, weil dies zu starke Entfaltungsstöße hervorrufen würde. Andererseits darf eine Öffnung des Fallschirmes nicht in zu großen Höhen erfolgen, da der Abspringende sonst zu lange den sauerstoffarmen und kalten Umgebungsbedingungen ausgesetzt wäre. IRVIN hat eine barometrische Fallschirmauslösung entwickelt, mit der beide Probleme, nämlich das der Rettung bei hohen Geschwindigkeiten und aus großen Höhen, gelöst werden.

Hierdurch wird dem Abspringenden im Gefahrenfalle die Möglichkeit gegeben, den Zeitpunkt seines Absprungs unabhängig von den verschiedenen sonst zu berücksichtigenden Faktoren zu bestimmen.

Sollte er z. B. aus großer Höhe abspringen müssen, so tritt die automatische Auslösung solange nicht in Funktion, bis er frei und daher schnell in die vorher eingestellte sichere Höhenzone durchgefallen ist, in der sich dann sein Fallschirm automatisch öffnet.

In der automatischen Irvin-Fallschirmauslösung ist ferner ein direkter manueller Abzug eingebaut, der es dem Abspringenden gestattet, notfalls vor der automatischen Auslösung seinen Fallschirm zu öffnen.

Eine Druckfeder mit einer Kraft von ca. 30 kg dient als Kraftquelle, um das Verzögerungszeitwerk in Gang zu setzen und den Fallschirm zu öffnen.

Eine Aneroid-Dose, die auf atmosphärischen Druck anspricht, löst das Zeitwerksystem in der eingestellten Höhe aus.

Wenn der Abspringende das Flugzeug in einer großen Höhe verlassen hat und vom

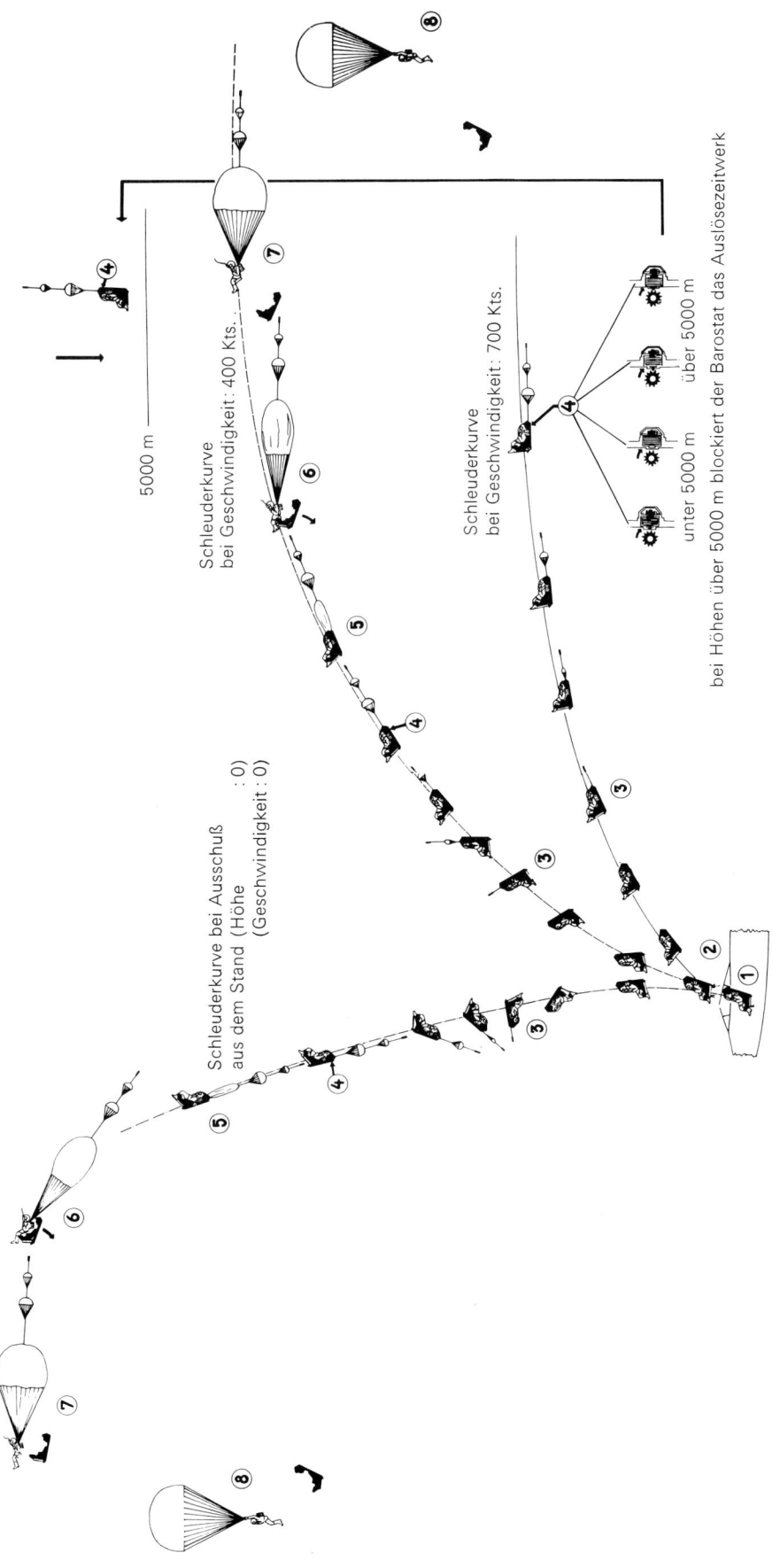

Abb. 10.86 Abschußkurven und Funktionsphasen des MB-Schleudersitzes.

Schleuderkurve bei Geschwindigkeit: 400 Kts.

5000 m

Schleuderkurve bei Geschwindigkeit: 700 Kts.

bei Höhen über 5000 m blockiert der Barostat das Auslösezeitwerk

Schleuderkurve bei Ausschuß aus dem Stand (Höhe : 0) (Geschwindigkeit : 0)

über 5000 m

unter 5000 m   über 5000 m

① Schubdauer der dreiteiligen Teleskop-Schleuder-Kanone (Anziehen und Fixierung der Beine)

② Brenndauer der Raketenpackung

③ Auslösung der Steuerschirmkanone

④ Arbeitsweise der Barostaten

⑤ Freigabe des Steuerschirmsystems und Beginn der Entfaltung des Rettungsschirms in ausgerichteter Lage des Sitzes: 1,50 sec.

⑥ Teilfüllung des Rettungsschirmes. Einleitung der Sitz-Mann-Trennung. Mann wird durch den Rettungsfallschirm aus dem Sitz herausgezogen.

⑦ Positive Sitz-Mann-Trennung: Zunehmende Geschwindigkeitsdifferenz zwischen Mann-Fallschirm und Sitz. Abbremsung des Mannes auf Sinkgeschwindigkeit des Rettungsfallschirmes. Sitz fällt frei weg.

⑧ Rettungsfallschirm voll gefüllt. Dimensionen nicht maßstabgerecht gezeichnet.

Flugzeug freigekommen ist, zieht er das Abzugskabel der barometrischen Auslösung. Er fällt daraufhin auf die eingestellte Höhe, normalerweise 5000 m, frei durch und verliert gleichzeitig an Eigengeschwindigkeit. Die Aneroid-Dose löst das Zeitwerk aus, und ca. 2 Sekunden später öffnet sich der Fallschirm automatisch.

Wird das Flugzeug unterhalb der barometrischen Auslösehöhe verlassen, öffnet sich der Fallschirm 2 Sekunden nach Betätigung, ohne daß das Zeitwerk durch die Aneroiddose blockiert wird. Für sehr geringe Höhen ist eine separate manuelle Direktauslösung ohne Öffnungsverzögerung vorgesehen.

2. Schleudersitze

Nachdem die nicht- oder halbautomatischen Schleudersitze mittlerweile ganz der Vergangenheit angehören, können die Ausführungen in diesem Abschnitt auf die vollautomatischen Schleudersitze konzentriert werden. Bei diesem Rettungssystem laufen alle Vorgänge vom Zeitpunkt der Auslösung bis zur Öffnung des Fallschirmes automatisch ab. Der Pilot braucht lediglich nur noch einen Handgriff zu tun, um den Rettungsvorgang einzuleiten, nämlich den Abzugsgriff zu betätigen.

a) Einteilung
Die heutzutage allgemein verwendeten Schleudersitze lassen sich in zwei Grundtypen unterteilen:
– Ballistische Schleudersitze, die mit einem oder mehreren Treibsätzen betrieben werden.
– Raketenunterstützte Schleudersitze, die, wie der Name sagt, zusätzlich zu den Treibsätzen mit einer Raketenpackung ausgerüstet sind und dem Sitz somit einen zusätzlichen Impuls geben, um eine noch größere Ausschußhöhe zu erreichen. Diese Anordnung der Schubmittel ist insbesondere zur Erreichung einer Rettungsmöglichkeit aus dem Stand, also ohne Vorwärtsbewegung des Flugzeuges am Boden, und unter Flugbedingungen mit hohen Sinkgeschwindigkeiten in Bodenhöhe erforderlich. Ein derartiger Flugzustand kann bei modernen Düsenkampf-

flugzeugen und natürlich in erster Linie auch bei Senkrechtstartern auftreten, wenn aufgrund eines plötzlich auftretenden Triebwerkschadens nicht mehr der volle Schub zur Verfügung steht.

b) Funktionsablauf
Die Funktionsfolge eines raketenunterstützten Schleudersitzes während des Rettungsvorganges von der Auslösung bis zur Landung sei anhand des Martin-Baker-Rettungssystems erklärt, das neben den Flugwaffen vieler Nationen auch bei den deutschen Luftstreitkräften eingeführt ist.

(1) Der Sitz wird vom Piloten durch Ziehen eines der beiden vorhandenen Abzugsgriffe ausgelöst. Der oberhalb des Kopfes befindliche Abzugsgriff ist zusätzlich mit einem Gesichtsschutz versehen, der den Kopf in der aufrechten und für den Ausschuß günstigen Lage fixiert und dem Gesicht bei hohen Ausschußgeschwindigkeiten einen wirksamen Schutz gegen die großen Luftkräfte bietet. Durch die beim Ziehen des Abzugsgriffes bedingte Haltung der Arme werden diese in der hierbei eingenommenen Position ebenfalls fixiert und gegen ein seitliches Wegfliegen aufgrund des Staudruckes gesichert.

(2) Unmittelbar nach der Auslösung des Sitzes wird der Oberkörper des Piloten automatisch ganz an die Rückenlehne zu-

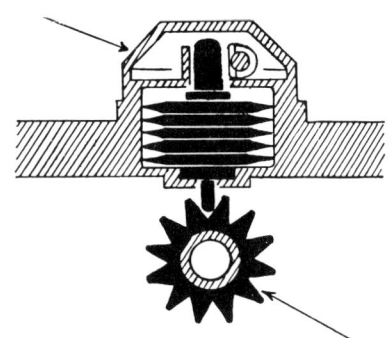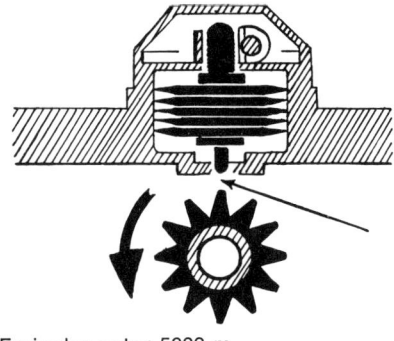

Abb. 10.87 Ablauf des Hauptzeitwerkes durch barometrische Dose.

Blockierung oberhalb von 5000 m   Freigabe unter 5000 m

rückgezogen und in dieser aufrechten Position während des gesamten Ausschußvorganges gehalten.

(3) Auch die Beine werden bei der Aufwärtsbewegung des Sitzes durch sogenannte Beinrückholgurte an die Sitzwanne herangezogen und dort arretiert, damit sie nicht im Luftstrom auseinandergedrückt und verletzt werden können.

(4) Abhängig von der Stärke des Kabinenglases und der Konstruktion des Daches erfolgt der Schleudersitzausschuß entweder durch das Kabinendach hindurch oder im Anschluß an das automatische Absprengen des Kabinendaches. Zum Zwecke des Durchstoßens des Kabinenglases ist der Schleudersitz oben mit speziellen Kabinendachbrechern ausgestattet, die das Plexiglas beim Auftreffen zerstören und somit Kopf und Schultern des Piloten schützen.

Die dem Sitz die erste Energie verleihende Schleudersitzkanone besteht aus drei Teleskoprohren; diese werden durch drei hintereinander gezündete Treibsätze auseinandergefahren. Die Zusatzraketenpackung wird gezündet, wenn der Sitz etwa die Höhe des Kabinendaches erreicht hat.

3/4 Sekunde nach dem Ausschuß werden die Brems- und Stabilisierungsschirme mittels einer kleinen Steuerschirmkanone herausgeschleudert. Die beiden hochfesten Schirme reduzieren die Geschwindigkeit des Sitzes sehr schnell und richten ihn in einer Linie aus, so daß bei der Entfaltung des Rettungsschirmes keine Verwicklungsgefahr mit dem Sitz entsteht. Diese Vorgänge laufen in Bruchteilen von Sekunden ab, ohne daß sie vom Abspringenden im einzelnen wahrgenommen werden.

Schießt sich der Pilot oberhalb einer Höhe von 5000 m heraus, auf die der im Steuerzeitwerk eingebaute barometrische Auslöser eingestellt ist, so fällt er stabilisiert und auf seinem Sitz festgeschnallt bis auf diese Höhe schnell durch. Die am Sitz angebrachte Notsauerstoffanlage versorgt ihn während dieser Zeit in der dünnen Atmosphäre mit dem notwendigen Sauerstoff. Durch den barometrischen Auslöser wird das Steuerzeitwerk bei Erreichen der vorgegebenen Höhe von 5000 m freigegeben und läuft über eine Zeitspanne von 2,25 Sekunden ab. Hiernach löst er die Anschnallgurte, die Beinfesselung und den Abzugsgriff mit Gesichtsschutz; der Abspringende wird also vom Sitz freigegeben. Die Steuerschirme werden vom Sitz abgeklinkt. Durch eine Leine sind sie mit dem eigentlichen Rettungsschirm verbunden, der durch die Zugkraft der von der Befestigung am Sitz gelösten Steuerschirme geöffnet wird und den Abspringenden aus dem Sitz heraushebt. Hiernach fällt der Sitz frei nach unten weg.

Löst der Pilot den Sitz unterhalb einer Höhe von 5000 m aus, so tritt der barometrische Auslöser gar nicht erst in Funktion, und das Steuerzeitwerk kann nach dem Ablauf von 2,25 Sekunden, vom Ausschuß an gerechnet, sämtliche Verbindungen des Abspringenden zum Sitz trennen. Der Rettungsfallschirm wird dann sofort geöffnet.

Erfolgt der Ausschuß über Wasser, kann der Abspringende mit einem Handgriff sein Schlauchboot auslösen, das sich sofort automatisch aufbläst. Die Überlebensausrü-

267

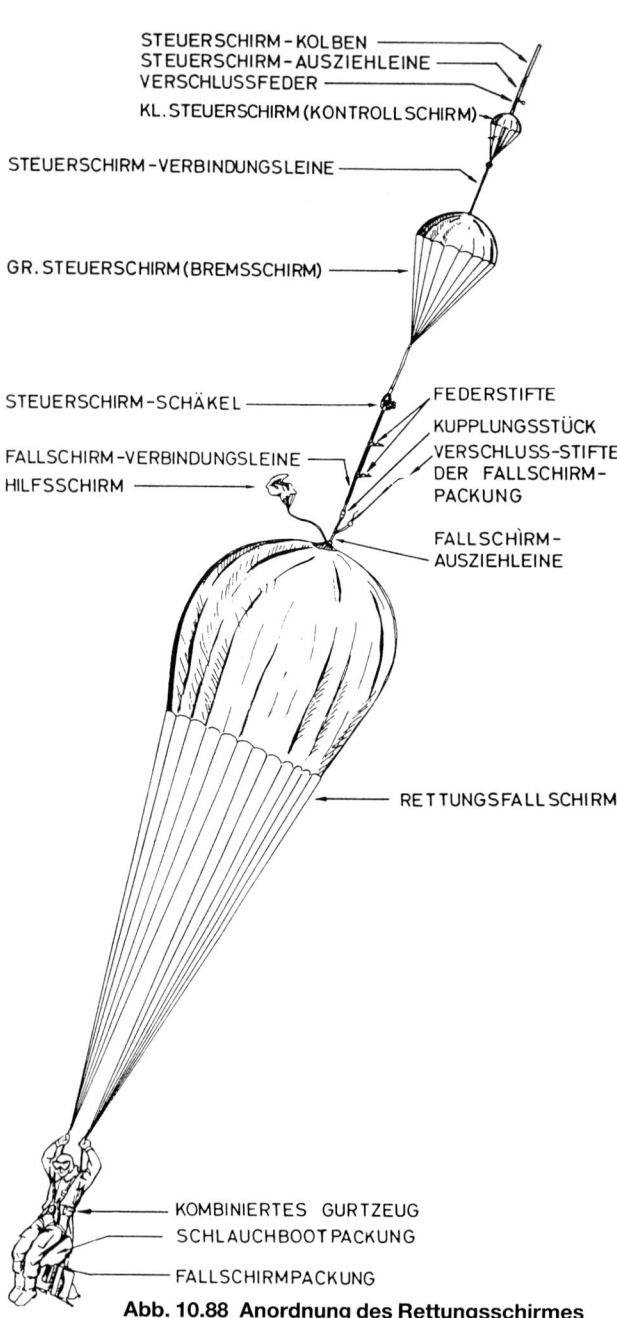

STEUERSCHIRM-KOLBEN
STEUERSCHIRM-AUSZIEHLEINE
VERSCHLUSSFEDER
KL.STEUERSCHIRM (KONTROLLSCHIRM)

STEUERSCHIRM-VERBINDUNGSLEINE

GR.STEUERSCHIRM (BREMSSCHIRM)

STEUERSCHIRM-SCHÄKEL

FALLSCHIRM-VERBINDUNGSLEINE
HILFSSCHIRM

FEDERSTIFTE
KUPPLUNGSSTÜCK
VERSCHLUSS-STIFTE
DER FALLSCHIRM-
PACKUNG

FALLSCHIRM-
AUSZIEHLEINE

RETTUNGSFALLSCHIRM

KOMBINIERTES GURTZEUG
SCHLAUCHBOOTPACKUNG
FALLSCHIRMPACKUNG

Abb. 10.88 Anordnung des Rettungsschirmes mit Hilfsschirm, Steuerschirmsystem, kombiniertem Gurtzeug und Schlauchboot-/Rettungspackung.

stung ist in einem Behälter verstaut und am Schlauchboot gefesselt. Auch die Schwimmweste betätigt der Pilot mit einem Handgriff, bevor er in das Wasser eintaucht. Nachdem seine Beine das Wasser berührt haben, legt er seinen Fallschirm mittels Schnellauslöse-Zentralschloß ab und kann daraufhin beginnen, in sein Schlauchboot zu klettern.

c) Martin-Baker-Schleudersitz GQ-7

Abb. 10.90/10.91 zeigt einen vollautomatischen Martin-Baker-Schleudersitz mit Raketenunterstützung der MK-7-Serie, wie er jetzt bei der deutschen Luftwaffe in modernen Düsenkampfflugzeugen verwendet wird. Diese Sitze wurden auf Raketenschlittenbahnen bis zur Schallgeschwindigkeit erprobt und bieten auch aus am Boden stehenden Flugzeugen dem Piloten eine sichere Rettungsmöglichkeit. Darüberhinaus besitzt dieser Sitztyp bei Start und Landung, wo bei Triebwerksausfall hohe Sinkgeschwindigkeiten auftreten können, ausreichende Leistungsreserven, um bei einem Ausschuß unter diesen Bedingungen den Rettungsschirm noch rechtzeitig zur Entfaltung zu bringen.

Dies ist im Hinblick auf die bei Start und Landung auftretenden Zwischenfälle, die einen hohen Prozentsatz der Luftnotfälle ausmachen, von außerordentlicher Bedeutung.

d) Funktionsphasen

Die bei einem Schleudersitzausschuß auftretenden Funktionsphasen sind aus Abb. 10.86 ersichtlich.

e) Rettungsschirm

In Martin-Baker-Schleudersitzen standardmäßig verwendet wird der 24-bahnige Rettungsfallschirm vom Typ IRVIN I. 24.

Dieser Fallschirm muß den großen Geschwindigkeitsbereich, innerhalb dessen der Schleudersitz benutzt wird, abdecken. In Situationen ohne oder nur geringer Vorwärtsgeschwindigkeit muß er sich naturgemäß schnell und bei hohen Entfaltungsgeschwindigkeiten entsprechend langsam öffnen, um einerseits eine Überbelastung der Fallschirmkappe und zum anderen eine Verletzungsgefahr des Abspringenden durch einen zu großen Entfaltungsstoß zu verhindern.

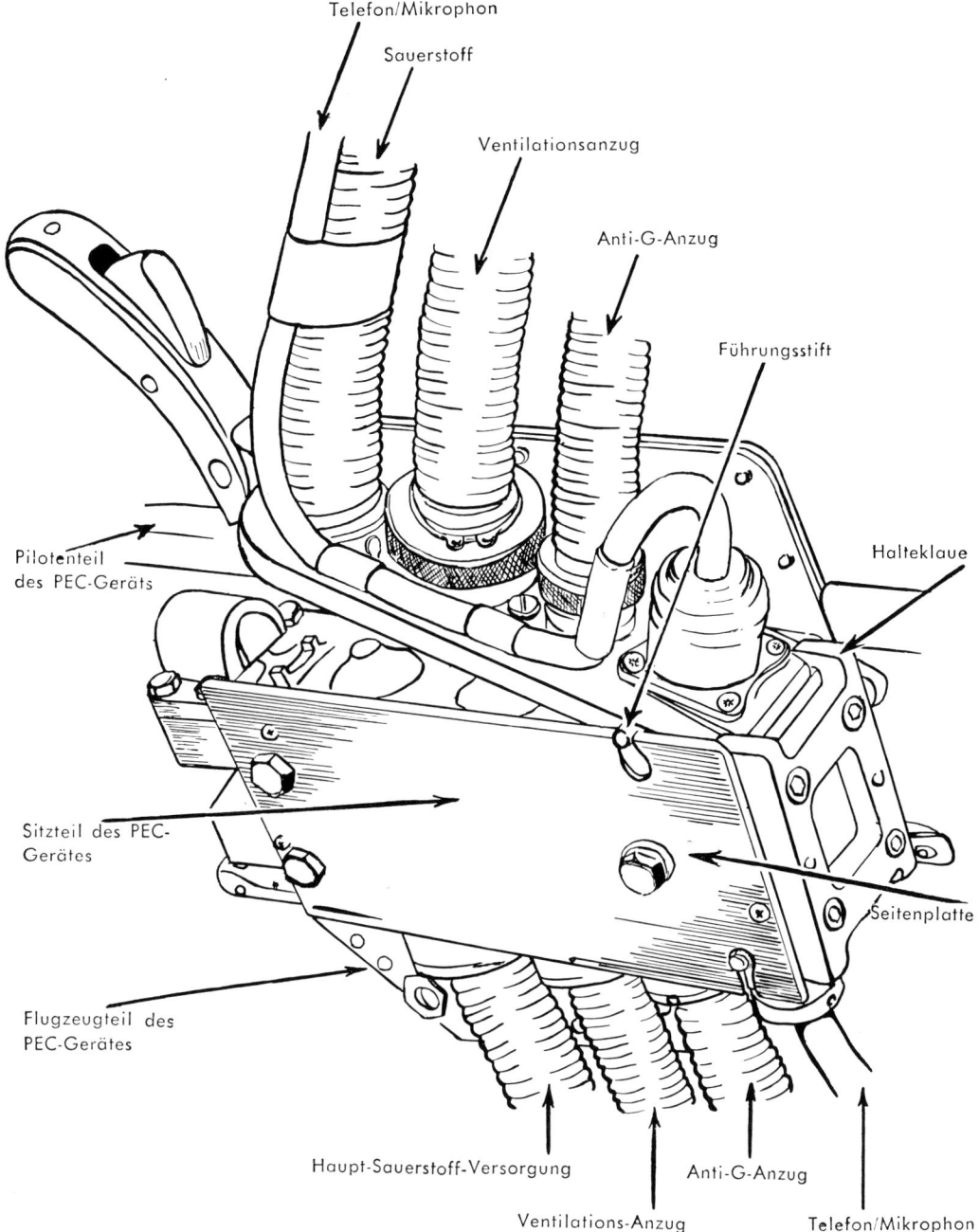

Telefon/Mikrophon

Sauerstoff

Ventilationsanzug

Anti-G-Anzug

Führungsstift

Haupt-Sauerstoff-Versorgung

Anti-G-Anzug

Ventilations-Anzug

Telefon/Mikrophon

Pilotenteil des PEC-Geräts

Sitzteil des PEC-Gerätes

Flugzeugteil des PEC-Gerätes

Halteklaue

Seitenplatte

Abb. 10.89 PEC-Gerät (Personal Equipment Connector).

f) PEC-Gerät

Eine weitere Einrichtung am Martin-Baker-Schleudersitz, das sogenannte PEC-Gerät (Personal Equipment Connector), ist in Abb. 10.89 gezeigt. Es handelt sich hierbei um ein an der Sitzwanne angebrachtes Gerät, an dem sämtliche Versorgungsleitungen für den Piloten zentral angeschlossen sind. Neben der Hauptsauerstoff- und Notsauerstoffversorgung, die nach dem Ausschuß au-

269

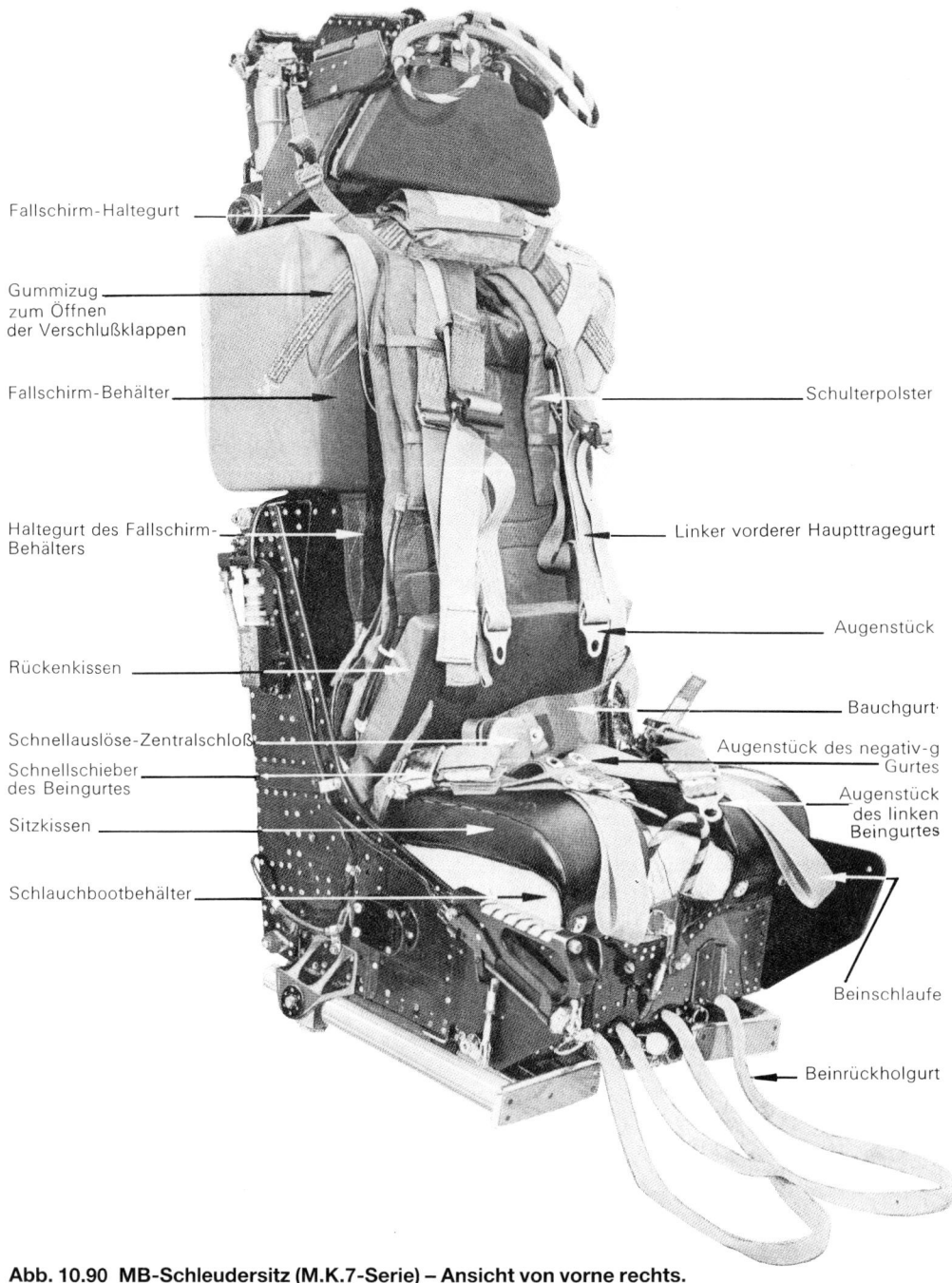

Fallschirm-Haltegurt

Gummizug zum Öffnen der Verschlußklappen

Fallschirm-Behälter

Schulterpolster

Haltegurt des Fallschirm-Behälters

Linker vorderer Haupttragegurt

Augenstück

Rückenkissen

Bauchgurt

Schnellauslöse-Zentralschloß

Augenstück des negativ-g Gurtes

Schnellschieber des Beingurtes

Augenstück des linken Beingurtes

Sitzkissen

Schlauchbootbehälter

Beinschlaufe

Beinrückholgurt

Abb. 10.90 MB-Schleudersitz (M.K.7-Serie) – Ansicht von vorne rechts.

tomatisch eingeschaltet wird, laufen auch die Anschlüsse für den Druckanzug für Höhenflüge, den Anti-G-Anzug zum Schutz gegen hohe Beschleunigungskräfte, den Ventilationsanzug, der in Verbindung mit dem Druckanzug dem Piloten Kühlluft zuführt, und die Funksprechanlage durch das PEC-Gerät. Bei der Trennung des Abspringenden vom Sitz nach dem Ausschuß werden auch die Versorgungsleitungen automatisch und

270

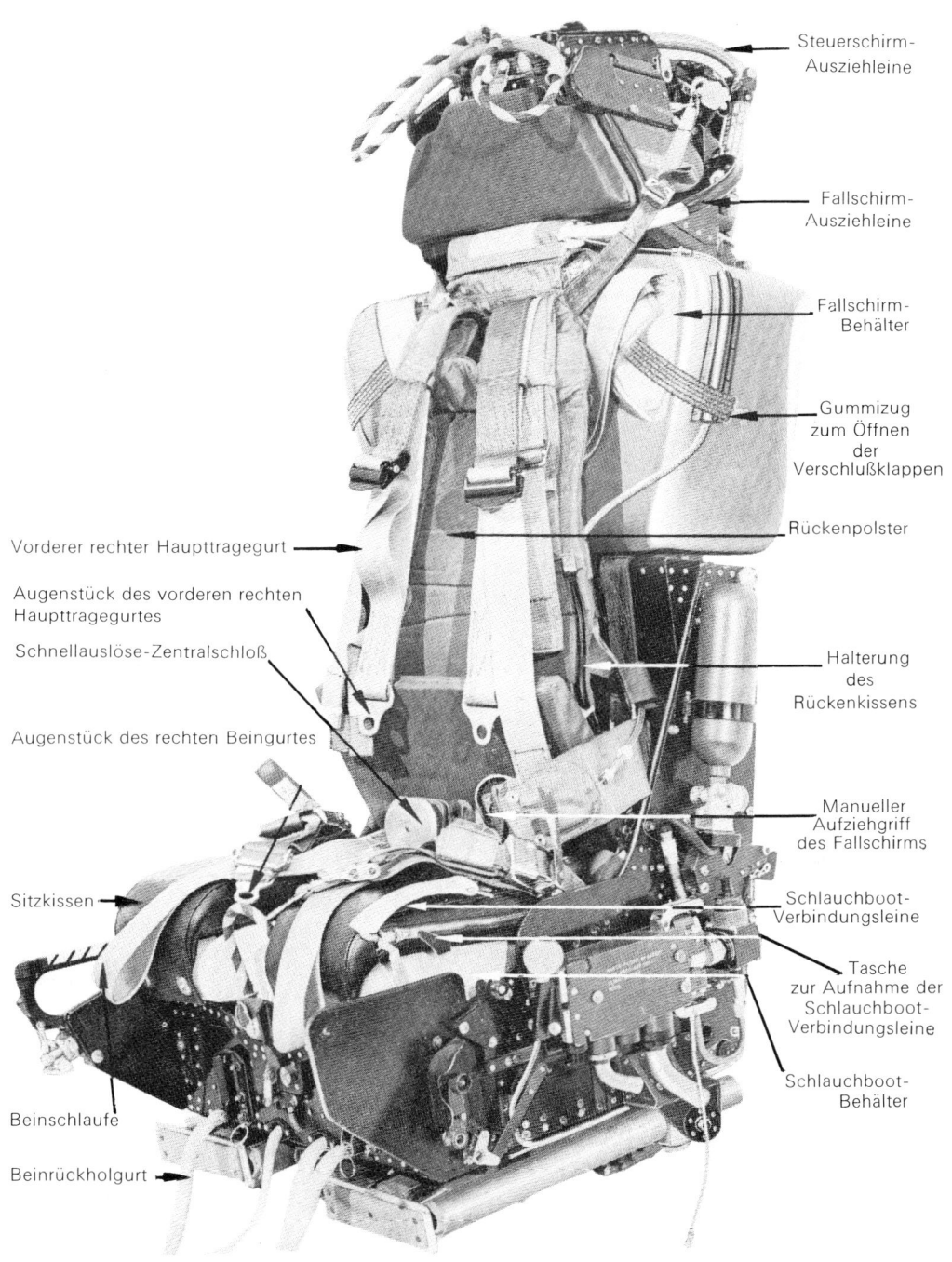

Steuerschirm-
Ausziehleine

Fallschirm-
Ausziehleine

Fallschirm-
Behälter

Gummizug
zum Öffnen
der
Verschlußklappen

Rückenpolster

Vorderer rechter Haupttragegurt

Augenstück des vorderen rechten
Haupttragegurtes

Schnellauslöse-Zentralschloß

Augenstück des rechten Beingurtes

Halterung
des
Rückenkissens

Manueller
Aufziehgriff
des Fallschirms

Sitzkissen

Schlauchboot-
Verbindungsleine

Tasche
zur Aufnahme der
Schlauchboot-
Verbindungsleine

Beinschlaufe

Schlauchboot-
Behälter

Beinrückholgurt

Abb. 10.91 MB-Schleudersitz (M.K.7-Serie) – Ansicht von vorne links.

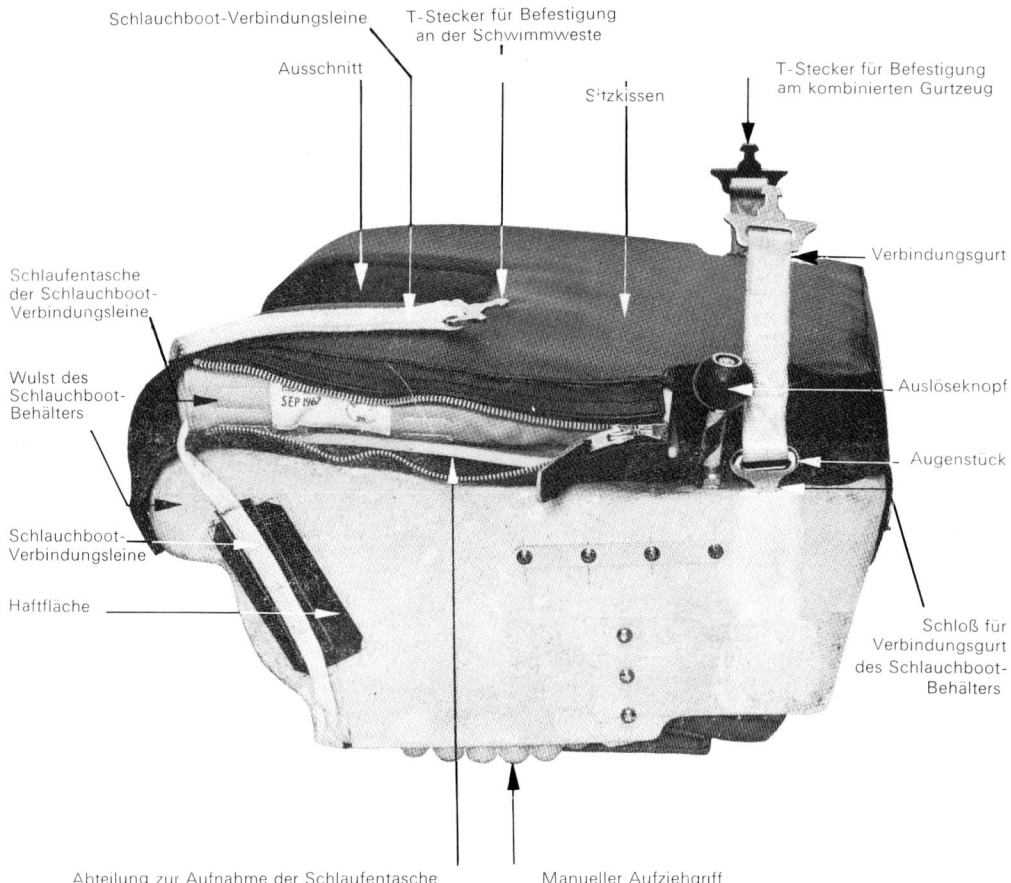

Schlauchboot-Verbindungsleine

T-Stecker für Befestigung
an der Schwimmweste

Ausschnitt

Sitzkissen

T-Stecker für Befestigung
am kombinierten Gurtzeug

Schlaufentasche
der Schlauchboot-
Verbindungsleine

Wulst des
Schlauchboot-
Behälters

SEP 196?

Verbindungsgurt

Auslöseknopf

Augenstück

Schlauchboot-
Verbindungsleine

Haftfläche

Schloß für
Verbindungsgurt
des Schlauchboot-
Behälters

Abteilung zur Aufnahme der Schlaufentasche

Manueller Aufziehgriff

**Abb. 10.92 Notausrüstungsbehälter
für Martin-Baker(MB-)Schleudersitze.**

zentral vom Sitz gelöst. Bei einem Absprung aus großen Höhen erfolgt diese Trennung, wie zuvor erwähnt, in 5000 m. Unter dieser Höhe ist eine Versorgung des Abspringenden mit Sauerstoff nicht mehr erforderlich.

g) Notausrüstungsbehälter
Die in einigen Fällen nach der Landung lebensnotwendige Notausrüstung mit Schlauchboot, Notration, Verbandszeug, Signalraketen, Notfunkgerät usw. wird in einem Behälter, der als Sitzfläche dient und mit einem dünnen Kissen abgepolstert ist, im Schleudersitz mitgeführt.

3. Rettungsgeräte für Überwasserflug

a) Schwimmwesten
Die in der Militär- und Zivilfliegerei verwendeten Schwimmwesten werden automatisch durch eine kleine Gasflasche aufgeblasen, die vom Abspringenden betätigt werden muß. Es werden ein- und mehrzellige Schwimmwesten verwendet, die neben der automatischen Füllung mittels Gasflasche

auch durch den Mund aufgeblasen werden können, falls die Gasflasche versagt oder beim längeren Schwimmen im Wasser die Luftfüllung nachgelassen hat. Die technischen Forderungen bei einer guten Schwimmweste bestehen darin, daß das Gesicht selbst eines bewußtlosen Menschen stets über Wasser gehalten wird. Werden

Abb. 10.93 Schwimmweste Secumar 10 F.

Schwimmwesten unter Fallschirmen getragen, so muß der Tragkörper so angeordnet sein, daß er sich über den Fallschirmgurten entfaltet. Würde der Tragkörper unter den Fallschirmgurten liegen und bei Absprung über Wasser schon in der Luft gefüllt werden,

würde er sich zwischen dem Fallschirmgurtzeug und der Brust des Abspringenden ausdehnen und diesen am Atmen behindern.

Schwimmwesten sind mit folgendem Zubehör ausgerüstet:
– elektrische Lampe, die mittels einer Seewasserbatterie gespeist wird,
– 1 Pfeife, damit sich der im Wasser Schwimmende bemerkbar machen kann,
– 1 Verbindungsleine, damit sich mehrere im Wasser Schwimmende aneinanderbinden können,
– »Haifisch«-Abwehrmittel,
– Leuchtpatronen,
– Funkgerät,
– Farbbeutel.

b) Schlauchboote
Es werden unterschieden:

Einmann-Schlauchboote
Einmann-Schlauchboote werden während des Fluges im allgemeinen als Sitzkissen verwendet und sind mittels Gurten an der Schwimmweste oder am Fallschirm befestigt.

Sie bestehen in der Regel aus einer Hauptkammer, die sich durch die Gasflasche automatisch aufbläst. Der doppelte Schlauchbootboden und die doppelwandige Schutz-

Abb. 10.94 Schlauchboot Typ FRS-3.

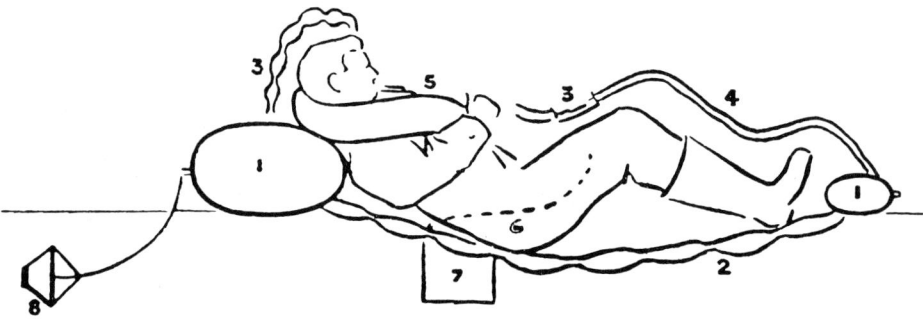

1 tragfähiger Schlauch
2 aufblasbarer Boden
3 aufblasbare Decke
4 leicht zu öffnender Verschluß
5 Decken-Aufblasventil
6 Boden-Aufblasventil
7 Wasser-Stabilisierungstaschen
8 Treibanker

Abb. 10.95 Einmann-Schlauchboot.

decke mit Kapuze werden mittels Mund aufgeblasen und die Luftschicht isoliert den Körper gegen Kälte. Am Schlauchbootboden sind Wassertaschen angebracht, die ein Kentern des Bootes verhindern sollen.

Einmann-Schlauchboote können mit folgenden Ausrüstungen versehen werden:

Treibanker, Schöpfeimer aus Gummistoff, Schwamm, Reparatureinrichtung, Blasebalg, Sonnenschutz, Wasserkissen mit Trinkwasser, warme Bekleidung, Funkgerät, Sturmstreichhölzer, Moskitoschutzsalbe, Seewasser-Entsalzer, Notapotheke, Handpaddel, Notsignale (Raketen), Messer, Angelgerät, Kompaß, Heliograph, Taschenlampe, Farbmarkierungsbeutel, Haifischabwehrmittel, Verpflegung etc.

Auf der Kapuze ist ein Notlicht angebracht, das durch eine Seewasserbatterie betrieben

wird. Um das Auffinden im Wasser zu erleichtern, werden die Schlauchboote aus einem hellroten und fluoreszierenden Gummigewebe hergestellt.

Die Ein-Mann-Schlauchboote werden in Schleudersitzen normalerweise als Sitzkissen verwendet. Die Konstruktion dieser Schlauchbootpackungen muß besonders schwingungsgedämpft ausgeführt sein, da die möglicherweise beim Herausschleudern auftretenden Schwingungen einen auf den Mann wirkenden Beschleunigungsfaktor darstellen könnten, der dann das auf die Schleudersitzkanone abgestimmte erträgliche Maß überschreitet.

Mehrmann-Schlauchboote

Hierzu zählen 4-, 6-, 10-, 15-, 18-, 20- und 25-Mann-Schlauchboote. Sie sind mit einem

Abb. 10.96 Abwerfbares Seenotrettungssystem für 20 Personen.

Tragegriffe

Ösen für Nato-Lastenschloß
(14 Zoll Abstand)

Stauraum für Fallschirmsystem,
Schwimmleine und Boje

Aktivierungsleine
mit Sicherungsstift

Seelicht

Halterung
für Signalfackel

Verschlußkappe

automatisch aufblasbaren Dach ausgerüstet, das Schutz gegen Kälte und sonstige Witterungseinflüsse bietet. Der Boden ist doppelt aufblasbar und gibt Isolierung gegen die Wasserkälte. Die Not- und Bootsausrüstung ist auf die Anzahl der aufzunehmenden Personen abgestimmt.

c) Abwurfsätze für den Seenot-Rettungsdienst

Diese Abwurfsätze bestehen aus Schlauchbootbehältern und Behältern, in denen Notverpflegung und sonstige Ausrüstung enthalten ist. Sie werden von Flugzeugen aus abgeworfen und entfalten sich z. T. noch während des Abwurfes.

d) Notsender

Notsender dienen dazu, Überlebende auf See oder in dünnbesiedelten Gebieten schnell aufzufinden. Je schneller Überlebende aufgefunden werden, um so bessere Rettungsaussichten haben sie, zumal sie meist einen Schock oder Verletzungen erlitten haben, insbesondere, wenn sie auf See oder unter ungünstigen klimatischen Bedingungen in Not geraten sind.

Neben Seenotfunkbojen, die Großflugzeuge an Bord mitführen, und Flugschreibern/ Flugdatenregistriergeräten (›Crash-Recorder‹), die heutzutage die meisten Verkehrs- und Militärflugzeuge mitführen, sind kleine, tragbare Notsender (PLB-Personal Locator Beacon/ELT-Emergency Locator Transmitter) in jedem Rettungsgerätesatz zu finden. Sie werden von Hand oder automatisch in Betrieb gesetzt und senden auf der internationalen Notfrequenz.

Abb. 10.97 Flugzeugführer, mit Kälteschutzanzug, Schwimmweste und Fliegerhelm ausgerüstet, bedient das Notfunkgerät Becker MR 506.

Im Such- und Rettungsdienst (Search and Rescue – SAR) können mit entsprechenden Peilvorsatzgeräten Notsender aller Art gepeilt und angeflogen werden.

e) Kälteschutzanzug

Bei Flügen über See, die selbst im Sommer nicht unbedingt sehr warm ist, bietet der Kälteschutzanzug dem Piloten eine wesentliche Überlebenschance. Der menschliche Körper unterkühlt durch Wasser- und Windtemperatur sehr schnell, so daß das Reaktionsvermögen nachläßt, um Rettungsaktionen einzuleiten.

4. Sauerstoffgeräte

a) Überdruck-Lungenautomat

Der bei der deutschen Luftwaffe Ende des 2. Weltkrieges in Gebrauch befindliche Umsteuer-Höhenatmer war das richtungsweisende Gerät für alle späteren Entwicklungen, da bei ihm bereits eine sehr sicher arbeitende Umsteuerung der normalen Sauerstofflieferung auf einen mit der Flughöhe steigenden

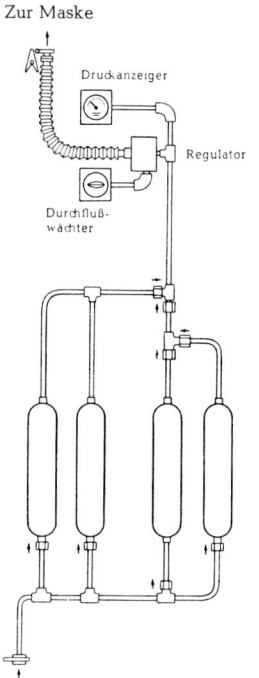

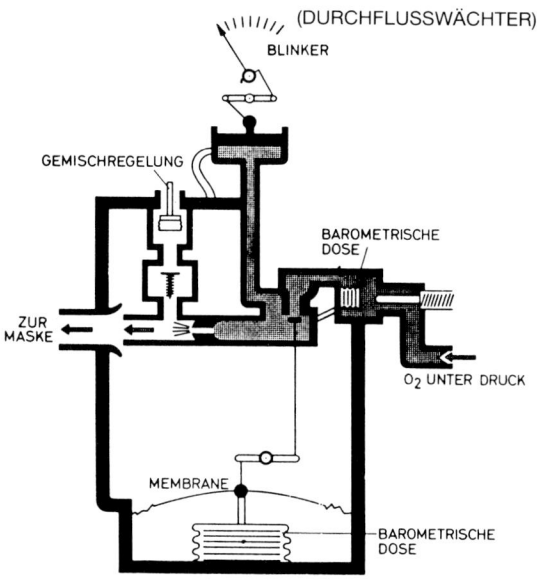

Abb. 10.98 Funktionsprinzip einer Sauerstoffanlage.

Überdruck (barometrische Steuerung) bestand.

Überdruck-Atmungsgeräte (positive pressure demand regulators), z. B. das Bendix-Gerät D 2 oder das Aro-Gerät 10925-A (A 20) haben bei Flughöhen von etwa 15000 m einen Überdruck von etwa 375 mm Wassersäule. Überdruck-Atmungsgeräte setzen die Verwendung geeigneter Atemmasken voraus (z. B. Maske A 13 A, resp. MS 22001).

b) Flüssigsauerstoff-Atmungsgeräte

In immer steigendem Maße finden Flüssig-Sauerstoff-Vorratsbehälter mit Verdampfern Verwendung. Es sind dies doppelwandige hochevakuierte Gefäße, die etwa 5 l flüssigen Sauerstoff aufnehmen.

Flüssiger Sauerstoff strömt vom Behälter in die Druckaufbauschlange, wo er verdampft. Gasförmiger Sauerstoff fließt aus der Schlange durch das Druckschließventil, wobei der Druck allmählich ansteigt. Wenn er auf 7,4 atü gestiegen ist, hat sich das Ventil so weit geschlossen, daß ein Anlagedruck von 7,0 atü erreicht und aufrechterhalten wird.

Bei Nichtgebrauch der Sauerstoffanlage

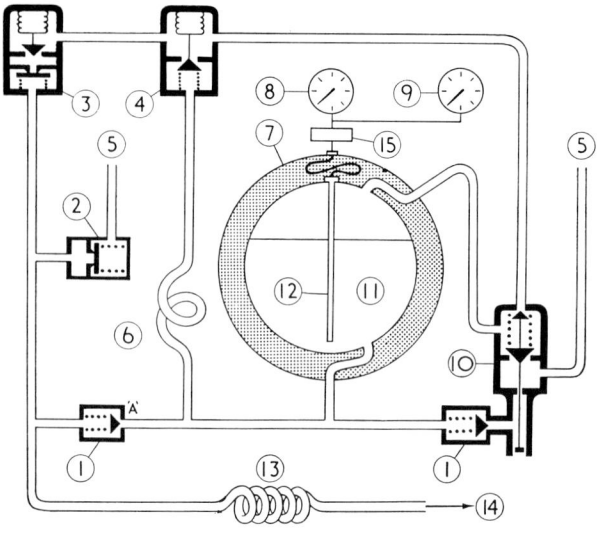

Abb. 10.99 Eine Flüssigsauerstoffanlage mit Bediengerät.

1 Rückschlagventil
2 Entlastungsventil
3 Drucköffnungsventil
4 Druckschließventil
5 Zur Außenluft
6 Druckaufbauschlange
7 Behälter
8 Vorratsanzeige Führerraum
9 Vorratsanzeige Einfüllstelle
10 Einfüll- und Druckaufbauventil
11 Flüssiger Sauerstoff
12 Fühlelement
13 Wärmeschlange
14 Zum Regler
15 Servoeinrichtung

des Flugzeuges steigt der Anlagedruck weiter an, bis das Druckschließventil sich völlig schließt. Der Anstieg des Anlagedruckes wird dadurch aber nicht zum Halten gebracht, und bei einem Anlagedruck von 8,1 atü beginnt sich das Drucköffnungsventil zu öffnen. Der Anlagedruck steigt langsam noch weiter, bis sich bei 9,9 atü das Entlastungsventil öffnet und weiteres Ansteigen verhindert.

Hat sich die Anlage längere Zeit im »Bereitschaftszustand« befunden, so wird einsetzender Verbrauch zunächst aus dem Drucköffnungsventil gedeckt. Der Anlagedruck fällt allmählich und das Drucköffnungsventil schließt sich bei 8,1 atü. Fortgesetzter Verbrauch verringert den Druck stromabwärts dieses Ventils, bis sich bei 7,7 atü am Rückschlagventil »A« ein Differenzdruck von 0,35 atü ausgebildet hat und dieses Ventil öffnet. Weiterer Verbrauch wird durch einen Ausfluß von flüssigem Sauerstoff aus dem Behälter gedeckt, der in der Wärmeschlange verdampft. In diesem Zustand wird auf der Gasseite des Behälters ein Druck von mindestens 7,4 atü aufrechterhalten, wodurch ein Förderdruck von stets über 7,0 gewährleistet wird.

Das beschriebene Verfahren, den anfänglichen Verbrauch aus dem während des Bereitschaftszustandes aufgebauten Druck zu decken und dann auf Zufuhr aus der Flüssigkeitsseite des Behälters umzuschalten, ergibt einen in älteren Anlagen nicht erreichten Grad von Wirtschaftlichkeit.

Die Flüssigkeitsmenge im Behälter wird an einem oder mehreren Vorratsanzeigen angezeigt, wobei ein Meßsystem vom Kapazitätstyp verwendet wird. Im Behälter befindet sich ein Fühlerelement, dessen Funktion durch die Flughöhe nicht beeinflußt wird.

Das tragbare DRÄGER-Höhenatemgerät E 6204

Das tragbare Höhenatemgerät ist hauptsächlich für Flugzeuge bestimmt, die nur ge-

legentlich und kurzzeitig Flüge über 4000 m Höhe durchführen und bei denen der ortsfeste Einbau einer Sauerstoff-Bordanlage unzweckmäßig bzw. aus Gewichtsgründen unerwünscht ist. Es versorgt 1 Besatzungsmitglied mit Atemsauerstoff.

Das Gerät erfüllt die Aufgabe, den Menschen beim Höhenflug vor den Folgen von Sauerstoffmangel (Höhenkrankheit) zu schützen. Die Höhenkrankheit wird hervorgerufen durch den mit zunehmender Höhe absinkenden Sauerstoff-Partialdruck in der atmosphärischen Luft. Bei Benutzung des tragbaren Höhenatemgerätes kann man gefahrlos Höhen bis 10000 m aufsuchen.

Das Gerät besteht aus einem leichten Tragegestell, in das der eigentliche Höhenatmer, 1 Sauerstoff-Leichtstahlflasche mit 1 Liter Inhalt (200 kg/cm² Fülldruck), der Sauerstoffvorratsmesser und die Anschlußarmaturen eingebaut sind. Auf der unteren Seite des Höhenatmers ist der Rohrkrümmer des Atemschlauches angeschlossen, an dessen freiem Ende der Faltenschlauch der Höhenatemmaske eingekuppelt werden kann.

Der Höhenatmer ist ein lungenautomatisches Atemgerät, das das Atemgas nicht konstant strömend, sondern nur während der Dauer der Einatmung abgibt. Es paßt sich jedem Atemrhythmus selbsttätig an und liefert jedes von der menschlichen Lunge verlangte Atemvolumen. Der Sauerstoffgehalt der Einatemluft beträgt etwa 50%, wenn der am Gerät angeordnete Zusatzluftschalter sich in der Stellung »4–7 km« befindet. Dies reicht aus, um Höhen bis zu 7000 m aufsuchen zu können. Für die Benutzung in Höhen über 7000 m bis 10000 m läßt sich der Zusatzluftschalter durch einfaches Drehen in die Stellung »7–10 km« bringen; das Atemgerät liefert bei dieser Einstellung nur reinen Sauerstoff, die Einatemluft besteht dann also nur aus Sauerstoff.

Sollte sich beim Einsatz des tragbaren Höhenatemgerätes einmal die Notwendigkeit ergeben, dem Gerätebenutzer z. B. bei einem eventuellen Schwächeanfall Sauerstoff unter leichtem Überdruck zuzuführen, so kann dies durch Drücken des in der Mitte des Atemgerätes angeordneten Druckknopfes von Hand geschehen. Der Sauerstoff strömt dann so lange ab, wie der Knopf betätigt wird. In Höhen unter 7000 m stelle man in diesem Fall den Zusatzluftschalter in die Stellung »7–10 km«. Die Sauerstoff-Flasche kann zum Auffüllen mit Sauerstoff aus dem Tragegestell herausgenommen werden.

Der Atemschlauch wird bei Nichtbenutzung in am Tragegestell angebrachten Stellen gehaltert.

Gebrauchsdauer des tragbaren DRÄGER-Höhenatemgerätes Modell E 6204
1 Sauerstoff-Flasche, 1 l Inhalt, Fülldruck 200 kg/cm²) – siehe Tabelle Seite 279 –

Abb. 10.100 Das tragbare Höhenatemgerät E 6204 (Dräger) mit Maske A 13.

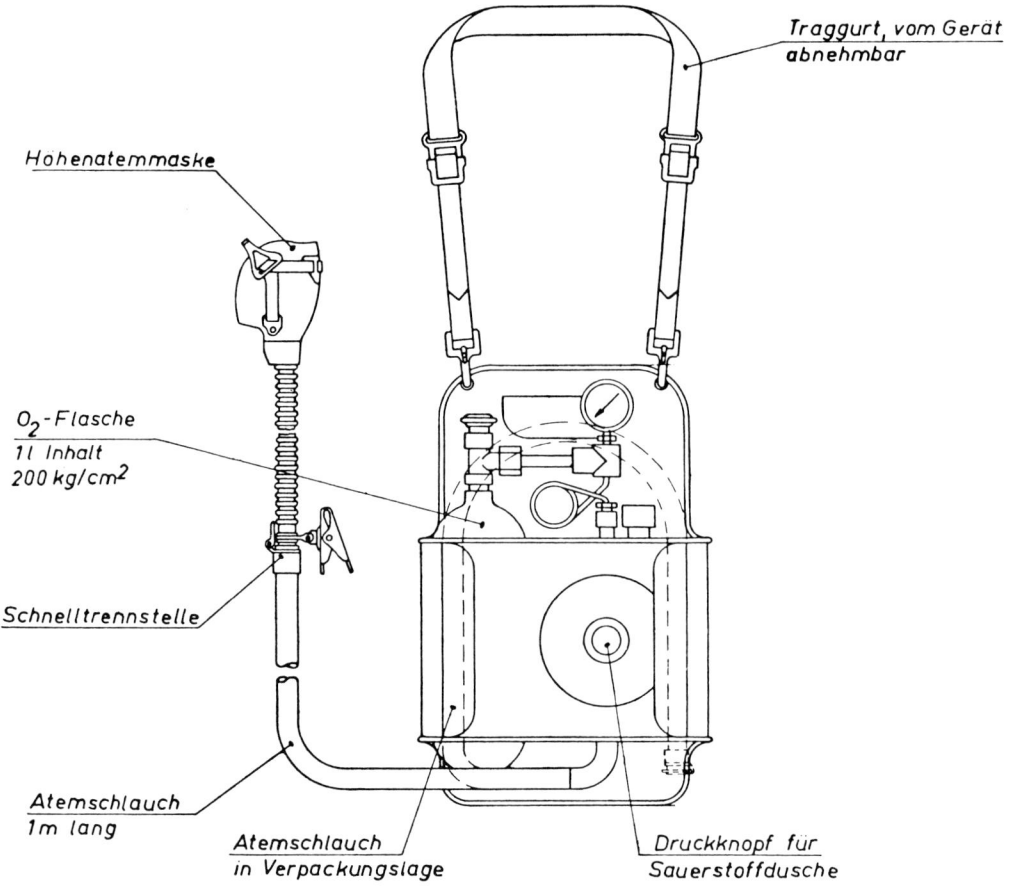

Höhenatemmaske

Traggurt, vom Gerät abnehmbar

O_2-Flasche
1 l Inhalt
200 kg/cm²

Schnelltrennstelle

Atemschlauch
1 m lang

Atemschlauch
in Verpackungslage

Druckknopf für
Sauerstoffdusche

Flughöhe	Stellung des Zusatzluft- schalters	Gebrauchsdauer bei einem mittleren Luftumsatz von 10 l/min
4000 m	geöffnet	80 Minuten
5000 m	(Einstellung auf	90 Minuten
6000 m	Marke »4–7 km«)	103 Minuten
7000 m		119 Minuten
7000 m	geschlossen	44 Minuten
8000 m	(Einstellung auf	51 Minuten
9000 m	Marke »7–10 km«)	60 Minuten
10000 m		69 Minuten

Abb. 10.101 Fliegerhelm mit Sonnenschutzvisier/beim Notausstieg als Windschutz erforderlich sowie Sauerstoffmaske.

5. Flieger-»Anti-G«-, Druck- und Ventilations-Anzüge

a) Der Fliegeranzug »Anti-G«

ist ein Sicherheitsgerät, das mit Hilfe von Luftkammern die unteren Körperpartien (Ober-, Unterschenkel und Leib) zusammendrückt, um bei positiven Beschleunigungen dem in den Unterkörper entweichenden Blut entgegenzuwirken.

Die Füllung der Luftkammern erfolgt automatisch bei positiven g-Beschleunigungen mit Hilfe einer Ventilsteuerung. Der Anzug ist über eine schnell-lösbare Kupplung an das Borddruckluftnetz angeschlossen.

Der Fliegeranzug »Anti-G« erschwert das Absacken des Blutes in die untere Körperhälfte bei höheren Beschleunigungen. Hierdurch wird die Beschleunigungserträglichkeit des Menschen erhöht, d. h. eine »Beschleunigungserblindung« (schwarzer Vorhang) und Bewußtseinsstörungen zu höheren g-Werten hin verschoben. Dies ist zur Erhaltung der physischen Belastbarkeit der Piloten während des gefechtsmäßigen Fliegens von wesentlicher Bedeutung.

b) Druckanzüge

Unter normalen atmosphärischen Bedingungen, d. h. in Meereshöhe, liegt auf jedem Quadratzentimeter Oberfläche das Gewicht von 1 kg Luftsäule = 1 atü. Mit zunehmender Höhe wird dieser auch auf dem Körper des Piloten liegende Druck geringer, bis er in sehr großen Höhen minimal wird und nahezu den Wert 0 erreicht. Wird auf geschlossenen und gleichzeitig elastischen Systemen der einwirkende Druck geringer, so dehnen sich diese aus. Dieser Vorgang kann am leichtesten z. B. bei meteorologischen Ballons demonstriert werden, die solange hochsteigen, bis das im Ballon eingeschlossene und durch den geringer werdenden Außendruck ausdehnende Luftvolumen den Ballon zum Platzen bringt.

Der menschliche Körper kann sich bei langsamer Veränderung der Höhe an die veränderten Druckverhältnisse anpassen; geschieht dies jedoch plötzlich, so entstehen schwere Veränderungen im Gleichgewicht der im Blut gelösten Gase wie z. B. Sauerstoff und Stickstoff.

279

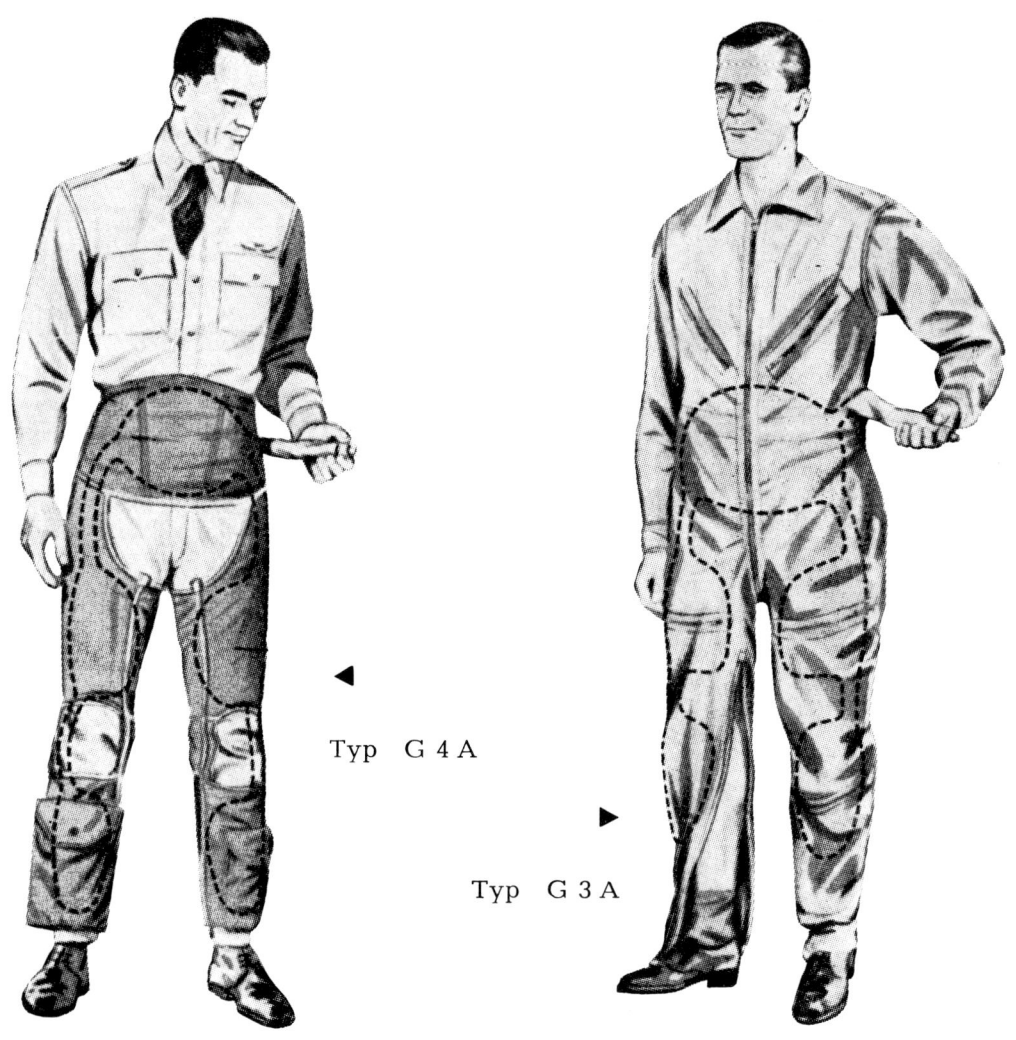

Typ G 4 A

Typ G 3 A

Abb. 10.102 Arten von Druck-(Anti-G-)-Anzügen.

Dieser Erscheinung muß Rechnung getragen werden bei schnell auf- und absteigenden Flugzeugen, weshalb diese mit Druckkabinen ausgerüstet sind, die die Aufgabe haben, den Körper möglichst auch während des Fluges in großen Höhen unter vergleichbaren atmosphärischen Druckverhältnissen zu halten, wie sie in Meereshöhe vorliegen. Wird jedoch die Druckkabine undicht oder muß der Pilot in großen Höhen das Flugzeug zu seiner Rettung verlassen, wird er unmittelbar den verminderten atmosphärischen Druckverhältnissen ausgesetzt und kann hierdurch schwere körperliche Schäden erleiden. Der Druckanzug hat daher die Aufgabe, den Piloten aus diesen Höhen sicher wieder zur Erde zu bringen.

Auch der Druckanzug besteht üblicherweise aus einem System von luftgefüllten Kammern. Die darin enthaltene Luft dehnt sich bei Verminderung des Außendruckes aus, und der hierdurch auf den Körper wirkende Druck ahmt weitestgehend den Druck nach, der in den normalen Lebensregionen vorliegt und verhindert eine Änderung des im Blut und in den Geweben des Körpers vorliegenden Gleichgewichts der darin gelösten Gase.

Man kann prinzipiell folgende beiden Typen von Druckanzügen unterscheiden:

Teil-Druckanzug

Durch den Teil-Druckanzug wird lediglich ein Teil des Körpers geschützt, und zwar im wesentlichen der Rumpf. Er bietet in großen Höhen genügenden Schutz für die Dauer von ca. 20 Min., während der Pilot entweder sein Flugzeug in niedrigere Höhe bringen oder sich mittels Schleudersitz und Fallschirm retten kann. Er ist jedoch gezwungen, schon allein durch Undichtwerden seiner Druckkabine seinen Auftrag abzubrechen.

Voll-Druckanzug

Bei Verwendung des Voll-Druckanzuges ist es der Besatzung möglich, sich auch längere Zeit − bis zu mehreren Stunden − in sonst gefährlichen Höhen aufzuhalten. Der Voll-Druckanzug schützt den ganzen Körper. Zum Schutze des Kopfes wird ein Druckhelm verwendet, der mit dem übrigen Anzug in entsprechendem Druckgleichgewicht steht. Neben der Möglichkeit, sich mit einem Voll-Druckanzug längere Zeit in gefährlichen Höhen aufzuhalten, was insbesondere für die Erfüllung der Aufträge von Bomber-Besatzungen von Bedeutung ist, ist er gleichzeitig bequemer und bietet dem Piloten und der Besatzung mehr Komfort.

Druckanzüge werden heute mit einer metallischen Schicht (Folie) überzogen, um dem Träger in großen Höhen auch Schutz gegen Strahlung und Hitze zu geben, die von der Metallfolie reflektiert werden.

c) Ventilationsanzug

Anti-G-Anzüge und Druckanzüge bestehen normalerweise aus einem Gewebe, das nur eine sehr geringe Körperventilation zuläßt. Hierdurch staut sich die vom Körper erzeugte und sonst an die Umgebung abgegebene Wärme, was mit einer starken Transpiration verbunden ist, ohne daß die abgegebene Körperflüssigkeit die Möglichkeit zur Verdunstung hat. Die Einsatzfähigkeit von Piloten in diesen Anzügen wird daher unter Umständen auf eine sehr geringe Zeit reduziert. Der Ventilationsanzug hat daher die Aufgabe, den Piloten unter erträglichen Bedingungen einsatzfähig zu erhalten. Der Ventilationsanzug wird unter dem Anti-G-Anzug bzw. Druckanzug getragen und besteht aus einem System von kleinen flexiblen Röhren, die an verschiedene Stellen des Körpers Frischluft heranbringen, die durch ein Gebläse in den Hauptanschluß des Ventilationsanzugs hereingedrückt wird. Die hiermit auch unter den Anti-G- bzw. Druckanzügen erzielte Ventilation an der Oberfläche des Körpers bringt soviel Erleichterung, daß die Besatzung lange Zeit einsatzfähig bleibt.

d) Kombinierter »Anti-G«-Druck- und Ventilationsanzug

Um den Piloten gegen die vorstehend aufgeführten Einflüsse zu schützen, ist es bisher notwendig, die entsprechenden Anzüge übereinander zu tragen, was eine erhebliche Einschränkung des Wohlbefindens mit sich bringt. Zur Zeit werden daher Entwicklungen durchgeführt, um die Eigenschaften der einzelnen Schutzanzüge in einem einzigen kombinierten Schutzanzug zu vereinigen.

IV. Navigation

KAPITEL 11

Grundlagen

NAVIGATION

Dieser Begriff, aus dem Lateinischen (»navigare« = zur See fahren), umfaßte ursprünglich alle Tätigkeiten, die mit Schiffsführung zusammenhängen. Spätestens in der Ära der großen Entdecker, die ja fast alle Seefahrer waren, verstand man darunter mehr und mehr die Kunst des »Sich-Zurechtfindens« auf den Weltmeeren, wo man lange Zeit segeln mußte, ohne Landmarken zu sehen.

Als man lernte, mit Flugzeugen und Luftschiffen längere Strecken zurückzulegen, wurde der Begriff auch in der Luftfahrt heimisch.

Ein guter und vielfach eingeschlagener Weg zu einer Definition der Navigation ist die Frage: Wie führe ich mein Fahrzeug von einem Ausgangspunkt
– zu einem bekannten, aber nicht unmittelbar sichtbaren Ziel,
– unter Störungen durch Umwelteinflüsse wie Wind, Geländeformen, Strömungen, Dunkelheit und
– unter einschränkenden Bedingungen und Vorschriften wie Zeitbegrenzung, Treibstoffbegrenzung, Vermeidung von Entdeckung?

1. Allgemeine Begriffe

a) Die Erde ist ein Sphäroid, d. h. kugelähnlicher Körper.

Äquatordurchmesser:	6889 NM	= 12757 km
Polardurchmesser:	6865 NM	= 12714 km
Radius des Äquators:	3444 NM	= 6378 km
Radius der Polarachse:	3433 NM	= 6356 km
Umfang des Äquators:	21600 NM	= 40076 km

Der Äquator ist der größte Breitenkreis, teilt die Erde in eine nördliche und südliche Halbkugel (Hemisphäre), seine Fläche steht senkrecht zur Erdachse.

b) Koordinatensysteme dienen der genauen abstrakten Festlegung eines Ortes auf der Erdoberfläche. Das natürliche, geographisches Systemnetz genannt, wird durch Meridiane (Längenkreise) und Parallelkreise (Breitenkreise) gebildet. Ein Gitter dagegen wird für besondere Melde- und Vermessungszwecke verwendet. Es gibt nur Netze oder Gitter, aber keine Gitternetze!

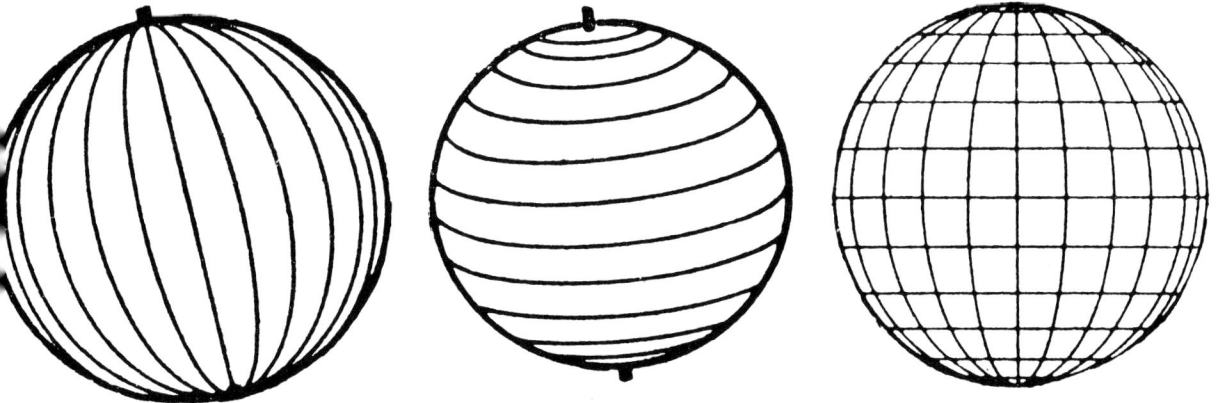

Abb. 11.1 Meridiane und Parallelkreise (Längen- und Breitenkreise) bilden das geographische Gradnetz (Koordinatensystem).

c) Meridiane sind Großkreise, deren Ebenen durch die Erdachse verlaufen und deren Mittelpunkt mit dem Erdmittelpunkt zusammenfällt. Der Anfangs-/Null-Meridian verläuft durch die Sternwarte von Greenwich, von hier aus werden nach Osten und Westen je 180° gezählt.

Da sich die Erde in ca. 24 Stunden um 360° dreht, sind 15 Längengrade = 1 Stunde.

d) Parallelkreise, sogenannte Kleinkreise, sind Parallelkreise zum Äquator, von wo nach Norden und Süden jeweils 90 Breitengrade gezählt werden.

e) Die Ortsbestimmung erfolgt nach dem Schnittpunkt von z.B. Längen- und Breitenkreisen, und zwar dem Bogenstück zwischen Äquator und Längen- bzw. Breitenkreis gemessen in Grad, Minuten und Sekunden.

1° = 60′ (Bogenminuten) zu je 60″ (Bogensekunden), wobei für den praktischen Gebrauch eine Breitenminute = 1 Seemeile ist.

1 Seemeile = 360 · 60 = 21600ste Teil des Erdumfangs.

Zuerst wird die geographische Breite, dann die geographische Länge angegeben, z.B.:

$$40°38′54″N$$
$$73°46′54″W$$

(das ist die Position des John F. Kennedy-Flughafens New York)

Abb. 11.2 Koordinatensystem und Ortsbezeichnungen auf der Erdkugel.

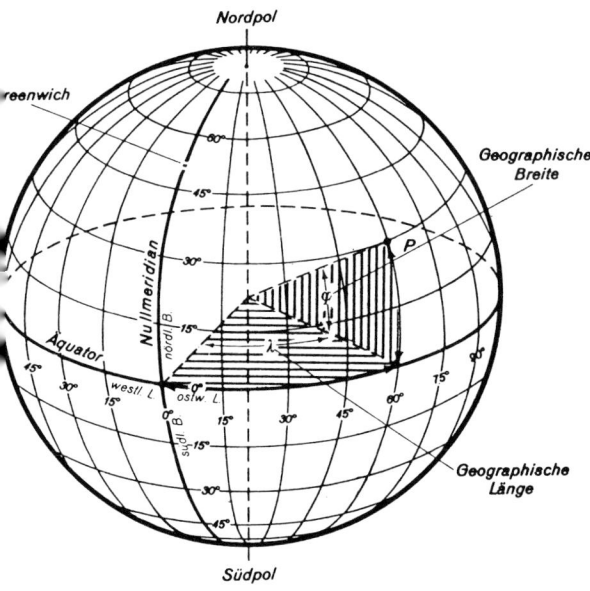

Das geographische Koordinatensystem auf der Erdkugel. Die geographischen Koordinaten von P sind:
geographische Länge λ = 60° ostwärts Greenwich
geographische Breite φ = 30° nördliche Breite
Ungefähr das Dreiländereck:
Afghanistan, Pakistan, Iran.

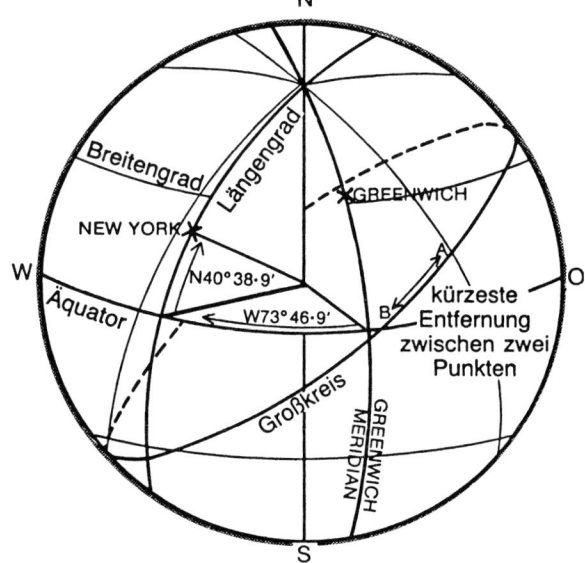

Breiten- und Längengrade und Großkreise, vereinfachte Darstellung.

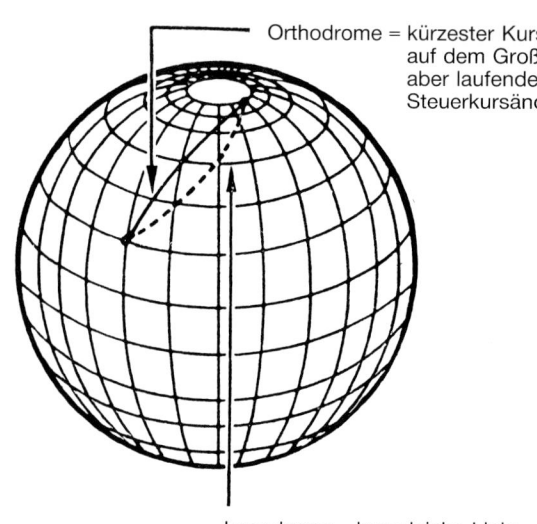

Orthodrome = kürzester Kurs
auf dem Großkreis
aber laufende
Steuerkursänderungen.

Loxodrome = kursgleiche Linie,
aber längere
Flugstrecke.

Abb. 11.3 Streckenvergleich von Orthodrome und Loxodrome.

f) Orthodrome (griech. rechtläufige Linie, engl. great circle) ist die kürzeste Kurslinie zwischen zwei Punkten auf der Erde, gemessen auf einem Großkreis. Sie schneidet die Meridiane unter verschiedenen Winkeln, was laufende Kursänderungen erfordert.

g) Loxodrome (griech. schiefläufige Linie, engl. rhumb line) ist die Kursgleiche – Linie –

zwischen zwei Punkten, die alle Meridiane unter gleichem Winkel schneidet. Da die Meridiane zum Pol hin zusammenlaufen, verläuft die Loxodrome spiralförmig. Auf Kurzstrecken wird meist entlang der Loxodrome, auf Langstrecken entlang der Orthodrome geflogen.

Streckenvergleich New York – Paris:
Loxodrome: 3285 Nautische Meilen
Orthodrome: 3140 Nautische Meilen
Differenz: 145 Nautische Meilen

h) Längenmaße

1 Kilometer: 10000. Teil eines Quadranten des Äquators
1 Nautische Meile: Länge der Minute auf dem Äquator
1 Statute Mile: willkürlich festgesetzter Wert (englische Landmeile)
1 Knoten (knot): Geschwindigkeitsmaß = 1 nautische Meile pro Stunde

1 Grad, gemessen auf einem Meridian oder dem Äquator, ist gleich 60 naut. Meilen ≙ 111 km.

Umrechnungstafel

	km	NM	stat.m	ft	m	yd
Kilometer (km)	1	0.54	0.62	3280	1000	1090
Naut. Meile (NM)	1.852	1	1.15	6076	1852	1990
Engl. Meile (stat.m)	1.609	0.86	1	5280	1609	1755
Fuß (ft)	–	–	–	1	0.304	0.33
Meter (m)	–	–	–	3.28	1	1.09
Yard (yd)	–	–	–	3	0.91	1

Beachte: Im deutschen Sprachgebrauch wird die nautische Meile (NM) auch als Seemeile (sm) bezeichnet.

2. Grundbegriffe

a) Ortung bedeutet, daß man mit geeigneten Verfahren die Position in einem Bezugs-

system festlegt. Dieses Bezugs-System kann ein-, zwei- oder dreidimensional sein und die

Zeit enthalten. Die Koordinaten der Position können entweder mit bordeigenen Mitteln, ohne aktive Unterstützung von außen, aus Messungen von Geschwindigkeiten oder Beschleunigungen und deren Richtung berechnet werden. Sie können aber auch durch Beobachtung von Gestirnen, durch Peilungen und Entfernungsmessungen zu Radiosendern und neuerdings durch Beobachtung künstlicher Satelliten gewonnen werden. Schließlich kann die Ortung auch durch Anmessung von außen mit oder ohne Mitarbeit im Flugzeug erfolgen. Die so berechneten Koordinaten müssen dann an Bord übertragen werden.

Die Bestimmung der Geschwindigkeit nach Betrag und Richtung, die für die bordeigene oder autonome Ortung Voraussetzung ist, kann bei der Fremdortung durch Berechnung aus zeitlich aufeinanderfolgenden Positionen erfolgen.

b) Orientierung leitet sich ab von »oriens« – Aufgang (der Sonne), Osten. Ursprünglich ist damit das Feststellen und Hinwenden zur Gegend des Sonnenaufgangs gemeint, als Bezugssystem für Richtungen.

Im navigatorischen Zusammenhang versteht man darunter eine relative Standortfestlegung. Dabei wird auf Merkmale der näheren oder zumindest sichtbaren Umgebung Bezug genommen.

c) Orte ergeben sich aus der vollständigen Festlegung der Position durch Ortungsverfahren in Form von Koordinaten in einem geeigneten Bezugssystem. Obwohl es, absolut gesehen, nur eine »wahre« Position gibt, unterscheidet man doch verschiedene »Orte« und bringt in den Definitionen die Meß- oder Berechnungsverfahren zum Ausdruck. Durch Vergleich verschiedener, im allgemeinen nicht übereinstimmender Orte, kann der geübte Beobachter auf Fehlerquellen schließen und eine Abschätzung der Genauigkeit machen.

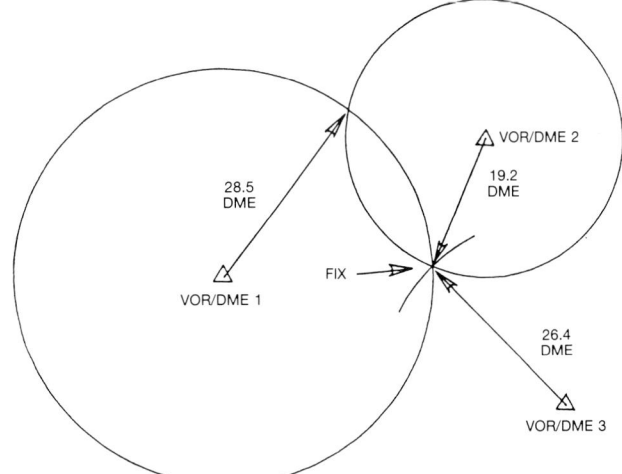

Abb. 11.4 Zwei Kreise schneiden sich in zwei Punkten. Erst der Schnitt mit einem dritten Kreis schafft einen Fixpunkt, den Standortkoppelpunkt.

Der Einsatz leistungsfähiger Navigationsrechner hat es ermöglicht, primäre Meßgrößen direkt in den Vergleich einzubeziehen und die bestmöglichen Positionskoordinaten zu ermitteln.

Beobachteter Ort = Durch Beobachtung ermittelter Ort

Koppelort (Fix) = Durch Koppel- oder Besteckrechnung unter Berücksichtigung aller vorhersehbaren Einflüsse ermittelter Ort

In der Flugnavigation, bei der heute fast ausschließlich Funk, Doppler- oder Trägheitsnavigation zur Anwendung kommt, ist die Verwendung verschiedener Ortsdefinition weitgehend aufgegeben und durch Angaben über den Positionsfehler ersetzt worden. Man unterscheidet nur zwischen wahrer (»Soll«)- und berechneter, fehlerhafter (»Ist«)-Position.

d) Richtungen kann man ebenso wie Positionen nur relativ zu einem Bezugssystem angeben:

Rechtweisend-Nord oder Geographisch-Nord ist die wichtigste Bezugsrichtung. Sie ist die Richtung einer gedachten, tangential

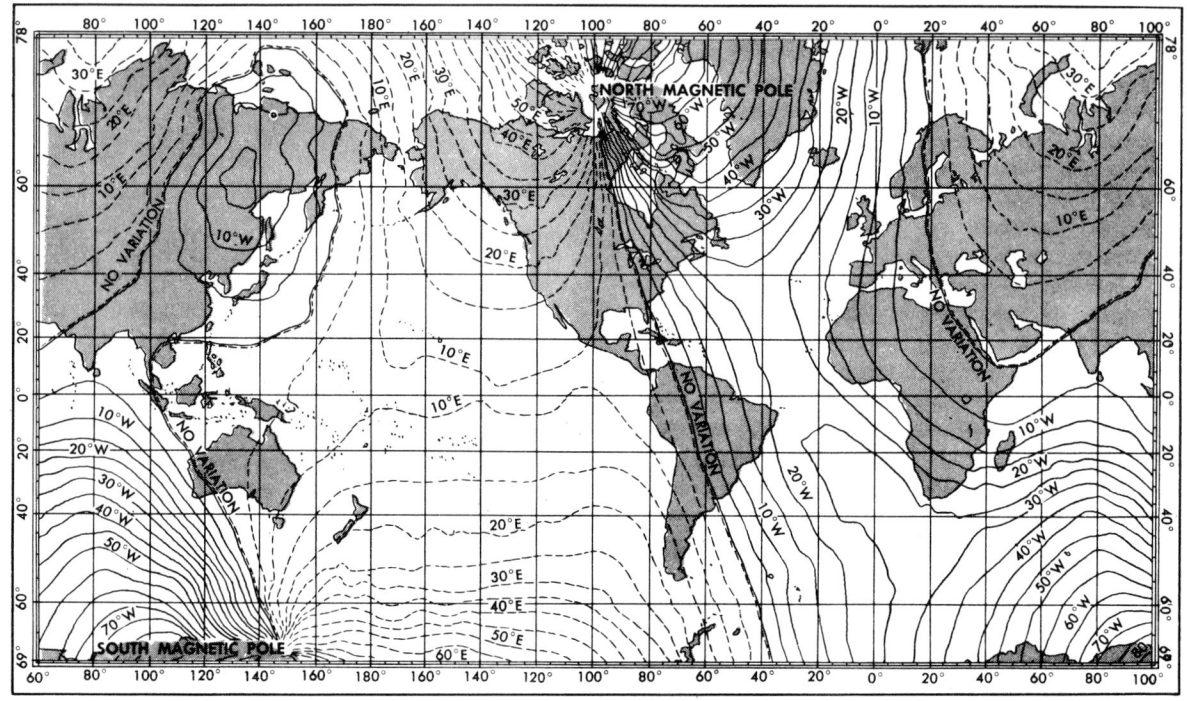

Abb. 11.5 Die Mißweisung (Variation) ist nicht konstant, sondern ortsabhängig. Hier die Isogonen (Linien gleicher Mißweisung).

am Beobachtungsort angelegten Gerade, die sich mit der verlängerten Erdachse schneidet. Auf dem Äquator ist es die tangential angelegte Gerade, die parallel zur Erdachse verläuft. Sie kann bei klarem Wetter an jedem Punkt der Erdoberfläche ermittelt werden. Ein weiterer Vorteil dieser Bezugsrichtung besteht darin, daß sie die Meridiane – und rechtwinklig dazu die Breitenkreise – für das geographische Koordinatennetz zur Ortsbestimmung auf der Erdkugel liefert.

Mißweisend-Nord ist die durch das erdmagnetische Feld verursachte Richtung der Magnetnadel in der Azimutebene. Mißweisend Nord unterscheidet sich von rechtweisend Nord um die Ortsmißweisung, die sehr verschiedene Werte annehmen kann und sich im Laufe der Zeit ändert.

Kompaß-Nord ist die vom Magnet-Kompaß gelieferte Bezugsrichtung.

Gitter-Nord ist die Bezugsrichtung parallel zu einem bestimmten Meridian, der durch den Ursprung des Gitters verläuft. Je weiter Gitter-Nord in Richtung des Breitenkreises vom Ursprung entfernt ist, desto größer ist der Unterschied zwischen Gitter-Nord und rechtweisend-Nord, welcher der meridionalen Konvergenz entspricht. Die Differenz zwischen Gitter-Nord und mißweisend-Nord ist als Gittermißweisung oder Grivation (von grid variation) bekannt.

Kreisel-Nord ist die Richtung der Nordanzeige des richtungssuchenden Kreisels in seiner Ruhelage.

Isogonen sind Linien gleicher Mißweisung. (Abb. 11.5)

Isogriven sind die auf Luftfahrtkarten eingedruckten Linien gleicher Grivation, wobei die Konvergenz auf den Meridian von Greenwich bezogen ist.

Beziehungen zwischen den Bezugsrichtungen:

Mißweisung	= Winkel zwischen rechtweisend-Nord und mißweisend-Nord
Deviation	= Winkel zwischen mißweisend-Nord und Kompaß-Nord

286

Fehlweisung = Winkel zwischen rechtweisend-Nord und Kompaß-Nord

Konvergenz = Winkel zwischen rechtweisend-Nord und Gitter-Nord

Grivation = Winkel zwischen mißweisend-Nord und Gitter-Nord

e) Kurse sind die maßgebenden Richtungen

für die Fortbewegung eines Flugzeuges. Man unterscheidet nach:

– Kartenkurs (angelegte Kurslinie = Sollkurs)
– Steuerkurs (Richtung der Flugzeuglängsachse unter Berücksichtigung der Abdrift durch Anlegen des Luvwinkels)
– Kurs über Grund (tatsächlicher Flugweg = Istkurs; er kann gegenüber dem Steuerkurs verschieden sein)

Richtungen (nordorientiert) und Kurs:

Bezeichnung	mißweisend (magnetic)	Kompaß (compass)	rechtweisend-geographisch (true)	Gitter (grid)	Kreisel (gyro)
Winkelbeziehungen	├──── Deviation (Dev) ────┤ ├──────Ortsmißweisung = Variation (Var)──────┤	├──── Fehlweisung ────┤ ├── Konvergenz ──┤ ├── Grivation ──┤ ├──────── Auswanderung (Drift) ────────┤			
Bezugsrichtung (direction)	mwN MN	KN CN	rwN TN	GN GN	GyN
Kartenkurs (course)	mwK MC	KK CC	rwK TC	GK GC	
Steuerkurs (heading)	mwSK MH	KSK CH	rwSK TH	GSK GH	GySK GyH
Kurs über Grund (track)	mwK MT	(KK) (CT)	rwK TT	GK GT	

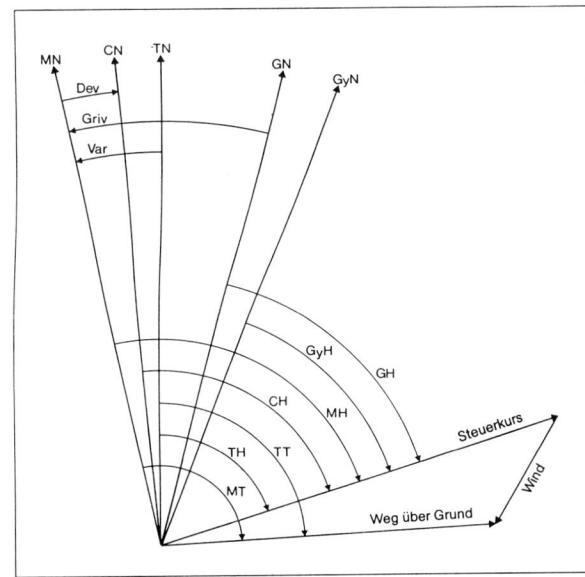

Abb. 11.6 Richtungen und Kurse in der Luftnavigation.

f) Standlinien. Bei den zur Bestimmung der Position durchgeführten Beobachtungen, Messungen und Berechnungen ist das primäre Ergebnis in vielen Fällen nicht ein Punkt, sondern eine eindimensionale Punktmenge, die man als Standlinie bezeichnet (LOP-line of position). Die gesuchte Position kann dann als Schnittpunkt zweier oder mehrerer Standlinien bestimmt werden.

Zur Orientierung genügt es oft, nur mit einer Standlinie zu arbeiten und die ungefähre Position durch geschätzte andere Werte zu bestimmen. Das Verfolgen einer Standlinie, durch Feststellen und Korrektur der Abweichung des Kurses, wird bei der Funknavigation durchgeführt.

terrestrische Standlinie (visual line of position)	Standlinie, die sich auf optische Beobachtungen landfester Ziele gründet.
astronomische Standlinie (celestial line of position)	Geometrischer Ort auf der Erdoberfläche, bestimmt durch astronomische Beobachtungen eines Gestirns.
Funkstandlinie (radio line of position)	Kurve auf der Erdoberfläche, auf der eine an Bord mit Hilfe eines Funkortungsverfahrens meßbare Größe, ein Winkel, ein Entfernungsunterschied usw. konstant bleibt.
Funkpeilstandlinie (radio LOP)	Wahre Seitenrichtung zu einem ungerichteten Funkfeuer.
Radialstandlinie (radial)	Von einem Senderstandort ausgehende Strahlen (in der Flugnavigation VOR, TACAN), die die Richtung gegen mw Nord, vom Ort des Zentrums aus gemessen, festlegt.
Hyperbelstandlinie (hyperbolic line of position)	Linie gleichen Unterschiedes der sphärischen Entfernung zu zwei Punkten der Erdoberfläche.

Abb. 11.7 Standlinien als Radial oder Hyperbelscharen.

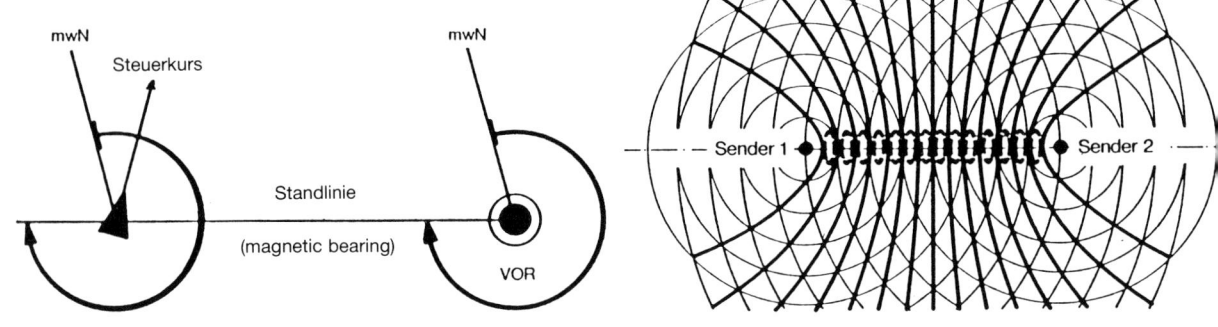

g) Geschwindigkeiten benötigt man neben dem Kurs für Koppelberechnungen. Man unterscheidet, je nach Meßverfahren und Bezugssystem, zwischen verschiedenen Bezeichnungen:

(1) **Fahrtmesseranzeige** (Indicated Airspeed – I. A. S.) ist die am Fahrtmesser abgelesene Geschwindigkeit.

– **Berichtigte Fahrtmesseranzeige** berücksichtigt den mechanischen Fehler des Fahrtmessers (Instrument Error) sowie die Fehler, die durch die Strömungsverhältnisse in der Umgebung des Staurohrs (Position – bzw. Attitude Error) hervorgerufen werden. Durch Anbringung der Berichtigung erhält man die »Berichtigte Fahrtmesseranzeige« (Rectified Airspeed – R. A. S. oder Calibrated Airspeed – C. A. S.).

(2) **Eigengeschwindigkeit** V_e (True Airspeed – T. A. S.) ist die Relativgeschwindigkeit des Flugzeuges gegenüber der umgebenden Luft. Sie wird aus der berichtigten Fahrtmesseranzeige durch Berücksichtigung der Dichteberichtigung (Höhen- und Temperaturberichtigung) bestimmt.

(3) **Effektive Eigengeschwindigkeit** (Effective True Airspeed – E. T. A. S.) wird in der barometrischen Navigation zur Berechnung der seitlichen Windversetzung (Z_n) gebraucht, wenn zwischen den beiden Vergleichsmessungen der Kurs geändert worden ist. Man ermittelt die direkte Entfernung (Effective Air Distance – E. A. D.) zwischen dem Koppelort bei der ersten Höhenvergleichsmessung und dem Koppelort ohne Wind (»Air Position«) bei der zweiten Höhenvergleichsmessung und dividiert diesen Wert durch die Zwischenflugzeit.

(4) **Grundgeschwindigkeit** Vg (Ground Speed) ist die in der Zeiteinheit (1 Stunde) zurückgelegte Entfernung über Grund. Sie ist direkt meßbar mit Hilfe eines Doppler-Radar-Geräts oder einer Trägheitsplattform.

(5) **Machzahl** (Mach Number)
Gibt das Verhältnis von Eigengeschwindigkeit zur jeweiligen Schallgeschwindigkeit an:

$$\text{Machzahl} = \frac{V_e}{a} = \frac{\text{T. A. S.}}{\text{speed of sound}}$$

Anmerkung:

(6) **Kompressibilität** (Compressibility)
Die durch die Zusammendrückbarkeit der Luft bedingte zu hohe Fahrtmesseranzeige nimmt erst bei Geschwindigkeiten von über 200 kt. bzw. rd. 400 km/h Werte an, die eine Berichtigung (Kompressibilitätsberichtigung) erforderlich machen.

h) Wind- und Höhendefinitionen

(1) **Abtrift** (DRIFT)
ist der Winkelunterschied zwischen dem Steuerkurs (Heading – Richtung der Flugzeuglängsachse) und dem Kurs über Grund (Track Made Good – Richtung des Flugzeuges).

(2) **D-Wert** (D-Value)
Der Unterschied zwischen der absoluten Höhe und der Druckhöhe ist der D-Wert (D-Value). Im Fluge werden die D-Werte durch Vergleich der Anzeige des Funkhöhenmessers (Radio Altimeter) mit der Anzeige des barometrischen Höhenmessers (Pressure Altimeter) bestimmt.

(3) **Gradientwind**
Der aus der Richtung und dem Abstand der Isohypsen in Höhenwetterkarten abgeleitete Wind.

(4) **Höhen**
Absolute Höhe (Absolute Altitude) ist die tatsächliche Höhe des Flugzeuges über dem überflogenen Gelände.

Dichtehöhe (Density Altitude) ist die Höhe in der Standard-Atmosphäre, die der im Flugniveau herrschenden Luftdichte entspricht.

Druckhöhe (Pressure Altitude) ist die Höhe in der Standard-Atmosphäre, die dem im Flugniveau herrschenden Luftdruck entspricht. Sie wird am barometrischen Höhenmesser abgelesen, wenn an der Luftdruckunterskala (subscale) der Standarddruck 1013 mb/hPa bzw. 29.92 ins. eingestellt ist.

QNH-Höhe (QNH Altitude) ist die Höhe, die

ein Höhenmesser anzeigt, wenn an der Luft-druck-Unterskala (subscale) der QNH-Wert (früher QFF-Wert) eingestellt wird.

Wahre Höhe (True Altitude) ist die Höhe über einem festgelegten Bezugsniveau (zumeist Meeresspiegel – NN; Above Mean Sea Level – A. M. S. L.).

(5) **Isohypsen**
Linien gleicher Höhe einer Druckfläche (z. B. der 500 oder 700 mb Fläche), die in Höhen-wetterkarten zur Darstellung der Neigung einer solchen druckgleichen Fläche benutzt werden (vergleichbar mit den Höhenlinien in topographischen Karten).

(6) **Längswindkomponente**
Der in Flugrichtung wirkende Anteil der Wind-geschwindigkeit.

(7) **Luvwinkel** (Wind Correction Angle, W.C.A.)
Luvwinkel ist der Winkel zwischen der Richtung des beabsichtigten Kurses über Grund (rechtw. Kurs bzw. Kartenkurs) und der Richtung der Flugzeuglängsachse. Im gleichen Winddreieck ist der Luvwinkel größengleich mit der Abtrift und unterscheidet sich von dieser nur durch das Vorzeichen.

(8) **Windwinkel** (w) (Wind Angle)
Windwinkel ist der Winkel zwischen der Her-kunft-Richtung des Windes und der Richtung des Flugweges über Grund (rechtweisender Kurs).

(9) **Windeinfallwinkel** (we) (Relative Wind Angle)
Windeinfallwinkel ist der Winkel zwischen der Herkunft-Richtung des Windes und der Rich-tung der Flugzeuglängsachse (rechtw. Steu-erkurs).

(10) **Seitliche Windversetzung** (Z_n – Beam Displacement)
Als Strecke ausgedrückte Versetzung des Flugzeuges quer zur Flugzeuglängsachse zwischen zwei D-Wert-Messungen.

(11) **Querwindkomponente** (V_n – Beam Wind Component)
Der rechtwinklig zur Flugzeuglängsachse wirkende Anteil der Windgeschwindigkeit.

KAPITEL 12
Kartenkunde

Karten der Erdoberfläche sind das wichtigste Hilfsmittel für die Navigation. Sie geben Aufschluß über Standort, Richtung und Entfernung, die Grundlagen der Navigation.

1. Navigationskarten

Der Globus ist das körperliche, verkleinerte kugelförmige Abbild der Erde. Er gibt Flächen, Strecken und Winkel wirklichkeitsgetreu ohne Verzerrung wieder. Für einige Verwendungszwecke ist er die beste Darstellungsform der Erde, für die Navigation jedoch zu unhandlich.

Eine Karte ist die möglichst wirklichkeitsgetreue zeichnerische Darstellung der Erdoberfläche oder eines Teils derselben auf einer ebenen Fläche. Das Gerippe einer Karte ist das Netz oder Gitter. Die Übertragung eines Netzes oder Gitters von der Kugel in die Ebene wird entweder geometrisch durch die perspektivische Projektion oder mathematisch durch Abbildungsformeln erreicht.

Die perspektivische Projektion erfolgt durch Abbildung auf
– Berührungsebene
– Kegelmantel
– Zylindermantel

Von einer Kartenprojektion bzw. Abbildung werden folgende Eigenschaften erwartet:
– Winkeltreue
– Längentreue
– Formtreue
– Flächentreue

– leichte Auffindbarkeit von Kartenpunkten.

Aufgrund der Übertragung der Erdoberfläche auf ein ebenes Kartenblatt werden immer Verzerrungen auftreten, so daß die o. a. Eigenschaften nie in einer Darstellung vereinigt werden können.

Navigationskarten müssen in erster Linie winkel- und längentreu sein.

a) Lamberts winkeltreue (konforme) Kegelprojektion. Diese Projektion ist gebräuchlich zwischen dem 4. und 72. Breitengrad. Projektionszentrum ist der Erdmittelpunkt. Die Achse des Berührungskegels fällt mit der Erdachse zusammen. Der Kegel durchschneidet die Erde in zwei Parallelkreisen, welche beide auf der gleichen Seite des Äquators liegen. Diese Parallelkreise heißen Berührungs-Parallelkreise. Die Meridiane erschienen als gerade Linien, die von einem Punkt (Kegelspitze) außerhalb der abgebildeten Fläche ausgehen. Die Breitengrade erscheinen als Bogen konzentrischer Kreise. Die Abstände der Berührungsparallelkreise sind mathematisch so ausgewählt, daß die Forderung nach Umrißtreue (Konformität) erfüllt wird. Diese Karten haben den Nachteil,

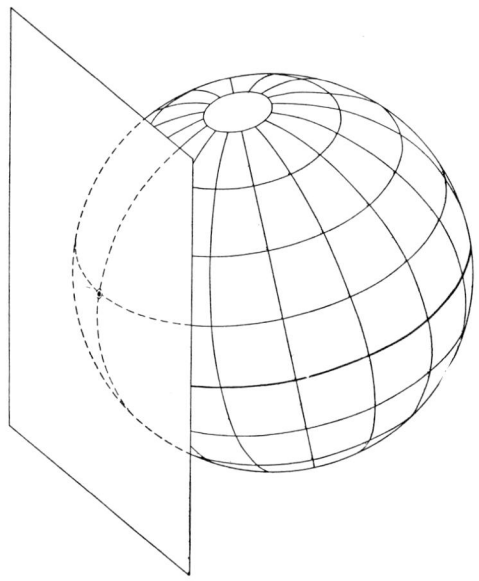

Abb. 12.1 Die Abbildung auf eine Berührungs-ebene.

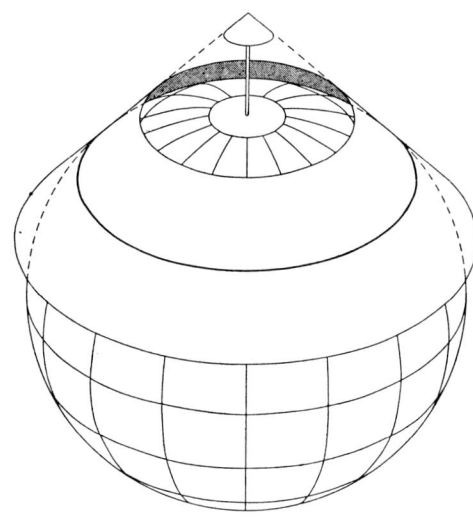

Abb. 12.2 Die Abbildung auf einen Kegelmantel (Lambert).

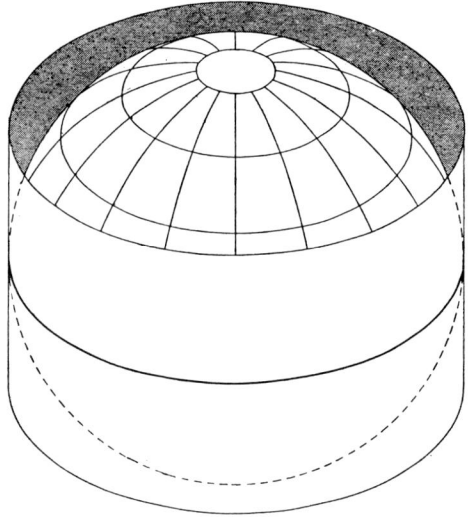

Abb. 12.3 Die Abbildung auf einen Zylinder-mantel (Mercator).

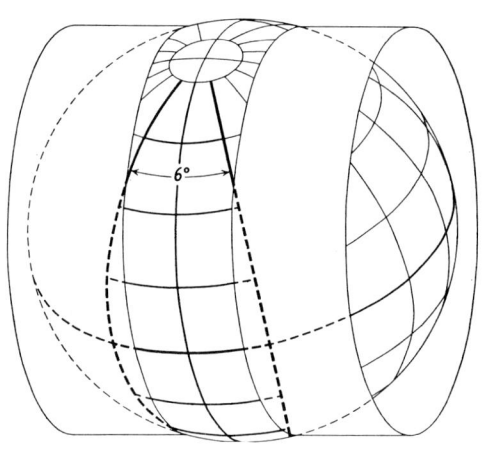

Abb. 12.4 Der transverse UTM-Schnittzylinder.

daß sich der Maßstab zu beiden Seiten der beiden Berührungspunkte vergrößert. Der Maßstab zwischen den Berührungsparallel-kreisen wird geringfügig verkleinert. Trotz-dem ist der Verzeichnungsfehler sehr gering. (Abb. 12.5)

b) Merkatorprojektion. Bei der Merkator-projektion dient als Projektionsfläche ein Zy-

lindermantel, dessen Achse mit der Nord-Süd-Achse der Erde zusammenfällt und der am Äquator die Erde berührt. Projektionszen-trum ist der Erdmittelpunkt. Von diesem aus-gehend werden die Längen- und Breitengra-de auf den Zylindermantel übertragen. Schneidet man den Zylinder in einem Län-gengrad auf und wickelt ihn ab, so sind der Äquator, die Breitengrade, wie auch die Län-

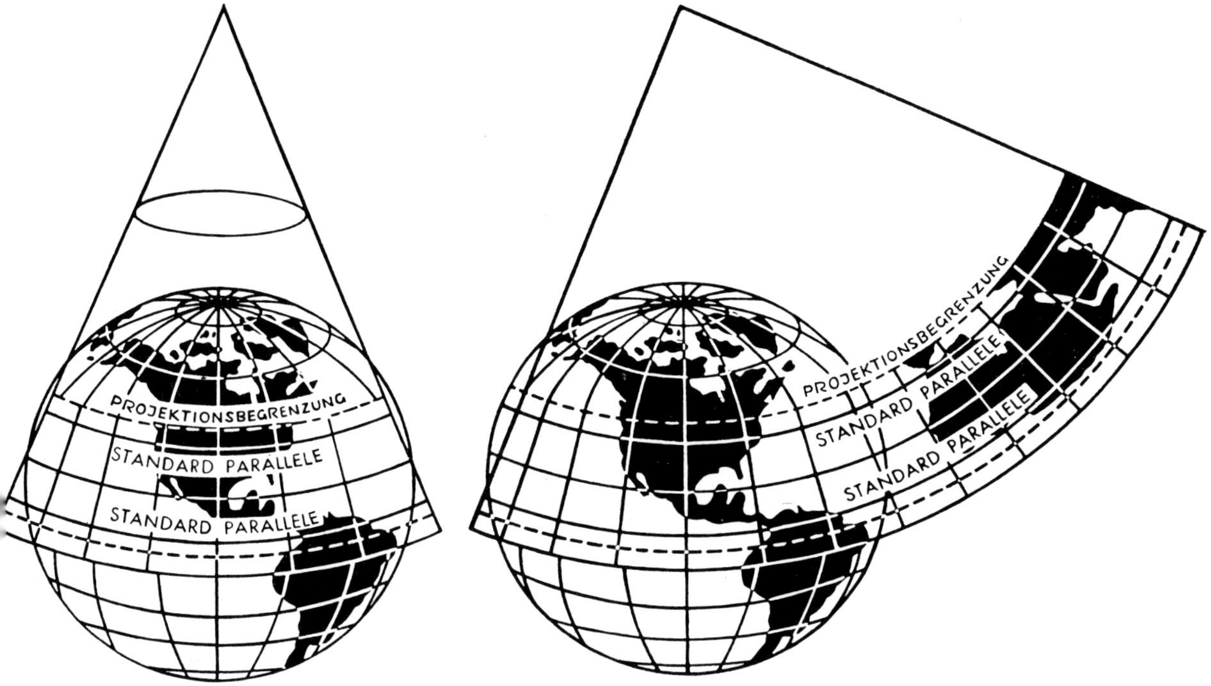

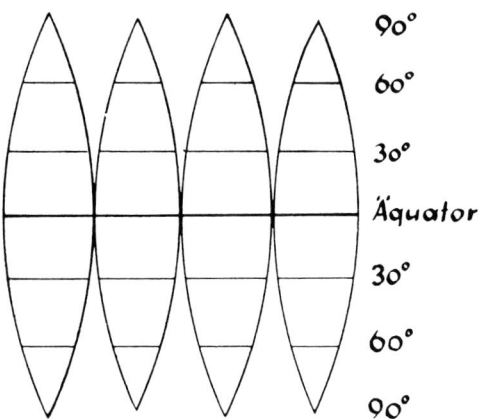

Abb. 12.5 Lamberts winkeltreue Projektion.

gengrade gerade Linien geworden. Die Längengrade laufen parallel und schneiden sich mit allen Breitengraden rechtwinklig. Der Abstand der Breitengrade wächst nach den Polen zu ins Unendliche. Man kann deshalb die Projektion nicht bis zu den Polen ausdehnen. Durch bestimmte mathematische Behandlung läßt sich bei dieser Projektion Winkeltreue erreichen. Das Wesen der Merkatorprojektion besteht darin, daß die Breitengrade nach dem Pole zu in demselben Verhältnis wachsen, wie die Parallelkreise im Verhältnis zum Äquator zunehmen. Darum wird sie auch als Projektion der wachsenden Breiten bezeichnet. Die Merkatorprojektion ist winkeltreu und deshalb für navigatorische Zwecke besonders geeignet.

Wie entsteht nun eine solche Projektion? Zur Veranschaulichung stellt man sich vor, daß die Erdoberfläche eine elastische Schicht ist, die längs den Meridianen bis zum Äquator aufgeschnitten und auf eine Ebene gelegt wird. Dadurch entsteht ein Gebilde gemäß Abb. 12.6.

Abb. 12.6 Übertragung eines Netzes der Kugel (Globus) in die Ebene. Durch die Abwicklung entstehen sogenannte Klaffungen gen Nord und Süd.

Hiermit könnte in der Nord-Südrichtung gearbeitet werden, während die in Ost-West-Richtung liegenden leeren Zwischenräume eine praktische Kartenarbeit unmöglich machen. Die beidseitig durch Meridiane begrenzten Segmente werden nun nach den Seitenlinien solange ausgedehnt, bis die Meridiane parallel verlaufen und damit die Zwi-

293

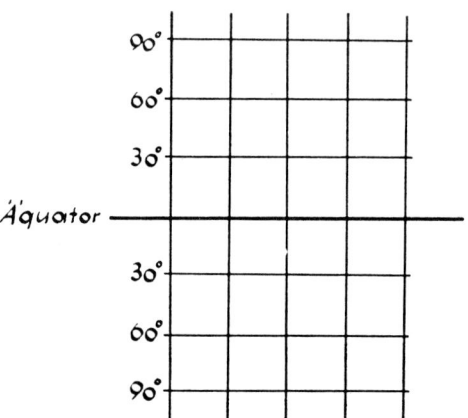

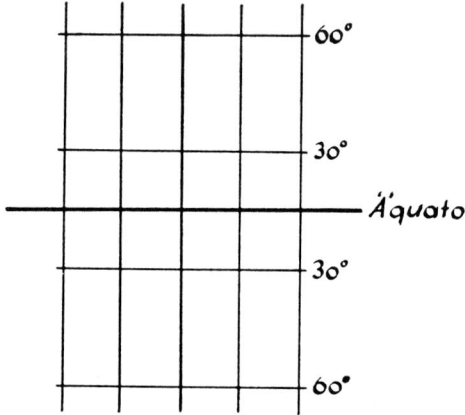

Abb. 12.7 Mittels Projektion und Abbildungs-formeln werden die Klaffungen ausgeglichen und gedehnt (wachsende Ost-West-Verzerrung).

Abb. 12.8 Nord-Süd-Ausgleich (Dehnung). Gesamtdehnung (N/S-O/W) ist gleich.

schenräume ausgefüllt sind. Daraus entsteht eine Karte, die keine Nord-Süd-, jedoch eine Ost-West-Verzerrung hat, die entsprechend den geographischen Breiten anwächst. Durch entsprechende Dehnung in Nord-Süd-richtung wird erreicht, daß die Gesamtheit der Dehnung gleich ist.

Die Meridiane sind senkrechte, gerade, abstandsgleiche, parallele Linien. Die Breitengrade sind waagerechte, gerade Linien, die untereinander parallel sind und senkrecht zu den Meridianen verlaufen. Der Abstand zwischen den Breitengraden wächst mit Abstand der Breitengrade vom Äquator.

c) Polarstereographische Projektion. Die Lambertsche und Merkatorprojektion ergänzen einander für alle Navigationszwecke außer in den Polargebieten, wo
- der Magnetkompaß unbrauchbar ist
- die Funknavigation unzuverlässig
- die terrestrische Navigation unmöglich
- die astronomische Navigation schwierig
- die Dichte der Meridiane (Konvergenz) dauernde Kursänderungen erfordert.

Bei der polarstereographischen Projektion liegt die Projektionsebene an einem Pole an mit einem Projektionszentrum am Gegenpol, Ergebnis: Winkeltreue, in etwa längentreu.

Abb. 12.9 Schematische Darstellung der Kartenmaßstäbe.

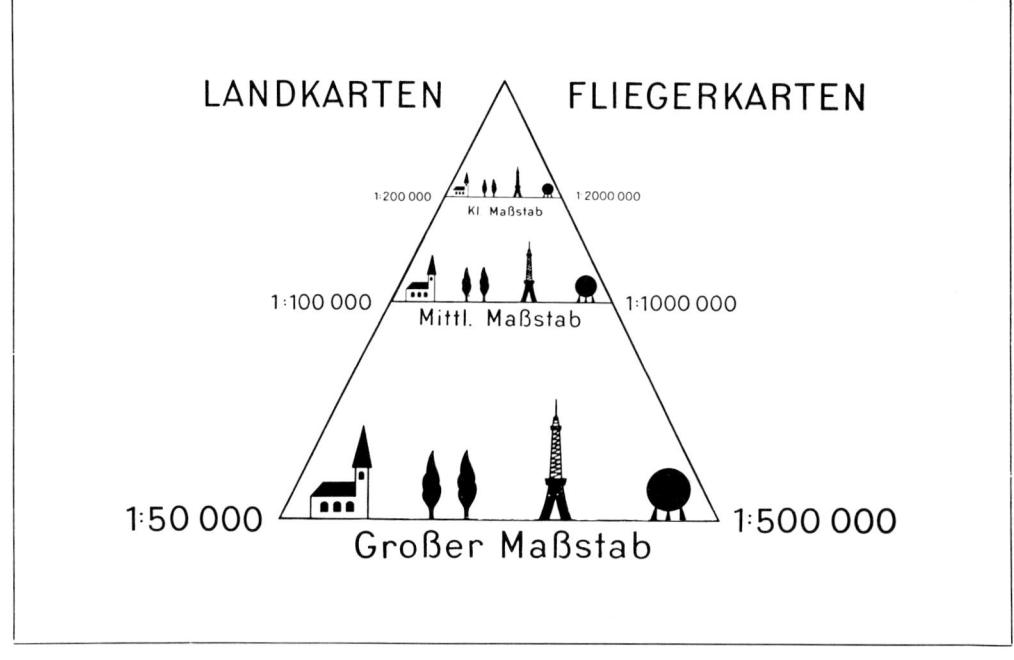

Bei der modifizierten Lambertschen Projektion wird der Berührungskegel in eine Ebene abgeflacht mit der früheren Kegelspitze im Pol. Durch mathematische Verfahren wird die entstehende Kegelmantelklaffung gleichmäßig auf 360° verteilt.

d) Die Gnomonische Projektion, wobei das Projektionszentrum im Erdmittelpunkt liegt, zeigt die kürzeste Verbindung zwischen zwei Punkten auf der Erde (Großkreise) als gerade Linie. Als Hilfsmittel zur Übertragung von Großkreisrouten (Orthodrome) auf andere Navigationskarten geeignet.

e) Der Maßstab einer Karte ist das Längenverhältnis zwischen einer in der Karte und in der Natur gemessenen Strecke. M = 1:m

Maßstab 1:500 000
1 cm in der Karte = 500 000 cm (5 km) in der Natur.

2. Bezugssysteme

a) GEOREF – geographisches Meldesystem
Das GEOREF (GEOgraphical REFerence System) dient der eindeutigen Bestimmung und Bezeichnung von Räumen oder Punkten auf der Erdoberfläche und wird insbesondere für Meldezwecke der Luftwaffe und der Flugabwehr benutzt.

Seiner Zweckbestimmung entsprechend ist das GEOREF vor allem in Fliegerkarten eingedruckt. Es kann aber auch in Land- und Seekarten eingetragen werden, wenn die Meridiane ihrer geographischen Netze auf Greenwich bezogen sind.

1. Stufe: 15°-Feld
Mit Hilfe der 15°-Meridiane und 15°-Breitenkreise werden 15°-Felder gebildet, die mit je zwei Buchstaben bezeichnet werden (Abb. 12.10).

Die Buchstabenpaare der 15°-Felder setzen sich aus den Buchstaben der 15°-Längenzonen und 15°-Breitenbändern zusammen, die von den 15°-Meridianen bzw. 15°-Breitenkreisen begrenzt werden.

Die Längenzonen werden, bei 180° w. Gr. beginnend und nach Osten fortschreitend, unter Auslassung der Buchstaben I und O mit A bis Z bezeichnet. Die Breitenbänder wer-

Das GEOREF-System baut sich in folgenden Stufen auf:

Stufe	erfaßt	Meldung besteht aus	Genauigkeit in geogr. L. Br. in Mitteleuropa	
1	15°-Feld	2 Buchstaben	1000 km	1600 km
2	1°-Feld	4 Buchstaben	70 km	110 km
3	1'-Feld	4 Buchstaben und 4 Ziffern	1,2 km	1,9 km
4	Zehntelminute	4 Buchstaben und 6 Ziffern	120 m	190 m
5	Hundertstelminute	4 Buchstaben und 8 Ziffern	12 m	19 m

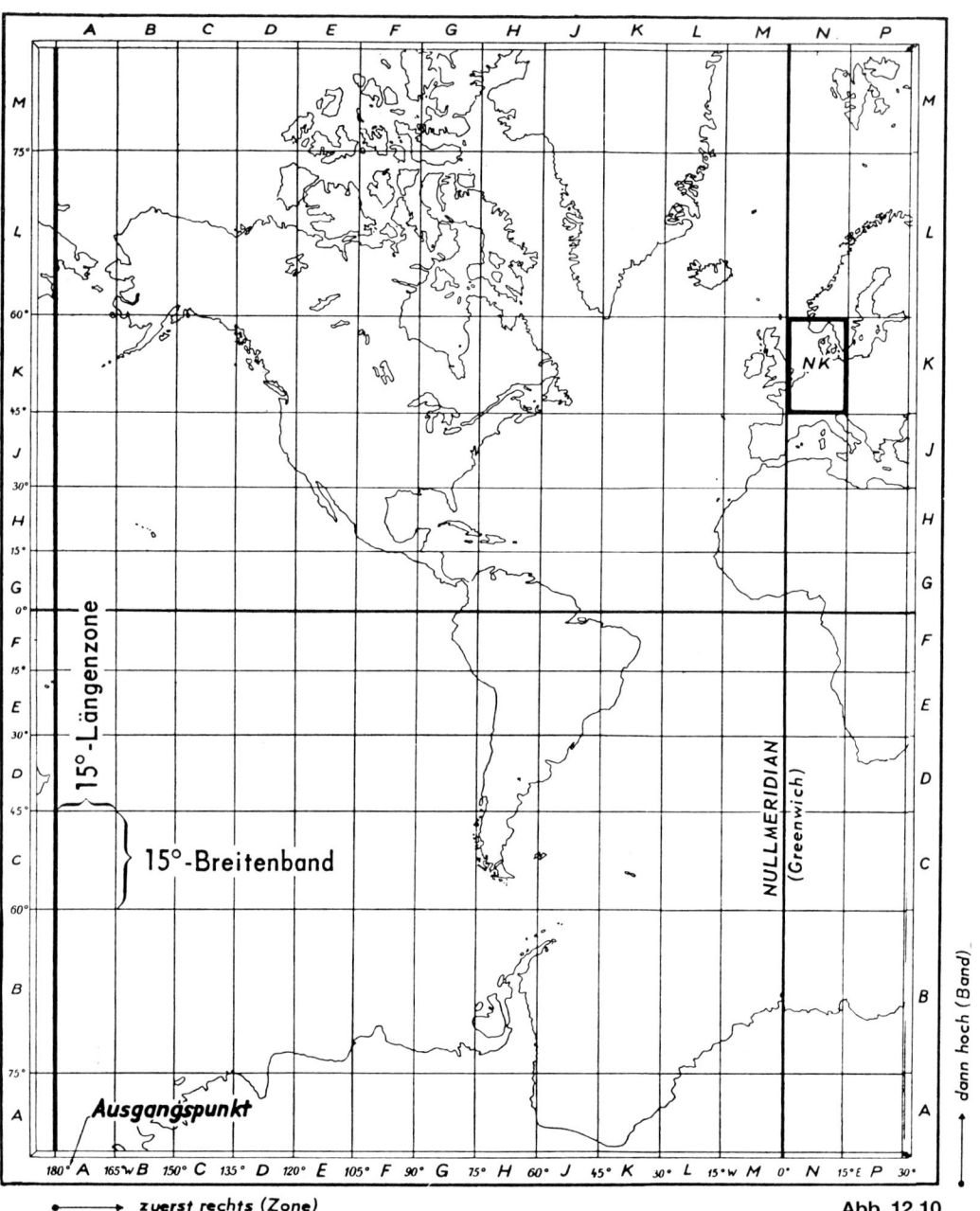

Abb. 12.10

den, vom Südpol aus unter Auslassung von I, mit A bis M bezeichnet.

2. Stufe: 1°-Feld

Jedes 15°-Feld wird durch die 1°-Meridiane und die 1°-Breitenkreise in 1°-Felder unterteilt, die ebenfalls mit je 2 Buchstaben bezeichnet werden (Abb. 12.11).

Diese Buchstabenpaare setzen sich aus den Buchstaben der 1°-Längenzonen und 1°-Breitenbändern zusammen, die in jedem 15°-Feld gebildet werden.

Die 1°-Längenzonen und -Breitenbänder werden, beginnend bei der westlichen Zone bzw. dem südlichsten Band und nach Osten bzw. Norden fortschreitend unter Auslassung

296

von I und O mit A bis Q bezeichnet.

3. Stufe: Minutenfeld

Jedes 1°-Feld wird mit Hilfe der 60-Minuten-einteilung der Längen- und Breitengrade in 3600 Minutenfelder eingeteilt, die mit je 4 Ziffern bezeichnet werden.

Die 4 Ziffern setzen sich aus den Längen- und Breitenminuten der Südwestecken der Minutenfelder zusammen. Sie werden von der Südwestecke des 1°-Feldes aus nach Osten bzw. Norden gezählt und in dieser Reihenfolge zusammengesetzt (Abb. 12.12).

4. Stufe: Zehntelminute

Durch Unterteilung der geographischen Minuten in Zehntelminuten kann ein Punkt mit entsprechender Genauigkeit festgelegt werden. Durch Hinzufügung je 1 Dezimalstelle bei den Längen- und Breitenminuten erhöht sich die Ziffernzahl auf 6.

5. Stufe: Hundertstelminute

Wenn in seltenen Fällen eine noch höhere Genauigkeit erforderliche ist und eine groß-maßstäbliche Karte die Entnahme von Hundertstelminuten erlaubt, ergeben sich für die Meldung 8 Ziffern.

Allgemeine Regeln für GEOREF-Meldungen

(1) Die Buchstabenpaare der 1. und 2. Stufe sind in den GEOREF-Karten eingedruckt und unmittelbar abzulesen.

Je nach Maßstab der Karte sind sämtliche Minuten der Stufe 3 oder nur einige von ihnen (z. B. 10′ oder 5′) angerissen und beziffert. Die Einzelminuten müssen dann geschätzt oder abgemessen werden. Die Zehntel- und Hundertstelminuten (Stufe 4 und 5) müssen meistens geschätzt werden.

(2) Jede GEOREF-Meldung besteht aus einer geraden Anzahl von Buchstaben (2 oder 4) und Ziffern (4, 6 oder 8).

(3) Für die Reihenfolge der Buchstaben und Ziffern in jeder Stufe gilt stets die Regel:

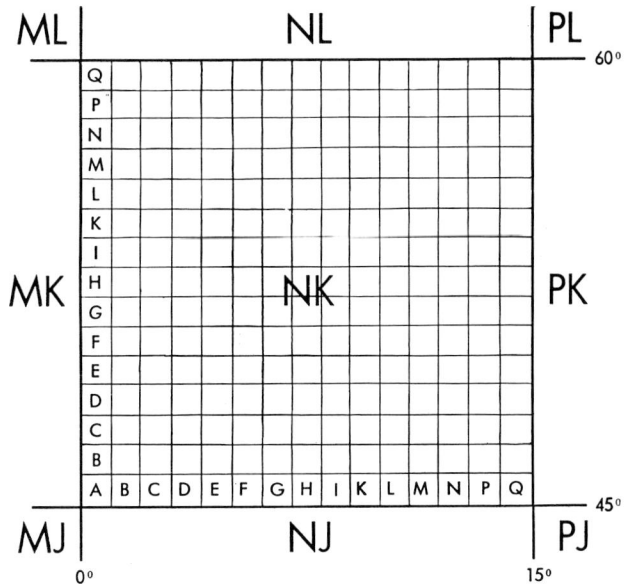

Abb. 12.11 15°-Feld NK.

»Zuerst rechts, dann hoch«. Bei den Stufen 1 und 2 ist demnach jeweils zuerst der Buchstabe der Längenzone, dann der des Breitenbandes zu schreiben.

Bei den Stufen 3, 4 und 5 ist zuerst die Zahl der »Ost-Minuten« (rechts), dann die der »Nord-Minuten« (hoch) zu schreiben, die als Koordinaten auf der Südwestrecke ihres 1°-Feldes bezogen sind. Da diese Regel auch für Gebiete westlich von Greenwich und südlich des Äquators gilt, können dort die Ost- und Nord-Minuten nicht unmittelbar aus der Karte abgelesen werden. Sie müssen dann

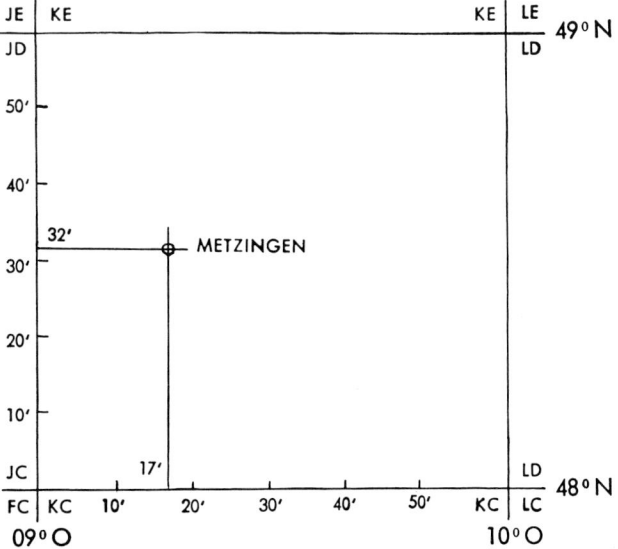

Abb. 12.12 1°-Feld KD mit Minuten Ost und Minuten West.

entweder abgezählt oder durch Ergänzung zu 60 gebildet werden.

(4) Die Buchstaben und Ziffern der einzelnen Stufen werden in der Meldung ohne Abstand hintereinander geschrieben. Auch innerhalb einer Stufe wird zwischen den beiden Teil- werten kein Abstand gelassen. Bei den Zehn- tel- und Hundertstelminuten der 4. und 5. Stufe wird kein Komma gesetzt.

Null, z. B. bei 04′,40′ und 40′,0 muß immer mitgemeldet werden.

Beispiel: Metzingen/Württemberg – geogr. Standort:

48° 32′ N
09° 17′ O

GEOREF-Standort NKKD 1732

b) Universale Transversale Merkatorpro- jektion (UTM)

Die gesamte Erdoberfläche zwischen dem 80. Grad südlicher Breite und dem 80. Grad nördlicher Breite wird in 60 Einzelsysteme aufgeteilt. Jedes Einzelsystem besteht bei dem UTM-Gitter aus 6° breiten Meridianstrei- fen. In den beiden Polgegenden wird das UPS-Gitter (universales Polarstereographi- sches Gitter) angewendet.

Die Meridianstreifen werden beim UTM- Gitter durch eine Zonenzahl von 1–60 ge- kennzeichnet. Die Bezifferung beginnt bei dem 180. Längengrad und geht von dort nach Osten um die Erde herum.

Demnach erhält die Zone

zwischen 180° u. 174° westl. Länge die Nr. 1
zwischen 174° und 168° westl. Länge die Nr. 2 usw.
zwischen 0° und 6° östl. Länge die Nr. 31
zwischen 6° und 12° östl. Länge die Nr. 32
zwischen 12° und 18° östl. Länge die Nr. 33 usw.
zwischen 174° und 180° östl. Länge die Nr. 60

Die Abbildung dieser (gekrümmten) Teilflä- chen des Erdellipsoides auf die Ebene (Kar- tenebene) geschieht für jeden Meridianstrei- fen durch einen Zylinder, der das Erdellipsoid in dem Mittelmeridian des jeweiligen Meri- dianstreifens berührt. Die Art dieser Abbil- dung wird als querachsige konforme Zylin- derprojektion oder auch als transversale Merkatorprojektion bezeichnet.

Das ebene Bild jeden UTM-Meridianstrei- fens wird mit einem rechtwinkligen Gitter (Koordinatensystem) versehen. Die Koordi- natenachsen sind die Bilder des jeweiligen Mittelmeridians und des Äquators. Die Koor- dinatenwerte werden mit Rechts (R) und Hoch (H) bezeichnet. Die englischsprachigen Bezeichnungen dafür sind East (E) und North (N).

Sämtliche topographischen Karten sind mit Gitterlinien versehen, die quer über die Karte ausgezogen sind und parallel zu den Koordinatenachsen (Mittelmeridian bzw. Äquator) verlaufen.

Abb. 12.13 Schematische Darstellung der Einteilung der Erdoberfläche von 80° südl. bis 80° nördl. Breite in Zonen und Bänder einschließlich ihrer UTM-Kennzeichnung.

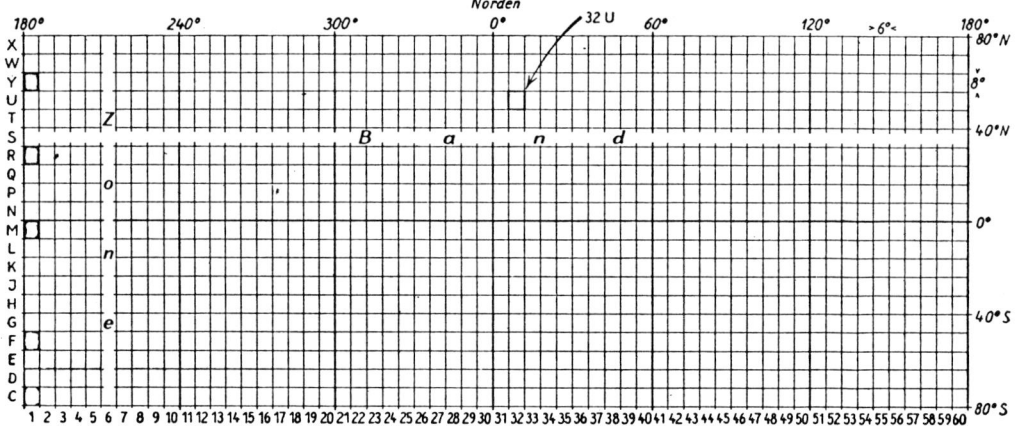

Der Abstand der Gitterlinien beträgt bei Karten im Maßstab

1: 25 000 (4 cm = 1 km in der Natur)
1: 50 000 (2 cm = 1 km in der Natur)
1:100 000 (10 cm = 10 km in der Natur)
1:250 000 (4 cm = 10 km in der Natur)

Die Bezifferung der Gitterlinien erfolgt an allen vier Rändern der Karte. Die jeweils erste Gitterlinie, in beiden Richtungen von der südwestlichen Kartenecke aus, ist mit ihrem vollen Zahlenwert in m (Metern) bezeichnet. Die übrigen Gitterlinien sind mit abgekürzten Zahlenwerten versehen, und zwar

— bei Karten im Maßstab 1:100 000 und kleiner werden die letzten vier Ziffern (0000) fortgelassen, d. h. die Zahlen geben die 10-km-Linie an.

— bei Karten im Maßstab 1:100 000 und kleiner werden die letzten drei Ziffern (000) fortgelassen, d. h. die Zahlen geben die 1-km-Linien an.

Für das militärische Meldewesen ist die Bezeichnung eines Kartenpunktes durch vielziffrige Zahlen unzweckmäßig. Es wird daher für die UTM-Gittermeldung ein Verfahren gewählt, das einen Kartenpunkt oder -raum mit Hilfe von Buchstaben und Zahlen bezeichnet.

Um die Großräume für die UTM-Gittermeldung festzulegen, wird die Erdoberfläche neben der Aufteilung in 60 Meridianstreifen noch in Breitenkreisbänder eingeteilt. Diese Bänder umfassen in nordsüdlicher Richtung 8 Breitengrade. Sie werden mit den Buchstaben von C bis X, beginnend am 80. Grad südlicher Breite bezeichnet, wobei die Buchstaben I und O ausgelassen werden. Die Buchstaben A und B werden zur Bezeichnung der Südpolarzone und die Buchstaben Y und Z für die Nordpolarzone im UPS-Gitter verwendeet. So erhält z. B. das Band zwischen dem 48. und 56. Grad nördl. Breite den Buchstaben U. Die innerhalb eines Meridianstreifens liegenden Streifen nennt man Gitterzone. Die Bezeichnung einer Gitterzone erfolgt durch die Nr. des Meridianstreifens und den Buchstaben des Breitenkreisstreifens. So erhält z. B. die Gitterzone, die von den beiden Längengraden 6° und 12° Ost und von den beiden Breitenkreisen 48° Nord und 56° Nord begrenzt wird, die Bezeichnung 32 U. In dieser Gitterzone liegt der überwiegende Teil der Bundesrepublik.

Diese großen geographischen Räume werden in Gitter-Quadrate von 100 000 Metern Seitenlänge unterteilt (100-km-Quadrate). Jedes dieser Quadrate wird durch eine Kombination von zwei Buchstaben gekennzeichnet, wobei auch hier die Buchstaben I und O nicht auftreten. Der erste Buchstabe kennzeichnet die nordsüdliche Zone, der zweite Buchstabe das ostwestliche Band.

Innerhalb der 100-km-Quadrate werden Räume und Punkte durch ihre (gekürzten) Koordinatenwerte bezeichnet.

Zur Bezeichnung eines Raumes, der durch ein Gitterquadrat begrenzt wird, gibt man den gekürzten Rechts- und Hochwert der linken unteren Quadratecke (Südwestecke) an. Hinter den Buchstaben, die die Kennzeichnung des 100-km-Quadrates angeben, werden die Ziffern des Rechtswertes und anschließend des Hochwertes (ohne Trennungszeichen) angeben.

Für die Angabe eines Kartenpunktes genügt im Meldeverkehr meist die Angabe in 1/10 des Gitterabstandes. Die geschätzten 1/10 innerhalb eines Gitterquadrates werden dem Rechtswert und dem Hochwert der Gitterlinienbezeichnung unmittelbar angefügt.

Am Rand eines jeden Kartenblattes ist ein Gitter-Erläuterungskasten vorhanden, der in seinem Teil die Angaben über die Gitterzonenbezeichnung (z. B. 32 U) und die 100-km-Quadratkennzeichnung enthält (z. B. NU und NC). Im rechten Teil des Erläuterungskastens ist eine Anweisung für die Meldung eines Kartenpunktes an Hand eines Beispiels gegeben. Der Gitter-Erläuterungskasten ist in engl., franz. und deutscher Sprache gedruckt.

Immer besteht eine UTM-Gittermeldung aus zwei Buchstaben und einer geraden An-

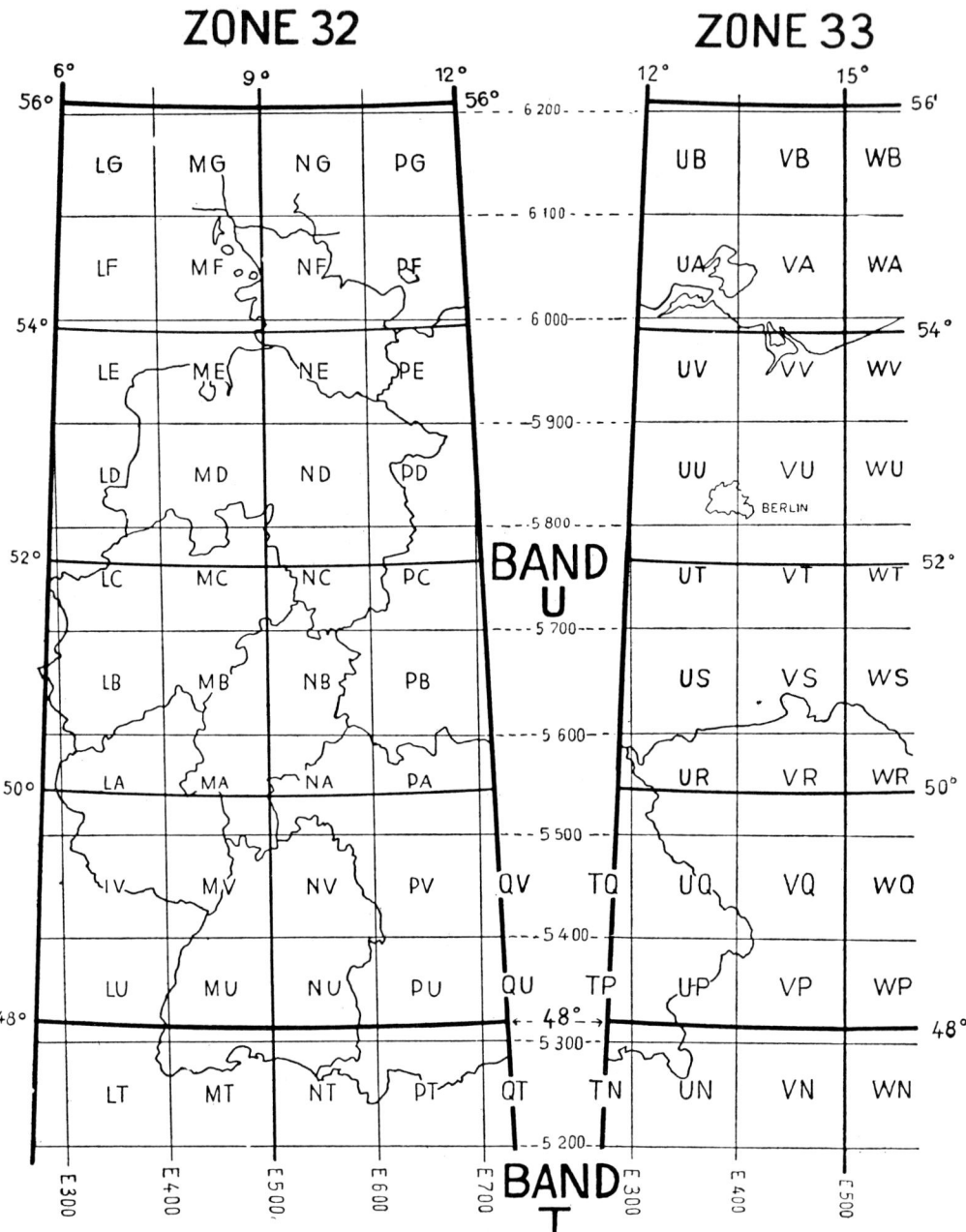

Abb. 12.14 Die Abbildung der Bundesrepublik auf den beiden UTM-Zonen 32 und 33 mit den Zonenfeldern und 100-km-Quadraten.

zahl von Ziffern. Die erste Hälfte der Ziffern gibt den Rechtswert, die zweite Hälfte den Hochwert an, wobei jeweils die erste Ziffer den 10-km-Wert angibt. Besteht demnach eine Gittermeldung aus:

In den Melderäumen von mehreren 1000 km ist dann noch die Bezeichnung der Gitterzone voranzusetzen: Mit dieser Bezeichnung ist der Kartenpunkt eindeutig im gesamten Weltsystem festgelegt.

2 Ziffern, so ist der Raum	auf 10 km genau festgelegt
4 Ziffern, so ist der Raum (Punkt)	auf 1 km genau festgelegt
6 Ziffern, so ist der Raum	auf 100 m genau festgelegt
8 Ziffern, so ist der Raum	auf 10 m genau festgelegt
10 Ziffern, so ist der Raum	auf 1 m genau festgelegt

z.B. Metzingen/Württ. 32 U NU 209 765

In den beiden Polargegenden, innerhalb der 80. Breitenkreise, wird das UPS-Gitter (Universales Polares Stereographisches Gitter) verwendet.

c) Navigationsbezugssysteme

(1) Das **rechtweisende Navigationsbezugssystem** bedient sich der Meridiane als Bezugslinien ohne Berücksichtigung der magnetischen Abweichung. Der rechtweisende

**Abb. 12.15
Beispiel einer
Kursbestimmung
von A über die
Mittel-Länge B nach C.**

Konvergenz-Tabelle

Länge	Konvergenz
50°	39° 16′
55°	43° 12′
60°	47° 07′
65°	51° 03′
70°	54° 58′
75°	58° 54′
80°	62° 50′

Zeichenerklärung

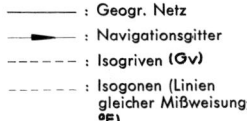

——————— : Geogr. Netz

———▶ : Navigationsgitter

– – – – – : Isogriven (**Gv**)

– – – – – : Isogonen (Linien gleicher Mißweisung-°E)

**Beispiel
einer Kursbestimmung
von A über die
Mittel-Länge B nach C**

a) konventionell

	Anfangskurs bei A	Mittelkurs bei B	Endkurs bei C
rechtweisend	59°	71°	83°
Mißweisung	−14°	−20°	−21°
Mißweisender Kurs	45°	51°	62°

(rechtweisender Kurs und Mißweisung unterliegen dauernder Änderung)

b) Gitterkurs mit Berücksichtigung der Meridiankonvergenz

	bei A:	bei B:	bei C:
Gitterkurs bei A:	20°G	20°G	20°G
Konvergenzkorrektur:	+ 39°	+ 51°	+ 63°
rechtweisender Kurs:	59°	71°	83°
Mißweisung	−14°	−20°	−21°
Mißweisender Kurs	45°	51°	62°

(Der Gitterkurs ist zwar konstant, aber Konvergenzkorrektur und Mißweisung unterliegen dauernder Änderung.)

c) Gitterkurs mit Grivation

	bei B:	bei C:
Gitterkurs bei A	20°G	20°G	20°G
Grivation	+ 25°	+ 31°	+ 42°
Mißweisender Kurs	45°	51°	62°

(Der Gitterkurs ist konstant und nur die Grivation unterliegt der laufenden Änderung.)

Projektionsmerkmale *Characteristics*	Lamberts winkeltreue Projektion *Lambert Conformal*	Polarstereographische Projektion *Polar Stereographic*	Gnomonische Pro *Gnomonic*
Entwurfsdarstellung *Graphic illustration*			
Projektions(Augen-)Punkt *Origin of Projection*	Erdmittelpunkt *center of sphere*	Gegenpol *opposite pole*	Erdmittelpun *center of sph*
Bild des Netzes *Appearance of net*			
Breitenparallele *Parallels*	konzentrische Kreise fast abstandsgleich *concentric circles nearly equally spaced*	konzentrische Kreise mit verschiedenen Abständen *concentric circles, unequally spaced*	nichtkonzentrische Kr Mittelmeridian absta *nonconcentric circle spaced at midmeria*
Meridiane *Meridians*	gradlinig am Pol konvergierend *straight lines, converging at the pole*	gerade, am Pol radial konvergierende Linien *straight lines radiating from the pole*	gradlinig, am Pol konvergi *straight line converging at the*
Winkel zwischen Breiten-parallelen und Meridianen *Angle between parallels and meridians*	90° 90°	90° 90°	verschieder *various*
Gerade Linien schneiden die Meridiane *Straight lines cross the meridians*	unter verschiedenen Winkeln als angenäherte Großkreise *at variable angles as approximated great circles*	unter verschiedenen Winkeln als angenäherte Großkreise *at variable angles as approximated great circles*	unter verschiedenen *at variable ang*
Großkreise (Orthodrome) *Great circles*	annähernd gradlinig *approximated by straight line*	annähernd gradlinig *approximated by straight line*	gradlinig *straight line*
Kursgleiche (Loxodrome) *Rhumb line*	äquatorwärts gekrümmte Linie *curved line toward the equator*	gekrümmte Linie *curved line*	gekrümmte Li *curved line*
Längentreue *Constance of scale*	etwa längentreu *scale nearly constant*	etwa längentreu *scale nearly constant*	nimmt mit Entfern Tangentialpunkt *decreases away point of tange*
Winkeltreue *Conformality*	winkeltreu *conformal*	winkeltreu *conformal*	nicht winkelt *unconforma*
Flächenverzerrung *Distortion of shapes*	sehr gering *very little*	mit Entfernung vom Pol zunehmend *increases away from pole*	mit der Entfernu Tangentialpunkt zu *increases away f point of tange*
Navigationsgebrauch *Navigational uses*	bei allen Navigationsverfahren verwendbar *suitable for all types of navigation*	Polarnavigation, alle Verfahren *polar navigation, all types*	Langstrecken-Funkn astronomische Na *long distance radio celestial navig*

	Mercator-Projektion *Mercator Projection*	Inverse Mercator-Projektion *Inverse Mercator Projection*	Transversale Mercator-Projektion *Transverse Mercator Projection*
	Erdmittelpunkt *center of sphere*	Erdmittelpunkt *center of sphere*	Erdmittelpunkt *center of sphere*
	parallele gerade Linien in ungleichen Abständen *parallel straight lines, unequally spaced*	Ellipsen in ungleichen Abständen *ellipses unequally spaced*	6°-Bögen gleichabständiger Kreise, nach den Rändern divergierend *6°-arcs of equally spaced circles diverging towards the edges*
	parallele gerade Linien in gleichen Abständen *parallel straight lines, equally spaced*	gekrümmte, am Pol in ungleichen Abständen konvergierende Linien *curved lines, unequally spaced radiating from the pole*	Mittelmeridian gradlinig, die Meridiane konkav zum Mittelmeridian *midmeridian straight line, meridians concave towards midmeridian*
	90° 90°	90° nur in Polnähe *90° close to poles only*	90° 90°
	unter gleichem Winkel (Kursgleiche) *at constant angle (rhumb line)*	unter verschiedenen Winkeln *at variable angles*	unter verschiedenen Winkeln *at variable angles*
	polwärts gekrümmte Linie *line, concave towards the pole*	annähernd gradlinig *approximated by straight line*	annähernd gradlinig b. großen Maßstäben *approximated by straight line at large scales*
	gerade Linie *straight line*	gekrümmte Linie *curved line*	äquatorwärts gekrümmte Linie, Peilungen sind am Mittelmeridian zu messen *curved line towards equator bearings to be measured at midmeridian only*
	nur an der Mittelbreite *only mid-latitude*	nicht längentreu *not scale true*	annähernd längentreu *scale nearly constant*
	winkeltreu *conformal*	winkeltreu nur in Polnähe *conformal close to poles only*	winkeltreu *conformal*
	mit der Entfernung vom Äquator zunehmend *increases away from the equator*	mit der Entfernung vom Pol zunehmend *increases away from pole*	annähernd verzerrungsfrei *approximated free of distortion*
	Koppel- und Astro-Navigation *DR and celestial navigation*	Polarnavigation, alle Navigations- methoden. Trägt für Navigations- zwecke das Polargitter als Überdruck *polar navigation, all types. For navig. purposes a grid system is overprinted*	entworfen in 6°-Längenstreifen als Grundlage des UTM-Gittersystems *designed as 6°-meridian bands (zones of longitude) as a base of UTM grid system*

Kurs (true course) ist der Winkel zwischen Kursrichtung und Meridian. Dasselbe gilt für rechtweisende Peilungen und Windrichtungen.

(2) Das **mißweisende Navigationsbezugssystem** enthält die Ortsmißweisung aufgrund der erdmagnetischen Verhältnisse.

Der mißweisende Kurs berechnet sich aus dem rechtweisenden Kurs unter Berücksichtigung der örtlichen Mißweisung (Deklination bzw. Variation).

Wird die jeweilige Kompaßabweichung (Deviation) noch berücksichtigt, so ergibt dies den genauen Kompaß-(Flug-)Kurs.

(3) Das **Gitternavigationsbezugssystem** erleichtert die Navigation, weil Mißweisungen und Meridiankonvergenzen nicht mehr berücksichtigt werden müssen, insbesondere in Polnähe. Ein rechtwinkliger harter Gitterüberdruck, ähnlich der Merkatormeridiane, zeigt jeweils die Gitternordrichtung (GiN) an. Bei der Kursbestimmung brauchen anstelle der Mißweisungs- und Meridianskonvergenzwerte nur noch die Summe derselben – Grivation genannt – bedacht werden, die aus den Isogriven direkt abgelesen wird.

3. Kartenlesen

Das Kartenlesen hängt von der Fähigkeit ab, die Kartenzeichen richtig zu übersetzen und sie mit den Landschaftsformen und -punkten, für die sie in die Karte eingetragen sind, zu identifizieren. Die Fertigkeit im Kartenlesen kann man nur durch häufigen Vergleich von Karte und Gelände erwerben.

Man unterscheidet drei Hauptarten:

(1) Navigationssignaturen, dazu gehören z.B.
– das geographische Netz bzw. Gitterüberdrucke
– Isogonen (Linien gleicher Ortsmißweisung)
– Isogriven (Linien gleicher Grivation)
– Aeronautischer Überdruck (wie Flugplätze, Sperrgebiete, Luftkorridore usw.)

(2) Topographische Signaturen, dazu gehören z.B.

– Städte, Dörfer
– Straßen, Eisenbahnen (Verkehrsnetz)
– das Gewässernetz
– besondere Bebauungen

a) Symbole und Signaturen

Kartensymbole und Farbgebungen dienen der Darstellung des Geländes, der Bebauung und Vegetation sowie weiterer Sonderinformationen für besondere Zwecke (z.B. Funknavigationshilfen). Kartensymbole oder Signaturen und Farbgebung ähneln den entsprechenden Objekten.

Abb. 12.17 Bildhafte Symbolisierung markanter Baulichkeiten in einer Kartenserie (z. B. USAF-PCL).

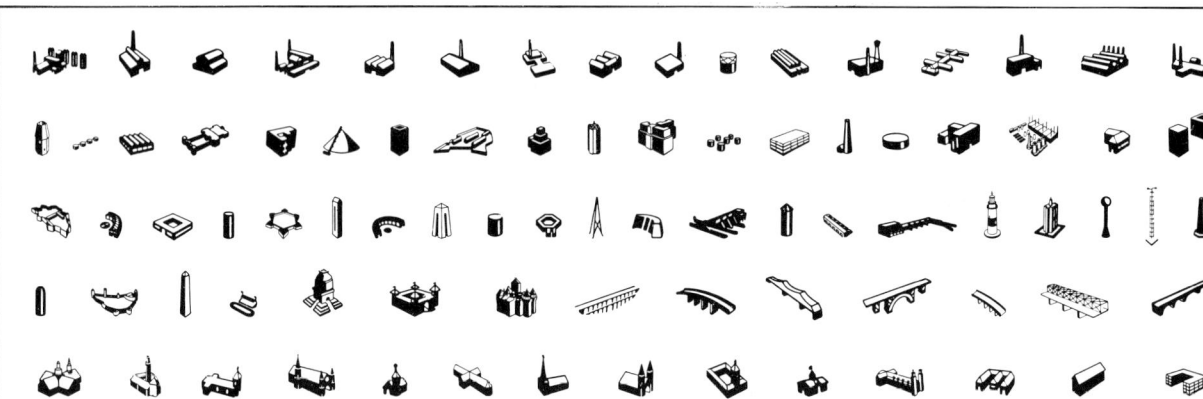

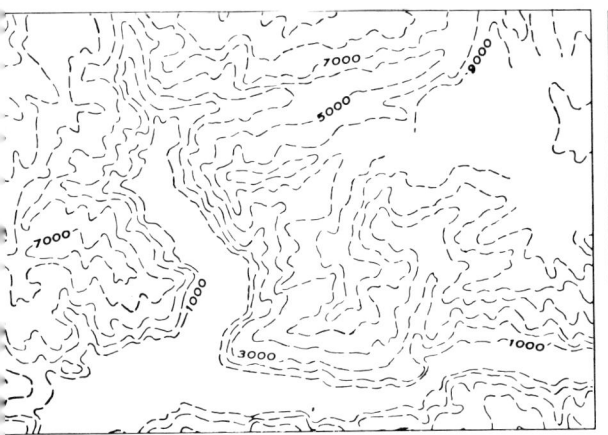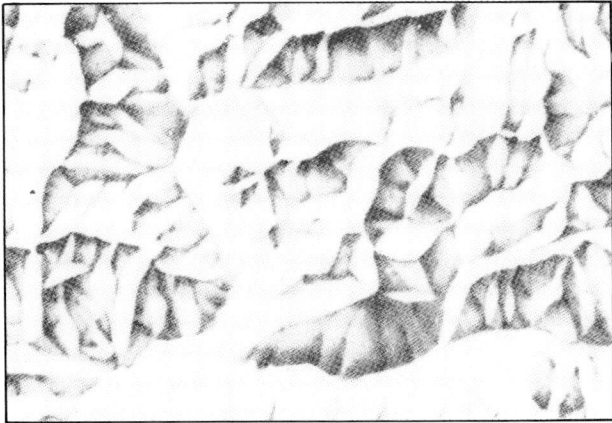

Abb. 12.18 Darstellung des Geländereliefs durch Höhenlinien (links) oder durch Schummerung (rechts).

(3) Gelände- und Bodenbewachsungssignaturen,

die Gelände und Vegetation mit Hilfe von besonderen Farbgebungen wiedergeben. Das Geländerelief läßt sich durch Höhenschichtlinien (Isophysen), Schummerungen (schattenartige Dunkeltönung) oder Höhenschraffur darstellen.

b) Technik des Kartenlesens

Koppelnavigation und Kartenlesen gehören zusammen. Es ist nicht erforderlich, jeden Kartenpunkt im Gelände genau anzufliegen, dadurch werden Zeit und Konzentrationskraft vergeudet.

Jeder Flugzeugführer muß seinem Flugzeug um Meilen voraus sein, d.h. er muß wissen, was ihn erwartet. Dazu bedarf es eines festen Grundsatzes:

Man navigiert von der Karte in das Gelände:

(1) Man wählt einen markanten Punkt auf dem Kurs, prägt sich das Kartenbild ein,

(2) notiert die Zeit und Entfernung vom augenblicklichen Standort (ca. 2–3 Minuten vorher) und

(3) beobachtet rechtzeitig vorher das Gelände, um diesen Punkt ausfindig zu machen, nach Überflug wird

(4) die Zeit festgehalten, um weitere Korrekturen durchführen zu können.

Nur im Notfall, wenn man seiner Position nicht ganz sicher ist, kann man Geländemarken in der Karte suchen.

Merke: Grundlage guter Navigation ist Einhaltung vorberechneter Festwerte:
Zeit, Kurs, Geschwindigkeit.

c) Fehler beim Kartenlesen

(1) Wunschdenken, d.h. falsche Identifizierung einer Geländemarke, ist gefährlich. Man verhindert dies, indem man zusätzliche Geländemarken aus der Karte entnimmt und mit dem tatsächlichen überflogenen Geländebild vergleicht.

(2) Der Verlust der Orientierung durch ungenaues Fliegen und Wettereinfluß ist ein häufiger Fall meist schlechter Flugvorbereitung. Wenn man einen Wendepunkt erkannt und überflogen hat und nach einiger Zeit seiner Position nicht mehr sicher ist, so wird sich die Kursabweichung meist in einem Kreis mit einem Radius von ca. 10 % der ungefähr zurückgelegten Strecke (Faustformeln sind zur Berechnung ausreichend) bewegen. Ein bis zwei systematische Suchkurven verhelfen zum Auffinden markanter Auffanglinien oder Punkte, wie große Flüsse, Städte, Eisenbahnlinien, Autobahnen oder Flugplätze.

d) Kartenlesen bei Nacht

Das Kartenlesen bei Nacht ist ähnlich dem bei Tag. Nur ist bei roter Cockpitbeleuchtung zu berücksichtigen, daß rote Kartenzeichen fast unleserlich sind. Eine exakte Flugvorbe-

Zeichenerklärung

Verkehrsnetz

Autobahn; Parkplatz; im Bau

Autostraße, mit oder ohne Mittelstreifen

Europa-, Bundesstraßennummer
Fern-, Bundes- bzw. Hauptstraße,
6 m oder breiter

Nebenstraße, 4-6 m

Fahrweg, befestigt

Feld- und Waldweg

Fußweg, Pfad; Klettersteig; Wattenweg

Straßentunnel; Eisenbahntunnel

Vollspurige Bahn, mehrgleisig

Vollspurige Bahn, eingleisig

Schmalspurige Bahn

Straßen- und Wirtschaftsbahn

Zahnradbahn; Seil- und Schwebebahn

Grenzen

Staatsgrenze

Landesgrenze

Innerdeutsche Grenze

Regierungsbezirksgrenze

Kreisgrenze

Standort- und Truppenübungsplatzgrenze

Naturschutzgebietsgrenze

Topographische Einzelzeichen

Damm, Deich: befahrbar; nicht befahrbar

Einschnitt; Bäume entlang von Straßen

Hochspannungsleitung über 100 kV

Kirche, eintürmig; zweitürmig; als Trig. Punkt

Friedhof, Kapelle; Bildstock, Gipfelkreuz

Denkmal; Leuchtturm, Leuchtfeuer; Bake

Wassermühle; Windmühle; Windrad

Kläranlage; Brunnen; Wasserbehälter

Mauerreste, Ruine; Tankstelle; Parkplatz

Funkturm; Turm; als Trig. Punkt

Schornstein: frei; im Gebäude; als Trig. Punkt

Bergwerk: in Betrieb; außer Betrieb

Bruchfeld, Höhle

Försterei; Kilometerstein

Mauer, Zaun

Hecke, Steinriegel

Kleiner Wall mit Hecke (Knick); ohne Hecke

Hervorragender Baum

Steinbruch; Grube; Grabhügel

Zeltplatz; Sprungschanze; Sportplatz

Legend

Communications

autobahn; parking area; under construction

dual highway, with median or center line only

route number
trunk road, federal main road, main road,
6 m wide or more

secondary road, 4-6 m wide

road, light surface

fair weather road, loose surface

footpath, climbing path; track across tidal flats

tunnel; road and railroad

railroad, standard gauge; multiple track

railroad, standard gauge; single track

railroad, narrow gauge

tramway and industrial railway

funicular; aerial cableway and suspended monorail

Boundaries

international boundary

boundary between "Länder"

boundary FRG-GDR

boundary of "Regierungsbezirk"

boundary of "Kreis"

boundary of training area

boundary of nature reserve

Other Topographical Details

embankment, dike: practicable, impracticable
                                    (for traffic)

cut; roads tree lined

power line more than 100 kv

church with one spire; two spires; trig point

cemetery; chapel; shrine, cross on summit
                                    of mountain

monument; lighthouse, light; beacon

water mill; windmill; wind motor

sewage disposal plant; well; water tank

ruins; filling station; parking area

radio tower; tower; trig point

chimney: in the open; in buildings; trig point

mine: in use, disused

undermined land, cave

forester's house; kilometer stone

wall, fence

hedge; dry stone wall

low bank with hedge without hedge

conspicuous tree

quarry; pit; grave-mound

camping ground; ski-jump; sports ground

Légende

Voies de communications

autoroute; parking: en construction

route à deux voies avec ou sans bande médiane

numéro de route
route de trafic à grandes distances, route fédérale,
grande route, 6 m ou plus de large

route secondaire, 4-6 m

chemin carrossable, à revêtement léger

chemin d'exploitation

sentier, sentier alpin, sentier à travers le Watt

tunnel routier; tunnel ferroviaire

chemin de fer à voie normale, à deux voies ou plus

chemin de fer à voie normale, à voie unique

chemin de fer à voie étroite

tramway, chemin de fer industriel

funiculaire; téléphérique et chemin de fer suspendu

Limites

frontière d'Etat

limite des "Länder"

limite RFA-RDA

limite d'un "Regierungsbezirk"

limite d'une ville ou d'un "Kreis"

limite de camp

limite des domaines de protection de la nature

Signes divers

digue: carrossable, non carrossable

déblai; route bordée d'arbres

ligne à haute tension plus de 100 kV

église avec un clocher, avec deux clochers; point géod.

cimetière, chapelle; croix

monument; phare, balise

moulin à eau; moulin à vent, éolienne

station d'épuration; puits; réservoir

ruines; poste d'essence; parking

tour radio; tour; géodésique

cheminée: isolée; dans un bâtiment; point géod.

mine: en exploitation; abandonnée

terrain instable au-dessus des mines; grotte

maison forestière; borne kilométrique

mur, clôture

haie; clôture de pierres

levée de terre avec haie, sans haie

arbre bien en vue

carrière de pierres; fosse; tombeau

emplacement pour camping; tremplin de ski; stade

Bewachsung / Vegetation / Végétation

bewachsung	Vegetation	Végétation
Laubwald	deciduous forest	bois à feuilles caduques
Nadelwald	coniferous forest	bois de conifères
Mischwald	mixed forest	bois mixte
Bäume und Gebüsch	trees and brush	arbres et broussailles
Park	park	parc
Weingarten	vineyard	vigne
Hopfenpflanzung	hop-garden	houblonnière
Wiese, Weide	meadow, pasture	pré, pâturage
Heide; Strandhafer	heath; beach grass	lande; oyat
Sumpf, Moor; Schilf	swamp, bog; reed	marais; roseau
Torfstich	peat cutting	tourbière
Garten	garden	jardin
Obstbaumgut	orchard	verger
Baumschule	nursery	pépinière

Gewässer / Hydrography / hydrographie

Gewässer	Hydrography	hydrographie
Eisen-, Stein- oder Betonbrücke	iron-, stone- or concrete bridge	pont en fer, en pierre ou en béton
Hebe- oder Drehbrücke	lift or swing bridge	pont levant ou tournant
Holzbrücke	wooden bridge	pont en bois
Steg	footbridge	passerelle
Eisenbahnfähre	train ferry	ferry-boat pour train
Wagenfähre	vehicle ferry	bac pour véhicules
Personenfähre	passenger ferry	bac pour piétons
Furt	ford	gué
Landungsbrücke	landing stage	embarcadère
Talsperre	dam (across a valley)	barrage de vallée
Schiffsschleuse	lock	écluse double
Siel oder Stauschleuse	sluice	écluse de marée
Wehr	weir	barrage
Wasserfall	waterfall	cascade
Kanal: bis 5 m; über 5 m	canal: up to 5 m; over 5 m	canal: moins de 5 m, plus de 5 m
Graben; trock. Graben	ditch; dry ditch	fossé; fossé généralement sec
Quelle und Bach	spring and brook	source et ruisseau
Watt	tidal flats	watt
Sand	sand	sable

Geländeformen / Relief Features / Figuré du terrain

Geländeformen (in Metern)	Relief Features (heights in meters)	Figuré du terrain
Höhenlinien (in Metern)	contours (heights in meters)	courbes de niveau (altitudes en mètres)
Böschung; Steilrand	embankment / escarpment	talus; escarpement
Fels	rock	rocher

Abkürzungen / Abbreviations / Abréviations

AD	Autobahndreieck	3-way interchange	échangeur
AK	Autobahnkreuz	4-way interchange	échangeur
AS	Anschlußstelle	access	point de raccordement
AT	Aussichtsturm	observation tower	tour d'observation
ehem.	ehemalig	former	abandonné
EW	Elektrizitätswerk	power station	usine électrique
H : Hs	Hütte : Haus	hut: house	hutte: maison
Hbf	Hauptbahnhof	main railway station	gare centrale
Hp : Hst	Haltepunkt; Haltestelle	halt: railway stop	halte; arrêt
JH	Jugendherberge	youth hostel	auberge de jeunesse
Kläranl.	Kläranlage	sewage disposal plant	station d'épuration
Krhs	Krankenhaus	hospital	hôpital
ND	Naturdenkmal	natural monument	monument naturel

NSG	Naturschutzgebiet	nature reserve	réserve naturelle
PW	Pumpwerk	pump station	station de pompes
Rhs	Rasthaus	rest house	restoroute
Sch	Scheune, Schuppen, Stall	barn, shed, stable	grange, hangar, étable
Schl	Schloß	castle	château
StÜbPl	Standortübungsplatz	garrison training area	champ de manœuvres
TrÜbPl	Truppenübungsplatz	military training area	champ de tir et de manœuvres
UW	Umspannwerk	transformer station	station de transformateurs
Vrk	Vorwerk	outbuildings	dépendances d'un domaine
W/t	Werft	shipyard	chantier de construction navale
Whs	Wirtshaus	inn	auberge
WT	Wasserturm	water tower	château d'eau
WW	Wasserwerk	waterworks	usine des eaux

The following integral parts of proper names should not be translated:

Il ne faudra pas traduire les parts suivantes de noms propres:

A, A Alm, Alpe	Gde Gemeinde	Kl Klein-	Mttr Mitter-	..s, S See	Unt Unter-
..b, B Bach	Gr Groß-	..kp, Kp Kapelle	Ndr Nieder-	..schl, Schl Schacht	Weiher
..b, B Berg	Grb Grube (Bergwerk)	..kr, Kr Kreuz	Ob Ober-	..sp, Sp Spitze, Spitz	Vord Vorder-
Bf Bahnhof	..ham ..hausen	..m, M Mühle	..qu, Qu Quelle	St Sankt	Hint Hinter-
..bge, Bge Berge	..j, J Joch	Mittl Mittel-	R Ruine	..st, St Stein	..gr, gr Graben

..T Teich ..mhr, Whr Weiher

Abb. 12.19 Kartenzeichen für Karten des Maßstabs 1:50000.

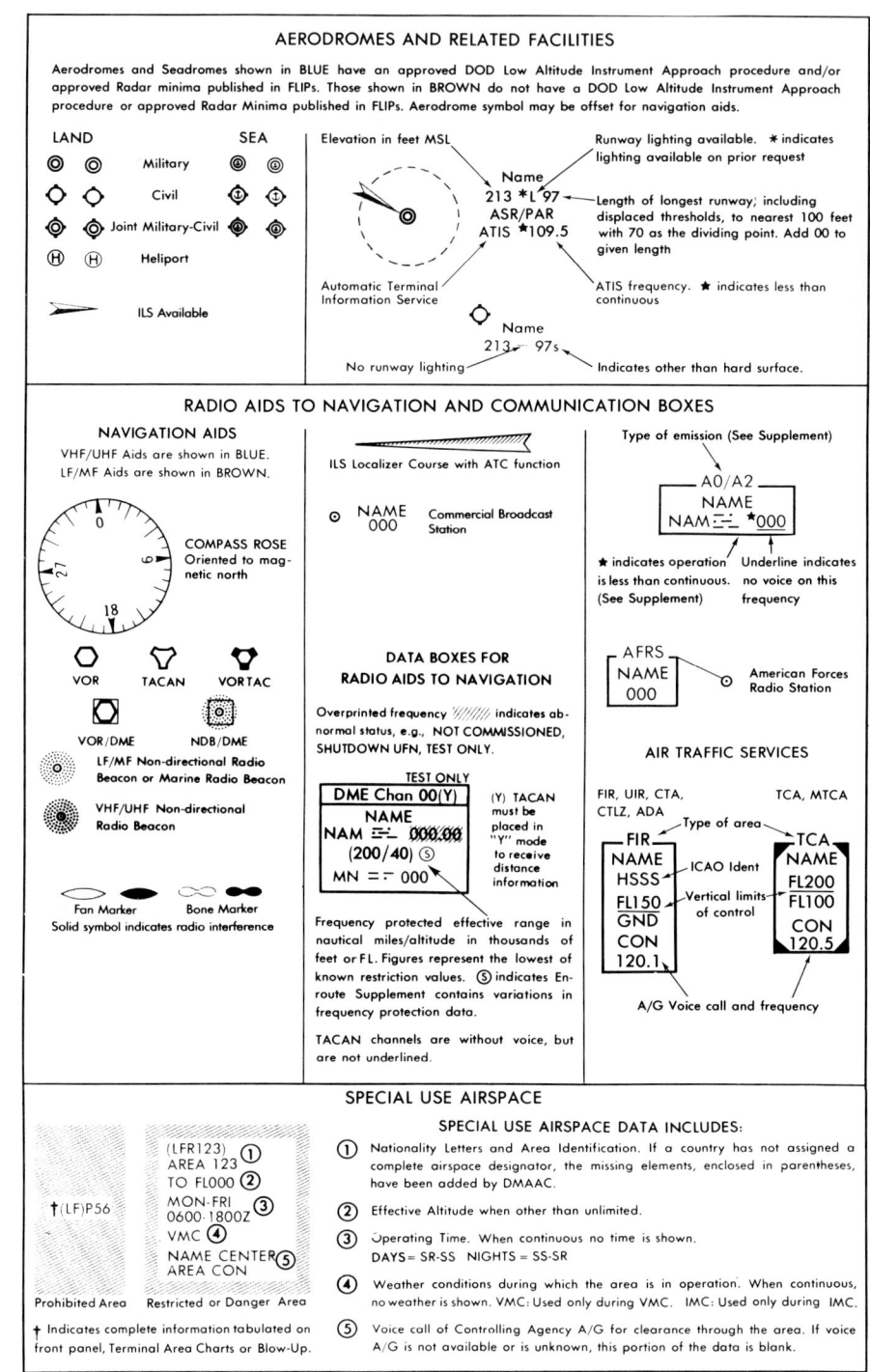

Abb. 12.20 Kartenlegenden für Funknavigationskarten (auch nächste Seite).

AIR TRAFFIC SERVICES AND AIRSPACE INFORMATION

ROUTE DATA

VHF/UHF route data is depicted in BLUE, LF/MF in BROWN. Route data for identical VHF/UHF and LF/MF route segments are shown in BLUE only.

VR32   VHF/UHF Route and identification

B12   LF/MF Airway and identification

Advisory Routes

VHF/UHF   LF/MF

DR19   **DR39**

B10 One Direction Flight   **R39**

G8 —090→ Direct Route and identification

← —210—030→ Direct Route

CORRIDOR A — Corridor

╪╪╪╪╪╪╪╪ Military Route
┼┼┼┼┼┼┼┼┼┼┼

∿∿∿∿∿ Unusable Route Segment

ARRIVAL AND DEPARTURE ROUTES *

VIA AIRWAYS

━━ 091 ━━ Arrival
━ 091 ━

━ ━ 271 ━ ━ Departure
━ 271 ━

OFF AIRWAYS

━━ 011d ━━ Arrival
━ 011d ━

━ ━ 191d ━ ━ Departure
━ 191d ━

◄ Terminating Route Fix

* Shown on Terminal Area Charts only

← 269 — Radial outbound from a facility

— 089 — Bearing inbound to a facility

⟨ NAM 000.0 ⟩ ⟨ EAM 000 ⟩ Facility Locators used with radial/bearing lines in the formation of reporting points.

135   (149)

Total mileage between compulsory reporting points and/or radio aids to navigation.

174   **159**

Mileage between other reporting points, facilities and/or mileage breakdown.

---

25 ⌐ VOR Change-over Point with mileage to facilities. Mileage not shown at midpoint locations.
41 └

DAT 12 / 213°/21   TACAN Fix Data with bearing and distance from the referenced TACAN

→ Denotes DME fix (Distance same as airway mileage)

15 → Denotes   x   Mileage DME fix   x   Breakdown

FLIGHT ALTITUDE AND DIRECTION

ODD ➤ FL30, 50, 70, etc. In reverse direction select FL40, 60, 80, etc.

$\frac{FL200}{3000}$ $\frac{FL200}{3000}$ Vertical Limits of Control

3500
3500   Minimum Enroute Altitude (MEA)

*3000
*3000   Minimum Obstruction Clearance Altitude

⌐ MEA and airways Vertical Limits Change at other than facility

R R Minimum Reception Altitude

X X Minimum Crossing Altitude

REPORTING POINTS

▲ ▲   △ △
Compulsory   Non-Compulsory

▲ Arrow indicates facility forming a reporting point. Toward LF/MF, away from VHF/UHF

◄ NR ▶   NR ▶   NR ▶
Non-compulsory reporting indicator. No report required at next compulsory reporting point.

REPORTING ALTITUDE RESTRICTIONS

Ⓛ Ⓛ   Ⓜ Ⓜ
Below 15,200   Below FL240

Specific reporting altitudes appear adjacent to some reporting points

AIRSPACE INFORMATION

White areas are controlled airspace. Shading, other than LF/MF Airway Ribbon, is uncontrolled airspace.

BOUNDARIES

┬ Flight Information Region

┬ – – Sub Flight Information Region

U Upper Flight Information Region

⎍⎍⎍ ⌐⌐⌐ FIR/UIR Sector

·········· Air Defense Identification Zone

············ Radar Area Boundary

·· ·· ·· Radar Sector Boundary

▲▲▲▲▲ Buffer Zone (Teeth point to area)

▆▆▆ Non-Free Flying Area (Teeth point to area. Does not define International boundary.)

■■■■■ French Peripheral Classification Line

●●●●● Terminal Control Area

⬭⬭⬭ TCA Sector

———— Control Area Sector or Oceanic Control Boundary

– – – – Control Zone

············ Time Zone

— — — Advisory Area

═══════ Traffic Control Frequency Change along airway

⌐ ⌐ Compulsory Border Crossing

— — — International Boundary
Omitted when in conflict with more important aeronautical information or to relieve congestion. Disclaimer notes are shown where applicable.

▬ ▬ ▬ Austria, Switzerland and Sweden International Boundary

▬ ▬ ▬ Area of Enlargement. Contains only data for through flights. See Blow-Up or Terminal Area Charts for complete data.

MISCELLANEOUS

— 1°E — Isogonic line and value

⬭ ⬭ Holding Pattern (Standard)

COORDINATES ARE TO THE NEAREST MINUTE.

MILEAGES ARE NAUTICAL

RADIALS AND BEARINGS ARE MAGNETIC.

ALTITUDES ARE MSL UNLESS OTHERWISE INDICATED.

ALL TIME IS COORDINATED UNIVERSAL (STANDARD) TIME (UTC)

++ DURING PERIODS OF DAYLIGHT SAVING TIME (DT) EFFECTIVE HOURS WILL BE ONE HOUR EARLIER THAN SHOWN

EXAMPLE OF GROUPING

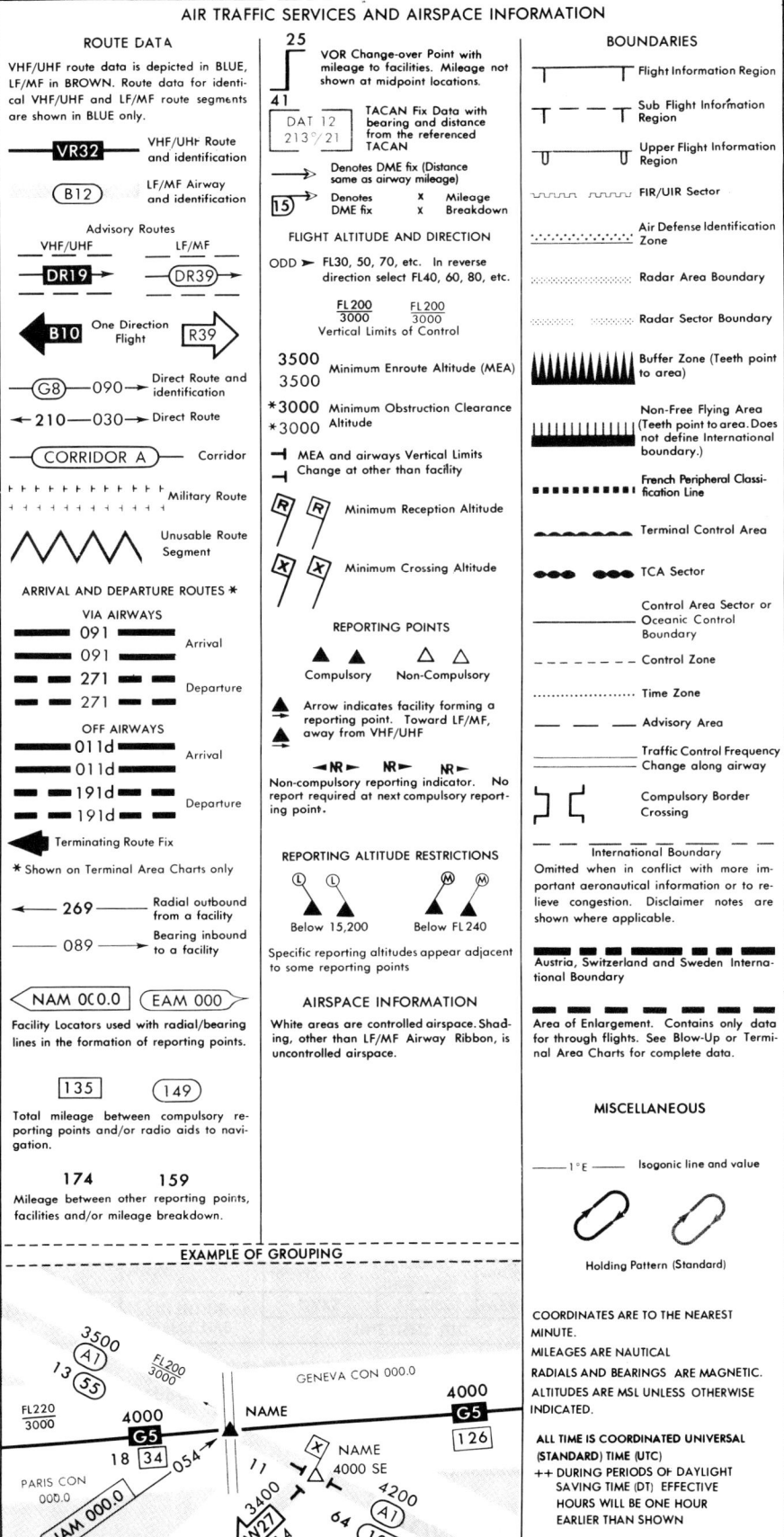

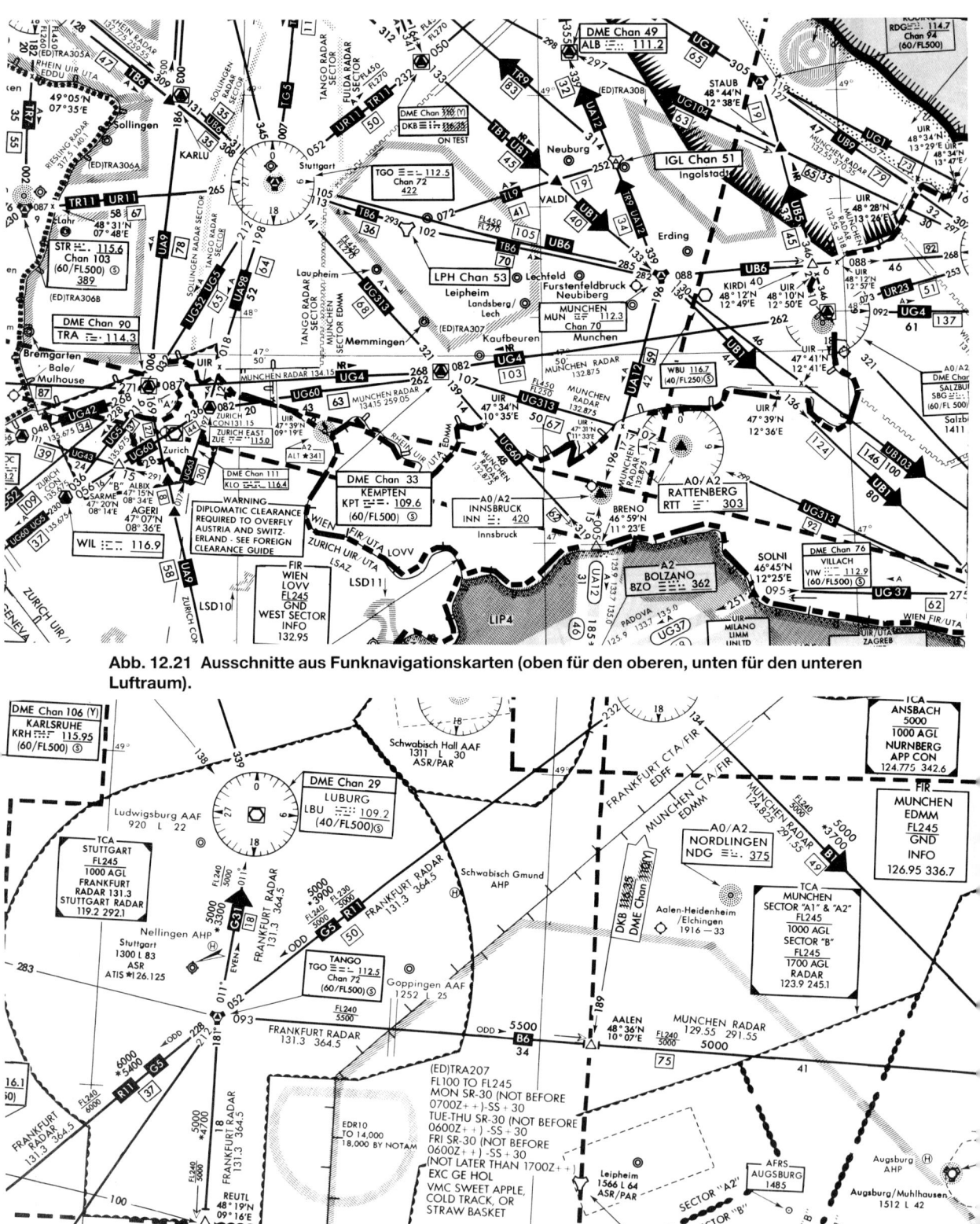

Abb. 12.21 Ausschnitte aus Funknavigationskarten (oben für den oberen, unten für den unteren Luftraum).

reitung, die auch Funknavigationshilfen beinhaltet, wird in Verbindung mit besonders markanten topographischen Merkmalen (Städten, Autobahnen, breiten Flüssen, Lichtsignaltürmen) der genauen Navigation bei Nacht zugute kommen.

e) Radarvorhersagebilder (radarprediction) Radarvorhersagebilder oder -streifen erleichtern die Interpretation von Kartenbild zum auf dem Bordradarschirm erscheinenden abgewandelten Geländebild, das je nach Flughöhe und Reflexionsfähigkeit des Geländes verschieden ausfällt. Wasserflächen geben dunkle Radarschirmzeichen, während Berge oder markante Kulturbauten helle, scharfe Konturen bzw. Zeichen abgeben. Das Rückstrahlungsvermögen üblicher Kulturbauten und Geländeformen ist sehr unterschiedlich. Sie lassen sich nur durch Radarvorhersagebilder, die von Reliefkarten angefertigt werden, erfassen.

Die Radarvorhersage ist eine synthetische, photomechanische Geländedarstellung, die den zu erwartenden Radarechos sehr nahe kommt und vor allem für Tiefflugnavigationseinsätze bei schlechtem Wetter und bei Nacht fast unerläßlich ist.

f) Kartenanzeigegeräte, in der Art eines Kniebretts, zeigen Piloten oder Navigatoren/Beobachtern in Hubschraubern oder Starrflügelflugzeugen die jeweilige Position unmittelbar auf einer Karte an, womit eine sichere Orientierung bei Tag und Nacht und bei jedem Wetter, unabhängig von Flughöhe und Bodensicht, gegeben ist. Das Kartenanzeigegerät verarbeitet die von einer Navigationsanlage (Doppler, GPS, INS oder OMEGA) ermittelten Daten und steuert einen Lichtpunkt zur Positionsanzeige.

Abb. 12.22 Das Teldix-Kartenanzeigegerät KG 10 in einem Hubschrauber der Bundeswehr.

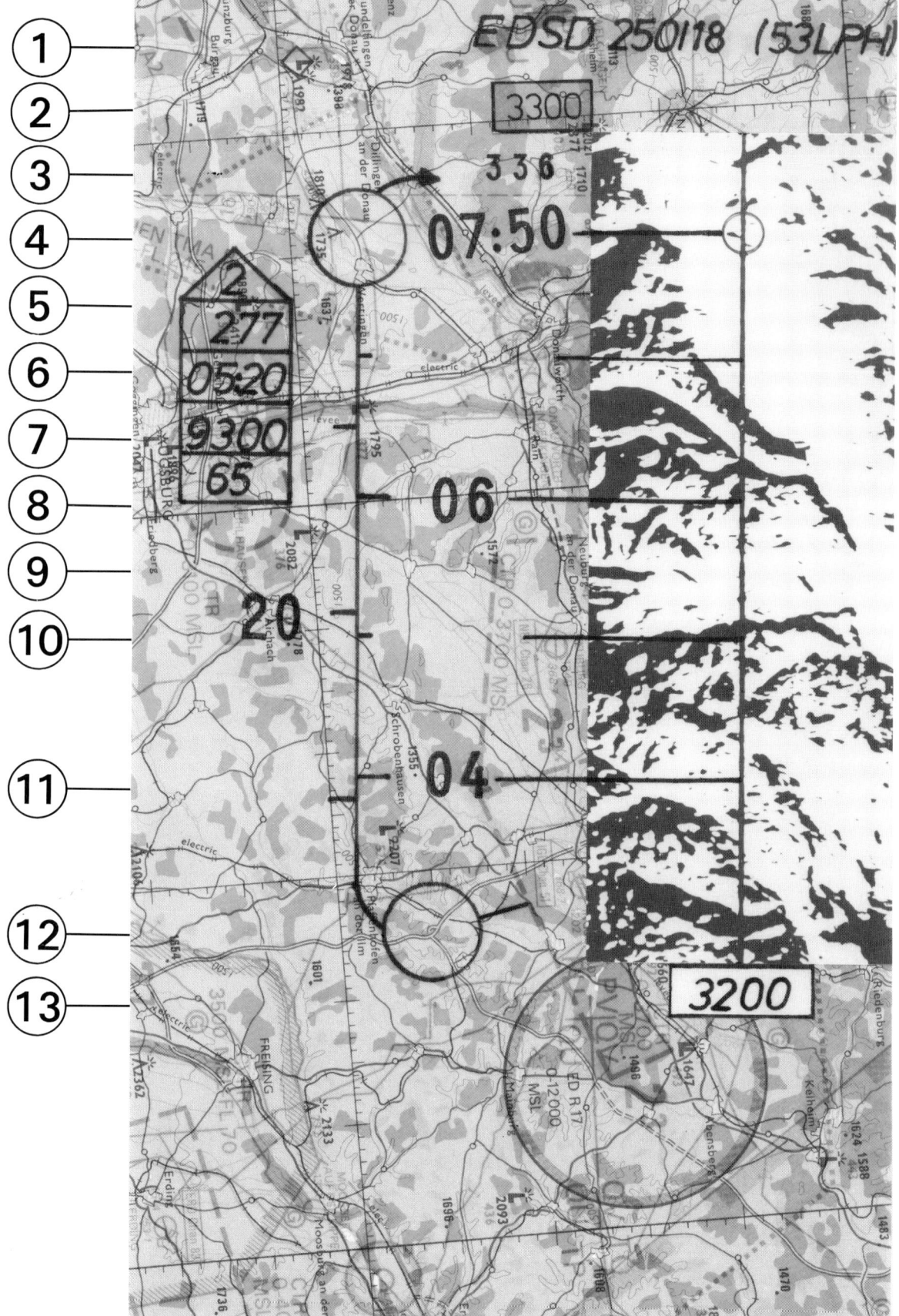

Abb. 12.23 Streckenabschnitt aus einer vorbereiteten Tiefflugkarte mit Radarvorhersagebild.

(1) – Ausweichflughafen für Luftnotfälle
(EDSD = Leipheim, das mit einem Kurs von 250° nach 18 NM erreicht wird;
Navigationshilfe ist das TACAN-Funkfeuer – Kanal 25 – mit der Kennung LPH)

(2) – Flughöhe des nächsten Streckenabschnitts (3000 Fuß)

(3) – Kurs (336°) auf dem nächsten Streckenabschnitt

(4) – laufende Zeit (7 Minuten 50 Sekunden) seit dem Start

(5) – zum Wendepunkt (2) ist zu fliegen mit

(6) – Kurs 277°

(7) – Teilstreckenzeit (5 Minuten 20 Sekunden)

(8) – Kraftstoffbestand am Wendepunkt (2) gemäß Flugvorbereitung/-planung
(9300 engl. Pfund)

(9) – Sicherheitshöhe (Flugfläche 65 = 6500 Fuß üNN)

(10) – Entfernungsangabe (20 NM)

(11) – laufende Minutenangabe (4 Minuten)

(12) – Wendepunkt des Streckenabschnitts Nr. 1

(13) – in Flughöhe 3200 Fuß wird das Radarvorhersagebild der Darstellung
auf dem Bordradarschirm entsprechen

KAPITEL 13

Flugnavigation

Die Navigation hat drei Hauptaufgaben:
– Ermittlung des Kurses zur Erreichung eines Zieles

– jederzeitige Standortbestimmung (nach Seite, Richtung und Entfernung)
– Flugzeitenberechnung

1. Terrestrische Navigation

a) Die Boden- und Erdsichtnavigation ist die Orientierung nach sichtbaren Geländepunkten unter Vergleich der Karte mit der Landschaft. Es ist die einfachste Navigationsart, die in der Fliegersprache auch »Franzen« genannt wird. Sie erfordert Erfahrung im Kartenlesen mit entsprechender Interpretation sowie gute Sichtverhältnisse

über größere Entfernungen.

b) Die Koppelnavigation ermöglicht Standortbestimmungen unter laufender »Koppelung«, d.h. Aneinanderreihung geflogener Kurse und Zeiten (Entfernungen), auch mit Hilfe gängiger »Daumenregeln«.

Abb. 13.1

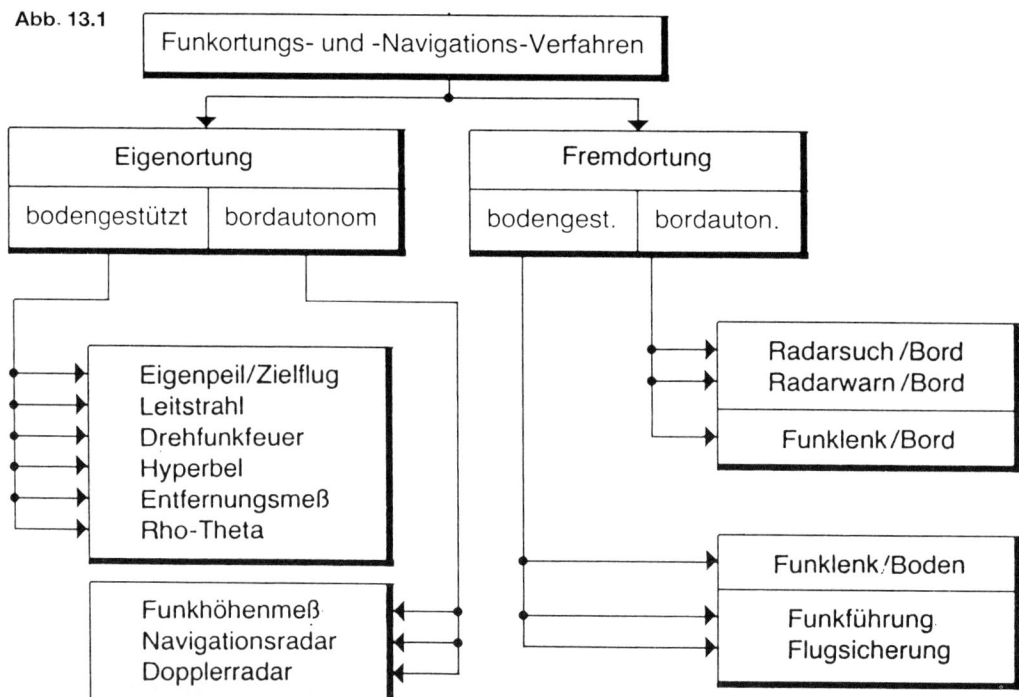

2. Funknavigation

Die Funknavigation wertet Ergebnisse der Funkpeilungen aus. Man unterscheidet Fremdpeil- und Eigenpeilverfahren:

a) Die Fremdpeilnavigation erfolgt durch Bodenstellen, die das Flugzeug bzw. seine Peilzeichen peilt und dem Flugzeugführer den Standort und Kursanweisungen durch Tast- oder Sprechverkehr bekanntgibt.

(1) Bodenpeilstelle (DF – Direction Finder)

(2) Kursführung (Radarführung)

Die mittels Radar durchführbare kontinuierliche Standortbestimmung gestattet die Kursführung (radar vectoring) von Flugzeugen von einer Leitstelle aus. Die in der Leitstelle (Flugsicherung, Radarführungsdienst/Jägerleitstelle) gesammelte und zur Darstellung gebrachten Ortungsinformationen erlauben der Leitstelle Führungsentscheidungen, die über Funk (Sprechfunk oder Datenfunk) übermittelt werden. Sicherheitsstaffelung des Luftverkehrs (nach Höhe, Seite und Reihenfolge) sowie Navigationshilfe stehen hierbei im Vordergrund. Radarvektoren können auch zum Einleiten von Sichtanflügen gewährt werden.

Fluglotsen der Bundesanstalt für Flugsicherung und militärischer Dienststellen der Bundeswehr und NATO sind hochqualifizierte und bewährte Helfer im Falle von Luftnotlagen. Wer unsicher oder in Not befindlich ist, kann sich auf diese »Nothelfer« stets verlassen, insbesondere, wenn der internationale Notruf MAYDAY gesendet wird.

(3) GCA-Verfahren (Ground Controlled Approach – Präzisionsradaranflug)

Für militärische Verwendungszwecke sind GCA-Stationen meistens motorisiert.

Zu einer GCA-Station gehören zwei Radargeräte (Antennensätze)
– Panoramagerät (Reichweite etwa 30 NM, 4000')

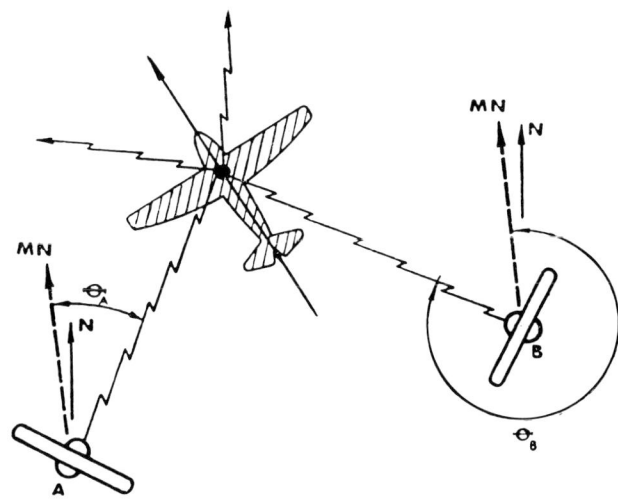

Abb. 13.2 Bei Fremdpeilung peilen die Bodenstationen, z. B. A und B, durch Richtantennen den Flugzeugsender an, der sich mit Kennzeichenangabe meldet, und stellen den Einfallswinkel seiner Sendungen gegen die mißweisende Nordrichtung (MN) oder den Erdmeridian (N) fest.

Heranführen bis zum Einkurven auf die Anfluggrundlinie;
– Anflugsektorgerät
zum Heranführen des Flugzeuges innerhalb des Anflugsektors auf der Anfluggrundlinie bis zur Landung.

Das Anflugsektorgerät, auch Präzisionsgerät genannt, hat zwei rechtwinklig zueinander angebrachte Antennen.

Abb. 13.3 Radarechos, wie sie auf dem Bildschirm einer Rundsuchradaranlage aufleuchten (im Mittelpunkt zahlreiche Bodenechos, die sich durch Festzeichenunterdrückung auslöschen lassen).

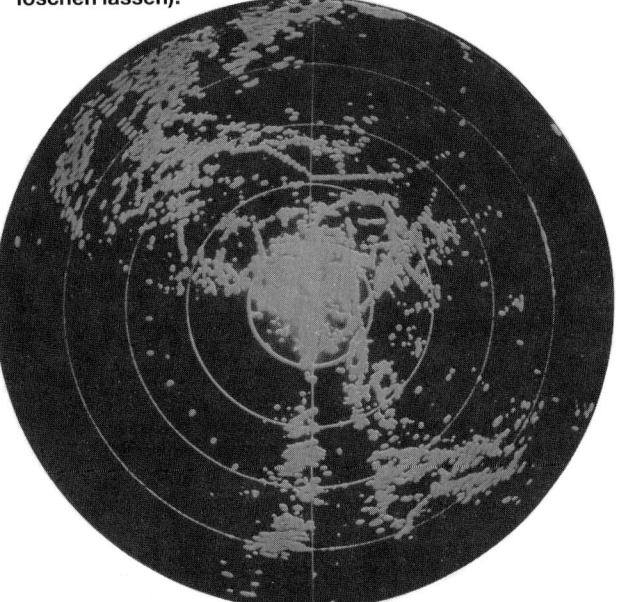

Abb. 13.4 Aktuelle Wiedergabe des 3-NM-Schirmbildes (Typ PAR-T 3) der Präzisionsanflugradar-Anlage in Frankfurt am Main. Ein zur Landung ansetzendes Flugzeug ist in etwa 1,8 NM Entfernung vom Standort der Radaranlage zu erkennen. Die sonstigen Zeichen rühren vom Bezugssystem oder von Bodenzielen her.

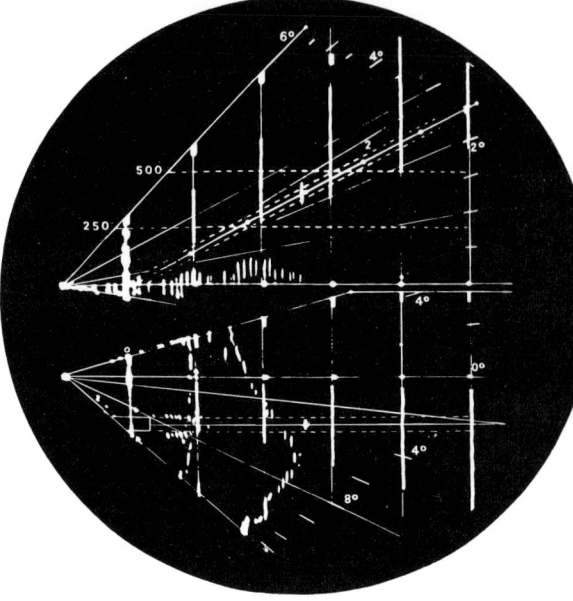

Die Azimut-Antenne überstreicht einen 20° breiten Sektor bis 10 NM Entfernung.

Die Höhen-Antenne bestreicht einen 7°-Sektor bis 10 NM Entfernung. Mit diesen beiden Antennen kann die GCA-Station die genaue Lage eines Flugzeuges nach Höhe, Entfernung und Richtung auf dem Bildschirm verfolgen und dem Flugzeugführer Weisungen für Anflug und Landung geben. Ein Sekundärradargerät erleichtert die Identifizierung.

Abb. 13.5 Wiedergabe und Erläuterung des Bezugssystems, das in das 3-NM-Schirmbild von Abb. 13.4 optisch eingeblendet wird. Optisch und elektronisch erzeugte Kontrollmarken bürgen bei Deckungsgleichheit für die Zuverlässigkeit der Radaranlage.

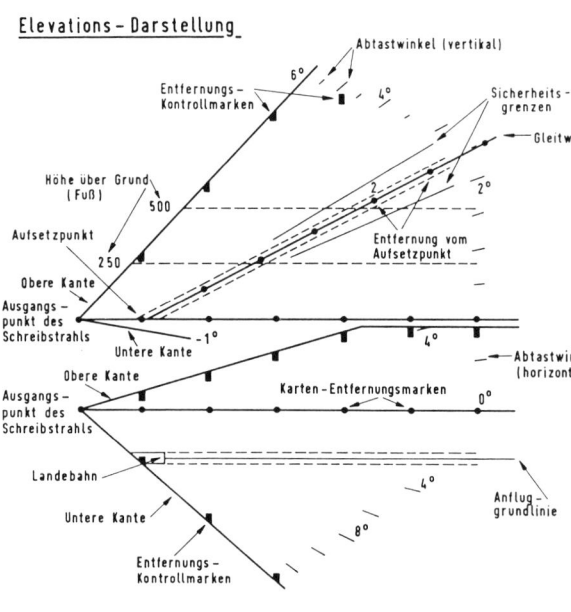

Automatisches Funksprechlandeverfahren (Automatic-GCA)

Das Flugzeug wird vom normalen Panoramagerät erfaßt und in die Platzrunde geführt. Sobald es den Anflugsektor erreicht, schaltet der Flugzeugführer auf AGCA. Im gleichen Augenblick erfaßt die erste Radarunterfrequenz des Anflugsektorgeräts das Entschlüsselungsgerät im Flugzeug, steuert durch dieses Gerät die Drei-Achs-Kurssteuerung und führt das Flugzeug automatisch auf der Auffluggrundlinie bis zum Aufsetzpunkt. Der Flugzeugführer kann mit Hilfe eines ILS-Kreuzzeigergeräts den Anflug kontrollieren. Gleichzeitig gibt ihm ein bei der Bodenstelle mitlaufendes Tonband automatisch die Entfernungen vom Aufsetzpunkt (two miles from touchdown, one mile from touchdown etc.). Im gleichen Augenblick, wo die erste Unterfrequenz das erste Flugzeug erfaßt hat, be-

ginnt die zweite Unterfrequenz den Anflugsektor abzutasten, solange, bis Flugzeug Nr. 2 in diesen Raum einfliegt. Die Impulse und Echos der ersten Unterfrequenz haben keine Wirkung auf die folgenden Unterfrequenzen, für sie ist das mit einer anderen Unterfrequenz verbundene Flugzeug unsichtbar.

Abb. 13.6 Panoramagerät einer GCA-Anlage.

Abb. 13.7 Das Anflugsektor-Gerät einer GCA-Anlage.

Desgleichen kann jeder Flugzeugführer auch nur die seiner Unterfrequenz zugeteilte Sprechfrequenz hören. Mit Hilfe von sechs Unterfrequenzen ist es also möglich, sechs Flugzeuge gleichzeitig auf der Anfluglinie zu haben, ohne daß eines das andere stört. Legt man hinter jedes Flugzeug eine Sicherheitszone von zwei NM, so ergibt das bei einer Anfluggeschwindigkeit von 120 Knoten und mehr einen zeitlichen Abstand von Flugzeug zu Flugzeug von 30 Sekunden und weniger. Warnvorrichtungen lassen ein Eindringen in die Sicherheitszone erkennen und schicken automatisch das eindringende Flugzeug in die Platzrunde.

Begriffe zum Peilfunk, die noch heute aus der alten Zeit der Telegraphie, als Q-Gruppen verwendet wurden, Bedeutung haben:

QDM – mißweisende Richtung **zum** Funkfeuer

QDR – mißweisende Richtung **vom** Funkfeuer

QFE – Luftdruck in Flugplatzhöhe

QFF – Luftdruck der Flugplatzhöhe, bezogen auf NN

QGH – Durchstoßverfahren mit Fremdpeilung (DF-Direction Finder)

QNH – Luftdruck der Flugplatzhöhe, reduziert auf NN gemäß Normalatmosphäre

QTE – rechtweisende Richtung **vom** Funkfeuer

QUJ – rechtweisende Richtung **zum** Funkfeuer

Funkseitenpeilung (RB-relative bearing) bezieht sich auf die Flugzeuglängsachse. Die Beziehungen lauten:

$$QDM = mwSK + RB$$
$$QDR = QDM \pm 180°.$$

b) Die Eigenpeilnavigation setzt den Flugzeugführer in die Lage, die Standortbestimmung mittels eigener Empfangs- und Auswertmöglichkeiten vorzunehmen. Er kann bodenständige Sender oder andere Sensoren/Ortungsmöglichkeiten dafür benutzen.

317

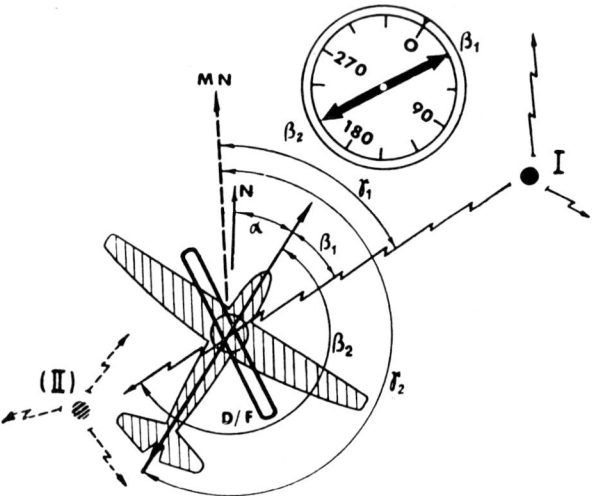

Abb. 13.8 Eigenpeilung (mit Bord-Rahmenantenne). Mittels Handkurbel wird die um 360° drehbare Rahmenantenne auf minimalen oder Nullempfang (quer zum Sender) gestellt. Der Anzeiger vermittelt den relativen Peilwinkel (β) d. h. den Winkel zwischen Flugzeuglängsachse und Richtung zur Bodenstation. Der Azimut (γ) ergibt sich durch Überlagerung von β und dem Steuerkurs (α). Anzeigen derartiger Peilempfänger sind stets doppeldeutig, daher Doppelanzeige, da die Lage des angepeilten Senders bei I und bei II denkbar ist.

Man unterscheidet:
— Richtungs-/Azimut-Ortung (Theta-Verfahren)
— Entfernungsortung (Rho-Verfahren)
— Richtungs- und Entfernungsortung (Rho-Theta-Verfahren)

Eigenpeilung läßt sich mit jedem Sender bekannter Lage vornehmen. In der Luft- und Seefahrt bedient man sich rundstrahlender, ungerichteter Funkfeuer. Der Radiokompaß liefert eine Azimutdaueranzeige, eine auf die Flugzeuglängsachse bezogene Standlinie, wobei der Peilrahmen in der Minimumstellung stets auf das Funkfeuer gerichtet bleibt (ADF-automatic direction finding). Neuere Gerätesätze haben einen Kreuzrahmen aus Ferritstäben mit drehbarem Goniometer. Die Fernübertragung von Goniometerstellung und Kompaßkurs geschieht auf den Radio-Magnetic-Indicator (RMI) mit automatischer Kursanzeige. Eine Weiterentwicklung dieses Gerätes ist der BDHI (Bearing Distance Hea-

ding Indicator), in dem noch die Entfernung dargestellt wird.

Zielanflug mit dem Radiokompaß
Betriebsartenschalter in Stellung »COMP»
  Gerät einschalten
  Frequenz des anzufliegenden Senders feststellen.
  Betriebsarten-Wahlschalter zunächst auf ANT., um einwandfreies Abstimmen der Empfangsfrequenz sicherzustellen.
  Lautstärke im Kopfhörer regeln.
  Nachdem der gewünschte Sender mittels Gehörkontrolle an Hand des Rufzeichens oder sonstiger Kennzeichen erkannt wurde, ist der Betriebsarten-Wahlschalter auf COMP. zu stellen.
  Empfangenen Sender genau einstellen (schwach einfallende Sender sind mit Hilfe der Schwebungsoszillation CW auf Schwebungslücke einzupeilen). Der Empfänger muß auf den Mittelpunkt des empfangenen Signals eingestellt werden.
  Flugzeug nunmehr so steuern, daß der Kursanzeiger 0° angibt. Hat der Kursanzeiger eine drehbare Kursrose, so kann auch der geflogene »wahre Kurs« eingestellt werden.
  Beim Überfliegen des gewählten Senders beginnt die Nadel des Kursanzeigers zunächst heftiger auszuschlagen, um dann eine Umkehr von 180° zu vollziehen. Wenn die Nadel senkrecht nach unten zeigt, ist der Sender überflogen.
  Sender nicht für Zielabflug benutzen!
  Bei Passieren eines Senders ist eine Flugetappe beendet und der nächstgünstig auf der Flugroute gelegene Sender wird eingestellt. Zielabflug kann Peilfehler hervorrufen.

Zielanflug bei Seitenwind
Um bei Seitenwind geraden Flug über Grund zu erzielen, ist Gegensteuern erforderlich. Die Peilung des Radiokompasses hängt von der jeweilig wahren Flugrichtung ab. Beim Gegensteuern kann daher kein 0°-Kurs nach Kursanzeiger geflogen werden, da die ge-

schätzte Abdrift des Flugzeuges dem gesteuerten Kurs hinzugefügt bzw. von ihm abgezogen werden muß. Zur Bestimmung der
Korrekturwerte gibt es drei Möglichkeiten:

1. Bei guter Sicht
Zwei in Flugrichtung liegende markante
Punkte wählen und über Punkt 1 den Punkt 2
anfliegen.
   Beim Passieren dieser Strecke ungefähre
Abtrift des Flugzeuges schätzen.
   Entsprechend gegensteuern und abwei-
chenden Gradwert des Kursanzeigers beob-
achten.
   Zielanflug nach derart kompensierter Kurs-
anzeige fortsetzen und gelegentlich durch
Sichtvergleich kontrollieren, ob der kompen-
sierte Kurs etwa den Windverhältnissen ent-
spricht.

2. Durch Vergleich zweier Standortbestimmungen:
Nach Kursanzeiger des Radiokompasses 0°-
Kurs fliegen; in genügendem Zeitabstand
voneinander zwei Standortbestimmungen
durch Eigenpeilung mehrerer Funksender
vornehmen und dann nach Standort und
Zeitvergleich Abtrift berechnen.
   Der in Kursgraden ermittelte Abtriftwert
wird nun beim Zielanflug berücksichtigt.

3. Durch Vergleich Radiokompaß-Magnet-
kompaß
Wenn die oben genannten Korrekturen sich
z.B. wegen schlechter Bodensicht nicht
durchführen lassen, ist es möglich, eine Ab-
triftkorrektur mit Hilfe nachstehend aufge-
führter Tabelle zu machen:

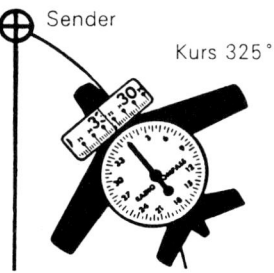

Sender
Kurs 325°

4. Wenn die Nadel sich zur Schwanzstellung
hin bewegt, ist der Sender überflogen worden.

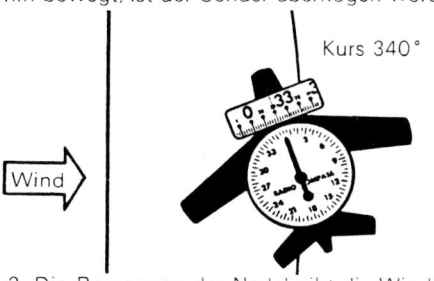

Wind

Kurs 340°

3. Die Bewegung der Nadel gibt die Windrichtung an (wenn die Nadel nach links wander
kommt der Wind von links).

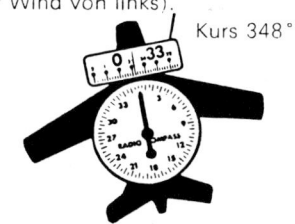

Kurs 348°

2. Wenn die Nadel wandert, die Maschine
so drehen, daß sie wieder auf
Mittelstellung zurückgeführt wird.

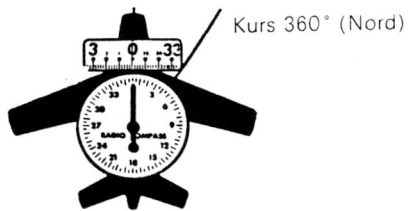

Kurs 360° (Nord)

1. Nachdem auf den Sender abgestimmt ist,
Maschine so ausrichten, daß die Azimutnadel
am Radiokompaß auf 0 zeigt.

**Abb. 13.9 Zielanflug mittels Radiokompaß
(homing inbound – auf ›Hundekurve‹).**

Wahrer Kurs	Magnetkurs	Wind kommt von	Korrigierter Radiokompaßkurs zwecks Gegensteuerung*
0–180°	zunehmend	rechts	Radiokompaß-Kurs zwischen 270° und 0° steuern
0–180°	abnehmend	links	0°–90° steuern
180–360°	zunehmend	rechts	270°– 0° steuern
180–360°	abnehmend	links	0°–90° steuern

* Jeweils von der entsprechenden Windgeschwindigkeit abhängig und angezeigt durch die
Größe der Abweichung des Magnetkurses.

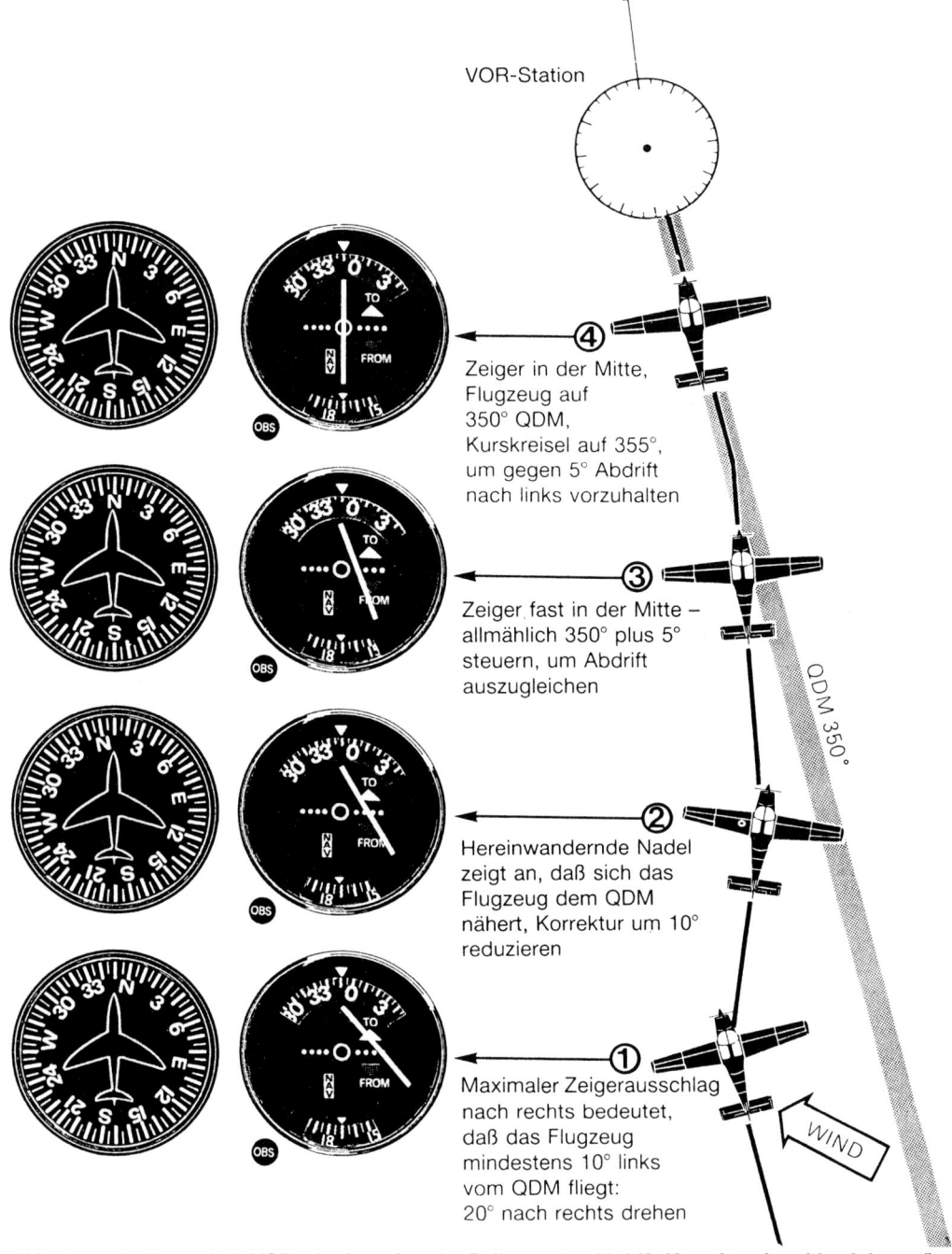

VOR-Station

④ Zeiger in der Mitte,
Flugzeug auf
350° QDM,
Kurskreisel auf 355°,
um gegen 5° Abdrift
nach links vorzuhalten

③ Zeiger fast in der Mitte –
allmählich 350° plus 5°
steuern, um Abdrift
auszugleichen

QDM 350°

② Hereinwandernde Nadel
zeigt an, daß sich das
Flugzeug dem QDM
nähert, Korrektur um 10°
reduzieren

① Maximaler Zeigerausschlag
nach rechts bedeutet,
daß das Flugzeug
mindestens 10° links
vom QDM fliegt:
20° nach rechts drehen

WIND

Abb. 13.10 Anflug auf ein VOR mittels stehender Peilung oder Abdrift-Korrektur (tracking inbound).

Standortbestimmung mittels Radio-kompaß

Allgemein:

Das Gerät kann auf jeder Frequenz im Bereich zwischen 190–1750 kHz für Funkpeilungen verwendet werden. In diesem Frequenzbereich gibt es eine ausreichend große Anzahl von Sendestationen aller Art wie Rundfunksender, Flugfunkfeuer usw. Jeder dieser Sender kann zu Funkpeilzwecken verwendet werden. Zwei oder mehr Peilungen ermöglichen genaue Standortbestimmungen. Obwohl Kopfhörerbetrieb nach Abstimmung der gewünschten Sendestation nicht mehr nötig ist, empfiehlt es sich dennoch aus Sicherheitsgründen eine ununterbrochene Gehörkontrolle, um an Hand des Rufzeichens den eingestellten Sender zu überwachen. Zur Durchführung von Peilungen ist die Beachtung folgender Punkte wichtig:

– Stärke des und Entfernung vom gewünschten Sender.

– Eine zu schwache oder zu weitentfernte Sendestelle ruft durch Schwingung der Kursanzeigernadel eine ungenauere Peilung hervor.

– Bei Verwendung von Rundfunksendern zu Peilzwecken ist unbedingt Vorsicht geboten. Bei der heutigen Sendedichte im europäischen Bereich kann es leicht zu Irrtümern kommen, wenn der gewählte Rundfunksender nicht einwandfrei identifiziert oder nicht mittels »CW« genau auf die Schwebungslücke eingestellt wurde.

Durchführung einer Peilung

Verfahren wie folgt:

– Zwei oder drei für eine genaue Peilung geeignet erscheinende, wenigstens 80 km entfernt liegende und an drei weit voneinander abweichenden Orten befindliche Sender aussuchen.

– In Stellung ANT. des Betriebsarten-Wahlschalters zunächst die ausgewählten Sender nacheinander identifizieren und jeweils beste Einstellung auf der Skala merken, um später schnelle Durchführung der Peilung und damit günstiges Peilergebnis bzw. kleinstes Fehlerdreieck zu erreichen.

– Betriebsarten-Wahlschalter auf COMP.

– Magnet-Kompaß-Kurs bestimmen, der für die Dauer der Gesamtpeilung geflogen werden soll und diesen Kurs genau einhalten.

– Ersten Sender einstellen und Peilergebnis notieren.

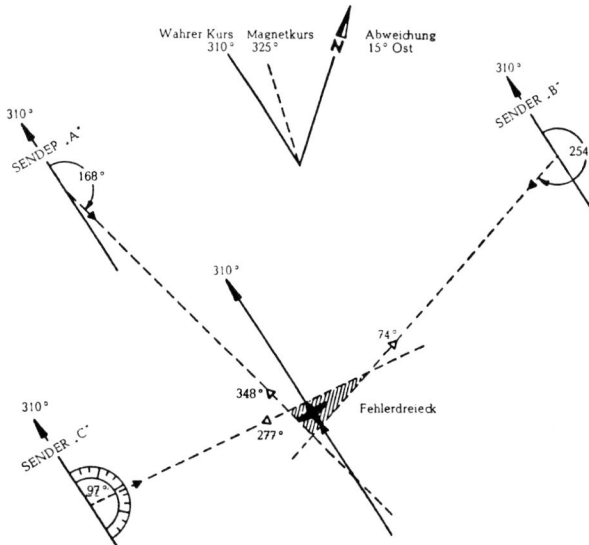

Abb. 13.11 Standortbestimmung mit drei Funknavigationshilfen; das Flugzeug befindet sich im Mittelpunkt des Fehlerdreiecks.

– Danach die folgenden beiden Sender schnell hintereinander einstellen und das Ergebnis festhalten.

Standort des Flugzeuges vermittels der drei Peilergebnisse wie folgt errechnen:

– Wahren, während der Peilungen eingehaltenen Kurs des Flugzeuges festhalten.

– Auf der Karte nunmehr an alle zur Peilung benutzten Senderstandorte die wahre, d.h. tatsächlich geflogene Kurslinie anlegen und, um das Kartenlesen zu erleichtern, mit in Flugrichtung zeigenden Pfeilspitzen versehen (Abb. 13.11)

– Sodann reziproke Gradzahl des Peilwertes des Kursanzeigers eintragen. Da das Peilergebnis des Radiokompasses den Winkel des Flugzeuges zur Empfangsstation anzeigt, muß jetzt auch der Peilwinkel des Flugzeuges von der Sendestelle her bestimmt werden (LOP – Line of position).
Bei Peilwerten unter 180° müssen also 180° hinzugefügt, bei Peilergebnissen über 180° müssen 180° abgezogen werden.

– Peilergebnisse durch Linien auf der Karte eintragen. Der Standort des Flugzeuges befindet sich bei Verwendung von zwei eingepeilten Sendern etwa auf dem

321

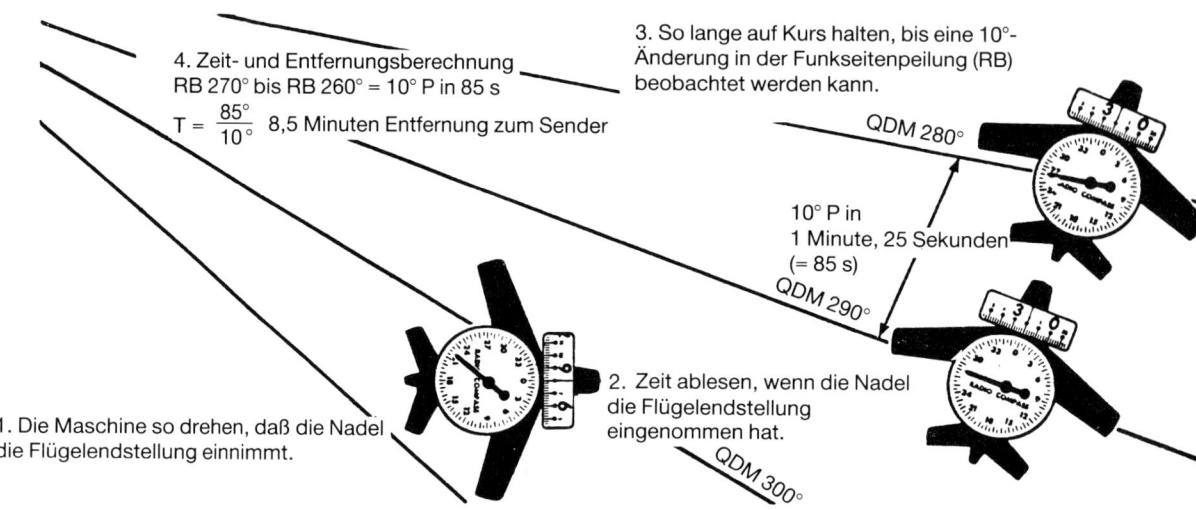

Abb. 13.12 Zeit- und Entfernungsberechnung mittels Radiokompaß (Peilsprungverfahren).

Schnittpunkt der beiden Linien. Bei Peilung von drei Sendern liegt der Standort innerhalb des sich ergebenden Fehlerdreiecks.

Die Größe des sich zumeist ergebenden Fehlerdreiecks ist abhängig von:
– dem zwischen den einzelnen Peilungen verstrichenen Zeitraum,
– der Sorgfalt, mit der die Peilungen durchgeführt wurden und
– der Genauigkeit, mit der während der Peilungen der Magnetkompaßkurs eingehalten wurde.

Durchführung einer Abstandsbestimmung

Um den augenblicklichen Abstand zu einem Sender in Minuten Flugzeit zu bestimmen, hat sich das Peilsprungverfahren mittels Querpeilung bewährt. Der Zeitabstand zum Sender errechnet sich nach der Formel:

$$T \text{ (min)} = \frac{t \text{ (s)}}{P}$$

T = Abstand zum Sender in Minuten
t = gestoppte Zeit für P in Sekunden
P = Winkelbetrag des Peilsprunges (RB-Funkseitenpeilung), der der einfacheren Kopfrechnung halber 010° betragen sollte

Aus Abb. 13.12 ergeben sich für einen 10°-Peilsprung 1 Minute, 25 Sekunden (= 85 Sekunden), somit beträgt der Zeitabstand zum Sender 8.5 Minuten, die sich überschlägig anhand der Grundgeschwindigkeit leicht in Entfernung umsetzen lassen.

Fehlerquellen bei Funkpeilungen

Nacheffekt (auch Dämmerungseffekt):

Der Frequenzbereich des Funkpeilers erlaubt sowohl den Empfang der Raum- als auch der Bodenwelle. Aus den bekannten atmosphärischen Gründen (Schichtreflexion der D-E- und F-Schichten) und voneinander abweichenden Tages- und Nachtverhältnissen ist indessen ein Wechsel der Empfangsbedingungen gegeben. Dies trifft besonders für die Dämmerungsperioden zu (Übergang Tag–Nacht). Aus diesen Gründen können z.B. eine im Empfänger eintreffende Raum- und Bodenwelle sich entweder aufheben oder bei entsprechender Phasengleichheit verstärken. Gegen diesen sog. Nacheffekt gibt es kein zuverlässiges Mittel. Wichtig ist die Peilung einer starken, nahegelegenen und auf einer bekannten Frequenz arbeitenden Sendestelle.

Gebirgseffekt:

Durch Reflexion der Funkwellen an Bergwänden kann ebenfalls eine fehlerhafte Peilangabe hervorgerufen werden. Über sehr bergigem Gelände empfiehlt sich vorsichtige Bewertung der Peilergebnisse. Peilungenauigkeiten sind einzukalkulieren.

Wellenbeugung oder -brechung in Küstengebieten:

Erscheinungen dieser Art werden gelegentlich in Küstengebieten beobachtet. Sie entstehen beim Wandern der Funkwellen vom Festland in das Seegebiet und umgekehrt. Dieser Fehlwert ist um so größer, je genauer die Linie Sender–Flugzeug der Küstenlinie parallel liegt.

Bordeffekt:

Dieser Fehlwert wird durch die jedem Flugzeug anhaftende Eigenstrahlung erzeugt und verzerrt die an sich für eine Peilantenne charakteristische »Acht«-Kurve des Strahlungsdiagrammes.

Überlagerungsstörungen:

Werden zwei auf gleicher oder annähernd gleicher Wellenlänge arbeitende Sender vom Empfänger aufgenommen, so kann das Ergebnis eine mehr oder weniger stark ausschlagende Nadel des Kursanzeigers sein. Bei Überlagerung zweier Empfangsfrequenzen ist in jedem Fall Vorsicht geboten.

Atmosphärische Störungen:

Bei Gewittern, Nordlichterscheinungen oder anderen Störungen atmosphärischer Art versucht die Nadel des Kursanzeigers, gleichzeitig die gewählte Empfangsstation und den Mittelpunkt des elektromagnetischen Störungsfeldes anzuzeigen. Unter gewissen Umständen kann die Anzeige einer solchen Störung für den Flugzeugführer sogar nützlich sein (Gewitter!).

Unter diesen Umständen ist es zweckmäßig, den Mittelwert der Kursanzeige zur Navigation zu verwenden.

Ungenaue Abstimmung:

Ist der Empfänger nicht genau auf den Sender eingestellt, so sind ebenfalls gelegentlich falsche Anzeigen denkbar. Obwohl die Geräte so konstruiert sind, daß auch dann noch zufriedenstellende Peilergebnisse geliefert werden, wenn der Empfänger nicht genau auf die Trägerfrequenz des Senders abgestimmt ist, führt allzu ungenaue und wenig sorgfältige Abstimmung auf den Sender zu heftigen Schwankungen der Nadel des Kursanzeigers und somit zu unzuverlässiger Peilanzeige.

(1) Ungerichtete, rundstrahlende Funkfeuer (NDB − non directional beacon) erlauben Richtungsbestimmungen. Mittels Peilsprungverfahren ist eine ungefähre Entfernungsbestimmung zum Sender möglich.

(2) Richtfunkfeuer ermöglichen die Azimut-/Richtungsbestimmung zu Sendern, die zeitlich gleichbleibend oder sich periodisch ändernd gerichtet strahlen. Besondere Bordempfänger werten die Signale aus und zeigen sie an. Je nach Richtantennensystem unterscheidet man Klein-, Mittel- oder Großbasisanlagen.

(a) Vierkreisfunkfeuer (radio range) liefern vier eindeutige Kurse, die im Mittelpunkt des Antennensystems zusammenlaufen. Über diesem liegt der sogenannte Schweigekegel, in dem kein Empfang gegeben ist. Markierungsfunkfeuer (marker beacon) dienen der genauen Bezeichnung von Orten auf den Leitstrahlen (aufgrund ihrer Strahlungscharakteristik werden sie benannt, z.B. Fächerfunkfeuer − fan marker). Kurslage und Überflug werden optisch und akustisch angezeigt.

(b) CONSOL(AN)-Drehfunkfeuer sind Langstreckenfunkfeuer, die im Mittelwellenbereich (200−400 kHz) mit ungedämpfter Welle arbeiten. Es werden Zeichen derart ausgestrahlt, daß eine Anzahl von Radialzo-

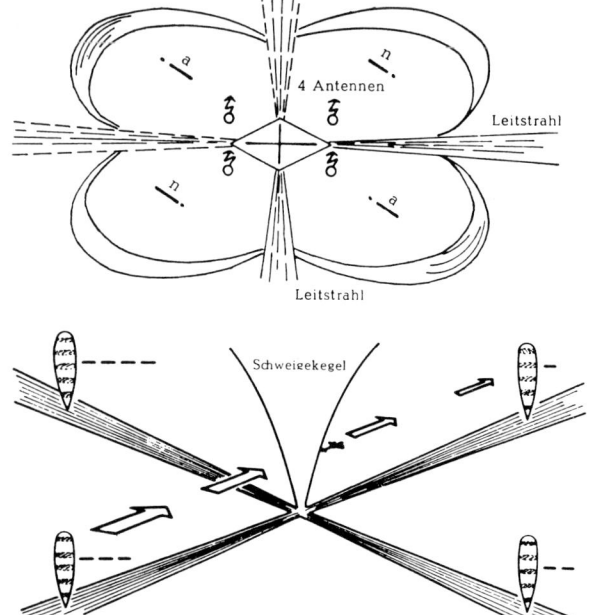

Abb. 13.13 Fächerfunkfeuer in Verbindung mit Radio-Range.

nen gleicher Zeichen entsteht, die sich mit konstanter Winkelgeschwindigkeit in der Horizontalebene drehen und durch Gebiete mit Strich- und Punktzeichen getrennt werden. Die Standlinie eines Flugzeuges oder Schiffes läßt sich durch Auszählen empfangener Punkt- bzw. Strichzeichen innerhalb jeder der jeweiligen Zonen und Eintragung in Spezialkarten ermitteln.

(3) UKW-Drehfunkfeuer übermitteln Richtungswerte über Phaseninformationen. Der Phasenvergleich empfangener Signale findet im Auswerteteil des Bordgerätes statt, der die Standlinie gegen mißweisend Nord mißt. Die Sendeenergie wird gleichzeitig von zwei Antennen – einer feststehenden, rundstrahlenden und einer rotierenden mit Richtwirkung – abgestrahlt. Bei Norddurchgang der Strahlungskeule herrscht Phasengleichheit der Signale.

(a) VOR (VHF omnidirectional range) ist ein Mittelstreckennavigationsfunkfeuer. Gegenüber älteren Kursfunkfeuern hat es den Vor-

zug, daß Kursflüge unter beliebigen Azimutwinkeln der Bodenstation möglich sind. Zur Ortung mittels Schnittpeilung wird meist der RMI genutzt. Zur Sollkursanzeige dient gewöhnlich das Kreuzzeigerinstrument.

(b) D/VOR (Doppler-VOR) ist eine Verbesserung des VOR, weil Reflexionen und Ausbreitungsstörungen seitens der Antennenanlage weitgehend entfallen. Durch weit auseinander gesetzte Antennenelemente (Mittelbasisanlage) entstehen Wegunterschiede vom jeweils strahlenden Sender, die dem Doppler-Effekt entsprechen. Bordseitig ergeben sich keine Anzeigeunterschiede.

(4) Rho-Theta-Verfahren gestatten, Standortangaben unmittelbar zu gewinnen. Bezogen auf eine bekannte Bodenstation, lassen sich gleichzeitig Azimut und Entfernung ermitteln. Mit Hilfe einfacher Bordrechner können beliebige Sollkurse nach Bordanzeige geflogen werden (s. a. Flächennavigation).

(a) VOR/DME (DME – distance measuring equipment/Entfernungsmeßgerät) nutzt zusätzlich das Puls-Entfernungsmeßverfahren (Laufzeitdifferenz der Signale), wobei jede der beiden Anlagen bord- und bodenseitig unabhängig voneinander betrieben werden, räumlich jedoch zusammengefaßt. In Verbindung mit einem Bordrechner liefert VOR/DME Ablagewerte gegenüber beliebig gewählten Sollkursen, womit es sich für die Flächennavigation qualifiziert.

(b) TACAN (tactical air navigation) ist ein militärisches Mittelstreckennavigationsverfahren mit Polarkoordinatendarstellung, das sowohl Richtungs- als auch Entfernungswerte – ähnlich dem VOR/DME – liefert.

(c) VORTAC ist eine Kombination von VOR und TACAN. Mit TACAN ausgerüstete Flugzeuge nutzen den Azimut- und Entfernungsteil der TACAN-Antenne, während Zivilflug-

Militärflugzeug
Entfern.
TACAN
Azimut
Zivilflugzeug
Entfern.
DME
VOR
Azimut
TACAN-Antenne
VOR-Antenne
VOR
TACAN

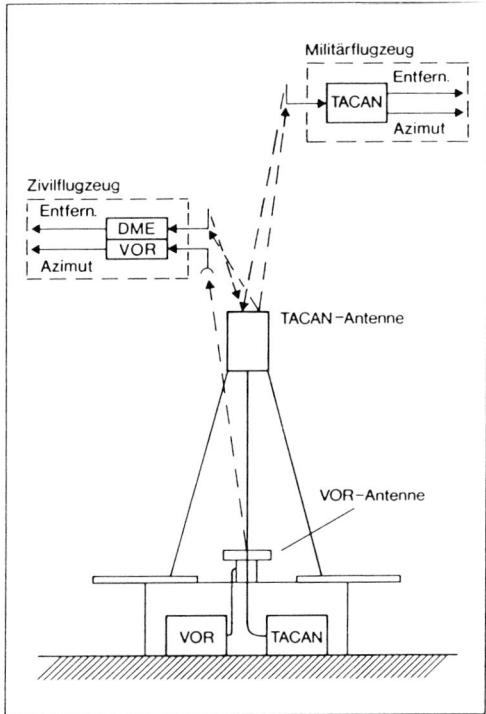

Abb. 13.14 VORTAC-System.

zeuge für die Azimutanzeige den VOR-Teil, für die Entfernungsmessung den TACAN-Teil der Antennenanlage nutzen.

(5) Blindlande- und Leitstrahlverfahren dienen dem Anflug auf den Flugplatz bis zur Landung.

(a) ILS (instrument landing system) ist ein UKW-Leitstrahlverfahren mit Bordauswertung in Form eines Kommandogerätes (Kreuzzeigerinstrument). Richtstrahlantennen für Landekurs und Gleitweg bilden zusammen mit Markierungsfunkfeuern (Voreinflugsender – OM = outer marker; Haupteinflugsender – MM = middle marker) den Anflugpfad bis zum Aufsetzpunkt. Der flughafenbezogene Anflugpfad besteht aus der Schnittlinie der vertikalen Kursebene und der gegen-

Abb. 13.15 Standard-ILS (Instrumentenlandesystem).

Standard-ILS (Instrumentenlandesystem)
VHF-Landekurs zur horizontalen Führung; 108,10 bis 111,95 MHz, Ausstrahlung mit ca. 100 Watt; Modulationsfrequenzen 90 und 150 Hz, Modulationstiefe 20 Prozent auf Kurs bei beiden Frequenzen. Kennungskodierung 1020 Hz mit fünf Prozent, Sprache 50 Prozent auf demselben Kanal.
Landekurssender üblicherweise rund 1000 Fuß hinter dem Ende der Landebahn; Gebäude wenigstens 250 Fuß ungefähr im rechten Winkel (90 ± 30 Grad) seitlich von der Antenne versetzt. Die Antenne liegt auf der Mittellinie und bleibt normalerweise unterhalb der 50-Fuß-Hindernisebene.
Typische Landebahnlänge 7000 Fuß
Abstand des Senders 250 bis 600 Fuß von Landebahnmitte
Sender ist so aufgebaut, daß 55 Fuß ± 5 Hindernisfreiheit über der Landebahnschwelle bleibt.
Schnittpunkt von Gleitweg und Landebahn.
Haupteinflugzeichen 3000 bis 6000 Fuß vor der Landebahnschwelle.
200'
Haupteinflugzeichen markiert ungefähr den Punkt, über dem die Entscheidungshöhe erreicht wird. Modulation 1300 Hz mit 95 Prozent (95 abwechselnde Punkt/Strich-Kombinationen pro Minute), gelbe Leuchte im Cockpit.
OFF
OFF-Fähnchen zeigen, daß ILS abgeschaltet oder Empfänger defekt ist.
Voreinflugzeichen als Endanflugfix im Nicht-Präzisionsanflug; Modulation 400 Hz mit 95 Prozent. Kennung: Zwei Striche pro Sekunde, blaue Leuchte im Cockpit.
Landekurs-Modulationsfrequenzen 90 Hz (links) und 150 Hz (rechts)
UHF-Gleitwegsender zur vertikalen Führung; 329,3 bis 335,0 MHz, Sendeleistung ca. 5 Watt, horizontale Polarisation; Modulation auf Gleitweg 90 Hz und 150 Hz mit 40 Prozent. Gleitweg wird mit einem Neigungswinkel von wenigstens 2,5 Grad angesetzt – abhängig von den örtlichen Gegebenheiten.
Gleitweg – Modulation 90 Hz (darüber) und 150 Hz (darunter).
Gleitwegtiefe ca. 1,4 Grad
Gleitwegtiefe zweimal 0,7 Grad
Voreinflugzeichen 4 bis 7 Meilen vor der Landebahn; hier geht die Verfahrenskurve in den Gleitweg über (± 50 Fuß). Dies ist die Mindesthöhe für Warteschleifen.
Optimaler Gleitweg drei Grad Neigungswinkel
Einflugzeichen senden mit etwa zwei Watt auf 75 MHz, 95 Prozent moduliert.
Kursbreite schwankt zwischen 3 und 6 Grad, zugeschnitten auf 700 Fuß über der Landebahnschwelle.

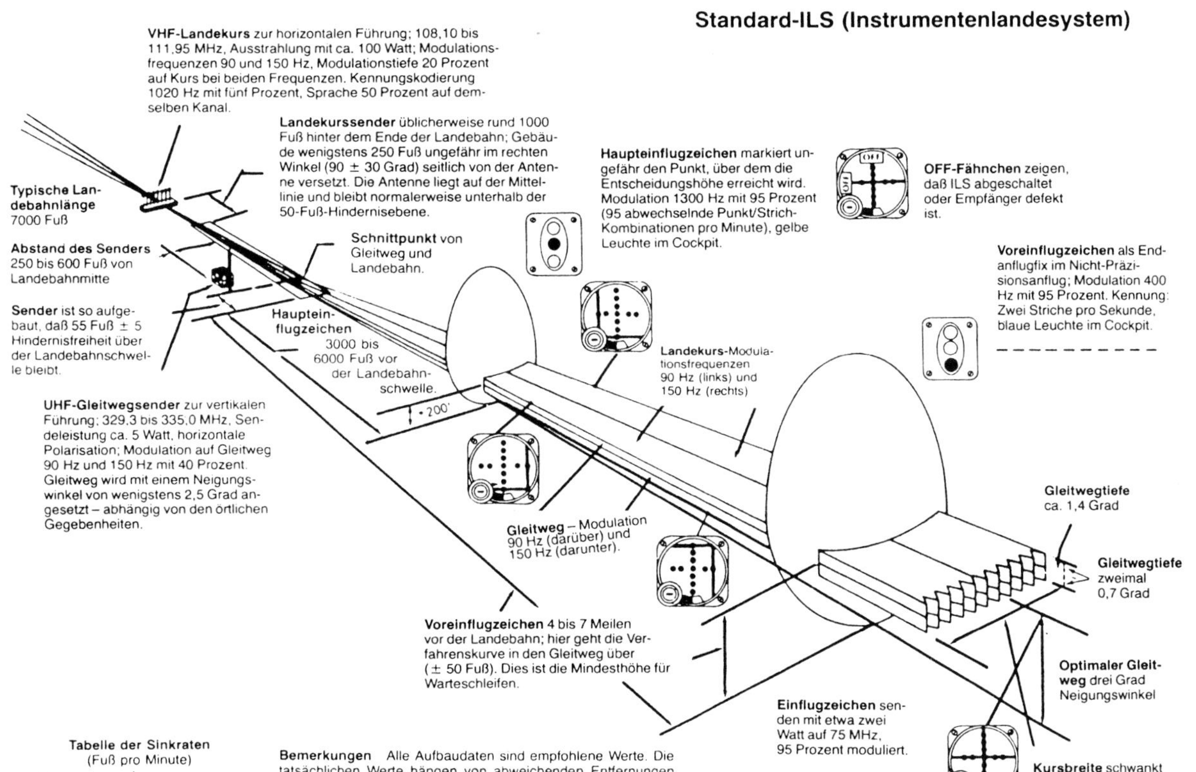

Tabelle der Sinkraten
(Fuß pro Minute)

Geschwindigkeit in Knoten	Gleitwinkel in Grad 2½	2¾	3
90	400	440	475
110	485	535	585
130	575	630	690
150	665	730	795
160	707	778	849

Bemerkungen Alle Aufbaudaten sind empfohlene Werte. Die tatsächlichen Werte hängen von abweichenden Entfernungen der Einflugzeichen, Gleitwinkel und Landekursbreiten ab.
Compass Locator 25-Watt-Funkfeuer (190 bis 535 kHz) stehen an vielen Voreinflugzeichen und auch an einigen Haupteinflugzeichen. Ein Dauerton von 400 Hz oder 1020 Hz moduliert die Trägerwelle zu etwa 95 Prozent. Als Kennung sind am Voreinflugzeichen die ersten beiden Buchstaben der ILS-Kennung zu hören, am Haupteinflugzeichen die letzten beiden. Auf einigen dieser Funkfeuer können zugleich Durchsagen vom Kontrollturm ausgestrahlt werden, wodurch der reguläre Funksprechverkehr reduziert wird.

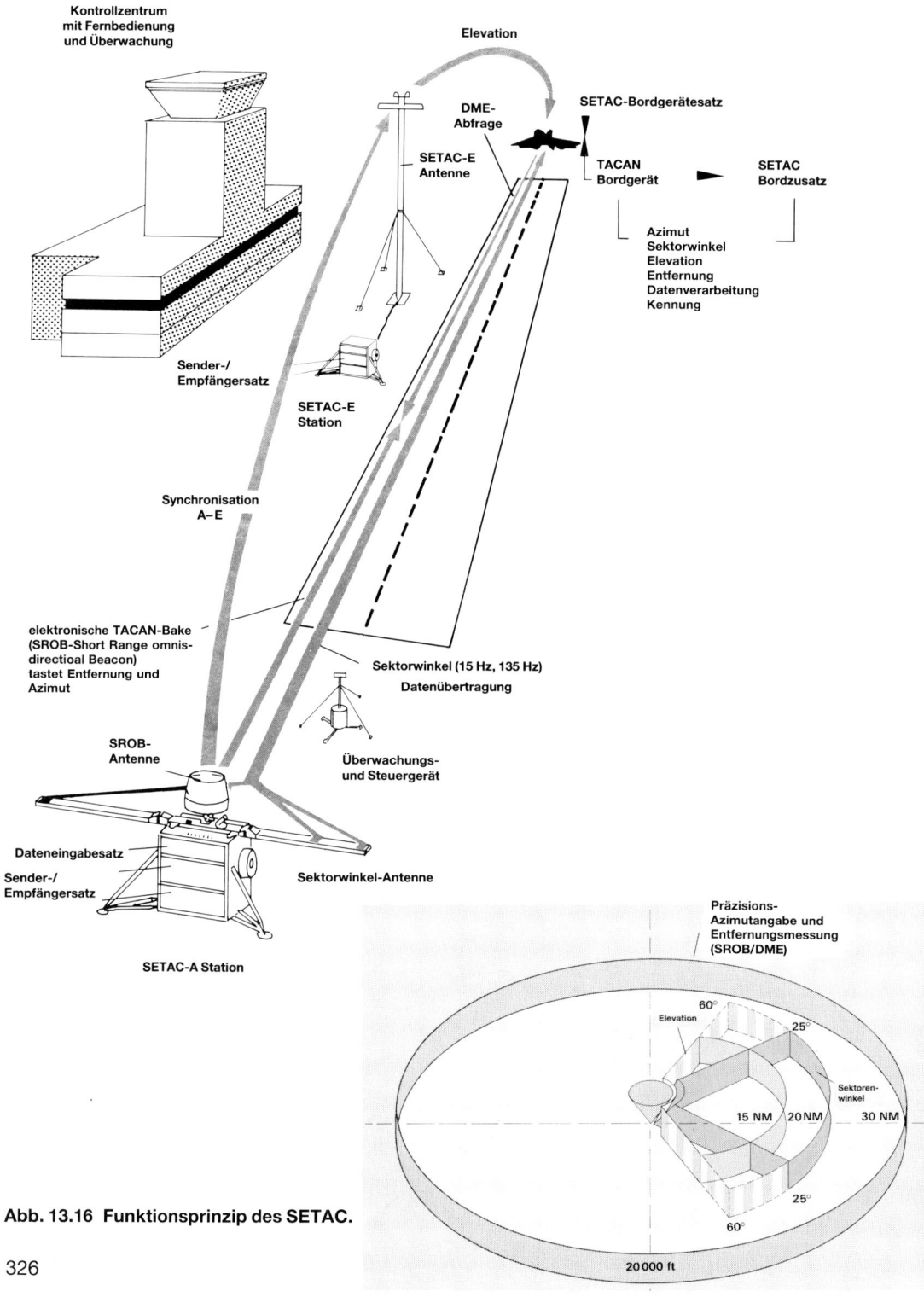

Kontrollzentrum
mit Fernbedienung
und Überwachung

Elevation

DME-
Abfrage

SETAC-Bordgerätesatz

SETAC-E
Antenne

TACAN
Bordgerät

SETAC
Bordzusatz

Azimut
Sektorwinkel
Elevation
Entfernung
Datenverarbeitung
Kennung

Sender-/
Empfängersatz

SETAC-E
Station

Synchronisation
A–E

elektronische TACAN-Bake
(SROB-Short Range omnis-
directioal Beacon)
tastet Entfernung und
Azimut

Sektorwinkel (15 Hz, 135 Hz)
Datenübertragung

SROB-
Antenne

Überwachungs-
und Steuergerät

Dateneingabesatz

Sender-/
Empfängersatz

Sektorwinkel-Antenne

SETAC-A Station

Präzisions-
Azimutangabe und
Entfernungsmessung
(SROB/DME)

60°

Elevation

25°

Sektoren-
winkel

15 NM   20 NM   30 NM

25°

60°

20 000 ft

Abb. 13.16 Funktionsprinzip des SETAC.

326

über der Horizontalen 2.5°–4° geneigten Gleitebene. Anhand des Kreuzzeigerinstruments und der Signallampen kann der Flugzeugführer die jeweilige Position seines Flugzeuges zum Leitstrahl und den Markierungsfunkfeuern beurteilen.

(b) MLS (Mikrowellen-Landesystem) bedeutet eine Verbesserung gegenüber dem ILS, weil Mikrowellensysteme (1–5 GHz; L- und C-Band) durch verkleinerte Antennen eine bessere Bündelung der Richtstrahlen und weniger Funkfeldfehlereinflüsse (örtliche, topographische, technische) bedingen. Die hohe Betriebsfrequenz ermöglicht außerdem eine beträchtliche Erhöhung der Kanalzahl – 200 zu 40 bei ILS. In Zukunft werden ILS-Anlagen nach und nach durch MLS ersetzt werden.

(c) SETAC (Sector-TACAN) bestimmt durch Phasenvermessung Linien oder Flächen konstanter Information (Isophasen-Standlinien). Zusätzlich zu TACAN-Informationen (Rho-Theta) liefert das System innerhalb eines definierten Sektors um den Landeplatz Azimut- (Landekurs-) und Elevations (Gleitweg-)Informationen. Dazu bedarf es zweier Bodenstationen (SETAC-A: Azimut/Landekurs; SETAC-E: Elevation/Gleitweg) sowie eines SETAC-Borgerätezusatzes zur TACAN-Ausrüstung.

(6) Flächennavigation (area navigation-R/NAV) bedeutet im Gegensatz zur üblichen Strecken- (Punk-zu-Punkt) Navigation, daß die Navigation eines Flugzeuges nicht mehr an fest vorgegebene Punkte (Funkfeuer) oder Strecken gebunden ist, sondern daß jederzeit auf Bordgeräten die Position abgelesen werden kann, um von jedem Punkt der Erdoberfläche zu einem anderen Kursführung zu bekommen.

(a) Hyperbelverfahren ermöglichen die Standortbestimmung durch den Schnitt-

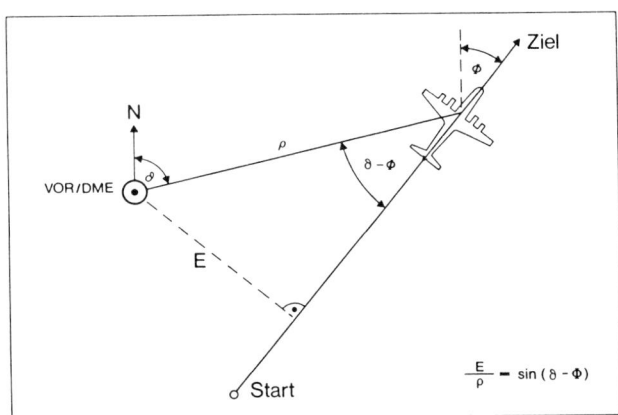

Abb. 13.17 Geometrische Beziehungen bei einem geradlinig an einer VOR/DME-Station vorbeigeführten Sollkurs. Kurswinkel Φ und Senkrechtentfernung der Kursgeraden vom Sender E werden am Rechengerät/Bediengerät eingestellt, das laufend ermittelte ϱ- und ϑ-Werte mit dem Sollkurs vergleicht und Abweichungen am Bordinstrument anzeigt.

punkt zweier Hyperbelstandlinien. Diese Verfahren bedienen sich der Sender, die im Lang- oder Längstwellenbereich strahlen, wodurch sie vornehmlich der Langstreckennavigation vorbehalten sind.

Die Hyperbel, eine zweiästige Kegelschnittkurve, ist der geometrische Ort aller Punkte, die von zwei gegebenen Punkten, den Brennpunkten (oder Sendern), die gleiche Abstandsdifferenz haben. Bezogen auf zwei Sender sind Hyperbeln Orte gleicher Laufzeitdifferenz von Signalen, die meßbar ist. Durch einen dritten Sender wird ein weiteres Hyperbelfeld geschaffen, so daß sich der Standort bestimmen läßt.

Hyperbelketten bestehen aus einem Hauptsender (master station) und mehreren Nebensendern (slave station). Vom Hauptsender abgestrahlte Impulse synchronisieren die Impulstastung des mehrere hundert Kilometer entfernten Nebensenders, so daß der Empfänger zwei Impulse mit Laufzeitdifferenz (wie bei LORAN-long range navigation) oder mit Phasendifferenz (DECCA, OMEGA) erhält. Die Standortermittlung geschieht entweder anhand von Sonderkarten mit Hyperbelschareneindruck oder durch direkte Bordanzeige, die durch Navigationsrechner ermittelt wird.

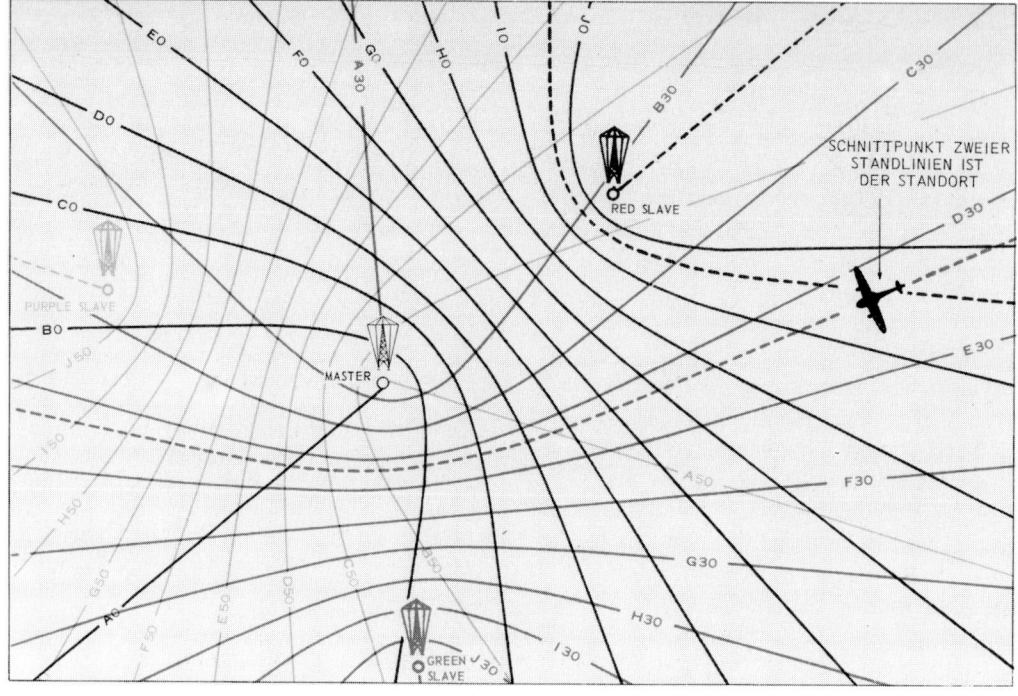

Abb. 13.18 Schema einer DECCA-Navigationskarte.

(b) VLF-Verfahren (very low frequency) bedienen sich rundstrahlender Dauerstrichsender, die im sehr niedrigen Frequenzbereich 10–14 kHz arbeiten. Durch Phasenwinkeldifferenzmessung von zwei Sendern ergeben sich dann Hyperbelstandlinien zur Ortsbestimmung. VLF wird in Verbindung mit OMEGA-Sendern weltweit genutzt.

(c) Doppler-Verfahren nutzten den Doppler-Effekt im Mikrowellenbereich (Doppler-Radar), womit sich mittels Rechnern (tracker) Abdrift und Geschwindigkeit über Grund errechnen lassen.

(d) Trägheitsnavigationsverfahren (INS – inertial navigation system) sind bodenunabhängig. Das System ermittelt mit Präzisionskreiselplattformen den jeweiligen Standort durch genaue Zuordnung der wahren Vertikalen (vom Flugzeug zum Erdmittelpunkt) zu einem Bezugsachsensystem im Raum (Gitterkoordinaten).

Abb. 13.19 Beispiel einer Standortbestimmung mittels OMEGA/VLF.

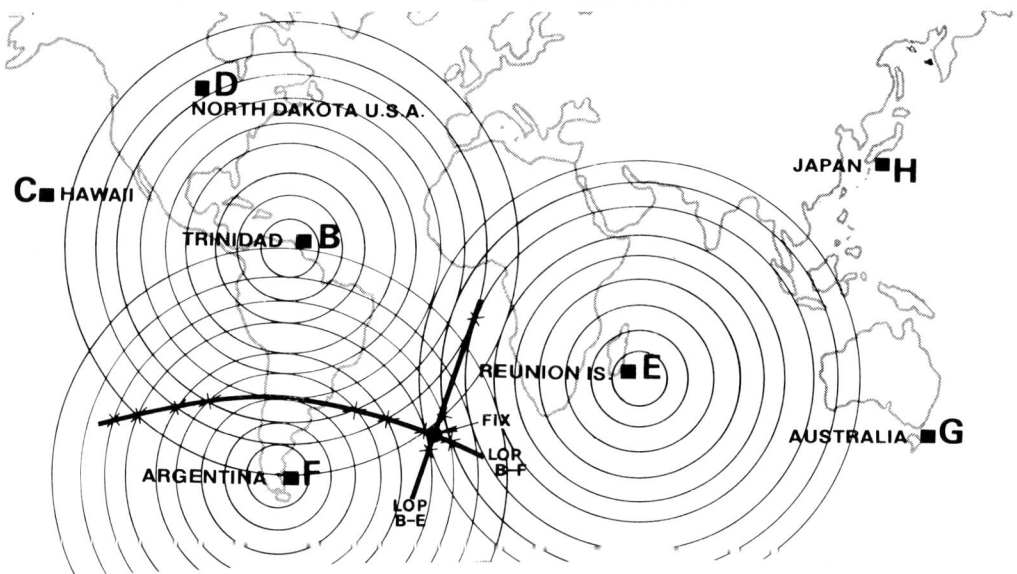

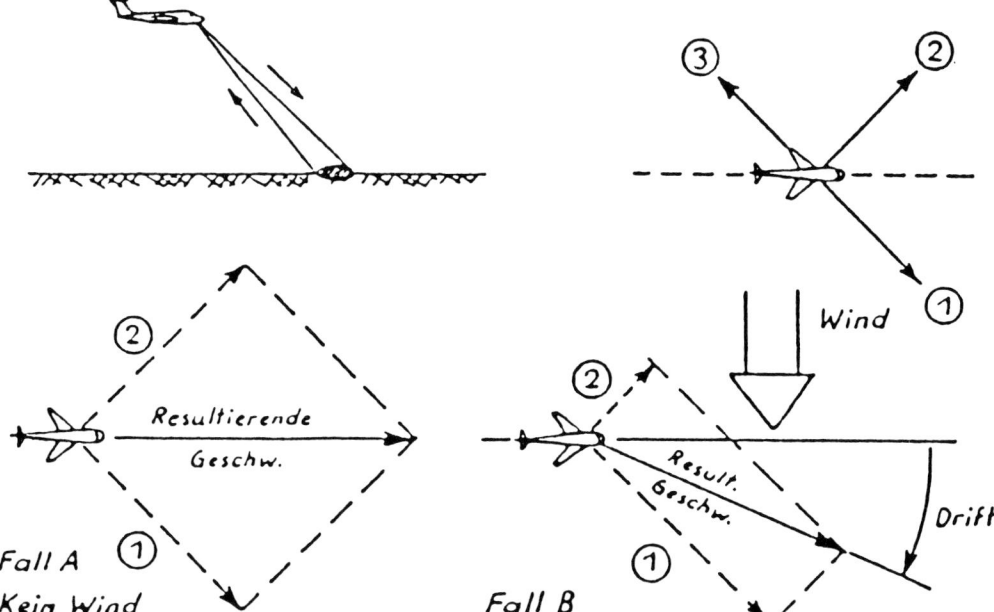

Abb. 13.20 Das Dopplerprinzip. Christian Doppler fand heraus, daß sich die Frequenz einer Schwingung, die von einer bewegten Quelle ausgeht, auf dem Wege zum Empfänger ändert. Umgekehrt kann man aus der Frequenzänderung auf die Geschwindigkeit der Schwingungsquelle schließen. Das macht man sich beim Doppler-Radar zunutze. Man sendet Funkstrahlen zur Erde, deren Echo mit einer anderen Frequenz zurückkommen muß, weil sich das Flugzeug in der Zeit, in der das Funksignal zur Erde eilt, weiterbewegt. Sendet man drei Signale in verschiedene Richtungen aus (oben rechts), lassen sich aus den jeweils an Bord gemessenen Frequenzänderungen die Geschwindigkeit über Grund und der Winkel ausrechnen, um den das Flugzeug von seinem Kurs abgetrieben wird. Dafür gibt es einen Bord-Computer. Unten rechts die Verhältnisse bei Seitenwind; aus (1) und (2) werden der Driftwinkel und die Grundgeschwindigkeit (resultierende Geschwindigkeit) ausgerechnet.

(e) VOR/DME oder VORTAC eignet sich mit zugeschalteten Bordrechnern zur Flächennavigation. Hierbei werden Kurswinkel und Senkrechtentfernung der Kursgeraden vom Sender (E) in den Bordrechner eingegeben, so daß Abweichungen von der geometrischen Beziehung laufend an Bord angezeigt werden. Nach diesem Mittelstreckenverfahren können mehrere Flugzeuge gleichzeitig auf Parallelkurs fliegen und flächig verteilte Wegpunkte (Phantomstationen) ansteuern.

(f) Radarnavigation stützt sich auf das Bordradargerät, womit man Bodenziele oder andere Bezugspunkte am Boden durch Wolken, Nebel, bei bedecktem Himmel oder Dunkelheit sehen und genaue Grundge-schwindigkeiten, Kurse über Grund und Windverhältnisse bei allen Sichtverhältnissen bestimmen kann. Doch Radar hat seine Grenzen. Die Hauptschwierigkeit ist die Deutung des auf dem Bildschirm erscheinenden Bildes. Eine genaue Auswertung verlangt ständiges Mitkoppeln und Vermessen mit anderen Navigationssensoren und das Vorhandensein entsprechender Radarvorhersagestreifen (radar prediction).

(7) Meteorologische Navigation. Die meteorologische oder barometrische Navigation befaßt sich mit der Auswertung von Wetterfaktoren bei navigatorischen Berechnungen, insbesondere für Langstreckenflüge. Dabei wird das Hauptgewicht nicht immer auf den kürzesten Weg (Orthodrome) noch auf die Einhaltung der Loxodrome gelegt. Vielmehr ist für die Festlegung des Flugweges auch die Gesamt-Wetterlage. Z.B. können in Abweichung des kartenmäßig kürzesten Weges Luftströmungen um Hoch- und Tiefdruckgebiete (z.B. Jetstream, Kap. 4) günstig ausgenutzt werden, wobei dann unter diesen Wetterverhältnissen u.U. auf längerem Weg kürzere Flugzeiten erzielt werden können als auf dem kartenmäßig kürzeren aber wettermäßig ungünstigeren Weg.

(8) Die astronomische Navigation bedient sich der Gestirnmessung zur Ortsbestimmung. Sie ist eine Koppelnavigationshilfe zur Bestimmung des Standortes, wenn keine Sicht-, Funk- und Radarverbindung mit dem Boden besteht.

Während des Fluges – genau zu dem in der Flugvorbereitung festgesetzten Zeitpunkt – mißt man mit einem Sextanten die Höhe des Gestirns und vergleicht das Ergebnis mit dem vorher errechneten. Der Winkelunterschied, in Seemeilen umgerechnet, ergibt eine Parallelverschiebung der vorberechneten Standlinie zum Fußpunkt hin, wenn die beobachtete Höhe größer als die errechnete ist (Zenitentfernung ist kleiner geworden und damit der Radius des Standkreises) und umgekehrt.

Da ein Flug-Nautiker je Beobachtung und Auswertung bis zu 4 Min. braucht, kann er innerhalb von 12 Min. durch Beobachtung von Gestirnen ein Standlinien-Dreieck erhalten, in dessen Mittelpunkt sich das Flugzeug befindet.

Die astronomische Navigation ist für den Flugzeugführer im wesentlichen eine Überprüfung der in der Flugvorbereitung errechneten Werte.

(9) Satellitennavigation hat gegenüber den herkömmlichen Großraumnavigationsverfahren (z.B. Hyperbelverfahren) den Vorteil, daß die gesamte Erdoberfläche mehrfach über-

Abb. 13.21 Satelliten auf geostationären Umlaufbahnen liefern Navigationsdaten zur Standortbestimmung mittels GPS/NAVSTAR.

deckt und eine weitgehend automatisierte Navigation möglich ist, ohne allzusehr störanfällig auf Funk- und Übertragungsanomalien zu sein.

Die Navigation mit GPS/NAVSTAR (global positioning system/navigation system with time and ranging) stützt sich auf 24 Satelliten, die auf geeigneten Bahnen in etwa 21 000 km Höhe über der Erde kreisen. Jeder der Satelliten sendet dauernd spezifische pseudozufällig-codierte Signale, die über Atomuhren in den Satelliten präzise auf die Systemzeit synchronisiert sind. Sie liefern Daten ihrer Positionen, Uhrabweichungen und Ortszeit. Der Nutzer empfängt die Signale von vier Satelliten, mißt deren Eintreffzeit und damit seine Pseudo-Entfernung zu den Satelliten. Hieraus errechnet der Empfänger die drei Koordinaten seiner Position im Raum und seine Zeitlage zur Systemzeit. Daraus ergeben sich Positionsangaben, deren Toleranz höchstens 15 m in jeder Dimension beträgt.

SN 11 · 31

INSTRUMENT DEPARTURE CHART NEUBIBERG (EDSN)

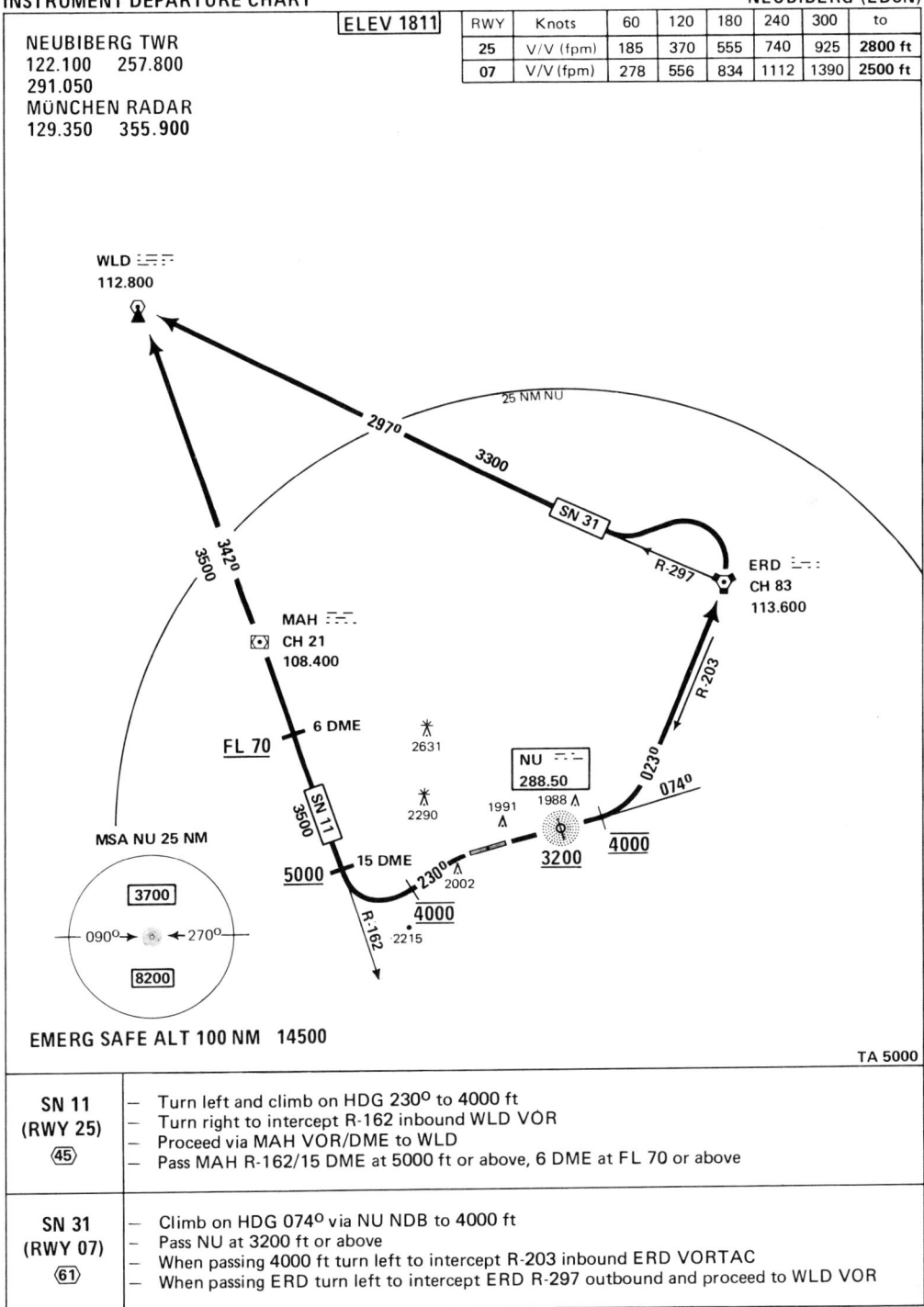

NEUBIBERG TWR
122.100 257.800
291.050
MÜNCHEN RADAR
129.350 355.900

ELEV 1811

RWY	Knots	60	120	180	240	300	to
25	V/V (fpm)	185	370	555	740	925	2800 ft
07	V/V (fpm)	278	556	834	1112	1390	2500 ft

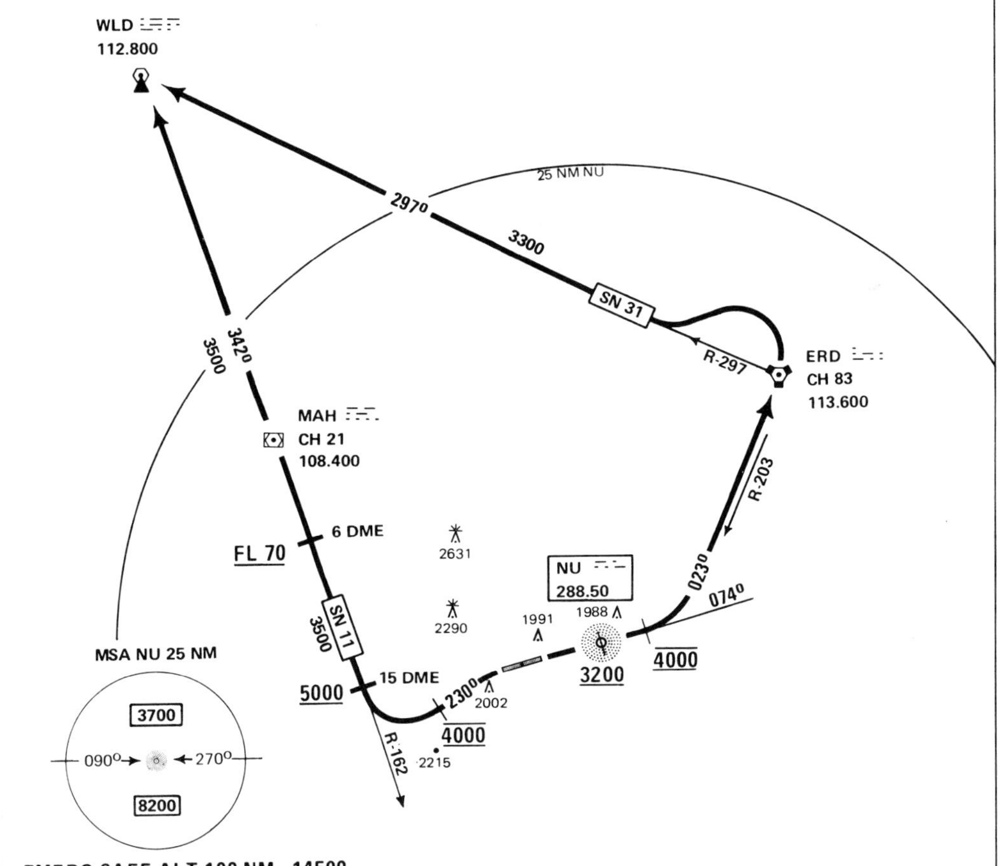

WLD
112.800
25 NM NU
297°
3300
SN 31
R-297
ERD
CH 83
113.600
342°
3500
MAH
CH 21
108.400
6 DME
FL 70
2631
2290
NU
288.50
1991
1988
R-203
023°
074°
SN 11
3500
MSA NU 25 NM
3700
090°
270°
8200
15 DME
5000
230°
2002
4000
3200
4000
R-162
2215

EMERG SAFE ALT 100 NM 14500

TA 5000

SN 11 (RWY 25) 45	– Turn left and climb on HDG 230° to 4000 ft – Turn right to intercept R-162 inbound WLD VOR – Proceed via MAH VOR/DME to WLD – Pass MAH R-162/15 DME at 5000 ft or above, 6 DME at FL 70 or above
SN 31 (RWY 07) 61	– Climb on HDG 074° via NU NDB to 4000 ft – Pass NU at 3200 ft or above – When passing 4000 ft turn left to intercept R-203 inbound ERD VORTAC – When passing ERD turn left to intercept ERD R-297 outbound and proceed to WLD VOR

SN 11 - 31 **NEUBIBERG (EDSN)**

Abb. 13.22 Instrumentenabflugverfahren.

NDB RWY 09R

(USAF) AL–1447.01 (GAF)

FURSTENFELDBRUCK (EDSF)
MUNCHEN, GERMANY

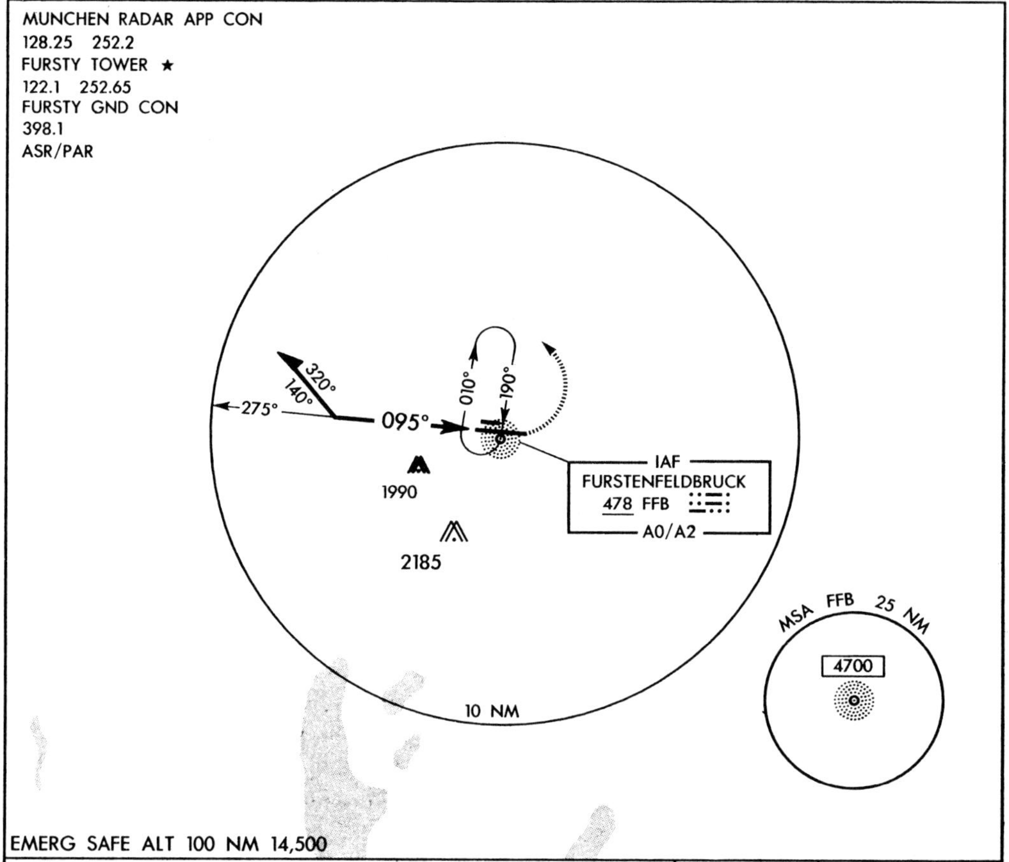

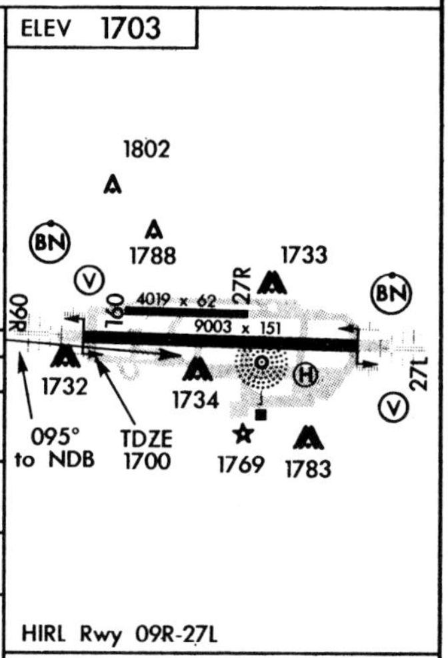

MUNCHEN RADAR APP CON
128.25   252.2
FURSTY TOWER ★
122.1   252.65
FURSTY GND CON
398.1
ASR/PAR

320°
140°
275°
095°
010°
190°

IAF
FURSTENFELDBRUCK
478 FFB
A0/A2

1990

2185

MSA FFB 25 NM

4700

10 NM

EMERG SAFE ALT 100 NM 14,500

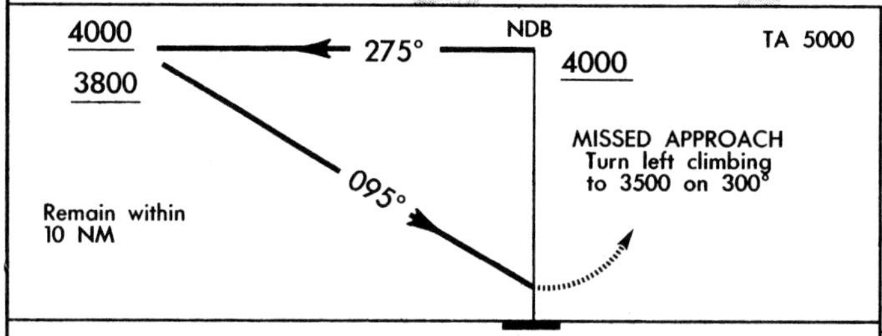

4000		
3800		

275°   NDB   4000   TA 5000

095°

Remain within
10 NM

MISSED APPROACH
Turn left climbing
to 3500 on 300°

ELEV 1703

1802

1788

1733

BN

V

09R

160

4019 x 62   27R

9003 x 151

BN

1732

1734

27L

V

095°
to NDB

TDZE
1700

1769   1783

CATEGORY	A	B	C	D
S–09R	2420-1600m 720 (800-1600m)		2420-2400m 720(800-2400m)	2420-3200m 720(800-3200m)
CIRCLING	2420-1600m 717 (800-1600m)		2420-3200m 717(800-3200m)	2420-4000m 717(800-4000m)
S–PAR 09R	1900-800m	200	(200-800m) GS 3.0°	

HIRL Rwy 09R-27L

NDB RWY 09R

48°12′N–11°16′E

MUNCHEN, GERMANY
FURSTENFELDBRUCK (EDSF)

Abb. 13.23 Anflugverfahren mit ungerichtetem Funkfeuer (NDB).

ILS RWY 25

(USA) AL–1783.03 (GE)

MUNCHEN (EDDM)
MUNCHEN, GERMANY

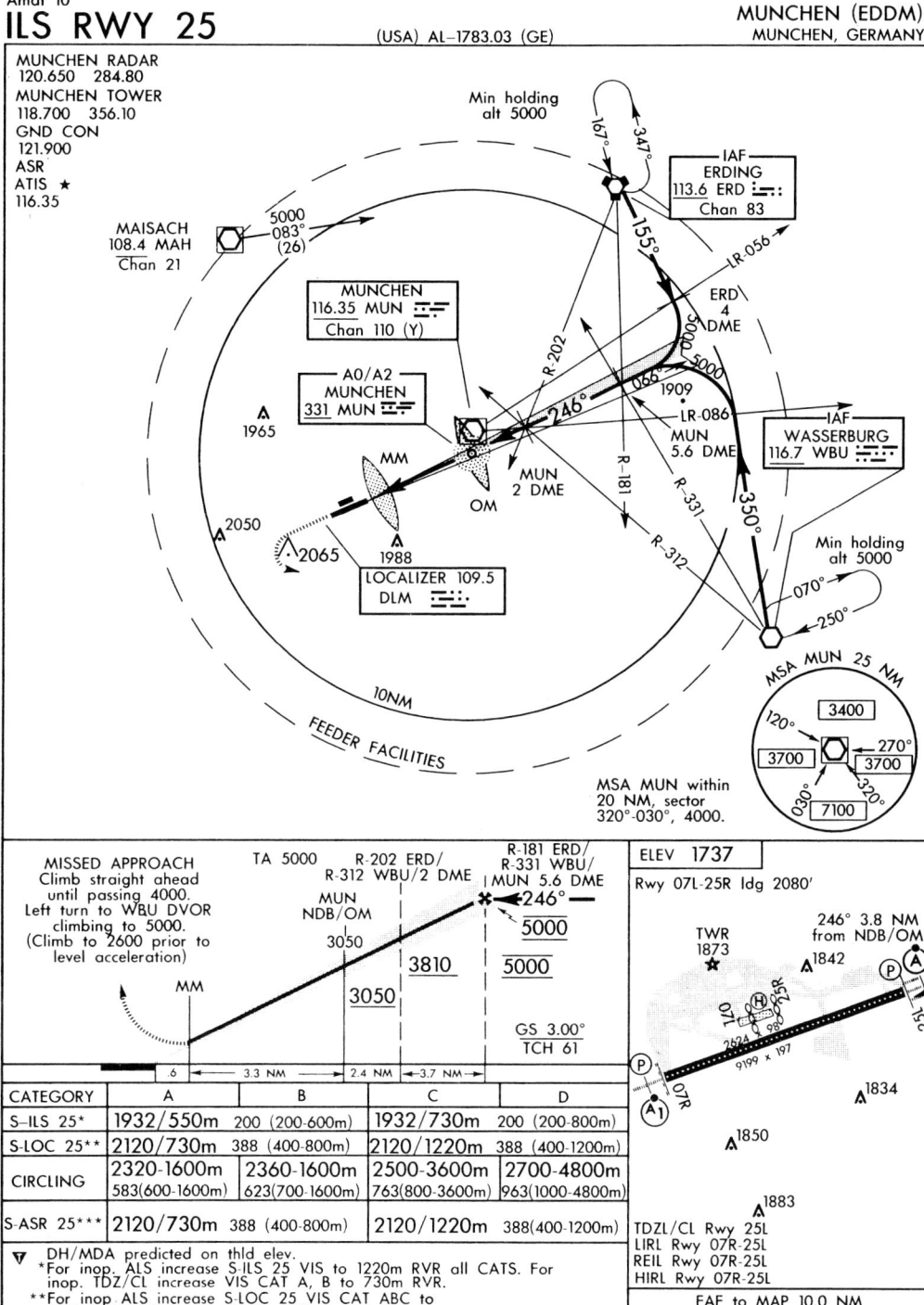

MUNCHEN RADAR
120.650   284.80
MUNCHEN TOWER
118.700   356.10
GND CON
121.900
ASR
ATIS ★
116.35

Min holding alt 5000

IAF
ERDING
113.6 ERD
Chan 83

MAISACH
108.4 MAH
Chan 21

5000
083°
(26)

MUNCHEN
116.35 MUN
Chan 110 (Y)

ERD
4 DME

A0/A2
MUNCHEN
331 MUN

R-202
246°
066°
1909
LR-086
MUN
5.6 DME

IAF
WASSERBURG
116.7 WBU

1965

MM

R-181

MUN
2 DME

OM

R-331

R-312

350°

Min holding
alt 5000

070°
250°

2050
2065
1988

LOCALIZER 109.5
DLM

10NM

FEEDER FACILITIES

MSA MUN 25 NM

120°   3400
270°
3700   3700
030°   320°
7100

MSA MUN within
20 NM, sector
320°-030°, 4000.

MISSED APPROACH
Climb straight ahead
until passing 4000.
Left turn to WBU DVOR
climbing to 5000.
(Climb to 2600 prior to
level acceleration)

TA 5000   R-202 ERD/
R-312 WBU/2 DME
MUN
NDB/OM

R-181 ERD/
R-331 WBU/
MUN 5.6 DME

246°
5000

ELEV 1737

Rwy 07L-25R ldg 2080'

MM

3050

3810

3050

5000

GS 3.00°
TCH 61

.6   3.3 NM   2.4 NM   3.7 NM

TWR
1873

246° 3.8 NM
from NDB/OM
1842

P A

TWR
1873

1834

1850

1883

CATEGORY	A	B	C	D
S–ILS 25*	1932/550m 200 (200-600m)		1932/730m 200 (200-800m)	
S-LOC 25**	2120/730m 388 (400-800m)		2120/1220m 388 (400-1200m)	
CIRCLING	2320-1600m 583(600-1600m)	2360-1600m 623(700-1600m)	2500-3600m 763(800-3600m)	2700-4800m 963(1000-4800m)
S-ASR 25***	2120/730m 388 (400-800m)		2120/1220m 388(400-1200m)	

▽ DH/MDA predicted on thld elev.
*For inop. ALS increase S-ILS 25 VIS to 1220m RVR all CATS. For
inop. TDZ/CL increase VIS CAT A, B to 730m RVR.
**For inop. ALS increase S-LOC 25 VIS CAT ABC to
1520m RVR, CAT D to 1830m RVR.
***For inop. ALS increase VIS for S-ASR 25 CATS A,B,C to 1520m
RVR. CAT D to 1830m RVR.

TDZL/CL Rwy 25L
LIRL Rwy 07R-25L
REIL Rwy 07R-25L
HIRL Rwy 07R-25L

FAF to MAP 10.0 NM				
Knots	60	90	120	150	180
Min:Sec	10:00	6:40	5:00	4:00	3:20

ILS RWY 25

48°08'N–11°42'E

MUNCHEN, GERMANY
MUNCHEN (EDDM)

Abb. 13.24 Beispiel für einen ILS-Anflug.

VOR/DME RWY 07R

(USAF) AL-1736.08 (GE)

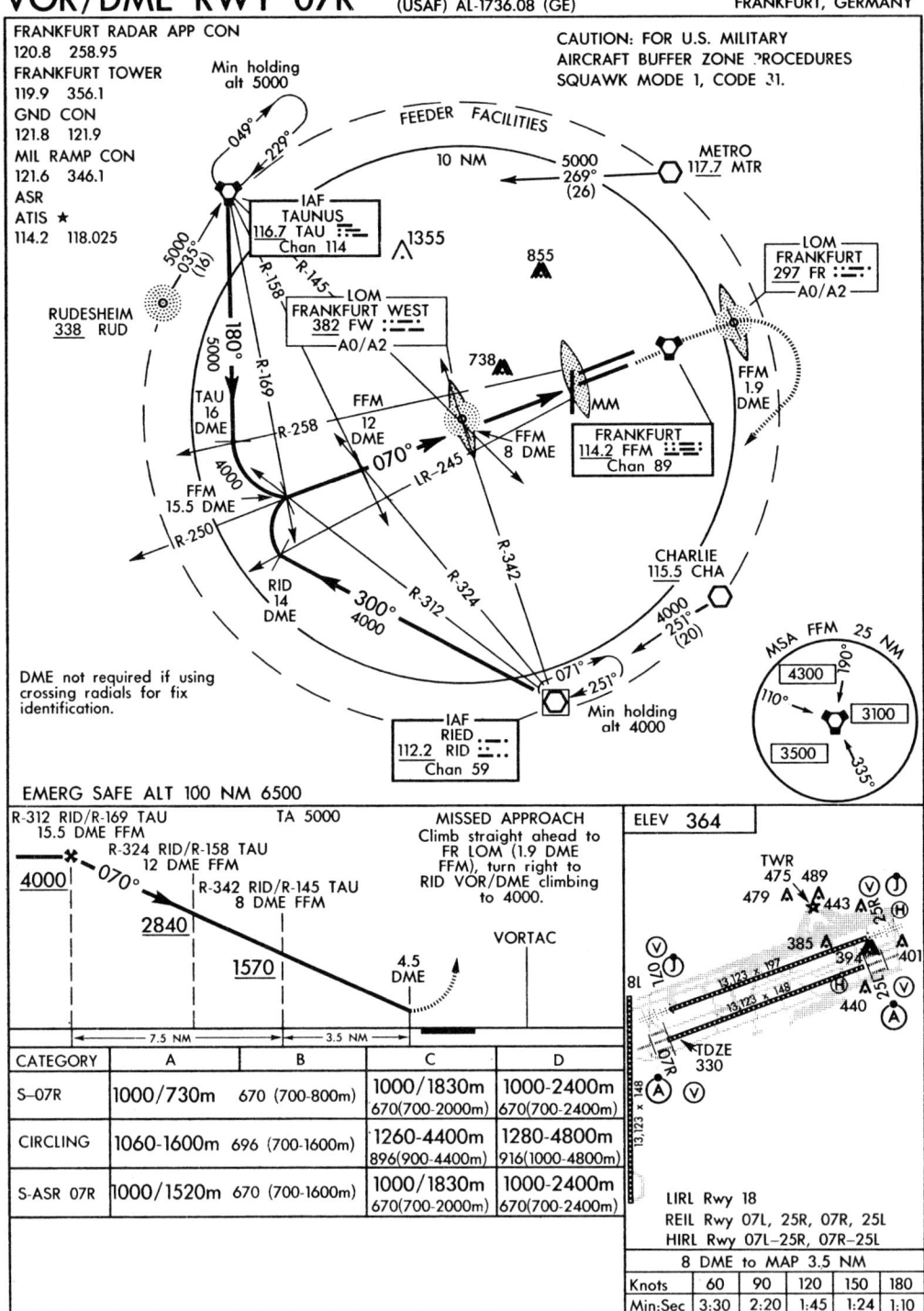

FRANKFURT RADAR APP CON
120.8   258.95
FRANKFURT TOWER
119.9   356.1
GND CON
121.8   121.9
MIL RAMP CON
121.6   346.1
ASR
ATIS ★
114.2   118.025

CAUTION: FOR U.S. MILITARY
AIRCRAFT BUFFER ZONE PROCEDURES
SQUAWK MODE 1, CODE 31.

Min holding alt 5000

FEEDER FACILITIES

10 NM   5000 269° (26)

METRO 117.7 MTR

IAF TAUNUS
116.7 TAU
Chan 114

LOM FRANKFURT
297 FR
A0/A2

1355

855

RUDESHEIM 338 RUD

LOM FRANKFURT WEST
382 FW
A0/A2

738

FFM 1.9 DME

TAU 16 DME

FFM 12 DME

070°

MM

FFM 8 DME

FRANKFURT
114.2 FFM
Chan 89

FFM 15.5 DME

RID 14 DME

300° 4000

R-312

R-324

R-342

CHARLIE 115.5 CHA

4000 251° (20)

MSA FFM 25 NM
4300
110°   3100
3500   335°

DME not required if using crossing radials for fix identification.

071°   251°

IAF RIED
112.2 RID
Chan 59

Min holding alt 4000

EMERG SAFE ALT 100 NM 6500

R-312 RID/R-169 TAU
15.5 DME FFM
TA 5000

R-324 RID/R-158 TAU
12 DME FFM

4000   070°

R-342 RID/R-145 TAU
8 DME FFM

2840

1570

4.5 DME

7.5 NM   3.5 NM

MISSED APPROACH
Climb straight ahead to
FR LOM (1.9 DME
FFM), turn right to
RID VOR/DME climbing
to 4000.

VORTAC

ELEV 364

TWR
475   489
479 ▲ ▲ ▲ 443

385 ▲
394
401

13,123 × 197

13,123 × 148

440

TDZE 330

LIRL Rwy 18
REIL Rwy 07L, 25R, 07R, 25L
HIRL Rwy 07L-25R, 07R-25L

8 DME to MAP 3.5 NM

CATEGORY	A	B	C	D
S-07R	1000/730m 670 (700-800m)		1000/1830m 670(700-2000m)	1000-2400m 670(700-2400m)
CIRCLING	1060-1600m 696 (700-1600m)		1260-4400m 896(900-4400m)	1280-4800m 916(1000-4800m)
S-ASR 07R	1000/1520m 670 (700-1600m)		1000/1830m 670(700-2000m)	1000-2400m 670(700-2400m)

Knots	60	90	120	150	180
Min:Sec	3:30	2:20	1:45	1:24	1:10

VOR/DME RWY 07R

50°02'N-08°34'E

Abb. 13.25 VOR/DME-Anflugverfahren.

Sichtanflugkarte
Visual Approach Chart

Höhe ü. NN
ELEV   1345

FRIEDRICHSHAFEN-LÖWENTAL
EDTY

FIS
MÜNCHEN INFORMATION
126.95 MHz   123.20 MHz
(En + Ge)
H 24

FRIEDRICHSHAFEN LUFTAUFSICHT
122.00 MHz

s. AD   Zeiten
times

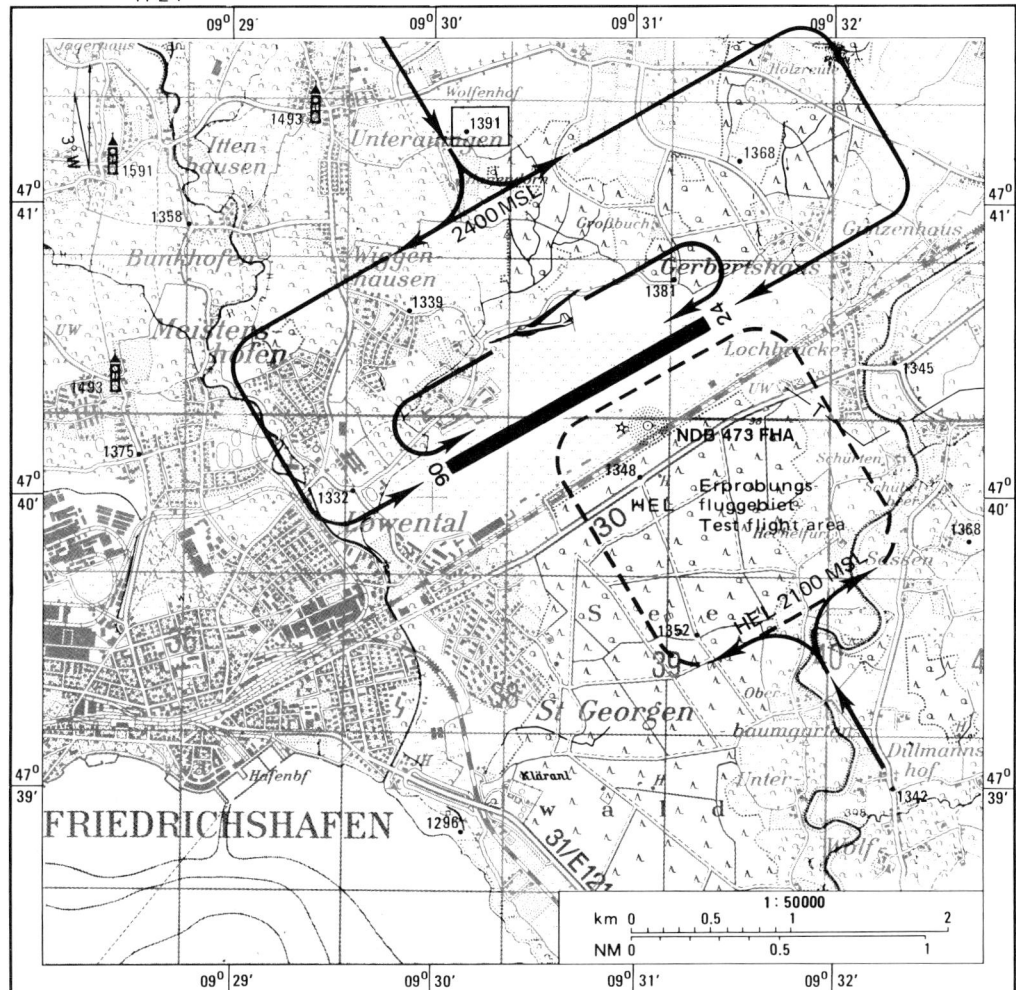

Berichtigung: Neue Topographie.
Correction: New topography.

Benutzungsbeschränkungen, Verfahren und Flugwarnungen
Restrictions for Use, Procedures and Navigational Warnings

Flugbetrieb nach VFR bei VMC.

Die am Flugbetrieb teilnehmenden Luftfahrzeuge
müssen mit einem betriebsklarem Wechselsprech-
Sende- und Empfangsgerät ausgerüstet sein. Flugzeuge ohne Funk nur PPR.
Bei Anflügen ist aus einer Entfernung von mindestens 15 NM mit der Flugleitung Sprechfunkverbindung aufzunehmen. Folgende Angaben
sind zu übermitteln:
a) Einflug in den Quer- und Endanflugteil, sowie
b) Fehlanflüge.

b. w.

Flight operations in VMC and in accordance
with VFR.
Aircraft participating in the flight operations
shall be equipped with a functioning two-way
radio. Aircraft without radio shall obtain prior
permission (PPR).
On approaches radio contact with the Flugle-
tung shall be established at a distance of at
least 15 NM. The following information shall
be transmitted:
a) Reaching of base leg and final leg as well as
b) missed approaches.

p. t. o.

Abb. 13.26

BUNDESANSTALT FÜR FLUGSICHERUNG

EDTY 3

Landekarte
Landing Chart

52 27 33 N
07 11 09 E

NORDHORN-KLAUSHEIDE
EDWN

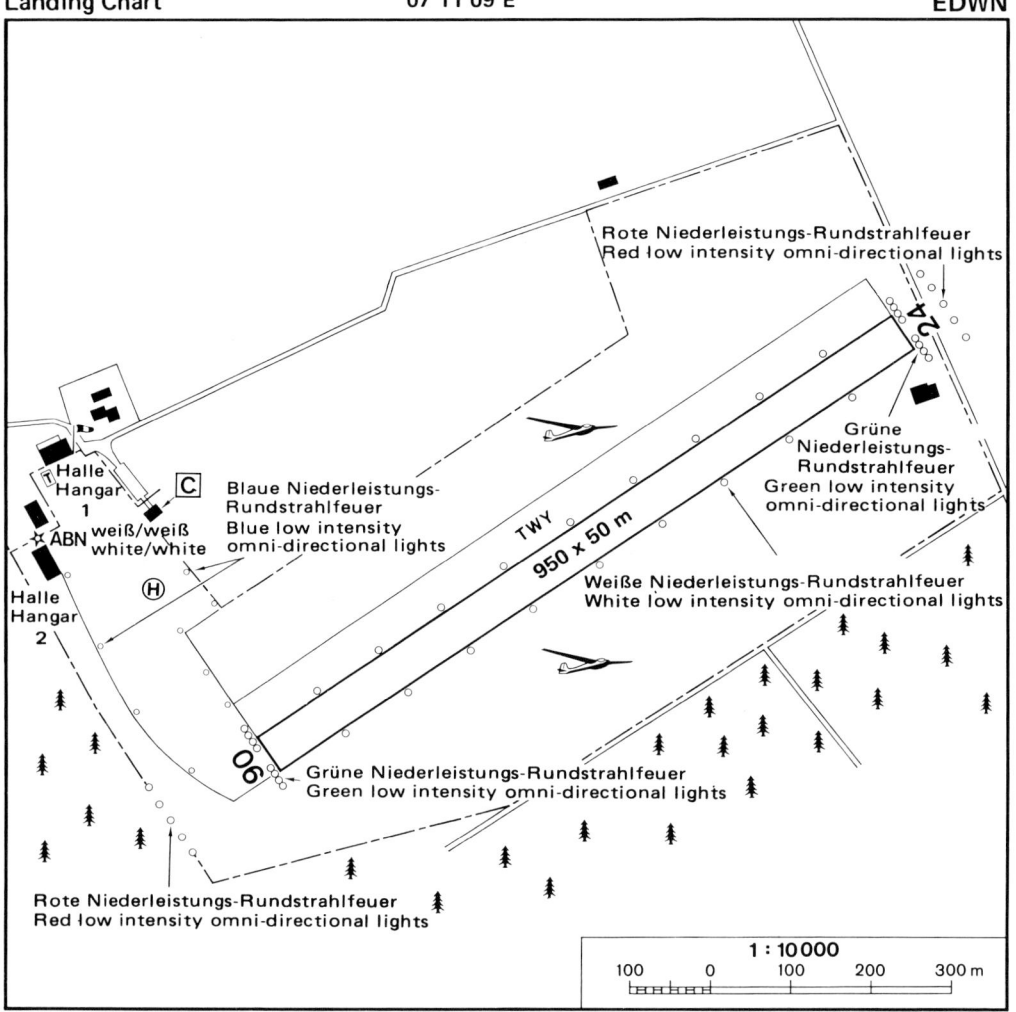

Rote Niederleistungs-Rundstrahlfeuer
Red low intensity omni-directional lights

Grüne
Niederleistungs-
Rundstrahlfeuer
Green low intensity
omni-directional lights

Halle
Hangar
1

C

Blaue Niederleistungs-
Rundstrahlfeuer
Blue low intensity
omni-directional lights

ABN weiß/weiß
white/white

Halle
Hangar
2

TWY
950 x 50 m

Weiße Niederleistungs-Rundstrahlfeuer
White low intensity omni-directional lights

06

Grüne Niederleistungs-Rundstrahlfeuer
Green low intensity omni-directional lights

Rote Niederleistungs-Rundstrahlfeuer
Red low intensity omni-directional lights

1 : 10 000

100   0   100   200   300 m

Bei Flügen, die am Tage nach Sichtflugregeln
zwischen dem Landeplatz Nordhorn-Klausheide
einerseits und dem Flughafen Twenthe in den
Niederlanden andererseits, durchgeführt werden,
ist die Übermittlung von Flugplänen und Landemeldungen nicht erforderlich. – Die deutschen
und niederländischen Zollvorschriften bleiben unberührt.

For VFR flights during day between Nordhorn-
Klausheide airfield and Twenthe airfield in the
Netherlands the filing of flight plans and trans-
mitting reports of arrival are not required. – The
German and Netherland customs regulations re-
main unchanged.

KAPITEL 14

Flugvorbereitung

1. Bedeutung

Eine gute Flugvorbereitung ist der Schlüssel zum Erfolg eines Flugauftrages. Raum und Zeit fehlen in einem Flugzeug, um die Flugplanung während des Fluges durchzuführen. Auch verhindert genaue Flugvorbereitung weitgehend falsche Entschlüsse, wenn besondere äußere Umstände wie Wetter, Lärm, Böigkeit und Feindeinwirkung den Flugzeugführer ablenken.

2. Faktoren der Flugvorbereitung

a) Entfernung

Die zu fliegende Strecke muß ungefähr bekannt sein, um feststellen zu können, ob die Kraftstoffvorräte des Flugzeuges ausreichen, je nach gewähltem Flugprofil.

Abb. 14.1 Zwei mögliche Flugprofile:.

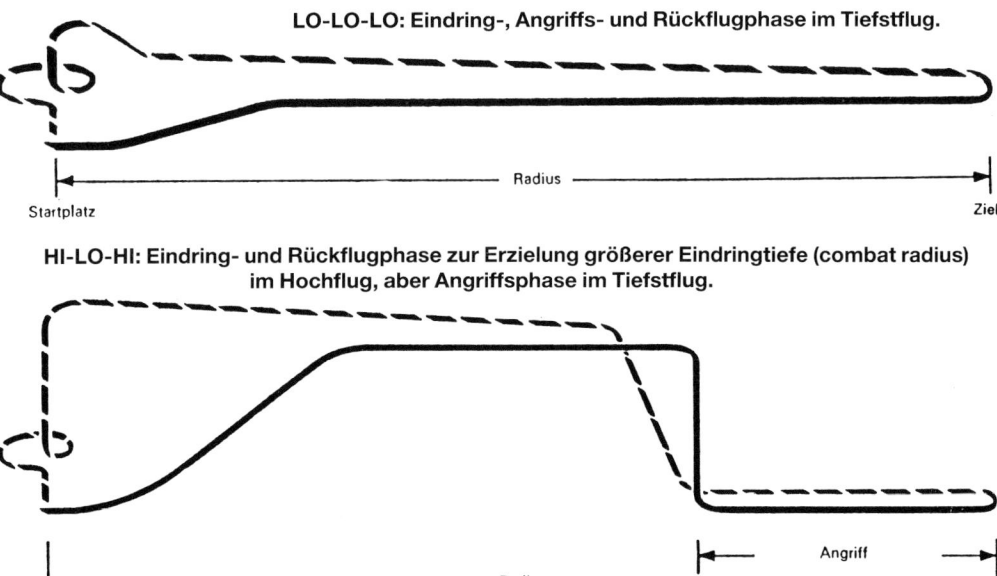

LO-LO-LO: Eindring-, Angriffs- und Rückflugphase im Tiefstflug.

Radius

Startplatz   Ziel

HI-LO-HI: Eindring- und Rückflugphase zur Erzielung größerer Eindringtiefe (combat radius) im Hochflug, aber Angriffsphase im Tiefstflug.

Angriff

Radius

Startplatz   Ziel

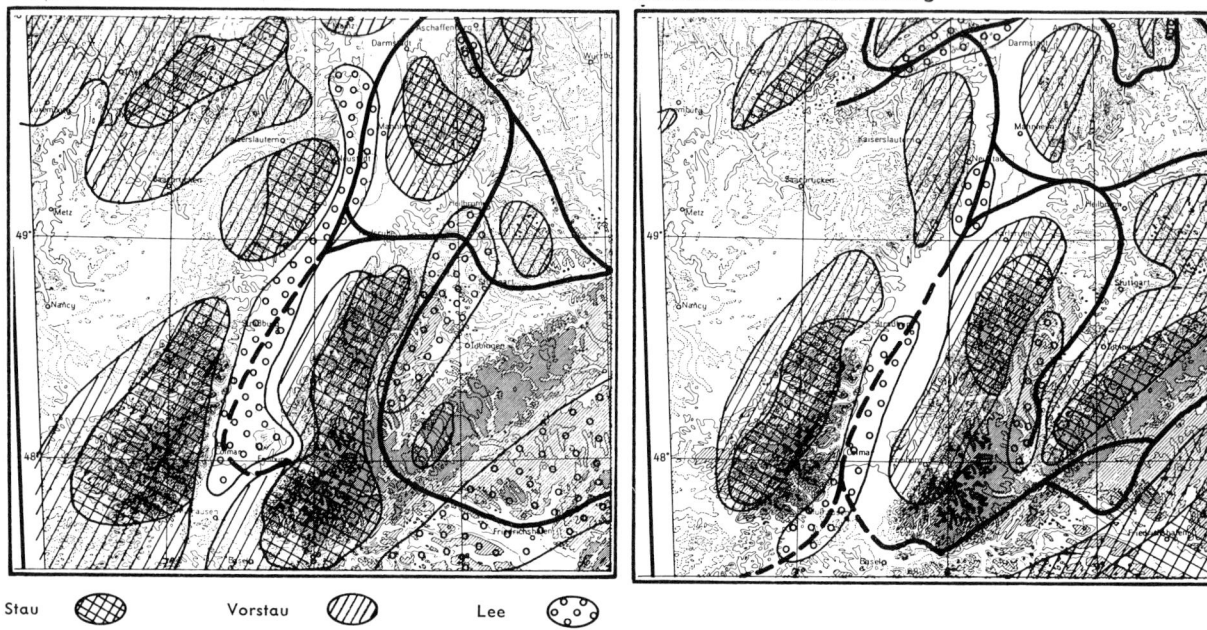

bei südwestlicher Luftströmung **bei nordwestlicher Luftströmung**

Stau Vorstau Lee

Abb. 14.2 Schlechtwetterflugwege für Überlandflüge in tieferen Höhen in Süddeutschland; bei südwestlicher (links) und nordwestlicher (rechts) Luftströmung.

b) Kraftstoffverbrauch

Der Kraftstoffverbrauch pro Stunde kann aus technischen Typen-Flughandbüchern entnommen werden. Außer dem reinen Streckenverbrauch sind, insbesondere für Start und evtl. Steigflug, unbekannte Windverhältnisse und dem Flug zu einem Ausweichhafen Kraftstoffreserven zu berücksichtigen.

c) Flughöhe

Die mögliche Flughöhe wird begrenzt durch Geländebeschaffenheit und Flugzeugtyp. Die optimale Reiseflughöhe ist abhängig vom günstigsten Kraftstoffverbrauch und den meteorologischen Gegebenheiten.

d) Flugstreckenverlauf

Wahl der Flugstrecken und Flugstreckenverlauf hängen von mehreren Faktoren ab:

- Länge der Flugstrecke
- Wetter, besonders Wind und Vereisung
- Lage der Funkfeuer
- Sperrgebiete

e) Geschwindigkeit über Grund

Aufgrund der Wettervorhersagedaten und der bekannten Flugzeugeigengeschwindigkeit läßt sich die Grundgeschwindigkeit berechnen, die als Berechnungsgrundlage zur Flugvorbereitung gilt.

3. Das Fluglog

Das Fluglog (flight log) stellt in übersichtlicher Form die ermittelten Werte der Flugvorbereitung dar und ist mit den genauen Kurs-, Zeit- und Sicherheitshöhen-Einzeichnungen in der Bord-Navigationskarte die Navigationsunterlage des Flugzeugführers.

4. Tiefflugnavigation

Der größte Teil militärischer Aufträge wird im Tiefflug geflogen. Die Aufgabe umfaßt folgende Komponenten:
1. Navigation im Tiefflug bei hoher Geschwindigkeit
2. Zielerkennung und Ziellage
3. Aufklärungs-/Waffen-Einsatz

Die wichtigste und zugleich am schwierigsten zu erlernende Komponente ist die Navigation.

Mit dem Wort »tief« ist die niedrigste Höhe gemeint, bei der ein Flugzeug noch mit Sicherheit geflogen werden kann (unter 250 Fuß über Grund).

Mit »schnell« ist gemeint, so schnell wie möglich unter Berücksichtigung einer bestimmten Menge Treibstoff und einer bestimmten Entfernung zum Ziel. Die Geschwindigkeiten werden allgemein zwischen 420 Knoten und 600 Knoten liegen (ca. 0,7–0,94 Mach).

a) Warum Fliegen in niedrigster Höhe?

(1) – Um der Erfassung durch das feindliche Radar-Frühwarnsystem zu entgehen bzw. dessen Wirkungsgrad auf das geringste Maß zu reduzieren.
– Ein tiefliegendes Flugzeug hebt sich kaum vom Gelände ab und auch die Reichweite des Tief-Suchradars ist durch die optische Sicht begrenzt.
(2) – Um größtmöglichen Schutz gegen feindliche Bodenabwehr und feindliche Jäger zu haben.
– Fla-Kanoniere werden größte Schwierigkeiten haben, ihre Rohre zu richten, selbst wenn sie radargesteuert werden, denn im Tiefflug treten hohe Winkelgeschwindigkeiten auf.
– Jagdflugzeuge werden das Flugzeug schwer erkennen und noch schwieriger bekämpfen können.
– Luft-Luft-FK sind zur Bekämpfung weniger geeignet wegen des Bodenechos auf dem Radar-Zielgerät.
(3) Um in der Lage zu sein, wirkungsvolle Einsätze auch bei schlechten Wetterbedingungen durchführen zu können.
– Flugzeugführer, die mit diesen Aufgaben betraut sind, brauchen keine komplizierten Navigationshilfen. Sie müssen den größten Teil des Einsatzes über »Fühlung« mit dem Boden behalten bzw. sich nach seinem Bordradarbild richten.
– Ist das Flugzeug einmal über den Wolken, so ist es oft unmöglich, außer auf dem Flugplatz, bis auf Bodensicht durchzustoßen. Ein solcher Einsatz ist nutzlos.
– Für einen wirkungsvollen Einsatz muß der Flugzeugführer meistens auch das Ziel sehen. Dies kann sehr schwierig werden bei schlechtem Wetter mit niedriger Wolkenuntergrenze und schlechter Sicht.

b) Besonderheiten der Tiefflugnavigation

Der Flugzeugführer hat aus seiner Kanzel ein nur sehr begrenztes Gesichtsfeld und sehr wenig Zeit zu erkennen, was er sieht.

Der Horizont kann sehr begrenzt sein – vielleicht nur einige Kilometer Sicht, was abhängig von der Wetterlage ist. Punktziele sind nur für ganz kurze Zeit sichtbar und können leicht verfehlt werden.

Bei höheren Geschwindigkeiten wächst die Problematik noch an, ein gewisser Ausgleich kann jedoch durch Höhengewinn erfolgen, wobei die Verwundbarkeit des Flugzeuges nicht unbedingt erhöht wird.

Da der Flugzeugführer so dicht über dem Gelände fliegt, erfaßt sein Blick eine Vielzahl von Einzelheiten. Er kann nahezu alles sehen, wobei es fraglich bleibt, ob sein Verstand die Einzelheiten erfaßt. Wesentlich ist, daß der Flugzeugführer weiß, wonach er sucht. Er muß die besonderen Merkmale verstandesmäßig erfassen und darf seinen Verstand nicht durch unwesentliche Eindrücke belasten lassen.

Karten sind in ebener Sicht gezeichnet. Im Tiefflug erscheint nichts in ebener Sicht. Relief-Karten sind unbefriedigend. Daher ist es unbedingt erforderlich, daß der Flugzeugführer beim Studium der Karte alle Merkmale mit seinem geistigen Auge als Relief sieht, was Übung erfordert.

Ein mentales Problem ist die Erhaltung der vollen Konzentrationsfähigkeit während des ganzen Fluges. Es kommt darauf an, mit Energiereserven am Ziel anzukommen, weil diese dann am notwendigsten gebraucht werden. Um das zu erreichen, darf man die geistigen Kräfte nicht durch die Anstrengung, zum Ziel zu kommen, bereits erschöpfen. Es ist verhängnisvoll, die Gedanken abschweifen zu lassen, d. h. sich zu entspannen. Wenn eine solche Situation eintritt und dadurch der Kurs einmal verlassen worden ist, so ist es schwer, ohne zusätzlichen Energieaufwand, diesen wieder zu erreichen. Folglich ist es für die geistigen Kräfte wesentlich wirtschaftlicher, die ganze Zeit über konzentriert zu bleiben.

Der Flugzeugführer muß versuchen, seine volle Konzentrationsfähigkeit bis zur Flugnachbesprechung aufrechtzuerhalten. Ein früheres Entspannen kann den Einsatz teilweise in Frage stellen.

Die Ermüdung ist ein physiologisches Problem. Es steht in enger Verbindung mit dem mentalen Problem insofern, als der Flugzeugführer am Ende eines Einsatzes geistig angespannt sein kann, und dies seine körperliche Verfassung beeinträchtigt. Die Hauptursache für Ermüdungserscheinungen sind gewöhnlich unrichtige Kabinentemperatur, Böigkeit (Turbulenz) und in geringerem Maße hohe Beschleunigungskräfte durch Kurvenflug.

c) Navigationshilfen

Wie bei jeder anderen Navigationsart ist eine sorgfältige Flugplanung durch den Flugzeugführer eines der Geheimnisse des Erfolges. Deshalb ist es wichtig, auffällige Merkmale im Hinblick auf ihre Brauchbarkeit als Navigationsmarken zu betrachten und die besten auszuwählen. Die Flughöhe über dem Gelände ist für das Erkennen von Merkmalen bedeutend. Ein Bezugspunkt, der aus dem Gelände herausragt und in seitlicher Sicht gut sichtbar ist, stellt das Ideal dar, das aber sehr selten ist. Bezugspunkte sollen sich vom Gelände besonders abheben.

Bestimmte Geländeformen, die über eine gewisse Entfernung hinweg den Flugweg kreuzen, erlauben eine gute Überprüfung der Zeit-Weg-Berechnung (Auffanglinien).

Geländemerkmale in Flugrichtung (Führungslinien) sind hilfreich. Mittels einer kleinen Abweichung auf Parallelkurs entlang einer Hügelkette oder eines Tales fliegend, schont die geistige Leistungsfähigkeit während des Fluges.

Unverwechselbare Kontrollpunkte (Check-Points) müssen ausgewählt werden, z. B.:

Kurz nach dem Start, an Wendepunkten und nach Abdrehen vom Ziel, um sicherzustellen, daß der richtige Kurs anliegt und auf diesem Kurs geflogen wird.

Der Übergang von der Strecken-Navigationskarte auf die großmaßstäbliche Zielgebietskarte muß rechtzeitig vor dem Ziel entfernt geschehen, so daß der Flugzeugführer Zeit hat, seine Flugwegkontrolle auf die Zielkarte abzustimmen, jedoch nicht zu fern vom Ziel, denn die Zielkarte wäre zu unhandlich.

Der Zeitpunkt, wann alle Karten beiseite gelegt werden und der Pilot nur noch auf das Auftauchen des Ablaufpunktes bzw. des Ziels wartet, sollte ganz kurz vor dem Auftauchen des Ablaufpunktes bzw. Ziels liegen.

Es ist empfehlenswert, markante Anhaltspunkte, Geländemarken, wie Gebirgsketten oder Seenplatten, zu haben, die eine grobe Vorstellung über die Art des zu überfliegenden Geländes geben.

Die Navigation von der Karte ins Gelände erfordert peinlichst genaues Fliegen, um den Kurs zu halten, und damit die ausgewählten Geländemarken zur genau berechneten Zeit zu sehen. Trotzdem ist es möglich, Geländepunkte zu verfehlen. Sie brauchen z. B. nur eine nautische Meile entfernt zu liegen, um außer Sichtweite zu sein. Tiefflugnavigation kann mit Blindflug verglichen werden. Man muß einen stetigen Kurs beibehalten oder gegen jedes instinktive Gefühl eine Kurve nach errechneter Zeit einleiten können. Instinkt ist selten richtig. Im Tiefflug ist nicht genügend Zeit für die rechnerische Navigation, nur Faustformeln helfen, wenn man sie beherrscht.

In der Praxis werden höchstwahrscheinlich immer Abweichungen vom Flugweg erfolgen. z. B.:
– wenn Wolken auf Bergland liegen,
– um Fla-Bereichen auszuweichen,
– beim Angriff durch feindliche Jagdflugzeuge.

Dies kann einen Flugzeugführer, der nach Zeitmarkierung und auf einem genauen Kurs fliegt, vollkommen desorientieren. Um die immerwährende Orientierung über die richtige Position sicherzustellen, ist die Festlegung je eines Hilfspunktes in Abständen von etwa jeweils 2–3 Minuten zu empfehlen.

KAPITEL 15

Der Navigationsrechner ARISTO-AVIAT 616 und 618

1. Einleitung

Die Navigationsrechner ARISTO-AVIAT 616 und 618 sind vielseitig anwendbare Hilfsgeräte der Navigation, mit denen sich die meisten der in der navigatorischen Praxis vorkommenden Aufgaben lösen lassen. In Abwandlung des ARISTO-AVIAT 615 – der als Weiterentwicklung des bewährten Dreieckrechners, System Knemeyer, die Berechnung des Winddreiecks nach dem Sinussatz vorsieht – ist beim ARISTO-AVIAT 616 bzw. 618 die trigonometrische Rechnung durch eine graphische Lösung ersetzt.

Neben der Berechnung der üblichen Weg-Zeit, Brennstoffverbrauchs- und Winddreiecksaufgaben ermöglicht der ARISTO-AVIAT mittels einfacher Einstellungen die Umwandlung von metrischen in angelsächsische Maßeinheiten (und umgekehrt), sowie die Umrechnung von Flüssigkeitseinheiten in Gewichtseinheiten unter Berücksichtigung des spezifischen Gewichtes. Ferner dienen besondere Skalen zur Bestimmung der Eigengeschwindigkeit, der wahren Höhe und der Dichte-Höhe, der Schallgeschwindigkeit und der Machzahl, der Lösung von Aufgaben der barometrischen Navigation, u.a.m.

Mit Rücksicht darauf, daß der Navigationsrechner international verwendbar sein soll, daß die englische Sprache als eine der ICAO-Luftfahrtsprachen im Weltluftverkehr allgemein eingeführt ist und auch in Deutschland auf Logbuchvordrucken, in Streckenhandbüchern und im Flugsicherungskontrolldienst Anwendung findet, werden die englischen Bezeichnungen zur Beschriftung der Skalen benutzt.

2. Die Skalen

Der ARISTO-AVIAT 616 bzw. 618 ist ein Navigationsrechner in Form einer kreisförmigen Rechenscheibe. Über einem weißen Kunststoffkörper mit festen Skalen ist auf jeder Seite eine transparente Scheibe mit entsprechenden konzentrischen Skalen drehbar gelagert. Durch Farbwirkung wird das Teilungsbild übersichtlich gegliedert, und transparente Drehzeiger mit Indexstrichen erleichtern die Einstellungen und Ablesungen zwischen den Teilungsintervallen.

Die Vorderseite (Abb. 15.1) trägt von außen

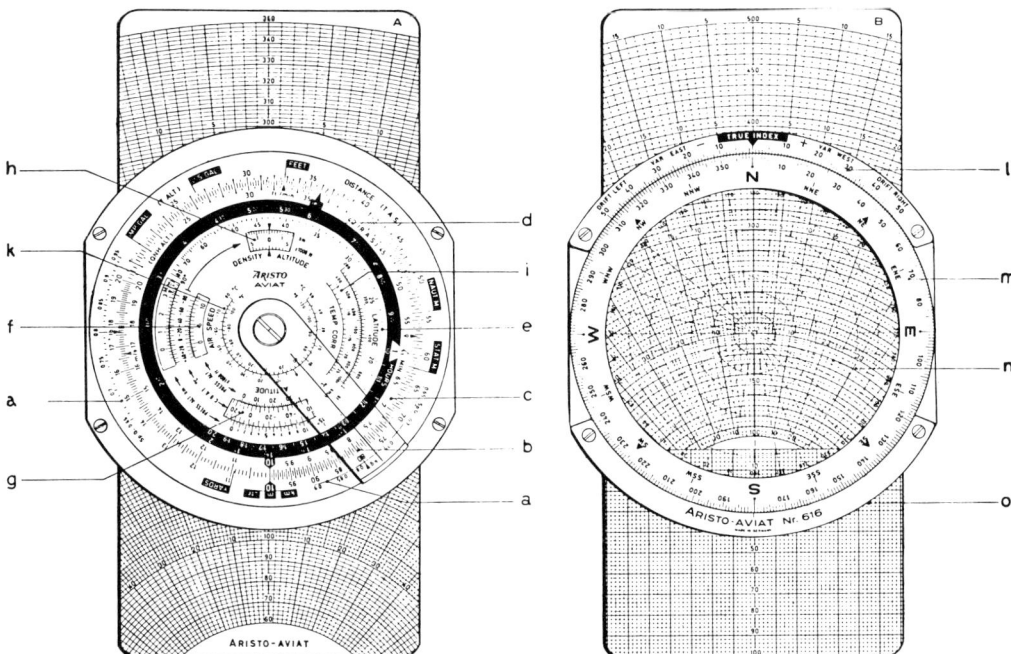

Abb. 15.1   **Abb. 15.2**

nach innen folgende Skalen:

Auf dem festen Außenring

a) Am Rande zwei kurze, mit Sp. G. bezeichnete Teilungen der spezifischen Gewichte von 0,65–0,95 für Brennstoff und Öl, die eine zur Umwandlung von Flüssigkeitseinheiten (Liter, Imp. Gallons, US. Gallons) in Kilogramm (kg), die andere zur Umwandlung in Pfund (lb). Die Pfeile mit der Beschriftung kg und lb kennzeichnen diese Skalen und dienen zur Umrechnung kg ⇌ lb.

b) Eine mit DISTANCE, (TAS) und (T. Alt) bezeichnete logarithmische Vollkreiseinteilung im dekadischen System (Wegskala). Zusätzlich sind Umrechnungsmarken angebracht für

Kilometer	– Nautical Miles	– Statute Miles	(rot)
Meter	– Yards	– Feet	(schwarz)
Liter	– Im. Gallons	– US Gallons	(blau)

Auf der drehbaren Innenscheibe

c) Eine logarithmische Vollkreisteilung be-

zeichnet mit (RAS), (QNH ALT.) und MIN. als Gegenskala zu b), sie enthält Marken für die Umrechnung von ft/min in m/s und ist gleichzeitig eine Zeitskala, die von der Stundenmarke ① ausgehend eine Minutenskala von 6 bis 60 Minuten darstellt. Die Marke sec dient in Verbindung mit der Stundenmarke zur Umrechnung von Minuten in Sekunden. Die Marke $\rho = 57,3$ wird gelegentlich für eine Umrechnung vom Gradmaß ins Bogenmaß benötigt, $\pi = 3,14$ ist eine Marke für Kreisberechnungen.

d) Eine Stundenskala (weiß im schwarzen Ring), bei der Stundenmarke ① an Skala c) anschließend und bis 20 Stunden geteilt, so daß Stunden- und Minutenangaben sich gegenüberstehen.

e) Eine Breitenskala LATITUDE von 15° bis 90° für Berechnungen bei den Verfahren der barometrischen Navigation.

f) Zwei konzentrische Fensterausschnitte mit roter Teilung und Bezifferung für Eigengeschwindigkeitsberechnungen, beschriftet mit AIR SPEED. Zwischen den Fensterausschnitten ist die Skala für die berichtete Außentemperatur (C.O.A.T.°C.) von +50° bis -80° aufgetragen. Im oberen Fensteraus-

343

schnitt erscheint die Druckhöhenskala (Pressure Altitude) in km von -0,6 bis +20 und im unteren Fensterausschnitt die Druckhöhenskala in Fuß x 1000 von -2 bis +65. Die Marken M (km/h) und M (kt) dienen zur Berechnung der Machzahl und der Schallgeschwindigkeit.

g) Ein Fensterausschnitt mit blauer Teilung und Bezifferung für Höhenberechnungen, beschriftet mit ALTITUDE. Am oberen Rand des Ausschnittes ist die Druckhöhenskala in km von -0,5 bis +10,7 und am unteren Rand in Fuß x 1000 von -2 bis +35,2 aufgetragen. Der Endstrich gilt für Höhen von 10,7 bis 25 km bzw. 35,2 bis 80 x 1000 ft. Im Ausschnitt steht die berichtigte Außentemperatur (C.O.A.T.°C) von -70° bis +50°.

h) Ein Fensterausschnitt für die Bestimmung der Dichte-Höhe (DENSITY ALTITUDE), zu dem ein roter Pfeil von der AIR SPEED-Skala hinleitet. Im Ausschnitt erscheint eine Höhenskala in km von -2 bis +14,6 und eine Höhenskala in Fuß x 1000 von -6 bis +48.

Im Mittelfeld der drehbaren Scheibe

i) Ein Skalenpaar, bezeichnet mit Temp. Corr., für die Berichtigung der am Bordthermometer abgelesenen Außentemperatur bei hohen Geschwindigkeiten (von 400 bis 1000 km/h, bzw. von 200 bis 550 Knoten).

k) Eine konzentrische Kreisskala zur Umwandlung der Temperatur von Fahrenheit- in Celsius-Grade.

Die Rückseite (Abb. 15.2, Nr. 616) trägt von außen nach innen:

Auf dem festen Außenring

l) Eine Gradeinteilung, die von 0° (True Index) rechs- und linksläufig bis 50 ° durchgeführt ist. Die Bezeichnungen DRIFT LEFT – DRIFT RIGHT, VAR. EAST –

VAR, WEST, + und - geben Hinweise für die Anwendung.

Auf dem drehbaren Innenring

m) Eine Kursrose von 0° bis 360°, in der die Haupthimmelsrichtungen besonders markiert sind.

n) Eine transparente, mattierte Schreibfläche mit roten konzentrischen Kreisen zum Abtragen von Geschwindigkeiten in km/h oder Knoten und mit roten radialen Abtriftlinien in 10° Abstand, die am Außenrand von Süden der Kursrose beginnend über W, N, E von 0° bis 360° rot beziffert sind. Beim ARISTO-AVIAT 618 fehlen die roten Diagrammlinien.

o) Zwischen den Rechenscheiben gleitet der Diagrammschieber, in der Standardausführung mit den Seiten A und B.

Die **Diagrammseite A** enthält konzentrische Kreisbögen für die Fluggeschwindigkeiten von 60 bis 350 km/h bzw. Knoten und radiale Strahlen für Abtriften.

Die **Diagrammseite B** enthält die entsprechenden Angaben für Fluggeschwindigkeiten von 100 bis 500 km/h bzw. Knoten. Im unteren Drittel der Seite B befindet sich ein Quadratnetz beziffert von 0 bis 100.

Weitere Diagramme für verschiedene Geschwindigkeitsbereiche:

C = mit Geschwindigkeiten von 30 bis 300;

D = mit Geschwindigkeiten von 100 bis 1000;

G = mit Geschwindigkeiten von 300 bis 1000, dazu ein Quadratnetz beziffert von 0 bis 80;

H = mit Geschwindigkeiten von 49 bis 250, dazu ein Quadratnetz beziffert von 0 bis 80;

K = mit Geschwindigkeiten von 150 bis 750.

Die Diagrammschieber sind austauschbar.

3. Einfache Rechnungen

Die Skalen b) und c) sind in dieser Neukonstruktion wie bei einem Rechenstab als zwei vollwertige logarithmische Skalen aufgetragen, womit alle vorkommenden Multiplikationen und Divisionen, Verhältnisrechnungen und Prozentrechnungen ausgeführt werden können.

a) Das Lesen der Teilungen

Auf Grund ihrer logarithmischen Eigenschaft werden auf den Skalen b) und c) die Abstände zwischen den Zahleneinheiten im Uhrzeigersinne immer kleiner. Die hierdurch bedingten verschiedenartigen Teilungsbilder in den Bereichen von 10 bis 20, von 20 bis 50, und von 50 bis 10 sind zu beachten. Folgende Ablesebeispiele veranschaulichen die Verschiedenartigkeit der Ablesungen in den drei Bereichen.

Die anfänglichen Schwierigkeiten beim Lesen der Teilungen für Benutzer, die nicht an das Arbeiten mit Rechenschiebern gewöhnt sind, verlieren sich, sobald das Teilungsbild durch einige Übungen im Einstellen und Ablesen vertraut worden ist.

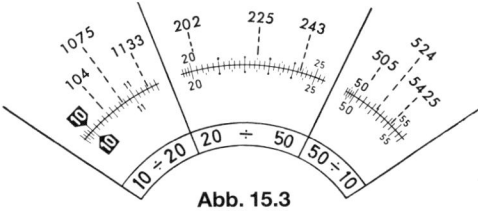

Abb. 15.3

Wie bei jedem Rechenschieber sind die Bezifferungen vieldeutig in Bezug auf die Kommastellung. Wenn beispielsweise die Zahl 12 als Ergebnis einer Einstellung auf der Rechenscheibe abgelesen wird, kann der tatsächliche Wert 0,12 oder 1,2, 12, 120… lauten. In allen Fällen, bei denen die Größenordnung der Lösung einer Rechenaufgabe nicht ohne weiteres übersehbar ist, empfiehlt es sich, zunächst eine Überschlagsrechnung mit abgerundeten Zahlenwerten vorzunehmen, um die richtige Kommastellung zu ermitteln.

Der Skalenanfang (Index) ist durch die umrahmte ⑩ gegeben, die großen Zahlen 20, 30 usw. gliedern die Skala in die Hauptintervalle, ihre Skalenstriche geben die erste Stelle der Ablesung. Die kleineren Zahlen innerhalb der Hauptintervalle oder auch die hervorgehobenen Teilstriche geben die zweite Stelle; die dritte Stelle der Ablesung liefern die kleinsten Skalenstriche, oder sie wird durch Interpolation gefunden.

b) Multiplikation

Nach dem Prinzip des logarithmischen Rechnens werden zur Multiplikation Strecken auf der festen Außenskala und der drehbaren Innenskala aneinandergereiht. In dem Beispiel 32 x 1,4 wird der Index ⑩ der Innenskala auf den Wert 32 der Außenskala eingedreht, dann steht über dem Wert 1,4 der

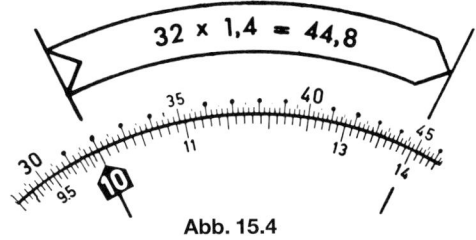

Abb. 15.4

345

Innenskala das Ergebnis 44,8 auf der Außenskala. Die Benutzung des Drehzeigers erleichtert hierbei die Ablesung.

c) Division

Die Division ist die Umkehrung der Multiplikation. Wenn die soeben beschriebene Einstellung in der umgekehrten Reihenfolge vorgenommen wird, d. h. wenn der Wert 44,8 der Außenskala und der Wert 1,4 der Innenskala übereinandergestellt werden, kann als Ergebnis der Division 32 auf der Außenskala über dem Index ➓ der Innenskala abgelesen werden.

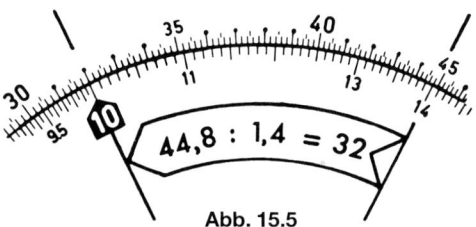

Abb. 15.5

d) Abwechselnde Multiplikation und Division

Bei Aufgaben der Dreisatzrechnung (Regeldetri) kommen immer Ausdrücke der Form $\frac{a \cdot c}{b}$ vor. In diesem Falle wird die Rechnung mit der Division $\frac{a}{b}$ begonnen, anschließend mit dem Faktor c multipliziert. Wenn der Ausdruck $\frac{44,8 \cdot 3,4}{1,4}$ berechnet werden soll, so wird anschließend an die Division 44,8:1,4 der Drehzeiger auf den Wert 3,4 der Innenskala gestellt und darüber in der Außenskala das Ergebnis 108,8 abgelesen. Das Zwischenergebnis der Division braucht nicht abgelesen zu werden.

Beispiel: $\frac{327 \times 5,220 \times ,453}{128}$

(eine überschlägige Berechnung ergibt $\frac{300}{100} \cdot 5 \cdot \frac{1}{2} = 7,5$ als Ergebnis).

Einstellvorgang:
(1) Drehzeiger über 327 der Außenskala,
(2) 128 der Innenskala unter den Drehzeiger,
(3) Drehzeiger über 5,22 auf der Innenskala,
(4) Index ➓ unter Drehzeiger,
(5) Drehzeiger auf 0,453 der Innenskala,
(6) Ergebnis: 6,04 auf der Außenskala unter dem Drehzeiger ablesen.

e) Proportionen (Verhältnisse)

Viele Aufgaben der Flugnavigation lassen sich in der Proportionsform sehr übersichtlich rechnen. Durch die Gegenüberstellung der zueinandergehörigen Verhältnisse (gegebene Größen) sind auch alle weiteren Relationen bekannt.

Das obige Beispiel aus Absatz d) läßt sich bequem in die Proportion

$$\frac{44,8}{1,4} = \frac{108,8}{3,4}$$

umschreiben. Die Trennungsfuge zwischen der Außen- und Innenskala ist dann gleichsam der Bruchstrich der Verhältnisse.
Beispiel einer Prozentrechnung: Tankinhalt vor dem Abflug 960 l,
hiervon verbraucht 647 l;
gesucht: Verbrauch in Prozenten des Tankinhalts.
Der Tankinhalt 960 l verhält sich zu 100 % wie der Verbrauch zur gesuchten Prozentzahl

$$\frac{960}{100} = \frac{647}{x}$$

Ergebnis: x = 67,4%

Zeitumrechnung: Bei einer Weg-Zeit-Rechnung (siehe 6. b) wird als Flugzeit 0,43 Stunden abgelesen. Wieviel Minuten entsprechen diesem Wert?

Da 1 h = 60 min, gilt die Proportion

$$\frac{1}{60} = \frac{0,43}{x}$$

Stundenmarke ① dem Index ⑩ gegenüberstellen. Drehzeiger auf 43 der Außenskala stellen und x = 25,8 min. auf der Innenskala ablesen.

4. Umrechnung von Maßen: Metrisch ⇌ angelsächsisch

Die Marken der Außenskala sind durch die Vereinigung der metrischen Maßeinheiten m, km und l über dem Index ⑩ übersichtlich angeordnet. Auf diese Weise können alle Umrechnungen einheitlich vorgenommen werden.

Grundsätzlich beginnt jede Umrechnung damit, daß der umzurechnende Wert in der drehbaren Skala aufgesucht und unter die Marke der gegebenen Einheit gestellt wird. Das Ergebnis wird dann auf der drehbaren Skala bei der Marke für die gesuchte Einheit abgelesen. In den folgenden Abbildungen ist die 1. Einstellung jeweils mit einem Kreis umrandet, und Pfeile geben die Richtung für den Drehzeiger an.

a) Umrechnung von Streckenmaßen und Entfernungen

Gegeben: 3 feet
Gesucht: Wert in yard und m
Ergebnis: 1 yard, 0,915 m

Drehe den Skalenwert 30 unter die Feet-Marke und lies das Ergebnis auf der drehbaren Skala unter der entsprechenden Marke yards oder m ab.

Gegeben: 17 m
Gesucht: Wert in yards und feet
Ergebnis: 18,59 yards; 55,8 feet.

Abb. 15.6

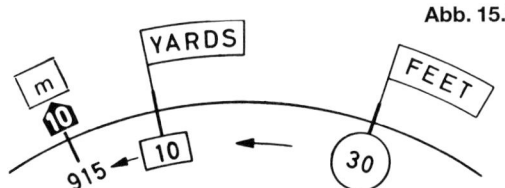
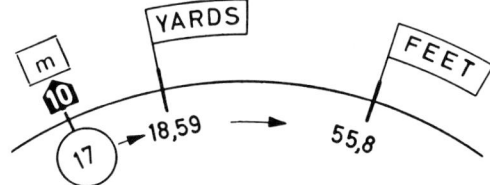

Gegeben: 172 Stat. Miles
Gesucht: Naut. Miles und km
Ergebnis: 149,5 Naut. Miles, 277 km.

b) Umrechnung von Flüssigkeitsmaßen

Abb. 15.7

Gegeben: 2350 l
Gesucht: Imp. Gallons und US Gallons
Ergebnis: 517 Imp. Gallons; 621 US Gallons.

Gegeben: 173 US Gallons
Gesucht: Imp. Gallons und Liter
Ergebnis: 144 Imp. Gallons; 655 Liter.

Abb. 15.8

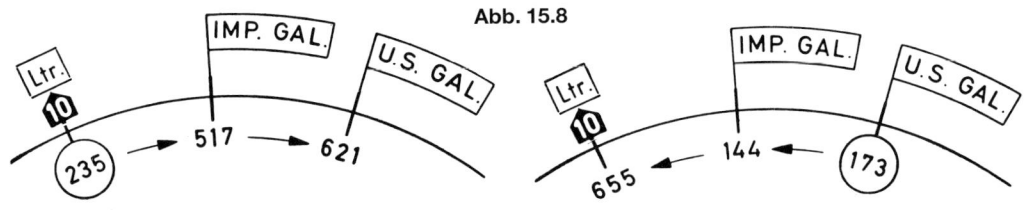

c) Gewichtsberechnung aus Flüssigkeitsmaßen

Für die Umwandlung von Flüssigkeitsmaßen in Kilogramm oder englische Pfund unter Berücksichtigung des jeweiligen spezifischen Gewichts zwischen 0,65 und 0,95 sind am oberen Rand des Außenrings je eine Skala für die Umwandlung in Pfund (lb) und in kg angebracht. Zu jeder Flüssigkeitsmenge in Liter oder Gallons kann somit das Gewicht wahlweise in kg oder lb abgelesen werden.

Stelle die umzuwandelnden Flüssigkeits-

mengen auf der drehbaren Innenskala (c) unter die zutreffende Marke (Ltr., Imp. Gal, oder US Gal.) auf dem Außenring (b) und drehe den Drehzeiger über den Wert des spezifischen Gewichts der Flüssigkeit in Skala (a) ein.

Lies unter dem Drehzeiger auf der Innenskala das der Flüssigkeitsmenge entsprechende Gewicht ab und zwar in kg, wenn der Drehzeiger über der spezifischen Gewichtsskala mit der Bezeichnung »kg« eingestellt ist, oder in (engl.) Pfund bei Einstellung des Drehzeigers über der mit »lb« bezeichneten Skala.

Gegeben:	234 US Gallons Benzin, spez. Gewicht 0,72
Gesucht:	Gewicht in Kilogramm und Pfund
Ergebnis:	1407 lbs; 637 kg

Gegeben:	156 Imp. Gallons Benzin, spez. Gewicht 0,74
Gesucht:	Gewicht in lbs
Ergebnis:	1157 lbs.

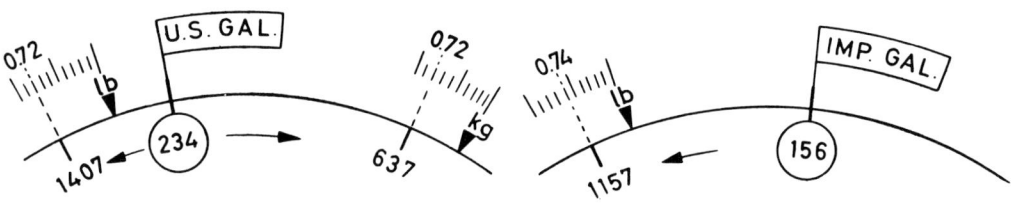

Abb. 15.9

5. Umrechnung von Zeiten und Geschwindigkeiten

Bei derartigen Aufgaben besteht gegenüber den bisherigen Umrechnungsbeispielen der Unterschied, daß sich die Zeit- und Geschwindigkeitsmarken in der beweglichen Skala (c) befinden. Die Marke der gegebenen

Einheit muß auf den gegebenen Wert in der festen Skala eingedreht werden. Das Ergebnis steht dann gegenüber der entsprechenden Marke auf der Außenskala.

a) Umrechnung von Zeiten

Umrechnung von Minuten in Stunden
In der Minutenskala (c) und in der Stundenskala (d) stehen sich die entsprechenden Werte für 1 bis 10 Stunden gegenüber. Am inneren Rand des schwarzen Ringes ist sie

bis 20 Stunden = 1200 Minuten fortgesetzt.

Umrechnung von Minuten in Sekunden mit den Marken ① und sec
Gegeben:	17 Minuten
Gesucht:	Anzahl der Sekunden
Ergebnis:	1020 s

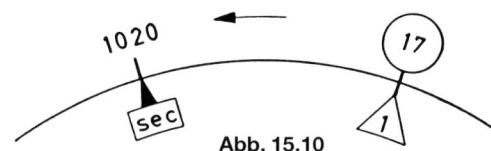

Abb. 15.10

Die Stundenmarke ①, die gleichzeitig als Minutenmarke gilt, wird auf 17 in Skala (b) gestellt. Über der Sekundenmarke sec steht dann das Ergebnis 1020 s. Aus der Abb. 15.10 geht hervor, daß die Umkehrung der Aufgabe in der gleichen Weise gerechnet wird.

b) Umrechnung von Geschwindigkeiten

Umrechnung von m/s in km/h
Die Marke sec erleichtert mit ihrer Lage bei dem Wert 36 auch die Umrechnung von Stunden in Sekunden. 1 h = 3600 s und 1 m/

s = 3,6 km/h. Wird z. B. die Marke ❿ der Minutenskala (c) gegenüber 35,8 m/s in Skala (b) gestellt, zeigt die Marke sec auf 129 km/h.

Umrechnung mit den Marken m/s und ft/min
Gegeben: 500 ft/min
Gesucht: m/s
Ergebnis: 2,54 m/s

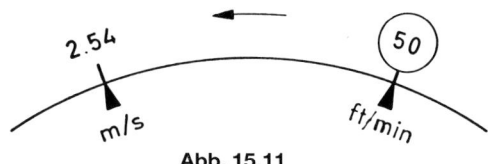

Abb. 15.11

6. Weg-Zeit-Geschwindigkeit-Aufgaben

Derartige Aufgaben sind immer als eingekleidete Aufgaben gegeben, die am zweckmä-

ßigsten in die Form einer Proportion (Verhältnisgleichung) gebracht werden (vgl. 3. e).

a) Berechnung von Steig- oder Sinkzeiten bzw. -Geschwindigkeiten

Ein Flugzeug soll mit einer Steiggeschwindigkeit 700 feet/min von 2000 auf 11 000 Fuß steigen. Gesucht ist die Steigzeit für den Höhenunterschied 9000 Fuß.
Diese Steiggeschwindigkeit 700 ft/min gibt an, daß das Flugzeug in einer Minute 700 ft steigt. Damit ist die Ausgangseinstellung für die Proportion gegeben:

$$\frac{700}{1} = \frac{9000}{x}$$

Einstellung: Stelle bewegliche ❿ unter die Steiggeschwindigkeit 700.
Ablesung: Lies die Steigzeit 12,85 min auf der beweglichen Skala unter

dem Höhenunterschied 9000 ab.

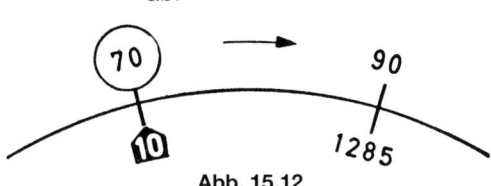

Abb. 15.12

Ergebnis: Steigzeit 13 Minuten.
Ein Flugzeug gibt in 14 Minuten 8500 ft Höhe auf. Gesucht ist die Sinkgeschwindigkeit.

$$\text{Proportion: } = \frac{8500}{14} = \frac{x}{1}$$

Einstellung: 14 unter 85
Ablesung: 607 über ❿
Ergebnis: Sinkgeschwindigkeit 607 ft/min.

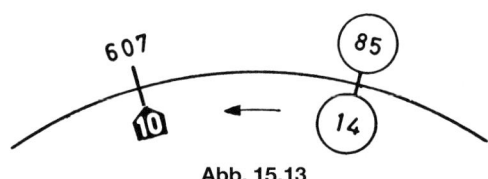

Abb. 15.13

b) Strecke – Grundgeschwindig-
keit – Flugzeit

Bekannt: Grundgeschwindigkeit 246
           Knoten
           Flugstrecke 745 sm
Gesucht: Flugzeit.
Ansatz: Knoten sind Seemeilen
           pro Stunde, also:

$$\frac{246}{①} = \frac{745}{x}$$

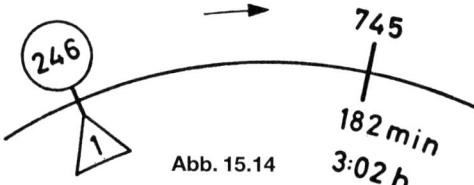

Abb. 15.14

Einstellung: Stelle die Stundenmarke der
              Zeitskala unter die Grundge-
              schwindigkeit 246 auf der Au-
              ßenskala
              (Entfernungsskala – Distance).
Ablesung: Lies unter der Strecke 745 auf
              der Entfernungsskala die Flug-
              zeit 182 min = 3:02 h auf der
              Zeitskala ab. Die Stundenanga-
              be steht im schwarzen Stunden-
              kreis (d).

Bekannt: Strecke 412 km
           Flugzeit: 1:28 h = 88 min
Gesucht: Grundgeschwindigkeit.
Einstellung: Stelle die Flugzeit 88 min auf
              der Zeitskala unter die Strecke
              412 km auf der Entfernungs-
              skala.

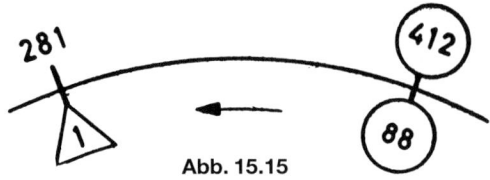

Abb. 15.15

Ablesung: Lies über der Stundenmarke ①
              der Zeitskala die Stundenge-
              schwindigkeit 281 km/h. Der
              Abstand der Marke ft/min von
              der Marke ① gibt zufällig den
              ungefähren Umrechnungswert
              von km/h in kt, so daß über der
              Marke ft/min die Geschwindig-
              keit 153 kt steht. Der genaue
              Wert wäre zwei Teilstriche links
              der Marke 152 kt.

Bekannt: Grundgeschwindigkeit 247
           Knoten
            Flugzeit 2:16 h = 136 min
Gesucht: Zurückgelegte Strecke
Einstellung: Stelle die Stundenmarke ① un-
              ter die Grundgeschwindigkeit
              247 kt auf der Entfernungs-
              skala.

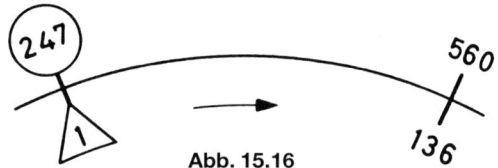

Abb. 15.16

Ablesung: Lies über der Flugzeit 136 min
              auf der Zeitskala, die zurückge-
              legte Strecke 560 Seemeilen auf
              der Entfernungsskala ab.

7. Kraftstoffverbrauch

Bekannt: Stundenverbrauch 220 Imp.
           Gal.,

Flugzeit 3:24 h = 204 min
und spez. Gewicht 0,72.

Gesucht: Gesamtverbrauch und Gewicht des verbrauchten Kraftstoffs in (engl.) Pfund

Einstellung: Stelle die Stundenmarke ① der Zeitskala unter den Stundenverbrauchswert 220 auf dem Außenring.

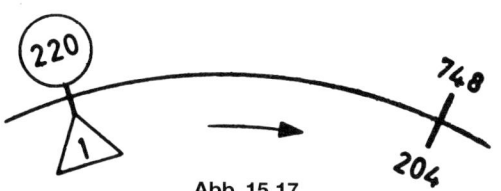

Abb. 15.17

Ablesung: Lies den Gesamtverbrauch 748 Imp. Gal. auf dem Außenring über der Flugzeit 204 auf der Zeitskala ab.

Zwischenergebnis: Gesamtverbrauch 748 Imp. Gal. Gewichtsberechnung (vergl. 4. c)

Ergebnis: 5390 lb.

Bekannt: Gesamtverbrauch 1470 US Gal. Flugzeit 4:05 h = 245 min

Gesucht: Stundenverbrauch

Ergebnis: Stundenverbrauch 360 US Gal.

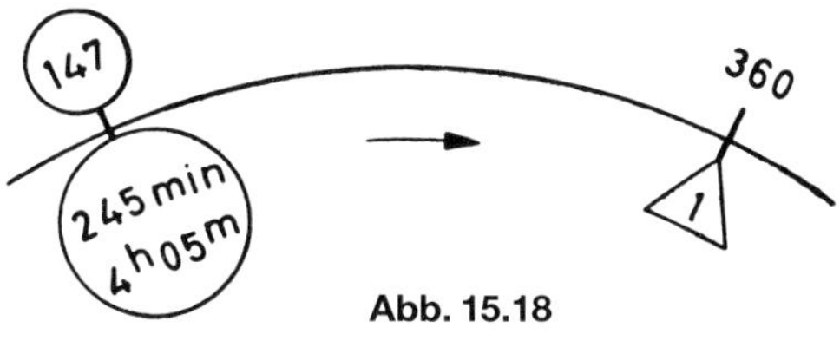

Abb. 15.18

Bekannt: Stundenverbrauch 320 Gal. Kraftstoffvorrat 1460 Gal.

Gesucht: Maximale Flugdauer

Einstellung: Stelle die Stundenmarke der Zeitskala unter den Stundenverbrauch.

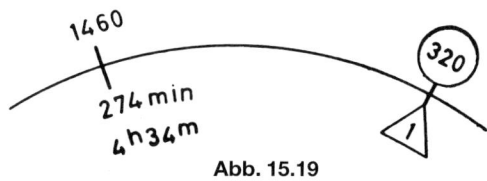

Abb. 15.19

Ablesung: Lies unter dem Kraftstoffvorrat auf dem Außenring die maximale Flugdauer 274 min auf der Zeitskala ab.

8. Eigengeschwindigkeits-Berechnungen

Fahrtmesser werden nach den Bedingungen der internationalen Standardatmosphäre für das Meeresniveau geeicht. Bei einer von der Standardluftdichte für das Meeresniveau unterschiedlichen tatsächlichen Luftdichte in Flughöhe weicht die Eigengeschwindigkeit von der Fahrtmesseranzeige ab, auch wenn der Fahrtmesser sonst fehlerfrei ist oder etwaige Instrumentenfehler berücksichtigt worden sind. Für die jeweilige Luftdichte sind als Hauptfaktoren der Luftdruck und die Temperatur bestimmend. Wegen der Gesetzmäßigkeit der Luftdruckabnahme mit der Hö-

he kann zur Berechnung der Eigengeschwindigkeit an Stelle des Luftdrucks die Flughöhe, und zwar die Druckhöhe (Pressure Altitude), eingesetzt werden.

Auf dem ARISTO-AVIAT werden die Eigengeschwindigkeits-Berechnungen unter Benutzung der Skalen mit der Bezeichnung AIR SPEED ausgeführt. Hierbei ist zu beachten, daß das Bordthermometer bei höheren Geschwindigkeiten infolge der Kompressibilitätserwärmung eine zu hohe Temperatur anzeigt. Vor der Einstellung auf dem Navigationsrechner muß daher die abgelesene

Temperatur zunächst berichtigt werden. Zu diesem Zweck ist im Mittelfeld des ARISTO-AVIAT eine Doppelskala aufgetragen, der die Temperaturberichtigungswerte für die verschiedenen Eigengeschwindigkeiten entnommen werden können. Beispielsweise muß bei einer Geschwindigkeit von 600 km/h die Ablesung am Bordthermometer um 10 °C verringert werden, für die Geschwindigkeit 500 kt ist die Berichtigung -23 °C.

Die Berichtigungsskala kann nur einen Anhalt für den Korrekturwert geben, da die Größe des Anzeigefehlers durch die Reibungserwärmung von der Art und dem Einbauort des Temperaturfühlers abhängt. Genauere Korrekturwerte lassen sich aus der vom Flugzeughersteller für das betreffende Flugmuster herausgegebenen Berichtigungstabelle entnehmen.

a) Berechnung der Eigengeschwindigkeit

Bekannt: Fahrtmesseranzeige (V_a)
             Berichtigte Außentemperatur
             (C.O.A.T.) in Celsius,
             Druckhöhe (Pressure Altitude) in
             Fuß oder km.
Gesucht: Eigengeschwindigkeit V_e (True
             air Speed = TAS)
Einstellung: Stelle in der roten Skala (f) die
             berichtigte Außentemperatur
             auf der Temperaturskala COAT
             unter die Druckhöhe (Pressure
             Altitude) in km im oberen Fensterausschnitt oder über die
             Druckhöhe in Fuß im unteren
             Fensterausschnitt.
Ablesung: Lies die Eigengeschwindigkeit
             (TAS) auf dem Außenring über
             der Fahrtmesseranzeige auf der
             Randskala der Innenscheibe ab.

Beim Einstellen der Temperatur muß das Vorzeichen beachtet werden. Jedes Teilungsin-

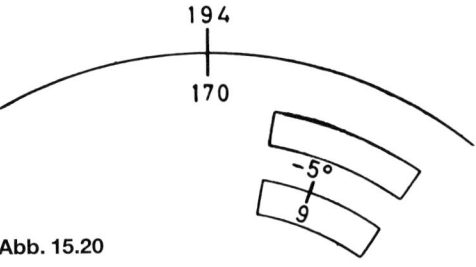

Abb. 15.20

tervall entspricht 5°, so daß 1° geschätzt werden kann. Beziffert sind nur die Werte 20°, 40° usw. in der ft-Höhenskala gilt jedes Intervall von Teilstrich zu Teilstrich 1000 ft; dazwischen können 100 ft geschätzt werden. Die metrische Höhenskala gibt Teilstriche für alle 200 m. Mit Hilfe des Zeigers können die beiden Höhenskalen (Pressure Altitude) zu einfachen Umrechnungen von ft in km und umgekehrt benutzt werden.

Gegeben: V_a = 170 kt
           Berichtigte   Außentemperatur
           -5 °C
           Druckhöhe 9000 Fuß
Gesucht: Eigengeschwindigkeit V_e
Ergebnis: V_e = 194 kt

b) Berechnung der Fahrtmesseranzeige

Bekannt: Eigengeschwindigkeit
           V_e = 230 kt
           Außentemperatur -21 °C
           Druckhöhe 6800 m

Gesucht: Fahrtmesseranzeige
           Temperaturberichtigung -5 °C
           berichtigte   Außentemperatur
           -26 °C.

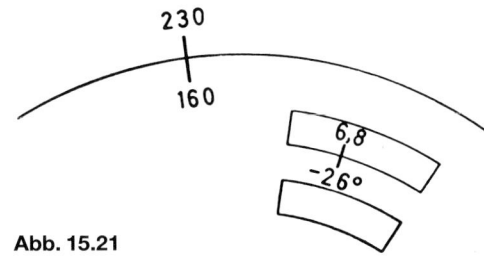

Abb. 15.21

Einstellung: wie unter 8. a).
Ablesung: Lies die Fahrtmesseranzeige auf der Randskala der Innenscheibe gegenüber der Eigengeschwindigkeit auf dem Außenring ab.
Ergebnis: V_a = 160 kt.

c) Kompressibilitätsberichtigung

Bei der Errechnung der Eigengeschwindigkeit mit dem ARISTO-AVIAT wird der durch die Kompressibilität der Luft hervorgerufene Fehler nicht berücksichtigt. Der dadurch entstehende Fehler nimmt erst bei Geschwindigkeiten von über 400 km/h und in größeren Flughöhen nennenswerten Umfang an. Der Kompressibilitätseffekt im Meeresniveau wird bereits bei der Fahrtmesser-Eichung erfaßt. Im allgemeinen stehen für Flugzeuge, deren Geschwindigkeit eine Berücksichtigung der Kompressibilität notwendig macht, besondere Berichtigungstabellen oder aber Geschwindigkeitsdiagramme zur Verfügung, in welche die Berichtigung eingearbeitet ist. Die Benutzung der Berichtigungstabellen oder der Diagramme, die vom Herstellerwerk auf Grund der Ergebnisse von Meßflügen zusammen mit den Flugleistungskurven herausgegeben werden, ermöglichen eine genaue Bestimmung der kompressibilitätsberichtigten Eigengeschwindigkeit. Außerdem gibt es Eigengeschwindigkeitsmesser (True Air Speed Indicator), die unmittelbar die kompressibilitätsberichtigte Eigengeschwindigkeit anzeigen. Einen anderen Weg zur Berechnung der Eigengeschwindigkeit eröffnen die in Flugzeugen mit Düsentriebwerken eingebauten Machmeter auf Grund der Beziehung:

$$\text{Machzahl} = \frac{\text{Eigengeschwindigkeit}}{\text{Schallgeschwindigkeit}}$$

Nachstehende Tabelle gibt einen Überblick über die Kompressibilitätsberichtigung für die verschiedenen Höhen und Geschwindigkeiten:

Druckhöhe ft	Berichtigte Fahrtmesseranzeige in Knoten							
	200	250	300	350	400	450	500	550
10 000	1,0	1,0	0,99	0,99	0,98	0,98	0,97	0,97
20 000	0,99	0,98	0,97	0,97	0,96	0,95	0,94	0,93
30 000	0,97	0,96	0,95	0,94	0,94	0,91	0,90	0,89
40 000	0,96	0,94	0,92	0,90	0,90	0,87	0,87	0,86
50 000	0,93	0,90	0,87	0,86	0,86	0,84	0,84	0,84

Um die kompressibilitätsberichtigte Eigengeschwindigkeit zu ermitteln, geht man in obige Tabelle mit den Werten der Druckhöhe und der berichtigten Fahrtmesseranzeige ein und entnimmt den zugehörigen Berichtigungsfaktor. Die in der üblichen Weise (vgl. 8. a) bestimmte Eigengeschwindigkeit wird dann mit dem Berichtigungsfaktor multipliziert. Das Ergebnis ist nicht ganz exakt, da die Temperatur in Flughöhe bei Abweichung von den Werten der Standard-Atmosphäre als dritte Variable unberücksichtigt bleibt.

Beispiel:
Berichtigte Fahrtmesseranzeige 320 kt,
Flughöhe 20 000 Fuß,

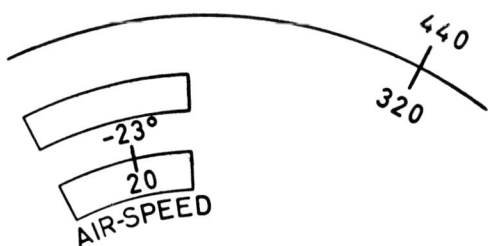

Abb. 15.22

Abgelesene Außentemperatur -6 °C.
Geschätzte Eigengeschwindigkeit zur Entnahme der Temperaturberichtigung 430 kt,
Temperaturberichtigung -17 °C,
dieser Wert zur abgelesenen Außentemperatur zugefügt gibt die berichtigte Außentemperatur -23 °C,
Eigengeschwindigkeit (ohne Kompr.-Ber.)
400 kt,
Berichtigungsfaktor 0,97,
0,97 x 440 = 427 kt
(kompr.-berichtigte Eigengeschwindigkeit).

d) Berechnung der Schallge-
schwindigkeit und Machzahl

Nach der unter 8. c) angegebenen Beziehung
zwischen Machzahl, Eigengeschwindigkeit
und Schallgeschwindigkeit kann jederzeit
aus zwei bekannten Größen die dritte berechnet werden.

Machzahl

Zur Bestimmung der Machzahl sind in den
Skalenfeldern unter den Fensterausschnitten
für die Eigengeschwindigkeitsberechnungen
(AIR-SPEED) zwei Marken angebracht, die
eine mit der Bezeichnung M (km/h) im Fensterausschnitt für Druckhöhen in km und die
andre mit der Bezeichnung M (kt) im Fensterausschnitt für Druckhöhen im Fuß; die Marke
M (kt) liegt außerhalb der eigentlichen Skala
und wird von der Druckhöhenskala aus am
besten durch Linksdrehung der Innenscheibe
erreicht.

354

Beispiel: Eigengeschwindigkeit 420 kt,
Außentemperatur in Flughöhe
-35 °C.

Ergebnis: Machzahl 0,7.

Einstellung: Stelle die Marke M (kt) gegenüber der Außentemperatur
(C. O. A. T.) in Flughöhe ein.

Ablesung: Lies unter der Eigengeschwin-
digkeit des Außenringes die
Machzahl auf der drehbaren
Skala ab.

Abb. 15.23

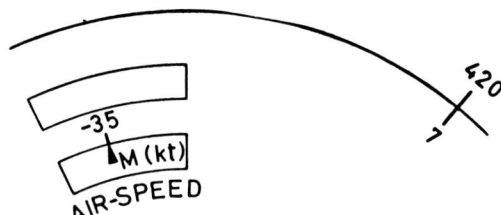

Schallgeschwindigkeit

Da die Schallgeschwindigkeit sich mit der
Temperatur ändert und die einfache Beziehung $C_s \frac{V_e}{M}$ zwischen Machzahl, Eigengeschwindigkeit und Schallgeschwindigkeit besteht, kann durch die Einstellung der Außentemperatur auf die Marke M (kt) bzw. M (km/
h) auch die Schallgeschwindigkeit berechnet
werden.

Einstellung: Stelle die Marke M (kt) wieder
gegenüber der Außentempera-
tur in Flughöhe ein.

Ablesung: Lies über der Marke ❿ der Minutenskala die Schallgeschwindigkeit in der festen Außenskala
ab.

Beispiel: Außentemperatur in Flughöhe
-35 °C.

Ergebnis: Über Marke ❿ steht die Schallgeschwindigkeit 600 kt.

Abb. 15.24

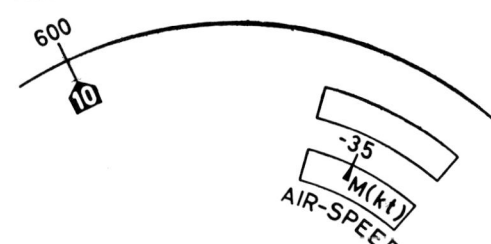

9. Höhenberechnungen

a) Berechnung der wahren Höhe

Der Höhenmesser ist nach den Bedingungen der Standard-Atmosphäre geeicht. Abweichungen des tatsächlichen Luftdrucks von den Standardwerten finden durch entsprechende Höhenmessereinstellung (QNH oder QFE) Berücksichtigung. Dagegen lassen sich Temperaturabweichungen, die ebenfalls eine Fehlanzeige zur Folge haben, nicht in der gleichen Weise wie die Luftdruckabweichungen durch eine Einstellung am Höhenmesser ausgleichen.

Zur Berechnung der wahren Höhe wird auf dem ARISTO-AVIAT die mit ALTITUDE bezeichnete Fensterskala (g) benutzt.

Bekannt:	Druckhöhe (Pressure Altitude) 17000 ft, QNH-Höhe 17500 ft. Berichtigte Außentemperatur -10 °C.
Gesucht:	Wahre Höhe (True Altitude).

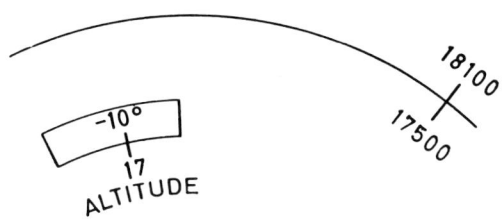

Abb. 15.25

Einstellung:	Stelle die Druckhöhe 17000 Fuß unter die berichtigte Außentemperatur C.O.A.T. – 10 °C.
Ablesung:	Lies über der QNH-Höhe 17500 ft der drehbaren Innenskala die wahre Höhe 18100 ft auf dem Außenring (T. Alt.) ab.

b) Berechnung der Dichte-Höhen (Density Altitude)

Dichte-Höhe ist diejenige Höhe, die in der Standard-Atmosphäre der in Flughöhe herrschenden Luftdichte entspricht. Da für die Flugleistungen nicht die absolute Flughöhe, sondern die in der Flughöhe herrschende Luftdichte maßgebend ist, sind die Flugleistungskurven auf die Dichtehöhe abgestellt.

Einstellung: Stelle auf der Air Speed-Skala die berichtigte Außentemperatur gegenüber der Druckhöhe ein.

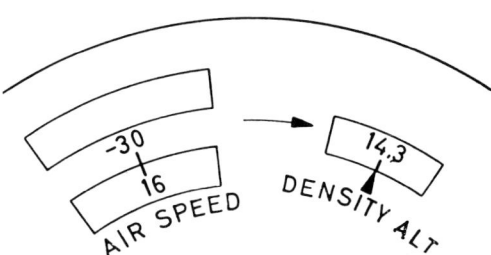

Abb. 15.26

Ablesung:	Lies, dem roten Hinweispfeil nach rechts folgend, die Dichte-Höhe in dem mit DENSITY ALTITUDE bezeichneten Fensterausschnitt an der Ablesemarke für km (am oberen Rand des Fensterausschnittes) oder an der Ablesemarke für Fuß (am unteren Rand des Fensterausschnittes) ab.
Beispiel:	Druckhöhe 16000 Fuß, Berichtigte Außentemperatur -30 °C.
Ergebnis:	Dichte-Höhe 14300 Fuß.

355

10. Lösung von Dreiecksaufgaben

Die Rückseite des ARISTO-AVIAT 616 und 618 ist in Verbindung mit dem Diagrammschieber (o) zur Lösung von Dreiecksaufgaben bestimmt. Auf dem Diagrammschieber werden für Winddreiecksaufgaben die radialen Abtriftlinien und die konzentrischen Geschwindigkeits-Kreisbögen benutzt. Zur Lösung von Aufgaben im ebenen rechtwinkligen Dreieck dienen die quadratisch aufgeteilten Felder der Diagrammschieber B, G und H.

Bei der graphischen Lösung mit dem ARISTO-AVIAT entsteht das Winddreieck vor dem Auge des Benutzers, wenn der Windvektor auf der Zeichenfläche eingezeichnet und durch Verschieben des Diagrammschiebers an die Eigengeschwindigkeit angetragen wird.

Auf dem Diagrammschieber sind von der mittleren Nullinie ausgehend nach links und rechts fächerartig Abtriftlinien von Grad zu Grad aufgetragen, die alle 5° beziffert sind und sich bei rückwärtiger Verlängerung in dem Nullpunkt A schneiden würden. Die Kreisbögen um A sind Linien gleicher Geschwindigkeit, deren Bezifferung mit Null im Punkte A beginnend durchgeführt ist. Jede Diagrammseite stellt je nach dem festgelegten Geschwindigkeitsbereich immer nur einen Ausschnitt aus diesem System von radialen Linien und konzentrischen Kreisbögen zur Verfügung.

Wird, wie in Abbildung 15.27 dargestellt, die Eigengeschwindigkeit V_e auf der Nullinie des Diagramms unter der Bohrung der Zeichenfläche gebracht und der Wind vom Zentrum beginnend eingezeichnet, dann werden die radialen Linien zu Kursrichtungen. Die Nullinie entspricht dem rw. Sk. (Flugzeuglängsachse) und die Abtriftlinie durch den Endpunkt des Windvektors wird zum rw. K. (Weg über Grund), indem sie als Resultierende das Winddreieck vervollständigt. Der Winkel zwischen beiden Kursrichtungen ist die

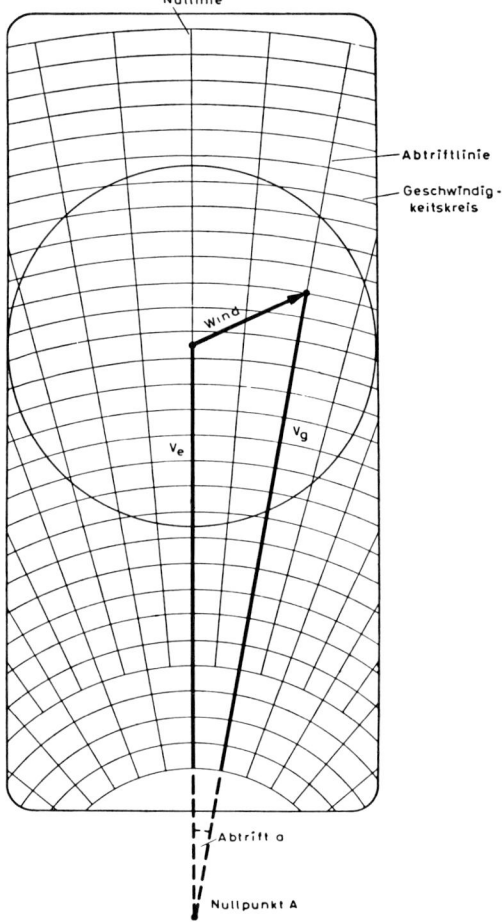

Abb. 15.27 Das Winddreieck auf dem ARISTO-AVIAT.

Abtrift a, deren Ablesung durch die Bezifferung der Abtriftlinien erleichtert wird. Zwischen den Geschwindigkeitskreisen wird beim Endpunkt des Windvektors die Geschwindigkeit über Grund V_g abgelesen.

In Abhängigkeit von dem ausgewählten Geschwindigkeitsbereich sind die Abstände und die Bezifferung auf den verschiedenen Diagrammseiten unterschiedlich. Aus diesem Grunde ist die transparente Zeichenfläche beim ARISTO-AVIAT 616 anders gestaltet als

356

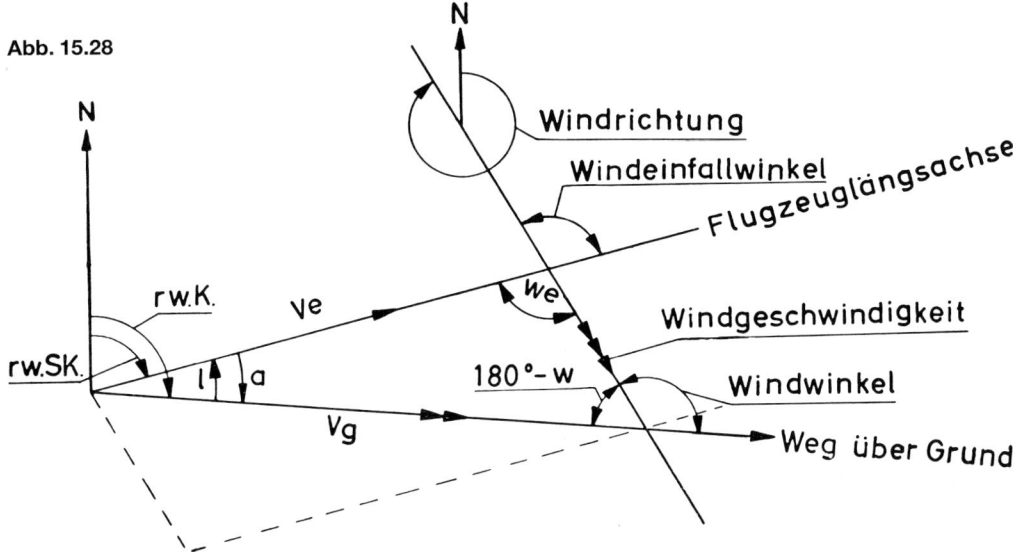

Abb. 15.28

beim ARISTO-AVIAT 618. Die roten Windrichtungslinien und Geschwindigkeitskreise beim Modell 616 vereinfachen die Einzeichnung des Windes, wenn die Kreisabstände mit der Bezifferung der Diagrammschieber in Beziehung stehen. Die Wertung des Kreisabstandes kann an der Bezifferung des jeweiligen Diagrammschiebers abgelesen werden, sie beträgt 10 Geschwindigkeitseinheiten bei Benutzung der Diagrammseiten A, C und H, 20 bei Seite B.

Beim ARISTO-AVIAT 618 fehlen die roten Linien auf der Zeichenfläche, weil sie bei Verwendung der Diagrammseiten D und G nicht zusammenpassen und deshalb stören würden. Die Einzeichnung des Windes beim Fehlen der roten Linien auf der Zeichenfläche wird bei jeder Lösung angegeben.

In den folgenden Beispielen werden jeweils beide Lösungen beschrieben und abgebildet, sowohl mit als auch ohne das Netz roter Linien auf der Zeichenfläche.

Zum Beschreiben der mattierten Zeichenfläche dürfen weiche Bleistifte oder Füllhalter benutzt werden, keinesfalls aber Kopierstifte, Farbstifte oder Kugelschreiber.

a) Winddreiecksaufgaben

Mit dem ARISTO-AVIAT lassen sich Winddreiecksaufgaben in vereinfachter Weise gra-

phisch lösen. Zum besseren Verständnis wird die übliche zeichnerische Lösung jeweils vorausgeschickt. Abb. 15.28 gibt eine allgemeine Übersicht über die Bezeichnung im Winddreieck.

Das Winddreieck

Das Winddreieck ergibt sich aus der vektoriellen Zusammensetzung der Geschwindigkeiten und zwar der Eigengeschwindigkeit in Richtung der Flugzeuglängsachse und der Windgeschwindigkeit in Windrichtung. Die Resultierende daraus ist die Grundgeschwindigkeit in Richtung des Kurses über Grund.

Wenn das Flugzeug durch den Wind in bezug auf die Richtung der Flugzeuglängsachse nach rechts versetzt wird, dann erhält die Abtrift das Vorzeichen »plus«, bei Versetzung nach links das Vorzeichen »minus«.

Wenn die Flugzeuglängsachse in bezug auf den Kurs über Grund nach rechts vorgehalten wird, erhält der Luvwinkel das Vorzeichen »plus«, bei Vorhalten nach links das Vorzeichen minus.

b) Bestimmung der Abtrift und der Grundgeschwindigkeit

Bekannt: Rechtweisender Steuerkurs
Eigengeschwindigkeit

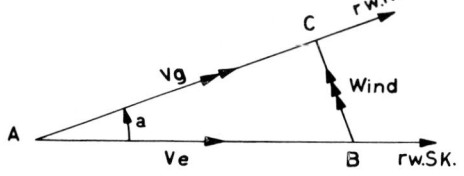

Abb. 15.29

Gesucht: Wind
Abtrift und Grundgeschwindigkeit

Zeichnerische Lösung:

(1) Man zeichnet vom Ausgangspunkt (A) die Richtung des rechtweisenden Steuerkurses und trägt darauf die Eigengeschwindigkeit ab.
(2) Vom Endpunkt (B) dieser Strecke trägt man den Wind leewärts nach Richtung und Stärke ab und erhält den Punkt C.
(3) Der Winkel BAC ist die Abtrift (a) und die Strecke AC gibt die Grundgeschwindigkeit an.

Lösung mit ARISTO-AVIAT:
(a) Stelle an der Marke True Index den rechtweisenden Steuerkurs ein und schiebe die Eigengeschwindigkeit auf der Mittelachse des Diagramms unter den Mittelpunkt der transparenten Scheibe.
(b) Trage vom Mittelpunkt aus den Wind leewärts unter Benutzung der roten Radiallinien mit den roten Windrichtungszahlen und der Geschwindigkeitskreise ab. Die roten Diagrammlinien fehlen beim ARISTO-AVIAT 618, die Arbeitsweise mit diesem Gerät wird später erläutert.
(c) Unter dem Endpunkt des Windvektors liest man dann auf dem Diagrammschieber die Abtrift an den schwarzen radialen Abtriftlinien und die Grundgeschwindigkeit an den schwarzen Geschwindigkeitsbögen ab.

Beispiel:
Gegeben: rw. SK = 120°
V_e = 210 kt
Wind = 250°/30 kt
Gesucht: Abtrift und V_g

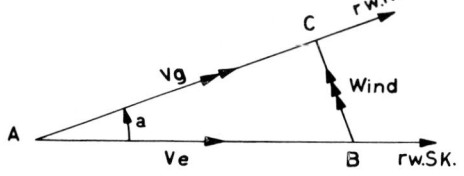

Abb. 15.30

Einstellung: rw. SK. = 120° unter der Marke True Index
210 kt unter den Mittelpunkt der Transparentscheibe
Ablesung: Lies unter dem Schnittpunkt der Windrichtungslinie (rot 250°) mit dem Windgeschwindigkeitskreis 30 die Abtrift mit -6° und die Grundgeschwindigkeit mit 230 kt ab.

Neben dem True Index sind nach links und rechts die mit DRIFT LEFT und DRIFT RIGHT bezeichneten Gradbogen von 0° bis 50° beziffert, sie dienen zum Addieren und Subtrahieren von Richtungen. Unter 6° des mit einem Minuszeichen markierten linken Gradbogens kann in der Kursrose die rw. K. = 114° abgelesen werden.

Wenn die Eintragung des Windvektors bei Windrichtungen und/oder Windstärken mit anderen als vollen Zehnerwerten Schwierigkeiten macht – besonders aber beim ARISTO-AVIAT 618, wo die roten Linien fehlen – kann man die Windrichtung zunächst mit der schwarzen Windrose an der True Index-Marke einstellen und die Windstärke vom Mittelpunkt aus nach unten unter Benutzung der Geschwindigkeitsunterteilung längs der Mittelachse des Diagrammschiebers abtragen. Es genügt dabei, den Endpunkt des Windvektors durch ein kleines Kreuz oder einen Punkt zu markieren. Man stellt dann den rechtweisenden Steuerkurs unter die Marke True Index und verfährt so, wie oben unter (a) und (c) beschrieben.

Beispiel:
Gegeben: rw. SK. und V_e wie oben
Wind 248°/26 kt.
Einstellung: (1) Windrichtung 248° gegen Marke True Index
(2) Vom Mittelpunkt der Transparentscheibe aus 26 kt nach unten abtragen (hierzu kann man beispielsweise 126 oder

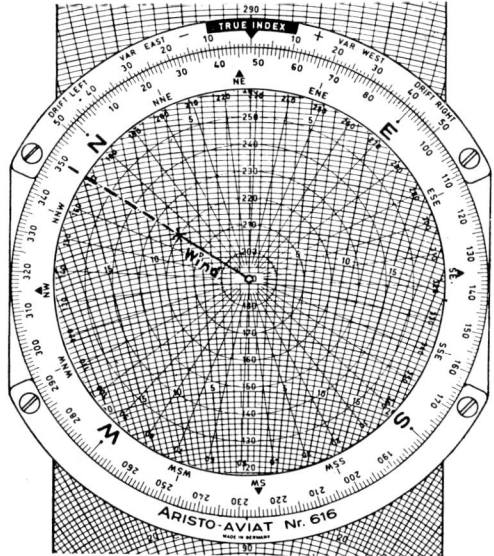

Abb. 15.31

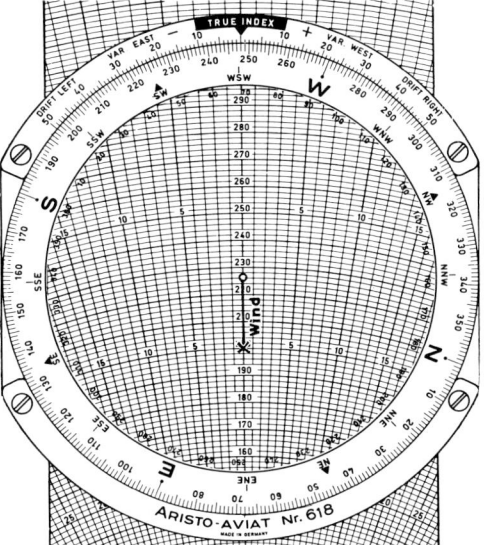

Abb. 15.32

226 auf der Mittelachse des Diagrammschiebers unter den Mittelpunkt der Transparentscheibe stellen und das Ende des Windvektors bei 100 bzw. 200 markieren).

(3) rw. SK. = 120° gegen Marke True Index

(4) V_e = 210 kt unter Mittelpunkt der Transparentscheibe

Ablesung: Lies unter dem Endpunkt des Windvektors die Abtrift -5° und die Grundgeschwindigkeit 227 kt auf dem Diagrammschieber ab.

(1) Zeichne die Richtung des rechtweisenden Kurses.

(2) Trage von einem beliebigen Punkt C der Kurslinie aus den Wind mit seiner Stärke luvwärts ab.

(3) Schlage um den Endpunkt B dieses Windvektors einen Kreis mit der Eigengeschwindigkeit und verbinde den Schnittpunkt A von Kreisbogen und Kurslinie rw. K. mit B. Der Winkel BAC ist der Luvwinkel, und die Strecke AC ist die Grundgeschwindigkeit V_g.

Lösung mit ARISTO-AVIAT:

(a) Stelle unter die Marke True Index den rw. K. ein.

(b) Trage vom Mittelpunkt aus den Wind luvwärts unter Benutzung der roten Radiallinien auf der Transparentscheibe und der schwarzen Gradzahlen auf der Kursrose, sowie der roten Windgeschwindigkeitskreise ab.

(c) Schiebe unter den Endpunkt des Windvektors den der Eigengeschwindigkeit entsprechenden Kreisbogen des Diagrammschiebers.

(d) Lies unter dem Endpunkt des Windvektors den Luvwinkel an den Abtriftlinien und unter dem Mittelpunkt der Transparentscheibe die Grundgeschwindigkeit an der Bezifferung der Mittelachse des Diagrammschiebers ab.

c) Bestimmung des Luvwinkels und der Grundgeschwindigkeit

Bekannt: Rechtweisender Kurs (Kartenkurs bzw. beabsichtigter Kurs über Grund)
Eigengeschwindigkeit
Wind

Gesucht: Luvwinkel und Grundgeschwindigkeit

Zeichnerische Lösung:

Abb. 15.33

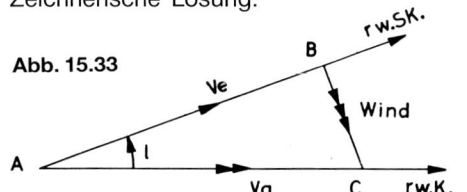

359

Beispiel
Gegeben: rw. K. = 48°
Wind = 350°/30 kt
V_e = 210 kt
Gesucht: I und V_g
Einstellung: 48° unter Marke
True Index

Abb. 15.34

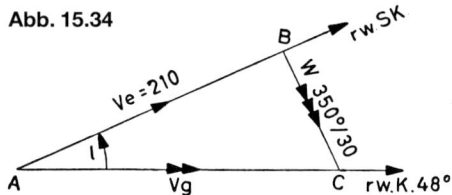

Zeichne den Windvektor vom Mittelpunkt der Drehscheibe in Richtung 350° der Kursrose (schwarze Ziffern, weil luvwärts) mit dem Endpunkt beim Geschwindigkeitskreis 30 kt. Stelle den mit 210 bezifferten Geschwindigkeitsbogen des Diagrammschiebers unter den markierten Endpunkt des Windvektors.

Ablesung: Lies unter dem Endpunkt den Luvwinkel mit -7° und unter dem Mittelpunkt der Transparentscheibe die Grundgeschwindigkeit mit 132 kt auf dem Diagrammschieber ab.

Mit dem ARISTO-AVIAT 618 stelle zuerst 350° der Kursrose unter den True Index und trage den Windvektor mit dem Endpunkt bei

30 kt Windgeschwindigkeit nach oben (luvwärts) ab. Drehe anschließend den rw. K. 48° unter den True Index und stelle V_e = 210 kt des Diagrammschiebers unter den Endpunkt des Windvektors. Damit ist wieder die gleiche Einstellung wie oben gegeben.

d) Bestimmung des Windes aus Abtrift und Grundgeschwindigkeit

Gegeben: Rechtweisender Steuerkurs
Eigengeschwindigkeit
Grundgeschwindigkeit
Abtrift
Gesucht: Wind

Zeichnerische Lösung:

Abb. 15.37

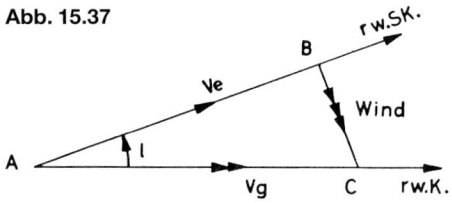

(1) Zeichne den rechtweisenden Steuerkurs und trage darauf die Eigengeschwindigkeit (Strecke AB) ab.

Abb. 15.35

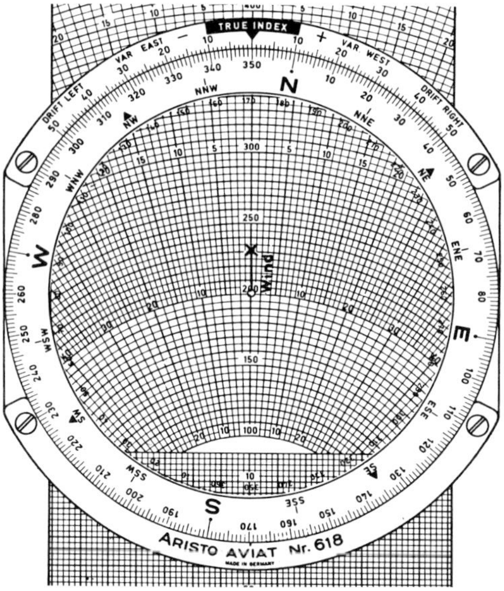

Abb. 15.36

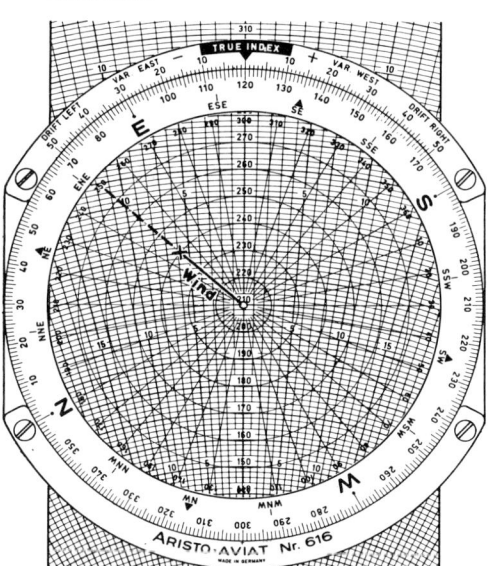

(2) Im Ausgangspunkt trage den Abtriftwinkel nach der entsprechenden Seite (+ nach rechts, – nach links) an und trage auf diesem rw. K. die Strecke AC als V_g ab.

(3) Die Verbindungslinie zwischen B und C gibt den Wind nach Richtung und Stärke an.

Lösung mit ARISTO-AVIAT:

(a) Stelle den rechtweisenden Steuerkurs unter die Marke True Index.

(b) Schiebe die Eigengeschwindigkeit unter den Mittelpunkt der Transparentscheibe.

(c) Markiere den Schnittpunkt zwischen Abtriftlinie und Grundgeschwindigkeitskreisbogen.

(d) Lies mit Hilfe der roten Windrichtungslinien, Gradzahlen und konzentrischen Windgeschwindigkeitskreise den Wind nach Richtung und Geschwindigkeit ab.

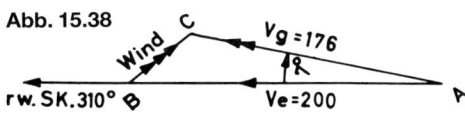

Abb. 15.38

Beispiel:

Gegeben: rw. SK.   = 310°
          V_e = 200 kt
          V_g = 176 kt
          a   = +7°

Gesucht: Wind nach Richtung und Ge-

schwindigkeit

Einstellung: 310° unter True Index.
              200 kt unter Mittelpunkt der Transparentscheibe

Ablesung: Bei dem Schnittpunkt der Abtriftlinie +7° (nach rechts) mit dem Geschwindigkeitsbogen 176 lies den Wind mit 270° und 33 kt ab.

Wenn eine genauere Ablesung des Windes gewünscht wird und bei Verwendung des ARISTO-AVIAT 618 drehe den Windpunkt nach unten auf die Mittelachse des Diagrammschiebers und lies die Windrichtung unter der Marke True Index ab. Die Windgeschwindigkeit wird in der üblichen Weise unter Benutzung der Geschwindigkeitsskala auf der Mittelachse des Diagrammschiebers abgelesen. Die Ablesung wird erleichtert, wenn ein runder Wert z.B. 200 des Schiebers unter den Endpunkt des Windvektors gestellt wird.

e) Nachkoppeln

Zum Nachkoppeln benutzt man die quadratische Unterteilung unten auf der Seite B, G oder H des Diagrammschiebers.

Bekannt: Die geflogenen rechtweisenden

Abb. 15.39

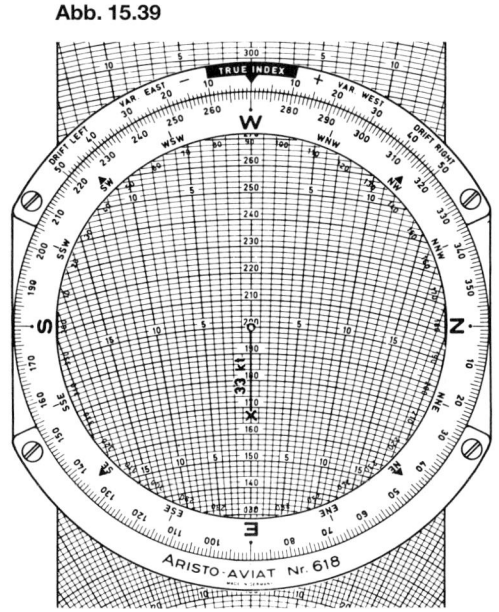

Abb. 15.40

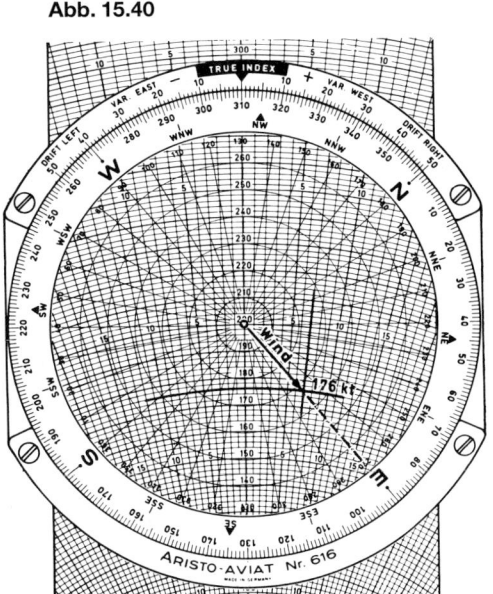

Steuerkurse und Flugzeiten, die Eigengeschwindigkeit und der Wind.

Gesucht: Richtung und Entfernung des Koppelortes vom Ausgangspunkt für das Nachkoppeln.

Einstellung: (1) Stelle den ersten rechtweisenden Steuerkurs unter die Marke True Index.

(2) Stelle den oberen Rand der quadratischen Einteilung unter den Mittelpunkt der Transparentscheibe und trage in geeignetem Maßstab die Flugstrecke senkrecht nach unten ab, die ohne Berücksichtigung des Windeinflusses mit erstem Steuerkurs zurückgelegt worden ist.

(3) Stelle den zweiten rechtweisenden Steuerkurs ein und trage vom Endpunkt des ersten Kurses senkrecht nach unten die Flugstrecke für den zweiten Kurs ab.

(4) Verfahre in gleicher Weise bei etwaigen weiteren Kursen.

(5) Stelle die Windrichtung an der Marke True Index ein.

(6) Trage die Gesamtwindversetzung für die auf den verschiedenen Steuerkursen geflogene Zeit vom Endpunkt der aneinander gekoppelten rechtweisenden Steuerkurse senkrecht nach oben ab.

(7) Drehe den Endpunkt des so eingetragenen Windvektors nach unten auf die Mittelachse des Diagrammschiebers ein.

Ablesung: Lies unter der Marke True Index die Richtung des Koppelortes vom Ausgangspunkt ab. Die Entfernung des Koppelortes vom Ausgangspunkt ergibt sich als Abstand des Endpunktes

des Windvektors vom Mittelpunkt der Transparentscheibe. Zur Ablesung benutze man die Bezifferung auf der Mittelachse des Diagrammschiebers.

Beispiel:
Gegeben:
V_e = 255 kt
1. rw. SK. = 145°, Flugzeit 6 min (25,5 sm Flugstrecke)
2. rw. SK. = 90°, Flugzeit 4 min (17 sm Flugstrecke)
3. rw. SK. = 20°, Flugzeit 7 min (30 sm Flugstrecke)
Wind 340°/50 kt

Zur Berechnung der Flugstrecken vgl. Abschnitt 6. b)

Gesucht: Richtung und Entfernung des Koppelortes vom Ausgangspunkt.

Zeichnerische Lösung:

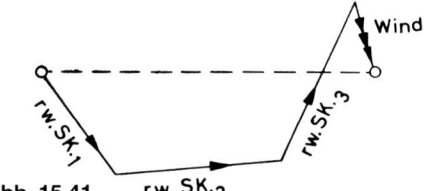

Abb. 15.41

Lösung mit ARISTO-AVIAT:

Einstellung: (1) Stelle 145° unter TRUE INDEX und den oberen Rand (Nullinie) der Quadratteilung auf Diagrammseite B, G oder H unter den Mittelpunkt der Zeichenfläche.

(2) Trage den Mittelpunkt aus senkrecht nach unten den ersten Punkt bei 25,5 NM ab.

(3) 90° unter TRUE INDEX.

(4) Ziehe die Nullinie des Quadratnetzes unter den ersten Punkt und trage vom Endpunkt des ersten Kurses aus senkrecht nach unten 17 NM ab.

(5) 20° unter TRUE INDEX.

(6) Ziehe die Nullinie unter den zweiten Punkt und trage 30 NM nach unten ab, um den dritten Punkt zu erhalten.

(7) Windrichtung 340° unter TRUE INDEX.

(8) Ziehe den unteren Rand des Quadratnetzes unter den letzten Punkt und trage die Windversetzung 14 NM senkrecht nach oben ab.

Die Windversetzung für die Gesamtflugzeit 17 min ergibt sich aus einer Verhältnisgleichung mit der Windgeschwindigkeit 50 kt.

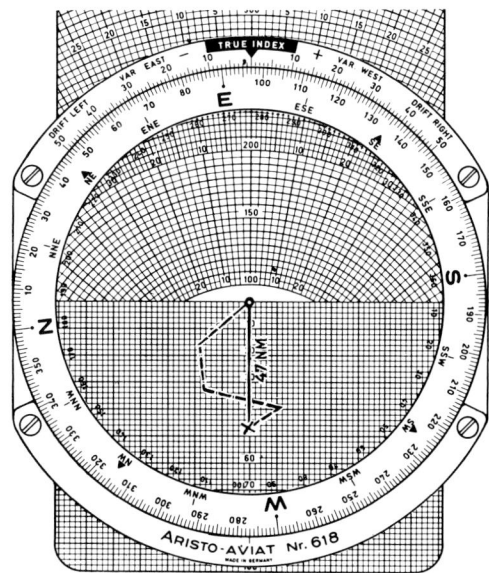

Abb. 15.42 Nachkoppeln mit dem ARISTO-AVIAT.

$$\frac{50}{①} = \frac{\text{Windversetzung}}{\text{Gesamtflugzeit}}$$

(9) Drehe den Endpunkt des Windvektors nach unten über die Mittelachse des Diagrammschiebers und ziehe die Nullinie des Quadratnetzes unter den Mittelpunkt.

Ablesung: Lies bei der True Index-Marke die Richtung des Koppelortes mit 97° ab. Entfernung vom Ausgangspunkt 47 sm.

f) Kursverbesserung

Bekannt: Seitliche Versetzung (in sm) des Flugzeuges von der Sollkurslinie. Entfernung des Flugzeuges vom Ausgangspunkt.

Gesucht: Kursfehler und Kursberichtigung.

Rechengang: (1) Stelle eine der Haupthimmelsrichtungen unter die True Index-Marke.

(2) Trage die seitliche Versetzungsstrecke vom Zentrum aus mit Hilfe der roten konzentrischen Kreise oder anhand der Mittellinie des Diagrammschiebers nach oben oder unten ab.

(3) Stelle eine um 90° verschiedene Haupthimmelsrichtung unter die True Index-Marke.

(4) Stelle die geflogene Entfernung auf der Mittelachse des Diagrammschiebers unter den Mittelpunkt der Transparentscheibe.

(5) Lies unter dem Endpunkt der Versetzung den Kursfehler in Grad unter Benutzung der Abtriftlinien auf dem Diagrammschieber ab.

(6) Stelle die noch zu fliegende Entfernung unter den Mittelpunkt der Transparentscheibe und lies den Kursverbesserungswinkel für die Strecke bis zum Bestimmungsort in entsprechender Weise wie unter Ziffer (5) ab.

(7) Addiere die beiden Gradwerte und bringe die so er-

haltene Gesamtberichtigung an den rechtweisenden Steuerkurs bei Versetzung nach rechts durch Subtraktion, bei Versetzung nach links durch Addition ab.

Beispiel:

Gegeben: Rechtweisender Steuerkurs 100°
zurückgelegte Strecke 380 sm
seitliche Versetzung 245 sm nach rechts nach einer Flugstrecke von 210 sm.

Gesucht: Kursverbesserungswinkel.

Zeichnerische Lösung:

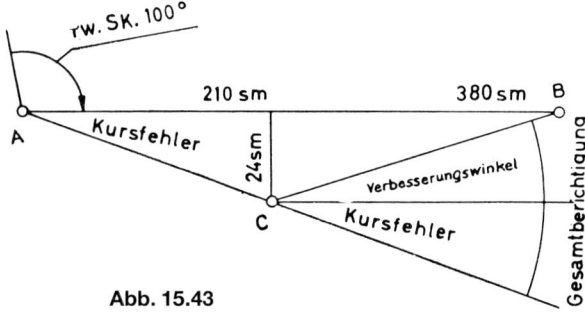

Abb. 15.43

Lösung mit ARISTO-AVIAT:
Einstellung: (1) Stelle N unter die True

Index-Marke.

(2) Trage 24 sm nach unten oder oben ab.

(3) Stelle E oder W an der True Index-Marke ein.

(4) Stelle 210 auf der Mittelachse des Diagrammschiebers unter den Mittelpunkt der Transparentscheibe.

(5) Lies den Kursfehler mit 6½° ab.

(6) Stelle die Restentfernung 170 unter den Mittelpunkt und lies den Verbesserungswinkel mit 8° ab.

(7) Bringe an den geflogenen Steuerkurs (100°) die Gesamtberichtigung 6½ +8 = 14½ nach links an und steuere 85½°, um den Bestimmungsort zu erreichen. Diese Rechnung kann auch mit dem Gradbogen DRIFT LEFT durchgeführt werden.

g) Berechnung der Seiten- und Längswindkomponente

Für Start und Landung auf befestigten Bah-

Abb. 15.44

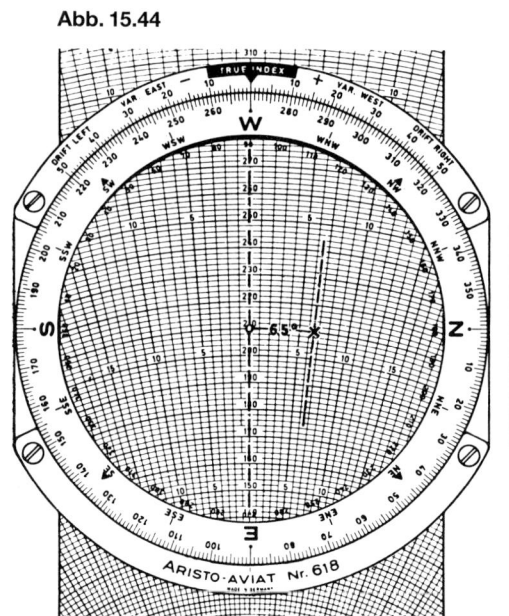

Abb. 15.45

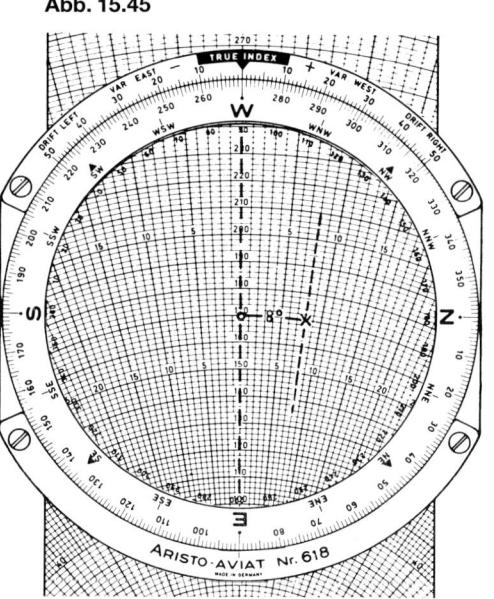

nen ist es wichtig, die Seiten- und/oder Längswindkomponente zu kennen. Zur Lösung dieser Aufgaben benutzt man die quadratische Unterteilung auf der Seite B, G oder H des Diagrammschiebers.

Abb. 15.46

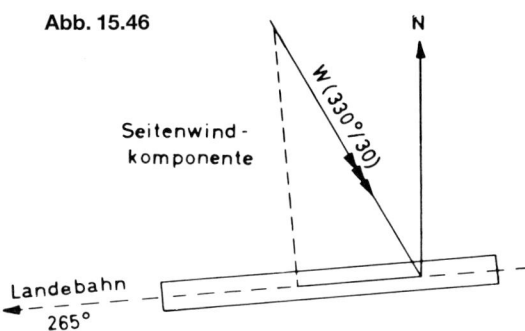

Einstellung: (1) Drehe die Windrichtung unter die Marke TRUE INDEX.
(2) Stelle den Nullpunkt der Quadratteilung unter den Mittelpunkt der Zeichenfläche und trage den Windvektor nach unten ab.
(3) Stelle die rechtweisende Richtung der Landebahn an der TRUE INDEX-Marke ein.

Ablesung: (1) Lies die Seitenwindkomponente als den Abstand vom Ende des Windvektors bis zur Mittelachse ab.
(2) Lies von der Nullinie aus senkrecht nach unten bis zum Ende des Windvektors die Längswindkomponente ab.

Beispiel 1:
Gegenwind
Richtung der Landebahn 265° (rw), Windrichtung 330°/30 kt.
(1) Stelle 330° unter die TRUE INDEX-Marke.
(2) Stelle 0 der Quadratteilung unter den Mittelpunkt der Zeichenfläche.
(3) Trage nach unten den Windvektor mit 30 kt ab.

(4) Stelle die Landebahnrichtung 265° unter die TRUE INDEX-Marke.
(5) Lies von der Mittelachse aus entlang der Horizontallinie durch den Endpunkt des Windvektors die Seitenwindkomponente mit 27 kt ab. (Abb. 15.47)
(6) Lies die Gegenwindkomponente von der horizontalen Nullinie aus als vertikalen Abstand bis zum Endpunkt des Windvektors mit 13 kt ab. (Abb. 15.47)

Abb. 15.47

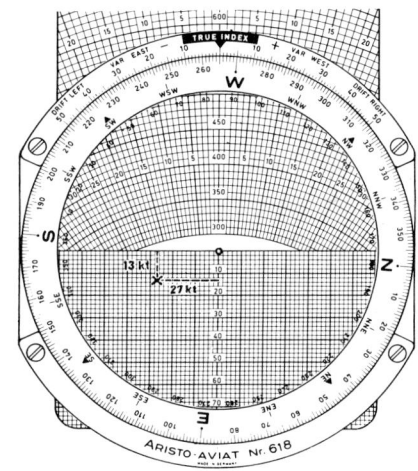

Beispiel 2:
Rückenwind
Richtung der Landebahn 075°
Wind 200°/40 kt (Abb. 15.48)

Abb. 15.48

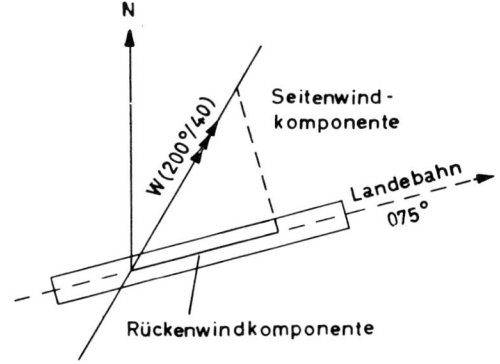

(1) Stelle 200 unter die TRUE INDEX-Marke.
(2) Stelle 0 der Quadratteilung unter den Mittelpunkt der Zeichenfläche.
(3) Trage den Windvektor mit 40 kt nach unten ab.
(4) Stelle die Landebahnrichtung 75° unter die Marke TRUE INDEX.

(5) Schiebe die Nullinie unter den Endpunkt des Windvektors und zähle die Seitenwindkomponente mit 33 kt vom Nullpunkt des Quadratnetzes nach links ab.
(6) Lies die Rückenwindkomponente auf der Mittelachse unter dem Mittelpunkt der Zeichenfläche mit 23 kt ab.

11. Besondere Berechnungen

a) Bestimmung des Punktes gleicher Zeiten

Wenn während des Fluges eine Motorenstörung auftritt, ist es für den Flugzeugführer wichtig zu wissen, ob der Zielflughafen oder der Ausgangsflughafen schneller erreicht werden kann. Zu diesem Zweck wird der Punkt gleicher Zeiten (C.P. = Critical Point oder P.E.T. = Point of Equal Time) berechnet, d.h. der Punkt, von dem aus der Weiterflug zum Ziel die gleiche Zeit erfordert wie der Rückflug zum Startort. Die hierzu benutzte Formel lautet:

$$T_x = \frac{T_F \cdot G_R}{G_H + G_R} \quad \text{(Zeitformel)}$$

T_x Flugzeit zum Punkt gleicher Zeiten,
T_F Flugplanzeit vom Abflug zum Zielort,
G_R Grundgeschwindigkeit auf dem Rückflug,
G_H Grundgeschwindigkeit auf dem Hinflug.

Die Entfernung vom Abflugort zum Punkt gleicher Zeiten wird mit folgender Formel berechnet:

$$D_x = \frac{D_Z \cdot G_R}{G_H + G_R} \quad \text{(Distanzformel)}$$

D_x Entfernung vom Abflugort zum Punkt P_x
D_Z Entfernung vom Abflugort zum Zielort.

Die obige Gleichung läßt sich in eine für die Einstellung auf dem Navigations-Rechner handlichere Form bringen:

$$\frac{G_R}{G_H + G_R} = \frac{T_x}{T_F} \text{ oder } \frac{D_x}{D_Z}$$

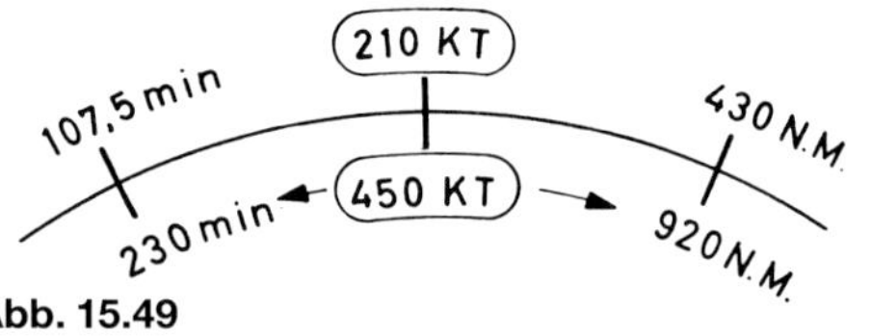

Abb. 15.49

Beispiel:

Gegeben: Gesamtflugstrecke 920 NM
G_H = 240 kt
G_R = 210 kt
Flugplanzeit
T_F = 3:50 h = 230 min

Gesucht: 1. Nach welcher Flugzeit wird der Punkt P_x erreicht?
2. Wie weit ist der Punkt P_x vom Abflugort entfernt?
Zwischenrechnung:
$G_H + G_R$ = 450 kt.

Einstellung: Stelle den Drehzeiger auf G_R = 210 in der Außenskala und drehe die Summe $G_H + G_R$ = 450 in der drehbaren Skala unter den Zeigerstrich. Mit dieser Einstellung stehen sich nach obiger Proportion die entsprechenden Flugzeiten T bzw. Entfernung

:

Ablesung:

1. Drehe den Zeiger nach $T_F = 230$ der Innenskala und lies $T_x = 107,5$ min auf der Außenskala ab.

2. Drehe den Zeiger nach $D_z = 920$ der Innenskala und lies $D_x = 430$ NM auf der Außenskala ab.

Ergebnis: Der Punkt gleicher Zeiten wird nach einer Flugzeit von 107,5 Minuten erreicht. Die geflogene Strecke beträgt dann 430 NM.

b) Bestimmung des letzten Umkehrpunktes

Der letzte Umkehrpunkt (Point of No Return) hängt von der Höchstflugdauer des Flugzeuges ab. Nach dem Überfliegen des letzten Umkehrpunktes reicht der Kraftstoffvorrat zu einer Rückkehr zum Ausgangsflughafen nicht mehr aus. Der Flug kann dann nur noch zum Ziel- oder Ausweichflughafen fortgesetzt werden. Vielfach wird auch der letzte sichere Umkehrpunkt (Point of Safe Return) ermittelt, dann liegt der Berechnung der Kraftstoffvorrat abzüglich der Warte- und etwaiger Ausweichreserven zugrunde.

Die Formel für die Flugzeit zum letzten Umkehrpunkt lautet:

$$T_u = \frac{T_{max} \cdot G_{RT}}{G_H + G_R}$$

T_{max} = Maximale Flugdauer.

Diese Formel ist wie diejenigen des Abschnitts 11 a) aufgebaut, so daß auch hier wieder die gleiche Proportion gilt:

$$\frac{G_R}{G_H + G_R} = \frac{T_u}{T_{max}}$$

Abb. 15.50

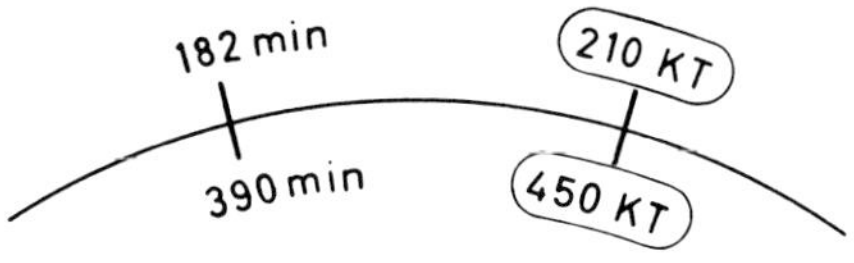

182 min
390 min
210 KT
450 KT

Beispiel: Maximale Flugdauer:
6 ½ Stunden = 390 min
$G_H = 240$ kt
$G_R = 210$ kt
$G_H + G_R = 450$ kt

Einstellung: Stelle G_R über $G_H + G_R$ wie unter 11 a).

Ablesung: Lies die Flugzeit zum letzten Umkehrpunkt auf der Außenskala ab, wenn der Drehzeiger über der maximalen Flugdauer auf der Innenskala steht.

Ergebnis: Der letzte Umkehrpunkt wird nach 182 min = 3:02 h erreicht. Wenn der Punkt geographisch festgelegt werden soll, bestimmt man die Entfernung zum letzten Umkehrpunkt mit G_H nach der üblichen Weg-Zeit-Rechnung. Die Entfernung ist 728 NM.

c) Berechnung der Abweitung

Die Abweitung ist der Abstand in Seemeilen zwischen zwei Meridianen auf einem Breitengrad. Die Näherungsformel zur Berechnung der Abweitung lautet:

Abweitung = Längenunterschied x cos Breite

Lösung mit ARISTO-AVIAT:
(a) Drehe N unter die Marke TRUE INDEX.
(b) Stelle die horizontale Nullinie des Quadratnetzes unter die Mitte der Zeichenfläche.
(c) Trage in geeignetem Maßstab den Längenunterschied in Minuten vom Mittelpunkt aus horizontal nach links ab.
(d) Drehe die Breite unter die Marke TRUE INDEX.
(e) Der horizontale Abstand des Endpunktes der dem Längenunterschied entsprechenden Strecke von der Mittelachse des

367

Diagrammschiebers ergibt in dem unter (c) gewählten Maßstab die Abweitung in Seemeilen.

Beispiel:
Wie groß ist die Abweitung zwischen 5° E auf 54° nördlicher Breite?
Längenunterschied 1° = 60′
Ergebnis: 35 sm

d) Berechnung der Großkreisbeschickung

Die Näherungsformel zur Berechnung der Großkreisbeschickung lautet:
u = ½ Längenunterschied x sin Mittelbreite

Lösung mit ARISTO-AVIAT:
(a) Stelle N unter die Marke TRUE INDEX.
(b) Stelle die horizontale Nullinie des Quadratnetzes unter den Mittelpunkt der Zeichenfläche.
(c) Trage vom Mittelpunkt nach links in geeignetem Maßstab (z. B. Seitenlänge eines stark ausgezogenen Quadrates = 1° Längenunterschied) den halben Längenunterschied ab.
(d) Stelle die Mittelbreite unter die Marke TRUE INDEX.
(e) Lies in dem unter (c) gewählten Maßstab die Großkreisbeschickung u als Abstand des markierten Punktes von der Nullinie ab.

Beispiel:
Standort des Senders 51° N 8° W
Koppelort des Flugzeuges 53° N 4° E
Längenunterschied 12° (halber Längenunterschied 6°)
Mittelbreite 52°

Einstellung: (1) Stelle N unter die TRUE INDEX-Marke.
(2) Stelle die horizontale Nullinie der Quadrateintei-

lung unter den Mittelpunkt der Zeichenfläche.
(3) Trage nach links entlang der Horizontallinie 6 Quadrateinheiten ab.
(4) Stelle 52° unter die Marke TRUE INDEX.

Ablesung: Lies die Großkreisbeschickung 4,7° als Länge der Senkrechten vom Endpunkt der unter Ziff. (3) abgetragenen Strecke bis zur Nullinie des Quadratnetzes ab. Die Skaleneinteilung auf der Mittellinie erleichtert die Ablesung.

e) Barometrische Navigation (Pressure Pattern Flying)

Berechnung der Querwindkomponente V_n aus Höhenvergleichsmessungen

Die Formel zur Berechnung der Querwindkomponente lautet:

$$V_n = \frac{C \cdot (D_2 - D_1)}{\sin_\varphi \cdot ZF}$$

darin bedeuten:

C   Konstante 21,47,

φ_m Mittelbreite zwischen den beiden Meßorten,

D_1 Differenzwert in Fuß für die 1. Messung,

D_2 Differenzwert in Fuß für die 2. Messung,

ZF   Zwischenflugstrecke in Naut. Miles, berechnet mit der Eigengeschwindigkeit (Air Distance).

Die Breitenskala (LATITUDE) auf der Innenscheibe des Navigationsrechners berücksichtigt das Glied $\dfrac{C}{\sin \varphi_m}$ obiger Gleichung,

d. i. der »K-Faktor«. Damit wird die Gleichung vereinfacht:

$$\frac{D_2 - D_1}{ZF} = \frac{V_n}{K}$$

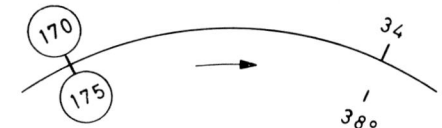

Abb. 15.51

Beispiel:

10.00 Uhr	absolute Höhe über NN:	10 240 Fuß
	Druckhöhe:	10 100 Fuß
	D_1	+140 Fuß

10.50 Uhr	absolute Höhe über NN:	10 050 Fuß
	Druckhöhe:	10 100 Fuß
	D_2	− 50 Fuß

$D_2 - D_1 = -50 - (+140) = -190$ Fuß
Eigengeschwindigkeit 220 kt
Zwischenflugstrecke in 50 min beträgt 183 NM, Mittelbreite = 49°.
Der Wert $D_2 - D_1$ ist negativ, d. h. das Flugzeug fliegt von einem Gebiet höheren Drucks in ein Gebiet tieferen Drucks. Nach dem Barischen Windgesetz kommt der Wind bei diesen Bedingungen von links. Die Querwindkomponente ist somit positiv.
Einstellung:
Stelle die Differenz der D-Werte (190) auf dem Außenring gegenüber der Zwischenflugstrecke 182 auf der Randskala der Innenscheibe. Drehe den Zeiger über die Mittelbreite 49° auf der Latitude-Skala.

Ablesung: Lies die Querwindkomponente $V_n = 29,5$ kt unter dem Drehzeiger auf dem Außenring ab.

Berechnung der seitlichen Windversetzung Z_n für die Zwischenflugzeit

Die hierbei anzuwendende Formel lautet:

$$\frac{D_2 - D_1}{V_e} = \frac{Z_n}{K}$$

K	K-Faktor
D_1	Differenzwert in Fuß für die 1. Messung,
D_2	Differenzwert in Fuß für die 2. Messung,
V_e	effektive wahre Eigengeschwindigkeit zwischen den Messungen.

Der Z_n-Wert wird zu Bestimmung von Druckstandlinien (Pressure Lines of Position) gebraucht.

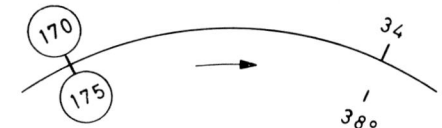

Abb. 15.52

Beispiel: $D_2 - D_1 = -170$ Fuß
              $V_e = 175$ kt
              Mittelbreite: 38° N
Einstellung: Stelle die wahre Eigengeschwindigkeit 175 kt auf der Randskala der Innenscheibe unter die Differenz der D-Werte 170 Fuß auf dem Außenring und drehe den Drehzeiger über die Mittelbreite 38° auf der Latitude-Skala.
Ablesung: Lies unter dem Zeigerstrich die seitliche Windversetzung $Z_n = 34$ NM für die Zwischenflugzeit auf dem Außenring ab.
              $D_2 - D_1$ ist negativ, daher ist die Windversetzung senkrecht zum rechtweisenden Steuerkurs um 34 NM nach rechts vom Standort ohne Wind (Air Position) für den Zeitpunkt der 2. Messung abzutragen.

Berechnung der Abtrift aus der Querwindkomponente V_n oder der seitlichen Windversetzung Z_n

Bekannt: V_e, V_g und V_n
Gesucht: Abtrift

Zeichnerische Lösung:

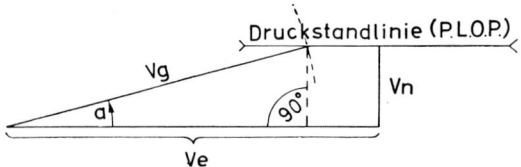

Abb. 15.53

Lösung mit ARISTO-AVIAT:

(a) Stelle eine der vier Haupthimmelsrichtungen (z.B. N) unter die Marke TRUE INDEX und trage längs der Nullinie den V_n-Vektor

vom Mittelpunkt aus nach oben oder unten ab.

(b) Stelle eine um 90° verschiedene Haupthimmelsrichtung (z.B. E) unter die Marke TRUE INDEX und die V_g auf dem Diagrammschieber unter den Endpunkt des V_n-Vektors.

(c) Lies unter dem Endpunkt des V_n-Vektors die Abtrift ab.

Gegeben: V_n = 29 kt nach rechts
V_g = 205 kt

Gesucht: a

Ergebnis: Abtrift +8°

KAPITEL 16

Faustformeln zur Navigation
(Mental dead reckoning)

Der Begriff »dead reckoning« hat nichts mit »Tod« zu tun, sondern leitet sich aus dem englischen Wort »deduced reckoning« ab, was Koppelnavigation bedeutet. Aus der Abkürzung »ded. reck.« entstand durch Verballhornung und den Fehler eines Druckers »dead reckoning«, allgemein mit DR abgekürzt.

Trotz aller noch so moderner, zuverlässiger Navigationsgeräte und Bordinstrumente sollte jeder Flieger einige Faustformeln der Navigation sich immer wieder einmal geistig durch den Kopf gehen lassen, um im Notfall, »über den Daumen peilend/rechnend«, dennoch zu verläßlichen Werten zu gelangen.

Das gibt fliegerische Sicherheit in Krisenlagen.

Es spielt keine Rolle, ob man ein Ultraleichtflugzeug oder einen Düsenklipper steuert: Die Grundlagen der Navigation und des »Franzens« gelten für alle, und zu jeder Zeit.

Zur Übung des räumlichen Vorstellungsvermögens von Kursen, Winkeln und Entfernungen kann man sich der Karte, der Daumenbreite oder der Bordinstrumente mit einer Kompaßrose bedienen. Im Geiste stets mitkoppeln können, heißt im Englischen Mental DR, was jeder Flieger üben und beherrschen sollte!

1. Errechnen der maximalen Abtrift

(Drift bei 90 Grad Windeinfallswinkel)

$$\text{Max. Abtrift} = \frac{60 \times \text{Windgeschwindigkeit}}{\text{Eigengeschwindigkeit (TAS)}} \quad \text{bzw.} \quad \frac{\text{Windgeschwindigkeit}}{\text{Mach-Zahl} \times 10}$$

2. Errechnen der tatsächlichen Abtrift

Bei Windeinfallswinkeln geringer als 90 Grad verringert sich die maximale Abtrift wie folgt:

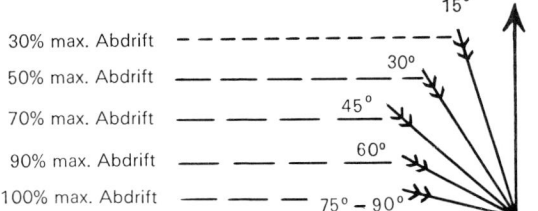

30% max. Abdrift
50% max. Abdrift
70% max. Abdrift
90% max. Abdrift
100% max. Abdrift

Kurs
15°
30°
45°
60°
75° – 90°

Abb. 16.1

3. Errechnen der Grundgeschwindigkeit mit Hilfe der Windgeschwindigkeit und der Eigengeschwindigkeit

a) 110 − Windeinfallswinkel = % der Windgeschwindigkeit
(Die Zahl 110 ist ein fester Erfahrungswert)

b) Grundgeschwindigkeit =
Eigengeschw. − % der Windgeschw.

4. Die 60er-Regel

Mit dieser Faustregel läßt sich sehr einfach feststellen:

a) um wieviel Grad man vom Kurs abgekommen ist,

b) um wieviel Grad man steuerbord (rechts) bzw. backbord (links) korrigieren muß, um zum Zielort zu gelangen,

c) wie groß die tatsächliche Abtrift ist.

zu a) Errechnen des Kurses über Grund:

$$\frac{60 \times \text{Entfernung vom Kartenkurs (NM)}}{\text{zurückgelegte Entfernung (NM)}} = \pm \text{Kursabweichung vom Kartenkurs in Grad}$$

zu b) Nachdem nun die Kursabweichung und damit der Kurs über Grund errechnet sind, wird eine Kurskorrektur notwendig, um zum Zielort zu gelangen. Hier hilft wiederum die 60er-Regel:

$$\frac{60 \times \text{Entfernung vom Kartenkurs (NM)}}{\text{Reststrecke (NM)}} = \pm \text{Kursabweichung in Grad}$$

Bei der Berechnung der Kurskorrektur addiert man bei Backbordtrift und subtrahiert bei Steuerbordtrift die Summe beider Winkel zum Steuerkurs, um den Zielort zu erreichen.

zu c) Die tatsächliche Abtrift läßt sich aus der vor dem Flug errechneten Abtrift und der Kursabweichung leicht errechnen. Bei einer vorberechneten Abtrift von z. B. 3 Grad stb. und einer Kursabweichung von 9 Grad stb. ergibt diese eine tatsächliche Abtrift von 6 Grad stb.

5. Berechnen des Steuerkurses bei plötzlich notwendiger Änderung des Kurses über Grund um 180 Grad (z B. Schlechtwettereinbruch, Notfall usw.)

augenblicklicher Steuerkurs + 180 Grad, ferner

bei Steuerbordabtrift addiere

bei Backbordabtrift subtrahiere die doppelte Abtrift zum/vom reziproken Steuerkurs.

6. Änderung der errechneten Ankunftszeit (ETA)

$$\frac{\text{Minuten früh/spät x Zeit für Gesamtstrecke}}{\text{Zeit für Teilstrecke}} = \text{Gesamtzeit früh/spät}$$

7. Faustregeln zur Umrechnung

a) (14) NM + 1/7 = (16) Statute Miles
(16) St. M. − 1/8 = (14) Nautical Miles

(50) St. M. x $\frac{8}{5}$ ≈ (80) km

(25) NM x 2 − 10 % ≈ (45) km

b) Machzahl $= \dfrac{\text{Eigengeschwindigkeit}}{600}$

Eigengeschwindigkeit = Machzahl x 600

c) 2 Fingerbreit auf Karte 1:500 000 etwa 10 NM
2 Fingerbreit auf Karte 1:100 000 etwa 20 NM

d) Anwendung von Variation und Deviation:

ostwärtige (+), westliche (-)
von **K**ompaß über **m**ißweisend nach **r**echtweisend verwende normale Vorzeichen.
Von **r**echtweisend über **m**ißweisend nach **K**ompaß verwende umgekehrte Vorzeichen.

e) Fluggeschwindigkeit (Eigengeschwindigkeit):
in 25 000 Fuß: angezeigte Geschwindigkeit + 50%
in 40 000 Fuß: angezeigte Geschwindigkeit + 100%

f) 1 m/s ≈ 200 ft/min
1 m/s = 3.6 km/h ≈ 2 kts

8. Vorhalteregeln

a) Bei **Fahrtmessern** pro 1000 Fuß Höhen-gewinn jeweils 2% Fahrt zulegen! Im Kurvenflug steigt das Lastvielfache und damit die kritische Überziehgeschwindigkeit:

30°-Kurve = 10% mehr Fahrt erforderlich
45°-Kurve = 20% +
60°-Kurve = 40% + /Vorsicht geboten!
75°-Kurve = 100% mehr Fahrt erforderlich/ Gefahr!

b) **Höhenmesser** liefern Fehlanzeigen bei Druck- und/oder Temperaturänderungen, wenn die Höhenmessereinstellung nicht stimmt.

– Druck und/oder Temperatur höher als vorhergesagt:
  höhere Flughöhe als angezeigt.
– Druck und/oder Temperatur niedriger als vorhergesagt:
  niedrigere Flughöhe als angezeigt. – Vorsicht!
  Merke: Vom Hoch zum Tief geht's schief! Vom Tief zum Hoch geht's gerade noch.

c) Beim **Steig- oder Sinkflug** sind Übergänge zum Horizontalflug vorzuhalten, um die richtige Höhe einzunehmen:

10% der Steig-/Sinkgeschwindigkeit als Höhenvorhalt für das Einleiten des Horizontalfluges wählen.

Beim Radaranflug mit 3°-Gleitweg berechnet sich die Sinkgeschwindigkeit (rate of descent) überschlägig aus:

GS/TAS (kts) x 5 = Sinkgeschwindigkeit in Fuß pro Minute (ft/min)

d) **Standard-Instrumentenflugkurven** (3°/s) auf vorbestimmte Kurse leitet man aus, indem man die Hälfte des Querneigungswinkels als Vorhalt nimmt. Die erforderliche Querlage für eine Standardkurve errechnet sich aus:

$$\frac{\text{TAS (kts)}}{10} + 7 = \text{Querlage in Grad für Standard-Zwei-10 Minuten-Kurve}$$

V. Der Mensch hat Grenzen

KAPITEL 17
Flugmedizin

1. Einführung

Die Flugmedizin beschäftigt sich mit den Lebensbedingungen des Menschen in Flugkörpern aller Art. Ihre Aufgabe ist es, dem Menschen die Eroberung der 3. Dimension zu ermöglichen. Sie erforscht das Verhalten aller Organsysteme unter den von der Norm abweichenden Umweltverhältnissen, um die lebensnotwendigen Mindestbedingungen aufrechtzuerhalten.

Flugmedizinische Institute in aller Welt schaffen die wissenschaftlichen Grundlagen hierfür und erarbeiten Richtlinien für die praktische Anwendung der Forschungsergebnisse.

Besonders geschulte Fliegerärzte überwachen die Durchführung dieser Richtlinien und sind für die Gesundheit des fliegenden Personals verantwortlich.

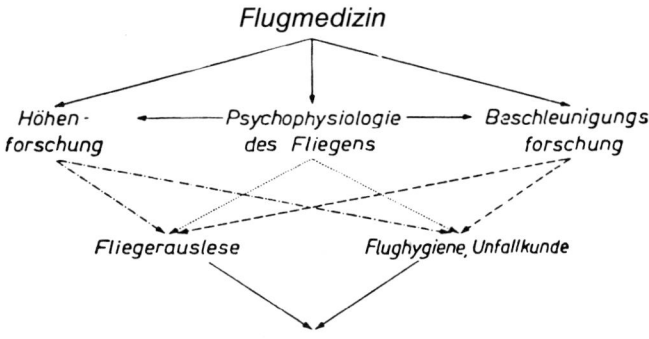

Abb. 17.1 **Das Aufgabengebiet der Flugmedizin (nach Prof. Ruff).**

2. Grundbegriffe der Flugmedizin

Im Rahmen dieses Kapitels können nur die wichtigsten Grundbegriffe in allgemeinverständlicher Form kurz umrissen werden. Die

»Flugphysiologische Ausbildung« dient zur Erläuterung von Einzelheiten.

375

a) Die Atmosphäre

Die Gas-Hülle, die die Erdkugel bis in eine Höhe von etwa 1000 Meilen umgibt, wird Atmosphäre genannt. Mit steigender Höhe ändern sich ihre Zusammensetzung, ihre Druckverhältnisse und ihre Temperatur. Zum Verständnis der Aufrechterhaltung der lebensnotwendigen Körperfunktionen ist es wichtig, die Grundzüge dieses Wechsels zu kennen (siehe Kap. 3, Die Atmosphäre).

b) Physiologie der Atmung

Sauerstoff (O_2) ist ein lebenswichtiges Element für Bestand und Funktion der Körperzellen.

Die Aufnahme von O_2 aus der Atmosphäre bis in die Lungenbläschen (Alveolen) wird als äußere Atmung, der Übertritt der Alveolarluft

ins Blut und die Abgabe aus dem Blut an die Zellengewebe wird als innere Atmung bezeichnet. Für die Abgabe von CO_2 gilt der umgekehrte Weg. Die Ein- und Ausatmung erfolgt mit Hilfe des Zwerchfells und der Brustmuskulatur.

Die Luftvolumina in der Lunge werden grob eingeteilt in:

Atemvolumen	~ 600 ml, in Ruhe
Vitalkapazität	~ 5 l (Körpergröße in m)³
Totalkapazität	~ 6,5 l
Residualvolumen	~ 1,5 l

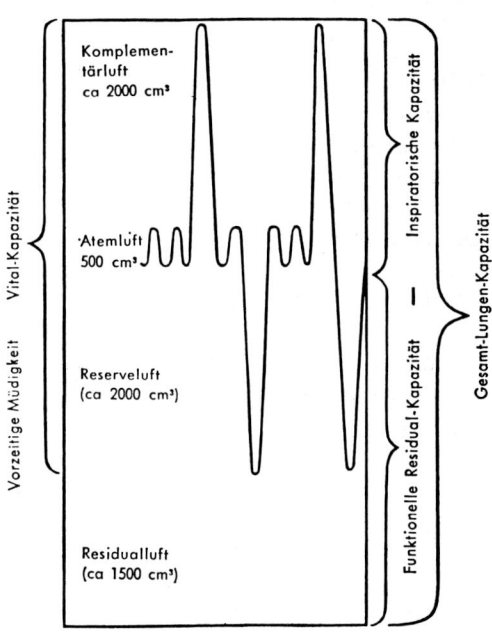

Abb. 17.2 Schematische Darstellung der nervösen Steuerung der Atmung.

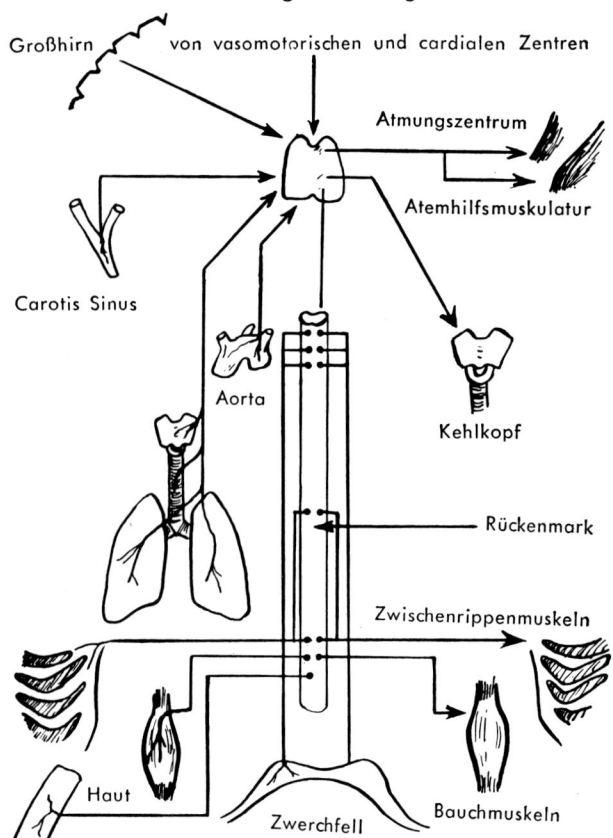

Abb. 17.3 Unterteilung der Lungenluft

Der O_2-Anteil der eingeatmeten Alveolarluft (PO_2-Partialdruck) sinkt mit steigender Höhe. Er erreicht bei einem Partialdruck von ca. 60 mm Hg eine Störungsschwelle, deren Unterschreiten gefährlich ist. Ein O_2-Partialdruck von 60 mm Hg in der Alveolarluft ist bei einer Höhe von 10000 Fuß erreicht. In größeren Höhen kann er durch Atmen eines O_2-Luftgemisches bis zu 25000 Fuß und durch reine

| – | Höhe | Baro-meter-druck | Atmosph. PO$_2$ | Notwendiger Sauerstoff in Einat- | Maskendruck | |
| | | | | | A-14 | D-1 |
Fuß	m	mm Hg	mm Hg	mungsluft	Höhenatemgerät	Höhenatemgerät
Meereshöhe		760	160	21%	Umgebungsdruck	Umgebungsdruck
5000	1500	632	126	25%	Umgebungsdruck	Umgebungsdruck
10000	3000	523	105	31%	Umgebungsdruck	Sicherheitsdruck
15000	4500	429	85	40%	Umgebungsdruck	Sicherheitsdruck
20000	6000	349	70	49%	Umgebungsdruck	Sicherheitsdruck
25000	7500	282	56	62%	Umgebungsdruck	Sicherheitsdruck
30000	9000	225	45	81%	Sicherheitsdruck	Sicherheitsdruck
35000	10500	179	36	100%	Sicherheitsdruck	Sicherheitsdruck
40000	12000	141	29	100%	Sicherheitsdruck	4 mm Hg
45000	13500	111	23	100%	15 mm Hg	18 mm Hg
50000	15000	87	18	100%	22 mm Hg	32 mm Hg

O$_2$-Atmung bis zu 40000 Fuß aufrechterhalten werden. Darüber hinaus ist dies nur durch Überdruckatmung von reinem O$_2$ unter steigendem Überdruck möglich (z. B. 70000 Fuß = O$_2$ unter 150 mm Hg Überdruck (siehe Abb. 17.6). Das wichtige Thema der Überdruckatmung wird im Rahmen der Flugphysiologischen Ausbildung eingehend behandelt.

Moderne Flugkörper besitzen Druckkabinen, in denen ein Druck aufrechterhalten wird, der, je nach Bedarf, einer Höhe zwischen 10000 und 25000 Fuß entspricht.

c) Physiologie des Kreislaufs

Das Kreislaufsystem dient dem Transport von O$_2$ und Nahrungsstoffen zu den Zellen der Organe und Gewebe. Transportmittel ist das Blut.

Das Kreislaufsystem besteht aus einer selbstgesteuerten Pumpstation, dem Herzen, und einer zu- bzw. ableitenden Röhrenanlage, den Arterien und Venen (siehe Abb. 17.5).

Das Blut besteht aus der Blutflüssigkeit (Plasma) und den Blutkörperchen (rote für Sauerstofftransport, weiße für Infektionsabwehr).

Das Blutvolumen beträgt etwa 1/13 des Körpergewichts, d. h. bei 65 kg Körpergewicht = 5 l Blut.

Herzschlagfolge und Blutdruck werden von automatischen Nervenzentren gesteuert. Sie passen sich den jeweiligen Bedürfnissen der Organsysteme sinnvoll an und garantie-

Abb. 17.5 Schema des menschlichen Kreislaufsystems.

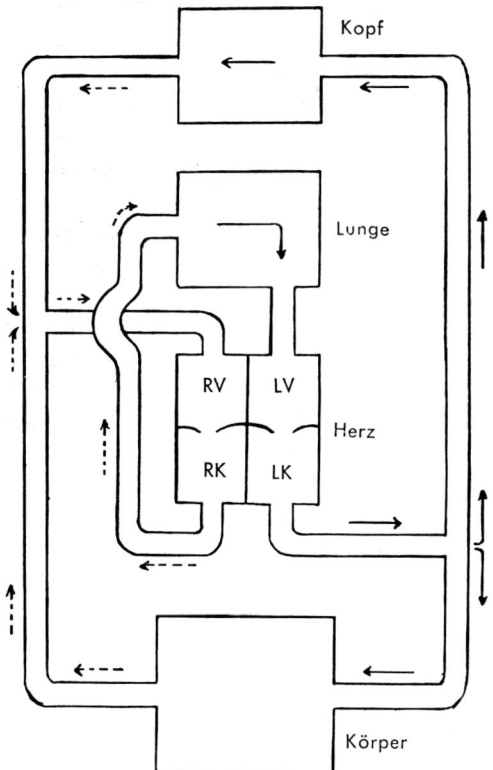

ren eine optimale Versorgung mit O_2. Dieser Anpassung sind jedoch natürliche Grenzen gesetzt, die ohne besondere Schutzvorrichtungen nicht ungestraft überschritten werden dürfen.

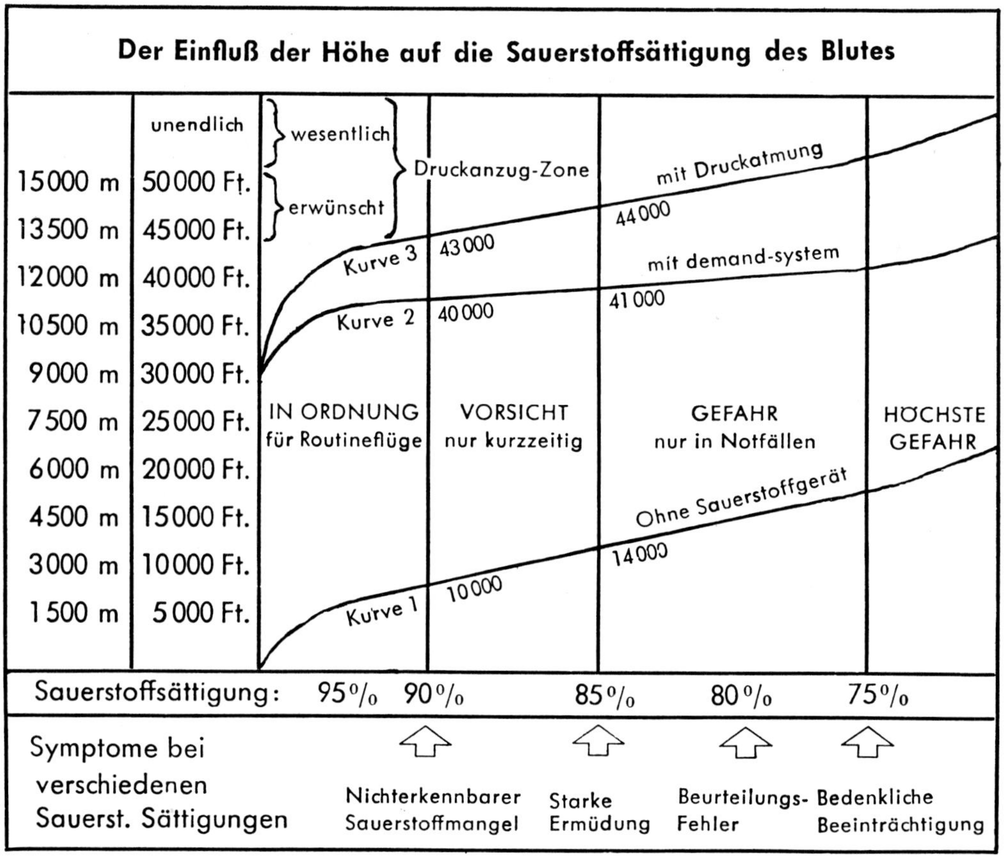

Der Einfluß der Höhe auf die Sauerstoffsättigung des Blutes
unendlich
wesentlich
erwünscht
Druckanzug-Zone
15000 m 50000 Ft.
13500 m 45000 Ft.
12000 m 40000 Ft.
10500 m 35000 Ft.
9000 m 30000 Ft.
7500 m 25000 Ft.
6000 m 20000 Ft.
4500 m 15000 Ft.
3000 m 10000 Ft.
1500 m 5000 Ft.
mit Druckatmung
44000
Kurve 3
43000
mit demand-system
41000
Kurve 2
40000
IN ORDNUNG für Routineflüge
VORSICHT nur kurzzeitig
GEFAHR nur in Notfällen
HÖCHSTE GEFAHR
Ohne Sauerstoffgerät
14000
Kurve 1
10000
Sauerstoffsättigung: 95% 90% 85% 80% 75%
Symptome bei verschiedenen Sauerst. Sättigungen
Nichterkennbarer Sauerstoffmangel
Starke Ermüdung
Beurteilungs-Fehler
Bedenkliche Beeinträchtigung

Abb. 17.6

3. Angewandte Flugmedizin

Nachfolgend werden einige wichtige Gefahren besprochen, die beim Vordringen des Menschen in die 3. Dimension auftreten, sowie die Schutzmöglichkeiten, die die angewandte Flugmedizin entwickelt hat.

a) Der Sauerstoffmangel

Sauerstoff ist das Lebenselement der Körperzellen. Diese sind verschieden empfindlich gegen O_2-Mangel. Die Nervenzellen, besonders im Gehirn, sind bei weitem am empfindlichsten. Deshalb sind Störungen der Gehirnfunktionen die ersten Zeichen beginnenden O_2-Mangels. Derartige Anzeichen sind: Müdigkeit, Ohrensausen, Augenflimmern, Sehstörungen, Kribbeln in Händen und Füßen, Störungen der Urteilsfähigkeit (wie bei leichter Trunkenheit), gelegentlich auftretende Euphorie sowie Bewegungsstörungen, hauptsächlich der Feinmotorik. Es folgen Störungen in der Anpassungsfähigkeit der Kreislauffunktionen, Herzklopfen, hohe Pulszahlen, blaue Lippen, Blässe, Schwindelgefühl, später Bewußtlosigkeit.

Ursachen des O_2-Mangels können sein:
– Mangelnde O_2-Zufuhr
– Ungenügende Anzahl von roten Blutkörperchen (O_2-Transportfunktion)
– Verstopfung wichtiger Blutgefäße (Arterien)
– Gewisse Gifte, die die O_2-Aufnahme durch die Gewebe stören (Blausäure, Kohlenmonoxyd, Alkohol u. a. m.)

Die Widerstandsfähigkeit gegen O_2-Mangel sowie die Art der ersten auftretenden Warnzeichen ist individuell verschieden. Sie kann durch Untersuchungen festgestellt werden.

Die Widerstandsfähigkeit gegen O_2-Mangel wird herabgesetzt durch:
– Größere Anstrengungen
– Kälte
– Gewisse Medikamente oder Giftstoffe (Nikotin, Alkohol u. a.)
– Zustand nach Erkrankungen
– Blutverlust
– Plötzlicher Klimawechsel
– Ausgiebige Mahlzeiten.

Sauerstoffmangelerscheinungen im Flugzeug treten auf:
– Bei sinkendem atmosphärischem Druck (siehe Abb. 17.8)
– Bei ungenügender Zufuhr von O_2.

Die Zeit, in der bei O_2-Mangel bewußte und sinnvolle Handlungen durchgeführt werden

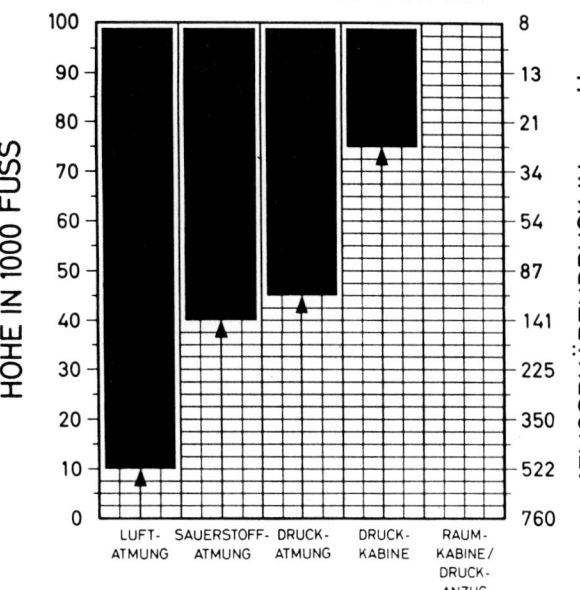

PHYSIOLOGISCHE GRENZEN UND SCHUTZMASSNAHMEN

Abb. 17.7

können, hängt von der Höhe des O_2-Partialdrucks in der Alveolarluft ab.

Schutzmittel:
– Einatmen von O_2-Luftgemisch mit entsprechender O_2-Konzentration
– Einatmen reinen Sauerstoffes mit geringem Überdruck (Sicherheitsdruck = ca. 6 mm Hg)
– Einatmen reinen Sauerstoffes unter entsprechendem Überdruck
– Druckkabine.

Warnzeichen:

Es ist wichtig, daß jedes Mitglied des fliegenden Personals die ihm eigentümlichen ersten Anzeichen beginnenden O_2-Mangels sowie diejenigen seiner übrigen Besatzungsmitglieder kennt. Nur dann ist rechtzeitiges Eingreifen und sinnvolles Handeln gewährleistet.

In der Flugphysiologischen Ausbildung wird dieser Frage besondere Beachtung geschenkt.

Abb. 17.8

Sauerstoff-Zeitreserve

Höhe		Schnelle Unterbrechung der Sauerstoffzufuhr		Explosive Dekompression	
Fuß	m	(ruhig sitzend)	(mäßig arbeitend)	(ruhig sitzend)	(mäßig arbeitend)
22 000	6 600	10 min	5 min		
25 000	7 500	3 min	2 min	2 min	1 min
28 000	8 400	1½ min	1 min	1 min	½ min
30 000	9 000	1¼ min	¾ min	¾ min	20 sec
35 000	10 500	¾ min	½ min	½ min	15 sec
40 000	12 000	30 sec	18 sec	23 sec	15 sec
65 000	19 500	12 sec	12 sec	12 sec	12 sec

b) Druckunterschiede

Es ist zu unterscheiden zwischen:
- Langsamem Auftreten von Druckunterschieden (decompression), d. h. erhebliche Differenzen des umgebenden Außendrucks innerhalb von Minuten und länger.
- Sehr rasch auftretende Druckunterschiede (rapid decompression), d. h. erhebliche Druckdifferenzen treten innerhalb von Sekunden auf.
- Plötzlich auftretende Druckdifferenzen (explosive decompression), d. h. Auftreten innerhalb von Bruchteilen von Sekunden.

Physikalische Grundlagen:
(1) Gase verhalten sich nach dem Boyle-Mariotteschen Gesetz, d. h. sie haben das Bestreben, sich bei Sinken des sie umgebenden Druckes und bei Steigen der Temperatur entsprechend auszudehnen.
Beispiel: Dampfmaschine
(2) Gase lösen sich in Flüssigkeiten entsprechend dem Druck und der Temperatur (Henrysches Gesetz).
Beispiel: Selterswasserflasche
Flugmedizinische Folgerungen:
Mit steigender Höhe sinkt der den Körper umgebende äußere Druck (sofern er nicht durch eine Druckkabine konstant gehalten wird), die in den Körperhöhlen befindlichen Gase dehnen sich aus. Folgende Körperhöhlen sind wichtig:
Bauchhöhle (Gase in Magen und Darm)
Mittelohr
Nasen-Nebenhöhlen (Kieferhöhle, Stirnhöhlen)
Schlecht plombierte Zähne.
Bei langsam absinkendem Außendruck entweichen diese Gase weitgehend durch die natürlichen Körperöffnungen.
Bei schnellem Druckabfall, bei Verlegung von Körperöffnungen infolge Erkrankungen (z. B. Schnupfen, Mittelohrreizung) oder nach Aufnahme blähender Speisen (Hülsenfrüchte, Kohl, Sauerkraut), kommt es zu entsprechenden, oft starken Beschwerden:
Leib-, Ohren-, Kopf- und Zahnschmerzen,
Gleichgewichtsstörungen (durch Labyrinthreizung),
Schweißausbruch und Ohnmacht (durch Reizung gewisser im Leib liegender Regulationszentren des Blutkreislaufes).

Das Auftreten derartiger gefährlicher Erscheinungen bei Druckunterschieden wird durch gewisse körperliche Veranlagungen begünstigt. Bei rasch absinkendem Außendruck, bei erheblichen Druckunterschieden oder raschem Ansteigen des Außendrucks nach längerem Verweilen in dünnerer Luft, kann der im Blut physikalisch gelöste Stickstoff (N_2) Bläschen bilden, die kleinere Arterien verstopfen. Darauf tritt Sauerstoffmangel in dem von dieser Arterie versorgten Gewebesektor ein. Die Gasbläschen treten auch in der Gelenkflüssigkeit auf, was zu erheblichen Schmerzen führt (bends). Beschwerden (decompression sickness) können sein:
Gelenkschmerzen,
Kribbeln unter der Haut,

Einschlafen von Armen und Beinen,
Flimmern vor den Augen,
Spätkopfschmerzen,
in seltenen Fällen:
Lungenstiche, Lähmungen und sogar Bewußtlosigkeit.

Alle diese Beschwerden sind selten, sie werden begünstigt durch Fettleibigkeit, Hitze, sowie höheres Alter.

Vorbeugungsmaßnahmen sind infolge der Seltenheit nicht erforderlich.

Vor besonderen Einsätzen wird jedoch am Boden längere Zeit reiner Sauerstoff geatmet. Dadurch wird der im Blut gelöste Stickstoff »herausgewaschen«.

Bei der ärztlichen Untersuchung auf Wehrfliegertauglichkeit, in der laufenden fliegerärztlichen Überwachung und in der flugphysiologischen Ausbildung wird allen diesen Fragen große Bedeutung beigemessen.

Explosiver Drucksturz, etwa von 25 000 auf 50 000 Fuß in Bruchteilen von Sekunden, tritt z. B. bei Verlust des Kabinendachs einer Druckkabine auf. Der Drucksturz ist hierbei um so rapider, je kleiner das Verhältnis des Loches zum gesamten Volumen der Kabine ist. Bei einem einfachen Einschußloch findet der Druckausgleich wesentlich langsamer statt.

Nennenswerte Beschwerden treten nach einmaligem explosivem Drucksturz nicht auf.

c) Beschleunigung

Beschleunigung (acceleration/deceleration) bedeutet Änderung von Geschwindigkeit (velocity).

Wir unterscheiden:

(1) Lineare Beschleunigung (Start, Landung, Fallschirmöffnen, Bruchlandung, Schleudersitzausschuß)

$$\text{Formel: } a = \frac{v_2^2 - v_1^2}{2\,d}$$

(2) Radiale Beschleunigung (Zentrifuge, Kunstflugfiguren)

$$\text{Formel: } a = \frac{v^2}{r}$$

(3) Angulare Beschleunigung (Trudeln).

Die bei der Beschleunigung auftretenden Kräfte werden mit dem Accelerometer gemessen und in »G« ausgedrückt.

1 G ist die Kraft, die durch die Beschleunigung des Gewichtes einer Masse im freien Fall erzeugt wird.

(Oder: 1 G ist die Beschleunigung des Gewichtes einer Masse im freien Fall.)

Die Flugmedizin unterscheidet drei Arten von »G«, je nachdem, in welcher Richtung sie auf den Körper des Fliegers wirken:

Positive »G«   Richtung Kopf → Fuß
Negative »G«   Richtung Fuß → Kopf
Transversale »G« Richtung Brust ⇌ Rücken

Die Wirkung der »G«-Kräfte auf den Körper hängt von der »G«-Zahl, der »G«-Richtung, der Dauer der Applikation sowie von der Größe der dem »G« ausgesetzten Fläche ab.

Abb. 17.9

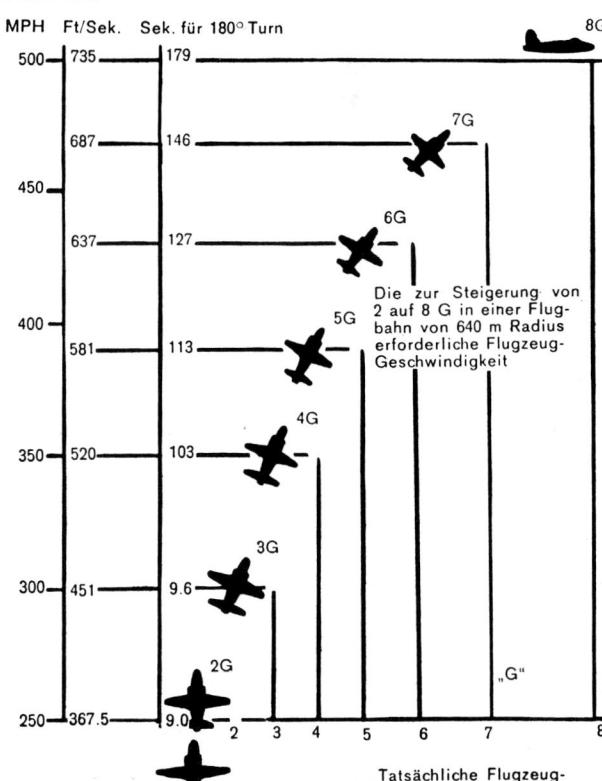

MPH Ft/Sek. Sek. für 180° Turn

Die zur Steigerung von 2 auf 8 G in einer Flugbahn von 640 m Radius erforderliche Flugzeug-Geschwindigkeit

»G«

Tatsächliche Flugzeug-Flächenbelastung 1 G

„G" bedeutet eine Gravitations-
einheit und die durch sie
hervorgerufene Beschleunigung.

„Sturzflug" — G

Unbedeutende G-Wirkung
Gehirn und Sicht klar

„Vorhang"
beginnt hier

Zentrifugalkraft

Beginn des
Abfangens

Verdunkelung des
Gesichtsfelds
beginnt hier

Das Abfangen
+ 7 G (möglich)

Abb. 17.10 G-Belastungen beim Sturzflug.

Beispiele:

Während des Fluges drücken positive »G«-Kräfte das Blut aus dem Kopf in Leib und Gliedmaßen. Die im Gehirn entstehende Blutleere erzeugt bei steigender, positiver »G«-Zahl Sehstörungen, Einschränkung des Gesichtsfeldes, Verdunklung des Blickes (grey out), Blindheit (black out), Bewußtlosigkeit.

Grenze der ertragbaren positiven »G«: 5½ »G« für 5 Sekunden

Schutz: Körperhaltung (gekrümmt)

Anti-»G«-Anzug

Negative »G« erzeugen Blutandrang zum Kopf, Gehirnschwellung, eventuell Platzen von Blutgefäßen der Haut, des Mittelohrs, der Schleimhäute. Sie werden schlecht ertragen.

Grenze der ertragbaren negativen »G«: 2½ »G« für 5 Sekunden

Schutz: Vermeiden ihres Auftretens.

Transversale »G«-Kräfte werden am be-

Abb. 17.11 Menschliche Toleranzen – auftretende Beschleunigungen bei militärischen Übungen.

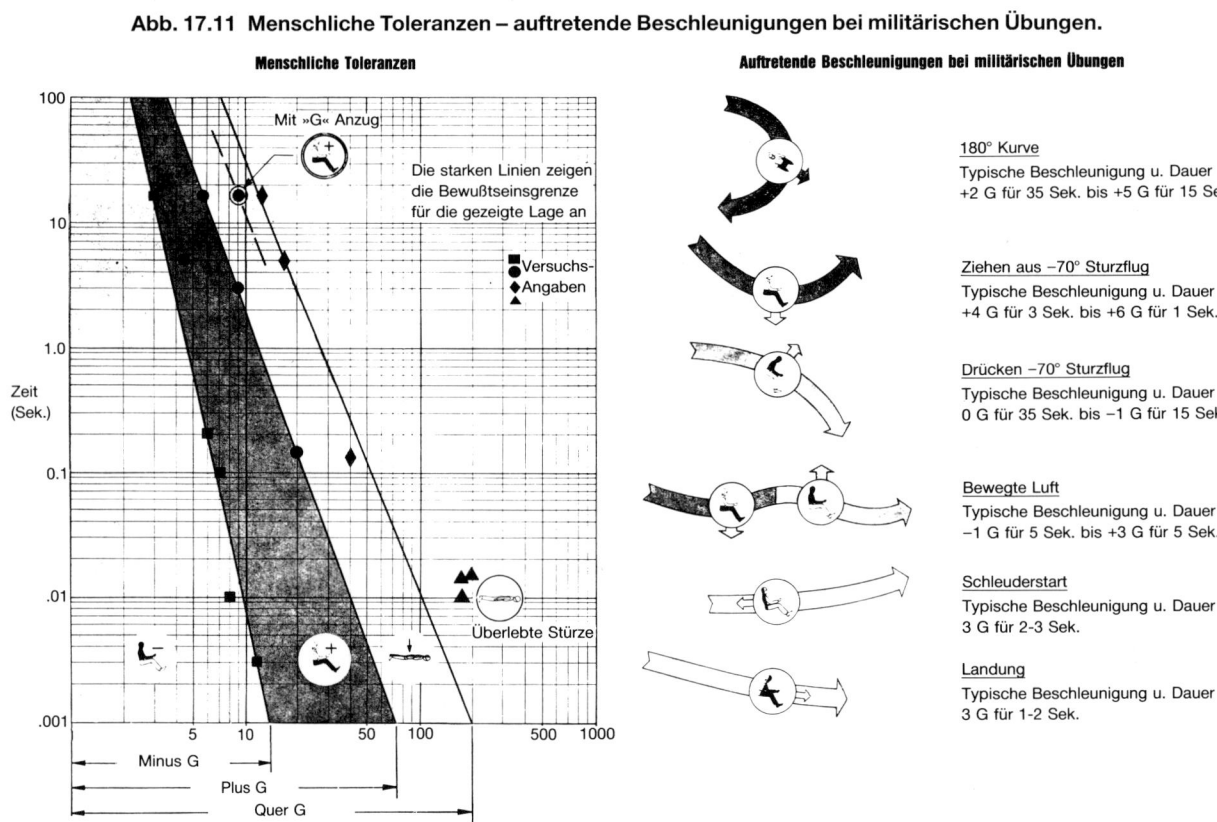

Menschliche Toleranzen

Mit »G« Anzug

Die starken Linien zeigen die Bewußtseinsgrenze für die gezeigte Lage an

■ Versuchs-
● Angaben
◆
▲

Überlebte Stürze

Zeit (Sek.)

Minus G

Plus G

Quer G

Beschleunigung in G

Auftretende Beschleunigungen bei militärischen Übungen

180° Kurve
Typische Beschleunigung u. Dauer
+2 G für 35 Sek. bis +5 G für 15 Sek.

Ziehen aus −70° Sturzflug
Typische Beschleunigung u. Dauer
+4 G für 3 Sek. bis +6 G für 1 Sek.

Drücken −70° Sturzflug
Typische Beschleunigung u. Dauer
0 G für 35 Sek. bis −1 G für 15 Sek.

Bewegte Luft
Typische Beschleunigung u. Dauer
−1 G für 5 Sek. bis +3 G für 5 Sek.

Schleuderstart
Typische Beschleunigung u. Dauer
3 G für 2-3 Sek.

Landung
Typische Beschleunigung u. Dauer
3 G für 1-2 Sek.

sten ertragen. Sie erfordern jedoch eine Körperlage im Flugzeug, in der dessen Führung nur schwer möglich ist. In bemannten Flugkörpern ist diese Lage die vorteilhafteste. Grenze der ertragbaren transversalen »G«:

12 transversale »G« für 15 Sekunden. Bei 20 »G« brechen Knochen!

In dieses Gebiet gehört auch der sogenannte »schwerelose Zustand«, d. h. der Zustand, in dem +G und -G sich aufheben, und die Schwerkraft der Erdanziehung (= 1 G) aufgehoben ist.

Dieser Zustand von »Null G« kann durch Parabelflüge für Sekunden hervorgerufen werden. In allen mit der Weltraumforschung zusammenhängenden Fragen der Flugmedizin spielt er eine beträchtliche Rolle.

+ G		Wirkung
1	bis 2	Schweregefühl
3	bis 4	Sehminderung
3,5 bis 5		„Mattscheibe"
		Einengung des Gesichtsfeldes
4	bis 5,5	Sehverlust („Vorhang")
4,5 bis 6		Bewußtlosigkeit (»black-out«)

Abb. 17.12 Wirkung verschiedener G-Kräfte bei radialen Beschleunigungen (im Sitzen).

Bei Hochleistungsjagdflugzeugen ist es möglich, daß sich die G-Kräfte sehr schnell aufbauen lassen (onset of G). Die Symptome zunehmender Blutleere im Kopf treten dann nicht in der klassischen Reihenfolge auf. Es tritt vielmehr eine sofortige Bewußtlosigkeit ein (G-LOC = G-loss of consciousness), wodurch der Pilot unmittelbar handlungsunfähig wird. Dies führte bereits wiederholt zu Abstürzen.

d) Sinnestäuschung beim Fliegen

Das Gefühl für Gleichgewicht, Lageveränderungen, Lage im Raum, Bewegung, Entfernung wird dem Menschen durch ein sinnvolles Zusammenspiel von Augen, Gleichgewichtsorgan im Innenohr (Labyrinth) und Tiefensensibilität (Gefühl für Gliedmaßenbewegungen und -stellung – schwerkraftbedingt) vermittelt.

Die genannten Sinnesorgane sind jedoch für ein Leben auf der Erdoberfläche und Bewegungen innerhalb gewisser Geschwindigkeitsgrenzen geschaffen. Der Mensch lernt bereits in frühester Kindheit, die von ihnen vermittelten Eindrücke auszuwerten und sich dementsprechend zu verhalten.

Beim Fliegen werden Kräfte wirksam sowie Lageveränderungen und Geschwindigkeiten erzeugt, die das gewohnte Zusammenspiel der genannten Sinnesorgane stören und Eindrücke hervorrufen, die aufgrund der bisherigen lebenslangen Erfahrung falsch gedeutet wurden.

Beispiele aus dem täglichen Leben:

In einem stehenden Zug wird durch einen daneben fahrenden Zug das Gefühl der Bewegung erzeugt.

Die Sterne scheinen sich am dunklen Nachthimmel bei Kopfbewegungen ebenfalls zu bewegen.

Der aufgehende Mond erscheint tief über Baum oder Haus größer als hoch am Himmel.

Beispiele aus der Fliegerei:

Schräge Wolkenbänke können für den Horizont gehalten werden.

Bei Flug über Wasser, bei Nachtflug oder bei Flügen in großen Höhen ist das stereoskopische oder Raumsehen infolge fehlender Vergleichsmöglichkeiten eingeschränkt oder aufgehoben.

Bei fehlender Augenkontrolle (Blindflug) erfolgt eine Mißdeutung verschiedener Flugfiguren infolge gewisser funktioneller Eigenarten des Labyrinthorgans. Hierdurch entstehen Eindrücke von Lageänderungen des Flugzeuges, die nicht der tatsächlichen Fluglage entsprechen. Falsche Reaktionen des

Piloten können die Folge sein, falls er nicht gelernt hat, entgegen seinem Gefühl den Instrumenten zu trauen.

In großen Höhen spielt die Krümmung der Erdoberfläche eine Rolle und kann – auch bei Augenkontrolle – eine schräge Fluglage vortäuschen.

Einzelheiten dieses für jeden Flugzeugführer sehr wichtigen Kapitels werden in der flugphysiologischen Ausbildung behandelt und von den Fliegerärzten gelehrt.

e) Schall und Vibration

Schall und Vibration sind Schwingungen. Sie pflanzen sich in gasförmigen, flüssigen oder festen Medien verschieden schnell fort.

Unter Schallgeschwindigkeit versteht man im allgemeinen die Fortpflanzungsgeschwindigkeit des Schalls in der Luft.

Der für das menschliche Ohr wahrnehmbare Schwingungsbereich wird als Schall bezeichnet und erstreckt sich auf den Bereich
von 20–20000 Schwingungen/s,
über 20000 Schwingungen/s beginnt der Ultraschallbereich,
unter 20 Schwingungen/s liegt der Infraschallbereich.

Der Bereich der menschlichen Sprache liegt zwischen
300 bis 7000 Schwingungen/s

Im Mikrophon und Kopfhörer sind die hohen Frequenzen »fortgeschritten«. Hier werden nur Schwingungen der Frequenzen 300 bis ca. 3000/s übertragen.

Maßeinheit der Frequenz = Schwingungen/s = Hertz

Maßeinheit der Intensität = Dezibel (dB/A)

Schallintensität mit hoher Dezibelzahl = Lärm hat eine zweifache Wirkung auf den Menschen:

(1) Es treten bei dauernder Einwirkung von Intensitäten über 95 Dezibel Schädigungen des Innenohrs auf, die mit der Zeit irreparabel werden können.

Typische Geräuschpegel

Geräuschquelle	Geräusch-stärke/ Schallin-tensität/ Phon
ruhige Wohnung	40
ruhige Sprache	50
normale Sprache	60
geräuschvolles Büro	70
starker Straßenverkehr	80
C-47 cockpit	100
F 104G (am Bugrad, bei voll laufendem Triebwerk)	120 (unange-nehm fürs Ohr)
F 104G (am Heck, bei voll laufendem Triebwerk)	über 145 (Ohren-schmerzen)

(2) Es wird durch Lärmintensitäten um und über 80 Dezibel das unwillkürliche Nervensystem gereizt. Erhöhter Pulsschlag, erhöhter Blutdruck und andere Symptome sind Folgen, die je nach Veranlagung verschieden ausgeprägt sein können.

Durch Schwingungen im Ultra- und besonders im Infraschallbereich können bei genügend starker Intensität ebenfalls gesundheitliche Schädigungen hervorgerufen werden.

Schutzmittel (Faustregel):

Wenn Lärm so stark wird, daß die Umgangssprache auf 1½ Meter Entfernung nicht mehr verständlich ist, sollte Gehörschutz getragen werden. Drei Arten von Gehörschutz sind bekannt:

– geformter Plastik-Ohrstöpsel »Selctone» Guter Sitz und genaues Einpassen in den Gehörgang sind Voraussetzung für ausreichenden Schutz (ca. 45 Dezibel Intensitätsminderung).

– Knetbarer Gehörschutz – wird nach Anwärmen in der Hand durch Kneten geformt und verschließt entweder pilzförmig den

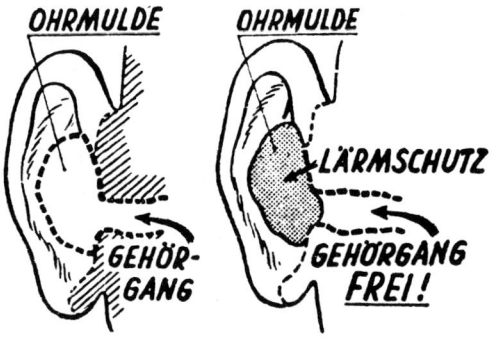

Abb. 17.13 Lärmbelastung und Gehörschutz.

Gehörgang oder dichtet in Form einer flachen Platte von außen den Eingang des

Gehörganges ab. Muß bei Änderung der Farbe von Rosa nach Grau ersetzt werden.

– Ohrbügel mit Schaumgummiplatten – schirmt beide Ohrmuscheln und die Knochengegend hinter den Ohrmuscheln ab.

Bei hoher Lärmintensität, z. B. Strahltriebwerke beim Abbremsen (120 bis 140 Dezibel), ist Gehörschutz zu tragen.

Lärmschädigungen und Gehörschutz sind wichtige Arbeitsgebiete des Fliegerarztes. Eine audiometrische Überwachung des fliegenden und fliegertechnischen Personals in regelmäßigen Abständen ist erforderlich.

Abb. 17.14 Die Schallintensität und das Schallintensitätsverhältnis.

	Schallintensitätsverhältnis	Schallintensität in dB(A)		Geräuschart
Schmerzbereich	100 000 000 000 000	140		Düsenmotor
	10 000 000 000 000	130		Niethammer
				- - - GEFÜHLSSCHWELLE - - - - -
	1 000 000 000 000	120		Propellermaschine
Schädigungs-Bereich	100 000 000 000	110		Bohrmaschine
	10 000 000 000	100		Metallverarbeitungsbetrieb
	1 000 000 000	90		Schweres Fahrzeug
Belästigungs-Bereich	100 000 000	80		Starker Straßenverkehr
	10 000 000	70		Personenwagen
	1 000 000	60		Normales Gespräch
Sicherer Bereich	100 000	50		
	10 000	40		Leise Radiomusik
	1 000	30		Flüstern
	100	20		
	10	10		Blätterrauschen
	1	0		HÖRSCHWELLE

Die Schallintensität eines Tones von 1000 Hz wird als 10^{-11} Watt/m² angenommen. Das Schallintensitätsverhältnis zeigt an, wievielmal größer die Schallintensität eines Geräusches ist, verglichen mit dem niedrigen Hörschwellenwert.

Wind (km/h)	Temperatur (°C)																
0	4	2	-1	-4	-7	-9	-12	-15	-18	-21	-23	-26	-29	-32	-34	-37	-40
	Temperatursenkung durch Windeinfluß																
8	2	-1	-3	-7	-10	-12	-15	-18	-21	-23	-26	-29	-32	-34	-37	-40	-43
16	-1	-7	-10	-12	-15	-18	-24	-26	-29	-32	-37	-40	-43	-46	-51	-54	-57
24	-3	-10	-12	-18	-21	-23	-29	-32	-34	-40	-43	-46	-51	-54	-57	-62	-65
32	-7	-12	-15	-18	-23	-26	-32	-34	-37	-43	-46	-51	-54	-59	-62	-65	-70
40	-9	-12	-18	-21	-26	-29	-34	-37	-43	-46	-51	-54	-59	-62	-68	-71	-76
48	-12	-15	-18	-23	-29	-32	-34	-40	-46	-48	-54	-57	-62	-65	-71	-73	-79
56	-12	-15	-21	-23	-29	-34	-37	-40	-46	-51	-54	-59	-62	-68	-73	-76	-82
64	-12	-18	-21	-25	-29	-34	-37	-43	-48	-51	-57	-59	-65	-71	-73	-79	-82

geringe Erfrierungsgefahr	steigende Erfrierungsgefahr (ungeschützte Haut kann innerhalb 1 Minute gefrieren)	höchster Gefahrenbereich (ungeschützte Haut kann innerhalb von 30 Sek. gefrieren!)

Trotz angemessener Kälteschutzbekleidung besteht für ungeschützte Körperstellen Erfrierungsgefahr. – Winde mit über 65 km/h verändern die Werte nur unwesentlich.

Abb. 17.15 Im Vergleich zu den Außentemperaturen bei Windstille führt steigende Windgeschwindigkeit zu steigender Auskühlung.

f) Extreme Klimaeinflüsse

Die rasche Fortbewegung in Flugkörpern sowohl in horizontaler als auch in vertikaler Richtung bringt es mit sich, daß das fliegende Personal rascheren und intensiveren Temperaturschwankungen ausgesetzt sein kann, als irgendein anderes Lebewesen.

Beispiele:

– Flug aus tropischem Gebiet in die Polarzone
– Flug in die Stratosphäre
– Temperatursturz durch Leckwerden der Druckkabine
– Notlandung bzw. Notwasserung
– Reibungshitze bei sehr schnellen Flugkörpern.

Der menschliche Körper besitzt in seinem Temperatur-Regulations-Zentrum einen ausgezeichneten »Thermostaten«, der die Innentemperatur von ca. +37°C konstant erhält. Dieser »Thermostat« reagiert weniger auf die absolute Außentemperatur, als auf die Schnelligkeit und Intensität einer Temperaturänderung.

Wärmezuführung von außen führt zu Abkühlungsmaßnahmen durch vermehrte Hautdurchblutung und Schwitzen (Verdunstungskälte).

Wärmeentzug führt zu Verengung der Hautgefäße, Gänsehaut und Muskelzittern.

Örtlich begrenzte Hitze- und Kälteschäden (Verbrennungen und Erfrierungen) werden hier nicht besprochen.

Bei extremeren Temperaturen versagen allmählich die Eigenschutzmaßnahmen des Körpers:

– Bei großer Hitze kommt es zu Kreislaufstörungen bis zum Hitzschlag.
– Bei starker Auskühlung des Körpers

kommt es zu Herz-Kreislaufstörungen, die schließlich zum Tode führen.

Zusätzliche klimatische Faktoren sind Wind und Luftfeuchtigkeit, zusätzliche körperliche Faktoren sind Bewegung, Anstrengungen, Ernährung, Flüssigkeitszufuhr und persönliche Konstitution.

Schutzmittel gegen Hitze:
- Größtmögliche Beschränkung der Zeit einer intensiven Hitzeeinwirkung
- Ausreichende Flüssigkeitszufuhr
- Klimatisierung der Kabine
- Kühlanzüge (diese können durch Anwärmen der Ventilationsluft auch als Wärmeanzüge verwandt werden)

Schutzmittel gegen Kälte:
- Schutzbekleidung. (Die besten Ergebnisse wurden mit kombiniert luft- und elektrischbeheizten Schutzanzügen erzielt.)
- Entsprechende kalorienreiche Ernährung
- Vermeidung von zusätzlicher Abgabe der Körperwärme (Arbeit, Armeschlagen)

Abb. 17.16 Überlebensmöglichkeiten im Wasser *ohne* **Kälteschutzanzug.**

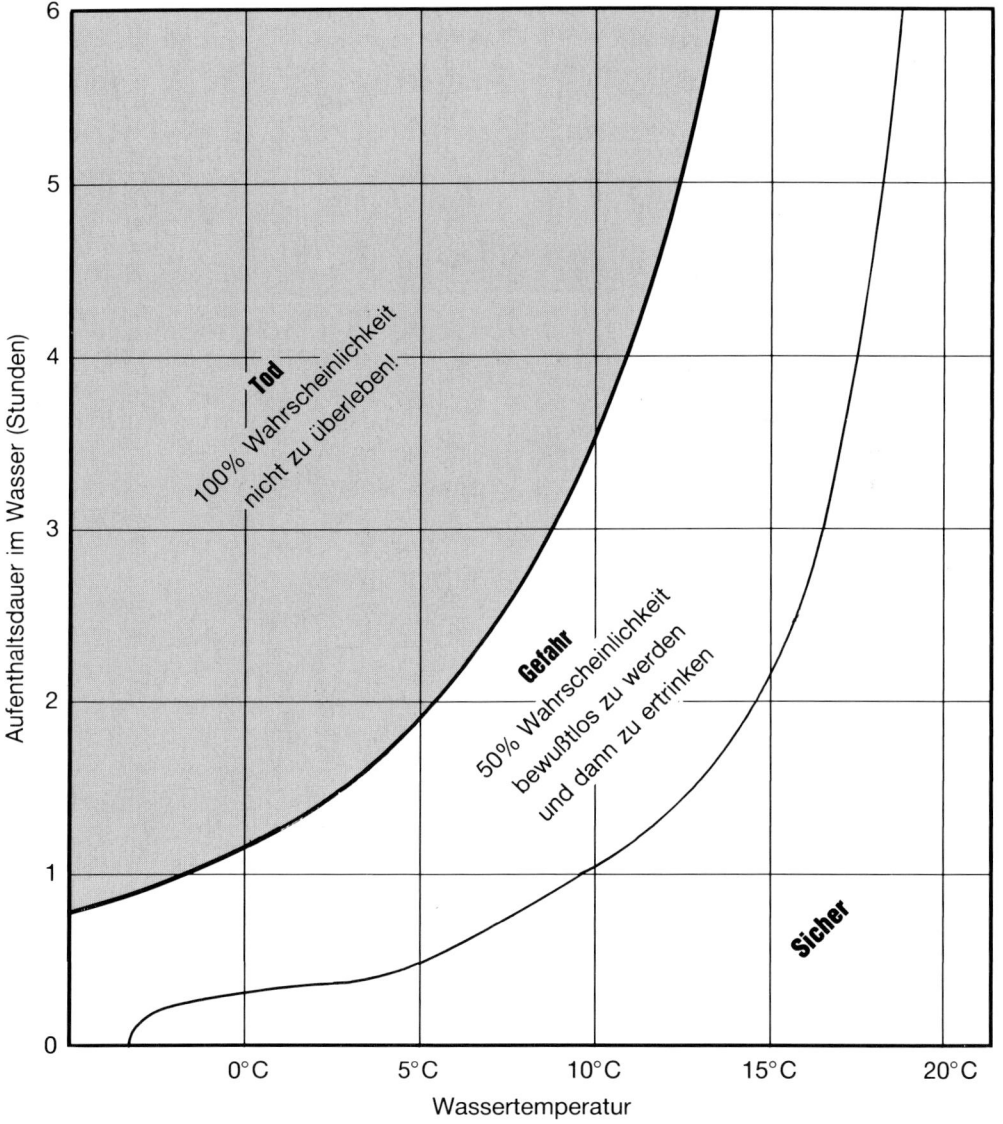

4. Die Unterdruckkammer

Die Unterdruckkammer stellt einen abgedichteten Raum dar, in dem experimentell durch Absaugen mittels Pumpen Druckverhältnisse erzeugt werden können, die jeder beliebigen Höhe innerhalb der Atmosphäre entsprechen.

Insbesondere kann das Verhalten gewisser Körperfunktionen unter Sauerstoffmangel sowie die Durchgängigkeit der Nasennebenhöhlen und der Mittelohrgänge leicht untersucht werden.

Vermittels eines Schleusensystems lassen sich auch Drucksturzversuche durchführen und demonstrieren (rapid decompression).

Hitze, Kälte, Änderung der Luftfeuchtigkeit und ähnliche während des Fluges auftretende Belastungen lassen sich in besonders ausgestatteten Unterdruckkammern zusätzlich nachahmen.

Die Unterdruckkammer hat also für die Flugmedizin eine dreifache Bedeutung. Sie dient
1. der experimentellen Forschung
2. der Untersuchung auf Wehrfliegertauglichkeit (in begründeten Einzelfällen)
3. der flugphysiologischen Ausbildung des fliegenden Personals.

5. Die Untersuchung auf Wehrfliegerverwendungsfähigkeit, (WFV)

a) Verfahren

Die Wehrfliegertauglichkeit/Wehrfliegerverwendungsfähigkeit ist eine wichtige Voraussetzung für die Zulassung zum und das Verbleiben im »Fliegenden Personal«. Ihre Erhaltung ist eine der Hauptaufgaben des fliegerärztlichen Dienstes.

Ärztliche Untersuchungen auf Wehrfliegertauglichkeit werden durchgeführt:
— vom Flugmedizinischen Institut der Luftwaffe Fürstenfeldbruck.
  Dieses führt Erstuntersuchungen und Nachuntersuchungen in vorgeschriebenen Zeitabständen durch. Das Institut verfügt hierzu über besonders ausgebildete Spezialärzte und entsprechende Einrichtungen. Ferner wird dort die gesamte flugphysiologische Ausbildung des fliegenden Personals durchgeführt
— von den Fliegerärzten der Verbände und Schulen. Diese nehmen Zwischenuntersu-

chungen vor. Sie entscheiden ferner, ob bei geringer Erkrankung (z. B. Schnupfen, Erkältung) ein kurzfristiges Flugverbot notwendig ist. Sie veranlassen nach schwereren Erkrankungen oder Unfällen eine Nachuntersuchung im Flugmedizinischen Institut, ehe die fliegerische Tätigkeit wieder aufgenommen werden darf.
Anmerkung:
Für Privat- und Zivilflieger gelten andere Bedingungen. Die Fliegertauglichkeit muß aber in jedem Fall von einem zugelassenen Fliegerarzt festgestellt werden. Örtliche Fliegervereine oder die zuständigen Luftämter geben Auskunft über die Adressen der Fliegerärzte.

b) Untersuchungsgang

Der Untersuchungsgang im Flugmedizinischen Institut umfaßt allgemein:

- die Aufnahme der Vorgeschichte
- eine eingehende Untersuchung aller inneren Organe und ihrer Funktionen. Hier sind zahlreiche Laboratoriumsuntersuchungen notwendig (Urin – Blut – Herzstromkurven – Röntgenuntersuchungen)
- eine genaue Untersuchung der Augen (Sehleistung, Sehschärfe, Farbsehen, Augenhintergrund, Dunkelanpassung, Augenmuskelgleichgewicht, Raumsehen)
- eine genaue Untersuchung von Hals, Nase und Ohren unter besonderer Berücksichtigung des Hörvermögens und des Gleichgewichtsorgans (Hörleistung bzw. Hörverlust, Audiometrie, Drehstuhl)

- eine eingehende Untersuchung des Nervensystems sowie gewisser geistiger Fähigkeiten und Veranlagungen (Hirnstromkurve, Testuntersuchungen)
- in gewissen Fällen wird in der Unterdruckkammer eine Belastungsuntersuchung durch Sauerstoffmangel vorgenommen. Diese kann Auskünfte über die funktionelle Leistungsreserve des Prüflings geben (Kugeltestgerät).

Der Untersuchungsgang beim Fliegerarzt umfaßt die gleichen Gebiete und wird im Sanitätsbereich des Fliegerhorstes durchgeführt. Alle diese Sanitätsbereiche besitzen eine entsprechende Sonderausstattung.

6. Wehrfliegerverwendungsfähigkeitsgrade (WFV)

Bei der Untersuchung werden folgende WFV-Grade festgestellt:

a) wehrflieger-
verwendungsfähig I (»wfv I«):

Voraussetzung zur Ausbildung als Luftfahrzeugführer bei der Erstuntersuchung und bei Nachuntersuchungen vor Beginn der fliegerischen Ausbildung.

b) wehrflieger-
verwendungsfähig II (»wfv II«):

Voraussetzung für
- Luftfahrzeugführer, die
  + sich in der Ausbildung befinden (Lernerlaubnis),
  + diese Ausbildung abgeschlossen haben (gültiger Militärluftfahrzeugführerschein),
- Luftfahrzeugbesatzungsangehörige von strahlgetriebenen Luftfahrzeugen mit Schleudersitzen bei der Erstuntersuchung und bei Nachuntersuchungen (zumeist KBO – Kampfbeobachter/WSO – weapon system operator).

c) wehrflieger-
verwendungsfähig III (»wfv III«):
Voraussetzung für
- Luftfahrzeugbesatzungsangehörige (mit Ausnahme der unter (a) aufgeführten),
- Personen, die dienstlich zum fallweisen Mitfliegen verpflichtet sind,
- das Personal im Unterdruckkammerdienst beim FlMed-InstLw.

d) vorübergehend nicht
wehrfliegerverwendungsfähig
(»vorübergehend nicht wfv«):

Auf »vorübergehend nicht wehrfliegerverwendungsfähig« ist zu erkennen bei Befunden, welche die WFV voraussichtlich nur für einen absehbaren Zeitraum (mindestens für 30 Tage) ausschließen. Die voraussichtliche Zeitdauer ist stets anzugeben; sie darf bei Erstuntersuchungen im Höchstfall auf 9 Monate festgesetzt werden.

e) nicht wehrfliegerverwendungsfähig (»nicht wfv«):

Auf »nicht wehrfliegerverwendungsfähig« ist zu erkennen bei Befunden, die unter den festgelegten Voraussetzungen liegen und deren Behebung innerhalb eines absehbaren Zeitraumes nicht möglich oder nicht wahrscheinlich ist.

Ratschlag:

Wer als junger Mensch unbedingt Flieger werden möchte und durch das erste »Sieb der Auswahl« gefallen ist, weil er hier und da nicht allen medizinischen Kriterien genügte – ausgenommen die absolut ausschließenden –, darf den Kopf nicht hängen lassen. Wunsch und Wille können manches bewegen!

Fliegerärzte/Institute müssen sich an bestimmte Regeln/Befunde halten, nach denen sie am Tage der Untersuchung zu entscheiden haben. Manchmal richtet sich der Maßstab am personellen Bedarf aus, der veränderlich ist.

Im Zweifelsfall hilft das persönliche Gespräch, das hartnäckig zu suchen ist, um zuweilen noch andere Optionen, vielleicht sogar die Traumvorstellung, im fliegerischen Dienst zu eröffnen.

KAPITEL 18

Gefahren und Verhalten in Notfällen

I. EINFÜHRUNG

In der fliegerischen Ausbildung und regelmäßig danach gehören Übungen von Gefahrenzuständen und das Verhalten in Notfällen zum handwerklichen Drill des sicherheitsbewußten Fliegers.

Selbst wenn man noch so gut mentales Training, Schulung im Flugsimulator und sorgfältige Flugplanung betreibt und sämtliche Punkte in der Prüfliste beachtet, können in allen Flugphasen (Rollen, Start, Reiseflug, Landung) unerwartete Gefahrenmomente auftreten, die zu Notfällen oder gar Unfällen mit schwerwiegenden Folgen führen können.

Man sollte sich durchaus immer wieder mit Gefahren- und Notfällen beschäftigen und Abläufe sowie mögliche Gegenmaßnahmen oder Alternativen mental durchgehen. Das hat gar nichts mit Katastrophendenken zu tun, sondern dient nur der eigenen Sicherheit, im Sinne von sich sicher fühlen und sicher fliegen. Nur allzu leicht kann für einen Flieger tödliche Folgen haben, wenn ihm eigen ist:

– Lässigkeit

– falscher Stolz

– Selbstüberschätzung

– Hast und Hektik

– Unerfahrenheit

– Sorglosigkeit

Zahlreiche Fachbücher geben Auskunft über verschiedene Verhaltensregeln in verschiedenen Situationen, insbesondere aber die typenbezogenen Flug- und Betriebshandbücher, in denen die anzuwendenden Notverfahren erläutert werden, die grundsätzlich zunächst zu beachten sind.

Im Rahmen dieses Buches können nur einige allgemeine Hinweise gegeben werden.

Grundsätzlich gilt:
Nie zögern, sofort Luftnotlage auf den bekannten Wachfrequenzen zu erklären, wenn man sich unsicher oder in Not fühlt! Die zivilen und alle militärischen Flugsicherungsstellen sind stets Helfer in der Not; sie helfen unverzüglich, ohne lange nachzufragen. Nach sicherer Landung kann man in Ruhe alles aufklären und regeln.

Merke:
Erst handeln, um zu überleben, dann fragen und erklären!

II. GEFÄHRLICHE LAGEN

1. Rauch oder Feuer

a) beim Anlassen: Brandhahn zu, Zündung aus, Vollgas geben. Bei Versagen: Feuerlöscher betätigen.

b) Im Fluge: Quelle suchen, Kabinenlüftung auf!

elektrisches
Netz: Hauptschalter aus, alle Sicherungen ziehen, diese nach und nach eindrücken, bis defekter Stromkreis gefunden, diesen ausschalten. Dann Hauptschalter ein und alsbald landen (ggf. Sicherheitslandung).

Motorraum: Brandhahn zu, Vollgas geben, Lüftungsklappen des Motors schließen. Ggf. Feuerlöscher betätigen. Sofort nach Notlandefeld suchen! Falls Feuer nicht erlöscht, Flammen durch Seitengleitflug (Slippen) von der Kabine fernzuhalten versuchen. Bei Vergaserbrand Motor nicht mehr anlassen, sondern Notlandung machen. Notruf absetzen!

2. Motorausfall/-störung

a) beim Start. Normalen Startabbruch durchführen, sofern es die Pistenlage zuläßt. Falls in kritischer Phase, kurz vor dem Abheben: Ringelpietz versuchen! Sofort Brandhahn zu, Zündung aus und Hauptschalter aus.

b) nach dem Abheben: Sofort nachdrücken, Gleitflug, möglichst geradeaus, Hindernissen ausweichend, Notlandung einleiten. Sofern genügend Zeit, auf anderen Tank umschalten. Elektrische Kraftstoffpumpe ein. Niemals umkehren, um den Startplatz zu erreichen! Fahrwerk, Landeklappen ausfahren, zur Notlandung ansetzen. Bei Bodenkontakt Brandhahn zu, Zündung aus, Hauptschalter aus. Nach der Notlandung Kabinendach öffnen/abwerfen und sofort vom Flugzeug entfernen.

c) während des Fluges: Immer Tankschaltung überprüfen. Elektrische Kraftstoffpumpe einschalten, Vergaservorwärmung ziehen. Magnete überprüfen, ggf. einen Magnet ausschalten. Nach Notlandefeld suchen! Anlaßversuch in der Luft versuchen, alsbald landen (Sicherheitslandung) oder Notlandung durchführen.

3. Plötzlich schlechtes Wetter

Ohne Grunderfahrungen im Instrumentenflug immer sofort vorher auf Umkehrkurs gehen und Sicherheitslandung auf dem nächsten Flugplatz aller Art machen! Auf Notfrequenz Funkverkehr aufzunehmen versuchen. Auch der erfahrene Instrumentenflieger wird mit einem VFR-ausgerüsteten Flugzeug, wenn er unversehens in Schlechtwetter gerät, umkehren oder ausweichen, denn unvorhergesehene Gewitter, Sturm, Turbulenz, Nebellagen oder Vereisung bergen höchste Gefahren! In jedem Falle vorsichtshalber Vergaservorwärmung einschalten, desgleichen die Beheizungen von Staurohr, Statiksystem und Frontscheiben.

4. Einbruch der Dunkelheit

Rechtzeitig vorher Sicherheitslandung auf einem Ausweichflugplatz machen. Daraus lernen, wie man richtige Flugvorbereitungen trifft! Dieser Ratschlag gilt auch für den eigentlich unwahrscheinlichen Fall von Kraftstoffmangel. –

5. Verlust der Orientierung

Entweder bis zur nächsten Auffanglinie weiterfliegen oder im 10 %-Fehlerkreis die Orientierung aufzunehmen versuchen. Nicht planlos herumsuchen! Peilungen oder Radarführung auf den Wachfrequenzen anfordern. Ggf. Sicherheitslandung einplanen.
Vorsicht: Funkfeuer nur benutzen, wenn die Kennung eindeutig identifiziert werden kann. Eine Peilung alleine genügt nicht. Immer die ungefähre Lage des Funkfeuers mitkoppeln.

6. Turbulenzen und Abwinde

Hinter Großflugzeugen entstehen durch Wirbelschleppen gefährliche Turbulenzen. Gleiches gilt für den Flug in der Nähe von Gewittergebieten. Abstandhalten ist geboten.

Beim Unterfliegen von Gewittern ist mit starken Auf- und Abwinden zu rechnen, vor Frontgewittern mit kräftigen Wirbelwalzen.

Bei Flügen im Gebirge sind Auf- und Abwinde besonders zu beachten. Sehr gefährlich ist es, in der Abwind(Lee-)Seite eines Gebirgstales zu fliegen. Stets die Aufwindseite mit entsprechendem Sicherheitsabstand wählen. Am besten ist es, sich eine Einweisung in Hochgebirgsflüge geben zu lassen. Bergkämme im Winkel von 45° und mit Sicherheitshöhe überfliegen. Immer nach Notlandefeldern Ausschau halten!

7. Flugplatzverhältnisse

Sie lassen sich anhand der Flugplatzkarten, NOTAM, der Funktionsfähigkeit der Anflughilfen oder aus der Luft ungefähr abschätzen:

Bei erkennbaren Wasserflächen: Mit besonderer Fahrwerkbelastung und Aquaplaning rechnen. Nicht bremsen, Klappen einfahren, dann intervallartig gleichzeitig Bremsdruck auf die Räder geben. Höhenruder anziehen. Auf Grasbahnen besonders aufpassen, weil der Boden aufgeweicht sein kann; Einsinken des Fahrwerks! Bei unebener Bahn, Schnee und Matsch – Vorsicht: Steinschlag, Verunreinigung; Festfrieren von Bremsen und Rudergelenken.

Anflughindernisse durch Andrücken und anschließendes Hochziehen überwinden. Im Zweifelsfall durchstarten und Ausweichplatz anfliegen!

8. Höhenflüge

Ohne Sauerstoffgeräten muß mit lebensgefährdendem Sauerstoffmangel und Ausfall der Steuerfähigkeit bis hin zum Tod gerechnet werden.

393

9. Ausfall der Sprechfunkverbindung

Entsprechende Verfahren sind im Luftfahrt-handbuch (AIP) festgelegt und müssen beherrscht werden. Im Notfall ist es immer besser, auf irgendeinem Flugplatz zu landen – nach Abklärung der Luftraumverhältnisse –, als sich in eine gefährliche Situation hineinzu-schaukeln.

10. Ausfall von Steuer- und Trimmflächen

Dieser Fall ist sehr selten. Normalerweise läßt sich eine Sicherheitslandung ohne Seitenruder alleine mit Quer- und Höhenruder bewerkstelligen. Querruderschäden kann man durch gleichmäßige Tankentleerung der Flächentanks und mit dem Seitenruder ausgleichen. Bei Ausfall der Höhensteuerung das Flugzeug mittels Höhentrimmung und Motorleistung steuern. Geringer Gleitwinkel (3°) ist angebracht. Vorzugsweise Sicherheitslandung machen!

In allen den erwähnten zehn Fällen gilt: Der Flieger befindet sich in einer Notlage. Bei Notlagen unterstützt ihn das gesamte internationale System zur Rettung von Menschenleben, auf das er sich unbedingt verlassen kann.

III. EXTREME NOTFÄLLE

Zu den extremen Notfällen zählen die Notlandung (zu Lande oder auf dem Wasser) und der Notausstieg mit dem Rettungsfallschirm (über Land oder See) – mit anschließenden Überlebens- und Rettungsmaßnahmen.

1. Notlandung

Wer regelmäßig Notlandeübungen (mit Fluglehrer) gemacht hat, tut sich im Falle einer wirklichen Notlandung leichter, denn sie wird meist bei Motorausfall erforderlich sein.
Einige grundsätzliche Hinweise mögen hilfreich sein:
- Sofort beste Gleitfluggeschwindigkeit einnehmen
- Nach geeignetem Gelände suchen, unter Beachtung von Höhe, Geländebeschaffenheit, Windrichtung und -geschwingkeit sowie groben Hindernissen
- Ist die Entscheidung getroffen, von dieser Entscheidung nicht mehr abweichen – den Plan durchführen

- Notruf absetzen
- Außer dem besten Gleitflug gibt es keine Alternative, er läßt sich überhaupt nicht strecken, weil der Boden dann schneller auf einen zukommt (Sinkrate nimmt erheblich zu!)
- Brandhahn schließen, Zündung ausschalten, Sicherheitsgurte festziehen
- Ganz auf den Anflug zum Notlandefeld konzentrieren:
Bei genügend Höhe zwischen 2000–1500 Fuß über Grund in einen windorientierten Gegenanflug wie bei normaler Platzrunde einfliegen (ggf. durch Fliegen von Standard-Vollkreisen). Ein guter seitlicher Ab-

stand ist gegeben, wenn beim Tiefdecker in dieser Höhe die Tragflächenspitze durch den gewählten Aufsetzpunkt des Notlandefeldes zu streichen scheint.

Der Schlüssel (key) zum Erfolg liegt im Erreichen eines Punktes (point) gut 1000 Fuß über Grund, etwa 45° querab vom geplanten Aufsetzfeld, wo zum Queranflug einzukurven ist. Beim Einkurven zum Endanflug (mit halber Landeklappeneinstellung) sind noch kleinere Korrekturen möglich. Im Endanflug Fahrwerk ausfahren, ggf. auch die Klappen voll. Jetzt den Batterie-/Hauptschalter ausschalten und auf die Landung konzentrieren. So langsam wie möglich aufsetzen, Höhenruder voll anziehen, Kabinendach öffnen/abwerfen oder Seitentür öffnen.

– Nach der gelungenen Notlandung das Flugzeug sichern, ggf. Passagieren helfen und baldmöglichst vom nächsten Telefon den Zielflugplatz oder die nächste Polizeistation verständigen; ansonsten gemäß Luftverkehrsordnung handeln.

2. Notwasserung

Trotz bester Flugplanung und Seenotausrüstung kann man zu einer Notwasserung mit und ohne Motorleistung gezwungen werden. Die Notlandung auf dem Wasser birgt höchste Gefahren. Am besten verhindert man dieses Risiko, wenn man in der Flugplanung die Höhen so wählt, daß man im Gleitflug immer noch irgendwie Land, küstennahe Gewässer, Strand oder ein Schiff erreichen kann:

– Sicherheitsgurte festziehen, Seenotausrüstung überprüfen (aber nicht aktivieren!)
– lose Gegenstände verstauen (Behinderung bei Überschlag)

– unter keinen Umständen das Fahrwerk ausfahren!
– bei glatter See mit groben Höhenschätzfehlern rechnen. Gegen den Wind bis zur Wasserberührung lieber gleiten, als aus 10–20 m Höhe unkontrolliert ›abzuschmieren‹!
– bei mäßiger See parallel zu einer Welle und möglichst auf deren Leeseite aufsetzen
– bei Wind mit mehr als 25 Knoten (viele Schaumkronen auf den Wellen) Landerichtung zwischen Wind und Welle wählen
– Flugzeug schnellstens verlassen und Seenotausrüstung aktivieren.

3. Rettungsabsprung mit Fallschirm

Wenn die Notwendigkeit des Rettungsabsprungs erkannt ist, darf man mit der Durchführung nicht mehr zögern.
Gründe: Bruch/Abmontieren des Flugzeugs, nicht zu löschendes Feuer an Bord, nicht beendbares Trudeln, schwerste Vereisung.

Nicht übereilt springen, aber bedenken, daß die niedrigste Absprunghöhe etwa 100 m beträgt (die Mindestabsprunghöhe ist aus dem Fallschirm-Prüfschein ersichtlich). Es ist zu beachten, daß der Höhenmesser beim Absturz stark nachhinkt. Das Flugzeug ist, falls noch möglich, in normale Fluglage zu bringen. Zündung auf Aus und Brennstoffhahn schließen! Dann sofort springen.

Je nach Lage und Beschädigungsart des Flugzeugs wird das Verhalten beim Absprung verschieden sein müssen. Der Augenblick entscheidet. Man versuche, möglichst schnell und möglichst weit von dem Flugzeug wegzukommen.

Wird man in den Sitz hineingepreßt (Trudeln), so winde man sich um die Bordkante herum ins Freie in Richtung Trudelachse. Im freien Fallen Beine gestreckt schließen. Arme vor der Brust an den Körper pressen. Gefährlichen Landehindernissen (Hochspannungsleitungen, Gebäude, Wasser) durch Slippen mit dem Fallschirm ausweichen (Leinen ziehen nach der Seite, nach der man hin will).

Beim Aufsetzen auf den Boden Kreuz wölben, beide Beine geschlossen locker und federnd anwinkeln.

Man bemühe sich, möglichst schnell wieder »auf die Beine zu kommen« und laufe dem aufgeblähten Fallschirm nach, um ihn zum Zusammenfallen zu bringen und so die Gefahr zu verhüten, nachgeschleift zu werden.

IV. ÜBERLEBEN NACH NOTLANDUNG/RETTUNGSABSPRUNG

Nach einer Notlandung oder einem Rettungsabsprung gilt zunächst:

1. Erste Hilfe (Selbsthilfe/Kameradenhilfe)
2. Ruhe bewahren und die Lage beurteilen
3. Entscheidung, ob man am Ort bleiben oder sich ein wenig in günstigeres Gelände entfernen soll, das bessere Rettungsmöglichkeiten bietet
4. übriggebliebenes Gerät/Notausrüstung sichten und ordnen; niemals den Fallschirm zurücklassen, denn er ist ein vielseitiges und wichtiges Überlebensutensil!
5. Maßnahmen ergreifen, die der eigenen Sicherheit/Gesundheit und der schnellen Auffindung dienen:
   - Signalmittel (Sicht- und Rauchzeichen) für den Einsatz vorbereiten
   - Notlandeplatz/Aufenthaltsort sichtbar und auffällig markieren (z. B. Fallschirm auslegen)
   - Notfunkgerät betriebsbereit machen, keinen unnötigen Sprechfunkverkehr durchführen (Batterie sparen!) – auf See erst nach etwa 30 Minuten in Betrieb nehmen
6. Tage- oder Logbuch führen
7. Bei Annäherung von Flugzeugen/Booten:
   - Signalmittel planmäßig einsetzen
   - Notsender bedienen
8. Notration und Wasservorrat einteilen (kein Seewasser trinken!)

Merke:
1. kühlen Kopf bewahren, denn die Rettungsmaßnahmen laufen;
2. optimistisch sein, denn Hilfe kommt bestimmt;
3. einen Plan machen und sich danach strikt richten;
4. nicht gehenlassen, sich beschäftigen, etwas tun;
5. wer sich selbst aufgibt, der ist verloren!

Die in Abb. 18.1 gezeigten internationalen Notzeichen bestehen aus Bodensignalen von Überlebenden, Bodensignalen von Suchtrupps, Körper-/Handzeichen von auf dem Boden Befindlichen und Signalen von Rettungsflugzeugen.

Die Bodensignale sollten mindestens 3 m hoch sein und genau ausgeführt werden. Auf gute Kontrastwirkung ist dabei zu achten:
- auf dunklem Untergrund: helles verdorrtes Gras/Stroh, helle Steine, Sand, Teile vom Flugzeug, Fallschirm oder Schlauchboot verwenden. Falls Benzin vorhanden, auf grüner Wiese die Zeichen aufschütten und anzünden. Der Brand hinterläßt ein geschwärztes Zeichen.
- auf hellem Untergrund (Schnee, Sand): dunkle Zweige, Holz, Steine, Öl oder Gummiteile vom Flugzeug, Farbstoff/Farbbeutel, Fallschirm- oder Schlauchbootteile verwenden. In Schnee kann man die Notzeichen durch Schaufeln, Trampeln oder

Schleifen von Buschwerk/großen Holzteilen herstellen. Die Symbole sind aus der Luft wie geschwärzt zu erkennen. Im Zweifelsfalle gut sichtbar das internationale Symbol SOS auslegen oder markieren. Bei Annäherung oder Überflug der Rettungsflugzeuge immer zusätzlich Signal- und Rauchzeichen einsetzen.

Abb. 18.1 Internationale Notsichtzeichen zur Rettung von Überlebenden.

Boden/Luft-Signale zum Gebrauch von Überlebenden

Hilfe erforderlich	Arzt erforderlich	Nein	Ja	Gehen in dieser Richtung weiter	

Boden/Luft-Signale zum Gebrauch von Bodensuchtrupps

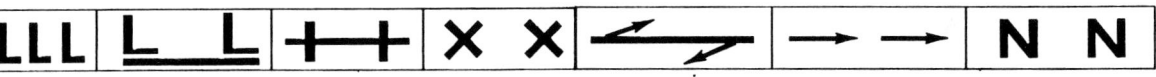

Aktion beendet	Wir haben alle Personen gefunden	Haben nur einige Personen gefunden	Können nicht weiter, kehren zum Stützpunkt zurück	Haben uns geteilt, jeder geht in der angegebenen Richtung	Wir haben Nachricht, das Luftfahrzeug ist in dieser Richtung	Nichts gefunden, wir setzen Suche fort

Körpersignale/Handzeichen

Arzt erforderlich	Empfänger in Ordnung	Meldung abwerfen	Ja	Nein	Alles wohlauf nicht warten	Hier **nicht** landen	Hier landen	Techniker/ Ersatzteile erforderlich	Komme wieder/ kurz warten	Hier aufnehmen Flugzeug aufgegeben

Luft/Boden-Signale

Meldung empfangen und verstanden

Meldung empfangen, nicht verstanden

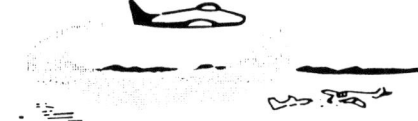

Tages-/Mondlicht: Wackeln mit Flächen

Tages-/Mondlicht: Vollkreis rechts fliegen

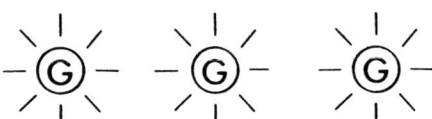

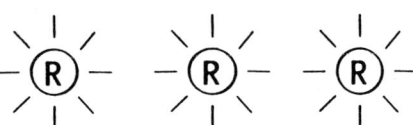

Nachts: Signallampe – Grün blinken

Nachts: Signallampe – Rot blinken

Teil B
Militärluftfahrt

KAPITEL 19

Aufgaben von Luftstreitkräften

I. LUFTKRIEG UND LUFTSTREITKRÄFTE

Dem Luftkrieg fällt kriegsentscheidende Bedeutung zu. Er unterscheidet sich aufgrund der besonderen Möglichkeiten seiner Einsatzmittel vom Land- und Seekrieg durch:
– die dreidimensionale Kampfführung im Raum über Kontinenten und Meeren,
– Operationen in kurzen Zeiträumen über große Entfernung mit stärkster Zerstörungswirkung,
– die Ausdehnung des Kampfes auf das gesamte gegnerische Territorium,
– die unmittelbare Gefährdung bzw. Vernichtung des gegnerischen Kriegspotentials vom Kriegsbeginn an.

1. Eigenschaften

Luftstreitkräfte verfügen über besondere Eigenschaften:

Sie sind in Reichweite und Geschwindigkeit nahezu unbegrenzt, ihre Beweglichkeit und Anpassungsfähigkeit wird fast allen Forderungen der politischen und militärischen Führung gerecht, Eindringvermögen und mögliche Zerstörungskraft lassen sich mit denen anderer Teilstreitkräfte nicht messen.

2. Einsatzgrundsätze

Die Einsatzgrundsätze von Luftstreitkräften orientieren sich an dem besonderen Medium, dem unteilbaren Luftraum, in dem der Luftkrieg mit seinen Mitteln stattfindet.

Nur einheitliche Führung auf hoher Ebene kann die Eigenschaften von Luftstreitkräften zwecks Erlangung des gemeinsamen Operationszieles zur vollen Entfaltung bringen.

Überraschung und das richtige Maß wirtschaftlicher Kräftekonzentration, gleichzeitig oder nacheinander an verschiedenen Orten, sind hervorstechende Einsatzgrundsätze von Luftstreitkräften.

3. Aufgaben

Die Aufgaben von Luftstreitkräften leiten sich aus dem die Züge der Zeit tragenden gültigen Kriegsbild ab, das die von Staat, Volk, Wirtschaft und militärischer Führung zu erwartenden Probleme und Zusammenhänge in einem Kriegsfall verdichtet aufzeigt. Die möglichen Formen des Krieges (Kalter Krieg, Subversiver Krieg, Nichtatomarer Krieg, Begrenzter/Totaler atomarer Krieg) und seines Ablaufes gilt es zu berücksichtigen.

Die nationale bzw. Bündnis-Strategie setzt Prioritäten für die Doktrin des strategischen und taktischen Luftkrieges (siehe Definition). Danach ergeben sich allgemeine Friedens- und Kriegsaufgaben:

Im Frieden müssen

- genügend starke Luftstreitkräfte aufgestellt, ausgerüstet und ausgebildet werden,
- hohe Beweglichkeit und präsente Einsatzbereitschaft hergestellt werden,
- Hilfs- und Einsatzbereitschaft sowie Können gezeigt werden.

Im Kriege gilt es,

- die feindliche Luftbedrohung durch offensive und defensive Operationen im strategischen und taktischen Rahmen auszuschalten (COUNTER-AIR)
- die gegnerischen Land- und Seestreitkräfte durch vorwiegend taktische Operationen zu vernichten (COUNTER-SURFACE)
- das gegnerische Kriegspotential durch vorwiegend strategische Operationen auszuschalten und zu zerstören (COUNTER-RESOURCES)
- im strategischen und taktischen Rahmen Luftaufklärung zu betreiben (AIR RECONNAISSANCE)
- im strategischen und taktischen Rahmen den Lufttransport sicherzustellen (AIR TRANSPORT)

Der strategische Luftkrieg richtet sich gegen das gesamte Kräftepotential des Gegners, insbesondere seine personellen und materiellen Kraftquellen, während der taktische Krieg, d.h. der taktische Luftkrieg, den gemeinsamen Kampf mit anderen Teilstreitkräften gegen feindliche Streitkräfte auf einem bestimmten Kriegsschauplatz umfaßt.

Strategie (NATO-Definition)

- ist die Kunst und Wissenschaft, alle Kräfte einer Nation oder eines Bündnissystems so zu entwickeln, daß im Frieden ein möglicher Gegner vor einem Angriff abgeschreckt oder im Krieg der Wille des Gegners gebrochen wird.

Taktik (im Luftkrieg)

ist die Lehre vom Gebrauch der Waffensysteme in Luftoperationen (in Zusammenarbeit mit anderen Teilstreitkräften: Gefecht der verbundenen Waffen).
Die Taktik ist abhängig von der

- Art und Leistungsfähigkeit der Mittel
- Möglichkeit, die eigenen Mittel erfolgreich einzusetzen.

Operation

ist eine militärische Handlung im strategischen oder taktischen Rahmen.
Ihre Elemente:

- Bewegung von Streitkräften
- zeitliche Dauer
- räumliche Ausdehnung.

Der Begriff OPERATION ist stärker abhängig vom Umfang der eingesetzten Mittel.

II. DER TAKTISCHE LUFTKRIEG

Ziel des taktischen Luftkriegs ist es, auf einem Kriegsschauplatz in Zusammenarbeit mit anderen Teilstreitkräften die feindlichen Streitkräfte durch defensive und offensive Luftverteidigung auszuschalten.

In taktischen Luftoperationen werden Kampfaufgaben und Unterstützungsaufgaben nach koordinierten Plänen durch alle verfügbaren Streitkräfte gelöst. Je nach Beurteilung der Absichten des möglichen Gegners ergeben sich Prioritäten in der Durchführung der Aufgaben.

1. Kampfaufgaben (Combat functions)

Zu den Kampfaufgaben zählen:
a) Defensive und offensive Luftverteidigung, d.h. Kampf gegen die feindliche Luftwaffe und ihre Bodenorganisation (Counter Air)
b) Abriegelung und Beherrschung der Kampfzone mit dem Zweck, dem Gegner das Nachführen von Streitkräften und Nachschub zu erschweren (Interdiction)
c) Direkte Luftunterstützung auf dem Gefechtsfeld für Heer und Marine durch Luftangriffe und Aufklärung (Close Air Support)

Dies sind die drei Hauptkategorien des offensiven Luftkrieges. Alle drei erfordern Aufklärung. Hinzu tritt die Luftverteidigung, die den Gegner daran hindert, seinerseits seine Kräfte voll zu entfalten, und die feindlichen Luftstreitkräfte in der Luft bekämpft. Was immer eine Luftwaffe auf dem Kriegsschauplatz offensiv unternimmt – es dient stets einem dieser drei Zwecke des taktischen Luftkrieges, die bereits als klassisch bezeichnet werden können. Zwei dieser Aufgabenbereiche – das sollte nicht außer acht gelassen werden – stehen in unmittelbarem Zusammenhang mit den Operationen des Heeres. Die Abriegelung der Kampfzone in der Tiefe des gegnerischen Raumes ist dabei die wirksamere Art, dem Heere Entlastung zu verschaffen; freilich sind die Ereignisse für die kämpfende Erdtruppe nicht unmittelbar sichtbar.

Die Priorität unter diesen drei Tätigkeiten der taktischen Luftkriegsführung ist veränderlich. Sie können gleichzeitig oder nacheinander oder abwechselnd stattfinden, je nach der Lage auf dem Kriegsschauplatz.

2. Unterstützungsaufgaben (Supporting functions)

Die Unterstützung der taktischen Luftoperationen durch Lufttransport (Air Lift) und Luftaufklärung (Air Reconnaissance) fällt den Transport- und Aufklärungsverbänden der Streitkräfte zu.

III. AUFTRAG DER BUNDESWEHR

1. Das Grundgesetz

– Artikel 87 a – bestimmt und regelt die Aufstellung von Streitkräften zur Verteidigung. Sie haben den Auftrag, zusammen mit anderen staatlichen und gesellschaftlichen Kräften die Sicherheit der Bundesrepublik Deutschland zu gewährleisten, die politische Handlungsfreiheit der Bundesrepublik Deutschland zu erhalten und die freiheitliche Grundordnung gegen jeden Angriff von außen im Rahmen der NATO zu verteidigen. Darüber hinaus können die Streitkräfte entsprechend den Bestimmungen des Grundgesetzes auch bei einem inneren Notstand oder zur Katastrophenhilfe eingesetzt werden.

2. Die Streitkräfte

sind das militärische Instrument der deutschen Sicherheitspolitik. Ihr im Grundsatz auf Verteidigung des Staates und seiner Bürger festgelegter Auftrag ist Ausdruck der sicherheitspolitischen Ziele der Bundesrepublik Deutschland. Gesetzliche Regelungen stellen den Primat der Politik sicher. Auch im Bündnis bestimmen die von den Regierungen der Bündnispartner gemeinsam erarbeiteten politischen Vorgaben die militärischen Planungen.

3. Die Strategie der NATO

dient der Kriegsverhütung und beruht auf der Fähigkeit zu Abschreckung und Verteidigung. Abschreckung wirkt, wenn ein möglicher Angreifer von der Fähigkeit und Bereitschaft der Allianz zur militärischen Verteidigung überzeugt ist. Indem die Streitkräfte sich auf die militärische Verteidigung vorbereiten, dienen sie unmittelbar dem Ziel der Kriegsverhütung durch Abschreckung. Ohne die sichtbare Fähigkeit und den Willen zu kämpfen, ist Abschreckung nicht glaubwürdig und wirksam.

Die Streitkräfte tragen durch die Präsenz und Einsatzbereitschaft wesentlich zur Sicherung des Friedens bei. In einer Krise sind sie durch ihre Fähigkeit, gemeinsam mit den Partnern schnell und flexibel zu reagieren, ein wichtiges Instrument der politischen Krisenbewältigung.

4. Die Bundeswehr

ist als Armee im Bündnis konzipiert und kein Instrument zur selbständigen militärischen Machtentfaltung der Bundesrepublik Deutschland. Sie kann ihren Auftrag nur im Rahmen des Bündnisses erfüllen. Daher sind die Kampfverbände der Bundeswehr, mit Ausnahme einiger Verbände des Territorialheeres, zur Unterstellung unter die Operationsführung von NATO-Kommandobehörden vorgesehen. Die Kräfte der Luftverteidigung und Luftraumüberwachung sind bereits im Frieden dem NATO-Befehlshaber der Alliierten Luftstreitkräfte Europa Mitte (COMAAFCE) zugeordnet. Die Aufgaben der militärischen Landesverteidigung werden in nationaler Verantwortung, aber in enger Beziehung zu den von der NATO geführten Operationen wahrgenommen.

IV. DIE AUFGABEN DER LUFTSTREITKRÄFTE DER BUNDESWEHR

Aus den in der Ministerweisung der NATO vom 9. Mai 1967 festgelegten Richtlinien für die NATO-Strategie lassen sich für die Streitkräfteplanung der Bundesrepublik Deutschland folgende Forderungen ableiten,

– Die Bundeswehr muß in Aufbau, Gliederung und Ausrüstung klar die ausschließlich defensive Zielsetzung der Nordatlantischen Allianz und der deutschen Verteidigungspolitik erkennen lassen.
– Die Bundeswehr muß einen Beitrag zur abgestuften Abschreckung leisten, der auch Trägermittel für atomare Sprengköpfe einschließt.
– Die Streitkräfteplanung der Bundeswehr hat sich vornehmlich nach den Erscheinungsformen des begrenzten Krieges auszurichten. Die Möglichkeit von Überraschungsangriffen sowie die hohe technische und mobile Ausrüstung des Gegners erfordern ausreichend starke, präsente, einsatzbereite Verbände, eine Verstärkung der nicht atomaren Feuerkraft, insbesondere zur Panzerabwehr, und eine hohe Beweglichkeit.
– Die Streitkräfte müssen in der Lage sein, durch intensive Aufklärung in Krisenzeiten und im Krieg die Grundlage für die Beurteilung und Entschlußfassung der politischen und militärischen Führung zu schaffen.
– Im Falle einer Aggression haben die deutschen Streitkräfte im Rahmen der gemeinsamen NATO-Verteidigung Umfang und Zielsetzung feindlicher Angriffe festzustellen, Feindangriffe soweit vorn wie möglich aufzufangen, zu zerschlagen oder Zeit zu gewinnen, um die Vorbereitung zum Zurückwerfen des Angriffes auf seine Ausgangsstellung zu treffen.
– Die Kommandostruktur der Bundeswehr muß in den integrierten Rahmen eingepaßt bleiben und zugleich die Wahrnehmung der Verteidigungsaufgaben gewährleisten, die der nationalen Zuständigkeit übergeben ist.
– Die Möglichkeit einer Vorwarnzeit erlaubt es, sich für Teile der benötigten Streitkräfte auf Mobilmachungsmaßnahmen abzustützen. (Auch der militärische Überfall der sowjetischen und anderen kommunistischen Truppen auf die Tschechoslowakei war nur nach wochenlangen, vom Westen indes erkannten, logistischen Vorbereitungen möglich.)
– Der Gegner muß das Risiko eines Angriffs tragen. Im Interesse der Glaubwürdigkeit der Abschreckung muß es unkalkulierbar bleiben.

Die Ausrüstung der deutschen Streitkräfte mit atomaren Trägermitteln steht nicht im Widerspruch zu den friedlichen Absichten und zu der Entspannungspolitik der Bundesrepublik. Sie entspricht dem berechtigten Sicherheitsbedürfnis der Bundesrepublik und ist ein Element ihrer Anstrengungen zur Erfüllung der ihr von der NATO zugewiesenen Verteidigungsaufgaben. Die von der Bundesrepublik hierbei freiwillig übernommenen Beschränkungen sind eindeutige Beweise dafür, daß sie nur im Bündnis mit ihren Partnern imstande sein will, Aggressionen abzuwehren: 1. Kontrollierter Verzicht gegenüber den Partnern des Brüsseler Vertrages, Kernwaffen herzustellen, 2. Verzicht auf die nationale Verfügungsgewalt über atomare Sprengkörper und 3. Kontrolle aller wissenschaftlichen und industriellen Anlagen, die der friedlichen Nutzung der Kernenergie dienen, z. B. durch EUROATOM. In diesem Zusammenhang ist auch die deutsche Unterstützung des Prinzips der Nichtverbreitung von nuklearen Waffen zu sehen.

1. Die Luftwaffe

Im Rahmen der Verteidigung des mittel- und westeuropäischen Raumes, die mit Schwerpunkt über der Bundesrepublik geführt werden muß, hat die deutsche Luftwaffe zusammen mit den Verbänden der 2. und der 4. Alliierten taktischen Luftflotte (ATAF) ihre Aufgaben der Luftverteidigung übernommen. Die deutsche Luftwaffe ist ein wesentlicher Bestandteil der NATO-Kampfkraft in Mitteleuropa und damit zugleich ein starker Faktor der Abschreckung. Im Rahmen des NATO-Konzeptes der »Flexible Response« sind ihre Aufgaben:

- Luftverteidigung der zugewiesenen Räume im Rahmen des integrierten Luftverteidigungssystem der NATO;
- Teilnahme am Gegenschlag im Rahmen der vorgeplanten Programme des NATO-Oberbefehlshabers Europa (SACEUR);
- Ausschaltung der feindlichen Bedrohung aus der Luft;
- Abriegelung der Kampfzone in der Tiefe des feindlichen Operationsgebietes (Gefechtsfeldabriegelung);
- Direkte Luftunterstützung von Heer und Marine auf dem Gefechtsfeld (Luftnahunterstützung);
- Luftaufklärung für die genannten Aufgaben und für die Gesamtbundeswehr;
- Lufttransport sowie Such- und Rettungsdienst für die Bundeswehr.

Alle Einsatzverbände der deutschen Luftwaffe sind der NATO »assigniert«, das heißt, sie sind vollwertig ausgebildet und für ihren Einsatz den NATO-Kommandobehörden unterstellt. Die Einsatzbereitschaft aller assignierten Verbände und Einheiten wird durch besondere Prüfgruppen der NATO-Kommandobehörden (Tactical-Evaluation-Teams) laufend in unregelmäßigen Zeitabständen kontrolliert. Auf diese Weise werden Gleichmäßigkeit der Ausbildung, Schlagkraft und

Abschreckungswirkung gewährleistet.

Die Luftverteidigung erfordert als entscheidende Voraussetzung ein frühzeitiges Erkennen von Angriffsabsichten durch ein möglichst weitreichendes System von Frühwarnradargeräten. Die deutschen Radarstellungen sind in eine Frühwarnorganisation eingeordnet, die von Grönland über Island und das Nordkap, über Dänemark und Italien bis zur Türkei verläuft. Zur Überlagerung und zur Erfassung tieffliegender Flugzeuge ist zusätzlich ein engmaschiges Netz von Luftraumbeobachtern (Auge-Ohr) aufgebaut.

Elektronische Aufklärung durch Spezialeinheiten ergänzt und verdichtet das Luftlagebild. Alle Meldungen werden auf elektronischem Wege nahezu zeitverzugslos bei zentralen Gefechtsständen zusammengefaßt, von wo aus der radargeführte Einsatz der eigenen Luftverteidigungskräfte erfolgt.

a) Luftverteidigungsverbände

Zu jeder Zeit, ob Tag oder Nacht, Frieden oder Krieg, überwachen Kräfte der Luftverteidigung den Luftraum. Feindliche Luftangriffe müssen sie rechtzeitig feststellen, melden und ohne Zeitverlust bekämpfen, um das eigene Gebiet und Potential zu schützen. Die Eigenschaften der modernen Luftkriegsmittel und die Lage der Bundesrepublik bestimmen die Ausrüstung und die Einsatzkonzeption der Luftverteidigung. Westeuropa mit seiner geringen räumlichen Tiefe muß luftverteidigungsmäßig als ein Ganzes angesehen werden. Der Aufbau nationaler Luftverteidigungssysteme würde eine Zersplitterung der Kräfte darstellen und die Effektivität gegenüber dem Aufwand wesentlich herabsetzen. Diese Erkenntnis führte innerhalb der NATO zur Schaffung eines einheitlichen Systems, für das die deutsche Luftwaffe (zwei) Jagdgeschwader, ausgerüstet mit dem Flugzeugmuster F-4F, (acht) Flugabwehrraketenbataillone NIKE und (zwölf) Flugabwehrbataillo-

Einsatzplanung

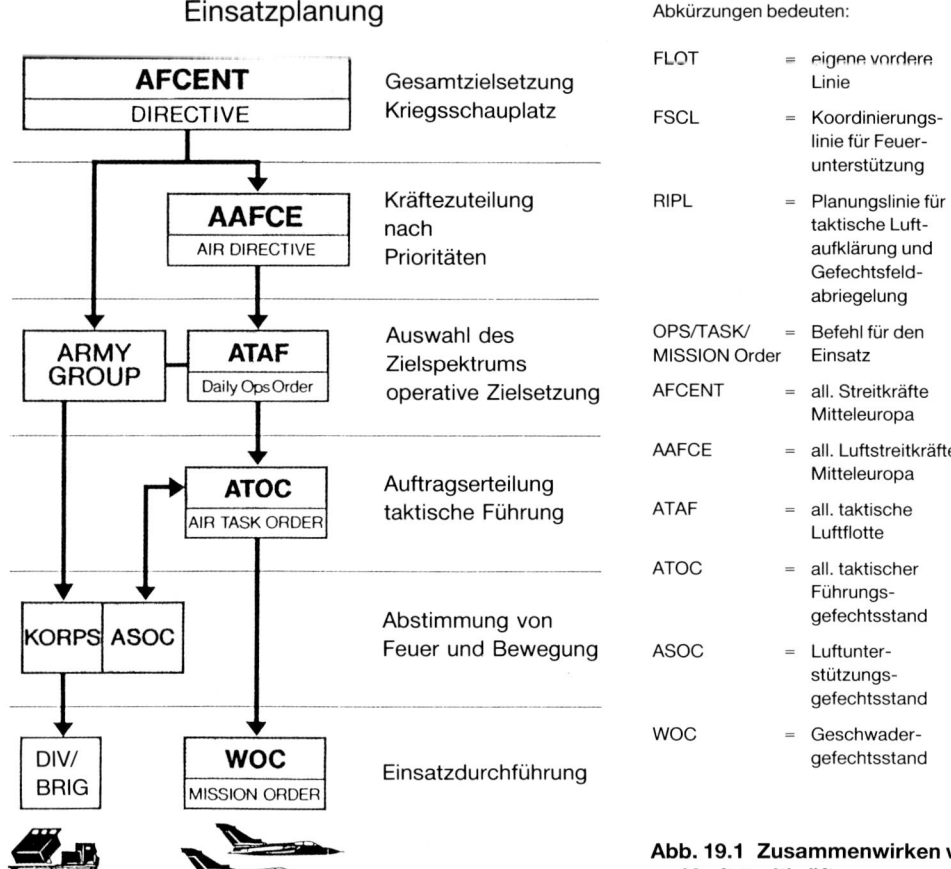

AFCENT DIRECTIVE	Gesamtzielsetzung Kriegsschauplatz
AAFCE AIR DIRECTIVE	Kräftezuteilung nach Prioritäten
ARMY GROUP — **ATAF** Daily Ops Order	Auswahl des Zielspektrums operative Zielsetzung
ATOC AIR TASK ORDER	Auftragserteilung taktische Führung
KORPS **ASOC**	Abstimmung von Feuer und Bewegung
DIV/BRIG — **WOC** MISSION ORDER	Einsatzdurchführung

Abkürzungen bedeuten:

FLOT	=	eigene vordere Linie
FSCL	=	Koordinierungslinie für Feuerunterstützung
RIPL	=	Planungslinie für taktische Luftaufklärung und Gefechtsfeldabriegelung
OPS/TASK/ MISSION Order	=	Befehl für den Einsatz
AFCENT	=	all. Streitkräfte Mitteleuropa
AAFCE	=	all. Luftstreitkräfte Mitteleuropa
ATAF	=	all. taktische Luftflotte
ATOC	=	all. taktischer Führungsgefechtsstand
ASOC	=	Luftunterstützungsgefechtsstand
WOC	=	Geschwadergefechtsstand

Abb. 19.1 Zusammenwirken von Land- und Luftstreitkräften.

Einsatzarten und Koordinierungslinien

FLOT   FSCL   RIPL

Gefechtsfeldabriegelung

Luftverteidigung

Taktische Luftauf-   -klärung

Luftnahunterstützung

ne HAWK sowie (vier) Regimenter Radarführungsverbände als Anteil stellt. Diese Verbände sind zusammen mit denen der Partnerstaaten in einem Riegelsystem in der Bundesrepublik eingesetzt. Am weitesten ostwärts erstreckt sich der HAWK-Riegel gegen angreifende Flugzeuge in niederen und mittleren Höhen von Dänemark bis zu den Alpen. Dahinter verläuft der NIKE-Riegel zur Abwehr von Angreifern in mittleren und großen Höhen. Die Jagdgeschwader sind Schwerpunktwaffen zur Verstärkung des Raketenriegels in allen Flughöhen. Im Frieden identifizieren ständig startbereite Alarmrotten unbekannte Flugziele.

(1) Die Jagdgeschwader

Im Bereich der NATO-Luftwaffe werden nach Einsatzmöglichkeit/-fähigkeit Tagjäger (IDF = Interceptor Day Fighter) und Allwetterjäger (AWX = All Weather Fighter) unterschieden. Der Unterschied liegt darin, daß der Tagjäger sein Ziel noch mit optischen Mitteln erfassen muß, während der Allwetterjäger seine Waffen auch ohne Sicht zur Wirkung bringen kann.

Der sogenannte Tactical Fighter (taktischer Jäger) ist ein anglo-amerikanischer Begriff, der in etwa mit einem Jagdflugzeug vergleichbar ist, das neben reinen Jagdaufgaben noch die eines Jagdbombers erfüllen kann. Deutsche Jagdverbände erfüllen diese Mehrfachrolle.

Aufgabe der Jagdgeschwader (Abfangjäger) ist das »Abfangen« (Interception) und die Vernichtung feindlicher Flugzeuge, bevor sie ihre Angriffsziele erreichen. Sie werden in der Luftverteidigung in engem Zusammenwirken mit Flugkörpern eingesetzt zur Erringung der Luftüberlegenheit.

Der Vorzug der Jagdflugzeuge (Abfangjäger) liegt in ihrer großen Reichweite und in der Möglichkeit, an Abwehrschwerpunkten in kurzer Zeit starke Kräfte zu konzentrieren. Der Einsatz erfolgt durch zentrale Führungsstellen (SOC = Sector Operations Center). Durch Radarführung werden die Flugzeuge an den einfliegenden Feind herangeführt und nach dem Einsatz zurückgeleitet. Bewaffnung: Maschinenkanonen mit hoher Schußfolge und Lenkflugkörper (Sidewinder). Als Flugzeugtyp wird die F-4F eingesetzt.

(2) Die Flugabwehr-Raketenregimenter NIKE

Das amerikanische System NIKE (Douglas Western Electric) bildet das Rückgrat der bodenständigen europäischen Luftverteidigung. Die Flugkörper vom Typ »Ajax« (Flüssigkeitstriebwerk) sind durch die moderne »Hercules« (Feststofftriebwerk) ersetzt worden. Feuereinheit ist die Batterie mit neun Flugkörperabschußvorrichtungen. Davon abgesetzt in der Feuerleitstellung befinden sich die Radargeräte und der Feuerleitstand mit dem elektronischen Kommandorechner. Die Flugkörper werden aus fast senkrechter Lage von ihren Abschußvorrichtungen gestartet und können gegen anfliegende Ziele aus jeder Richtung eingesetzt werden. Die »Hercules« erreicht bei einer Reichweite von 120 bis 130 km mehrfache Schallgeschwindigkeit. Die maximale Flughöhe überschreitet 30 000 m.

Alle Flugkörper sind so konstruiert, daß sie nur im Fluge detonieren können. Eine Gefährdung der eigenen Bevölkerung wird dadurch verhindert, daß jeder Flugkörper mit einer Zerlegeeinrichtung versehen ist, die ihn bei einem Verfehlen des Zieles in der Luft zerstört.

Die NIKE-Stellungen sind nach taktischen Gesichtspunkten ausgewählt worden. Sie müssen besondere Voraussetzungen für die Aufstellung der Radargeräte bieten. Die Batterien befinden sich im 24-Stundendienst, d. h. sie sind Tag und Nacht einsatzbereit. Im Frieden werden aus diesen Stellungen keine Flugkörper abgeschossen. Als Nachfolgesystem wird das Flugabwehrraketensystem PATRIOT eingeführt.

(3) Die Flugabwehr-Raketenregimenter HAWK

Das amerikanische Waffensystem HAWK (Homing-All-the-Way-Killer) wurde zur Abwehr von Zielen in niedrigen und mittleren Höhen entwickelt. Es arbeitet nach dem halbaktiven Zielsuchverfahren, mit dem sich der Flugkörper unter Ausnutzung der vom Ziel reflektierten Hochfrequenz-Energie selbst auf das Ziel zusteuert. Im Gegensatz zu dem Waffensystem NIKE können gleichzeitig zwei Ziele in verschiedenen Richtungen bekämpft werden, da zwei voneinander unabhängige Feuereinheiten vorhanden sind. Die Flugkörper werden von beweglichen land- und lufttransportfähigen Dreifachlafetten gestartet. Sie fliegen aus überhöhter Position das Flugziel an und werden nach dem elektronischen Ziel- und Lenkverfahren mit hoher Treffsicherheit ins Ziel gesteuert. Die Reichweite des Flugkörpers liegt bei 35 km. Die geringe Reichweite erfordert einen Einsatz des HAWK-Systems möglichst weit vorne. HAWK-Batterien werden im allgemeinen vorwärts des NIKE-Gürtels eingesetzt.

(4) Tieffliegerabwehr

Zum Schutz wichtiger Kampfanlagen der Luftwaffe werden 20 mm-Flugabwehr(Fla-)-Zwillingskanonen eingesetzt, die bei einfacher Wartung und Bedienung dank hoher Kadenz einen wirksamen Schutz gegen tiefstfliegende Angreifer im Nahbereich bieten.

Das Waffensystem ROLAND hingegen ist ein geländegängiges, flexibles Flugabwehrraketensystem, das sowohl optisch als auch mittels Radar gerichtet und betrieben werden kann.

Die Sicherung von Luftwaffenanlagen wird durch dieses raumgreifende, wetterunabhängige Tieffliegerabwehrsystem erheblich verbessert.

b) Luftangriffsverbände

Die offensiven Luftangriffskräfte, in der Hauptsache **Jabo-Geschwader** und **Flugkörperverbände,** haben die Aufgabe, die feindlichen Luftstreitkräfte schon auf ihren Basen zu zerschlagen, ihre Bodenorganisation, Führungs- und Kommandostellen auszuschalten. Außerdem unterstützen sie die Operationen von Heer und Marine durch Angriffe auf Schwerpunktziele.

Im Kampf gegen feindliche Luftstreitkräfte zur Erringung der Luftüberlegenheit sollen die Jagdbombergeschwader die feindlichen Luftstreitkräfte möglichst auf ihren Basen und das gegnerische Kriegspotential vornehmlich im taktischen Bereich vernichten. Auch müssen sie ortsgebundene und bewegliche Ziele im feindlichen Hinterland zur Abriegelung der Kampfzone bekämpfen. Zur Erfüllung dieser Aufgabe wurden die Jagdbombergeschwader mit dem modernen **Waffensystem** TORNADO ausgestattet, das aufgrund seiner Ausrüstung und Auslegung feindliche Ziele bei jeder Wetterlage und zu jeder Tageszeit im Tiefstflug sowohl mit atomaren als auch mit konventionellen Waffen angreifen kann.

Je nach Entwicklung der Lage können diese Luftangriffsverbände auch zur direkten Unterstützung der eigenen Landstreitkräfte auf dem Gefechtsfeld gegen die feindlichen Bodentruppen eingesetzt werden. Das Waffensystem ALPHAJET wurde speziell für die ehemalig leichten Kampfgeschwader eingeführt. Dieses Flugzeug ist trotz seiner verhältnismäßig geringen Reichweite hervorragend für den Einsatz über dem Gefechtsfeld geeignet. Die deutsche Luftwaffe verfügt mit diesen Kampfgeschwadern über Verbände, deren Schwerpunktaufgabe die Unterstützung der Landstreitkräfte durch Abriegelung der Kampfzone und durch direkte Feuerunterstützung gegen feindliche Bodenziele ist, die das Heer nicht mit eigenen Mitteln bekämpfen kann. Da die Geschwader sowohl Kampf- als auch Aufklärungskapazität besitzen, stellen sie mit ihren Aufklärungseinsätzen gleichzeitig das Auge der mittleren Führung dar.

Abb. 19.2 NATO-Kommandostruktur und Einsatzführung der Luftverteidigung (LV) in Mitteleuropa.

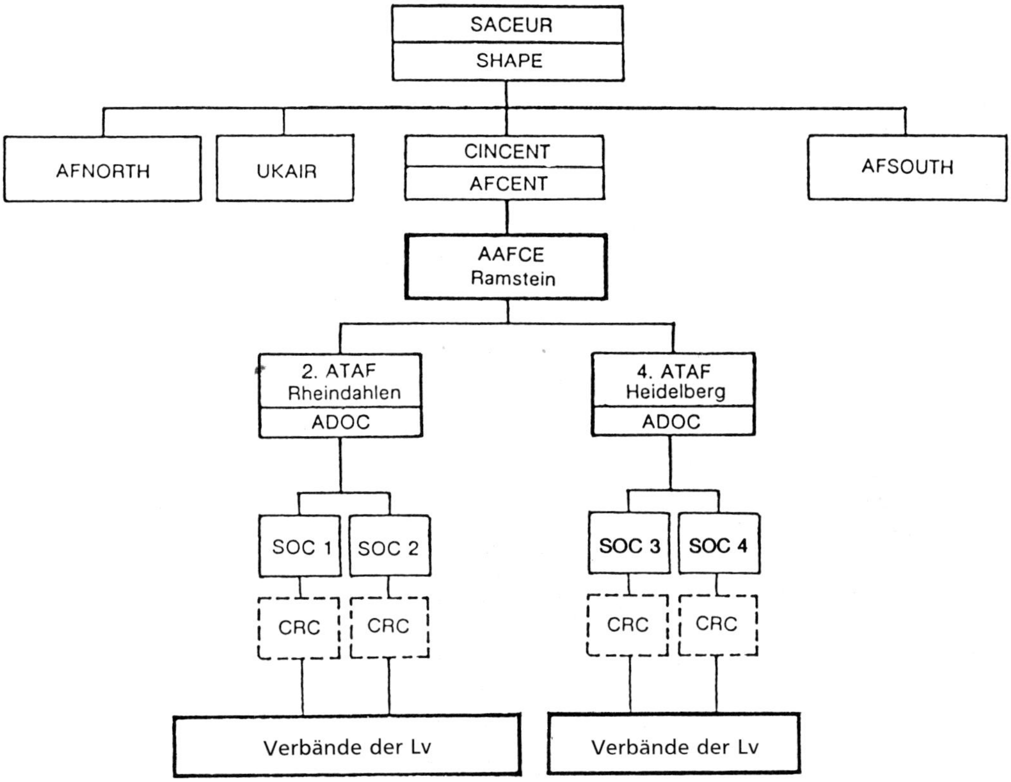

SACEUR
SHAPE
AFNORTH
UKAIR
CINCENT
AFCENT
AFSOUTH
AAFCE
Ramstein
2. ATAF
Rheindahlen
ADOC
4. ATAF
Heidelberg
ADOC
SOC 1
SOC 2
SOC 3
SOC 4
CRC
CRC
CRC
CRC
Verbände der Lv
Verbände der Lv

Abkürzungen:
CINCENT = Commander-in Chief Central Europe (Oberbefehlshaber Europa Mitte)
AFCENT = Allied Forces Central Europe (all. Streitkräfte Mitteleuropa)
AAFCE = Allied Air Forces Central Europe (all. Luftstreitkräfte Mitteleuropa)
ATAF = Allied Tactical Air Force (all. taktische Luftflotte)
ADOC = Air Defense Operations Centre (all. Luftverteidigungsgefechtsstand)
SOC = Sector Operations Centre (Sektorengefechtsstand)
CRC = Control and Reporting Centre (Flugmelde- und Leitzentrale)

Das Luftverteidigungssystem der NATO in Mitteleuropa

AWACS
Obere FlaRak-Zone
Untere FlaRak-Zone
CRC
SOC
CRC

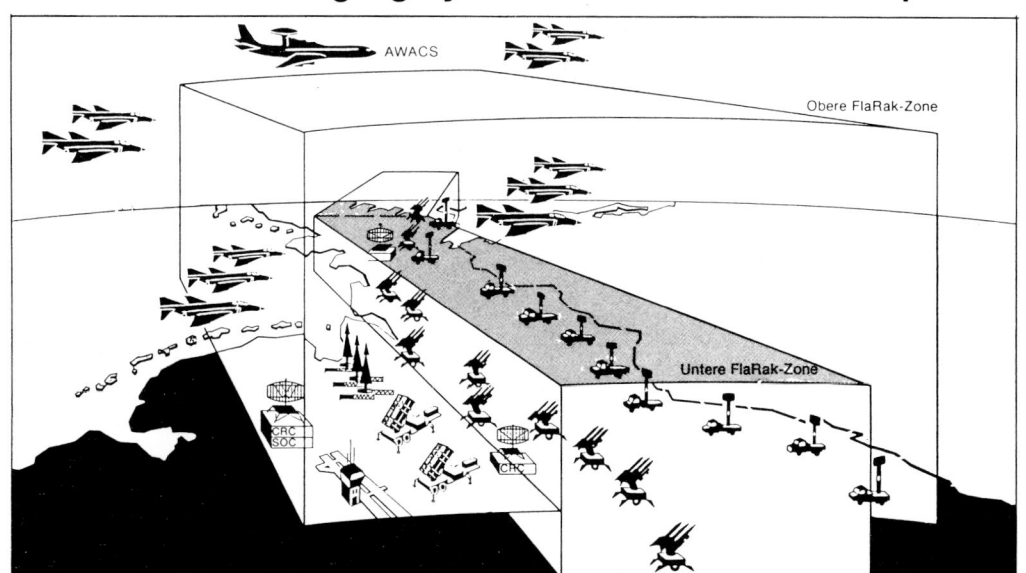

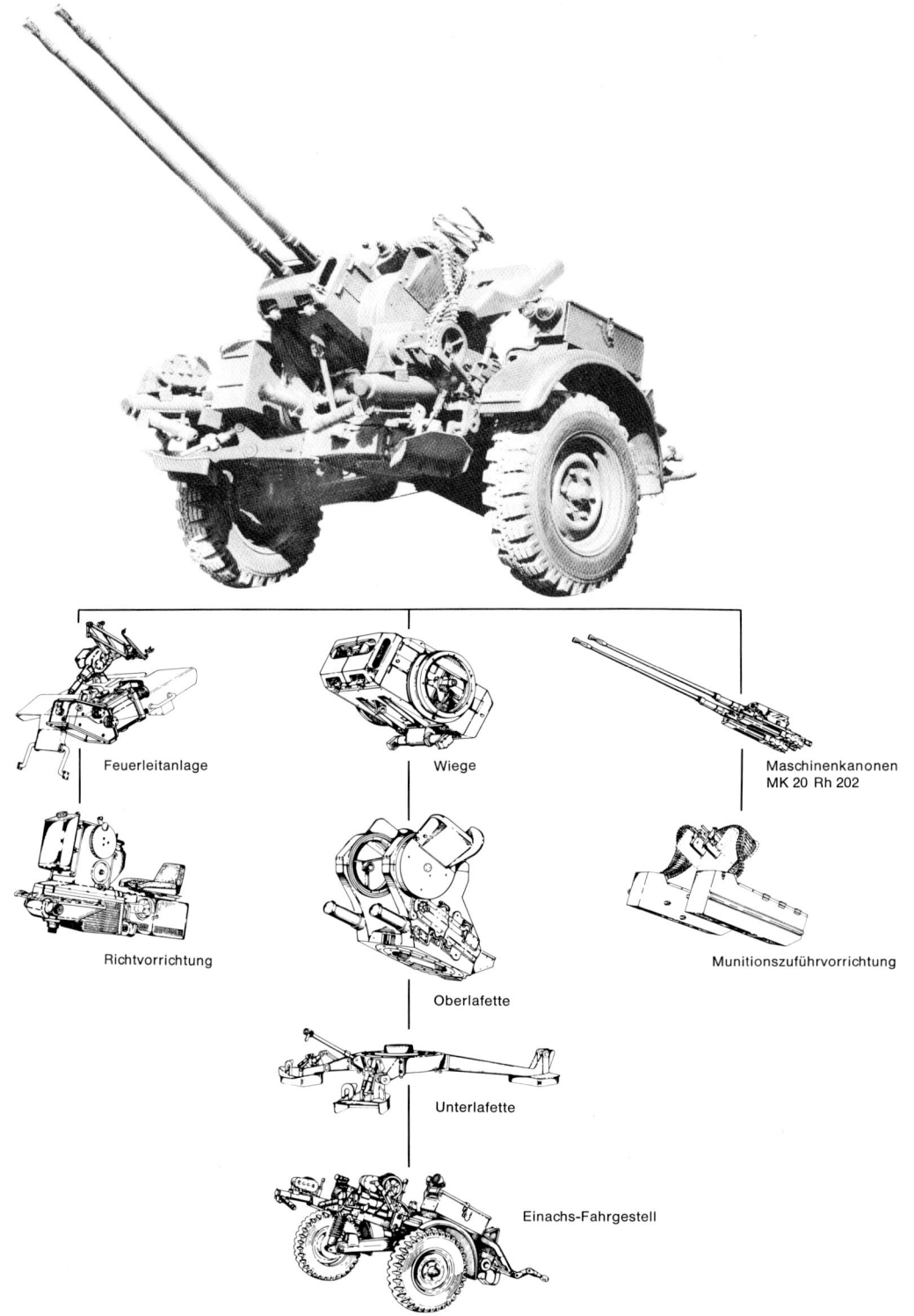

Feuerleitanlage

Wiege

Maschinenkanonen
MK 20 Rh 202

Richtvorrichtung

Oberlafette

Munitionszuführvorrichtung

Unterlafette

Einachs-Fahrgestell

Abb. 19.3 Flak 20 mm-Zwilling mit Baugruppen.

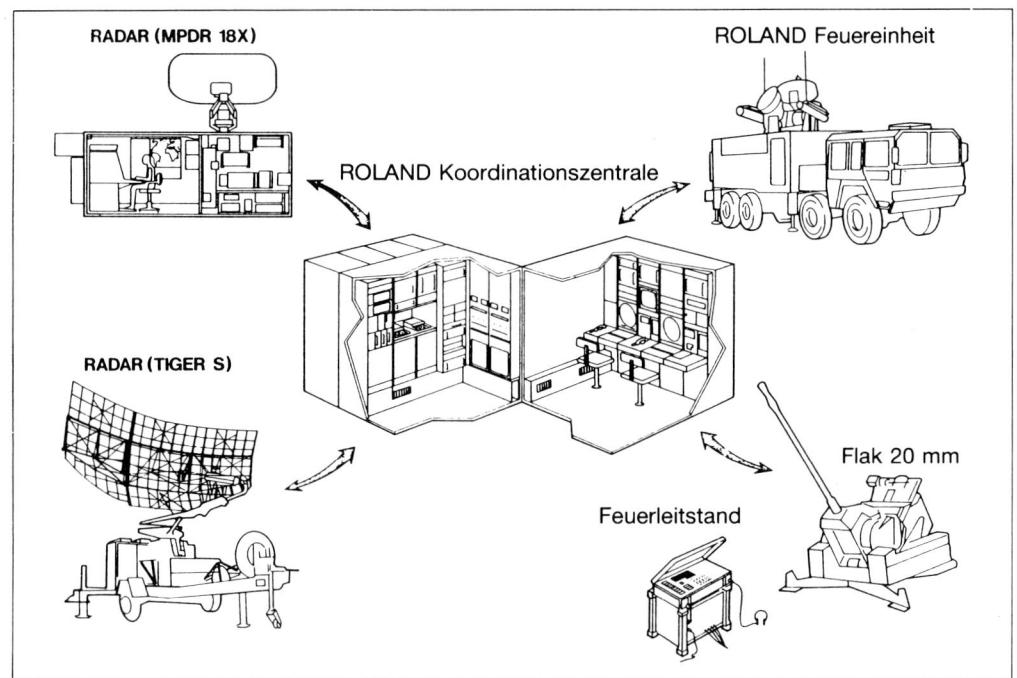

RADAR (MPDR 18X)

ROLAND Feuereinheit

ROLAND Koordinationszentrale

RADAR (TIGER S)

Flak 20 mm

Feuerleitstand

Abb. 19.4 Zusammenwirken der Tieffliegerabwehr: Eine Zentrale koordiniert den Einsatz von bis zu acht ROLAND und acht Kanonen-Systemen und bezieht die Luftlage durch ein Tiger-S-Radar oder ein MPDR 18X..

Zu den taktischen Verbänden gehören ferner die **Aufklärungs- und Lufttransportgeschwader.**

Weitreichende Aufklärung und Beschaffung von Unterlagen für die Führung auf allen Kommandoebenen wird von den beiden Aufklärungsgeschwadern durchgeführt, die mit der RF-4 E ausgerüstet sind. Eine Ergänzung der bemannten Waffensysteme stellt der **Flugkörper** PERSHING 1a dar, mit dem Flugkörpergeschwader ausgerüstet sind. Mit großer Reichweite und hoher Zielgenauigkeit ist die PERSHING besonders für die Bekämpfung stationärer Ziele geeignet. Unabhängig von aufwendigen Bodenlagen ist der Flugkörper PERSHING gut vor feindlichen Angriffen geschützt, während er mit nahezu absoluter Sicherheit jede feindliche Abwehr zu durchbrechen vermag.

(1) Die Jagdbombergeschwader
Sie sind die Träger des offensiven Luftangriffs (Counter Air und Interdiction). Nach dem Grundsatz, gegnerische Luftangriffskräfte nach Möglichkeit bereits auf ihren Basen auszuschalten, greifen sie im Verteidigungsfall Flugstützpunkte, Abschußstellen von Flugkörpern, Raketenstellungen, Führungszentren und andere Schwerpunktziele an. Außerdem unterstützen sie durch Angriffsaktionen die Operationen von Heer und Marine (Close Air Support). Durch Hochgeschwindigkeitsflug in Bodennähe und Unterfliegen des durch die Erdkrümmung und Bodenerhebungen begrenzten Radarerfassungsbereiches entziehen sich der gegnerischen Abwehr und dringen unter Ausnützung des Überraschungsmomentes bis an die Grenze der Reichweite in das Gebiet des Gegners ein.

Die schweren Jabo-Verbände haben atomare Einsatz-Kapazität, können jedoch auch für den Abwurf konventioneller Waffen eingesetzt werden. Flugzeugtyp ist TORNADO. Die Verschiedenartigkeit der anzugreifenden Ziele verlangt entsprechende Bewaffnung. Neben der Bordmaschinenkanone sind die Flugzeuge zum Abschuß verschiedener Luft-Boden-Flugkörper, zum Abwurf von Feuer- und Sprengbomben eingerichtet, deren Kaliber und Zünder je nach Auftrag und Zielart ausgewählt werden. Für den frontnahen Einsatz zur Unterstützung des Heeres bestimmte Kampfgeschwader sind mit ALPHAJET ausgerüstet. Außer den Bordkanonen werden Bomben und Flugkörper mitgeführt. Auch die Jagdbomber können Fotokameras zur Aufklärung und zur Herstellung von Wirkungsbildern mitführen.

(2) Die Flugkörpergeschwader

Ihre Aufgabe ist die Ergänzung und Überlagerung von Jabo-Einsätzen (Counter Air und Interdiction). Wetterunabhängige hohe Einsatzbereitschaft und die Unabhängigkeit von Start- und Landepisten sind ihr Vorzug gegenüber dem bemannten Jabo, der wiederum durch die Fähigkeit zur Entschlußfassung während des Fluges und Bekämpfung plötzlich erkannter Schwerpunktziele im Präzisionseinsatz überlegen ist.

Die Flugkörpergeschwader sind mit der zweistufigen Rakete vom Muster PERSHING 1a ausgerüstet. Dieses Waffensystem amerikanischer Fertigung, das aus dem Flugkörper und dem auf vier Radfahrzeugen verlasteten Bodengerät besteht, zeichnet sich durch große Beweglichkeit und schnelle Feuerbereitschaft aus. Die Lenkung erfolgt nach dem Prinzip der Trägheitsnavigation. Diese kann vom Gegner nicht gestört werden (Reichweite 300 bis 600 km).

(3) Die Aufklärungsgeschwader

Die Luftaufklärung (Tactical Air Reconnaissance) verfolgt die Aufgabe, mit visuellen, optischen und elektronischen Mitteln aktuelle und zuverlässige Erkenntnisse über die Lage beim Angreifer, seine Bewegungen und seine Absichten zu gewinnen. Sie soll der eigenen Führung ein möglichst lückenloses Bild über Verteilung und Bewegung der gegnerischen Kräfte, Belegung und Flugbasen, Lage und Ausbauzustand von Radar- und Flugkörperstellungen, Führungszentren und Versorgungsdepots, Verkehrs- und Transportbewegungen ermöglichen. Dazu gehört die fotografische Herstellung von Zielunterlagen und die Überwachung der eigenen Tarnung.

Das Schwergewicht der Aufklärung liegt bei der Luftbilderkundung durch Flächen- und Stereoaufnahmen. Für diesen Zweck sind die Aufklärungsflugzeuge mit mehreren senkrecht und schräg eingebauten vollautomatisch gesteuerten Kameras ausgestattet. Für Nachtaufnahmen werden elektronische Blitzgeräte verwendet. Entwickelt und erprobt sind Aufklärungsverfahren unter Verwendung von Seitensichtradargeräten sowie Infrarotgeräten, mit denen auch bei Wolken, Nebel und Dunkelheit Erfolge erzielt werden können, so daß eine Allwetter-, Tag- und Nachtaufklärung möglich ist.

Flugzeugtyp: RF-4 E »Phantom II«. Die Aufklärungsstaffeln für den frontnahen Einsatz und die Unterstützung des Heeres sind mit ALPHAJET ausgerüstet.

(4) Die Lufttransportgeschwader

Aufgabe der Transportgeschwader ist die schnelle Zuführung von Truppen, das Absetzen von Fallschirmeinheiten, die Versorgung mit Waffen, Munition und Nachschubgütern in besonderen Lagen sowie der Abtransport von Verwundeten (Air Transport). Im Sinne möglichst großer Beweglichkeit eigener Truppenverbände gewinnen Transportflugzeuge zunehmend an Bedeutung. Wesentlich für den Flugzeugtyp ist die Fähigkeit, auf kleinen Plätzen auch ohne Betonpisten mit möglichst großer Nutzlast zu starten und zu landen, sowie schnelle Be- und Entlademöglichkeit. Die deutschen Transportgeschwader sind mit dem in deutsch-französischer Zusammenarbeit für den europäischen Raum entwickelten Kampfzonentransportflugzeug TRANSALL C-160 ausgerüstet. Darüber hinaus werden in zunehmendem Maße Hubschrauber für Transportaufgaben eingesetzt. Die Aufstellung eines Hubschraubertransport-Geschwaders mit dem amerikanischen Typ Bell UH-1 D ist abgeschlossen. Dieser leichte Hubschrauber ist voll instrumenten-flugtauglich, mit Winde und Zusatzbehältern ausgestattet und kann eine Nutzlast von 1,8 t über Entfernungen bis zu 500 km transportieren.

2. Das Heer

Aus der Lage der Bundesrepublik Deutschland direkt am Eisernen Vorhang und aus ihren Bündnisverpflichtungen hat das Heer die Aufgabe, potentielle Gegner, welche die Bundesrepublik zu Lande angreifen können, abzuschrecken und im Angriffsfalle innerhalb der NATO mit den vereinbarten Truppenkontingenten erfolgreich zu bekämpfen.

Diesen Aufgaben entsprechend, ist das Heer nach modernen Grundsätzen gegliedert und ausgebildet. Seine Bewaffnung, Ausrüstung und Versorgung entsprechen den Anforderungen, die sich aus den verschiedenen möglichen Formen eines modernen Landkrieges ergeben. Es kann ebenso größere Grenzübergriffe bereinigen wie Angriffe abwehren, die unter taktischem Einsatz von Atomwaffen geführt werden. Die Kampfkraft seiner gepanzerten, mechanisierten oder motorisierten Verbände erlauben es der Führung, sich schnell und beweglich der Entwicklung der Lage anzupassen und im häufigen Wechsel der Kampfarten und in geschickter Ausnutzung des Geländes dem Gegner das Gesetz des Handelns aufzuzwingen.

Allein schon aus der 800 km langen Demarkationslinie, welche die Bundesrepublik von der DDR trennt, ergibt sich die Notwendigkeit, mit starken Kräften auch gegen mit rein konventionellen Waffen vorgetragene Angriffe zu Lande einsatzbereit zu sein. Deshalb ist das Heer, das zahlenmäßig den stärksten Anteil an Wehrpflichtigen besitzt, die größte Teilstreitkraft innerhalb der Bundeswehr und stellt rund 50 % der Landstreit-kräfte im NATO-Abschnitt Europa-Mitte. Jederzeit sind die Verbände des Heeres in der Lage, in engem Zusammenwirken mit der Luftwaffe und Marine sowie mit den Kräften der Reserve einem Angreifer entgegenzutreten.

Die Einheiten und Verbände des Heeres gehören entsprechend ihrer Aufgabe, Ausbildung und Ausrüstung zu verschiedenen Truppen- und Waffengattungen.

a) Die Heeresfliegertruppe ist sowohl Truppen- als auch Waffengattung. Die Heeresflieger verfügen über leichte und mittlere Hubschrauber zur Durchführung von Überwachungs-, Verbindungs- und Transportaufgaben. Heeresflieger erkunden Straßen und Gelände, überwachen Bewegungen und Tarnung der eigenen Truppe und helfen bei der Verkehrsregelung. Mit Verbindungsflugzeugen erleichtern sie die Führung auf dem weiträumigen Gefechtsfeld und ermöglichen den persönlichen Einfluß des mittleren und höheren Truppenführers an den entscheidenden Abschnitten.

Transporthubschrauber bringen Truppeneinheiten und Versorgungsgüter schnell auf das Gefechtsfeld und erleichtern den Abtransport von Verwundeten. Sie können auch die Aufklärung und Beobachtung der Artillerie, der technischen oder der gepanzerten Aufklärung ergänzen. Mit Kampf- und Panzerjagdhubschraubern unterstützen sie den Kampf der Erdtruppen.

b) Die Heeresflugabwehrtruppe ist Trup-

Abb. 19.5 UH-1D des deutschen Bundesheeres pirschen sich an einen Landeplatz heran.

Abb. 19.6 Das Rückgrat der Bundesluftwaffe für Transport- und Rettungseinsätze bilden die C-160 TRANSALL und die Hubschrauber UH-1D. Auch in Krisengebieten der Welt werden sie im Rahmen humanitärer Hilfe eingesetzt.

Abb. 19.7 Der Such- und Rettungshubschrauber SEA KING Mk 41 der Bundesmarine kann auch unter widrigsten Witterungsbedingungen Menschen aus Seenot bergen.

pen- und Waffengattung zugleich. Sie ist die bewegliche Flugabwehr. Sie schützt die Heeresverbände gegen feindliche Luftangriffe und Luftaufklärung aus niedrigen und mittleren Höhen.

3. Die Marine

Neben dem Schutz der nationalen Interessen auf See haben die deutschen Seestreitkräfte die ihnen von der NATO zugewiesenen Seegebiete und die deutschen Küstenbereiche an der Nahtstelle zwischen den NATO-Abschnitten Europa Mitte und Europa Nord in engem Zusammenwirken mit den verbündeten Marinen zu sichern und damit die Nordflanke des mitteleuropäischen Festlandes zusammen mit den Land- und Luftstreitkräften zu schützen.

Der von der deutschen Marine geforderte Verteidigungsbeitrag umfaßt im wesentlichen die Verteidigung der Ostseezugänge, die Sicherung des eigenen Nachschubverkehrs in der Nordsee, die Unterstützung der Landstreitkräfte an deren Seeflanke sowie die Störung des feindlichen Seeverkehrs. Der Auftrag der Marine erfordert daher Seestreitkräfte, deren schwimmende und fliegende Verbände befähigt sind, die Verteidigung im Ostseeraum aufzunehmen. Sie müssen für die spezifischen Bedingungen dieser Operationsgebiete geeignet und der Eigentümlich-

415

Abb. 19.8 Die Luftwaffe in Unterstellung und Gliederung.

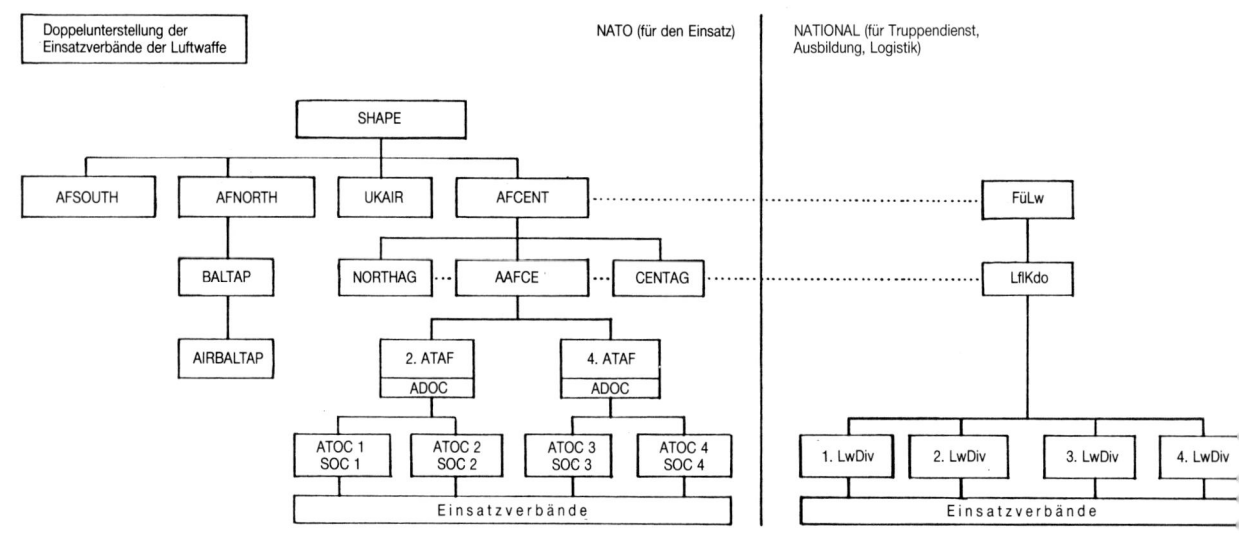

Gliederung der Luftwaffe

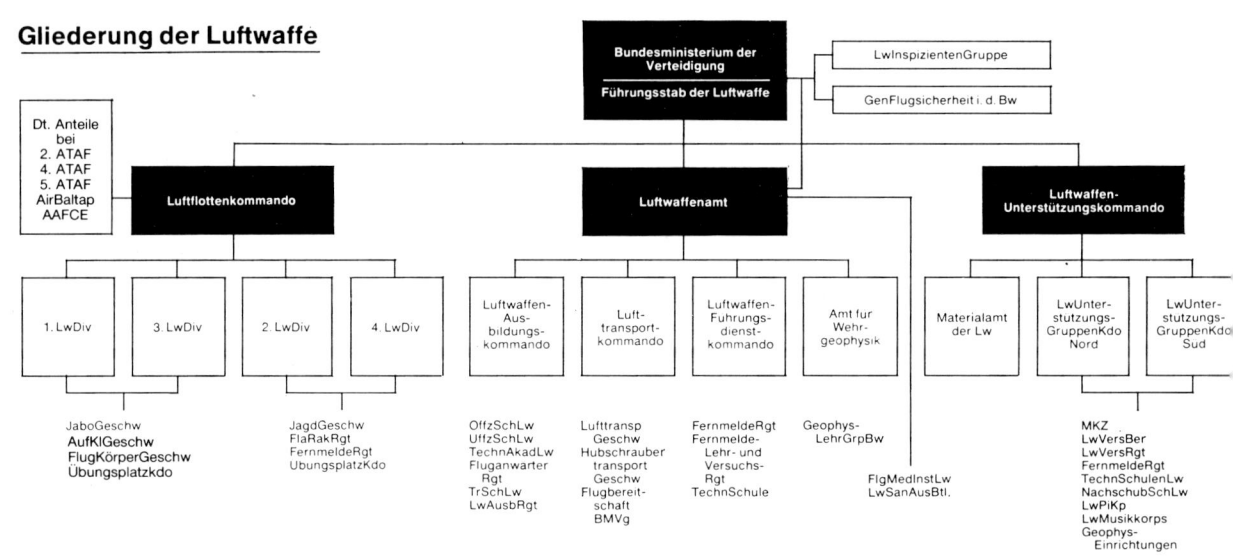

Gliederung eines fliegenden Geschwaders. – Einem Geschwader stehen bis zu 36 Einsatzflugzeuge zur Verfügung, die zentral gewartet und je nach Bedarf den fliegenden Staffeln zugewiesen werden.

keit der eigenen geographischen Lage angepaßt sein.

Die Flotte, deren Kampfeinheiten der NATO assigniert sind, muß sich in einem ausgewogenen Verhältnis aus verschiedenen Einsatzmitteln zusammensetzen, und zwar aus:

— Schiffen, die als vielseitig verwendbare Seekriegsmittel über eine Seefähigkeit auch bei schlechtem Wetter verfügen,
— U-Booten, die aufgrund ihrer Eigenschaften mannigfaltige Einsatzmöglichkeiten im Operationsgebiet haben,
— Kleinbootverbänden für küstennahe Einsätze,
— Amphibische Einheiten für Transport- und Verbindungsaufgaben und
— **Marinefliegerverbänden,** deren Kampfflugzeuge heute einen unentbehrlichen Bestandteil der Flotte für die Aufklärung über See und die Bekämpfung von Seezielen darstellen.

Ohne **Marineluftstreitkräfte** kann heute keine moderne Flotte mehr existieren. Seeoperationen bedingen gleichzeitig den Einsatz von Seestreitkräften. So verfügt erstmalig in der deutschen Marinegeschichte der Flottenchef über fliegende Kampfmittel, die vom Mehrzweck-Düsenflugzeug mit Geschwindigkeiten im Überschallbereich bis zum Fernaufklärer und U-Boot-Jäger reichen. Entsprechend den Aufgaben wurden die Flugzeugmuster ausgewählt. So sind zwei Geschwader mit der TORNADO ausgerüstet. Ihre Aufgaben sind:

— Aufklärung von feindlichen Seegebieten und Küsten.
— Kampfeinsätze gegen Ziele auf See und an

den Küsten, die für die Seekriegführung wichtig sind.

Ein Geschwader ist mit dem Typ Bréguet »Atlanic« ausgerüstet. Dieses Geschwader hat die Aufgabe, die Aufklärung von Seeräumen und der U-Boots-Jagd zu lösen.

Den Seenot- und Verbindungsdienst nimmt ein weiteres Geschwader mit verschiedenen Flugzeugtypen wahr.

Ferner gibt es ein Geschwader, das mit Hubschraubern U-Boot-Jagd sowie das Minensuchen und -räumen aus der Luft durchführt.

Vier Marinefliegerhorste sind die Stützpunkte der Seeluftstreitkräfte. Darüber hinaus sind Seenothubschrauber und Flugsicherungsboote auf Borkum, Helgoland, Westerland und in Husum stationiert, um entsprechend den internationalen Vereinbarungen über SAR (Search and Rescue) ständig in den zugewiesenen Gebieten einsatzbereit zu sein.

Die vielseitigen Aufgaben der Marineflieger, verbunden mit einer großen Anzahl verschiedener Flugzeugtypen, stellen hohe Anforderungen an das Können der hier eingesetzten Soldaten. Neben der Ausbildung in der Marine sind weitere fachliche Kenntnisse in den Dienstzweigen der Luftwaffe erforderlich, die eine überdurchschnittliche Begabung voraussetzen.

Nur das ständige Zusammenarbeiten mit den schwimmenden Verbänden der Flotte befähigt die fliegenden Besatzungen der Seeluftstreitkräfte, ihre im Rahmen der Gesamtverteidigung gestellte Aufgabe, Seekrieg aus der Luft zu führen, zu erfüllen.

KAPITEL 20

Flugzeugarten und Waffen

Kein Fortbewegungsmittel der Geschichte wurde so in seiner Entwicklung durch den Druck von Kriegen gefördert und beschleunigt wie das Flugzeug.

Der Erste Weltkrieg bestätigte die Theorie, daß die Zukunft des Krieges und des Handels in der Luft liegt.

Es bedurfte der Leistungen einzelner wagemutiger Männer wie Lindbergh und Köhl, dieses zu beweisen.

Weitsichtige erkannten die wichtige Rolle, die Flugzeuge und Waffen in Kriegen spielen werden, was insbesondere die Ereignisse des Zweiten Weltkrieges sowie der Einsatz der Flugzeuge in Korea, Vietnam und Israel bewiesen.

I. CHARAKTERISTIK

Moderne Flugzeuge zeichnen sich durch eine aerodynamisch optimale Formgebung aus, um den Forderungen nach bestmöglicher
– Reichweite
– Geschwindigkeit
– Manövrierbarkeit
sowie einfachster Wartung und geringster Kosten gerecht zu werden. Militärflugzeuge müssen um ein möglichst wirkungsvolles System offensiver oder defensiver Waffen – wie Rohrwaffen, Abwurfwaffen oder Flugkörper – herumgebaut werden können. Ähnliches gilt für Zivilflugzeuge, wobei die Zuladung für Passagiere und Handelsgüter über größte Strecken, besonders bei Verkehrsflugzeugen, zählt.

Die Leistungscharakteristik (englisch: »performance«) beschreibt die Fähigkeiten eines Flugzeuges, bestimmte wichtige Daten zur Erfüllung eines bestimmten Auftrages zu erzielen.

Für einen Hochgebirgspiloten in der Schweiz z. B. gelten Kurzstart- und -landevermögen als maßgebende Leistungscharakteristiken, größtmögliches Steigvermögen für den Abfangjäger, größtmögliche Zuladung über lange Strecken unter wirtschaftlichen Bedingungen zählen zu den Forderungen der zivilen Verkehrs- und militärischen Transportfliegerei.

Elemente der Leistungscharakteristik eines Flugzeuges sind:
– Start- und Landestrecken
– Steigvermögen
– Dienstgipfelhöhe
– Zuladung
– Reichweite
– Geschwindigkeit

– Manövrierbarkeit
– Stabilität
– Belastbarkeit
– Wirtschaftlichkeit

Einige dieser Elemente widersprechen sich naturgemäß:
– hohe Geschwindigkeit und kurze Landestrecke
– große Reichweite und große Zuladung
– großes Steigvermögen und wirtschaftlicher Kraftstoffverbrauch

Aber gerade darin unterscheiden sich die Flugzeuge in ihren Charakteristiken, was die Vielfalt der Flugzeugtypen zu erklären vermag.
– Jagdflugzeuge tauschen kurze Landestrecke gegen Geschwindigkeit, Reichweite und Zuladung,
– Transportflugzeuge Geschwindigkeit gegen Wirtschaftlichkeit und Manövrierbarkeit gegen Stabilität.

Trotz dieser Einschränkungen sind Flugzeuge und Waffen hinsichtlich ihrer Verwendung nicht eng begrenzt. Jagdflugzeuge können schwere Nuklearwaffen tragen, Aufklärungsflugzeuge Bomben und Flugkörper zum Einsatz bringen.

II. EINTEILUNG DER FLUGZEUGE NACH VERWENDUNGSZWECK

Die Einteilung der Flugzeuge nach ihrem Verwendungszweck gliedert sich in zwei große Klassen:
– Militärflugzeuge
– Zivilflugzeuge

Militärflugzeuge:
– Bombenflugzeuge
– Jagdflugzeuge
– Aufklärungsflugzeuge
– Transportflugzeuge
– Sonder- und Mehrzweckflugzeuge
– Schulflugzeuge
– Marineflugzeuge

Zivilflugzeuge:
– Luftverkehrsflugzeuge
– Allgemeine Mehrzweckflugzeuge
– Verbindungsflugzeuge (Zubringer- und Geschäftsflugzeuge)

Bei beiden großen Klassen werden wiederum unterschieden nach der Konstruktion:
– Angetriebene oder antriebslose Flugzeuge
– Land- oder Wasserflugzeuge
– Düsen- oder propellergetriebene Flugzeuge
– ein- oder mehrmotorige Flugzeuge
– Starrflügler oder Drehflügler

III. MILITÄRFLUGZEUGE

In den verschiedenen Luftwaffen der Welt werden die Militärflugzeuge entweder nach einem bestimmten Klassifizierungssystem (z. B. USA) oder nach den Entwicklungsnummern der Konstrukteure bzw. Hersteller bezeichnet (z. B. UdSSR, Schweden, Deutschland, Großbritannien). Als Beispiel möge das der USA dienen, das seit Ende des Jahres 1962 gilt und alle Wehrmachtsteile umfaßt:

Haupteinsatz- und Typensymbol:
A – Attack (Angriffsflugzeug)

B – Bomber (Bombenflugzeug)

C – Cargo/Transport (Fracht- und Transportflugzeug)

D – Direction (Einsatzleitung-Passagierdienst)

E – Special electronic installation (Flugzeug mit Sonderelektronikausrüstung)

F – Fighter (Jagdflugzeug)

H – Als 1. Symbol: Search and Rescue (Luftrettungsflugzeug)

als 2. Symbol: Helicopter (Hubschrauber)

K – Tanker (Tankflugzeug)

L – Cold Weather (Flugzeug für den Polareinsatz)

M – Missile Carrier (Flugkörper-Träger)

O – Observation (Beobachtungsflugzeug)

P – Patrol (Überwachungsflugzeug)

Q – Drone (Unbemanntes Zieldarstellungsflugzeug/Zielflugkörper)

R – Reconnaissance (Aufklärungsflugzeug)

S – Anti Submarine (U-Boot-Bekämpfungsflugzeug)

T – Trainer (Übungs-/Ausbildungsflugzeug)

U – Utility (Mehrzweckflugzeug)

V – als 1. Symbol: Staff (Flugzeug zur Verwendung bei Stäben)

als 2. Symbol: VTOL/STOL (Senkrecht-/ Kurzstart und -landung)

W – Weather (Wetterflugzeug)

X – Research (Forschungs- und Erprobungsflugzeug)

Z – Airship (Luftschiff = »Zeppelin«)

Status Symbol

G – Permanently Grounded (Flugverbot)

J – Special test – temporary (zeitweilig Sonderversuche)

N – Special test – permanent (ständige Sonderversuche)

X – Experimental (Versuchsflugzeug)

Y – Prototype (Prototyp)

Z – Planning (im Planungsstadium)

Das Bezeichnungssystem besteht aus einer Gruppe von ein bis zwei Buchstaben, welche den Verwendungszweck und den modifizierten Verwendungszweck des Typs bezeichnen, sodann folgt ein Bindestrich, die Entwurfsnummer und am Schluß der Buchstabe, der die Serie kennzeichnet: Z. B. »VC-140 B« »Jetstar« besagt, daß dieses Flugzeug für die Verwendung bei Stäben wie auch für den Transport eingesetzt wird und zur zweiten (B) Serie gehört und »Jetstar« genannt wird.

1. Bombenflugzeuge

(bomber)

a) Schwere, strategische Bombenflugzeuge sind wegen ihrer großen Kampfreichweite und der Möglichkeit, schwere Abwurflasten sowohl konventioneller als auch nuklearer Art zu tragen, noch heute ein Mittel nationaler Strategie und Ausdruck bedeutender Luftmacht. Große Reichweite, die Möglichkeit zur Täuschung feindlicher Kräfte, erhebliche Zerstörungskraft der Waffen und die Treffzuverlässigkeit machen diese Flugzeuge zu nicht zu unterschätzenden Waffen der Luftkriegsführung.

b) Mittlere Bombenflugzeuge

(medium bomber)

erzielen mittlere Kampfreichweiten mit verhältnismäßig geringer Kampfzuladung, obwohl die Möglichkeit zur Luftbetankung und die nuklearen Waffen diese Klassifizierung nicht mehr im üblichen Sinne unbedingt rechtfertigt. Der große Vorteil liegt darin, eine größere Anzahl produzieren zu können.

c) Leichte Bombenflugzeuge

(light bomber)

Abb. 20.1 Boeing B-52D »Stratofortress«, ein noch heute im Dienst stehendes achtstrahliges strategisches Bombenflugzeug der US-Luftstreitkräfte.

20.2 Das Bombenflugzeug F-111 mit variabler Flügelgeometrie kann beachtliche Waffenladungen mit hoher Geschwindigkeit über weite Strecken tragen.

Abb. 20.3 Eine McDonnell F-15, allwettertauglicher taktischer Jäger, hier mit schwerer Bombenlast.

Abb. 20.4 Der sowjetische Luftüberlegenheitsjäger Suchoj Su-27 (FLANKER) hat in Leistung und Aussehen Ähnlichkeit mit der amerikanischen F-15.

werden in der Regel zur Unterstützung eigener Heeresverbände eingesetzt. Ihr großer Wert liegt darin begründet, daß sie bei Nacht und schlechtem Wetter zweckmäßig eingesetzt werden können, was bei üblichen Jagd-bombenflugzeugen nur in beschränktem Maße gegeben ist; ferner verfügen diese Flugzeuge über relativ große Reichweiten und Zuladungsmöglichkeiten.

2. Jagdflugzeuge

Die Einsatzmöglichkeiten des Jagdflugzeuges sind durch die Luftkriegsgeschichte bekanntgeworden.

a) Jagdflugzeuge (fighter)
werden für die Luftverteidigung des eigenen Gebietes oder als Geleitjäger zum Schutz von Bomben- bzw. Transportflugzeugen eingesetzt und sind mit abwerfbaren Zusatztanks bzw. Luftbetankungssonden ausgerüstet. Durch die besondere Bordausrüstung besteht die Möglichkeit, auch halbautomatische Luftkampfeinsätze bei Tag und Nacht, in jedem Wetter zu fliegen, d. h. der Flugzeugführer startet und landet das Flugzeug, während der Ansatz zur Bekämpfung von Flugzielen automatisch vom Boden aus geführt wird. Der große Vorteil eines Jagdflugzeuges besteht darin, daß ein Flugziel identifiziert und die Bekämpfung kurzfristig unterbrochen werden kann, was bei einem kostspieligen Flugkörper nicht gegeben ist.

b) Jagdbombenflugzeuge (fighter bomber/ tactical fighter)
sind nur eine besondere Variante von Jagdflugzeugen. Ihre Entwicklung geht auf die Ereignisse des 2. Weltkrieges zurück.

Durch die besondere Anbringung von Aufhängevorrichtungen für ungelenkte Raketen, Flugkörper und Bomben verbinden sie die gute Manövrierbarkeit eines Jagdflugzeuges mit der Feuerkraft eines leichten Bombenflugzeuges und sind eine höchst wirksame und flexible Waffe im Luftkrieg.

3. Aufklärungsflugzeuge
(reconnaissance fighter)

Jede für die militärische und politische Führung wichtige Information kann u. a. durch bildliche Darstellung Bestätigung finden. Zu diesem Zwecke werden zumeist geeignete Jagd-, Bomben- oder Transportflugzeuge modifiziert und mit besonders geschultem Personal besetzt. Ein Aufklärungsflugzeug fliegt allein und nutzt Geschwindigkeit und Täuschung, um mangelnde Feuerkraft auszugleichen.

4. Transportflugzeuge
(transport)

Transportflugzeuge werden je nach ihrer besonderen Aufgabe eingeteilt in:

- Langstrecken-Transportflugzeuge
- Militärische Langstreckenverkehrsflugzeuge
- Mittelstrecken/Kampfzonentransportflugzeuge
- Kurzstrecken-Transportflugzeuge.

Die Leistungen dieser Flugzeuge wurden bekannt während der »Berliner Blockade« (1948/49) (Operation Vittles).

a) Langstrecken-Transportflugzeuge
(long range transport)

dienen dem Transport strategisch wichtiger Güter, wie sperrigem, schwerem Gerät und Truppen über interkontinentale Entfernungen.

b) Militärische Langstreckenverkehrsflugzeuge

haben die Aufgabe, Truppen- und Versorgungsgüter über weite Entfernungen in Spannungsgebiete zu befördern und Verwundete und Kranke im Rahmen des Sanitätsdienstes zu transportieren.

c) Mittelstrecken/Kampfzonentransportflugzeuge (tactical/combat zone)

können von relativ primitivem Fluggelände eingesetzt werden und sind dank vielseitiger Ausrüstung sowohl für Lasten- als auch Truppentransport verwendbar.

d) Kurzstrecken-Transportflugzeuge
(short range transport)

haben ähnliche Aufgaben wie die Mittelstrecken-Transportflugzeuge; nur sind Reichweite und Transportkapazität geringer. In zunehmendem Maße werden Hubschrauber für diese Aufgaben herangezogen.

5. Sonder-/Mehrzweckflugzeuge
(utility)

In diese Kategorie fallen alle Flugzeuge mit besonderen Aufgaben wie z. B.:
- Hubschrauber
- Verbindungsflugzeuge
- Rettungsflugzeuge
- Tankflugzeuge

6. Schulflugzeuge
(trainer)

wurden zur Erfüllung zweier wichtiger Aufgaben geschaffen:

- Wirkungsvolle, wirtschaftliche Ausbildung des fliegerischen Nachwuchses
- Inübunghaltung und Weiterbildung fliegender Besatzungen.

Diese Flugzeuge sind auch in der Lage, gewisse militärische Kampfaufgaben zu erfüllen.

7. Marineflugzeuge

Zur Wahrnehmung der spezifischen Aufgaben der Seekriegführung verfügen Marineluftstreitkräfte außer dem der Luftwaffe ähnlichen Fluggerät über besondere für die U-Boot-Bekämpfung und Aufklärung ausgerüstete Flugzeuge (auch Seeflugzeuge und Flugboote).

Da Marineflugzeuge teils land-, teils bordgestützt von Flugzeugträgern operieren, werden bestimmte militärische Forderungen hinsichtlich Unempfindlichkeit gegen Korrosion, Langsamflugeigenschaft und Formgebung (Faltflügel) gestellt.

IV. ZIVILFLUGZEUGE

Zivilflugzeuge lassen sich nicht so leicht wie Militärflugzeuge klassifizieren, da ihr Einsatzspielraum wesentlich größer ist. Jedoch kann man grob unterscheiden zwischen:

– Luftverkehrsflugzeug

– Allgemeinen Mehrzweckflugzeugen, wozu u. a. gehören:
– Geschäftsflugzeuge
– Landwirtschaftsflugzeuge
– Sportflugzeuge
– Schulflugzeuge

Abb. 20.5 Eine schwedische SAAB 37 »Viggen«, hier die Aufklärerversion SF 37 mit einer Vielzahl von Sensoren an Bord.

Abb. 20.6 Boeing E-3A »Sentry« (AWACS) als elektronisches Aufklärungs- und Führungsflugzeug der NATO. Die Flugzeuge fliegen unter der Flagge von Luxemburg.

Abb. 20.7 Das größte Flugzeug der Welt – die sechsstrahlige Antonow An-225 – hier mit dem sowjetischen Raumtransporter »Buran« im Huckepack-Schlepp.

Abb. 20.8 Strategischer Aufklärer, Lockheed SR-71 »Blackbird«. Im September 1974 stellte eine Maschine diesen Typs auf dem Fluge von New York nach London mit 1 Stunde 55 Minuten 32 Sekunden einen Weltrekord im Transatlantikflug auf.

**Abb. 20.9 Als Kampfzonentransporter wird die Lockheed C-130 »Hercules« bei vielen Luftstreit-
kräften der Welt geflogen.**

Abb. 20.10 Die aus der Boeing 707 entwickelte KC-135 wird für die Luftbetankung eingesetzt.

Abb. 20.11 Der »Alphajet«, ein deutsch-französisches Gemeinschaftsprojekt, kann sowohl zur Schulung als auch zur Durchführung militärischer Kampfaufträge eingesetzt werden.

Abb. 20.12 Zwei taktische Jäger aus der »Mirage«-Familie: Vorne eine »Mirage« F 1, dahinter die klassische »Mirage« III E.

Abb. 20.13 Das Mach-2-Verkehrsflugzeug »Concorde« im Überschallflug über den Weiten des Atlantiks.

Abb. 20.14 Ganz neu im Flugzeugpark der Lufthansa: Boeing 747-400, ein Jumbo-Jet mit mehr als 10000 km Reichweite. Man beachte die hochgezogenen Flügelspitzen (winglets).

Abb. 20.15 Der Airbus A 320, ein Verkehrsflugzeug aus europäischer Gemeinschaftsproduktion, das sich weltweiter Anerkennung erfreut.

Abb. 20.16 Geschäftsreiseflugzeuge gibt es in verschiedenen Größen. Aus der Dassault-Fertigung hier eine »Falcon 10«, die bis zu 8 Passagiere mehr als 3000 km weit befördern kann.

Abb. 20.17 Das mit zwei Propellerturbinentriebwerken ausgerüstete Amphibienflugzeug »Seastar« ist ganz aus Faserverbundstoffen gefertigt.

Abb. 20.18 Weltweit im Einsatz steht die Do 228-200. Als Mehrzweckflugzeug kann sie als Zubringer-, Geschäftsreise-, Schul- und Flugzeug für Bildflüge eingesetzt werden. Mit Sensoren bestückt, dient sie vielfältigen Aufgaben im Rahmen von Forschung, Überwachung und Entwicklung.

V. WAFFEN

Die Waffen der modernen Luftstreitkräfte der Welt werden seit Bestehen der Luftkriegsführung beständig weiterentwickelt und umfassen heute neben den in ihren Auswirkungen aus kriegerischen Auseinandersetzungen bekannten konventionellen Waffen auch chemische, bakteriologische und nukleare Waffen, die sowohl von Flugzeugen wie auch Flugkörpern zum Einsatz gebracht werden können. Ein Ende der Entwicklung ist nicht abzusehen. Die Technik ist in der Lage, für jede geforderte Wirkung die entsprechende Waffe zu entwickeln.

1. Bordwaffen

a) Rohrwaffen

Für den Selbstschutz und die Bekämpfung von Erdzielen wird die Rohrwaffe im Flugzeug stets ihre Bedeutung behalten. Starr eingebaut, mit hoher Schußfolge, hoher Mündungsgeschwindigkeit und Kalibern zwischen 20–30 mm sind sie eine vielseitige Bordwaffe mit hoher Treffwahrscheinlichkeit, auf die auch in Zukunft nicht verzichtet werden kann.

b) Bordraketen/Flugkörper

Die ungelenkten und gelenkten Bordraketen (Flugkörper) sind wirksame Kampfmittel gegen Boden-, Luft- und Unterwasserziele. Untergebracht in strömungsgünstigen Behältern, können Bordraketen ballistisch und wirkungsmäßig die klaffende Lücke zwischen der Treffwahrscheinlichkeit von Rohrwaffen und Abwurfwaffen ausfüllen.

c) Abwurfwaffen

Aerodynamische Form, Sprengstoffe und Zündvorrichtungen werden ständig verbessert. Flächenfeuerwaffen/Streubehälter, mit Submunition von verschiedenen Kleinbomben und -minen gefüllt, gehören genauso zur modernen Waffentechnologie, wie es die sehr treffgenauen Lenkbomben aller Art sind. Nuklearwaffen im Megatonnen-Wirkungsbereich gehören zu den Standardwaffen von Großmächten.

2. Elektronisches Gerät

Das Herz moderner Waffensysteme wird durch eine Vielfalt elektronischer Geräte gebildet. Sie liefern dem System Werte zur Flugsteuerung, Navigation, Kampfwerteberechnung und entlasten den Soldaten insofern, als Zeit gewonnen und damit die Handlungsfähigkeit der Lage entsprechend verbessert wird. Insbesondere im Rahmen der Luftverteidigung, wo der Bewältigung von Raum und Zeit entscheidende Bedeutung beizumessen ist, kann der Mensch ohne Elektronik gar nicht kämpfen.

Die elektronische Kampfführung zur Täuschung und Störung gegnerischer Funkmittel hat in der modernen Kriegsführung ihren festen Platz.

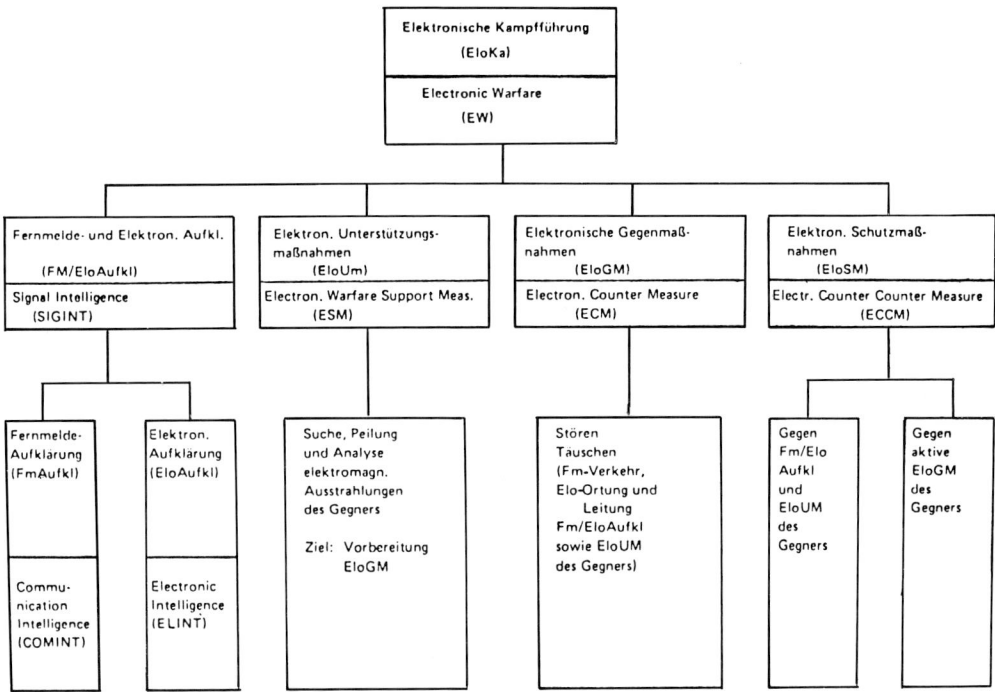

Abb. 20.19 Elektronische Kampfführung (Schema).

3. Fernlenkwaffen

a) Ballistische Flugkörper

(ballistic missiles)

Bei den Großmächten werden die Aufgaben strategischer Bomber immer mehr durch ICBM-Waffensysteme (**inter**continental **b**allistic **m**issile) mit Nukleargefechtskopf übernommen; gegen sie sind Verteidigungsmaßnahmen für lange Zeit noch sehr ungewiß, obwohl sehr teuere Abfangflugkörpersysteme sich im Erprobungsstadium befinden. Interkontinentalraketen haben eine Reichweite von mehr als 6500 km.

Die Aufgaben von Bombern werden in einigen Fällen den Mittelstreckenflugkörpern (IRBM – **i**ntermediate **r**ange **b**allistic **m**issile) übertragen, die dank großer Beweglichkeit und Geländegängigkeit ihrer Transportmittel eine schnelle Feuerbereitschaft erreichen. Ihre Reichweite beträgt 2500–6500 km.

Eine weitere Art von Mittelstreckenraketen hat eine Reichweite von 800–2500 km (MRBM – **m**edium **r**ange **b**allistic **m**issile).

Die Kurzstreckenrakete (SRBM – **s**hort **r**ange **b**allistic **m**issile) erzielt eine Reichweite bis zu 800 km.

Strategische und teilweise taktische Flugkörper können auch von U-Booten aus gestartet werden (SLBM – **s**ubmarine-**l**aunched **b**allistic **m**issile). Ihre Reichweiten entsprechen den IRBM und ICBM.

Bei nuklearen Gefechtsköpfen unterscheidet man:

MARV – **M**anoeuvrable **R**e-entry **V**ehicle: Weiterentwicklung von ICBM-Mehrfachgefechtsköpfen, bei denen die verschiedenen Gefechtsköpfe einer ICBM einzeln lenkbar sind.

MIRV – **M**ultiple **I**ndependently Targetable **R**e-entry **V**ehicle: Die Gefechtsköpfe einer ICBM werden zur Bekämpfung mehrerer Ziele programmiert und eingesetzt.

MRV – **M**ultiple **R**e-entry **V**ehicle: Mehrfachgefechtskopf, bei dem die einzelnen Ge-

Abb. 20.20 Ungelenkte 80 mm-Bordraketen, Typ SURA, als Unterflügellasten an einem Kampfflugzeug »Hunter«.

Abb. 20.21 Ein Jabo F-105 feuert einen Luft-Boden-Lenkflugkörper »Bullpup« ab, der vom Piloten mittels Zieldeckungsverfahren eingesteuert wird.

Abb. 20.22 Ein Boden-Boden-Flugkörper (ICBM) »Minuteman« verläßt seinen verbunkerten, unterirdischen Abschußsilo.

Abb. 20.23 Ein Unterwasser-Boden-Flugkörper »Polaris« kurz nach dem Abschuß/Auftauchen.

Abb. 20.24 Abschuß eines Bord-Luft-Flugkörpers »Talos« von Bord der USS »Columbus«.

Abb. 20.25 Abschuß einer SUBROC (Unterwasser-Unterwasser-Flugkörper) gegen ein getauchtes U-Bootziel.

fechtsköpfe eines MRV jedoch gegen jeweils nur einen Zielkomplex gerichtet werden können.

Entgegen der offiziellen Bezeichnungssysteme von Flugkörpern, findet man häufig noch Abkürzungen, die sich auf den Startort und den Zielraum beziehen:

AAM Air-to-Air-Missile (Luft-Luft-Flugkörper)

ASM Air-to-Surface-Missile (Luft-Boden-Flugkörper)

AUM Air-to-Underwater-Missile (Luft-Unterwasser-Flugkörper)

SAM Surface-to-Air-Missile (Boden-Luft-Flugkörper)

SSM Surface-to-Surface-Missile (Boden-Boden-Flugkörper)

SUM Surface-to-Underwater-Missile (Boden-Unterwasser-Flugkörper)

UAM Underwater-to-Air-Missile (Unterwasser-Luft-Flugkörper)

USM Underwater-to-Surface-Missile (Unterwasser-Boden-Flugkörper)

UUM Underwater-to-Underwater-Missile (Unterwasser-Unterwasser-Flugkörper)

b) Aerodynamische Lenkflugkörper

(1) Luftverteidigungssysteme bedienen sich für die Abwehr feindlicher Ziele in großen und mittleren Höhen aerodynamischer **Boden-Luft-Flugkörper** (SAM – surface-to-air missile), die mittels besonderer Lenkeinrichtungen einem Ziel auch bei Ausweichmanövern bis zur Interception folgen können. Eine weitere Einsatzmöglichkeit ist der Unterwasser-Luft-Flugkörper (UAM – underwater-to-air missile).

(2) Der **Luft-Bodenflugkörper** (ASM – air-to-surface missile), der in einer bestimmten Entfernung vor einem Ziel vom Trägerflugzeug abgefeuert wird, bietet dem Trägerflugzeug die Möglichkeit, den taktischen Gegebenheiten entsprechende günstige Anflug- und Ausweichmanöver zu wählen, was die Überlebenschancen wesentlich erhöht. Eine besondere Form ist der Luft-Unterwasser-Flugkörper (AUM – air-to-underwater missile).

(3) **Luft-Luft-Flugkörper** (AAM – air-to-air missile) sind eine Erweiterung der Einsatzmöglichkeiten von Jagdflugzeugen. Besondere Sensoren wie Infrarot- oder Radar-Zielsuchköpfe in diesen Flugkörpern gewährleisten bei günstigem Interceptionsansatz meist sichere Treffer, weil ein feindliches Objekt bereits auf große Entfernung ausgemacht werden kann.

(4) **Marschflugkörper** (CM – cruise missile) sind aerodynamische Flugkörper mit luftatmendem Triebwerk und geringer Radarrückstrahlfläche, die in sehr niedrigen Höhen mit programmierter oder autonomer Lenkung ihr Ziel über große Entfer-

Abb. 20.26 Ein RAF-Bomber »Vulcan« trägt einen Luft-Boden-Flugkörper »Blue Steel« an Bord (sogenannte Stand-off-Waffe).

nungen anfliegen. Sie können von Land (GLCM – ground launched cruise missile), von Schiffen (SLCM – sea launched CM) oder Flugzeugen (ALCM – air launched CM) aus eingesetzt werden.

(5) **Drohnen-Systeme** (RPV – remotely piloted vehicle) sind unbemannte ferngelenkte Flugzeuge. Sie können im Rahmen der Zielaufklärung, Zielzuweisung, des Luftangriffs und der elektronischen Kampfführung eingesetzt werden. Sogenannte Mini-RPV könnten z. B. folgendes Aufgabenspektrum abdecken: Radartäuschung, elektronische Gegenmaßnahmen, Zielerfassung und Zielbekämpfung, Relaisstation für Datenübertragung, gemeinsamer Einsatz mit bemannten Kampfflugzeugen, Luftraumsättigung.

c) Bezeichnungssystem für Flugkörper

(am Beispiel der USA)

Die Bezeichnung US-amerikanischer Flugkörper erfolgt nach Buchstaben und Zahlengruppen – ähnlich der Bezeichnung von Militärflugzeugen:

1. Buchstabe – Statussymbol: (entfällt bei Einsatzmustern)

J = Special test-temporary (Kurzzeit-Sonderversuche)

N = Special test-permanent (Dauerspezialversuche)

X = Experimental (Versuchs FK)

Y = Prototype (Prototyp)

Z = Planning (Planungsstadium)

2. Buchstabe – Startortsymbol:

A = Air (Luft)

B = Multiple (veränderbar)

C = Coffin (Startbehälter/zugleich für Transport und Lagerung)

      L = Silo launched (Silostart)

M = Mobile (verlegbar)

R = Ship (Schiff)

U = Underwater (Unterwasser)

3. Buchstabe – Einsatzsymbol:

D = Decoy (Täuschkörper)

E = Special electronic (Einsatz in elektronischer Kampfführung)

G = Surface attack (gegen Bodenziele)

I = Interception (Abfangen/Interzeption)

Q = Drone (Zieldarstellung/Drohnensystem)

T = Training (Ausbildung)

W = Weather (Wetter)

4. Buchstabe – Artsymbol:

M = Guided missile (Lenkflugkörper)

N = Probe (Flugkörper mit Meßinstrumenten)

R = Rocket (ungelenkter Flugkörper/Rakete)

Danach folgt die Modellnummer mit der Serienbezeichnung. So bedeutet MIM-23A (HAWK) beispielsweise, daß es sich um einen verlegbaren Abfanglenkflugkörper (mobile interception missile) mit der Modell-Nr. 23 aus der Serie A handelt.

4. Flugabwehrrohrwaffen

Zur Abwehr von Tieffliegern, die von Flugkörpern nur bedingt bekämpft werden können, werden Maschinenwaffen eingesetzt; sie eignen sich auch für den Einsatz im Erdkampf.

Während eine Rohrwaffe mit einem Kaliber von 40 mm bereits aufwendige Zusatz- und Feuerleitgeräte erfordert, bietet das Kaliber 20 mm, was Einfachheit in der Bedienung und Beweglichkeit anbetrifft, gute Einsatzmöglichkeiten für den Objektschutz (Flieger-

horste, Flugkörperstellungen, Depots etc.), leichte Handhabung, hohe V_o und Kadenz ergeben mit relativ geringem Ausbildungsaufwand gute Leistung, so daß besonders die 20-mm-Rohrfla als Zwillingskanone mit optischem Visier von vorhandenem Personal in Zweitfunktion bedient werden kann.

Die Abwehrwirkung einfacher ballistischer Waffen beruht nicht mehr auf der wegen der Einfachheit eingesetzter Mittel an sich gerin-

Abb. 20.27 Der Flakpanzer 1 »Gepard« (auf Fahrgestell »Leopard«) ist ausgerüstet mit einer schnellfeuernden 35 mm-Zwillingskanone. Dieses moderne, radargerichtete Waffensystem der Flugabwehr des Heeres verfügt über große Beweglichkeit und schnelle Herstellung der Feuerbereitschaft.

Abb. 20.28 Das Flugabwehrraketensystem »Roland« (auf Fahrgestell »Marder«) ist ein autonomes Waffensystem von hoher Feuerbereitschaft und Geländegängigkeit. Im Objektschutz wird das Waffensystem auf geländegängigen Radfahrzeugen eingesetzt.

Abb. 20.29 PAH I (Panzerabwehrhubschrauber BO-105P), ausgerüstet mit sechs Werferrohren für Panzerabwehrlenkflugkörper.

Abb. 20.30 Sowjetischer Kampfhubschrauber Mil Mi-28 (HAVOC), ausgerüstet mit einer 3 cm-Kanone und Raketenwerfern/Lenkflugkörpern verschiedenen Kalibers.

gen Treff- und Abschußwahrscheinlichkeit der einzelnen Waffen, sondern auf dem konzentrierten Einsatz einer großen Zahl von Waffen bzw. Rohren gegen tiefstfliegende Angreifer.

VI. SONDERWAFFEN

1. Kernwaffen

a) Einführung

Kernwaffen sind Vernichtungsmittel von bisher nicht gekanntem Ausmaß. Sie sind in der Lage, in kürzester Zeit eine außerordentliche Wirkung zu erzielen. Diese richtet sich im allgemeinen gegen einen Raum (– Flächenziel –), den sie in eine Vernichtungszone verwandeln. Gegen Kernwaffen ist ein Schutz aber durchaus möglich.

Kernwaffen sind allein nicht kampfentscheidend. Die herkömmlichen Grundsätze der Taktik werden nicht außer Kraft gesetzt; Kampfweise und Verhalten der Truppe müssen sich jedoch dem neuen Kampfmittel anpassen.

Kernwaffen können als Bomben, Granaten oder Flugkörper eingesetzt werden. Die bei den Detonationen einer Kernwaffe freiwerdende Energie wird in Kiloton (KT) ausgedrückt, wobei ein (KT) der theoretischen Wirkung von 1000 t Trinitrotoluol (TNT) entspricht. Es gibt Sprengköpfe in allen Größen. Die 1945 über Japan abgeworfenen beiden Atombomben hatten eine Sprengwirkung von 20 KT. Sie gilt heute als »Nominalbombe«, u. a. als Berechnungsgrundlage der Wirkungsanalyse.

Um Kernwaffen an das Ziel zu bringen, stehen folgende Einsatzmittel zur Verfügung (soweit bisher bekannt):

– Geschütze
– Flugkörper
– Kampfflugzeuge
– Satelliten

Abb. 20.31 Schematischer Aufbau einer Atombombe. Die unterkritischen Massen/Spaltladungen werden durch Sperrvorrichtungen getrennt gehalten.

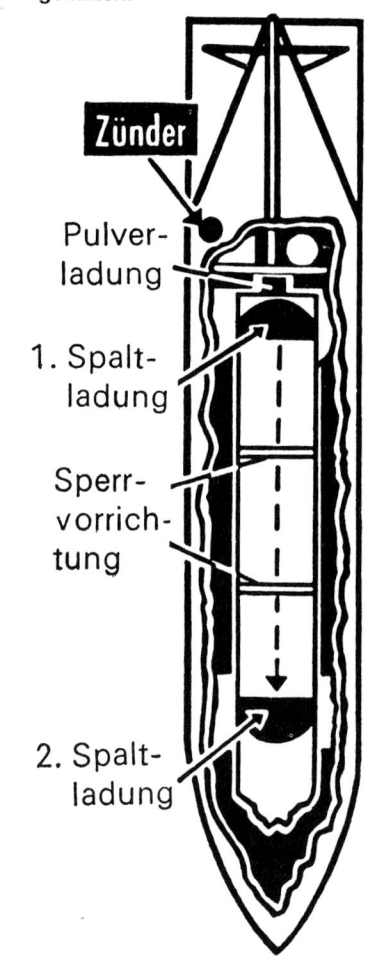

Zünder

Pulverladung

1. Spaltladung

Sperrvorrichtung

2. Spaltladung

b) Allgemeine Wirkung

Von der bei der Detonation freiwerdenden Energie setzt sich etwas mehr als die Hälfte in Luftdruck, etwa ein Drittel in thermische Strahlung und der Rest in radioaktive Strahlung (Initial- und Residualstrahlung) um.

Luftdruck und thermische Strahlung breiten sich nicht mit der gleichen Geschwindigkeit aus (Vergleich mit Blitz und Donner!). Die Druckwelle breitet sich mit Überschallgeschwindigkeit, die thermische Strahlung mit Lichtgeschwindigkeit aus.

Die **Druckwelle** wirkt nicht schlagartig wie bei sonstigen kurzzeitigen Explosionen; ihre Wirkung hält mehrere Sekunden an. Die Zerstörungswirkung einer 20-KT-Bombe auf Häuser erstreckt sich auf einen Radius von etwa 1,6 km (mittelschwere Zerstörung). Die Gefahr der Druckwelle für den menschlichen Körper besteht nicht so sehr in unmittelbarem Druck auf den Körper als in der Möglichkeit, daß die durch den nachfolgenden Windstoß und Sog niederstürzenden und umherfliegenden Trümmerstücke, Holzteile oder Glasscherben den Körper treffen (ausgenommen der unmittelbare Wirkungsbereich um den Bodennullpunkt).

Die **thermische Strahlung** wirkt unmittelbar für die Dauer einiger Sekunden auf den ungeschützten menschlichen Körper. Sie bewirkt auf ungeschützten Körperteilen bis auf 2 km schwere Verbrennungen und bis auf 3 km leichte Verbrennungen. Diese Zahlen gelten für klares Wetter. Diesige Luft, Nebel, Staub oder Rauch setzen die Wirkung bis etwa auf die Hälfte herab.

Die thermische Strahlung wirkt nur dort, wo sie unmittelbar auftrifft. Im Schutz eines Baumes, Hanges, einer Mauer oder in einem Deckungsloch bleibt sie wirkungslos. Sofortiges Hinwerfen auf den Boden und Bedecken der ungeschützten Körperteile bietet bereits einen gewissen Schutz. Der bei der Detonation entstehende Feuerball strahlt eine außerordentlich starke Blendwirkung aus. Die Blendung des menschlichen Auges dauert bei Tage einige Minuten, bei Nacht bis zu 60 Minuten. Bei Luftsprengpunkten und bei klarer Luft wirkt sie bis auf 15 km Entfernung.

Die **Gammastrahlen** durchdringen ähnlich wie Röntgenstrahlen den menschlichen Körper und können bis zu 1,5 km Entfernung vom Explosionspunkt tödliche Wirkung haben. Bei 50 % der getroffenen Menschen beträgt die tödliche Strahlenmenge etwa 400 r (r = Röntgen – Maß der Strahlungseinheit):

Strahlungs-menge:	Wahrscheinliche Wirkung:
bis 50 r	keine ernsten Verletzungen;
50 bis 100 r	geringere Verletzungen; keine Kampfunfähigkeit;
100 bis 200 r	Verletzungen mit wahrscheinlicher Kampfunfähigkeit;
200 bis 400 r	Kampfunfähigkeit, Tod möglich;
400 r	50 % Tote;
ab 600 r	**Tod.**

Schutz gegen diese Strahlungen bieten möglichst dichte, feste und schwere Stoffe, wie Erde, Steine, Beton oder Metalle. Aus der folgenden Übersicht ist zu erkennen, um wieviel eine Strahlungsmenge von 400 r durch Erde, Beton oder Stahl herabgesetzt werden kann:

Erde:	Beton:	Stahl:	Verminderter Strahlungswert:
20 cm	12 cm	4 cm	= 200 r
40 cm	24 cm	8 cm	= 100 r
60 cm	36 cm	12 cm	= 50 r
80 cm	48 cm	16 cm	= 25 r

Daraus ergibt sich, daß Deckungsgräben, Deckungslöcher oder überdeckte Unterstände einen wirksamen Schutz gegen die Gammastrahlen gewährleisten.

Der Niederschlag von Spaltteilen als radioaktiver Aschenregen ist bei einer Luftdetonation eines Sprengkörpers praktisch bedeutungslos, da die Spaltprodukte erst nach langer Zeit auf den Erdboden zurückgelangen und ihre Strahlungsmenge dann stark abgesunken ist. Bei der Detonation eines Sprengkörpers auf oder im Boden (Wasser) zwingt der niedergehende radioaktive Aschenregen zu längerem Verbleiben in abgedeckten Unterständen oder unter übergeworfenen Zeltplanen, Kleidungsstücken usw. Die Ausdehnung des durch den Aschenregen verseuchten Gebietes hängt von der Bodenbeschaffenheit und Windrichtung ab.

Die nach einer Detonation jeweils vorhandene Strahlenmenge muß durch Strahlenmeßgeräte festgestellt werden. Aus diesen Messungen ergibt sich, wann und wie lange das betroffene Gelände ohne Gefahr wieder betreten werden kann.

c) Wirkung auf dem Gefechtsfeld

Die Wirkung von Kernwaffen auf dem Gefechtsfeld hängt von der Energiemenge (KT-Zahl), von der Lage des Sprengpunktes und vom Gelände ab. Ein großer Unterschied in der Wirkung besteht ferner darin, ob sich die Truppe in Deckung befindet oder in Bewegung ist und ob es sich um einen gepanzerten oder ungepanzerten Verband handelt.

Taktisch eingesetzte Kernwaffen richten sich vor allem gegen lebende Ziele. Bei Waffen und Gerät ist die zerstörende Wirkung erheblich geringer als gegen lebende Ziele. Die Verluste einer nicht in Deckung befindlichen Truppe sind um ein Mehrfaches höher als bei Truppen, die eingegraben sind. Der Wert von Feldbefestigungen aller Art ist damit im hohen Maße gestiegen.

Gegen Truppenverbände bildet der Luftsprengpunkt die Regel. Befinden sich Truppen in Deckung, kann auch mit einem Bodensprengpunkt oder Einsatz einer stärkeren Energiemenge gerechnet werden. Kernwaffen mit geringerer Energiemenge als 20 KT kommen dann in Frage, wenn die Wirkung besonders nahe an die eigene Truppe herangezogen werden soll. Gegen Verkehrsknotenpunkte, Brücken, Eisenbahnen haben nur Kernwaffen mit einer sehr hohen KT-Zahl Aussicht auf zerstörende Wirkung.

Beispiel und Anhalt für die Wirkung einer 20-KT-Kernwaffe mit Luftsprengpunkt in 600 m Höhe:

Infanterie in Deckung (Schützenlöcher, Gräben mit entsprechenden Nischen und Fuchslöcher) bleibt ab 1000 m Entfernung vom Bodennullpunkt kampffähig, Infanterie und Artillerie ohne Deckungen haben etwa 50% Verluste bis zu 2000 m Entfernung vom Sprengpunkt.

In ständigen Anlagen und entsprechend abgedeckten Unterständen bleibt die Truppe auch nahe am Bodennullpunkt kampffähig. Splittersichere Eindeckungen werden bis zu 1000 m Entfernung zerstört, wenn sie über die Erdoberfläche hinausragen. Bewegungen in der Nähe des Bodennullpunktes sind ohne Spezialschutzkleidung erst nach 60 Minuten möglich. Hat der Feuerball die Erde berührt (bei sehr niedrigem Luftsprengpunkt oder beim Bodensprengpunkt) sind Bewegungen erst nach genauer Strahlenmessung möglich.

Panzer, Schützenpanzer und gepanzerte Selbstfahrlafetten werden bis zu 500 m Entfernung vom Bodennullpunkt stark beschädigt; sie brennen jedoch nicht aus und bleiben im allgemeinen bewegungs-, aber nicht kampffähig. Bis zu 1000 m Entfernung werden sie leicht beschädigt, ab 2000 m treten kaum Schäden mehr ein.

Den Bodennullpunkt können sie ohne Gefährdung sofort nach der Detonation überschreiten; Last- und Personenkraftwagen haben bis 1000 m Totalschaden, ab 2000 m geringe, ab 3000 m keine Schäden und können den Bodennullpunkt nach 30 Minuten überschreiten.

Feste Brücken sind nur durch Nahtreffer mit Bodensprengpunkt bei hoher KT-Zahl zu vernichten. Kriegsbrücken, insbesondere schwimmender Bauart, sind ähnlich empfindlich wie Kraftfahrzeuge.

Landstraßen und Eisenbahnen in offenem Gelände sowie Start- und Landebahnen für Flugzeuge können bei Detonationen mit Luftsprengpunkt nicht unbenutzbar gemacht werden.

Ortschaften und Wälder vermindern die Wirkung des Hitzeblitzes erheblich; häufig entstehen jedoch Brände. Auch die unmittelbare Luftdruckwirkung wird herabgesetzt; durch umherfliegende Trümmer (bis zu 100 km/h) entsteht aber eine beachtliche mittelbare Wirkung. Darüber hinaus werden Straßen und Wege blockiert.

Höhen, Dämme, Gräben usw. mindern die Druck-, Hitze- und Strahlenwirkung entscheidend herab, wenn sich die Truppe im Winkelschatten befindet. Der einzelne Mann findet fast in jedem Gelände Deckung.

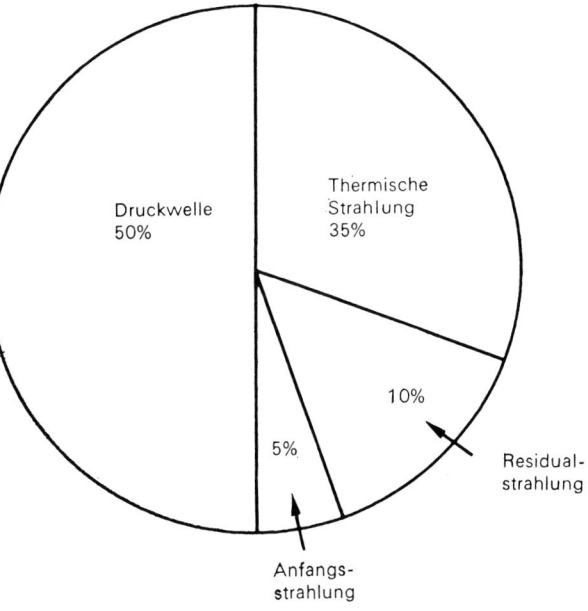

Abb. 20.32 **Wirkung von Kernwaffen.**

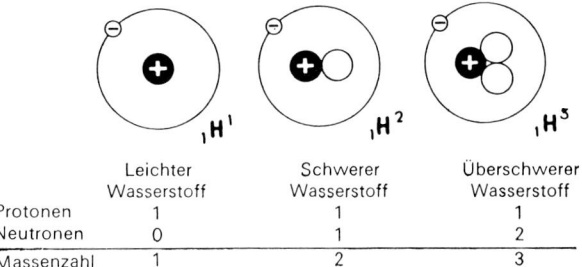

	Leichter Wasserstoff	Schwerer Wasserstoff	Überschwerer Wasserstoff
Protonen	1	1	1
Neutronen	0	1	2
Massenzahl	1	2	3

Abb. 20.33 **Isotope des Wasserstoffs.**

d) Ablauf einer Kernexplosion

Moleküle und Atome bilden die Materie.

Atome bestehen aus einem positiv geladenen Kern, mit um ihn herumkreisenden negativ geladenen Elektronen.

Der Atomkern setzt sich aus Neutronen und Protonen zusammen. Protonen sind positive Elementarladungen, Neutronen verhalten sich elektrisch neutral, d. h. sie können sich auch in Protonen umwandeln, man bezeichnet sie als Nukleon.

Isotope sind Atome mit gleicher Protonenzahl aber unterschiedlicher Neutronenzahl. Bindungsenergie ist erforderlich, um ein Nukleon aus einem Atomkern zu lösen.

Kerne mit mittleren Massenzahlen sind am stärksten gebunden, in den leichten und schweren Kernen sind diese Bindungen gering.

Kernenergie wird daher frei, wenn sich leichte Kerne durch Kern-VERSCHMELZUNG (fusion) und schwere Kerne durch Kern-SPALTUNG (fission) in Kerne mittlerer Massenzahlen verwandeln.

Wenn nun spaltbare unterkritische Substanzen (z. B. die Isotope U-235 und Pu-239) »zusammengeschossen« und durch ein Neutron getroffen werden, werden Atomkerne gespalten, wodurch wiederum Neutronen frei werden, die lawinenartig (geometrische Reihe) in Form einer Kettenreaktion weitere Kerne spalten (Abb. 20.34). Die Masse ist »überkritisch«. Mit der Implosionstechnik wird eine unterkritische Masse mit Hilfe von mechanischen Kräften zu dichter, gepackter Materie zusammengedrückt, womit wiederum eine überkritische Masse entsteht.

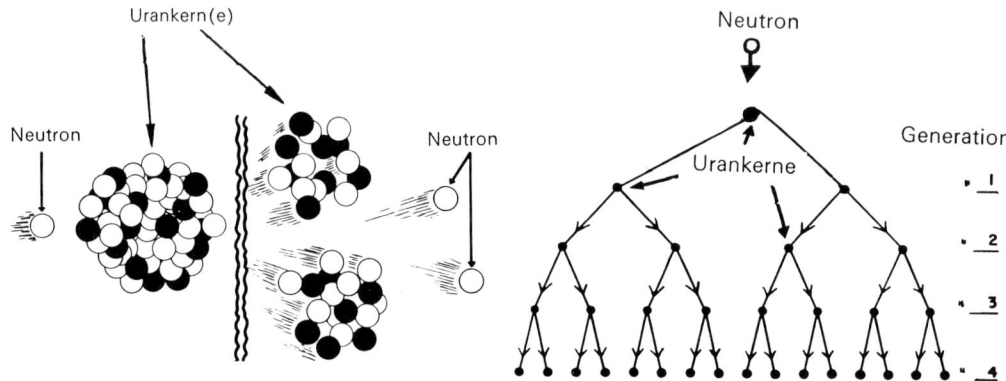

Abb. 20.34 Ablauf einer Kettenreaktion.

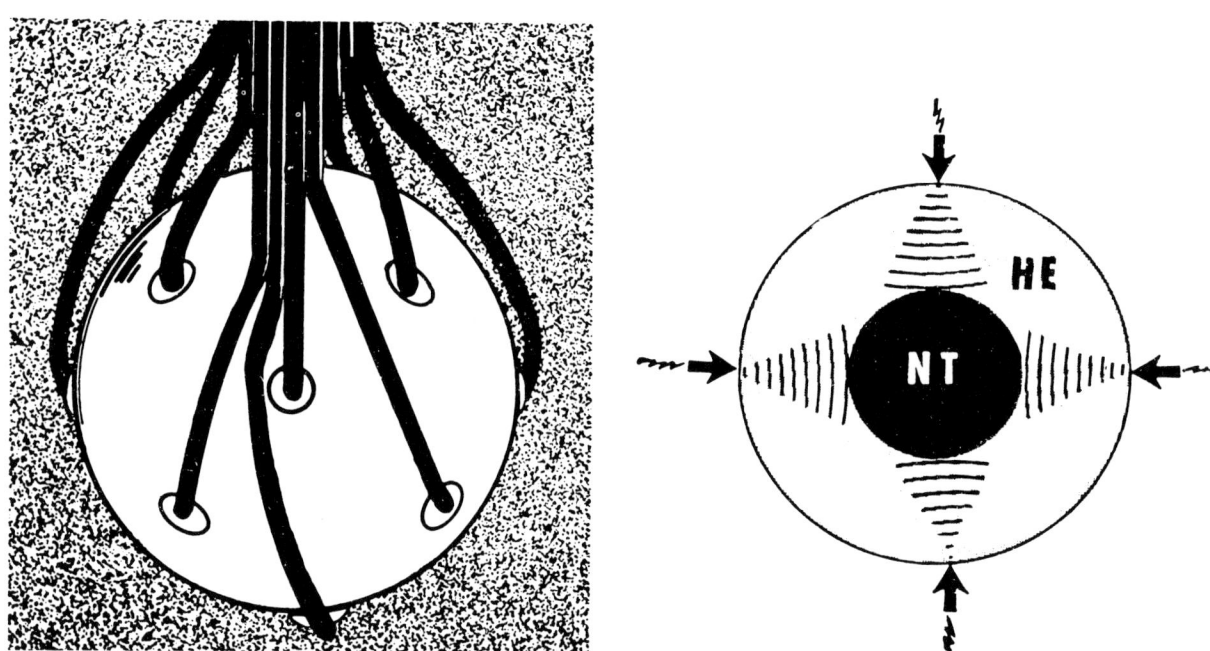

Abb. 20.35 Die Implosionstechnik bedient sich mehrfach gleichzeitig gezündeter Hochexplosiv-(HE-)Ladungen, um überkritische Massen (NT) zu erzeugen.

Kernverschmelzungen sind auf leichte Elemente bzw. Isotope (z. B. Wasserstoff, Deuterium, Tritium) beschränkt, ihre elektrischen Abstoßkräfte sind kleiner als die schwererer Elemente.

Für Kernverschmelzungsprozesse werden Temperaturen von mehreren Millionen Grad Celsius benötigt (thermische Energie, daher auch thermonukleare Verschmelzung genannt), diese Temperaturen lassen sich nur mit einer Kernspaltungsexplosion erreichen,

ferner muß durch entsprechende Verdämmung der Explosionsherd lange genug zusammengehalten werden, d.h. auch gegenüber der Umgebung wärmeisoliert abgetrennt sein. Nur so läßt sich der Verschmelzungsprozeß aufrechterhalten.

Erst wenn die hohen Temperaturen gegeben sind, verläuft der Prozeß von selber weiter (z. B. die thermonuklearen Reaktionen auf der Sonne).

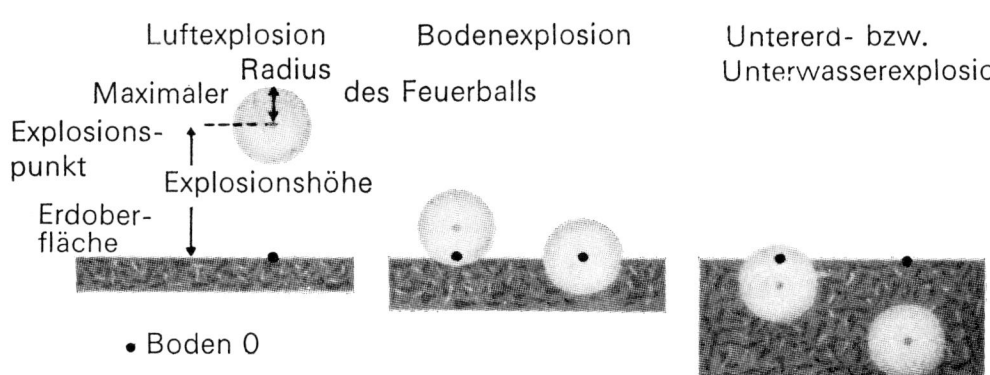

Abb. 20.36 Arten von Kernexplosionen.

e) Arten von Kernexplosionen

Man unterscheidet nach Lage des Feuerballs die:

- Luftexplosion, der Radius des Feuerballs berührt die Erdoberfläche nicht
- Bodenexplosion, der Radius des Feuerballs berührt die Erdoberfläche
- Untererd- bzw. Unterwasserexplosion, der Explosionspunkt liegt unterhalb der Erd-/Wasseroberfläche.

(Alle u. a. Werte beziehen sich auf die »Nominal-Bombe« – 20 KT –)

(1) Die **Luftexplosion** liegt mit Explosionspunkt und Höhe so über der Erdoberfläche, daß der Feuerball den Boden nicht berührt.

Nach der Zündung sendet die Kernwaffe in einer Mikrosekunde Wärme als Energie aus, die als greller Lichtblitz erscheint. Der hohe Druck (Hunderttausende von Atmosphären) veranlaßt die heißen Gase, sich auszudehnen, sie bilden eine sich schnell vergrößernde aufsteigende Kugel, den Feuerball, der von einer Stoßfront zunächst begrenzt ist. Nach etwa 15 Millisekunden löst sich diese Stoßfront (break-away) und eilt dem Feuerball voraus, erst nach ca. 1 s hat der Feuerball seinen maximalen Durchmesser erreicht.

Sobald die Stoßfront durch einen Abstandspunkt vom Explosionszentrum läuft, steigt der Druck zunächst an (positive Druck-Phase), erreicht kurz den normalen Luftdruck, sinkt dann wiederum unter den normalen Atmosphärendruck (negative Sog-Phase), um erst danach den Druckausgleich auf Normaldruck wiederherzustellen.

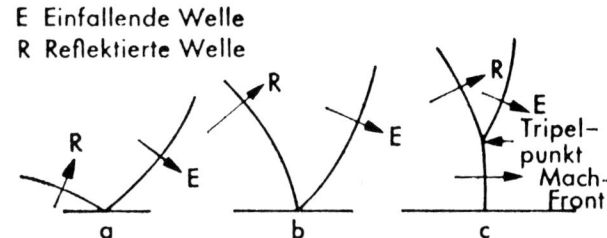

Abb. 20.38 Verschmelzung von einfallender und reflektierter Druckwelle und Bildung der Machfront.

Die auf der Erdoberfläche reflektierten Stoßwellen fallen zur sogenannten Mach-Front mit hohen Druckspitzen zusammen. Die Höhe des Wertes der Druckspitze ist ein Maß für den zu erwartenden Zerstörungseffekt.

Die Druckwirkung folgt theoretisch dem Cranzschen Modellgesetz:

Der Wirkungsradius wächst mit der Kubikwurzel aus dem Verhältnis der Energieleistungen der Waffen nach der Formel:

$$\frac{R}{W_0} = \sqrt{\frac{W}{W_0}}$$

Abb. 20.37 Veränderung des Drucks über die Zeit an einem festen Ort.

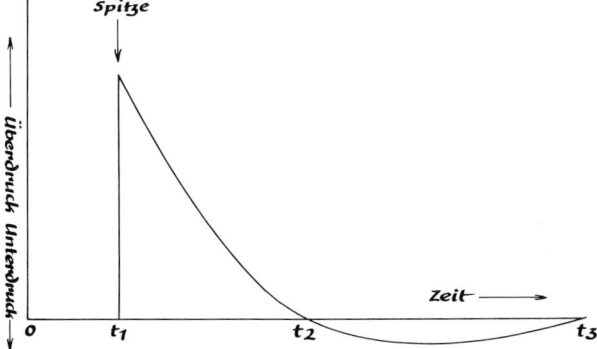

W_o = Energieleistung bei 20 KT (»Nominal-Bombe«)

R_o = Entfernung vom Bodennullpunkt bei 20 KT (»Nominal-Bombe«)

Der Wirkungsradius bestimmt den Abstand um den Bodennullpunkt, wo die Wahrscheinlichkeit der erwarteten Zerstörung 50% beträgt. Etwa 85% der Zerstörungen werden innerhalb, ca. 15% außerhalb dieses Bereichs fallen. Der Radius ist abhängig von:

– Explosionsenergie
– Zielart
– Einsatzart und Möglichkeit
– erwartetem Zerstörungsgrad

(2) **Bodenexplosionen** liegen mit ihrem Sprengpunkt so, daß der Feuerball die Erdoberfläche berührt. Der Sprengpunkt liegt entweder kurz über bzw. auf der Erdoberfläche. Im Augenblick der Detonation wird der Feuerball – ähnlich wie bei Luftexplosionen – sichtbar. Die Energie ruft eine Stoßwelle in

Abb. 20.39 Gleiche Sprengwerte verursachen verschieden starke Zerstörungen als Luft- bzw. Unterwasserexplosion.

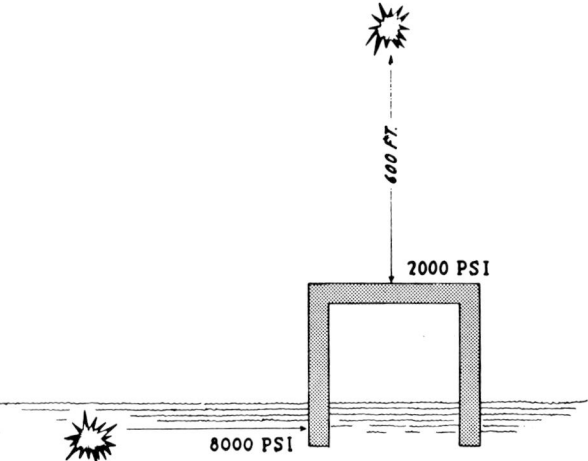

der Atmosphäre hervor, verdampft und verdrängt große Erd- und Wassermengen (Erdbeben – Flutwellen).

Der aufsteigende Feuerball saugt verstrahlte Erd- und Wasserteile mit in die Höhe, die windabwärts vom Bodennullpunkt als radioaktiver Niederschlag ausfallen (fall-out).

(3) Die **Untererd- bzw. Unterwasserexplosion** liegt mit dem Explosionszentrum unter der Erd-/Wasseroberfläche.

Untererdexplosionen schaffen große Krater und wirken in erster Linie durch erdbebenartige Druckwellen, hervorgerufen durch den Feuerball. Bei Unterwasserexplosionen werden gewaltige Wassermengen hochgeschleudert. Die Druckwelle unter Wasser wandert schneller als in der Luft, die Wirkung ist ca. viermal so stark.

Die hochgeschleuderten Wasser- und Erdmassen sind hochgradig radioaktiv verseucht.

f) Neue Arten von Nuklearwaffen

Wie bei konventioneller Munition, so bemühte man sich auch bei Nuklearwaffen, Größe und erwünschte Wirkung unter Ausschaltung oder Verringerung anderer Waffenwirkungen (Kollateralschäden) auf das vorgesehene Ziel zuzuschneiden:

(1) **Variabler Detonationswert,** der sich durch Einstellung an Gefechtsköpfen/Bomben variieren läßt (dial-a-yield).

(2) **Neutronenwaffen** (ERW – enhanced radiation weapon/Waffe mit verstärkter Anfangsstrahlung) sind keine neue Erfindung, sondern eine Weiterentwicklung (Verkleinerung) der Wasserstoffbombe. Im Gegensatz zur Kernspaltungswaffe, werden bei ER-Waffen in erster Linie schnelle Neutronen freigesetzt. Die thermische Strahlung und die Druckwelle sind schwächer als bei üblichen Kernspaltungswaffen. Eine Neutronenwaffe von 1 KT hat die gleiche verheerende Wirkung wie eine 10 KT-Kernspaltungswaffe auf Menschen, andererseits verursacht diese

aber noch erhebliche weitere Schäden.

(3) **Kraterwaffen** (»Earth Penetrator«/RRR – reduced residual radiation bomb/Bombe mit verminderter radioaktiver Rückstandsstrahlung) bilden das Gegenstück zur Neutronenwaffe, denn sie sind auf Spreng- und Druckwirkung optimiert, um beim Aufschlag oder Eindringen in den Boden Krater zu schaffen, Bunker zu zerstören oder Sperrwirkung zu erzielen (ADM – atomic demolition munition/Minen mit nuklearer Wirkung).

(4) **Mehrzweckwaffen** (convertible weapons) sind konventionelle Gefechtsköpfe/Bomben, die so konstruiert sind, daß sie durch Einsetzen einer besonderen Komponente (INC – insertable nuclear component) in Nuklearwaffen umgerüstet werden können.

Abb. 20.40 Bildsequenz der zweiten Atomexplosion (BAKER, 20 KT, unter der Wasseroberfläche). Zwischen Zündung der Bombe und dieser Bildfolge verstrichen nur ein paar Tausendstel Sekunden. Auf dem oberen Bild gut sichtbar die halbkugelförmige Kondensationswolke und die sich konzentrisch ausdehnende Unterwasserdruckwelle. Das Bild auf der nächsten Seite zeigt das Aufsteigen der Wassersäule und die typische, blumenkohlartige hochradioaktive Wolke.

450

Zwischenbemerkung:

Kaum ein Gebiet der militärischen Rüstung wird so totgeschwiegen wie die Ausrüstung mit biologischen (B-) und chemischen (C-) Kampfstoffen, denn ihr Einsatz – nicht aber Entwicklung, Herstellung und Lagerung – ist seit 1925 durch das Kriegsvölkerrecht grundsätzlich verboten, im Gegensatz zu den Atom- (A-) und manchen anderen Waffen, die sich gerade noch in einer »legalen Grauzone« bewegen. Die Herstellung von biologischen Waffen ist seit 1975 verboten.

Da die Lagerung von B- und C-Waffen auch für die Besitzer immer ein Risiko bedeutete und die Vernichtung überalterter Giftbestände ein schwer lösbares Problem darstellte, gingen die Großmächte dazu über, sogenannte Binäre Kampfstoffe herzustellen. Binäre Systeme bestehen aus mehreren getrennten und damit harmlosen, ungiftigen Substanzen, die erst im Einsatz (nach dem Abschuß/Abwurf oder Aufprall) zu lähmenden, krankmachenden oder todbringenden Kampfstoffen werden.

2. Biologische Waffen

Die biologische Kriegsführung ist der militärische Einsatz von Bakterien oder ähnlichen Kleinstlebewesen und ihren Giften, um bei Menschen, Tieren oder Nutzpflanzen Tod, Krankheit oder Schäden zu verursachen. Sie können eingesetzt werden durch:
– Granaten oder Flugkörper
– Sprühbehälter oder Bomben vom Flugzeug aus
– Sabotage (z. B. Trinkwasserverseuchung)
Folgende Erreger können als biologische Kampfmittel verwendet werden:
– Beulenpest

– Cholera
– Fleckfieber, Typhus
– Milzbrand
– Grippen
– Lungenpest
– Ruhr
– Rotz
– Papageienkrankheit
Als Schutz kommen die Impfung und Schutzausrüstung (Maske, Plane) sowie peinliche Sauberkeit und Dekontaminierung (Entstrahlung, Entgiftung, Entseuchung) in Frage.

3. Chemische Waffen

Neben Nebel, Rauch- und Brandstoffen können auch chemische Kampfstoffe eingesetzt werden.

Dies sind Gase, Dämpfe oder Flüssigkeiten, die den Menschen kampfunfähig machen, ihn erkranken lassen oder töten.

Diese Kampfstoffe können eingesetzt werden durch:
– Bomben oder Schüttbehälter
– Granaten
Man unterscheidet allgemein zwischen

– Luftkampfstoffen, mit Wirkung durch Verteilung im Luftraum
– Geländekampfstoffen, mit Wirkung durch Verteilung im Gelände.

a) Wirkungsformen
Maßgebend für die Schutzmaßnahmen gegen chemische Kampfstoffe ist ihre Zustandsform nach dem Einsatz.

(1) Luftkampfstoffe

Die dem Luftraum beigemengten Kampf-stoffe üben ihre schädigende Wirkung in Gasform (Gase oder Dämpfe) oder in Schwebstofform aus. Es können bestimmte Kampfstoffe in beiden Erscheinungsformen (Gas- und Schwebstofform) nebeneinander existieren.

Schwebstoffe (Aerosole)
Kleinste, in der Luft schwebende, nicht unbedingt sichtbare Teilchen in flüssiger Form (Nebelform) oder in feinster Form (Staubform)
Sichtbarkeit: nur bei Vorliegen hoher Konzentrationen.

(2) Geländekampfstoffe

Im Gelände in tröpfchenartiger Verteilung versprühte, ölige bis zähflüssige (= fladenför-mige) Kampfstoffe, die durch Verdunstung gleichzeitig auch als Luft-Kampfstoffe wirksam werden können.

Schutz gegen Gelände-Kampfstoffe:
Schutzmaske, Hautentgiftungsmittel oder -salbe, Geländeentgiftungsstoff und zusätzliche Schutzbekleidung.

b) Wirkungsdauer

(1) Luftkampfstoffe = flüchtige Kampfstoffe
Eigenverdünnung (Verteilungsbestreben der Gase und Schwebestoffe im freien, offenen Gelände) und Luftströmungen begrenzen die Wirkungsdauer der dem Luftraum beigemengten Kampfstoffe.

(2) Gelände-Kampfstoffe = seßhafte Kampf-stoffe
Langsam verdunstende oder sich langsam zersetzende Kampfstoffe, die nach Witterungs- und topographischen Verhältnissen Tage bis Wochen, unter Umständen noch länger seßhaft bleiben.
In flüssiger Form als Haut- (Kontakt-) und Augengifte, in Dampfform als Atem-, Augen- und Hautgifte wirksam.

c) Wirkungsgruppen

(1) Reizkampfstoffe
Kampfstoffe, die bereits in geringen Mengen eine meist schnell eintretende und unerträgliche Reizwirkung ausüben und unbedingt unter die Schutzmaske zwingen.
Einsatzzweck:
Behinderung – Ermüdung

(2) Giftstoffe
Kampfstoffe, die schwere Schädigungen u. U. mit tödlichem Ausgang hervorrufen. Selbst beim Vorliegen lebensbedrohender Konzentrationen zwingen manche infolge fehlender Warnreizwirkung nicht unbedingt unter die Schutzmaske.

(a) Atemgifte
Gifte, die dem Luftraum beigemengt sind und auf dem Atemwege in den Körper eindringen.
Einsatzzweck:
Rasche Kampfunfähigkeit bzw. völlige Vernichtung

(b) Hautgifte
Gifte, die in Berührung mit der Haut (= Kontaktgifte) schwere Zerstörung des Zellgewebes verursachen.
Einsatzzweck:
– Kampfunfähigmachung, bei entsprechendem Einsatzverfahren sogar Vernichtung
– Behinderung in der Bewegungsfreiheit durch Vergiften des Geländes (= Gelände-Kampfstoffe)
– Sekundärvergiftungen durch Übertragung und Verschleppung.

d) Kampfstoffgruppen

(1) Augenreizstoffe
B-Stoff (Übungsraumprobe) »Tränengas«

CA-Stoff (US)
CN-Stoff (US)

(a) Wahrnehmung
Allgemein nicht sichtbar, nur bei Vorliegen hoher Konzentration (z. B. beim Verschwelen oder im Augenblick der Detonation einer Bombe). Bildung sichtbarer Schwaden.

(b) Geruch
etwas süßlich, honigartig

(c) Reizwirkung
Augenreiz

(d) Wirkungsdauer
Im freien, offenen Gelände je nach Einsatzart bis viele Stunden und länger.

(e) Wirkung
Sofortige heftige Reizwirkung auf die Schleimhäute der Augen.
Dauer und Ende der Wirkung: unter der Schutzmaske oder in kampfstofffreier Luft Abklingen der Reizwirkung innerhalb kurzer Zeit. Keine nachhaltigen Schädigungen der Augen.

(2) Nasen- und Rachenreizstoffe (arsenhaltig)
Clark I (US DA)
Clark II (US CDA)
Adamsit (US DM)

(a) Wahrnehmung
Allgemein nicht sichtbar. Sichtbare Schwaden (nebelartige Dunstwolken, z. B. auch gelber Rauch) nur unmittelbar nach dem Einsatz. Rasche Verteilung der Schwaden im Luftraum.

(b) Geruch
Muffig, an »Apothekengeruch« erinnernd

(c) Reizwirkung
Nasen- und Rachenreizwirkung

(d) Wirkungsdauer
Im freien, offenen Gelände nur von vorübergehender Wirkungsdauer. Ausdehnung des Wirkungsbereiches bis auf mehrere Kilometer Tiefe infolge Verteilung der Schwebstoffe durch Luftströmungen.

(e) Wirkung
Rasch eintretende, sich steigernde, unerträglich werdende Reizwirkung auf die Schleimhäute der Nase und des Rachens, Reizwirkung auf Augen geringer, Angst und Beklemmungsgefühl.

(f) Charakteristisch
Unter der Schutzmaske oder in frischer, kampfstofffreier Luft zunächst noch Steigerung der Wirkung im Gegensatz zu den Augenreizstoffen.
Nur langsames Abklingen der Wirkung. Nach einer halben Stunde, bei längerer Kampfstoffeinwirkung nach etwa 2 Stunden, Wiederherstellung des allgemeinen Wohlbefindens. Keine Nachwirkungen und keine nachhaltigen Schädigungen.

(3) Lungenschädigende Kampfstoffe
Phosgen (US CG)
Perstoff (US)
Chlorpikrin-Klop (US CS)

(a) Wahrnehmung
Unsichtbar. Bei kühlem Wetter u. U. zur Nebelbildung neigende Dunstwolken vorübergehend sichtbar.

(b) Geruch
Nicht immer am Geruch zu erkennen oder zu unterscheiden. Phosgen, Perstoff: dumpfer, modriger Geruch. Chlorpikrin: stechender, süßlicher Geruch.

(c) Reizwirkung
Verglichen mit den eigentlichen Reizstoffen, Reizwirkung bei Phosgen und Perstoff gering, bei Klop deutlich ausgeprägt. Bei hö-

heren Konzentrationen, bei Phosgen und Perstoff auch Reizung der Augen und der oberen Atemwege, bei Klop Reizwirkung der Augen stärker und deutlicher.

(d) Wirkungsdauer

Wirkungsdauer zeitlich begrenzt (flüchtig), außerdem stark von Wind und Wetter abhängig

(e) Gasnester, tote Winkel:

Geschützte Täler, Mulden, bewachsenes Gelände, Lichtungen usw. Gasgefahr erheblich länger.

(f) Wirkung

Lungenschädigend – Lungenödem

(g) Charakteristisch

Die Latenzzeit, d. h. Verborgenheit der Anzeichen einer bereits eingetretenen Vergiftung.

Zuerst oft nur geringe Reizwirkung auf die oberen Atemwege. Leichter Husten. Dann wieder Stadium eines scheinbaren, aber trügerischen Wohlbefindens. Nach 2 bis 8 Stunden Latenzzeit Kopfschmerzen, erste Anzeichen einer Lungenschädigung.

Zu beachten
– Geringe Mengen in einem längeren Zeitraum eingeatmet, können genauso wirksam sein wie die Einatmung hoher Kampfstoffmengen in kurzer Zeit.
Addierende Wirkung:
Die wiederholten Giftaufnahmen geringer Mengen sind lebensgefährlich.
Bei schweren Vergiftungen durch Einatmen hoher Konzentrationen keine Latenzzeit. Tod durch Ersticken infolge Krampf der Bronchialmuskulatur.

(4) Blutschädigende Kampfstoffe
Blausäure – Chlorcyan – Cyanide
Arsenwasserstoff – Arsenide
Kohlenoxyd

(a) Wahrnehmung

Alle drei Gase unsichtbar

Cyanide und Arsenide in pulverförmiger oder körniger Verteilung am Boden.

(b) Geruch und Geschmack
Blausäure:
stechend, kratzend (an den Geruch von Bittermandelöl erinnernd). Leichtes Kratzen im Halse hervorrufend. Oft nicht mit Sicherheit wahrzunehmen.
Arsenwasserstoff:
Widerwärtiger, an Knoblauch oder Karbid erinnernder Geruch. Fader, metallischer Geschmack, ohne Reizwirkung.
Kohlenoxyd:
Geruch- und geschmacklos.

(c) Wirkungsdauer

Blausäure und Arsenwasserstoff sehr flüchtige Gase. Wirkungsdauer sehr begrenzt.

Durch Einsatz von festen, auf dem Boden verteilten, pulverartigen Substanzen (Cyanide oder Arsenide) kann sich die Wirkungsdauer bei Einwirkung von Feuchtigkeit bis auf einen längeren Zeitraum erstrecken infolge Freiwerdens der Kampfstoffe.

(d) Wirkung
Blausäure:
Beklemmung, Schwindelgefühl und Kopfschmerzen, Übelkeit, Erbrechen, zunehmende Atemstörungen, Krämpfe, Blausucht, Erstickung infolge Sauerstoffmangel (Blockierung).
Bei hohen, schlagartigen Konzentrationen plötzlicher Tod infolge Versagens der Atmung.
Arsenwasserstoff:
Je nach Vergiftungsgrad nach durchschnittlich 3 bis 6 Stunden Latenzzeit zuerst Kopfschmerzen, Übelkeit, Erbrechen, Bauch- und Gliederschmerzen.
Bei schweren Vergiftungen dazu ekelerregender Mundgeruch, Gelbsucht, blutiger

Harn (charakteristisch für Arsenwasserstoffvergiftung), Krämpfe, Erstickung infolge Sauerstoffmangel (Zerstörung der roten Blutkörperchen).

Kohlenoxyd:
Kohlenoxyd sehr flüchtig, kein Kampfstoff.
Kopfdruck, Schwindel, Ohrensausen, Zittern, Schwächegefühl, Erbrechen, Bewußtlosigkeit, Krämpfe, Atemnot, Erstickung.

(5) Nervenschädigende Kampfstoffe
Tabun (Dtsch.)
Sarin (Dtsch.)
Soman (Dtsch.)
DFP (Engl.)

(a) Wahrnehmung
Dämpfe nicht sichtbar, Flüssigkeit schwer feststellbar.
Geruch
Kaum wahrnehmbar oder geruchlos!

(b) Reizwirkung
keine

(c) Wirkungsdauer
flüchtig und seßhaft! (Je nach Einsatzform)

(d) Wirkung
Kampfstoffe von hoher Giftigkeit und Gefährlichkeit
Echte Nervengifte – Krampfgifte
Keine Latenzzeit! Giftwirkung rasch eintretend.
Keine Hautschädigungen durch flüssigen Kampfstoff
Wirkung ähnlich wie bei Pflanzenschutzmittel E 605

(6) Hautschädigende Kampfstoffe
Lost (am.)
Stickstoff-Lost
Lewisit (am. N-1)

(a) Wahrnehmung
Sichtbarkeit
Flüssigkeit:
Am Boden ölige oder zähflüssige Tropfen (Fladen). Farbe meist dunkel. Oft schwierig feststellbar.
Dämpfe: nicht sichtbar.
Schwebstoffe:
Bisweilen vorübergehend sichtbare Kampfstoffschwaden im Augenblick des Einsatzes.
Nebelschleier beim Ansprühen von Flugzeugen.
Geruch
Lost:
Meerrettich-, senf-, zwiebel- oder knoblauchähnlicher Geruch.
Stickstofflost:
Fast geruchlos. Bisweilen tranig, fischartig oder süßlich obstartig.
Lewisit:
Intensiver, an Geranien erinnernder Geruch. Rein, fast geruchlos.

(b) Reizwirkung
Lost und Stickstofflost:
Weder in flüssiger noch in Dampfform durch Reizwirkung erkennbar (Latenzzeit).
Lewisit: Flüssigkeit:
Auf der Haut und in den Augen im Gegensatz zu Lost und Stickstofflost rasch eintretende Reizwirkung.
Dämpfe: Außer charakteristischem Geruch dazu heftige unangenehme Reizwirkung auf die Schleimhäute der Nase analog Nasen- und Rachenreizstoffen.

(c) Wirkungsdauer
Hautschädigende Kampfstoffe = seßhafte Kampfstoffe.
Verdunstung: Nur langsame Verdunstung der am Boden und auf der Bodenbedeckung haftenden Kampfstoffe.

Sommerlost-Stickstofflost:

Am Boden durchschnittlich 12 bis 36 Stunden wirksam.

Zählost:

Wirkungsdauer des zähflüssigen Lostes erheblich größer (auf Monate und noch länger).

Lewisit:

Wirkungsdauer wesentlich kürzer, etwa bis zu 12 Stunden infolge rascher Verdunstung. Eine Norm über die Wirkungsdauer von Geländekampfstoffen kann nur bedingt angegeben werden, da ihre Seßhaftigkeit durch vielerlei Faktoren bestimmt wird.

(d) Wirkung

Hautgifte mit blasenziehender und gewebezerstörender Wirkung sowohl in flüssiger Form als auch in Dampfform.

Wirkung in flüssiger Form: Haut- und Augengift

Wirkung in Dampfform: Atem-, Augen- und Hautgift.

Wirkung des flüssigen Kampfstoffes auf die Haut:

Lost, Stickstofflost:

Nach Benetzen der Haut keine Reizwirkung. Nach 2 bis 6 Stunden Latenzzeit Rötung der Haut und Juckreiz. Schwel-lungen und heftige Schmerzen. Nach 8 bis 12 Stunden beginnende Blasenbildung.

Lewisit:

Rasch auf der betroffenen Hautstelle eintretende Reizwirkung. Im Gegensatz zu Lost und Stickstofflost keine Latenzzeit. Krankheitsverlauf wie bei Lost, Heilungstendenzen.

Wirkung des flüssigen Kampfstoffes auf die Augen:

Schwere Schädigung der Hornhaut, u. U. vorübergehender oder bleibender Verlust des Augenlichtes.

Wirkung des Kampfstoffes in Dampfform und in Schwebstofform:

Atemorgane

Schädigungen der oberen und tieferen Atemwege. In schweren Fällen Schädigungen der Lunge mit nachfolgender schwerer Lungenerkrankung.

Augen

Entzündung der Augenbindehaut. Vorübergehende Trübung des Sehvermögens.

Haut

Bevorzugte Angriffspunkte sind besonders empfindliche und zur Schweißbildung neigende Hautstellen: Achselhöhle, Geschlechtsteile.

KAPITEL 21

Kampfmittel und Geräte der Luft-streitkräfte

I. FLUGZEUGBEWAFFNUNG

Flugzeuge können ausgerüstet sein mit:
- Rohrwaffen (Bordschußwaffen)
- Abwurfwaffen (Bomben)
- Flugkörpern

1. Rohrwaffen (Bordschußwaffen)

sind »automatische Schußwaffen« oder »Maschinenwaffen«.

Eine Waffe wird als automatisch bezeichnet, wenn sie bei einmaligem Betätigen und Festhalten des Abzugsmechanismus die Patrone im Patronenlager entzündet, den Verriegelungsmechanismus entriegelt und zurückzieht, die leere Hülse aus dem Patronenlager zieht und sie aus der Waffe stößt, eine neue Patrone in die Patronenkammer einführt, den Abfeuerungsmechanismus spannt, den Verschluß verriegelt und diese Bewegungsvorgänge durch den Rückstoß beim Abfeuern der Patrone im Patronenlager solange fortsetzt, bis der Abzug losgelassen wird bzw. die Munition verschossen ist.

Man unterscheidet nach dem Funktionsprinzip:
- Massenverriegelte Waffen
- Rückstoßlader (Rohrrückstoßlader)
- Gasdrucklader
- Halbstarrverriegelnde Waffen, auch Waffen mit übersetztem Masseverschluß genannt,
- Trommelwaffen (Revolverkanonen)
- Waffen mit Fremdantrieb

Massenverriegelte automatische Waffen garantieren allein durch die Trägheitswirkung eines schweren Verschlusses eine Quasiverriegelung: Die Verschlußmasse ist so groß, daß der während der Schußentwicklung über den Hülsenboden auf den Verschluß wirkende Gasdruck diesen zunächst nur um einen so kleinen Weg nach hinten bewegt, daß die entsprechend ausgelegte Hülse nicht überbeansprucht wird (z.B. die 3 cm-Bordkanone MK 108).

Vorteile: Einfachster Waffenaufbau, keine Verriegelungsteile und Gaskanäle, feststehendes, für starren Einbau geeignetes Rohr.

Nachteile: Schwerer Verschluß, geringe Kadenz bei größerem Kaliber, besondere Patronenhülsen notwendig, kein Verschuß von Hochleistungsmunition möglich.

Anwendung: Maschinenpistolen, früher auch Maschinenkanonen bis 30 mm-Kaliber.

Rückstoßlader sind automatische Waffen, bei denen Rohr und Verschluß, durch den Gasdruck angetrieben, zunächst gemeinsam fest verriegelt zurücklaufen, sich dann trennen, wobei durch Schleuderung eine Nachbeschleunigung des Verschlusses stattfindet. Der Rohrrückstoß wird oft durch einen Rohrrückstoßverstärker verstärkt (z. B. MG Cal. 50).

Vorteile: Sichere Verriegelung, leichtes Verschlußgewicht, gleichmäßiges Schießen, erhöhte Kadenz, Verschuß aller Munitionen.

Nachteile: Rücklaufendes Rohr, Kadenzbeschränkung nach oben, besonders bei großen Kalibern, zweiteiliger Verschluß, Konstruktion aufwendiger.

Anwendung: Bei allen Kalibern.

Beim **Gasdrucklader** wird Gas aus dem Rohr entnommen, mit dessen Hilfe die Entriegelung bewirkt und dem Verschluß oder einem Steuerschieber ausschließlich oder zusätzlich die notwendige Rücklaufenergie zugeführt wird (z. B. HS-804 oder M-24 A 1).

Vorteile: Sichere Verriegelung, hohe Kadenz, für alle Kaliber anwendbar, meist feststehendes Rohr, leichter Verschluß.

Nachteile: Gesonderte Gasleitung, Gaskolben, mehrteiliger Verschluß.

Anwendung: Vom automatischen Gewehr bis zur Maschinenkanone.

Halbstarrverriegelnde Waffen, auch Waffen mit übersetztem Masseverschluß genannt, sind Waffen mit einer Quasiverriegelung, die sich beim Gasdruckanstieg zu lösen beginnt, aber durch Übersetzung einer Teilmasse des Verschlusses so verzögert, daß eine genügende »Quasiverriegelungszeit« gewährleistet ist.

Vorteile: Wie bei den massenverriegelnden Systemen, leichter, jedoch komplizierter Verschluß.

Nachteile: Verhütung des Verschlußrücksprungs notwendig.

Anwendung: Automatische Gewehre und Maschinengewehre, Kalibergrenze nach oben noch offen.

Trommelwaffen (Revolverkanonen) benutzen das Revolverpistolenprinzip; vom Rohr unabhängige, durch Gasantrieb sich drehende Trommel mit mehreren Patronenlagern (z. B. Mauser BK 27 mm).

Vorteile: Sehr hohe Kadenz möglich, kurze Bauweise aufgrund des feststehenden Verschlusses.

Nachteile: Begrenzte Schußzahl im Einsatz wegen der Gefahr der Selbstzündung durch Trommel- oder Rohrwärme; wegen hoher Kadenz geringe Rohrlebensdauer.

Anwendung: Flugzeugbordkanonen.

Bei den **Waffen mit Fremdantrieb** ist das »Gatling«-System das bekannteste; es ist ein elektromotorisch angetriebenes Rohrbündel mit zwangsläufig, vom Schuß unabhängig gesteuerten Verschlüssen, Zuführ- und Auswurfvorrichtungen (z. B. MK M-61).

Vorteile: Kadenzvervielfachung ohne erhöhte Rohrabnutzung.

Nachteile: Fremdenergie notwendig; mangelnde Sicherheit bei Zündverzögerungen.

Anwendung: Bordkanonen.

Die vorgenannte Klassifikation der Waffen ist nicht unumstritten, denn letztlich ist jede nicht fremdangetriebene Waffe ein Gasdruck- *und* Rückstoßlader. Da also keine genauen Definitionen gegeben sind, kommt es vor, daß einzelne Waffen in der Literatur verschieden eingruppiert werden.

Nach Kalibern unterscheidet man zwischen:

Maschinengewehren – MG (Kaliber bis 15,2 mm, Mantelgeschoß) und Maschinenkanonen – MK – (Kaliber bis 20 mm und mehr, Geschosse mit Führungsring). Dazu einige Beispiele:

a) Bord-MG Cal. 50 AN-M 3 (12,7 mm)
ist ein luftgekühlter automatischer Rückstoß-

lader mit starrer Verriegelung und kurzem Rückstoß.

Der Rückstoßlader bedient sich des Rückstoßes, der durch die Entzündung der Patrone auftritt, um den automatischen Mechanismus in Bewegung zu setzen. Der Lauf oder der Lauf und andere Teile sind im Augenblick des Abfeuerns der Waffe fest mit dem Verschluß verbunden – »verriegelt«. Der nach hinten wirksame Stoß auf den Verschluß überträgt sich auf den beweglich gelagerten Lauf und drückt ihn zurück.

Bei kurzem Rückstoß gleiten Lauf und Verschluß in verriegelter Stellung nur eine kurze Strecke zusammen zurück. Dann entriegeln/trennen sie sich und der Verschluß läuft durch Einwirkung des Rückstoßes allein weiter zurück. Hat der Verschluß seine hinterste Stellung erreicht, dann setzt der Vorlauf ein, der Verschluß verriegelt sich wieder mit dem Lauf und beide Teile beenden im verriegelten Zustand die letzte Strecke des Vorlaufs zusammen.

Die Munitionszuführung des MG Cal. 50 AN-M3 erfolgt durch Metall-Zerfallgliedergurte von rechts nach links, d. h. durch Gurte, deren einzelne Glieder sich voneinander lösen, wenn die Patrone aus dem Gurt gezogen wird.

Das MG kann als starre oder bewegliche Waffe verwendet werden. Es wird in Tragflächen oder im Bug eingebaut.

In dieser Waffe findet Munition mit mechanisch gezündeten Zündhütchen Verwendung. Das Auslösen (Abziehen) des MG erfolgt vom Steuerknüppel aus über einen elektrischen Abzug, der an der linken oder rechten Seite oder auf dem hinteren Teil des Gehäusedeckels der Waffe angebracht ist.

(1) Die Hauptteile des MG Cal. 50 AN-M3
1. Bodenplatte
2. Verschluß
3. Laufpufferung
4. Lauf- und Verschlußhülse
5. Deckel

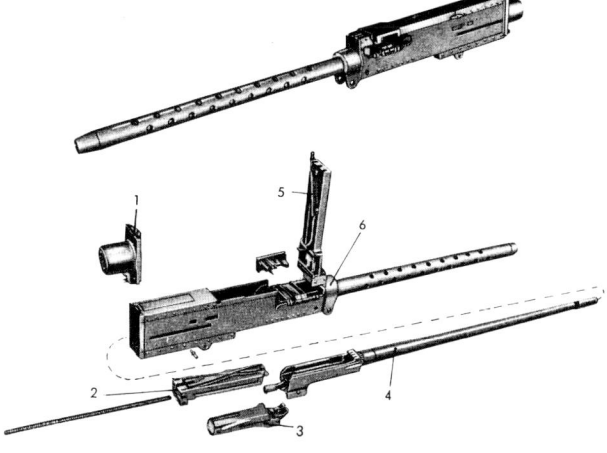

Abb. 21.1

6. Gehäuse und Mantel

(2) Arbeitsweise des MG Cal. 50 AN-M3
Das MG ist geladen, d. h. eine Patrone befindet sich im Lauf (Patronenlager), die nächste Patrone liegt am Patronenanschlag. Der Schlagbolzen ist gespannt, der Stößel des elektr. Abzuges liegt gegenüber der Abzugstollensperre.

Abzugsgang:
Knopf am Steuerknüppel – Stromkreis-Magnetkern mit Stößel-Abzugstollensperre – Abzugstollen-Auslösung des Schlagbolzens.

Zündung:
Zündhütchen – Treibladung – Gasdruck – Rückstoß – Rückstoßverstärker.

Verriegelter Rücklauf:
Beschleunigung durch Schleuderhebel – Ausziehen der Hülse – Spannen des Schlagbolzens – Zuführungsnuten – Zuführungshebel – Zuführungsschlitten – Zuführungskralle – Gurthaltekrallen – Auszieher mit Patronen – Ausziehersteuerung – Auszieherrampe – T-Nut-Ausstoßen der Hülse – Begrenzungsstollen – Schließfedern gespannt – Pufferplatte – Tellerfedern – Rücklauf beendet.

Getrennter Vorlauf:
Tellerfedern – Schließfedern – Vorlauf des Verschlusses – Laden der Patrone – Zufüh-

rungsnuten – Zuführungshebel – Zuführungsschlitten – Zuführungskralle – Transport des Gurtes – Verschlußabsatz – Schleuderhebel – Laufpufferung.

Verriegelter Vorlauf:
Verriegelungsblock – Auslauframpe – Umschalten des Spannhebels – Abzugstollen hält Schlagbolzen – Auszieher – Kurvenstück – Auszieherdruckfeder im Deckel – Auszieherkralle erfaßt neue Patrone – Stößel des elektr. Abzuges – Abzugstollensperre – Abzugstollen – Vorlauf beendet durch Rückstoß.

Technische Daten:
Gewicht der Waffe:	29,2 kg
Länge der Waffe:	146 cm
Anzahl der Züge im Rechtsdrall:	8
Schußfolge/Kadenz:	1150 Schuß/min
Mündungsgeschwindigkeit:	832–1052 m/s

b) Bordkanone M-24 A 1 (Kaliber 20 mm)
ist ein luftgekühlter Gasdrucklader mit Masseverschluß und halbstarrer Verriegelung.

Der Gasdrucklader verwendet den sich hinter dem Geschoß nach dem Abzug im Rohr aufbauenden Gasdruck zum Antrieb der Waffe. Der Lauf eines Gasdruckladers steht fest.

Beim Masseverschluß ist die Verriegelung durch das Gewicht des Verschlusses und die Stärke der Rückstoß- oder Schließfedern gewährleistet. Eine mechanische Verriegelungsvorrichtung entfällt bei diesem System. Die Verriegelungssicherheit hängt von dem Verhältnis zwischen der Schwerkraft des Verschlusses, dem Gewicht des Geschosses und der Stärke der Pulverladung ab.

Die Munitionszuführung erfolgt in Metall-Zerfallgliedergurten von rechts oder von links. Die Kanone kann als starre oder bewegliche Waffe verwendet werden. Sie wird starr oder beweglich in Tragflächen, Rumpf oder Waffentürmen von Flugzeugen eingebaut.

In dieser Waffe findet Munition mit elektrisch gezündeten Zündhütchen Verwendung.

Die Durchladung erfolgt von Hand oder mit Preßluft.

(1) Die Hauptteile der automatischen Kanone M-24 A 1
1. Hintere Pufferung
2. Verschluß
3. Gaszylinder
4. Rücklaufpufferung
5. Lafette
6. Gehäuse mit Rohr

(2) Arbeitsweise der automatischen Kanone M-24 A 1
Die Waffe ist geladen und verriegelt, d. h. der Gurt ist in den Zuführungsmechanismus eingeführt. Die erste Patrone befindet sich nach einmaligem Durchladen im Patronenlager. Der Verschluß ist in vorderster Stellung und durch den Verriegelungsblock verriegelt.

Zündung:
Schalter am Steuerknüppel – Stromkreis – Gehäusekontakt – Zündstiftkontakt – Zündstift – Zündhütchen – Treibladung – Gasdruck – Rückstoß.

Rück- und Vorlauf der gesamten Waffe:
Der auftretende Rückstoß wirft die gesamte Waffe (außer Lafette, Rücklauffedergehäuse, Schlitten mit Anker) geführt in der Lafette etwa 1″ zurück. Die ersten 7/8″ werden durch die Rücklauffedern, die letzten 1/8″ durch die Federringe im Rücklauffedergehäuse abgebremst.

Die gespannten Federn drücken die Waffe in ihre Ausgangsstellung zurück. Der Vorlauf wird durch die Federringe leicht abgebremst. Durch den Rück- und Vorlauf der gesamten

Abb. 21.2 20 mm-Bordkanone mit aufgesetztem Zuführungsmechanismus.

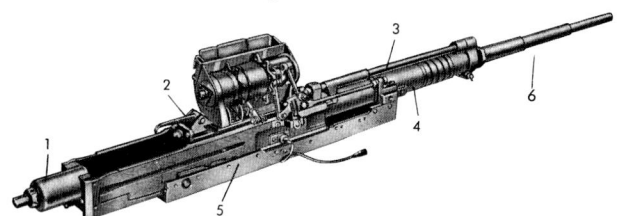

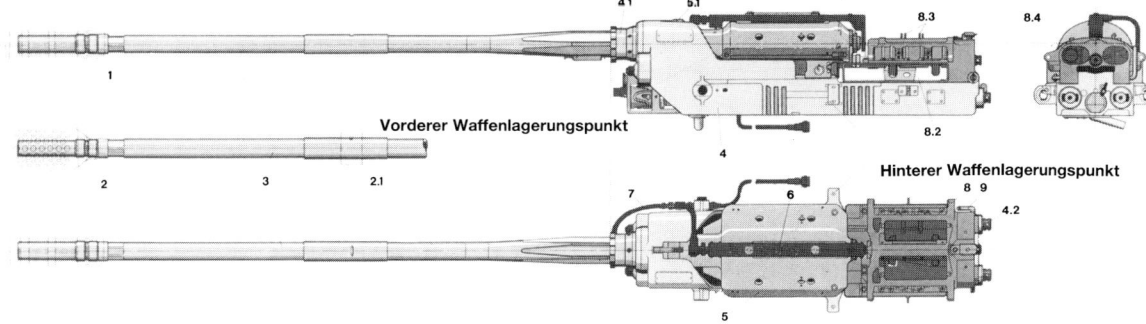

Abb. 21.3 Revolverkanone BK 27.

Linkszuführung

Waffe wird der Zuführungsmechanismus betätigt.

Rücklauf der gleitenden Teile (Verschluß): Gasdruck – Bohrung im Rohr – Gaszylinderhalterung – Düse – Kolben – Joch – Stoßbolzen (1/4″) – Verschluß-Schlitten – Verschlußschlittenfedern – Trägheitsblöcke – Verschlußschlittensteg – Zündstiftführung – Zündstift – Zündstiftfeder-Verschluß – Verund Entriegelungsrampe – Verriegelungsblock – Ausziehen der Hülse – Schließfedern – Schließfederführung mit Feder – Auswerfen der Hülse – Pufferfeder – Ringfeder.

Vorlauf der gleitenden Teile (Verschluß): Ringfedern – Pufferfeder – Schließfeder – Schließfederführung – Stirnfläche des Verschlusses – Ausstoßen der Patrone – Laden der Patrone – Verschlußführungs- und Verriegelungsleisten – Verriegelungsblock – Verschlußschlittenfedern – Verschlußschlitten – Zündstiftfeder – Zündstiftführung – Zündstift – Trägheitsblöcke – Zündung.

Technische Daten:
Gewicht mit Lafette: 45,3 kg
Länge der Lafette: 2,1958 m
Anzahl der Züge im Rechtsdrall: 9
Schußfolge: 750–900/min
Mündungsgeschwindigkeit: 832 m/s

c) Bordkanone BK 27 (Mauser, 27 mm)

ist eine luftgekühlte, gasdruckbetriebene einrohrige Revolverkanone mit starrer Verriegelung. Die Revolvertrommel enthält 5 Kammern.

Die Munitionsführung erfolgt durch einen Zerfall-Metallgliedergurt über einen Transportstern von rechts oder links.

Sie ist für starren Einbau im Rumpf vorgesehen.

(1) Hauptteile der Revolverkanone BK 27

1 Deflektor (MRCA) ⎫ wahl
2 Mündungsbremse ⎬ weise
(ALPHA-JET) ⎭
2.1 Rohr-Führungshülse
3 Rohr, vollst.
4 Waffengehäuse
4.1 Zapfenführung
5 Trommelgehäuse, vollst.
5.1 Rohrhalteklinke
6 Kontaktbrücke, vollst.
7 Durchladeelektrokabel
8 Gurtzuführer vollst.
8.1 Gurtkanalbefestigung
8.2 Gurteinlauf
8.3 Gurtableiterbefestigung
8.4 Auswurfrohr
9 Scharnierbolzen, vollst.

(2) Arbeitsweise einer Revolverkanone (Abb. 21.4)

In einem Trommelgehäuse 1 ist auf einer Achse 2 eine Trommel 3 mit mehreren (fünf) Patronenlagern 4 gelagert. Unterhalb der Trommel befindet sich ein längsverschieblicher Steuerschieber 5 mit einer Steuerkurve, in die jeweils einer der am Trommelumfang angebrachten Rollenbolzen 6 eingreift; dieser dreht beim Rück- und Vorlauf des Steuerschiebers die Trommel jeweils um eine Patro-

461

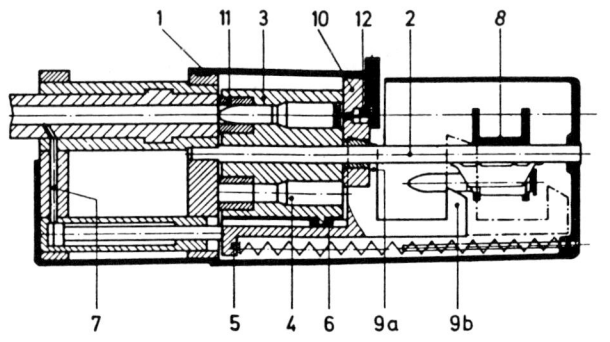

Abb. 21.4 Funktionsprinzip einer Revolverkanone.

nenlagerteilung weiter. Der Steuerschieber wird wie bei einem Gasdrucklader durch vom Rohr über einen Gaskanal 7 abgezweigte Pulvergase angetrieben.

Auf der nach hinten verlängerten Trommelachse sitzen Sternräder 8, die sich mit der Trommel drehen und gegurtete Munition in die Ladestellung fördern. Die mit dem Steuerschieber gekuppelten zwei Zuführstößel 9a und 9b laden die Trommel in zwei Ladeschritten so, daß jeweils erst innerhalb zweier Schüsse eine Patrone voll in das Patronenlager eingeführt ist. Am Ende eines einem Schuß entsprechenden Schaltschrittes der Trommel hat sich das mit der Patrone geladene Patronenlager vor eine feste Wand 10 des Trommelgehäuses gedreht, wodurch der »Verschluß« hergestellt ist. Die Gasabdichtung zwischen Trommel und Rohr beim Abschuß wird durch eine Dichtbuchse 11 bewirkt. Im Verschlußteil befindet sich die elektrische Zündvorrichtung 12 zum Zünden der Patrone. Die leere Patronenhülse wird aus dem danebenliegenden Patronenlager durch einen ebenfalls schiebergesteuerten Auswerfer nach hinten ausgeworfen.

Technische Daten:
Gewicht mit Lafette: 100 kg

Abb. 21.6 Die Mauser-Bordkanone BK 27 mit Mündungsbremse.

Länge der Lafette:	2,31 m
Schußfolge/Kadenz:	1000–1700/ min
Mündungsgeschwindigkeit:	1025 m/s

d) Bordkanone M-61 (20 mm) »Vulcan« ist eine amerikanische Bordkanone, die nach den Funktionsmerkmalen der erstmals im amerikanischen Bürgerkrieg verwendeten Gatling-Gun gebaut wurde.

Sie ist eine luftgekühlte, sechsläufige, freischießende Rohrwaffe mit Fremdantrieb (elektrisch oder hydraulisch). Jedes Rohr hat einen Verschluß, der durch eine Führungsnut im feststehenden Gehäuse bewegt wird. Die Munitionszuführung erfolgt durch Zerfall-Metallgliedergurt.

Gewicht mit Lafette:	118 kg
Schußfolge/Kadenz:	6000/min
Mündungsgeschwindigkeit:	1055 m/s

Abb. 21.5 Funktionsschritte bei einer Revolverkanone.

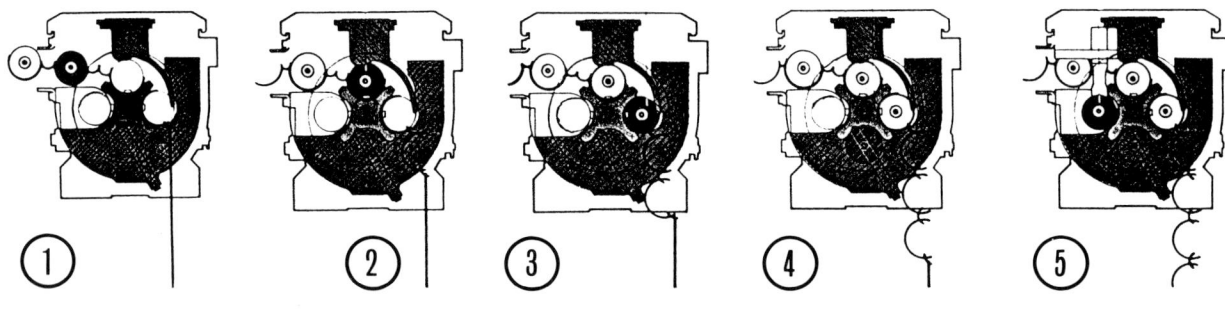

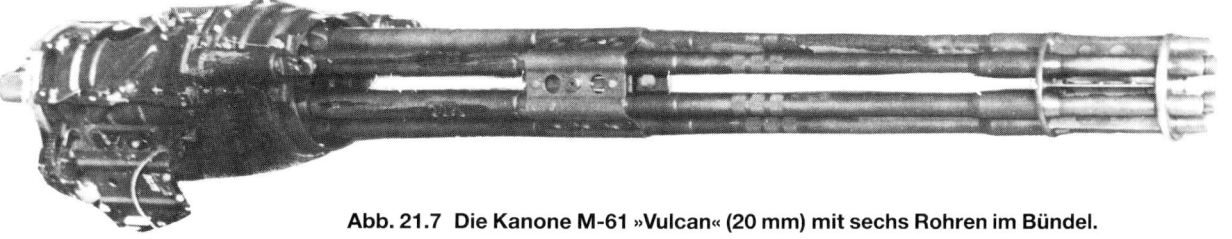

Abb. 21.7 Die Kanone M-61 »Vulcan« (20 mm) mit sechs Rohren im Bündel.

Arbeitsweise der M-61

Die auf dem Umfang eines Kreises achsparallel angeordneten sechs Rohre und Verschlüsse sind hinten in einer Trommel zusammengefaßt, die um die Rohrbündelachse drehbar in einem lafettenfesten Gehäuse gelagert ist. Beim Schießen wird die Trommel mit dem Rohrbündel durch einen Elektromotor gedreht. Eine elliptische Kurvenbahn (Verschlußsteuerbahn) im festen Gehäuse bewirkt eine Hin- und Herbewegung der in ihr gesteuerten Verschlüsse, während Steuerorgane in der umlaufenden Trommel das Verriegeln der Verschlüsse und das elektrische Zünden der Patronen besorgen.

Beim Vorlaufen der Verschlüsse wird die synchron in Ladestellung gebrachte Patrone vom entsprechenden Verschluß erfaßt und während der Trommeldrehung kontinuierlich dem Rohr zugeführt. Beim Rücklaufen der Verschlüsse werden die leeren Hülsen ausgezogen und durch Abstreifen ausgeworfen.

Das Entladen der Waffe erfolgt mit Hilfe einer zweiten, im hinteren Teil des Gehäuses angeordneten kreisförmigen Steuerkurve (Leerlaufkurve), in die die Verschlüsse eingesteuert werden können. Die Waffe kann auch von Hand entladen werden.

Zwischen den rotierenden Teilen und dem feststehenden Waffengehäuse befinden sich Rückstoßdämpfer.

e) Munition für Rohrwaffen

Ein bedeutender Unterschied zwischen Maschinengewehr- und Kanonenmunition liegt darin, daß Maschinengewehrmunition nicht über Geschoßzünder verfügt und Kanonenmunition zur Artilleriemunition zählt, ferner in der Geschoßkonstruktion. MG-Munition hat einen Weichmetallmantel, während MK-Munition aus gezogenem Stahl mit Kupferführungsring gefertigt ist.

Abb. 21.9 Aufbau einer Patrone.

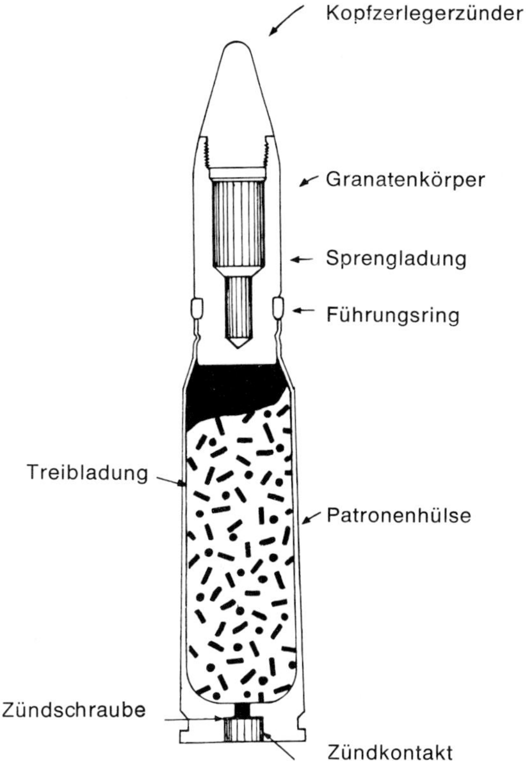

Abb. 21.8 Funktionsmerkmale einer Gatling-Gun.

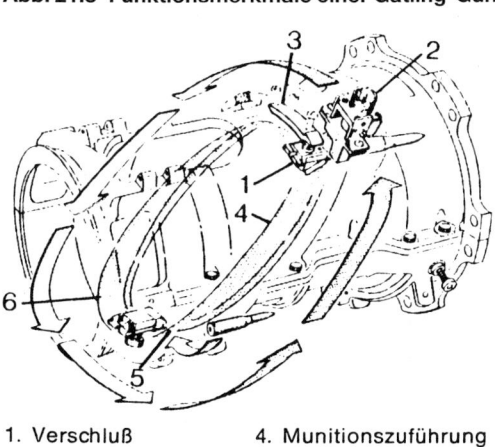

1. Verschluß
2. Kontaktgeber
3. Verriegelungsrampe
4. Munitionszuführung
5. Munitionserfassung
6. Hülsenauswurf

Kopfzerlegerzünder

Granatenkörper

Sprengladung

Führungsring

Treibladung

Patronenhülse

Zündschraube

Zündkontakt

(1) Hauptteile einer Patrone

- Hülse – nimmt alle Teile auf und verbindet sie zu einem Ganzen
- Treibladung – aus rauchschwachem Pulver
- Geschoß – bei Kaliber 20 mm und mehr mit oder ohne Zünder
- Zündhütchen – mechanisch oder elektrisch gezündet

(2) Arten von Munition

(a) MG-Munition:

Zündung mechanisch durch Schlagbolzen

- Normalgeschoß (Ball) Weichmetallmantel – Weichstahlkern
  Verwendung: Gegen Personen und ungepanzerte Ziele
- Panzerdurchschlaggeschoß (armor piercing) Weichmetallmantel – gehärteter Stahllegierungskern
  Verwendung: gegen gepanzerte, entflammbare Ziele
  (Panzerung nicht stärker als das Geschoßkaliber)

- Panzerdurchschlagbrandgeschoß (armor piercing incendiary)
  gehärteter Stahlkern – Brandsatz als Spitzenfüllung
  Verwendung: wie Panzerdurchschlaggeschoß mit zusätzlicher Brandwirkung.
- Panzerdurchschlagbrandgeschoß mit Leuchtspur (armor piercing incendiary-tracer) wie Panzerdurchschlagbrandgeschoß mit Leuchtsatz im Geschoßboden.
  Verwendung: wie oben
- Brandgeschoß (Incendiary) – Weichmetallmantelgeschoß als Brandsatz-Geschoßboden aus Bleilegierung
  Verwendung: gegen ungepanzerte entflammbare Ziele
- Leuchtspurgeschoß (tracer) – Weichmetallmantel-Spitzenfüllung aus Bleilegierung – Leuchtspursatz im Geschoßboden
  Verwendung: zur Feuerbeobachtung

(b) MK-Munition:

Zündung nur durch elektrischen Zündstift:

- Panzerdurchschlaggeschoß (armor pierc-

Abb. 21.10 Größenvergleich verschiedener Dienstmunition.

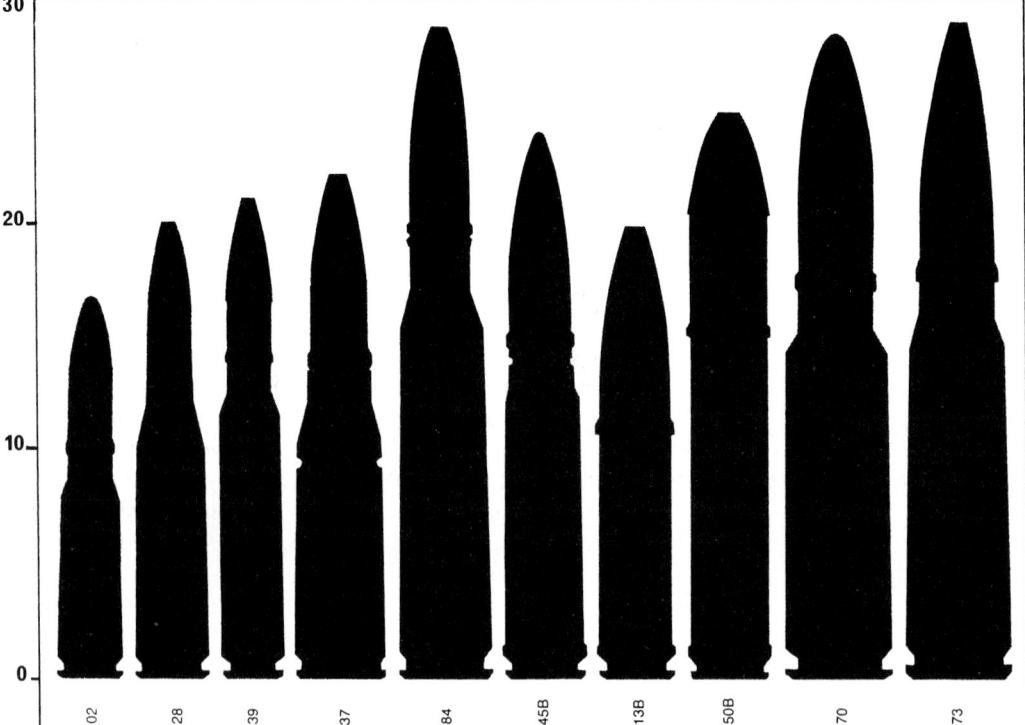

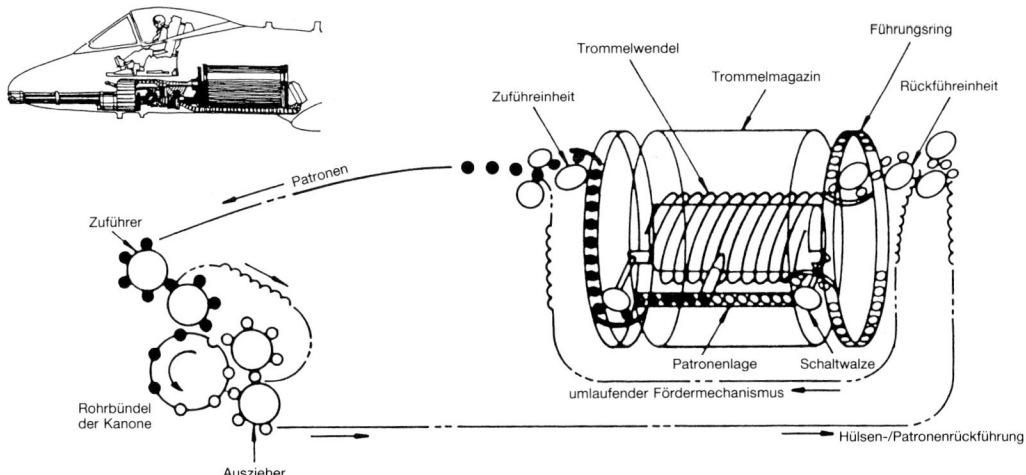

Abb. 21.11 Funktion eines geschlossenen Zu- und Rückführungskreises von gurtloser Munition aus dem Trommelmagazin. Die eingesetzte Skizze zeigt den Einbau einer 3 cm-Gatling-Kanone mit 7 Rohren und dem Trommelmagazin.

ing) – Kern aus Spezialstahl – kein Sprengstoff-Füllsatz – kein Zünder
Verwendung: gegen mittlere Panzerungen (nicht stärker als Geschoßkaliber)
– Panzerdurchschlag-Brandgeschoß (armor piercing incendiary) – Kern mit Stahlkappe, Spitze aus Aluminiumlegierung – Brandsatz entzündet sich beim Aufschlag – kein Zünder
Verwendung: gegen leicht gepanzerte entflammbare Ziele
– Panzerdurchschlaggeschoß mit Leuchtspur (armor piercing tracer) – Stahlkern – Leuchtspursatz im Geschoßboden zur Feuerbeobachtung – kein Zünder.
Verwendung: wie oben
– Brandgeschoß (incendiary) – Stahlmantel – Aufschlag-Brandfüllsatz – kein Zünder
Verwendung: gegen brennbare, explosive Ziele
– Hochexplosives Brandgeschoß (Mine) (high explosive incendiary) – Dünnwandig mit Tetrylfüllung, Brandsatz und Aufschlagzünder
Verwendung: gegen ungeschützte, brennbare Ziele

Alle Arten von Munition sind durch Farbanstrich und Beschriftung äußerlich gekennzeichnet (blau bedeutet z.B. Übungsmunition).

Munition wird in verschiedenen Verhältnissen zueinander gemischt gegurtet, um optimale Waffenwirkung im Ziel zu erreichen.

(3) Munitionszuführung

Die Munitionszuführung ist neben dem Verschluß das wichtigste Funktionsorgan einer automatischen Waffe.

Munition wird an Bord in Magazinen verstaut, die je nach Aufbau unterschieden werden:
– Stangenmagazin
– Kastenmagazin
– Trommelmagazin.

Munition wird der Waffe gegurtet oder ungegurtet zugeführt. Bei Gurtzuführungen werden die Patronen in Gurtgliedern gehalten, die sich nach dem Schuß zerlegen, oder aber fest verbunden bleiben können. Durch Klinken oder Sternräder wird der Gurt bei jedem Schuß schrittweise weiterbewegt. Zerfallglieder und leere Hülsen werden entweder in Behältern aufgefangen, oder sie werden über Bord abgestoßen.

In Trommelmagazinen mit geschlossenem Zuführungs- und Rückführungskreis kann ungegurtete Munition verwendet werden. Sie wird durch ein endloses, umlaufendes Fördersystem der Kanone zugeführt. Hülsen und nicht genutzte Patronen werden zurück in das Trommelmagazin transportiert.

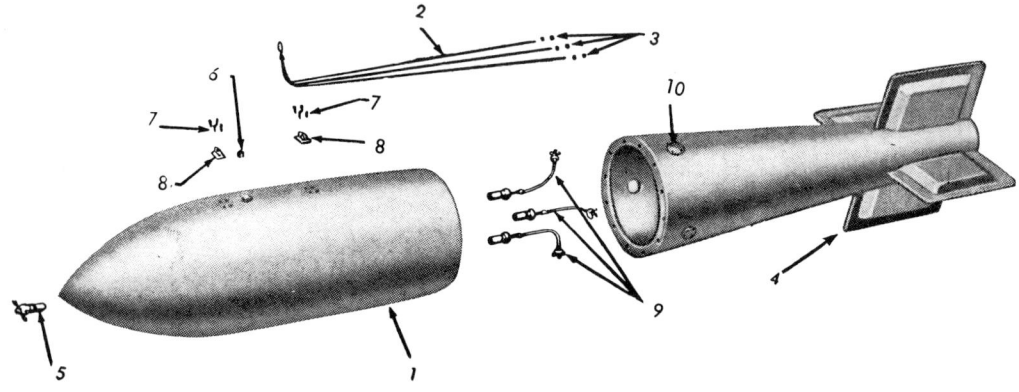

1	Bombenkörper	6	Füllschraube
2	Entsicherungsdraht	7	Schrauben
3	Sicherheitsklemmen	8	Aufhängeösen
4	Stabilisierungsfläche	9	Heckzünder
5	Kopfzünder	10	Handloch-Verschluß

Abb. 21.12 Hauptteile einer Bombe.

2. Abwurfwaffen (Bomben)

Eine Bombe ist eine Munitionsart, die dazu bestimmt und entsprechend konstruiert ist, von einem Flugzeug abgeworfen zu werden.

a) Hauptteile einer Bombe

Der **Bombenkörper** ist ein stromlinienförmiger oder zylindrischer hohler Stahlbehälter mit verstärktem Kopfstück. Er dient zur Aufnahme des Füllsatzes.

Der **Füllsatz** besteht aus Sprengstoff oder chemischen Mischungen, wie Brand-, Leucht-, Nebel- oder Gasfüllung.

Der **Zündmechanismus** bringt die Bombe zur Detonation. Je nach Art der Bombe und des Zieles ist er im Kopf oder/und Heck eingebaut. Im Zünder sind Sicherungen eingebaut, die eine Transport- und Lagersicherheit gewährleisten.

Die **Stabilisierungsflächen** sind aus Stahlblech gefertigt, am Heck angebracht. Sie dienen der Stabilisierung der Flugbahn.

b) Identifizierung von Waffen und Munition

Ähnlich wie bei Flugzeugen und Flugkörpern, gibt es ein System zur Klassifizierung und Identifizierung von Waffen und Munition so-

wie deren Untersystemen, das aus Buchstaben- und Zahlengruppen besteht:

Bezeichnung eines Bombenschlosses mit z. B. MAU-12 C/A bedeutet:

Die ersten beiden Buchstaben definieren das Gerät und seine Funktion (siehe Tabelle 1). Der dritte Buchstabe weist darauf hin, ob es sich um einen Rüstsatz (K-kit) oder einen vollständigen Gerätesatz (U-unit) handelt. Die Zahl nach dem Gedankenstrich gibt die Modellnummer/-reihe, der Folgebuchstabe die Änderung in der Modellreihe an. Der Buchstabe nach dem Schrägstrich schließlich gibt Hinweise auf den Einbauort an (siehe Tabelle 2).

Demnach ist das obengenannte Bombenschloß:

MAU – Miscellaneous Armament Unit (Waffengerätesatz, verschiedener Verwendung)
-12 – zwölfte Modellreihe
C – dritte Änderung
/A – Aircraft installed (im Flugzeug fest eingebaut)

Tabelle 1

1.+2. Buchstabe	Definition	Erklärung
AT	Actuating Items	Mechanische Vorrichtungen zum Betreiben anderer Flugzeugsysteme
BD	Bombs, Aircraft Dummy	Übungsbomben aller Art
BL	Bombs, Aircraft Live	Einsatzbomben, ›scharf‹
CB	Clusters, Bomb	Abwurfbehälter/Streuwaffenbehälter
FM	Fuzes, Munitions	Zünder aller Art
GA	Guns, Aircraft	Bord-MG/Kanonen
GU	Guns, Miscellaneous	Andere Maschinenwaffen
KM	Kits, Miscellaneous	Rüstsätze aller Art
LA	Launching Mechanisms	Startgeräte für FK, bordseitig
MA	Miscellaneous Armament Items	Bomben-, Lastenschlösser etc.
ML	Miscellaneous Munitions, Live	Andere Einsatzmunition, z. B. Minen
MX	Miscellaneous	Andere, nicht definierte Munition/Waffen
RD	Rockets, Aircraft Dummy	Ungelenkte Übungsraketen
RL	Rockets, Aircraft Live	Ungelenkte Einsatzraketen
SU	Suspension & Release	Flugzeuglasten, wie Bomben, Raketen, andere Munition, Abwurftanks, Startgeräte etc.
TD	Target Devices	Zieldarstellungsflugkörper aller Art, Schleppziele oder Drohnen

Tabelle 2

Buchst. nach/..	Einbauort	
A	Aircraft or missile (installed in aircraft	Im Flugzeug/Flugkörper fest eingebaut
B	Aircraft or missile (transported by but not installed in an aircraft)	Vom Flugzeug/Flugkörper transportiert
C	Combination	Verbundkomponenten
E	Ground, not fixed	Bodengestützt, ortsunabhängig
F	Ground, fixed	Bodengestützt, ortsgebunden
M	Ground, self contained (moveable, including vehicles, but not self propelled)	Bodengestützter Gerätesatz, beweglich, aber ohne Selbstfahrlafette
P	Personal use (held or worn by personnel)	Personengebunden
S	Ground, Self-propelled	Bodengestützt mit Selbstfahrlafette
U	Multi-installation	Mehrfacheinbau/-verwendung
W	Water (surface or submerged)	Seegestützt (Überwasser-/Unterwassereinsatz)

c) Einteilung der Bomben

Sprengbomben
(mit Sprengstoff-Füllsatz)

Mehrzweckbombe GP –	(General Purpose)
	für alle militärischen Ziele
Panzer-Durchschlagbombe	(Armor Piercing)
– AP –	Einsatz auf stark gepanzerte Ziele wie Stahl-, Betonbauten usw.
leichte Panzerdurchschlagbomben	(Semi Armor Piercing)
– SAP –	auf Ziele, die zu stark gepanzert sind für Mehrzweckbomben und zu leicht für Panzer-Durchschlagbomben
Minenbombe (Luftmine)	(Light Case)
– LC –	Dünnwandig mit größerem Füllsatz, größere Druckwirkung, weniger Splitter
Splitterbombe – Fragmentation –	Große Splitterwirkung gegen Truppenansammlungen
(CBU – Cluster Bomb Unit)	
Wasserbombe – Depth Bomb –	Dünnwandig hochexplosiv gegen Unterwasserserziele

Chemische Bomben
(mit chemischem Füllsatz)

Gasbombe – Gas –	Giftgaswirkung
Rauch-/Nebelbombe	Verbreitung von Tarnschleiern
– Smoke –	Rauch- und Reiznebel
Brandbombe – INC –	(Incendiary)
	Inbrandsetzen von Objekten

Leuchtbomben

Photoblitzbombe	für Nachtaufnahmen
– Photo Flash –	
Fallschirm-Leuchtbombe	zur Zielbeleuchtung
– Flares –	
Zielmarkierungsbombe –	Zielmarkierung für nachfolgende angreifende
Target Identification –	Maschinen
Übungsbomben und Exerzierbomben	mit Sand-, Zement- oder Gipsfüllung oder leer.

Abb. 21.13

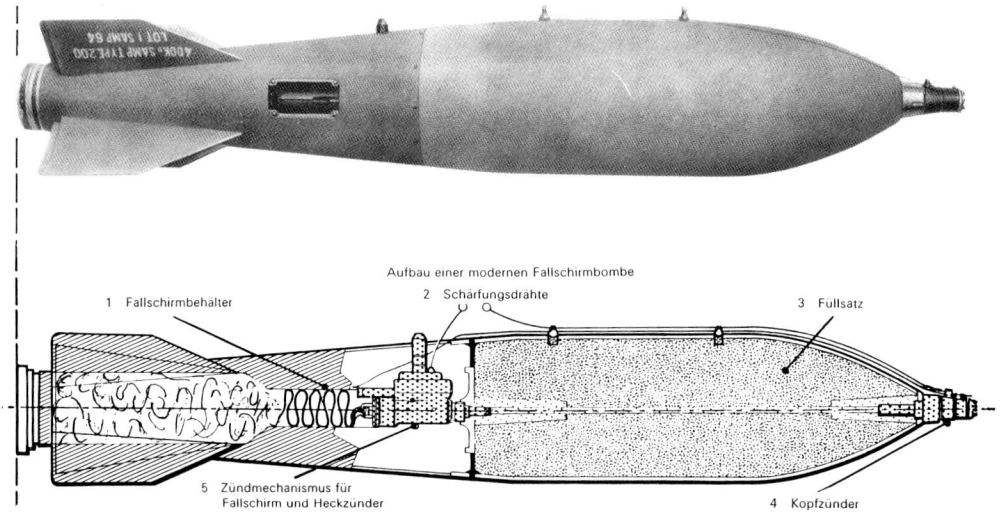

Aufbau einer modernen Fallschirmbombe

1 Fallschirmbehälter
2 Schärfungsdrähte
3 Füllsatz
4 Kopfzünder
5 Zündmechanismus für Fallschirm und Heckzünder

 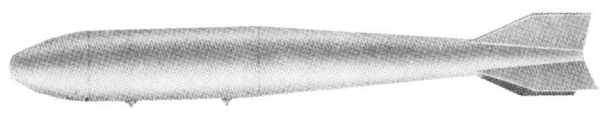

Abb. 21.14 Kastenleitwerk und konisches Leitwerk.

d) Mehrzweckwaffen/Sonderwaffen

Außer den erwähnten Standardbomben (›iron bombs‹) sind zahlreiche Mehrzweck- und Sonderwaffen entwickelt worden, die die Treffgenauigkeit sehr verbessert haben:

(1) Abwurfbehälter mit Bündelwaffen (cluster)

geben nach dem Abwurf, sich wie eine Muschel öffnend, zahlreiche Kleinbomben frei, die sich im Zielgebiet, freifallend oder mit kleinen Bremsschirmen verzögert, verstreuen.

(2) Streuwaffenbehälter

stoßen eine Mischung verschiedener kleiner Bombenkörper (Submunition) aus, um in einem bestimmten Ziel-/Streufeld Wirkung zu erreichen (Panzeransammlungen, Flugplätze).

(3) Hochexplosivwaffen

(FAE- fuel air explosives) enthalten eine Kraftstoffmischung, die in gezielter aerosoler Form, bei Vermischung mit der Luft, gezündet wird und eine starke Druck- und Feuerwelle erzeugt. Gegenüber herkömmlichem, hochexplosivem Sprengstoff besitzen FAE eine höhere und im Ziel gleichmäßiger verteilte Wirkung. Diese Spezialmischung entwikkelt eine fünfmal stärkere Druckwirkung als TNT.

(4) Startbahn-Brecher

sind Bomben, die nach dem Abwurf zunächst mittels Fallschirm in senkrechte Fallrichtung gebracht werden. Vor dem Auftreffen beschleunigt ein Treibsatz die Bombe, die sich mit einer Bohrladung durch die Betondecke frißt, um erst darunter zu detonieren. Die DURANDAL trifft z. B. mit 260 m/s auf, durchbohrt 40 cm Beton, um danach mit einem 100 kg-Kampfsatz einen Krater von 5 m Durchmesser zu reißen.

(5) Lenkbomben

sind unter verschiedenen Bezeichnungen bekannt (HOBOS-homing bomb system; smart bombs; EOGB-electro-optical guided bombs). Normale Bombenkörper (Mk 82-500 lb; Mk 83-1000 lb; Mk 84-2000 lb; M 118 E1-3000 lb) werden mit einem Zielsuchkopf (TV oder Laser) und einem zusätzlichen Steuerwerk versehen. Da es freifallende Bomben sind, läßt sich die Flugbahn nur in Grenzen beeinflussen.

(6) Gleitbomben

sind mit Tragflächen versehene Lenkbomben. Man unterscheidet sie nach ›planar

Abb. 21.15 Abwurf von Submunition aus dem MW-1 (Streuwaffenbehälter).

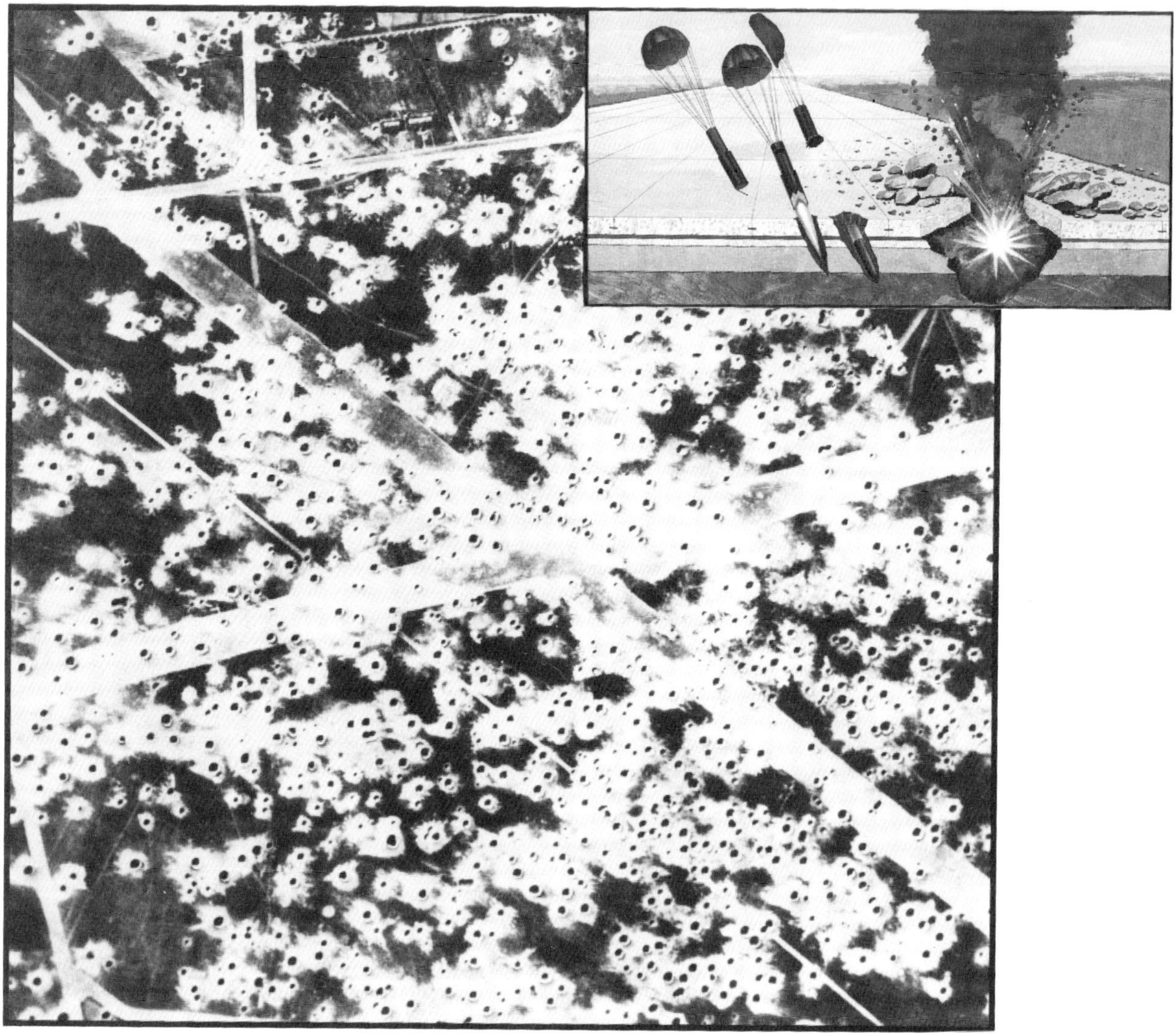

Abb. 21.16 Prinzip und Wirkung von Startbahnbrechern.

Abb. 21.17 Verschiedene Arten von Submunition (bomblets) 44 mm-Hohlladungsbombe – Panzer-mine mit Kontaktzünder – Vielzweckmine mit Aufschlagzünder – Startbahnbombe.

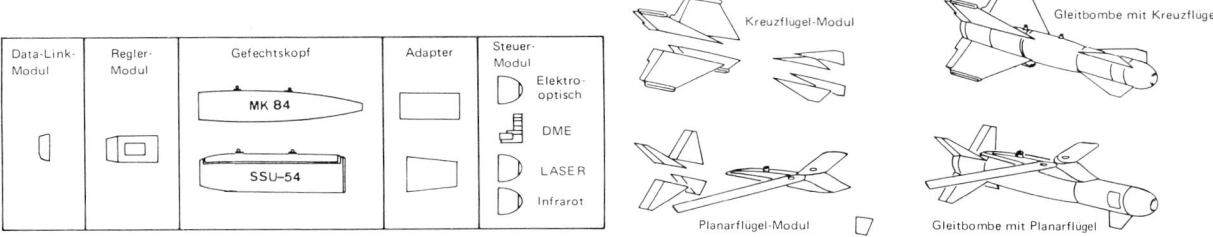

Abb. 21.18 Aus üblichen Gefechtsköpfen werden mittels Rüstsätzen verschiedener Module (Baugruppen) lenkbare Gleitbomben.

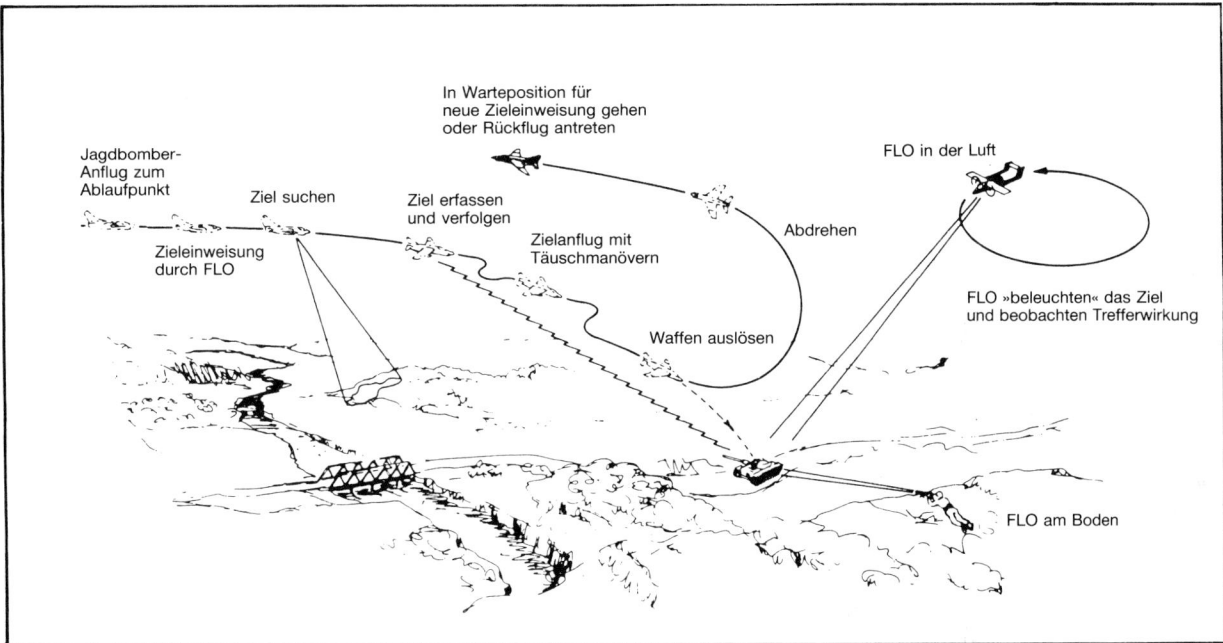

Abb. 21.19 Einsatz von Gleitbomben mit Hilfe von Laserzielmarkierung durch Fliegerleitoffizier (FLO) am Boden oder in der Luft.

wing‹ (Tragfläche), die sich nach dem Auslösen entfaltet, und ›cruciform wing‹ (kreuzförmiges Leitwerk), an dem sich kleine Steuerflächen befinden.

e) Bombenschlösser

Bombenschlösser sind elektrisch gesteuerte mechanische Vorrichtungen, womit Lasten, wie Bomben aller Art, Sprühtanks oder andere Lasten an die Bombenträger(pylons) angehängt werden können. Unter den Tragflächen und unter dem Rumpf »rack«, im Flugzeug, d.h. im Bombenschacht »shackle« genannt.

Im Funktionsprinzip gleichen die Bombenschlösser den elektrischen Türöffnern. Wie

dort bei Betätigung eines Schalters ein dadurch ausgelöster Stromimpuls die Sperre von der Verriegelung nimmt, so wird hier bei Drücken des Bombenauslöseknopfes auf dem Steuerknüppel durch einen Stromimpuls die Auslösesperre (Drehschlagmagnet im Bombenschloß) freigegeben und die Traghaken des Bombenschlosses können sich, unterstützt durch das Gewicht der eingehängten Last, das auf ihnen ruht, öffnen.

Bombenschloß-Typen

Typ	Tragfähigkeit	(kg)	Hakenabstand (in Zoll)
S-1	2 000 Lbs	(910)	14
S-2	2 000 Lbs	(910)	14
MA-4	1 600 Lbs	(725)	14
MA-4 A			
S-3	4 000 Lbs	(1820)	30
S-4	12 500 Lbs	(5675)	30

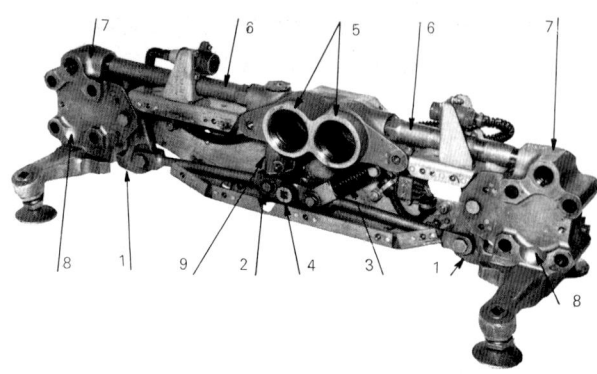

1 Aufhängehaken
2 Gelenksystem
3 Druckfeder zur
   Ver- bzw. Entriegelung
4 Schwinghebel
5 Patronenverschlüsse
6 Gasdruckrohre
7 Drosseln
8 Stößel
9 Gasdruckzylinder, der
   Kipphebel bedient und
   Aufhängehaken freigibt

Abb. 21.20 Modernes Bomben-/Lastenschloß.

Abb. 21.21 Aufbau eines Bombenschlosses.

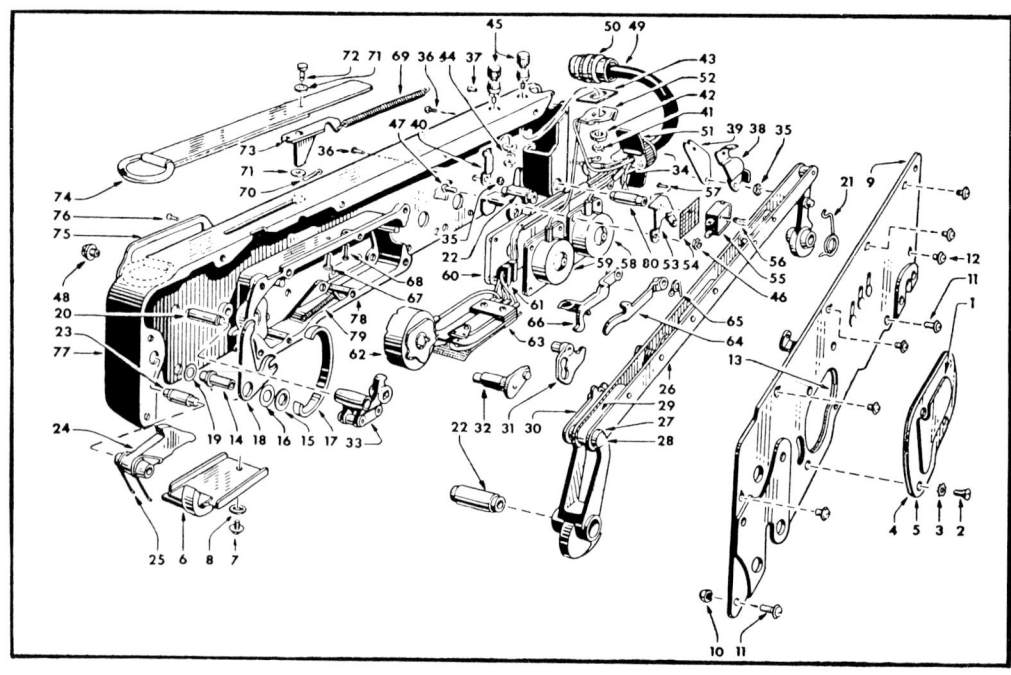

472

1 Kontrollplatte mit Dichtungsmanschette
2 Schraube
3 Sicherungsscheibe
4 Dichtungsmanschette
5 Kontrollplatte
6 Sicherung zur Auslösefeder
7 Schraube
8 Sicherungsscheibe
9 Gehäusedeckel
10 Selbstverriegelnde Mutter
11 Schraube
12 Schraube
13 Dichtungsmanschette zum
   Gehäuse des Drehschlagmagneten
14 Buchsring zur Auslösefeder
15 Unterlegscheibe (glatt)
16 Unterlegscheibe
17 Auslösefeder
18 Spannhebel
19 Beilegscheibe zum
   Spannhebel
20 Lagerzapfen zur Fanghebelkralle
21 Hintere Hakenfeder
22 Buchsring zum Hakenzapfen
23 Fanghebel-Drehzapfen
24 Fanghebel
25 Fanghebelfeder
26 Haken-Verbindungsstangengruppe

27 Unterlegscheibe
28 Bolzen
29 Verbindungsstangensperre
30 Spannhebel
31 Sperrarm zum Auslösehebel
33 Gelenkstück
34 Elektrische Zuleitungsdrähte
35 Selbstverriegelnde Mutter
36 Schraube
37 Niet
38 Hintere Kabelplatte
39 Kabelplatte
40 Stößer vordere Kabelschelle
41 Mutter
42 Unterlegscheibe
43 Isolierplatte
44 Unterlegscheibe (glatt)
45 Anschlußklemmen
46 Selbstverriegelnde Mutter
47 Schraube
48 Befestigungsmutter zum
   Hubmagneten
49 Kabelschlauch
50 Elektrischer Verbindungsstecker
51 Kugelgelenkplatte zum
   Kabelschlauch
52 Schelle zur Anschlußklemme
53 Befestigungsarm zum
   Salvenschalter

54 Isolierung zum Mikroschalter
55 Salvenschalter
56 Salvenschalterdeckel
57 Niet
58 Heckzünder-Hubmagnet
59 Kopfzünder-Hubmagnet
60 Beilegscheibe zum Hubmagnet
61 Augenring
62 Drehschlagmagnet
63 Umschalter
64 Handauslösehebel
65 Feder
66 Hubmagnet-Schalthebel
67 Stößel zum Hubmagnet-
   Schalthebel
68 Stößel zum Handauslösehebel
69 Feder
70 Splint
71 Unterlegscheibe (glatt)
72 Flachkopf-Bolzen
73 Handspann-Mitnehmer
74 Handspannring
75 Deckel zum Rollenschlitz
76 Schraube
77 B.-Schloß- und Schaltergehäuse
78 Gehäuse zum Drehschlagmagneten
79 Auslösefeder zum Drehschlagmagneten
80 Hinterer Gehäusebuchsring

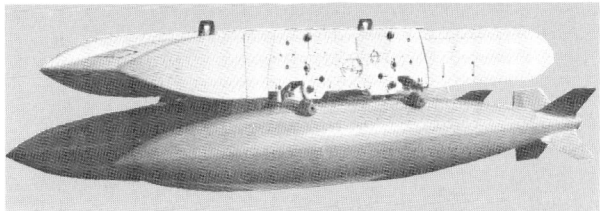

Abb. 21.23 Mehrfachträger zur Anbringung von zwei und mehr Bomben.

Abb. 21.24 Luft-Boden-Flugkörper vom Typ AS-20 und AS-30 an Flächenträgern einer »Vautour«.

Abb. 21.22 Mit wendigen Hydraulik-Beladefahrzeugen werden Waffen an Trägern eingeklinkt.

Abb. 21.25 Eine 3 cm-Maschinenkanone mit Antrieb und Munition in einem Spezialbehälter zur Anbringung an Trägern von Flugzeugen. ▶

Abb. 21.26 Unter dem Rumpf einer TORNADO der MW-1 (Mehrzweck-Waffenbehälter). Gut erkennbar die Modulbauweise und Ausstoßöffnungen.

3. Flugkörper

a) Begriffsbestimmung

Ein Flugkörper ist ein unbemannter Körper, der sich durch Eigenantrieb auf einer Flugbahn (ballistisch) oder auf einem Flugweg (aerodynamisch) vorwärtsbewegt.

Man unterscheidet zwischen:
ungelenktem (UFK) und Lenkflugkörper (LFK)

(1) ungelenkte Flugkörper (»Raketen«) haben nach dem Abschuß keine Lenkmöglichkeit. Sie müssen entweder artilleristisch gerichtet (z.B. Raketenwerfer 110 SF2) oder aber von einem Flugzeug entlang der Längsachse mit entsprechendem Zielgerät abgeschossen werden (z.B. FFAR 2.75 oder HS »SURA«).

(2) Lenkflugkörper sind Flugkörper mit verschiedenen Antriebsarten (s. Triebwerkkunde, Kap. 9), die durch eine Vielzahl von Lenkverfahren von dem Verwendungszweck her bestimmten Abschußpositionen zum Einsatz gebracht werden.

b) Lenkverfahren

Während bei ballistischen Flugkörpern (in der Regel Raketen) die Flugbahn durch die Brennschlußdaten (Richtung, Höhe, Geschwindigkeit) und die Umgebungseinflüsse (Wind, Luftwiderstand, Gravitation) festgelegt sind, unterliegen die aerodynamischen Flugkörper einer Vielzahl von Parametern hinsichtlich ihrer Bahngeometrie, die sich stets orientiert an:

– Abschußort
– Flugkörper
– Ziel

Man unterscheidet:

Fernlenkung, wobei der Flugkörper von einem räumlich getrennten Lenkstand aus ins Ziel gelenkt wird,

Selbstlenkung, wobei der Flugkörper sich selbst in das Ziel lenkt.

(1) Funktion der Kommandolenkung

– das Zielverfolgungsradar liefert die Lagewerte des Ziels
– das Lenkwaffenverfolgungsradar liefert die Lagewerte des Flugkörpers
– beide Angaben werden in einem Rechner verglichen
– der Lenkwaffen-Rechner bestimmt entsprechende Flugkörperkommandos, die den Flugkörper auf Zielkurs bringen
– im Flugkörper werden diese Kommandos empfangen (mittels Draht, Funk, Licht o.ä.), entsprechend der Fluglage in Steuerbefehle und mechanische Steuerbewegungen umgewandelt (Abb. 21.27)

Lenkung	Verfahren		Bahngeometrie
Selbstlenkung (Eigenlenkung)	Programmlenkung Trägheitsnavigation Astronavigation Luftbildvergleichsnavigation Zielsuchlenkung aktives Zielsuchverfahren passives Zielsuchverfahren halbaktives Zielsuchverfahren		Verfolgungskurs (Hundekurve) Schielwinkelkurs Kollisionskurs Proportionalkurs
Fernlenkung	Kommandolenkung Leitstrahllenkung		Zieldeckungskurs (Sichtlinienkurs) ohne und mit Vorhalt

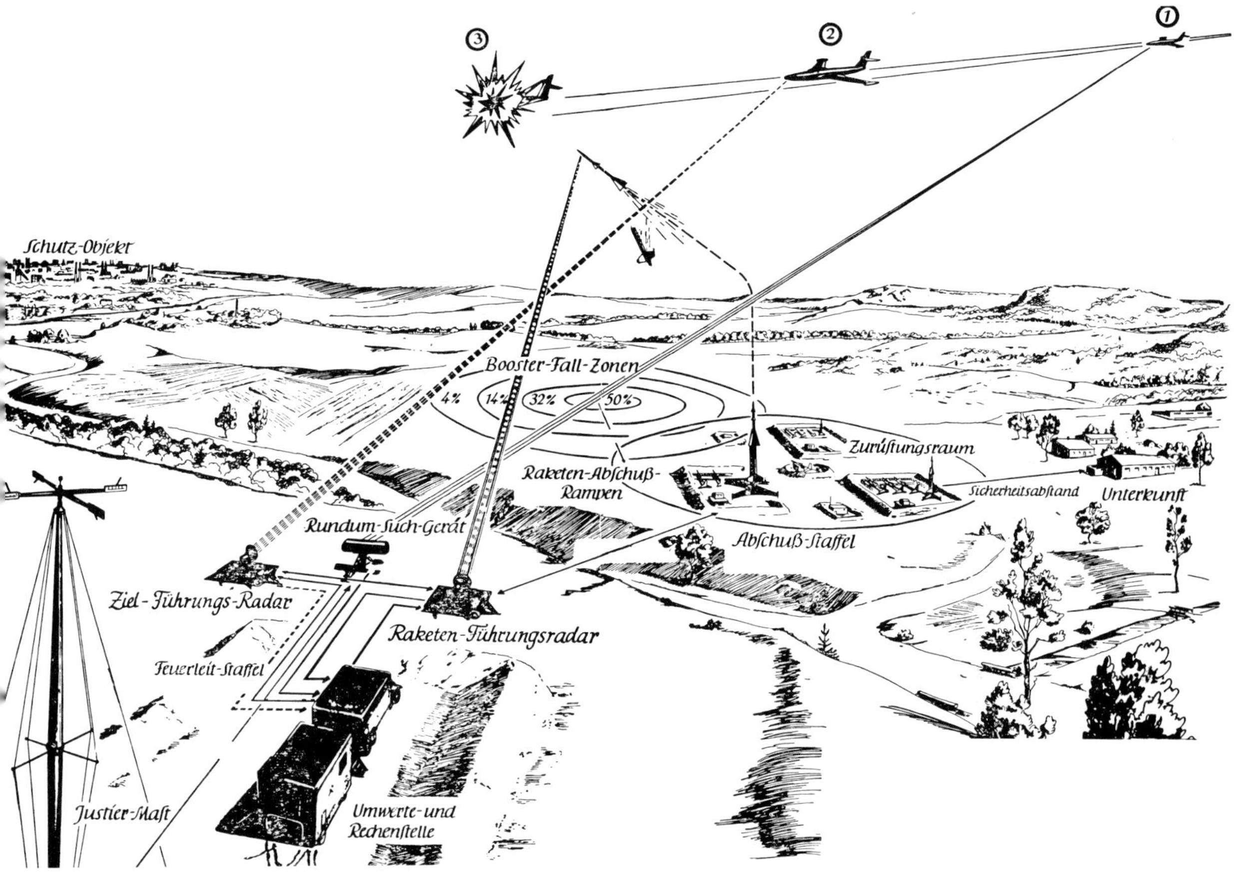

Schutz-Objekt

Booster-Fall-Zonen
4% 14% 32% 50%

Raketen-Abschuß-Rampen

Rundum-Such-Gerät

Ziel-Führungs-Radar

Raketen-Führungsradar

Zurüstungsraum

Sicherheitsabstand

Unterkunft

Abschuß-Staffel

Feuerleit-Staffel

Justier-Mast

Umwerte- und Rechenstelle

Abb. 21.27 Schema einer automatisierten Flugabwehrbatterie (Kommandolenkung). In der Luftverteidigungszentrale wird entschieden, ob ein feindlicher »Track« durch Jäger oder durch eine günstig stehende Flugabwehrrakete bekämpft werden soll. Wird ein Ziel (1) der Batterie zugewiesen, so muß das Bedienungspersonal die Radargeräte und das Abschußgestell hierauf einrichten und den Flugkörper starten. Der weitere Ablauf erfolgt dann automatisch: Das Ziel-Führungs-Radar folgt dem Ziel (2) und liefert einem Rechengerät laufend die erforderlichen Angaben über Kurs, Flughöhe und Geschwindigkeit des Flugzeuges. Die verarbeiteten Werte dienen zur Einsteuerung des Flugkörper-Führungsradars, das den Flugkörper selbsttätig verfolgt und zum Treffpunkt (3) führt.

(2) Funktion der Leitstrahllenkung

- das Zielverfolgungsradar ermittelt wie bei der Kommandolenkung die Lagewerte des Ziels
- diese Werte dienen dem Steuer- und Rechengerät für die Richtung des Leitstrahlsenders und der Lafette, sowie der Bestimmung des möglichen Abschußzeitraums
- der FK wird nach dem Abschuß von einem Grobstrahl gefangen und in einen gebündelten Feinstrahl geführt, der genau auf das Ziel gerichtet ist.

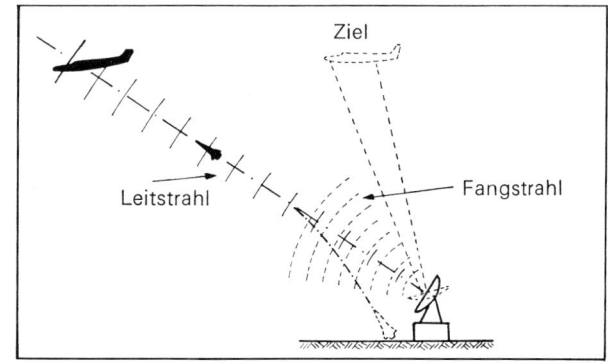

Ziel

Leitstrahl

Fangstrahl

Abb. 21.28 Leitstrahlverfahren.

475

(3) Selbstlenkung

Man bedient sich folgender Zielsuchverfahren:

(a) aktive Zielsuchlenkung

Im Flugkörper befindet sich ein Sender und Empfänger (z.B. Radar). Damit läßt sich das Ziel in bezug auf den Flugkörper orten. Ein Rechner ermittelt die erforderlichen Steuerkommandos, die den FK auf das Ziel steuern.

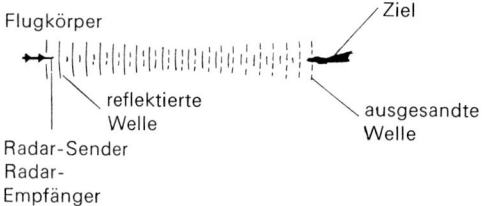

Flugkörper

Ziel

reflektierte Welle

ausgesandte Welle

Radar-Sender
Radar-Empfänger

Abb. 21.29 Beim aktiven Zielsuchverfahren wird das Ziel vom Flugkörper z. B. mittels Radar ›beleuchtet‹. Die reflektierten Wellen dienen dem Flugkörper zur Ortung, Ablagefeststellung und entsprechender Verarbeitung von Steuerkommandos.

(b) halbaktive Zielsuchlenkung

Eine »Beleuchterquelle« (z.B. Radar) steht auf der Erde und »beleuchtet« das Ziel, die reflektierten Wellen dienen dem Flugkörper zur Ortung des Ziels, auf das er sich selbst einsteuert.

(c) passive Zielsuchlenkung

Hierbei dienen Energiequellen des Zieles (elektromagnetische Wellen wie Funk, Wärme, Licht bzw. elastische Wellen wie Schall- und Ultraschallstrahlung) zur Ortung. Geeignete Zielsuchköpfe im Flugkörper ermitteln mit entsprechenden Rechnern die Flugbahnwerte.

(d) Festwert-Programmlenkung

dem Flugkörper werden alle Fluginformationen vor dem Abschuß eingegeben und während des Fluges durch Rechner mit den tatsächlichen, gemessenen Flugbahndaten verglichen. Bei Abweichungen vom Programm werden Bahnkorrekturen durch Flugregler selbständig ausgeführt.

Abb. 21.30 Einsatzablauf beim FlaRak-Waffensystem HAWK (halbaktive Zielsuchlenkung).

Lenkflugkörper

Referenz-signal

Feuerleit-anlage

Startgerät   CW-Beleuchtungs-radargerät   Entfernungs-meßradargerät   CW-Erfassungs-radargerät   Impuls-Erfassungs-radargerät

Entfernungs-abfrage

Zielentferng.

Bereit-schaftsw.

Antennen-richtwert

Erfassungswert

Ziel-zuweisung

Flugzielinformationen

Frühwarn-wert   CRC/CRP

LFK
Zustand

Feuer-kommando

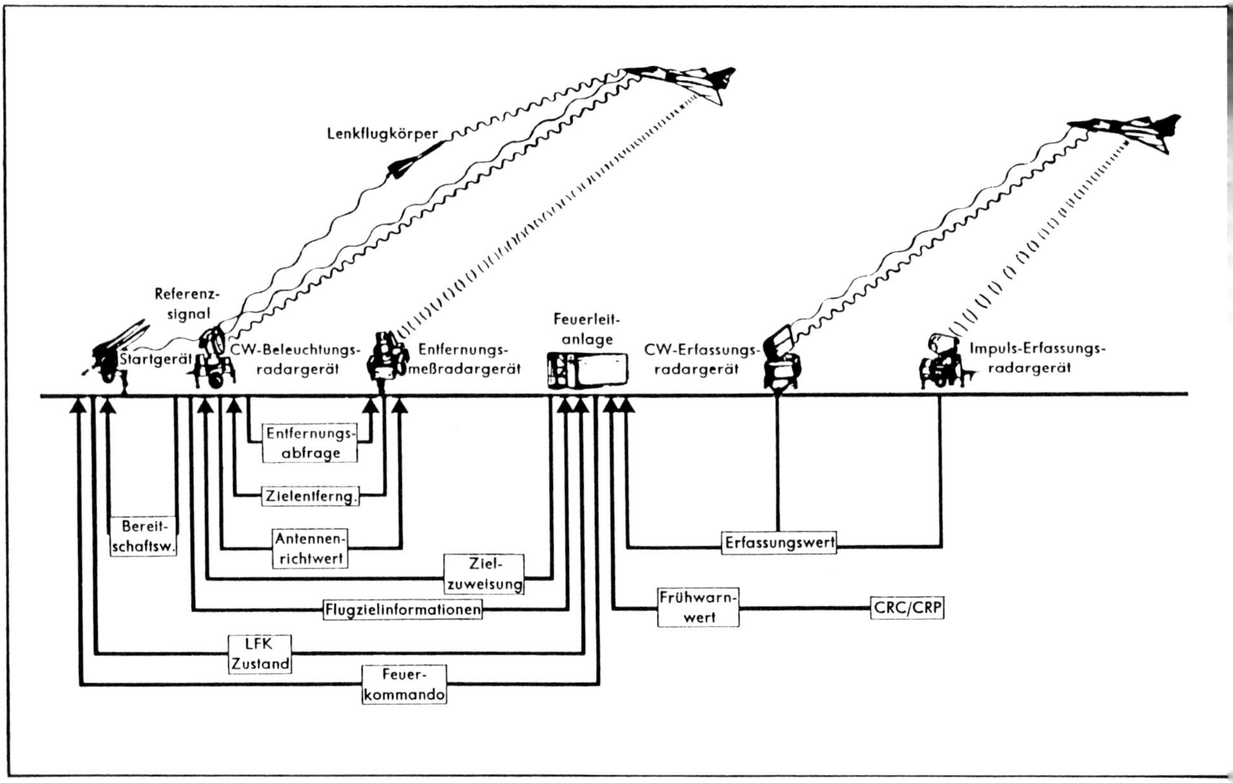

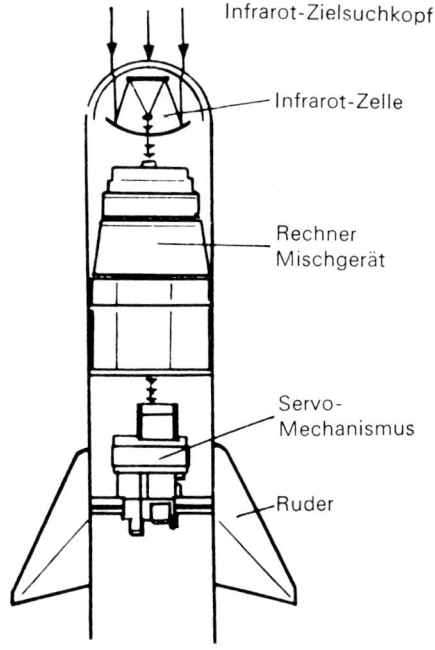

Infrarot-Zielsuchkopf

Infrarot-Zelle

Rechner
Mischgerät

Servo-
Mechanismus

Ruder

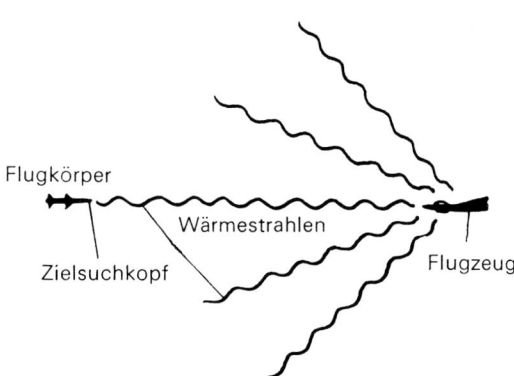

Abb. 21.31 Die passive Zielsuchlenkung (hier dient Infrarotstrahlung als Energiequelle der Wellenausbreitung).

Flugkörper

Wärmestrahlen

Zielsuchkopf

Flugzeug

Alle Flugkörper, die sich selbst mit Hilfe der Eigenortung lenken, folgen bestimmten Navigationsverfahren:

– Terrestrische Navigation mit Orientierung nach Luftdruck, Landmarken und elektromagnetischen Werten der Erde
– Radionavigation (z.B. Hyperbel) mit Hilfe von Radiosendern
– Astro- und Funkastronavigation, wobei durch Sternanpeilung Korrekturwerte erhalten werden
– Trägheitsnavigation, wobei mit einer kreiselstabilisierten Plattform Kursabweichungen festgestellt und korrigiert werden.

Je nach Aufgabenstellung wird man kombinierte Lenksysteme und Verfahren anwenden, um die jeweiligen besonderen Vorteile ausnutzen zu können.

Abb. 21.32 Einsatzprofil mit AMRAAM (advanced medium range air-to-air missile).

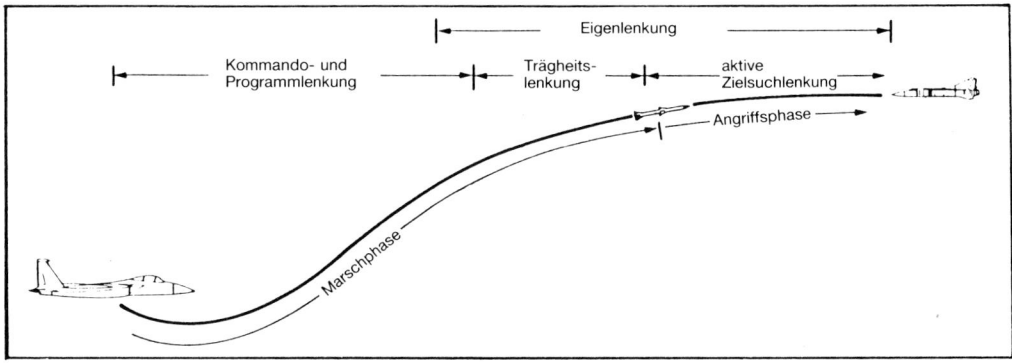

Eigenlenkung

Kommando- und Programmlenkung

Trägheits-lenkung

aktive Zielsuchlenkung

Angriffsphase

Marschphase

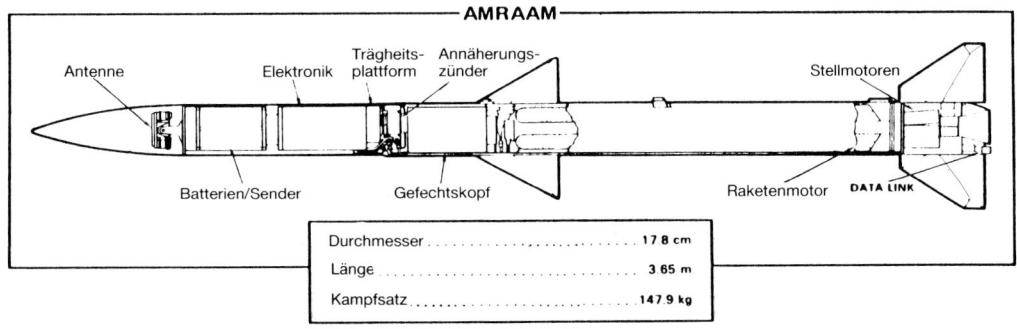

AMRAAM

Antenne

Elektronik

Trägheits-plattform

Annäherungs-zünder

Stellmotoren

Batterien/Sender

Gefechtskopf

Raketenmotor

DATA LINK

Durchmesser	17,8 cm
Länge	3,65 m
Kampfsatz	147,9 kg

Abb. 21.33 Eine **TORNADO** feuert vom linken Tragflächenrost einen Luft-Luft-Lenkflugkörper »Sidewinder».

c) Aufbau von Flugkörpern

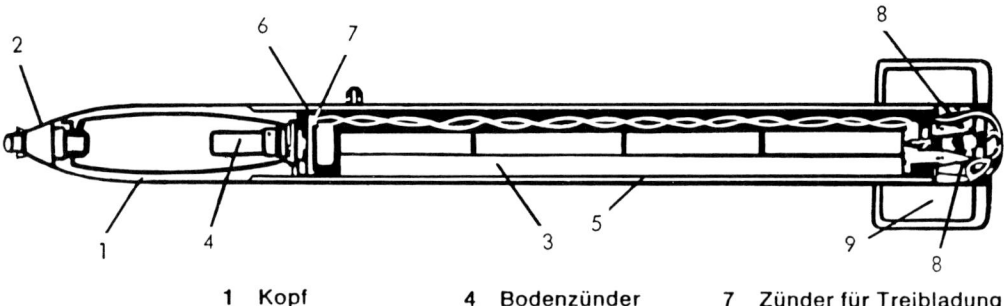

Abb. 21.34

1	Kopf	4	Bodenzünder	7	Zünder für Treibladung
2	Kopfzünder	5	Motorrohr	8	Düsen
3	Treibladung	6	Zündladung	9	Leitwerk

(1) Der Motor enthält die Treibladung und die Entzündungsladung. Er wird an das hintere Ende des Flugkörperkopfes angeschraubt. Er besteht aus einem Rohr, das vorn verschlossen und hinten mit einer oder mehreren Düsen versehen ist. Die Treibladung, allgemein in fester Form, wird durch ein Gestell in ihrer Lage gehalten (Siehe Kap. 9 Triebwerkkunde).

Die Entzündungsladung ist – abhängig von dem jeweiligen Flugkörpertyp – über verschiedene Stecker und Kabel mit dem Auslöse-Stromkreis verbunden.

(2) Der Kopf nimmt die Nutzlast (Sprengoder andere Ladungen, Zünder usw.) auf. Die Größe des Flugkörpers wird im allgemeinen vom Durchmesser des Flugkörperkopfes bestimmt.

Man unterscheidet:
Sprengköpfe zur Erzielung maximaler

Spreng- und Druckwirkung,
hochexplosive Anti-Tank Sprengköpfe (HE-AT) zum Durchschlagen von Panzerungen – Hohlladungen mit Schweißwirkung,
chemische Flugkörperköpfe zur Verwendung mit Giftgasen, Ermüdungskampfstoffen, Rauch- und Nebel-Patronen.
Übungs-Flugkörperköpfe entsprechen in ihrer Konstruktion den Köpfen der Einsatzflugkörper, sind jedoch anstelle der »scharfen« Füllsätze mit Ballastfüllungen (Gips, Zement, Sand) beschickt.

(3) Die Stabilisierungsvorrichtung

Flugkörper werden auf ihrer Flugbahn durch Strömungsbleche, sogenannte Stabilisierungsflächen oder Leitwerke und durch Rotation (Drall) des gesamten Flugkörpers »stabilisiert«. Die meisten der gegenwärtig verwendeten Flugkörper sind mit festmontierten oder Falt-Stabilisierungsflächen ausgerüstet,

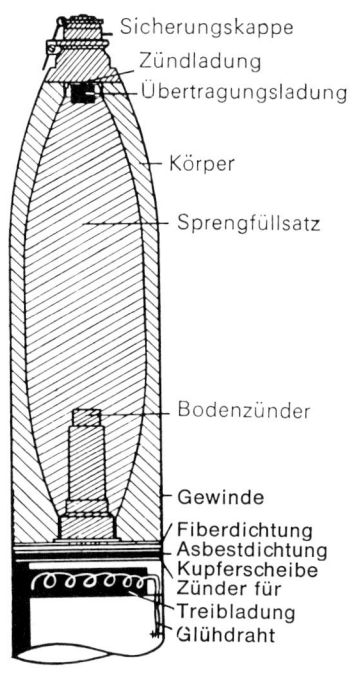

Raketen-
Splitter-Sprengkopf

Sicherungskappe
Zündladung
Übertragungsladung

Körper

Sprengfüllsatz

Bodenzünder

Gewinde
Fiberdichtung
Asbestdichtung
Kupferscheibe
Zünder für
Treibladung
Glühdraht

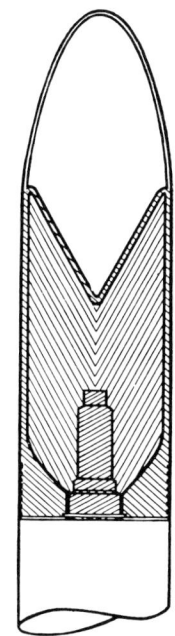

Raketen-
Hohlladungskopf

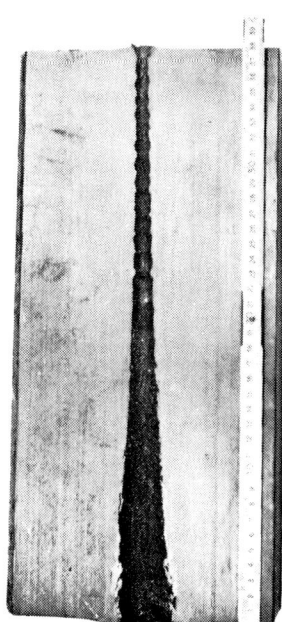

(Hohlladung)
Wirkungsbild

Abb. 21.35

den sogenannten »Folding Fin«.

Ungelenkte Flugkörper werden ganz allgemein mit Zahlen und Buchstaben bezeichnet. Die Zahlen geben den Durchmesser in mm oder Zoll an, die beigegebenen Buchstaben sind jeweils die ersten Buchstaben der vollen dienstlichen Bezeichnung, z. B.:
2.75″ FFAR – Folding Fin Aircraft Rocket (Flugzeugrakete mit Faltleitwerk)

Die 2.75″ Folding Fin Aircraft Rocket – FFAR – unterscheidet sich von den meisten anderen, mit starren Stabilisierungsflächen ausgestatteten Raketen durch ihre in die Rakete eingeklappten Leitbleche, die sich erst bei Abschuß der Rakete unter dem Gasdruck des Motors nach außen öffnen. Die FFAR,

bekannt als »Mighty Mouse«, wird aus Abschußbehältern unter dem Rumpf, den Flächenspitzen und unter dem Bug abgefeuert. Sie wird vom Flugzeug gegen Bodenziele, gegen andere Flugzeuge oder zu Ausbildungs- und Übungszwecken eingesetzt.

d) Einteilung und Arten von Flugkörpern
nach Verwendungszweck:

Einsatzflugkörper	für Kampfzwecke aus Flugzeugen oder im Erdeinsatz.
Zielflugkörper	für Schießübungen der Flugabwehrbatterien vom Boden aus.
Übungsflugkörper	zur Schießausbildung oder zum Waffendrill des Personals.

Abb. 21.36 Raketenabschußbehälter mit Funktionsablauf des Abschusses einer Rakete mit Klappleitwerk.

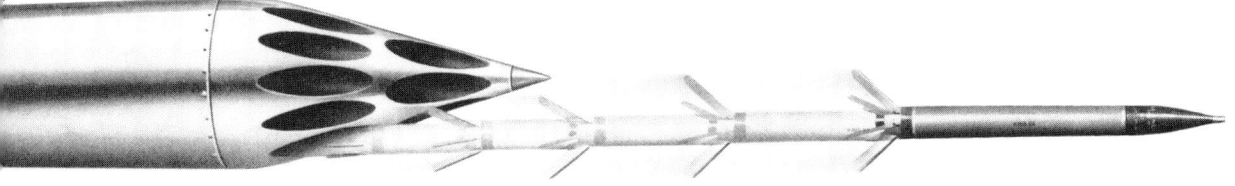

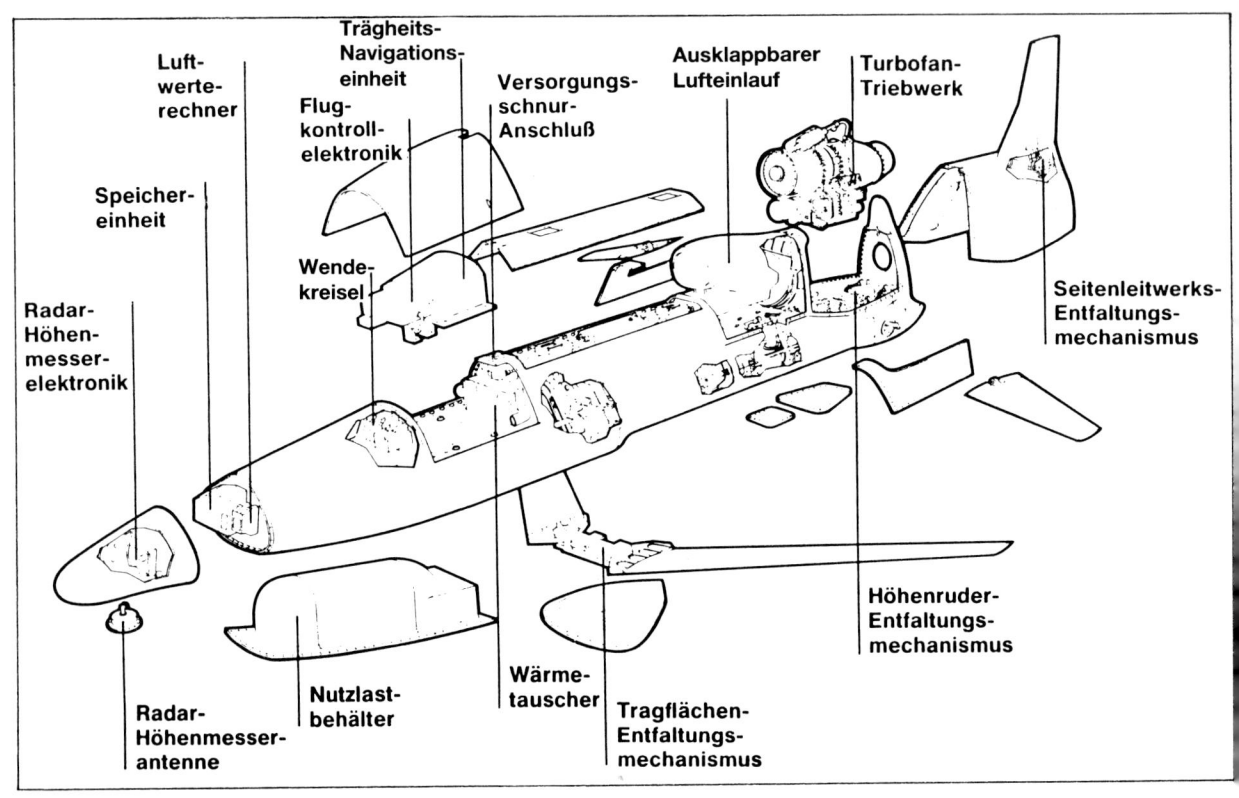

Abb. 21.37 Aufbau eines Marschflugkörpers.

Labels (clockwise from top):
Luftwerterechner — Trägheits-Navigationseinheit — Flugkontrollelektronik — Versorgungsschnur-Anschluß — Ausklappbarer Lufteinlauf — Turbofan-Triebwerk — Speichereinheit — Wendekreisel — Seitenleitwerks-Entfaltungsmechanismus — Radar-Höhenmesserelektronik — Höhenruder-Entfaltungsmechanismus — Radar-Höhenmesserantenne — Nutzlastbehälter — Wärmetauscher — Tragflächen-Entfaltungsmechanismus

4. Marschflugkörper (cruise missile-CM)

Marschflugkörper zählen zu den Langstrekkenflugkörpern mit Selbstlenkung, die mit einem luftatmendem Strahltriebwerk, einem Trag- und Steuerwerk sowie mit einem autonomen Leitsystem ausgerüstet sind. Sie können land-, see- oder luftgestützt gestartet werden. Ihr Einsatzkonzept leitet sich her aus den Zeiten einer Fi 103 (V 1) und Waffensystemen wie MATADOR, MACE (USA) oder SS-N-3 SHADDOCK (UdSSR). Erst durch die Entwicklung einfacher, kleinerer Verbrauchs-Turbotriebwerke und die Miniaturisierung von Lenk- und Leitsystemen sowie nuklearer Gefechtsköpfe konnten die Marschflugkörper heutiger Technologie entstehen. Die gesamtstrategische Weltlage spielte dabei natürlich die Wegbereiterrolle.

Flugablauf: Nach dem Verlassen des Startgerätes wird der Marschflugkörper erst flugfähig, wenn Trag- und Steuerwerk ganz entfaltet sind und das Triebwerk Marschleistung erreicht hat. Sodann nimmt er eine Flughöhe von 1500–3000 m über Grund ein und navigiert mittels einer Trägheitsplattform. Bei Annäherung zum Einsatzgebiet geht der Flugkörper auf eine Flughöhe zwischen 45–100 m über Grund (abhängig von den Geländeverhältnissen) und schaltet zur genaueren Navigation ein Geländefolgesystem dazu, das aus gespeicherten Geländedaten, der von der Plattform gelieferten Position und Vermessungsergebnissen des Radarhöhenmessers entsprechende Kurskorrekturen vornimmt. Etwa 25 km vor dem Ziel beschleunigt das Triebwerk den Flugkörper auf Höchstgeschwindigkeit.

II. ZÜNDER

1. Zünder für 20-mm-Kanonen-Munition

a) Der Zünder PD-M75 für 20-mm-Explosiv-Brandgeschoß

Einstufiger Aufschlagzünder ohne Verzögerungssatz; nur ein Zündelement ist dem Sprengsatz vorgeschaltet. Überschneller Aufschlagzünder zum Durchschlagen leichtgepanzerter Ziele und als Aufschlagzünder für stärker gepanzerte Flugzeuge. Seine Konstruktion unterscheidet ihn von gewöhnlichen Zünderarten dadurch, daß ihn folgende Wirkungen beim Aufschlag auslösen:

1. Wirkung des Trägheitsgesetzes (Vorwärts-Tendenz) des Detonators,
2. Metallstücke des Zündkörpers treffen die Detonatorfüllung,
3. Wirkung der komprimierten Luftsäule (Hitzeentwicklung) vor dem Detonator,
4. Zusammenwirken all dieser Faktoren.

Der Zünder hat deshalb keine Zündnadel; er wirkt durch Luftkompression.

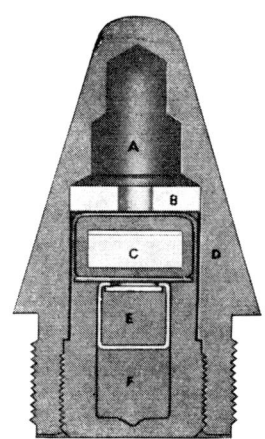

Abb. 21.38

(1) Teile des Zünders PD-M75
Der Zündkörper D mit einer Luftkammer A im Vorderteil des Zünders. Eine in den Boden des Zünders eingeschraubte und gegen die Aluminiumscheibe B sitzende Hülse, mit den Auslöse- und Übertragungselementen der Zündstufenfolge, die aus der Detonatorladung Knallquecksilber C, einer Zwischenladung (Verstärker) aus Bleinitrat E und der Tetryl-Übertragungsladung F bestehen. Da keine Unterbrecher oder andere Sicherheitselemente eingebaut sind – alle Auslöseelemente stehen in Funktionslinie – wird dieser Zünder als »nicht rohrsicher« bezeichnet.

(2) Arbeitweise
Wenn nach Abfeuern der Waffe das Geschoß den Lauf verläßt, bleiben die Zünderelemente in unveränderter Stellung. Erst bei Auftreffen auf ein widerstandsfähiges Ziel wird der Zünderkopf eingedrückt, die Detonator-Ladung C ausgelöst – komprimierte Luftsäule, Hitzesplitter des zerrissenen Zündkörpers – und über Zwischenladung E und Übertragungsladung F der Sprengfüllsatz des Geschosses zur Detonation gebracht.

b) Der Zünder PD-M505 (früher T196 E4)
Verwendung wie Zünder PD-M75. Er spricht bei Aufschlag überschnell an. Dieser Zünder ist mit Rotorunterbrechung statt mit Detonatorblock ausgestattet.

(1) Teile des Zünders PD-M505
1. Aluminiumkopf B, der die Zündnadel C aufnimmt.
2. Zündkörper G, der den Rotorunterbrecher E, den Sperrfederdraht D und ungefähr die Hälfte der Übertragungsladung H aufnimmt.
3. Ballförmiger Rotorunterbrecher E mit Detonator F und Zwischenübertragungs-Ladung J.
4. Übertragungsladungs-Gehäuse I mit der Hälfte der Übertragungsladung H.

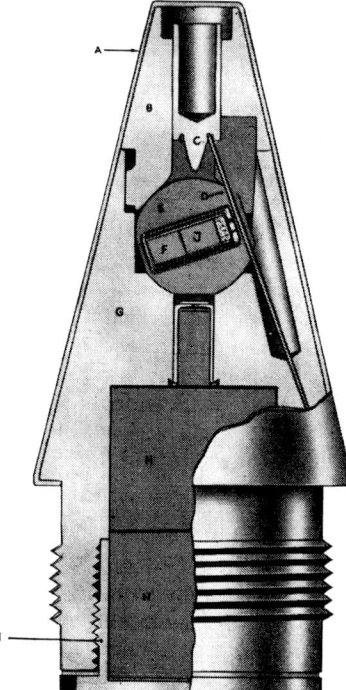

Abb. 21.39

Das Übertragungsladungs-Gehäuse wird in den Boden des Zündkörpers G eingeschraubt. Zünderkopf und Zündkörper werden durch Keil und Keilnuten miteinander verbunden und durch eine dünne Aluminiumkappe A, die gleichzeitig den Zündnadelraum nach vorn abschließt, in der richtigen Lage gehalten.

(2) Arbeitsweise

Wenn die Waffe abgefeuert wird und das Geschoß den Lauf verläßt, drückt die Zündnadel C auf Grund des Beharrungsvermögens gegen den Sperrfederdraht D und hält ihn in seinem Platz. Dadurch kann sich der Rotor nicht in Funktionslinie drehen. Bei nachlassender Geschoßgeschwindigkeit und überwundenem Beharrungsvermögen gleitet die Zündnadel C nach vorn in den Zündnadelraum A und der Sperrfederdraht D aus der Kerbe in der Zündnadel C. Die durch die Drehung des Geschosses wirksam gewordene Zentrifugalkraft drückt den Sperrfederdraht an die Innenwand des Zündkörpers G und der dadurch freigegebene Rotorunterbrecher E kann sich in Funktionslinie drehen. Wenn er diese Stellung erreicht hat, hält er zugleich den Sperrfederdraht aus der Gleitbahn der Zündnadel. Abhängig von der Wucht des Aufschlages wird entweder der Zünderkopf B zerschmettert oder die Aluminiumkappe durchlöchert. In beiden Fällen wird die Zündnadel C in den Detonator F getrieben, der die Zündstufenfolge über Zwischenübertragungsladung J, Übertragungsladung H auslöst und die Sprengladung des Geschosses detoniert.

2. Zünder für Fliegerbomben

Ganz allgemein ausgedrückt ist der Zündmoment (Bestwirkungsgrad) wesentlicher als die Größe der verwendeten Bombe, z. B. kann die Produktionskapazität einer typischen Werkstatt bestehend aus einer Etage und dazugehörigen Gebäuden mit Drehbänken, Bohrmaschinen, Werkzeugen usw. durch eine einzige 250 kg-Bombe, die in einer Höhe von etwa 1−3 Meter über dem Werkstattboden detoniert, um etwa 50 % ihrer Kapazität verringert werden. (50 % Zerstörung wird bei industriellen Anlagen und Einrichtungen als »Bestwirkungsgrad« angesehen.)

Andererseits würde die Wirkung einer 500 kg-Bombe, die erst nach Durchschlagung des Werkstattbodens detoniert, nicht den Zerstörungsgrad überschreiten, der von einer in der richtigen Höhe (Tiefe) detonierten 250 kg-Bombe erzielt wird.

Diese Gegenüberstellung beweist die Wichtigkeit der richtigen Zünderwahl.

a) Einteilung der Bomben-Zünder

Zünder kann man unterteilen nach:

(1) Position (Anbringung an der Bombe)
        1. Kopfzünder
        2. Heckzünder
        3. Körperzünder

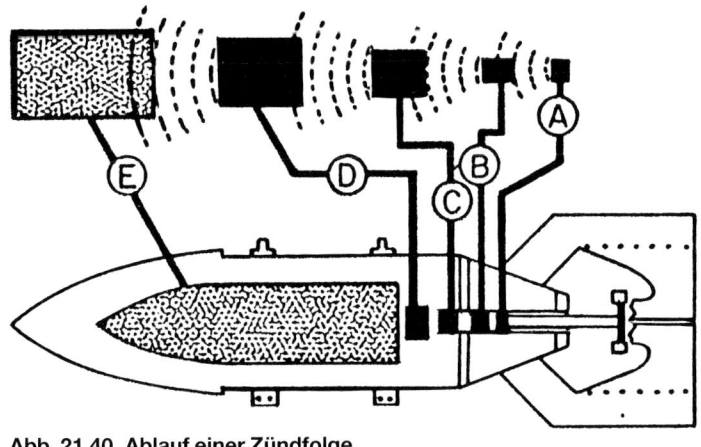

A = Zündhütchen
B = Verzögerungselement
C = Sprengkapsel
D = Übertragungsladung
E = Sprengladung

Abb. 21.40 Ablauf einer Zündfolge.

(2) Schärfungsgrad
    1. Schärfungsstift-(Stößel-)Art
    2. Propellertyp
    a) direktes Schärfen
    b) verzögertes Schärfen
    3. Fallschirmtyp

(3) Ansprechen
    1. Zeitzündung
    2. Aufschlagzündung
    3. Hydrostatische Zündung
      (Wasserdruck)
    4. VT-elektrische Zündung (VT =
      variable timing)

b) Bomben-Zünderarten

Alle mechanischen Bombenzünder ähneln sich. Sie unterscheiden sich im wesentlichen nur in den Einzelteilen, welche die besonderen Charakterstiken der betr. Zünderart ausmachen.

(1) Kopfzünder befinden sich im Kopfteil der Bomben. Sie arbeiten im allgemeinen nach dem Prinzip des Aufschlagzünders.

Sie werden mit verschiedenen Verzögerungen des Schärfungsvorganges oder der Verzögerungszeiten beim Aufschlag hergestellt. Zur äußerlichen Unterscheidung sind die Kappen der Schärfungspropeller mit einem Farbenschlüssel versehen.

(2) Heckzünder befinden sich im rückwärtigen Teil der Bombe. Sie werden in Verbindung mit Kopfzündern verwendet, um das Detonieren der Bombe zu sichern oder in

gewissen Fällen auch zwecks wahlweiser Schärfung.

Heckzünder finden wegen der kurzen Schärfungszeit, die sie benötigen, vornehmlich für Tiefangriffe Verwendung.

Sie werden mit 4–5 oder 8–15 Sekunden Verzögerungssätzen verwendet.

Langzeit-Heckzünder haben einen auf chemischer Basis konstruierten Auslösemechanismus, der die Bombe erst nach längerer Zeit zur Detonation bringt. Diese Zünder haben Verzögerungszeiten von 1, 2, 6, 12, 24, 36, 72 und 144 Stunden. Die Verzögerung wird durch die chemische Aktion einer Lösung (meistens Aceton) verursacht, die durch einen Filter auf einen Verzögerungssatz tropft und einen Celluloid- (oder ähnlichen) Kragen zersetzt.

Um für die Heckzünder verschiedene Verzögerungszeiten zu erhalten, sind Zünder, Verzögerungssatz und Detonation in eine Einheit zusammengefaßt worden.

(3) Der hydrostatische Zünder befindet sich im Bombenheck oder Körper. Er findet Verwendung in Bomben, die unter der Wasseroberfläche detonieren sollen. Der Zünder kann auf die gewünschte Detonationstiefe eingestellt werden. Die Funktionsweise hängt von einer Membrane ab.

(4) Der elektrische Kopfzünder (Radiozünder) ist ein sehr wirkungsvoller elektrischer Zeitzünder (Abstand- oder Annäherungszünder). Dieser in seiner Wirkungsweise automatische Zeitzünder wird nicht »eingestellt«. Er bringt die Bombe bei Annäherung an das Ziel zur Detonation. Sie sind von kleiner Ausführung und bestehen aus einem Sender und Empfänger, die mit einem elektrischen Detonator gekoppelt sind.

(5) Der elektrische Aufschlagzünder kann an beliebiger Stelle in einer Bombe eingebaut werden.

c) Ein Bomben-Kopfzünder (Abb. 21.41)

Eine auf der Propellerkappe (2) montierte Propellergruppe (1) ist über ein Untersetzungsgetriebe (3) mit der Schärfungsschraube (4) verbunden. Die Schärfungsschraube (4) ist in der Gewindebohrung der Schlagplatte (6) eingeschraubt, die durch einen Scherstift (17) und die Stellschraube (13) in dem Zündkörper gehalten wird. Die Seiten der Propellerkappe (2) halten in gesicherter Stellung die zwischen Unterkante der Schlagplatte (6) und Zündkörper kreisförmig angeordneten Sicherheitsblöcke (5) an ihrem

Abb. 21.41 Bombenkopfzünder, m. V. geschärft.

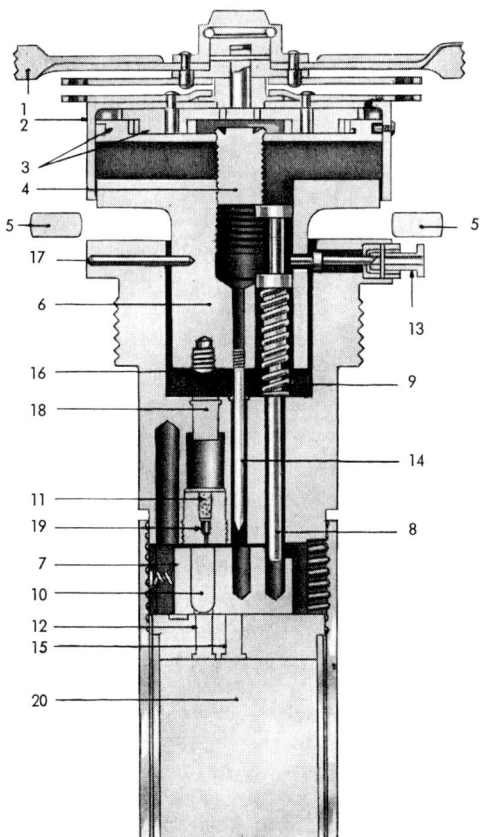

Platz. Ein Drehen der Propellerkappe (2) wird durch 2 in die Kappe eingebaute Sperrstifte verhindert, die mit ihrem einen Ende in zwei Nuten im Rande der Schlagplatte (6) laufen. Der obere Rand des Detonatorsperrstiftes (8) liegt mit seiner Oberkante gegen die Unterkante der Schärfungsschraube (4), die ihn dadurch gegen den Druck der Detonatorsperrstiftfeder (9) festhält. Der Detonatorsperrstift (8) hält den Detonatorblock (7) mit eingebautem Detonator (10) außer Funktionslinie bis der Zünder geschärft ist. Die in dem Zünderkörper eingebaute Verzögerungsstufenfolge besteht aus dem Zünderelement (Initialzündung) (18), dem Verzögerungselement (11), dem Verstärkungselement (19) m. V. Zündkanal (12), o. V. Zündkanal (15) und der Übertragungsladung (20). Ein nicht eingezeichneter Sicherheitsvorstecker ist von außen durch eine Bohrung im Zünderkörper in eine Nute in der Schlagplatte eingeführt, und verhindert zusätzlich ein Hochdrücken der Schlagplatte (6), behindert jedoch nicht das Hineindrücken bei Aufschlag des Zünders.

Arbeitsweise bei m. V.-Einstellung (Abb. 21.41)

Wenn eine mit diesem Zünder ausgerüstete Bombe vom Flugzeug scharf ausgelöst wird, dann dreht sich im Luftstrom der Schärfungspropeller (1) und die über das Untersetzungsgetriebe (3) mit ihm verbundene Schärfungsschraube (4). Bei 65.3 Umdrehungen des Schärfungspropellers (1) dreht sich die Schärfungsschraube (4), welche dabei die Propellerkappe (2) mitnimmt, einen Gewindegang nach oben aus der Gewindebohrung der Schlagplatte (6) heraus. Nach ¼ inch Aufwärtsbewegung gibt die Propellerkappe (2) die Sicherheitsblöcke (5) frei. Das Herausschleudern der Sicherheitsblöcke (5) bewirkt eine in die kreisförmige Anordnung der Sicherheitsblöcke (5) eingebaute Blattfeder. Unter dem Druck seiner Feder (9) folgt der Detonatorsperrstift (8) der sich weiter herausdrehenden Schärfungsschraube (4), bis sein unterer Bund an die in seine Gleitbahn ragende Stellschraube (13) anliegt. Das untere Ende des hochgleitenden Detonatorsperrstiftes (8) hat dabei die erste Stufe des Detonatorblockes (7) freigegeben, welcher dadurch unter dem Druck seiner Feder den Detonator (10) in Funktiionslinie mit dem Verzögerungselement (11) und dem mV. Zündkanal (12) drücken kann. Das auf der zweiten Stufe des Detonatorblockes (7) ruhende untere Ende des Detonatorsperrstiftes (8) verhindert ein weiteres Vorrücken des Detonatorblockes (7). Die Schärfungsschraube (4) dreht sich ohne Einfluß auf die anderen Funktionsteile des Zünders weiter heraus, bis die Propellerkappe (2) wegfliegt (650 Umdrehungen des Schärfungspropellers (1)). Bei Aufschlag der Bombe wird die Schlagplatte (6) in den Zündkopf eingedrückt und die mV-Zündschraube (16) trifft auf das Verzögerungszündelement (18). Dadurch wird die Verzögerungszündstufenfolge über Verzögerungselement (11) (0,1–0,15 Sekunden Brenndauer), Verstärkungselement (19), Detonator (10), Übertragungsladung (20) zum Bombenfüllsatz ausgelöst.

d) Der El. A. Z. 50

ist ein elektrischer Aufschlagzünder mit allseitigem Aufschlag. Er kann wahlweise während des Fluges o.V. oder m.V. eingestellt werden.

Die Zündung erfolgt mit je einem Glühzünder durch die Energie von Kondensatoren, welche durch eine im Flugzeug befindliche Stromquelle erst mit Ladung versehen werden, wenn die Bombe bereits ausgelöst wurde. Im Transportzustand oder solange die Bomben nicht abgeworfen werden und im Magazin ruhen, sind die Kondensatoren des Zünders nicht aufgeladen.

Der Zünder ist mit zwei beinahe unabhängig voneinander wirkenden Kondensatorenanordnungen für o.V.- und m.V.-Einstellung versehen.

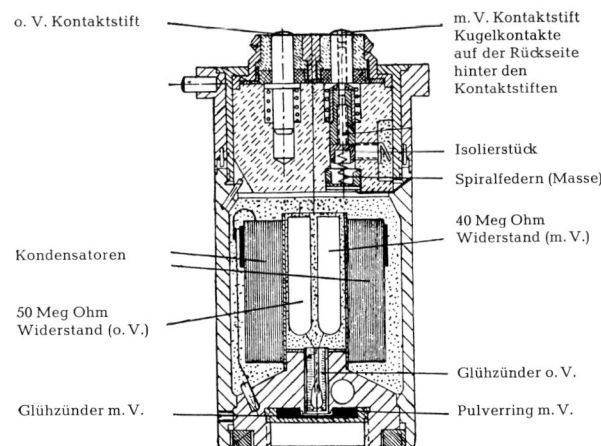

Abb. 21.42 Ein elektrischer Aufschlagzünder.

Bei Einstellung o.V. erfolgt die Detonation der Bombe beim Aufschlag.

Bei Einstellung m.V. tritt nach dem Aufschlag eine Verzögerung von 0,05 Sekunden ein.

Wirkungsweise des Zünders:

Von der Stromquelle einer 120-Volt-Anodenbatterie, die sich im Zünder-Batterie-Kasten befindet, fließt der Strom nach Einschaltung am Zünder-Schalt-Kasten bis zur Ladeschiene am Abwurfmagazin. Erst nach dem Abwurf, wenn die Bombe schon den Schloßkasten am Magazin verlassen hat, fließt der Strom durch einen Kontakt an der Ladeschiene durch den Stecker zum Zünder. Die Ladesteckerkappe mit den Ladekontakten ist auf dem Zünder aufgesetzt und drückt die im Kopfstück des Zünders befindlichen Kontaktstifte ein. Nach etwa 2 cm Fall wird in dem Zylinder über den Ladestecker der Kontakt hergestellt. Der Strom fließt zum Zünder. Dann wird die Ladesteckerkappe vom Zündkopf abgerissen.

Vorgang:

Bei **Einstellung o.V.:** o.V.- und m.V.-Stromkreis werden aufgeladen, d.h. im Augenblick des Abwurfs wird der Speicherkondensator von dem aus dem Batteriekasten kommenden Strom aufgeladen. Dieses Aufladen geschieht während des Falls der Bombe im Bruchteil einer Sekunde. Der mit 120 Volt aufgeladene Speicherkondensator gibt

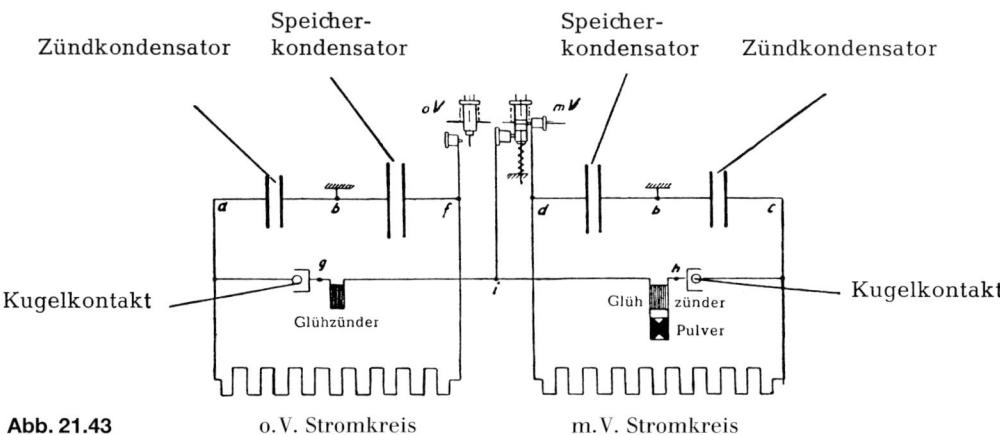

Abb. 21.43   o. V. Stromkreis   m. V. Stromkreis

über einen Widerstand einen Teil seiner Energie an den Zündkondensator ab. Dieses allmähliche über den Widerstand stattfindende Aufladen des Zündkondensators dauert 5 Sekunden. Diese 5 Sekunden sind die Sicherungszeit, die vergeht vom Abwurf bis zum Scharfwerden der Bombe. In 5 Sekunden hat der Zündkondensator die Spannung von 40 Volt, mit der das o. V.-Zündmittel zur Entzündung gebracht werden kann. Aber erst beim Aufschlag schlägt ein mit dem Zündkondensator in Verbindung stehender Kugelkontakt an einen Gegenkontakt, der wiederum mit dem o. V.-Glühzünder über Masse verbunden ist. Dadurch entlädt sich der Zündkondensator über die Kugel und den o. V.-Glühzünder zur Masse, wodurch das o. V.-Zündmittel zur Entzündung gebracht wird (Glühen eines feinen Drahtes)).

Bei **Einstellung m. V.** wird nur der m. V.-Stromkreis aufgeladen. Der Zündvorgang ist sonst derselbe wie bei der o. V.-Einstellung. Nur zündet das m. V.-Zündmittel nicht direkt auf die Sprengkapsel, sondern ist querliegend angeordnet und entzündet zunächst einen Schwarzpulver-Verzögerungssatz, der in 0,05 Sekunden abbrennt, ein Pulverkorn entzündet, welches die Zündladung und damit auch die Sprengladung zur Explosion bringt.

3. Zünder für Flugkörper
a) Einteilung der Zünder
Flugkörperzünder werden nach Einbau-Position eingeteilt in
    Kopfzünder
    Bodenzünder
und nach ihrer Wirkungsweise in
    Zeitzünder
    Annäherungszünder
    Aufschlagzünder

Zeitzünder lösen nach dem Abfeuern des Flugkörper die Sprengladung des Kopfes entsprechend der vorgewählten Sekundenzahl aus.

Annäherungszünder sprechen bei Annäherung an ein Ziel an.

Aufschlagzünder sprechen bei Berührung mit dem Ziel an.

    entweder überschnell (überempfindlich)
    oder ohne Verzögerung – o. V.
    oder mit Verzögerung – m. V.

Die überschnellen (überempfindlichen) Zünder funktionieren mittels der beim Aufschlag in den Detonator getriebenen Zündnadel praktisch sofort.

Aufschlagzünder (o. V.), deren Zündnadel oder Detonator durch Beharrungskraft gesteuert wird, sind etwas langsamer als die überschnellen Zünder.

Ein Kopf mit (m. V.-)Aufschlagzünder kann erst das Ziel durchschlagen, ehe die Sprengladung ausgelöst wird. Die Länge der Verzögerung, gewöhnlich zwischen 0,025 und 0,15 Sekunden, hängt von der Art des in dem Zeitzünder eingebauten Verzögerungselementes ab.

486

b) Schärfungsarten der Zünder für Flugkörper

Die Schärfung kann durch mechanische Getriebevorrichtungen, Luftstrom, Federkraft, Zentrifugalkraft oder durch Beharrungskräfte, Gasdruck oder durch Kombination der vorgenannten Möglichkeiten erfolgen.

Zünder für Flugkörper sind als geschärft zu betrachten, wenn sich alle notwendigen Funktionselemente in einer Stellung befinden, die die Auslösung zum gewünschten Augenblick bewirkt.

Es gibt drei Schärfungsarten:

Rotieren des Schärfungspropellers. Nach einer konstruktionsmäßig bedingten Anzahl von Umdrehungen befinden sich die Funktionsteile im Zünder in einer Stellung, die ihn bei Aufschlag detonieren läßt.

Rückschlagbewegung (Trägheitsmoment). Die Entsicherung und darauffolgende Zündung wird durch das Beharrungsvermögen der freibeweglichen Teile im Zünder bei Abschuß des Flugkörpers eingeleitet und bei Aufschlag ausgelöst.

Druckschärfung. Hervorgerufen durch die Ausdehnung der sich beim Abbrennen der Treibladungen im Motor entweichenden Gase.

c) Ein Flugkörper-Kopfzünder (Abb. 21.44)

Ein flügelgeschärfter detonatorsicherer Zünder, der einen Entsicherungsdraht benötigt und bei Berührung mit Boden, Wasser und anderen Objekten überschnell anspricht.

Der stromlinienförmige Zünder hat eine unter Federdruck stehende Kappe, die den Schärfungspropeller vor Beschädigungen schützt und den Zünder gegen Witterungseinflüsse abdichtet. Die Kappe wird durch eine F-Kluppe gehalten, die den Sicherungs- und Entsicherungsdraht aufnimmt und mittels Kragen und Bolzen gesichert ist.

Der Mechanismus des Zünders entspricht dem anderer Zünder für Abwurfmunition (Bomben) mit Ausnahme, daß der Schieber

1. Kappe
2. Kappenfeder
3. Ankerniete
   zum Schärfungspropeller
4. Dichtungsring
5. Fangkluppe
6. Kopfplatte
7. Sperrblock
   zum Schärfungspropeller
8. Rückstoßfeder
9. Zünderkörper
10. Zündnadelführung
11. Feder zum Schieber
12. Magazin
13. Tetryl-Übertragungsladung
14. Zündkanal mit Tetrylfüllung
15. Schieber
16. Sperrstift zum Schieber
17. Zündnadel
18. Sperrblock zum Schieber
19. Sicherungsdraht

20. Buchsring zur Fangkluppe
21. Stift zur Fangkluppe
22. Sperrstift zum Schärfungspropeller
23. Schärfungspropeller

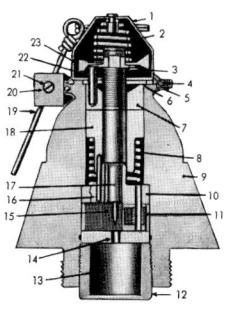

Abb. 21.44

durch einen Sperrstift, der von einem Sperrblock gesteuert wird, in »Sicherstellung« gehalten wird. Auch wenn die Zündernadel durch die Umdrehungen des Schärfungspropellers herausgedreht sein sollte, kann der Schieber erst bei abnehmender Beschleunigung in Schärfungsposition rücken.

Die Schärfungsstrecke bei Verwendung in der 5.0″ HVAR-Rakete liegt zwischen 650 und 1100 ft.

d) Ein Annäherungszünder für Flugkörper (Abb. 21.45)

(VT = Variable timing)

Er detoniert den Raketenkopf in einem gewissen Abstand vom Ziel zwecks Erreichung

Abb. 21.45

1. Metallring
2. Propellersperrstift
3. Plastischer Kegel
4. Plastische Triebwelle
5. Triebausschnitt
   für den Schärfungsschaft
6. Rückschlaggewicht
7. Schlüsselansatz
8. Spannfeder zum Schärfungsschaft
9. Rotor(Unterbrecher)-Gehäuse
10. Rotor(Unterbrecher)-Arretierung
11. Zündkanalplatte
    für Übertragungsladung
12. Übertragungsladung
13. Haltemuffe
    zur Übertragungsladung
14. Sicherheitsstift
    zur Übertragungsladung
15. Zündkanal für Übertragungsladung
16. Detonator-Unterbrecher
17. Schlitz für den S.-Stift
18. Elektrischer Detonator
19. Zündstromkontakte
20. Zündkondensator
21. Schärfungsschaft
22. Zahnradvorgelege
23. Schneckentrieb
24. Generator
25. Raum für den elektr. Mechanismus
26. Metall-Schärf.-Propeller
27. Bohrungen
    für den Propellersperrstift

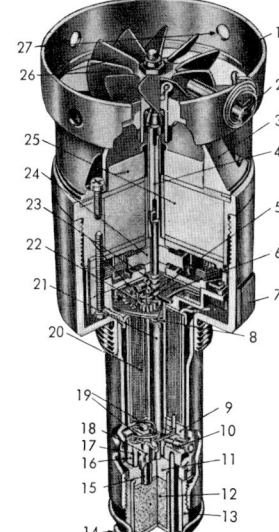

einer optimalen Druck- und Splitterwirkung. Im wesentlichen gleicht dieser Zünder, der nicht vorher eingestellt zu werden braucht, einem Radiosender und Empfänger. Nach Abfeuern des Flugkörpers und Ablauf der Mindestschärfungszeit strahlt der Zünder ununterbrochen Radiowellen aus, die, wenn sich die Rakete einem Ziel nähert, von diesem zurückgeworfen/reflektiert werden. Die reflektierten Wellen geben ein Signal, was – wenn es den Empfänger im Zünder mit einer bestimmten Stärke erreicht – wie es bei sich verminderndem Abstand des Flugkörpers vom Ziel der Fall ist, einen Elektronenschalter im Zünder schließt. Dadurch kann der Strom in eine Sprengkapsel fließen, die die Zündfolge auslöst und den Sprengfüllsatz im Kopf zur Detonation bringt.

III. ZIELGERÄTE

Zielgeräte sind erforderlich, um Flugzeugwaffen entsprechend ihres inner- und außerballistischen Verhaltens mit optimaler Wirkung in das Ziel zu bringen.

In achtzig Jahren Fluggeschichte entwickelten sich die Zielgeräte vom System »Kimme und Korn« bis hin zu den Blickfelddarstellungsgeräten/Frontscheibenprojektionsgeräten (HUD – head-up display). Zunächst gab es Dioptervisiere (ring and bead – Kreisvisier mit Perlkorn), in den 20er Jahren das Teleskopvisier, bis in den 30er Jahren mit dem Reflexvisier ein Durchbruch gelang. Im Zweiten Weltkrieg folgte das kreiselgesteuerte elektro-mechanische Reflexvisier, das mit einem Analogrechner gekoppelt war und die Zielgenauigkeit wesentlich verbesserte. Seit Mitte der 50er Jahre gibt es die heute gängigen HUDs (Blickfeld-Darstellungsgeräte), die über eine Kathodenstrahlröhre Symbole eingespiegelt bekommen, die im Rechner vom Symbolgenerator umgesetzt werden. Kombinierte HUD-Systeme zeigen alle für den Flug (Navigation) und Einsatz (Waffeneinsatz) wichtigen Werte dem Flugzeugführer in Augenhöhe an.

1. Optisches Visier

Wegen der vielfältigen ballistischen Parameter sind optische Zielgeräte, die dem Flugzeugführer Steuerkommandos anzeigen, mit Kreiseln, Radar und Rechnern versehen.

Folgende Parameter finden Berücksichtigung:
– Zielinformation (durch Radar)
– aerodynamischer Widerstand
– Windeinfluß
– geometrische Anstellung des Flugzeuges
– Parallaxenkorrektur
– Systemzeitverzug
– Flugzeugkonstante (Geschwindigkeit, Anstellwinkel etc.)
– manuell einstellbare Größen
– statischer/dynamischer Druck
– Lastvielfaches

Nach diesen Werten errechnet ein Computer den Vorhaltewinkel im Raum, der sich aus
– Zielgeschwindigkeit (target motion) und den Abgangsfeldern:
  – Geschwindigkeitssprung (velocity jump)
  – Fallhöhenkorrektur (gravity drop)
zusammensetzt und als Fadenkreuz oder Zielpunkt zur Anzeige auf der Visierscheibe kommt.

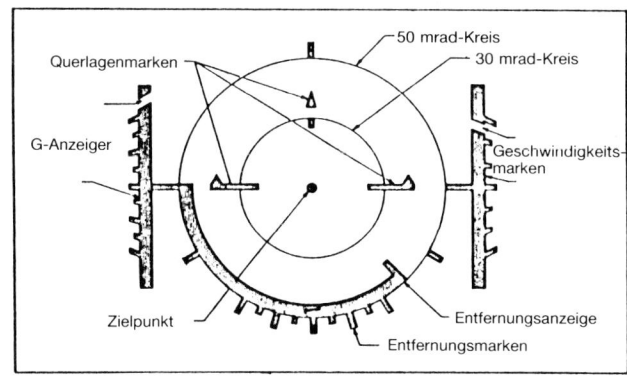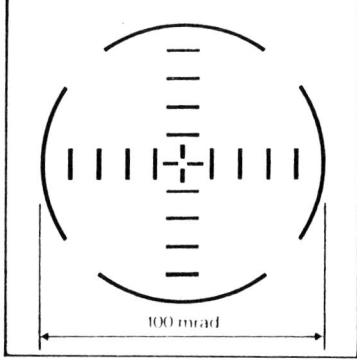

Anzeige kreiselgestützt – mechanisch

Abb. 21.46 Gebräuchliche Symbole für ein optisches Visier.

Die Erzeugung der Symbole wird durch Beleuchtung einer entsprechend ausgeführten Strichplatte oder Maske mit einer in ihrer Helligkeit regelbaren Halogenlampe durchgeführt. Bei vielen Geräten besteht weiterhin die Möglichkeit, eine Filmkamera so anzubauen, daß diese sowohl die im Pilotensehfeld befindliche Umwelt als auch das in die Sichtlinie eingespielte Symbol aufnehmen kann. Durch Filmauswertung lassen sich Schieß- und Richtfehler feststellen.

Der Einsatz von optischen Visieren beschränkt sich auf ältere Flugzeuggenerationen oder auf kleinere Kampf- bzw. Trainerflugzeuge.

2. Blickfeld-Darstellungsgerät HUD (Head-up-Display)

Die steigende Komplexität moderner Flugzeuge macht es notwendig, dem Piloten eine Vielzahl von Informationen dauernd anzuzeigen. Bei der üblichen Anordnung der Anzeigen am Instrumentenbrett ist der Pilot gezwungen, ständig zwischen Beobachtung der Außenwelt und der Anzeigen zu wechseln. Besonders bei Kampfflugzeugen, die oft noch mit hoher Geschwindigkeit sehr tief fliegen, ist ein solcher ständiger Blickwechsel dem Piloten nicht zumutbar. Unabhängig von starker Ermüdung würde der Pilot wegen der notwendigen Augeneinstellung auf die unterschiedlichen Entfernungen (Außenwelt zu Instrumentenbrett) und die unterschiedlichen Helligkeiten wichtige Informationen gar nicht wahrnehmen.

Um dieses auszuschließen, wurde für Kampfflugzeuge das Head-up-Display (HUD) entwickelt. Es stellt eine direkte Sichtverbindung zwischen dem Piloten, der von Sensoren erzeugten Information und der Außenwelt dar.

Ein HUD-System besteht aus zwei Baugruppen, einem Rechner, der die Sensordaten des Waffensystems verarbeitet und in geeignete Signale umsetzt, und einer Pilot's Display Unit (PDU), die diese Signale in ein elektrooptisches Bild umwandelt, zur Anzeige in Augenhöhe.

Die wichtigsten vom Navigations- bzw. Waffenrechner gelieferten Systemparameter, z.B. Kurs- und Fluglagedaten, werden als rechnergenerierte Symbole auf dem Schirm einer Kathodenstrahlröhre dargestellt.

Für die Besatzung, insbesondere den Flugzeugführer, ergeben sich vor allem wesentliche Anzeigehilfen in Augenhöhe bei Start, Navigation, Waffeneinsatz sowie Anflug und Landung. Mit der HUD kann man die Position vermessen und genaue Anzeigen für gewählte Ablaufpunkte (IP-initial point) und

489

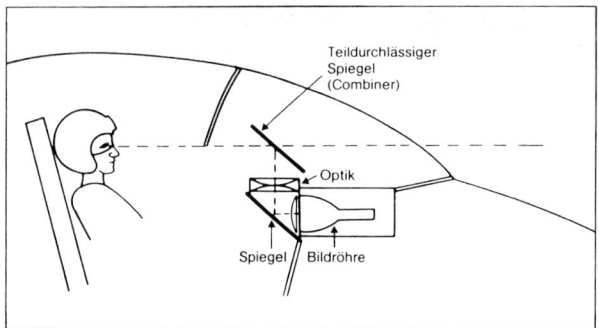

Abb. 21.47 Schema eines HUD-Systems.

Abb. 21.48 TORNADO-HUD mit Bedienfeld des Piloten.

Angriffsverfahren mit dazugehörigem Auftreffpunkt der einzusetzenden Waffen (CCIP-continous computed impact point) erhalten. Bei jeder Art von Schleuderwurfverfahren wird der Waffenauslösepunkt angezeigt (CCRP-continous computed release point). Sofern sich das Ziel beim Auslösepunkt nicht im Sichtfeld des Flugzeugführers befindet, wird auf der HUD ein Scheinziel (phantom target) angezeigt, so daß der Flugzeugführer seine Waffen auslöst, sobald das Scheinziel/Hilfsziel mit dem Auftreffpunkt zur Deckung kommt (Delayed CCIP).

Eine Weiterentwicklung der heute im Einsatz befindlichen HUD erlaubt es, die Einsatzfähigkeit von Kampfflugzeugen und Hubschraubern bei Nacht bzw. schlechtem Wetter zu verbessern. Diese HUD haben zusätzlich zu der normalen Betriebsart der Darstellung von Symbolen die Möglichkeit, ein Rasterbild in Fernsehnorm, überlagert mit Flugführungsinformationen, darzustellen. Die Kombination künstlicher Hilfen zur Verbesserung der Sicht, wie z. B. eine Restlicht-TV-Kamera, ein Wärmebildgerät oder ein Forward-looking-Radar mit einem HUD, erlaubt

Abb. 21.49 Führersitz der TORNADO (oben Bedienfeld der HUD, darunter der Mehrzweckbildschirm).

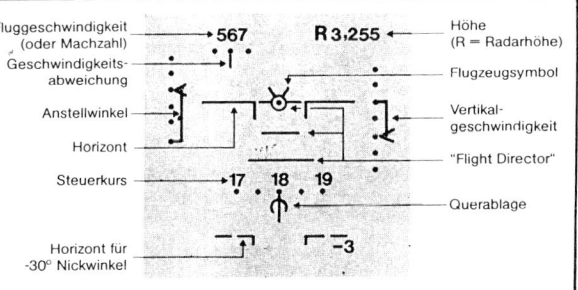

Abb. 21.50 Typische Navigationsanzeige auf einer HUD.

Labels (left, top to bottom): Fluggeschwindigkeit (oder Machzahl), Geschwindigkeitsabweichung, Anstellwinkel, Horizont, Steuerkurs, Horizont für -30° Nickwinkel

Labels (right, top to bottom): Höhe (R = Radarhöhe), Flugzeugsymbol, Vertikalgeschwindigkeit, "Flight Director", Querablage

es dem Piloten, sowohl das vom elektrooptischen Sensor gelieferte Bild des vorausliegenden Geländes (als 1:1 Abbildung) als auch, in Überlagerung, die für den jeweiligen Flugzustand notwendigen Parameter zu erfassen.

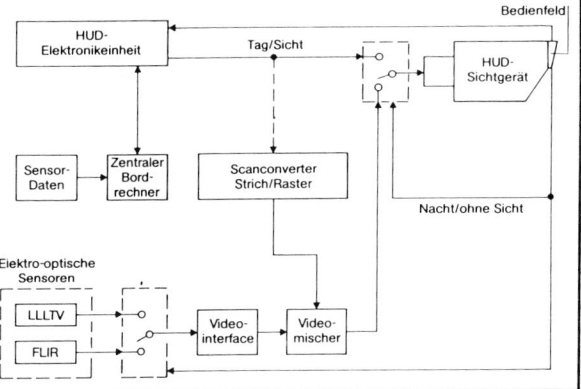

Abb. 21.51 Kombiniertes HUD-System mit der Möglichkeit zur Einspeisung von FLIR- und LLLTV-Anzeigen.

Wärmebildgeräte (FLIR – forward looking infrared system/iis – infrared imaging system)

Wärmebildgeräte gehören zu der Gruppe passiver elektrooptischer Sensoren. Sie nutzen die Wärmestrahlung eines oder mehrerer Körper zur Erkennung und Darstellung dieser Körper aus. Wärmebildgeräte sind in ihrer Anwendung weitgehend unabhängig von Witterungsbedingungen, so daß sie in der Militärtechnik sowohl bei Tag als auch bei Nacht eingesetzt werden. Ihre Einsatzgebiete

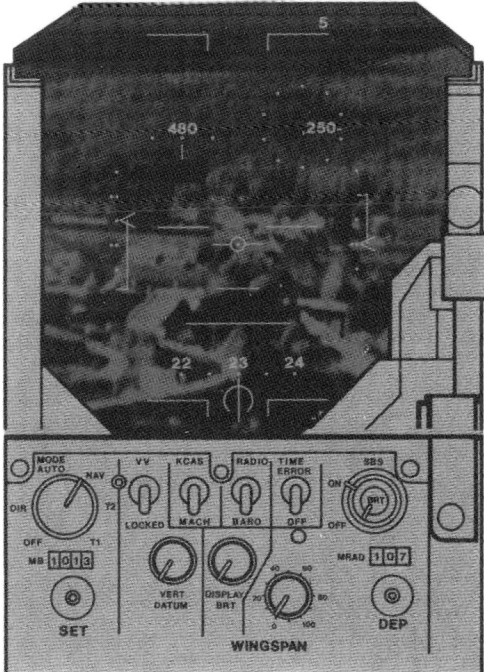

Abb. 21.52 Wiedergabe eines durch FLIR erzeugten Geländebildes, überlagert von HUD-Symbolen.

sind die Zielerfassung und -erkennung sowie auch neuerdings im zunehmenden Umfang die Verwendung als künstliche Sehhilfe bei Schlechtwetter oder Nacht.

Abb. 21.53 Infrarot-Scanner-Bilddarstellung auf dem TV-Schirm des Kampfbeobachters/ Waffensystemoffiziers (WSO), dazu weitere taktisch wichtige Dateneinblendungen.

Restlicht-Fernsehen (LLLTV – Low Light Level TV)

Restlicht-Fernsehsysteme sind für den Einsatz bei Dämmerung und Nacht entwickelt worden und arbeiten unter Ausnutzung der zu diesen Zeiten noch vorkommenden Resthelligkeit. Sie bestehen aus einer Fernsehkamera für niedrige Lichtpegel, einem oder mehreren Monitoren, mit oder ohne Bedienfeld, sowie einem Bediengerät.

Die Fernsehkamera besteht aus einem lichtstarken Objektiv einer Bildverstärkerröhre und einer Fernsehaufnahmeröhre sowie der zugehörigen Elektronik. Das einfallende Licht wird von dem Objektiv auf die Bildverstärkerröhre gegeben, die auf ihrer Ausgangsseite einen Phosphor besitzt, auf dem das aufgenommene Bild verstärkt und ggf. vergrößert dargestellt wird.

Abb. 21.54 Durch Restlichtverstärkung und Vergrößerung des TV-Bildes können Ziele gezeichnet werden, die weit außerhalb des menschlichen Sehvermögens (Sichtweite Tag/Nacht) liegen.

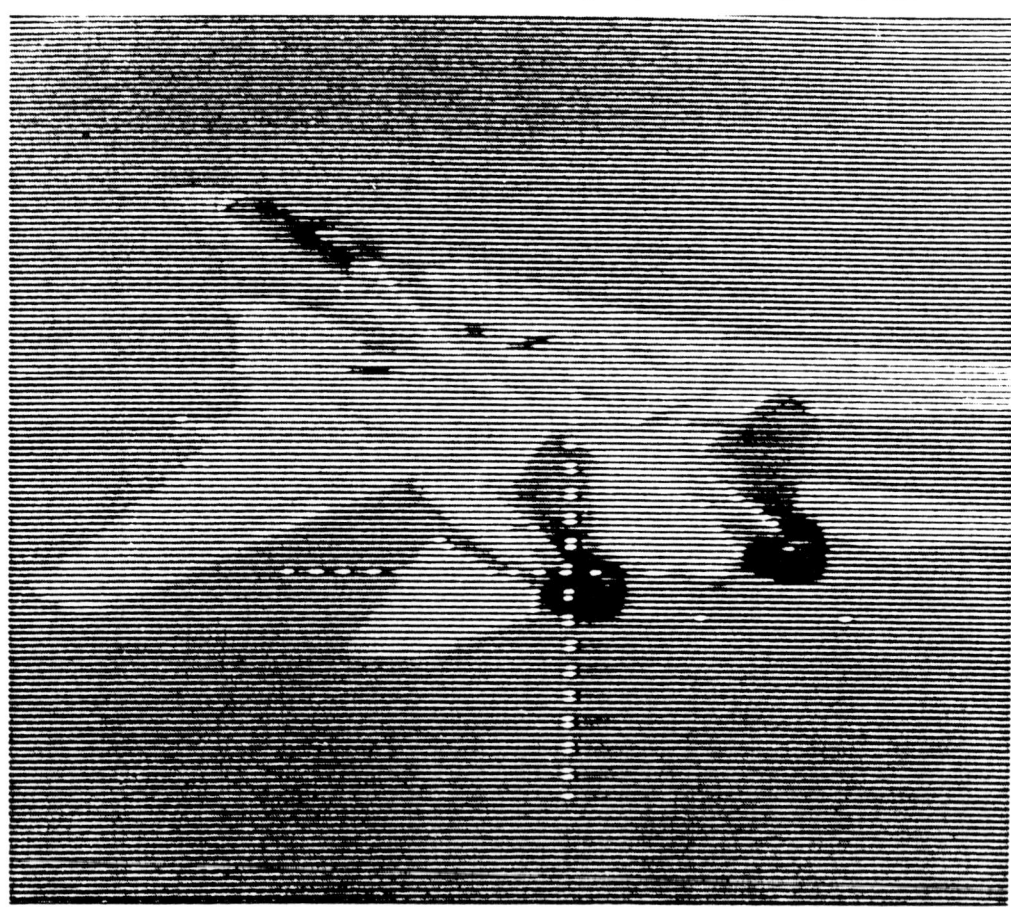

KAPITEL 22

Schießlehre und Taktik

Die Grundkenntnisse der Schießlehre bilden die Voraussetzung für den taktischen Einsatz. Taktische Einsatzverfahren setzen, zusammen mit fliegerischen Fähigkeiten, die einem Waffensystem innewohnenden Leistungen in militärischen Erfolg um. Erst das Zusammenwirken zwischen Mensch und Technik bildet ein Ganzes – das Waffensystem, das sich stets in genauer Abstimmung befinden muß.

I. JUSTIERUNG (HARMONISIERUNG)

1. Einführung

Der wirksame Einsatz eines Flugzeugwaffensystems, worunter man u. a. Flugzeug, Bordfeuerleitanlage und Bewaffnung versteht, ist nur gewährleistet, wenn es genau abgestimmt, d. h. justiert ist.

22.1 Treffer-/Anschußbild einer Bordkanone (Trefferkreis: 7.8 mrad).

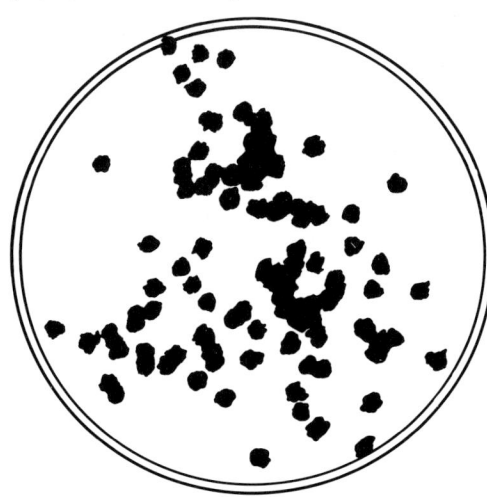

Justieren bedeutet Abstimmung der Feuerleit- und Waffenanlage eines Flugzeuges, so daß die Visierlinie im Fluge bei der optimalen Einsatzgeschwindigkeit und einer günstigen Schußweite mit der Flugbahn der Projektile im Ziel zusammentrifft.

Besonders zu berücksichtigen sind folgende Faktoren:
- die starren Flugzeugwaffen
- die hohe Geschwindigkeit des Flugzeuges
- die verschiedenen Höhen, Geschwindigkeiten und Angriffsverfahren
- die verschiedenen Angriffsziele

Für den Flugkörperabschuß und den Bombenwurf kann der Flugzeugführer aufgrund der Rohrwaffenjustierung am Instrumentenbrett genaue Korrekturwerte (z. B. den Neigungswinkel der Visierlinie = Sichtwinkel) für die Bordfeuerleitanlage einschalten und kann dadurch das kreisel- und radargesteuerte

493

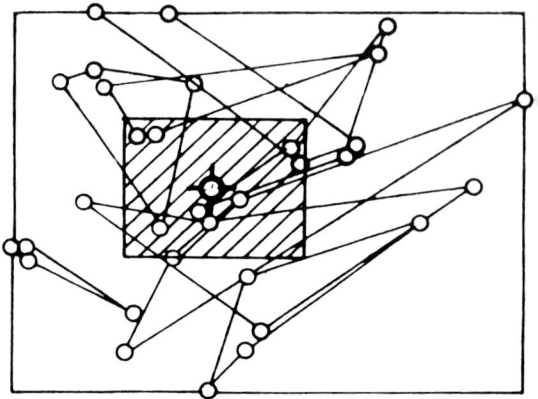

Streukreis	(Trefferprozent)	100%	50%
	Höhe	10,5°/$_{oo}$	3,8°/$_{oo}$
	Breite	13,7°/$_{oo}$	4,8°/$_{oo}$
		liegen in der Schuß-entfernung	

Abb. 22.2 Trefferbild von Flugzeugraketen (Hispano-Suiza).

Reflexvisier auch für diese Einsatzarten verwenden.

Sobald man von den festgesetzten Größen der o. a. Faktoren, die bei der Justierung berücksichtigt wurden, abweicht, ändert sich das ballistische Verhalten der Projektile. Bordwaffenrechner zeigen Abweichungen auf der HUD an.

Falls nur gegen Erdziele gekämpft wird, wo zwar ein erhebliches Abweichen von der optimalen Einsatzflughöhe gegeben ist, leidet die Treffererwartung nur geringfügig.

Weitaus größere Fehler, die die Treffererwartung bzw. Streuung bedeutend beeinflussen, werden erst durch den Flugzeugführer – häufig bedingt durch äußere Einflüsse während des Einsatzes – gewollt oder ungewollt verursacht.

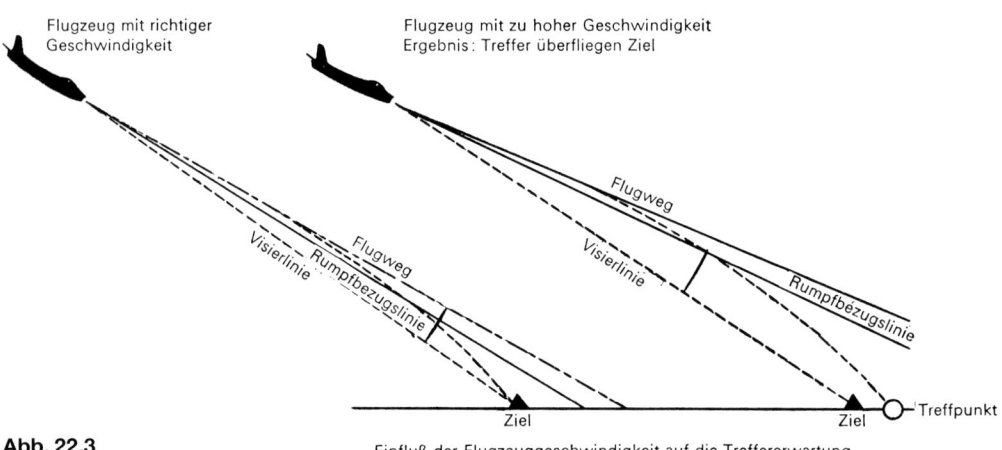

Abb. 22.3   Einfluß der Flugzeuggeschwindigkeit auf die Treffererwartung

2. Die praktische Anwendung

Das Justieren eines Flugzeuges erfolgt auf einem Justierstand und läuft nach folgenden Arbeitsgängen ab:

– Aufstellen des Flugzeugs nach Justierschußweite

(Laufmündung-Justierzielscheibe, auch Anschußscheibe genannt)

– Aufbocken und Ausrichten um die Längsachse

– Ausrichten um die Querachse (Flugzeug-

494

anstellwinkel ändert sich mit der jeweiligen Flugzeugzustandsform = Configuration)
- Ausrichten um die Hochachse (Schußebene durch Zielmittelpunkt)
- Justieren des Visiers, so daß die Visierlinie in Seite und Höhe mit dem Zielmittelpunkt zusammentrifft

- Justieren der einzelnen Waffen auf Richtpunkte um den Zielmittelpunkt
- Einschießen und nachjustieren
- Justieren der Zielkamera.

Die Trockenjustierung mit elektronischen/ optischen Geräten kann die Justierung auf dem Schießstand ersetzen.

3. Arten der Justierung von Bordwaffen

a) Die Paralleljustierung:
ist die einfachste Art der Justierung, bei der alle Bordwaffen und die Visierlinie in vertikaler Parallelität zur Flugrichtung verlaufen. Die Streuung und damit die Treffwahrscheinlichkeit ist groß (Prinzip des Schrotschusses).

b) Die Punktjustierung:
soll Feuerkonzentration auf eine kleine Fläche in bestimmter, optimaler Entfernung vor dem Flugzeug gewähren.

c) Die Musterjustierung:
Um den gesamten Wirkungsbereich aller Bordwaffen so gut wie möglich auszunutzen, wählt man nur selten die Musterjustierung. Dieser Art fehlt die Tiefe und sie opfert Feuerkonzentration auf Kosten des Wirkungsbereichs der Waffen. Durch Überkreuzung der Flugbahn in A, B und C sind Zufallstreffer im weiteren Schußbereich möglich.

Abb. 22.4 Arten der Justierung.

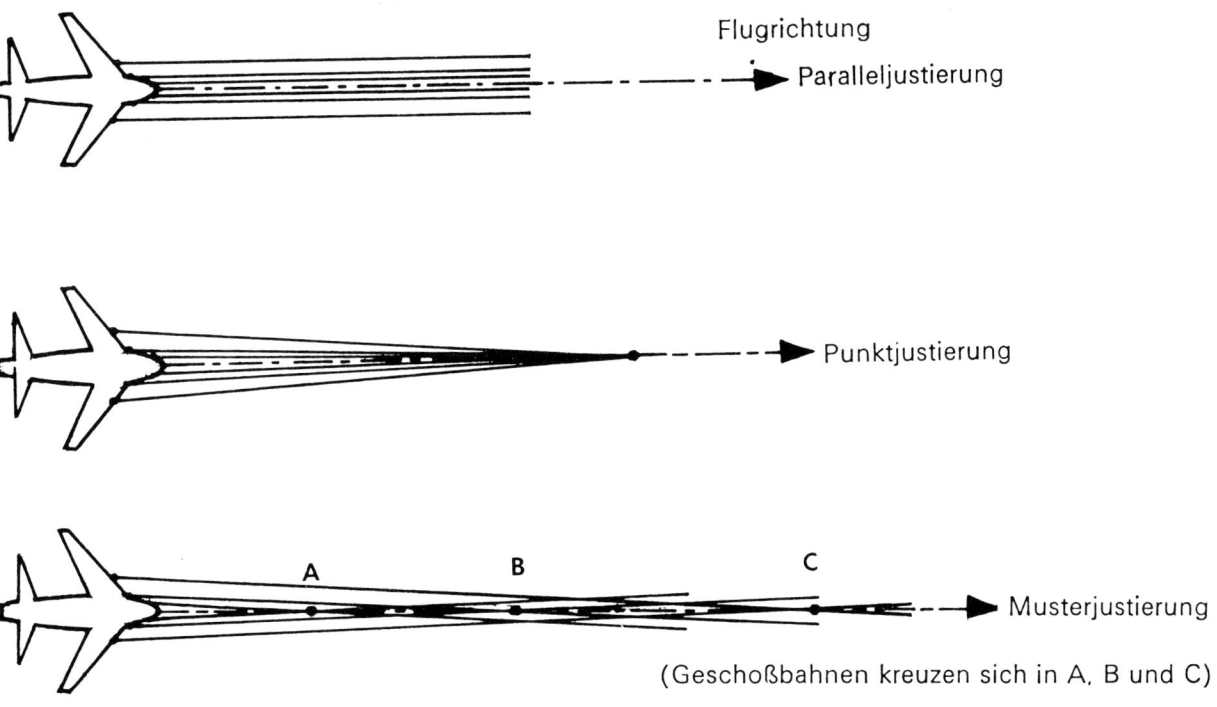

Flugrichtung
Paralleljustierung

Punktjustierung

A   B   C   Musterjustierung

(Geschoßbahnen kreuzen sich in A, B und C)

II. BALLISTIK

1. Einführung

Dieser Abschnitt behandelt die Eigenarten des Waffeneinsatzes aus einem Flugzeug, mit dem die Waffen fest verbunden sind, so daß also mit dem Flugzeug selbst gezielt werden muß.

Man unterscheidet:

Den Einsatz auf Erdziele (mit Rohrwaffen, Flugkörpern und Bomben) sowie den Einsatz auf Luftziele (mit Rohrwaffen und Flugkörpern).

Da die äußeren Einflüsse auf Rohrwaffen, Flugkörper und Bomben grundsätzlich ähnlich sind, werden zum besseren Verständnis im folgenden Geschoß, Flugkörper und Bombe als Projektil bezeichnet, sofern gemeinsame Faktoren eine Rolle spielen.

2. Ballistische Kräfte

Beim Verlassen des Flugzeuges wirken auf ein Projektil entlang seiner Flugbahn folgende Kräfte:

a) Die Antriebskraft bewirkt den Vortrieb des Projektils, und zwar ist dies die Pulverladung beim Geschoß, der Motor bei Flugkörpern und die Flugzeuggeschwindigkeit bei der Bombe.

b) Die Flugzeuggeschwindigkeit wird zur v_0 (Anfangsgeschwindigkeit) des Geschosses bzw. des Flugkörpers geometrisch addiert und ist beim Bombeneinsatz die Anfangsgeschwindigkeit der Bombe.

c) Die Schwerkraft (s. Abb. 22.8) wirkt sich als Raumkraft nach den Gesetzen des freien Falls aus, sobald das Projektil den Waffenträger verläßt.

d) Der Luftwiderstand (s. Abb. 22.5) ist als Oberflächenkraft abhängig von:
1. der Form, der Querschnittbelastung und der Oberflächenbeschaffenheit des Projektils
2. der Geschwindigkeit des Projektils

Zu 1.: Aerodynamisch günstige Formgebung, große Querschnittbelastung und glatte Oberfläche verringern den Luftwiderstand.

Zu 2.: Je größer die Geschwindigkeit des Projektils, um so größer der Luftwiderstand.

Auf kurze Entfernung kann der Einfluß des Luftwiderstandes vernachlässigt werden.

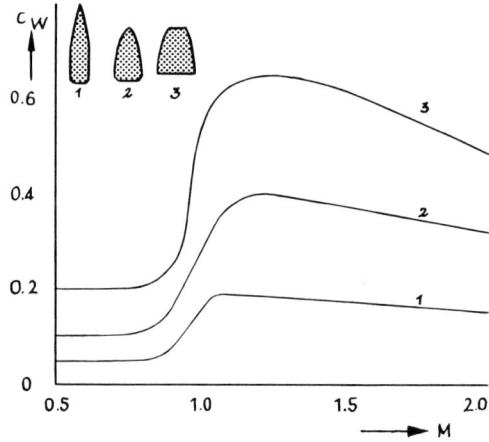

Abb. 22.5 Wirkung des Luftwiderstandes als Oberflächenkraft.

Bei einer Schußentfernung von ca. 400 m jedoch hat ein Geschoß in Meereshöhe schon ungefähr 1/6 der v_0 bei Auftreffen auf das Ziel verloren.

Die höchste Fallgeschwindigkeit der Bombe findet ebenso ihre Grenze im Luftwiderstand. Die höchste Fallgeschwindigkeit der meisten Bomben liegt bei etwa 400 m/s, bei einer Abwurfhöhe über 10 000 m.

e) Die Geschoßseitenabweichung (Derivation) wird hervorgerufen durch Drall. Durch die Felder und Züge im Lauf wird das Geschoß nach Abfeuern zur Stabilisierung seiner Flugbahn in Rotation um seine Längsachse gebracht. Das Geschoß driftet in Richtung der Rotation.

Bei Abgabe einer Schußgarbe bzw. Raketensalve wirken außer der Schwerkraft die o. a. Kräfte in wechselnder Größe auf die Projektile ein, daher werden sich die Flugbahnen nie gleichen, es kommt im Ziel zu einer Streuung.

3. Begriffe in alphabetischer Reihenfolge (s. Abb. 22.6)

Abgangsfehler:	Kleiner Winkel zwischen der Abgangsrichtung und der Richtung der Seelenachse vor dem Schuß. Wird verursacht durch Rohrschwingungen und elastisches Nachgeben der Lafette.
Abgangsrichtung:	Tangente an die Flugbahn in G
Abgangswinkel:	Winkel zwischen Abgangsrichtung und Mündungshorizont.
Absteigender Ast:	Flugbahn – zwischen Scheitelpunkt S und Auftreffpunkt A – ist kürzer als der aufsteigende Ast wegen Einwirkung des Luftwiderstandes.
Anfangsgeschwindigkeit:	Resultierende aus v_0 des Projektils und Flugzeuggeschwindigkeit.
Aufsteigender Ast:	Flugbahn zwischen Mündung G und Scheitelpunkt S.
Auftreffgeschwindigkeit:	Projektilgeschwindigkeit im Auftreffpunkt A.
Auftreffpunkt A:	Flugbahndurchstoßpunkt mit dem Ziel.
Auftreffwinkel:	Winkel zwischen Flugbahn mit Auftreffpunkt und Zieloberfläche.
Bahngeschwindigkeit:	Projektilgeschwindigkeit in einem beliebigen Flugbahnpunkt.
Derivation:	Seitenabweichung von der Schußebene, hervorgerufen durch Drall.
Drall:	Rotation um die Projektillängsachse, verursacht durch Felder und Züge im Lauf, Leitwerke oder Steuerdüsen.
Endflugzeit:	Dauer der Projektilbewegung von G bis A.

Abb. 22.6 Vereinfachte Darstellung zur äußeren Ballistik in einer Ebene.

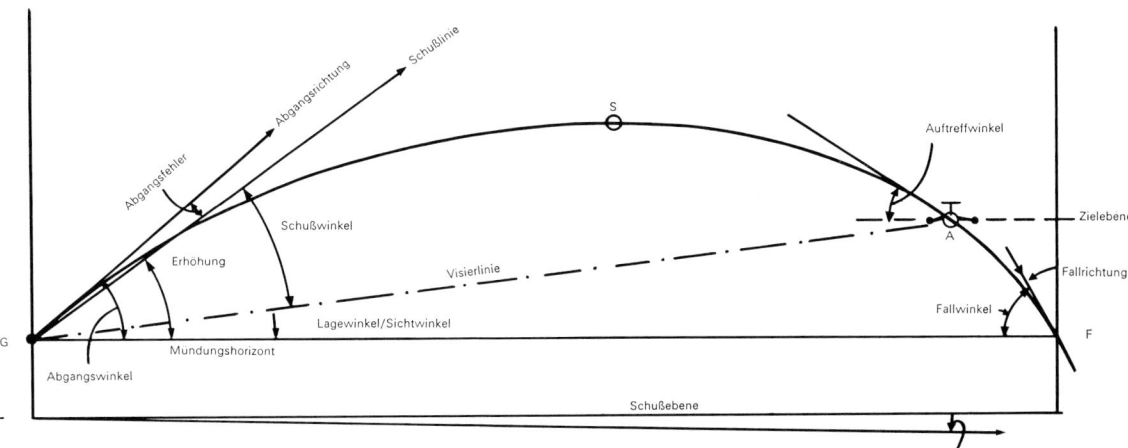

Endgeschwindigkeit:	Projektilgeschwindigkeit im Fallpunkt.
Erhöhung: Elevation)	Winkel zwischen Seelenachse und Mündungshorizont. Notwendig, um Schwerkraft und Luftwiderstand auszugleichen, damit Flugbahn das Ziel trifft (γ).
Fallpunkt:	2. Durchstoßpunkt der Flugbahn mit Mündungshorizont; der 1. Durchstoßpunkt liegt in der Laufmündung.
Fallrichtung:	Tangente an die Flugbahn im Fallpunkt.
Fallwinkel:	Winkel zwischen Fallrichtung und Mündungshorizont.
Flugbahn:	Projektilweg GSAF.
Flugweg:	ist die Linie, auf der sich das Flugzeug tatsächlich durch den Luftraum bewegt. Der Winkel zwischen Flugweg und Rumpfbezugslinie heißt Flugzeuganstellwinkel. Im Stech- bzw. Sturzflug bildet der Flugweg den Winkel γ mit der Erdoberfläche.
Flugzeugzustandsform: (Aircraft configuration)	bezeichnet alle Grundwerte, die beim Justieren eines Waffensystems berücksichtigt werden: − Flugzeuggeschwindigkeit − Flughöhe − Beladezustand − optimale Schußweite
Geschoßbahnänderung: (trajectory shift)	Winkel zwischen dem Vektor der Seelenachse/Mündungsgeschwindigkeit und der Resultierenden (Abgangsrichtung/Geschwindigkeit) aus Seelenachse/Mündungsgeschwindigkeit und Flugweg/Flugzeuggeschwindigkeit. Das Geschoß wird nach Verlassen des Laufes grundsätzlich zur Flugrichtung abgelenkt unter gleichzeitiger Erhöhung seiner Geschwindigkeit (Abb. 22.7).
Lagewinkel:	Winkel zwischen Visierlinie und Mündungshorizont (Flug).
Mündungshorizont:	Horizontalebene durch Laufmündung/Lafette/Bombenträger.
Querschnittbelastung:	Q = Projektilgewicht pro Flächeneinheit Projektilquerschnitt. Je größer die Querschnittbelastung um so günstiger das ballistische Verhalten.
Rumpfbezugslinie:	Die Rumpfbezugslinie wird vom Herstellerwerk festgelegt, verläuft durch den Schwerpunkt des Flugzeuges und stimmt meist mit der Flugzeuglängsachse überein.
Schußebene:	Vertikalebene durch die Rohrachse/Lafette/Bombenträger.
Schußlinie:	Richtung der Rohrachse beim Schuß.
Schußweite:	Entfernung Flugzeug – Ziel (G – A), gemessen entlang der Visierlinie.
Schußwinkel:	Winkel zwischen Schußlinie und Visierlinie.
Schwerkraftfallwinkel:	Winkel zwischen Seelenachse und Visierlinie zu einem beliebigen Punkt auf der Flugbahn, ausgedrückt in mrad Je größer die Schußweite, um so größer der Schwerkraftfallwinkel, daher um so größere Erhöhung der Waffen notwendig (Abb. 22.8)
Seelenachse:	Die Seelenachse ist eine gedachte Linie durch die Mitte des Rohres einer Schußwaffe.
Sichtwinkel:	(depression β) Winkel zwischen Visierlinie und Flugweg.

Visierlinie:	Eine gerade Linie vom Auge des Piloten durch den Zielpunkt auf dem Reflexvisier zum Ziel.
Vorhaltewinkel (α):	Winkel zwischen Visierlinie und Seelenachse nach Seite und Höhe (α).
Wurfweite:	Topographische (über Grund) Entfernung vom Waffenträger zum Aufschlag.

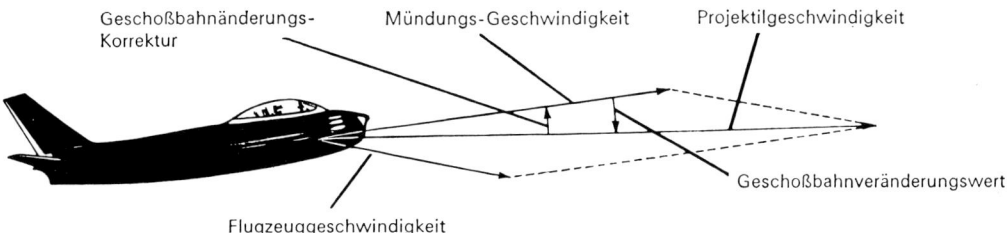

Geschoßbahnänderungs-Korrektur

Mündungs-Geschwindigkeit

Projektilgeschwindigkeit

Geschoßbahnveränderungswert

Flugzeuggeschwindigkeit

Abb. 22.7 Vektoren zur Geschoßbahnänderung.

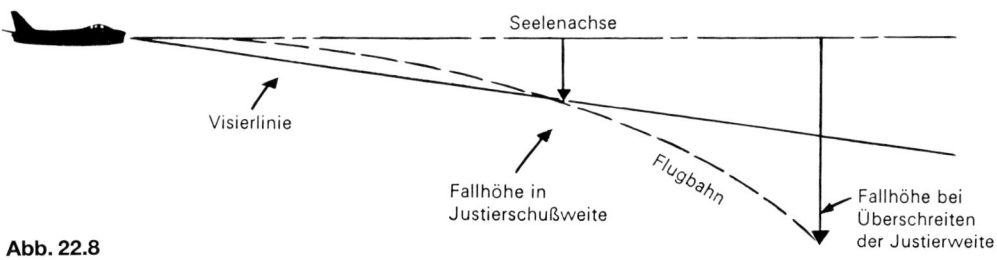

Seelenachse

Visierlinie

Flugbahn

Fallhöhe in Justierschußweite

Fallhöhe bei Überschreiten der Justierweite

Abb. 22.8

Die aufgeführten Grundbegriffe der Ballistik gelten für das Schießen aus bewegter Waffe auf feste und bewegliche Ziele.

4. Flugbahn

Um einen Überblick über das Zustandekommen der Flugbahnen zu erlangen, kann der Einfluß des Luftwiderstandes vernachlässigt werden, was nicht heißt, daß er nur einen geringen Einfluß auf die Projektile ausübt. Hier genügt darauf hinzuweisen, daß die Flugbahnen von Projektilen im lufterfüllten Raum durch Einwirkung der Schwerkraft und des Luftwiderstandes die waffeneigentümliche ballistische Kurve ergeben.

Abb. 22.9 Flugbahn eines Projektils.

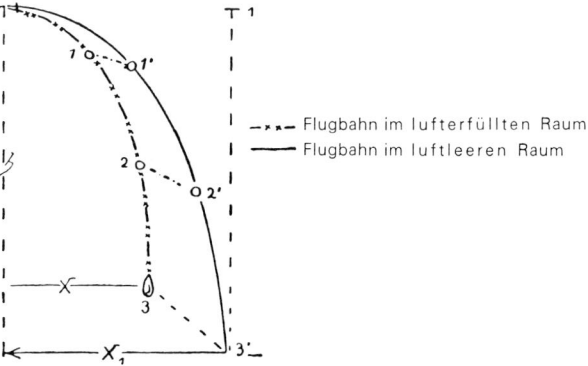

–·–·– Flugbahn im lufterfüllten Raum
——— Flugbahn im luftleeren Raum

499

Geschoß

Bombe

ungelenkter Flugkörper (Rakete)

Abb. 22.10 Vergleich der Flugbahnen (schematisch).

a) Flugbahn des Geschosses (s. Abb. 22.6)

b) Flugbahn des Flugkörpers

Sie gehorcht den allgemeinen ballistischen Gesetzen, weicht jedoch von der Flugbahn der Geschosse und Bomben ab.

Die Flugkörperflugbahn zerfällt in drei Phasen:
– Zündphase
– Antriebsphase
– freie ballistische Phase

Die Zündphase (noch am Flugkörperträger) ist von sehr kurzer Dauer und leitet die Antriebsphase ein.

Die Antriebsphase beschleunigt den Flugkörper. Sie nimmt den weitaus größten Teil der Flugbahn ein. Nach Verlassen des Flugkörperträgers dreht der Flugkörper in die Anströmungsrichtung und pendelt sich in seine Flugbahn ein.

In der freien ballistischen Phase (nach Brennschluß) wirken nur noch Luftwiderstand und Schwerkraft auf den Flugkörper ein. Die Größe des absteigenden Astes der Flugbahn hängt von Endgeschwindigkeit, Gewicht und aerodynamischer Form des Flugkörpers ab.

c) Die Bombenwurfbahn

In der Bombenwurflehre finden die gleichen ballistischen Gesetze Anwendung wie beim Schießen mit Rohrwaffen und Flugkörpern.

Da die Bombe keinen eigenen Antrieb besitzt, wie etwa das Geschoß (Pulverladung) oder der Flugkörper (Antriebsmotor), ist die Anfangsgeschwindigkeit identisch mit der Flugzeuggeschwindigkeit.

Beim senkrechten Wurf aus einem unbeweglichen Körper (z. B.: Fesselballon) erfährt die Bombe durch die Erdanziehungskraft eine gleichförmige Beschleunigung nach der Formel

$$v = g \cdot t \ (m/s),$$

wobei Erdbeschleunigung $g = 9,81 \ m/s^2$ ist.

Der senkrecht durchfallene Weg ergibt sich aus:

$$H = \frac{g}{2} \cdot t^2 \ (m)$$

Daraus folgt:
– die Fallgeschwindigkeit wächst gleichmäßig mit zunehmender Fallzeit.
– der durchfallene Weg wächst mit dem Quadrat der Fallzeit.

Beim Bombenwurf aus einem mit gleichbleibender Geschwindigkeit horizontal fliegenden Flugzeug fällt die Bombe auf einer resultierenden ballistischen Fallkurve (im luftleeren Raum halbe Parabelform), die sich aus folgenden Komponenten ergibt:

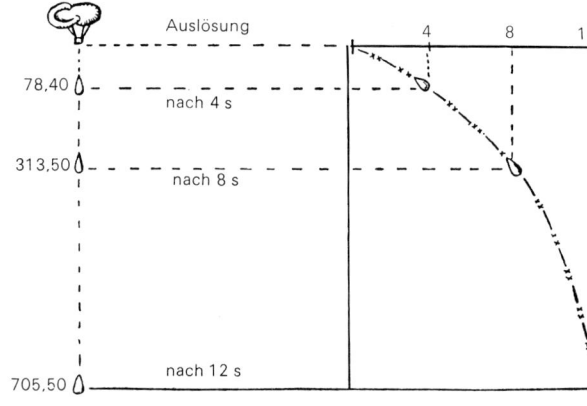

Abb. 22.11

– zunehmende Bombenfallgeschwindigkeit, senkrecht zur Erdoberfläche und
– horizontale Geschwindigkeit des Flugzeu-

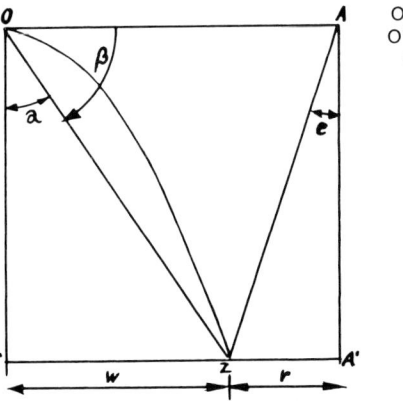

OA = Flugzeugweg
O'Z = Wurfweite
w = Vorhaltestrecke
r = Rücktriftstrecke
e = Rücktriftwinkel
α = Vorhaltewinkel
h = Wurfhöhe
β = Sichtwinkel

Abb. 22.12 Bombenwurf im lufterfüllten Raum.

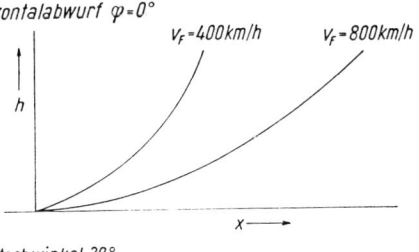

Horizontalabwurf φ = 0°

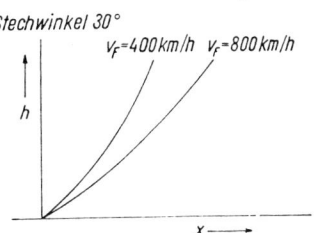

Stechwinkel 30°

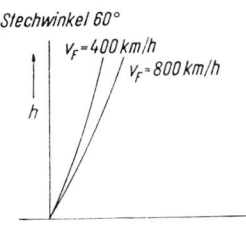

Stechwinkel 60°

h Abwurfhöhe;
X Wurfweite;
v_F Flugzeuggeschwindigkeit.

Abb. 22.13 Bombenabwurf mit verschiedenen Auslösewinkeln.

ges und mit ihm auch der Bombe im Auslösemoment.

Im luftleeren Raum bleibt die fallende Bombe genau in der Zeiteinheit senkrecht unter dem Flugzeug, wenn sich Flugzeuggeschwindigkeit und -richtung nach dem Abwurf nicht mehr ändern.

Bombenwurfweite also gleich Flugstrecke des Flugzeuges in F = Fallzeit.

Durch den Luftwiderstand im lufterfüllten Raum bleibt die Bombe jedoch im Fallen gegenüber dem Flugzeug zurück. Wenn die Bombe aufschlägt, hat das Flugzeug den Aufschlagpunkt Z bereits überflogen und überfliegt im Augenblick der Detonation den imaginären Aufschlagpunkt A' (luftleerer Raum). Die Distanz A'–Z ist die Rücktrift: Der

Rücktriftwinkel (vom Flugzeug aus gemessen) wird eingeschlossen von:
– Flugzeugstandort senkrecht zur Erdoberfläche
– Beobachtungslinie vom Flugzeug zum Aufschlagpunkt der Bombe.

Abb. 22.14 Durch fallschirmverzögerte Bomben wird die Rücktriftstrecke noch weiter vergrößert und damit der Sicherheitsabstand zum Flugzeug. Somit lassen sich diese Bomben auch noch sicher aus geringen Flughöhen abwerfen (s. auch Abb. 22.15).

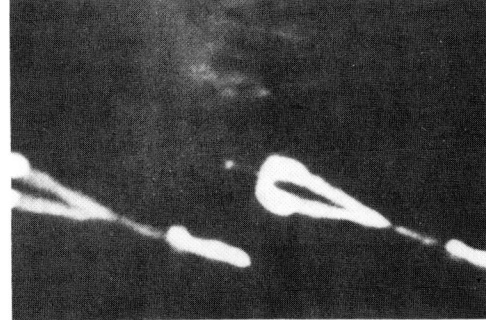

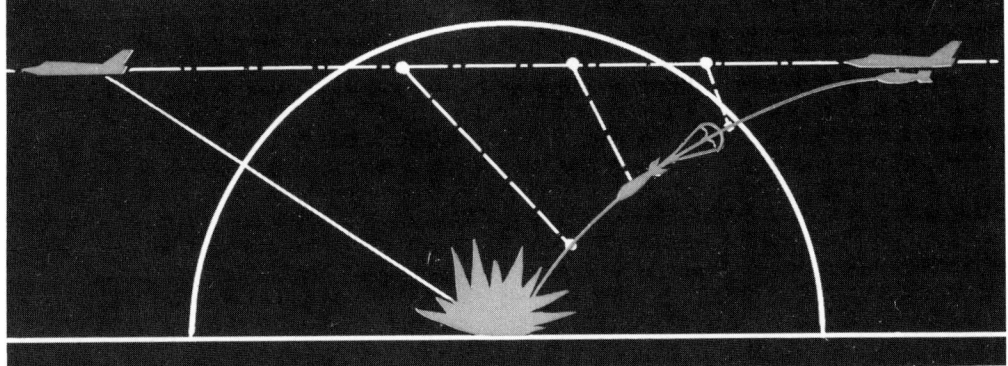

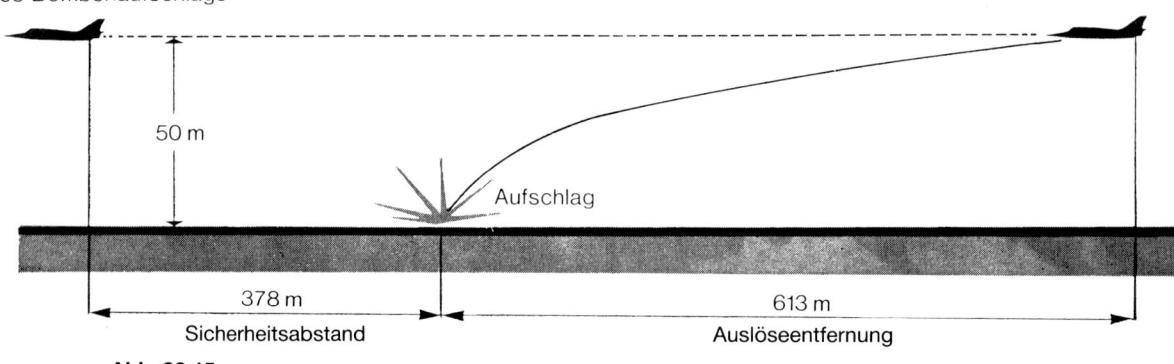

Position des Flugzeuges im Augenblick des Bombenaufschlags

500 kn (925 km/h)

Bombenabwurf

50 m

Aufschlag

378 m
Sicherheitsabstand

613 m
Auslöseentfernung

Abb. 22.15

5. Abhängigkeit verschiedener ballistischer Gegebenheiten,

am Beispiel der Bombe (sie gelten abgewandelt auch für Geschoß und Flugkörper)

a) Schwerkraft und Sichtwinkel
Um den Einfluß der Schwerkraft auf die Bombe auszugleichen, ist es wichtig, die Visierlinie so stark zu neigen, daß sie bei der gewünschten Wurfweite auch tatsächlich die Bombenwurfbahn schneidet.

Für den Einsatz mit Flugkörpern gelten die folgenden Angaben ebenfalls.

Der entsprechende Sichtwinkel β (angegeben in mrad) wird vom Piloten für den jeweiligen Waffentyp und die Angriffsart am Visier eingestellt.

Der Sichtwinkel wird gebildet durch:
– Visierlinie auf das Ziel und
– Flugweg des Flugzeuges im Auslösemoment.

Die Größe des Sichtwinkels ist abhängig von:
– Sturzwinkel (Winkel zwischen horizontaler und Flugrichtung)
– Flugzeuggeschwindigkeit

Abb. 22.17 Bombenflugbahnen im lufterfüllten Raum, bei konstanter Flugzeuggeschwindigkeit, aber mit verschiedenen Sturzwinkeln (1 = Flugbahn; 2 = Flugzeitkurven).

Abb. 22.16 Änderung des Sichtwinkels bei Änderung des Sturzwinkels.

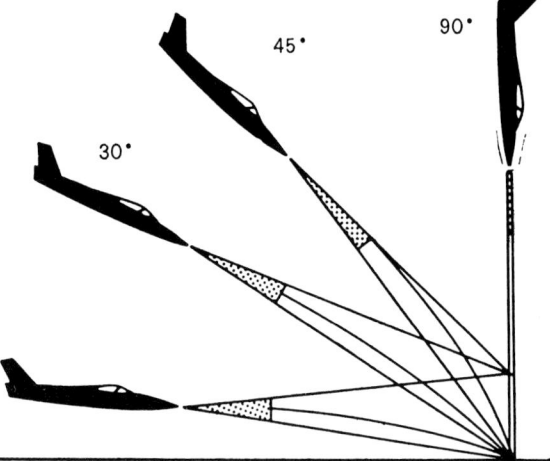

45°

90°

30°

0°

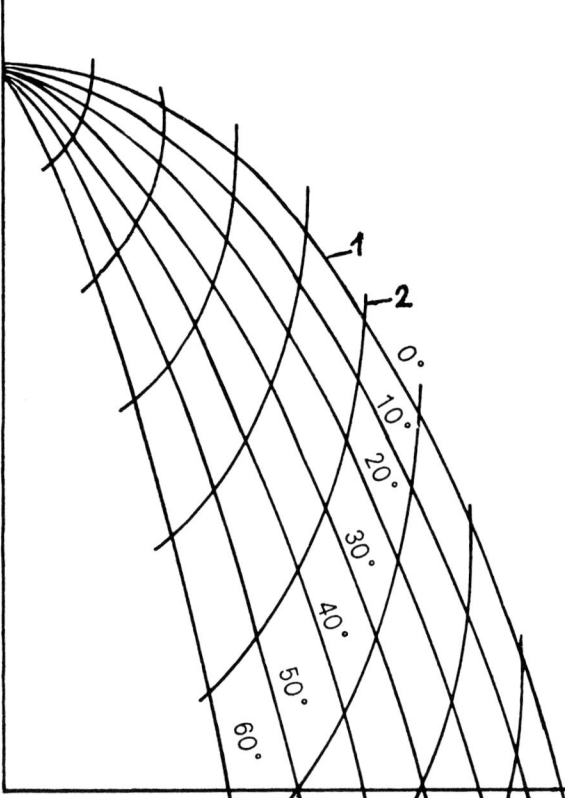

1

2

0°

10°

20°

30°

40°

50°

60°

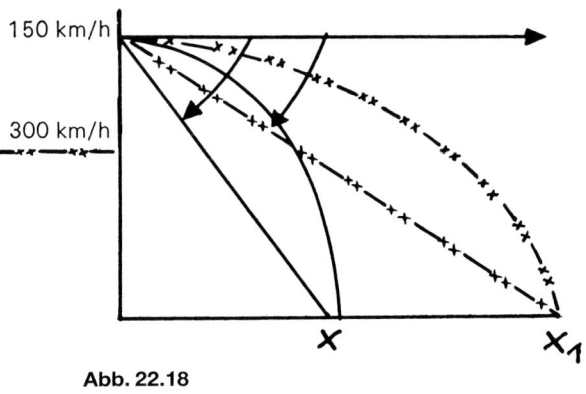

Abb. 22.18

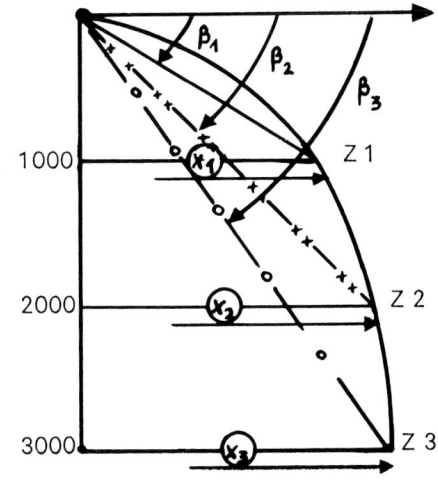

Abb. 22.19

– Flughöhe (und Wurfweite vom Ziel)
  Jede Änderung der o. a. Faktoren beeinflußt die Bombenwurf- bzw. Flugkörperflugbahn und Treffererwartung.

b) Abhängigkeit des Sichtwinkels vom Sturzwinkel:

Der Sichtwinkel nimmt mit zunehmendem Sturzwinkel ab; die Wurfbahn wird immer gestreckter, bis er – bei einem Abwurf aus einem (theoretischen) Sturzflug von 90° – gleich Null wird.

c) Abhängigkeit des Sichtwinkels von der Fluggeschwindigkeit:

Der Sichtwinkel wird mit zunehmender Ge-

schwindigkeit (bei gleicher Höhe) geringer, denn mit wachsender Flugzeuggeschwindigkeit steigt die Wurfweite, die Wurfbahn wird gestreckter. (Abb. 22.18)

d) Abhängigkeit des Sichtwinkels von der Flughöhe:

Mit zunehmender Höhe wird der Sichtwinkel größer, da die Wurfbahn infolge der zunehmenden Fallgeschwindigkeit stärker gebeugt wird.
  Gleichzeitig vergrößert sich die Wurfweite. (Abb. 22.19)

6. Einsatz mit beweglichen Waffensystemen

a) Einführung

Beim Einsatz mit beweglicher Waffe auf feste Ziele (Bodenziele) haben auf die Flugbahn des Projektils besonderen Einfluß:

– Sturzwinkel und Geschwindigkeit des Flugzeuges
– Schußweite vom Ziel
– Beschleunigungen um alle drei Flugzeugachsen
– Schiebeflug
– Bodenwind (Abtrift)

b) Einsätze auf Bodenziele

Man unterscheidet den Stech- (20°–30°),

Sturz- (30°–50°), Horizontal- (0°) und Steigflugangriff (mehr als 0° über dem Horizont).
  Da das Flugzeug, seine Feuerleitanlage und seine Bewaffnung nur für eine bestimmte Flugzeugzustandsform justiert sind, leidet die Treffgenauigkeit teils erheblich bei Unter- bzw. Überschreiten der ursprünglichen Justierwerte.
  Beim Schießen mit bewegter Waffe auf bewegliche Ziele (meist Luftziele) sind zusätzlich außer des Bodenwindes zu berücksichtigen:

– Geschwindigkeit des Zieles gegenüber Angreifer und damit

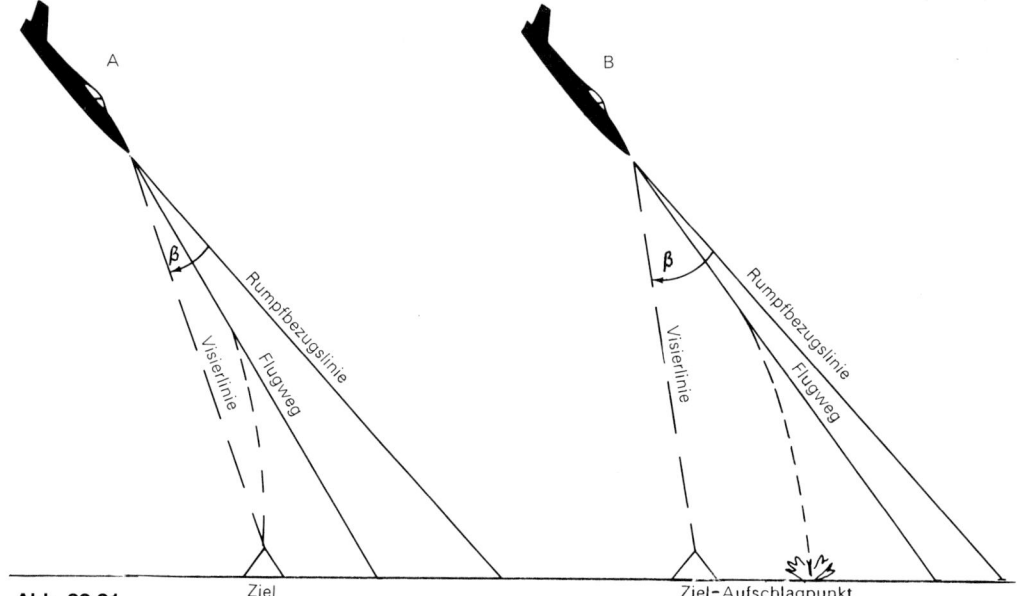

Abb. 22.21

– Vorhaltewinkel des Angreifers

Der Einsatz erfolgt mit Rohrbordwaffen und Flugkörpern.

(1) Einfluß des Angriffswinkels und der Geschwindigkeit

Ist das Feuerleitgerät für 20°-Stechflug eingestellt und man überschreitet z. B. den Sturzwinkel und damit meist die Geschwindigkeit, so ändert sich auch nach den aerodynamischen Gesetzen der Flugzeuganstellwinkel (er verringert sich in diesem Falle), um die Auftriebskomponente und die Eigengewichtskomponente des Flugzeuges im Gleichgewicht zu halten. Die Projektile überfliegen das Ziel, weil die Erhöhung der Waffen um einen kleinen Betrag verändert wurde.

(2) Einfluß der Schußweite vom Ziel

Die mögliche Schußweite vom Ziel hängt vom Sturzwinkel und der Fluggeschwindigkeit ab:

Abb. 22.20

Hält der Pilot den Sturzwinkel und die Geschwindigkeit ein, für die das Waffensystem eingestellt ist, so kann er optimal an das Ziel heranfliegen und sicher abfangen.

Überschreitet er die Justierwerte, was häufiger der Fall ist, leidet die Treffgenauigkeit, da er aus weiterer Entfernung schießen muß, um sicher abfangen zu können. Die Projektile fallen kurz, wegen des längeren Einflusses der Schwerkraft und des Luftwiderstandes.

(3) Einfluß der Beschleunigung um die Flugzeugachsen

Unter- bzw. überschreitet der Pilot beim Schießen die einfache Erdbeschleunigung (1 G) z. B. durch Drücken oder Ziehen am Steuerknüppel, so hat dies einen merklichen Einfluß auf die Treffgenauigkeit. Der Anstellwinkel verringert bzw. vergrößert sich, die Projektile liegen weit bzw. kurz, hervorgerufen durch plötzliche Flugwegveränderung.

(4) Einfluß des Schiebefluges

Ein schlecht um die Hochachse ausgetrimmtes Flugzeug befindet sich im sogenannten Schiebeflug. Der Flugweg verläuft in einem Winkel zur Flugzeuglängsachse.

Das Projektil wird zum Flugweg abgelenkt.

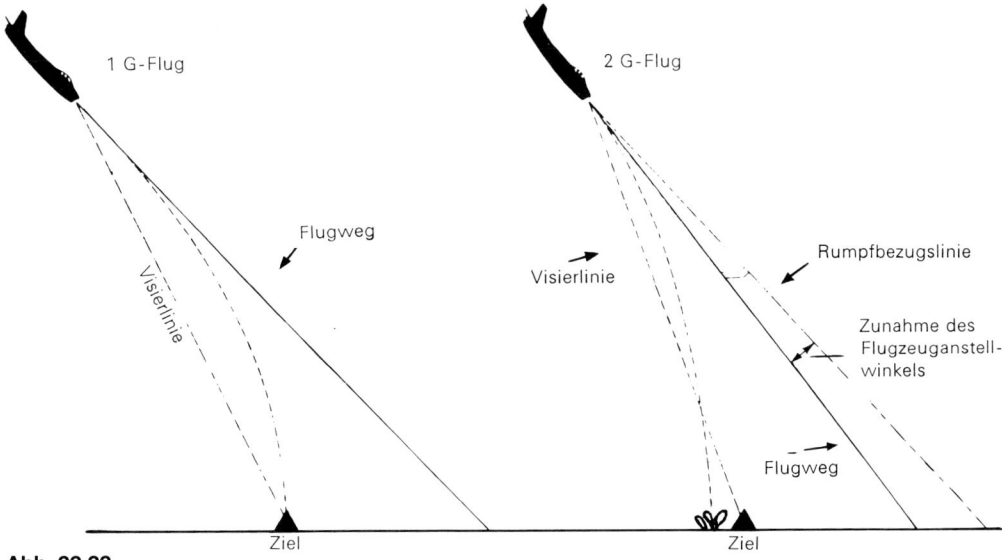

Abb. 22.22

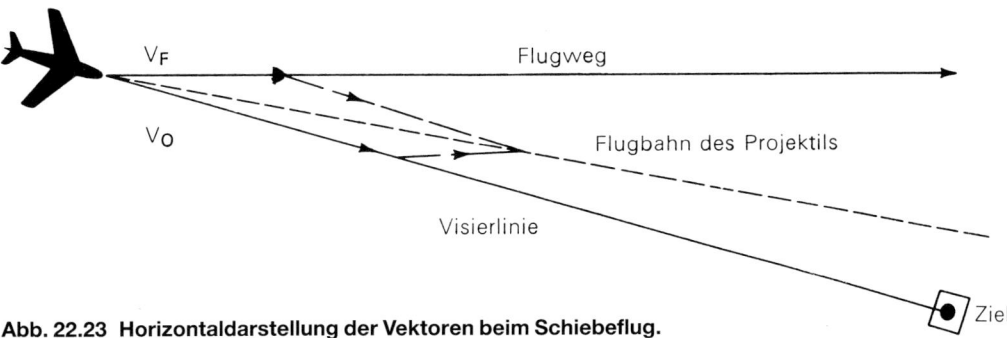

Abb. 22.23 Horizontaldarstellung der Vektoren beim Schiebeflug.

(5) Einfluß des Bodenwindes (Abtrift)

Der Bodenwind, vor allem von der Seite, verlangt ein in den Wind Drehen des Waffensystems, um das Ziel zu treffen. Der Vorhalt richtet sich nach Windgeschwindigkeit und nach der Schußweite bzw. Flugzeit des Projektils.

Im Hinblick auf die Anfangsgeschwindigkeit ist er beim Rohrwaffenschuß weitaus kleiner als beim Schuß mit Flugkörpern oder gar beim Bombenwurf.

c) Schießen auf Luftziele mit Rohrwaffen und Flugkörpern

Der Angriff auf Luftziele erfolgt meist aus leichter Überhöhung in Form der Verfolgungskurve, den Gegner von hinten anfliegend.

Bei idealgeflogener Verfolgungskurve sind Rohrwaffen und Flugkörperträger so gerichtet, daß die Projektile theoretisch, von einem beliebigen Punkt auf dieser Kurve abgefeuert, das Ziel treffen. Bei Visierlinie auf dem

Abb. 22.24

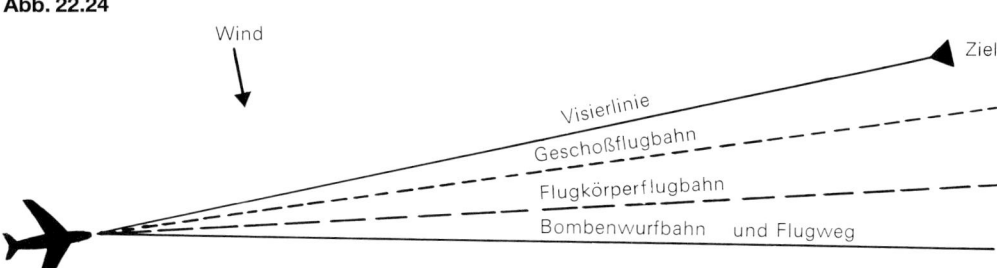

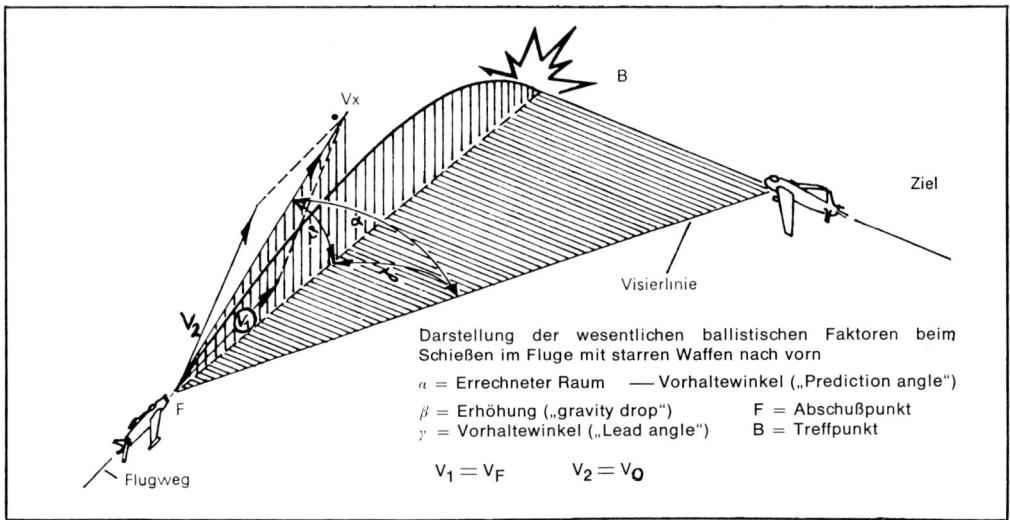

Abb. 22.25

Darstellung der wesentlichen ballistischen Faktoren beim Schießen im Fluge mit starren Waffen nach vorn

α = Errechneter Raum —— Vorhaltewinkel („Prediction angle")
β = Erhöhung („gravity drop")   F = Abschußpunkt
γ = Vorhaltewinkel („Lead angle")   B = Treffpunkt

$V_1 = V_F$ $V_2 = V_O$

Ziel müssen die Waffen vorgehalten werden. Der Winkel zwischen Seelenachse und Visierlinie ist der Vorhaltewinkel (Raumwinkel).

Die Größe des Vorhaltewinkels richtet sich nach:
– geflogenem Kurvenradius und den dabei auftretenden Beschleunigungen.
– Winkelgeschwindigkeit der Visierlinie, Zielgeräte errechnen automatisch mit Hilfe von Radar den jeweiligen Vorhaltewinkel und übertragen diesen direkt auf den Zielkreis im Reflexvisier.

Wie erfolgreich dieser Angriff durchgeführt werden kann, hängt ab von:
– Zielgeschwindigkeit und damit der
– Annäherungsgeschwindigkeit
– Anflugkurs des Angreifers relativ zum Zielkurs
– Krümmungsradius der Verfolgungskurve und damit den
– auftretenden Kurvenbeschleunigungen
– Anfangsgeschwindigkeit des Projektils
– Schußweite

7. Flugwege für Lenkflugkörper

Erwünscht ist grundsätzlich ein Flugweg, der die kürzeste Flugzeit bis zum Treffpunkt aufweist, er muß optimal sein. Dieser Flugweg muß auch so liegen, daß die Querbeschleunigungen nicht zu groß werden, da entweder die erforderlichen Kräfte aus aerodynamischen Gründen nicht aufgebracht werden können oder aber der Flugkörper überbeansprucht wird (er bricht auseinander).

Man geht davon aus, daß das Ziel sich gleichförmig bewegt, d. h. es fliegt mit gleichbleibender Höhe und Geschwindigkeit und fliegt keine Ausweichmanöver!

a) Flugwege der Fernlenkung

(1) optimaler Flugweg

Ein optimaler Flugweg läßt sich nur mit Hilfe der Kommandolenkung erzielen. Abb. 22.26 zeigt den Verlauf eines optimalen Flugweges in der Atmosphäre. Im Fall 1 wird der überwiegende Teil im widerstandsarmen Gebiet zurückgelegt, wodurch sich die Reichweite gegenüber Fall 2 vergrößert.

Abb. 22.26

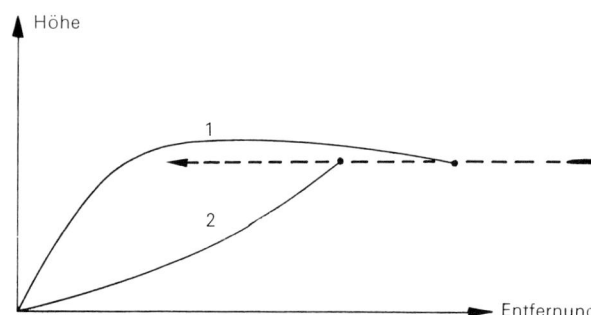

506

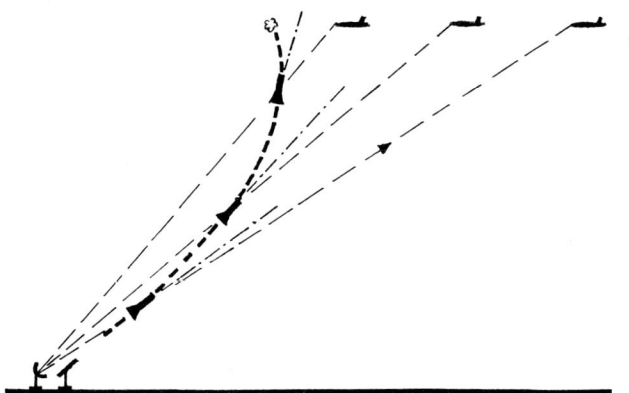

Abb. 22.27 Reiner Verfolgungskurs.

(2) Zieldeckungs- oder Dreipunktverfahren (Pfadfinderkurve)

Hierbei befinden sich Leitstand, Flugkörper und Ziel jeweils auf der Sichtlinie in Deckung. Als Sichtlinie kann auch ein Leitstrahl dienen.

b) Flugwege mit Selbstlenkung

(1) Der reine Verfolgungskurs (Hundekurve – pursuit curve) ist dadurch gekennzeichnet, daß in der Zeiteinheit der Geschwindigkeitsvektor des Flugkörpers auf das Ziel gerichtet ist. Der Nachteil ist nur, daß gerade hohe Querbeschleunigungen auftreten (Abb. 22.27).

(2) Der Verfolgungskurs mit festem Vorhalt (schielender Hund – lead pursuit curve) wählt den Geschwindigkeitsvektor des Flugkörpers so, daß er gegenüber der Sichtlinie um einen bestimmten Winkel vorgehalten wird.

Abb. 22.28 Verfolgungskurs mit festem Vorhalt.

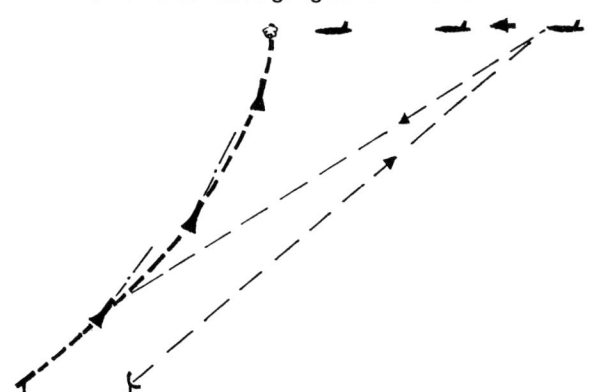

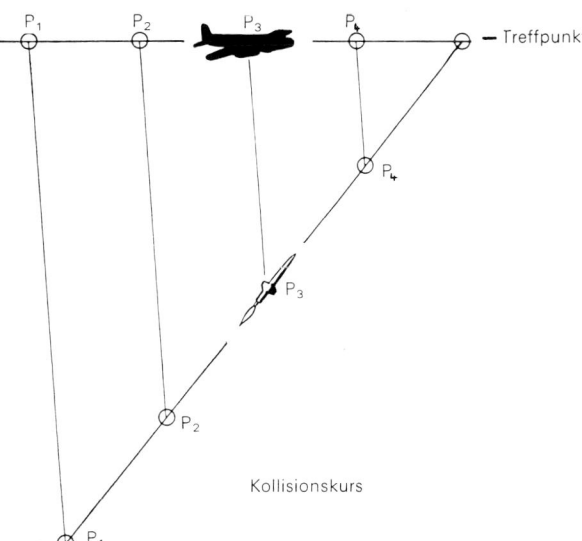

Abb. 22.29

(3) Der Kollisionskurs ermöglicht die Streckung der Flugkörperbahn zu einer Geraden, weil die Sichtlinie vom Flugkörper zum Ziel keine Drehung erfährt, sich also nur parallel zu sich selber verschiebt.

(4) Der Proportionalkurs orientiert den Flugkörper so, daß die Winkeldrehung seines Geschwindigkeitsvektors proportional zur Winkelgeschwindigkeit der Sichtlinie verläuft, d. h. mit einem der verschiedenen Geschwindigkeitsdifferenzen Flugkörper/Ziel zu wählenden Proportionalitätswertes K.

Dieser Kurs kann je nach Größe des Wertes K ein reiner Verfolgungskurs, ein Verfolgungskurs mit Vorhalt oder aber ein Kollisionskurs sein.

Abb. 22.30 Vergleich verschiedener Flugwege.

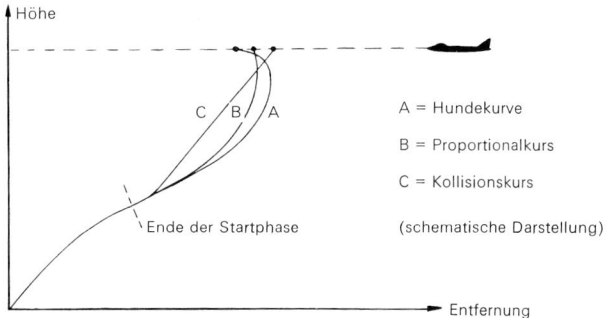

III. TAKTIK

1. Voraussetzungen

Solange es noch Bordwaffen aller Art gibt, die von der Besatzung zumindest in Zielnähe gerichtet werden müssen, solange sind taktische Verfahren erforderlich, um das Waffensystem an das Ziel zu bringen. Ob beim Einsatz als Jäger, Aufklärer oder Jagdbomber, stets muß taktisch manövriert werden, um unter optimalen Bedingungen den Auftrag durchführen zu können.

Der Einsatzablauf in der letzten Missions-, der Angriffsphase beinhaltet folgende Schritte, die die Besatzung vornimmt:

Abb. 22.31

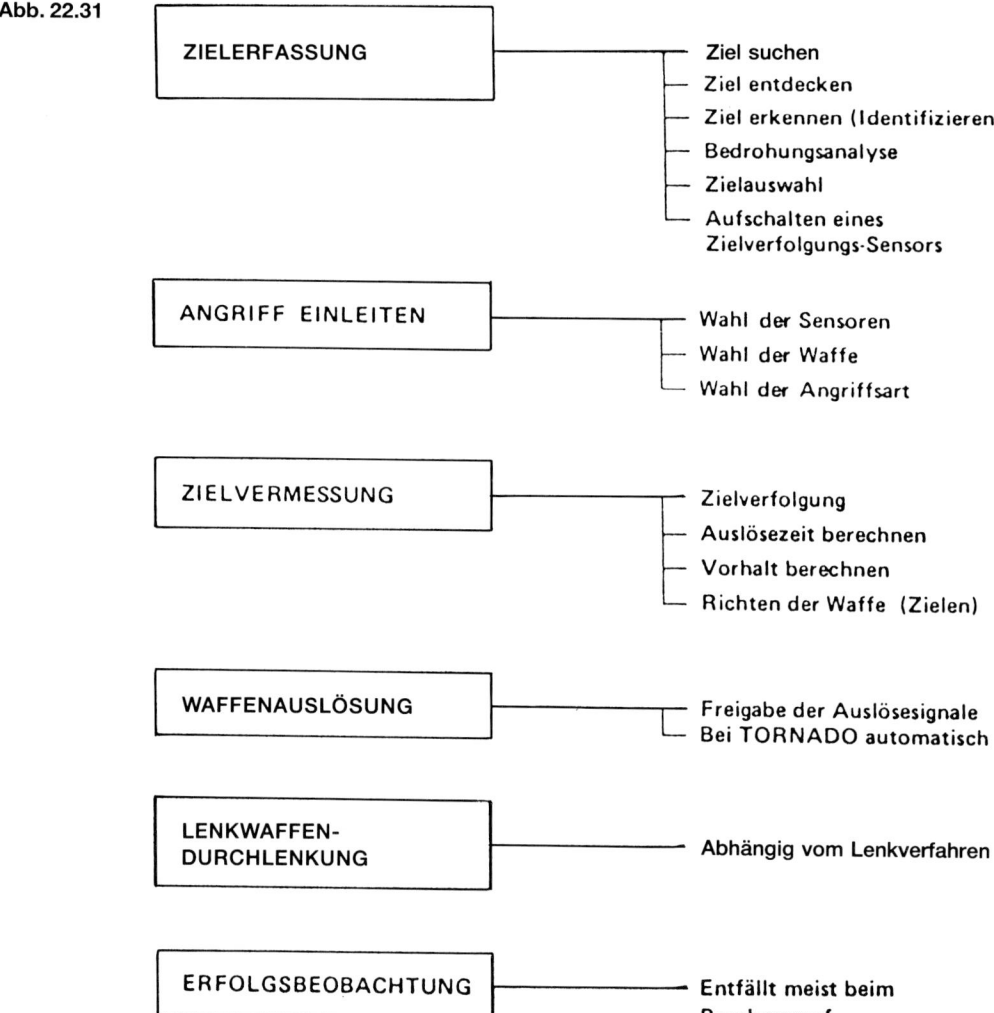

ZIELERFASSUNG
- Ziel suchen
- Ziel entdecken
- Ziel erkennen (Identifizieren)
- Bedrohungsanalyse
- Zielauswahl
- Aufschalten eines Zielverfolgungs-Sensors

ANGRIFF EINLEITEN
- Wahl der Sensoren
- Wahl der Waffe
- Wahl der Angriffsart

ZIELVERMESSUNG
- Zielverfolgung
- Auslösezeit berechnen
- Vorhalt berechnen
- Richten der Waffe (Zielen)

WAFFENAUSLÖSUNG
- Freigabe der Auslösesignale
- Bei TORNADO automatisch

LENKWAFFEN-DURCHLENKUNG
- Abhängig vom Lenkverfahren

ERFOLGSBEOBACHTUNG
- Entfällt meist beim Bombenwurf

508

Um taktisch manövrieren zu können, bedarf es einer soliden, guten fliegerischen Ausbildung, vollständiger Beherrschung des Kunstflugs sowie der Grundmanöver zur Bekämpfung von Zielen in der Luft und am Boden – und natürlich regelmäßiger praktischer Übungen im möglichen Einsatzbereich.

Die Leistungsmöglichkeiten und -grenzen des Flugzeuges müssen gleichsam im Traum beherrscht werden, was auch für das technische und taktische Umfeld des gegnerischen Bereichs gilt.

Die Flugzeugleistungen sind in typenbezogenen Flughandbüchern und militärischen Handbüchern (COP-combat operating procedures) sehr genau aufbereitet und dargestellt. Eine Übersicht über Manövergrenzen gibt das sogenannte Flugleistungs-Enveloppe (Flight Envelope-Umhüllende Kurve aller flugleistungsspezifischen Werte):

Abb. 22.32 Manövergrenzen und Leistungsbereiche eines Kampfflugzeuges.

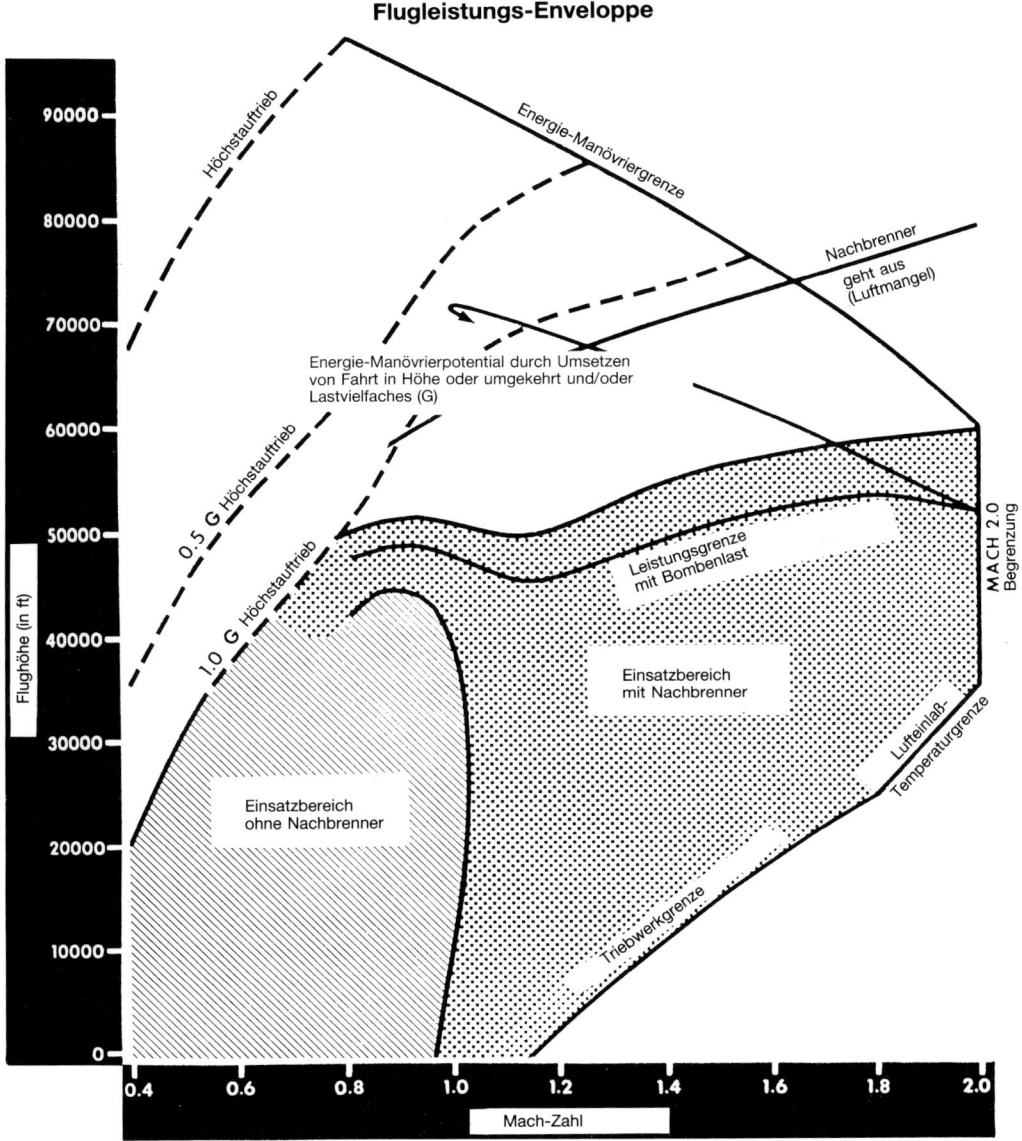

Flugleistungs-Enveloppe

2. Das taktische Umfeld

Alle Kampfmanöver spielen sich dreidimensional ab. Das erfordert von der Besatzung gutes räumliches Vorstellungsvermögen. Konstante und veränderliche Faktoren sind zu berücksichtigen:

konstante Faktoren	veränderliche Faktoren
Flugzeug/Technik	Zielgebiet/-raum
Besatzung	Wetter (Wolken,
Initiative	Sonne/Mond)
Überraschung	Feindbedrohung
Flugphysik	Art der Manöver
(Beschleunigung,	Waffeneinsatz
Energiepotentiale)	

3. Klassische Luftkampfprofile

Taktische Grundeinheit in jeder Art von Waffeneinsatz ist die Gefechtsrotte, die durch eine zweite Rotte zum Gefechtsschwarm verstärkt werden kann, um Feuerkraft und Beweglichkeit zu erhöhen. (Im Amerikanischen heißt die Gefechtsrotte »double-attack element«, der Gefechtsschwarm »fluid four«; in anderen Ländern auch Patrouille/Doppelpatrouille genannt). Bei den folgenden Skizzen wird zur Verdeutlichung z. T. nur je ein Flugzeugsymbol (Jäger/Verfolger) dargestellt. Ob Übungs- oder Einsatzfall, ein paar Regeln sollten beachtet werden:

- dem Gegner das eigene Handeln aufzwingen,
- jeden Vorteil unverzüglich nutzen,
- möglichst niemals Fahrt, Höhe, Vorteil aufgeben,
- Fahrt in Höhe oder Höhe in Fahrt umsetzen, um Vorteil zu wahren,
- Gegner immer in Sicht behalten, das hilft

evtl. beim späteren ›Nachsetzen‹,
- Sonne, Wolken, Überraschungsmoment immer nutzen,
- Energiepotential beachten,
- nicht in der Horizontalen, eher in der Vertikalen manövrieren,
- Manöver mit wenig Fahrt vermeiden, lieber Kampf abbrechen und neu ansetzen,
- in Pattsituationen vertikale Scheren-, gerissene Faßrollen- und Abwehrspiralenmanöver vermeiden,
- wenn Scherenmanöver nicht gelingt, absetzen und Fahrt gewinnen,
- wenn Gefahr zum Überholen beim Angriff besteht, Vertikalmanöver (hohes Jo-Jo, Faßrolle, Vektorrolle oder Immelmann) versuchen,
- immer Energiepotential im Auge behalten (zoom = Fahrt in Höhe, dive = Höhe in Fahrt umsetzen, dazu den Nachbrenner und Verringerung der Flächenbelastung durch Nachdrücken nutzen!).

Abb. 22.33 Scherenmanöver.

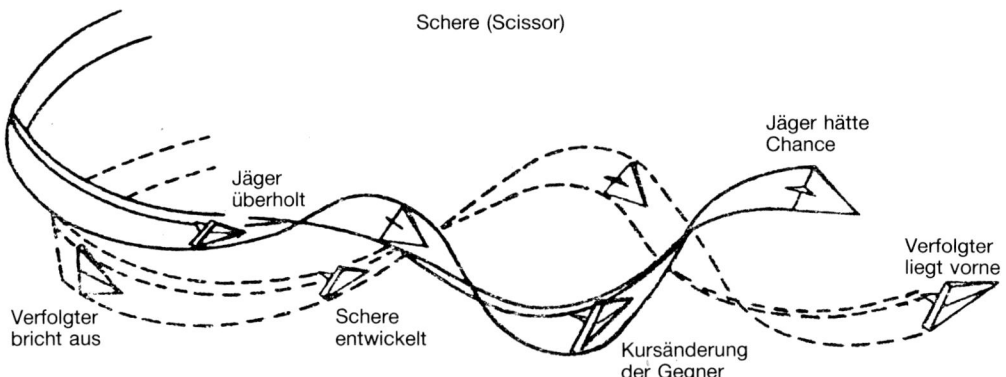

Schere (Scissor)

Jäger hätte Chance

Jäger überholt

Verfolger liegt vorne

Verfolger bricht aus

Schere entwickelt

Kursänderung der Gegner

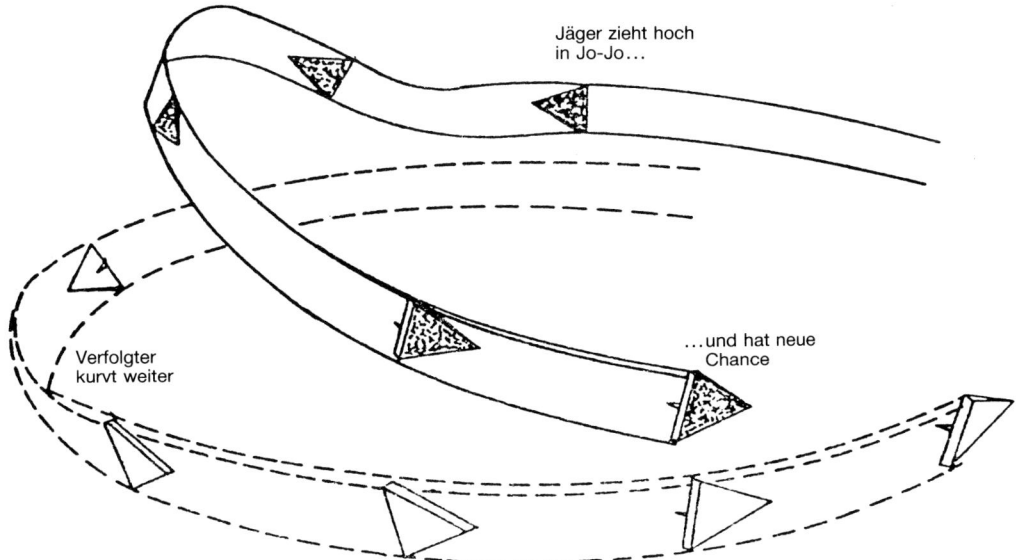

Jäger zieht hoch
in Jo-Jo...

...und hat neue
Chance

Verfolgter
kurvt weiter

Abb. 22.34 Hochgezogenes Jo-Jo.

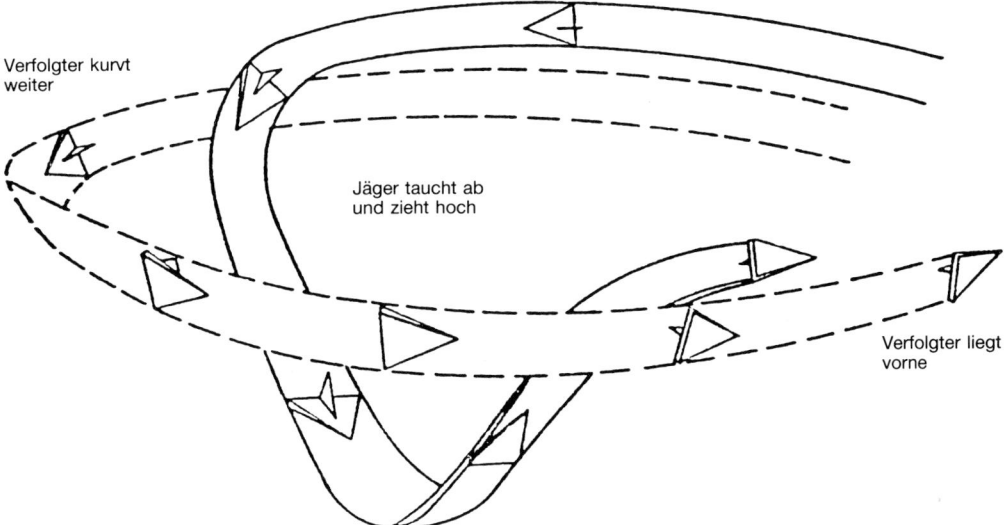

Verfolgter kurvt
weiter

Jäger taucht ab
und zieht hoch

Verfolgter liegt
vorne

Abb. 22.35 Durchgezogenes Jo-Jo.

Abb. 22.36 Gerissene Vektorrolle nach unten (lag pursuit roll).

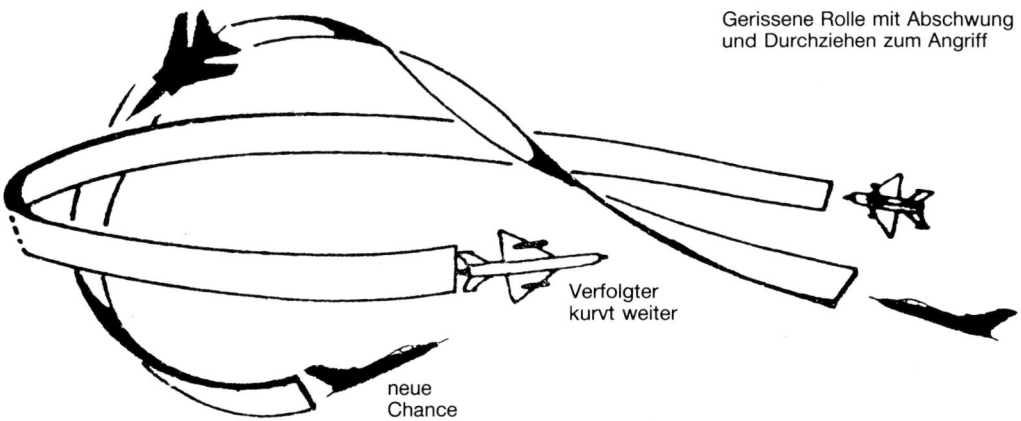

Gerissene Rolle mit Abschwung
und Durchziehen zum Angriff

Verfolgter
kurvt weiter

neue
Chance

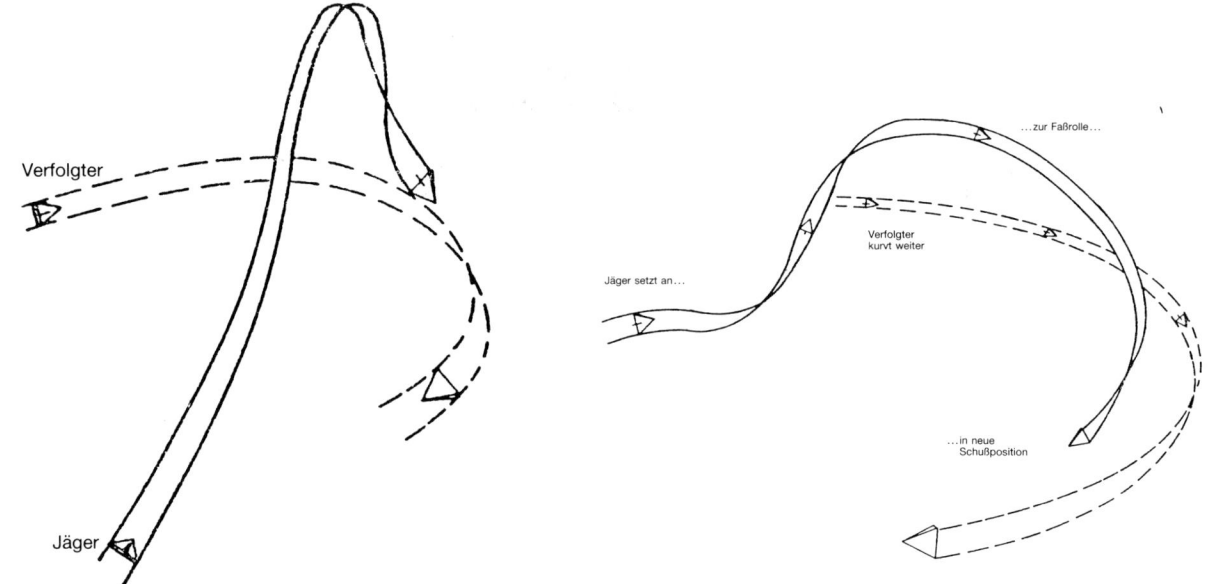

Verfolgter

Jäger

Abb. 22.37 Immelmann (360° Manövrierfähigkeit in der Vertikalen).

...zur Faßrolle...

Verfolgter
kurvt weiter

Jäger setzt an...

...in neue
Schußposition

Abb. 22.38 Faßrolle nach oben.

Abb. 22.39 Vektorrolle.

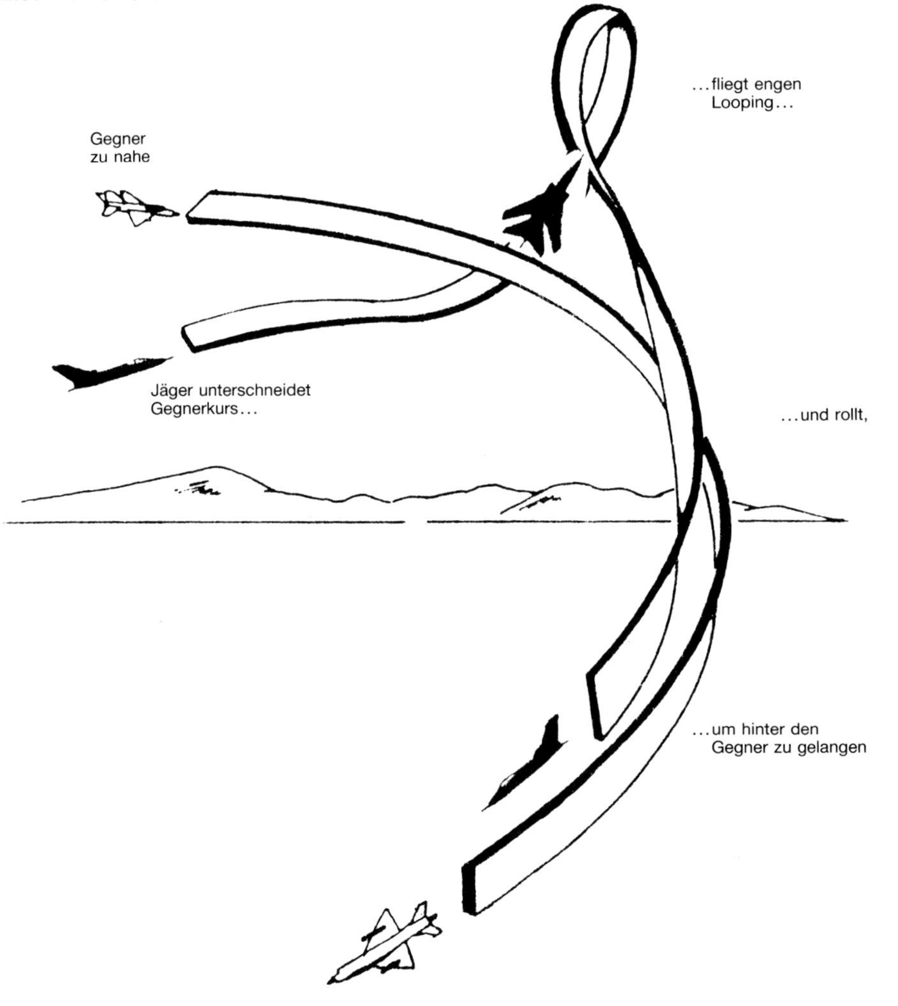

Gegner
zu nahe

...fliegt engen
Looping...

Jäger unterschneidet
Gegnerkurs...

...und rollt,

...um hinter den
Gegner zu gelangen

512

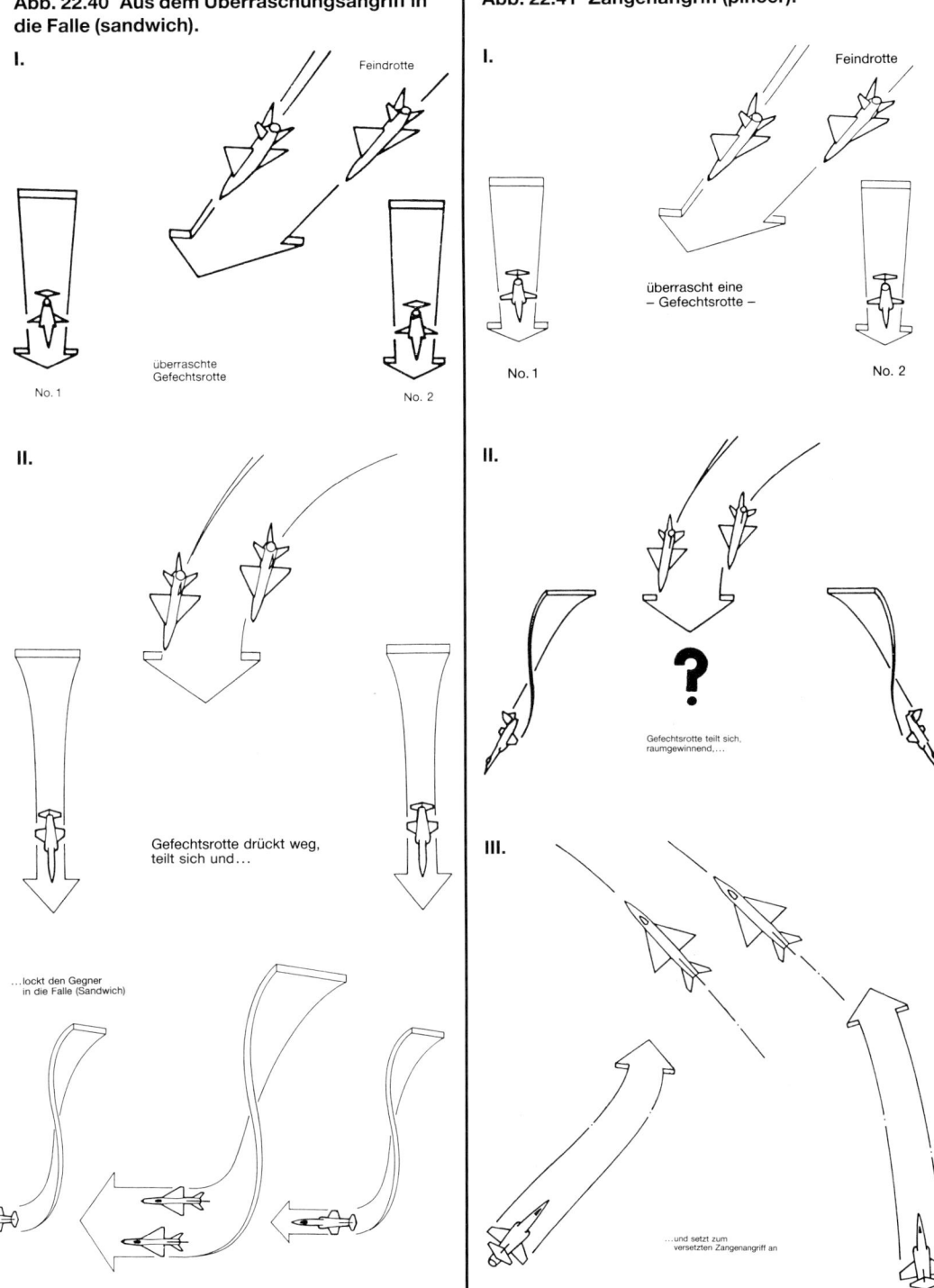

Abb. 22.40 Aus dem Überraschungsangriff in die Falle (sandwich).

I.

Feindrotte

überraschte Gefechtsrotte

No. 1

No. 2

II.

Gefechtsrotte drückt weg, teilt sich und...

III.

...lockt den Gegner in die Falle (Sandwich)

Abb. 22.41 Zangenangriff (pincer).

I.

Feindrotte

überrascht eine
– Gefechtsrotte –

No. 1

No. 2

II.

?

Gefechtsrotte teilt sich, raumgewinnend,...

III.

...und setzt zum versetzten Zangenangriff an

513

4. Angriffsprofile

Durch die verschiedenen Waffen zum Einsatz gegen Bodenziele ergeben sich verschiedene Waffeneinsatzparameter, die im gewählten Angriffsprofil berücksichtigt werden. Man kann im Direktanflug oder mit versetztem Anflug zum Angriff einkurven.

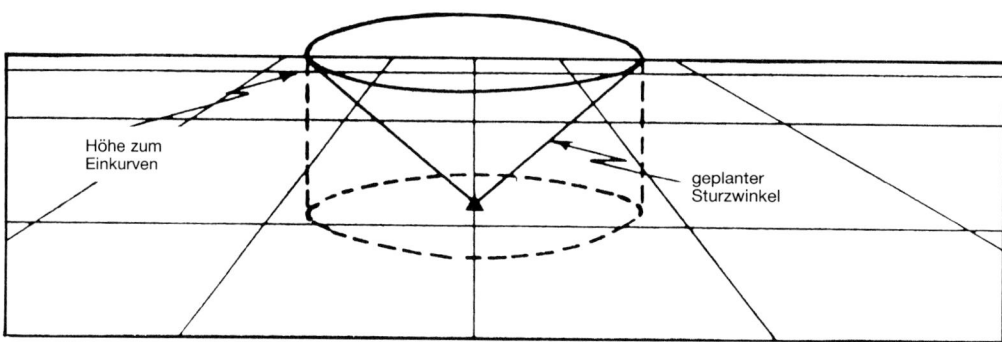

Abb. 22.42 Öffnungswinkel und Höhe des Manövrierkegels über dem Ziel hängen von Flugzeugleistung, Waffenwahl und Angriffsart ab.

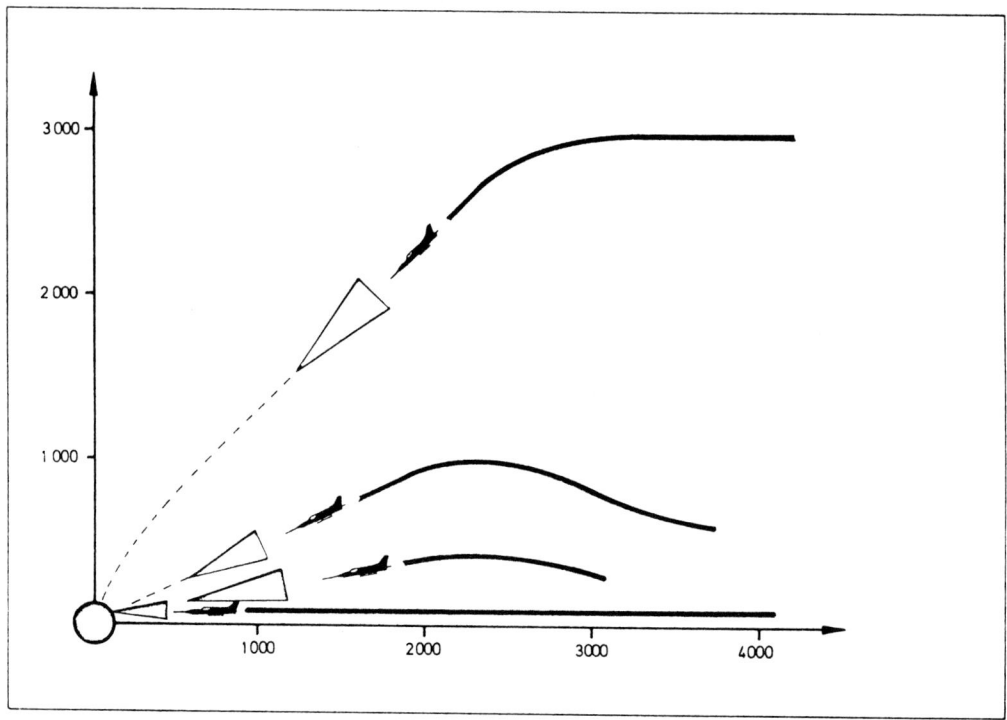

Abb. 22.43 Je nach Art der Waffen ändern sich Auslösehöhe und -entfernung zum Ziel.

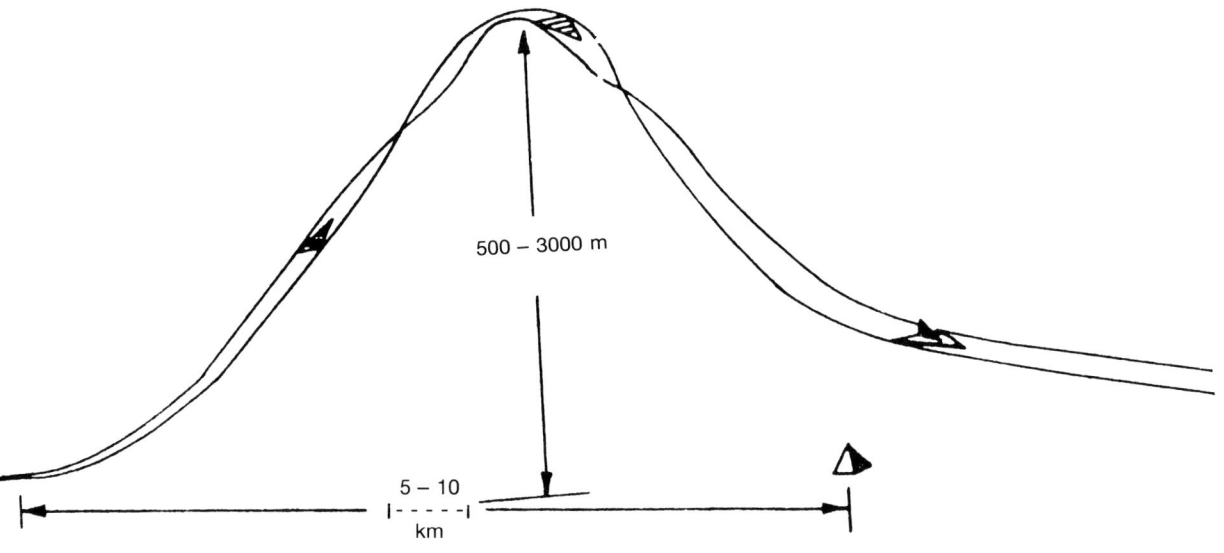

500 – 3000 m

5 – 10
km

Abb. 22.44 Direkter Anflug auf das Ziel mit Hochziehmanöver (pop-up).

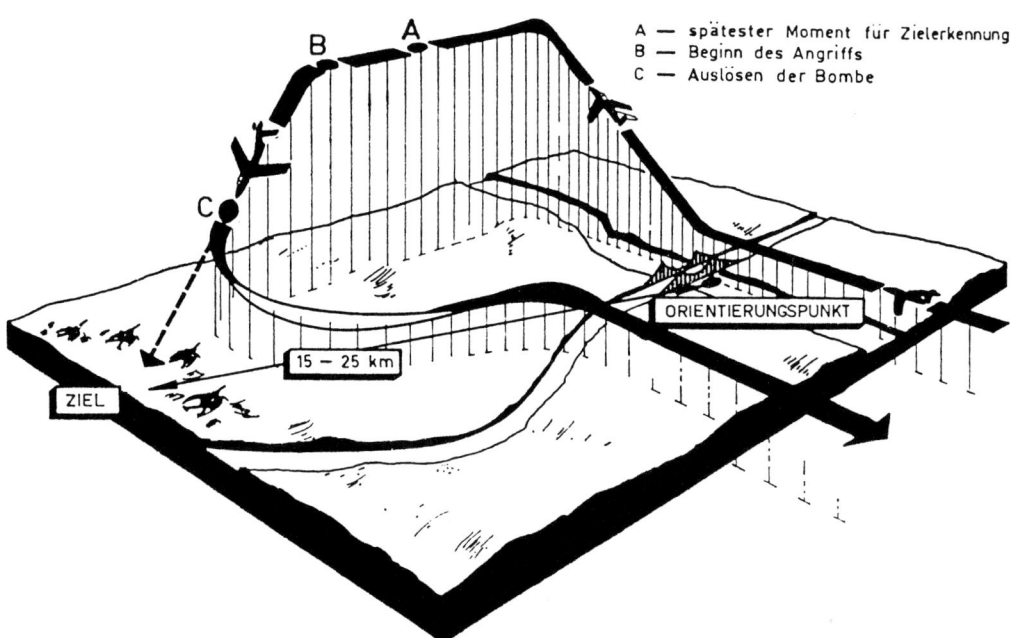

A — spätester Moment für Zielerkennung
B — Beginn des Angriffs
C — Auslösen der Bombe

ORIENTIERUNGSPUNKT

15 – 25 km

ZIEL

Abb. 22.45 Versetzter Anflug zum Einkurven auf das Ziel mit Hilfe von Ablauf-/Orientierungspunkt(en).

515

KAPITEL 23

Der Formationsflug

1. Einführung

Der Formationsflug ist so alt wie die Militärluftfahrt. Schon während des Ersten Weltkrieges wählte man aus taktischen Gründen eine der geöffneten Ordnungen (s. u.) ähnliche Formation, um Flugzeuge geordnet und wirkungsvoll zusammengefaßt mit ihren Waffen zum Einsatz zu bringen. Bis in die Anfangsmonate des Spanischen Bürgerkrieges (1935–1939) galt diese Flugordnung als die günstigste überhaupt. Jedoch mit der Weiterentwicklung des Flugzeugs als Kriegswaffe verbesserten und erweiterten sich auch die Arten des Verbandsfluges.

Bei Jagd- und Jagdbomber-Einsatzverbänden werden Flugaufträge mit Flugzeugen gleichen Typs meist im Formationsflug durchgeführt. Formationen müssen Wendigkeit, Beweglichkeit, einfache Führung, gegenseitige Feuerunterstützung gewährleisten und sich außerdem durch die Fähigkeit auszeichnen, aus der Verteidigung schnell zum Angriff übergehen zu können.

Die Formationsarten sind.

– Rotte (»element«) zu 2 Flugzeugen

– Schwarm (»flight«) zu 4 Flugzeugen
– Staffel (»squadron«) zu 4 Schwärmen
– Geschwader (»wing«) zu 2 Staffeln

Die Rotte ist die kleinste und wendigste Kampfeinheit, die unbedingt erhalten bleiben muß. Der Rottenführer (»Nr. 1 Position« oder »Element-Leader«), ein erfahrener Einsatzpilot, ist der offensive Teil einer Rotte, während der Rottenflieger (»Nr. 2 Position« – »Wing-Man« oder »Kaczmarek«) der defensive Teil ist. Die Position des Rottenfliegers zum Rottenführer richtet sich nach dem Flugauftrag.

Die nächstgrößere Kampfeinheit ist der Schwarm, der aus zwei sich unterstützenden Rotten besteht. Der Schwarmführer (»Nr. 1 Position« oder »Flight Leader«) ist der erfahrenste Flugzeugführer dieser Kampfeinheit. Nr. 2 ist der Rottenflieger des Schwarmführers, Nr. 3 der stellvertretende Schwarmführer und Nr. 4 der Rottenflieger der Nr. 3.

Vier Schwärme bilden einen Staffelverband, zwei Staffelverbände einen Geschwader- oder Großverband. Dies sind jedoch nur Paradeflugformen.

2. Grundsätze für das Formationsfliegen

Im Verband muß sich jeder auf den anderen verlassen können. Nur der disziplinierte Wille zur gemeinsamen Erfüllung eines Auftrages führt zum Erfolg.

Der Rotten- bzw. Schwarmführer ist für die Kampfeinheit verantwortlich. Er entscheidet, welche Formationsform eingenommen wird und wie ein eventueller Angriff erfolgt. Seine Befehle sind unverzüglich zu befolgen. Die Fluggeschwindigkeit richtet sich nach dem langsamsten Flugzeug.

3. Flugbefehlsausgabe (Briefing)

Die eingehende Flugbefehlsausgabe durch den Verbandsführer ist wichtig für die Durchführung eines Auftrages. Folgendes muß in der Reihenfolge des Flugverlaufes festgelegt und befohlen werden:
– Rufzeichen, Bord-Bord-Boden
– Position im Flug und Flugzeugverteilung
– Anlaßzeit oder Anlaßsignal
– Startzeit
– Bordfunkfrequenzen
– Abrollen zum Start
– Aufstellen auf der Startbahn
– Start und Aufstellung des Verbandes
– Verfahren beim Abbrechen des Startvorganges
– Leistungshebelstellung und Flugzeuggeschwindigkeit im Steigen
– Leistungshebelstellung und Fluggeschwindigkeit im Geradeausflug
– Abwehrkurven
– Regelmäßige Überprüfung der Instrumente, des Brennstoffs und des Sauerstoffs
– Angriffsverfahren
– Versammeln nach durchgeführten Angriffen oder Abwehrmanövern
– Versammlungspunkt
– Funk- und Navigationshilfsmittel
– Handzeichen und Funkbefehle, auch für Notfälle
– Minimale Kraftstoffmenge und Notlandeplätze
– Anfliegen des Platzes
– Platzrunde und Landeabstände
– Landung
– Rückrollen und Abstellen der Flugzeuge
– Rückmeldung nach dem Einsatz

4. Start und Landung im Verband

Je nach Beschaffenheit des Flugplatzes und des Wetters erfolgt der Start rottenweise, die Landung meist einzeln, nur in Ausnahmefällen rottenweise als Verbandslandung.

Der Start eines Staffel- und Großverbandes erfolgt im Einzel- oder Rottenstart, mit festgelegten Zeitabständen. Beim Sammeln (»join-up«) in der Luft schließen die Flugzeuge rotten- oder schwarmweise auf.

Der Platzanflug zur Landung eines Großverbandes erfolgt nach vorheriger Auflösung (»split-up«) zu Schwärmen.

Abb. 23.1

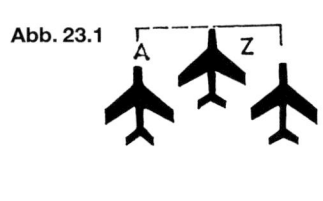

Abstand, Zwischenraum und Stufung am Beispiel
der Rottenform Reihe
rechts bzw. links

Abb. 23.2

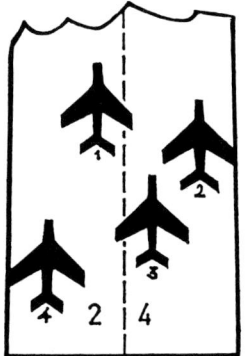

Startaufstellung eines Schwarmes

Abb. 23.3

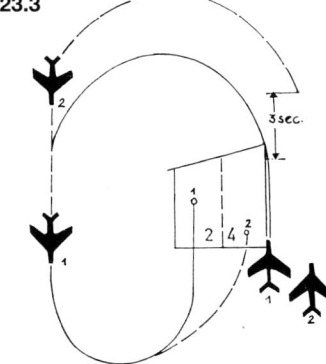

Landeanflug einer Rotte

5. Flugformen und Flugordnung

a) Flugformen

Die Flugformen ergeben sich aus der gegenseitigen Stellung der Flugzeuge bzw. bei größeren Verbänden der Unterverbände zueinander im Raum nach Abstand, Zwischenraum und Stufung.

Abstand -A-: gemessen in Richtung der Flugzeuglängsachse (»Tail clearance«) nach Flugzeuglängen

Zwischenraum -Z-: gemessen in Richtung der Flugzeugquerachse (»tip clearance«) nach Flugzeugbreiten

Stufung -S-: gemessen in Richtung der Flugzeughochachse (»stacking«) nach Flugzeughöhen

Die gebräuchlichste Gefechtsformen sind:

In Rotten: Reihe (»echelon«) rechts bzw. links, taktische (»tactical«) Rotte

im Schwarm: Reihe rechts bzw. links, Finger (»normal or finger«) rechts bzw. links, Kiellinie (»line astern or trail«), Kolonne, taktischer Schwarm

Reine Paradeform: Der Rautenschwarm (»four ship diamond«), die Rautenkolonne (»section of four ship diamonds« – »show formation«)

Abb. 23.4 Schwarmform Reihe links (von unten gesehen).

Abb. 23.5 Schwarmform Finger links (von unten gesehen).

Abb. 23.6 Kiellinie eines Schwarms.

Abb. 23.7 Rauten-(Parade-)Schwarm – im Englischen: Diamond.

Abb. 23.8 Taktischer (Schwarm-)Verband und Luftraum-Überwachungssektoren.

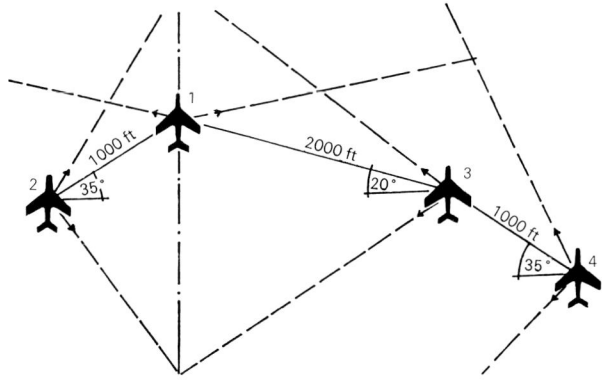

Abb. 23.9 Rauten-(Parade-)Kolonne.

b) Flugformveränderungen

bezeichnen den Übergang von einer Flugform in die andere (z. B. »Finger rechts« zur
»Reihe rechts«).

c) Flugordnung

Größe von Abstand, Zwischenraum und Stufung der Flugzeuge einer Rotte bzw. eines
Schwarms zueinander ergeben die Flugordnung. Man unterscheidet:
– die geschlossene Ordnung (»closed formation«)
– die geöffnete Ordnung (»loose oder route
  formation«)
– die gelöste Ordnung (»tactical offensive or
  defensive formation«)
(1) Bei der **geschlossenen Ordnung** fliegen
die Flugzeuge unter Einhaltung folgender
Mindestmaße:
Abstand: eine halbe Flugzeuglänge
Zwischenraum: eine Flugzeugbreite
Stufung: ein Viertel der Flugzeughöhe nach
unten

Das Schätzen des richtigen Abstandes
und Zwischenraumes bedarf einiger fliegerischer Erfahrung und wird erleichtert durch
Bezugspunkte am Führerflugzeug (Positions-
lampen, Kopf des Piloten, Flügelvorderkante
usw.).

Die geschlossene Ordnung, auch enger
Verbandsflug genannt, schränkt die Wendigkeit ein, ist aber erforderlich beim Durchziehen bzw. Durchstoßen von Schlechtwetter,
beim Nachtverbandsflug, beim Platzanflug
oder wenn es der Verbandsführer für notwendig erachtet, seine Flugzeuge beieinan-
der zu haben.

Diese Ordnung erfordert ein vorausden-
kendes, ruhiges gefühlvolles und weiches
Fliegen von seiten des Verbandsführers. Sie
ist sehr gebräuchlich und eindrucksvoll in
Kunstflugverbänden.
(2) Die **geöffnete Ordnung** erleichtert es

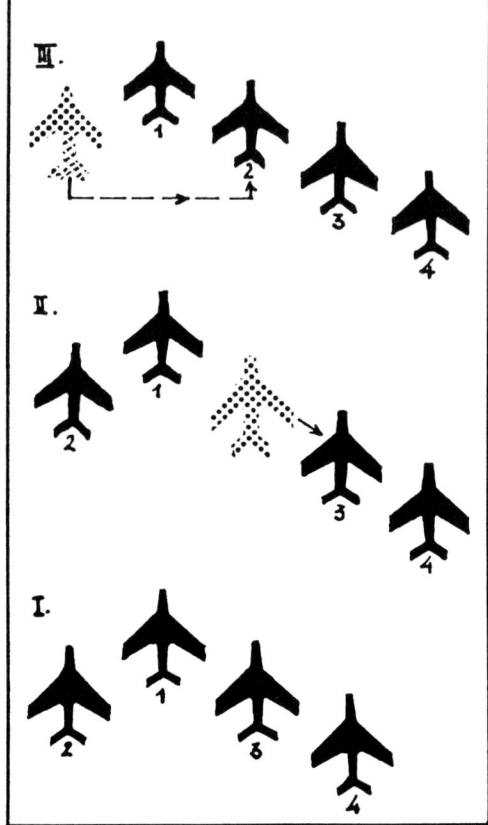

**Abb. 23.10 Phasen der Flugformveränderung;
Beispiel: Finger rechts zur Reihe rechts in drei
Takten (I.; II.; III.).**

dem Flugzeugführer, sich der Beobachtung
seiner Umgebung sowie der Standortbestimmung, gewissen Überprüfungen und Einstellungen im Flugzeug zu widmen und ent-
spannter zu fliegen. Abstände und Zwischenraum der Flugzeuge sollen etwa doppelt so
groß wie bei der geschlossenen Ordnung
sein.
(3) Die **gelöste Ordnung** (auch Gefechtsfor-
mation genannt) gilt allgemein für die Überlandflüge im Verband oder auch für Kampfverbände. Sie soll gegenseitige Luftraumüberwachung und Feuerschutz sowie günstige taktische Verteidigungs- bzw. Angriffspo-
sitionen gewähren. Die Wendigkeit und Beweglichkeit dieser Formation ist groß. Man
unterscheidet die gelöste Rotten- (taktische
Rotte) und gelöste Schwarmordnung (taktischer Schwarm).

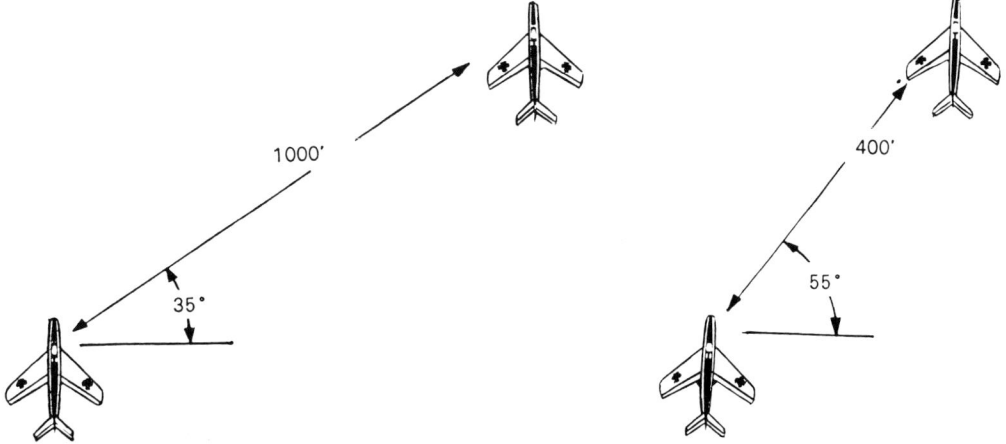

Abb. 23.11 Die gelöste Ordnung der taktischen Rotte (links Normalposition – rechts Kampfposition).

d) Richtungsänderungen

(1) Die Schwenkung (»normal turn«).

Sie wird so ausgeführt, daß der geschlossene Verband die neue Richtung einnimmt, ohne Platzwechsel der Flugzeuge innerhalb des Verbandes. Flugzeuge am Schwenkungspunkt drosseln, weiter ab fliegende Flugzeuge erhöhen die Triebwerkdrehzahl leicht.

bände (Rotte) ihre Plätze bei jeweils 90 Grad Kursänderung, wodurch ein Wechsel der ursprünglichen Flugform eintreten kann (im Beispiel: taktischer Schwarmverband rechts in taktischen Schwarmverband links). Triebwerkdrehzahländerungen sollen nur in geringem Maße vorgenommen werden, Flugzeugposition möglichst durch Kurvenschräglage ändern bzw. halten.

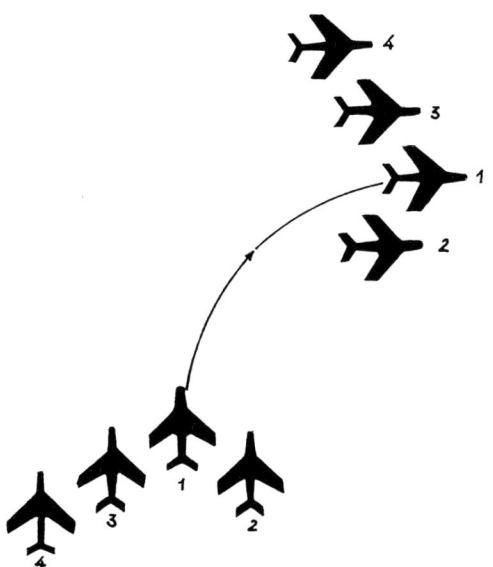

Abb. 23.12 Die Schwenkung eines geschlossenen Verbandes.

(1) Die Überschneidung (»tactical turn«).

Hier wechseln die Flugzeuge und Unterver-

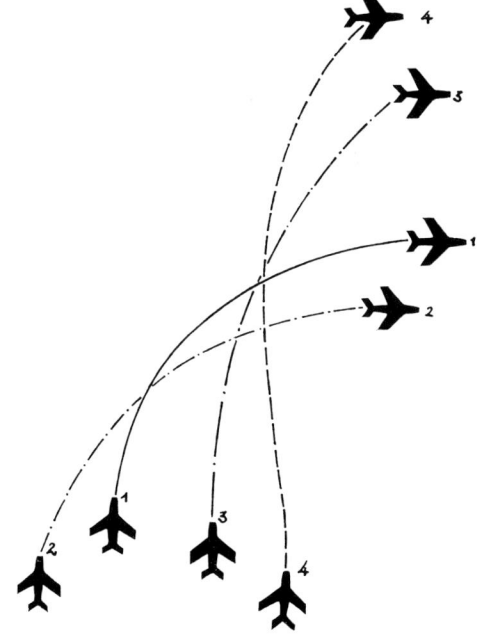

Abb. 23.13 Die Überschneidung eines gelösten (Gefechts-)Verbandes.

(3) Die Kehrtwendung (Abwehrkurve – »defensive break«).

Es ist eine Abwehrwendung, bei der jedes Flugzeug auf engstem Raume mit kleinstmöglichem Radius einzeln seine Flugrichtung um 180 Grad ändert. Sie wird nur in der gelösten Flugordnung durchgeführt; im taktischen Verband rechts nach links herum, im taktischen Verband links nach rechts herum.

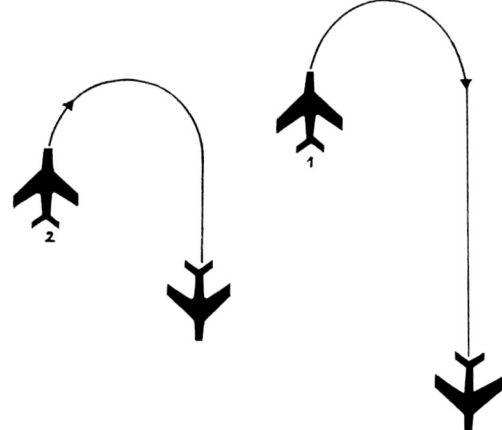

Abb. 23.14 Die Kehrtwendung einer Rotte.

6. Verbandsführung und Befehlsgebung in der Luft

Jeder Verband wird in der Luft durch den Verbandsführer geführt, der grundsätzlich vorne fliegt und befiehlt.

In Notfällen begleitet Nr. 2 den Schwarmführer zum Notlandeplatz bzw. fliegt als neue Nr. 3 im Verband. Bei Ausfall des Schwarmführers übernimmt der 2. stellvertretende Schwarmführer (Nr. 3 Position) die Führung. Die Führung in der Luft erfolgt durch Befehle und Kommandos, die durch Funksprechverkehr oder Handzeichen gegeben werden. Sie sind strikt und sofort zu befolgen! Ruhiges und geordnetes Verbandsfliegen setzt voraus, daß Befehle und Kommandos klar gegeben und auf ein Mindestmaß beschränkt werden. Darum wird der Flugauftrag vor dem Start eingehend durchgesprochen.

Vom Verbandsführer gegebene Handzeichen sind unverzüglich an die übrigen Verbandsflieger weiterzugeben.

Befehlsinhalt:

Anlassen/Abbremsen:
Starten, Losrollen:
Leistungshebelverstellung:

Alles in Ordnung (OK):
Fingerverband zur Reihe rechts (links):
Reihe rechts (links) zum Fingerverband:

Fingerverband oder Reihe zur Kiellinie:
Kiellinie zum Fingerverband:

gerissene Steilkurve (»break«) von der Reihe zur Kiellinie:

Handzeichen:

Kreisende Armbewegungen des Verbandsführers
Führer hebt Kopf, Ausführung beim Kopfsenken
Horizontale Bewegung mit der Faust nach vorne oder nach hinten
O-Zeichen mit Zeigefinger und Daumen
zweimaliges Tippen der Fläche nach rechts (links)
Führer reißt links (rechts) zur Kurve und Verband schließt zur neuen Formation auf.
Geballte Faust am Hinterkopf
Führer wackelt mit den Flächen und kurvt in Richtung des Fingerverbandes (links oder rechts)
Kreisende Hand über dem Kopf mit ausgestreckten Fingern, um die Zeitabstände (in Sek) zum Reißen anzuzeigen.

522

Führerwechsel:	Führer zeigt mit dem Zeigefinger erst auf den neuen Führer und anschließend nach vorne.
Fahrwerk ein- bzw. ausfahren:	Auf- und Abbewegung der geballten Faust zur Ankündigung; Ausführung, wenn Führer scharf mit dem Kopf nickt.
Landeklappen ein- bzw. ausfahren:	Auf- und Abbewegung der flachen Hand, Ausführung nach Kopfnicken des Führers.
	Bremsklappen ein- bzw. ausfahren: Auf- und zuklappende Bewegung der Hand, Ausführen nach Kopfnicken des Führers.
Ausfall des Radios:	Flugzeugführer zeigt auf Mikrophon, Kopfhörer oder beides, macht verneinende Kopfbewegung.

7. Hinweise für das Fliegen im Verband

a) Allgemeines für jeden Verbandsflieger

- Änderungen der Leistungshebelstellung ruhig und langsam vornehmen;
- Bei Schwierigkeiten (Notfällen usw.) mit dem Flugzeug sich vom Verband, nach unten und in entgegengesetzter Kurvenrichtung fliegend, lösen;
- Den Verbandsführer benachrichtigen, er wird jemanden beordern, der begleitet und unterstützt, oder selbst mitfliegen,
- Stets der eigenen Fähigkeiten und Verantwortung bewußt sein;
- An Kameraden, Flugzeug und Bevölkerung denken,
- Denke mit und voraus!

b) Für den Verbandsführer und Schwarmführer

- Verantwortlich für den gesamten Verband;
- Nie zu hohe oder zu niedrige Leistungshebelstellungen wählen,
- Den Luftraum überwachen und Beobachtungssektoren einteilen,
- Jederzeit sicher über den geographischen Standort des Verbandes sein,
- Steigen oder Kurven niemals in die Sonne, die übrigen Verbandsflieger verlieren bestimmt den Anschluß,
- Vermeiden, ohne Vorankündigung Kurven zu reißen oder sehr schnelle Änderungen der Leistungshebelstellung vorzunehmen.

c) Für den Rottenführer in einem Verband

- Beim Aufschließen zum Verband grund-
sätzlich von unten auf der Innenseite einer Kurve anfliegen,
- Wenn zu schnell oder Überschießen droht, der Führerrotte niemals die Rumpfunterseite zeigen, sondern das Gas herausneh-

523

men und die Führerrotte unterhalb und nach einer Seite versetzt überholen, so hat man sie immer im Auge;

d) Für den Rottenflieger

– Du gehörst zu Deinem Verbandsführer, er verläßt sich auf Dich,
– Bleibe im Einsatz »dran«, allein bist Du verloren,
– Nur Du allein vermagst der Rotte oder

– Als stellvertretender Verbandsführer jederzeit auf die Führung des Verbands vorbereitet sein.

selbst einem Großverband durch Deinen fliegerischen Einsatz und Dein Können ein Gesicht und eine Form zu geben.
– Die Rotte ist die wendigste und kleinste Kampfeinheit, die unbedingt erhalten bleiben muß, um kampf- und verteidigungsfähig bleiben zu können!

Abb. 23.15 **Handzeichen bei Radioausfall**

Anzeige der Störung nach dem System:

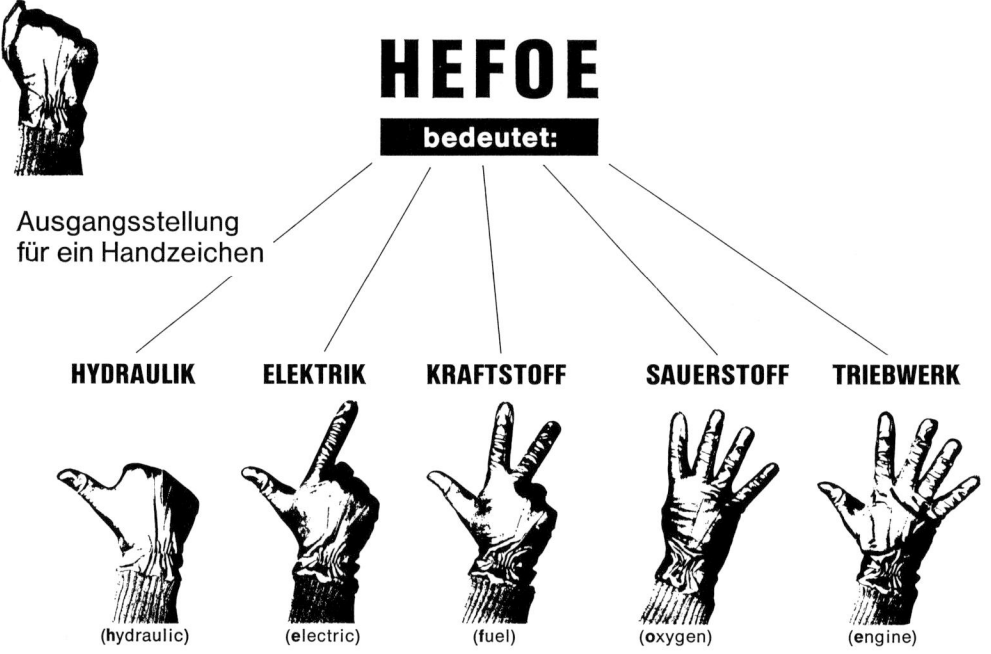

8. Formations-Kunstflug

Jeder Militärflieger muß einige Grundmanöver beherrschen und regelmäßig üben, um

sein Flugzeug in allen Fluglagen und Grenzbereichen sicher fliegen zu können. Allge-

mein hat sich der Begriff Kunstflug auch dafür eingebürgert. Einige Manöver seien erwähnt:
- Steilkurven
- Rollen (gerissene, gesteuerte, Faß-Rollen)
- Looping
- liegende Acht
- Kleeblatt
- Aufschwung (Immelmann-Turn)
- Abschwung

Manche Staaten unterhalten besonders ausgebildete Einheiten, die diese Grundmanöver im Verband, mit kleinen Besonderheiten und eigenen Kreationen versehen, der Öffentlichkeit bei besonderen Veranstaltungen (z. B. »Tag der offenen Tür«) vorführen.

Einige bekannte Team-Namen: »Skyblazers«, »Frecce Tricolori«, »Blue Angels«, »Patrouille de France«, »Fliegende Spaßvögel«, »Red Arrows«, »Patrouille de Suisse«.

Die Bundeswehr unterhält schon seit langer Zeit keine Kunstflugteams mehr.

Eine Kunstflugstaffel präsentiert sich stets gemeinsam im engen Verbandsflug, wobei zuweilen ein sogenannter Solo-Flieger für Sondereinlagen sorgt, während sich der Verband zu einem neuen Manöver zum Überflug formiert.

Ein typisches Kunstflugprogramm (der »Skyblazers«) zeigt die folgende Tafel, Abb. 23.16

Abb. 23.16 Figuren aus dem Kunstflugprogramm der »Skyblazers« (USAF) (siehe auch Seite 526).

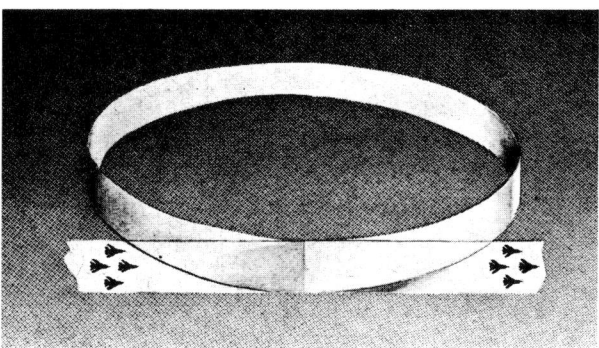

Steilkurven-Vollkreis

Looping

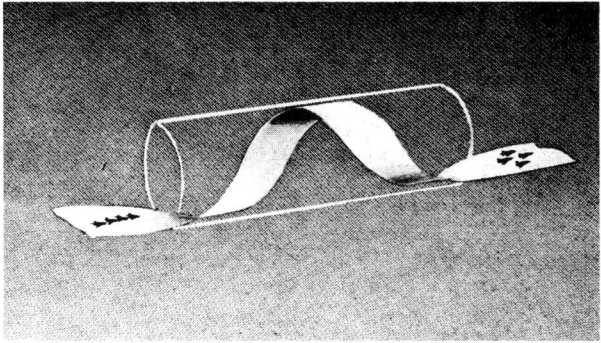

Faßrolle mit Formationswechsel
aus Kiellinie in Rautenschwarm

Im Looping Wechsel von Kiellinie
in Rautenschwarm

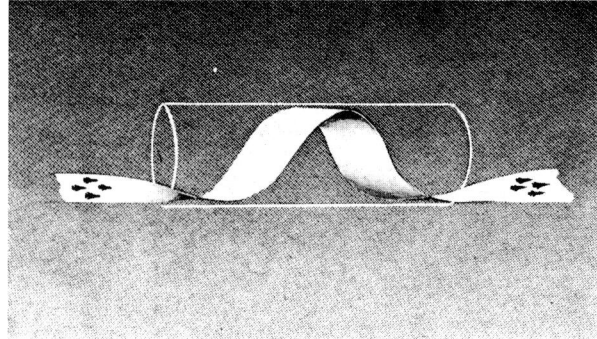

Faßrolle in Rautenformation

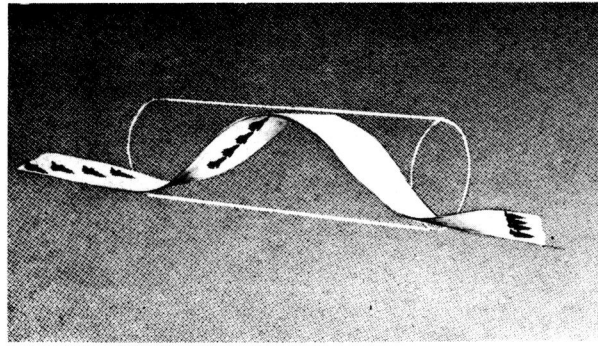

Wechselrolle – von Reihe rechts,
über Kiellinie in Reihe links

Lilie

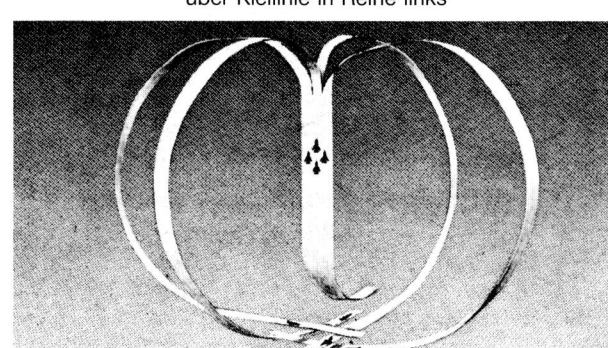

Berstende Bombe

Abb. 23.17 Im engsten Verbandsflug drei F-100 der »Skyblazers« an der höchsten Stelle eines Looping.

Abb. 23.18 Öffnen zum Bomb-Burst (F-84F der Pattuglia Aerobatica Nazionale/Rimini).

KAPITEL 24

Luftbildwesen und Aufklärung

I. EINFÜHRUNG

Ohne Aufklärung sind Führung und Truppe blind. Heute ist die Aufklärung ohne Luftaufklärung und diese ohne Luftbildaufklärung nicht mehr denkbar.

Luftbildaufklärung ist Luftaufklärung durch optische fotografische Geräte (Luftbildkameras), nicht-optisch fotografische Geräte (Infrarot-Aufnahmegeräte, SLAR) und optisch-elektronische Geräte (Fernsehkameras).

Bereits 1859 wurde von einem Ballon aus das Schlachtfeld von Solferino fotografiert, wenn auch die Auswertung sehr umständlich war. Im Deutsch-Französischen Krieg 1870/71 gab es sogenannte »Fliegende Ateliers des preußischen Generalstabes«.

Das Luftbild und seine Auswertung erlangte jedoch erst im Ersten Weltkrieg entscheidende Bedeutung.

Die ersten Militärflugzeuge waren fast ausschließlich zu Augen-Erkundungs- und Aufklärungszwecken eingesetzt und bedienten sich bald der Fotografie, die die objektive Bestätigung subjektiver Augenbeobachtung lieferte.

Zu einem wahren Führungsmittel wurde das Luftbildwesen im Zweiten Weltkrieg. Die militärische Bedeutung ist aus einer Angabe der USAF ersichtlich, die vermerkt, daß alleine 60 % aller Nachrichten über den Feind im Koreafeldzug der Luftbildauswertung entnommen werden konnten. Auch auf dem zivilen Sektor gibt es unbegrenzte Anwendungsmöglichkeiten, z. B.:

- Vermessungswesen
- Geographie, Hydrographie
- Geologie
- Frost- und Landwirtschaft
- Siedlungs,- Straßen-, Eisenbahnbau
- Archäologische Forschung

II. MÖGLICHKEITEN UND GRENZEN DES LUFTBILDES

Man unterscheidet zwei Typen militärischer Luftbilder:
- Das **Geländebild,** das Erkundungsergebnisse über das Gelände wiedergibt,
- Das **Aufklärungsbild,** das Aufklärungsergebnisse über den Feind und seine Anlagen wiedergibt.

1. Möglichkeiten

- Das Luftbild zeigt den neuesten Zustand des Geländes mit allen eingetretenen Veränderungen seit der letzten Kartenvermessung.
- Das Luftbild zeigt den Zustand des Geländes zu bestimmten Jahreszeiten.
- Man kann Senkrechtbilder, Geneigtbilder und stereoskopische Bilder (mit räumlichem Eindruck) herstellen.
- Man kann aus dem Luftbild objektive Nachrichten über den Gegner gewinnen.

2. Grenzen

Bei schlechter Bildqualität ist nur eine begrenzte Luftbildauswertung möglich:
- Bei ungünstigem Bildmaßstab ist eine detaillierte Auswertung nicht möglich oder aber der abgebildete Geländeausschnitt ist zu klein (besonders bei Tiefflugaufnahmen).
- Bei ungünstigem Wetter ist nur begrenzte Luftbildaufklärung möglich.
- Tarnung und Schatten erschweren die Bildauswertung oder machen sie unmöglich.
- Reichweite des Aufklärungssystems.
- Keine Beurteilung der Moral des Gegners.

III. AUFGABEN DES LUFTBILDDIENSTES

1. Unterstützung der Truppenführung bei der Einsatzplanung durch Luftbildunterlagen und -meldungen, Ergänzung des Kartenwesens.
2. Unterstützung der Truppenführung während des Kampfes. Durch laufende Luftbildauswertung Meldungen jeder Veränderung.
3. Unterstützung der Truppenführung durch Luftbildaufklärung nach dem Kampfgeschehen zur Feststellung der Angriffs- und Waffenwirkung.
4. Gestellung von Luftbildunterlagen zur Vermessung, Herstellung und Berichtigung von Karten.

IV. DAS LUFTBILD ALS MITTEL DER LUFTAUFKLÄRUNG

1. Die strategische Luftaufklärung

stützt sich fast ausschließlich auf das Luftbild, das aus größeren Höhen (über 10 000 m) den Augenblickszustand großer Gebiete festhält. Bei genauer Auswertung lassen sich wesentliche Erkenntnisse für die Einsatzplanung finden. Die Erstellung von **Zielbilderkarteien** militärischer und ziviler Objekte des Gegners bietet für die Vorbereitung von Einsatzunterlagen ein Optimum an Aktualität. Senkrecht- und Geneigtbilder erleichtern fliegenden Besatzungen das Auffinden der Ziele.

a) Trefferbilder geben der Führung soforti-

Abb. 24.1 Trefferbild eines Bombenwurfeinsatzes der US-Heeresluftstreitkräfte (4. Juni 1944).

gen Überblick über die Trefferlage der zum Einsatz gebrachten Waffen.

b) Zielwirkungsbilder ergeben nach durchgeführten Angriffen ein genaues Bild über das Ausmaß erreichter Zerstörungen und werden mit den Trefferbildern zur Wirkungsanalyse und -berechnung verschiedener Waffentypen herangezogen.

In regelmäßigen Abständen geflogene strategische Luftaufklärung ergibt ein ziemlich genaues Bild des Rüstungs- und Bereitschaftsstandes eines Gegners. Aufklärungssatelliten übernehmen in zunehmendem Maße diese Aufgaben.

2. Die taktische Luftaufklärung

vermittelt dem Truppenführer neben anderen Nachrichtenmitteln ein möglichst umfassen-

des Bild in seinem Operationsgebiet über:
− Geländebeschaffenheit

Abb. 24.2 Zielwirkungsbild aus dem Zweiten Weltkrieg (USAF).

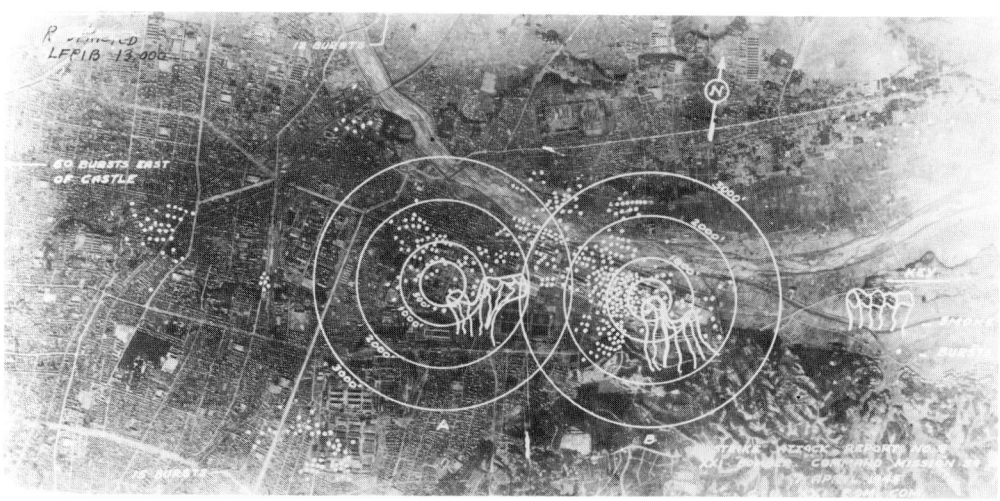

- Art, Stärke, Bewaffnung und Dislozierung des Gegners
- Reserven, Hauptquartiere, Gefechtsstände, Verfügungsräume des Gegners
- Versorgungs- und Nachschubeinrichtungen
- Verkehrslage
- Tarnung der eigenen Kräfte
- Wetter

Die taktische Luftaufklärung wird in sehr geringer Flughöhe durchgeführt. Die Augenaufklärung, die durch Luftbilder und auf Tonband gesprochene Meldungen untermauert wird, bringt erhebliche Schwierigkeiten für den Flugzeugführer, da der Gegner wichtige Objekte gut tarnt und schützt.

Man unterscheidet:
- Aufklärung von Verkehrswegen   line Search
- Aufklärung von Punktzielen   pin point recce
- Aufklärung von Kleinflächen   area search

V. AUFNAHMEARTEN

Durch eine entsprechende Geräteaufhängung der Kameras ist es möglich, den taktischen Forderungen nach bestimmten Aufnahmerichtungen gerecht zu werden. Man unterteilt das erflogene Bildmaterial in:
- Senkrechtbilder
- Geneigtbilder, diese wiederum in:
  - Steilaufnahmen – ohne Horizont
  - Flachaufnahmen – mit Horizont.
- Nach dem Kamerasystem in:
- Einzelaufnahmen
- Mehrfachaufnahmen
- Panoramaaufnahmen.

1. Das Senkrechtbild zeigt, ähnlich der Karte, den Grundriß des Geländes in verkleinertem Maßstab. Die Abgrenzung des aufgenommenen Geländeausschnittes wird durch die Flughöhe, Brennweite der Kamera und das Bildformat bestimmt.

2. Das Geneigtbild zeigt das Gelände in einer Aufnahmerichtung von schräg oben aus. Der Geländeausschnitt hat Trapezform. Maßstab und Abbildungsgröße nehmen vom Bildvordergrund zum -hintergrund ab. Es ist ein Nachteil, daß die hinter Geländeerhebungen sichttoten Räume nicht abgebildet werden.

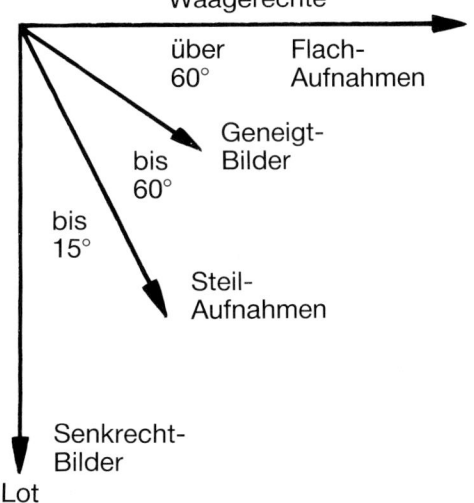

Abb. 24.3

531

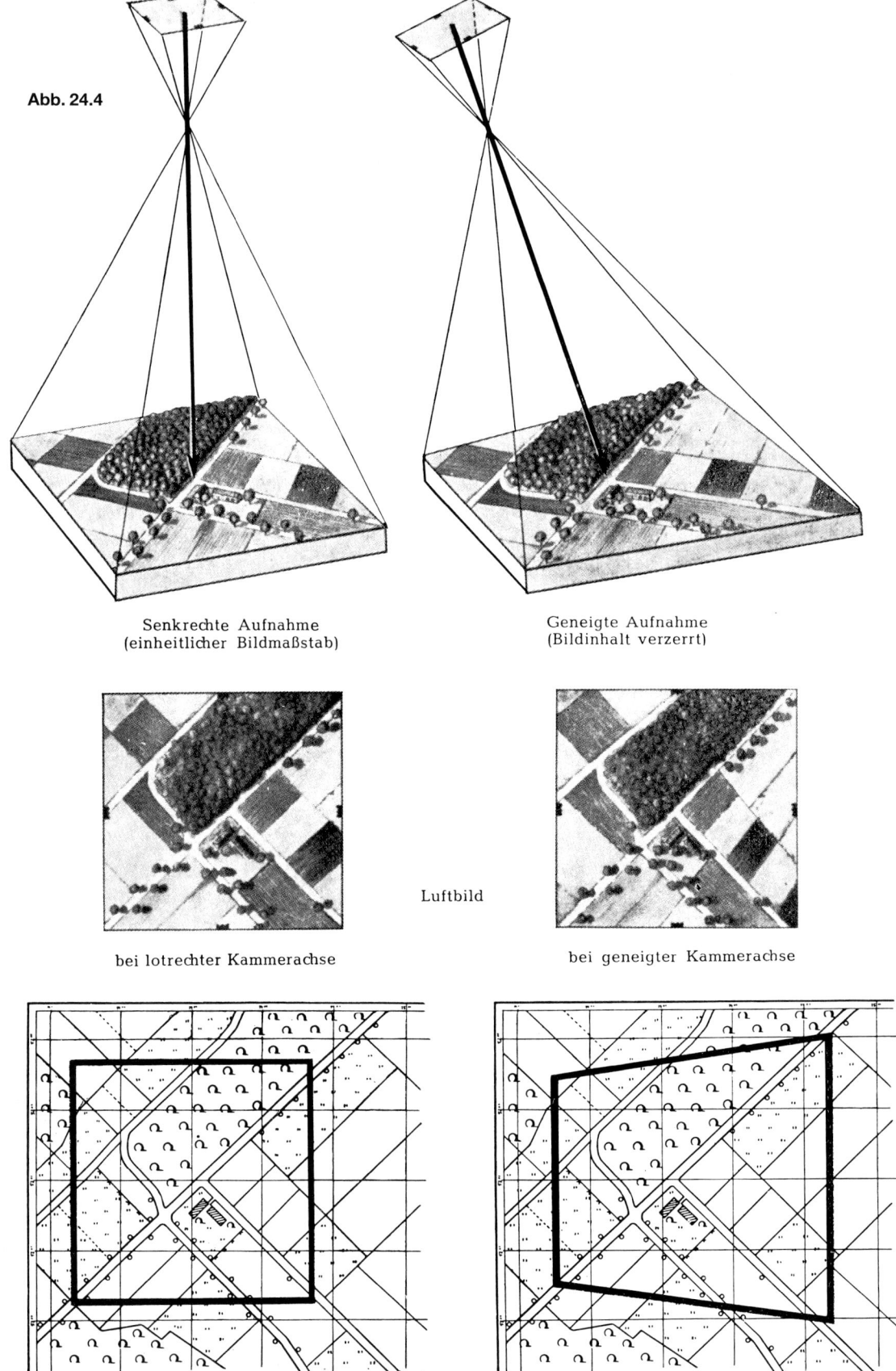

Abb. 24.4

Senkrechte Aufnahme
(einheitlicher Bildmaßstab)

Geneigte Aufnahme
(Bildinhalt verzerrt)

Luftbild

bei lotrechter Kammerachse

bei geneigter Kammerachse

abgebildeter Geländeabschnitt in der Karte

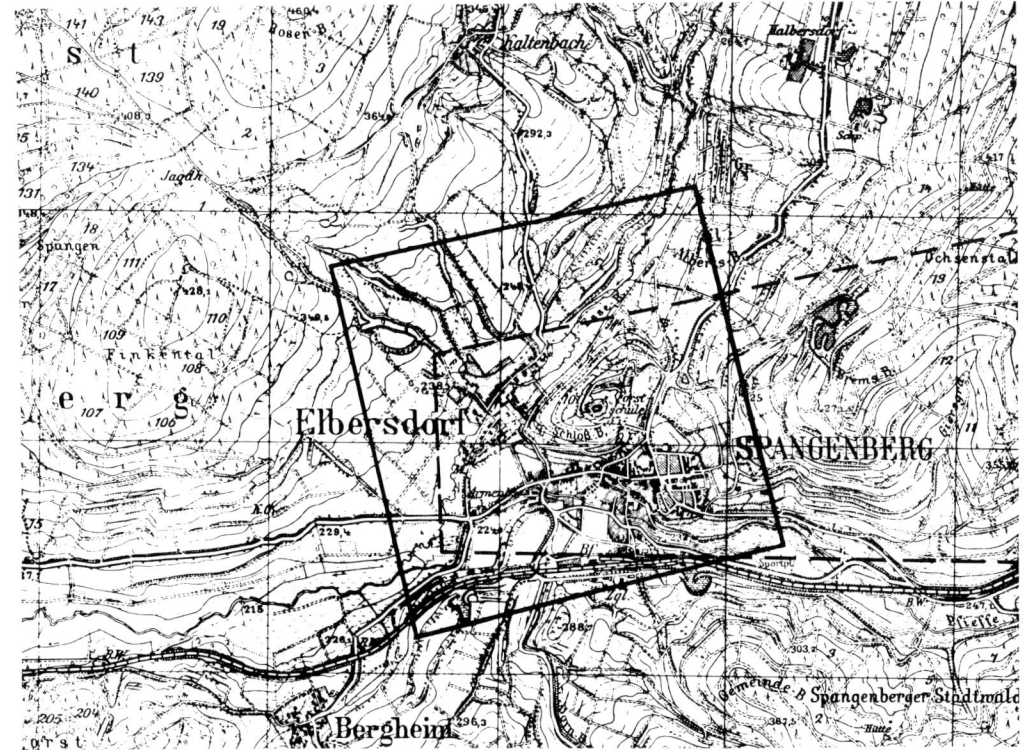

Abb. 24.5 Meßtischblatt 1:25000 mit dem Beispiel Schloßberg. Einen Vergleich Karte-Luftbild zeigen die folgenden Bilder vom gleichen Objekt. (Abb. 24.6 – 24.8).

Abb. 24.6 Bodenaufnahme des Schloßbergs.

Abb. 24.7 Geneigtaufnahme des Schloßbergs.

Abb. 24.8 Senkrechtaufnahme des Schloßbergs. Die Abbildungen 24.7 und 24.8 freigegeben durch den Niedersächsischen Minister für Wirtschaft und Verkehr am 4. Juni 1969 mit Nr. 1355/1088.

VI. BILDZUSAMMENSTELLUNG

Eine Bildzusammenstellung wird durch Zusammensetzen von zwei oder mehreren sich überdeckenden Luftbildern vorgenommen. Bei Senkrechtbildern ergibt dies ein kartenähnliches Bild, bei Geneigtbildern ein panoramaähnliches Bild.

Das Luftbild ist immer aktuell, weil es das Aufnahmeziel zum Zeitpunkt der Aufnahme unverfälscht wiedergibt. Für den militärischen Gebrauch kommen folgende Arten der Bildzusammenstellung in Frage:

Raumbild
Bildreihe
Bildskizze
Bildplan
Trimetrogon-Fotografie

1. Das Raumbild setzt sich aus zwei Senkrechtbildern mit 60 %iger Bildüberdeckung zusammen. Bei stereoskopischer Betrachtung erhält man einen räumlichen Einblick in das Gelände. Z.B. lassen sich Höhenunterschiede, Geländeanstieg bzw. -abfall, Uferbeschaffenheit und Einzelobjekte besser erkennen.

2. Die Bildreihe besteht aus mehreren senkrechten oder geneigten Luftbildern und eignet sich insbesondere zur Verkehrsüberwachung.

3. Die Bildskizze (auch Mosaik genannt) setzt sich aus mehreren Bildkernen (genauerer Aufnahmebereich um den Bildmittelpunkt herum), verschiedener Bildreihen (60 % Längs- und 30 % Seitenüberdeckung) zusammen. Sie gibt größere Geländeübersicht, ist aber durch auftretende Verzerrungen im Maßstab etwas ungenau.

4. Der Bildplan ähnelt der Bildskizze, nur ist er durch Entzerrung als Karte neuesten Standes, maßstabtreu, verwertbar. Eine genaue Beschriftung, Höhenlinieneintragungen und ein aufgedrucktes Gitter machen ihn zu einer ausgezeichneten Meß- und Artillerieschießunterlage.

5. Die Trimetrogon-Fotografie ermöglicht eine Horizont-zu-Horizont-Darstellung des Geländes. Ein aus drei Kameras bestehender Bildgerätesatz ist so angeordnet, daß eine Kamera senkrecht und zwei weitere 30° links bzw. rechts geneigt montiert sind, um in kurzer Zeit einen relativ großen Geländeausschnitt abzubilden.

Abb. 24.9 Grobe Bildzusammenstellung.

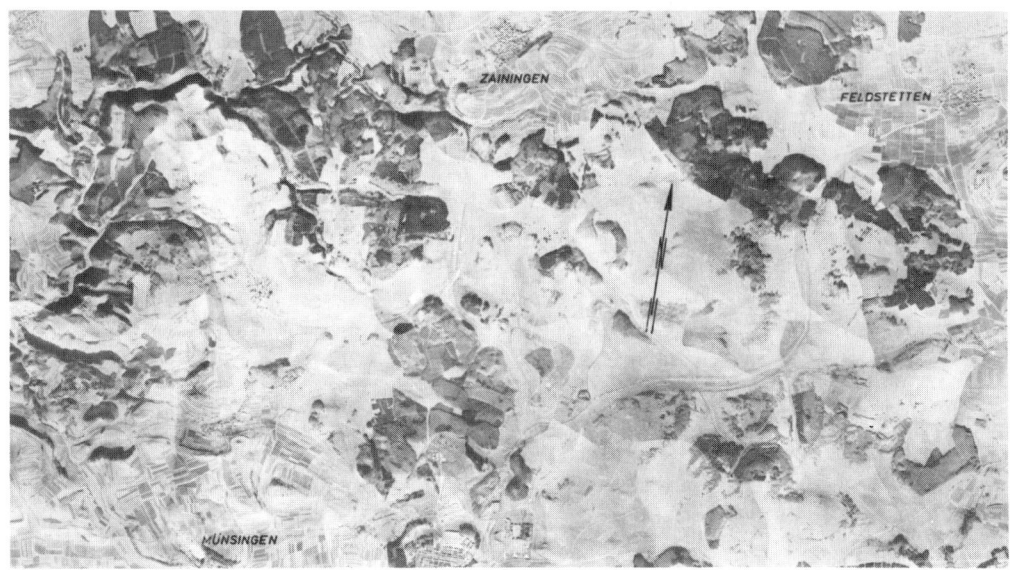

Abb. 24.10 Eine Bildskizze gibt Geländeübersicht, ist aber wenig maßstabstreu.

Abb. 24.11 Ein Bildplan ist durch Entzerrung und ein aufgedrucktes Gitter sowie von Ortsbezeichnungen eine Meßunterlage und (Photo-)Karte neuesten Standes.

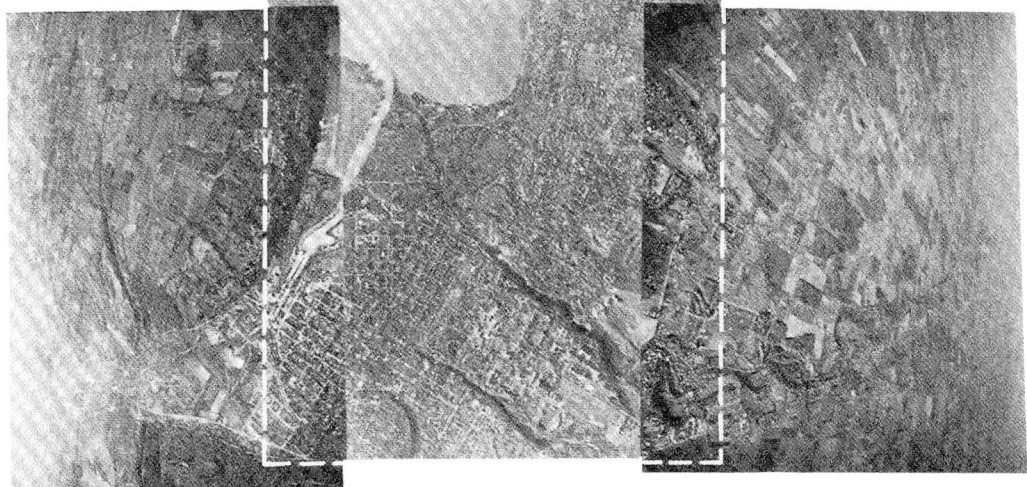

Abb. 24.12 Trimetrogon-Bildsatz.

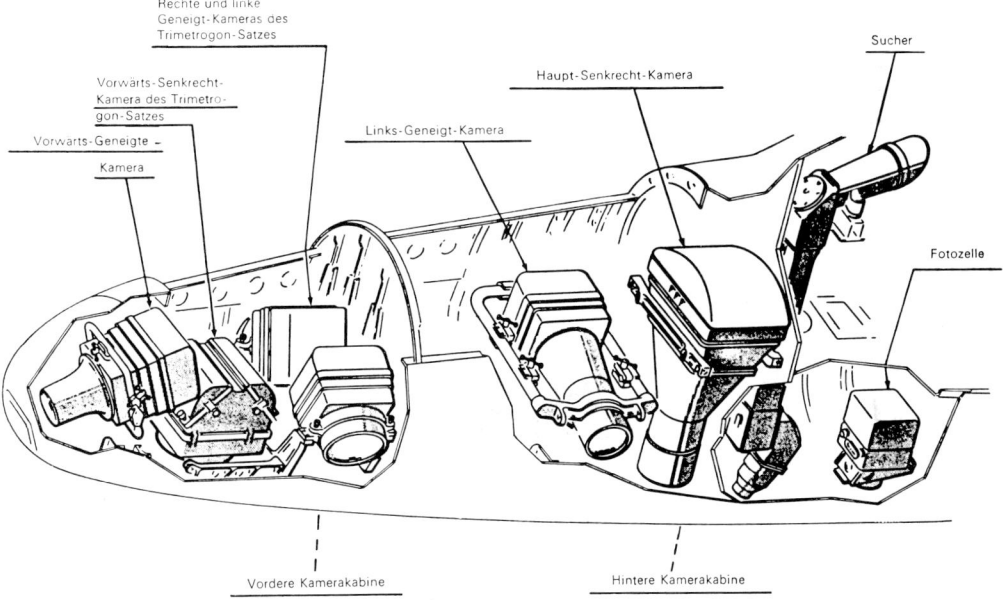

Rechte und linke
Geneigt-Kameras des
Trimetrogon-Satzes

Vorwärts-Senkrecht-
Kamera des Trimetro-
gon-Satzes

Vorwärts-Geneigte
Kamera

Links-Geneigt-Kamera

Haupt-Senkrecht-Kamera

Sucher

Fotozelle

Vordere Kamerakabine

Hintere Kamerakabine

Abb. 24.13 Kamerasatz, eingebaut in einem Aufklärungsflugzeug.

VII. BILDAUSWERTUNG

Die militärische Bildauswertung umfaßt drei Stufen:

1. Grobauswertung des nassen oder trockenen Films in Gegenwart des Flugzeugführers.
2. Zwischenauswertung mit Beschriftung und Beschreibung des Luftbildes.
3. Endauswertung mit detaillierter Beschreibung und Hinzuziehung von Vergleichsbildern.

Die gängigsten Bildformate sind:
23 x 23 cm = 9 x 9 Zoll
23 x 46 cm = 9 x 18 Zoll

537

1. Grundlagen der Auswertung

Das Luftbild gibt auf einer fotografischen Platte einen bestimmten Geländeausschnitt wieder und ist zur Vereinfachung der Auswertung mit Meßmarken versehen.

Der Fußpunkt des Lotes vom Objekt auf das Gelände heißt Geländenadirpunkt, der ihm entsprechende Bildpunkt heißt Bildnadirpunkt.

Die Verbindunglinien gegenüberliegender Bildmarken im Luftbild werden Bildachsen genannt, ihr Schnittpunkt ist der Bildmittelpunkt.

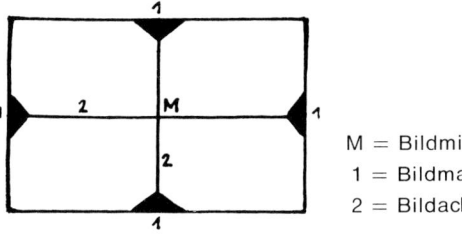

M = Bildmittelpunkt
1 = Bildmarken
2 = Bildachsen

Abb. 24.14

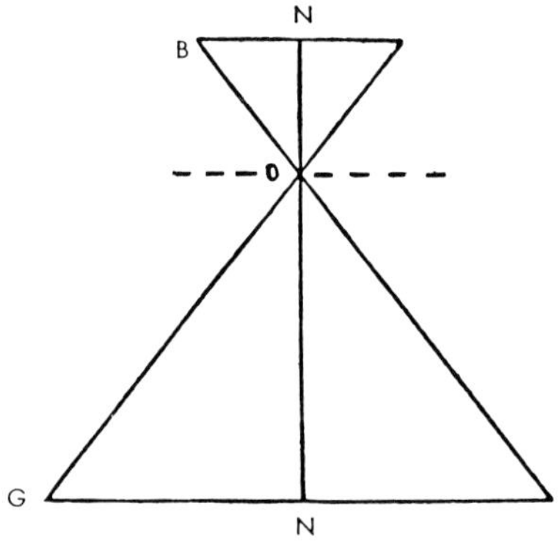

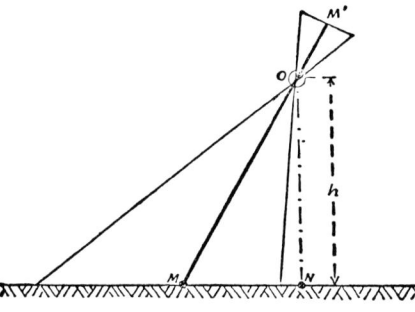

Abb. 24.15

Hauptschnitt

O = Objektivebene
B = Bildebene
G = Geländeebene
O–N = Lot vom Objekt a. d. Gelände
N = Geländenadirpunkt
N = Bildnadirpunkt

Abb. 24.16

O = Objektiv
h = Flughöhe
N = Nadirpunkt
OM = Aufnahmerichtung
M = Zielpunkt
M′ = Bildmittelpunkt
ON = Lotrichtung
MN = Nadirabstand

2. Maßstabsberechnung aus Senkrechtbildern

a) Der Maßstab eines Bildes ist die Zahl, die angibt, in welcher Verkleinerung das Gelände vom Bild wiedergegeben wird.

Ist b eine Bildstrecke und g die ihr entsprechende Geländestrecke,
dann ist der Bildmaßstab

$$M = \frac{b}{g} = \frac{1}{m}$$

und hieraus die Maßstabszahl (m)

$$m = \frac{g}{b}$$

538

Maßstabzahl = $\dfrac{\text{Geländestrecke}}{\text{Bildstrecke}}$

Bei der Ausmessung von Senkrechtbildern ist die Annahme erlaubt, daß die Aufnahme genau senkrecht hergestellt wurde, d. h. daß ihr Nadirwinkel 0° beträgt.

Unter dieser Voraussetzung kann aus Abb. 24.17 unmittelbar abgelesen werden:

$$\frac{g}{b} = \frac{h}{f}$$

Hieraus folgt:

$$m = \frac{h}{f}$$

Maßstabzahl = $\dfrac{\text{Flughöhe}}{\text{Brennweite}}$

Nach den beiden Gleichungen werden folgende Aufgaben gelöst:

b) Bestimmung des Maßstabes aus Brennweite und Flughöhe.
Man rechnet gemäß Gleichung

$$m = \frac{h}{f}$$

c) Bestimmung der Flughöhe aus Brennweite und Maßstab.
Nach Gleichung ist

$$h = m \cdot f$$
Flughöhe = Maßstabzahl · Brennweite

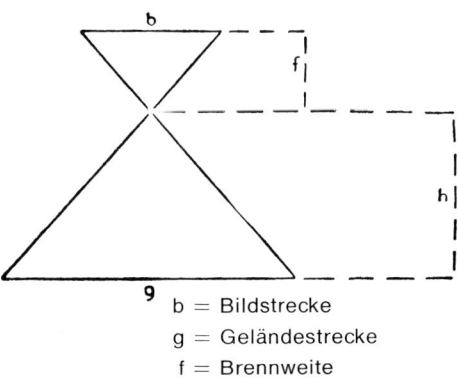

9

Abb. 24.17

b = Bildstrecke
g = Geländestrecke
f = Brennweite
h = Flughöhe

d) Bestimmung des Bildmaßstabes durch Streckenvergleich.
Man benutzt Paßpunkte, das sind Geländepunkte, die sowohl im Bild als auch in der Karte vorhanden sind.

Man suche in Bild und Karte zwei möglichst weit voneinander entfernte Punkte auf, mißt deren Abstand im Bild und entnimmt der Karte den Abstand der entsprechenden Geländepunkte.

Ist b der Abstand der Bildpunkte,
g der Abstand der Geländepunkte, so ist

$$m = \frac{g}{b}$$

Es empfiehlt sich, drei Paßpunkte zu benutzen und den Maßstab durch Streckenvergleich der drei Seiten des Paßpunktdreiecks zu bestimmen, indem aus den Ergebnissen des Mittel genommen wird.

Die Bestimmung des Maßstabes aus Brennweite und Flughöhe nach Ziffer b) ist nur für überschlägige Rechnungen erlaubt. Für genaue Messungen muß der Maßstab durch Streckenvergleich ermittelt werden.

3. Die Photogrammetrie als vermessungstechnisch-kartographisches Herstellungsverfahren von Karten und Plänen

Die Bildmessung oder Photogrammetrie benutzt das photographische Bild, um durch seine Ausmessung Gestalt und Größe der abgebildeten Objekte zu bestimmen. Das photographisch aufgenommene Gelände wird nach Lage und Höhe ausgemessen. Die Ergebnisse können entweder zahlenmäßig (Koordinaten) ermittelt oder unmittelbar als Zeichnung auf Papier übertragen werden. Die Photogrammetrie hat den großen Vorteil, daß der Topograph das aufzunehmende Gelände nur noch an vereinzelten Stellen zu betreten braucht. Es können also auch unzugängliche Gebiete wie Gebirge, Urwald, Sümpfe, unter Feindeinwirkung liegende Abschnitte oder gegnerisches Hinterland vermessen werden. Dabei arbeitet die Photogrammetrie überaus schnell und wirtschaftlich. Voraussetzung dafür ist, daß qualifizierte Fachkräfte, erprobte Methoden und Geräte von ausreichender Präzision zur Verfügung stehen.

Das Grundprinzip der photogrammetrischen Auswertung besteht darin, daß zwischen dem Gelände und seinem Bild, das durch das Objektiv auf der photographischen Schicht entworfen wird, bekannte geometrische Beziehungen bestehen. So gilt beispielsweise eine einfache Beziehung zwischen Brennweite der Aufnahmekammer und Aufnahmeentfernung (Flughöhe), die den Maßstab des Meßbildes bestimmt. Die Kenntnis der genauen Brennweite ist daher unerläßlich. Die Daten der Lage und des Abstandes des Bildrahmens in Bezug auf das Objektiv werden »Elemente der inneren Orientierung« genannt. Sind diese bekannt, so kann man, unter gewissen Voraussetzungen, aus der gemessenen Lage eines Punktes im Bild (Bildkoordinaten) auf seine Lage im Gelände schließen.

a) Terrestrische Photogrammetrie

Der französische Oberst Laussdat hat erstmalig 1851 Photographien für militär-kartographische Zwecke ausgewertet.

Bei der Erdbildmessung nimmt man mit einer Spezialkamera, dem Phototheodoliten, von zwei benachbarten, bekannten, möglichst überhöhten Standpunkten aus, sehr

scharfe und gut durchgezeichnete Aufnahmepaare auf. Lage und Höhe des jeweiligen Standpunktes sowie Richtung der Aufnahmeachsen sind vorher bestimmt worden. Man nennt diese Ausgangswerte die »Daten der äußeren Orientierung«. Die stereoskopischen Bildpaare werden dann — am genauesten in einem Auswertgerät I. Ordnung — ausgemessen, indem der Bearbeiter an dem räumlich gesehenen Bild (Modell) mit zwei Handrädern und einer Fußscheibe eine Raummeßmarke entlangführt. Diese Bewegungen werden über mechanische Vorrichtungen auf einen Zeichenstift übertragen, der dadurch topographische Erscheinungen wie Wege, Gewässer, Gebäude, Vegetationsgrenzen usw., und vor allem auch Höhenlinien mit einer für topographische Zwecke ausreichenden Genauigkeit aufzeichnen kann.

Da die terrestrische Photogrammetrie wegen der notwendigen Geländeeinsicht gebirgige Gebiete voraussetzt, wird sie heute nur noch auf Expeditionen, für wissenschaftliche und ingenieur-technische Zwecke und bei Hochgebirgsvermessungen angewendet.

b) Luftbildphotogrammetrie

Wenn auch schon vor Erfindung des Flugzeuges vereinzelt Geländeaufnahmen vom Ballon aus zu Meßzwecken gemacht worden waren, so erlebte die Luftbildmessung doch erst seit dem Ersten Weltkrieg, zusammen mit der sich stürmisch entwickelnden Luftfahrt, ihren Aufschwung. 1915 wurden die ersten Reihenmeßkammern und Auswertegeräte gebaut, denen in den zwanziger Jahren im In- und Ausland eine ganze Anzahl von Konstruktionen folgte, die von Type zu Type vervollkommnet wurden.

Im Gegensatz zur terrestrischen Photogrammetrie sind bei Luftaufnahmen die Elemente der äußeren Orientierung – d. h. Aufnahmerichtung und Aufnahmeort – nur genähert oder gar nicht bekannt. Zur Auswertung mußten also mathematische bzw. graphische Methoden entwickelt werden, um aus den vorhandenen Bildpaaren und einigen koordinatenmäßig bekannten Paßpunkten diese Daten der äußeren Orientierung zu finden. Das ist die »Hauptaufgabe der Photogrammetrie«.

4. Die Einbildauswertung (Entzerrung)

Das senkrecht nach unten aufgenommene Lufbild hat bereits große Ähnlichkeit mit einer Karte, die das Gelände im wesentlichen grundrißgetreu in der Parallelprojektion darstellt, während das Luftbild durch Zentralprojektion entsteht (Abb. 24.18). Das Luftbild zeigt durch seine naturgetreue Wiedergabe eine Fülle von Einzelheiten, die in einer Karte nie dargestellt werden können. Für viele Zwecke wird daher schon eine einfache Kontaktkopie einer Luftaufnahme ausreichenden Ersatz für fehlende Karten bieten. Da ein Einzelbild nur einen kleinen Ausschnitt wiedergibt, kann man für größere Gebiete mehrere Luftbilder, die sich um gewisse Beträge überdecken, entsprechend beschneiden und so aneinandermontieren, daß eine sogenannte Bildskizze (Mosaik) entsteht. Diese läßt allerdings keine genauen Messungen zu, da die einzelnen Bilder Verzerrungen enthalten, die an den Bildstößen Sprünge in den Geländelinien, wie Straßen, Bahnen, Waldgrenzen usw., hervorrufen.

Diese Verzerrungen haben verschiedene Ursachen. Wie bereits erwähnt, gelingt es bis heute nicht, streng lotrechte Aufnahmen zu fliegen, da die Flugzeugschwankungen Abweichungen von der Senkrechten bis zu einigen Grad bewirken. Die dadurch hervorgerufenen Verzerrungen werden, zweckmäßig vor der Montage zu einem Bildplan, mit Hilfe eines Entzerrungsgerätes beseitigt.

In einem solchen Gerät (Abb. 24.19) wird in die dafür vorgesehene Haltevorrichtung das Filmnegativ eingelegt, das durch eine starke Lichtquelle von oben her durchleuchtet wird. Ein darunter befindliches, gut korrigiertes Objektiv bildet die Aufnahme auf dem weißen Tisch ab, der mit Hilfe von zwei Handrädern in jede gewünschte Richtung geneigt werden kann. Dadurch können Verzerrungen, die aus der während des Aufnahmezeitpunktes bestehenden Bildneigung resultieren, wieder rückgängig gemacht werden. Außerdem läßt sich mit Hilfe einer Fußscheibe der Abstand zwischen Objektiv und Projektionstisch än-

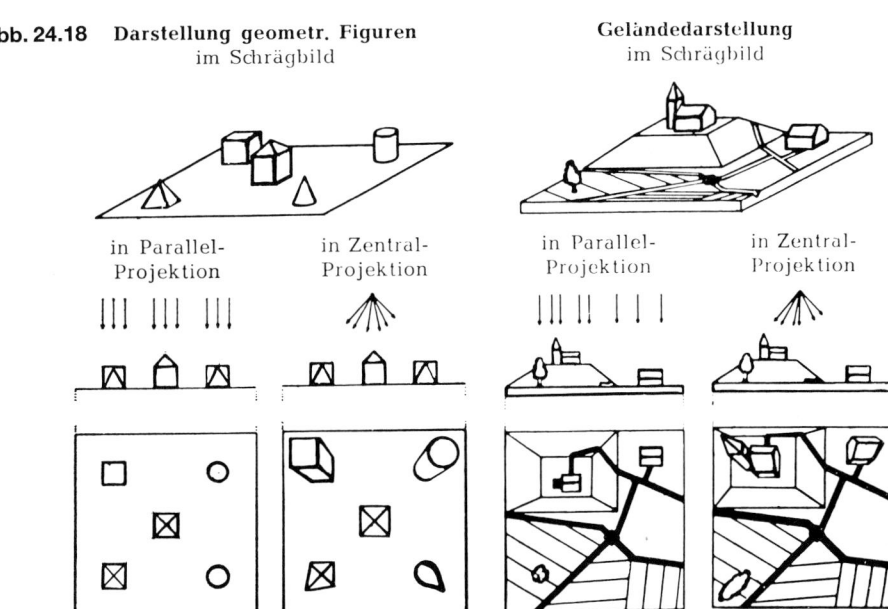

Abb. 24.18 Darstellung geometr. Figuren im Schrägbild

Geländedarstellung im Schrägbild

in Parallel-Projektion

in Zentral-Projektion

in Parallel-Projektion

in Zentral-Projektion

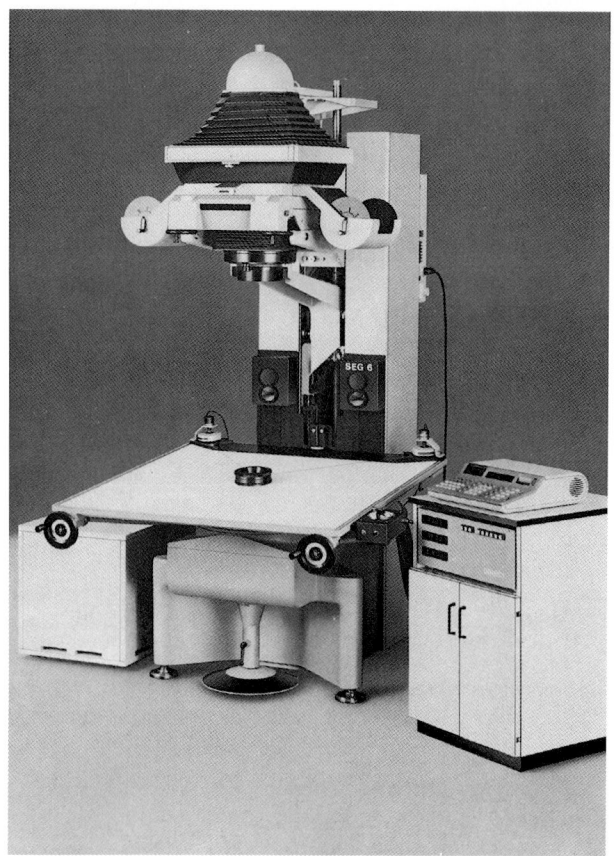

Abb. 24.19 Entzerrungsgerät SEG 6 (Zeiss).

dern, wodurch das entzerrte Bild auf den gewünschten Maßstab gebracht werden kann. In manchen Fällen sind die sogenannten Entzerrungsdaten, d.h. der Bildmaßstab und vor allem die Bildneigung aus Sonnen- oder Horizontaufnahmen usw., bekannt und können an Meßuhren oder Skalen des Entzerrungsgerätes eingestellt werden. Unter diesen Umständen ist die Entzerrung sehr einfach und schnell durchzuführen. Meist sind aber diese Elemente nicht bekannt und es muß daher ein anderes Verfahren angewandt werden. Man benötigt dazu für jedes Bild mindestens vier der Lage nach bekannte Paßpunkte, die auf einen Zeichenkarton nach Koordinaten aufgetragen werden müssen. Diese Paßpunktunterlagen legt man nun auf den Tisch des Entzerrungsgerätes und ändert den Maßstab und Tischneigung durch systematisches Probieren solange, bis die

vier aufgetragenen Paßpunkte genau mit den entsprechenden Punkten der projizierten Luftaufnahmen übereinstimmen.

Es kann nun an Stelle der Entzerrungsunterlage – nachdem Raum und Objekt abgedunkelt wurden – photographisches Papier auf den Gerätetisch aufgelegt und wie in einem Vergrößerungsgerät des Photographen das entzerrte Bild aufgenommen werden. Je nach Maßstab und Format können diese Bilder entweder als Einzelentzerrungen verwandt werden, oder man montiert mehrere zum Mosaik auf eine feste Unterlage – diesmal ohne Sprünge – und enthält damit einen maßstabsgerechten, ausmeßbaren Bildplan, der in vielen, wenn auch nicht allen Fällen, eine Karte ersetzen, in mancher Beziehung ihr sogar überlegen sein kann.

a) Auf eine wichtige **Fehlerquelle,** die die Verwendung des Luftbildes einschränkt, muß noch hingewiesen werden. Wie bereits angedeutet, handelt es sich hier im Gegensatz zur Karte nicht um eine Parallelprojektion, sondern um eine Zentralprojektion (Abb. 24.18). Demzufolge erfahren alle Punkte, die gegenüber einer angenommenen Ebene im Gelände einen Höhenunterschied aufweisen, eine um so größere Versetzung im Bild, je weiter sie vom Bildmittelpunkt abliegen und je größer dieser Höhenunterschied ist. Diese Bildversetzungen können durch Umbildung im Entzerrungsgerät nicht rückgängig gemacht werden. Für die Erstellung genauer Bildpläne eignet sich daher nur ebenes oder Gelände mit geringen Höhenunterschieden. Andernfalls müssen Verzerrungen in Kauf genommen werden, die um so kleiner bleiben, je enger der Bildwinkel gewählt wird, d.h. nur die zentralen Teile des Luftbildes werden entzerrt.

b) Optische und projektive Bedingungen für die Entzerrung
Beim Entzerren muß das Luftbild über die ganze Fläche in voller Bildschärfe projiziert

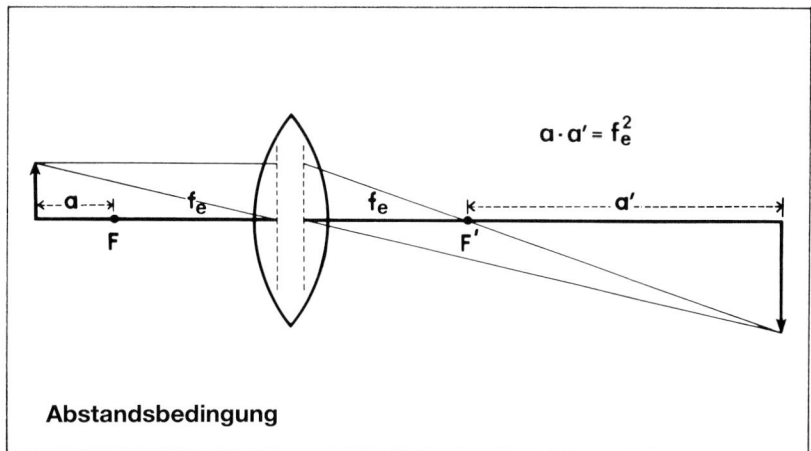

$$a \cdot a' = f_e^2$$

Abstandsbedingung

Abb. 24.20

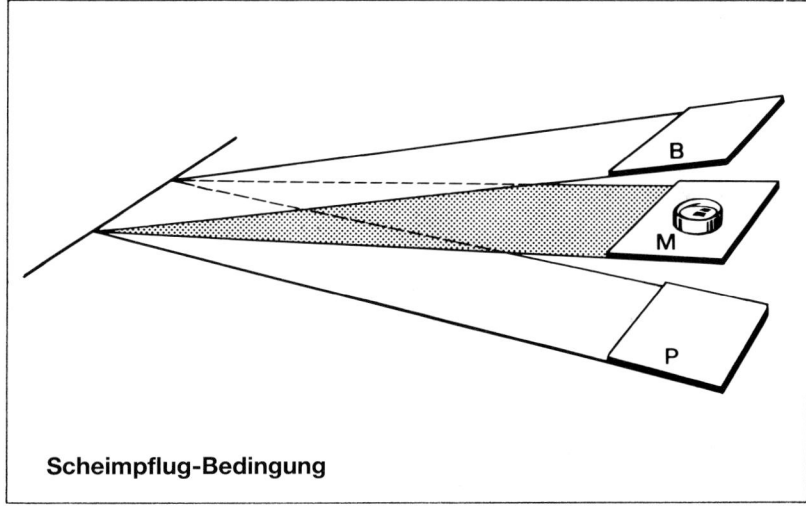

Scheimpflug-Bedingung

Abb. 24.21

werden. Dazu sind zunächst zwei optische Bedingungen zu erfüllen:

Die **Abstandsbedingung** der Newtonschen Linsengleichung $a \cdot a' = f_e^2$ für die Abstände zwischen Bild, Objektiv und Projektionstisch, damit die Scharfabbildung im achsialen Bereich des Projektionsobjektives (Brennweite f_e) gewährleistet ist.

Die **Scheimpflug-Bedingung,** derzufolge sich Bildebene B, Objektivmittelebene M und Projektionsebene P in einer Geraden schneiden müssen. Dadurch wird Scharfabbildung auch außerhalb der optischen Achse erreicht. Beide Bedingungen gewährleisten die Bildschärfe über die ganze Projektionsfläche.

Als projektive Bedingung kommt weiter hinzu:

Die **Fluchtpunktbedingung,** die wie folgt gekennzeichnet sei:

Die optische Achse des Entzerrungsobjektives steht nicht – wie es bei der Aufnahme der Fall war – rechtwinklig auf der Bildebene. Auch stimmen Aufnahmebrennweite f_a und Entzerrungsbrennweite f_e meist nicht überein. Daher kann das Entzerrungsstrahlenbündel nicht kongruent zum Aufnahmestrahlenbündel sein. Aber ebenso wie die Bildpunkte und ihre Geländepunkte auf Geraden durch das Aufnahmezentrum O_a liegen, müssen sich diese Bildpunkte und ihre maßstäblich projizierten Kartenpunkte auf Geraden durch das Projektionszentrum O_e befinden.

Dies ist nur dann der Fall, wenn die beiden Objektivzentren vom Fluchtpunkt F_l aus denselben Winkel α einschließen wie die Gelän-

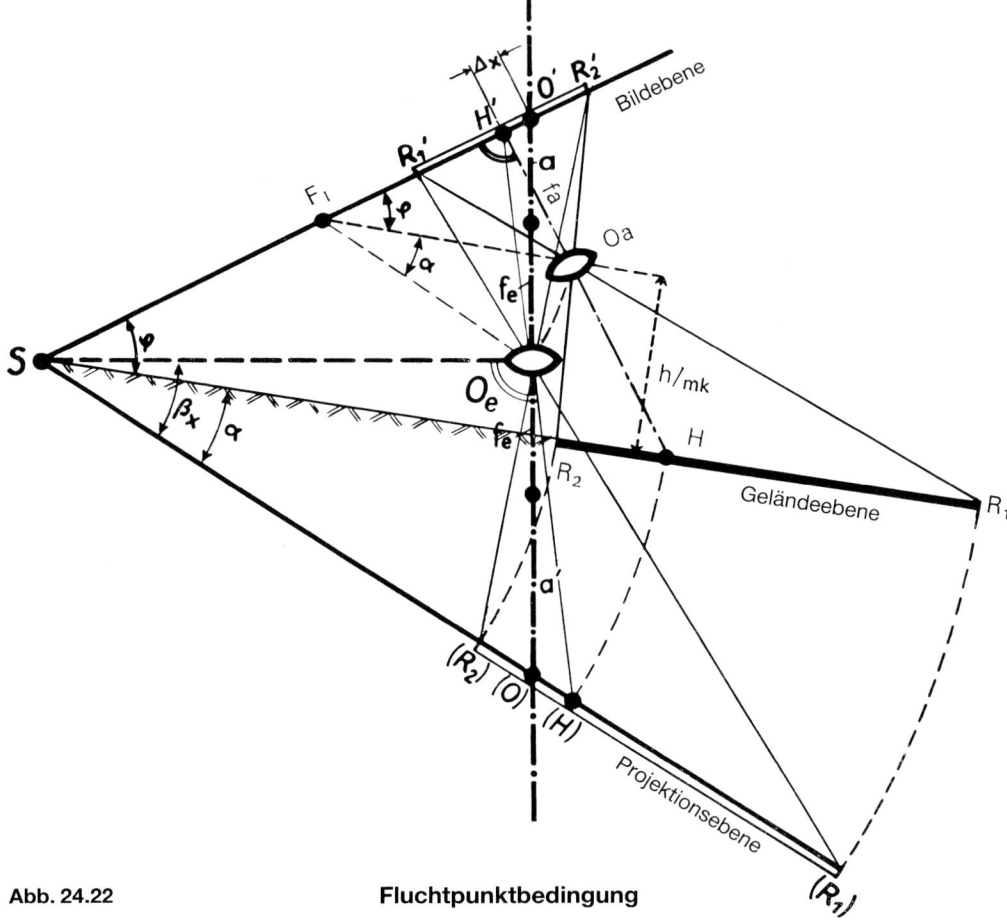

Abb. 24.22   **Fluchtpunktbedingung**

deebene und die Projektionsebene (Fluchtpunktbedingung).

Damit dies zutrifft, muß das Luftbild gegenüber der optischen Achse des Entzerrungsgerätes um die Strecke O'-H' = Δ x versetzt sein, wobei

$$\Delta x = \frac{f_e}{2} \left[\frac{f_a^2}{f_e^2} - 1 + \frac{1}{v^2} \right] \cdot tg\, \beta_x \; ist.$$

Hierin bedeuten:

$$v = \text{Vergrößerungsfaktor} = \frac{a' + f_e}{a + f_e} \approx \frac{h/m_k}{f_a}$$

h/m_k die Flughöhe im Kartenmaßstab 1:m_k sowie β x den Tangens der Tischneigungskomponente gegenüber der Horizontalen.

Die Kammerachse kann im Augenblick der Aufnahme nicht nur in Flugrichtung um ψ, sondern auch rechtwinklig dazu um ω geneigt sein. Dann erfordert die Querneigungskomponente ω auch noch eine Bildverschiebung Δy des Projektionstisches quer zu βx.

Für die Entzerrung von Luftbildern von unebenem Gelände gibt es sogenannte Orthophotogeräte. Mit der Orthoprojektion ist es möglich, die durch Bildneigungen entstandenen projektiven Verzerrungen zu beseitigen und das zentralperspektivisch aufgenommene Luftbild in ein Bild mit orthogonaler Projektion umzubilden. Dies geschieht durch streifenweises Abtasten des im Orthophotogerät erscheinenden Geländemodells. Durch diese Umbildung erhalten auch Senkrechtbilder von hügeligem und auch steilem Gelände die geometrischen Eigenschaften einer topographischen Karte; daneben behalten die Orthophotos die große Aussagefähigkeit des Luftbildes.

Neben den großen Geräten zur Entzerrung

544

gibt es noch ein einfaches aber sehr nützliches Hilfsmittel, den **Luftbildumzeichner.** Er erlaubt es, mit Hilfe eines Doppelprismas Fliegerbild und Karte gemeinsam zu sehen (subjektives Überlagerungsbild), so daß beide scheinbar zur Deckung gebracht werden können. Dadurch hat man die Möglichkeit, mit freier Hand Veränderungen oder Ergänzungen aus dem Luftbild unmittelbar in die Karte einzuzeichnen.

Abb. 24.23 Luftbildumzeichner LUZ (Zeiss).

Abb. 24.24 Schema eines Bildfluges. Mittels einer Reihenmeßkammer mit der Brennweite -f- wird aus der Höhe -h- in bestimmten Abständen -b- eine Bildserie erstellt, die sich überlappt und jeweils ein Geländebild mit der Seitenlänge -s- abbildet. Mit jeweils einem Bildpaar geschieht die Zweibildauswertung, um Orthophotopläne und Landkarten herzustellen.

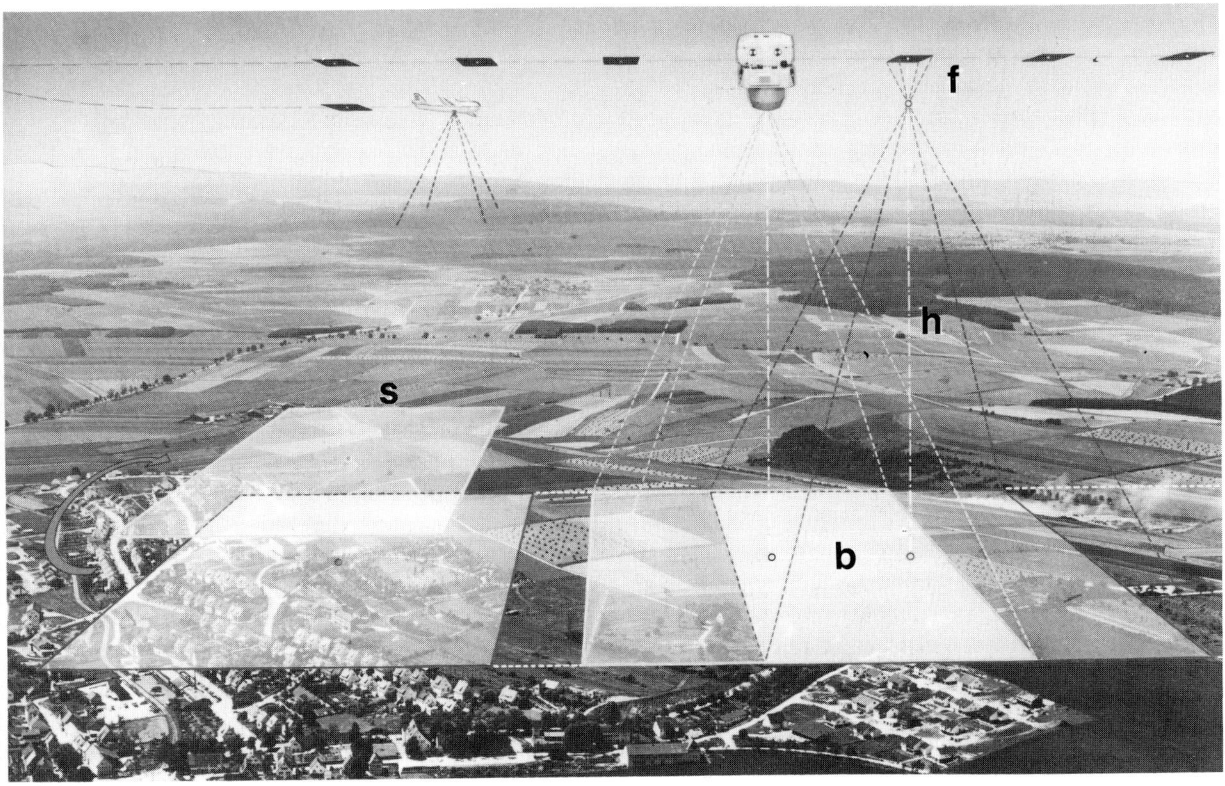

5. Die Zweibildauswertung (Stereophotogrammetrie)

Im Gegensatz zur Entzerrung lassen sich hier auch Luftbilder von bergigem Gelände auswerten. Jeder ausgewertete Punkt wird dabei lagerichtig aufgezeichnet. Bei der Stereophotogrammetrie wird das räumliche (stereoskopische) Sehvermögen des Menschen ausgenutzt, das darauf beruht, daß bei beidäugigem (binokularem) Sehen körperliche Gegenstände plastisch wahrgenommen werden. Dabei ist kein Unterschied, ob die Gegenstände in der Natur vom Auge selbst aufgenommen oder zwei entsprechende Bilder, getrennt für jedes Auge, dargeboten werden. Voraussetzung ist nur, daß die beiden Bilder, von verschiedenen Standpunkten (getrennt durch sog. Basis b) aufgenommen wurden und jedem Auge getrennt nur sein entsprechendes Bild zugeführt wird. Dann sieht der Betrachter vor sich ein räumliches Modell des Gegenstandes – hier des Geländes –, das er nach Lage und Höhe genau ausmessen kann. Man gewinnt ein um so plastischeres Bild, je größer die jeweilige Basis gewählt wird.

Für die Ausmessung wird bei allen räumlichen Auswertegeräten in den Betrachtungsweg eine Meßmarke eingeschaltet, die ebenfalls stereoskopisch gesehen im Modell zu schweben scheint und auf jeden Punkt des Modells aufgesetzt werden kann. Koppelt man nun damit einen Rechner oder Zeichenstift, der alle Bewegungen der Meßmarke projektiv überträgt, so zeichnet er alle Linien auf, an welchen die Marke entlanggeführt wird; so entsteht die Kartengrundlage. Mit dieser »wandernden Marke« (Cursor) kann man nicht nur alle Situationslinien wie Straßen, Bahnen, Gewässer, Gebäude, Vegetationsgrenzen usw., sondern auch Höhenlinien kartieren. Dabei wird die Marke mit einer bestimmten, gleichbleibenden Höheneinstellung am Stereomodell entlanggeführt. Koppelt man statt des Zeichenstiftes oder zusammen mit ihm ein Zählwerk, so läßt sich die Lage der Meßmarke im Raum auch zahlenmäßig ablesen, bei neuesten Großgeräten sogar drucken.

Sämtliche Stereo-Auswerte-Geräte enthalten – abgesehen von ihrer sonstigen konstruktiven Mannigfaltigkeit – die drei Grundelemente:

(1) Zwei Bildträger für Platten, Filme oder Papierabzüge

(2) Räumliche Meßmarke (oft als leuchtender Punkt durch Kreis mit Fadenkreuz ausgebildet);

(3) Zeichenmechanismus/Rechner mit Datensichtgerät und Drucker

Dazu kommt noch zur Bildtrennung entweder

– Betrachtungsoptik oder

– komplementärfarbige Brille (Anaglyphen), Polarisationsfilter oder Schwingblenden, die alle die Aufgabe haben, jedem Auge getrennt nur eines der beiden korrespondierenden Bilder zuzuführen.

Das Grundprinzip des Auswertens besteht bei den meisten Instrumenten darin, das Lichtbündel, welches bei der Aufnahme das Bild erzeugt hat, wieder herzustellen, d. h. den Aufnahmevorgang umzukehren. Dies kann geschehen:

(1) Rein optisch (durch Projektion),

(2) teils optisch, teils mechanisch,

(3) rein mechanisch (mit Hilfe von Lenkern oder Rechengetrieben),

(4) rein elektronisch (mit Hilfe rechnergesteuerter Auswertung).

Das alte – mechanische – Präzisionsgerät 1. Ordnung Stereoplanigraph C 8 von Zeiss hat modernen photogrammetrischen, rechnergestützten Stereoauswertegeräten Platz gemacht, wobei zwei analytische Verfahren, je nach Aufgabenart, Verwendung finden:

a) Im analytischen Stereoauswertegerät Zeiss *Planicomp* lassen sich rechnergesteuerte Auswertungen von Stereobildpaaren durchführen. In solchen Stereoaufnahmen sind Höhenunterschiede des Geländes meß-

bar als perspektivische Verschiebungen, sogenannte Parallaxen. Aus ihnen wird zu den
Flächenkoordinaten eines Geländepunktes
die Höhe als dritte Dimension berechnet. Mit
den gleichen technischen Prinzipien des Geräts wird auch die Projektion der gekrümmten Erdoberfläche in die Kartenebene be-
werkstelligt. Als Standarderzeugnisse des
Auswertungsverfahrens entstehen überwie-
gend alle Arten von topographischen Strich-
karten mit Höhenlinien.

b) Mit Hilfe des analytischen Orthoprojektors
Zeiss *Orthocomp* Z 2 ist die Umwandlung
von Bildern in differentiell entzerrte Orthophotokarten herstellbar. Dazu ist zunächst
ein engmaschiges Raster von Geländehöhen
erforderlich, wie sie beispielsweise bei einer
Stereoauswertung gewonnen werden. Die
durch topographische Höhenunterschiede
entstandenen Maßstabsverzerrungen zwischen Bergen und Tälern werden im Auswer-
tungsvorgang so korrigiert, daß ein geometrisch korrektes Bild, ein Orthophoto ent-

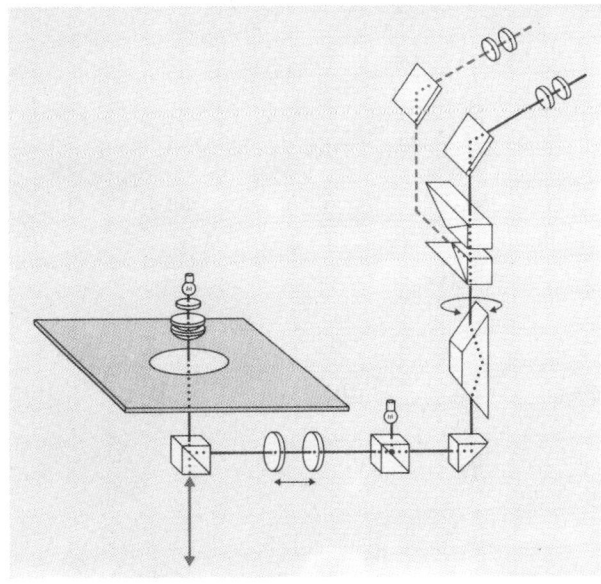

**Abb. 24.25 Strahlengang in einem Stereoaus-
wertegerät mit verzeichnungsfreier Wiedergabe.**

steht. Dies schließt auch die Korrektur der
Erdkrümmung mit ein. Als Endresultat entsteht eine Orthophotokarte, die Anschaulich-
keit und Detailreichtum eines Bildes mit der
Lagetreue einer Karte verbindet.

**Abb. 24.26 Analytisches Stereoauswertegerät (Plotter) Planicomp P 1. Unter dem Stereoskop über
dem Tisch sind das Auswertetablett mit dem P-Cursor zur Freihandführung sichtbar sowie
darunter die Fußscheibe und Handräder.**

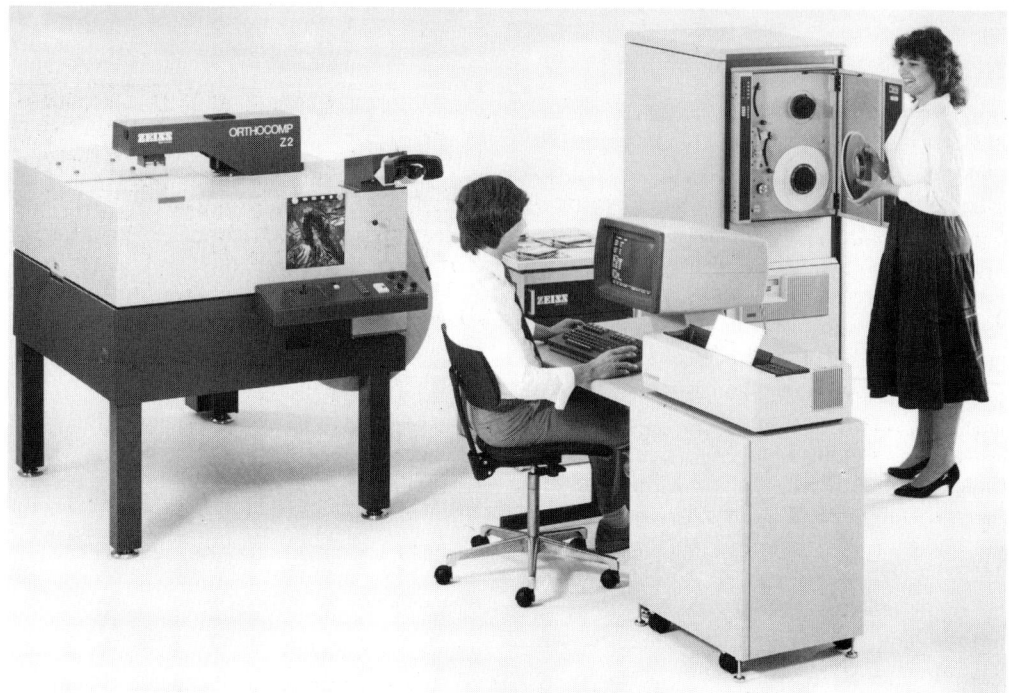

Abb. 24.27 Analytischer Orthoprojektor Orthocomp Z 2 zur Herstellung entzerrter Orthophotokarten; computergesteuertes photogrammetrisches Gerät.

Der **Auswertvorgang** spielt sich etwa wie folgt ab: Nach sofortigem Einlegen der Luftaufnahmen in die Bildträger (Herstellung der inneren Orientierung) werden diese so lange gegeneinander verdreht, bis die Bilder genau in dieselbe (zunächst unbekannt) gegenseitige Lage kommen, die sie im Moment der Aufnahme im (stets etwas schwankenden) Flugzeug hatten. Man nennt diesen Vorgang die relative oder gegenseitige Orientierung. Anschließend erfolgt die absolute oder äußere Orientierung, die darin besteht, daß durch Verdrehen, Verschieben und Maßstabsänderung des ganzen Modells entsprechende Bildpunkte mit vorher kartierten Paßpunkten (drei bis vier pro Modell) genau in Übereinstimmung gebracht werden. Nun kann die eigentliche Auswertung beginnen.

Ist ein Modell nach Situation und Höhenlinien ausgewertet, so kann das nächste über gemeinsame Paßpunkte angeschlossen werden. Die Geräte gestatten dabei für die Orientierung das Verfahren des Folgebildanschlusses, wobei das im Flugstreifen folgende Bild an das bereits im Gerät richtig liegende Modell hinzuorientiert wird. So kann Modell für Modell und Streifen für Streifen ausgewertet werden, bis ein oder mehrere Kartenblätter fertiggestellt sind.

Mit einem hochauflösenden, großdimensionierten Tablett und einem speziellen, photogrammetrischen Cursor (P-Cursor) hat Zeiss die Möglichkeit geschaffen, Freihandführung für präzise Punkt- und Linienmessungen einzusetzen. Das Tablett kann zusätzlich auch in Menüfelder aufgeteilt werden. Durch Cursorpositionierung werden damit in einfacher Weise Kommandos aufgerufen, die der Operateur laufend benötigt:

● X-, Y-Fein- und Grobbewegung
● Manuelle Z-Verstellung mit Rändelscheibe
● Fahrtasten für X-, Y-, Z-Schnellbewegung
● 5 Funktionstasten

Bei langsamer Führung des Cursors werden die Bildwagen mit kleiner Schrittgröße (z. B. 1 μm) bewegt; bei schneller Cursorführung steigt die Geschwindigkeit der Bildwa-

548

gen automatisch progressiv an. Zusätzlich zu dieser Relativbewegung kann mit dem Cursor ein Zielpunkt in Kartenvorlage oder Kontaktabzug digitalisiert und der entsprechende Modellpunkt genähert angefahren werden.

Für viele Zwecke, bei welchen keine große Genauigkeit verlangt wird, stehen auch – neben mehreren Geräten zweiter Ordnung – kleinere, weniger kostspielige Geräte zu Verfügung, wie beispielsweise das Stereotop (Abb. 24.28), ein Gerät 3. Ordnung, welches für topographische Auswertungen oft völlig ausreichende Ergebnisse liefert.

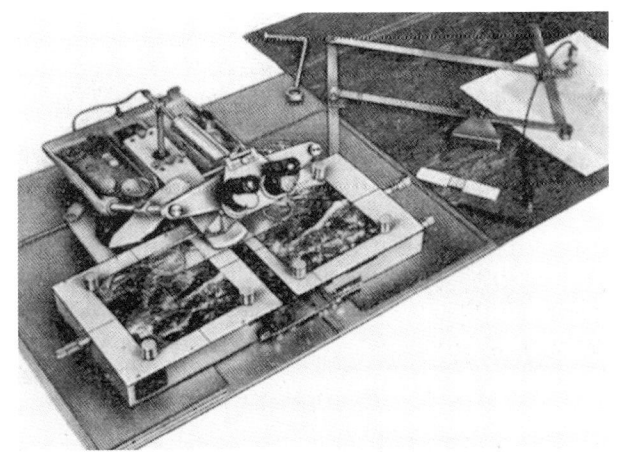

Abb. 24.28 Stereotop (Zeiss).

6. Photogrammetrische Punktbestimmung (Bildtriangulation)

Wie bereits kurz angedeutet wurde, sind für alle exakten photogrammetrischen Auswertemethoden Paßkunkte nötig. Diese Punkte müssen für die Entzerrung der Lage nach und für Doppelbildauswertung auch noch der Höhe nach bekannt sein. Sie werden vor Beginn der Arbeiten mit ihren Koordinaten auf die Zeichenunterlage kartiert. Diese Paßpunkte werden zum Teil nach den sogenannten »klassischen Methoden« durch Triangulation oder Polygonierung bestimmt. Dieser Weg ist aber oft zu zeitraubend oder sogar unmöglich, wenn es sich um schwieriges oder ungangbares Gelände handelt.

Die Photogrammetrie hat daher Methoden entwickelt, aus den Luftbildern selbst die notwendigen Paßpunkte zu bestimmen. Analog zu den beiden Auswerteprinzipien der Ein- und Zweibildmessung gibt es auch hier verschiedene Verfahren.

a) Im ersten Fall, bei dem keine Höhen benötigt werden, wendet man die **Radialtriangulation** an. Sie beruht auf der Tatsache, daß bei streng senkrechten Aufnahmen die Richtung vom Bildhauptpunkt (etwa Bildmittelpunkt) zu irgendwelchen Geländepunkten im Bild genau gleich den entsprechenden Richtungen in der Natur ist. Man kann also Winkel aus den Luftbildern entnehmen, als ob sie im Gelände mit einem Theodolit gemessen worden wären. Mit diesen Winkeln kann man nun Dreieck für Dreieck – wie bei einer gewöhnlichen Triangulation (daher auch der Name) – die Koordinaten beliebig vieler Paßpunkte berechnen, wobei man theoretisch nur am Anfang eines ganzen Streifens zwei bekannte Punkte für den Maßstab und die Orientierung benötigt. Günstiger ist es natürlich, wenn am Ende und auch in der Mitte jedes Streifens noch einige Punkte zur Kontrolle verfügbar sind.

In der Praxis kann man entweder die Winkel mit einem Radialtriangulator messen und daraus graphisch oder rechnerisch die Paßpunktkoordinaten bestimmen. Neuerdings wird ein rein mechanischer Weg beschritten. Mit einer Bildschlitzstanze, wie dem Radialsecator in Abb. 24.29. stanzt man in die Papierabzüge oder besondere Schablonen die erwähnten Richtungen als radiale Schlitze ein.

Es gibt auch Geräte mit automatisch wirkender Vorrichtung für Korrektur von Bildneigungen und mit Einstellmöglichkeiten für zu-

549

Abb. 24.29 Radialsecator RS I (Zeiss).

sätzliche radiale Schlitzverschiebung bei starken Bildneigungen oder Hochgebirgsbildern. Jeder gesuchte Punkt, der als Schnittpunkt mehrerer Richtungen bestimmt werden soll, liegt nun im Schnittpunkt von ebensoviel Schlitzen, in welche ein genau passender Knopf hineingesteckt werden kann. Man fügt also alle gestanzten Schablonen eines Flugstreifens und anschließend auch diejenigen der benachbarten Streifen fortlaufend aneinander, indem man in jeden Schlitzschnittpunkt einen Knopf hineinsteckt, der somit die Lage der gesuchten Paßpunkte realisiert. Es können auf diese Weise große Gebiete »trianguliert« werden, wenn genügend Ausgangs- und Kontroll-Paßpunkte vorliegen.

b) Für die **Aerotriangulation** im Raum, bei der auch die Höhen der Paßpunkte ermittelt werden sollen, verwendet man Auswertegeräte 1. Ordnung. Man orientiert zunächst das erste Modell eines Streifens relativ und absolut auf bekannte Paßpunkte so, wie es

bereits oben geschildert wurde. Ohne das Modell auszuwerten, orientiert man nach dem Verfahren des Folgebildanschlusses das nächste Bild relativ hinzu, während man die absolute Orientierung unverändert läßt. Im so gewonnen zweiten Modell liest man am Zählwerk die vorläufigen Koordinaten der gewünschten Paßpunkte ab, die noch mit gewissen Fehlern behaftet sind. Nunmehr wird das nächste Bild hinzuorientiert und der Vorgang solange fortgeführt, bis man am letzten Modell des Streifens angelangt ist, in dem wieder einige bekannte Paßpunkte vorhanden sein müssen. Aus den Differenzen der Modellkoordination dieser Punkte gegenüber ihren Soll-Werten kann man nun rechnerisch Verbesserungen ermitteln, die an den vorläufigen Koordinaten der Neupunkte angebracht werden und damit ihre endgültigen Koordinaten liefern.

Häufig mißt man mit einem P-Cursor (Präzisionsgerät), nur noch die Bildkoordinaten der Paßpunkte in den Luftaufnahmen. Ihre Umwandlung in die gesuchten Geländekoordinaten erfolgt rechnergeschützt. So ist also die Photogrammetrie in der Lage, fast ohne Verwendung von bekannten Bodenpunkten sich selbst die Grundlagen für die Auswertung zu schaffen. Je nach dem Zweck der Karte – ob sie klein- oder großmaßstäblich, für topographische, Kataster- oder Ingenieurzwecke erstellt werden soll – ist es aber notwendig, den Karteninhalt durch einen Feldvergleich mehr oder weniger zu erläutern, zu klassifizieren und eventuell auch zu ergänzen.

VIII. FLIEGERKAMMERN

Die Zeiten, in denen sich der Beobachter, hinter einer riesigen Brille verschanzt und mit einer Handkamera bewaffnet, weit aus dem Flugzeug beugte, um seine Aufnahmen zu »schießen«, gehören der Vergangenheit an. Nur vereinzelt für Sonderzwecke werden noch Aufnahmen mit einer Handkamera gemacht. Die heutigen Fliegerkammern sind meist gewichtige und kostspielige Geräte höchster technischer Präzision, die fest in den Flugzeugrumpf eingebaut werden. Der meist verwendete Typ ist die Reihenmeßkammer (Abb. 24.31), die in bestimmten Abständen senkrecht nach unten automatisch ihre Aufnahmen macht. Daneben gibt es auch zwei- bis vierfache Koppelkammern und Panoramakammern. Die letzteren sind mit mehreren Objektiven ausgerüstet, um das aufzunehmende Gelände in einem größeren Ausschnitt bzw. Umkreis aufnehmen zu können. Um diese Einzelaufnahmen zu einem gemeinsamen Bild vereinigen zu können, muß man sich der Umbildung oder Entzerrung bedienen.

In jüngster Zeit gewinnen die Konvergenzkammern immer mehr an Bedeutung, die aus zwei um einen festen Winkel gegenseitig geneigten Einzelkameras bestehen.

Konvergentbilder sind Schrägbilder. Eine Doppelmeßkammer ist eine Aufnahmegerät, das aus zwei Einzelkammern besteht. Die Aufnahmerichtungen dieser beiden Einzelkammern bilden einen festen Winkel (in der Regel 30°). Die Verschlüsse der Einzelmeßkammern werden synchron gesteuert. Die auswertbare, fast quadratische Bildfläche

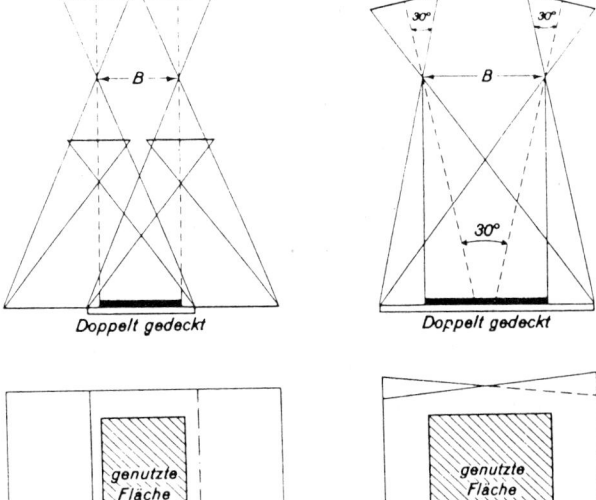

Normal- und Weitwinkelbilder   Konvergentbilder

Abb. 24.30 Die auswertbare Fläche der benachbarten Normal-, Weitwinkel- und Konvergentbilder.

bzw. Modellfläche der benachbarten Konvergentbilder ist größer als die der anderen Luftbilder. Nachteilig ist, daß Konvergentbilder jeweils Schrägbilder sind und somit keinen einheitlichen Bildmaßstab haben. Sie können nur mit Geräten ausgewertet werden, die speziell für sie konstruiert sind.

1. Reihenmeßkammer

a) Allgemeine Forderung an moderne Reihenmeßkammern.

- Lichtstarke, praktisch verzeichnungsfreie Objektive mit höchstem Auflösungsvermögen und guter Randhelligkeit (Hochleistungsobjektive).
- Einwandfreie Planlage des Emulsionsträgers in der Negativebene. Bequeme »narrensichere« und hoch-automatisierte Arbeitsweise. Betriebssicherer Zentralverschluß für kurze Belichtungszeiten mit ho-

Abb. 24.31 Aufbau einer Reihenmeßkammer (RMK).

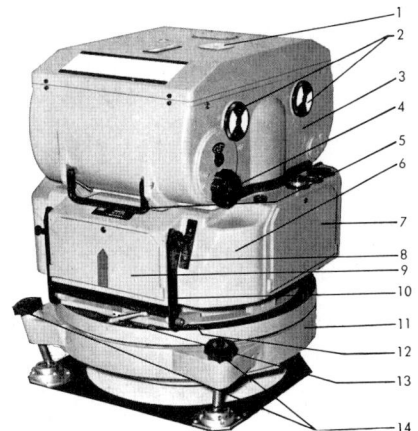

1 Film-Vorratszähler
2 Kontrollscheiben für Filmtransport
3 Filmkassette FK 24/120 für 120 m Film
4 Rändelknopf für Kassettenschieber
5 Verriegelungsgriff (Kassette)
6 Kammergehäuse
7 Gehäusedeckel für Antriebsmotor
8 Hauptschalter
9 Gehäusedeckel für Hilfsabbildungen
10 Verriegelungsgriff (Kammer)
11 Universal-Aufhängung AS
12 Abtriftring
13 Klemmhebel für Abtrifteinstellung
14 Stellschrauben für Kammer-Horizontierung

hem Lichteinwirkungsgrad.

– Photographisch einwandfreie Hilfsabbildungen (Zählwerk, Dosenlibelle, Statoskopanzeige, Uhrzeit etc.) zur Orientierung der Meßbilder in Bezug auf die Nordrichtung und hinsichtlich der Lage innerhalb der Bildstreifen.

– Standardisierung der für verschiedene Kammertypen gemeinsamen Bauteile.

– Eindeutige Festlegung der geometrischen Beziehungen zwischen Objektiv und Negativebene (innere Orientierung der Kammer).

Alle Zeiss-Kammern tragen mechanische Meßmarken in der Mitte der Bildseiten. Durch zusätzliche Verwendung optischer Mittel werden die hinter den Spitzen der mechani-

Intervall-
Central-Computer

Navigationssensor
(Überdeckungsregler)   RMK A 15/23   Navigations-Teles

Abb. 24.32 Standard-Gerätesatz mit Weitwinkel-Reihenmeßkammer.

schen Marken befindlichen Punktmarken stets als feine Lichtpunkte abgebildet. Die Abstände gegenüberliegender Punktmarken, die zur Bestimmung der regelmäßigen Filmschrumpfung dienen, sind für die verschiedenen Bildformate folgende:

Bildformat	Abstand der Punkt-Meßmarken
18 x 18 cm (7″ x 7″)	76,00 mm
23 x 23 cm (9″ x 9″)	226,00 mm

Abb. 24.33 Meßmarken und Nebenabbildungen (unten in digitaler Form).

b) Hochleistungsobjektive

für die verschiedenen Aufgaben der Bildmessung sind im wesentlichen zwei Objektivtypen für die Aufnahmen notwendig: ein Normalwinkel-Objektiv und ein Weitwinkel-Objektiv.

Zeiss Reihenmeßkammern für das Standard-Bildformat 23 cm x 23 cm (9"x9"):

Bezeich-nung	Typ	Objektiv	Öffnung	Bild-winkel 2α diagonal (seitlich)	Nenn-verzeich-nung max.	Hauptanwendungs-bereiche
RMK A 8,5/23	**125°-Über-weitwinkel-kammer**	S-Pleogon A F = 85 mm (3⅓")	1:4 1:5,6 1:8	125° (107°)	7 μm	**Großflächen-Aufnahme** für klein-maßstäbliche Kartierungen, besonders mit Flugzeugen geringer Gipfelhöhe; spezielle Befliegungen unter der Wolkenbasis
RMK A 15/23	**Weitwinkel-Standard-kammer**	Pleogon A F = 153 mm (6")	1:4 1:5,6 1:8 1:11	93° (74°)	3 μm	**Universalaufgaben,** das heißt für Aerotriangulation, topographische und großmaßstäbliche Auswertung
RMK A21/23	**Zwischen-winkel-kammer**	Toparon A F = 210 mm (8¼")	1:5,6 1:8 1:11	75° (57°)	4 μm	**Luftbildkarten und Kartierungen,** wenn der Normalwinkeltyp nicht benutzt werden kann, weil z.B. die vorhandenen Auswertegeräte für die Brennweite f = 305 mm nicht eingerichtet sind
RMK A30/23	**Normal-winkel-standard-kammer**	Topar A f = 305 mm (12")	1:5,6 1:8 1:11	56° (41°)	3 μm	**Luftbildpläne, Orthophotokarten, Präzisionskartierungen, Stadtgrundkarten** (Verringerung von sichttoten Räumen!)
RMK A 60/23	**Schmal-winkel-kammer**	Telikon A f = 610 mm (24")	1:6,3 1:9 1:12,5	30° (21°)	50 μm	**Sonderaufgaben:** a) große Flughöhen, b) sehr eng bebaute Stadtgebiete, c) für Bildflüge im Bildmaßstab 1:250 oder 1:500 zur Erreichung zugelassener Flughöhen. d) Luftbildpläne und Orthophotokarten von Stadtgebieten mit Hochbauten

Abb. 24.34 Verschiedene Objektive von Reihenmeßkammern.

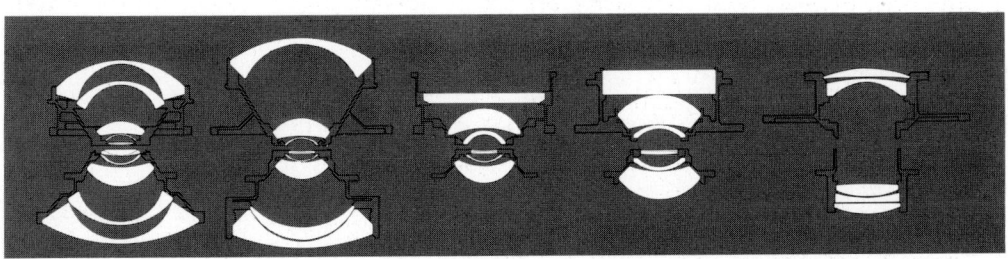

| S-PLEOGON f = 85 mm | PLEOGON f = 153 mm | TOPARON f = 210 mm | TOPAR f = 305 mm | TELIKON f = 610 mm |

c) Verschluß

Das beste Auflösungsvermögen eines Objektives ist nutzlos, wenn die Bildqualität durch die Bewegungsunschärfe zunichte gemacht wird. Diese resultiert einerseits aus der Flugzeuggeschwindigkeit, andererseits aus Drehbewegungen des Flugzeuges um Längs-, Quer- und Hochachse. Dazu kommen noch die kurzperiodischen Vibrationen. Der wirkungsvollste Weg zur Elimination der Bewegungsschärfe ist zweifellos die Verkürzung der Belichtungszeit. Bei den mit Federkraft betriebenen Zentralverschlüssen ist durch die Beschleunigung der Lamellen vor und durch den Abbremsvorgang nach jeder Belichtung der Drehgeschwindigkeitserhöhung der Verschlußlamellen und damit der Verkürzung der Belichtungszeit eine Grenze gesetzt. Die Belichtungszeit kann dort nicht unter etwa 1/250 s heruntergedrückt werden. Im Belichtungszeitpunkt sind durch den Verschluß verursachte Vibrationen vorhanden. Außerdem sind solche Verschlüsse kälteabhängig und haben einen relativ ungünstigen Lichtwirkungsgrad.

Der Zeiss-Aerotop-Verschluß, mit dem alle Kammern vom Typ Zeiss-Aerotopograph ausgerüstet sind, ist demgegenüber auf dem Prinzip dauernd rotierender Lamellen aufgebaut. Abbremsschläge nach den einzelnen Belichtungen treten nicht auf. Die Rotationsgeschwindigkeit der Lamellen läßt sich aus diesem Grund beträchtlich erhöhen, so daß kürzeste Belichtungszeiten bis 1/1000 s möglich werden. Da der Antrieb der Lamellen durch einen bequem regelbaren Elektromotor erfolgt und nicht durch eine starre Feder, spielt beim Aerotop-Verschluß die Temperatur keine Rolle. Zugleich weist der Aerotop-Verschluß einen bisher unerreichten Lichtwirkungsgrad auf, so daß trotz kurzer Belichtungszeiten stets die größtmögliche Schwärzung des Negativs erzielt wird.

Um dem Photographen jeweils die optimalen Belichtungseinstellungen zu ermöglichen, sind die Kammern mit einstellbarer Öffnungsblende versehen.

Die technischen Daten des Zeiss-Aerotop-Verschlusses sind:
- Belichtungszeit 1/100 bis 1000 Sekunde.
- Lichtwirkungsgrad (je nach Blendendurchmesser) 74 bis 83 %.
- Bei Belichtungszeiten von 1/50 bis 1/500 s beträgt der Lichtwirkungsgrad 90 bis 97 %.

d) Kammerkörper (z. B. von Zeiss)

Die Kammerkörper der verschiedenen Zeiss-Bildgeräte-Typen weichen zwar in den Abmessungen je nach Brennweite und Format

Abb. 24.35 Aerotop-Verschluß mit rotierenden Lamellen.

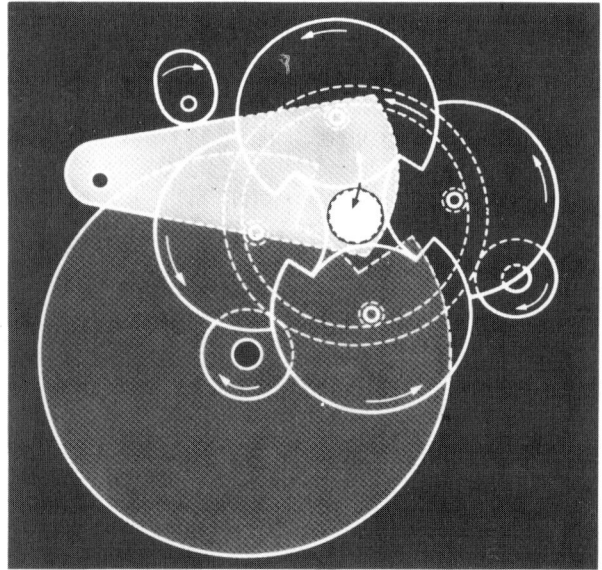

Verschluß offen

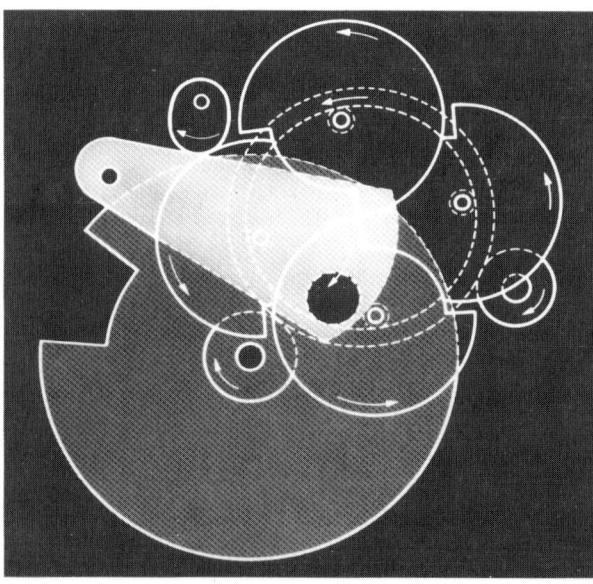

Verschluß geschlossen

Abb. 24.36 Kammerkörper mit Belichtungsautomat.

etwas voneinander ab, gleichen sich aber in ihrem grundsätzlichen Aufbau. Stets sind Optik, Verschluß und Meßrahmen in einem Block zusammengefaßt, dadurch ist die Erhaltung der Präzisions-Justierung gewährleistet. Im äußeren Kammergehäuse, das diesen Block umschließt, befinden sich, durch Öffnen zweier Klappen zugänglich, die Elektromotore für Verschluß- und Kassettenbetrieb sowie für die Turbine zur Erzeugung des Unterdruckes für die Filmplanlegung. Durch die Verlegung der beiden Elektromotore in das Innere des Kammergehäuses wird die Kammer stets temperiert gehalten, so daß auch bei Höhenflügen keine starke Unterkühlung eintritt. Durch Öffnen der Klappe an der dritten Seite werden die Instrumente für die Hilfsabbildungen, Uhr, Zählwerk, Libelle, Statoskop-Registriergerät, Schreibtafel usw. zugänglich. Sämtliche Hilfsabbildungen werden auf einem 1,5 cm breiten Streifen außerhalb des Bildfeldes der Hauptaufnahme abgebildet. Dagegen ist die fortlaufende Bildnumerierung in einer Ecke des Bildfeldes selbst verlegt, damit bei der Herstellung von Diapositiven oder Papierabzügen ohne den Hilfsabbildungsstreifen die Bildnumerierung nicht von Hand nachgetragen werden muß.

Die Bildnummer kann durch ein Fenster in der Klappe von außen abgelesen werden. Die Beleuchtung der Instrumente für die Hilfsabbildungen kann mit einem Drehknopf in ihrer Intensität reguliert und auf die Empfindlichkeit des jeweils verwendeten Filmmaterials abgestimmt werden.

e) Meßfarbfilter

Die Meßfarbfilter in Bajonettfassung, von denen zu jeder normalen Zeiss-Kameraausrüstung die Filter KL, B und D gehören, können während des Fluges abgenommen oder gewechselt werden. Dazu lassen sich die Kammerkörper auf der Aufhängevorrichtung hochstellen.

Zum bequemen Transport beim Ein- und Ausbau sind an den Kammerkörpern herausschwenkbare Handgriffe angebracht. Die Verriegelung des in die Aufhängevorrichtung eingesetzten Kammerkörpers geschieht durch einfaches Hereinklappen der Griffe.

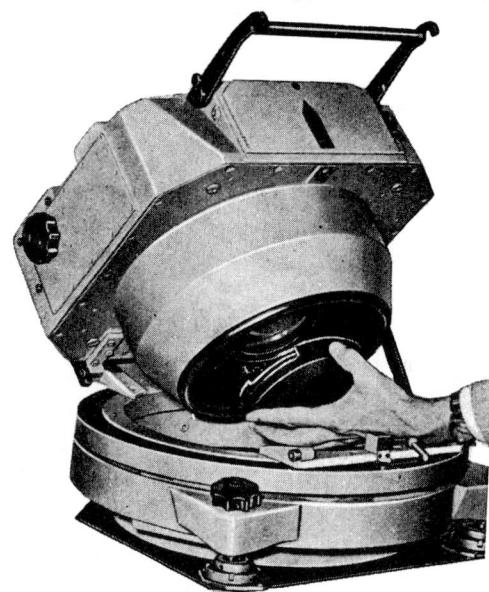

Abb. 24.37 Meßfarbfiltereinsatz.

f) Infrarot-Aufnahmen

Das Photographieren auf Spezialemulsionen, die für langwellige Strahlung sensibilisiert sind, setzt voraus, daß die unerwünschte

555

kurzwellige Strahlung durch vorgesetzte Rotfilter absorbiert wird. Die Objektive Topar
und Pleogon werden in der Regel mit dem
Rotfilter H benutzt, dessen Durchlässigkeits-
grenze bei 630 µ liegt. Die für den langwelligen Strahlungsbereich etwas verlängerte optische Schnittweite wird beim Topar durch
einen schwachen, sphärischen Anschliff des
Rotfilters, beim Pleogon durch mechanische
Mittel ausgeglichen. Eine Abstimmungsän-
derung der Kammer für Infrarot-Aufnahmen
wird dadurch vermieden.

g) Kassetten

Da nach den neuesten Untersuchungen der
Film in seiner Maßhaltigkeit nur unwesentlich
hinter der Platte zurücksteht und für genaue-
ste photogrammetrische Vermessungen ausgezeichnet brauchbar ist, sind Zeiss-Kammern mit Film-Kassetten ausgerüstet. Sämtliche Kassetten fassen bis 120 m unperforier-
ten Film.

Die sichere Planlegung des Films in der
Bildebene – eine der wichtigsten Voraussetzungen für die Filmverwendung überhaupt –
ist durch Ansaugung über ein besonders
ausgeklügeltes System gewährleistet. Die
Vakuumleitung von der Turbine im Kammerkörper her kuppelt sich automatisch beim
Aufsetzen der Kassette.

Zur Vermeidung von Zug und Reibung am
Film während des Filmtransportes wird der
Film nach den Aufnahmen durch Überdruck
von der Andruckplatte abgeblasen.

Wie der Kammerkörper haben auch die Kassetten ausschwenkbare Handgriffe, die beim
Hereinklappen zugleich die Aufgabe der Verriegelung übernehmen.

Es sind daher weder an der Kammer noch
an der Kassette irgendwelche Verschraubun-
gen zu betätigen.

Der Kassettenschieber kann mit Rändel-
knöpfen an den Seitenflächen der Kassette
geöffnet werden, jedoch nur, wenn die Ka-
sette auf die Kammer aufgesetzt ist. Ebenso
ist die Sperre eingebaut, die ein unbeabsich-

tigtes Abnehmen der Kassette von der Kammer bei geöffnetem Schieber verhindert.

Schwarz-weiße Kontrollscheiben an der
Seitenfläche zeigen das richtige Funktionieren des Filmtransportes an.

Auf dem Kassettendeckel befindet sich eine Dosenlibelle zur Horizontierung des ganzen Kammer-Aggregats. Ferner kann dort an
einem Film-Vorratszähler die noch zur Verfügung stehende Filmmenge in Metern abgelesen werden. Durch eine Markierungsvorrich-
tung ist es möglich, während des Fluges auf
den Film fühlbare Markierungen anzubringen, die dann z. B. beim Zerschneiden des
Filmes in der Dunkelheit abgetastet werden
können.

h) Bildwanderungsausgleich

Photogrammetrie und Luftbildinterpreta-
tion hängen wesentlich von der Qualität der
Luftbilder ab. Die Bildqualität wird durch das
Leistungsvermögen des Objektivs, das Auflösungsvermögen des Filmes und durch die
Belichtungs- und Einsatzbedingungen bestimmt. Die Objektive der Zeiss Reihenmeßkammern bieten ein Höchstmaß an Auflösung und Verzeichnungsfreiheit. Ebenso stehen heute, neben den bisher verwendeten
Standardfilmen, Filme mit hoher Auflösung,
jedoch geringerer Empfindlichkeit zur Verfügung.

Die äußeren Belichtungsbedingungen sind
gegeben und beeinflussen wesentlich die
Belichtungszeit. Ungünstige Lichtverhältnis-
se und hochauflösende Filme verlangen lange Belichtungszeiten. Dabei wandert während der Offenzeit des Verschlusses aufgrund der Bewegung des Flugzeuges das
Bild gegenüber einem feststehenden Film.
Diese **Bildwanderung,** die je nach Einsatzbedingungen 0,1 mm bis 0,2 mm erreichen
kann, bewirkt, daß Objektpunkte nicht punkt-
sondern linienförmig abgebildet werden und
das Auflösungsvermögen des gesamten Systems reduziert wird. Diesem Effekt kann bisher nur durch kurze Belichtungszeit entge-

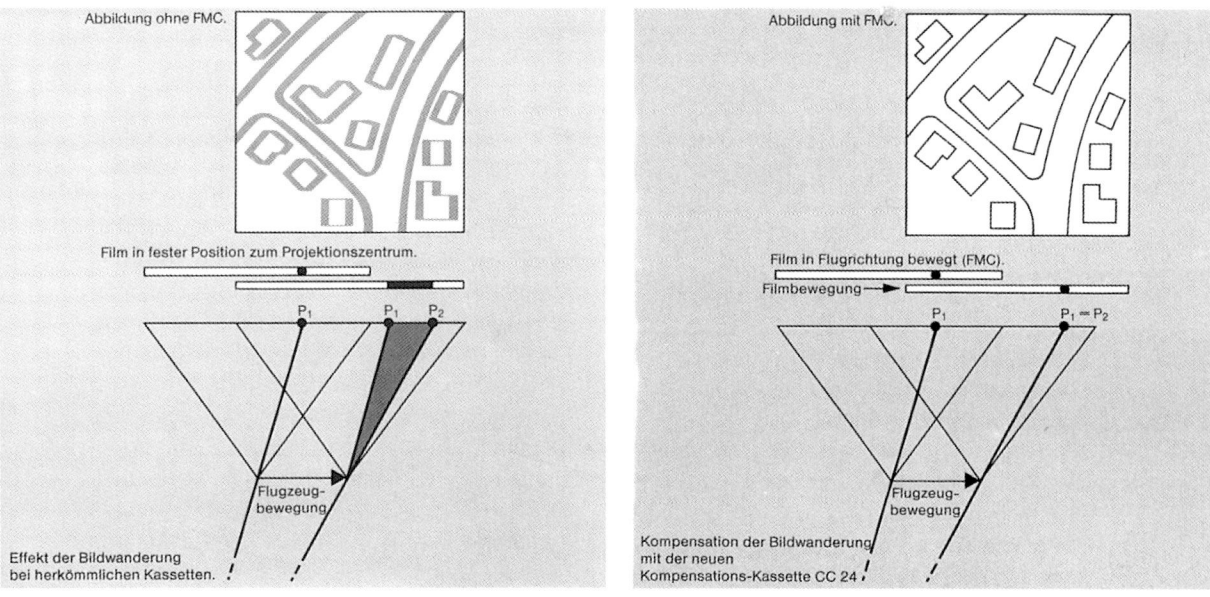

Abb. 24.38 Funktion des Bildwanderungsausgleichs (FMC).

Abb. 24.39 Das Ergebnis im Bildvergleich – links ohne, rechts mit FMC aufgenommen. Selbst im Buchdruck lassen sich noch die Schärfeunterschiede feststellen.

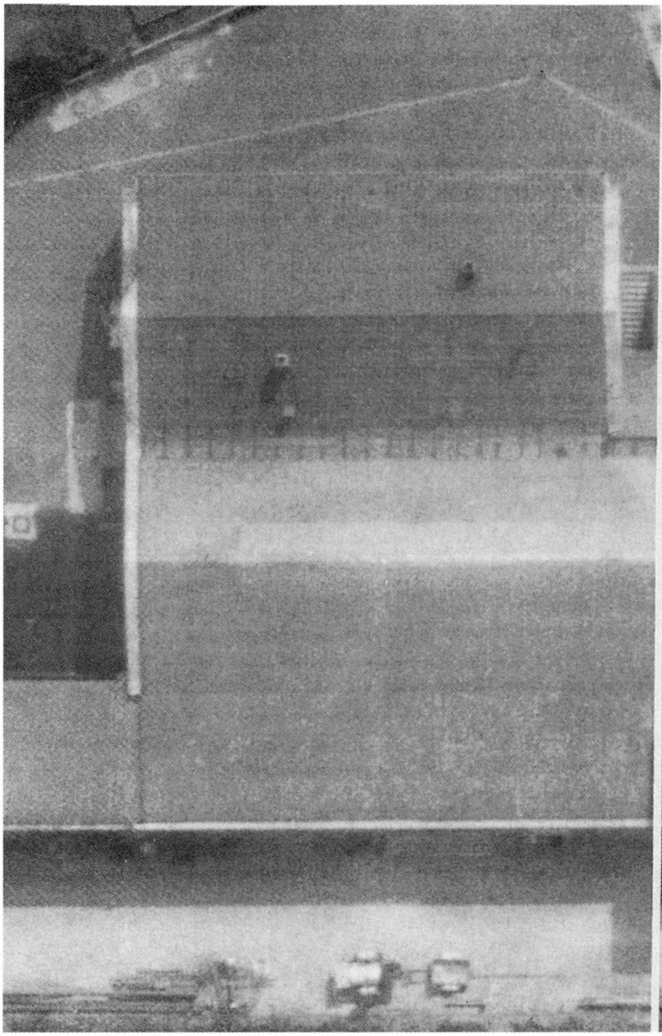

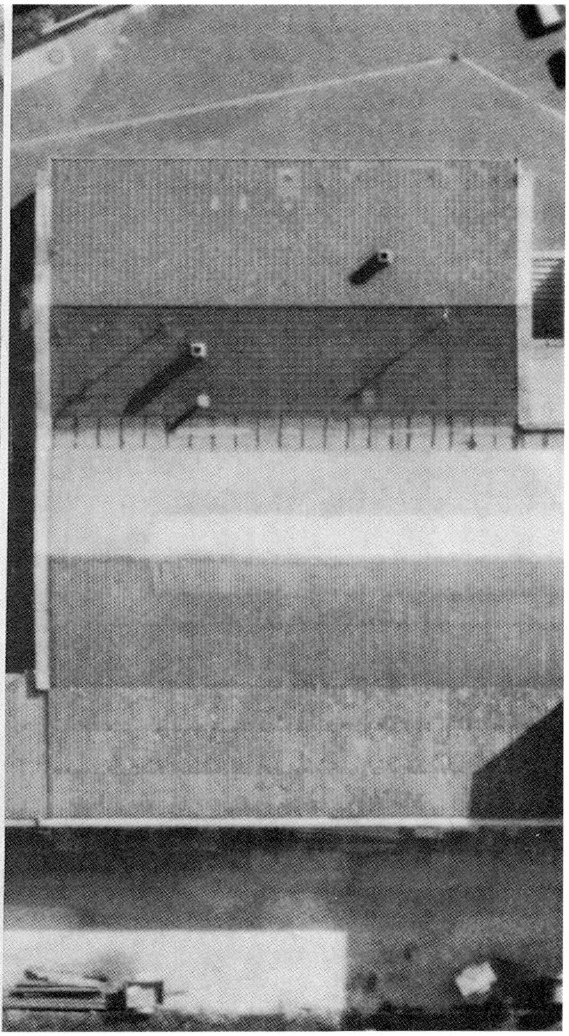

gengewirkt werden. Das hat zur Folge, daß
● keine hochauflösenden Filme eingesetzt werden können,
● Bildflüge auf optimale Beleuchtungsverhältnisse angewiesen sind,
● bei niederen Flughöhen, langen Brennweiten und hohen Fluggeschwindigkeiten sehr schnell Grenzen gesetzt sind.

Einwandfreie punktförmige Abbildung eines Objektpunktes wird erreicht durch Ausschalten der Bildwanderung. Das kann für den Anteil Bildwanderung, verursacht durch die Vorwärtsbewegung des Flugzeuges, durch lineare Verschiebung des Filmes während der Offenzeit des Verschlusses erfolgen. Diese Art des Bildwanderungsausgleichs wird mit FMC = Forward Motion Compensation bezeichnet. Der Betrag der Verschiebung ist durch die Brennweite sowie durch den v/h-Wert (Fluggeschwindigkeit durch Flughöhe) bestimmt. Die neue Kompensations-Kassette CC 24 für die Zeiss Reihenmeßkammern verfügt über eine FMC-Einrichtung, die Bildwanderungen bis 30 mm/s bei vollem Erhalt der geometrischen Qualität der Kammer ausgleicht.

i) Der Überdeckungsregler/Navigationssensor – (Einzelaufnahmen)

Der Überdeckungsregler ist von der Kammer getrennt. Zur Weitergabe der elektrischen Impulse für die Verschluß-Auslösung führt lediglich ein Kabel zur Kammer. Durch diese Trennung von Kammer und Überdeckungsregler wird das eigentliche Kammer-Aggregat wesentlich kleiner. Es genügt dann ein kleines Bodenloch, was beim Einbau in manchen Flugzeugtypen von ausschlaggebender Bedeutung ist. Außerdem hat man weit mehr Variationsmöglichkeiten für den Einbau im Hinblick auf den Sitzplatz des Photographen. Bei Flügen in großen Höhen kann der Überdeckungsregler in der druckdichten Kabine untergebracht werden zur Fernsteuerung der im hinteren Rumpfteil eingebauten Kammer. Ein großer Mattscheibensucher von

14 x 14 cm Gesichtsfeld, der mit einer Lichtschutzblende ausgestattet ist, erlaubt die bequeme beidäugige Beobachtung des überflogenen Geländes auch aus größerem Abstand vom Sitz des Photographen aus. Das Mattscheibenbild ist unabhängig von der Blickrichtung bis zum Rand sehr lichtstark. Die Überdeckung der Folgebilder im wählbaren Bereich zwischen 20 % und 90 % wird gesteuert durch Synchronisieren einer bewegten Sprossenkette mit dem im Suchergesichtsfeld vorbeiziehenden Geländebild. Elektrische Impulse lösen dann im richtigen Zeitintervall entsprechend der gewählten Überdeckung den Verschluß der Kammern aus. Außerdem können jederzeit Einzelaufnahmen mittels eines besonderen Druckknopfes ausgelöst werden. Die kürzeste Belichtungsfolge beträgt 2 Sekunden.

Abb. 24.40 Navigationssensor (Überdeckungsregler). In der Mitte der Bildfläche ist die Sprossenkette erkennbar.

k) Statoskop

Der Bildflug stellt sehr hohe Anforderungen an das fliegerische und navigatorische Kön-

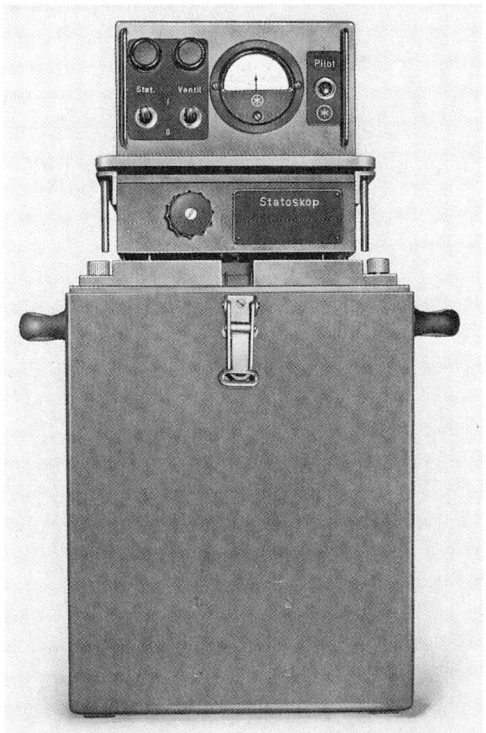

Abb. 24.41 Statoskop.

nen der Besatzung. Da in der Regel einzelne Flugstreifen oder aus zahlreichen nebeneinander liegenden Streifen zusammengesetzte Flächenbefliegungen verlangt werden, ist die Einhaltung von bestimmten, geraden Flugwegen mit vorgeschriebener seitlicher Überdeckung und möglichst gleichmäßiger Geschwindigkeit über Grund unbedingte Voraussetzung. Dabei muß eine genaue, vorge-schriebene Flughöhe eingehalten werden, wozu dem Flugzeugführer ein besonderer Höhenmesser, das Statoskop, zur Verfügung steht.

Für Sonderaufgaben, insbesondere für die Aerotriangulation langer Bildstreifen, für das sogenannte Aeronivellement wird ein Spezial-Statoskop verwendet. Das Statoskop stellt einen Differential-Höhenmesser zur Bestimmung der Höhenunterschiede zwischen den einzelnen Aufnahmestandpunkten dar. Um von vornherein alle Schwierigkeiten auszuschalten, die sich aus einer getrennten Registrierung hinsichtlich der Gleichzeitigkeit und der Zusammengehörigkeit ergeben, wird die Statoskop-Anzeige elektrisch über ein Kabel auf ein besonderes Anzeigegerät in der Kammer übertragen. Dieses Anzeigegerät ist in allen Zeiss-Kammern enthalten und wird zusammen mit den übrigen Hilfsabbildungen registriert.

l) Elektrische Ausrüstung

Der Betrieb der Zeiss-Kammern ist auf eine Stromspannung von 22–31 Volt abgestimmt. Dies entspricht den heute in Flugzeugen durchweg verwendeten Spannungen. Beim Einschalten des Aggregates ist eine Anlaufleistung von 250 Watt notwendig, während die eigentliche Betriebsleistung nur 200 Watt beträgt.

IX. MITTEL DER LUFTAUFKLÄRUNG

Die Wertigkeit eines Luftaufklärungsmittels wird bestimmt durch seine Informationsgenauigkeit und Wetterabhängigkeit. Je größer die Wellenlänge, mit der ein Gerät arbeitet, um so wetterabhängiger ist es, um so schlechter aber auch die Auflösung des Bildes (Informationsgenauigkeit).
Durch Abstandsaufklärung und penetrierende Aufklärung lassen sich mit Hilfe einer Vielzahl unterschiedlicher Sensoren und Sensorenträger die notwendigen Informationen gewinnen.

Moderne Aufklärungssysteme verbinden Sensorträger und Sensoren zu einem leistungsfähigen Ganzen.

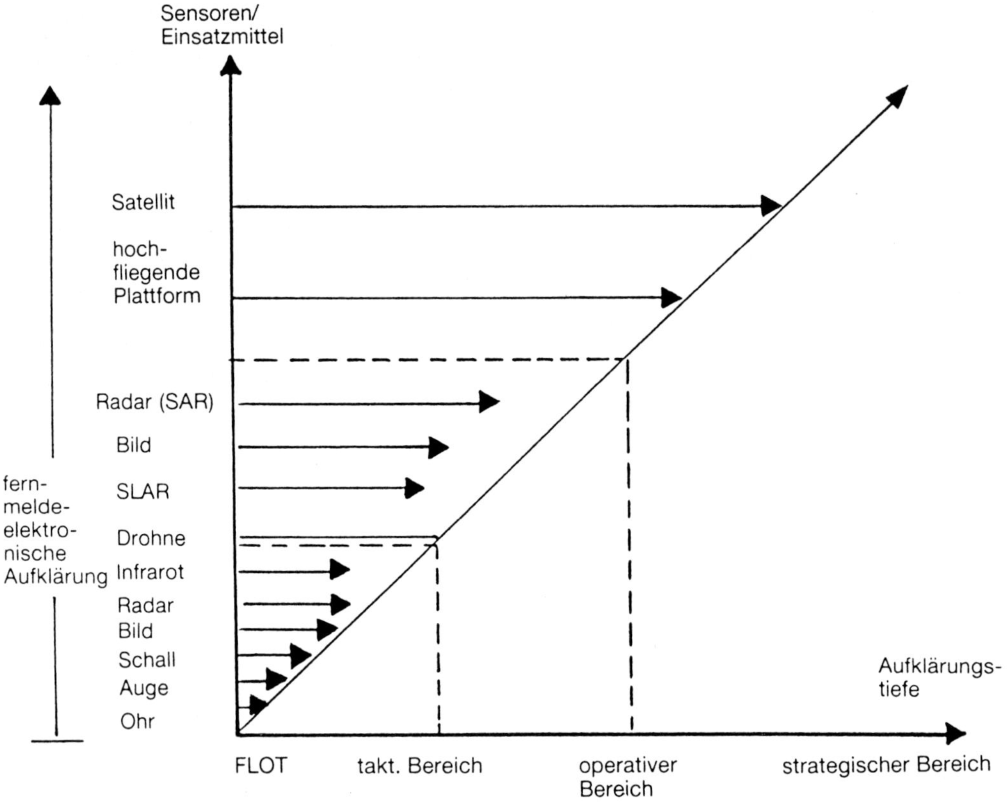

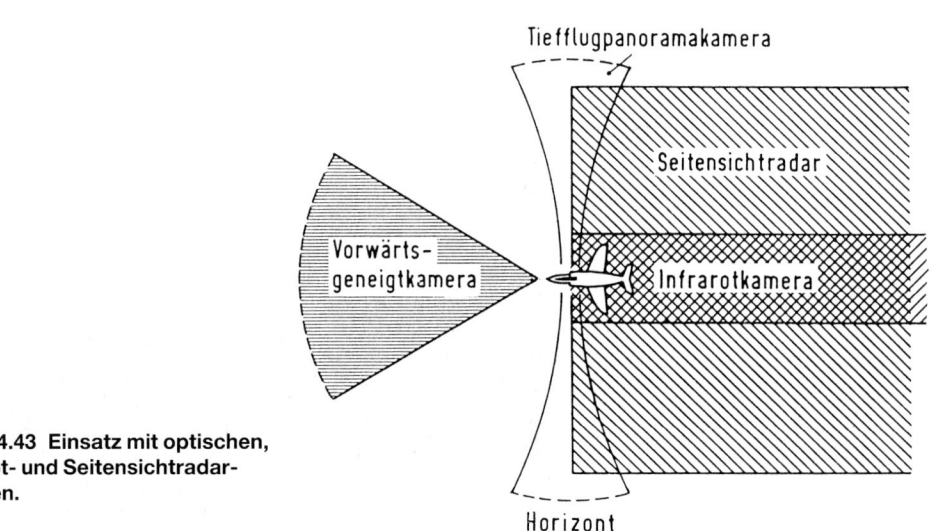

Sensoren/
Einsatzmittel

Satellit

hoch-
fliegende
Plattform

Radar (SAR)

Bild

SLAR

Drohne

Infrarot

Radar

Bild

Schall

Auge

Ohr

fern-
melde-
elektro-
nische
Aufklärung

Aufklärungs-
tiefe

FLOT   takt. Bereich   operativer   strategischer Bereich
                         Bereich

SAR = Synthetic Aperture Radar: Radar mit synthetischer Strahlöffnung
SLAR = Side Looking Airborne Radar: Seitensichtradar

Abb. 24.42 Möglichkeiten und Reichweite verschiedener Einsatzmittel und Sensoren.

Tiefflugpanoramakamera

Seitensichtradar

Vorwärts-
geneigtkamera

Infrarotkamera

Horizont

**Abb. 24.43 Einsatz mit optischen,
Infrarot- und Seitensichtradar-
Geräten.**

560

ohne Infrarotfilm aufgenommene getarnte Stellung

mit Infrarotfilm aufgenommene getarnte Stellung

 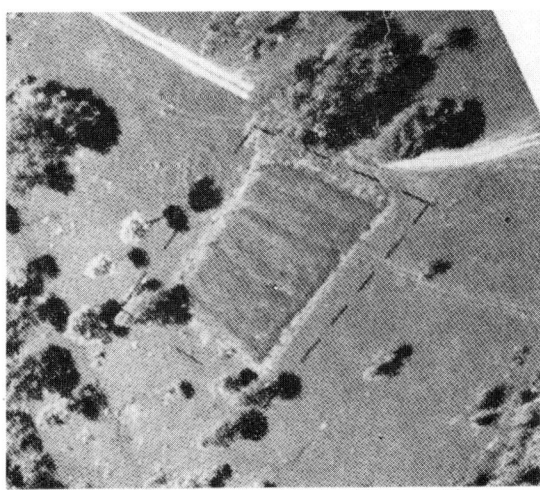

Abb. 24.44 Infrarotfotografie.

1. Infrarotfotografie

Farben der Natur reflektieren in anderen Wellenlängen als künstliche (Tarn-)Farben. Mit Hilfe von Infrarotfilmen ist es möglich, getarnte Objekte besonders kontrastreich abzubilden, soweit nicht Wolken oder Nebel die Wärmeausstrahlung behindern.

2. Farbfotografie

Das farbige Diapositivluftbild ermöglicht das Erkennen und Unterscheiden von Bildeinzelheiten weit günstiger als beim Schwarz/Weiß-Film. Sein Auflösungsvermögen ist jedoch durch die Lichtstreuung innerhalb der Farbschichten gering. Es wird sich vor allem für Aufnahmen aus geringen Höhen eignen.

3. Nachtfotografie

Durch Blitzlichtbomben ist es möglich, Nachtluftbilder von guter Qualität herzustellen. Durch automatische Zeitgeber und Abwurfvorrichtungen werden Belichtungszeit und Filmtransport geregelt.

Abb. 24.45 Tag-Aufnahme

Nacht-(Blitzlicht-)Aufnahme

4. Luftbilder aus dem Weltraum

Nachdem es gelungen ist, durch Bildwanderungsausgleich das Auflösungsvermögen zu erhöhen, lassen sich auswertbare Luftbilder aus über 250 km Höhe herstellen. Sie liefern für viele Bereiche Informationen.

Abb. 24.46 München, aus 250 km Höhe aufgenommen mit Zeiss RMK A 30/23 beim Spacelab-Flug 1983. Die Ausschnittvergrößerung zeigt u. r. den Flughafen München-Riem; am Fuß des ungefähren Nordpfeils ist die Olympia-Ruderstrecke zu sehen, sie sieht aus wie eine breite Startbahn.

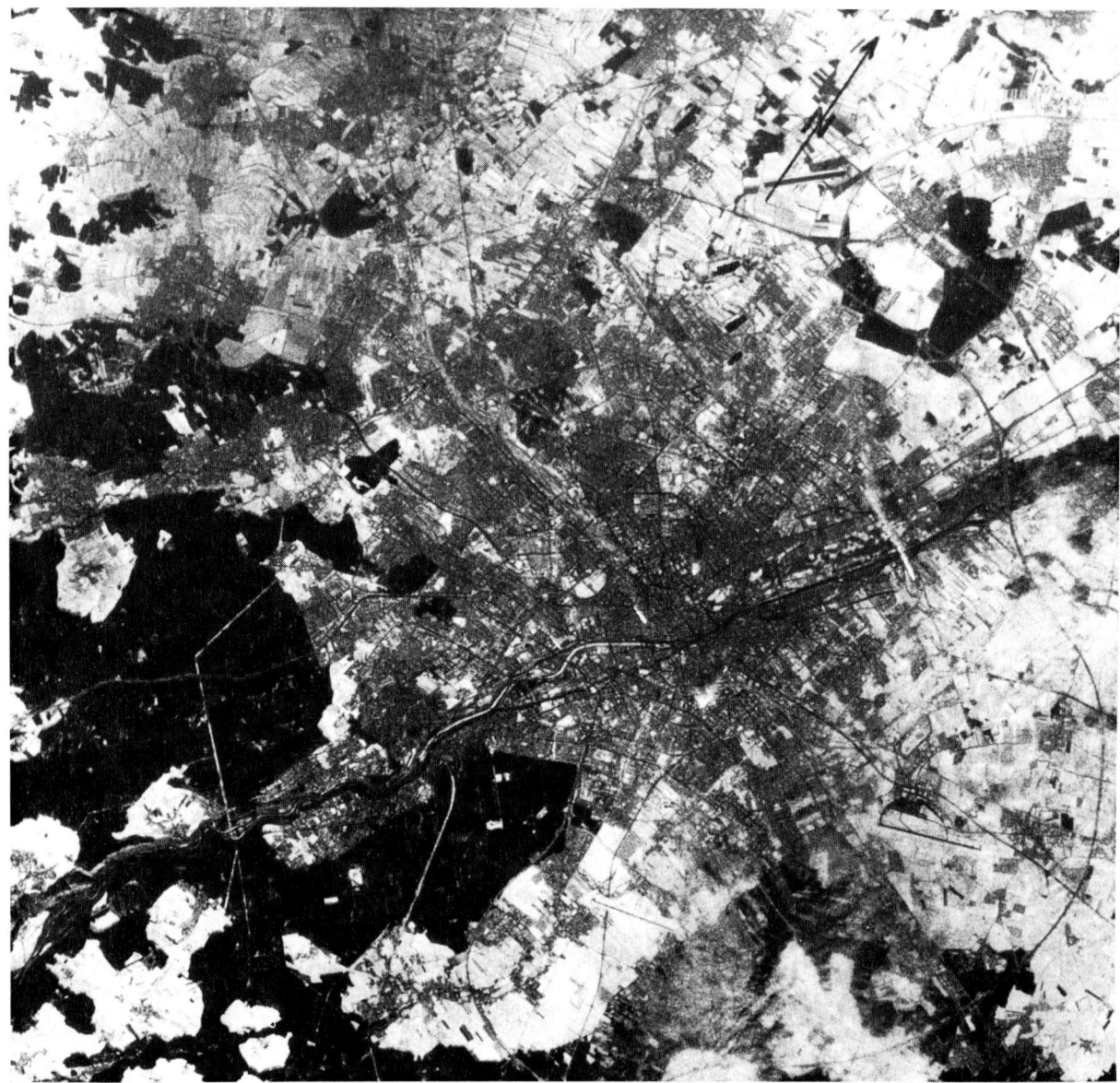

5. Elektronische Bildübertragung

Die elektronische Bildübertragung (Photoscan) nach dem Prinzip einer Fernsehkamera mit direkter Übertragungseinrichtung wird zur Verbesserung der Gefechtsfeldüberwachung beigetragen. Auch bei Nacht werden brauchbare Bilder übermittelt dank elektronischer Bildverstärkung. Die LASER- und MASER-Technik wird auf diesem Gebiet noch neue Möglichkeiten bieten.

6. Seitensicht-Radar

Das Seitensicht-Radar (SLAR = Side looking airborne Radar) tastet ununterbrochen einen breiten Geländestreifen ab, die zurückkommenden Impulse werden einem Filmspeicher zugeführt und gleichzeitig zur Erde übertragen, wo man mittels besonderer Geräte entzerrungsfreie Geländebilder mit außergewöhnlicher Azimutauflösung erhält.

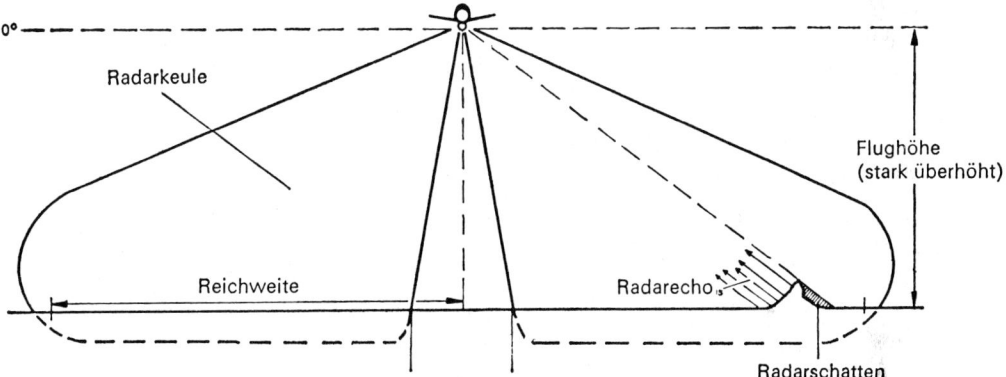

Abb. 24.47 Die ausgestrahlten Radarkeulen beim Seitensichtradar (SLAR = side looking airborne radar)

7. Infrarottechnik

Passiv arbeitende IR-Sensoren tasten von Horizont zu Horizont das Gelände ab (IR-scanner). Sie können noch feinste Unterschiede in Wärmeabstrahlungen wahrnehmen. Die Signale werden in Bilder umgesetzt, auf dem Sichtgerät des Waffensystemoffiziers dargestellt und gleichzeitig auf hochauflösendem Trocken-Silber-Film aufgezeichnet. Die Filmentwicklung ist in Sekundenschnelle abgeschlossen, so daß noch im Flu-ge ein Rückspulen zur genaueren Auswertung möglich ist.

Das Infrarotaufzeichnungssystem (infrared imaging system-IIS) erlaubt Echtzeit-Aufklärung mit Bildbestätigung, und zwar bei jedem Wetter, Tag und Nacht.

Zukünftige digitale Aufzeichnungsgeräte werden sich durch Schnittstellen und Speicherkapazität anpassen lassen.

KAPITEL 25

Flugzeuge und Flugkörper der Bundeswehr

Die Ausrüstung der Bundeswehr mit Flugzeugen und Flugkörpern richtet sich nach den besonderen Aufgaben, die ihr im Rahmen der NATO- und der nationalen Strategie zu lösen auferlegt sind.

Das strategische Konzept unterliegt Wandlungen, die sich aus dem gültigen Kriegsbild ergeben.

Unter diesen Gesichtspunkten ist die Ausrüstung der Bundeswehr mit Flugzeugen und Flugkörpern zu betrachten.

Hinweis auf Verwendung der Waffensysteme bei:

L = Luftwaffe
H = Heer
M = Marine

I. KAMPFFLUGZEUGE

- Panavia TORNADO (Mehrzweckkampfflugzeug) L, M
- Dornier ALPHAJET (leichter Jagdbomber) L
- McDonnell F-4F PHANTOM II (schweres Jagd-/Jagdbomberflugzeug) L
- McDonnell RF-4E PHANTOM II (schweres Aufklärungsflugzeug) L
- Bréguet 1150 ATLANTIC (Seefernaufklärer und Ujagdflugzeug) M

II. TRANSPORTFLUGZEUGE

- C-160D TRANSALL (Mehrzwecktransportflugzeug) L
- Boeing 707-320C/C-135C (Langstreckenfracht-/Truppentransportflugzeug) L

III. SONDER- UND VERBINDUNGSFLUGZEUGE

- VFW-Fokker 614 (Transport- und Verbindungsflugzeug) L
- Canadair CL 601 CHALLENGER (Transport- und Verbindungsflugzeug) L

- Dornier Do 28 D2 SKYSERVANT (Stabs-, Mehrzweck- und Verbindungsflugzeug) L, M
- Hamburger Flugzeugbau HFB 320 (M) (Ausbildungsflugzeug für EloKa) L

IV. SCHULFLUGZEUGE

- Piaggio Pi-149D (Schulflugzeug) L
- Cessna T-37B (Düsenschulflugzeug) L
- Northrop T-38A TALON (Düsenschulflugzeug) L

V. HUBSCHRAUBER

- Sud-Aviation SE 3130 ALOUETTE II (leichter Mehrzweckhubschrauber) H
- Messerschmitt-Bölkow-Blohm (MBB) Bo 105/VHB/M/P (leichter Mehrzweckhubschrauber, auch für Verbindungs-, Beobachtungs- und Panzerabwehraufgaben) H
- Bell UH-1D (leichter Transport- und SAR-Hubschrauber) H, L
- Sikorski CH-53G/S-65 (mittlerer Transporthubschrauber) H
- Westland SEA KING Mk 41 (Such- und Rettungshubschrauber/SAR) M
- Westland SEA LYNX Mk 88 (Bordhubschrauber für Ujagd) M

VI. FLUGKÖRPER

- Philco AIM-9L SIDEWINDER (Luft-Luft-Flugkörper) L, M
- Raytheon MIM-23A HAWK (Boden-Luft-Flugkörper) L
- Douglas-Western Electric MIM-14A NIKE HERCULES (Boden-Luft-Flugkörper) L
- Raytheon MIM-104 PATRIOT (Boden-Luft-Flugkörper) L
- Martin MGM-31A PERSHING Ia (ballistischer Boden-Boden-Flugkörper) L
- Vought MGM-52C LANCE (ballistischer Boden-Boden-Flugkörper) H
- MBB/Aérospatiale ROLAND (Boden-Luft-Flugkörper) H, L, M
- General Dynamics TARTAR (Schiff-Luft-Flugkörper) M
- MBB/Aérospatiale AS-34 KORMORAN (Luft-Schiff-Flugkörper) M

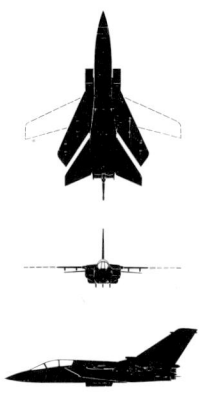

Abb. 25.1

Panavia TORNADO

Die Panavia TORNADO (MRCA – multi role combat aircraft = Mehrzweckkampfflugzeug) ist ein englisch-deutsch-italienisches Gemeinschaftsprojekt zur Erfüllung der Luftverteidigungsforderungen der drei Luftwaffen und der deutschen Marine. Durch die Ausrüstung mit zwei modernen Triebwerken (Turbo-Union RB. 199-34R), variabler Flügelgeometrie und die damit erreichte Flexibilität wurde die TORNADO das optimale, richtungsweisende Nachfolgemuster für eine Reihe von Kampfflugzeugen in den drei Partnerländern.

Ursprungsland:	Konsortium England, Deutschland, Italien; Erstflug: 14. 8. 1974
Hersteller:	Panavia Aircraft GmbH (BAC, MBB, Aeritalia)
Verwendung:	Mehrzweckkampfflugzeug
Besatzung:	2
Triebwerk:	2 ZTL Turbo-Union RB. 199-34R von je 4082 kp (40 kN) ohne Nachbrenner; 7711 kp (75.64 kN) mit Nachbrenner
Abmessungen:	Spannweite 8,60–13,90 m (variabel)
	Länge 16,70 m
	Höhe 5,70 m
	Flügelfläche 30,00 m^2
Abflugmasse:	17 240–18 145 kg, mit max. Außenlasten 28 000 kg
Bewaffnung:	2 x 27 mm-Mauser-Kanonen, verschiedene Außenlasten an vier Flügel- und drei Rumpfstationen bis zu 9000 kg (u. a. LFK KORMORAN)
Leistungsangaben:	Höchstgeschwindigkeit 2125 km/h (Mach 2.2), im Tiefflug ca. 1465 km/h, Steigzeit auf 30 000 Fuß in weniger als 2 Min., Überführungsreichweite 3900 km

Abb. 25.2

Dassault/Dornier ALPHAJET

Der »Alpha-Jet« wurde gemeinsam von den Firmen Dassault-Bréguet und Dornier entworfen und unter gemeinsamer Projektleitung gebaut, um dem Bedarf an einem Erdkampf- und Düsenschulkampfflugzeug gerecht zu werden. Bei der Armée de l'Air wird das Flugzeug als Nachfolgemuster der »Fouga Magister« für die Anfangs- und Fortgeschrittenenschulung, bei der Luftwaffe der Bundeswehr als Nachfolger der G-91 für Aufgaben der Luftnahunterstützung und Gefechtsfeldaufklärung eingesetzt.

Ursprungsland:	Frankreich/Deutschland; Erstflug: 26. 10. 1973
Hersteller:	Dassault-Bréguet/Dornier
Verwendung:	Erdkampf- und Düsenschulkampfflugzeug
Besatzung:	2
Triebwerk:	2 ZTL SNECMA/Turboméca Larzac 04 von je 1350 kp (13.24 kN) Standschub
Abmessungen:	Spannweite 9,16 m
	Länge 11,71 m
	Höhe 4,14 m
	Flügelfläche 17,50 m^2
Abflugmasse:	ohne Außenlasten 4420 kg
	mit max. Außenlasten als Erdkämpfer 7000 kg
Bewaffnung:	1 x 27 mm Mauserkanone, oder 1 x 30 mm DEFA 553-Kanone, vier Flügelstationen für Sprengbomben und Raketen
Leistungsangaben:	Höchstgeschwindigkeit 1000 km/h (0,86 M)
	Dienstgipfelhöhe 14 000 m
	Aktionsradius 450 km
	Überführungsreichweite mehr als 2500 km

Abb. 25.3

McDonnell Douglas F-4F PHANTOM II

Die F-4F ist das elfte und neueste Modell der »Phantom«-Familie, die seit dem Erstflug des Prototyps XF-4H1 am 27. Mai 1958 bereits in zehn Versionen und in einer Stückzahl von über 5000 gebaut wurde. Der Typ wird in den Luftwaffen der USA, Großbritanniens, Koreas, Israels, Japans, Australiens, Spaniens, Griechenlands, des Irans, der Türkei und der Bundesrepublik geflogen. Besonderes Merkmal der F-4F sind die beweglichen Vorflügel (slats).

Ursprungsland:	USA; Erstflug: 24. 5. 1973
Hersteller:	McDonnell Douglas Corp./USA
Verwendung:	Kampfflugzeug für Luftüberlegenheitsjagd/Jabo
Besatzung:	2
Triebwerk:	2 TL General Electric J 79-GE-17A/MTU-17 von je 5385 kp (52.83 kN) ohne Nachbrenner; 8120 kp (79.66 kN) mit Nachbrenner
Abmessungen:	Spannweite 11,70 m
	Länge 19,40 m
	Höhe 4,96 m
	Flügelfläche 49,23 m^2
Abflugmasse:	ohne Außenlasten 20 292 kg
	mit max. Außenlasten 27 500 kg
Bewaffnung:	20-mm-Revolverkanone (Gatling-Typ) M-61A1
	AIM-9L »Sidwinder«,
	Vielzahl von Abwurfwaffen
Leistungsangaben:	bis auf den Aktionsradius, der abhängig von der Zuladung ist, identisch mit der RF-4E.

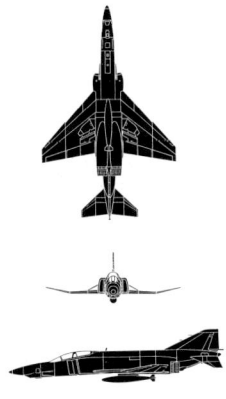

Abb. 25.4

McDonnell RF-4E PHANTOM II

Das Aufklärungsflugzeug RF-4E war eine weitere, besondere Entwicklung des Kampfflugzeuges »Phantom II«, das bei vielen Streitkräften der Welt seit Jahren erfolgreich in vielseitigem Einsatz steht. Bei der Luftwaffe hat dieses Flugzeug mittels technischer Sensoren die operative Aufklärungslücke geschlossen.

Ursprungsland:	USA; Erstflug: 22. 10. 1970
Hersteller:	McDonnell-Douglas Corp./USA
Verwendung:	Aufklärungsflugzeug
Besatzung:	2
Triebwerk:	2 TL General Electric J 79-GE-17 (MTU-17) von je 5385 kp (52.83 kN) ohne Nachbrenner; 8120 kp (79.66 kN) mit Nachbrenner
Abmessungen:	Spannweite 11,71 m
	Länge 19,20 m
	Höhe 4,95 m
	Flügelfläche 49,24 m²
Abflugmasse:	ohne Außenlasten 23850 kg
	mit max. Außenlasten 26750 kg
Aufklärungsausrüstung:	verschiedene Kamerasätze, Infrarot- und ECM-Sensoren, SLAR (side looking airborne radar)
Leistungsangaben:	Höchstgeschwindigkeit in 14630 m 2550 km/h (2,4M)
	max. Dauergeschwindigkeit im Tiefflug 1470 km/h (1,2M)
	Steiggeschwindigkeit 141 m/s
	Dienstgipfelhöhe 21640 m
	Steigzeit auf 20000 m 3 Min.
	Aktionsradius 1500 km
	Überführungsreichweite 3700 km

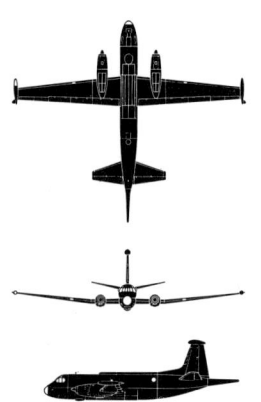

Abb. 25.5

Bréguet 1150 ATLANTIC

Die »Atlantic« wurde aufgrund einer NATO-Ausschreibung entwickelt und ist mit den neuesten elektronischen Geräten und Waffen für die Seekriegführung ausgestattet.

Ursprungsland:	Frankreich/Belgien/Holland/Deutschland; Erstflug: 21. 10. 1961
Hersteller:	Bréguet/ABAP/Fokker/Dornier
Verwendung:	Seefernaufklärer und Ujagd-Flugzeug
Besatzung:	12
Triebwerk:	2 PTL SNECMA-Tyne 22 (Hispano Suiza) von je 5935 WPS (4370 kW)
Abmessungen:	Spannweite 36,36 m
	Länge 36,62 m
	Höhe 11,31 m
	Flügelfläche 120,36 m²
Abflugmasse:	normal 41 000 kg
	maximal 44 500 kg
Bewaffnung:	im Waffenschacht Torpedos Mk. 43 oder L.K. 4 sowie alle Standardbomben der NATO
Leistungsangaben:	Höchstgeschwindigkeit 615 km/h
	Reisegeschwindigkeit 500 km/h
	Steigleistung 12,5 m/s
	Dienstgipfelhöhe 10 000 m
	Reichweite 9200 km
	Patrouillierdauer 18 Stunden

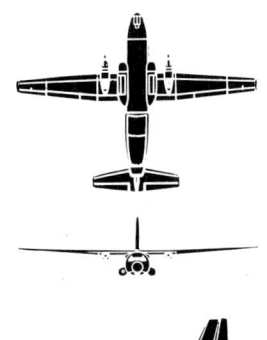

Abb. 25.6

C-160 D TRANSALL

Die »Transall« ist eine Gemeinschaftsentwicklung (**Trans**port **All**iance) der französischen und deutschen Industrie. Dank des großen Frachtraums (internationales Eisenbahntransitmaß) lassen sich auch sperrige Schwerstlasten absetzen. Weltweite Beachtung finden die Transportflieger der Luftwaffe immer wieder bei ihren Einsätzen im Rahmen humanitärer Hilfe.

Ursprungsland:	Frankreich/Deutschland; Erstflug: 25. 2. 1963
Hersteller:	Nord-Aviation/Frankreich; Hamburger Flugzeugbau
Verwendung:	Mehrzweck-Mittelstreckentransportflugzeug
Besatzung:	4–5
Triebwerk:	2 PTL MTU-Tyne 22 von je 5745 WPS (4226 kW)
Abmessungen:	Spannweite 40,00 m
	Länge 32,40 m
	Höhe 12,36 m
	Flügelfläche 160,2 m^2
Masse und Ladung:	Leermasse 26 620 kg
	normale Abflugmasse 42 000 kg
	maximale Abflugmasse 46 400 kg
	maximale Zuladung 16 000 kg
	93 Soldaten oder 61 Fallschirmjäger oder
	62 Tragbahren und 6 Pfleger
	Laderaum: 13,51 x 3,15 x 2,98 m (136 m^3)
Leistungsangaben:	Höchstgeschwindigkeit 590 km/h
	Reisegeschwindigkeit 500 km/h
	Steiggeschwindigkeit 10,6 m/s
	Dienstgipfelhöhe 8800 m
	Reichweite mit 8 t 4840 km
	mit 16 t 1720 km
	Startstrecke 600 m; Landestrecke 580 m

Abb. 25.7

Boeing 707-320 C/C-135 C

Aus den Erfahrungen mit der Konstruktion des militärischen Tankflugzeuges KC-135A »Stratotanker« leitet sich die zivile Version Boeing 707 mit ihren Folgemustern ab. Die -320 C (C-135C) ist eine kombinierte Passagier- und Frachtversion mit vornliegender Frachttür und Beladevorrichtung. In der USAF auch als fliegender Gefechtsstand und Wetteraufklärungsflugzeug verwendet. Unter der Flagge Luxemburgs stehen die AWACS-Frühwarnflugzeuge E-3A der NATO (Boeing 707-Zelle) im Einsatz.

Ursprungsland:	USA; Erstflug: 31. 1. 1962
Hersteller:	Boeing Corp./USA
Verwendung:	Langstreckenfracht- und Truppentransportflugzeug
Besatzung:	4−5
Triebwerk:	4 ZTL (Mantelstrom) Pratt & Whitney JT3D-3B von je 8165 kp (80,1 kN) Standschub
Abmessungen:	Spannweite 44,44 m
	Länge 46,64 m
	Höhe 12,97 m
	Flügelfläche 279,43 m^2
Masse und Ladung:	Leermasse 62 100 kg
	max. Abflugmasse 150 410 kg
	Zuladung 43 900 kg
	Platzzahl: 174 oder 44 Tragbahren und 55 sitzende Verwundete
	Nutzraum: 228,5 m^3
Leistungsangaben:	Höchstgeschwindigkeit 900 km/h
	Reisegeschwindigkeit 885 km/h
	Steiggeschwindigkeit 11,7 m/s
	Dienstgipfelhöhe 10 860 m
	Reichweite, max. Nutzlast 6810 km,
	max. Treibstoff 11 970 km

Abb. 25.8

VFW-Fokker 614

Die VFW 614 ist ein in Deutschland entwik-
keltes Mittelstreckenflugzeug mit Druckkabine. Die ungewöhnliche Anordnung der Triebwerke oberhalb der Tragflächen erlauben
Start und Landung auf nur grob vorbereiteten
Naturpisten. Das Flugzeug dient auch als
Erprobungsträger.

Ursprungsland:	Deutschland; Erstflug: 14. 7. 1971
Hersteller:	Vereinigte Flugtechnische Werke/VFW-Fokker GmbH/Deutschland
Verwendung:	Transport- und Verbindungsflugzeug
Besatzung:	3
Triebwerk:	2 ZTL Rolls-Royce/SNECMA M45H01 von je 3302 kp (32.39 kN) Standschub
Abmessungen:	Spannweite 21,50 m
	Länge 20,60 m
	Höhe 7,84 m
	Flügelfläche 64,00 m²
Masse und Ladung:	Leermasse 12 180 kg
	max. Abflugmasse 19 950 kg
	Platzzahl: 40–44 Passagiere
	Nutzraum: 49,5 m³
Leistungsangaben:	Höchstgeschwindigkeit 735 km/h (0.74 Mach)
	Reisegeschwindigkeit 722 km/h
	Steiggeschwindigkeit 17.3 m/s
	Dienstgipfelhöhe 7620 m
	Reichweite mit max. Nutzlast 1575 km,
	mit max. Treibstoff 3000 km

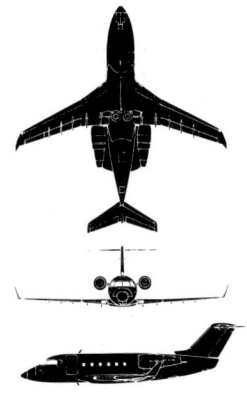

Abb. 25.9

Canadair CL 601 CHALLENGER

Die CL 601 »Challenger« ist ein Transport- und Verbindungsflugzeug größerer Mittelstreckenreichweite und besserer Wirtschaftlichkeit. Seit 1986 im Dienste der Flugbereitschaft des BMVg – als Einsatz für ausgemusterte C-140 »Jetstar« und HFB 320 »Hansajet«.

Ursprungsland:	Kanada; Erstflug: 10. 4. 1982
Hersteller:	Canadair/Kanada
Verwendung:	Transport- und Verbindungsflugzeug
Besatzung:	3–4
Triebwerk:	2 ZTL (Mantelstrom) General Electric CF34-1A von je 3924 kp (38.5 kN) Standschub
Abmessungen:	Spannweite 19,65 m
	Länge 20,85 m
	Höhe 6,30 m
	Flügelfläche 41.82 m^2
Masse und Ladung:	Leermasse 9049 kg
	Rüstmasse 11605 kg
	Startmasse 19550 kg
	Platzzahl: 12–16 Passagiere,
	umrüstbar auf Ambulanz- oder Frachtversion
Leistungsangaben:	Max. Reisegeschwindigkeit 851 km/h (0,8 Mach)
	normale Reisegeschwindigkeit 820 km/h (0.77 Mach)
	Reiseflughöhe 12500 m
	Reichweite über 6300 km

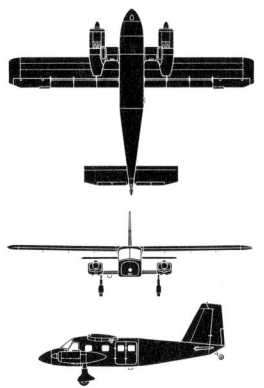

Abb. 25.10

Dornier Do 28 D2 SKYSERVANT

In Weiterentwicklung der Typen Do 27, Do 28 wurde die »Skyservant« besonders für den ökonomischen Einsatz von wenig vorbereiteten Fluglandeplätzen ausgelegt. Kurzfristige Umrüstung zum Einsatz als Sanitäts-, Luft-

bild-, Transport- und Schulflugzeug ist möglich. Das Flugzeug ist voll blindflugtauglich mit hervorragenden STOL-Eigenschaften. Bekannt als Umwelt-Do, zu Überwachungseinsätzen über der Nordsee eingesetzt.

Ursprungsland:	Deutschland; Erstflug: 23. 2. 1966
Hersteller:	Dornier Werke/Deutschland
Verwendung:	Stabs-, Mehrzweck- und Verbindungsflugzeug
Besatzung:	2
Triebwerk:	2 PL Lycoming IGSO-540 A 1E
	luftgekühlte 6-Zyl.-Boxermotoren von je 385 PS (283,4 kW) Startleistung
Abmessungen:	Spannweite 15,55 m
	Länge 11,74 m
	Höhe 4.01 m
	Flügelfläche 28,6 m²
Masse und Ladung:	Leermasse 2095 kg
	norm. Abflugmasse 3500 kg
	max. Abflugmasse 3800 kg
	Platzzahl: 12 oder 5 Tragbahren und 9 Personen
	Laderaum 8,0 m³
Leistungsangaben:	Höchstgeschwindigkeit 320 km/h
	Reisegeschwindigkeit 270 km/h
	Steiggeschwindigkeit 6,5 m/s
	Dienstgipfelhöhe 7350 m
	Reichweite 2000 km

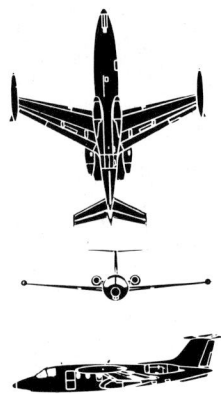

Abb. 25.11

HFB 320 (M)

Aus der HFB 320 »Hansa-Jet«, die jahrelang im Dienst der Flugbereitschaft stand, wurde die HFB 320 (M), ein Ausbildungsflugzeug für elektronische Kampfführung (EloKa).

Ursprungsland:	Deutschland; Erstflug: 21. 4. 1964 (Prototype HFB 320 »Hansa-Jet«)
Hersteller:	Hamburger Flugzeugbau/Deutschland
Verwendung:	Ausbildungsflugzeug für elektronische Kampfführung (EloKa)
Besatzung:	5
Triebwerk:	2 TL General Electric CJ 610-5 von je 1340 kp (13.14 kN) Standschub
Abmessungen:	Spannweite 14,49 m
	Länge 17,50 m
	Höhe 4,96 m
	Flügelfläche 30,14 m²
Masse:	Startmasse 9600 kg
Leistungsangaben:	Höchstgeschwindigkeit 810 km/h
	Reisegeschwindigkeit 795 km/h
	Steiggeschwindigkeit 16,8 m/s
	Dienstgipfelhöhe 11 400 m
	Reichweite 2600 km

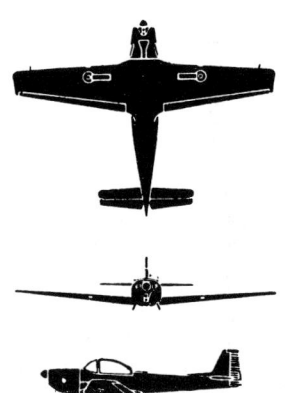 

Abb. 25.12

Piaggio Pi-149 D

Die Pi-149 D wurde aus der seit Jahren bei der italienischen Luftwaffe eingesetzten P-148 entwickelt und gilt als zuverlässiges Schul- und Verbindungsflugzeug.

Ursprungsland:	Italien; Erstflug: 19. 6. 1953
Hersteller:	Piaggio & Co./Italien; Focke-Wulf/Deutschland
Verwendung:	Schulflugzeug
Besatzung:	1−2
Triebwerk:	1 PL Lycoming GO 480-B 1 luftgekühlter 6-Zyl.-Boxermotor mit 270 PS (198.7 kW) Startleistung
Abmessungen:	Spannweite 11,12 m
	Länge 8,80 m
	Höhe 2,90 m
	Flügelfläche 18,81 m²
Masse und Ladung:	Leermasse 1160 kg
	norm. Abflugmasse 1595 kg
	max. Abflugmasse 1680 kg
	Platzzahl: 2−3
Leistungsangaben:	Höchstgeschwindigkeit 304 km/h
	Reisegeschwindigkeit 250 km/h
	Steiggeschwindigkeit 5,3 m/s
	Dienstgipfelhöhe 6050 m
	Reichweite 1075 km

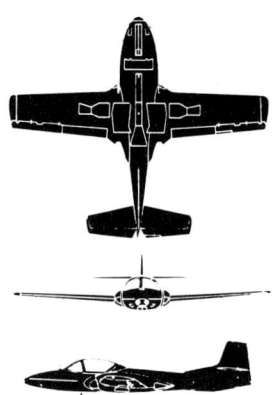

Abb. 25.13

Cessna T-37 B

Dieses Schulflugzeug, von dem auch eine COIN-Version (Counter Insurgency) zur Guerillabekämpfung existiert, löste die Schulflugzeuge North American T-6 »Texan« und T-28 ab, um den zukünftigen Flugzeugführer vom Anbeginn seiner Laufbahn an auf Düsenflugzeugen zu schulen.

Ursprungsland:	USA; Erstflug: 12. 10. 1954
Hersteller:	Cessna Aircraft Corp./USA
Verwendung:	Düsenschulflugzeug
Besatzung:	1–2
Triebwerk:	2 TL Continental J 69-T-25 von je 465 kp (4.56 kN) Standschub
Abmessungen:	Spannweite 10,31 m
	Länge 8,93 m
	Höhe 2,80 m
	Flügelfläche 17.07 m^2
Masse und Ladung:	Leermasse 1840 kg
	norm. Abflugmasse 2825 kg
	max. Abflugmasse 2980 kg
Leistungsangaben:	Höchstgeschwindigkeit 685 km/h
	Reisegeschwindigkeit 575 km/h
	Steiggeschwindigkeit 17,1 m/s
	Dienstgipfelhöhe 11 650 m
	Reichweite 1400 km

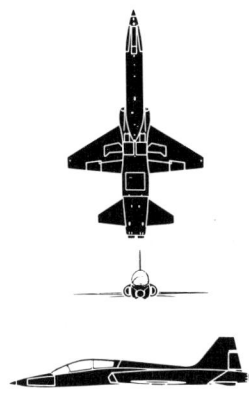

Abb. 25.14

Northrop T-38A TALON

Da die T-33A keine Überschallflugmöglichkeit bot und überaltert war, wurde die T-38A als Standardausbildungsflugzeug für die Fortgeschrittenenausbildung gewählt. Sie ist der einsitzigen Northrop F-5A »Freedom Fighter« sehr ähnlich.

Ursprungsland:	USA; Erstflug: 10. 4. 1959
Hersteller:	Northrop Corp./USA
Verwendung:	Düsenschulflugzeug
Besatzung:	1–2
Triebwerk:	2 TL General Electric J-85-GE-5 von je 1135 kp (11.13 kN) ohne, 1750 kp (17.16 kN) mit Nachbrenner
Abmessungen:	Spannweite 7,69 m
	Länge 13,46 m
	Höhe 3,93 m
	Flügelfläche 15,79 m²
Masse und Ladung:	Leermasse 3240 kg
	norm. Abflugmasse 4970 kg
	max. Abflugmasse 5260 kg
Leistungsangaben:	Höchstgeschwindigkeit 1350 km/h (1.27M)
	Reisegeschwindigkeit 940 km/h
	Steiggeschwindigkeit 152 m/s
	Dienstgipfelhöhe 17 250 m
	Reichweite 2040 m

Abb. 25.15

Sud Aviation SE 31 30 ALOUETTE II

Dieser Hubschrauber stellte am 6. 6. 1955 mit 8209 m Höhe den Weltrekord für alle Hubschrauberklassen auf. Mit 4 Flugkörpern SS-11 ist er außer seiner anderen vielseitigen Einsatzmöglichkeiten ein Waffenträger, insbesondere zur Panzerbekämpfung.

Ursprungsland: Frankreich: Erstflug 12. 3. 1955
Hersteller: Sud Aviation/Frankreich
Verwendung   leichter Mehrzweckhubschrauber
Besatzung: 1–2
Triebwerk: 1 TL Turboméca »Artouste II« von
                        400 WPS (295 kW) Startleistung
Abmessungen: Breite 2,60 m
                        Länge 9,7 m
                        Höhe 2,75 m
Rotor: Rotorblattanzahl 3
                        Rotordurchmesser 10,20 m
Masse und Ladung: Leermasse 850 kg
                        norm. Abflugmasse 1400 kg
                        max. Abflugmasse 1600 kg
                        Platzzahl: 4 oder 2 Tragbahren und Pfleger
Leistungsangaben: Höchstgeschwindigkeit 195 km/h
                        Reisegeschwindigkeit 170 km/h
                        Steiggeschwindigkeit 4,5 m/s
                        Dienstgipfelhöhe 3200 m
                        Reichweite 550 km

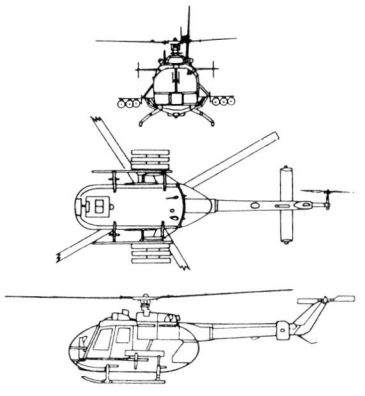

Abb. 25.16

MBB-BO 105

Dieser Mehrzweckhubschrauber ist ein erstes deutsches Seriengerät mit hervorragenden Flugeigenschaften (gelenkloser Rotor mit beiklappbaren Rotorblättern aus GfK) und vielseitigen Einsatzmöglichkeiten: Geschäfts- und Zubringerverkehr, Polizei-, Sanitäts- und Rettungsdienst, Aufklärung, Beobachtung, Panzerabwehr.

Ursprungsland:	Deutschland; Erstflug 20. 12. 1967
Hersteller:	Messerschmitt-Bölkow-Blohm (MBB) GmbH/Deutschland
Verwendung:	– Verbindungs- und Beobachtungshubschrauber (BO 105 VBH)
	– leichter Mehrzweckhubschrauber (BO 105 M)
	– Panzerabwehrhubschrauber (BO 105 P)
Besatzung:	2
Triebwerk:	2 TL Allison 250-C20 von je 425 WPS (313 kW)
Abmessungen:	Breite 2,53 m
	Länge 11,86 m
	Höhe 2,98 m
Rotor:	Rotorblattanzahl 4
	Rotordurchmesser 9,84 m
Masse und Ladung:	Leermasse 1244 kg
	max. Abflugmasse 2400 kg
	Zuladung 4 Soldaten oder 2−3 Verwundete auf Tragen
	Fracht bis 1100 kg
Bewaffnung:	PAH-1 (BO 105 P) 6 HOT PzAbwehr-Lenkflugkörper
Leistungsangaben:	Höchstgeschwindigkeit 270 km/h
	Marschgeschwindigkeit 245 km/h
	Steiggeschwindigkeit 8 m/s
	Dienstgipfelhöhe 5180 m
	Reichweite 575 km
	Überführungsreichweite (mit 2 Zusatztanks) 1000 km

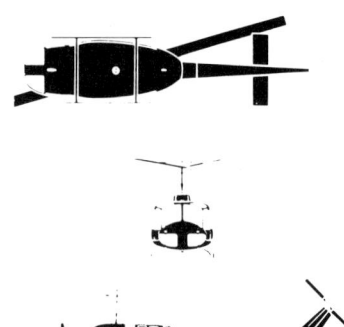

Abb. 25.17

Bell UH-1D

Die UH-1D ist eine vergrößerte Version der UH-1B (Bell 204B) und wird in Italien und Deutschland in Lizenz hergestellt. Als Rettungs- und Transporthubschrauber hat er sich insbesondere bewährt.

Ursprungsland:	USA; Erstflug: 16. 8. 1961
Hersteller:	Bell Aircraft Corp./USA; Dornier/Deutschland
Verwendung:	leichter Transport- und SAR-Hubschrauber
Besatzung:	2–3
Triebwerk:	1 TL Lycoming T-53-L-11 von 1400 WPS (1030 kW)
Abmessungen:	Breite 2,90 m
	Länge 14,71 m
	Höhe 4,82 m
Rotor:	Rotorblattanzahl 2
	Rotordurchmesser 14,71 m
Masse und Ladung:	Leermasse 2242 kg
	norm. Abflugmasse 3960 kg
	max. Abflugmasse 4310 kg
	Platzzahl: 13 oder 6 Tragbahren und 1 Pfleger
	Fracht: 1810 kg
Leistungsangaben:	Höchstgeschwindigkeit 234 km/h
	Reisegeschwindigkeit 201 km/h
	Steiggeschwindigkeit 8 m/s
	Dienstgipfelhöhe 10 170 m
	Reichweite 510 km

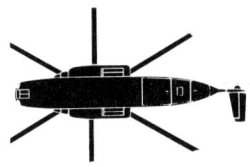

Abb. 25.18

Sikorsky CH-53 G / S-65

Die CH-53 B »Sea Stallion« des US Marine Corps hat sich als mittlerer Kampfzonen-Transporthubschrauber bewährt. Die Heeresfliegerbataillone sind mit diesem Typ ausgestattet, womit die Beweglichkeit des Heeres um ein Vielfaches gesteigert wird. Dieser Hubschrauber verfügt über eine große doppelte Heckladerampe und kann auch auf dem Wasser landen; er kann auch unter Instrumentenflugbedingungen eingesetzt werden.

Ursprungsland:	USA; Erstflug: 19. 10. 1964
Hersteller:	United Aircraft Corp./USA
Verwendung:	mittlerer Transporthubschrauber
Besatzung:	4
Triebwerk:	2 TL General Electric T 64-MTU-7 von je 3925 WPS (2890 kW)
Abmessungen:	Breite 4,70 m
	Länge 20,47 m (Rumpf)
	Höhe 7,95 m
Rotor:	Rotorblattzahl 6
	Rotordurchmesser 21,95 m
Masse und Ladung:	Leermasse 10 440 kg
	normale Abflugmasse 17 500 kg
	maximale Abflugmasse 19 050 kg
	Platzzahl: 38 oder 24 Tragbahren und Pfleger (4)
Leistungsangaben:	Höchstgeschwindigkeit 315 km/h
	Reisegeschwindigkeit 278 km/h
	Steiggeschwindigkeit 9,25 m/s
	Dienstgipfelhöhe 5100 m
	Reichweite 455 km
	Überführungsreichweite 3180 km

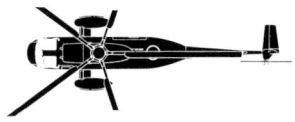

Abb. 25.19

Westland SEA KING Mk 41

Die Sea-King entstammt der Sikorsky-Hub-schrauberfamilie S-61. Sie wird von der Westland Aircraft in Lizenz für verschiedene Bedarfsträger gebaut. Der deutschen Marine steht damit ein vielfach bewährter amphibi-scher Such- und Rettungshubschrauber für das MFG 5 (Marinedienst- und Seenotge-schwader) zur Verfügung.

Ursprungsland:	USA; Erstflug: März 1959
Hersteller:	Westland Aircraft Ltd/Großbritannien
Verwendung:	Seenotamphibienhubschrauber
Besatzung:	4
Triebwerk:	2 TL Rolls-Royce Gnome H-1400 von je 2990 WPS (2200 kW)
Abmessungen:	Breite 4,90 m
	Länge 16,69 m
	Höhe 5,13 m
Rotor:	Rotorblattzahl 5
	Rotordurchmesser 18,90 m
Masse und Ladung:	Leermasse 5481 kg
	normale Abflugmasse 8305 kg
	maximale Abflugmasse 9300 kg
	Platzzahl: 20 oder 12 und 2 Tragbahren
	Laderaum: 5,86 x 1,98 x 1,92 m (ca. 25 m³)
Leistungsangaben:	Höchstgeschwindigkeit 277 km/h
	Marschgeschwindigkeit 240 km/h
	Steiggeschwindigkeit 11,2 m/s
	Dienstgipfelhöhe 2500 m
	Reichweite 1000 km
	Überführungsreichweite 1770 km

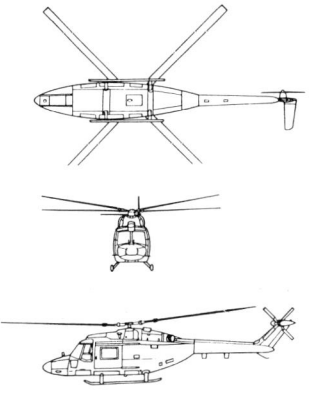

Abb. 25.20

Westland SEA LYNX Mk 88

In Zusammenarbeit mit Frankreich entwickelte Westland Ltd. den Mehrzweckhubschrauber »Lynx«, der die Vorteile des starren Rotorsystems (Patent Bölkow) nutzt. Die Bundesmarine setzt die »Sea Lyvx Mk 88« als Bordhubschrauber zur Seeaufklärung und U-Bootjagd mit Torpedos ein.

Ursprungsland: Großbritannien; Erstflug: 21. 3. 1971
Hersteller: Westland/Großbritannien; Aérospatiale/Frankreich
Verwendung: Bordhubschrauber für Ujagd
Besatzung: 2
Triebwerk: 2 TL Rolls Royce RS 360 von je 1060 WPS (780 kW)
Abmessungen: Breite 2,94 m
Länge 11,66 m
Höhe 3,66 m
Rotor: Rotorblattzahl 4
Rotordurchmesser 12,80 m
Masse und Ladung: Rüstmasse 2750 kg
max. Startmasse 4300 kg
max. Anhängelast 1360 kg
Bewaffnung: 2 Ujagd-Torpedos; Sonarbojen; Sensoren
Leistungsangaben: Höchstgeschwindigkeit 300 km/h
Marschgeschwindigkeit 230−270 km/h
Steiggeschwindigkeit 10,5 m/s
Patrouillierdauer 4 Stunden
Reichweite 900 km

Abb. 25.21

Philco SIDEWINDER AIM-9L

Entwicklungsbeginn der Flugkörperreihe 1948. Der Infrarotzielsuchkopf ist so empfindlich, daß er eine brennende Zigarette noch ein einer Entfernung von 1000 m anzeigt.

Ursprungsland: USA; Truppenreife: 1957
Hersteller: Philco Corp./USA und europäisches Konsortium
Verwendung: Aerodynamischer Luft-Luft-Flugkörper
Lenkverfahren: passive Infrarot-Zielsuchlenkung
Triebwerk: 1 Ein-Stufen-Feststoff von Rocketdyne
Abmessungen: Länge 2,84 m
Durchmesser 0,13 m
Spannweite 0,48 m
Startmasse: 88 kg
Gefechtskopf: 2,25 kg mit Annäherungszünder
Leistungsangaben: Endgeschwindigkeit 2,5 Mach
Reichweite 10 000 m
maximale Flughöhe über 16 000 m

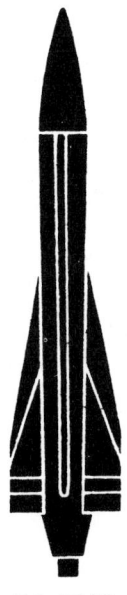

Abb. 25.22

Raytheon HAWK-MIM-23A

Homing **a**ll the **w**ay **k**iller – ist ein vollbewegliches Tieffliegerabwehrsystem. Die Bekämpfungsmöglichkeit hängt nur vom Deckungswinkel des Geländes ab; zwei Ziele können gleichzeitig bekämpft werden.

Ursprungsland:	USA; Truppenreife: 1958
Hersteller:	Raytheon/USA
	SETEL – **S**ocieté **E**uropéenne **Tel**éguidage
Verwendung:	Aerodynamischer Boden-Luft-Flugkörper
Lenkverfahren:	halbaktive Zielsuchlenkung
Triebwerk:	1 Zwei-Stufen-Feststoff von Aerojet
Abmessungen:	Länge 5,18 m
	Durchmesser 0,36 m
	Spannweite 1,20 m
Startmasse:	590 kg
Gefechtskopf:	TNT
Leistungsangaben:	Endgeschwindigkeit 2,7 Mach
	Reichweite 60 km
	maximale Flughöhe 18 000 m

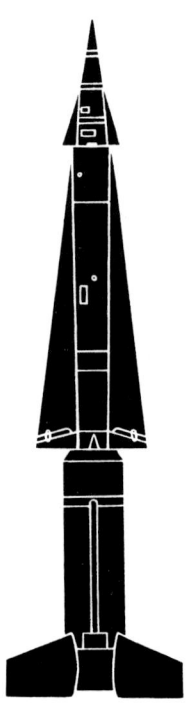

Abb. 25.23

Douglas NIKE HERCULES MIM-14A

Die Entwicklung dieses Flugkörpers zur Abwehr feindlicher Bomber begann 1953. Er steht in neun NATO-Ländern im Einsatz und ist eine Weiterentwicklung des »Nike-Ajax«. Er läßt sich auch als Boden-Boden-Flugkörper einsetzen.

Ursprungsland:	USA; Truppenreife: 1957
Hersteller:	Douglas-Western Electric/USA
Verwendung:	Aerodynamischer Boden-Luft-Flugkörper
Lenkverfahren:	Kommandolenkung mit Leitstrahl
Triebwerk:	1 Ein-Stufen-Feststoff von Hercules und 4 Feststoffstarthilfen von Thiokol
Abmessungen:	Länge 11,9 m
	Durchmesser 0,82 m
	Spannweite 2,20 m
Startmasse:	4720 kg, Flugkörper ohne Starthilfe 2360 kg
Gefechtskopf:	TNT/nuklear
Leistungsangaben:	Endgeschwindigkeit 3,65 Mach
	Reichweite 130 km
	maximale Flughöhe 47 000 m

Abb. 25.24

Raytheon PATRIOT MIM-104

Mit diesem Waffensystem beginnt die 3. Generation von Flugabwehrflugkörpern, die hochbeweglich und ausschließlich mit konventionellen Gefechtsköpfen bestückt sind. Mit einem Multifunktionsradar können mehrere Ziele erfaßt und beleuchtet werden, die aktive Zielsuche erfolgt über den Flugkörper (TVM-track via missile/Kommandolenkung mittels Eigenlenkung). »Patriot« wird die »Nike-Hercules« ablösen. Der Flugkörper befindet sich startbereit in einem Behälter, der Transport-, Lager- und Startbehälter zugleich ist.

Ursprungsland:	USA; Truppenreife: 1984
Hersteller:	Raytheon Corp./USA
Verwendung:	Aerodynamischer Boden-Luft-Flugkörper
Lenkverfahren:	Kommando-/Eigenlenkung
Triebwerk:	1 Ein-Stufen-Feststoff von Thiokol
Abmessungen:	Länge 5,31 m
	Durchmesser 0,41 m (ohne Leitwerk)
Startmasse:	907 kg
Gefechtskopf:	70 kg
Leistungsangaben:	Endgeschwindigkeit 6,0 Mach
	Lastvielfaches bis 40 g
	Reichweite 70–140 km
	max. Flughöhe 24 000 m

Abb. 25.25

Martin PERSHING Ia MGM-31A

Als Nachfolge für den Flugkörper »Redstone« begann die Entwicklung der »Pershing« 1958. Dank hoher Beweglichkeit erreicht die- ses Waffensystem eine hohe Feuerbereit- schaft und ist nicht an feste Stellungen ge- bunden.

Ursprungsland:	USA; Truppenreife: 1962
Hersteller:	Martin Corp./USA
Verwendung:	Ballistischer Boden-Boden-Flugkörper
Lenkverfahren:	Trägheitslenkung
Triebwerk:	1 Zwei-Stufen-Feststoff von Thiokol
Abmessungen:	Länge 10,54 m
	Durchmesser 0,99 m
Startmasse:	4600 kg
Gefechtskopf:	TNT/nuklear
Leistungsangaben:	Endgeschwindigkeit 8+ Mach
	Reichweite 185–750 km
	maximale Flughöhe mehr als 100 000 m

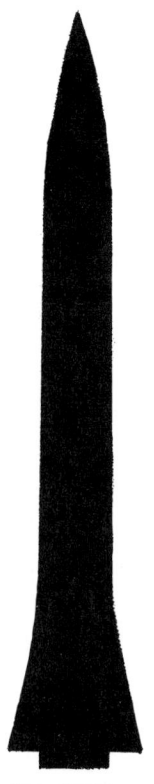

Abb. 25.26

Vought LANCE MGM-52C

Als Nachfolge-Waffensystem für die Boden-Boden-Artillerieraketen »Honest John« und »Sergeant« wurde die »Lance« als Korpsartil-lerieausrüstung eingeführt. Der Raketenwer-fer befindet sich auf geländegängiger Selbst-fahrlafette.

Ursprungsland: USA; Truppenreife: 1971
Hersteller: Vought Corp./USA
Verwendung: Ballistischer Boden-Boden-Flugkörper
Lenkverfahren: Programm- und Trägheitslenkung
Triebwerk: 1 Zwei-Stufen-Flüssigmodul von Rocketdyne
Abmessungen: Länge 6,10 m
                           Durchmesser 0,56 m (ohne Leitwerk)
Startmasse: 1100 kg
Gefechtskopf: Submunition/nuklear
Leistungsangaben: Endgeschwindigkeit 3+ Mach
                           Reichweite 120 km
                           max. Flughöhe 45000 m

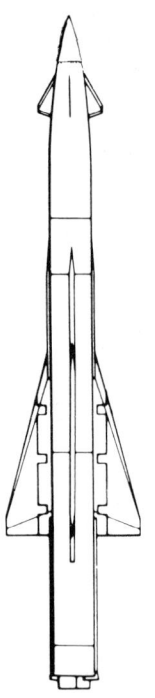

Abb. 25.27

ROLAND

Ein hochbewegliches Tieffliegerabwehr-Waffensystem, das in einem einzigen Fahrzeug untergebracht ist (Ortung, Feuerleit- oder optisches Zielgerät, Magazine). Beim Heer ist der FlaRak Pz 1 (auf Fahrgestell MARDER) mit ROLAND bestückt, bei Luftwaffe und Marine wird ROLAND für den Objektschutz auf geländegängigen Radfahrzeugen eingesetzt.

Ursprungsland:	Deutschland/Frankreich; Truppenreife: 1974
Hersteller:	MBB/Deutschland; Aérospatiale/Frankreich
Verwendung:	Tieffliegerabwehr-Lenkflugkörper Boden-Luft
Lenkverfahren:	Kommandolenkung mit halbaktiver Zielsuche
Triebwerk:	1 Zwei-Stufen-Feststoff von SAGEM/SAT
Abmessungen:	Länge 2,40 m
	Durchmesser 0,16 m
	Spannweite 0,50 m
Startmasse:	65 kg
Gefechtskopf:	6,5 kg
Leistungsangaben:	Geschwindigkeit ca. 1,6 M (500 m/s)
	Reichweite 500–6300 m
	max. Flughöhe 3000 m

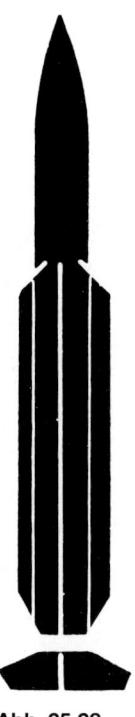

Abb. 25.28

General Dynamics TARTAR

Die Lenkwaffen-Zerstörer der deutschen Marine sind mit diesem Flugkörpersystem u. a. ausgerüstet.

Ursprungsland:	USA; Truppenreife: 1960
Hersteller:	General Dynamics/USA
Verwendung:	Aerodynamischer Boden-Luft-Flugkörper
Lenkverfahren:	Leitstrahlverfahren
Triebwerk:	1 Zwei-Stufen-Feststoff von Aerojet
Abmessungen:	Länge 4,5 m
	Durchmesser 0,30 m
Startmasse:	ca. 1500 kg
Gefechtskopf:	TNT
Leistungsangaben:	Endgeschwindigkeit 2+ Mach
	Reichweite 16 km

Abb. 25.29

KORMORAN AS-34

Luft-Schiff-Waffensystem mit hoher Reichweite zur Bekämpfung von schweren Überwasserfahrzeugen. Der Flugkörper wird außerhalb der gegnerischen Flugabwehr gestartet (stand-off) und steuert sich selbst auf das Ziel ein. Die Gefechtsladung reicht aus, einen Zerstörer kampfunfähig zu machen.

Ursprungsland: Deutschland; Truppenreife: 1974
Hersteller: MBB/Deutschl.; Aérospatiale/Frankreich
Verwendung: Luft-Schiff-Lenkflugkörper
Lenkverfahren: autonome Trägheitslenkung mit aktiver Zielsuchlenkung (Radar)
Triebwerk: Feststoff, zwei Start-, ein Marschtriebwerk
Abmessungen: Länge 4,40 m
                   Durchmesser 0,34 m
                   Spannweite 1,00 m
Startmasse: 600 kg
Gefechtskopf: hochenergetisch
Leistungsangaben: Endgeschwindigkeit Überschall
                   Reichweite 38 km
                   Flughöhe tiefst über der Wasserlinie

Teil C
ANHANG

Fliegerischer Dienst

1. Aufgaben

In den drei Teilstreitkräften im Dienst als
- Flugzeugführer und Waffensystemoffiziere für strahlgetriebene Kampfflugzeuge
- Flugzeugführer, Navigations- und Bordnavigationsoffiziere für strahl- und propellergetriebene Aufklärungs-, Transport- und Verbindungsflugzeuge
- Luftfahrzeugoperationsoffiziere für Seefernaufklärungs- und Ujagdflugzeuge sowie Hubschrauber der Marine
- Hubschrauberführer
- Bordmechaniker, Bordfunker, System- und Geräte-Bediener, Sensor-Operator, Lufttransportbegleiter, Luftretter, Flugzeugladungsmeister

a) Die **Heeresflieger** unterstützen mit mehr als 700 Hubschraubern alle Truppengattungen des Heeres durch Panzerabwehr aus der Luft, Transport von Soldaten und Material und durch Verbindung und Beobachtung. Dazu verfügen sie über Panzerabwehrhubschrauber (PAH), die mit Lenkraketen ausgerüstet sind, über leichte und mittlere Transporthubschrauber (LTH/MTH) sowie über Verbindungs- und Beobachtungshubschrauber (VBH).

b) Die **Luftwaffe** setzt über 700 strahlgetriebene Kampfflugzeuge als Jagdbomber, Abfangjäger und Aufklärer ein. Transportflugzeuge und Hubschrauber übernehmen den Lufttransport. Der Such- und Rettungsdienst wird hauptsächlich mit Hubschraubern durchgeführt. Die Flugbereitschaft des Bundesministeriums der Verteidigung übernimmt Transportflüge für die Bundesregierung sowie Personen- und Materialtransporte im Geschäftsbereich des Ministeriums für Verteidigung.

c) Die **Marine** unterstützt ihre schwimmenden Einheiten durch Seeluftstreitkräfte. Etwa 200 Luftfahrzeuge werden in der Marine geflogen. Die Marinefliegerdivision setzt Strahlflugzeuge für Jagdbomber- und Aufklärungseinsätze ein, Propellerflugzeuge für Fernaufklärung, Uboot-Ortung, Uboot-Jagd sowie für Transport- und Verbindungsaufgaben. Die auf Fregatten stationierten Hubschrauber führen sowohl Nahaufklärung, Uboot-Ortung und Uboot-Jagd, als auch Such- und Rettungsaufgaben (SAR) durch. Die an Land stationierten Hubschrauber fliegen neben Aufklärungs- auch SAR-Einsätze.

2. Besatzungen

a) Besatzungen von strahlgetriebenen Kampfflugzeugen

Flugzeugführer und Waffensystemoffizier (WSO) bilden die Besatzung in den zweisitzigen Kampfflugzeugen Tornado und Phantom. Die beiden Offiziere teilen sich die Aufgaben im Cockpit.

● Der Flugzeugführer ist im wesentlichen für die Flugzeugführung, die bordinterne Kommunikation mit dem Waffensystemoffizier und die Überwachung der Flugsysteme verantwortlich.

● Der Waffensystemoffizier hat seine Hauptaufgabe in der Navigation, in der Bedienung der Waffenanlage und der Sensoren, den Sprechfunk teilen sich Pilot und WSO aufgabenbezogen.

Dieses Team fliegt die Tornado und die Phantom als Jagdbomber, Aufklärer und Abfangjäger. Die Tornado haben sowohl Luftwaffe als auch Marine, die Phantom nur die Luftwaffe.

Das Kampfflugzeug Alpha Jet – ebenfalls nur von der Luftwaffe eingesetzt – wird von einem Flugzeugführer geflogen.

b) Besatzungen von sonstigen Flugzeugen

Die Luftwaffe setzt im Lufttransport vor allem Turboprop-Flugzeuge vom Typ C-160 Transall ein. Die Besatzung besteht aus zwei Flugzeugführern, dem Bordnavigationsfunkoffizier, einem Bordmechaniker und dem Flugzeugladungsmeister.

Die Marine fliegt Turboprop-Flugzeuge vom Typ Breguet Atlantic. Ihre Aufgaben sind Seefernaufklärung, Uboot-Ortung und Uboot-Jagd. Die Besatzung besteht aus zwölf Soldaten: zwei Flugzeugführern, Luft-

fahrzeugoperationsoffizier, Navigationsoffizier, Bordfunker, Bordmechaniker und sechs Ortungsbootsmännern.

Verbindungs- und gleichzeitig Transportflugzeug ist das Propellerflugzeug Do 28, geflogen von Luftwaffe und Marine. Darüber hinaus werden Flugzeuge dieses Typs von der Marine für die Aufklärung im Küstenvorfeld, Aufklärung bei Ölverschmutzungen sowie bei der Eisaufklärung eingesetzt. Zur Besatzung gehören zwei Flugzeugführer und je nach Auftrag weiteres Fachpersonal, z. B. bei einem Luftbildeinsatz ein Luftbild-Beobachter für die Navigation und ein Luftbild-Fotograf für die Bedienung der Luftbildgeräte.

Der Flugzeugführer ist für die Vorbereitung und Durchführung eines fliegerischen Einsatzes verantwortlich. Er koordiniert die Zusammenarbeit der Besatzungsmitglieder, die aus ihren jeweiligen Fachgebieten kommen, z. B. der Bordmechaniker aus der Flugzeugtechnik, der Flugzeugladungsmeister aus dem Bereich des Luftumschlags.

c) Besatzungen von Hubschraubern

Heer und Luftwaffe fliegen den leichten Transporthubschrauber UH-1D. Im allgemeinen gehören zur Besatzung: zwei Hubschrauberführer und ein Bordmechanikermeister, im SAR-Einsatz auch der Luftrettungsmeister.

Die BO 105 der Heeresflieger gibt es in zwei Versionen, nämlich als Verbindungs- und Beobachtungshubschrauber (Besatzung: ein Hubschrauberführer) und als Panzerabwehrhubschrauber, der mit sechs Panzerabwehrlenkraketen HOT ausgerüstet ist (Besatzung: zwei Hubschrauberführer).

Zur Besatzung des mittleren Transporthubschraubers CH-53 G der Heeresflieger gehören zwei Hubschrauberführer, ein Bord-mechaniker und ein Bordwart. Auch der Verbindungs- und Beobachtungshubschrauber Alouette II wird bei den Heeresfliegern geflogen (Besatzung: 1 Hubschrauberführer).

Die Fregatten 122 der Marine sind mit je 2 Bordhubschraubern MK 88 Sea Lynx ausgestattet. Sie werden vorwiegend zur Uboot-Ortung und Uboot-Jagd und zur Nahaufklärung eingesetzt. Ihre Besatzung besteht aus zwei Hubschrauberführern und einem Unterwasserortungs- und Waffenleitbootsmann (Sonar).

Der landgestützte Hubschrauber MK 41 Sea King wird seit 1987 für Überwasserortung, Datenübermittlung an eigene Überwassereinheiten und zur Bekämpfung von kleinen Überwassereinheiten eingesetzt. Zu seiner Besatzung gehören zwei Hubschrauberführer, ein Operationsoffizier und ein Bordmechaniker.

Hubschrauber-Besatzungen von Luftwaffe und Marine fliegen auch im SAR-Dienst (SAR = Search and Rescue/Suchen und Retten).

3. Voraussetzungen

Wer sich für den Fliegerischen Dienst entscheidet, muß die nachstehenden allgemeinen Einstellungsvoraussetzungen erfüllen.

a) Schulbildung

Das ist für den Fliegerischen Dienst in der Laufbahn der Offiziere des Truppendienstes (Verwendungen als Flugzeugführer, Waffensystemoffizier, Luftfahrzeugoperationsoffizier, Hubschrauberführer und Bordnavigationsfunker)

● das Zeugnis der allgemeinen oder fachgebundenen Hochschulreife oder ein als gleichwertig anerkannter Bildungsstand.

● Eingestellt werden kann auch, wer mindestens den Realschulabschluß oder einen als gleichwertig anerkannten Bildungsstand und eine abgeschlossene Berufsausbildung mitbringt.

● Als Propellerflugzeug- oder Hubschrauberführer und Bordnavigationsfunker können auch Bewerber mit Realschulabschluß oder gleichwertigem Bildungsstand ohne abgeschlossene Berufsbildung eingestellt werden.

Diese Bewerber erhalten ihre Ausbildung für eine Verwendung im Fliegerischen Dienst zunächst als Unteroffiziere, können aber in die Laufbahn der Offiziere des militärfachlichen Dienstes übernommen werden.

Für alle Bewerber gilt, daß sie am Tage der Einstellung das 17. Lebensjahr vollendet, das 25. Lebensjahr aber noch nicht beendet haben.

b) Fliegertauglichkeit

Der Einsatz in den Flugzeugen und Hubschraubern der Bundeswehr stellt an die Besatzungsmitglieder hohe physische und psychische Anforderungen. Jeder Bewerber für den Fliegerischen Dienst muß nachweisen, daß er diese Anforderungen körperlich und geistig erfüllt. Das beginnt bereits beim Annahmeverfahren an der Offizierbewerberprüfzentrale, an einer der Freiwilligenannahmestellen oder der Freiwilligenannahmezentrale der Marine, bei einem Fliegerarzt oder Truppenarzt. Hier wird in einer Voruntersuchung geprüft, ob Gesundheitsstörungen vorliegen, die voraussichtlich die Wehrfliegerverwendungsfähigkeit ausschließen.

● Bewerber dürfen nicht kleiner als 1,62 m und nicht größer als 1,93 m sein.
● Das Körpergewicht darf nicht mehr als 97 kg betragen.

● Brillenträger können nur zugelassen werden, wenn sie ohne Brille auf jedem Auge noch mindestens 50 Prozent sehen können. Das Ausmaß der Kurzsichtigkeit darf -0,75 sph Dioptrien, der Weitsichtigkeit +2,0 sph Dptr., und der Stabssichtigkeit 1,0 cyl Dptr. nicht überschreiten.

4. Verpflichtungszeiten

15 Jahre

● für alle Bewerber, die eine fliegerische Verwendung als Flugzeugführer, Waffensystemoffizier, Luftfahrzeugoperationsoffizier bei der Marine, Hubschrauberführer, Bordnavigationsfunkoffizier anstreben.

Ein Teil der Bewerber, die die Eignungsprüfung bei der Offizierbewerberprüfzentrale bestanden haben und für den Fliegerischen Dienst geeignet sind, kann zu einem wissenschaftlichen oder Fachhochschulstudiengang an einer Universität der Bundeswehr zugelassen werden.

Für Hubschrauberführer im Heer – als Offizier des Truppendienstes – ist das Studium an einer Universität der Bundeswehr der Regelfall. Wenn sie das Studium und die fliegerische Ausbildung erfolgreich abgeschlossen haben, können sie Berufsoffizier werden. Der größte Teil der Strahlflugzeugführer und Waffensystemoffiziere durchläuft jedoch kein Studium. Er wird Berufsoffizier mit der be-

sonderen Altersgrenze von 41 Jahren (BO 41).

10 Jahre

● Für Hubschrauberführer im Heer, als Offizier des Truppendienstes ohne Studium.

8 Jahre

● für Hubschrauberführer im Heer, als Unteroffizier mit späterer Verwendung als Offizier des militärfachlichen Dienstes.
   Die Dienstzeit wird dem Ausbildungsablauf entsprechend stufenweise festgesetzt.
   Für die spätere Verwendung im Fliegerischen Dienst können Unteroffiziere, die eine fliegerische Ausbildung als Flugzeug-, Hubschrauberführer oder Bordnavigationsfunker erhalten haben, mindestens Feldwebel/Bootsmann sind und den Realschulabschluß besitzen, bei Eignung im achten Dienstjahr (Luftwaffe und Marine im fünften Dienstjahr) zur Laufbahn der Offiziere des militärfachlichen Dienstes zugelassen werden.

5. Militärische Ausbildung und Eignungsfeststellung

Die Bewerber für den Fliegerischen Dienst, die wehrfliegerverwendungsfähig sind, erhalten zunächst die allgemeinmilitärische Ausbildung zum Offizier oder Unteroffizier.

Anwärter für die Laufbahn der Offiziere des Truppendienstes im Heer erhalten eine militärische Ausbildung von 39 (ab 01. 06. 89: 40) Monaten, in die der Erwerb des Militärluftfahrzeugführerscheins eingeschlossen ist. Danach ist die Teilnahme an einem Hochschulstudium vorgesehen.

Zukünftige Luftwaffenoffiziere in der Laufbahn des Truppendienstes durchlaufen zunächst eine allgemeinmilitärische Ausbildung zum Offizier.

Offizieranwärter der Marine durchlaufen zunächst die Ausbildung zum Seeoffizier.

Die fliegerische Ausbildung beginnt – soweit die geforderten Englischkenntnisse nicht bereits vorliegen – mit einem Sprachlehrgang in Englisch, der je nach Vorkenntnissen 3 bis 9 Monate dauert.

Danach überprüfen Luftwaffe und Marine ihr fliegendes Personal in einer 6- bis 8wöchigen Eignungsfeststellung in Fürstenfeldbruck. Diese setzt sich aus dem fliegertheoretischen und fliegerischen Auswahlverfahren (u. a. 18 Flugstunden) und dem ersten Alleinflug zusammen.

Hubschrauberführer der Marine durchlau-

Fliegerische Ausbildung der Besatzung von Kampfflugzeugen*

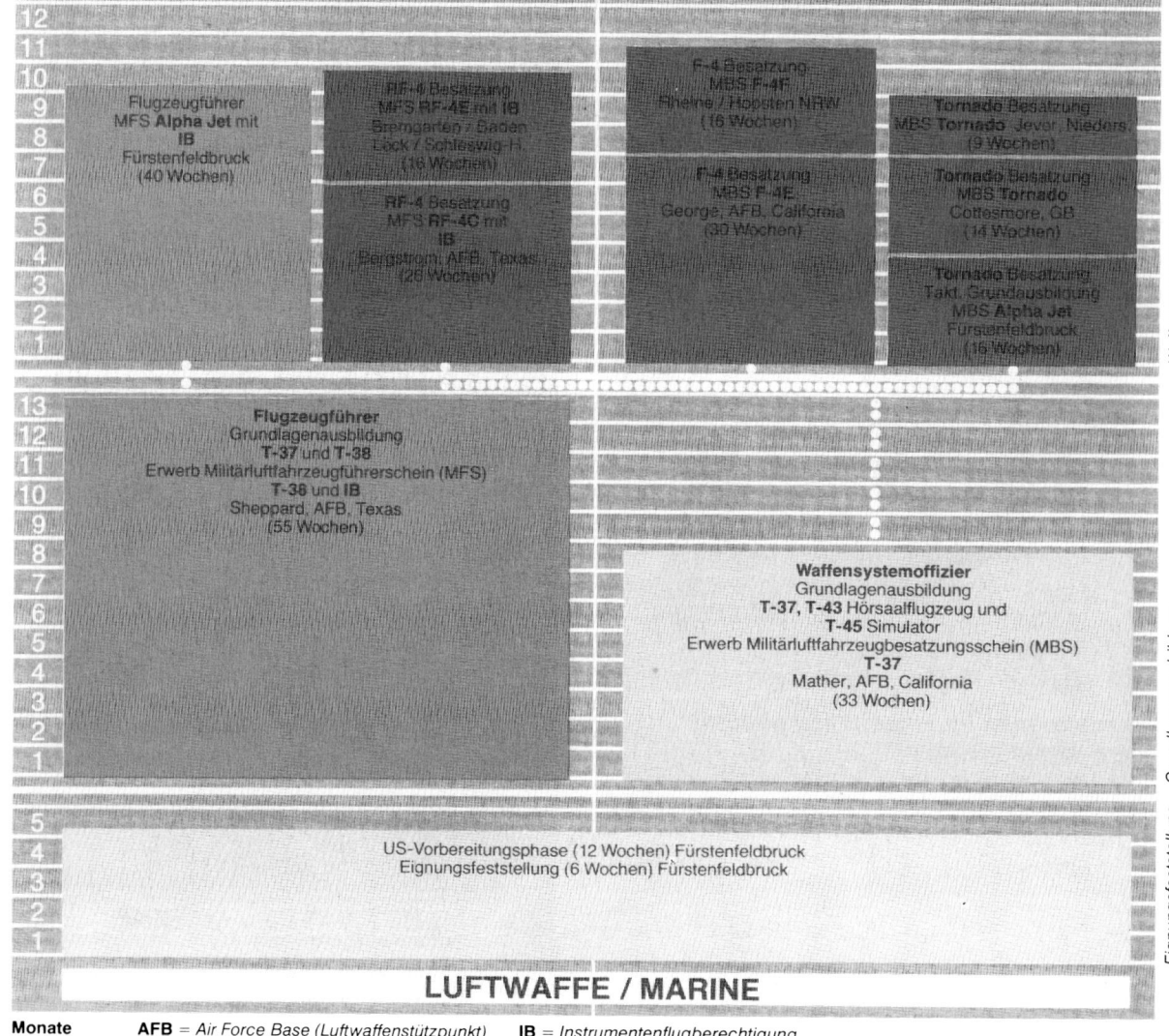

Monate **AFB** = Air Force Base (Luftwaffenstützpunkt)   **IB** = Instrumentenflugberechtigung
* ohne Offizierausbildung

fen ihre Eignungsfeststellung in Großbritannien unmittelbar vor der dortigen fliegerischen Ausbildung.

Im Heer findet die Eignungsfeststellung an der Heeresfliegerwaffenschule in Bückeburg statt. Die Eignungsfeststellung für Hubschrauberführer der Marine ist Teil der Ausbildung im Ausland.

Persönliche Eignung und der Bedarf in der Truppe sind dann ausschlaggebend für die weitere Ausbildung im Fliegerischen Dienst.

a) Besatzungen von strahlge triebenen Kampfflugzeugen

Künftige Besatzungen von strahlgetriebenen Kampfflugzeugen erhalten ihre fliegerische Grundausbildung in den USA.

Die Flugzeugführeranwärter werden in Sheppard, Texas, zunächst auf dem Unterschall-Düsentrainer T-37 und dann auf dem Überschall-Düsentrainer T-38 ausgebildet. Die fliegerische Ausbildung für künftige Waffensystemoffiziere erfolgt in Mather, Kalifornien.

Strahlflugzeugführer und Waffensystemoffiziere durchlaufen die Waffensystemausbildung auf zweisitzigen Kampfflugzeugen gemeinsam.

Sie ist für künftige Besatzungen
- des Abfangjägers und des Jagdbombers F-4 F Phantom in George (Kalifornien)
- des Aufklärers RF-4 E Phantom in Bergstrom (Texas)
- des Mehrzweck-Kampfflugzeuges Tornado in Cottesmore (Großbritannien) und in Jever (Niedersachsen).

b) Besatzungen von Transport flugzeugen

Die Ausbildung zum Transportflugzeugführer

Fliegerische Ausbildung zum Propeller-/Transportflugzeugführer

Einsatz als Copilot in einem Lufttransportverband bzw. im Marinefliegergeschwader 3 und 5. Nach entsprechendem Erfahrungsstand Weiterschulung zum verantwortl. Luftfahrzeugführer (VLF)

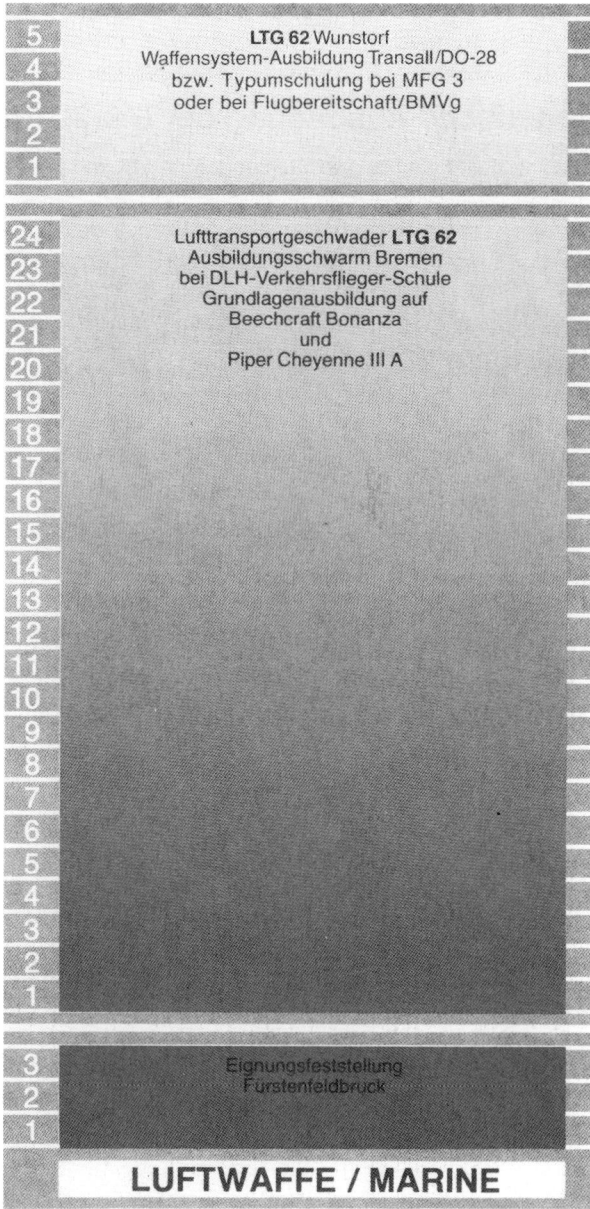

Monate

findet zwei Jahre lang bei der Verkehrsfliegerschule der Deutschen Lufthansa (DLH) in Bremen statt. Dort ist ein Ausbildungs-

601

schwarm des Lufttransportgeschwaders (LTG) 62 der Luftwaffe stationiert. Anschließend werden die Flugschüler in weiteren fünf Monaten beim LTG 62 in Wunstorf auf den Flugzeugen C-160 Transall bzw. Do 28 ausgebildet (siehe Grafik).

Die Bordnavigationsfunker der Luftwaffe erhalten 9 Monate lang ihre Spezialausbildung in Mather, Kalifornien, die Luftfahrzeugoperationsoffiziere der Marine 7 Monate bei der amerikanischen Marine in Pensacola und 5 Monate bei der Luftwaffe in Mather, an deutschen Marineschulen und im Einsatzverband.

c) Hubschrauberführer

Heer

Die fliegerische Schulung ist auf zwei Wegen möglich: an der Heeresfliegerwaffenschule in Bückeburg und in Fort Rucker, Alabama. In Bückeburg erhalten Hubschrauberführeranwärter eine ca. 7monatige Hubschraubergrundausbildung und eine fliegertaktische Ausbildung auf Alouette II. Je nach späterer Verwendung sind dann drei verschiedene Weiterschulungen vorgesehen:
- auf dem Verbindungs- und Beobachtungshubschrauber BO 105 M
- auf dem leichten Transporthubschrauber UH-1 D (mit fliegertaktischer Ausbildung und Instrumentenflugausbildung)
- auf dem Panzerabwehrhubschrauber BO 105 P (mit fliegertaktischer und Lenkraketenschützen-Ausbildung).

Einige der Hubschrauberführer werden auf dem leichten Transporthubschrauber UH-1 D, bei Bedarf auf dem mittleren Transporthubschrauber CH-53 G weitergeschult.

Die Ausbildung in Fort Rucker, Alabama, hängt u. a. von der sprachlichen Qualifikation in Englisch ab. Sieben Monate lang werden die künftigen Hubschrauberführer des Heeres auf dem Hubschrauber UH-1 ausgebildet. In der Anschlußausbildung auf dem Hubschrauber UH-1 D an der Heeresfliegerwaffenschule werden sie dann mit den Besonderheiten des Sicht- und Instrumentenflugbetriebes in Europa vertraut gemacht. Die anschließende fliegertaktische Ausbildung vermittelt das Fliegen in den Einsatzverfahren der Heeresfliegertruppe. Auch diese Hubschrauberführer können später bei Bedarf auf dem mittleren Transporthubschrauber weitergeschult werden.

Luftwaffe

Die künftigen Hubschrauberführer erhalten ihre fliegerische Grundlagenausbildung in Fort Rucker, Alabama. Sie dauert etwa sieben Monate. Wieder in der Bundesrepublik, schließt sich bei dem in Ahlhorn stationierten Hubschraubertransportgeschwader 64 auf dem Hubschraubermuster UH-1 D ein Lehrgang an, der die Hubschrauberführer mit den Eigenheiten des europäischen Luftraumes und den klimatischen Bedingungen vertraut macht.

Dieser sogenannten »Europäisierung« folgt die fliegertaktische Ausbildung. Hier werden Kenntnisse vermittelt, die für Transport- und SAR-Einsätze erforderlich sind.

Eine sich anschließende See- oder Gebirgsflugausbildung ist abhängig von einer entsprechenden Verwendung.

Marine

Die Hubschrauberführer der Marine werden in Großbritannien ausgebildet.

Nach einer 10½ Monate dauernden fliegerischen Grundlagenausbildung in Linton-on-Ouse und Culdrose werden die künftigen Piloten auf den Typen Sea King bzw. Sea Lynx in Culdrose bzw. Portland, Großbritannien, geschult und erhalten die den unterschiedlichen Einsatzmöglichkeiten der Hubschrauber entsprechende fliegertaktische Ausbildung.

Anschließend werden sie in Nordholz bzw. Kiel-Holtenau unter marinespezifischen Bedingungen weitergeschult.

Fliegerische Ausbildung zum Hubschrauberführer

Monate

HEER

- Fliegertaktische Ausbildung **MTH** CH 53
- Weiterschulung **MTH** CH 53
- Instrumentenflug-Ausb. UH-1 D
- Fliegertaktische Ausbildung **LTH** UH-1 D
- Weiterschulung **LTH** UH-1 D
- Fliegertaktische Ausbildg.
- Weiterschulung **PAH** BO 105 P
- Weiterschulung **VBH** BO 105 M
- Anschlußausbildung und Europäisierung UH-1 D
- Hubschrauberführerausbildung in den USA TH-55/UH-1 Fort Rucker Erwerb des MFS/H
- Fliegertaktische Ausbildung Alouette 2
- Hubschraubergrundausbildung Bückeburg Alouette 2 Erwerb des MFS/H
- Vorfliegerische Ausbildung Bückeburg

LUFTWAFFE

- Seeflugberechtigung **HTG 64** Ahlhorn
- Gebirgsflugberechtigung **LTG 61** Landsberg
- Erwerb Einsatzstatus Limited combat ready (LCR)
- Instrumenten- und Sichtflug **HTG 64** Ahlhorn UH-1 D Erwerb Instrumentenflugberechtigung (IB)
- Hubschrauberführergrundausbildung Sicht- und Instrumentenflug **Fort Rucker, Alabama, USA** TH-55/UH 1 Erwerb MFS/H
- Fürstenfeldbruck

MARINE

- Operational Flight Training Portland, GB, Einsatzflugausbildung, Sea Lynx, Taktische Ausbildung Simulator, Verfahrenstrainer
- Advanced Flight Training Portland, GB: Meteorolog. Kurs Flugausbildung Sea Lynx
- Typbezogene Einsatzausbildung im MFG 5 / MFG 3
- Advanced Flight Training Culdrose, Yeovilton GB Flugausbildung Sea King Taktische Ausbildung und Simulator
- Basic Flight Training **Culdrose, GB** auf Gazelle
- Elementary Flight Training **Linton-on-Ouse, GB** auf Bulldog
- Fliegerische Eignungsfeststellung Roborough, GB
- Theoretische Grundlagenausbildung, Seafield Park, GB

PAH = Panzerabwehr-hubschrauber

VBH = Verbindungs- und Beobachtungshubschr.

LTH = Leichter Transport-hubschrauber

MTH = Mittlerer Transport-hubschrauber

MFS/H = Militärluftfahrzeug-Führerschein Hubschrauber

Taktische Zeichen

LUFTSTREITKRÄFTE DER BUNDESWEHR (LUFTWAFFE, HEERES- UND MARINEFLIEGER).

Die Zusammenfassung der Streitkräfte der NATO-Länder unter gemeinsamem Kommando erfordert eine international gültige Symbolik (s. a. ZDv 1/11 – ZDv = Zentrale Dienstvorschrift).

Selbst wenn es auch Standardisierungsabkommen (STANAG) gibt, so finden sich im nationalen Rahmen dennoch Eigenheiten in taktischer Symbolik, die den Gesamtrahmen der Führung nicht stören. Sie werden hier nicht besonders herausgestellt.

Taktische Zeichen bestehen aus Grundzeichen und Zusatzzeichen, die sich beliebig kombinieren lassen, so daß sich unmißverständliche Aussagen ergeben.

1. Grundzeichen

Truppenteil, Dienststelle	▭	Flugkörper	⋂
Kommandobehörde, Stab	⊏▭	Flugabwehrwaffen	◠
Beobachtungsstelle	△	Boden-Boden-Flugkörper	⇛
ortsfeste Einrichtung, Anlage, Depot	◯		

2. Zeichen für Größenordnungen

(auf die Grundzeichen wird auf den oberen Rand das Größenordnungszeichen gesetzt):

Trupp/Besatzung (2–6 Mann)	⊡	Gruppe (6–12 Mann)	⊡⊡

604

Zug (12–60 Mann)	Regiment, Geschwader (1000–2000 Mann)
Kompanie, Staffel, Batterie (60–250 Mann)	Brigade (2000–6000 Mann)
Bataillon, Gruppe, Abteilung (250–1000 Mann)	Division (ca. 22 000 Mann)
	Korps, Luftwaffengruppe, Luftflotte

3. Zeichen für die Truppengattung

Jede einzelne Truppengattung bzw. Teilstreitkraft wird durch ein besonderes Symbol gekennzeichnet, das zusammen mit dem Grundzeichen das endgültige taktische Zeichen ergibt.

a) Luftwaffe

Tagjägereinheit	
Jagdbombereinheit	
Aufklärereinheit	
Transportereinheit	
Luftrettungsflugzeug (SAR = Search and Rescue)	
Verbindungsflugzeug	
leichtes Erdkampfflugzeug	
Hubschrauber	
Transporthubschrauber	
Schule der Luftwaffe	
Fliegerhorst der Luftwaffe	
Luftwaffenversorgungseinheit	
Luftwaffenpioniereinheit	

Technische Instandsetzungseinheit der Luftwaffe	
Technische Wartungseinheit der Luftwaffe	
Luftwaffenfernmeldeeinheit	
Luftwaffenflugmeldeeinheit	
Luftwaffenflugsicherungseinheit	
Geophysikalische Beratungseinheit	
Luftwaffenübungsplatz	
Luftwaffenflugabwehrraketeneinheit	
Luftwaffenflugabwehreinheit	
Flugkörpereinheit	

b) Heeresflieger

Heeresfliegereinheit	
Heeresfliegerstabs- und Versorgungseinheit	

Heeresfliegertransporteinheit

Heeresfliegerinstandsetzungseinheit

Heeresflieger (Luftlande)

Heeresflieger (Gebirgs-)

Heeresfliegerbeobachtungs- und
Verbindungseinheit

Beobachtungsflugzeug

Heeresfliegerflugbetriebseinheit

c) Marineflieger

Marinefliegereinheit

Marinefliegerflugbetriebseinheit

Marinefliegernachschubeinheit

Marinefliegersanitätseinheit

Marinefliegerseenot- und
Diensteinheit

Marinehubschraubereinheit

Seenotflugzeug

U-Boot-Abwehrflugzeug

Amphibienflugzeug

Nationale Kennbuchstaben[1]) werden bei Gefechtsständen von der Brigade aufwärts in Klammern ganz rechts eingesetzt.
Beispiel:

Kommando II. (GE)Korps
Die Nationalen Kennbuchstaben sind:

Belgien	(Belgium)	= BE
Kanada	(Canada)	= CA
Dänemark	(Denmark)	= DA
Frankreich	(France)	= FR
Bundesrepublik Deutschland	(Federal Republic of Germany)	= GE
Griechenland	(Greece)	= GR
Island	(Iceland)	= IC
Italien	(Italy)	= IT
Luxemburg	(Luxembourg)	= LU
Niederlande	(Netherlands)	= NL
Norwegen	(Norway)	= NO
Portugal	(Portugal)	= PO
Spanien	(Spain)	= SP
Türkei	(Turkey)	= TU
Vereinigtes Königreich	(United Kingdom)	= UK oder BR[1])
Vereinigte Staaten von Amerika	(United States)	= US

[1]) Die Buchstaben »UK« bedeuten das Vereinigte Königreich oder eine nur vom Vereinigten Königreich gestellte Streitkraft. Ferner können die Buchstaben »BR« in speziellen Fällen verwendet werden, um eine Streitkraft zu bezeichnen, die Einheiten von mehr als einem Lande des Britischen Commonwealth einschließt.

Schaltzeichen

1. Schaltzeichen der Elektronik

Schaltzeichen	Benennung
——	Gleichstrom allgemein
∿	Wechselstrom allgemein
≈	Tonfrequenz-Wechselstrom
≋	Hochfrequenz-Wechselstrom
═╪═	Leitungsabzweigung
⏚	Erde
⊥	Masse z. B. metallisches Gehäuse

Schaltzeichen	Benennung
60 V −⊣⊢+	Galvanische Stromquelle (Element, Akkumulator, Batterie) allgemein
−⊣⊢ *n* ⊣⊢+	Batterie mit n-Zellen
—Ⓖ—	Gleichstromgenerator (umlaufend)
—Ⓖ—	Wechselstromgenerator (umlaufend)
—[G]—	Ruhender Generator z. B. Röhrengenerator
—⊂▭⊃—	Induktor

Schaltzeichen	Benennung	Schaltzeichen	Benennung
(V)	Spannungsmesser		Transformator Übertrager, Wandler allgemein
(A)	Strommesser		mit Eisenkern
⊥	Kondensator, allgemein		Widerstand (Wirkwiderstand) allgemein
⟋\/\/\⟍	Wicklung (Spule) allgemein	⊓⊔	Meßwiderstand
⟋eee⟍	ohne Eisenkern		Kennzeichen für Einstellbarkeit (Abgleichen, Trimmen nicht betriebsmäßig)
⟋eee⟍	mit Eisenkern		Regelbarkeit in Stufen
\/\/ /\/\	Übertrager, Umspanner allgemein		Kennzeichen für stetige Regelbarkeit
⟋\/\/⟍ ⟋\/\/⟍	mit Eisenkern		selbsttätige Regelbarkeit
	Wicklung (Spule) allgemein		selbsttätige stetige Regelbarkeit
⟋mmm⟍	wahlweise Darstellung		

Schaltzeichen	Benennung	Schaltzeichen	Benennung

▶	Modeler, Rückmodeler	⊣⊢	Hochpaß
▶▶	Modeler mit Trägerunterdrückung	∞	Tiefpaß
⌁⌁	Gabelschaltung, Ausgleichschaltung	⊢∞	Bandpaß
◀	Elektrisches Ventil allgemein Die Spitze des Dreiecks gibt die Stromdurchlaß- richtung an		Bandsperre, Sperrkreis
▷	Verstärker, allgemein		Elektrische Weiche, Tiefpaß und Hochpaß
▷ ≈	Verstärker, mit Angabe des Frequenz- bereichs z. B. Tonfrequenz		Entzerrer
▷▷▷	Mehrstufiger Verstärker z. B. dreistufig		Störschutz
	Nachbildung		Größtwertbegrenzer
	Speicher		Kleinstwertbegrenzer
∼	Filter (Frequenzfilter), Paß oder Sperre		

Schaltzeichen	Benennung		Schaltzeichen	Benennung

 Antenne, Luftleiter
allgemein

 Lichtelektrische Zelle
(Fotozelle)
allgemein

 Sendeantenne

 Empfangsantenne

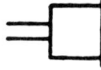 Schwingkristall
piezoelektrische Zelle

 Richtantenne
allgemein

 Zweipolröhre
z. B. Einweggleichrichter
mit direkt geheizter
Kathode

 Mikrofon
allgemein

 Doppelzweipolröhre,
z. B. Zweiweggleichrichter
mit direkt geheizter
Kathode

 Fernhörer
allgemein

 Dreipolröhre
mit direkt geheizter
Kathode

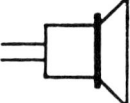 Lautsprecher
allgemein

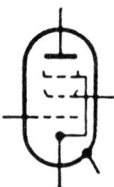 Fünfpolröhre
(Drei-Gitter-Röhre)
geschirmt
mit indirekt geheizter
Kathode

Wecker
allgemein

 Direkt geheizte Kathode

 Zweidrahtverstärker

Vierdrahtverstärker
mit getrennter Darstel-
lung der beiden Vier-
drahtleitungen

 Indirekt geheizte Kathode

 allgemein

Schaltzeichen	Benennung	Schaltzeichen	Benennung

Fernsprecher für
OB-Betrieb
(OB-Ortsbatterie)

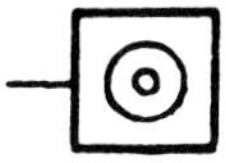

B-Vermittlung

Fernsprecher für
ZB-Betrieb
(ZB-Zentralbatterie)

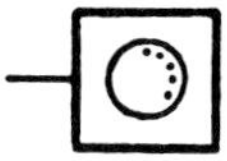

ZB-Vermittlung

Fernsprecher für W-Betrieb
(W-Wähler)

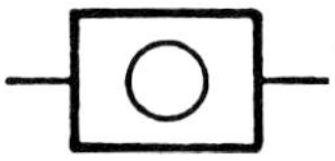

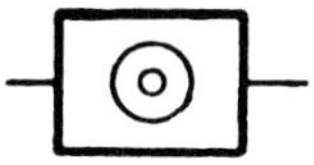

Selbsttätige W-Vermittlung

2. Zeichen der Datenverarbeitung

Schaltzeichen	Benennung	Schaltzeichen	Benennung

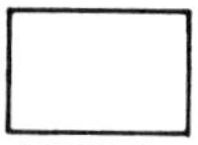

Bearbeiten, allgemein

Lochkarte

Ausführung
einer Hilfsfunktion

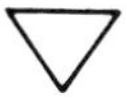

Lochstreifen

Mischen

Magnetband

Trennen

Trommelspeicher

Mischen mit gleichzeitigem
Trennen

Plattenspeicher

Sortieren

Matrixspeicher

Eingeben von Hand

Sichtanzeige

Datenträger (allgemein)

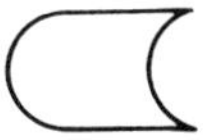

Flußlinie

vom Leitwerk der
Datenverarbeitungsanlage
gesteuerter Datenträger

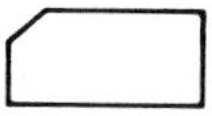

Transport der Datenträger

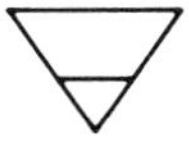

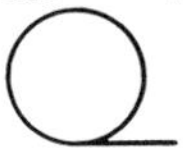

nicht vom Leitwerk der
Datenverarbeitungsanlage
gesteuerter Datenträger

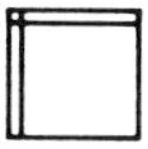

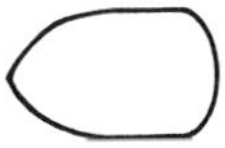

Datenübertragung

Schriftstück

Übergangsstelle

Schaltzeichen	Benennung		Schaltzeichen	Benennung
---⊏	Zuordnungszeichen		⬡	Operation von Hand
◇	Verzweigung		▱	Eingabe, Ausgabe
▯	Unterprogramm		—	Ablauflinie (auch von oben nach unten)
⬡	Programmodifikation		↓	Zusammenführung

Internationale Einheiten im Meßwesen

Die internationale Zusammenarbeit in Wirtschaft, Wissenschaft und Technik ist nur möglich, wenn sich alle Länder der Erde auf ein einheitliches System des gesamten Meßwesens einigen. Die 10. »Generalkonferenz für Maß und Gewicht« hat für alle dort vertretenen Staaten ein Internationales Einheitssystem (abgekürzt SI, von Système International d'Unités) angenommen, und auch die Bundesrepublik Deutschland hat mit dem obengenannten Gesetz die in diesem System festgelegten Basiseinheiten und die abgeleiteten Einheiten als verbindlich erklärt. Bis die Übergangsfristen am 31. Dezember 1977 abgelaufen waren, durften die bisherigen Maßeinheiten noch verwendet werden. Seither sind aber zahlreiche Einheiten wie Pond, Atmosphäre, Kalorie, Torr, Pferdestärke usw. nicht mehr zulässig.

Grundlage des SI bilden die sieben Basiseinheiten:

Länge	mit der Basiseinheit Meter (m)
Masse	mit der Basiseinheit Kilogramm (kg)
Zeit	mit der Basiseinheit Sekunde (s)
Elektrische Stromstärke	mit der Basiseinheit Ampere (A)
Thermodynamische Temperatur	mit der Basiseinheit Kelvin (K)
Lichtstärke	mit der Basiseinheit Candela (cd)
Stoffmenge	mit der Basiseinheit Mol (mol).

Basisgröße:	Länge	Masse	Zeit	Elektr. Stromstärke	Thermodynamische Temperatur	Lichtstärke
Einheit:	Meter	Kilogramm	Sekunde	Ampere	Kelvin	Candela
Kurzzeichen:	m	kg	s	A	K	cd

Vielfache der Einheiten			Teile der Einheiten		
Vielfaches	Vorsilbe	Kurzzeichen	Teile	Vorsilbe	Kurzzeichen
10^{12}	Tera	T	10^{-1}	Dezi	d
10^{9}	Giga	G	10^{-2}	Zenti	c
10^{6}	Mega	M	10^{-3}	Milli	m
10^{3}	Kilo	k	10^{-6}	Mikro	μ
10^{2}	Hekto	h	10^{-9}	Nano	n
10	Deka	da	10^{-12}	Piko	p
			10^{-15}	Femto	f
			10^{-18}	Atto	a

Anmerkungen:
- Nur ein Vorsatz ist zulässig.
- Vorsatz ohne Zwischenraum vor dem Namen der Einheit, z.B. Nanometer.
- Kurzzeichen des Vorsatzes ohne Zwischenraum vor das Kurzzeichen der Einheit, z.B. mA. Potenzexponenten bei derart zusammengesetzten Kurzzeichen beziehen sich auf das ganze Kurzzeichen, z.B. km^2 [$= (km)^2$].
- Bezeichnungen dezimaler Vielfacher und dezimaler Teile unter Verwendung von Vorsätzen dürfen nicht auf die Basiseinheit der Masse, das Kilogramm, angewendet werden.
- Bezeichnungen dürfen nicht auf dezimale Vielfache und dezimale Teile der abgeleiteten Zeiteinheiten (Minute, Stunde, Tag) angewendet werden (z.B. Deziminute).

Zur Zeit bedient man sich – leider – noch dreier Einheitensysteme:
- Internationales Einheitssystem (SI)
- Technisches Einheitensystem
- Angelsächsisches Einheitensystem

Bestrebungen sind im Gange, daß das Internationale Einheitensystem (SI) schlußendlich alle anderen Systeme ersetzt.

In diesem Buche wurde weitgehend Wert darauf gelegt, das Internationale Einheitensystem anzuwenden.

Von Bedeutung für die Luftfahrt und Flugtechnik sind:
- Meter (m) als Längeneinheit
- Kilogramm (kg) als Masseneinheit
- Sekunde (s) als Zeiteinheit
- Grad Kelvin (K) als Temperatureinheit

Alle anderen Einheiten, wie Kraft, Energie, Druck, Leistung usw., sind davon abgeleitet. Die nachfolgende Tabelle führt dies auf:

Größe:	Einheit:	Definition (SI):	Umrechnung in das Technische Einheitensystem:
Kraft	Newton (N)	$1\ N = 1\ \dfrac{mkg}{s^2}$	$1\ kp = 9{,}81\ N$
Energie	Joule (Joule)	$1\ J = 1\ Nm = 1\ \dfrac{m^2 kg}{s^2}$	$1\ mkp = 9{,}81\ J$
Druck	Bar	$1\ bar = 10^5\ \dfrac{N}{m^2}$	$1\ kp/cm^2 = 0{,}981 \cdot 10^5\ \dfrac{N}{m^2}$ $\approx 1\ bar$
	Pascal (Pa)	$1\ Pa = 1\ \dfrac{N}{m^2}$	$1\ hPa = 1\ mb$
Leistung	Watt (W)	$1\ W = 1\ \dfrac{J}{s} = 1\ \dfrac{m^2 kg}{s^3}$	$1\ PS = 75\ \dfrac{m \cdot kp}{s}$ $= 0{,}736\ kW$

Griechische Buchstaben											
A	α	a	Alpha	I	θ	j	Jota	P	ρ	r	Rho
B	β	b	Beta	K	$\varkappa$	k	Kappa	Σ	σ	s	Sigma
Γ	γ	g	Gamma	Λ	λ	l	Lambda	T	τ	t	Tau
Δ	δ	d	Delta	M	μ	m	My	Y	υ	y	Ypsilon
E	ε	e	Epsilon	N	ν	n	Ny	Φ	φ	ph	Phi
Z	ζ	z	Zeta	Ξ	ξ	x	Ksi	X	χ	ch	Chi
H	η	e	Eta	O	o	o	Omikron	Ψ	ψ	ps	Psi
Θ	ϑ	th	Theta	Π	π	p	Pi	Ω	ω	o	Omega

Wichtige SI-Einheiten

In der folgenden Auflistung sind die wesentlichen Einheiten zusammengestellt, an erster Stelle jeweils die SI-Einheit, dann die Beziehung der abgeleiteten Einheiten zu den Basiseinheiten. Der Anhang V bietet einige Umrechnungstabellen für SI-fremde Einheiten:

Größen	Formelzeichen	Einheit, Kurzzeichen, Beziehung
Länge	l, s, r	Meter, m
Winkel	α, ρ	Radiant, rad = m/m = 1
		Grad, 1° = 17,45329 mrad
		Minute, 1′ = 1°/60
		Sekunde, 1″ = 1′/60 = 1°/3600
Raumwinkel	ω	Steradiant, sr = m²/m² = 1
Zeit	t	Sekunde, s
		Minute, min = 60 s
		Stunde, h = 60 min = 3600 s
		Tag, d = 24 h = 1440 min = 86400 s
Frequenz	f	Hertz, Hz = 1/s
Kreisfrequenz	ω	1/s
Geschwindigkeit	v	m/s; km/h = 1/3,6 m/s
Beschleunigung	a	m/s²
Winkelgeschwindigkeit	ω	rad/s = 1/s
Winkelbeschleunigung	α	rad/s² = 1/s²
Masse	m	Kilogramm, kg; Gramm, g = 10^{-3}kg; Tonne, t = 10^3 kg
Dichte	ρ	kg/m³; kg/dm³ = t/m³ = 10^3 kg/m³; g/cm³ = kg/dm³ = t/m³ = 10^3 kg/m³
Kraft	F	Newton, N = kg m/s²
Kraftmoment	M	Newtonmeter, Nm = kg m²/s²
Gewichtkraft	G	
Arbeit	W, A	Joule, J = Nm = Ws = kg m²/s²
Energie	W, E	
Wärmemenge	Q	Kilowattstunde, kWh = 3,6 MJ
Leistung	P	Watt, W = J/s = kg m²/s²
Druck	p	Pascal, Pa = N/m² = kg/m s²
		Bar, bar = 10^5 Pa

Größen	Formelzeichen	Einheit, Kurzzeichen, Beziehung
Viskosität, dynamische	η	Pascalsekunde, Pa s = N s/m² = kg/m s
Impuls	p	N s = kg m/s
Drehimpuls	L	N m s = kg m²/s
Temperatur	T	Kelvin, K
Celsius-Temperatur	t	Grad Celsius,°C t = T − T₀; T₀ = 273,15 K
Temperaturdifferenz	ΔT	Kelvin, K
	Δt	Grad Celsius,°C
Wärmekapazität	C	J/K = Ws/K = Nm/K = kg m²/s² K
Wärmekapazität, spezifische	c	J/kg K = m²/s² K
Stromstärke, el.	I	Ampere, A
Ladung, el.	Q	Coulomb, C = A s
Spannung, el.	U	Volt, V = W/A = kg m²/s³ A
Widerstand, el.	R	Ohm, Ω = V/A = kg m²/s³ A²
Leitwert, el.	G	Siemens, S = 1/Ω = A/V = s³ A²/kg m²
Widerstand, spezifischer	ρ	Ohmmeter, Ωm = Vm/A = kg m³/s³ A²
		Ωmm²/m = 10⁻⁶ Ωm = $\mu\Omega$m
Kapazität	C	Farad, F = C/V = A s/V = s⁴ A²/kg m²
Verschiebungsdichte	D	C/m² = A s/m²
Feldstärke, el.	E	V/m = kg m/s³ A
Dielektrizitätskonstante	ε	F/m = s⁴ A²/kg m³
Feldstärke, magn.	H	A/m
		Oersted, Oe = 79,5775 A/m
Fluß, magn.	Φ	Weber, Wb = Vs = kg m²/s² A
Induktion, magn.	B	Tesla, T = Wb/m² = V s/m² = kg/s² A
Induktivität	L	Henry, H = Wb/A = Vs/A = kg m²/s² A²
Permeabilität	μ	H/m = Wb/A m = Vs/A m = kg m/s² A²
Schalldruck	p	Pa = N/m² = kg/m s²
		μbar = 0,1 Pa
Schallstärke	J	W/m² = J/s m² = kg/s³
Lichtstärke	I	Candela, cd
Leuchtdichte	L	cd/m²
Lichtstrom	Φ	Lumen, lm = cd sr
Beleuchtungsstärke	E	Lux, lx = lm/m² = cd sr/m²

Griechische Symbole

werden zur Kennzeichnung mathematischer oder physikalischer Größen sehr häufig bei der Bezeichnung von aerodynamischen Dar- stellungen verwendet. Auf die unterschiedlichen Gebräuche im anglo-amerikanischen Sprachraum sei ausdrücklich hingewiesen:

Symbol	Aussprache	Bedeutung
α	Alfa	Anstellwinkel
β	Beta	Schiebewinkel
γ	Gamma	– Verhältnis der spezifischen Wärmen
		– Machwinkel
		– Neigung der Flugbahn
ε	Epsilon	Gleitzahl
η	Eta	Wirkungsgrad
ϑ	Theta	Kennzeichnung von Winkeln, z.B. Azimut
κ	Kappa	Verhältnis der spezifischen Wärme
λ	(Klein)-Lambda	Zuspitzung (Flügel), Wellenlänge
μ	Mü	im Zusammenhang mit einem lateinischen Buchstaben als Einheitensymbol der millionste Teil dieser Einheit
μs	Mü-s	eine millionstel Sekunde, Mikro-Sekunde
μm	Mü-Meter	ein millionstel Meter = ein tausendstel Millimeter, Mikro-Meter
ρ	Rho	Luftdichte, Entfernungsmessung
φ	Fi	zur Kennzeichnung von Winkeln
ω	Omega	Wendegeschwindigkeit, Winkelgeschwindigkeit
ν	Nü	kinematische Zähigkeit

Wichtige angelsächsische Einheiten

Die englischen und amerikanischen Masseneinheiten weichen z.T. voneinander ab; sie werden daher oft durch Vorsetzen von Imp. (Imperial) und US (United States) unterschieden.

Die folgenden Tabellen enthalten die Beziehungen, die zwischen den wichtigsten in England und in den USA gebrauchten Einheiten und den Einheiten des Internationalen Einheitensystems bestehen; in Anhang V finden sich einige Umrechnungstabellen.

Längeneinheiten

Einheit	Deutsche Benennung	1 Einheit =			
inch (in.)	Zoll	10	lines	25,40	mm
foot, feet (ft.)	Fuß	12	in.	0,3048	m
yard (yd.)	Yard	3	ft.	0,9144	m
fathom (fath.)	Faden	2	yd.	1,829	m
rod (= pole)	Rute	5,5	yd.	5,029	m
(statute) mile	Landmeile	1760	yd.	1,609	km
nautical mile	Seemeile	2027	yd.	1,853	km

Flächeneinheiten

Einheit	Deutsche Benennung	1 Einheit =			
square inch (sq. in.)	Quadratzoll	–		6,452	cm²
square foot (sq. ft.)	Quadratfuß	144	sq. in.	0,09290	m²
square yard (sq. yd.)	Quadratyard	9	sq. ft.	0,8361	m²
square rod (sq. rod)	Quadratrute	30,25	sq. yd.	25,29	m²
acre	Acker	160	sq. rods	40,47	a
square mile	Quadrat-(Land-)meile	640	acres	2,589	km²

Raumeinheiten

Einheit	Deutsche Benennung	1 Einheit =	
cubic inch (cu. in.)	Kubikzoll	–	16,39 cm³
cubic foot (cu. ft.)	Kubikfuß	1728 cu. in.	28,32 dm³
cubic yard (cu. yd.)	Kubikyard	27 cu. ft.	0,7646 m³
register ton	Registertonne	100 cu. ft.	2,832 m³

Masseneinheiten

Einheit	Deutsche Benennung	1 Einheit =	
ounze (oz.)	Unze	1/16 lb.	28,35 g
pound (lb.)	Engl. Pfund	16 oz.	0,4536 kg
Imp. hundredweight (cwt.)	Engl. Zentner	112 lb.	50,80 kg
US hundredweight (cwt.)	US-Zentner	100 lb.	45,36 kg
Imp. ton (long ton)	Tonne	20 Imp. cwt.	1016 kg
US ton (short ton)	Tonne	20 US cwt.	907,2 kg

Verschiedene Einheiten

Einheit	Deutsche Benennung	1 Einheit =	
pound (force)/ foot (lb./ft.)	Pfund/Fuß	–	14,59 N/m
pound (force)/ square inch (psi)	Pfund/Quadrat-zoll	–	0,06895 bar
pound (mass)/ cubic foot (lb./cu.ft.)	Pfund/Quadrat-zoll	–	16,02 kg/m³
foot pound (force) (ft. – lb.)	Fußpfund	–	1,3558 J
British Thermal Unit (BTU)	Engl. Wärme-einheit	–	1,055 kJ
horse power (HP)	Engl. Pferdestärke	550 ft.-lb./sc.	0,7457 kW
horse power hour (HPh)	Engl. Pferdestärke-stunde	–	0,7457 kWh

Umrechnungstabellen

a) Umwandlungstabelle verschiedener Längenmaße

	Umrechnung von								
in	ft	yd	fath	stat mile	naut mile	m	m	km	km
in m	in m	in m	in m	in km	in km	in ft	in yd	in stat. mile	in naut. mile
1,0 0,0254	0,305	0,914	1,83	1,61	1,85	3,28	1,09	0,621	0,540
1,1 0,0279	0,335	1,01	2,01	1,77	2,04	3,61	1,20	0,684	0,594
1,2 0,0305	0,366	1,10	2,19	1,93	2,22	3,94	1,31	0,746	0,648
1,3 0,0330	0,396	1,19	2,38	2,09	2,41	4,27	1,42	0,808	0,702
1,4 0,0356	0,427	1,28	2,56	2,25	2,59	4,59	1,53	0,870	0,756
1,5 0,0381	0,457	1,37	2,74	2,41	2,78	4,92	1,64	0,932	0,809
1,6 0,0406	0,488	1,46	2,93	2,57	2,97	5,25	1,75	0,994	0,863
1,7 0,0432	0,518	1,55	3,11	2,74	3,15	5,58	1,86	1,06	0,917
1,8 0,0457	0,549	1,65	3,29	2,90	3,34	5,91	1,97	1,12	0,971
1,9 0,0483	0,579	1,74	3,47	3,06	3,52	6,23	2,08	1,18	1,03
2,0 0,0508	0,610	1,83	3,66	3,22	3,71	6,56	2,19	1,24	1,08
2,1 0,0533	0,640	1,92	3,84	3,38	3,89	6,89	2,30	1,30	1,13
2,2 0,0559	0,671	2,01	4,02	3,54	4,08	7,22	2,41	1,37	1,19
2,3 0,0584	0,701	2,10	4,21	3,70	4,26	7,55	2,52	1,43	1,24
2,4 0,0610	0,732	2,19	4,39	3,86	4,45	7,87	2,62	1,49	1,30
2,5 0,0635	0,762	2,29	4,57	4,02	4,63	8,20	2,73	1,55	1,35
2,6 0,0660	0,793	2,38	4,75	4,18	4,82	8,53	2,84	1,62	1,40
2,7 0,0686	0,823	2,47	4,94	4,35	5,00	8,86	2,95	1,68	1,46
2,8 0,0711	0,853	2,56	5,12	4,51	5,19	9,19	3,06	1,74	1,51
2,9 0,0737	0,884	2,65	5,30	4,67	5,37	9,51	3,17	1,80	1,57
3,0 0,0762	0,914	2,74	5,49	4,83	5,56	9,84	3,28	1,86	1,62
3,2 0,0813	0,975	2,93	5,85	5,15	5,93	10,5	3,50	1,99	1,73
3,4 0,0864	1,04	3,11	6,22	5,47	6,30	11,2	3,72	2,11	1,83
3,6 0,0914	1,10	3,29	6,58	5,79	6,67	11,8	3,94	2,24	1,94
3,8 0,0965	1,16	3,47	6,95	6,12	7,04	12,5	4,16	2,36	2,05
4,0 0,1016	1,22	3,66	7,32	6,44	7,41	13,1	4,37	2,49	2,16
4,2 0,1067	1,28	3,84	7,68	6,76	7,78	13,8	4,59	2,61	2,27
4,4 0,1118	1,34	4,02	8,05	7,08	8,15	14,4	4,81	2,73	2,37
4,6 0,1168	1,40	4,21	8,41	7,40	8,52	15,1	5,03	2,86	2,48
4,8 0,1219	1,46	4,39	8,78	7,72	8,90	15,7	5,25	2,98	2,59
5,0 0,1270	1,52	4,57	9,14	8,05	9,27	16,4	5,47	3,11	2,70
5,2 0,1321	1,58	4,75	9,51	8,37	9,64	17,1	5,69	3,23	2,81
5,4 0,1372	1,65	4,94	9,88	8,69	10,0	17,7	5,91	3,36	2,91
5,6 0,1422	1,71	5,12	10,2	9,01	10,4	18,4	6,12	3,48	3,02
5,8 0,1473	1,77	5,30	10,6	9,33	10,7	19,0	6,34	3,60	3,13
6,0 0,1524	1,83	5,49	11,0	9,66	11,1	19,7	6,56	3,73	3,24
6,2 0,1575	1,89	5,67	11,3	9,98	11,5	20,3	6,78	3,85	3,35
6,4 0,1626	1,95	5,85	11,7	10,3	11,9	21,0	7,00	3,98	3,45
6,6 0,1676	2,01	6,04	12,1	10,6	12,2	21,7	7,22	4,10	3,56
6,8 0,1727	2,07	6,22	12,4	10,9	12,6	22,3	7,44	4,23	3,67
7,0 0,1778	2,13	6,40	12,8	11,3	13,0	23,0	7,66	4,35	3,78
7,5 0,1905	2,29	6,86	13,7	12,1	13,9	24,6	8,20	4,66	4,05
8,0 0,2032	2,44	7,32	14,6	12,9	14,8	26,2	8,75	4,97	4,32
8,5 0,2159	2,59	7,77	15,5	13,7	15,8	27,9	9,30	5,28	4,59
9,0 0,2286	2,74	8,23	16,5	14,5	16,7	29,5	9,84	5,59	4,86
9,5 0,2413	2,90	8,69	17,4	15,3	17,6	31,2	10,4	5,90	5,13

Beispiele: 1 ft = 0,305 m; 7,5 yd = 6,86 m

b) Umrechnungstabelle verschiedener Geschwindigkeitsmaße

	Umrechnung von								
	km/h	m/s	km/h	miles/h (mph)	Knoten	ft/min	km/h	miles/h (mph)	km/h
	in m/s	in km/h	in miles/h	in km/h	in km/h	in m/min	in Zeit/km	in Zeit/km	in Zeit/100 km
1	0,28	3,6	0,621	1,61	1,85	0,305	60′	37′ 17″	100 h
5	1,39	18,0	3,11	8,05	9,27	1,52	12′	7′ 27″	20 h
10	2,78	36,0	6,21	16,1	18,5	3,05	6′	3′ 44″	10 h
15	4,17	54,0	9,32	24,1	27,8	4,57	4′	2′ 29″	6 h 40′
20	5,56	72,0	12,4	32,2	37,1	6,10	3′	1′ 52″	5 h
25	6,94	90,0	15,5	40,2	46,3	7,62	2′ 24″	1′ 29″	4 h
30	8,33	108	18,6	48,3	55,6	9,14	2′	1′ 15″	3 h 20′
40	11,1	144	24,9	64,4	74,1	12,2	1′ 30″	55,9	2 h 30′
50	13,9	180	31,1	80,5	92,7	15,2	1′ 12′	44,7″	2 h
60	16,7	216	37,3	96,6	111	18,3	1′	37,3″	1 h 40′
70	19,4	252	43,5	113	130	21,3	51,4″	32,0″	1 h 26′
80	22,2	288	49,7	129	148	24,4	45″	28,0″	1 h 15′
90	25,0	324	55,9	145	167	27,4	40″	24,9″	1 h 6,7′
100	27,8	360	62,1	161	185	30,5	36″	22,0″	1 h
110	30,6	396	68,4	177	204	33,5	32,7″	20,3″	54′ 33″
120	33,4	432	74,6	193	222	36,6	30″	18,6″	50′
130	36,1	468	80,8	209	241	39,6	27,7″	17,2″	46′ 9″
140	38,9	504	87,0	225	259	42,7	25,7″	16,0″	42′ 51″
150	41,7	540	93,2	241	278	45,7	24″	14,9″	40′
200	55,6	720	124	322	371	61,0	18″	11,2″	30′
300	83,3	1080	186	483	556	91,4	12″	7,5″	20′
400	111	1440	249	644	741	122	9″	5,6″	15′
500	139	1800	311	805	927	152	7,2″	4,5″	12′
600	167	2160	373	966	—	183	6″	3,7″	10′
800	222	2880	497	1287	—	244	4,5″	2,8″	7′30″
1000	278	3600	621	1609	—	305	3,6″	2,2″	6′
1200	333	--	746	—	—	366	3″	—	5′
1400	389	—	870	—	—	427	2,6″	—	4,17″

Geschwindigkeit (km/h) aus gestoppter Zeit je km (s/km)

s/km	0″	1″	2″	3″	4″	5″	6″	7″	8″	9″
	Geschwindigkeit in km/h									
10″	360	327	300	277	257	240	225	212	200	189
20″	180	171	164	157	150	144	138	133	129	124
30″	120	116	113	109	106	103	100	97	95	92
40″	90	88	86	84	82	80	78	77	75	73
50″	72	71	69	68	67	65	64	63	62	61
60″	60	59	58	57	56	55	55	54	53	52
70″	51	51	50	49	49	48	47	47	46	46
80″	45	44	44	43	43	42	42	41	41	40
90″	40	40	39	39	38	38	38	37	37	36

c) Temperatur-Umwandlungstabelle von Celsius in Fahrenheit und umgekehrt

Beispiel:

Um den Fahrenheitwert von 15° C zu finden, in der mittleren Spalte (F/C) die Zahl 15 suchen und dann rechts in der Fahrenheitspalte (F) 59,0° F ablesen. Um umgekehrt den Celsiuswert von 15° F festzustellen, von der Zahl 15 in der mittleren Spalte nach links in die Celsiusspalte (C) gehen und dort −9,44° C ablesen.

C	−F/C−	F	C	−F/C−	F	C	−F/C−	F
−62,2	−80	−112,0	26,67	80	176,0	143,33	290	554,0
−56,7	−70	−94,0	29,44	85	185,0	148,89	300	572,0
−51,1	−60	−76,0	32,22	90	194,0	154,44	310	590,0
−45,6	−50	−58,0	35,00	95	203,0	160,00	320	608,0
−40,0	−40	−40,0	37,78	100	212,0	165,56	330	626,0
−34,0	−30	−22,0	40,56	105	221,0	171,11	340	644,0
−31,7	−25	−13,0	43,33	110	230,0	176,67	350	662,0
−28,9	−20	−4,0	46,11	115	239,0	182,22	360	680,0
−26,1	−15	5,0	48,89	120	248,0	187,78	370	698,0
−23,3	−10	14,0	51,67	125	257,0	193,33	380	716,0
−20,6	−5	23,0	54,44	130	266,0	198,89	390	734,0
−17,8	0	32,0	57,22	135	275,0	204,44	400	752,0
−15,0	5	41,0	60,00	140	284,0	210,00	410	770,0
−12,22	10	50,0	65,56	150	302,0	215,56	420	788,0
−9,44	15	59,0	71,11	160	320,0	221,11	430	806,0
−6,67	20	68,0	76,67	170	338,0	226,67	440	824,0
−3,89	25	77,0	82,22	180	356,0	232,22	450	842,0
−1,11	30	86,0	87,78	190	374,0	257,78	460	860,0
1,67	35	95,0	93,33	200	392,0	243,33	470	878,0
4,44	40	104,0	98,89	210	410,0	248,89	480	896,0
7,22	45	113,0	104,44	220	428,0	254,44	490	914,0
10,00	50	122,0	110,00	230	446,0	260,00	500	932,0
12,78	55	131,0	115,56	240	464,0	265,56	510	950,0
15,56	60	140,0	121,11	250	482,0	271,11	520	968,0
18,33	65	149,0	126,67	260	500,0	276,67	530	986,0
21,11	70	158.0	132,22	270	518,0	282,22	540	1004,0
23,89	75	167,0	137,78	280	536,0	287,78	550	1022,0

d) hPa in Inches of Mercury (Hg)

hPa	0	1	2	3	4	5	6	7	8	9
					INCHES					
940	27,76	27,79	27,82	27,85	27,88	27,91	27,94	27,96	27,99	28,02
950	28,05	28,08	28,11	28,14	28,17	28,20	28,23	28,26	28,29	28,32
960	28,35	28,38	28,41	28,44	28,47	28,50	28,53	28,56	28,58	28,61
970	28,64	28,67	28,70	28,73	28,76	28,79	28,82	28,85	28,88	28,91
980	28,94	28,97	29,00	29,03	29,06	29,09	29,12	29,15	29,18	29,20
990	29,23	29,26	29,29	29,32	29,35	29,38	29,41	29,44	29,47	29,50
1000	29,53	29,56	29,59	29,62	29,65	29,68	29,71	29,74	29,77	29,80
1010	29,83	29,85	29,88	29,91	29,94	29,97	30,00	30,03	30,06	30,09
1020	30,12	30,15	30,18	30,21	30,24	30,27	30,30	30,33	30,36	30,39
1030	30,42	30,45	30,47	30,50	30,53	30,56	30,59	30,62	30,65	30,68
1040	30,71	30,74	30,77	30,80	30,83	30,86	30,89	30,92	30,95	30,98
1050	31,01	31,04	31,07	31,09	31,12	31,15	31,18	31,21	31,24	31,27

Beispiel: 1013 hPa = 29.91 inches

e) Flächenmaße-Umrechnungstafel

	sq.in. in cm²	sq.ft. in m²	sq.yard in m²	sq.chain in ar	sq.mile in km²	cm² in sq.in.	m² in sq.ft.	m² in sq.yard	km² in sq.mile
				Umrechnung von					
1,0	6,452	0,093	0,836	4,047	2,589	0,155	10,76	1,196	0,386
1,1	7,097	0,102	0,920	4,452	2,848	0,171	11,84	1,316	0,425
1,2	7,742	0,112	1,004	4,856	3,107	0,186	12,92	1,435	0,463
1,3	8,388	0,121	1,087	5,261	3,366	0,202	13,99	1,555	0,502
1,4	9,033	0,130	1,171	5,666	3,625	0,217	15,07	1,674	0,540
1,5	9,678	0,139	1,255	6,071	3,884	0,233	16,15	1,794	0,579
1,6	10,32	0,149	1,338	6,475	4,142	0,248	17,22	1,914	0,618
1,7	10,97	0,158	1,422	6,880	4,401	0,264	18,30	2,033	0,656
1,8	11,61	0,167	1,505	7,285	4,660	0,279	19,38	2,153	0,695
1,9	12,26	0,177	1,589	7,689	4,919	0,295	20,45	2,272	0,733
2,0	12,90	0,186	1,673	8,094	5,178	0,310	21,53	2,392	0,772
2,1	13,55	0,195	1,756	8,499	5,437	0,326	22,60	2,512	0,811
2,2	14,19	0,204	1,840	8,903	5,696	0,341	23,68	2,631	0,849
2,3	14,84	0,214	1,924	9,308	5,955	0,357	24,76	2,751	0,888
2,4	15,49	0,223	2,007	9,713	6,214	0,372	25,83	2,870	0,926
2,5	16,13	0,232	2,091	10,12	6,473	0,388	26,91	2,990	0,965
2,6	16,78	0,242	2,174	10,52	6,731	0,403	27,99	3,110	1,004
2,7	17,42	0,251	2,258	10,93	6,990	0,419	29,06	3,229	1,042
2,8	18,07	0,260	2,342	11,33	7,249	0,434	30,14	3,349	1,081
2,9	18,71	0,270	2,425	11,74	7,508	0,450	31,22	3,468	1,119
3,0	19,36	0,279	2,509	12,14	7,767	0,465	32,29	3,588	1,158
3,2	20,65	0,297	2,676	12,95	8,285	0,496	34,45	3,827	1,235
3,4	21,94	0,316	2,843	13,76	8,803	0,527	36,60	4,066	1,312
3,6	23,23	0,334	3,011	14,57	9,320	0,558	38,75	4,306	1,390
3,8	24,52	0,353	3,178	15,38	9,838	0,589	40,90	4,545	1,467
4,0	25,81	0,372	3,345	16,19	10,36	0,620	43,06	4,784	1,544
4,2	27,10	0,390	3,513	17,00	10,87	0,651	45,21	5,023	1,621
4,4	28,39	0,409	3,680	17,81	11,39	0,682	47,36	5,262	1,698
4,6	29,68	0,427	3,847	18,62	11,91	0,713	49,51	5,502	1,776
4,8	30,97	0,446	4,014	19,43	12,43	0,744	51,67	5,741	1,853
5,0	32,26	0,465	4,182	20,24	12,95	0,775	53,82	5,980	1,930
5,2	33,55	0,483	4,349	21,04	13,46	0,806	55,97	6,219	2,007
5,4	34,84	0,502	4,516	21,85	13,98	0,837	58,13	6,458	2,084
5,6	36,13	0,520	4,683	22,66	14,50	0,868	60,28	6,698	2,162
5,8	37,42	0,539	4,851	23,47	15,02	0,899	62,43	6,937	2,239
6,0	38,71	0,557	5,018	24,28	15,53	0,930	64,58	7,176	2,316
6,2	40,00	0,576	5,185	25,09	16,05	0,961	66,74	7,415	2,393
6,4	41,29	0,595	5,352	25,90	16,57	0,992	68,89	7,654	2,470
6,6	42,58	0,613	5,520	26,71	17,09	1,023	71,04	7,894	2,548
6,8	43,87	0,632	5,687	27,52	17,61	1,054	73,20	8,133	2,625
7,0	45,16	0,650	5,854	28,33	18,12	1,085	75,35	8,372	2,702
7,5	48,39	0,697	6,272	30,35	19,42	1,163	80,73	8,970	2,895
8,0	51,62	0,743	6,690	32,38	20,71	1,240	86,11	9,568	3,088
8,5	54,84	0,790	7,109	34,40	22,01	1,318	91,49	10,17	3,281
9,0	58,07	0,836	7,527	36,42	23,30	1,395	96,88	10,76	3,474
9,5	61,29	0,883	7,945	38,45	24,60	1,473	102,3	11,36	3,667

Beispiele: 1 sq.in. = 6,452 cm²; 5,8 sq.yd. = 4,851 m²

f) Raummaße-Umrechnungstafel

	cu.in.	cu.ft.	cu.yd.	liquid pint (US)	liquid quart	Imp. gallon	US-gallon	cm³	m³
	in cm³	in l	in m³	in l	in l	in l	in l	in cu.in.	in cu.yd.
1,0	16,39	28,32	0,765	0,473	0,946	4,544	3,785	0,061	1,308
1,1	18,03	31,15	0,842	0,520	1,041	4,998	4,164	0,067	1,439
1,2	19,67	33,98	0,918	0,568	1,135	5,453	4,542	0,073	1,570
1,3	21,31	36,82	0,995	0,615	1,230	5,907	4,921	0,079	1,700
1,4	22,95	39,65	1,071	0,662	1,324	6,362	5,299	0,085	1,831
1,5	24,59	42,48	1,148	0,710	1,419	6,816	5,678	0,092	1,962
1,6	26,22	45,31	1,224	0,757	1,514	7,270	6,056	0,098	2,093
1,7	27,86	48,14	1,301	0,804	1,608	7,725	6,435	0,104	2,224
1,8	29,50	50,98	1,377	0,851	1,703	8,179	6,813	0,110	2,354
1,9	31,14	53,81	1,454	0,899	1,797	8,634	7,192	0,116	2,485
2,0	32,78	56,64	1,530	0,946	1,892	9,088	7,570	0,122	2,616
2,1	34,42	59,47	1,607	0,993	1,987	9,542	7,949	0,128	2,747
2,2	36,06	62,30	1,683	1,041	2,081	9,997	8,327	0,134	2,878
2,3	37,70	65,14	1,760	1,088	2,176	10,45	8,706	0,140	3,008
2,4	39,34	67,97	1,836	1,135	2,270	10,91	9,084	0,146	3,139
2,5	40,98	70,80	1,913	1,183	2,365	11,36	9,463	0,153	3,270
2,6	42,61	73,63	1,989	1,230	2,460	11,81	9,841	0,159	3,401
2,7	44,25	76,46	2,066	1,277	2,554	12,27	10,22	0,165	3,532
2,8	45,89	79,30	2,142	1,324	2,649	12,72	10,60	0,171	3,662
2,9	47,53	82,13	2,219	1,372	2,743	13,18	10,98	0,177	3,793
3,0	49,17	84,96	2,295	1,419	2,838	13,63	11,36	0,183	3,924
3,2	52,45	90,62	2,448	1,514	3,027	14,54	12,11	0,195	4,186
3,4	55,73	96,92	2,601	1,608	3,216	15,45	12,87	0,207	4,447
3,6	59,00	102,0	2,754	1,703	3,406	16,36	13,63	0,220	4,709
3,8	62,28	107,6	2,907	1,797	3,595	17,27	14,38	0,232	4,970
4,0	65,56	113,3	3,060	1,892	3,784	18,18	15,14	0,244	5,232
4,2	68,84	118,9	3,213	1,987	3,973	19,09	15,90	0,256	5,494
4,4	72,12	124,6	3,366	2,081	4,162	20,00	16,65	0,268	5,755
4,6	75,39	130,3	3,519	2,176	4,352	20,90	17,41	0,281	6,017
4,8	78,67	135,9	3,672	2,270	4,541	21,81	18,17	0,293	6,278
5,0	81,95	141,6	3,825	2,365	4,730	22,72	18,93	0,305	6,540
5,2	85,23	147,3	3,978	2,460	4,919	23,63	19,68	0,317	6,802
5,4	88,51	152,9	4,131	2,554	5,108	24,54	20,44	0,330	7,063
5,6	91,78	158,6	4,284	2,649	5,298	25,45	21,20	0,342	7,325
5,8	95,06	164,3	4,437	2,743	5,487	26,36	21,95	0,354	7,586
6,0	98,34	169,9	4,590	2,838	5,676	27,26	22,71	0,366	7,848
6,2	101,6	175,6	4,743	2,933	5,865	28,17	23,47	0,378	8,110
6,4	104,9	181,3	4,896	3,027	6,054	29,08	24,22	0,391	8,371
6,6	108,2	186,9	5,049	3,122	6,244	29,99	24,98	0,403	8,633
6,8	111,5	192,6	5,202	3,216	6,433	30,90	25,74	0,415	8,894
7,0	114,7	198,2	5,355	3,311	6,622	31,81	26,50	0,427	9,156
7,5	122,9	212,4	5,738	3,548	7,095	34,08	28,39	0,458	9,810
8,0	131,1	226,6	6,120	3,784	7,568	36,35	30,28	0,488	10,46
8,5	139,3	240,7	6,503	4,021	8,041	38,62	32,17	0,519	11,12
9,0	147,5	254,9	6,885	4,257	8,514	40,90	34,07	0,549	11,77
9,5	155,7	269,0	7,268	4,494	8,987	43,17	35,96	0,580	12,43

Beispiele: 1 cu.in. = 16,39 m³; 3 Imp. gall. = 13,63 l

g) Gewichte-Umrechnungstafel

	grain	dram	oz.	lb.	engl. cwt.	US-cwt.	engl. ton	US-ton
	in g	in g	in g	in kg	in kg	in kg	in t	in t
1,0	0,065	1,772	28,35	0,454	50,81	45,36	1,016	0,907
1,1	0,071	1,949	31,19	0,499	55,89	49,90	1,118	0,998
1,2	0,078	2,126	34,02	0,544	60,97	54,43	1,219	1,088
1,3	0,084	2,304	36,86	0,590	66,05	58,97	1,321	1,179
1,4	0,091	2,481	39,69	0,635	71,13	63,50	1,422	1,270
1,5	0,097	2,658	42,53	0,680	76,22	68,04	1,524	1,361
1,6	0,104	2,835	45,36	0,726	81,30	72,58	1,626	1,451
1,7	0,110	3,012	48,20	0,771	86,38	77,11	1,727	1,542
1,8	0,117	3,190	51,03	0,817	91,46	81,65	1,829	1,633
1,9	0,123	3,367	53,87	0,862	96,54	86,18	1,930	1,723
2,0	0,130	3,544	56,70	0,907	101,6	90,72	2,032	1,814
2,1	0,136	3,721	59,54	0,953	106,7	95,26	2,134	1,905
2,2	0,143	3,898	62,37	0,998	111,8	99,79	2,235	1,995
2,3	0,149	4,076	65,21	1,043	116,9	104,3	2,337	2,086
2,4	0,156	4,253	68,04	1,089	121,9	108,9	2,438	2,177
2,5	0,162	4,430	70,88	1,134	127,0	113,4	2,540	2,268
2,6	0,168	4,607	73,71	1,179	132,1	117,9	2,642	2,358
2,7	0,175	4,784	76,55	1,225	137,2	122,5	2,743	2,449
2,8	0,181	4,962	79,38	1,270	142,3	127,0	2,845	2,540
2,9	0,188	5,139	82,22	1,315	147,4	131,5	2,946	2,630
3,0	0,194	5,316	85,05	1,361	152,4	136,1	3,048	2,721
3,2	0,207	5,670	90,72	1,452	162,6	145,2	3,251	2,902
3,4	0,220	6,025	96,39	1,542	172,8	154,2	3,454	3,084
3,6	0,233	6,379	102,1	1,633	182,9	163,3	3,658	3,265
3,8	0,246	6,734	107,7	1,724	193,1	172,4	3,861	3,447
4,0	0,259	7,088	113,4	1,814	203,2	181,4	4,064	3,628
4,2	0,272	7,442	119,1	1,905	213,4	190,5	4,267	3,809
4,4	0,285	7,797	124,7	1,996	223,6	199,6	4,470	3,991
4,6	0,298	8,151	130,4	2,087	233,7	208,7	4,674	4,172
4,8	0,311	8,506	136,1	2,177	243,9	217,7	4,877	4,354
5,0	0,324	8,860	141,8	2,268	254,1	226,8	5,080	4,535
5,2	0,337	9,214	147,4	2,359	264,2	235,9	5,283	4,716
5,4	0,350	9,569	153,1	2,449	274,4	244,9	5,486	4,898
5,6	0,363	9,923	158,8	2,540	284,5	254,0	5,690	5,079
5,8	0,376	10,28	164,4	2,631	294,7	263,1	5,893	5,261
6,0	0,389	10,63	170,1	2,722	304,9	272,2	6,096	5,442
6,2	0,402	10,99	175,8	2,812	315,0	281,2	6,299	5,623
6,4	0,415	11,34	181,4	2,903	325,2	290,3	6,502	5,805
6,6	0,428	11,70	187,1	2,994	335,4	299,4	6,706	5,986
6,8	0,441	12,05	192,8	3,085	345,5	308,5	6,909	6,168
7,0	0,454	12,40	198,5	3,175	355,7	317,5	7,112	6,349
7,5	0,486	13,29	212,6	3,402	381,1	340,2	7,620	6,803
8,0	0,518	14,18	226,8	3,629	406,5	362,9	8,128	7,256
8,5	0,551	15,06	241,0	3,856	431,9	385,6	8,636	7,710
9,0	0,583	15,95	255,2	4,082	457,3	408,2	9,144	8,163
9,5	0,616	16,83	269,3	4,309	482,7	430,9	9,652	8,617

Beispiele: 1 lb. = 0,454 kg; 5 US-ton = 4,535 t

h) Druckmaße-Umrechnungstafel

	Umrechnung von					Umrechnung von		
	lb. sq.in.	engl.ton sq.in.	lb. sq.ft.	US-ton sq.in:	Torr		Atm	at	b
	in kg/cm²	in kg/mm²	in kg/m²	in kg/mm²	in mm WS		in Torr	in Torr	in Torr
1,0	0,070	1,575	4,883	1,406	13,60	0,10	76,00	73,56	75,01
1,1	0,077	1,733	5,371	1,547	14,96	0,11	83,60	80,92	82,51
1,2	0,084	1,890	5,860	1,687	16,32	0,12	91,20	88,27	90,01
1,3	0,091	2,048	6,348	1,828	17,68	0,13	98,80	95,63	97,51
1,4	0,098	2,205	6,836	1,968	19,04	0,14	106,4	103,0	105,0
1,5	0,105	2,363	7,325	2,109	20,40	0,15	114,0	110,3	112,5
1,6	0,112	2,520	7,813	2,250	21,76	0,16	121,6	117,7	120,0
1,7	0,119	2,678	8,301	2,390	23,12	0,17	129,2	125,1	127,5
1,8	0,126	2,835	8,789	2,531	24,48	0,18	136,8	132,4	135,0
1,9	0,133	2,993	9,278	2,671	25,84	0,19	144,4	139,8	142,5
2,0	0,140	3,150	9,766	2,812	27,20	0,20	152,0	147,1	150,0
2,1	0,147	3,308	10,25	2,953	28,56	0,21	159,6	154,5	157,5
2,2	0,154	3,465	10,74	3,093	29,92	0,22	167,2	161,8	165,0
2,3	0,161	3,623	11,23	3,234	31,28	0,23	174,8	169,2	172,5
2,4	0,168	3,780	11,72	3,374	32,64	0,24	182,4	176,5	180,0
2,5	0,175	3,938	12,21	3,515	34,00	0,25	190,0	183,9	187,5
2,6	0,182	4,095	12,70	3,656	35,36	0,26	197,6	191,3	195,0
2,7	0,189	4,253	13,18	3,796	36,72	0,27	205,2	198,6	202,5
2,8	0,196	4,410	13,67	3,937	38,08	0,28	212,8	206,0	210,0
2,9	0,203	4,568	14,16	4,077	39,44	0,29	220,4	213,3	217,5
3,0	0,210	4,725	14,65	4,218	40,80	0,30	228,0	220,7	225,0
3,2	0,224	5,040	15,63	4,499	43,52	0,32	243,2	235,4	240,0
3,4	0,238	5,355	16,60	4,780	46,24	0,34	258,4	250,1	255,0
3,6	0,252	5,670	17,58	5,062	48,96	0,36	273,6	264,8	270,0
3,8	0,266	5,985	18,56	5,343	51,68	0,38	288,8	279,5	285,0
4,0	0,280	6,300	19,53	5,624	54,40	0,40	304,0	294,2	300,0
4,2	0,294	6,615	20,51	5,905	57,12	0,42	319,2	309,0	315,0
4,4	0,308	6,930	21,49	6,186	59,84	0,44	334,4	323,7	330,0
4,6	0,322	7,245	22,46	6,468	62,56	0,46	349,6	338,4	345,1
4,8	0,336	7,560	23,44	6,749	65,28	0,48	364,8	353,1	360,1
5,0	0,350	7,875	24,42	7,030	68,00	0,50	380,0	367,8	375,1
5,2	0,364	8,190	25,39	7,311	70,72	0,52	395,2	382,5	390,1
5,4	0,378	8,505	26,37	7,592	73,44	0,54	410,4	397,2	405,1
5,6	0,392	8,820	27,35	7,874	76,16	0,56	425,6	411,9	420,1
5,8	0,406	9,135	28,32	8,155	78,88	0,58	440,8	426,7	435,1
6,0	0,420	9,450	29,30	8,436	81,60	0,60	456,0	441,4	450,1
6,2	0,434	9,765	30,28	8,717	84,32	0,62	471,2	456,1	465,1
6,4	0,448	10,08	31,25	8,998	87,04	0,64	486,4	470,8	480,1
6,6	0,462	10,40	32,23	9,280	89,76	0,66	501,6	485,5	495,1
6,8	0,476	10,71	33,20	9,561	92,48	0,68	516,8	500,2	510,1
7,0	0,490	11,03	34,18	9,842	95,20	0,70	532,0	514,9	525,1
7,5	0,525	11,81	36,62	10,55	102,0	0,75	570,0	551,7	562,6
8,0	0,560	12,60	39,06	11,25	108,8	0,80	608,0	588,5	600,1
8,5	0,595	13,39	41,51	11,95	115,6	0,85	646,0	625,3	637,6
9,0	0,630	14,18	43,95	12,65	122,4	0,90	684,0	662,0	675,1
9,5	0,665	14,96	46,39	13,36	129,2	0,95	722,0	698,8	712,6

Beispiele: 2,8 US-ton/sq.in. = 3,937 kg/mm²;   0,32 Atm = 243,2 Torr

i) Arbeitsmaße- und Leistungsmaße-Umrechnungstafel

	ft.lb. (ft.lb./s)	BThU (BThU/s)	HPh (HP)	HPh (HP)	kcal (kcal/s)	PSh (PS)	(PS)	kWh (kW)	(kW)
Umrechnung von	in mkg (mkg/s)	in kcal (kcal/s)	in PSh (PS)	in kWh (kW)	in mkg (mkg/s)	in kWh (kW)	in (mkg/s) Arbeit (Leistg.)	in PSh (PS)	in (mkg/s) Arbeit (Leistg.)
1,0	0,138	0,252	1,014	0,746	426,9	0,736	75	1,359	101,9
1,1	0,152	0,277	1,115	0,821	469,6	0,810	82,5	1,495	112,1
1,2	0,166	0,302	1,217	0,895	512,3	0,883	90	1,631	122,3
1,3	0,179	0,328	1,318	0,970	555,0	0,957	97,5	1,767	132,5
1,4	0,193	0,353	1,420	1,044	597,7	1,030	105	1,903	142,7
1,5	0,207	0,378	1,521	1,119	640,4	1,104	112,5	2,039	152,9
1,6	0,221	0,403	1,622	1,194	683,0	1,178	120	2,174	163,0
1,7	0,235	0,428	1,724	1,268	725,7	1,251	127,5	2,310	173,2
1,8	0,248	0,454	1,825	1,343	768,4	1,325	135	2,446	183,4
1,9	0,262	0,479	1,927	1,417	811,1	1,398	142,5	2,582	193,6
2,0	0,276	0,504	2,028	1,492	853,8	1,472	150	2,718	203,8
2,1	0,290	0,529	2,129	1,567	896,5	1,546	157,5	2,854	214,0
2,2	0,304	0,554	2,231	1,641	939,2	1,619	165	2,990	224,2
2,3	0,317	0,580	2,332	1,716	981,9	1,693	172,5	3,126	234,4
2,4	0,331	0,605	2,434	1,790	1025	1,766	180	3,262	244,6
2,5	0,345	0,630	2,535	1,865	1067	1,840	187,5	3,398	254,8
2,6	0,359	0,655	2,636	1,940	1110	1,914	195	3,533	264,9
2,7	0,373	0,680	2,738	2,014	1153	1,987	202,5	3,669	275,1
2,8	0,386	0,706	2,839	2,089	1195	2,061	210	3,805	285,3
2,9	0,400	0,731	2,941	2,163	1238	2,134	217,5	3,941	295,5
3,0	0,414	0,756	3,042	2,238	1281	2,208	225	4,077	305,7
3,2	0,442	0,806	3,245	2,387	1366	2,355	240	4,349	326,1
3,4	0,469	0,857	3,448	2,536	1452	2,502	255	4,621	346,5
3,6	0,497	0,907	3,650	2,686	1537	2,650	270	4,892	366,8
3,8	0,524	0,958	3,853	2,835	1622	2,797	285	5,164	387,2
4,0	0,552	1,008	4,056	2,984	1708	2,944	300	5,436	407,6
4,2	0,580	1,058	4,259	3,133	1793	3,091	315	5,708	428,0
4,4	0,607	1,109	4,462	3,282	1878	3,238	330	5,980	448,4
4,6	0,635	1,159	4,664	3,432	1964	3,386	345	6,251	468,7
4,8	0,662	1,210	4,867	3,581	2049	3,533	360	6,523	489,1
5,0	0,690	1,260	5,070	3,730	2135	3,680	375	6,795	509,5
5,2	0,718	1,310	5,273	3,879	2220	3,827	390	7,067	529,9
5,4	0,745	1,361	5,476	4,028	2305	3,947	405	7,339	550,3
5,6	0,773	1,411	5,678	4,178	2391	4,122	420	7,610	570,6
5,8	0,800	1,462	5,881	4,327	2476	4,269	435	7,882	591,0
6,0	0,828	1,512	6,084	4,476	2561	4,416	450	8,154	611,4
6,2	0,856	1,562	6,287	4,625	2647	4,563	465	8,426	631,8
6,4	0,883	1,613	6,490	4,774	2732	4,710	480	8,698	652,2
6,6	0,911	1,663	6,692	4,924	2818	4,858	495	8,969	672,5
6,8	0,938	1,714	6,895	5,073	2903	5,005	510	9,241	693,0
7,0	0,966	1,764	7,098	5,222	2988	5,152	525	9,513	713,3
7,5	1,035	1,890	7,605	5,595	3202	5,520	562,5	10,19	764,3
8,0	1,104	2,016	8,112	5,968	3415	5,888	600	10,87	815,2
8,5	1,173	2,142	8,619	6,341	3629	6,256	637,5	11,55	866,2
9,0	1,242	2,268	9,126	6,714	3842	6,624	675	12,23	917,1
9,5	1,311	2,394	9,633	7,087	4056	6,992	712,5	12,91	968,1

Beispiele: 1 ft.lb. = 0,138 mkg; 2,5 HPh = 2,535 PSh

k) Temperaturskalen

C = Celsius   R = Réaumur   F = Fahrenheit   K = Kelvin

C	R	F	K	C	R	F	K	C	R	F	K
−30	−24,0	−22,0	243	0	0,0	32,0	273	31	24,8	87,8	304
−29	−23,2	−20,2	244	1	0,8	33,8	274	32	25,6	89,6	305
−28	−22,4	−18,4	245	2	1,6	35,6	275	33	26,4	91,4	306
−27	−21,6	−16,6	246	3	2,4	37,4	276	34	27,2	93,2	307
−26	−20,8	−14,8	247	4	3,2	39,2	277	35	28,0	95,0	308
−25	−20,0	−13,0	248	5	4,0	41,0	278	36	28,8	96,8	309
−24	−19,2	−11,2	249	6	4,8	42,8	279	37	29,6	98,6	310
−23	−18,4	−9,4	250	7	5,6	44,6	280	38	30,4	100,4	311
−22	−17,6	−7,6	251	8	6,4	46,4	281	39	31,2	102,2	312
−21	−16,8	−5,8	252	9	7,2	48,2	282	40	32,0	104,0	313
−20	−16,0	−4,0	253	10	8,0	50,0	283	41	32,8	105,8	314
−19	−15,2	−2,2	254	11	8,8	51,8	284	42	33,6	107,6	315
−18	−14,4	−0,4	255	12	9,6	53,6	285	43	34,4	109,4	316
−17	−13,6	+1,4	256	13	10,4	55,4	286	44	35,2	111,2	317
−16	−12,8	3,2	257	14	11,2	57,2	287	45	36,0	113,0	318
−15	−12,0	5,0	258	15	12,0	59,0	288	46	36,8	114,8	319
−14	−11,2	6,8	259	16	12,8	60,8	289	47	37,6	116,6	320
−13	−10,4	8,6	260	17	13,6	62,6	290	48	38,4	118,4	321
−12	−9,6	10,4	261	18	14,4	64,4	291	49	39,2	120,2	322
−11	−8,8	12,2	262	19	15,2	66,2	292	50	40,0	122,0	323
−10	−8,0	14,0	263	20	16,0	68,0	293	55	44,0	131,0	328
−9	−7,2	15,8	264	21	16,8	69,8	294	60	48,0	140,0	333
−8	−6,4	17,6	265	22	17,6	71,6	295	65	52,0	149,0	338
−7	−5,6	19,4	266	23	18,4	73,4	296	70	56,0	158,0	343
−6	−4,8	21,2	267	24	19,2	75,2	297	75	60,0	167,0	348
−5	−4,0	23,0	268	25	20,0	77,0	298	80	64,0	176,0	353
−4	−3,2	24,8	269	26	20,8	78,8	299	85	68,0	185,0	358
−3	−2,4	26,6	270	27	21,6	80,6	300	90	73,0	194,0	363
−2	−1,6	28,4	271	28	22,4	82,4	301	95	76,0	203,0	368
−1	−0,8	30,2	272	29	23,2	84,2	302	100	80,0	212,0	373
				30	24,0	86,0	303				

Luftverkehrsordnung (LuftVO)

ERSTER ABSCHNITT
PFLICHTEN DER TEILNEHMER AM LUFTVERKEHR

§ 1

Grundregeln für das Verhalten im Luftverkehr

(1) Jeder Teilnehmer am Luftverkehr hat sich so zu verhalten, daß Sicherheit und Ordnung im Luftverkehr gewährleistet sind und kein anderer gefährdet, geschädigt oder mehr als nach den Umständen unvermeidbar behindert oder belästigt wird.

(2) Der Lärm, der bei dem Betrieb eines Luftfahrzeugs verursacht wird, darf nicht stärker sein, als es die ordnungsgemäße Führung oder Bedienung unvermeidbar erfordert.

(3) Wer infolge des Genusses alkoholischer Getränke oder anderer berauschender Mittel oder infolge geistiger und körperlicher Mängel in der Wahrnehmung der Aufgaben als Führer eines Luftfahrzeugs oder sonst als Mitglied der Besatzung behindert ist, darf kein Luftfahrzeug führen und nicht als anderes Besatzungsmitglied tätig sein.

§ 2

Verantwortlicher Luftfahrzeugführer

(1) Luftfahrzeuge sind während des Flugs und am Boden von einem verantwortlichen Luftfahrzeugführer zu führen.

(2) Sind mehrere zur Führung des Luftfahrzeugs berechtigte Luftfahrer an Bord, ist verantwortlicher Luftfahrzeugführer, wer als solcher bestimmt ist. Die Bestimmung ist vom Halter oder von seinem gesetzlichen Vertreter, bei einer juristischen Person von dem vertretungsberechtigten Organ zu treffen. Den nach Satz 2 Verpflichteten steht gleich, wer mit der Leitung oder Beaufsichtigung des Unternehmens eines anderen beauftragt oder von diesem ausdrücklich damit betraut ist, die Bestimmung nach Satz 1 in eigener Verantwortlichkeit zu treffen.

(3) Ist eine Bestimmung entgegen der Vorschrift des Absatzes 2 nicht getroffen, so ist derjenige verantwortlich, der das Luftfahrzeug von dem Sitz des ersten Luftfahrzeugführers aus führt. Bestehen Zweifel, welcher der Sitz des ersten Luftfahrzeugführers ist, entscheiden die Bestimmungen des Betriebshandbuchs für das Luftfahrzeug.

(4) Die Vorschriften dieser Verordnung über die Rechte und Pflichten des Luftfahrzeugführers gelten für den verantwortlichen Luftfahrzeugführer, soweit nicht etwas anderes vorgeschrieben ist und unabhängig davon, ob er das Luftfahrzeug selbst bedient oder nicht.

§ 3

Rechte und Pflichten des Luftfahrzeugführers

(1) Der Luftfahrzeugführer hat das Entscheidungsrecht über die Führung des Luftfahrzeugs. Er hat die während des Flugs, bei Start und Landung und beim Rollen aus Gründen der Sicherheit notwendigen Maßnahmen zu treffen.

(2) Der Luftfahrzeugführer hat dafür zu sorgen, daß die Vorschriften dieser Verordnung und sonstiger Verordnungen über den Betrieb von Luftfahrzeugen sowie die in Ausübung der Luftaufsicht zur Durchführung des Flugs ergangenen Verfügungen eingehalten werden.

§ 3a

Flugvorbereitung

(1) Bei der Vorbereitung des Flugs hat der Luftfahrzeugführer sich mit allen Unterlagen und Informationen, die für die sichere Durchführung des Flugs von Bedeutung sind, vertraut zu machen und sich davon zu überzeugen, daß das Luftfahrzeug und die Ladung sich in verkehrssicherem Zustand befinden, das zulässige Fluggewicht nicht überschritten wird, die vorgeschriebenen Ausweise vorhanden sind und die erforderlichen Angaben über den Flug im Bordbuch, soweit es zu führen ist, eingetragen werden.

(2) Für einen Flug, der über die Umgebung des Startflugplatzes hinausführt (Überlandflug), und vor einem Flug nach Instrumentenflugregeln hat sich der Luftfahrzeugführer über die verfügbaren Flugwettermeldungen und -vorhersagen ausreichend zu unterrichten. Vor einem Flug, für den ein Flugplan zu übermitteln ist, ist eine Flugberatung bei einer Flugberatungsgesellschaft einzuholen. Absatz 1 bleibt unberührt.

(3) Ein Flug führt über die Umgebung eines Flugplatzes hinaus, wenn der Luftfahrzeugführer den Verkehr in der Platzrunde nicht mehr beobachten kann.

§ 4

Anwendung der Flugregeln

(1) Der Betrieb eines Luftfahrzeugs richtet sich nach den Allgemeinen Regeln (§§ 6 bis

27 a), die Führung eines Luftfahrzeugs während des Flugs zusätzlich nach den Sichtflugregeln (§§ 28 bis 34) oder den Instrumentenflugregeln (§§ 36 bis 42).

(2) Flugverhältnisse, bei denen nach Sichtflugregeln geflogen werden darf, sind gegeben, wenn die in den §§ 28, 29 und 32 für den Einzelfall festgelegten Werte für Sicht und Abstand des Luftfahrzeugs von Wolken sowie der in § 28 Abs. 2 festgelegte Wert für die Höhe der Hauptwolkenuntergrenze erreicht oder überschritten werden.

Bei diesen Flugverhältnissen kann der Luftfahrzeugführer nach Instrumentenflugregeln fliegen, wenn er es im Flugplan anzeigt; er muß nach Instrumentenflugregeln fliegen, wenn die zuständige Flugverkehrskontrolle ihn aus Gründen der Flugsicherung hierzu anweist.

(3) Flugverhältnisse, bei denen nach Instrumentenflugregeln geflogen werden muß, sind gegeben, wenn die in den §§ 28, 29 und 32 für den Einzelfall festgelegten Werte für Sicht und Abstand des Luftfahrzeugs von Wolken sowie der in § 28 Abs. 2 festgelegte Wert für die Höhe der Hauptwolkenuntergrenze nicht erreicht wird. Bei diesen Flugverhältnissen darf der Luftfahrzeugführer nach Sichtflugregeln nur fliegen, wenn ihm eine Flugverkehrsfreigabe nach § 28 Abs. 4 erteilt ist.

(4) Für Flüge unter Flugverhältnissen, bei denen nach Sichtflugregeln geflogen werden darf, kann der Bundesminister für Verkehr eine Höchstgeschwindigkeit festlegen, wenn dies zur Abwehr von Gefahren für die Sicherheit des Flugverkehrs erforderlich ist.

§ 4 a

Fallschirmabspringer und unbemanntes Luftfahrtgerät

Auf Fallschirmabspringer und den Betrieb von unbemanntem Luftfahrtgerät finden die Vorschriften dieser Verordnung Anwendung, soweit sich nicht aus den Besonderheiten dieser Luftfahrtgeräte, insbesondere der Freistellung von der Verkehrszulassung und dem Flugplatzzwang, der besonderen Betriebsform oder der fehlenden Besatzung die Unanwendbarkeit einzelner Vorschriften ergibt.

§ 5

Anzeige von Flugunfällen und sonstigen Störungen

(1) Störungen bei dem Betrieb eines Luftfahrzeugs hat der Halter des Luftfahrzeugs dem Luftfahrt-Bundesamt innerhalb von drei Tagen schriftlich anzuzeigen. Das Luftfahrt-Bundesamt kann Ausnahmen zulassen.

(2) Störungen bei dem Betrieb eines Luftfahrzeugs, bei denen eine Person getötet oder schwer verletzt worden ist oder ein Luftfahrzeug einen schweren Schaden erlitten oder verursacht hat, hat der Luftfahrzeugführer, bei dessen Behinderung ein anderes Besatzungsmitglied oder, sofern keine dieser Personen dazu in der Lage ist, der Halter des Luftfahrzeugs unbeschadet der Anzeigepflicht nach Absatz 1 unverzüglich der nächst erreichbaren Polizeidienststelle zur Weiterleitung an die Luftfahrtbehörde des Landes, das Luftfahrt-Bundesamt und die nächste Flugsicherungsdienststelle anzuzeigen. Hat sich eine Störung im Sinne des Satzes 1 auf einem Flugplatz oder in der unmittelbaren Nähe eines Flugplatzes ereig-

net, so kann die Anzeige auch bei der Luftaufsichtsstelle erstattet werden, die sie an die Polizei weiterleitet.

(3) Absatz 2 findet auch auf Störungen Anwendung, die sich bei dem Betrieb eines deutschen Luftfahrzeugs außerhalb des Geltungsbereichs dieser Verordnung ereignet haben; die Anzeige ist jedoch unmittelbar an das Luftfahrt-Bundesamt zu erstatten. Die Anzeigepflicht nach Absatz 1 bleibt unberührt.

(4) Die Anzeigen nach den Absätzen 1 bis 3 sollen enthalten:

a) Namen und derzeitigen Aufenthalt des Anzeigenden,

b) Ort und Zeit der Störung,

c) Art, Muster und Kenn- und Rufzeichen des Luftfahrzeugs,

d) Namen des Halters des Luftfahrzeugs,

e) Zweck des Flugs, Start- und Zielflugplatz,

f) Namen des Luftfahrzeugführers,

g) Anzahl der Besatzungsmitglieder und Fluggäste,

h) Umfang des Personen- und Sachschadens,

i) Darstellung des Störungsablaufes.

ZWEITER ABSCHNITT
ALLGEMEINE REGELN

§ 6

Sicherheitsmindesthöhe

(1) Die Sicherheitsmindesthöhe darf nur unterschritten werden, soweit es bei Start und Landung notwendig ist. Sicherheitsmindesthöhe ist die Höhe, bei der weder eine unnötige Lärmbelästigung im Sinne des § 1 Abs. 2 noch im Falle einer Notlandung eine unnötige Gefährdung von Personen und Sachen zu befürchten ist, mindestens jedoch über Städten, anderen dichtbesiedelten Gebieten und Menschenansammlungen eine Höhe von 300 m (1000 Fuß) über dem höchsten Hindernis in einem Umkreis von 600 m, in allen übrigen Fällen eine Höhe von 150 m (500 Fuß) über Grund oder Wasser. Segelflugzeuge und Ballone können die Höhe von 150 m auch unterschreiten, wenn die Art ihres Betriebes dies notwendig macht und eine Gefahr für Personen und Sachen nicht zu befürchten ist.

(2) Brücken und ähnliche Bauten sowie Freileitungen und Antennen dürfen nicht unterflogen werden.

(3) Für Flüge zu besonderen Zwecken kann die örtlich zuständige Luftfahrtbehörde des Landes Ausnahmen zulassen.

(4) Für Flüge nach Instrumentenflugregeln gilt § 36.

§ 7

Abwerfen von Gegenständen

(1) Das Abwerfen oder Ablassen von Gegenständen oder sonstigen Stoffen aus oder von

Luftfahrzeugen ist verboten. Dies gilt nicht für Ballast in Form von Wasser oder feinem Sand, für Treibstoffe, Schleppseile, Schleppbanner und ähnliche Gegenstände, wenn sie an Stellen abgeworfen oder abgelassen werden, an denen eine Gefahr für Personen oder Sachen nicht besteht.

(2) Die örtlich zuständige Luftfahrtbehörde des Landes kann Ausnahmen von dem Verbot nach Absatz 1 Satz 1 zulassen, wenn eine Gefahr für Personen oder Sachen nicht besteht.

(3) Das Abwerfen von Post regelt der Bundesminister für das Post- und Fernmeldewesen oder die von ihm bestimmte Stelle im Einvernehmen mit der zuständigen Luftfahrtbehörde des Landes.

§ 8

Kunstflug

(1) Kunstflüge dürfen nur bei Flugverhältnissen, bei denen nach Sichtflugregeln geflogen werden darf, und nur mit ausdrücklicher Zustimmung aller Insassen des Luftfahrzeugs ausgeführt werden.

(2) Kunstflüge in Höhen von weniger als 400 m (1330 Fuß) sowie über Städten, anderen dichtbesiedelten Gebieten, Menschenansammlungen und Flughäfen sind verboten. Die örtlich zuständige Luftfahrtbehörde des Landes kann im Einzelfall Ausnahmen zulassen.

(3) Kunstflüge bedürfen, soweit sie in der Umgebung von Flugplätzen ohne Flugverkehrskontrollstelle durchgeführt werden, unbeschadet einer nach § 26 erforderlichen Flugverkehrsfreigabe der Zustimmung der Luftaufsichtsstelle. Absatz 2 bleibt unberührt.

§ 9

Schlepp- und Reklameflüge

(1) Reklameflüge mit geschleppten Gegenständen bedürfen der Erlaubnis der Luftfahrtbehörde des Landes, in dem der Antragsteller seinen Wohnsitz oder Sitz hat. Die Erlaubnis darf nur erteilt werden, wenn

1. der Luftfahrzeugführer einen Luftfahrerschein als Berufsflugzeugführer oder bei nichtgewerbsmäßigen Reklameflügen den Luftfahrerschein für Privatflugzeugführer mit einer Gesamtflugzeugzeit von 120 Stunden sowie in beiden Fällen die Schleppberechtigung nach der Prüfordnung für Luftfahrtpersonal besitzt;

2. das Luftfahrzeug mit einem geeichten Barographen zur Feststellung der Flughöhen während des Fluges ausgerüstet ist;

3. bei dem beantragten Flug nicht mehr als drei Luftfahrzeuge im Verband fliegen, wobei der Abstand zwischen dem geschleppten Gegenstand des voranfliegenden Luftfahrzeugs und dem nachfolgenden Luftfahrzeug sowie zwischen den Luftfahrzeugen mindestens 60 m betragen muß;

4. die Haftpflichtversicherung das Schleppen von Gegenständen ausdrücklich miteinschließt.

(2) Absatz 1 findet auf das Schleppen von Gegenständen zu anderen als Reklamezwecken sinngemäß Anwendung; Absatz 1 Nr. 2 gilt nicht für Arbeitsflüge von Drehflüglern. Das Schleppen von Segelflugzeugen

bedarf nicht der Erlaubnis nach Absatz 1; es genügt die Schleppberechtigung nach der Luftverkehrs-Zulassungs-Ordnung in Verbindung mit der Prüfordnung für Luftfahrtpersonal.

(3) Die Erlaubnisbehörde kann aus Gründen der öffentlichen Sicherheit oder Ordnung, vor allem zur Verhinderung von Lärmbelästigungen, Auflagen machen. Sie kann insbesonde-

re in Abweichung von § 6 höhere Sicherheitsmindesthöhen bestimmen und zeitliche Beschränkungen auferlegen.

(4) Reklameflüge, bei denen die Reklame nur in der Beschriftung des Luftfahrzeugs besteht, bedürfen keiner Erlaubnis.

(5) Flüge zur Reklame mit akustischen Mitteln sind verboten.

§ 9 a

Uhrzeit und Maßeinheiten

(1) Im Flugbetrieb sind die Koordinierte Weltzeit (UTC = Universal Time Co-ordinated) und die vorgeschriebenen Maßeinheiten anzuwenden.

(2) Die Bundesanstalt für Flugsicherung wird ermächtigt, die Maßeinheiten nach Absatz 1 festzulegen und in dem Bundesanzeiger sowie in den Nachrichten für Luftfahrer bekanntzumachen.

(1) Im Flugbetrieb sind die folgenden Maßeinheiten anzuwenden:

1. Für Zwecke der Navigation:
   Seemeilen und Zehntel-Seemeilen;

2. für kurze Entfernungsangaben, insbesondere für Entfernungsangaben auf Flugplätzen: Meter;

3. für Höhenangaben über normal Null (NN) und über Grund:
   Fuß;

4. für Angaben der Horizontalgeschwindigkeit einschließlich der Windgeschwindigkeit:
   Knoten;

5. für Angaben der Vertikalgeschwindigkeit:
   Fuß in der Minute;

6. für Angaben der Windrichtung bei Start und Landung:
   Grad (mißweisend);

7. für Angaben der Windrichtung außer bei Start und Landung:
   Grad (rechtweisend);

8. für Angaben der Flug-, Boden- und Landebahnsicht:
   Kilometer oder Meter;

9. für Luftdruckangaben zur Einstellung barometrischer Höhenmesser:
   Hektopascal;

10. für Temperaturangaben:
    Grad (Celsius);

11. für Gewichtsangaben:
    Kilogramm.

(2) Auf Verlangen der Luftfahrzeugführer kann für Luftdruckangaben zur Einstellung barometrischer Höhenmesser auch die Maßeinheit Zoll verwendet werden.

§ 10

Luftraumordnung

(1) Zur Durchführung des Fluginformationsdienstes und des Flugalarmdienstes legt der

Bundesminister für Verkehr Fluginformationsgebiete fest und gibt sie in dem Bundesanzeiger und in den Nachrichten für Luftfahrer bekannt.

(2) Zur Durchführung der Flugverkehrskontrolle legt der Bundesminister für Verkehr innerhalb der Fluginformationsgebiete den kontrollierten Luftraum einschießlich der Kontrollzonen fest und gibt ihn in dem Bundesanzeiger und in den Nachrichten für Luftfahrer bekannt.

(3) Im kontrollierten Luftraum können Flüge nach Sichtflugregeln ganz oder teilweise in einem räumlich und zeitlich begrenzten Umfang von der Bundesanstalt für Flugsicherung untersagt werden, wenn es der Grad der Inanspruchnahme durch den der Flugverkehrskontrolle unterliegenden Luftverkehr zwingend erfordert.

(4) Flüge nach Sichtflugregeln unterliegen in bestimmten Teilen des kontrollierten Luftraums einer Flugverkehrskontrolle. Die Bundesanstalt für Flugsicherung wird ermächtigt, zur Sicherung des Luftverkehrs diese Teile des kontrollierten Luftraums festzulegen und in dem Bundesanzeiger sowie in den Nachrichten für Luftfahrer bekanntzumachen.

§ 11

Luftsperrgebiete und Flugbeschränkungen

(1) Der Bundesminister für Verkehr legt Luftsperrgebiete und Gebiete mit Flugbeschränkungen fest, wenn dies zur Abwehr von Gefahren für die öffentliche Sicherheit oder Ordnung, insbesondere für die Sicherheit des Luftverkehrs, erforderlich ist. Er gibt die Gebiete in dem Bundesanzeiger und in den Nachrichten für Luftfahrer bekannt.

(2) Luftsperrgebiete dürfen nicht durchflogen werden. Gebiete für Flugbeschränkungen dürfen durchflogen werden, soweit die Beschränkungen dies zulassen oder die Bundesanstalt für Flugsicherung allgemein oder die zuständige Flugverkehrskontrolle im Einzelfall den Durchflug genehmigt hat.

(3) Der Bundesminister für Verkehr kann zulassen, daß in Luftsperrgebieten und Gebieten mit Flugbeschränkungen von den Vorschriften dieser Verordnung abgewichen wird.

§ 11 a

(Überschallflüge)

Flüge ziviler Luftfahrzeuge mit Überschallgeschwindigkeit (größer als Mach 1) sind im Geltungsbereich dieser Verordnung untersagt.

§ 11 b

(Ausnahmen)

(1) Der Bundesminister für Verkehr kann Ausnahmen von dem Verbot nach § 11 a zulassen, sofern sichergestellt ist, daß bei Flügen mit Überschallgeschwindigkeiten ein Überschallknall auf der Erdoberfläche nicht feststellbar ist.

(2) Die Ausnahmen können bedingt oder befristet zugelassen und mit Auflagen verbunden werden. Insbesondere können bestimmte Flughöhen und Flugstrecken und – sofern Start oder Landung im Geltungsbereich dieser Verordnung beabsichtigt sind – bestimmte Flugplätze vorgeschrieben werden. Die Erlaubnis ist zurückzunehmen, wenn die Voraussetzungen des Absatzes 1 nicht vorgelegen haben; sie ist zu widerrufen, wenn die Voraussetzungen des Absatzes 1 nachträglich nicht nur vorübergehend weggefallen sind.

(3) In Einzelfällen können Flüge zu Versuchszwecken mit Überschallgeschwindigkeit über Absatz 1 hinausgehend auch dann zugelassen werden, wenn der Flug dazu dienen soll, den Nachweis dafür zu erbringen, daß ein Überschallknall auf der Erdoberfläche nicht feststellbar ist. Die Ausnahme wird nur erteilt, wenn Versicherungsschutz in Höhe der nach § 37 des Luftverkehrsgesetzes für die Haftung des Luftfahrzeughalters geltenden Summen für Personen- oder Sachschäden, die durch den Betrieb des Luftfahrzeugs verursacht werden, nachgewiesen ist.

§ 11 c

(Lärmzeugnis)

(1) Ab 1. Januar 1987 dürfen zivile Flugzeuge mit Strahltriebwerken, die im Geltungsbereich dieser Verordnung zum Verkehr zugelassen sind, nur dann im Hoheitsgebiet von Mitgliedstaaten der Europäischen Wirtschaftsgemeinschaft starten und landen, wenn für sie ein Lärmzeugnis erteilt ist. Das Lärmzeugnis ist bei dem Betrieb des Flugzeugs mitzuführen.

(2) Ab 1. Januar 1988 dürfen im Geltungsbereich dieser Verordnung nur solche zivilen Flugzeuge mit Strahltriebwerken starten und landen, für die ein Lärmzeugnis oder eine ihm entsprechende Urkunde des Staates erteilt ist, in dem das Flugzeug zum Verkehr zugelassen ist. Die nicht im Geltungsbereich dieser Verordnung erteilten Lärmzeugnisse oder die ihnen entsprechenden Urkunden sowie die darin ausgewiesenen Geräuschpegel müssen den Anforderungen der Vorschriften des § 10 Abs. 4 Satz 2 und 3 der Luftverkehrs-Zulassungs-Ordnung genügen. Absatz 1 Satz 2 gilt entsprechend.

(3) Diese Beschränkungen gelten nicht im Verkehr aus dem Land Berlin und in das Land Berlin.

(4) Unbefristete Ausnahmen von den Beschränkungen nach Absatz 1 Satz 1 und Absatz 2 Satz 1 können für Flugzeuge zugelassen werden, an denen ein historisches Interesse besteht. Befristete Ausnahmen von den Beschränkungen nach Absatz 1 Satz 1 und Absatz 2 können zugelassen werden, wenn der Halter sich verpflichtet, das betreffende Flugzeug bis spätestens zum Ablauf des 31. Dezember 1988 durch ein anderes auf dem Markt befindliches Flugzeug zu ersetzen, dessen ausgewiesener Geräuschpegel den folgenden Mindestanforderungen genügt:

– am seitlichen Meßpunkt 103 EPNdB (Effective Perceived Noise dB) bei einer höchstzulässigen Startmasse von 400 000 kg oder darüber; bei geringerer Masse verringert sich der zulässige Geräuschpegel linear mit dem Logarithmus der Masse bis auf 94 EPNdB bei 35 000 kg; darunter bleibt er konstant;

– am Start-Überflugmeßpunkt
a) bei Flugzeugen mit zwei Triebwerken oder weniger 101 EPNdB bei einer höchstzulässigen Startmasse von 385 000 kg oder darüber; bei geringerer Masse verringert sich der zulässige Geräuschpegel li-

near mit dem Logarithmus der Masse um jeweils 4 EPNdB pro Halbierung der Masse bis auf 89 EPNdB; darunter bleibt er konstant;

b) bei Flugzeugen mit drei Triebwerken wie unter Buchstabe a, jedoch 104 EPNdB bei 385 000 kg oder darüber;

c) bei Flugzeugen mit vier Triebwerken oder mehr wie unter Buchstabe a, jedoch 106 EPNdB bei 385 000 kg oder darüber;

— Am Anflugmeßpunkt 105 EPNdB für Flugzeuge mit einer höchstzulässigen Startmasse von 280 000 kg oder darüber; bei geringerer Masse verringert sich der zulässige Geräuschpegel linear mit dem Logarithmus der Masse bis auf 98 EPNdB bei 35 000 kg; darunter bleibt er konstant.

Befristete Ausnahmen von den Beschränkungen nach Absatz 2 Satz 1 können zugelassen werden, wenn der Halter nachweist, daß es wirtschaftlich oder technisch nicht möglich ist, einen Flugplatz im Geltungsbereich dieser Verordnung mit einem Flugzeug zu bedienen, welches den Anforderungen nach Absatz 2 Satz 2 entspricht; diese Befristung erfolgt längstens bis zum Ablauf des 31. Dezember 1989. Darüber hinaus können befristete Ausnahmen von den Beschränkungen nach Absatz 1 Satz 1 und Absatz 2 Satz 1 in besonderen Einzelfällen zugelassen werden. Über zugelassene Ausnahmen wird eine Bescheinigung erteilt; Absatz 1 Satz 2 gilt entsprechend. Die Ausnahmen gelten nur für den Geltungsbereich dieser Verordnung. Zuständig für ihre Zulassung ist der Bundesminister für Verkehr.

§ 12

Vermeidung von Zusammenstößen

(1) Der Luftfahrzeugführer hat zur Vermeidung von Zusammenstößen zu Luftfahrzeugen sowie anderen Fahrzeugen und sonstigen Hindernissen einen ausreichenden Abstand einzuhalten. Im Fluge, ausgenommen bei Start und Landung, ist zu einzelnen Bauwerken oder anderen Hindernissen ein Mindestabstand von 150 m einzuhalten; § 6 Abs. 1 bleibt unberührt. Satz 2 gilt nicht für Segelflugzeuge und bemannte Freiballone;

für sonstige Luftfahrzeuge kann die zuständige Luftfahrtbehörde des Landes im Einzelfall Ausnahmen zulassen. Die Verpflichtung nach Satz 1 und 2 wird auch dann, wenn eine Flugverkehrskontrollstelle tätig ist, nicht berührt.

(2) Luftfahrzeug dürfen im Verband nur nach vorangegangener Vereinbarung der Luftfahrzeugführer geflogen werden.

§ 13

Ausweichregeln

(1) Luftfahrzeuge, die sich im Gegenflug einander nähern, haben, wenn die Gefahr eines Zusammenstoßes besteht, nach rechts auszuweichen.

(2) Kreuzen sich die Flugrichtungen zweier

Luftfahrzeuge in nahezu gleicher Höhe, so hat das Luftfahrzeug, das von links kommt, auszuweichen. Jedoch haben stets auszuweichen:

1. motorgetriebene Luftfahrzeuge, die

schwerer als Luft sind, den Luftschiffen, Segelflugzeugen und Ballonen;

2. Luftschiffe den Segelflugzeugen und Ballonen;

3. Segelflugzeuge den Ballonen;

4. motorgetriebene Luftfahrzeuge den Luftfahrzeugen, die andere Luftfahrzeuge oder Gegenstände erkennbar schleppen. Motorsegler, deren Motor nicht in Betrieb ist, gelten bei Anwendung der Ausweichregeln als Segelflugzeuge.

(3) Überholt ein Luftfahrzeug ein anderes, so hat das überholende Luftfahrzeug, auch wenn es steigt oder sinkt, den Flugweg des anderen zu meiden und seinen Kurs nach rechts zu ändern. Ein Luftfahrzeug überholt ein anderes, wenn es sich dem anderen von rückwärts in einer Flugrichtung nähert, die einen Winkel von weniger als 70 Grad zu der Flugrichtung des anderen bildet. Bei Nacht ist dieses Verhältnis der Flugrichtung zueinander anzunehmen, wenn die vorgeschriebenen roten und grünen Positionslichter (Anlage 1 § 2 Abs.. 1 Buchstaben a und b) des Luftfahrzeugs nicht gesehen werden können.

(4) Luftfahrzeugen im Endteil des Landeanflugs und landenden Luftfahrzeugen ist auszuweichen.

(5) Von mehreren einen Flugplatz gleichzeitig zur Landung anfliegenden Luftfahrzeugen, die schwerer als Luft sind, hat das höher fliegende dem tiefer fliegenden Luftfahrzeug auszuweichen. Jedoch haben motorgetriebene Luftfahrzeuge, die schwerer als Luft sind, anderen Luftfahrzeugen in jedem Fall auszuweichen. Ein tiefer fliegendes Luftfahrzeug darf ein anderes Luftfahrzeug, das sich im Endteil des Landeanflugs befindet, nicht unterschneiden oder überholen.

(6) Ein Luftfahrzeug darf erst starten, wenn keine Gefahr eines Zusammenstoßes besteht.

(7) Ein Luftfahrzeug hat einem anderen Luftfahrzeug, das erkennbar in seiner Manövrierfähigkeit behindert ist, auszuweichen.

(8) Ein Luftfahrzeug, das nach den Absätzen 1 bis 5 und 7 nicht auszuweichen oder seinen Kurs zu ändern hat, muß seinen Kurs und seine Geschwindigkeit beibehalten, bis eine Zusammenstoßgefahr ausgeschlossen ist.

(9) Die Vorschriften über die Ausweichregeln entbinden die beteiligten Luftfahrzeugführer nicht von ihrer Verpflichtung, so zu handeln, daß ein Zusammenstoß vermieden wird. Ein Luftfahrzeug, das nach den Absätzen 2 bis 5 und 7 einem anderen Luftfahrzeug ausweichen oder dessen Flugweg meiden und seinen Kurs ändern muß, darf das andere Luftfahrzeug nur in einem Abstand überfliegen, unterfliegen oder vor diesem vorbeifliegen, der eine Gefährdung oder Behinderung dieses Luftfahrzeugs ausschließt.

§ 14

Wolkenflüge mit Segelflugzeugen

Wolkenflüge mit Segelflugzeugen können von der Bundesanstalt für Flugsicherung erlaubt werden, wenn die Sicherheit der Luftfahrt durch geeignete Maßnahmen aufrechterhalten werden kann. Die Erlaubnis kann mit Auflagen verbunden werden.

§ 15

Außenstarts und Außenlandungen von Flugzeugen, Drehflüglern, Luftschiffen, Motorseglern, Segelflugzeugen und Fallschirmabspringern

(1) Starts und Landungen von Flugzeugen, Drehflüglern, Luftschiffen, Motorseglern und Segelflugzeugen außerhalb der für sie genehmigten Flugplätze bedürfen der Erlaubnis der örtlich zuständigen Luftfahrtbehörde des Landes. Die Erlaubnis für Außenlandungen von Motorseglern und Segelflugzeugen, die sich auf einem Überlandflug befinden, gilt als erteilt.

(2) Absatz 1 Satz 1 ist auf Außenlandungen von Fallschirmabspringern sinngemäß anzuwenden.

(3) Die Erlaubnisbehörde kann von dem Antragsteller den Nachweis der Zustimmung des Grundstückeigentümers oder der sonstigen Berechtigten verlangen.

§ 16

Aufstiege von Ballonen, Drachen, Flugmodellen und Flugkörpern mit Eigenantrieb

(1) Der Aufstieg eines bemannten Freiballons oder eines unbemannten Freiballons mit einem Gesamtgewicht von Ballonhülle und Ballast von mehr als 0,5 kg sowie der Aufstieg gebündelter unbemannter Freiballone und der Massenaufstieg unbemannter Freiballone außerhalb eines für den Ballonaufstieg genehmigten Flugplatzes bedarf der Erlaubnis der örtlich zuständigen Luftfahrtbehörde des Landes. Die Erlaubnis für den Aufstieg anderer Freiballone sowie die Erlaubnis für den Aufstieg bemannter Freiballone nach einer Zwischenlandung gilt als erteilt.

(2) Fesselballone dürfen nur mit Erlaubnis der örtlich zuständigen Luftfahrtbehörde des Landes aufgelassen werden. Bei Drachen bedarf es dieser Erlaubnis, wenn sie mit einem mehr als 100 m langen Seil gehalten werden. Das Steigenlassen von Drachen im Bauschutzbereich von Flughäfen sowie in einer Entfernung von weniger als 3 km von der Begrenzung von Landeplätzen und Segelfluggeländen ist verboten. Die örtlich zuständige Luftfahrtbehörde des Landes kann Ausnahmen zulassen.

(3) Das Halteseil von Fesselballonen sowie Drachen, deren Aufstieg einer Erlaubnis bedarf, ist in Abständen von 100 m bei Tage durch rotweiße Fähnchen, bei Nacht durch rote und weiße Lichter so kenntlich zu machen, daß es aus allen Richtungen von anderen Luftfahrzeugen aus erkennbar ist.

(4) Der Aufstieg von Flugmodellen von weniger als 5 kg Gesamtgewicht bedarf keiner Erlaubnis, es sei denn, daß sie mit Raketenantrieb versehen sind.

(5) Flugmodelle mit Verbrennungsmotoren dürfen in einer Entfernung von weniger als 1,5 km von Wohngebieten nur mit Erlaubnis der örtlich zuständigen Luftfahrtbehörde des Landes betrieben werden. Dasselbe gilt für Flugmodelle aller Art in einer Entfernung von weniger als 1,5 km von der Begrenzung von Flugplätzen. Auf Flugplätzen dürfen Flugmodelle allerArt nur mit Zustimmung der Luftaufsichtsstelle oder der Flugleitung betrieben

werden.

(6) Der Aufstieg von Flugmodellen mit Raketenantrieb und von fern- oder ungesteuerten Flugkörpern mit Eigenantrieb bedarf unbeschadet anderer Vorschriften der Erlaubnis der örtlich zuständigen Luftfahrtbehörde des Landes. Die Erlaubnis kann Personen oder Personenvereinigungen für den Einzelfall oder allgemein erteilt werden, wenn diese zuverlässig und fachlich geeignet sind. Die Erlaubnis kann mit Auflagen verbunden werden. Sie gilt als erteilt für

1. den Aufstieg von Raketen des Seenot- und Bergrettungsdienstes;
2. den Aufstieg von Feuerwerkskörpern, deren brennbare Masse (Anfeuerung und Effektsatz) nicht mehr als 20 g beträgt, sofern die öffentliche Sicherheit oder Ordnung, insbesondere die Sicherheit des Luftverkehrs, erkennbar nicht gefährdet werden, mit Ausnahme des Aufstiegs von Feuerwerkskörpern in einer Entfernung von weniger als 1,5 km von der Begrenzung von Flugplätzen während deren Betriebszeit;
3. den Aufstieg von Flugmodellen und Flugkörpern mit Raketenantrieb, deren Treibsatz nicht mehr als 20 g beträgt.

(7) Der Antrag auf Erteilung der Erlaubnis nach Absatz 5 oder Absatz 6 Satz 1 muß enthalten:

1. Anzahl der beabsichtigten Aufstiege,
2. Beschreibung des Flugmodells oder Flugkörpers unter Angabe der Maße, des Startgewichts und der Motorleistung oder der Stärke des Treibsatzes.
3. Art der Steuerung,
4. Aufstiegsort und Zielgebiet,
5. Aufstiegszeit und Flugdauer,
6. bei Flugkörpern voraussichtliche Gipfelhöhe,
7. Nachweis der Haftpflichtdeckung.

§ 16a

Besondere Benutzung des kontrollierten Luftraums

Bei Fallschirmabsprüngen und dem Abwerfen von Gegenständen an Fallschirmen sowie beim Aufstieg von Flugmodellen mit Raketenantrieb und von fern- oder ungesteuerten Flugkörpern mit Eigenantrieb bedarf es einer Flugverkehrsfreigabe durch die zuständige Flugverkehrskontrollstelle, wenn der kontrollierte Luftraum in Anspruch genommen wird.

§ 17

Von Luftfahrzeugen zu führende Lichter

(1) Von Sonnenuntergang bis Sonnenaufgang haben im Betrieb befindliche Luftfahrzeuge die Lichter nach Anlage 1 zu führen; sie dürfen keine Lichter führen, die mit diesen verwechselt werden können. Wenn es zur Sicherung des Verkehrs erforderlich ist, sind Luftfahrzeuge, die nicht im Betrieb sind, durch die Lichter nach Anlage 1 oder durch sonstige Beleuchtungseinrichtungen von dem Luftfahrzeugführer oder Halter oder den in § 2 Abs. 2 Satz 2 und 3 genannten anderen Personen kenntlich zu machen. Satz 2 gilt nicht, wenn die Luftfahrzeuge durch andere Lichtquellen ausreichend beleuchtet sind.

(2) Das Zusammenstoß-Warnlicht nach § 3 der Anlage 1 ist von in Betrieb befindlichen

Luftfahrzeugen am Tage und in der Nacht zu führen. Das Luftfahrt-Bundesamt kann Ausnahmen zulassen.

(3) Für die Lichterführung auf dem Wasser gilt § 19 Abs. 2 und 3.

§ 18

Übungsflüge unter angenommenen Instrumentenflug-Bedingungen

Ein Luftfahrzeug darf unter angenommenen Instrumentenflug-Bedingungen nur geflogen werden, wenn
1. eine Doppelsteuerung vorhanden ist und
2. ein zweiter Luftfahrzeugführer am Doppelsteuer mitfliegt, der einen für das Muster des Luftfahrzeugs gültigen Luftfahrerschein besitzt. Der zweite Luftfahrzeugführer muß den Luftraum beobachten, nötigenfalls muß er sich der Hilfe eines Beobachters bedienen, der in Sprechverbindung mit ihm steht.

§ 19

Luftfahrzeuge auf dem Wasser

(1) Wenn sich Luftfahrzeuge oder ein Luftfahrzeug und ein Wasserfahrzeug auf dem Wasser einander nähern und die Gefahr eines Zusammenstoßes besteht, hat jedes Luftfahrzeug die Umstände sorgfältig zu berücksichtigen und sich entsprechend der Manövrierfähigkeit der Fahrzeuge zu verhalten. Im einzelnen gilt folgendes:
1. Hat ein Luftfahrzeug ein anderes Luftfahrzeug oder ein Wasserfahrzeug bei kreuzendem Kurs auf seiner rechten Seite, so hat das von rechts kommende Fahrzeug Vorfahrt.
2. Nähert sich ein Luftfahrzeug einem anderen Luftfahrzeug oder einem Wasserfahrzeug in entgegengesetzter oder nahezu entgegengesetzter Richtung, hat es seinen Kurs nach rechts zu ändern und ausreichend Abstand zu halten.
3. Das Luftfahrzeug oder Wasserfahrzeug, das überholt wird, hat Vorfahrt; das überholende Luftfahrzeug hat ausreichend Abstand zu halten.
4. Bei Start und Landung auf Wasserflächen haben Luftfahrzeuge einen so großen Abstand von Wasserfahrzeugen zu halten, daß jede Gefahr eines Zusammenstoßes ausgeschlossen ist und die Führung der Wasserfahrzeuge nicht behindert wird.

(2) Von Sonnenuntergang bis Sonnenaufgang haben Luftfahrzeuge auf dem Wasser die Lichter nach Anlage 1 zu führen, sofern sie sich nicht in einem Gebiet befinden, in dem Wasserfahrzeuge nicht verpflichtet sind, Lichter zu führen; sie dürfen keine Lichter führen, die mit diesen verwechselt werden können.

(3) Die Internationalen Regeln zur Verhütung von Zusammenstößen auf See (Anhang B des Internationalen Schiffssicherheitsvertrages – Seestraßenordnung) und die besonderen Vorschriften für einzelne Gewässer bleiben unberührt.

§ 20

Gefahrenmeldung

Der Luftfahrzeugführer hat Beobachtungen über Gefahren für den Luftverkehr unverzüglich der für ihn zuständigen Flugverkehrskontrollstelle zu melden. Die Meldungen sollen alle Einzelheiten enthalten, die für die Gewährleistung der Sicherheit des Luftverkehrs wesentlich sind.

§ 21

Signale und Zeichen

(1) Beobachtet oder empfängt ein Luftfahrzeugführer Signale und Zeichen nach Anlage 2, so hat er die dort vorgesehenen Maßnahmen zu treffen.

(2) Die Signale und Zeichen der Anlage 2 sind nur für die darin beschriebenen Zwecke anzuwenden; andere Signale und Zeichen, die hiermit verwechselt werden können, dürfen nicht verwendet werden.

(3) Besteht Funkverbindung, haben Funkanweisungen der zuständigen Stellen Vorrang vor Licht- und Bodensignalen sowie Zeichen; das gilt nicht gegenüber Signalen nach § 5 Abs. 1 Nr. 6 der Anlage 2.

(4) Beobachtet ein Luftfahrzeugführer bei der Ansteuerung durch ein militärisches Luftfahrzeug die nach Satz 2 festgelegten Signale und Zeichen, hat er die vorgeschriebenen Maßnahmen zu treffen. Der Bundesminister für Verkehr legt die von militärischen Luftfahrzeugen bei der Ansteuerung zu gebenden Signale und Zeichen sowie die von den Führern angesteuerten Luftfahrzeuge zu treffenden Maßnahmen fest.

§ 21a

Regelung des Flugplatzverkehrs

(1) Für die Durchführung des Flugplatzverkehrs können besondere Regelungen getroffen werden. Zuständig hierfür ist die Bundesanstalt für Flugsicherung, wenn Flugplätze mit Flugverkehrskontrollstelle betroffen sind. In allen anderen Fällen werden die Regelungen von der für die Genehmigung des Flugplatzes zuständigen Luftfahrtbehörde des Landes auf Grund einer gutachtlichen Stellungnahme der Bundesanstalt für Flugsicherung getroffen. Die Regelungen werden in den Nachrichten für Luftfahrer bekanntgemacht.

(2) Flugplatzverkehr ist der Verkehr von Luftfahrzeugen, die sich in der Platzrunde befinden, in diese einfliegen oder sie verlassen sowie der gesamte Verkehr auf dem Rollfeld. Rollfeld sind die Start- und Landebahnen sowie die weiteren für Start und Landung bestimmten Teile eines Flugplatzes einschließlich der sie umgebenden Schutzstreifen und die Rollbahnen sowie die weiteren zum Rollen bestimmten Teile eines Flugplatzes außerhalb des Vorfeldes; das Vorfeld ist nicht Bestandteil des Rollfeldes.

Flugbetrieb auf einem Flugplatz und in dessen Umgebung

(1) Wer ein Luftfahrzeug auf einem Flugplatz oder in dessen Umgebung führt, ist verpflichtet,

1. die in den Nachrichten für Luftfahrer bekanntgemachten Anordnungen der Luftfahrtbehörden für den Verkehr von Luftfahrzeugen auf dem Flugplatz oder in dessen Umgebung, insbesondere die nach § 21 a getroffenen besonderen Regelungen für die Durchführung des Flugplatzverkehrs, zu beachten,
2. die Verfügungen der Luftaufsicht und die Anweisungen des Flugplatzunternehmers zu beachten,
3. den Flugplatzverkehr zu beobachten, um Zusammenstöße zu vermeiden,
4. sich in den Verkehrsfluß einzufügen oder sich erkennbar aus ihm herauszuhalten,
5. Richtungsänderungen in der Platzrunde, beim Landeanflug und nach dem Start in Linkskurven auszuführen, sofern nicht eine andere Regelung getroffen ist,
6. gegen den Wind zu landen und zu starten, sofern nicht Sicherheitsgründe, die Rücksicht auf den Flugbetrieb, die Ausrichtung der Start- und Landebahnen oder andere örtliche Gründe es ausschließen,
7. auf Mitteilungen durch Funk, auf Licht- und Bodensignale sowie auf Zeichen zu achten,
8. sich vor dem Start bei der Luftaufsichtsstelle, auf Flugplätzen ohne Luftaufsichtsstelle bei der Flugleitung zu melden,
9. beim Rollen Start- und Landebahnen möglichst rechtwinklig und nur dann zu kreuzen, wenn sich dort kein anderes Luftfahrzeug im Landeanflug oder im Start befindet,
10. nach der Landung die Landebahn so schnell wie möglich freizumachen,
11. rechts neben dem Landezeichen aufzusetzen, sofern nicht eine andere Regelung getroffen ist,
12. nach dem Start unter Beachtung der flugtechnischen Sicherheit so schnell wie möglich Höhe zu gewinnen,
13. nach dem Durchstarten entsprechend Nummer 12 zu verfahren,
14. eine Flugplatzverkehrszone zu meiden, wenn nicht beabsichtigt ist, innerhalb der Flugplatzverkehrszone zu landen.

(2) Flugplatzverkehrszone ist ein um einen Flugplatz oder um mehrere Flugplätze gemeinsam zum Schutz des Flugplatzverkehrs festgelegter Luftraum von bestimmten Abmessungen. Der Bundesminister für Verkehr legt die Flugplatzverkehrszonen fest und gibt sie in dem Bundesanzeiger und in den Nachrichten für Luftfahrer bekannt.

(3) Abweichungen von Absatz 1 kann die Luftaufsichtsstelle, an Flugplätzen ohne Luftaufsichtsstelle die Flugleitung, im Einzelfall zulassen, wenn zwingende Gründe dies notwendig machen und dadurch eine Gefährdung der öffentlichen Sicherheit oder Ordnung, insbesondere der Sicherheit des sonstigen Luftverkehrs, nicht zu erwarten ist.

(4) Auf Flugplätzen sind aus eigener Kraft rollende Luftfahrzeuge gegenüber anderen Fahrzeugen und Fußgängern bevorrechtigt.

(5) Motoren von Luftfahrzeugen dürfen nur in Betrieb gesetzt werden, wenn sich im Führersitz sachkundige Bedienung befindet und Personen nicht gefährdet werden können. Der Motor darf auf Stand nur laufen, wenn außerdem das Fahrwerk genügend gesichert ist. Das Abbremsen der Motoren und das Abrollen von den Hallen ist so vorzunehmen, daß Gebäude, andere Luftfahrzeuge oder andere Fahrzeuge kein stärkerer Luftstrom trifft und Personen nicht verletzt werden können.

Bei laufendem Motor darf sich niemand vor dem Luftfahrzeug oder in einem für die Sicherheit nicht ausreichenden Abstand von diesem aufhalten.

§ 22a

Flugbetrieb mit Flugzeugen zur gewerbsmäßigen Beförderung von Personen und Sachen

(1) Der Führer eines Flugzeuges mit einem Höchstabfluggewicht von mehr als 14 000 kg darf bei Flügen zur gewerbsmäßigen Beförderung von Personen oder Sachen auf einem Flugplatz nur starten oder landen, wenn
1. für die Anflüge Instrumentenanflugverfahren festgelegt sind;
2. eine Flugverkehrskontrolle vorhanden ist.

(2) Der Bundesminister für Verkehr kann allgemein, die örtlich zuständige Luftfahrtbehörde des Landes im Einzelfall Ausnahmen von Absatz 1 zulassen, wenn eine Gefahr für die Sicherheit des Luftverkehrs nicht zu erwarten ist. Die Ausnahmen können eingeschränkt, befristet oder mit Auflagen verbunden werden.

§ 23

Flugbetrieb auf einem Flugplatz mit Flugverkehrskontrollstelle

(1) Wer ein Luftfahrzeug auf einem Flugplatz mit Flugverkehrskontrollstelle oder in dessen Umgebung führt, ist über die Vorschriften des § 22 hinaus verpflichtet,

1. auf der dafür vorgesehenen Funkfrequenz der Flugverkehrskontrollstelle des Flugplatzes empfangsbereit zu sein, sofern er nicht durch eine andere Flugverkehrskontrollstelle betreut wird; ist eine Funkverbindung nicht möglich, so hat der Luftfahrzeugführer auf Anweisungen durch Licht- und Bodensignale sowie Zeichen zu achten;
2. durch Funk oder Zeichen die vorherige Genehmigung für alle Bewegungen einzuholen, durch die das Rollen, Starten und Landen eingeleitet werden oder die damit in Zusammenhang stehen;
3. für Bewegungen auf dem Vorfeld und den Abstellflächen des Flugplatzes die Signale und Zeichen des Flugplatzunternehmers

zu befolgen.

(2) Auf einem Flugplatz mit Flugverkehrskontrollstelle tritt für die Zulassung von Abweichungen nach § 22 Abs. 3 die Flugverkehrskontrollstelle an die Stelle der Luftaufsichtsstelle, mit Ausnahme der Zulassung von Abweichungen von § 22 Abs. 1 Nr. 8.

(3) Auf dem Rollfeld eines Flugplatzes mit Flugverkehrskontrollstelle bedarf auch der Verkehr von Fußgängern und Fahrzeugen der Erlaubnis der Flugverkehrskontrollstelle. Den von ihr zur Sicherung des Flugplatzverkehrs schriftlich, mündlich, durch Funk, Lichtsignale oder Zeichen erlassenen Verfügungen ist Folge zu leisten.

(4) Flüge nach Sichtflugregeln in Kontrollzonen bedürfen einer Flugverkehrsfreigabe durch die zuständige Flugverkehrskontrollstelle.

§ 24

Prüfung der Flugvorbereitung und der vorgeschriebenen Ausweise

Auf Verlangen der für die Wahrnehmung der Luftaufsicht zuständigen Personen oder Stellen hat

1. der Luftfahrzeugführer nachzuweisen, daß er den Flug ordnungsgemäß vorbereitet hat,

2. das Luftfahrtpersonal die vorgeschriebenen Ausweise, insbesondere die Scheine und Zeugnisse für die Besatzung und das Luftfahrzeug, zur Prüfung auszuhändigen.

§ 25

Flugplanangabe

(1) Der Luftfahrzeugführer hat der zuständigen Flugverkehrskontrollstelle einen Flugplan zu übermitteln für

1. Flüge, die nach Instrumentenflugregeln durchgeführt werden;

2. Flüge nach Sichtflugregeln, die der Flugverkehrskontrolle nach § 10 Abs. 4 unterliegen;

3. Flüge nach Sichtflugregeln bei Nacht im kontrollierten Luftraum;

4. Kunstflüge im kontrollierten Luftraum und über Flugplätzen mit Flugverkehrskontrollstelle;

5. Wolkenflüge mit Segelflugzeugen;

6. Fahrten von bemannten Freiballonen und Luftschiffen;

7. Aufstiege von unbemannten Freiballonen mit einem Gesamtgewicht von Ballonhülle und Ballast von mehr als 0,5 kg sowie Aufstiege von gebündelten Freiballonen und Massenaufstieg von unbemannten Freiballonen;

8. Flüge aus der Bundesrepublik oder in die Bundesrepublik;

9. Flüge in Gebieten mit Flugbeschränkungen, soweit dies ausdrücklich bei der Festlegung der Gebiete angeordnet wurde.

Der Bundesminister für Verkehr kann Ausnahmen zulassen, soweit die öffentliche Sicherheit oder Ordnung, insbesondere die Sicherheit des Luftverkehrs, dadurch nicht beeinträchtigt werden.

(2) Der Luftfahrzeugführer kann auch für andere Flüge der zuständigen Flugverkehrskontrollstelle einen Flugplan übermitteln, um die Durchführung des Such- und Rettungsdienstes für Luftfahrzeuge zu erleichtern.

(3) Die Bundesanstalt für Flugsicherung wird ermächtigt, Einzelheiten über Arten, Inhalt, Abgabe, Annahme, Aufhebung, Änderung und zulässige Abweichungen von Flugplänen festzulegen und in dem Bundesanzeiger sowie in den Nachrichten für Luftfahrer bekanntzumachen.

§ 26

Flugverkehrsfreigabe

(1) Der Luftfahrzeugführer hat bei Flügen, für die ein Flugplan zu übermitteln ist (§ 25

Abs. 1)), sowie in den in dieser Verordnung vorgeschriebenen Fällen eine Flugverkehrsfreigabe einzuholen.

(2) Flugverkehrsfreigaben sollen, soweit es die öffentliche Sicherheit oder Ordnung, insbesondere die Sicherheit des Luftverkehrs zulassen, Schnelligkeit, Wirtschaftlichkeit und Regelmäßigkeit des Luftverkehrs berücksichtigen.

(3) Beantragt der Luftfahrzeugführer aus zwingenden Gründen eine bevorzugte Flugverkehrsfreigabe, hat er diese Gründe in seinem Antrag anzugeben.

(4) Von dem durch Erteilung der Flugverkehrsfreigabe bestätigten oder durch Erteilung weiterer Flugverkehrsfreigaben ergänzten Flugplan darf der Luftfahrzeugführer nicht abweichen, bevor ihm nicht eine neue Flugverkehrsfreigabe erteilt worden ist. Dies gilt nicht in solchen Notlagen, die eine sofortige eigene Entscheidung erfordern. In diesen Fällen hat der Luftfahrzeugführer unverzüglich die zuständige Flugverkehrskontrollstelle zu benachrichtigen und eine abgeänderte Flugverkehrsfreigabe einzuholen. Unbeschadet des Satzes 1 hat der Luftfahrzeugführer die zuständige Flugverkehrskontrollstelle zu benachrichtigen, wenn der Ablauf des Flugs nicht mehr mit dem Flugplan übereinstimmt.

§ 26a

Funkverkehr

(1) Der Funkverkehr wird als Sprechfunkverkehr im Flugfunkdienst durchgeführt. Hierbei sind die nach Absatz 3 festgelegten Verfahren anzuwenden.

(2) Der Luftfahrzeugführer hat an Bord eine dauernde Hörbereitschaft auf der nach Absatz 3 festgelegten Funkfrequenz der zuständigen Flugverkehrskontrollstelle aufrechtzuerhalten und im Bedarfsfall einen Funkverkehr mit ihr herzustellen
1. bei Flügen nach Instrumentenflugregeln,
2. bei Flügen nach Sichtflugregeln, wenn sie
   a) der Flugverkehrskontrolle nach § 10 Abs. 4 unterliegen,
   b) innerhalb von Kontrollzonen durchgeführt werden,
   c) zu Flugplätzen mit Flugverkehrskontrollstelle führen oder
   d) bei Nacht im kontrollierten Luftraum durchgeführt werden.
Die Bundesanstalt für Flugsicherung kann Ausnahmen zu Nummer 2 Buchstabe b und c zulassen.

(3) Die Bundesanstalt für Flugsicherung wird ermächtigt, die Funkfrequenzen der Flugverkehrskontrollstellen und die Funkfrequenzen der Bodenfunkstellen für den Sprechfunkverkehr im Flugfunkdienst, die nicht von der Bundesanstalt für Flugsicherung betrieben werden, sowie die Sprechfunkverfahren und die Verfahren bei Ausfall der Funkverbindung festzulegen und in dem Bundesanzeiger und in den Nachrichten für Luftfahrer bekanntzumachen.

§ 26b

Standortmeldungen

(1) Der Luftfahrzeugführer hat in den Fällen des § 26a Abs. 2 Nr. 1 und 2 Buchstabe a bis c beim Überfliegen jedes nach Absatz 2 festgelegten Meldepunktes unverzüglich eine

Standortmeldung an die zuständige Flugverkehrskontrollstelle zu übermitteln.

(2) Die Bundesanstalt für Flugsicherung wird ermächtigt, die Meldepunkte sowie die Einzelheiten über Inhalt und Form der Standortmeldungen festzulegen und in dem Bundesanzeiger sowie in den Nachrichten für Luftfahrer bekanntzumachen. Die zuständige Flugverkehrskontrollstelle kann im Einzelfall Standortmeldungen an weiteren Punkten verlangen oder auf die Übermittlung von Standortmeldungen verzichten.

§ 26c

Beendigung der Flugverkehrskontrolle

Der Luftfahrzeugführer hat bei Flügen nach Instrumentenflugregeln und bei Flügen nach Sichtflugregeln, die der Flugverkehrskontrolle nach § 10 Abs. 4 unterliegen, die zuständige Flugverkehrskontrollstelle unverzüglich zu benachrichtigen, wenn er den kontrollierten Luftraum oder den nach § 10 Abs. 4 festgelegten Teil des kontrollierten Luftraums verläßt.

§ 26d

Startmeldung

(1) Der Luftfahrzeugführer hat für Flüge, für die ein Flugplan abgegeben wurde, der zuständigen Flugverkehrskontrollstelle die tatsächliche Startzeit unverzüglich zu übermitteln, wenn sie von der im Flugplan angegebenen Zeit abweicht. Dies gilt nicht für Flüge von Flugplätzen mit Flugverkehrskontrollstelle. Der Bundesminister für Verkehr kann Ausnahmen von Satz 1 zulassen.

(2) Die Bundesanstalt für Flugsicherung wird ermächtigt, Einzelheiten über Inhalt, Form, zulässige zeitliche Abweichungen und Übermittlungsart der Startmeldungen festzulegen und in dem Bundesanzeiger sowie in den Nachrichten für Luftfahrer bekanntzumachen.

§ 27

Landemeldung

(1) Der Luftfahrzeugführer hat bei Flügen, für die ein Flugplan abgegeben wurde, der zuständigen Flugverkehrskontrollstelle unverzüglich eine Landemeldung zu übermitteln. Dies gilt nicht für Flüge zu Flugplätzen mit Flugverkehrskontrollstelle. Der Bundesminister für Verkehr kann Ausnahmen zulassen.

(2) Die Bundesanstalt für Flugsicherung wird ermächtigt, Einzelheiten über Inhalt, Form und Übermittlungsart der Landemeldungen festzulegen und in dem Bundesanzeiger sowie in den Nachrichten für Luftfahrer bekanntzumachen.

§ 27 a

Flugverfahren

(1) Der Luftfahrzeugführer hat bei Flügen innerhalb von Kontrollzonen, bei An- und Abflügen zu und von Flugplätzen mit Flugverkehrskontrollstelle, bei Flügen nach Instrumentenflugregeln und bei Flügen nach Sichtflugregeln, die der Flugverkehrskontrolle nach § 10 Abs. 4 unterliegen, die vorgeschriebenen Flugverfahren zu befolgen.

(2) Die Bundesanstalt für Flugsicherung wird ermächtigt, die Verfahren nach Absatz 1 festzulegen und in dem Bundesanzeiger sowie in den Nachrichten für Luftfahrer bekanntzumachen.

(3) Die Flugverkehrskontrollstellen können in Einzelfällen Abweichungen von den Verfahren nach Absatz 1 zulassen, soweit die öffentliche Sicherheit oder Ordnung, insbesondere die Sicherheit des Luftverkehrs, dadurch nicht beeinträchtigt werden.

DRITTER ABSCHNITT
SICHTFLUGREGELN

§ 28

Flüge nach Sichtflugregeln im kontrollierten Luftraum oder in einer Höhe von 900 m (3000 Fuß) und mehr über Grund oder Wasser außerhalb des kontrollierten Luftraums

(1) Im kontrollierten Luftraum oder in einer Höhe von 900 m (3000 Fuß) und mehr über Grund oder Wasser außerhalb des kontrollierten Luftraums sind Flüge nach Sichtflugregeln so durchzuführen, daß

1. der Luftfahrzeugführer eine Flugsicht von mindestens 8 km hat und

2. das Luftfahrzeug von den Wolken in waagerechter Richtung mindestens 1,5 km, in senkrechter Richtung mindestens 300 m (1000 Fuß) Abstand hält.

Flugsicht ist die Sicht in Flugrichtung aus dem Führerraum eines Luftfahrzeugs.

(2) In Kontrollzonen können Flüge nach Sichtflugregeln nur durchgeführt werden, wenn zusätzlich

1. eine Bodensicht von mindestens 8 km herrscht und

2. die Hauptwolkenuntergrenze in einer Höhe von mindestens 600 m (2000 Fuß) über Grund oder Wasser liegt.

Bodensicht ist die Sicht auf einem Flugplatz, wie sie von einer amtlich beauftragten Person festgestellt wird. Hauptwolkenuntergrenze ist die Untergrenze der niedrigsten Wolkenschicht über Grund oder Wasser, die mehr als die Hälfte des Himmels bedeckt und unterhalb von 6000 m (20000 Fuß) liegt.

(3) Der Bundesminister für Verkehr kann niedrigere Mindestwerte für Flugsicht und Abstand von Wolken sowie für Bodensicht und die Hauptwolkenuntergrenze festlegen, soweit die öffentliche Sicherheit oder Ordnung, insbesondere die Sicherheit des Luft-

verkehrs, dadurch nicht beeinträchtigt werden.

(4) Wenn die nach den Absätzen 1 bis 3 vorgeschriebenen Mindestwerte innerhalb einer Kontrollzone nicht gegeben sind, dürfen nach Sichtflugregeln betriebene Luftfahrzeuge nur dann auf einem in der Kontrollzone gelegenen Flugplatz starten, landen oder in die Kontrollzone einfliegen, wenn die zuständige Flugverkehrskontrollstelle hierzu eine Flugverkehrsfreigabe für einen Sonderflug nach Sichtflugregeln erteilt hat. Die Voraussetzungen für die Erteilung der Flugverkehrsfreigabe werden von der Bundesanstalt für Flugsicherung festgelegt und in den Nachrichten für Luftfahrer bekanntgemacht.

§ 29

Flüge nach Sichtflugregeln außerhalb des kontrollierten Luftraums in Höhen von weniger als 900 m (3000 Fuß) über Grund oder Wasser

(1) Flüge nach Sichtflugregeln außerhalb des kontrollierten Luftraums in Höhen von weniger als 900 m (3000 Fuß) über Grund oder Wasser sind außer von Drehflüglern, Luftschiffen und Freiballonen so durchzuführen, daß
1. der Luftfahrzeugführer Erdsicht und eine Flugsicht von mindestens 1,5 km hat und
2. das Luftfahrzeug Wolken nicht berührt.

(2) Außerhalb des kontrollierten Luftraums in Höhen von weniger als 900 m (3000 Fuß) über Grund oder Wasser sind Flüge von Drehflüglern sowie Luftschiff- und Ballonfahrten nach Sichtflugregeln so durchzuführen, daß
1. der Luftfahrzeugführer Erdsicht und eine Flugsicht von mindestens 800 m hat,
2. das Luftfahrzeug Wolken nicht berührt und
3. ein rechtzeitiges Erkennen von Hindernissen möglich ist.

(3) Der Bundesminister für Verkehr kann Ausnahmen von den in den Absätzen 1 und 2 vorgeschriebenen Werten zulassen, soweit die öffentliche Sicherheit oder Ordnung, insbesondere die Sicherheit des Luftverkehrs, dadurch nicht beeinträchtigt werden.

§ 30

Flüge nach Sichtflugregeln oberhalb der Flugfläche 200

Flüge nach Sichtflugregeln oberhalb der Flugfläche 200 sind untersagt. Der Bundesminister für Verkehr kann Ausnahmen zulassen.

§ 31

Höhenmessereinstellung und Reiseflughöhen bei Flügen nach Sichtflugregeln

(1) Bei Flügen nach Sichtflugregeln in und unterhalb der nach Absatz 3 festgelegten

Höhe hat der Luftfahrzeugführer den Höhenmesser auf den QNH-Wert des zur Flugstrecke nächstgelegenen Flughafens mit Flugverkehrskontrollstelle einzustellen, wenn der Flug über die Umgebung des Startflugplatzes hinausführt. QNH-Wert ist der auf mittlere Meereshöhe reduzierte Luftdruckwert eines Ortes unter der Annahme, daß an dem Ort und unterhalb des Ortes die Temperaturverhältnisse der Normalatmosphäre herrschen.

(2) Bei Flügen nach Sichtflugregeln oberhalb der nach Absatz 3 festgelegten Höhe hat der Luftfahrzeugführer den Höhenmesser auf 1013,2 Millibar einzustellen (Standard-Höhenmessereinstellung). Dabei ist die Flugfläche einzuhalten, die nach den Regeln über Halbkreis-Flughöhen (Anlage 3) dem jeweiligen mißweisenden Kurs über Grund entspricht. Dies gilt nicht, soweit das Luftfahrzeug sich im Steig- oder Sinkflug befindet oder die nach § 28 Abs. 1 und 3 vorgeschriebenen Werte für Flugsicht und Abstand von Wolken in der entsprechenden Flugfläche nicht eingehalten werden können. Flugflächen sind zum Zwecke der Höhenstaffelung vorgesehene Flächen in der Atmosphäre, die durch festgelegte Anzeigewerte eines auf 1013,2 Millibar eingestellten Höhenmessers bestimmt sind. Halbkreis-Flughöhe ist die festgelegte Reiseflughöhe, die nach der jeweiligen Hälfte der Kompaßgradeinteilung, in der der mißweisende Kurs über Grund liegt, bestimmt wird.

(3) Die Bundesanstalt für Flugsicherung wird ermächtigt, die Höhen nach Absatz 1 Satz 1 und Absatz 2 Satz 1 festzulegen und in dem Bundesanzeiger sowie in den Nachrichten für Luftfahrer bekanntzumachen.

(4) In den nach § 10 Abs. 4 festgelegten Teilen des kontrollierten Luftraums sind bei Flügen nach Sichtflugregeln die von der zuständigen Flugverkehrskontrollstelle zugewiesenen Flughöhen oder Flugflächen einzuhalten.

§ 32

Flüge nach Sichtflugregeln über Wolkendecken

Bei Flügen nach Sichtflugregeln dürfen Wolkendecken nur dann überflogen werden, wenn

1. die Flughöhe mindestens 300 m (1000 Fuß) über Grund oder Wasser beträgt und die Flugsicht sowie der Abstand von den Wolken nach § 28 Abs. 1 Nr. 1 und 2 eingehalten werden,

2. der Luftfahrzeugführer in der Lage ist, den beabsichtigten Flugweg einzuhalten,

3. der Anflug zum Zielflugplatz und die Landung bei Flugverhältnissen, bei denen nach Sichtflugregeln geflogen werden darf, gewährleistet ist,

4. der Luftfahrzeugführer die Berechtigung zur Ausübung des Flugfunkverkehrs hat.

§ 33

Flüge nach Sichtflugregeln bei Nacht

Für Flüge nach Sichtflugregeln bei Nacht gelten die §§ 28 bis 32. Als Nacht gilt der Zeitraum zwischen einer halben Stunde nach Sonnenuntergang und einer halben Stunde vor Sonnenaufgang.

§ 34

Such- und Rettungsflüge

Bei Flügen im Such- und Rettungseinsatz oder zur Hilfeleistung bei einer Gefahr für Leib und Leben einer Person kann von den §§ 28 bis 33 abgewichen werden.

VIERTER ABSCHNITT
INSTRUMENTENFLUGREGELN

§ 35 gestrichen

§ 36

Sicherheitsmindesthöhe bei Flügen nach Instrumentenflugregeln

Die Sicherheitsmindesthöhe beträgt – außer bei Start und Landung – für Luftfahrzeuge, die nach Instrumentenflugregeln fliegen, abweichend von § 6 Abs. 1 mindestens 300 m (1000 Fuß) über der höchsten Erhebung, von der sie weniger als 8 km entfernt sind.

§ 37

Höhenmessereinstellung und Reiseflughöhen bei Flügen nach Instrumentenflugregeln

(1) Bei Flügen nach Instrumentenflugregeln in und unterhalb der nach Absatz 5 festgelegten Höhe hat der Luftfahrzeugführer den Höhenmesser auf den von der zuständigen Flugverkehrskontrollstelle übermittelten QNH-Wert einzustellen.

(2) Bei Flügen nach Instrumentenflugregeln oberhalb der nach Absatz 5 festgelegten Höhe hat der Luftfahrzeugführer die Standard-Höhenmessereinstellung zu verwenden.

(3) Flüge nach Instrumentenflugregeln im kontrollierten Luftraum sind in den nach Absatz 5 festgelegten Reiseflughöhen durchzuführen, sofern nicht in der Flugverkehrsfreigabe etwas anderes bestimmt ist.

(4) Flüge nach Instrumentenflugregeln außerhalb des kontrollierten Luftraums sind in der Flugfläche oder Flughöhe durchzuführen, die nach den Regeln über Halbkreis-Flughöhen (Anlage 3) dem jeweiligen mißweisenden

Kurs über Grund entspricht, sofern das Luftfahrzeug sich nicht im Steig- oder Sinkflug befindet. Die Bundesanstalt für Flugsicherung kann Ausnahmen zulassen, soweit die öffentliche Sicherheit oder Ordnung, insbesondere die Sicherheit des Luftverkehrs, dadurch nicht beeinträchtigt werden.

(5) Die Bundesanstalt für Flugsicherung wird ermächtigt, die Höhen nach den Absätzen 1 bis 3 festzulegen und in dem Bundesanzeiger sowie in den Nachrichten für Luftfahrer bekanntzumachen.

§ 38 gestrichen

§ 39 gestrichen

§ 40

Übergang vom Flug nach Instrumentenflugregeln zum Flug nach Sichtflugregeln

(1) Der Luftfahrzeugführer hat die zuständige Flugverkehrskontrollstelle zu benachrichtigen, wenn er beabsichtigt, vom Flug nach Instrumentenflugregeln zum Flug nach Sichtflugregeln überzugehen.

(2) Der Luftfahrzeugführer darf von einem Flug nach Instrumentenflugregeln auf einen Flug nach Sichtflugregeln nur übergehen, wenn vorauszusehen ist, daß der Flug bei Flugverhältnissen, bei denen nach Sichtflugregeln geflogen werden darf, beendet oder während eines längeren Zeitraums fortgesetzt werden kann.

§ 41 gestrichen

§ 42

Abbruch von Landeanflügen

Der Luftfahrzeugführer hat den Landeanflug abzubrechen und das nach § 27 a festgelegte Fehlanflugverfahren einzuleiten, wenn er die für das benutzte Instrumentenflugverfahren festgelegten Werte für den Abbruch von Landeanflügen erreicht hat, er den Landeanflug aber nicht nach Sicht beenden kann.

FÜNFTER ABSCHNITT
BUSSGELD- UND SCHLUSSVORSCHRIFTEN

§ 43

Ordnungswidrigkeiten

Ordnungswidrig im Sinne des § 58 Abs. 1 Nr. 10 des Luftverkehrsgesetzes handelt, wer vorsätzlich oder fahrlässig

1. als Teilnehmer am Luftverkehr entgegen § 1 Abs. 1 sich so verhält, daß ein anderer gefährdet, geschädigt oder mehr als nach den Umständen unvermeidbar behindert oder belästigt wird;

2. entgegen § 1 Abs. 2 Lärm bei dem Betrieb eines Luftfahrzeugs verursacht, der stärker ist, als es die ordnungsgemäße Führung oder Bedienung unvermeidbar erfordern;

3. entgegen § 1 Abs. 3 ein Luftfahrzeug führt oder als anderes Besatzungsmitglied tätig wird, obwohl er infolge des Genusses alkoholischer Getränke oder anderer berauschender Mittel oder infolge geistiger oder körperlicher Mängel in der Wahrnehmung seiner Aufgabe behindert ist, wenn die Tat nicht in den §§ 315a und 316 des Strafgesetzbuchs mit Strafe bedroht ist;

4. entgegen § 2 Abs. 1 ein Luftfahrzeug während des Flugs oder am Boden führt, ohne verantwortlicher Luftfahrzeugführer zu sein;

5. einer Vorschrift des § 3 über die Pflichten des Luftfahrzeugführers zuwiderhandelt;

6. entgegen § 3a Abs. 1 oder 2 die Flugvorbereitung nicht oder nicht ordnungsgemäß durchführt;

7. einer Vorschrift des § 4 Abs. 2, § 28 Abs. 1, 2 oder 4, § 29 Abs. 1 oder 2, § 31 Abs. 1, 2 oder 4, § 32 oder § 33 über Flüge nach Sichtflugregeln zuwiderhandelt;

8. einer Vorschrift des § 4 Abs. 3, § 6 Abs. 4, § 36, § 37 Abs. 1 bis 4, § 40 oder § 42 über Flüge nach Instrumentenflugregeln zuwiderhandelt;

9. die nach § 4 Abs. 4 festgelegte Höchstgeschwindigkeit überschreitet;

10. als Halter, Führer oder anderes Besatzungsmitglied entgegen § 5 Abs. 1, 2 oder 3 Störungen bei dem Betrieb eines Luftfahrzeugs nicht, nicht rechtzeitig oder nicht ordnungsgemäß anzeigt;

11. entgegen § 6 Abs. 1 die Sicherheitsmindesthöhe unterschreitet oder entgegen § 6 Abs. 2 Brücken oder ähnliche Bauten, Freileitungen oder Antennen unterfliegt;

12. entgegen § 7 Abs. 1 Gegenstände oder sonstige Stoffe abwirft oder abläßt;

13. entgegen § 8 Kunstflüge ausführt;

14. entgegen § 9 Abs. 1, 2 oder 5 Schlepp- oder Reklameflüge ausführt;

15. gegen die Auflage einer Erlaubnis nach § 9 Abs. 3 Satz 1 oder § 14 verstößt;

16. entgegen § 9a Abs. 1 die Mittlere Greenwich-Zeit oder die vorgeschriebenen Maßeinheiten nicht anwendet;

17. entgegen § 10 Abs. 3 einen untersagten Flug nach Sichtflugregeln ausführt;

18. einer Vorschrift des § 12 oder § 19 Abs. 1 zur Vermeidung von Zusammenstößen zuwiderhandelt;

19. eine Ausweichregel des § 13 nicht befolgt;

20. einer Vorschrift des § 16 Abs. 1 bis 6

über den Aufstieg von Ballonen, Drachen, Flugmodellen oder Flugkörpern mit Eigenantrieb zuwiderhandelt;

21. der Vorschrift des § 16a über die Flugverkehrsfreigabe bei besonderer Benutzung des kontrollierten Luftraums zuwiderhandelt;

22. einer Vorschrift des § 17 oder § 19 Abs. 2 über die Lichterführung zuwiderhandelt;

23. einer Vorschrift des § 18 über Übungsflüge unter angenommenen Instrumentenflugbedingungen zuwiderhandelt;

24. entgegen § 20 Satz 1 eine Beobachtung über eine Gefahr für den Luftverkehr nicht, nicht unverzüglich oder nicht ordnungsgemäß meldet;

25. einer Vorschrift des § 21 über Signale und Zeichen zuwiderhandelt;

26. einer Vorschrift des § 22 Abs. 1 oder § 23 Abs. 1 oder 4 über den Flugbetrieb auf einem Flugplatz oder in dessen Umgebung oder des § 23 Abs. 3 über den Verkehr auf dem Rollfeld eines Flugplatzes zuwiderhandelt;

27. einer Vorschrift des § 25 Abs. 1 über die Flugplanabgabe oder des § 26 Abs. 1 oder 4 über die Flugverkehrsfreigabe zuwiderhandelt;

28. einer Vorschrift des § 26a Abs. 1 oder 2 über den Funkverkehr zuwiderhandelt;

29. entgegen § 26b Abs. 1, § 26c, § 26d Abs. 1 oder § 27 Abs. 1 eine dort vorgeschriebene Meldung nicht, nicht unverzüglich oder nicht ordnungsgemäß erstattet oder

30. entgegen § 27a Abs. 1 die vorgeschriebenen Flugverfahren nicht befolgt.

§ 44[1]

Inkrafttreten

(1) Die Verordnung tritt einen Monat nach ihrer Verkündung in Kraft.

(2)[2]

[1] Die Vorschrift betrifft das Inkrafttreten der Verordnung in der ursprünglichen Fassung vom 10. August 1963. Der Zeitpunkt des Inkrafttretens der späteren Änderungen ergibt sich aus den in der vorangestellten Bekanntmachung näher bezeichneten Vorschriften. Die Zweite Verordnung zur Änderung der Luftverkehrs-Ordnung vom 12. September 1969 ist nach Artikel 82 Abs. 2 Satz 2 des Grundgesetzes am 1. Oktober 1969 in Kraft getreten.

[2] Nicht abgedruckt, vollzogene Aufhebungen.

§ 45

Berlin-Klausel

Diese Verordnung gilt wegen der Beschränkungen der Lufthoheit im Land Berlin nicht im Land Berlin.

ANLAGE 1

(zu §§ 17 und 19 Abs. 7 LuftVO)

VORSCHRIFTEN ÜBER DIE VON LUFTFAHRZEUGEN ZU FÜHRENDEN LICHTER

§ 1

Begriffsbestimmungen

Bei Anwendung der Vorschriften dieser Anlage gelten folgende Begriffsbestimmungen.

Ein Flugzeug auf dem Wasser ist in Fahrt, wenn es weder vor Anker liegt noch im Wasser oder an Land festgemacht hat, noch auf Grund sitzt.

Ein Flugzeug auf dem Wasser macht Fahrt, wenn es in Fahrt ist und sich dem Wasser gegenüber in einer bestimmten Richtung fortbewegt.

Ein Licht ist sichtbar, wenn es in dunkler Nacht bei ungetrübter Atmosphäre erkannt werden kann.

§ 2

Positionslichter

(1) Flugzeuge haben folgende Positionslichter zu führen (Abb. VI/1):

a) ein rotes Licht, das unbehindert von genau voraus nach links über einen Winkel von 110 Grad und nach oben und unten scheint;

b) ein grünes Licht, das unbehindert von genau voraus nach rechts über einen Winkel von 110 Grad und nach oben und unten scheint;

c) ein weißes Licht, das unbehindert von genau nach hinten nach links und nach rechts über einen Winkel von jeweils 70 Grad und nach oben und unten scheint.

(2) Die Positionslichter dürfen entweder Dauerlichter oder Blinklichter sein. Falls

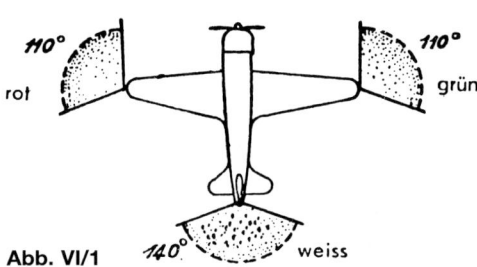

Abb. VI/1

Blinklichter verwendet werden, dürfen zusätzlich folgende Lichter geführt werden:

a) ein rotes Blinklicht am Heck, das in den Blinkpausen des in Absatz 1 Buchstabe c beschriebenen Lichtes am Heck leuchtet und/oder

b) ein weißes Blinklicht, das aus allen Richtungen zu sehen ist und in den Blinkpausen der in Absatz 1 beschriebenen

Lichter leuchtet.

(3) Die Lichtstärke der in Absatz 1 Buchstabe a und b beschriebenen Lichter darf nicht weniger als 5 Candela und die Lichtstärke des in Absatz 1 Buchstabe c beschriebenen Lichtes nicht weniger als 3 Candela betragen.

(4) Falls die in Absatz 1 Buchstabe a und b beschriebenen Lichter weiter als 2 m (6 Fuß) von den Tragflächenenden entfernt sind, müssen Begrenzungslichter an den Tragflächen geführt werden. Die Begrenzungslichter müssen Dauerlichter sein; ihre Farbe muß der Farbe der dazugehörigen Positionslichter entsprechen.

§ 3

Zusammenstoß-Warnlicht

(1) Flugzeuge, Drehflügler und Luftschiffe sind mit einem oder mehreren Zusammenstoß-Warnlichter auszurüsten. Diese sind als Blinklichter so einzurichten und anzubringen, daß sie möglichst aus allen Richtungen zwischen 30 ° über und 30 ° unter der Horizontalebene des betreffenden Luftfahrzeugs zu sehen sind, ohne die Sicht des Luftfahrzeugführers und die Sichtbarkeit der Positionslichter zu beeinträchtigen. Die Art der Ausführung wird von dem Luftfahrt-Bundesamt bestimmt. Bei Luftfahrzeugen, die mit Zusammenstoß-Warnlichtern ausgerüstet sind, müssen die in § 2 Abs. 1 beschriebenen

Lichter als Dauerlichter eingerichtet sein.
(2) Motorsegler, Segelflugzeuge und Freiballone sind mit einem oder mehreren Zusammenstoß-Warnlichtern nach Absatz 1 oder an deren Stelle mit anderen Mitteln zu einer besseren Erkennbarkeit der Luftfahrzeuge auszurüsten. Das Nähere wird von dem Luftfahrt-Bundesamt geregelt.
(3) Das Luftfahrt-Bundesamt kann allgemein oder im Einzelfall Ausnahmen von den Absätzen 1 oder 2 zulassen. Die Ausnahmen können befristet und mit Auflagen verbunden werden.

§ 4

Lichter für Flugzeuge auf dem Wasser

(1) Ein Flugzeug auf dem Wasser, das in Fahrt ist, muß zusätzlich zu den nach § 2 Abs. 1 vorgeschriebenen und als Dauerlichter eingerichteten Lichtern im vorderen Teil mittschiffs dort, wo es am besten gesehen werden kann, ein weißes Licht führen. Dieses Licht muß unbehindert über 220 Kompaßgrade scheinen, und zwar nach jeder Seite 110 Grad, von rechts voraus bis 20 Grad achterlicher als querab. Das Licht muß mindestens 3 Seemeilen weit sichtbar sein (Abb. VI/2).

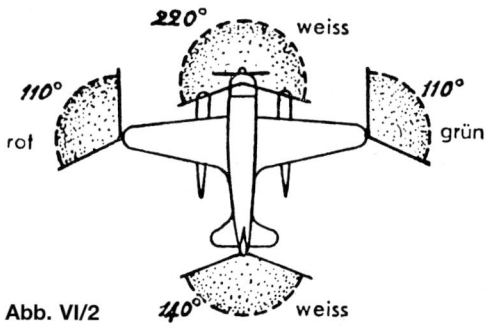

Abb. VI/2

655

(2) Ein Flugzeug auf dem Wasser, das ein oder mehrere Flugzeuge oder Wasserfahrzeuge schleppt, muß zusätzlich zu den nach § 2 Abs. 1 vorgeschriebenen, als Dauerlichter eingerichteten und mindestens 2 Seemeilen weit sichtbaren Lichtern ein zweites weißes Licht führen, das ebenso beschaffen ist wie das in Absatz 1 beschriebene weiße Licht. Dieses zweite Licht muß mindestens 2 m (6 Fuß) senkrecht über oder unter dem ersten Licht angebracht sein (Abb. VI/3).

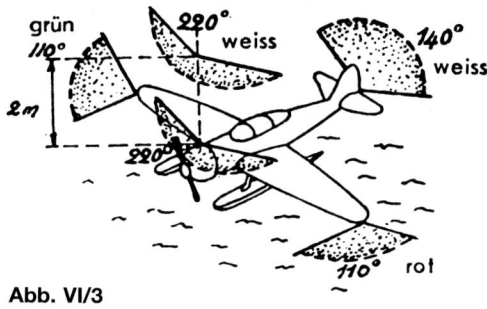

Abb. VI/3

(3) Ein Flugzeug auf dem Wasser, das geschleppt wird, muß die nach § 2 Abs. 1 vorgeschriebenen Lichter führen, die als Dauerlichter eingerichtet und mindestens 2 Seemeilen weit sichtbar sein müssen. In diesem Fall darf das in Absatz 1 beschriebene zusätzliche weiße Licht im vorderen Teil des Flugzeugs nicht geführt werden.

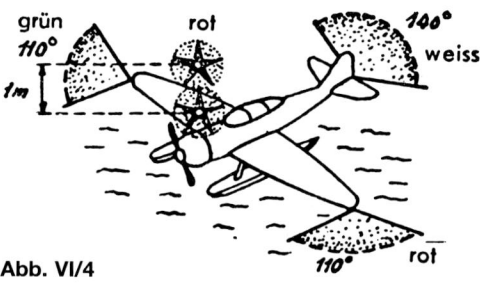

Abb. VI/4

(4) Ein manövrierunfähiges Flugzeug auf dem Wasser muß zwei rote Lichter senkrecht übereinander und mindestens 1 m (3 Fuß) voneinander entfernt dort führen, wo sie am besten gesehen werden können; beide Lichter müssen so beschaffen sein, daß sie über den ganzen Horizont mindestens 2 Seemeilen weit sichtbar sind (Abb. VI/4). Das manövrierunfähige Flugzeug darf die nach § 2 Abs. 1 vorgeschriebenen farbigen Seitenlichter nicht führen, wenn es keine Fahrt macht (Abb. VI/5), muß sie aber führen, wenn es Fahrt macht. Die in Satz 1 beschriebenen roten Lichter gelten nicht als Notsignal.

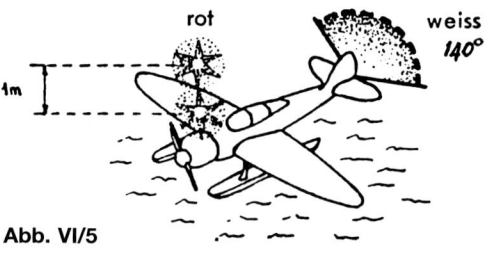

Abb. VI/5

(5) Flugzeuge müssen auf dem Wasser vor Anker folgende Lichter führen:

a) ein Flugzeug, das weniger als 50 m (150 Fuß) lang ist: ein weißes über den ganzen Horizont mindestens 2 Seemeilen weit sichtbares Ankerlicht, und zwar dort, wo es am besten gesehen werden kann (Abb. VI/6);

Abb. VI/6

656

b) ein Flugzeug, das 50 m (150 Fuß) lang oder länger ist: ein weißes Ankerlicht vorn und ein weißes Ankerlicht hinten, und zwar dort, wo sie am besten gesehen werden können; beide Ankerlichter müssen über den ganzen Horizont mindestens 3 Seemeilen weit sichtbar sein (Abb. VI/7);

Abb. VI/7

Abb. VI/8 Flugzeuglänge weniger als 50 m.

c) ein Flugzeug mit einer Spannweite von mehr als 50 m (150 Fuß): ein weißes Licht auf jeder Seite, um die größte Spannweite kenntlich zu machen. Diese Lichter müssen möglichst unbehindert über den ganzen Horizont mindestens 1 Seemeile weit sichtbar sein (Abb. VI/8 und VI/9).

(6) Ein Flugzeug auf dem Wasser, das auf Grund sitzt, muß das oder die in Absatz 5 vorgeschriebenen Ankerlichter führen. Außerdem muß es zwei senkrecht übereinander angebrachte, über den ganzen Horizont

Abb. VI/9 Flugzeuglänge mehr als 50 m.

sichtbare rote Lichter führen, die mindestens 1 m (3 Fuß) voneinander entfernt sind.

§ 5

Vorschriften für Freiballone

(1) Freiballone müssen mit einem elektrisch betriebenen Blinkscheinwerfer mit einer Mindestlichtstärke von 20 Candela ausgerüstet sein. Der Scheinwerfer muß in der Nähe des Korbes angebracht und so eingerichtet sein, daß er abwechselnd eine Sekunde lang mit einem Strahlungswinkel von mindestens 20 bis 25 Grad die Ballonhülle anleuchtet und eine Sekunde lang erloschen bleibt. Außer-

dem müssen unterhalb des Korbes in Abständen von je 5 m eine gelbe und eine weiße Rundstrahlblinklampe mit je einer Sekunde Wechsel angebracht sein.
(2) Die für die Aufstiegserlaubnis zuständige Luftfahrtbehörde kann für unbemannte Ballone, die Meßinstrumente für wissenschaftliche Zwecke tragen, Ausnahmen von den Vorschriften des Absatzes 1 zulassen.

§ 6

Lichter für andere Luftfahrzeuge

Die Vorschriften über die Lichterführung von Flugzeugen finden auf andere als die in den §§ 2, 4 und 5 genannten Arten von Luftfahrzeugen, insbesondere auf Motorsegler, Segelflugzeuge, Luftschiffe und Drehflügler, sinngemäß Anwendung. Sofern deren Bauart die Anbringung der Lichter in der vorgeschriebenen Form nicht gestattet oder sie wesentlich erschwert, bestimmt das Luftfahrt-Bundesamt die Art der Ausführung.

ANLAGE 2

(zu § 21 LuftVO)

SIGNALE UND ZEICHEN
1. NOT- UND DRINGLICHKEITSSIGNALE

§ 1

Wahl der anzuwendenden Signale

Der Führer eines Luftfahrzeugs darf in einer Notlage jedes verfügbare Mittel benutzen, um sich bemerkbar zu machen, seinen Standort bekanntzugeben und Hilfe herbeizurufen.

§ 2

Notsignale

(1) Die folgenden, entweder zusammen oder einzeln gegebenen Signale bedeuten, daß schwere und unmittelbare Gefahr droht und daß sofortige Hilfe angefordert wird:

1. Ein durch Tastfunk oder auf andere Art gegebenes Signal, das aus der Gruppe SOS (... −−− ... des Morsealphabets) besteht;
2. ein durch Sprechfunk gegebenes Signal, das aus dem gesprochenen Wort »MAYDAY« besteht;
3. einzeln und in kurzen Zeitabständen abgefeuerte rotleuchtende Raketen oder Leuchtkugeln;
4. ein Leuchtfallschirm mit rotem Licht.

§ 3

Dringlichkeitssignale

(1) Die folgenden, entweder gemeinsam oder einzeln gegebenen Signale bedeuten, daß ein Luftfahrzeug sich in einer schwierigen Lage befindet, die es zur Landung zwingt, jedoch keine sofortige Hilfeleistung erfordert:

1. Wiederholtes Ein- und Ausschalten der Landescheinwerfer;
2. wiederholtes Ein- und Ausschalten der Positionslichter derart, daß sie nicht mit Positionslichtern, die als Blinklichter eingerichtet sind, verwechselt werden können.

(2) Die folgenden, entweder gemeinsam oder einzeln gegebenen Signale bedeuten, daß ein Luftfahrzeug eine sehr dringende Meldung über die Sicherheit eines Wasserfahrzeugs, eines Luftfahrzeugs, eines anderen Fahrzeugs oder über Personen an Bord oder in Sicht abzugeben hat:

1. Ein durch Tastfunk oder auf andere Art gegebenes Signal, das aus der Gruppe XXX (–..––..––..–) besteht;
2. ein durch Sprechfunk gegebenes Signal, das aus dem gesprochenen Wort »PAN PAN« besteht.

2. WARNSIGNALE

§ 4

Eine Folge von Leuchtgeschossen, die in Abständen von 10 Sekunden abgefeuert werden und von denen sich jedes in rote und grüne Lichter oder Sterne zerlegt, zeigt dem Führer eines Luftfahrzeugs an, daß er in einem Gefahrengebiet oder unbefugt in einem Gebiet mit Flugbeschränkungen oder einem Luftsperrgebiet fliegt, oder im Begriffe ist, in eines dieser Gebiete einzufliegen, und daß er die erforderlichen Vorsichtsmaßnahmen zu ergreifen hat. Diese Signale können entweder vom Boden oder von einem anderen Luftfahrzeug aus abgegeben werden.

3. SIGNALE FÜR DEN FLUGPLATZVERKEHR

§ 5

Lichtsignale

(1) Auf ein Luftfahrzeug im Flug gerichtete Lichtsignale bedeuten:
1. Grünes Dauersignal: Landung freigegeben;

2. Rotes Dauersignal: Platzrunde fortsetzen, anderes Luftfahrzeug hat Vorflug;
3. Grünes Blinksignal: Zwecks Landung zurückkehren oder Anflug fortsetzen (Freigabe zum Landen und Rollen abwarten);
4. Rotes Blinksignal: Nicht landen, Flugplatz unbenutzbar;
5. Weißes Blinksignal: Auf diesem Flugplatz landen und zum Vorfeld rollen (Freigabe zum Landen und Rollen abwarten);
6. Rote Feuerwerkskörper: Ungeachtet aller früheren Anweisungen und Freigaben zur Zeit nicht landen.

Abb. VI/10

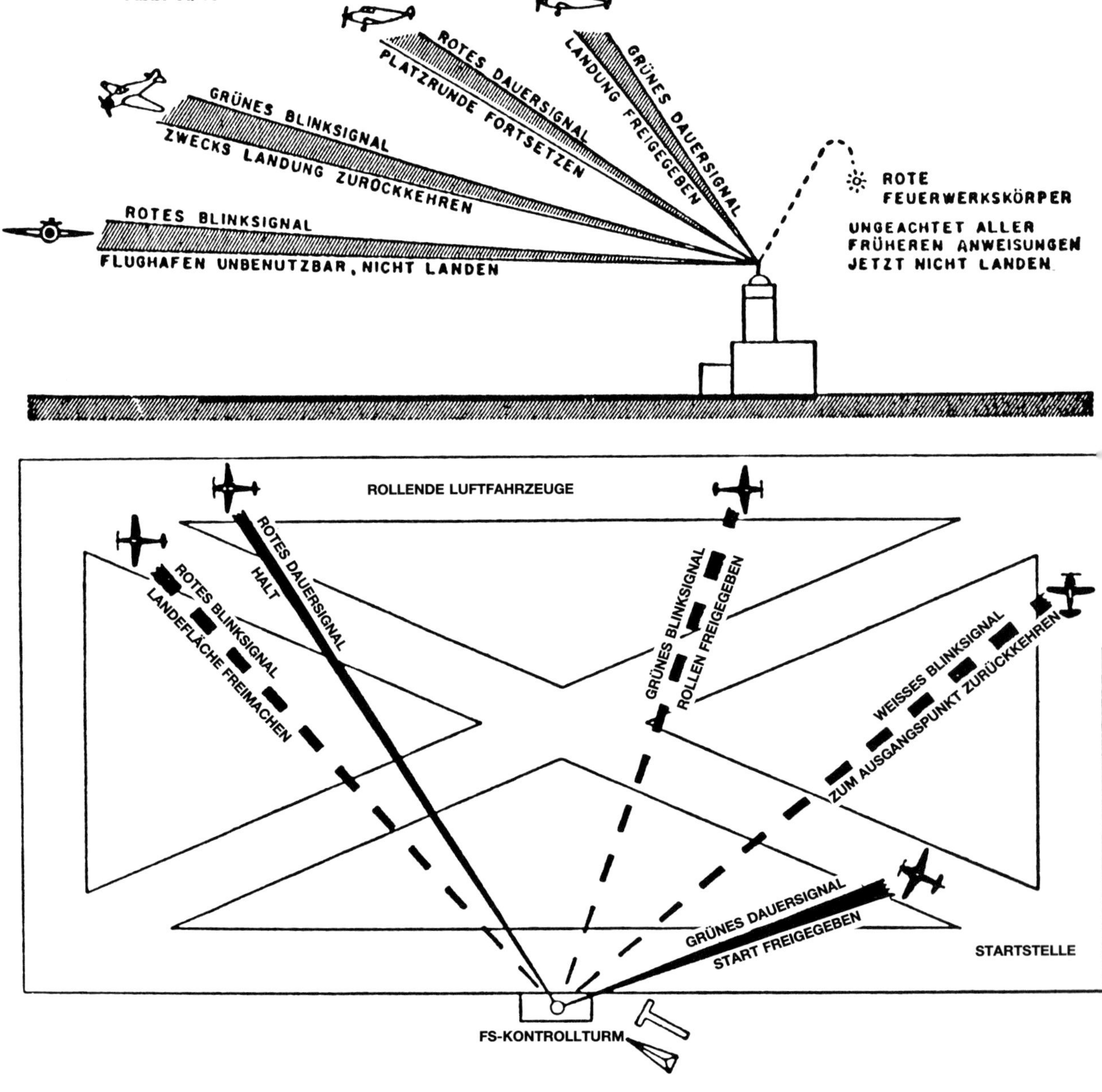

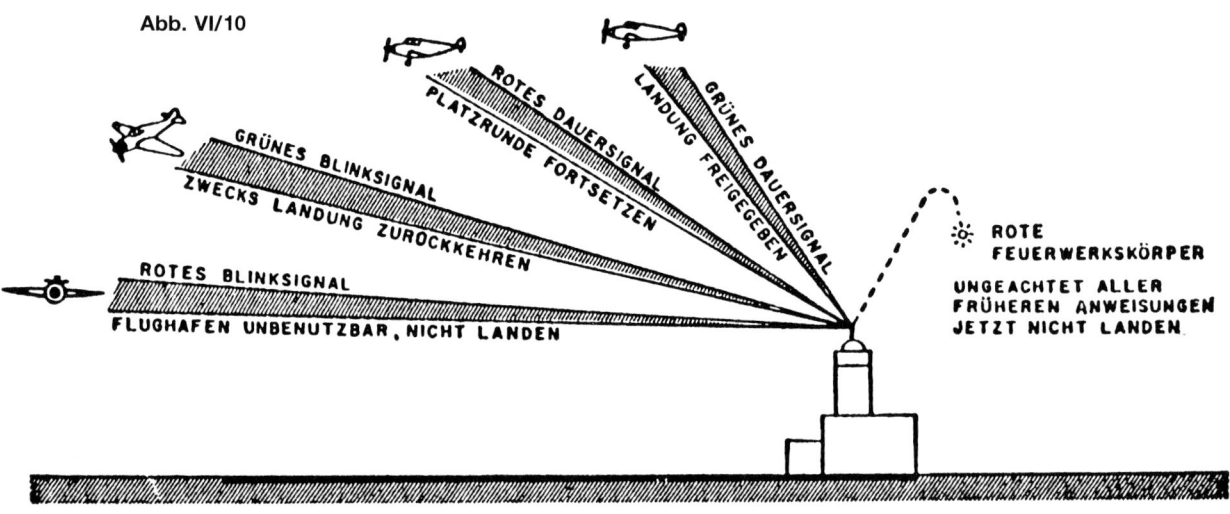

(2) Auf ein Luftfahrzeug am Boden gerichtete Lichtsignale bedeuten:

1. Grünes Dauersignal: Start freigegeben;
2. Rotes Dauersignal: Halt;
3. Grünes Blinksignal: Rollen freigegeben;
4. Rotes Blinksignal: Benutzte Landefläche freimachen;
5. Weißes Blinksignal: Zum Ausgangspunkt auf dem Flugplatz zurückkehren.

(3) Empfängt ein Luftfahrzeugführer Signale nach Absatz 1, hat er diese wie folgt zu bestätigen:

1. Zwischen Sonnenaufgang und Sonnenuntergang durch wechselweise Betätigung der Querruder, es sei denn, das Luftfahrzeug befindet sich im Quer- oder Endanflug zur Landung;
2. zwischen Sonnenuntergang und Sonnenaufgang durch zweimaliges Ein- und Ausschalten der Landescheinwerfer oder der Positionslichter.

(4) Empfängt ein Luftfahrzeugführer Signale nach Absatz 2, so hat er diese wie folgt zu bestätigen:

1. Zwischen Sonnenaufgang und Sonnenuntergang durch Bewegen der Querruder oder Seitenruder;
2. zwischen Sonnenuntergang und Sonnenaufgang durch zweimaliges Ein- und Ausschalten der Landescheinwerfer oder der Positionslichter.

§ 6

Bodensignale

1. Landeverbot

Signal:

Ein in der Signalfläche ausgelegtes waagerechtes quadratisches rotes Feld mit zwei gelben Diagonalstreifen

Bedeutung:
Landeverbot für längere Zeit.

2. Besondere Vorsicht beim Landeanflug und bei der Landung

Signal:

Ein in der Signalfläche ausgelegtes waagerechtes quadratisches rote Feld mit einem gelben Diagonalstreifen

Bedeutung:

Beim Landeanflug und bei der Landung ist wegen des schlechten Zustandes des Rollfeldes oder aus anderen Gründen besondere Vorsicht geboten.

3. Benutzung der Start- und Landebahnen und der Rollbahnen

a) Signal:

Eine in der Signalfläche ausgelegte waagerechte weiße Fläche in Form einer Hantel

Bedeutung:
Zum Starten, Landen und Rollen dürfen nur Start- und Landebahnen und Rollbahnen benutzt werden.

b) Signal:

Eine in der Signalfläche ausgelegte waagerechte weiße Fläche in Form einer Hantel mit je einem schwarzen Streifen in den kreisförmigen Flächenteilen, wobei die Streifen im rechten Winkel zur Längsachse der Fläche liegen

Bedeutung:
Zum Starten und Landen dürfen nur die Start- und Landebahnen benutzt werden; Rollbewegungen sind nicht auf Start- und Landebahnen oder Rollbahnen beschränkt.

4. Unbenutzbarkeit des Rollfeldes
Signal:
Auf dem Rollfeld ausgelegte Kreuze in weißer oder anderer auffallender Farbe

Bedeutung:
Der durch die Kreuze bezeichnete oder begrenzte Teil des Rollfeldes ist nicht benutzbar.

5. Anweisungen für Start und Landung
a) Signal:
Ein weißes oder orangefarbenes »T« (Lande-T), das bei Nacht entweder beleuchtet oder durch weiße Lichter dargestellt ist

Bedeutung:
Starts und Landungen sind parallel zum Längsbalken des Lande-T in Richtung auf den Querbalken durchzuführen.
b) Signal:
Ein liegendes Tetraeder, das, von der Grundfläche in Richtung auf die Spitze gesehen, auf der linken Seite orangefarbig oder schwarz, auf der rechten Seite weiß oder aluminiumfarbig ist und das bei Nacht, von der Grundfläche in Richtung auf die Spitze gesehen, durch auf der Mittellinie und der rechten Begrenzung angebrachte grüne Lichter und durch auf der linken Begrenzung angebrachte rote

Lichter dargestellt ist

Bedeutung:
Starts und Landungen sind in der Richtung auszuführen, in die die Spitze des Tetraeders zeigt.
c) Signal:
Eine zweistellige Zahl auf einer Tafel, die am Kontrollturm oder in dessen Nähe senkrecht angebracht ist

$$\boxed{\underline{09}}$$

Bedeutung:
Angabe der Startrichtung, abgerundet auf die nächstliegenden zehn Grad der mißweisenden Kompaßrose.

6. Richtungsänderung nach rechts nach dem Start und vor der Landung
Signal:
Ein in der Signalfläche oder am Ende der Start- und Landebahn oder des Schutzstreifens waagerecht ausgelegter und nach rechts abgewinkelter Pfeil in auffallender Farbe

Bedeutung:
Nach dem Start und vor der Landung sind Richtungsänderungen nur nach rechts erlaubt.

6a. Richtungsänderungen nach dem Start und vor der Landung bei getrennter Platzrunde für motorgetriebene Luftfahrzeuge und Segelflugzeuge
Signal:
Ein in der Signalfläche oder am Ende der Start- und Landebahn oder des Schutzstreifens in Start- oder Landerichtung ausgelegtes, mit einem nach rechts oder links abgewinkelten Pfeil versehenes Doppelkreuz von auffallender Farbe

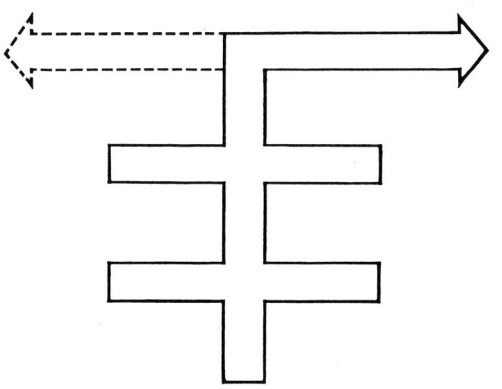

Bedeutung:
Getrennte Platzrunde für motorgetriebene Luftfahrzeuge und Segelflugzeuge. Nach dem Start und vor der Landung sind Richtungsänderungen für motorgetriebene Luftfahrzeuge nur in Pfeilrichtung, für Segelflugzeuge nur entgegengesetzt erlaubt.

7. Abgabe von Flugsicherungsmeldungen
Signal:
Der Buchstabe »C« in schwarz auf einer senkrecht angebrachten gelben Tafel

Bedeutung:
Flugsicherungsmeldungen sind an der so bezeichneten Stelle abzugeben.

8. Segelflugbetrieb
Signal:
Ein in der Signalfläche waagerecht ausgelegtes weißes Doppelkreuz

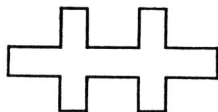

Bedeutung:
Am Flugplatz wird Segelflugbetrieb durchgeführt.

§ 7

Zeichen des Einwinkers

(1) Auf einem Flugplatz werden Luftfahrzeugführern Zeichen durch den Einwinker mittels Signalkellen, Leuchtstablampen, Taschenlampen oder nur mit den Armen und Händen gegeben.
(2) Gibt der Einwinker Zeichen, so steht er mit Blickrichtung zum Luftfahrzeug
a) bei Starrflüglern vor der linken Tragflächenspitze im Blickfeld des Luftfahrzeugführers,

b) bei Drehflüglern so, daß er für den Luftfahrzeugführer am besten zu sehen ist.
(3) Triebwerke von Luftfahrzeugen werden mit fortlaufenden Nummern angegeben. Das äußere Backbordtriebwerk hat die Nr. 1.
(4) Es werden folgende Zeichen gegeben, wobei die Zeichen Nummer 16 bis 20 für Drehflügler bestimmt sind:

1. Auf Zeichen des Einwinkers achten!
Der rechte Arm ist senkrecht nach oben ausgestreckt und wird wiederholt nach links und rechts bewegt.

2. Hier Stillstand!

Beide Arme werden senkrecht nach oben ausgestreckt, die Handflächen zeigen nach innen.

3. Auf Zeichen des nächsten Einwinkers achten!

Der rechte oder linke Arm zeigt abwärts; der andere Arm wird quer vor dem Körper ausgestreckt und zeigt in Richtung auf den nächsten Einwinker.

4. Geradeaus rollen!

Die leicht seitlich ausgestreckten Arme mit nach rückwärts gerichteten Handflächen winken aus Schulterhöhe wiederholt vorwärts-rückwärts.

5. a) Nach links drehen!

Der rechte Arm zeigt abwärts, der linke Arm winkt wiederholt aufwärts-rückwärts; die Schnelligkeit der Bewegung zeigt die erforderliche Drehgeschwindigkeit an.

b) Nach rechts drehen!

Der linke Arm zeigt abwärts, der rechte Arm winkt wiederholt aufwärts-rückwärts; die Schnelligkeit der Bewegung zeigt die erforderliche Drehgeschwindigkeit an.

6. Halt!

Beide Arme werden wiederholt über dem Kopf gekreuzt; die Schnelligkeit der Armbewegung entspricht der Dringlichkeit des Anhaltens.

7. a) Bremsen anziehen!

Der rechte oder linke Arm wird waagerecht vor dem Körper gehalten; die Finger der Hand sind ausgestreckt und werden zur Faust geschlossen.

b) Bremsen lösen!

Der rechte oder linke Arm wird waagerecht vor dem Körper gehalten; die Hand ist zur Faust geschlossen und wird geöffnet.

8. a) Bremsklötze sind vorgelegt!

Beide Arme werden aus seitlich ausgestreckter Haltung mit zum Körper gerichteten Handflächen nach unten und innen bewegt.

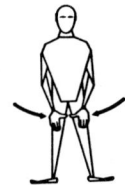 

b) Bremsklötze sind entfernt!

Beide Arme hängen herab und werden mit zum Körper gerichteten Handrücken zur Seite bewegt.

 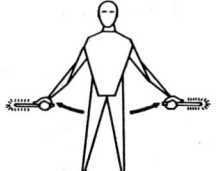

9. Triebwerke anlassen!

Der linke Arm ist nach oben ausgestreckt, die Anzahl der ausgestreckten Finger gibt die entsprechende Nummer des anzulassenden Triebwerks an; die rechte Hand beschreibt kreisende Bewegungen in Kopfhöhe.

10. Triebwerke abstellen!

Rechter oder linker Arm wird mit der Handfläche nach unten und mit dem Daumen vor der Kehle in Schulterhöhe gehalten; die Hand wird bei angewinkeltem Arm seitlich hin- und herbewegt.

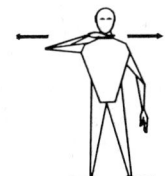 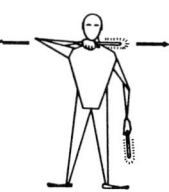

11. Langsamer rollen!

Beide Arme hängen mit nach unten zeigenden Handflächen herab und werden wiederholt auf- und abbewegt.

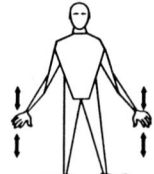 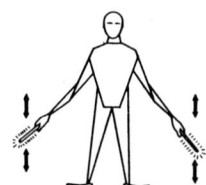

12. Triebwerkdrehzahl auf der angezeigten Seite verringern!

Beide Arme hängen mit nach unten gerichteten Handflächen herab; dann wird entweder die rechte oder linke Hand auf- und abbewegt; je nachdem, ob die Drehzahl der Triebwerke auf der linken oder rechten Seite verringert werden soll.

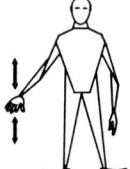 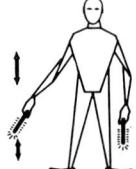

13. Rückwärts rollen!

Beide Arme werden mit zum Luftfahrzeug gerichteten Handflächen wiederholt vorwärts-aufwärts bis zur waagerechten Armhaltung gebracht.

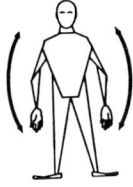 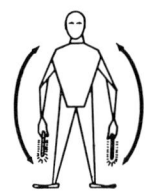

14. a) Rückwärts rollen und Luftfahrzeugheck nach Steuerbord drehen!

Der linke Arm zeigt nach unten, der rechte Arm wird aus der senkrechten Haltung über dem Kopf wiederholt in waagerechte Armhaltung nach vorn bewegt.

b) Rückwärts rollen und Luftfahrzeugheck nach Backbord drehen!

Der rechte Arm zeigt nach unten, der linke Arm wird aus der senkrechten Haltung über dem Kopf wiederholt in waagerechte Armhaltung nach vorn bewegt.

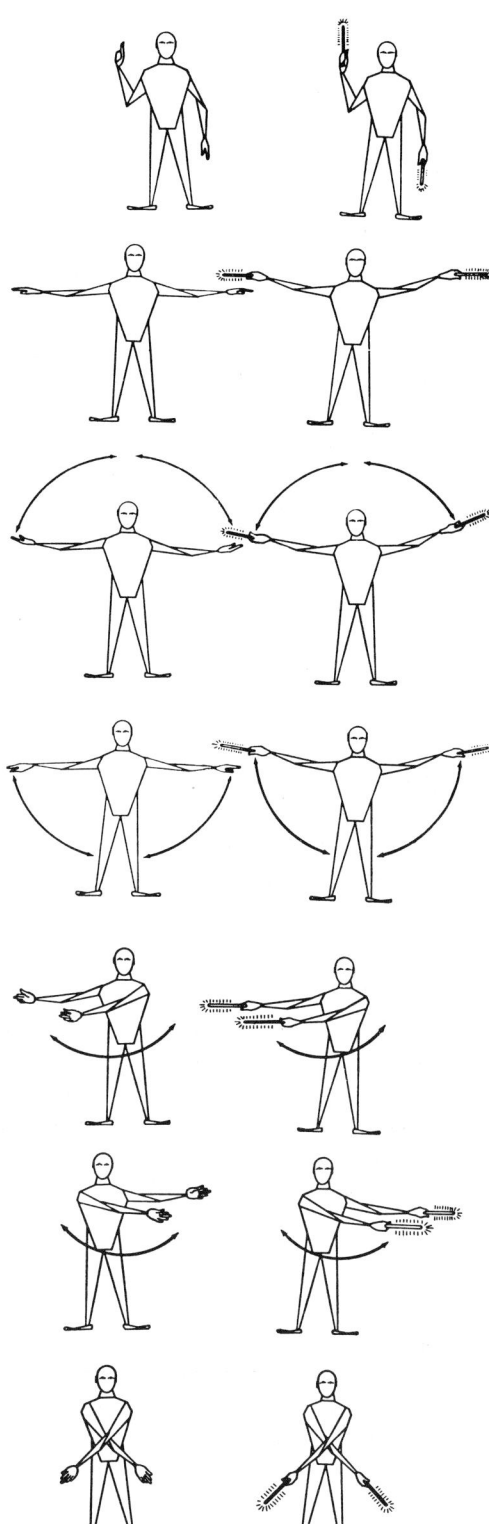

15. Alles klar!

Der rechte Arm wird vom Ellenbogen ab nach oben gehalten; der Daumen zeigt nach oben.

16. Im Schwebeflug bleiben!

Beide Arme sind seitwärts waagerecht ausgestreckt.

17. Steigen!

Beide Arme winken aus seitwärts waagerecht ausgestreckter Haltung mit nach oben gerichteten Handflächen aufwärts; die Schnelligkeit der Bewegung zeigt die erforderliche Steiggeschwindigkeit an.

18. Sinken!

Beide Arme winken aus seitwärts waagerechter Haltung mit nach unten gerichteten Handflächen abwärts; die Schnelligkeit der Bewegung zeigt die erforderliche Sinkgeschwindigkeit an.

19. Unter Beibehaltung der augenblicklichen Höhe in die angezeigte Richtung fliegen!

Der eine Arm zeigt seitwärts waagerecht ausgestreckt in die Flugrichtung, der andere schwingt vor dem Körper wiederholt in die gleiche Richtung.

20. Landen!

Beide Arme sind vor dem Körper gekreuzt schräg nach unten ausgestreckt.

§ 8

Zeichen des Luftfahrzeugführers

(1) Dem Einwinker werden von dem Luftfahrzeugführer vom Führerraum des Luftfahrzeugs aus Zeichen mit den Armen und Händen gegeben. Die Zeichen müssen für den Einwinker klar erkennbar sein; wenn erforderlich, ist bei der Zeichengebung eine Lichtquelle zu Hilfe zu nehmen.

(2) Für die Bezeichnung von Triebwerken durch den Luftfahrzeugführer gilt § 7 Abs. 3 entsprechend.

(3) Es werden folgende Zeichen gegeben:

1. a) Bremsen sind angezogen!
Der rechte oder linke Arm wird waagerecht vor dem Gesicht gehalten; die Finger der Hand sind ausgestreckt und werden zur Faust geschlossen.

b) Bremsen sind gelöst!
Der rechte oder linke Arm wird waagerecht vor dem Gesicht gehalten; die Hand ist zur Faust geschlossen und wird geöffnet.

2. a) Bremsklötze vorlegen!
Die Arme werden seitlich ausgestreckt und mit den Handflächen nach außen vor dem Gesicht gekreuzt.

b) Bremsklötze entfernen!
Die Arme werden vor dem Gesicht gekreuzt und mit den Handflächen nach außen seitlich ausgestreckt.

3. Fertig zum Anlassen der Triebwerke!
Die Anzahl der ausgestreckten Finger einer Hand gibt die entsprechende Nummer des anzulassenden Triebwerks an.

ANLAGE 3

(zu §§ 31 und 37 LuftVO)

HALBKREIS-FLUGHÖHEN

Sofern nach § 31 Abs. 2 und § 37 Abs. 4 der Luftverkehrs-Ordnung die Benutzung von Halbkreis-Flughöhen vorgeschrieben ist, hat der Luftfahrzeugführer eine der Flughöhen über NN oder Flugflächen einzuhalten, die nach der folgenden Tabelle seinem jeweiligen mißweisenden Kurs über Grund entsprechen:

Mißweisender Kurs											
von 000° bis 179°						von 180° bis 359°					
Flüge nach Instrumentenflugregeln			Flüge nach Sichtflugregeln			Flüge nach Instrumentenflugregeln			Flüge nach Sichtflugregeln		
Flug-fläche	**Flughöhe** Meter	Fuß	Flug-fläche	**Flughöhe** Meter	Fuß	Flug-fläche	**Flughöhe** Meter	Fuß	Flug-fläche	**Flughöhe** Meter	Fuß
10	300	1000	–	–	–	20	600	2000	–	–	–
30	900	3000	35	1050	3500	40	1200	4000	45	1350	4500
50	1500	5000	55	1700	5500	60	1850	6000	65	2000	6500
70	2150	7000	75	2300	7500	80	2450	8000	85	2600	8500
90	2750	9000	95	2900	9500	100	3050	10000	105	3200	10500
110	3350	11000	115	3500	11500	120	3650	12000	125	3800	12500
130	3950	13000	135	4100	13500	140	4250	14000	145	4400	14500
150	4550	15000	155	4700	15500	160	4900	16000	165	5050	16500
170	5200	17000	175	5350	17500	180	5500	18000	185	5650	18500
190	5800	19000	195	5950	19500	200	6100	20000	205	6250	20500
210	6400	21000	215	6550	21500	220	6700	22000	225	6850	22500
230	7000	23000	235	7150	23500	240	7300	24000	245	7450	24500
250	7600	25000	255	7750	25500	260	7900	26000	265	8100	26500
270	8250	27000	275	8400	27500	280	8550	28000	285	8700	28500
290	8850	29000	300	9150	30000	310	9450	31000	320	9750	32000
330	10050	33000	340	10350	34000	350	10650	35000	360	10950	36000
370	11300	37000	380	11600	38000	390	11900	39000	400	12200	40000
410	12500	41000	420	12800	42000	430	13100	43000	440	13400	44000
450	13700	45000	460	14000	46000	470	14350	47000	480	14650	48000
490	14950	49000	500	15250	50000	510	15550	51000	520	15850	52000
usw.	usw.	usw.	usw.	usw.	usw.	usw.	usw.	usw.	usw.	usw.	usw.

Internationale zivile Flugzeugkennzeichen (ICAO):

Sie legitimieren ein Luftfahrzeug als einer nationalen, international anerkannten Rechtsgemeinschaft zugehörig.

Ägypten	= SU	Cayman	= VR-C
Äquatorial Guinea	= 3C	Chile	= CC
Äthiopien	= ET	China (Volksrepublik)	= B
Afghanistan	= YA	Comoren	= D6
Albanien	= ZA	Costa Rica	= TI
Algerien	= 7T	Dnemark	= OY
Angola	= D2	Dahomey	= TY
Antigua	= V2	Deutschland (BR)	= D
Argentinien	= LV	Deutschland (DDR)	= DM
Australien	= VH	Djibouti	= J2
Bahamas	= C6	Dominikanische Republik	= HI
Bahrein	= A9	Ekuador	= HC
Bangladesh	= S2	Elfenbeinküste	= TU
Barbados	= 8P	El Salvador	= YS
Belgien	= OO	Fidschi	= DQ
Belize	= VP-H	Finnland	= OH
Benin (ex Dahomey)	= TY	Frankreich	= F
Bermuda	= VR-B	Frankreich (Kolonien)	= FO
Bhutan	= A5	Gabun	= TR
Bolivien	= CP	Gambia	= C5
Botswana	= A2	Ghana	= 9G
Bourkina (ex Obervolta)	= XT	Gibraltar	= VR-P
Brasilien	= PP, PT	Grenada	= J3
Brunei	= VR-U	Griechenland	= SX
Bulgarien	= LZ	Großbritannien	= G
Burma	= XY	Guatemala	= TG
Burundi	= 9U	Guinea	= 3X

Guinea-Bissau	= J5	Mauritius	= 3B
Guyana	= 8R	Mexiko	= XA, XB, XC
Haiti	= HH	Monaco	= 3A
Honduras	= HR	Mongolei	= BNMAU
Hongkong	= VR-H	Mozambique	= C6
Indien	= VT	Nauru	= C2
Indonesien	= PK	Nepal	= 9N
Irak	= YI	Neuseeland	= ZK
Iran	= EP	Nicaragua	= YN
Irland	= EL	Niederlande	= PH
Island	= TF	Niederl. Antillen	= PJ
Israel	= 4X	Niger	= 5U
Italien	= I	Nigeria	= 5N
Jamaica	= 6Y	Norwegen	= LN
Japan	= JA	Österreich	= OE
Jordanien	= JY	Oman	= A40
Jugoslawien	= YU	Pakistan	= AP
Kamerun	= TJ	Panama	= HP
Kampuchea	= XU	Papua-Neuguinea	= P2
Kanada	= C	Paraguay	= ZP
Kap Verde	= CR-C	Peru	= OB
Kenia	= 5Y	Philippinen	= RP
Kiribati		Polen	= SP
(ex Gilbert & Ellis-Inseln)	= T3	Portugal	= CS
Kolumbien	= HK	Qatar	= A7
Kongo (Volksrepublik)	= TN	Rumänien	= YR
Korea (Nord)	= P	Ruanda	= 9XR
Korea (Süd)	= HL	Salomonen	= H4
Kuba	= CU	Sao Tomé	= S9
Kuwait	= 9K	Saudi-Arabien	= HZ
Laos	= RDP	Schweden	= SE
Lesotho	= 7P	Schweiz	= HB
Libanaon	= OD	Senegal	= 6V
Liberia	= EL	Seychellen	= S7
Libyen	= 5A	Sierra Leone	= 9L
Liechtenstein	= HB	Singapur	= 9V
Luxemburg	= LX	Somalia	= 6O
Madagaskar	= 5R	Spanien	= EC
Malaysia	= 9M	Sri Lanka	= 4R
Malawi	= 7Q	St. Lucia	= J6
Malediven	= 8Q	St. Vincent	= J8
Mali	= TZ	Sudan	= ST
Malta	= 9H	Südafrika	= ZS
Marokko	= CN	Surinam	= PZ
Marshall-Inseln	= MI	Swaziland	= 3D
Mauretanien	= 5T	Syrien	= YK

Taiwan	= B	USA	= N
Tansania	= 5H	Vanuatu (ex Neue Hebriden)	= YJ
Thailand	= HS	Venezuela	= YV
Togo	= 5V	Vereinigte Arabische Emirate	= A6
Trinidad & Tobago	= 9Y	Vietnam	= VN
Tschad	= TT	West-Samoa	= 5W
Tschechoslowakei	= OK	Yemen	
Türkei	= TC	(Demokratische Republik)	= 7O
Tunesien	= TS	Yemen (Volksrepublik)	= 4W
Turks & Caicos	= VQ-T	Zaire	= 9Q
UdSSR	= CCCP	Zentralafrika	= TL
Uganda	= 5X	Zambia	= 9J
Ungarn	= HA	Zimbabwe	= VP-W/Y
Uruguay	= CX	Zypern	= 5B

Literatur- und Quellenhinweise (Auswahl)

– als ergänzende Lektüre empfohlen –

Periodika:

Aerokurier	Gelsenkirchen
Air Force	Washington DC
Air International	London
Aviation Week & Space Technology	New York
Der Flieger	München
Europäische Wehrkunde	Herford
Flugrevue	Stuttgart
Flugwehr & -Technik	Frauenfeld
Flugzeug	Illertissen
Interavia	Genf
Kultur & Technik	München
PM-Magazin	München
Soldat u. Technik	Frankfurt/Bonn
Truppenpraxis	Frankfurt/Herford
Waffenrevue	Schwäbisch Hall

Kapitelübergreifend:

Bodlée, A.	Motor- und Segelflug, Stuttgart 1972
Brütting, G.	Taschenbuch des Motorfliegers, Stuttgart 1959
Cescotti, R.	Luftfahrtdefinitionen, Stuttgart 1987
Hesse, F. und W.	Der Motorflugzeugführer, Breidenbach 1985
Karlson, P.	Der Mensch fliegt, Berlin 1955
Kröchel, G.	Taschenbuch für das fliegende Personal, Darmstadt 1969
Kuchling, H.	Physik, Formeln und Gesetze, Leipzig/Köln 1985
Neher, K. und Mende, K. H.	Jahrbuch der Luftwaffe 1-14, Darmstadt 1964 ff.
Sacklowski, A.	Die neuen SI-Einheiten, München 1978
Siebenwurst, K. und Stock, G.	English for Pilots, Gelsenkirchen 1986
Van Sickle, N. D.	Modern Airmanship, New York 1958

Geschichte der Luftfahrt und des Luftkrieges:

Baumbach, W.   Zu spät?, München 1949 / Stuttgart 1978
Bekker, C.   Angriffshöhe 4000, Oldenburg 1964
Brütting, G.   Deutsche Fluggeschichte (Bd. 3), Stuttgart 1979
Burda, F.   50 Jahre Motorflug, Offenburg 1953
Burda, F.   Der Zweite Weltkrieg im Bild (2. Bde.), Offenburg 1952
Cooper, M.   Die Deutsche Luftwaffe 1933–1945, Stuttgart 1988
Dierich, W. (Hrsg.)   Die Verbände der Luftwaffe 1935–1945, Stuttgart 1976
Emme, E. M.   The Impact of Air Power, New York 1952
Feuchter, G. W.   Geschichte des Luftkriegs, Bonn 1954
Galland, A.   Die Ersten und die Letzten, Darmstadt 1953
Hackenberger, W.   Deutschlands Eroberung der Luft, Berlin 1915
Jacobsen, H. A.   Der Zweite Weltkrieg in Chronik und Dokumenten, Darmstadt 1959
Keßelring, A.   Gedanken zum Zweiten Weltkrieg, Bonn 1957
Schwips, W.   Kleine Geschichte der deutschen Luftfahrt, Berlin 1968
Supf, P.   Deutsche Fluggeschichte, Berlin 1935
Supf, P.   Deutsche Fluggeschichte (Bd. 2), Stuttgart 1958

Der Luftraum – Die Welt des Fliegers:

Bartels, J.   Geophysik-Fischer Lexikon, Frankfurt 1963
Borchert, G.   Klimageographie in Stichworten, Kiel 1978
Bruch, H. und Malkowski, G.   Prüfungsaufgaben zur Flugmeteorologie, Delmenhorst o. Jg.
Hofmann, A.   Probleme um die Wettervorhersage, Stuttgart 1955
Knapp, D.   Wetterkunde für Piloten, Stuttgart 1990
Tanck, H. J.   Meteorologie, Hamburg 1969
Thompson, P. D.   Das Wetter, Reinbek 1970

Flugzeugkunde und Flugzeugtechnik:

Braun, W.   Die Luftkräfte am Flugzeug, Braunschweig 1957
Fischer, A.   Flugzeuginstrumente, München 1963
Frötschel, J.   Flugzeugturbinen, Hamburg 1964
Gericke, K. und Dierich, F. H.   Triebwerke, Darmstadt 1961
Giger, H.   Kolbenflugmotoren, Stuttgart 1986
Hesse, F. und W.   Bordinstrumente, Breidenbach 1982
Hesse, F. und W.   Elektrotechnik und Avionik, Breidenbach 1977
Hünecke, K.   Flugtriebwerke, Stuttgart 1976
Hünecke, K.   Das Kampfflugzeug von heute, Stuttgart 1984
Klein, F.   Flugzeughydraulik, München 1963
Politt, W.   Der Flug, Braunschweig 1962

Ruff, S., Ruck, M. und Sedlmayr, G.	Sicherheit und Rettung in der Luftfahrt, Koblenz 1989
Stever, H. G.	Der Flug, Reinbek 1970
Trenkle, F.	Bordfunkgeräte, Koblenz 1986

Kartenwesen und Navigation:

Clausing, D. J.	Moderne Flugnavigation, Stuttgart 1988
Diestel, H.	Fliegerkarten, Entstehung und Verwendung, Frankfurt 1960
Hesse, F. und W.	Flugnavigation, Breidenbach 1984
Jeschor, A.	Gelände – Karte und Luftbild, Regensburg 1978
Sjösström, G.	Flugnavigation, Obertshausen/Frankfurt 1983
TELDIX	Taschenbuch der Navigation, Heidelberg 1979

Aufgaben von Luftstreitkräften:

Armee im Bündnis	hrsg. vom BMVg/IP-Stab, Bonn 1986
Die Bundeswehr –	»Wie funktioniert das?«, Mannheim 1987
Dreißig Jahre Bundeswehr –	Katalog zur Wanderausstellung, Mainz 1985
Obermann, E.	Verteidigung der Freiheit, Stuttgart 1971
Weißbuch 1985	hrsg. vom BMVg, Bonn 1985

Waffenwesen, Schießlehre und Taktik:

Dathan, H.	Waffenlehre für die Bundeswehr, Bonn 1972
Denning, F. u. a.	Kernexplosionen und ihre Wirkungen, Frankfurt 1961
Gartmann, H.	Raketen, Stuttgart 1956
Glasstone, S.	The Effects of Nuclear Weapons, Washington 1964
Glück, Chr. und Görtz, J.	Wörterbuch der Waffentechnik, Schwäbisch Hall 1972
Gunston, B. und Spick, M.	Moderne Kampfflugzeuge – Technik, Taktik, Bewaffnung, Dietikon/Stuttgart 1984
Hauschild, R. u. a.	Raketen, Bonn 1958
Krivinyi, N.	Taschenbuch der Luftflotten (1983/84), Koblenz 1983
Lusar, R.	Deutsche Waffen und Geheimwaffen, München 1959
Rheinmetall	Waffentechnisches Taschenbuch, Düsseldorf 1973
Schliephake, H.	Flugzeugbewaffnung, Stuttgart 1977
SIPRI	C B Weapons Today, Stockholm 1973
Stutz, W.	Schießlehre, Basel 1959
Weber, Th.	Der Einfluß von Kernwaffen auf die Luftkriegführung, Frauenfeld 1960

ANHANG IX

Danksagung

Ohne die hilfreiche und aufmerksame Unterstützung von einzelnen Mitarbeitern und kompetenten Fachleuten aus Firmen und Behörden hätte der Verfasser dieses Buch nicht herausbringen können. Für die zur Verfügung gestellten Abbildungen, Skizzen, Textunterlagen und Hinweise gilt der persönliche und aufrichtige Dank:

Oberstleutnant Bernhard Beck, HQ AAFCE, Ramstein
Brig.Gen. a.D. H. Bertram, Wiesbaden
Dr. Konrad Bögelein, Memmingerberg
Edwin Bommer, Deutscher Wetterdienst, Offenbach
Dr. Karl Brünner, Ravensburg
Frank Dierich, Buxheim
Oberstleutnant, a.D. D. Diestel, Bad Godesberg
Jochen Eichen, München
Oberst i.G. a.D. Wolf Falck, St. Ulrich a/P
Dipl. Ing. Armin Göckel, Heidelberg
Wolfgang Häg, Frankfurt
Dipl. Ing. Wolfgang Hübl, Unterhaching
Kurt Neher, Bonn
Dipl. Ing. Otto Onneken, Friedrichsdorf
Ulrich Ostmeyer, Augsburg
Dr. Wolfgang Pfeiffer, Oberkochen
Dr. Manfred Pütz, Überlingen
»Snake« Glenn Reaves (†), Burbank
Peter Richter, Rastatt
Volkart Rothweiler, Bad Aibling
Dr. W. Schmid, Stuttgart
Oberst a.D. Gerhard Schurig, Bonn
Dr. Gerhard Sedlmayr, Rellingen
Anke Siegfried, Rellingen
Peter Treiber, Kirchheim u/T
Herr Walloth, BfS, Frankfurt
Werner Weiß, Trunkelsberg
Wolfram Wolff, München

Firmen und Behörden:

AEG-Telefunken, Ulm
Agfa-Gevaert AG, Leverkusen
Air France, Frankfurt
Alliierte Luftstreitkräfte Mitteleuropa, HQ Ramstein
Austrian Airlines, Wien
Autoflug GmbH, Rellingen
Avionik Dittel GmbH, Landsberg
Ballonfabrik Augsburg
Bayer. Motorenwerke, München
Becker-Flugfunk, Rastatt
Bodenseewerk, Überlingen
Botschaft der USA (USIS), Bad Godesberg
British Electronic Agencies, Bad Godesberg
Bundesanstalt für Flugsicherung, Frankfurt
Bundesministerium der Verteidigung, Bonn
Bundeswehramt, Bonn
Dassault International, Frankfurt
Dennert & Pape KG, Hamburg
Department of the Air Force, Wiesbaden
Deutsche Airbus GmbH, München
Deutscher Wetterdienst, Zentralamt, Offenbach
Dornier GmbH, Friedrichshafen
Drägerwerk, Lübeck
Ferranti Ltd., Edinburgh
Flugmed. Inst. der Luftwaffe, Fürstenfeldbruck
Grob-Werke, Mattsies
General Electric, Büro Bonn
Hispano Suiza, Büro Bonn
Honeywell-Sperry, München
Jagdbombergeschwader 34, Memmingerberg
Kauders International, Frankfurt
Lockheed Corp., Burbank
Lufthansa, Pressestelle, Köln
Marineamt, Wilhelmshaven
Matra GmbH, Frankfurt
Mauser-Werke, Oberndorf
MBB-Transport- u. Verkehrsflugzeuge, Hamburg
MBB-Pressestelle, München
McDonnell Douglas, London
Messier-Hispano-Bugatti, Montrogue
Northrop Corp., Büro Bonn
Panavia GmbH, München
Philips, Hilversum
Rheinmetall, Düsseldorf

Rockwell-Collins GmbH, Dreieich
Royal Air Force Germany, HQ Mönchengladbach
RTG-Raketen Technik GmbH, Unterhaching
Saab-Scania, Linköping
Standard Elektrik Lorenz AG, Stuttgart
SWISSAIR, Zürich
TELDIX GmbH, Heidelberg
Thommen AG, Waldenburg
TRT, Paris
United States Air Force Europe, HQ Ramstein
United States Naval Forces Europe, London
Western Gear Corp., Jamestown
Carl Zeiss-Werke, Oberkochen

Faszination Fliegen

Wer sich für Luft- und Raumfahrt interessiert und dazu noch aktuell und lückenlos informiert sein will, findet in der FLUG REVUE die richtige Zeitschrift für ein faszinierendes Thema.

Die FLUG REVUE berichtet über alles Wissenswerte aus den Bereichen Zivil-und Militärluftfahrt, Geschäfts- und Privatfliegerei, Raumfahrt, Forschung, Technik, Entwicklung und Historie.

Die FLUG REVUE – Deutschlands größte Zeitschrift für Luft- und Raumfahrt. Jeden Monat neu.

FLUG REVUE flugwelt International

Überall im Zeitschriftenhandel erhältlich

WEITERE INTERNATIONALE MILITÄRISCHE FL

WARSCHAUER PAKT

Bulgarien

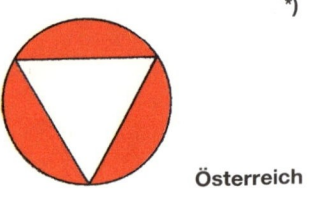

Deutsche
Demokratische
Republik

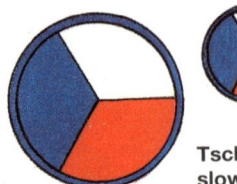 

Polen

Rumänien

Tschecho-
slowakei

Sowjetunion

Ungarn

NEUTRALE

*)

Österreich

*)

Schweden

Schweiz

Internationale militärische Flugzeugkennzeichen / Hoheitsabzeichen

Viele Nationen führen an Rumpf-/Tragwerk andere Zeichen als am Seitenleitwerk, manche verzichten auf besondere
Zeichen am Seitenleitwerk. Wo dies der Fall ist, wird mit einem *) darauf hingewiesen.
Die Darstellung umfaßt Kennzeichen des Warschauer Paktes, der neutralen Länder und anderer europäischer
Randländer.